Choux à la crème au chocolat

CHOUX :				GARNITURE :			
[..]se	eau	125	mL	1/3	tasse	sucre granulé	75	mL
[..]se	CRISCO	50	mL	1/3	tasse	cacao FRY'S*	75	mL
	RÉGULIER			1-1/2	tasse	crème à fouetter	375	mL
[..]se	farine tout usage	125	mL	GLACE :			
	ROBIN HOOD			1	tasse	sucre à	250	mL
[..] table	cacao FRY'S*	30	mL			glacer tamisé	
[..] table	sucre granulé	15	mL	3	c. à table	cacao FRY'S*	45	mL
	sel	pincée		2 à 3	c. à table	eau	30 à 45mL
	oeufs, à la	2				bouillante	
	température						
	ambiante						

CHOUX : CHAUFFER le four à 400°F (200°C). �֎ **GRAISSER** la plaque à cuisson légèrement [..]risco. �֎ **PORTER** l'eau et le Crisco à ébullition à gros bouillons dans une casserole. Ajouter la [..]cacao, le sucre et le sel simultanément. Remuer vigoureusement à feu doux pendant environ une [..] jusqu'à ce que le mélange se détache des côtés de la casserole et forme une boule. Retirer du [..]er refroidir pendant 5 minutes. �֎ **AJOUTER** les oeufs, un à la fois, en battant vigoureusement [..]que addition à l'aide d'un batteur électrique ou avec une cuillère de bois jusqu'à l'obtention d'un [..]lisse. ✖ **DIVISER** la pâte en six et déposer sur la tôle à biscuits. ✖ **CUIRE** au four à 400°F [..]endant 25 à 30 minutes ou jusqu' à qu'elle soit gonflée et sèche. Retirer du four, percer le côté de [..]hou avec un couteau pour permettre à la vapeur de s'échapper. Laisser refroidir.

[..]TURE : **MÉLANGER** le sucre et le cacao. Incorporer la crème à fouetter. Couvrir et réfrigérer pendant une [..] Fouetter jusqu'à ce qu'elle soit ferme.

[..]AGE : **COUPER** les choux en deux horizontalement. Fourrer de la crème fouettée au cacao. ✖ [..]GER tous les ingrédients pour la glace, en remuant jusqu'à consistance lisse. Napper les choux. Laisser [..]avant de servir.

[..]*: pour une décoration rapide, saupoudrez avec du sucre à glacer.*

Bavaroises au citron

Une petite douceur crémeuse au goût frais de citron. On peut remplacer le fromage *quark* par 4 tasses (1 L) de yogourt nature à faible teneur en matières grasses (sans gélatine ni agar), égoutté. Pour égoutter le yogourt, le mettre dans une passoire tapissée d'une étamine (coton à fromage) et placée au-dessus d'un bol profond. Couvrir et laisser égoutter au réfrigérateur pendant au moins 12 heures ou jusqu'à 24 heures.

6 PORTIONS

Environ 200 calories, 11 g de protéines, 8 g de matières grasses et 21 g de glucides par portion (sans la sauce).	1/2 c/thé	zeste de citron râpé	2 ml
	1/4 t	jus de citron	60 ml
	2 c/tab	eau	30 ml
	1	sachet de gélatine sans saveur (7 g)	1
	1/2 t	sucre	125 ml
	1	contenant de fromage *quark* (500 g)	1
	1/4 t	fromage à la crème léger	60 ml
	1 c/thé	vanille	5 ml
		sauce aux bleuets (voir recette)	
		feuilles de menthe fraîche	

■ Dans une petite casserole, mélanger le zeste et le jus de citron et l'eau. Saupoudrer la gélatine sur le mélange au citron. Laisser ramollir pendant 1 minute. Cuire à feu doux, en brassant, pendant 3 minutes ou jusqu'à ce que la gélatine soit dissoute. Ajouter le sucre et mélanger jusqu'à ce qu'il soit dissous. Laisser refroidir pendant 5 minutes. Dans un bol, battre le fromage *quark* et le fromage à la crème. Ajouter le mélange à la gélatine et la vanille en battant jusqu'à ce que la préparation soit lisse. Répartir la préparation au fromage dans six petits ramequins. Réfrigérer pendant au moins 12 heures ou jusqu'à 2 jours. Au moment de servir, passer la lame d'un couteau sur le pourtour des ramequins. Renverser les ramequins sur des assiettes à dessert. Démouler. Napper les bavaroises de sauce aux bleuets. Garnir de feuilles de menthe.

Sauce aux bleuets

DONNE ENVIRON 1 TASSE (250 ML).

Environ 40 calories et 10 g de glucides par portion de 2 cuillerées à table (30 ml).	1/4 t	sucre	60 ml
	1/4 t	jus d'orange	60 ml
	2 c/thé	fécule de maïs	10 ml
	2 c/tab	eau	30 ml
	1 t	bleuets frais ou surgelés	250 ml

■ Dans une petite casserole, mettre le sucre et le jus d'orange. Porter à ébullition et brasser jusqu'à ce que le sucre soit dissous. Dans un petit bol, mélanger la fécule de maïs et l'eau. Ajouter le mélange à la fécule et les bleuets à la préparation à l'orange et mélanger. Cuire, en brassant, pendant 2 minutes ou jusqu'à ce que la préparation soit épaisse et bouillonnante.

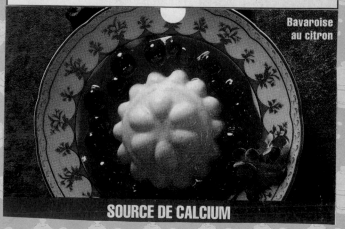

Bavaroise au citron

SOURCE DE CALCIUM

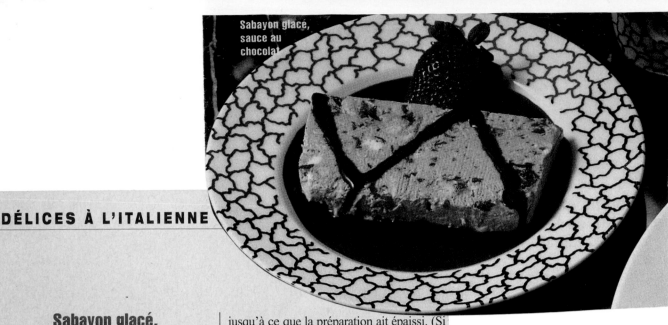

Sabayon glacé, sauce au chocolat

Sabayon glacé, sauce au chocolat

Un dessert de fête qui termine le repas sur une note de fraîcheur!

4 À 6 PORTIONS

$$ ➤ ➤ ➤ ⚖ ⚖ ⚖

SABAYON

3	jaunes d'oeufs	3
1/4 t	sucre	60 ml
1/3 t	marsala sec	80 ml
3 c/tab	liqueur de café	45 ml
3/4 t	crème à 35 %	180 ml
2 oz	chocolat amer ou mi-amer, haché (2 carrés)	60 g
2 c/tab	amandes rôties*, coupées en tranches	30 ml

SAUCE AU CHOCOLAT

4 oz	chocolat amer ou mi-amer, haché (4 carrés)	125 g
1/3 t	café très fort (espresso)	80 ml
2 c/tab	crème à 35 %	30 ml
1 c/tab	liqueur de café	15 ml
1 c/tab	beurre doux	15 ml
	fraises fraîches	
	poudre de cacao non sucrée	

Préparation du sabayon

■ Dans un grand bol ou dans un bain-marie, battre les jaunes d'oeufs et le sucre de 3 à 5 minutes ou jusqu'à ce que le mélange soit jaune pâle et crémeux. Ajouter le marsala et la liqueur de café et mélanger. Mettre le bol dans une casserole à moitié remplie d'eau frémissante (mais non bouillante). Cuire, en brassant sans arrêt, pendant environ 5 minutes ou jusqu'à ce que la préparation ait épaissi. (Si la préparation cuit trop longtemps ou à une température trop élevée, les jaunes d'oeufs vont former des grumeaux.)

■ Mettre le bol dans un autre bol, plus grand, rempli d'eau glacée. L'y laisser de 15 à 20 minutes (brasser de temps à autre) ou jusqu'à ce que la préparation ait complètement refroidi.

■ Dans un autre bol, fouetter la crème. Incorporer la crème fouettée à la préparation aux jaunes d'oeufs refroidie en soulevant délicatement la masse. Incorporer le chocolat et les amandes rôties en soulevant délicatement la masse. Tapisser un moule à pain de 9 po x 5 po (23 cm x 13 cm) d'une pellicule de plastique et, à l'aide d'une cuillère, étendre le mélange dans le moule. Bien envelopper le mélange. Congeler de 4 à 5 heures ou jusqu'à ce qu'il soit ferme.

Préparation de la sauce au chocolat

■ Dans une casserole, mettre le chocolat, le café, la crème et la liqueur de café. Chauffer à feu moyen de 3 à 5 minutes, en brassant jusqu'à ce que la sauce soit lisse. Ajouter le beurre et mélanger. Retirer la casserole du feu et laisser refroidir à la température ambiante.

■ Verser de la sauce au chocolat refroidie dans les assiettes. Démouler le sabayon et le couper en tranches. Mettre une tranche de sabayon dans chaque assiette, garnir de fraises et, à l'aide d'une cuillère, napper de sauce au chocolat. Saupoudrer de poudre de cacao.

* Pour rôtir les amandes, les placer sur une plaque de cuisson et les mettre au four préchauffé à 350°F (180°C) pendant 5 minutes ou jusqu'à ce qu'elles soient dorées □

La BONNE CUISINE ILLUSTRÉE

Sélection du Reader's Digest

Sélection du Reader's Digest

La BONNE CUISINE ILLUSTRÉE

Sélection du Reader's Digest

Montréal • Paris • Bruxelles • Zurich

Equipe de Sélection du Reader's Digest

Rédaction	Gilles Humbert
	Agnès Saint-Laurent
Préparation de copie	Joseph Marchetti
Supervision graphique	John McGuffie
Graphisme	Andrée Payette
Planification et recherche	Wadad Bashour
Fabrication	Holger Lorenzen
Coordination	Susan Wong
Composition	Centre de traitement typographique
	de Sélection du Reader's Digest

Cet ouvrage est l'adaptation française de
The Good Housekeeping Illustrated Cookbook
© 1980, Dorling Kindersley Limited
© 1980, The Hearst Corporation and The National Magazine Company Limited.
Tous droits réservés.

Collaborateurs externes

Traduction	Geneviève Beullac
	Claire Dupond
Révision	Lise Parent
Index	Gilbert Grand
Impression	Pierre Des Marais Inc.
Reliure	Imprimerie Coopérative Harpell

PREMIÈRE ÉDITION

© 1986, Sélection du Reader's Digest (Canada) Ltée
215, avenue Redfern, Montréal, Qué. H3Z 2V9

© 1986, Sélection du Reader's Digest, S.A.
212, boulevard Saint-Germain, 75007 Paris

© 1986, N.V. Reader's Digest, S.A.
12-A, Grand-Place, 1000 Bruxelles

© 1986, Sélection du Reader's Digest, S.A.
Räffelstrasse 11, « Gallushof », 8021 Zurich

ISBN 0-88850-143-9

Imprimé au Canada — Printed in Canada
86 87 88 89 / 5 4 3 2 1

Avant-propos

Il est beaucoup plus facile d'apprendre à cuisiner lorsqu'on
peut bénéficier de l'expérience d'un cordon-bleu qui nous montre,
point par point, comment préparer un plat. Nous avons donc conçu ce
livre de telle sorte que même les débutants pourront réussir nos recettes,
simplement en en suivant les étapes. Nous avons également pris soin
d'expliquer en détail diverses techniques de base, comme la façon
d'incorporer des blancs d'œufs, de pétrir le pain, d'abaisser une croûte
à tarte, de décorer des gâteaux et même de désosser viandes et volailles.
Enfin, nous avons réuni dans ce livre des plats très simples
aussi bien que des recettes qui sont souvent considérées
comme l'apanage des grands chefs.

Comme il est plus aisé de choisir une recette et de planifier un
repas quand on peut juger de l'apparence du plat cuisiné, nous avons
rassemblé, en première partie, des photos couleurs de toutes nos recettes.
Vous n'aurez donc qu'à les consulter pour établir votre menu et vous
pourrez même vous en inspirer pour la présentation. Les légendes
les accompagnant précisent le type d'assaisonnement, le mode de
cuisson, le temps de préparation, le nombre de portions, etc.
Ce livre a également ceci d'original que, pour la première fois,
l'enchaînement des photos suit le déroulement d'un repas, depuis
les amuse-gueule et entrées jusqu'aux desserts, en passant
par les plats principaux, les salades et les pains.

Absolument toutes les recettes ont été rigoureusement testées.
C'est pourquoi nous sommes convaincus que ce livre de recettes, unique
en son genre, vous permettra de servir à votre famille et à vos amis
quantités de plats aussi délicieux que faciles à préparer.

LA RÉDACTION

Table des matières

PRÉLIMINAIRES

Avant de préparer une recette pour la première fois, lisez-la au complet afin de vous assurer que vous disposez bien du temps requis. Rassemblez ensuite tous les ustensiles dont vous aurez besoin et mesurez les ingrédients pour vous assurer qu'il ne vous manque rien. A moins que la recette ne précise le contraire, évitez de changer les principaux ingrédients, d'en employer d'un type différent (préparation « instantanée », par exemple) ou d'en modifier les quantités. D'autre part, méfiez-vous avant de doubler une recette ou de la réduire de moitié : bien qu'on puisse parfois augmenter les quantités impunément, bien peu de recettes, en fait, se prêtent à ce genre d'opération. Si vous deviez le faire, il vaudrait mieux répéter les étapes que de multiplier les mesures. Le choix des fines herbes et des épices demeure, bien sûr, une question de goût, mais il vaut mieux, la première fois, respecter la recette intégralement.

Préparez tout ce qu'il vous faut avant de commencer à cuisiner. Mesurez et mélangez soigneusement les ingrédients en employant les ustensiles appropriés (pp. 9-13). Il est aussi important de bien préparer ceux-ci que de réunir tous les ingrédients : graissez et farinez vos moules quand on le spécifie et, si le four doit être préchauffé, allumez-le 10 minutes avant d'y mettre le plat à cuire afin qu'il soit suffisamment chaud. D'ailleurs, pour éviter des échecs, cuisez toujours à la température indiquée et, pour plus de précautions, vérifiez où en est la cuisson quelques minutes avant la fin du temps spécifié dans la recette.

Enfin, prenez l'habitude de tout nettoyer au fur et à mesure ; de cette façon, vous travaillerez plus vite et risquerez moins de vous tromper.

COMMENT UTILISER CE LIVRE

L'Index photographique est présenté selon la même ordonnance qu'un menu ; il vous suffira donc de choisir un plat pour chaque service, puis de vous reporter à la page indiquée pour la recette.

Cherchez dans l'Index photographique un plat qui vous tente. Les légendes précisent les ingrédients requis, le nombre de portions que vous obtiendrez et la page de la recette.

Votre choix étant fait, reportez-vous à la page indiquée pour vérifier le temps de préparation. Il ne vous restera alors plus qu'à suivre la recette, point par point.

Mesurage des ingrédients

DES USTENSILES DE MESURE APPROPRIÉS
Pour réussir une recette, il est indispensable de mesurer tous les ingrédients avec le plus grand soin.

Pour les ingrédients secs, utilisez un jeu de quatre mesures, d'une capacité de ¼, ⅓, ½ et 1 tasse.

Pour les liquides, utilisez un récipient gradué dont la contenance équivaut à 1 tasse. D'autres modèles, d'une capacité de 2 et 4 tasses, permettent de mesurer de plus grandes quantités en une seule fois.

Des cuillers doseuses d'une contenance de 1 cuiller à soupe ainsi que de ¼, ½ et 1 cuiller à thé servent pour tous les types d'ingrédients.

MESURAGE DES LIQUIDES
Vérifiez toujours la quantité de liquide en tenant la tasse à hauteur des yeux.

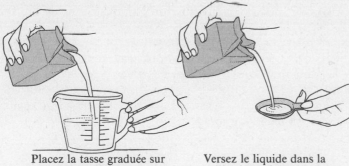

Placez la tasse graduée sur une surface plane et versez-y lentement la quantité de liquide voulue.

Versez le liquide dans la cuiller jusqu'à ras bords, en prenant garde de ne pas en renverser.

MESURAGE DU SUCRE
Versez le sucre à la cuiller dans une tasse graduée, puis nivelez-le avec le dos de la lame d'un couteau.

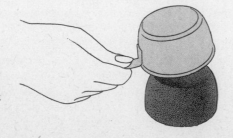

Cassonade : Tassez-la légèrement dans la mesure avec le dos d'une cuiller, nivelez-la, puis renversez la mesure dont elle conservera la forme.

MESURAGE DE LA FARINE
Pour les recettes de ce livre, tous les types de farines sont mesurés et utilisés sans qu'il faille les tamiser.

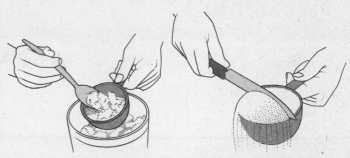

Versez délicatement la farine avec une cuiller dans la tasse ou la mesure, sans jamais la presser ni secouer la tasse ou en tapoter la paroi.

Ensuite, nivelez rapidement la farine avec le dos de la lame d'un petit couteau de cuisine pour en éliminer le surplus.

MESURAGE DES CORPS GRAS
Les corps gras liquides comme l'huile à salade et le beurre ou la margarine fondus se mesurent comme les autres liquides. Pour le saindoux, la graisse végétale ou le beurre d'arachide, procédez comme suit :

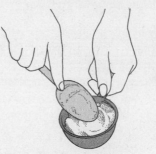

Pressez fermement le corps gras dans la mesure ou la tasse graduée, jusqu'à ce qu'elle soit pleine.

Nivelez le corps gras avec le dos, et non le plat, de la lame d'un couteau.

MESURAGE DU BEURRE
¼ lb (100 g) de beurre (ou de margarine) en paquet équivaut à ½ tasse. Des quantités moindres, en cuillerées à soupe, sont généralement indiquées sur l'emballage.

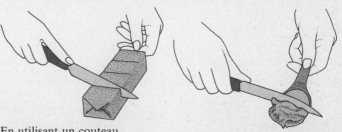

En utilisant un couteau tranchant, coupez selon le nombre requis de cuillerées sur les marques de l'emballage.

Si le beurre ou la margarine n'est pas vendu en paquet, procédez comme pour les autres corps gras solides.

Choix des casseroles et des faitouts

LE CHOIX D'UNE BONNE BATTERIE DE CUISINE

Une bonne casserole devrait absorber la chaleur uniformément, correspondre au nombre de portions généralement cuisinées, s'adapter aux feux de la cuisinière, être durable, facile à nettoyer et d'un design simple.

Casseroles : Elles ont une longue poignée, contiennent de 1 à 5 pte (1-5 L), ont généralement un couvercle et s'utilisent sur la cuisinière.

Marmite : Plus grande qu'une casserole, elle a deux poignées et un couvercle.

Bain-marie : Il se compose de deux casseroles, dont l'une s'emboîte dans l'autre, et d'un couvercle. Idéal pour les sauces.

Faitout : Cette lourde marmite munie d'un couvercle sert souvent pour les ragoûts.

COMMENT MESURER UN PLAT

Vos récipients doivent correspondre au type et au format spécifiés dans les recettes. La capacité totale de certains d'entre eux est indiquée en mesures liquides.

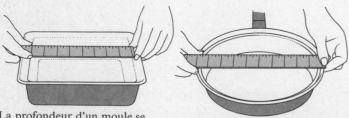

La profondeur d'un moule se mesure perpendiculairement ; ses autres dimensions se prennent à l'intérieur, dans sa partie supérieure.

Les poêles, les sauteuses et les crêpières se mesurent d'un rebord à l'autre, sans compter les poignées.

POÊLES, SAUTEUSES ET CRÊPIÈRES

Les meilleures sauteuses sont celles qui ont un fond plat et dont la poignée permet une prise ferme.

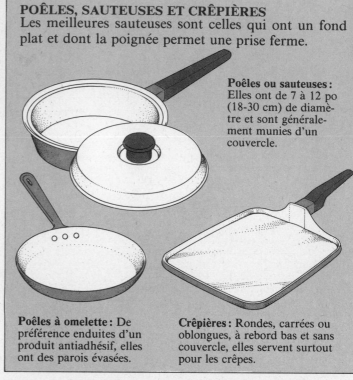

Poêles ou sauteuses : Elles ont de 7 à 12 po (18-30 cm) de diamètre et sont généralement munies d'un couvercle.

Poêles à omelette : De préférence enduites d'un produit antiadhésif, elles ont des parois évasées.

Crêpières : Rondes, carrées ou oblongues, à rebord bas et sans couvercle, elles servent surtout pour les crêpes.

LES MATÉRIAUX DE LA BATTERIE DE CUISINE

L'aluminium, relativement bon marché et léger, est un bon conducteur de chaleur, et plus il est épais, plus il est durable. Il peut toutefois être décoloré par les minéraux contenus dans l'eau et les aliments.

L'acier inoxydable est d'une durabilité exceptionnelle, se nettoie facilement et ne réagit pas aux aliments ou aux détergents. Mais comme il est un mauvais conducteur de chaleur, il doit, pour absorber celle-ci plus uniformément, être allié à un autre métal.

La fonte est lourde, mais durable et peu coûteuse. Elle chauffe lentement mais conserve bien la chaleur. Elle a tendance à rouiller et à décolorer les œufs et les aliments contenant un acide, comme le vin ou le vinaigre.

Le cuivre a une belle apparence et est un excellent conducteur de chaleur, mais il coûte très cher. Il vaut mieux le choisir épais et plaqué d'un autre métal.

Le pyrex a, comme principal atout, sa grande polyvalence : il peut passer du congélateur à la cuisinière ou du four à la table.

Les finis, comme la porcelaine, l'émail acrylique ou les enduits antiadhésifs, sont appliqués sur les casseroles pour les doter de couleurs vives, en faciliter le nettoyage, protéger leur base en métal ou empêcher les aliments d'attacher et de réagir au matériau. Les températures élevées et l'accumulation de graisse peuvent décolorer les ustensiles qui ne sont pas enduits d'un produit antiadhésif. La décoloration due à la surchauffe est permanente, tandis que la graisse part généralement au frottage.

Choix des moules à four

MOULES À PAINS ET À GÂTEAUX

Pour les préparations qui lèvent durant la cuisson, on obtient souvent de meilleurs résultats avec des plats au fond lisse et aux parois polies.

Moules à gâteaux : Ils sont ronds, carrés ou rectangulaires.

Moule à pain (à gauche) : Pour les pains éclair, à la levure et certains gâteaux.

Moule tubulaire ou à gâteau de Savoie : Il est parfois doté d'un fond amovible.

Moule démontable : Ce moule possède une paroi amovible qui permet de démouler le gâteau sans l'abîmer le moindrement.

Moule pour roulé à la gelée : Il est rectangulaire et n'a habituellement que 1 po (2,5 cm) de haut.

Moule à kugelhof : Sa cheminée centrale et ses cannelures donnent des desserts attrayants.

Moule à muffins : Pour les petits pains et gâteaux et les muffins.

PRÉPARATION DES MOULES

Pour empêcher un gâteau d'attacher, on peut, selon la recette, graisser, fariner ou encore chemiser le moule. On peut faire cuire les petits gâteaux et les muffins dans des moules en papier cannelé.

Pour enduire un moule de graisse, d'huile ou de beurre fondu, on se sert d'un pinceau à pâtisserie ou d'une boulette de papier ciré.

AUTRES ACCESSOIRES POUR LE FOUR

Les accessoires illustrés ici ne sont pas indispensables, mais ils sont toujours fort utiles.

Moule à tarte : Il est généralement en métal dépoli, en verre ou en pyrex.

Grille : Pour faire refroidir les gâteaux et autres pâtisseries qu'on vient de défourner.

Moules à soufflé : Ils sont en verre ou en porcelaine avec des parois lisses.

Ramequins : Ces petits pots individuels, en verre, en grès ou en porcelaine, vont au four.

Plaque à biscuits : Il s'agit d'une plaque de métal avec ou sans rebord.

Moule à quiche : Il est rond, cannelé et a un fond amovible. Il sert aussi pour les tartes.

Lèchefrite : Pour le rôtissage des viandes et des volailles ou toute cuisson au four.

USTENSILES À PÂTISSERIE

Pinceau : Pour badigeonner de glace ou de beurre fondu.

Roulette : Pour couper la pâte ou l'inciser.

Broche ou mélangeur à pâtisserie : Pour incorporer les corps gras.

Rouleau : Muni de poignées et, souvent, d'un roulement à billes ; pour abaisser.

Outils coupants

LES OUTILS DE BASE

Toute cuisine se doit d'avoir un bon jeu d'outils coupants. Le nom et la forme des couteaux peuvent varier selon le fabricant, mais, dans tous les cas, il est indispensable d'avoir de bons outils pour trancher, éplucher, désosser, hacher et découper les aliments.

Couteau-éplucheur

Couteau du chef

Couteau à pain

Couteau à découper

Fourchette à découper

Affiloir (fusil)

Couteau à désosser

Couteau-scie : Pour trancher de petites pièces.

Ciseaux de cuisine : Ils servent, entre autres choses, à couper les fruits secs et les chutes de pâte.

COMMENT UTILISER UN COUTEAU

Pour travailler vite et bien, il est indispensable d'utiliser le bon couteau. Ne vous servez jamais d'un couteau pour un autre usage que celui auquel il est destiné.

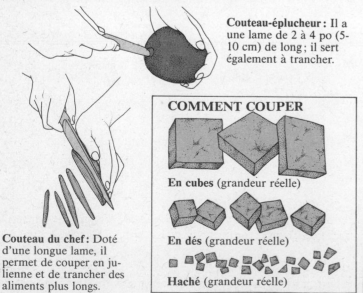

Couteau-éplucheur : Il a une lame de 2 à 4 po (5-10 cm) de long ; il sert également à trancher.

Couteau du chef : Doté d'une longue lame, il permet de couper en julienne et de trancher des aliments plus longs.

COMMENT COUPER

En cubes (grandeur réelle)

En dés (grandeur réelle)

Haché (grandeur réelle)

LE COUTEAU DU CHEF

La lame du couteau du chef est fuselée et mesure de 7 à 10 po (18-25 cm) de long. La hauteur du talon laisse suffisamment de place pour les jointures des doigts.

COMMENT COUPER DES OIGNONS

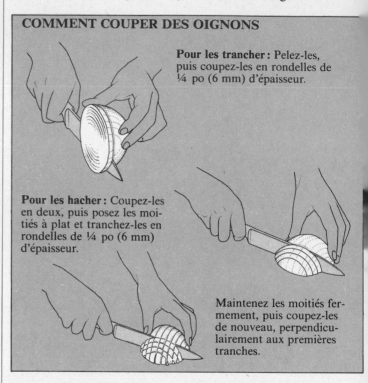

Pour les trancher : Pelez-les, puis coupez-les en rondelles de ¼ po (6 mm) d'épaisseur.

Pour les hacher : Coupez-les en deux, puis posez les moitiés à plat et tranchez-les en rondelles de ¼ po (6 mm) d'épaisseur.

Maintenez les moitiés fermement, puis coupez-les de nouveau, perpendiculairement aux premières tranches.

L'AIGUISAGE ET L'ENTRETIEN DES COUTEAUX

Comme, pour bien couper, un couteau doit être aiguisé souvent, on juge de sa qualité à la facilité avec laquelle il coupe et se laisse affûter. La lame peut être en acier au carbone ou en acier inoxydable simple ou à haute teneur en carbone. La forme du manche doit permettre une prise ferme, pour que la main ne puisse pas glisser. Si vous pensez laver le couteau au lave-vaisselle ou le laisser tremper dans l'évier, l'étiquette doit porter une mention à cet effet. Un couteau bien aiguisé se range dans un râtelier à fentes. Les illustrations montrent comment se servir d'un fusil.

Aiguisage : Tenez le fusil à la verticale et placez le talon du couteau près de sa pointe, selon un angle de 20 degrés.

Faites glisser la lame le long du fusil jusqu'à ce que sa pointe touche presque le manche de celui-ci. Répétez cinq fois de chaque côté.

Mélangeurs

Voici quelques-uns des principaux ustensiles dont vous aurez besoin pour battre et mélanger vos préparations.

Le fouet : Idéal pour battre des blancs d'œufs, remuer des sauces ou mélanger des ingrédients.

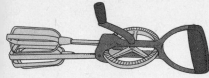

Le batteur rotatif : Utile pour battre les œufs et autres préparations légères.

Le batteur électrique : Il peut être portatif, et sert alors pour les préparations légères, ou monté sur un socle (à droite) et plus puissant ; ce second modèle s'accompagne d'un jeu de bols à mélanger.

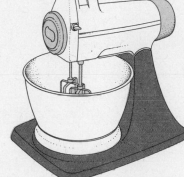

Le mélangeur (à gauche) **:** Pour réduire en purée, hacher finement de petites quantités et mélanger les ingrédients, surtout les liquides.

Le robot culinaire : On peut s'en servir pour de multiples usages : hacher, émincer, moudre, râper, trancher, pétrir et mélanger.

Jeu de bols à mélanger

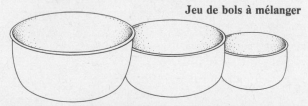

CUILLERS ET SPATULES

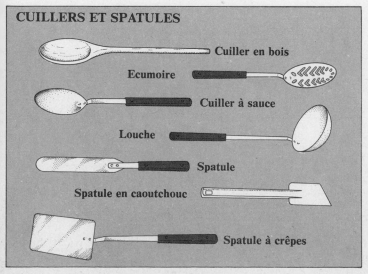

Cuiller en bois

Ecumoire

Cuiller à sauce

Louche

Spatule

Spatule en caoutchouc

Spatule à crêpes

Divers

AUTRES ACCESSOIRES

Il existe bien d'autres ustensiles qui, sans être indispensables, n'en facilitent pas moins la tâche de la cuisinière.

Thermomètre à bonbons, à gelée ou à friture

Minuterie : Sa sonnerie signale la fin de la cuisson.

Eplucheur à lame pivotante : Pour éplucher fruits et légumes.

Poche et douilles à pâtisserie : Pour décorer les gâteaux, festonner la purée et garnir les amuse-gueule.

Râpe : Pour couper en lamelles, trancher ou râper les légumes et les fromages.

Passoire à socle : Pour égoutter les légumes, les pâtes et la laitue.

Passoire à queue : Pour saupoudrer le sucre glace ; sert également de chinois.

Ouvre-boîtes et décapsuleur

Tire-bouchon

Pinces : Utiles pour retourner et retirer les aliments du feu.

Presse-ail : Pour extraire le jus et la pulpe de l'ail.

Emporte-pièce variés pour biscuits, beignes et canapés

Tableau d'équivalences

Combien y a-t-il de tasses dans 1 pte (1 L)? Trois bananes écrasées donnent-elles bien 1 tasse? Faut-il plus d'une orange pour obtenir 2 cuillerées à soupe de zeste râpé? Combien de tasses faut-il pour 1 lb (450 g) de farine? Vous trouverez ici les réponses à ce genre de questions.

MESURES

Un soupçon ou une pincée	2 ou 3 gouttes ou moins de ⅛ cuillerée à thé
1 cuillerée à soupe	3 cuillerées à thé
¼ tasse	4 cuillerées à soupe
⅓ tasse	5 cuillerées à soupe plus 1 cuillerée à thé
½ tasse	8 cuillerées à soupe
1 tasse (environ 250 ml)	16 cuillerées à soupe
1 chopine (environ 500 ml)	2 tasses
1 pinte (environ 1 L)	4 tasses
1 gallon (4,5 L)	4 pintes
1 boisseau (36 L)	8 gallons
1 livre (450 g)	16 onces

ALIMENTS

Baies *1 chop* (500 ml)	1¾ tasse
Bananes *1 lb* (450 g)	3 moyennes (écrasées : 1⅓ tasse)
Beurre ou margarine *paquet de ¼ lb* (115 g)	½ tasse
Bouillon, poulet ou bœuf *1 tasse*	1 cube de bouillon, 1 enveloppe de bouillon ou 1 cuillerée à thé de bouillon instantané dissous dans 1 tasse d'eau bouillante
Chapelure, fraîche *1 tranche de pain avec la croûte*	½ tasse de chapelure
Chocolat amer *1 oz* (30 g)	1 carré
Chocolat mi-amer en morceaux *1 paquet de 6 oz* (180 g)	1 tasse
Citron *1 moyen*	3 cuillerées à soupe de jus, environ 1 cuillerée à soupe de zeste râpé
Crème, épaisse ou à fouetter *1 tasse*	2 tasses de crème fouettée
Crème sure *8 oz* (250 ml)	1 tasse
Farine *1 lb* (450 g) *tout usage, à gâteaux*	environ 3½ tasses environ 4 tasses
Fromage *¼ lb* (115 g)	1 tasse (râpé)

ALIMENTS *(suite)*

Fromage blanc (cottage) *8 oz* (225 g)	1 tasse
Fromage à la crème *3 oz* (85 g)	6 cuillerées à soupe
Gélatine non parfumée *1 sachet*	1 cuillerée à soupe
Huile à salade *16 oz* (455 ml)	2 tasses
Lait concentré *boîte de 5⅓ ou 6 oz* (150-170 ml) *13 ou 14½ oz* (370-410 ml)	⅔ tasse 1⅔ tasse
Lait condensé sucré *boîte de 14 oz* (400 ml)	1¼ tasse
Lime *1 moyenne*	2 cuillerées à soupe de jus
Noix *1 lb* (450 g) **Amandes** *entières* *écalées*	1 à 1¼ tasse 3 tasses
Arachides *entières* *écalées*	2 à 2½ tasses 3 tasses
Avelines *entières* *écalées*	1½ tasse 3½ tasses
Noix de Grenoble *entières* *écalées*	2 tasses 4 tasses
Noix du Brésil *entières* *écalées*	1½ tasse 3¼ tasses
Pacanes *entières* *écalées*	2¼ tasses 4 tasses
Noix de coco *en flocons, boîte de 3½ oz* (100 g) *râpée, boîte de 4 oz* (115 g)	1⅓ tasse 1⅓ tasse
Œufs, blancs, gros, *1 tasse*	8 à 10 blancs
Œufs, jaunes, gros, *1 tasse*	12 à 14 jaunes
Oignon *1 gros*	¾ à 1 tasse, haché
Orange *1 moyenne*	⅓ à ½ tasse de jus 2 cuillerées à soupe de zeste râpé
Pain *1 miche de 1 lb* (450 g)	14 à 20 tranches
Pommes *1 lb* (450 g)	3 moyennes (tranchées : 3 tasses)
Pommes de terre *1 lb* (450 g) *blanches patates douces*	3 moyennes (en dés : 2¼ tasses) 3 moyennes
Raisins secs *1 lb* (450 g)	3 tasses
Riz à grains longs *1 tasse*	3 tasses, cuit
Sirop *de maïs, 16 oz* (455 ml) *d'érable, 12 oz* (340 ml)	2 tasses 1½ tasse
Sucre *1 lb* (450 g) *en poudre cassonade glace*	2¼ à 2½ tasses 2¼ tasses 4 à 4½ tasses
Tomates *1 lb* (450 g)	3 moyennes

INDEX
PHOTOGRAPHIQUE

Table des matières de l'index photographique

PHOTOS EN COULEURS PLEINE PAGE
(à la suite des pages indiquées en **gras** ci-dessous)

144   *Œufs durs* (recette p. 140), décorés avec goût.

Omelette aux fines herbes (p. 146).

Vivaneau farci aux huîtres (p. 176).

Paella (p. 165), *Sangria* (p. 471), *Salade verte et vinaigrette au citron et à la moutarde* (p. 318).

208   A gauche : *Brochettes d'agneau* (p. 228) ; au centre : *côte d'aloyau* ; à droite : *Brochettes de porc aux oignons* (p. 213).

Dans le sens des aiguilles d'une montre, à partir d'en haut, à gauche : *Riz frit à la chinoise* (p. 341) ; *Moo Goo Gai Pan* (p. 266) ; *Bœuf anisé à l'orientale* (p. 200) ; *Côtes de porc à l'orientale* (p. 214) ; *Légumes sautés* (p. 299) ; *kiwi* (p. 307).

A partir du haut : *Salade de harengs* (p. 324) ; *Canapés danois* (p. 458) ; *Salade de concombres à la danoise* (p. 319) ; plateau de tranches froides de rôti de bœuf, de dinde et de jambon ; bière, aquavit, pains tranchés et petits pains.

A partir du haut, de gauche à droite : saucisson à l'ail, pepperoni, saucisson de jambon, pain de viande aux olives, fromage de tête, salami, mortadelle (bologna), saucisson de foie (pâté), saucisson polonais (de Cracovie), saucisse de Brunswick (boudin au lard).

304   *Fruits frais* (pp. 301-315).

Dans le sens des aiguilles d'une montre, à partir de la gauche : édam, emmenthal, stilton, port-salut, cubes de samsoe, camembert, tranches de provolone ; servis avec du raisin, des pommes, des poires, des nectarines, des dattes, des noix et du vin.

De haut en bas, à gauche : *grosses spirales, boucles, roues, coquilles* ; au centre : *spaghetti* ; à droite : *rigatoni, tortellini, ditallini, plumes rayées* (pp. 328-331).

A gauche : *Lasagnes aux aubergines* (p. 336) ; à droite : *Cannelloni* (p. 335).

368   *Coupes et panachés de crème glacée* (p. 377).

Dans le sens des aiguilles d'une montre, à partir du haut : *Fraises Romanoff* (p. 304) ; *Shortcake aux fraises* (p. 369) ; fraises servies avec du sucre et de la crème ; *Tartelettes aux fruits* (p. 357).

Exemples de décorations de gâteaux (pp. 398-399).

Dans le sens des aiguilles d'une montre, à partir du haut : *Spirales aux agrumes* (p. 411) ; *Biscuits aux épices* (p. 413) ; *Biscuits au sucre* (p. 412) ; *Petits rochers* (p. 407) ; *Truffes* (p. 420) ; *Fruits en pâte d'amandes* (p. 419).

AMUSE-GUEULE ET ENTRÉES

Canapés froids (de gauche à droite) : Rondelles aux œufs et au caviar ; Carrés au saumon fumé ; Bouchées au thon et au curry ; Triangles à la crème garnis de cresson ; Rondelles au thon et à l'aneth ; Canapés au bleu et à l'aspic ; Rondelles aux anchois et au fromage ; Canapés aux asperges. Pages 115 et 116

Pâté de campagne
Porc et poulet hachés avec champignons, sherry, fines herbes et bacon. 16 portions ; la veille. Page 122

Bouchées
Noix frites à la chinoise (à gauche). *Le matin.* **Amandes au curry.** *Le matin.* **Pailles torsadées au fromage.** Page 114

Rillettes de porc
Rôti de porc à la marjolaine et au thym, défait et servi avec une baguette tranchée. 12 portions ; le matin. Page 124

Guacamole
Avocat en purée rehaussé de tomates, d'oignon, d'ail, de chili et de jus de citron, servi avec des croustilles. 1 heure. Page 124

Pâté aux épinards
Pâté aux épinards, assaisonné de cayenne et de basilic, décoré de fleurs en carotte et servi froid. 10 portions ; la veille. Page 122

Pâté de foies de poulet
Foies de poulet cuits avec des oignons, du beurre et du brandy, puis réfrigérés. 12 à 16 portions ; 3 h 30. Page 122

Tartinade aux radis (à gauche). *15 minutes.* Page 294. **Tartinades au fromage** (à droite, à l'arrière et à l'avant-plan). Page 124

18

Fromage aux fines herbes et au poivre
Fromage maison aux fines herbes, couvert de poivre concassé. 5 jours avant. Page 123

Trempette aux oignons verts (à gauche). Page 124. **Trempette au fromage bleu** (au centre). Page 124. **Trempette au yogourt et au fromage.** *15 minutes.* Page 125

Bagna Cauda
Trempette veloutée à l'ail et aux anchois, servie chaude avec des légumes frais. 12 portions ; 1 h 30. Page 125

Trempette au chili pour légumes
Légumes frais servis avec une trempette très relevée. Le matin. Page 125

Pâté de canard à l'aspic au sherry
Caneton, porc, foies de poulet, champignons et petits pois cuits et nappés de gélatine. 10 portions ; la veille. Page 123

Trempette épicée pour légumes
Trempette additionnée de sauce chili, de curry et de vinaigre, servie avec des légumes. Plusieurs heures avant. Page 124

Trempette au thon
Mayonnaise additionnée de thon, d'anchois, de jus de citron et de paprika, servie ici avec des croustilles. Le matin. Page 125

Bouchées au bifteck
Bouchées d'intérieur de ronde grillées et nappées d'une sauce à la moutarde. 20 à 24 portions ; 2 heures. Page 119

Boulettes de viande à la suédoise
Boulettes de viande au consommé et à la crème. 40 amuse-gueule ; 1 heure. Page 119

19

Tomates naines farcies au jambon
Tomates-cerises garnies d'une farce au jambon, à la crème sure et au raifort. 20 amuse-gueule; le matin. Page 126

Champignons farcis à la saucisse
Champignons garnis d'une farce à la saucisse, au mozzarella et à la chapelure, puis dorés au four. 30 amuse-gueule; 1 heure. Page 117

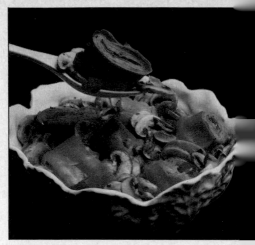

Champignons et cœurs d'artichauts marinés
Cœurs d'artichauts, champignons et piments doux marinés dans une sauce épicée. 8 portions; le matin. Page 319

Ailes de poulet
Ailes de poulet et oignons verts cuits dans une sauce au soja épicée; se sert froid ou chaud. 36 amuse-gueule; 1 heure. Page 121

Caponata
Légumes servis froids à l'italienne et accompagnés d'une vinaigrette piquante. 12 portions; 4 heures. Page 300

Cœurs de céleri vinaigrette
Céleris cuits, marinés dans une sauce au piment et servis sur des feuilles de romaine. 8 portions; 6 heures. Page 321

Carottes piquantes. *10 à 12 portions; la veille.*
Oignons marinés. *16 portions; la veille.*
Champignons aux fines herbes. *12 portions; la veille.* Page 126

Spanakopitas
Triangles de pâte à strudels farcis aux épinards, au fromage et à l'œuf, et dorés au four. 20 portions; 2 h 15. Page 121

Tostadas
Tortillas au maïs garnies de bœuf à la sauce tomate et décorées de fromage, de laitue et d'olives. 36 amuse-gueule; 1 heure. Page 118

Antipasto
Plateau : Assortiment de viandes froides, de poisson et de fromage (mortadelle, jambon, saucisson, sardines et provolone).
Bols (de gauche à droite) : **Thon et chou rouge mariné ; Chou-fleur mariné ; Aubergine marinée ; Haricots verts marinés.**
16 à 18 amuse-gueule ; le matin. Page 126

Hors-d'œuvre aux avocats
Tranches d'avocat arrosées d'une sauce chaude et piquante et garnies de miettes de bacon. 6 portions ; 35 minutes. Page 303

Salade de fruits hawaiienne
Papayes et bananes arrosées d'un sirop à base de lime et garnies de gingembre et de noix de coco. 8 portions ; 20 minutes. Page 322

Asperges à l'étuvée
Asperges cuites à l'étuvée et nappées de Sauce hollandaise. 8 portions ; 15 minutes. Page 278

Pissaladière
Pâte levée garnie d'oignons, d'anchois, d'olives, de suisse et d'origan, puis dorée au four. 18 portions; 2 h 15. Page 117

Canapés chauds : Petites quiches au brocoli ; Croustades aux champignons ; Canapés aux crevettes et au fromage ; Triangles au munster. Pages 116 à 118

Bouchées aux saucisses
Saucisses de porc enrobées de pâte. 32 amuse-gueule; 2 h 30. Page 121

Rumakis
Foies de poulet marinés et châtaignes d'eau entourés de bacon et cuits au gril. 18 amuse-gueule; 1 h 30. Page 121

Gravad Lax
Saumon frais à la scandinave, garni de poivre et d'aneth, servi froid avec une Sauce à la moutarde. 12 à 14 portions; 2 ou 3 jours avant. Page 119

Brioche au brie
Brie entier servi dans une brioche avec des grappes de raisin. 24 portions; la veille. Page 120

amplemousse grillé
*emi-pamplemousses garnis de cassonade et
e noix de beurre, puis grillés. 2 portions;
5 minutes.* Page 307

Quartiers de melon au gingembre
*Quartiers de honeydew saupoudrés de sucre
glace et de gingembre moulu. 8 portions;
2 heures.* Page 310

Tortellini à la crème
*Pâtes maison farcies au poulet et nappées
d'une sauce à la crème et au fromage.
10 portions; 3 heures.* Page 335

Œufs brouillés archiduchesse
*Œufs brouillés au jambon, aux champignons
et aux pointes d'asperges, servis sur canapé.
8 portions; 45 minutes.* Page 144

Œufs farcis et Variantes
*Jaunes d'œufs durs avec mayonnaise et
garnitures. 12 moitiés d'œufs; 45 minutes.*
Page 141

Œufs en gelée
*Œufs durs enrobés de gélatine et décorés de
morceaux d'olive et de poivron rouge.
12 portions; la veille.* Page 141

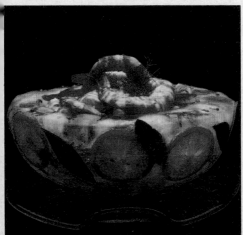

Crevettes marinées sur glace
*Crevettes marinées servies dans un bol
cristallin maison. 18 à 20 portions; la veille.*
Page 120

Huîtres sur écaille
*Huîtres fraîchement ouvertes servies avec des
quartiers de citron sur un lit de glace pilée.
5 à 6 huîtres par portion.* Page 161

Cocktail de crevettes à la sauce piquante
*Crevettes fraîches servies sur des feuilles de
laitue et nappées de sauce cocktail. 6 portions;
le matin.* Page 164

23

Coquilles Saint-Jacques
Pétoncles cuits avec une sauce aux champignons et aux oignons, de la chapelure et du fromage. 8 portions ; 50 minutes. Page 163

Pétoncles grillés au bacon
Pétoncles enroulés dans du bacon, grillés et assaisonnés. 8 portions ; 20 minutes. Page 163

Huîtres à la Rockefeller
Huîtres cuites avec des épinards aux herbes, du bacon et du fromage râpé. 6 portions ; 30 minutes. Page 161

Quenelles à la sauce au vin
Filets de poisson hachés et pochés, nappés d'une sauce au vermouth et de fromage fondu. 9 portions ; 3 heures. Page 182

Mousse de poisson
Mélange de poisson poché, de crème et de vinaigrette, décoré d'olives et de poivrons rouges. 8 portions ; 6 heures. Page 183

Huîtres frites à la poêle
Huîtres saupoudrées de chapelure de craquelins et frites à la poêle. 6 portions ; 20 minutes. Page 161

Moules marinières
Moules mijotées dans une sauce au vin, servies dans leur coquille avec du persil. 4 portions ; 1 h 15. Page 160

Blinis au caviar
Petites crêpes de sarrasin, garnies de crème sure et de caviar. 16 à 24 portions ; 55 minutes. Page 118

Soufflés aux asperges en ramequins
Soufflés aux asperges fraîches gonflés au four dans des ramequins. 6 portions ; 1 heure. Page 149

oupe à l'oignon gratinée
*ignons tranchés cuits dans du bouillon et
u vin, garnis de tranches de baguette et de
omage. 4 portions; 45 minutes.* Page 130

Avgolemono
*Bouillon de poulet additionné de riz, d'œufs et
de jus de citron, garni de rondelles de citron.
6 portions; 30 minutes.* Page 130

Bisque de crevettes
*Bouillon de poulet additionné de crevettes, de
légumes, de vin blanc, de riz, d'aromates et de
crème. 10 portions; 1 heure.* Page 130

rème de champignons
*Champignons frais cuits dans un bouillon avec
des oignons et additionnés de crème épaisse.
portions; 45 minutes.* Page 131

Gaspacho
*Tomates, jus de tomate, concombre, oignon,
poivron vert et aromates battus ensemble et
servis froids. 4 portions; 2 h 30.* Page 129

Crème de concombres froide
*Concombres, oignons et aromates cuits dans
un bouillon de poulet, réduits en purée et
passés. 6 portions; 4 heures.* Page 129

Soupe aux pois
*Laitue, oignons et assaisonnements mélangés
avec des pois et garnis de feuilles de menthe.
10 portions; 45 minutes.* Page 130

Consommé madrilène en gelée
*Consommé madrilène refroidi, défait et
couronné d'oignons et de raisins hachés.
6 portions; le matin.* Page 129

Vichyssoise
*Poireaux cuits dans du beurre et un fond de
poulet, incorporés à une crème de pommes de
terre. 4 portions; le matin.* Page 129

Gombos aux fruits de mer
*Mélange d'oignons, de crevettes et de crabe,
épicé à la créole et servi avec une boule de riz.
8 portions; 2 heures.* Page 136

Chaudrée de palourdes Nouvelle-Angleterre
*Potage traditionnel, à base de lait, de
palourdes et de pommes de terre. 4 portions;
30 minutes.* Page 135

Chaudrée de palourdes Manhattan
*Palourdes, bacon, pommes de terre et carottes
cuits dans une base classique à la tomate et
aux herbes. 8 portions; 1 h 30.* Page 135

Bouillabaisse à l'américaine
*Filets de bar, palourdes et crevettes dans
un potage aux tomates fortement relevé.
8 à 10 portions; 1 heure.* Page 136

Chaudrée de crevettes
*Crevettes, fromage et cubes de pommes de
terre cuits dans du lait et garnis de persil
haché. 8 portions; 1 heure.* Page 136

Chaudrée de poisson
*Plie, pommes de terre et oignons mijotés avec
des fines herbes dans une crème au vin blanc.
8 portions; 50 minutes.* Page 135

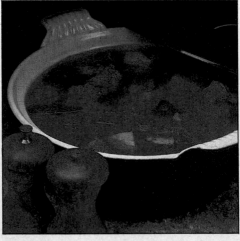

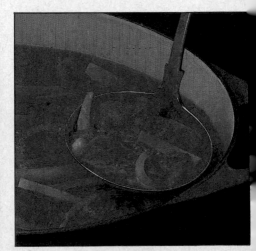

Soupe au poulet avec boulettes de pâte
*Boulettes miniatures ajoutées à une riche
soupe au poulet et aux légumes. 8 portions;
1 h 30.* Page 134

Goulasch
*Ragoût de bœuf et de veau au paprika, cuit
avec des pommes de terre et des oignons.
12 portions; 2 h 30.* Page 133

Potage aux lentilles à l'allemande
*Lentilles, carottes, oignons et céleri
mijotés avec un os de jambon et du laurier.
6 portions; 1 h 30.* Page 132

Potage au bacon et aux petits haricots blancs
*Haricots blancs cuits avec du bacon, des
oignons, du céleri et des tomates. 8 portions;
h 30.* Page 135

Soupe aux pois cassés
*Os de jambon mijoté avec des aromates, des pois cassés, des carottes
et un oignon. 6 portions; 1 heure.* Page 133

Bortsch nourrissant
*Betteraves, cubes de bœuf et chou râpé servis
avec une garniture de crème sure. 4 portions;
le matin.* Page 132

Velouté au cheddar
*Fromage râpé fondu dans du lait et du bouillon,
servi avec des cubes de pumpernickel.
6 portions; 45 minutes.* Page 134

Potage Mulligatoni
*Nourrissant potage indien, aromatisé au curry
et couronné de riz. 6 portions; 1 h 30.*
Page 134

Potage au bœuf et aux légumes à l'ancienne
*Cubes de bœuf et de courgettes cuits dans un
riche potage aux oignons, céleri, carottes, chou
et haricots. 10 portions; 1 heure.* Page 132

Minestrone
*Classique potage italien aux légumes, dont
des courgettes et des tomates, servi avec du
fromage râpé. 8 portions; 2 heures.* Page 133

27

Œufs durs ou à la coque
Œufs cuits au goût. Jaune solide et blanc ferme ou jaune à peine pris et blanc crémeux. 1 ou 2 œufs par personne. Page 140

Œufs à la créole
Œufs durs mijotés dans une sauce aromatisée aux tomates et aux poivrons verts, servis sur un lit de riz. 4 portions ; 45 minutes. Page 142

Œufs au brocoli
Œufs farcis et bouquets de brocoli gratinés au fromage. 3 portions ; 1 heure. Page 142

Œufs brouillés
Deux œufs battus avec un peu d'eau ou de lait et cuits dans du beurre. 2 œufs par personne ; 5 minutes. Page 144

Œufs brouillés aux crevettes
Crevettes cuites avec des œufs brouillés et servies sur des moitiés de muffins anglais grillés. 2 portions ; 15 minutes. Page 144

Omelette nature
Omelette classique, servie repliée. Se sert nature ou avec une garniture. 1 portion ; 30 minutes. Page 145

Œufs sur le plat
Œufs entiers cuits dans un peu de beurre et arrosés jusqu'à ce qu'ils soient à point. 2 œufs par personne ; 5 minutes. Page 143

Œufs en ramequins
Deux œufs cuits dans un ramequin et assaisonnés de sel, de poivre et de paprika. 2 œufs par personne ; 30 minutes. Page 143

Œufs sauce Mornay
Œufs cuits au four dans une sauce à la moutarde et au fromage. 4 portions ; 40 minutes. Page 143

Soufflé au fromage
Cheddar râpé et sauce aux œufs cuits au four jusqu'à ce que le tout soit gonflé et doré. 6 portions; 1 h 15. Page 148

Soufflé aux épinards
Purée d'épinards et d'oignons dans une sauce aux œufs, cuite au four. 6 portions; 1 h 30. Page 149

Soufflé au saumon
Saumon dans une sauce aux œufs aromatisée à la moutarde et cuite au four. 4 portions; 1 h 15. Page 149

Soufflé au fromage et au bacon
Mélange aux blancs d'œufs et au fromage avec bacon frit, doré au four. 2 portions; 1 h 15. Page 149

Soufflé au poulet
Mélange poulet et champignons, gonflé et doré au four. 6 portions; 1 h 30. Page 149

Omelette soufflée
Blancs d'œufs battus, puis incorporés à des jaunes avant d'être cuits au four. Peut être farcie. 2 portions; 30 minutes. Page 146

Œuf poché
Œuf mijoté quelques minutes dans de l'eau, égoutté et servi aussitôt. Ici, sur canapé. 2 œufs par personne; 5 minutes. Page 142

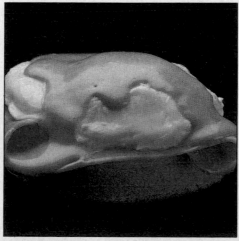

Œufs Benedict
Œufs pochés servis ici avec du jambon sur des muffins anglais et nappés de Sauce hollandaise. 4 portions; 30 minutes. Page 142

Crêpes aux crevettes et au curry (à l'arrière-plan). *1 heure.* **Crêpes aux épinards.**
30 minutes. 6 portions par recette. Page 147

29

Fondue suisse
Recette suisse traditionnelle à base de vin et de fromage, servie chaude avec des bouchées de pain. 4 portions ; 25 minutes. Page 155

Fondue au cheddar
Variante plus consistante au cheddar, servie avec de la baguette. 6 portions ; 30 minutes. Page 155

Fondue suisse cuite au four
Tranches de pain blanc nappées d'une sauce aux œufs et au fromage, puis cuites au four. 4 portions ; 2 heures. Page 155

Raclette
Fromage cuit au four et servi chaud avec des pommes de terre, des cornichons et des oignons. 4 portions ; 20 minutes. Page 154

Canapés italiens au fromage
Tranches de pain italien grillées et recouvertes de mozzarella et d'une sauce aux câpres et aux anchois. 4 portions ; 25 minutes. Page 154

Welsh rabbit
Canapés chauds nappés d'une épaisse sauce au cheddar. 6 portions ; 20 minutes. Page 154

Welsh rabbit à la bière
Mélange de fromage américain, de moutarde sèche et de bière servi chaud sur canapés. 4 portions ; 20 minutes. Page 154

Gratin suisse aux tomates
Plat à base de croûtons, de tomates et de suisse râpé, cuit dans une sauce aux œufs et à la moutarde. 4 portions ; 1 h 15. Page 154

Quiche lorraine
Pâte à tarte garnie d'un mélange à base de fromage, de bacon, d'œufs et de crème, cuite dans un moule. 6 portions ; 1 h 30. **Page 156**

Tarte au fromage et au jambon
Mélange de cottage, de ricotta, de parmesan, d'œufs et de jambon, cuit au four dans une tarte à deux croûtes. Se sert froid. 10 portions ; le matin. **Page 157**

Tarte au fromage et aux oignons
Mélange d'oignons hachés, de suisse et d'œufs, cuit dans une croûte à tarte. 6 portions ; 1 h 15. **Page 157**

Tarte aux épinards et aux saucisses
Mélange de saucisses hachées, d'épinards et de fromage, cuit dans une tarte à deux croûtes. 10 portions ; 2 heures. **Page 156**

Galettes frites au fromage
Galettes au suisse panées, qu'on sert avec la Sauce à spaghetti. 6 portions ; le matin. **Page 157**

Couronne au fromage
Pâte à la levure, farcie de munster, décorée d'amandes et cuite au four. 8 portions ; 2 heures. **Page 446**

Pizza au fromage (à gauche)
Pâte à pizza garnie de sauce tomate et de mozzarella.
Autres garnitures (dans le sens des aiguilles d'une montre) : *champignons, bœuf, saucisse, oignon, olives, poivron, anchois et pepperoni. 8 portions ; 2 h 30.* **Page 454**

Spaghetti aux quatre fromages
*Spaghetti nappés d'une sauce à base de
mozzarella, fontina, provolone et parmesan.
4 portions; 45 minutes. Page 331*

Macaroni au gratin
*Coudes nappés d'une sauce au fromage,
saupoudrés de chapelure au beurre et cuits au
four. 4 portions; 45 minutes. Page 332*

Casserole de macaroni au fromage
*Coudes cuits avec des oignons et des poivrons
verts, puis mélangés avec du fromage et des
olives. 4 portions; 45 minutes. Page 332*

Spaghetti aux œufs et au bacon
*Mélange de spaghetti, de bacon frit et
d'oignons auquel on a incorporé des œufs et
du fromage. 4 portions; 30 minutes. Page 331*

Spaghetti au jambon et aux petits pois
*Spaghetti cuits avec du jambon, des petits pois
et du fromage nappés d'une sauce à la crème.
4 portions; 45 minutes. Page 331*

Raviolis et Raviolis géants
*Pâtes farcies, normales ou très grosses,
nappées de Sauce Marinara. 4 portions;
3 heures. Page 333*

Spaghetti et boulettes de viande
*Boulettes de bœuf haché et de chapelure dans une sauce tomate aux
fines herbes servies sur un lit de spaghetti et accompagnées de parmesan
râpé. 6 portions; 2 h 15. Page 331*

Cavatelli et sauce à la viande
*Petites pâtes maison nappées de Sauce
à la viande et saupoudrées de fromage râpé.
4 portions; 4 heures. Page 332*

Manicotti garnis
Coquilles de manicotti farcies d'un mélange au fromage et nappées d'une sauce au bœuf et à la saucisse. 8 portions; 2 h 30. Page 334

Manicotti
Pâtes farcies au fromage et cuites au four dans une sauce au veau haché et aux tomates. 8 portions; 3 heures. Page 334

Cannelloni
Pâtes carrées farcies à la viande, roulées et cuites au four dans une sauce au fromage. 8 portions; 2 heures. Page 335

Lasagnes
Larges nouilles garnies d'un mélange au ricotta, de mozzarella et d'une sauce à la viande. 8 portions; 2 h 30. Page 336

Lasagnes au veau
Version plus crémeuse des lasagnes classiques, préparée avec des cubes de veau en sauce. 10 portions; 2 h 30. Page 336

Lasagnes aux aubergines
Couches alternées de nouilles, de chapelure, d'aubergine, de sauce tomate et de mozzarella. 8 portions; 2 h 15. Page 336

Coquilles farcies
Coquilles géantes farcies d'un mélange au fromage et nappées d'une sauce tomate aux fines herbes. 10 portions; 2 h 30. Page 334

Haricots et riz à la portoricaine
Haricots cuits avec du petit salé et des poivrons dans une sauce tomate et servis sur un lit de riz. 6 portions; 3 heures. Page 279

Aubergine au parmesan
Couches de tranches d'aubergine, puis de tomates, de parmesan et de mozzarella, cuites au four. 6 portions; 1 h 30. Page 299

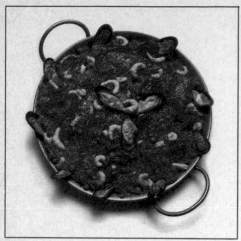

Paella
Plat espagnol composé de fruits de mer, de saucisses, de poulet et de riz au safran. 8 portions; 2 h 30. Page 165

Palourdes à l'étouffée
Myes ouvertes à l'étuvée et servies dans leur jus avec du beurre fondu. 6 portions; 1 heure. Page 162

Beignets de palourdes
Palourdes hachées, frites dans une pâte et servies avec de la Sauce tartare. 4 portions; 45 minutes. Page 162

Palourdes frites à la poêle
Palourdes « cherrystones », panées et frites. 6 portions; 30 minutes. Page 162

Pétoncles bonne femme
Pétoncles dans une sauce au vin, garnis de persil et de fromage et servis avec du pain grillé. 4 portions; 40 minutes. Page 163

Curry de crevettes à l'indienne
Crevettes frites avec une sauce piquante au yogourt, servies sur un lit de riz. 8 portions; 30 minutes. Page 165

Crevettes à l'ail
Crevettes grillées, nappées de beurre à l'ail fondu, garnies de citron et de persil. 6 portions; 20 minutes. Page 164

Crevettes frites
Grosses crevettes frites, servies avec du chou chinois, des pois mange-tout et des champignons volvaires, dans une sauce au soja et au gingembre. 8 portions; 1 h 30. Page 165

Homard grillé
Homard entier, fendu, badigeonné de beurre fondu et grillé. 1 petit homard par portion; 5 minutes. Page 169

Homard Thermidor
Chair de homard cuite dans une sauce à la crème et au sherry, puis grillée dans la carapace avec du fromage. 4 portions; le matin. Page 169

Queues de langoustes grillées
Queues de langoustes grillées et servies avec du beurre fondu ou une sauce. 1 grosse queue par portion; 15 minutes. Page 169

Crabes à carapace molle poêlés
Crabes cuits entiers et servis avec une sauce au beurre et des quartiers de citron. 4 portions; 15 minutes. Page 167

Galettes de crabe
Galettes de chair de crabe, de chapelure et d'aromates, frites et servies avec de la Sauce tartare. 4 portions; 30 minutes. Page 167

Crabe impérial
Chair de crabe royal cuite en casserole dans une sauce aux œufs et au sherry. 8 portions; 1 heure. Page 167

Ombres arctiques au beurre citronné
Poissons parés, grillés et arrosés de beurre citronné durant la cuisson. 8 portions; 20 minutes. Page 174

Vivaneau farci aux huîtres
Poisson entier farci d'un mélange d'huîtres, de céleri et de chapelure. 8 portions; 1 h 30. Page 176

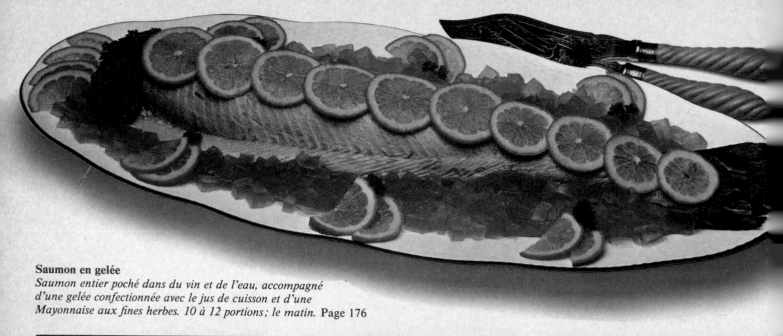

Saumon en gelée
*Saumon entier poché dans du vin et de l'eau, accompagné
d'une gelée confectionnée avec le jus de cuisson et d'une
Mayonnaise aux fines herbes. 10 à 12 portions; le matin.* Page 176

Truites grillées au sésame
*Poissons parés et marinés, arrosés d'une sauce
aux graines de sésame pendant la cuisson.
6 portions; 4 heures.* Page 174

Eperlans frits
*Eperlans parés et panés, frits et servis avec
des quartiers de lime. 6 portions; 1 h 30.*
Page 175

Bar d'Amérique sauce piquante
*Poisson frit à la chinoise et servi avec
une sauce piquante et des légumes sautés.
6 portions; 1 h 30.* Page 175

Poisson grillé à la sauce barbecue
*Filets nappés d'une sauce et grillés avec des
champignons et des courgettes saupoudrées de
fromage. 4 portions; 55 minutes.* Page 177

Filets de sole Thermidor
*Filets de sole pochés dans du lait, puis grillés
dans une sauce au sherry et au fromage.
8 portions; 45 minutes.* Page 178

Morue aux légumes à la provençale
*Filets frits servis avec un mélange
d'aubergines, d'oignons, de poivrons et de
tomates. 8 portions; 1 h 30.* Page 178

Rouleaux aux crevettes
Filets farcis d'un mélange de champignons et de crevettes, pochés et nappés d'une sauce crémeuse. 6 portions; 40 minutes. Page 180

Poisson grillé à l'estragon
Filets grillés avec une sauce à l'estragon et servis avec des quartiers de citron et du persil. 4 portions; 20 minutes. Page 177

Filets farcis aux myes
Filets farcis aux myes et cuits au four dans des ramequins. 4 portions; 50 minutes. Page 179

Morue en casserole
Filets de morue cuits dans une sauce tomate avec des pommes de terre, du bacon et un oignon. 4 portions; 55 minutes. Page 180

Sole pochée sauce hollandaise
Filets de sole pochés dans un court-bouillon, nappés de Sauce hollandaise et garnis de persil. 4 portions; 50 minutes. Page 179

Sole au four sauce au citron
Filets nappés d'une épaisse sauce au citron et garnis d'olives farcies; 8 portions; 30 minutes. Page 179

Aiglefin fumé à la crème
Aiglefin fumé mijoté dans une sauce à la crème, servi sur canapés et garni de jaune d'œuf. 8 portions; 30 minutes. Page 180

Poisson frit à la Margarita
Filets cuits dans une sauce tomate aux herbes. 8 portions; 50 minutes. Page 178

Poisson frit
Filets enrobés de pâte et frits à la poêle, puis servis avec une Sauce aigre-douce. 4 portions; 55 minutes. Page 177

37

Darnes d'espadon marinées
Darnes marinées dans du vinaigre de cidre et grillées. 6 portions; le matin. Page 182

Darnes de saumon froid aux concombres marinés. *Darnes servies avec des concombres et une Mayonnaise verte. 6 portions; 4 heures.* Page 181

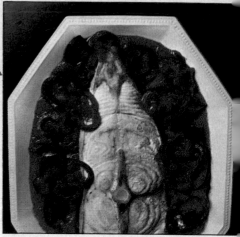

Darne de flétan aux aubergines
Poisson grillé et arrosé de beurre, servi avec une sauce aux aubergines. 6 portions; 30 minutes. Page 181

Darnes de morue
Darnes frites, servies avec des épinards et des champignons. 4 portions; 40 minutes. Page 182

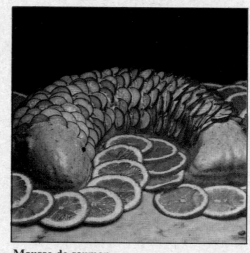

Mousse de saumon
Saumon en conserve moulé dans un appareil crémeux et décoré de tranches de radis. 6 portions; 4 heures. Page 184

Croquettes au saumon
Galettes de saumon frites, servies sur des muffins anglais avec une Sauce hollandaise. 6 portions; 45 minutes. Page 183

Pâté au thon
Mélange de thon, de brocoli, de châtaignes d'eau, de champignons et de fromage, couvert d'une abaisse. 6 portions; 1 h 30. Page 184

Thon Tetrazzini
Spaghetti et thon en conserve dans une sauce au fromage, cuits au four. 8 portions; 1 heure. Page 184

Pain de thon aux concombres
Mélange de thon et de chapelure, cuit au four dans un moule à pain et nappé de sauce. 8 portions; 1 h 30. Page 183

Dinde rôtie farcie au pain et **Sauce aux abats**
Dinde farcie d'une préparation maison, rôtie et servie avec une Sauce aux abats. 12 à 16 portions; 6 h 30. Page 249

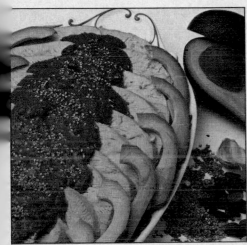

Dinde Molé
Plat de dinde mexicain, nappé d'une sauce au chocolat et au sésame et garni d'avocat. 12 à 15 portions; 3 heures. Page 267

Poitrine de dinde glacée
Poitrine de dinde rôtie, glacée d'un appareil au chutney. 12 à 16 portions; la veille. Page 250

Ailes de dinde en sauce
Ailes de dinde braisées dans une sauce au céleri. 6 portions; 2 h 30. Page 260

Poitrine de dinde roulée farcie aux épinards
Poitrine de dinde désossée, coupée en deux et roulée sur une farce avant le rôtissage. 16 portions; 3 heures. Page 251

Brochettes de dinde et de saucisses
Cubes de poitrine de dinde marinée, saucisses prêtes à servir, ananas en morceaux et oignons verts. 6 portions; 1 heure. Page 263

Salade de dinde au roquefort
*Dinde cuite mélangée avec du roquefort et de
la crème sure, servie dans une demi-pêche.
6 portions; le matin. Page 269*

Salade au poulet
*Simple salade de poulet, de céleri, de
poivron et d'oignon, enrobée de mayonnaise.
6 à 8 portions; le matin. Page 269*

Dinde au champagne
*Dinde braisée dans une crème au
champagne et aux champignons.
6 portions; 2 heures. Page 260*

Casserole de dinde au tamale
*Plat mexicain composé de dinde braisée, de
haricots rouges et de chili, couvert d'une pâte
au maïs. 6 portions; 4 heures. Page 260*

Pilons de dinde glacés aux abricots
*Pilons de dinde avec demi-abricots en conserve
et glace à la confiture d'abricots. 4 portions;
2 h 30. Page 260*

Poitrine de dinde glacée et aspic au sherry
*Poitrine de dinde rôtie et réfrigérée, enduite
d'une glace crémeuse et joliment décorée.
12 à 15 portions; la veille. Page 250*

ulet cordon-bleu
*itrines de poulet désossées farcies au suisse
au jambon et mijotées dans une sauce au
. 6 portions; 1 h 15.* Page 257

Chapon rôti aux fines herbes
*Chapon non farci, enduit d'un mélange aux
fines herbes 12 heures avant d'être cuit.
8 portions; la veille.* Page 251

Casserole de poulet à la crème sure
*Poulet braisé aux carottes et au céleri,
servi avec une sauce sur un lit de riz.
4 portions; 45 minutes.* Page 255

ulet au porto
*at composé de poitrines de poulet braisées
ns du porto avec des champignons et de la
ème. 4 portions; 35 minutes.* Page 257

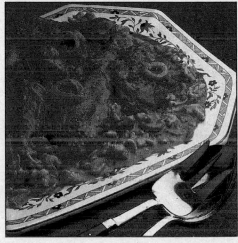

Poulet au paprika et aux spaetzle
*Petites boulettes de pâte maison servies avec
du poulet au paprika nappé d'une crème.
6 portions; 45 minutes.* Page 254

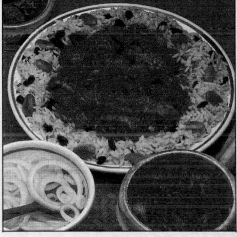

Poulet au curry à la mode du Sud
*Morceaux de poulet dans une sauce au curry,
aux amandes et aux raisins secs, servis avec
du riz. 4 à 5 portions; 1 heure.* Page 255

ulet à la sévillanne
*orceaux de poulet aromatisés aux herbes
tagères, cuits avec des légumes et des olives.
portions; 1 h 30.* Page 256

**Poitrines de poulet à la crème farcies aux
arachides.** *Poitrines de poulet farcies
d'arachides hachées et grillées. 6 portions;
2 heures.* Page 252

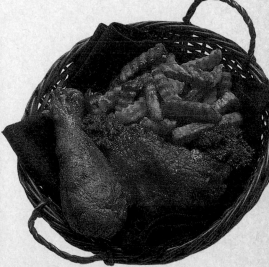

Poulet à la bière. *Poulet enrobé de pâte, puis
mis à frire, servi ici avec des frites. 4 portions;
55 minutes.* Page 264

Poulet rôti à la broche
Poulet entier rôti à la broche et arrosé de beurre fondu durant la cuisson. Prévoyez de ¾ à 1 lb (340-450 g) de poulet par personne. Page 261

Poulet aux asperges
Poitrines de poulet et asperges braisées dans une sauce à la crème de poulet, au vin blanc et au bleu. 6 portions; 1 h 30. Page 259

Poulet au chorizo
Plat épicé composé de morceaux de poulet, de jambon, de saucisse espagnole et d'ail. 6 portions; 1 heure. Page 256

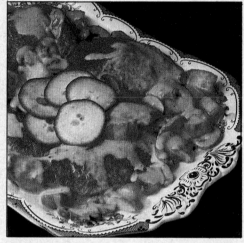

Poulet aux concombres
Quarts de poulet mijotés dans une sauce aux concombres, aux champignons et à la crème sure. 4 portions; 1 h 15. Page 255

Enchiladas de poulet à la crème sure
Tortillas farcies de poulet, de chilis et de champignons et garnies de fromage. 6 portions; 1 heure. Page 270

Poulet à la sauce piquante
Quarts de poulet marinés dans un mélange d'ail, de moutarde et de sauce Worcestershire. 8 portions; 3 h 30. Page 261

Poulet cacciatore
Poulet cuit dans du vin rouge avec des oignons, des tomates, des poivrons et des herbes. 4 portions; 1 heure. Page 255

Poulet aux crevettes
Poitrines de poulet braisées dans une riche sauce aux crevettes, aux tomates, au porto et aux herbes. 6 portions; 45 minutes. Page 258

Poulet à la périgourdine
Poitrines de poulet désossées mijotées dans une riche sauce aux champignons frais. 8 portions; 1 heure. Page 257

Poitrines de poulet farcies aux saucisses et aux noix. *Poitrines de poulet farcies et braisées, servies avec des courgettes sautées. 8 portions; 1 h 30.* Page 258

Poulet à la mode de Delhi
Poulet rôti et épicé, arrosé d'une sauce au yogourt durant la cuisson et servi sur un lit de riz. 8 portions; 2 h 30. Page 251

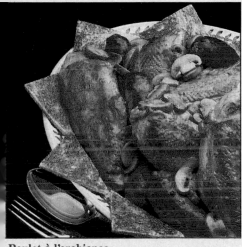

Poulet à l'orobianco
Tendres poitrines de poulet accompagnées de saucisses et cuites avec des champignons dans du vin blanc. 8 portions; 1 h 15. Page 259

Poulet aux endives
Poitrines de poulet et endives braisées nappées d'une sauce au fromage et garnies de chapelure. 4 portions; 45 minutes. Page 257

Poulet rôti farci aux saucisses et aux pommes. *Tendre poulet rôti farci avec une préparation aux saucisses et aux pommes. 6 portions; 4 heures.* Page 251

Poulet Avgolemono
Poitrines de poulet et courgettes nappées d'une sauce aux œufs, servies avec du riz pilaf. 8 portions; 1 heure. Page 259

Salades au poulet: Jambon (à gauche). *8 portions.* **Aux noix** (à droite). *6 à 8 portions.* **Waldorf.** *8 à 10 portions. Le matin.* Page 269

Poulet frit à la crème
Morceaux de poulet frits à la poêle, servis avec une sauce à base de lait. 4 portions; 1 heure. Page 263

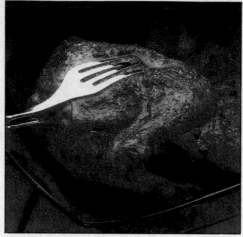

Poulet au four
Poulet enrobé de pâte, puis nappé de beurre ou de margarine et cuit au four. 8 portions; 1 heure. Page 252

Poule au pot
Poule mijotée dans un bouillon aux légumes, accompagnée ici de boulettes de pâte. 6 portions; 3 heures. Page 267

Coq au vin
Plat français composé de morceaux de poulet, de champignons et d'oignons braisés dans du vin rouge. 4 portions; 1 h 30. Page 267

Poulet impérial
Poitrines de poulet braisées dans de la crème et du sherry, avec des champignons et des oignons. 8 portions; 1 h 15. Page 258

Poitrines de poulet au fromage et aux anchois. *Poitrines de poulet farcies aux anchois et gratinées au fromage. 6 portions; 1 heure. Page 263*

Poitrines de poulet aux cœurs d'artichauts
Poulet cuit dans une sauce à la crème, au brandy et au citron, accompagné de cœurs d'artichauts. 6 portions; 1 h 30. Page 259

Arroz con pollo
Riz et poulet cuits à l'espagnole avec des tomates, des piments, des olives, des saucisses et des petits pois. 8 portions; 1 h 45. Page 254

Poulet à la Kiev
Poitrines de poulet farcies à la ciboulette et au beurre persillé, enrobées de chapelure et frites. 6 portions; 3 heures. Page 265

oo Goo Gai Pan
*ulet tranché, noix, champignons volvaires,
usses de bambous et pois mange-tout frits à
chinoise. 4 portions; 35 minutes. Page 266*

Poulet sauté
*Morceaux de poulet sautés avec des légumes
exotiques et couronnés d'amandes grillées.
4 portions; 45 minutes. Page 266*

**Poulet au zeste d'orange à la mode du
Seutchouan.** *Poulet mariné frit dans très peu
d'huile et garni de zestes d'orange frits.
4 portions; 1 heure. Page 266*

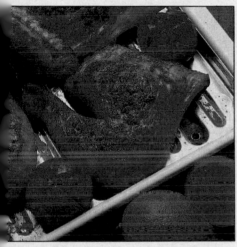

oulet grillé au citron
*uarts de poulet arrosés de beurre citronné
t servis avec des tomates au four. 4 portions;
0 minutes. Page 262*

Poulet aux avocats
*Poulet braisé dans du sherry, garni de
tranches d'avocat et nappé d'une sauce à la
crème. 4 portions; 45 minutes. Page 256*

Poulet Tetrazzini
*Poulet servi dans une sauce crémeuse, sur un
lit de spaghetti. 8 portions; 2 heures. Page 268*

Fricassée de poulet
*Poulet cuit dans une sauce au vin blanc et
accompagné ici de bacon frit et de persil.
8 portions; 3 h 30. Page 256*

Poulet frit au four
*Morceaux de poulet enrobés de farine pour
craquelins et frits au four. 4 portions; 1 h 15.
Page 264*

Poulet à la king
*Vol-au-vent garnis de poulet et de
champignons cuits dans une sauce crémeuse.
8 portions; 40 minutes. Page 269*

Poulet Tandoori
Poulet mariné dans du yogourt, des épices et du jus de citron, grillé au four ou au barbecue. 4 portions; la veille. Page 261

Pâté au poulet
Poulet mijoté avec des légumes dans une sauce crémeuse, couvert d'une abaisse et cuit au four. 8 portions; 2 h 30. Page 268

Pilons croustillants
Pilons de poulet marinés dans du jus d'orange, enrobés de gruau et de beurre et cuits au four. 8 portions; le matin. Page 264

Croquettes de poulet
4 portions; le matin. Page 270

Poulet mariné sauce chili
Morceaux de poulet marinés dans une sauce piquante et cuits au gril ou au barbecue. 4 portions; le matin. Page 262

Poulet au citron sur lit d'épinards
Poitrines de poulet servies sur un lit d'épinards crus avec une sauce au citron. 6 portions; 45 minutes. Page 264

Émincé de poulet à la crème. *Cubes de poulet et de pommes de terre servis dans une riche sauce. 4 portions; 25 minutes.* Page 269

Rouleaux de poulet frit
Demi-poitrines de poulet désossées, farcies aux crevettes, enrobées de pâte et frites. 6 portions; 2 h 30. Page 265

Poulet au sauternes
Moitiés de poulet marinées dans du vin blanc avec des oignons verts et du persil, puis cuites au four. 4 portions; le matin. Page 252

oies de poulet sautés
*oies de poulet sautés avec des oignons dans
ne sauce au sherry et servis sur canapés.
portions; 30 minutes.* Page 270

Poulets rock cornish glacés au citron
*Poulets rôtis à la broche et glacés au sirop de
maïs additionné de jus de pomme et de zeste
de citron. 4 portions; 1 h 30.* Page 272

oies de poulet Aloha
*oies de poulet aux légumes, servis à
'hawaiienne avec des morceaux d'ananas et
u riz. 4 portions; 30 minutes.* Page 270

Poulets rock cornish farcis au mincemeat
*Poulets rôtis glacés au sirop d'érable et au
sherry. 4 portions; 2 heures.* Page 272

Poulet rock cornish grillé
*Moitiés de poulet grillées avec des tranches
d'ananas et servies sur un lit de riz.
2 portions; 50 minutes.* Page 272

Poulets rock cornish et sauce aux raisins
*Poulets rock cornish farcis au germe de blé et au céleri, rôtis et servis
avec une sauce aux fruits chaude. 4 portions; 1 h 45.* Page 271

Poulets rock cornish au riz
*Poulets rôtis, farcis d'un riz aux champignons
et aux échalotes, garnis de pommes et de
persil. 4 portions; 2 h 45.* Page 271

Poulets rock cornish farcis et sauce à la rhubarbe. *Poulets farcis aux fines herbes et servis avec une sauce à la rhubarbe.*
4 portions; 1 h 45. Page 271

Poulets rock cornish au miel
Poulets détaillés, marinés dans une sauce chinoise, frits, glacés au miel et servis sur un lit de laitue. 8 portions; le matin. Page 272

Canard à la mode de Peking et crêpes fines
Plat chinois composé d'aiguillettes de canard servies avec des crêpes fines, de la sauce hoisin et des oignons verts. Chaque convive garnit lui-même sa crêpe. 4 portions; la veille. Page 275

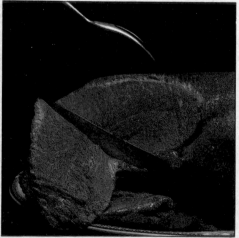

Oie rôtie farcie aux fruits
Oie à la peau croustillante farcie de fruits secs et nappée d'une sauce à base du jus de cuisson. 8 portions; 4 heures. Page 273

Oie rôtie à la mode de Bohême
*Oie rôtie farcie selon une recette traditionnelle à base de choucroute, de pommes et de carvi.
8 à 10 portions; 4 h 15.* Page 273

Canard à la mode de Shanghai
Canard braisé avec des poireaux et des carottes dans une sauce au soja et au gingembre. 4 portions; 2 h 30. Page 274

anard rôti Montmorency
uarts de canard rôti nappés d'une sauce au
rdeaux et aux cerises. 4 portions; 2 h 30.
age 274

Canard farci
au riz et à la saucisse
Canard rôti et farci, servi ici avec des pommes de terre, des asperges
et des champignons. 3 à 4 portions; 4 h 15. Page 273

Canard à l'orange
Canard rôti servi à la française avec une sauce
à l'orange et garni de rondelles d'orange.
portions; 2 h 30. Page 274

Canards glacés aux prunes
Quarts de canard à l'ail glacés d'une sauce
aux prunes et aux épices. 8 portions; 2 h 15.
Page 276

Glace aux coings
Beurre et épices additionnés de gelée de coing
dont on enduit la volaille durant les 10 à
20 dernières minutes de cuisson. Page 276

Farces pour la volaille (de gauche à droite): **Farce aux marrons**
(pour la dinde). 1 h 15. **Farce au riz et aux raisins** *(mélange de*
bacon, de raisins secs, de céleri et d'oignons). 45 minutes. **Farce aux**
saucisses et aux pommes. *45 minutes.* Page 253

Sauces pour la volaille:
Sauce aux groseilles et à la menthe. Sauce
aux atocas et à l'orange. Sauce au citron.
De 10 à 20 minutes. Page 276

49

Côte de bœuf et poudings Yorkshire
*Fin de train de côtes servie avec des poudings Yorkshire
et une Sauce au raifort. 14 à 18 portions; 2 à 4 heures.* Page 191

Tranche de palette au sésame
*Tranche de palette marinée dans une sauce
au sésame, grillée et servie avec des oignons.
8 à 10 portions; le matin.* Page 198

Pot-au-feu Nouvelle-Angleterre
*Tranche de poitrine de bœuf désossée, mijotée
avec des légumes. 14 à 16 portions; 3 h 30.*
Page 205

Tranches de palette à la crème sure
*Tranches braisées servies avec des nouilles et
nappées d'une sauce à la crème sure à l'aneth.
4 à 6 portions; 1 h 45.* Page 200

Bœuf braisé sauce barbecue
*Intérieur de palette braisé dans une
sauce aux tomates et aux oignons.
10 à 12 portions; 4 heures.* Page 195

Ragoût de bœuf à la californienne
*Ragoût de cubes de bœuf, d'oignons, de
champignons, de petits pois et d'olives.
6 à 8 portions; 3 heures.* Page 203

Bœuf braisé à la César
*Biftecks de noix de ronde, braisés dans une
sauce Worcestershire aux anchois et servis sur
canapés. 4 portions; 1 h 45.* Page 201

Bifteck de flanc
*Bifteck de flanc assaisonné et grillé avec
des moitiés de tomates et des champignons.
4 portions; 30 minutes.* Page 196

Pain de viande (en haut) et **Pain de viande
à l'ananas.** *8 portions chacun; 2 heures.*
Page 206

**Filets mignons avec sauce aux câpres et
à la moutarde.** *Filets nappés d'une sauce à
la moutarde, aux câpres et au vermouth.
6 portions; 30 minutes.* Page 195

Bœuf braisé au chou aigre-doux
*Morceau de rond de palette braisé et servi
avec du chou rouge. 10 portions; 3 h 30.*
Page 194

Macaroni au bœuf
*Macaroni, bœuf haché, ricotta et Sauce à
spaghetti, gratinés au mozzarella. 8 portions;
1 h 30.* Page 209

Rôti couronné de légumes
*Rôti de surlonge, couronné de carottes râpées
et de céleri, servi avec une sauce au vin.
16 à 18 portions; 3 h 30.* Page 191

Bifteck de flanc farci au céleri
*Roulade de bifteck de flanc farcie au céleri et
braisée. 6 à 8 portions; 2 h 30.* Page 201

Carbonade
*Tranches de palette à la bière, avec ail et
oignons. 8 portions; 1 h 30.* Page 199

51

Hamburgers
Galettes de bœuf haché assaisonnées et poêlées, nappées de ketchup et servies sur des petits pains. 4 portions; 20 minutes. Page 205

Bœuf braisé au sherry et aux champignons
Epaule braisée avec des champignons et du sherry, garnie de champignons et de persil. 8 à 10 portions; 3 heures. Page 195

Biftecks Diane
Biftecks de faux-filet flambés au brandy et servis avec une sauce au sherry. 4 portions; 20 minutes. Page 196

Filets Wellington individuels
Morceaux de faux-filet garnis d'oignons et de champignons, enrobés de pâte et cuits au four. 10 portions; le matin. Page 192

Pains de viande citronnés à la sauce barbecue
(à l'arrière-plan). *6 portions; 1 heure.*
Pain de viande paysan. *8 portions; 2 heures.* Page 207

Chili con carne
Casserole de bœuf haché, de haricots rouges et de chili, servie avec du pain et divers accompagnements. 8 à 10 portions; 1 h 30. Page 209

Bœuf braisé à la mexicaine
Morceau d'épaule braisé avec des poivrons, des piments, du maïs et une purée de tomates. 10 à 12 portions; 2 h 45. Page 194

Ragoût de bœuf à l'autocuiseur
Cubes de bœuf marinés et cuits à l'autocuiseur avec du petit salé et des légumes. 6 à 8 portions; le matin. Page 203

Bifteck d'aloyau mariné
Bifteck d'aloyau mariné au vin rouge et grillé. 10 à 12 portions; le matin. Page 196

ifteck en cubes à la sauce tomate
*ubes de bifteck poêlés et nappés d'une
auce aux tomates et aux oignons verts.
à 8 portions; 45 minutes.* Page 198

Bœuf anisé à l'orientale
*Tranche d'épaule désossée braisée dans une
sauce soja avec graines d'anis et oignons verts.
6 à 8 portions; 2 h 15.* Page 200

Boulettes de viande à l'aneth. *6 portions;
1 heure.* **Boulettes bourguignonnes.** *6 portions;
45 minutes.* **Boulettes au fromage et aux
champignons.** *8 portions; 1 heure.* Page 208

Biftecks Médicis
*Côtes d'aloyau désossées et poêlées avec des
champignons dans du porto. 4 portions;
25 minutes.* Page 197

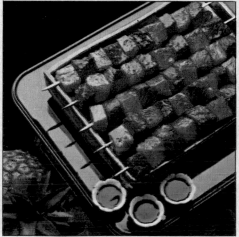

Brochettes de bœuf Teriyaki
*Cubes d'intérieur de ronde marinés et
grillés avec des cubes d'ananas frais.
6 à 8 portions; 4 heures.* Page 198

Bœuf braisé aux poivrons
*Bas de palette braisé dans une sauce au
sherry et au soja, accompagné de poivrons.
8 à 10 portions; 3 heures.* Page 194

Bœuf bourguignon
*Bœuf cuit dans du bourgogne et du brandy
avec de l'ail, des oignons, des carottes et des
champignons. 10 portions; 4 h 30.* Page 202

Haut-de-côtes aux fines herbes
*Haut-de-côtes cuit au four dans une sauce
tomate parfumée au thym. 4 portions;
3 heures.* Page 204

Steak and Kidney Pie
*Cubes de bœuf et de rognons dans une riche
sauce au vin, couverts d'une abaisse et cuits
au four. 8 à 10 portions; 3 h 45.* Page 203

53

Haut-de-côtes sauce barbecue
Haut-de-côtes cuit, puis réchauffé sur la braise et nappé d'une sauce épicée au ketchup. 6 à 8 portions; le matin. Page 204

Sauerbraten
Extérieur de ronde mariné, cuit avec des légumes et nappé de sauce. 14 à 16 portions; 2 jours avant. Page 193

Tranche de palette relevée
Tranche de palette braisée dans une sauce additionnée de cassonade, de moutarde et de citron. 8 à 10 portions; 2 heures. Page 199

Bifteck de ronde à la diable
Bifteck d'intérieur de ronde pané et grillé. 10 à 12 portions; 1 h 30. Page 197

Chou farci
Chou évidé et farci d'un mélange de bœuf haché et de riz épicé, cuit dans une sauce tomate. 6 portions; 3 heures. Page 209

Bœuf aux poireaux et aux carottes
Tranche d'intérieur de palette braisée avec des poireaux et des carottes. 6 à 8 portions; 2 heures. Page 199

Ragoût de bœuf
Cubes de viande, carottes, pommes de terre et petits pois mijotés dans un bouillon de bœuf. 8 à 10 portions; 3 h 30. Page 202

Bœuf Stroganoff
Tranche d'épaule cuite avec des oignons et des champignons, servie sur des nouilles. 4 à 6 portions; 1 h 45. Page 201

Pot-au-feu
Morceau de haut-de-côtes braisé dans du jus de tomate avec des légumes, nappé de sauce. 20 portions; 5 heures. Page 192

Bœuf braisé aux fruits
Rond de palette braisé au cidre, avec des clous de girofle, des abricots séchés et des pruneaux. 12 à 14 portions; 4 heures. Page 193

Jarret de bœuf aux légumes
Jarret cuit dans une soupe aux tomates avec des carottes, des oignons et des haricots. 8 portions; 4 heures. Page 204

Chateaubriand
*Tranches de surlonge grillée, servies avec des **Artichauts à la béarnaise** (page 277), des champignons sautés, des carottes et du céleri. 8 portions; 1 h 30.* Page 195

Pot-au-feu au four
Rôti de rond de croupe, braisé au four avec des navets et des haricots de Lima. 8 à 10 portions; 4 heures. Page 193

Bifteck à la suisse
Tranche d'épaule braisée avec des oignons et un poivron vert dans une sauce tomate. 8 à 10 portions; 2 h 30. Page 200

Bifteck jardinière
Tranches d'intérieur de ronde accompagnées de poivrons, d'olives, de tomates et de câpres. 12 à 14 portions; 1 heure. Page 197

Rôti de porc
Rôti de centre de longe cuit au four et servi avec sa sauce.
8 portions; 2 heures. Page 212

Filet de porc pané
Filet papillon, aromatisé et frit. 3 portions;
25 minutes. Page 213

Rôti de porc farci aux pruneaux
Rôti de centre de longe farci aux pruneaux,
rôti et servi avec sa sauce. 12 à 14 portions;
3 heures. Page 212

Côtes levées sauce barbecue
Côtes levées cuites, puis réchauffées sur la
braise et badigeonnées d'une sauce chili.
4 portions; le matin. Page 216

Côtelettes de porc farcies aux pommes
Côtelettes farcies aux pommes et aux fines
herbes, puis cuites au four. 6 portions; 2 h 30.
Page 215

Côtes de longe jardinière
Côtes de longe paysannes cuites au four
dans du jus de pomme avec des légumes.
8 portions; 2 h 30. Page 216

Petits pains au porc sauce barbecue
Escalopes de surlonge poêlées et servies sur
des petits pains grillés, avec une sauce au
ketchup. 6 portions; 20 minutes. Page 214

Côtes de dos à la choucroute
Côtes de dos sautées, puis mijotées avec
de la choucroute. 6 portions; 2 h 15.
Page 216

Jarrets de porc aux haricots blancs
Jarrets mijotés avec des haricots blancs, des oignons et des carottes et relevés de clous de girofle. 6 portions; 3 h 30. Page 217

Burritos
Tortillas farcies d'un mélange de porc, de bœuf, de haricots et de fromage. 10 portions; 2 h 30. Page 217

Filet de porc jardinière (à gauche).
6 portions; 30 minutes. Page 213.
Côtes de porc à l'orientale. *6 portions; 4 h 30.* Page 214

Côtelettes de porc à l'orange
Côtelettes mijotées et servies avec une sauce à l'orange épicée. 6 portions; 55 minutes. Page 215

Rôti de porc sauce piquante
Rôti de longe, bout des côtes, cuit au four dans une sauce tomate épicée. 10 à 12 portions; 3 heures. Page 213

Ragoût de porc
Cubes de porc cuits au four avec des oignons, des haricots de Lima et des courges jaunes. 10 à 12 portions; 2 h 30. Page 217

Brochettes de porc aux oignons
Cubes de rôti de soc marinés et grillés avec des oignons. 4 portions; 4 h 30. Page 213

Côtelettes de porc braisées
Côtelettes assaisonnées et lentement braisées, servies dans leur sauce. 4 à 6 portions; 1 heure. Page 214

Tranches de porc à l'ananas
Tranches de soc marinées dans une sauce à l'ananas et grillées avec les fruits. 6 portions; 4 heures. Page 215

Jambon Smithfield entier
Jambon Smithfield bouilli, badigeonné de sirop de maïs et glacé au four; offert ici entier pour une réception avec beurre et petits pains, les convives se servant eux-mêmes. 40 à 60 portions; la veille. Page 221

Jambon glacé
Jambon glacé avec une sauce au raifort et à la moutarde, servi avec des pommes et des courges. 15 à 18 portions. 3 heures. Page 220

Jambon en conserve aux pêches et à la sauce barbecue. *Jambon en conserve, cuit au four avec des pêches et une sauce barbecue. 10 à 12 portions; 1 h 45.* Page 220

Porc fumé aux patates
Epaule de porc roulée enduite d'un mélange à la cassonade et cuite au four avec des patates. 8 à 10 portions; 2 heures. Page 222

Demi-jambon glacé à l'ananas
Demi-jambon fumé cuit au four et glacé avec une sauce aux ananas. 15 à 20 portions; 1 h 45. Page 220

Tranches de jambon sauce aux fruits
Tranches de jambon mijotées dans du jus d'orange avec des abricots secs et des pruneaux. 6 portions; 30 minutes. Page 222

Choucroute garnie
Porc fumé mijoté avec des oignons, des pommes de terre, des saucisses et de la choucroute. 16 à 20 portions; 3 heures. Page 222

Tranche de jambon à l'hawaiienne
Tranche de jambon cuite avec des bananes dans une sauce au vinaigre et à la cassonade. 4 à 6 portions; 30 minutes. Page 221

Rouelles de jambon au citron
Tranches de jambon fumé, grillées et enduites d'une glace au citron et à la moutarde. 6 à 8 portions; 20 minutes. Page 222

Pain de jambon glacé
Pain au jambon, aux carottes et aux oignons, décoré de tranches d'ananas. 4 à 5 portions; 1 h 45. Page 223

Jambon picnic au four
Epaule fumée picnic cuite au four, glacée et décorée d'oranges et de clous de girofle. 10 à 16 portions; 3 h 30. Page 220

Rouelle de jambon paysanne
Chou haché et sauté, cuit au four avec du jambon fumé et du sirop pour crêpes. 6 portions; 1 heure. Page 222

Restes de jambon (de haut en bas) : **Casserole au jambon; Salade du chef; Salade de jambon et de fruits; Brochettes glacées.**
Page 223

59

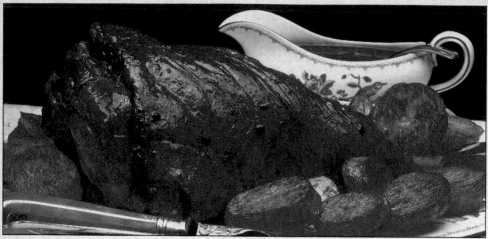

Gigot d'agneau rôti
*Gigot d'agneau enrobé de moutarde et de baies de genièvre,
rôti avec des pommes de terre et servi avec une sauce.
12 à 15 portions; 3 heures.* Page 226

Curry d'agneau
*Cubes d'agneau mijotés dans une sauce épicée
et servis avec du riz et des garnitures.
6 à 8 portions; 2 h 30.* Page 231

Côtes d'agneau et sauce aux légumes
*Tranches de palette braisées avec des légumes
et du vin et servies avec une sauce. 6 portions;
1 h 45.* Page 229

Gigot d'agneau mariné Olé
*Bas de gigot mariné dans une préparation au
vin et au chili, rôti et servi avec une sauce.
10 à 12 portions; la veille.* Page 227

Tranches de collier d'agneau braisées
*Tranches de collier d'agneau mijotées dans
une sauce aux pruneaux. 4 portions; 1 h 15.*
Page 230

Ragoût d'agneau
*Jarrets d'agneau, tomates et courgettes mijotés
dans un bouillon et servis avec de l'orge ou du
riz. 6 portions; 2 h 30.* Page 230

Poitrine d'agneau barbecue
*Tranches de poitrine cuites au four dans une
sauce au chili, avec du miel et des rondelles
d'orange. 3 à 4 portions; 3 h 30.* Page 229

Agneau aux amandes à la persane
*Agneau haché sauté avec des amandes
grillées, de la menthe et du jus de lime.
4 portions; 25 minutes.* Page 231

Carré d'agneau
Carré d'agneau enduit de glace aux abricots
durant le rôtissage. 4 portions; 2 heures.
Page 227

Tranches de flanc à l'ananas
Tranches de flanc d'agneau braisées dans une
sauce au miel avec des ananas. 6 à 8 portions;
2 h 30. Page 229

Côtelettes d'agneau au roquefort
(à l'arrière-plan). *8 portions; 1 h 15.*
Côtes d'agneau au gingembre. *6 portions;*
30 minutes. Page 228

Gigot d'agneau à la broche
Gigot d'agneau désossé, mariné dans une
sauce au vin épicée et rôti à la broche.
16 à 18 portions; la veille. Page 227

Ragoût d'agneau à l'orientale (à l'arrière-
plan). *10 à 12 portions; 3 heures.* Page 230
Ragoût d'agneau au rosé. *6 portions; 3 heures.*
Page 231

Côtes d'agneau à l'orange
Tranches d'épaule d'agneau enduites de
marmelade et de sherry, puis grillées.
8 portions; 30 minutes. Page 228

Brochettes d'agneau
Cubes d'agneau marinés, puis grillés avec
de l'aubergine et des poivrons. 8 portions;
le matin. Page 228

Papillon d'agneau mariné
Bas de gigot d'agneau mariné dans du vin
avec de l'ail et grillé. 10 à 12 portions;
la veille. Page 226

Fricadelles d'agneau
Galettes d'agneau haché entourées de
tranches de bacon et grillées. 6 portions;
25 minutes. Page 231

Rôti de veau au citron et à l'estragon
Rôti d'épaule de veau désossé, rôti avec de l'estragon et du citron et servi avec le jus de cuisson. 12 à 14 portions; 3 h 15. Page 234

Rôti de croupe de veau aux épices
Croupe de veau braisée dans du jus de pomme avec des oignons et des épices à marinade, et garnie de morceaux de pommes. 12 à 14 portions; 3 heures. Page 235

Saltimbocca
Escalopes de veau sautées et cuites au four avec du jambon prosciutto et de la raclette. 4 portions; 40 minutes. Page 236

Ragoût de veau à la milanaise
Cubes de veau mijotés dans du vin rouge avec des tomates, des carottes, du céleri et du basilic. 6 portions; 2 heures. Page 239

Piccata de veau
Escalopes de veau mijotées dans du vin blanc et du jus de citron, garnies de rondelles de citron. 8 portions; 1 h 15. Page 236

Veau au paprika
Veau mijoté avec des oignons, du paprika et de la crème sure, servi sur un lit de nouilles. 6 à 8 portions; 2 h 30. Page 239

Carré de veau au marsala
Rôti de veau assaisonné, servi avec une sauce au marsala et aux champignons. 8 à 10 portions; 3 h 15. Page 234

Veau Parmigiana
Escalopes de veau sautées, nappées de Sauce Marinara et couronnées de mozzarella et de parmesan. 6 portions; 1 heure. Page 236

Wiener Schnitzel
*Escalopes de veau panées, cuites dans du
beurre et garnies de citron et de persil.
6 portions ; 45 minutes.* Page 236

Schnitzel à la Holstein
*Wiener Schnitzel coiffées d'un œuf sur
le plat, d'anchois et de câpres. 6 portions ;
45 minutes.* Page 236

Veau aux tomates et au paprika
*Veau braisé servi sur un lit de nouilles avec
une sauce aux tomates et au paprika. 12 à
14 portions ; 3 heures.* Page 235

Rôti de croupe de veau paysanne
*Croupe braisée dans une crème aux
champignons avec des légumes et des herbes.
14 à 16 portions ; 3 h 15.* Page 234

Blanquette de veau
*Veau à ragoût cuit dans une sauce crémeuse,
servi sur un lit de nouilles et garni d'aneth.
8 à 10 portions ; 3 heures.* Page 239

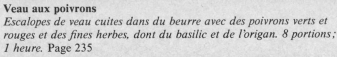

Veau aux poivrons
*Escalopes de veau cuites dans du beurre avec des poivrons verts et
rouges et des fines herbes, dont du basilic et de l'origan. 8 portions ;
1 heure.* Page 235

Veau forestière
Côtelettes sautées dans du beurre à l'ail et mijotées avec du vermouth et des champignons.
6 portions; 45 minutes. Page 237

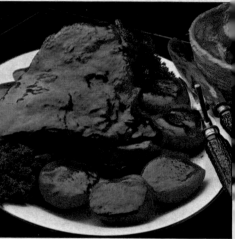

Côtes de veau aux avocats (à l'arrière-plan). *Côtes de longe de veau cuites dans une riche sauce à la crème avec des champignons et des avocats. 4 portions; 1 h 30.* Page 237

Rouelles de veau aux spaghetti
Tranches d'épaule cuites dans une sauce tomate aux fines herbes et servies avec des spaghetti. 4 portions; 1 h 15. Page 237

Poitrine de veau braisée aux pêches
Poitrine de veau braisée dans du sherry et de la sauce soja, puis grillée avec des pêches.
6 portions; 3 h 15. Page 238

Rouelles de veau au marsala
Tranches d'épaule braisées dans du marsala et garnies de persil. 4 portions; 1 h 15.
Page 237

Côtes levées de veau à la diable et nouilles en sauce. *Côtes levées passées dans de la mayonnaise et de la chapelure, puis grillées.*
6 portions; 2 heures. Page 238

Rouelles de veau à la sauce tomate
Tranches de surlonge braisées dans une sauce tomate au basilic et garnies de persil.
6 portions; 45 minutes. Page 237

Saucisses maison
Chair à saucisse, au por[c]...
[f]ormée en chapelet dans...
[s]autée. 8 portions; 5 heu[res]...

...avec de l'oignon, des...
...poivre et des clous de...
...3 h 30. Page 241

Ris de veau meunière
*Ris de veau panés et grillés, servis avec un
beurre au citron. 3 à 4 portions; 45 minutes.
Page 241*

*cuire à 400°f
pendant 15 à 18 min*

Cœur de bœuf en ragoû[t]
Cœur de bœuf cuit au f[our]...
en conserve, des oignons...
céleri. 10 portions; 3 h ...

*...de la graisse de bacon
...[c]itron et du bacon.
Page 240*

Rognons d'agneau au madère
*Rognons d'agneau arrosés de madère et enduits
de poivre vert, d'oignons et de moutarde, puis
grillés. 4 portions; 1 heure. Page 242*

Cervelle au beurre noir
*Cervelles de bœuf cuites dans du beurre et
servies avec une sauce sur des tranches de
baguette. 4 portions; 1 heure. Page 241*

Foie de bœuf jardinière
*Tranches de foie mijotées avec des oignons
et des poivrons verts, garnies de bacon et de
tomates. 6 à 8 portions; 1 h 15. Page 240*

Rognons de veau sautés
*Rognons, champignons et oignons cuits dans
un bouillon au madère et servis sur canapés.
4 à 6 portions; 50 minutes. Page 242*

Salade niçoise
Salade classique à base de thon, d'œufs durs, d'anchois et de légumes. 4 portions; le matin. Page 324

Salade du chef
Poulet, fromage, jambon, œufs durs et tomates servis sur un lit de laitue. 6 portions; 30 minutes. Page 324

Crabe Louis (à l'arrière-plan). *4 portions; 1 heure.* **Salade au fromage et à l'ananas.** *4 portions; 30 minutes. Page 325*

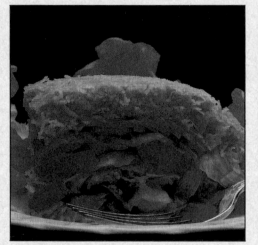

Salade aux œufs durs
Œufs durs, céleri et poivrons verts enrobés de mayonnaise et servis sur des feuilles de laitue. 4 portions; 1 heure. Page 325

Salade Buffet
Coquille de fromage râpé garnie de jambon, de laitue et de tomates et servie avec une sauce moutarde. 6 portions; 2 h 30. Page 325

Salade au riz et au jambon
Riz assaisonné, mélangé avec du jambon et des poivrons verts, servi froid sur un lit de laitue. 6 portions; 3 heures. Page 325

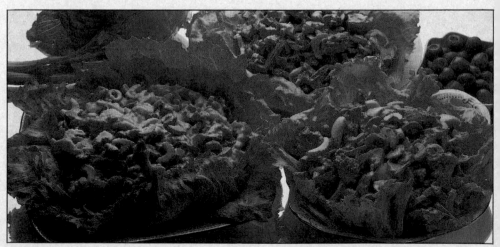

Salade de harengs
Salade de harengs marinés, dés de pommes de terre et de betteraves marinées, arrosée de crème épaisse. 6 portions; le matin. Page 324

Salade de crevettes (à gauche) *et variantes. Crevettes cuites et décortiquées, céleri, noix, olives et oignons enrobés d'un mélange de vinaigrette et de mayonnaise et servis sur un lit de laitue.* **Salade de thon** (au centre) *et* **Salade de saumon.** *4 portions; 1 heure. Page 325*

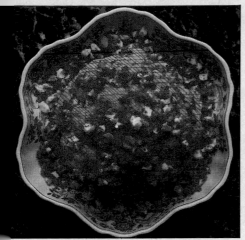

Chou-fleur à la polonaise
Chou-fleur couronné d'un mélange de chapelure, d'œuf dur haché et de jus de citron. 6 portions; 20 minutes. Page 283

Epinards à la crème
Epinards cuits, additionnés d'une sauce légère, puis passés au four. 8 portions; 1 heure. Page 294

Ratatouille
Aubergine, poivrons, courgettes, oignons et tomates aromatisés à l'ail et servis chauds ou froids. 8 portions; 45 minutes. Page 298

Haricots verts et courgettes (à l'arrière-plan). *6 portions; 30 minutes.* Page 299
Courgettes sautées. *4 portions; 15 minutes.* Page 295

Macédoine de courges d'été
Courgettes et courges à cou droit sautées dans du beurre au citron. 6 portions; 15 minutes. Page 295

Patates confites (à gauche). *6 portions; 30 minutes.* **Patates au sherry.** *6 portions; 50 minutes.* Page 296

Oignons à la crème (à gauche).
8 à 10 portions; 30 minutes. Page 290
Oignons glacés. *4 portions; 30 minutes.*
Page 289

Rondelles d'oignon frites (à gauche).
6 à 8 portions; 30 minutes. **Oignons poêlés.**
4 portions; 15 minutes. Page 290

Oignons au four
Rondelles d'oignon dorées au four dans du beurre additionné de miel. 6 à 8 portions; 1 heure. Page 289

Haricots au four à la bostonnaise
Petits haricots blancs cuits au four avec de la mélasse, de la cassonade, des oignons et du petit salé. 12 portions; le matin. Page 278

Doliques à œil noir (à gauche). *Cuites avec du petit salé. 6 portions; la veille.* **Relish aux haricots.** *Relish aux haricots rouges et au maïs. 9 tasses; 4 h 30.* Page 279

Haricots sauce persillée
Haricots verts et haricots beurre nappés d'une riche sauce persillée. 8 portions; 30 minutes. Page 279

Fenouil braisé
Demi-bulbes de fenouil mijotés dans du bouillon et nappés d'une sauce au beurre. 4 portions; 30 minutes. Page 286

Carottes aux épices (à l'arrière-plan). *12 portions; 45 minutes.* **Carottes glacées.** *4 portions; 25 minutes.* Page 283

Purée de navets
Navets cuits et réduits en purée avec du beurre, du sel, du sucre et du poivre. 6 à 8 portions; 40 minutes. Page 297

Panais à la crème persillée
Panais tranchés cuits dans une sauce crémeuse parfumée à l'orange et garnis de persil haché. 6 portions; 30 minutes. Page 290

Betteraves à la mode de Harvard
Betteraves cuites dans une sauce au vinaigre et aux oignons ou dans une sauce à l'orange. 6 portions; 20 minutes. Page 280

Haricots de Lima Smitane (à gauche). *4 portions; 25 minutes.* **Haricots de Lima en salade.** *4 portions; 2 heures.* Page 280

aubergine au carvi (à l'arrière-plan).
5 minutes; 4 portions. **Tranches d'aubergine**
sautées. *15 minutes; 4 portions.* Page 285

Macédoine estivale
Maïs, oignons, poivron, haricots verts,
courgettes et céleri garnis de bacon et de
tomates. 8 portions; 1 heure. Page 298

Champignons sautés (à gauche). *4 portions;*
20 minutes. **Champignons à la crème sure.**
12 portions; 30 minutes. Page 288

Gombos vinaigrette
Gombos et piments hachés sautés, refroidis et
servis avec une vinaigrette sur un lit de laitue.
6 portions; 4 h 30. Page 289

Courgettes et chou sautés
Chou et courgettes émincés et frits dans
de l'huile parfumée à l'ail. 8 portions;
15 minutes. Page 299

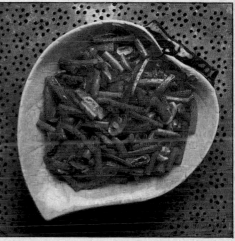

Macédoine aux trois légumes
Carottes, haricots verts et champignons
braisés dans un beurre au thym. 5 portions;
25 minutes. Page 298

Endives au suisse
Endives mijotées, nappées d'un mélange de
crème et de suisse et gratinées au four.
6 portions; 1 heure. Page 286

Chou sauté au carvi
Chou vert grossièrement haché et sauté dans
de l'huile aromatisée au carvi. 6 portions;
15 minutes. Page 282

Relish au chou (à gauche). *3 heures.*
Chou rouge aux pommes (au centre). *1 heure.*
Chou au bacon. *30 minutes. Donnent toutes*
de 6 à 8 portions. Page 282

Beurres aromatisés pour le maïs
Maïs en épi servi avec des beurres aromatisés au chili, à la ciboulette ou à l'aneth. Page 284

Asperges sautées
Asperges fraîches tranchées en diagonale et sautées à la chinoise dans de l'huile additionnée de sel. 6 portions ; 10 minutes. Page 278

Poireaux au gratin
Poireaux cuits à l'eau, puis gratinés au gril. 4 portions ; 45 minutes. Page 287

Poivrons marinés (à l'arrière-plan).
6 portions ; le matin. **Poivrons sautés aux fines herbes.** *4 portions ; 15 minutes.* Page 291

Poivrons farcis aux légumes (à gauche).
4 portions ; 15 minutes. Page 300. **Tomates et poivrons sautés.** *10 portions ; 30 minutes.* Page 299

Légumes sautés
Carottes, oignons et brocoli sautés, puis mijotés avec des champignons. 6 portions ; 25 minutes. Page 299

Rondelles de concombre sautées
Rondelles de concombre pelées, épépinées et sautées dans du beurre. 4 portions ; 30 minutes. Page 285

Petits pois amandine
Petits pois mélangés avec du bacon et des oignons hachés, des amandes effilées et de la crème. 4 portions ; 40 minutes. Page 291

Carottes et céleri
Carottes fraîches et céleri tranchés en biais et mijotés avec des assaisonnements. 8 portions ; 30 minutes. Page 298

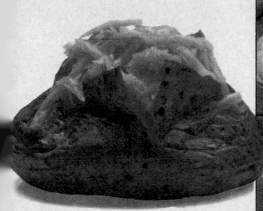

Pommes de terre en robe des champs
Pommes de terre cuites au four et garnies de crème sure, de beurre ou de fromage râpé.
6 portions; 1 heure. Page 292

Pommes de terre cuites:
Brunes (à gauche). *6 portions; 1 h 15.*
Purée (au centre). *6 portions; 50 minutes.*
Frites. *8 portions; 30 minutes.* Page 292

Émincé de pommes de terre (à l'arrière-plan).
6 portions; 45 minutes. Page 293.
Croustilles maison. *4 portions; 25 minutes.*
Page 292

Pommes de terre au gratin (à l'arrière-plan).
6 portions; 55 minutes. **Pommes de terre**
Anna. *4 portions; 1 h 30.* Page 293

Légumes bouillis
Courgettes, carottes et panais râpés et mijotés.
12 portions; 30 minutes. Page 298

Céleri sauté
Céleri tranché et sauté dans de l'huile aromatisée au laurier et au thym.
4 à 6 portions; 20 minutes. Page 284

Chou-rave au fromage
Chou-rave cuit dans une sauce au fromage et saupoudré de toute-épice et de persil.
6 portions; 45 minutes. Page 287

Choux de Bruxelles aigres-doux (à gauche).
8 à 10 portions; 30 minutes. **Choux de**
Bruxelles au four. *4 à 6 portions; 1 heure.*
Page 281

Tomates : Aux herbes (à gauche). *4 portions.*
En casserole (à droite). *6 portions.* Page 297.
Vertes en friture. *8 à 10 portions ; 25 à 45 minutes.* Page 296

Tomates braisées (à gauche). *6 portions ; 30 minutes.* Page 296. **Tomates-cerises sautées.** *4 portions ; 10 minutes.* Page 297

Citrouille au miel
Purée de citrouille réchauffée avec du beurre, du miel et de la toute-épice. 4 portions ; 45 minutes. Page 293

Brocoli au suisse (à l'arrière-plan).
8 portions ; 1 heure. **Brocoli sauté.**
4 à 6 portions ; 15 minutes. Page 281

Courge acorn au four (à l'arrière-plan).
2 portions ; 1 heure. **Courges butternut en purée.** *6 portions ; 45 minutes.* Page 295

Quartiers de pomme sautés (à gauche).
4 portions ; 15 minutes. Page 301.
Bananes au four. *4 portions ; 25 minutes.*
Page 303

Sauces et relishes (de gauche à droite) :
Compote d'atocas. *10 minutes.* Page 306. **Relish aux atocas.**
3 heures. Page 306. **Chutney aux atocas.** *2 heures.* Page 306.
Relish aux nectarines. *4 heures.* Page 311

Nectarines aux épices
Nectarines cuites avec des clous de girofle, de la cannelle et du gingembre. 16 portions ; le matin. Page 311

iz nature (à gauche). *4 portions;*
O minutes. **Casserole de riz au four.**
portions; 35 minutes. Page 338

Riz pilaf aux petits pois
Riz à grains longs cuit dans du bouillon de poulet avec des petits pois
surgelés, du bacon coupé en dés et des oignons finement hachés.
12 portions; 40 minutes. Page 339

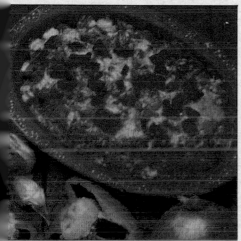

Riz au four à l'espagnole
Riz à grains longs cuit avec des oignons, un
oivron et des tomates, et garni de fromage et
e bacon. 6 portions; 1 heure. Page 340

Casserole de riz aux champignons
Riz doré à la poêle, puis cuit au four avec des
légumes dans du bouillon de bœuf. 4 portions;
1 heure. Page 340

Riz panaché
Riz additionné d'oignons verts tranchés ainsi
que de poivrons verts et de piments rouges
hachés. 6 portions; 30 minutes. Page 338

Couronne de riz
Riz au beurre et au persil, moulé en forme de
couronne, puis démoulé juste avant le service.
6 portions; 25 minutes. Page 341

Riz sauvage nature
Riz sauvage cuit à l'étuvée et additionné de
beurre ou de margarine. 6 portions; 1 heure.
Page 341

Casserole au riz et aux nouilles
Riz cuit dans du bouillon de poulet avec des
oignons et des champignons, puis mis au four
avec des nouilles. 12 portions; 1 h 15. Page 340

Riz à l'orange et aux fines herbes
Riz à grains longs cuit dans du jus d'orange avec des oignons, du céleri et du thym. 6 portions ; 45 minutes. Page 338

Riz au curry et aux oignons
Riz enrobé de crème de table, parfumé aux oignons, au curry et à la muscade. 4 portions ; 35 minutes. Page 339

Riz frit à la chinoise
Riz frit avec des œufs brouillés, du bacon émietté et de la sauce soja, puis parsemé d'oignons verts. 6 portions ; 2 h 30. Page 341

Risotto à la milanaise
Riz cuit dans du bouillon de poulet avec du safran et des oignons hachés, puis gratiné au parmesan. 6 portions ; 45 minutes. Page 339

Nouilles aux œufs maison
Nouilles maison découpées en lanières et cuites à l'eau. 6 portions ; 3 h 30. Page 330

Nouilles en couronne
Nouilles aux œufs, additionnées de beurre et passées au four dans un moule annulaire. 6 portions ; 45 minutes. Page 330

Nouilles maison aux épinards
Nouilles maison préparées avec de la farine, des œufs et une purée d'épinards, puis cuites à l'eau. 8 portions ; 3 heures. Page 330

Fettucini Alfredo
Nouilles aux œufs nappées d'une riche sauce au beurre, au parmesan et à la crème de table. 8 portions ; 30 minutes. Page 330

Salade César
Filets d'anchois, œuf cru et parmesan mélangés avec de la romaine. 6 portions; 30 minutes. Page 318

Salade verte et vinaigrette au citron et à la moutarde. *Epinards, laitue boston, endives et champignons servis avec une vinaigrette. 10 portions; 45 minutes.* Page 318

Concombres à la crème sure
Concombres émincés additionnés de ciboulette ou d'oignon, arrosés de crème sure et servis froids. 6 portions; 20 minutes. Page 319

Salade californienne
Avocats et laitue arrosés d'une sauce épicée et garnis de noix de Grenoble. 8 portions; 30 minutes. Page 318

Tomates vinaigrette
Lit de tomates arrosées d'une vinaigrette à l'origan. 6 portions; 2 heures. Page 319

Salade aux pommes de terre et aux légumes. *Salade de pommes de terre, de carottes, de petits pois et de concombre, sur un lit de laitue. 8 portions; 1 heure.* Page 320

Salade de l'épouse du colonel
Salade de laitue, de concombre, de céleri, d'oignons verts et de petits pois. 12 portions; 20 minutes. Page 318

Salade de concombres à la danoise
Concombres émincés et arrosés de vinaigre blanc à l'aneth. 8 portions; 5 heures. Page 319

Salade de pommes de terre chaudes à l'allemande. *Bacon et pommes de terre arrosés d'une sauce aigre-douce et persillés. 6 portions; 45 minutes.* Page 320

75

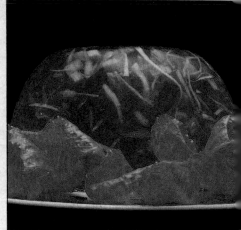

Salade de chou
Chou, céleri, poivron vert, carotte et oignon liés avec une mayonnaise et servis dans un chou évidé (à gauche) ou dans un saladier. 8 portions; 1 h 30. Page 319

Salade perfection
Aspic de chou râpé, de céleri et de piments doux, moulé dans une gélatine au citron et au vinaigre. 8 portions; 4 heures. Page 323

Mousse aux noix et aux atocas
Atocas, céleri et noix moulés dans une gélatine au vin et au citron et servis avec de la crème sure. 10 portions; 6 heures. Page 323

Poireaux braisés vinaigrette
Poireaux cuits et marinés dans un mélange épicé à base de piments doux, d'huile et de vinaigre. 8 portions; 6 heures. Page 321

Salade de choucroute à l'allemande
Choucroute et pommes râpées marinées pendant 1 heure. 8 portions; 1 h 30. Page 321

Salade aux trois haricots
Haricots verts, jaunes et rouges refroidis dans une vinaigrette. 8 portions; le matin. Page 321

Salade de haricots à la turque
Haricots secs, cuits et servis en vinaigrette avec des olives noires, des tomates et des fines herbes. 10 portions; 5 heures. Page 321

Aspic aux tomates
Aspic aux tomates servi froid avec une sauce à l'aneth et au yogourt. 8 portions; 4 heures. Page 323

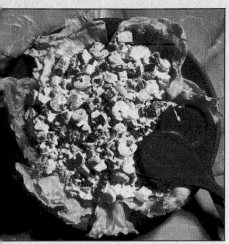

lade Waldorf
*mmes en dés, céleri, noix et raisins enrobés
une mayonnaise au citron et servis sur un lit
laitue. 8 portions ; 20 minutes.* Page 322

Salade de tangelos
*Tangelos, céleri et piment doux arrosés
d'une vinaigrette et servis sur des feuilles de
romaine. 6 portions ; 40 minutes.* Page 315

Assaisonnements pour salades
*Sauces et vinaigrettes assaisonnées aux fines
herbes, aux épices, à l'ail, au fromage et aux
anchois. De 10 à 15 minutes.* Page 326

alade grecque
*lives noires, concombres, filets d'anchois, câpres, tomates, oignons, feta, chicorée
laitue pommée arrosés de vinaigrette à l'huile d'olive et au vinaigre de vin rouge.
) portions ; 30 minutes.* Page 320

Pain blanc
Pain de tous les jours, facile à confectionner.
2 pains; 4 heures. Page 434

Pain de blé entier
Mélange de farine de blé entier et de farine tout usage
parfumé à la mélasse. 2 pains; 4 h 30. Page 434

Miche de pain de seigle
Du babeurre et des graines de carvi rehaussent
la saveur de ce pain de seigle cuit sur plaque.
2 pains; 4 h 30. Page 435

Pain complet. *Mélange de son, de germe de*
blé, de farine de blé entier et de farine de
seigle parfumé au carvi. 1 pain; 5 heures.
Page 436

Pain marbré
Deux pâtes différentes, pétries puis roulées
ensemble. 2 pains; 4 h 30. Page 435

Tresse de pumpernickel
et de blé entier. *Pâte de*
pumpernickel tressée avec une pâte
de blé entier parfumée au miel.
1 pain; 4 h 30. Page 437

Tresse de pain aux fines herbes
Pâte ordinaire aromatisée au romarin et
tressée. 2 pains; 4 heures. Page 437

Baguette italienne
*Pain traditionnel de l'Italie, glacé au blanc
d'œuf. 2 pains ; 4 heures.* **Page 436**

Pain au levain
*Un levain maison entre dans la
confection de ce pain typiquement
américain. 2 pains ; 4 jours.* **Page 441**

Pain au gruau (ci-dessus et à droite).
*Pâte à la levure et au gruau cuite dans un
plat peu profond. 2 pains ; 4 h 30.* **Page 438**

Miche de pain au fromage (à gauche).
*Pâte ordinaire rehaussée de cheddar fort et
cuite dans un plat. 1 pain ; 4 h 30.* **Page 438**

Pain rond au sésame
*Pâte pétrie, badigeonnée de lait, saupoudrée
de graines de sésame et cuite dans un moule.
2 pains ; 3 heures.* **Page 438**

Pain de pommes de terre
*Mélange de pâte à la levure et de purée de
pommes de terre cuit dans un plat à four.
2 pains ; 4 h 30.* **Page 438**

Petits pains variés. *12 à 24 petits pains;
3 h 30.* Pages 439 et 440

Petits pains
viennois

Petits pain
en torsade

Petits pains
allongés

Eventails

Croissants

Etoiles

Petits pains
en fleur

Petits pains
noués

Petits pains
en lèchefrite

Petits pains ronds réfrigérés
*Pâte fermentée, puis mise au réfrigérateur
avant d'être façonnée en boule. 28 à 30 petits
pains; 6 heures.* Page 441

Portefeuille
*Disques de pâte réfrigérée, plongés dans du
beurre, puis pliés en deux. 40 petits pains;
6 heures.* Page 441

80

Pain aux raisins
*Pain sucré rempli de raisins secs. 1 pain ;
4 h 30. Page 442*

Tortue
*Pain sucré de fantaisie, facile à faire.
1 pain ; 4 h 30. Page 442*

**Brioches du Vendredi
saint.** *Brioches aux raisins secs et à l'écorce d'orange,
glacées au sucre. 12 brioches ;
4 h 30. Page 442*

Kolacky
*Pâte sucrée garnie de bleuets, de cerises, de
fromage à la crème, de citron, d'orange et
d'ananas. 1 brioche ; 4 h 30. Page 443*

Brioche à l'abricot
*Bandes de pâte entrelacées par-dessus une
garniture à l'abricot. 1 brioche ; 4 h 30.
Page 443*

Brioches à la cannelle
*Rouleau de pâte garni de pacanes et de raisins
secs, tranché, puis glacé. 15 brioches ; 4 h 30.
Page 444*

Brioche tressée aux fruits confits
*Pâte sucrée relevée de raisins secs, d'écorce
d'orange et de citron confits, nattée et glacée.
1 brioche ; 4 h 30. Page 444*

Brioches au citron en couronne
*Brioches rondes au zeste de citron, au sucre et
au macis, cuites dans un moule tubulaire.
1 couronne ; 4 heures. Page 444*

81

PAINS/Pains à la levure

Papillons à l'abricot
20 brioches; 4 h 30.
Page 445

Brioches
36 brioches; la veille. Page 447

Croissants
12 croissants; 8 heures. Page 448

Beignes de fantaisie
36 beignes; 4 heures. Page 449
Beignes allemands (à droite).
36 beignes; 4 heures. Page 449

Babas au rhum
Gâteaux individuels imbibés de sirop au rhum. 24 babas; 4 heures. Page 450

Pâtisseries danoises
Assortiment de pâtisseries garnies de confiture, de pâte d'amandes ou de fromage à la crème.
De gauche à droite : **Etoile, coquille, enveloppe, crête-de-coq.** *24 pâtisseries; 5 heures.* Page 451

Pain pita
Le pain du Moyen-Orient. 6 pains; 3 heures. Page 447

Oursons sucrés au blé entier
Pâte sucrée façonnée. 3 oursons; 4 heures. Page 445

Challah
Pain traditionnel juif. 2 pains; 5 h 30. Page 453

Couronne de Noël à la cardamome
Pâte légèrement parfumée au citron, garnie avec des motifs traditionnels. 1 couronne; 4 h 30. Page 453

Stollen
Pain de Noël allemand, aux noix et aux fruits secs. 3 pains; 5 heures. Page 452

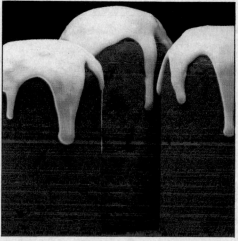

Muffins anglais
Petits pains enrobés de semoule de maïs, dorés à la poêle, puis grillés et servis chauds. 8 muffins; 3 h 30. Page 446

Koulitch
Brioche aux fruits avec laquelle les Russes célèbrent la pâque. 3 pains; 5 heures. Page 452

Poticas au pavot
Pâte spéciale farcie de noix et de garniture au pavot. 2 brioches; 6 heures. Page 448

Petits pains à l'ancienne
Petits pains ronds à la levure qu'on badigeonne de Dorure ou de beurre fondu. 24 petits pains. 3 h 30. Page 439

Miche de pain irlandais
Pain au bicarbonate de soude, à texture caractéristique. 1 pain; 5 heures. Page 429

Pain aux courgettes
Pain aux courgettes râpées et aux noix hachées qu'on sert chaud ou froid. 2 pains; 2 heures. Page 429

Pain au citron
*Pain sucré qu'on badigeonne de jus
de citron une fois cuit. 1 pain; 2 heures.
Page 428*

Pain au chocolat, dattes et noix
*Truffé de dattes, de noix et de grains de
chocolat. 1 pain; la veille. Page 429*

Pain aux noix
*Rempli de noix de Grenoble hachées. 1 pain;
la veille. Page 428*

Pain de maïs
*Pâte à la farine de maïs, qu'on découpe en
carrés pour servir. 9 portions; 35 minutes.
Page 428*

Bâtonnets au maïs
*Petits pains cuits dans un moule à bâtonnets.
14 bâtonnets; 35 minutes. Page 428*

Gaufres au babeurre
*De la pâte au babeurre cuite dans un gaufrier.
5 gaufres; 30 minutes. Page 427*

Crêpes miniatures
*Se confectionnent sur une plaque très chaude,
avec une petite quantité de pâte à crêpes.
Servez avec du sirop. 24 crêpes; 30 minutes.
Page 427*

Crêpes
*Pâte à crêpes légère qu'on fait dorer à la
poêle. 12 crêpes; 30 minutes. Page 426*

Crêpes de pommes de terre
*Pommes de terre et oignons râpés, farine et
œufs, dorés à la poêle. 16 crêpes; 1 h 15.
Page 426*

**Brioche fourrée
aux pêches**
*2 portions ; 1 h 30.
Page 430*

Brioche aux cerises
*9 portions ; 2 heures.
Page 430*

Brioche à la crème sure
*8 à 10 portions ;
2 heures.* Page 430

Popovers géants
*Pâte aux œufs cuite dans des ramequins.
8 popovers ; 1 h 30.* Page 427

Muffins (en haut, à gauche) et
Scones sur plaque. *Pour le thé, des
douceurs vite faites : 12 muffins, 18 scones.
35 minutes.* Pages 423 et 424

**Variantes de muffins : blé entier, bleuets,
orange, son, maïs** (à partir d'en haut, dans le
sens des aiguilles d'une montre). *12 à 16
muffins ; 35 à 45 minutes.* Page 424

Beignes à l'ancienne et « **Trous** » **de beignes**
*Beignes découpés à l'emporte-pièce et frits en
grande friture. 24 beignes ; 2 h 30.* Page 425

Beignets
*Beignets frits en grande friture et servis avec
du sirop. 8 portions ; 45 minutes.* Page 425

Pain bis de Boston
*Ce pain parfumé à la mélasse et aux raisins
secs se cuit dans des boîtes à café. 2 pains ;
2 h 30.* Page 429

Puri (à gauche). *Pain frit à l'indienne.
20 puris ; 1 h 45.* **Craquelins aux oignons.**
32 craquelins ; 1 h 30. Page 431

Tarte aux pêches à l'américaine
Pêches parsemées de cannelle et de noisettes de beurre, cuites en croûte et décorées de croisillons. 10 portions; le matin. Page 348

Tarte aux mûres
Mûres fraîches dans une croûte à l'ancienne. 6 portions; 2 heures. Page 346

Tarte aux cerises
Belles cerises acidulées dans une croûte festonnée. 6 portions; 2 heures. Page 346

Tarte aux pommes
Pommes émincées et bien parfumées, cuites en croûte. 6 portions; 2 heures. Page 346

Tarte à la crème au chocolat
Savoureuse crème au chocolat bien froide, servie ici sur une abaisse précuite et décorée de crème fouettée. 8 portions; 5 h 30. Page 350

Tarte à la citrouille
Une purée de citrouille épicée garnit cette tarte que l'on sert avec un Beurre au brandy. 6 portions; le matin. Page 349

Tarte aux pacanes
Cette tarte traditionnelle aux pacanes que l'on cuit dans un fond de tarte se sert fraîche. 10 portions; le matin. Page 356

Tarte aux pruneaux et aux abricots
Abaisse précuite garnie de pruneaux, d'abricots, de zeste de citron et décorée de noix. 8 portions; le matin. Page 347

Tarte mousseline au citron
Garniture légère au citron cuite dans une croûte et décorée de crème fouettée et de zeste de citron râpé. 8 portions; le matin. Page 352

Tarte aux prunes à l'américaine
Prunes fraîches parfumées à l'extrait d'amande, cuites dans une abaisse profonde et garnies de croisillons. 10 portions; 2 heures. Page 348

Tartelettes aux fruits
Appétissantes tartelettes fourrées de crème pâtissière et garnies de fruits de toutes sortes. 12 tartelettes; le matin. Page 357

Tarte à la bavaroise
Abaisse précuite remplie d'une crème aux œufs, parfumée à la vanille et décorée de chocolat. 8 portions; le matin. Page 353

Variantes du thème bavarois
Deux autres versions de la Tarte à la bavaroise: aux fraises (à gauche) et au café. 8 portions chacune; le matin. Page 353

Bleuets en croûte
Bleuets bien parfumés cuits sous une croûte jusqu'à ce qu'elle soit dorée. 6 à 8 portions; 2 heures. Page 346

Tarte mousseline au chocolat
Dans une croûte de chapelure, une garniture légère au chocolat décorée de crème fouettée. 8 portions; 4 heures. Page 353

Tartelettes aux noix
Préparation aux œufs, au sirop de maïs et aux noix cuite dans des fonds de tartelettes. 12 tartelettes; le matin. Page 357

Tarte aux pommes du pâtissier
*Pommes cuites dans une pâte sucrée et glacées
à l'abricot. 8 portions; le matin.* Page 348

Tarte aux poires façon Streusel
*Croûte cannelée remplie de poires fraîches
et garnie de cassonade et de fromage râpé.
8 portions; 2 heures.* Page 347

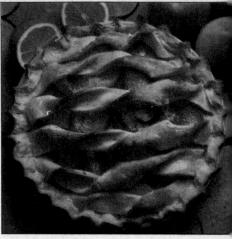

Tarte aux pêches
*Pêches fraîches surmontées de bandes en
spirales. 6 portions; 2 heures.* Page 347

Tarte mousseline à l'orange
*Tarte légère à l'orange, servie avec de la
crème fouettée et des quartiers d'orange.
8 portions; le matin.* Page 352

Tarte aux œufs
*Flan saupoudré de muscade, cuit dans une
pâte. 6 portions; le matin.* Page 349

Tarte aux arachides
*Beurre d'arachide, arachides et sirop de maïs
cuits en croûte et garnis de crème fouettée.
12 portions; le matin.* Page 356

Tarte à la crème aux cerises
*Mélange vaporeux de crème parfumée aux
cerises et servi bien froid, garni de grosses
cerises. 8 portions; le matin.* Page 355

Tarte mousseline à la citrouille
*Purée de citrouille dans un fond de chapelure,
avec noix de coco, servie avec de la crème
fouettée. 10 portions; le matin.* Page 354

Tarte de fondant aux noix
*Préparation d'œufs, de chocolat et de noix
cuite en croûte et servie avec de la crème
glacée. 8 portions; le matin.* Page 356

Tarte à la liqueur de café
Garniture mousseline parfumée à la liqueur de café, cuite dans un fond de chapelure. 8 portions; 4 h 30. Page 354

Tarte au ruban de framboises
Tarte étagée aux framboises et au fromage à la crème, dans une abaisse précuite. 8 portions; le matin. Page 354

Tarte au fond noir
Fond précuit de chapelure de biscuits au gingembre garni de crèmes, au rhum et au chocolat. 8 portions; le matin. Page 355

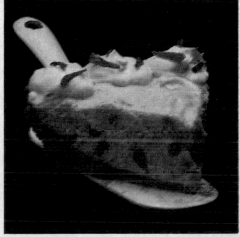

Tarte au citron meringuée
Abaisse précuite garnie de zeste et de jus de citron et décorée d'une meringue. Se sert bien froid. 6 portions; 6 heures. Page 351

Tartelettes aux pêches meringuées
Pêches dans une crème au tapioca et au jus de citron, cuites dans des tartelettes et meringuées. 12 tartelettes; 3 heures. Page 357

Tarte Nesselrode
Garniture aux fruits confits parfumée au rhum, servie dans une croûte de chapelure et décorée de crème. 8 portions; le matin. Page 355

Tartelettes au « mincemeat »
Fruits secs, pommes et noix garnissent ces tartelettes servies avec un Beurre au brandy. 12 tartelettes; la veille. Page 357

Tarte à la crème vanillée
Croûte de chapelure garnie d'un flan vanillé et décorée de crème fouettée. 8 portions; 5 h 30. Page 350

Tarte à la crème aux bananes
Abaisse précuite garnie d'un flan vanillé, décorée de bananes et de zeste de citron. 8 portions; 5 h 30. Page 350

Gâteau du diable
Deux étages de gâteau au chocolat noir garnis et glacés de Fondant au chocolat. 8 à 10 portions; le matin. Page 384

Gâteau blanc
Gâteau léger, garni et glacé de Crème au beurre au moka. 8 portions; le matin. Page 385

Pain d'épice
Pain d'épice traditionnel, décoré de crème fouettée. 9 portions; le matin. Page 387

Quatre-quarts
Gâteau doré et moelleux, au riche goût de beurre. 16 portions; le matin. Page 386

Gâteau mousseline à l'orange
Gâteau léger comme l'air, habillé de Glace meringuée à l'orange. 16 portions; le matin. Page 389

Gâteau marbré
Le mariage délicieux de deux appareils, l'un à la vanille et l'autre au chocolat. 10 à 12 portions; le matin. Page 386

Gâteau de Sacher
Gâteau au chocolat garni de confiture d'abricots et de Glace au chocolat. 12 portions; 6 heures. Page 394

Gâteau de Madame Lane
Quatre tranches de gâteau blanc fourrées de noix et de fruits secs. 16 portions; le matin. Page 387

Gâteau aux noix et à l'érable
Gâteau mousseline à base de noix de Grenoble finement hachées. 12 portions; le matin. Page 389

âteau de Noël
*Gâteau fait selon la tradition, à base de fruits
ecs et de noix. 5 lb (2,25 kg); plusieurs
emaines avant.* Page 393

Gâteau roulé
*Gâteau de Savoie tartiné de confiture,
roulé puis saupoudré de sucre glace.
10 portions; le matin.* Page 391

Roulé à la crème moka
*Gâteau roulé fourré de Crème moka et
enrobé de Glace au chocolat. 10 portions;
2 heures.* Page 391

Petits fours du temps des Fêtes
*Gâteaux de Savoie individuels garnis de Pâte
d'amandes et enrobés de glace décorative.
30 petits fours; le matin.* Page 392

Gâteau des anges
*Délicieux dessert à base de blancs d'œufs
battus à haute vitesse. 12 portions; le matin.*
Page 390

Gâteau aux épices
*Une saveur épicée que vient adoucir une
crème Chantilly. 8 portions; le matin.*
Page 387

Gâteau aux noisettes
*Gâteau fin, garni et glacé de crème fouettée et décoré de noisettes
pulvérisées. 12 portions; 3 heures.* Page 395

Gâteau aux pommes
*Gâteau aux pommes, aux noix et aux raisins
secs, décoré de sucre glace. 18 portions;
le matin.* Page 387

Gâteau doré
*Gâteau à deux étages, fourré et glacé de
Crème au beurre. 8 à 10 portions; le matin.*
Page 384

Gâteau renversé à l'ananas
*Beau gâteau doré renversé, garni d'ananas en
morceaux et de cerises. 12 portions; le matin.*
Page 384

Gâteau au café
*Gâteau de Savoie aromatisé au café et truffé
de noix de Grenoble. 12 portions; le matin.*
Page 392

Gâteau sensation aux noix du Brésil
*Pâtisserie aux noix du Brésil, aux dattes et
aux cerises au marasquin. 3 lb (1,35 kg);
plusieurs semaines avant.* Page 393

Gâteau mousseline au chocolat
*Gâteau aromatisé au cacao, cuit dans
un moule tubulaire et saupoudré de sucre
glace. 12 portions; le matin.* Page 389

Gâteau Forêt-Noire
*Gâteau au chocolat fourré de crème fouettée
et de cerises acidulées, puis richement décoré.
12 portions; 4 heures.* Page 395

Gâteau aux bananes
*Gâteau parfumé aux bananes, garni et glacé
de crème Chantilly. 8 à 10 portions; le matin.*
Page 388

Gâteau à la noix de coco
*Gâteau à la noix de coco, fourré de Crème
anglaise. 16 portions; 3 heures.* Page 386

Gâteau au fondant et aux noix
*Gâteau léger fait de noix et de chocolat
mi-sucré. 16 portions; le matin.* Page 388

Gâteau aux fruits doré
Fruits confits, raisins secs et noix cuits dans une pâte légère, puis glacés. 7 lb (3,15 kg); la veille. Page 393

Gâteau jonquille
Frais comme le printemps, un gâteau jaune et blanc, enrobé d'une glace orange-citron. 12 portions; le matin. Page 390

Gâteau de banquet
Trois gâteaux fourrés d'une garniture au citron et décorés de Crème au beurre vanillée. 62 portions; la veille. Page 396

Gâteau au chocolat et **Petits gâteaux au chocolat**
Un même appareil à base de cacao sert à confectionner 24 petits gâteaux ou un gâteau étagé (8 à 10 portions). La glace, au fromage à la crème, est parfumée au café. Le matin. Page 385

Gâteau riche à six étages
Gâteau garni de crème fouettée aromatisée de rhum et décoré de copeaux de chocolat. 12 portions; 4 heures. Page 394

Shortcake royal
Deux tranches de gâteau garnies de fraises fraîches et de crème fouettée. 12 portions; 4 heures. Page 369

Soufflé aux fraises
Mélange de fraises, de gélatine, de blancs d'œufs et de crème, monté à l'aide d'un faux col. 12 portions; 6 heures. Page 361

Mousse au chocolat
Mousse onctueuse au chocolat, décorée de crème fouettée. 6 portions; 5 heures. Page 362

Strudel aux pommes
Pâte filo fourrée avec une garniture de pommes, de raisins secs et de noix, et dorée au four. 10 portions; 3 heures. Page 370

Œufs à la neige
Crème anglaise aromatisée à la vanille, décorée de meringue et de sirop caramélisé. 4 portions; 1 h 30. Page 365

Choux en couronne
Choux fourrés à la Crème frangipane, glacés au chocolat et décorés de fraises fraîches. 10 portions; le matin. Page 367

Crêpes Suzette
De fines crêpes réchauffées à table et flambées à la liqueur d'orange. 6 portions; le matin. Page 368

Crêpes à l'orange
Crêpes fourrées de crème sure, puis arrosées de sauce à l'orange. 6 portions; 1 heure. Page 368

Syllabub
De la crème de table fouettée, parfumée de jus de citron, de chablis et de brandy. 16 portions; 10 minutes. Page 369

Soufflé au chocolat
Mélange de chocolat, de jaunes d'œufs, de lait et de blancs d'œufs, bien doré au four. 8 portions; 2 heures. Page 363

Soufflés au chocolat individuels
Petits soufflés au chocolat servis avec de la crème fouettée et du sirop de chocolat. 6 portions; 1 heure. Page 363

Choux à la crème
Pâte à choux fourrée de crème pâtissière vanillée et saupoudrée de sucre glace. 12 portions; le matin. Page 366

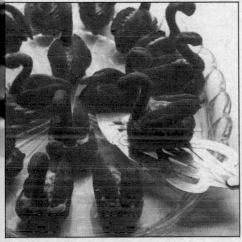

Cygnes
Confectionnés avec de la pâte à choux, ces jolis desserts sont remplis d'une Garniture vanillée. 36 cygnes; le matin. Page 367

Flan aux abricots
Crème aux œufs dans une croûte de noix, décorée d'abricots glacés aux pommes. 8 portions; 5 heures. Page 360

Crème aux fraises en cassolettes
Cassolettes de chocolat garnies de crème fouettée et de fraises. 8 portions; 2 heures. Page 370

Bavarois
Mélange de crème aux œufs, de crème fouettée et de gélatine, décoré de fraises et de nectarines. 8 portions; le matin. Page 360

Tarte surprise aux pacanes
Tarte faite de pacanes, de biscottes et de blancs d'œufs, décorée de crème fouettée. 8 portions; 4 heures. Page 365

Soufflé aux bananes
Soufflé de bananes parfumé de muscade, que l'on sert au sortir du four avec de la crème fouettée. 8 portions; 1 heure. Page 364

Soufflé aux cerises et au chocolat
Chocolat, cerises et crème fouettée comptent parmi les ingrédients de ce soufflé qui se sert bien froid. 12 portions ; le matin. Page 361

Surprise à l'amaretto
Gâteau imbibé d'amaretto et fourré d'une riche crème au chocolat. 8 portions ; la veille. Page 375

Fantaisie au chocolat
Gâteau surmonté de crème fouettée, d'une mousse aux fraises et d'une Plaque de chocolat. 16 portions ; le matin. Page 374

Galatoboureko (à l'avant-plan). *Pâte filo fourrée à la crème et nappée de Sirop. 2 h 30.* **Baklava.** *Filo fourré de noix et de miel. Chacun 24 portions ; 3 heures.* Page 371

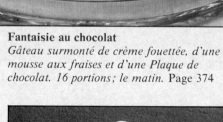

Pouding à la vapeur
Dessert de Noël traditionnel que l'on fait flamber à table. 12 portions ; 4 heures. Page 375

Crème caramel
Flans cuits dans des ramequins et servis frais, dans leur sauce. 8 portions ; le matin. Page 359

Biscuit étagé au chocolat
Grands biscuits garnis de crème fouettée aromatisée au chocolat et à la cannelle. 16 portions ; la veille. Page 373

Crème brûlée
*Flan saupoudré de cassonade qui se
caramélisera au four; se sert avec des fruits
frais. 10 portions; le matin.* Page 359

Meringues aux fraises
*Coquilles de meringue farcies de crème glacée
et surmontées de fraises fraîches. 6 portions;
le matin.* Page 365

Soufflé givré à la limette
*Soufflé très frais, coloré et parfumé au jus
de limette. 8 portions; le matin.* Page 362

Sabayon
*Entremets parfumé au marsala, à base de
jaunes d'œufs, que l'on sert encore tiède.
6 portions; 20 minutes.* Page 360

Tarte des anges au chocolat
*Fond de tarte meringué garni d'une onctueuse
crème au chocolat. 10 portions; le matin.*
Page 365

Soufflé à la liqueur d'orange
*Soufflé parfumé à la liqueur d'orange, qui se
sert chaud, accompagné de crème fouettée.
6 portions; 1 h 15.* Page 364

Shortcake aux fraises
*Biscuit tranché en deux, puis beurré et garni
avec des fraises et de la crème fouettée.
8 portions; 45 minutes.* Page 369

Bagatelle au sherry
*Morceaux de gâteau macérés au sherry, puis
incorporés à une crème anglaise. 8 portions;
le matin.* Page 372

Eclairs
*Pâte à choux fourrée avec une Crème
pâtissière vanillée et décorée d'une Glace au
chocolat. 10 éclairs; le matin.* Page 366

Soufflé aux canneberges
*Mousse aux canneberges, qui se présente
comme un soufflé, garnie de fruits cristallisés.
8 à 10 portions; le matin.* Page 362

Chaussons aux pommes (à l'arrière-plan).
8 chaussons; 5 heures. Page 372. **Pouding
au riz crémeux.** *Riz sucré nappé de crème.
10 portions; 4 h 30.* Page 341

Pannequets au fromage
*Crêpes fourrées de deux sortes de fromage,
qui se servent chaudes, avec des fraises.
6 portions; le matin.* Page 368

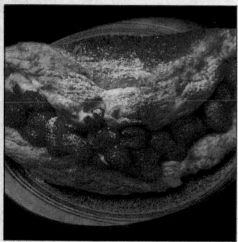

Omelette aux fraises
*Omelette soufflée, garnie de fraises fraîches
et saupoudrée de sucre glace. 4 portions;
30 minutes.* Page 146

Gâteau au fromage sans cuisson
*Mélange de cottage et de gélatine, dressé sur
une croûte Graham et garni de fruits en
conserve. 10 à 12 portions; le matin.* Page 159

Gâteau au fromage de luxe
*Garniture sucrée au fromage à la crème et
aux œufs, décorée de crème sure. 16 portions;
la veille.* Page 158

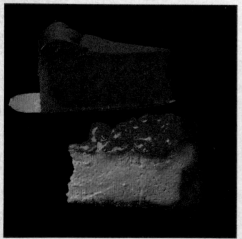

Gâteau au fromage et au chocolat (en haut).
16 à 18 portions; le matin. **Gâteau au
fromage et aux cerises.** *12 portions; la veille.*
Page 158

Tarte au fromage et aux pêches
*Fromage à la crème dressé sur une croûte
Graham et garni de pêches glacées à l'abricot.
8 portions; 6 heures.* Page 159

Tarte au fromage et à la rhubarbe
*Tarte à la rhubarbe, coiffée d'une préparation
au fromage à la crème, garnie de crème sure
et d'amandes. 8 portions; 6 heures.* Page 159

Potage glacé aux cerises
Fait de cerises pour tarte en conserve.
6 portions; le matin. Page 137

Potage froid aux framboises
Fait de framboises congelées. 6 portions;
le matin. Page 137

Potage aux fraises
Fait de fraises fraîches. 3 portions; le matin.
Page 137

Potage aux fraises et à la rhubarbe
Mélange froid de rhubarbe, de fraises, de quartiers d'orange et
de jus d'orange, garni de tranches de fraises. 4 portions; 3 heures.
Page 137

Velouté aux bleuets
Purée de bleuets et crème sure; se sert bien
froid. 2 portions; 20 minutes. Page 137

Abricots à la crème et à la cannelle
Demi-abricots, cuits dans un sirop à base de sucre et de cannelle et nappés de crème épaisse. 4 portions; 35 minutes. Page 302

Fraises Romanoff
Fraises arrosées d'une liqueur, de jus d'orange et de brandy et couronnées de crème fouettée. 4 portions; 1 h 30. Page 304

Garniture congelée aux fraises
Appareil aux fraises et à l'orange, servi ici sur des gâteaux, de la crème glacée et du yogourt. 2 jours avant. Page 304

Compote de cerises au brandy
(à gauche). *30 minutes.* Page 305.
Marmelade de bleuets. *20 minutes.* Page 304

Compote de prunes (à l'arrière-plan, à gauche). *20 minutes.* **Prunes au porto** (à droite). *6 portions; le matin.* **Garniture aux prunes** sur des fruits; *1 h 15.* Page 314

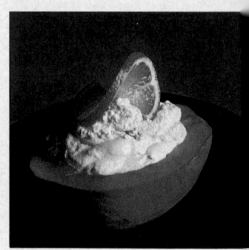

Papayes à la crème citronnée
Demi-papayes garnies d'une crème fouettée au citron, refroidies et décorées de torsades de citron. 6 portions; 1 heure. Page 312

Compote de petits fruits
Fraises, framboises et bleuets couronnés de crème glacée et de zeste d'orange râpé. 8 à 10 portions; 2 h 30. Page 304

Pamplemousse Ambrosia
Quartiers de pamplemousse égouttés et enrobés de miel et de noix de coco en flocons. 4 portions; 5 minutes. Page 307

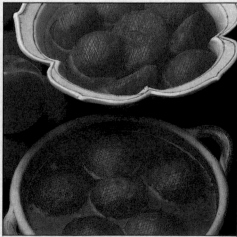

Pêches pochées (à l'arrière-plan).
6 portions; 20 minutes.
Pêches au four. *6 portions; 1 heure.*
Page 312

Poires pochées au sauternes (à l'arrière-plan).
6 portions; 4 heures.
Poires au chocolat. *2 portions; 30 minutes.*
Page 313

Raisins à la menthe
Raisins verts sans pépins macérés dans du miel, du jus de lime et de la menthe hachée. 4 portions; le matin. Page 306

Pommes au four (à l'arrière-plan).
Nappées de crème. 6 portions; 1 heure.
Compote de pommes. *Lisse ou granuleuse. 30 minutes.* Page 301

Kiwis au gingembre confit
Tranches de kiwi et quartiers d'orange dans un sirop au gingembre, servis froid. 4 portions. 2 h 30. Page 307

Sucettes aux bananes
Tronçons de banane montés sur bâtonnet, enrobés de chocolat et de noix de coco. 12 sucettes; 2 heures. Page 303

Pastèque macérée (à l'arrière-plan).
16 portions; 4 heures.
Glace au cantaloup. *5 tasses; le matin.*
Page 310

Compote de rhubarbe
(à l'arrière-plan). *20 minutes.*
Rhubarbe au four. *6 portions; 50 minutes.*
Page 315

Compotier de fruits frais à la cardamome
Melon et fruits estivaux arrosés d'une sauce légère. 12 portions; 30 minutes. Page 322

Compotier Sacramento
Ananas, melons, oranges, nectarines, prunes, raisins et lime refroidis dans un sirop anisé. 10 à 12 portions; le matin. Page 322

Crème glacée à la vanille
Crème anglaise parfumée à la vanille,
que l'on fait prendre dans une sorbetière.
Le matin. Page 376

Crèmes glacées variées
De la crème glacée maison parfumée à divers fruits (de gauche à droite):
à la banane; aux fraises; au chocolat; à la pistache; aux pêches.
Le matin. Page 377

Crème glacée à la menthe
Crème glacée à laquelle on ajoute des
bonbons à la menthe poivrée. 6 heures.
Page 377

Crème glacée Nesselrode
Entremets glacé composé de crème glacée à la
vanille, de doigts de dame, de fruits et de
noix. 10 portions; la veille. Page 379

Lait glacé aux fraises
Purée de fraises givrée. Le matin. Page 378.
Accompagnée ici de **Biscuits réfrigérés.**
Page 411

Sorbet à l'ananas
Mélange d'ananas, de sucre, de jus de citron
et de blancs d'œufs, pris au congélateur.
Le matin. Page 380

Tarte Alaska
Dans une croûte de biscuits, une glace à la
vanille et des framboises recouvertes de
meringue. 12 portions; 5 heures. Page 378

Sorbet crémeux à l'orange (à gauche).
Le matin. Page 380.
Sorbet au cantaloup. *Le matin.*
Page 380

Glace aux fraises
Des fraises congelées, du jus et de la liqueur d'orange. Le matin. Page 381. *Garnie ici de* **zestes d'orange confits.** Page 311

Tarte glacée arc-en-ciel
Quatre parfums de glaces agrémentées de cerises, dans une croûte de biscuits. 12 portions; le matin. Page 379

Couronne à la crème de menthe
Sorbet au citron parfumé à la crème de menthe et garni de fraises fraîches. 8 à 10 portions; le matin. Page 380

Citrons givrés
Citrons évidés, remplis de glace au citron et décorés de feuilles de menthe. Le matin. Page 381

Glace au melon d'eau
Purée de melon d'eau sucrée et parfumée au jus de citron, puis raffermie au congélateur. Le matin. Page 381

Bombe glacée des dames d'Escoffier
Crèmes glacées aux fraises et à la vanille farcies de pralin, décorées de crème Chantilly et de fraises fraîches, que l'on sert avec une sauce au chocolat. 12 portions; le matin. Page 379

103

Carrés au chocolat
24 biscuits. Page 404

Biscuits à la cannelle
72 biscuits. Page 413

Bouchées doubles au chocolat. *48 biscuits.* Page 406

Couronnes de Noël
54 biscuits. Page 409

Bouchées au choco et aux arachi
48 biscui Page 4

Biscuits aux flocons d'avoine. *48 biscuits.* Page 407

Petits rochers
36 biscuits. Page 407

Biscuits à l'orange et aux raisins secs. *30 biscuits.* Page 407

Galette sal
14 biscuits. Page 405

Biscuits du campeur
12 biscuits. Page 404

Meringues à la noix de coco. *24 biscuits.* Page 408

Biscuits danois aux amandes. *42 biscuits.* Page 409

Carrés marbrés
36 biscuits. Page 405

Croquets au chocol
48 biscuits. Page 40

Bonshommes en pain d'épice
24 biscuits. Page 413

Cigarettes
30 biscuits. Page 407

Madeleines
30 biscuits. Page 409

Biscuits à la mélasse
30 biscuits. Page 406

Macarons aux amandes
36 biscuits. Page 408

Spirales aux agrumes
6 biscuits. Page 411

Tranches napolitaines
72 biscuits. Page 411

Bouchées aux noisettes
24 biscuits. Page 408

Biscuits de Linz
30 biscuits. Page 405

Carrés à l'abricot
16 biscuits. Page 404

Biscuits au caramel
50 biscuits. Page 404

Biscuits au beurre d'arachide
36 biscuits. Page 408

Biscuits santé aux raisins secs. *48 biscuits.*
Page 406

Biscuits à la cardamome
72 biscuits. Page 409

Biscuits riches aux amandes. *36 biscuits.*
Page 412

Biscuits aux épices
108 biscuits. Page 413

Biscuits aux pruneaux
27 biscuits. Page 405

Biscuits au sucre
72 biscuits. Page 412

105

Petits-beurre variés : Torsades (à l'arrière-plan). *32 biscuits ;* **Petits-beurre** (au centre). *108 biscuits ;* **Bouchées aux framboises.** *72 biscuits ; 3 h 30.* Page 410

Petits-beurre glacés au chocolat
Pâte à la crème sure passée dans une presse, cuite au four, puis enrobée de chocolat. 120 biscuits ; 4 heures. Page 410

Biscuits en sandwich
Biscuits à la vanille et crèmes au beurre multicolores. 42 biscuits ; 3 heures. Page 412

Pommes caramélisées
Pommes délicieuses rouges enrobées d'un mélange à base de sirop de maïs. 8 pommes ; 2 heures. Page 302

Suçons
Bonbons durs dans un sirop moulé. 12 suçons. 3 heures. Page 417

Boules de maïs soufflé
Du maïs soufflé et des cerises confites enrobés de sirop de maïs. 12 boules. 2 heures. Page 418

Fudge au chocolat
36 morceaux ; 2 h 30.
Page 415

Caramel croquant aux arachides
1 lb (450 g) ; 2 heures.
Page 418

Fudge croquant au caramel
49 morceaux ; 1 h 30.
Page 415

Baisers à l'érable
24 morceaux ; 1 h 30.
Page 415

Bonbons à la mélasse. *¾ lb (340 g);*
2 heures. Page 416

Fruits en pâte d'amandes
4¼ lb (1,9 kg); la veille. Page 419

Croquant aux noix et au chocolat
1½ lb (700 g); 3 h 30. Page 418

Divinité
1½ lb (700 g);
1 h 30. Page 417

Penuche aux pacanes
2 lb (900 g); 2 h 30.
Page 415

Bonbons fondants
1 lb (450 g);
7 heures.
Page 418

Fondant
1 lb (450 g);
5 heures.
Page 417

Pastilles à la menthe
64 pastilles; 3 heures. Page 419

Caramels à l'orange et aux amandes
50 morceaux; 1 h 30. Page 416

Nougat blanc
2¼ lb (1 kg); la veille. Page 416

Fruits et noix enrobés
Quartiers d'orange, arachides et fraises
enrobés de chocolat. 1 h 30. Page 420

Menthes fondantes
au chocolat
Chocolat mi-sucré
aromatisé à la menthe. 2 h 30. Page 420

Truffes
Chocolat enrichi de lait condensé sucré et
roulé dans du cacao. 36 truffes; 2 heures.
Page 420

SANDWICHES

Sandwiches au bifteck
*Biftecks minute servis sur du pain grillé,
nappés de sauce brune et garnis de cresson.
4 portions ; 20 minutes.* Page 457

Sandwiches de l'Ouest (à gauche).
*Omelette au jambon, au poivron et aux
oignons entre deux tranches de pain grillé.
4 sandwiches ; 35 minutes.* Page 456

Petits pains au bacon
*Bacon de dos légèrement grillé servi dans des
petits pains à hamburgers. 6 sandwiches ;
15 minutes.* Page 456

Pain pita et bœuf au curry
*Mélange de bœuf haché, d'oignon, de pomme et
de raisins secs relevé de curry et servi dans du
pain pita. 12 sandwiches ; 3 heures.* Page 457

Croque-monsieur
*Jambon, suisse et moutarde entre des tranches
de pain blanc dorées au four. 16 sandwiches ;
45 minutes.* Page 455

Michigan
*Mélange de bœuf, d'oignons, de poivrons et de
fèves servi dans des petits pains. 6 sandwiches ;
30 minutes.* Page 456

Sandwiches au porc épicé
*Porc mijoté avec des oignons et des poivrons,
servi dans des pains croûtés avec tomate et
laitue. 10 sandwiches ; 3 h 30.* Page 455

Pain à la mozzarella
*Baguette italienne aux graines de sésame,
tranchée et farcie de fromage fondu et
d'olives. 6 portions ; 40 minutes.* Page 455

Sandwich Reuben
*Sandwich de suisse, de bœuf salé et de
choucroute dans du pain de seigle, doré à la
poêle. 4 sandwiches ; 45 minutes.* Page 456

ous-marins
e la saucisse italienne, des oignons et des
oivrons cuits et servis dans des petits pains
roûtés. 4 sandwiches ; 45 minutes. Page 457

Tacos (avec **Tortillas au maïs**)
Coquilles de tacos farcies d'un mélange
de viande, de légumes et de fromage.
12 sandwiches ; 1 heure. Page 456

Vieux garçons
Du jambon, du suisse, des concombres et des
tomates en vinaigrette dans un pain croûté.
6 portions ; 20 minutes. Page 457

Sandwiches club
Tranches de pain grillées garnies de bacon, de
inde, de laitue, de tomate et de mayonnaise.
portions ; 20 minutes. Page 457

Sandwiches au cresson et aux noix (à
l'arrière-plan). *30 minutes.* **Sandwiches**
minceur : Crevettes au curry (à gauche) et
Thon et noix. Page 458

Sandwiches en rubans (à l'arrière-plan).
50 sandwiches ; 3 h 30.
Spirales au pâté de jambon
30 sandwiches ; 30 minutes. Page 459

Canapés danois
(A l'arrière-plan, de gauche à droite) *Œufs durs, caviar et poivron*
rouge ; crevettes en mayonnaise ; bleu danois, raisins bleus et noix ;
hareng mariné et oignon sur laitue.

(A l'avant-plan, de gauche à droite) *Rosbif et oignon frit ; saumon*
fumé sur laitue ; salami et torsades de concombre ; rôti de porc frais
avec torsades d'orange et miettes de bacon. Page 458

Espresso (à gauche). *4 portions; 15 minutes.*
Café au lait. *1 portion; 15 minutes.* Page 467

Sodas à la crème glacée (à l'arrière-plan) : *Mélanges de sirop,
de lait, de crème glacée et de club soda. 1 portion chacun; 5 minutes.*
Soda aux fraises. *1 portion; 5 minutes.* Page 469

Café irlandais (à gauche). *1 portion;
15 minutes.* **Café brûlot.** *8 portions;
15 minutes.* Page 467

Soda à l'orange et au chocolat (à gauche).
8 portions; 5 minutes. **Soda au chocolat.**
1 portion; 5 minutes. Page 469

Eggnog (à l'arrière-plan). *38 portions;
2 heures.* Page 470. **Soda de fête à l'orange.**
16 portions; 15 minutes. Page 469

Café glacé
*Café double force servi sur des glaçons avec,
au goût, de la crème et du sucre. 15 minutes.*
Page 467

hocolat chaud américain
Mélange de cacao, de vanille, de sucre et de it chaud garni d'une guimauve. 6 portions ; 5 minutes. **Page 468**

Laits frappés au chocolat (à gauche) et **aux bananes.** *Au chocolat : crème glacée, lait et sirop. Aux bananes : lait, crème glacée et fruits. 2 portions ; 10 minutes.* **Page 469**

Flotteur au moka
Mélange de chocolat, de café instantané, de club soda et de crème glacée. 1 portion ; 5 minutes. **Page 469**

Chocolat chaud à la française
Boisson au chocolat, riche et savoureuse. portions ; 50 minutes. **Page 468**

Vache noire
De la racinette bien froide avec une boule de crème glacée à la vanille. 1 portion ; 5 minutes. **Page 469**

Thé glacé
Thé bien infusé, rafraîchi sur des glaçons et servi avec du sucre et des tranches de citron. 8 portions ; 15 minutes. **Page 468**

Lait frappé aux fraises
Boisson pauvre en calories, composée de fraises et de lait écrémé en poudre. 4 portions ; 5 minutes. **Page 469**

Punch pétillant aux fraises
Fraises et vin rosé, limonade et club soda, garnis de tranches d'orange. 36 portions ; 10 minutes. **Page 471**

Sangria
Rafraîchissant et typiquement espagnol, un punch de vin rouge aux fruits frais. 8 portions ; 5 minutes. **Page 471**

Limonade (à gauche). *16 portions ; 2 heures.*
Limonade éclair. *5 portions ; le matin.*
Page 470

Vin chaud à la cannelle
Vin rouge chauffé à la cannelle et au clou de girofle avec des tranches d'orange et de citron. 36 portions ; 30 minutes. Page 471

Wassail et pommes au four
Punch épicé, au cidre et aux jus de fruits, garni de pommes cuites. 36 portions ; 45 minutes. Page 472

Daiquiri (à gauche). *13 portions ; la veille.*
Whisky Sour. *13 portions ; la veille.* Page 472

Punch au Whisky Sour (à gauche).
32 portions ; 25 minutes. **Punch doré.**
Sans alcool. 20 portions ; 10 minutes.
Page 471

Glogg
Mélange de vin et d'eau-de-vie, flambé et garni d'amandes. 20 portions ; la veille.
Page 471

Cocktails (de gauche à droite) : **Alexandra ; Julep ; Margarita ; Old-fashioned ; Tom Collins ; Manhattan ; Stinger ; Martini ; Bloody Mary** et **Bloody Mary en pichet.** *5 minutes.* Pages 472 et 473

RECETTES

AMUSE-GUEULE ET ENTRÉES

Il suffit de quelques petites choses à grignoter avec les cocktails, de canapés servis sur un plateau ou d'amuse-gueule présentés en guise d'entrée pour révéler vos talents de cordon-bleu et mettre tous les convives en appétit. Par-mi les amuse-gueule décrits dans ce chapitre, certains sont légers, pauvres en calories et croustillants, mais d'autres sont plus substantiels pour les cas où vous voudriez servir un buffet miniature.

Bouchées

Pailles torsadées au fromage

1¼ t. de farine tout usage
½ t. de semoule de maïs jaune
1 c. à thé de sel
1¼ t. de cheddar râpé
¼ t. de graisse végétale
⅓ t. d'eau
Parmesan râpé

Photo page 18
Débutez 45 min avant ou le matin
96 amuse-gueule ou 24 portions

1. Mélangez la farine, la semoule et le sel dans un grand bol. Incorporez-y le cheddar et la graisse avec un mélangeur à pâtisserie. Le tout doit res-sembler à de grosses miettes de pain. Ajoutez ⅓ t. d'eau en remuant à la fourchette. Façonnez la pâte en boule avec vos mains. (Si elle est trop sèche, ajoutez de l'eau, 1 c. à thé à la fois, pour qu'elle garde sa forme.) Portez le four à 425°F (220°C).
2. Abaissez la moitié de la pâte en un rectangle de 12 po × 10 (30 cm × 25) entre deux feuilles de papier ciré de 15 po (40 cm) de long. Taillez-y des bandes de 5 po × ½ (13 cm × 1,25) que vous tor-saderez. Déposez-les sur une plaque à biscuits et pressez leurs bouts contre celle-ci pour les empê-cher de s'incurver.
3. Faites dorer au four de 6 à 8 min. Défournez, saupoudrez de parmesan et laissez refroidir sur une grille. Recommencez avec le second pâton.

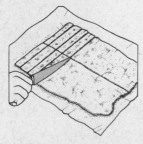

Bandes : Abaissez la pâte en un rectangle de 12 po × 10, puis taillez-y des bandes de 5 po × ½.

Torsades : Tournez les bouts des bandes en sens opposé, puis déposez-les sur une plaque à biscuits.

Noix frites à la chinoise

6 t. d'eau
4 t. de noix de Grenoble
½ t. de sucre
Huile à salade
1 pincée de sel

Photo page 18
Débutez le matin
4 tasses

1. Faites bouillir l'eau à feu vif dans une grande casserole ; ajoutez les noix et ramenez à ébullition. Rincez sous un jet d'eau chaude ; égouttez.
2. Enrobez les noix de sucre dans un grand bol.
3. Amenez environ 1 po (2,5 cm) d'huile à 350°F (180°C) dans une sauteuse électrique. Déposez-y la moitié des noix avec une écumoire. Faites dorer 5 min en remuant souvent.
4. Avec l'écumoire, mettez les noix à égoutter dans une passoire au-dessus d'un bol ; salez et se-couez un peu pour les empêcher de coller. Faites refroidir sur du papier ciré et recommencez avec le reste. Réservez dans un récipient étanche.

Amandes au curry

2 t. d'amandes entières blanchies
1½ c. à soupe de beurre ou de margarine, fondu
1 c. à soupe de poudre de curry
1 pincée de sel

Photo page 18
Débutez le matin
2 tasses

1. Chauffez le four à 300°F (150°C). Mélangez les amandes et le beurre dans un moule de 8 ou 9 po (20-23 cm). Grillez 30 min en remuant de temps en temps. Saupoudrez de curry et salez ; secouez pour bien enrober les amandes. Faites refroidir sur du papier ciré et gardez dans un récipient étanche.

PACANES AU PIMENT ROUGE : Suivez la même re-cette, mais avec *2 t. de moitiés de pacanes, 1½ c. à soupe de beurre fondu, 1 c. à thé de sel, 2 c. à thé de sauce soja* et *de la sauce au piment rouge.* (Donne 2 t.)

CAJOUS AU CHILI : Suivez la même recette, mais avec *2 t. de cajous salés, 1½ c. à soupe de beurre ou de margarine, fondu, et 1 c. à soupe de poudre de chili.* Ne salez pas. (Donne 2 t.)

Canapés froids

Bouchées au thon et au curry

Photo
page 18
Débutez 2 h avant
40 amuse-gueule

Pâte à choux :
¼ t. de beurre ou de margarine
½ t. d'eau
1 pincée de sel
½ t. de farine tout usage
2 œufs
Garniture :
6½ oz (185 g) de thon en boîte
2 œufs durs
½ t. de mayonnaise
¼ t. de céleri haché
1 c. à soupe de curry
¼ c. à thé de sel
⅔ t. de persil haché

1. Graissez une plaque à biscuits et chauffez le four à 375°F (190°C). Portez à ébullition à feu moyen le beurre, l'eau et le sel dans une casserole. Retirez du feu, versez la farine et remuez vivement avec une cuiller en bois jusqu'à ce que la pâte forme une boule et adhère à la cuiller. Ajoutez les œufs un à un, en battant bien chaque fois. Laissez refroidir, puis versez à la cuiller dans la poche à pâtisserie munie d'une douille ronde.

2. Disposez sur la plaque graissée 20 cônes espacés de 1 po (2,5 cm), équivalant chacun à environ 2 c. à thé.

3. Mettez les choux au four de 20 à 25 min jusqu'à ce qu'ils aient bruni ; faites refroidir sur une grille.

4. Pour préparer la garniture, défaites à la fourchette le thon dans son jus dans un petit bol ; hachez les œufs durs.

5. Incorporez au thon la mayonnaise, le céleri, les œufs durs hachés, la poudre de curry et le sel ; couvrez et réfrigérez.

6. Quand les choux sont froids, coupez-les horizontalement en deux avec un couteau aiguisé.

7. Remplissez chaque coquille de 1 c. à thé comble de garniture ; garnissez de persil haché.

Rondelles aux œufs et au caviar

Photo
page 18
Débutez 30 min avant
12 amuse-gueule

6 tranches de pain pumpernickel
2 œufs durs
Mayonnaise
3 olives noires dénoyautées
1 c. à soupe de caviar rouge

1. Découpez deux rondelles dans chaque tranche avec un emporte-pièce de 2 po (5 cm) de diamètre.
2. Coupez les œufs en six tranches fines avec un couteau aiguisé. Tranchez les olives en quatre.
3. Mettez un peu de mayonnaise au centre de chaque rondelle, couvrez d'une tranche d'œuf et garnissez de caviar et d'une rondelle d'olive.

Rondelles au thon et à l'aneth

Photo
page 18
Débutez 45 min avant
28 amuse-gueule

1 pain pumpernickel de 1 lb (450 g), tranché
Mayonnaise
1 concombre moyen émincé
6½ oz (185 g) de thon en boîte, égoutté
¼ t. de crème sure
1 c. à thé de graines d'aneth
1 c. à thé de jus de citron
1 pincée de poivre
1½ c. à thé de poivron rouge haché

1. Découpez deux rondelles par tranche de pain avec un emporte-pièce de 2 po (5 cm) de diamètre ; garnissez de mayonnaise et coiffez d'une rondelle de concombre. Hachez le reste.
2. Mélangez dans un petit bol le concombre haché, 3 c. à soupe de mayonnaise, le thon et les quatre ingrédients suivants. Garnissez les rondelles avec ce mélange et décorez de poivron haché.

Triangles à la crème garnis de cresson

Photo
page 18
Débutez 15 min avant
20 amuse-gueule

5 tranches minces de pain de mie, sans la croûte
3 oz (85 g) de fromage à la crème ramolli
1 botte de cresson nettoyé

Tartinez le pain de mie de fromage à la crème, puis découpez-le en 20 triangles. Garnissez chacun de deux brins de cresson.

Carrés au saumon fumé

Photo
page 18
Débutez 30 min avant
20 amuse-gueule

5 tranches minces de pain de mie
3 oz (85 g) de fromage à la crème ramolli
3 oz (85 g) de saumon fumé en tranches
2 écorces de citron, en lanières

1. Faites griller le pain et ôtez la croûte. Tartinez les tranches de fromage et coupez-les en quartiers.
2. Coupez le saumon aux dimensions des canapés, garnissez et terminez avec les lanières de citron.

Rondelles aux anchois et au fromage

Photo
page 18
Débutez 15 min avant
20 amuse-gueule

10 tranches de pain pumpernickel
5 oz (140 g) de fromage à tartiner
2 c. à thé de raifort
5 filets d'anchois coupés en lanières
5 olives farcies tranchées

1. Découpez deux rondelles dans chaque tranche de pain avec un emporte-pièce de 2 po (5 cm) de diamètre.
2. Mélangez le fromage et le raifort dans un petit bol ; tartinez-en chaque rondelle. Décorez d'un morceau d'anchois et d'une tranche d'olive.

Canapés froids

Canapés chauds

Canapés au bleu et à l'aspic

*16 oz (450 ml) de jus de
tomate et de palourdes
1 sachet de gélatine non
parfumée
⅓ t. de crème sure
2 c. à soupe de fromage
bleu émietté
5 tranches minces de
pain de mie
Câpres égouttées*

Photo
page 18
Débutez 3 h
avant
ou le matin
20 amuse-
gueule

1 Versez le jus dans une petite casserole; saupoudrez-y la gélatine et faites dissoudre à feu moyen en remuant sans cesse.

2 Versez le mélange dans un moule pour roulé de 15½ po × 10½ (40 cm × 27). Réfrigérez 30 min.

3 Mélangez la crème sure et le bleu émietté dans un petit bol. Otez les croûtes des tranches de pain de mie.

4 Tartinez le pain du mélange à la crème; coupez chaque tranche en quatre triangles et l'aspic en petits carrés.

5 Placez quelques morceaux d'aspic sur chaque canapé; réservez le reste pour une salade. Garnissez avec les câpres.

Canapés aux asperges

Photo
page 18
Débutez
20 min avant
ou le matin
20 amuse-
gueule

*5 tranches minces de
pain de mie
Mayonnaise
1 boîte de 15 oz (425 g)
de pointes d'asperges
blanches, égouttées*

*1 poivron entier, coupé
en lanières
1 gros cornichon coupé
en 20 tranches*

1. Otez les croûtes des tranches de pain. Etalez un peu de mayonnaise et coupez chaque tranche en quatre. Coupez chaque pointe d'asperge en deux.
2. En les raccourcissant au besoin, disposez les asperges sur les canapés. Mettez deux lanières de poivron sur chacun de ceux-ci et garnissez d'une rondelle de cornichon.

Petites quiches au brocoli

Photo
page 22
Débutez
1 h 30 avant
36 amuse-
gueule

*Pâte pour tarte à deux
croûtes (p. 344)
2 c. à soupe de beurre ou
de margarine, fondu
5 oz (150 g) de brocoli
surgelé, haché et dégelé
¼ lb (115 g) de suisse
râpé*

*1 t. de crème de table ou
à 15 p. 100
3 œufs
1 c. à thé de sel
1 pincée de poivre*

1 Graissez et farinez un moule pour 36 muffins de 1¾ po (4,5 cm); préparez la pâte.

2 Farinez légèrement un plan de travail et le rouleau; abaissez la pâte à ⅛ po (3 mm).

3 Découpez-y 36 rondelles à l'aide d'un emporte-pièce cannelé de 3 po (7,5 cm) et abaissez les chutes.

4 Foncez les moules; enduisez les abaisses de beurre fondu et réfrigérez 30 min. Chauffez le four à 400°F (200°C). Egouttez le brocoli sur du papier essuie-tout.

5 Garnissez chaque quiche de 1 c. à thé de brocoli et saupoudrez de fromage. Battez au fouet la crème et les œufs dans un petit bol; salez et poivrez.

6 Nappez les quiches de 1 c. à soupe de ce mélange. Cuisez 25 min; un couteau piqué dans la garniture doit en ressortir propre. Démoulez et servez.

PETITES QUICHES AUX ÉPINARDS: Suivez la même recette, mais remplacez le brocoli par *5 oz (150 g) d'épinards surgelés*, hachés et dégelés, et le suisse par *¼ lb (115 g) de gruyère râpé*. (Donne 36 amuse-gueule.)

Pissaladière

Photo
page 22
Débutez
2 h 15 avant
36 amuse-
gueule ou
18 portions

1 sachet de levure sèche
1 c. à thé de sel
3 t. environ de farine
    tout usage
1 t. d'eau
4 oignons moyens
3 c. à soupe d'huile
    d'olive

½ c. à thé d'origan
1 boîte de 1¾ oz (50 g)
    de filets d'anchois
    égouttés et hachés
1 pot de 7 oz (200 g)
    d'olives farcies
    égouttées
¼ lb (115 g) de suisse

1. Mélangez la levure, le sel et 1 t. de farine dans un grand bol. Faites chauffer l'eau à feu vif jusqu'à ce qu'elle soit assez chaude (120-130°F ou 50-55°C).
2. Incorporez l'eau aux ingrédients secs en battant à vitesse réduite pour obtenir une pâte homogène. Battez 2 min à vitesse moyenne en raclant les parois du bol à l'occasion. Ajoutez à peu près ½ t. de farine pour épaissir ; battez encore 2 min en raclant souvent le bol. Rajoutez de la farine (environ 1 t.) pour faire une pâte souple. Déposez-la sur une planche farinée et pétrissez-la environ 8 min pour qu'elle soit lisse et élastique ; ajoutez de la farine au besoin. Façonnez une boule, mettez-la dans un bol graissé et enrobez-la de corps gras. Couvrez d'un torchon et laissez doubler de volume au chaud (80-85°F ou 27-30°C) et à l'abri des courants d'air, pendant environ 1 h.
3. Emincez les oignons et faites-les blondir à l'huile dans une sauteuse en remuant souvent. Retirez du feu et ajoutez les anchois hachés et l'origan.
4. Aplatissez la pâte avec le poing et laissez-la reposer 15 min, recouverte du bol, sur une planche farinée. Emincez les olives et râpez le fromage. Portez le four à 425°F (220°C). Sur une plaque à biscuits graissée, faites une abaisse de 13½ po × 12 (35 cm × 30) avec un rouleau fariné. Etalez-y les oignons cuits, couvrez des tranches d'olive et saupoudrez de fromage. Faites cuire de 15 à 20 min jusqu'à ce que la croûte soit dorée. Coupez quatre bandes de 13½ po (35 cm) que vous diviserez en neuf morceaux de 3 po × 1½ (7,5 cm × 3).

Champignons farcis à la saucisse

Photo
page 20
Débutez
1 h avant
30 amuse-
gueule

1½ lb (700 g) de
    champignons moyens
    (environ 30)
½ lb (225 g) de chair à
    saucisse au porc

½ t. de mozzarella râpé
¼ t. de chapelure
    assaisonnée
Persil (facultatif)

1. Equeutez les champignons et hachez les pieds. Réservez le tout.
2. Faites brunir la chair à saucisse à feu moyen dans une sauteuse. Retirez-la avec une écumoire et faites-la égoutter sur du papier essuie-tout. Ne gardez que 2 c. à soupe de graisse dans la sauteuse.
3. Faites-y attendrir les pieds de champignons à feu moyen une dizaine de minutes en remuant souvent. Retirez la sauteuse du feu et versez-y la saucisse, le fromage et la chapelure.
4. Préchauffez le four à 450°F (230°C). Remplissez les chapeaux de champignons du mélange et faites cuire 15 min dans un moule à roulé de 15½ po × 10½ (40 cm × 27).

Triangles au munster

Photo
page 22
Débutez
10 min avant
16 amuse-
gueule

1 paquet de 8 oz (225 g)
    de munster
½ oignon moyen

4 tranches de pain
    pumpernickel

1. Allumez le gril selon le mode d'emploi. Coupez les tranches de fromage en deux, émincez l'oignon et défaites-le en rondelles.
2. Déposez deux moitiés de morceau de fromage sur chaque tranche de pain et coiffez des rondelles d'oignon.
3. Disposez le tout sur une plaque à biscuits et faites griller de 3 à 5 min, jusqu'à ce que le fromage soit doré et fasse des bulles.
4. Coupez les tranches de pain en triangles et servez aussitôt.

TRIANGLES AU CHEDDAR : Suivez la même recette que ci-dessus, mais en remplaçant le munster par *1 paquet de 8 oz (225 g) de cheddar tranché*. (Donne 16 amuse-gueule.)

Canapés aux crevettes et au fromage

Photo
page 22
Débutez
40 min avant
20 amuse-
gueule

10 tranches de pain de
    mie
2 c. à soupe de beurre ou
    de margarine
½ c. à thé de feuilles de
    thym
4 oz (115 g) de crevettes
    surgelées, parées, cuites
    et hachées

½ t. de suisse râpé
    (environ 2 oz ou 60 g)
⅓ t. de mayonnaise
½ t. de chapelure fraîche
¼ c. à thé de sel
Aneth

1. Allumez le four à 400°F (200°C). Découpez deux rondelles dans chaque tranche de pain avec un emporte-pièce cannelé de 2 po (5 cm) de diamètre (gardez les chutes pour faire de la chapelure).
2. Faites fondre à feu doux le corps gras avec les feuilles de thym. Badigeonnez-en les canapés avec un pinceau ; disposez sur une plaque à biscuits et faites dorer au four environ 10 min.
3. Mélangez les crevettes et les autres ingrédients, à l'exception de l'aneth. Façonnez 20 boulettes.
4. Allumez le gril. Pressez légèrement les boulettes de crevettes sur les canapés et placez le tout de 7 à 9 po (18-23 cm) de la source de chaleur (ou à 450°F ou 230°C) pendant une dizaine de minutes ou jusqu'à ce que les canapés soient bien chauds et fassent des bulles. Parsemez d'aneth.

Ronds : Coupez deux rondelles dans chaque tranche à l'aide d'un emporte-pièce cannelé.

Garniture : Pressez les boulettes sur les canapés et faites griller comme indiqué ci-dessus.

Canapés chauds

Bouchées substantielles

Blinis au caviar

Photo page 24
Débutez 55 min avant
48 blinis ou 16 à 24 portions

½ t. de farine de sarrasin
¼ t. de farine tout usage
1 c. à thé de sucre
½ c. à thé de bicarbonate de soude
1 pincée de sel
½ t. de lait
1 œuf

1 pot de 8-¾ oz (250 ml) de crème sure
1 c. à soupe de beurre ou de margarine, fondu
Huile à salade
1 pot de 1-¾ oz (50 g) de caviar de lump ou de saumon, rouge ou noir

1. Mélangez dans un petit bol les deux farines, le sucre, le bicarbonate de soude et le sel, puis le lait, l'œuf et 2 c. à soupe de crème sure. Remuez jusqu'à ce que la pâte soit lisse. Ajoutez le corps gras fondu et battez tant que ce n'est pas homogène.
2. Faites chauffer une crêpière ou une sauteuse à feu moyen ; badigeonnez-la d'un peu d'huile à salade. Versez la pâte par cuillerées à thé et cuisez sept ou huit crêpes à la fois jusqu'à ce que le dessus soit légèrement pris et le dessous doré. Retournez-les avec une spatule et laissez cuire jusqu'à ce que le dessous soit ferme. Empilez sur un plat de service chaud, couvrez et gardez au chaud.
3. Continuez ainsi avec le reste de la pâte, en graissant la crêpière au besoin.
4. Versez à la cuiller le reste de crème sure dans une poche munie d'une douille en rosette ; garnissez chaque crêpe d'un peu de crème et couronnez le tout de caviar de lump ou de saumon.

VARIANTE : Supprimez la farine de sarrasin et employez ¾ t. de farine tout usage.

Tostadas

Photo page 20
Débutez 1 h avant
36 amuse-gueule ou 12 portions

6 tortillas de maïs
Huile à salade
¾ lb (340 g) de bœuf maigre haché
1 petit oignon, en dés
4 c. à thé de poudre de chili
½ c. à thé de sel
½ c. à thé de feuilles d'origan

1 boîte de 7½ oz (213 ml) de sauce tomate
¼ lb (115 g) de cheddar râpé
1½ t. de laitue pommée déchiquetée
¾ t. d'olives noires dénoyautées et tranchées

1. Coupez chaque tortilla en six pointes. Faites-en cuire un tiers à la fois pendant 30 s à feu assez vif dans une grande sauteuse contenant environ ¼ po (6 mm) d'huile chaude. Retournez les pointes avec une écumoire et cuisez-les encore 30 s ou jusqu'à ce qu'elles soient croquantes. Faites-les égoutter sur du papier essuie-tout. Etalez-les sur un grand plat et gardez au chaud.
2. Faites revenir à feu vif dans une casserole moyenne le bœuf haché et l'oignon pendant une dizaine de minutes, en remuant de temps en temps. Retirez l'excès de gras, ajoutez la poudre de chili, le sel, l'origan et la moitié de la sauce tomate, puis cuisez 2 min. Retirez du feu.
3. Déposez 1 c. à thé comble du mélange sur chaque pointe. Couronnez de fromage, de laitue, de ½ c. à thé de sauce tomate et de quelques tranches d'olive. Servez aussitôt.

Croustades aux champignons

Photo page 22
Débutez le matin
50 amuse-gueule

2 paquets de 4 oz (113 g) de fromage à la crème ramolli
Farine tout usage
Beurre ou margarine, ramolli
½ lb (225 g) de champignons émincés
1 gros oignon émincé
1 c. à thé de sel
¼ c. à thé de feuilles de thym
¼ t. de crème sure
1 œuf battu

1 Battez à vitesse moyenne le fromage, 1½ t. de farine et ½ t. de beurre ; raclez de temps en temps. Enveloppez ; réfrigérez 1 h.

2 Faites revenir dans une sauteuse les champignons et l'oignon à feu moyen dans 3 c. à soupe de beurre.

3 Incorporez le sel, le thym et 2 c. à soupe de farine. Mélangez bien et ajoutez la crème sure.

4 Abaissez la moitié de la pâte sur un plan fariné. Taillez 20 rondelles de ¾ po (7 cm). Réfrigérez les chutes.

5 Déposez 1 c. à thé de farce sur une moitié de chaque rond et badigeonnez les bords au pinceau avec l'œuf battu.

6 Repliez les chaussons ; soudez les bords et piquez le dessus avec une fourchette. Placez sur des plaques non graissées. Répétez.

7 Passez de l'œuf sur les chaussons et réfrigérez. *25 min avant de servir :* Mettez au four chauffé à 450°F (230°C) environ 12 min.

Photo page 19
Débutez 2 h avant
48 amuse-gueule ou 20 à 24 portions

Bouchées au bifteck

1 bifteck d'intérieur de ronde de 2 lb (900 g) et de 1 po (2,5 cm) d'épaisseur
Attendrisseur épicé
½ t. de vin rouge sec
1 gousse d'ail écrasée
2 c. à soupe de beurre
1½ c. à thé de moutarde sèche
1 c. à thé de sauce Worcestershire
¼ c. à thé de sel
1 ou 2 gouttes de sauce au piment
Brins de persil

1. Préparez le bifteck avec l'attendrisseur épicé. Mélangez le vin et l'ail dans un plat à four de 13 po × 9 (35 cm × 23), ajoutez le bifteck, couvrez et réfrigérez 1 h 30 en retournant une fois.
2. Allumez le gril. Réservez la marinade et placez la viande sur une grille dans une lèchefrite. Grillez 10 min à 5 po (13 cm) de la source de chaleur ou à 450°F (230°C). Retournez et grillez encore 8 min pour une viande bleue ou au goût.
3. Faites fondre le beurre à feu doux et chauffez-y la moutarde, le sel, les sauces Worcestershire et au piment et 2 c. à soupe de marinade.
4. Sur une planche, découpez le bifteck en cubes de 1 po (2,5 cm). Dressez la viande et ses sucs sur un chauffe-plat, arrosez de la sauce et garnissez de persil. Servez avec des bâtonnets à cocktail.

AUTRES COUPES DE VIANDE: Remplacez l'intérieur de ronde par *2 lb (900 g) de palette de première qualité, désossée et tranchée de 1 po (2,5 cm) d'épaisseur.* Ou omettez l'attendrisseur et employez de la longe ou du haut de surlonge.

Photo page 19
Débutez 1 h avant
40 amuse-gueule

Boulettes de viande à la suédoise

1 lb (450 g) de bœuf haché
1½ t. de chapelure assaisonnée
½ t. de sherry sec
½ c. à thé de macis
½ c. à thé de sel
1 pincée de poivre
1¼ t. de crème épaisse
Farine tout usage
2 c. à soupe d'huile à salade
2 c. à soupe de beurre ou de margarine
1 boîte de 10 oz (284 ml) de consommé de bœuf concentré
1 feuille de laurier

1. Mélangez les six premiers ingrédients dans un grand bol avec ¾ t. de crème; façonnez 40 boulettes et enrobez-les d'environ ¼ t. de farine.
2. Dans une grande sauteuse, faites-les revenir à feu vif dans de l'huile chaude. Egouttez-les sur du papier essuie-tout. Nettoyez la sauteuse.
3. Faites-y fondre le beurre ou la margarine à feu moyen. Mélangez-y 1 c. à soupe de farine jusqu'à ce que le tout soit homogène. Versez, toujours en remuant, le consommé et ½ t. de crème; portez à ébullition en remuant sans arrêt. Ajoutez les boulettes et la feuille de laurier; couvrez et faites mijoter 15 min ou jusqu'à ce que la viande soit tendre. Otez le laurier et servez sur un chauffe-plat.

CONGÉLATION: Cette recette peut se conserver un mois. Préparez-la comme ci-dessus, puis versez le tout dans un plat allant au congélateur. *Pour servir:* Réchauffez les boulettes à feu moyen avec ¾ t. d'eau, en remuant souvent.

Photo page 22
Débutez 2 ou 3 jours avant
12 à 14 portions

Gravad Lax

2 c. à soupe de sel
4 c. à thé de sucre
1 c. à thé de grains de poivre grossièrement moulus
1½ lb (700 g) de filet de saumon frais avec la peau, écaillé et sans arêtes
1 c. à soupe de brandy (facultatif)
½ botte d'aneth frais
Sauce à la moutarde (ci-dessous)
Aneth frais et quartiers de citron pour la garniture

1 Mélangez le sel, le sucre et le poivre; frottez-en les filets et aspergez de brandy.

2 Placez dans un plat en verre à feu un tiers de l'aneth; posez un filet dessus, peau en dessous.

3 Recouvrez d'un autre tiers de l'aneth et d'un filet, peau sur le dessus; terminez avec le restant d'aneth. Enveloppez le saumon d'une cellophane.

4 Posez sur le saumon une grande assiette surmontée de deux grosses boîtes de conserve. Gardez au froid de 24 à 36 h. Préparez la sauce à la moutarde.

5 *Juste avant de servir:* Otez l'aneth et les épices. Placez le saumon sur une planche à découper, peau en dessous.

6 Garnissez d'aneth frais et de citron. Emincez les filets en biais. Servez avec la sauce à la moutarde.

SAUCE À LA MOUTARDE: *En début de matinée:* Fouettez 1 min au mélangeur *½ t. de moutarde, ½ t. d'huile à salade, ⅓ t. de sucre, ¼ t. de vinaigre blanc, 1 c. à thé de crème sure* et *1 pincée de sel.* Couvrez et réfrigérez. Ajoutez ¼ t. d'aneth haché juste avant de servir. (Donne 1¼ t.)

Bouchées substantielles

Crevettes marinées sur glace

Photo page 23
Débutez la veille
18 à 20 portions

Bol cristallin (ci-dessous)
(facultatif)
3 lb (1,35 kg) de grosses
crevettes
6 t. d'eau bouillante
1 branche de céleri
1 feuille de laurier
¼ c. à thé de grains de
poivre
Sel

1 t. d'huile à salade
⅔ t. de jus de citron
½ t. de vinaigre
3 c. à soupe d'épices pour
marinade dans un
nouet
2 c. à thé de sucre
2 brins d'aneth frais

1. Préparez le bol cristallin.
2. Parez les crevettes, sans ôter les queues.
3. Faites mijoter 3 min à feu doux les crevettes, le céleri, le laurier, le poivre et 1 c. à thé de sel dans une grande casserole où vous aurez porté l'eau à ébullition. Egouttez.
4. Mettez les autres ingrédients plus 5 c. à thé de sel dans un grand bol, mélangez-y les crevettes et faites mariner toute la nuit au réfrigérateur en remuant de temps en temps.
5. *Avant de servir:* Egouttez bien les crevettes et disposez-les dans le bol cristallin.

PRÉPARATION DU BOL CRISTALLIN

Tapissez de *cubes de glace* le fond d'un grand bol allant au congélateur. Posez par-dessus un autre bol, plus petit.

(Mettez une boîte de jus surgelé dans le petit bol pour éviter qu'il ne flotte plus tard.) Comblez avec d'autres glaçons l'espace entre les deux bols, jusqu'à mi-hauteur. Glissez délicatement contre la paroi du grand bol *des brins d'aneth, des rondelles de citron, une feuille de laurier et des épices à marinade.*

Versez 2 po (5 cm) d'*eau* entre les bols; congelez. Versez encore 1 po (2,5 cm) d'eau, congelez; répétez jusqu'à ce que la glace soit à ½ po (1 cm) du bord.

Otez le poids du petit bol; laissez-y de l'eau tiède pendant 1 min et retirez le petit bol. Plongez le grand bol 1 min dans de l'eau tiède et démoulez. Dressez aussitôt les crevettes.

Brioche au brie

Photo page 22
Débutez la veille
24 portions

¾ t. de sucre
¾ c. à thé de sel
3 sachets de levure sèche
5½ t. environ de farine
tout usage
1 t. de beurre ou de
margarine
¾ t. de lait

7 œufs
2 c. à thé d'eau
1 brie rond de 2¼ lb
(1 kg) et de 7 à 8 po
(18-20 cm) de dia-
mètre, chambré
Grappes de raisin

1. Mélangez le sucre, le sel, la levure et 2 t. de farine dans un grand bol. Dans une petite casserole, portez le beurre et le lait à 120-130°F (50-55°C).
2. Dans un mélangeur, incorporez le liquide aux ingrédients secs en battant à vitesse réduite jusqu'à ce que le tout soit homogène. Battez 2 min de plus à vitesse moyenne en raclant le bol de temps en temps. Ajoutez peu à peu six œufs et 1½ t. de farine pour épaissir le mélange; battez encore 2 min en raclant le bol. Incorporez 1½ t. de farine avec une cuiller en bois pour obtenir une pâte très lisse et brassez 5 min.
3. Placez la pâte dans un bol graissé. Couvrez d'une serviette et laissez doubler de volume pendant 1 h au chaud et à l'abri des courants d'air. Dégonflez la pâte; enveloppez le bol de cellophane et réfrigérez toute la nuit.
4. *Le matin:* Dégonflez la pâte, mettez-la sur un plan fariné, recouvrez-la du bol et laissez reposer 15 min. Graissez un moule démontable de 10 po × 2 (25 cm × 5). Faites une boule avec la pâte, mettez-la dans le moule, que vous couvrirez d'une serviette, et laissez-la encore doubler de volume au chaud.
5. Portez le four à 325°F (160°C). Battez le dernier œuf et l'eau dans une tasse et badigeonnez-en la pâte. Cuisez 45 min ou jusqu'à ce que la brioche rende un son creux quand on la heurte du doigt. Faites-la refroidir sur une grille.
6. *Avant de servir:* Coupez la brioche avec un couteau-scie pour obtenir une base de 2 po (5 cm); réservez le reste. Posez le brie sur la base et tracez-en le contour au couteau, puis évidez la brioche à la cuiller de façon à en faire une corbeille (gardez les chutes pour de la chapelure). Mettez le brie dans la corbeille, recouvrez-le du chapeau et dressez le tout sur un plat. Décorez de grappes de raisin.
7. Tranchez la brioche et le brie en quartiers et laissez vos invités se servir.

Contour: Placez le brie sur la brioche et tracez-en le contour au couteau.

Corbeille: Evidez la brioche pour en faire une corbeille.

Spanakopitas T.B.

Photo
page 20
Débutez
2 h 15 avant
42 amuse-
gueule ou
20 portions

2 c. à soupe d'huile
  d'olive
1 petit oignon, en dés
10½ oz (300 g) d'épi-
  nards hachés surgelés,
  dégelés et égouttés à
  fond

1 œuf
⅓ t. de parmesan râpé
1 pincée de poivre
⅓ lb (150 g) de pâte à
  strudels
½ t. de beurre ou de
  margarine, fondu

1 Chauffez l'huile dans une casserole moyenne et blondissez-y l'oignon à feu moyen en remuant. Otez du feu ; ajoutez épinards, œuf, fromage et poivre.

2 Coupez la pâte sur le long en bandes de 2 po (5 cm) de large. Placez-les sur du papier ciré et couvrez-les d'une serviette humide.

3 Badigeonnez de beurre fondu une bande et déposez à son extrémité 1 c. à thé de farce aux épinards.

4 Repliez le coin de la bande en diagonale par-dessus la farce, de façon à former un angle droit.

5 Continuez de replier la bande à angle droit, jusqu'à l'obtention d'un chausson triangulaire. Recommencez avec le reste de la pâte et de la farce.

6 Portez le four à 425°F (220°C). Placez les pâtés, pli en dessous, dans un moule à roulé, badigeonnez de beurre et dorez 15 min. Servez chaud.

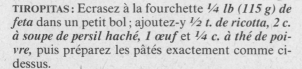

TIROPITAS : Ecrasez à la fourchette ¼ lb (115 g) de feta dans un petit bol ; ajoutez-y ½ t. de ricotta, 2 c. à soupe de persil haché, 1 œuf et ¼ c. à thé de poivre, puis préparez les pâtés exactement comme ci-dessus.

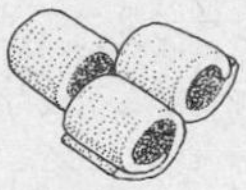

Bouchées aux saucisses

Photo
page 22
Débutez
2 h 30 avant
32 amuse-
gueule

8 saucisses de porc
  d'environ 4 po (10 cm)
  de long
Eau

½ t. de beurre
2 t. de farine tout usage
½ c. à thé de sel
2 œufs

1. Faites mijoter 5 min les saucisses à feu moyen avec ¼ t. d'eau dans une sauteuse couverte. Découvrez ; faites dorer en retournant souvent, puis mettez à refroidir au réfrigérateur.

2. Malaxez le beurre, la farine et le sel avec le mélangeur à pâtisserie jusqu'à l'obtention de grosses miettes. Battez les œufs dans une tasse graduée et ajoutez assez d'eau pour obtenir ⅔ t. Avec une fourchette, incorporez-en 6 c. à soupe à la pâte ; façonnez une boule. Portez le four à 425°F (220°C).

3. Abaissez la pâte sur un plan fariné en un rectangle de 20 po × 10 (50 cm × 25) ; découpez-la en carrés de 5 po (13 cm), badigeonnez d'œuf battu, placez les saucisses sur les carrés, roulez ceux-ci et scellez les bouts. Faites dorer 20 min sur une plaque à biscuits, soudure dessous. Coupez en quatre.

Ailes de poulet

Photo
page 20
Débutez
1 h avant ou
la veille
36 amuse-
gueule ou
18 portions

18 ailes de poulet (envi-
  ron 3 lb ou 1,35 kg)
2 c. à soupe d'huile à
  salade
3 oignons verts, en mor-
  ceaux de 3 po (8 cm)
½ t. de sauce au soja

⅓ t. de sherry sec ou doux
¼ t. de ketchup
2 c. à soupe de sucre
¼ c. à thé de gingembre
3 grains d'anis étoilé
1 grosse laitue pommée
  déchiquetée

1. Otez les bouts des ailes (vous en ferez une soupe) ; séparez chaque aile en deux à la jointure.

2. Saisissez 7 min les ailes et les deux tiers des oignons dans un faitout avec de l'huile chaude, en remuant sans arrêt. Réduisez un peu le feu, ajoutez la sauce au soja et tous les autres ingrédients, sauf la laitue ; mélangez bien, couvrez et cuisez 25 min en remuant de temps en temps.

3. Découvrez et cuisez encore 10 min en remuant souvent jusqu'à ce que presque tout le jus ait été absorbé et que le poulet soit tendre. Servez chaud sur un lit de laitue ou couvrez et réfrigérez pour servir froid plus tard. Garnissez du reste des oignons verts.

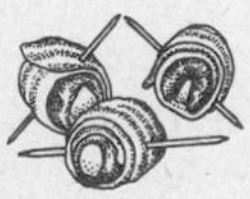

Rumakis

Photo
page 22
Débutez
1 h 30 avant
ou le matin
18 amuse-
gueule

½ lb (225 g) de foies de
  poulet
9 tranches de bacon
  coupées en deux
1 boîte de 8 oz (227 ml)
  de châtaignes d'eau

½ t. de sauce au soja
½ c. à thé de poudre de
  curry
¼ c. à thé de gingembre
  moulu

1. Préparez les rumakis : Coupez les foies en bouchées. Entourez-les avec une châtaigne d'eau d'un morceau de bacon ; maintenez avec un cure-dents.

2. Mélangez les autres ingrédients dans un bol, ajoutez les rumakis et remuez. Couvrez et réfrigérez au moins 1 h en brassant de temps en temps.

3. *Au moment de servir :* Chauffez le gril. Egouttez les rumakis et faites-les griller 10 min en les retournant souvent.

Pâtés

Pâté de campagne

Photo page 18
Débutez la veille ou jusqu'à sept jours plus tôt
16 portions

2 c. à soupe d'huile à salade
¼ lb (115 g) de champignons hachés
½ t. d'oignon haché
1 petite gousse d'ail émincé
¼ t. de sherry doux
1½ c. à thé de sel
½ c. à thé de poivre concassé
½ c. à thé de thym
1 pincée de muscade

½ lb (225 g) de porc haché
½ lb (225 g) de poulet haché (environ 1 poitrine)
¼ lb (115 g) de lard haché
¼ t. de pistaches écalées
2 c. à soupe de persil haché
1 œuf
8 oz (225 g) de bacon en tranches

1 Dans une grande casserole, faites revenir dans l'huile chaude l'oignon, l'ail et les champignons, en remuant souvent.

2 Ajoutez le sherry, le sel, le poivre, le thym et la muscade, puis portez à ébullition. Réduisez le feu et faites mijoter 5 min en remuant souvent. Retirez du feu.

3 Ajoutez le porc, le poulet, le lard, les pistaches, le persil et l'œuf. Mélangez à fond avec une cuiller.

4 Foncez un moule à pain de 8½ po × 4½ (22 cm × 12) avec les trois quarts du bacon, en laissant les tranches déborder.

5 Tassez le mélange dans le plat. Repliez le bacon par-dessus et couvrez des dernières tranches. Cuisez 1 h 15 à 350°F (180°C). Couvrez et réfrigérez pour la nuit.

6 Pour servir : Mettez le plat 15 s dans 2 po (5 cm) d'eau chaude ; passez une spatule entre le pâté et le moule, renversez sur un plat de service et tranchez.

Pâté de foies de poulet

Photo page 18
Débutez de 3 h 30 à 3 jours avant
2¼ tasses ou 12 à 16 portions

¾ t. de beurre ou de margarine
1 lb (450 g) de foies de poulet

1 oignon moyen émincé
2 c. à soupe de brandy
¼ c. à thé de sel
1 pincée de poivre

1. En remuant souvent, faites revenir les foies et l'oignon avec ¼ t. de beurre chaud dans une sauteuse jusqu'à ce que les foies soient tendres mais encore roses à l'intérieur (environ 5 min).
2. Passez l'appareil au mélangeur couvert, à vitesse réduite, afin qu'il soit lisse ; raclez le récipient de temps en temps avec une spatule en caoutchouc.
3. Faites fondre le reste du beurre à feu doux dans la même sauteuse ; mélangez-y à fond les foies écrasés, le brandy, le sel et le poivre. Versez à la cuiller dans un petit bol, couvrez et réfrigérez.

PÂTÉ DE CAMPAGNE AUX FOIES DE POULET: A l'étape 1 de la recette ci-dessus, remplacez l'oignon par ⅓ t. d'oignons verts émincés et ajoutez ½ lb (225 g) de champignons et 1 gousse d'ail moyenne émincés. Mélangez avec ½ t. de vin blanc sec et un soupçon de sauce au piment ; couvrez et faites mijoter 5 min. Reprenez les étapes 2 et 3, mais sans le brandy et le poivre ; augmentez le sel à 1 c. à thé.

Pâté aux épinards

Photo page 18
Débutez la veille
10 portions

3 paquets de 10½ oz (300 g) d'épinards hachés surgelés, dégelés
¼ t. de beurre ou de margarine
1 botte d'oignons verts émincés (1 t.)
2 grosses carottes grossièrement râpées

1 t. de crème de table
1¾ c. à thé de sel
1 c. à thé de basilic
1 pincée de poivre de Cayenne
4 œufs
Brins de cresson ou Fleurs en carotte (p. 327)

1. Egouttez les épinards dans une passoire en les pressant d'abord avec le dos d'une cuiller en bois, puis entre les mains. Hachez-les finement.
2. Graissez généreusement un moule à pain de 8½ po × 4½ (22 cm × 12) et foncez-le avec du papier d'aluminium. Dans une bonne casserole, faites revenir 5 min à feu moyen les carottes et les oignons avec le corps gras chaud en remuant souvent. Mélangez-y les épinards, la crème, le sel, le basilic et le cayenne ; portez à ébullition. Retirez du feu et ajoutez les œufs. Etalez le mélange à la cuiller dans le moule ; couvrez de papier d'aluminium.
3. Placez le moule dans une lèchefrite de 13 po × 9 (35 cm × 23) remplie d'eau chaude jusqu'à 1 po (2,5 cm) des bords du moule. Cuisez le pâté au four à 375°F (190°C) pendant 1 h 15 ou jusqu'à ce qu'un couteau en ressorte sec. Refroidissez 15 min sur une grille. Posez deux grosses boîtes de conserve sur le pâté ; réfrigérez toute la nuit.
4. Environ 15 min avant de servir : Otez les boîtes et le papier d'aluminium. Détachez le pâté du moule avec une spatule en métal. Placez un plat de service sur le moule, retournez-les ensemble et démoulez. Tranchez le pâté en 10 parts. Décorez de brins de cresson ou de fleurs en carotte.

Tartinades

Pâté de canard à l'aspic au sherry

*1 caneton dégelé de 4 à
5 lb (1,8-2,25 kg)*
½ lb (225 g) de porc
Sherry sec
*¼ lb (115 g) de gros
champignons*
*3 c. à soupe de beurre ou
de margarine*
*¾ lb (340 g) de foies de
poulet*
2 oignons verts tranchés
¼ lb (115 g) de lard

1 c. à thé de sel
½ c. à thé de poivre
⅓ t. de petits pois
*2 boîtes de 10 oz
(284 ml) de bouillon
de bœuf concentré*
3 sachets de gélatine

Photo page 19
Débutez la veille ou
jusqu'à 3 jours plus tôt
10 portions

1 Parez le caneton ;
jetez la peau et la
graisse et gardez les os
pour une soupe. Coupez
le caneton et le porc en
dés. Mettez le tout dans
un bol moyen, arrosez de
3 c. à soupe de sherry,
couvrez d'une cellophane
et réfrigérez 2 h. Ré-
servez un champignon et
hachez les autres.

2 Faites revenir à feu
moyen dans du
beurre chaud les oi-
gnons, les champignons
et les foies environ
10 min ou jusqu'à ce que
les foies soient fermes.

3 Passez au mélangeur
couvert les foies, le
lard en dés, le sel et le
poivre jusqu'à ce que le
tout soit homogène ; ra-
clez de temps en temps
les parois du récipient.

4 Etalez un tiers de
l'appareil dans un
moule à pain ; couvrez
d'un tiers des petits pois,
puis d'un tiers du ca-
nard. Répétez deux fois
en tassant bien.

5 Placez dans une lè-
chefrite remplie d'eau
jusqu'à 1 po (2,5 cm) du
bord du moule. Cuisez
au four 1 h 45 à 350°F
(180°C). Couvrez d'alu-
minium, déposez-y deux
poids ; réfrigérez.

6 *4 h avant de servir :*
Saupoudrez la géla-
tine sur le bouillon de
bœuf et ½ t. de sherry
dans une casserole
moyenne. Faites dissou-
dre à feu doux en re-
muant sans cesse.

7 Versez-en ⅛ po
(3 mm) dans un
moule de 9 po × 5
(23 cm × 13) ; réfrigérez
20 min. Coupez le der-
nier champignon en
tranches de ¼ po
(6 mm) d'épaisseur.

8 Disposez celles-ci
dans le moule, sur la
gélatine prise. Versez-en
encore ⅛ po (3 mm) et
remettez au réfrigérateur
20 min.

9 Démoulez le pâté et
placez-le sur la géla-
tine ; versez le reste de
celle-ci tout autour, couvrez et faites prendre 2 h
au réfrigérateur.

10 Humectez un plat
de service. Passez
un couteau à l'eau
chaude et détachez la gé-
latine. Plongez le moule
dans de l'eau ; démoulez.

Photo page 19
Débutez 5 jours avant
2 tasses

Fromage aux fines herbes et au poivre

*1 pte (1 L) de crème de
table*
2 c. à soupe de babeurre
1 morceau de mousseline
1 c. à thé de sel
*1 c. à thé de fines herbes
ou d'épices à l'italienne*

2 morceaux d'étamine
*2 c. à soupe de poivre
noir concassé*
*Craquelins ou biscottes
fines*

1 A feu doux, portez la
crème à 90-100°F (32-
38°C) dans une casserole
moyenne ; incorporez-y
le babeurre.
Versez dans un bol
moyen.

2 Couvrez le bol ; laissez
reposer au chaud (80-
85°F ou 27-30°C) de 24
à 48 h jusqu'à ce que le
mélange ressemble à du
yogourt. Foncez une pas-
soire de la mousseline.

3 Versez le caillé dans
la passoire et laissez
égoutter 10 min. Placez
la passoire sur une grille
dans une marmite, cou-
vrez d'une cellophane et
réfrigérez de 18 à 24 h.

4 Transférez le caillé à
la cuiller dans un bol
moyen ; mélangez-y le
sel et les fines herbes.
Jetez le petit-lait resté
dans la marmite et lavez
celle-ci.

5 Foncez un panier en
plastique de 2 t. avec
l'étamine mouillée en la
laissant dépasser de 2 po
(5 cm). Versez-y le caillé
à la cuiller et repliez
l'étamine par-dessus.

6 Posez le panier sur
une grille dans la
marmite ; couvrez de cel-
lophane. Réfrigérez de
18 à 24 h. Démoulez sur
un plat de service et garnissez de poivre. Servez
avec des craquelins.

Tartinades

Trempettes

Rillettes de porc

3 lb (1,35 kg) de rôti de soc désossé
1 t. d'eau
2 c. à thé de sel
1½ c. à thé de poivre noir concassé
1 c. à thé de feuilles de marjolaine
½ c. à thé de feuilles de thym
1 feuille de laurier
1 gousse d'ail écrasée
Tranches de baguette grillées ou craquelins

Photo
page 18
Débutez
le matin
ou jusqu'à
3 jours avant

2 tasses ou
12 portions

1. Coupez le porc en cubes de ½ po (1,25 cm) avec un couteau tranchant.
2. Portez-le à ébullition à feu vif dans un grand faitout avec tous les ingrédients, à l'exception du pain. Réduisez le feu, couvrez et faites mijoter environ 2 h 30 en remuant de temps en temps, jusqu'à ce que les fibres se séparent à la fourchette.
3. Quand la viande est cuite, découvrez et, toujours à feu doux, laissez tout le liquide s'évaporer ; remuez souvent. Otez la feuille de laurier.
4. Effilochez la viande à l'aide de deux fourchettes. Versez l'appareil à la cuiller dans une terrine de 2 t. Pressez bien, couvrez et réfrigérez. Servez froid avec des craquelins ou des tranches de baguette grillées.

TARTINADES AU FROMAGE

Préparez l'une ou l'autre de ces tartinades et faites-les réfrigérer toute la nuit à couvert pour en faire ressortir la saveur.

BLEU ET NOIX : Mélangez *4 paquets de 3½ oz (96 g) de bleu* émietté (environ 4 t.), *1 t. de pistaches* hachées et *⅓ t. de lait* dans un bol moyen. (Donne 2 t. ; photo page 18.)

OLIVES ET ANCHOIS : Mélangez à la cuiller dans un bol moyen *un paquet de 8 oz (225 g) de neufchâtel* ramolli, *12 olives moyennes farcies* et émincées et *4 c. à thé de pâte d'anchois*, jusqu'à l'obtention d'une pâte homogène. (Donne environ 1½ t.)

POIVRE ET MONTEREY : Mélangez parfaitement à la cuiller *1 lb (450 g) de monterey jack nature* finement râpé (environ 5 t.), *½ t. de mayonnaise, 2 c. à thé de poivre noir concassé* et *¼ c. à thé de sel*. (Donne environ 2 t. ; photo page 18.)

SUISSE ET JAMBON : Mélangez à la cuiller dans un grand bol *½ lb (225 g) de jambon cuit* émincé, *½ lb (225 g) de suisse nature* finement râpé (environ 2½ t.), *1 t. de crème sure, ¼ t. de persil haché, 1 c. à soupe de moutarde aux oignons* et *¾ c. à thé de sel*. (Donne environ 2½ t. ; photo page 18.)

BIÈRE ET CHEDDAR : Mélangez à la cuiller dans un grand bol *1 lb (450 g) de cheddar* finement râpé (environ 4 t.), *¾ t. de bière* ou de vin blanc et *½ c. à thé de sel*. (Donne environ 2½ t.)

LONGHORN ET POIVRON ROUGE : Mélangez à la cuiller dans un grand bol *10 oz (285 g) de fromage Longhorn* finement râpé (environ 3½ t.), *4 oz (115 g) de poivrons rouges* égouttés et coupés en dés, *¼ t. de lait, 1 c. à thé de sauce Worcestershire* et *¾ c. à thé de sel*. (Donne environ 1⅔ t.)

Guacamole

1 tomate moyenne
2 avocats moyens
2 c. à soupe de jus de citron
1¼ c. à thé de sel
½ petit oignon émincé
1 petite gousse d'ail émincée
1 boîte de 4½ oz (125 ml) de chilis verts doux, hachés, égouttés
Feuilles de coriandre fraîche (facultatif)
Croustilles ou légumes crus

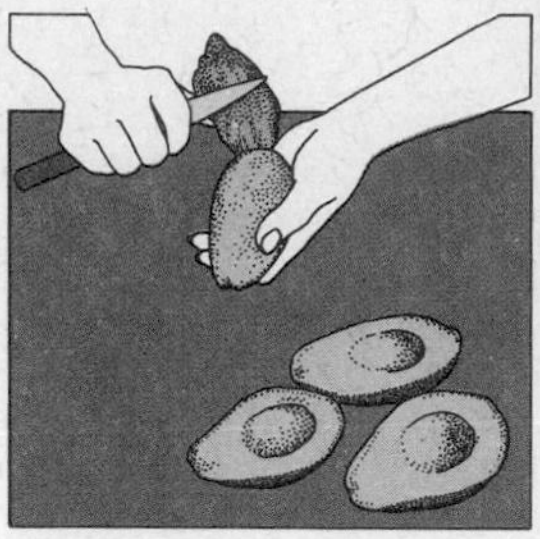

Photo
page 18
Débutez
1 h avant
2 tasses

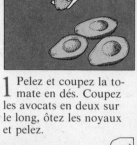

1 Pelez et coupez la tomate en dés. Coupez les avocats en deux sur le long, ôtez les noyaux et pelez.

2 Ecrasez les avocats dans un bol avec le jus de citron, ajoutez les quatre ingrédients suivants.

3 Versez à la cuiller dans un bol. Garnissez de coriandre. Servez avec des croustilles.

Trempette épicée pour légumes

1 t. de mayonnaise
2 c. à soupe d'oignon râpé
2 c. à thé de vinaigre à l'estragon
2 c. à thé de ciboulette hachée
2 c. à thé de sauce chili
½ c. à thé de poudre de curry
½ c. à thé de sel
¼ c. à thé de poivre
1 pincée de thym moulu
Chou-fleur cru
Bâtonnets de carotte

Photo
page 19
Débutez
plusieurs
heures avant
1 tasse

Mélangez tous les ingrédients, à l'exception des légumes, dans un petit bol ; couvrez et réfrigérez. Versez à la cuiller dans un autre bol, dressez sur un plat avec les légumes.

Trempette au bleu

1 t. de crème sure
⅓ t. de lait
4 oz (115 g) de fromage bleu
3 gouttes de sauce au piment fort
½ c. à thé de sauce Worcestershire

Photo
page 19
Débutez
15 min avant
1⅔ tasse

Mélangez tous les ingrédients, couvrez d'une cellophane et réfrigérez jusqu'au moment de servir.

Trempette aux oignons verts

1 t. de crème sure
1 sachet de bouillon à saveur de bœuf
¼ t. d'oignons verts émincés
1 c. à thé de sauce Worcestershire
Croustilles de pomme de terre ou de maïs

Photo
page 19
Débutez
15 min avant
1 tasse

Mélangez les quatre premiers ingrédients ; couvrez et réfrigérez. Servez avec les croustilles.

Trempette au yogourt et au fromage

1 paquet de 8¾ oz
(225 g) de fromage à
la crème ramolli
½ t. de yogourt nature

¾ c. à thé de sel
1 pincée de graines
d'aneth
Légumes crus

Battez le fromage à vitesse moyenne dans un petit bol jusqu'à ce qu'il soit lisse et mousseux. Incorporez-y peu à peu les trois autres ingrédients. Versez dans un bol de service ; servez avec les légumes.

Trempette au thon

6½ à 7 oz (185-200 g) de
thon en boîte, égoutté
1 t. de mayonnaise
1 boîte de 1¾ oz (50 g)
de filets d'anchois
égouttés
2 c. à soupe de jus de
citron
¼ c. à thé de sel

1 pincée de poivre noir
concassé
1 pincée de paprika
1 c. à soupe de câpres
égouttées (facultatif)
Croustilles de pomme de
terre ou de maïs,
craquelins ou légumes

1. Passez le thon et les six ingrédients suivants au mélangeur à haute vitesse ; versez dans un bol et parsemez de câpres. Couvrez et réfrigérez.
2. *Pour servir:* Entourez le bol de trempette de croustilles, de craquelins ou de légumes.

Trempette au chili pour légumes

1 pied de céleri moyen
3 courgettes moyennes
1 brocoli
1 lb (450 g) de gros
champignons
1 boîte de 28 oz (800 g)
de tomates égouttées
1 petit oignon
¼ t. de persil légèrement
tassé

¼ t. de chili vert doux
1 gousse d'ail moyenne
1 c. à soupe de vinaigre
blanc
1 c. à thé de feuilles
d'origan
½ c. à thé de sel

1. Séparez les branches de céleri, défaites le brocoli en fleurettes et coupez les courgettes en bâtonnets et les champignons en deux. Enveloppez les légumes séparément dans une cellophane. Réfrigérez.
2. Pour préparer la trempette, passez tous les autres ingrédients au mélangeur à vitesse moyenne. Versez dans un petit bol ; couvrez et réfrigérez.
3. *15 min avant de servir:* Placez la sauce dans un panier foncé d'aluminium et dressez les légumes.

Légumes : Coupez le céleri et les courgettes en bâtonnets et les champignons en deux ; défaites le brocoli en fleurettes.

Présentation : Foncez un grand panier de papier d'aluminium, puis disposez-y soigneusement la sauce et les légumes.

Bagna Cauda

1 laitue romaine
1 pied de céleri moyen
défait en branches
3 poivrons rouges moyens
en quartiers
3 poivrons verts moyens
en quartiers
1 brocoli en fleurettes
3 courgettes coupées en
longs quartiers
1 lb (450 g) de gros
champignons en
quartiers
1 botte d'oignons verts
2 t. de tomates-cerises

Trempette chaude :
2 t. de crème épaisse
3 c. à soupe de beurre
1 gousse d'ail émincée
1 boîte de 1¾ oz (50 g)
de filets d'anchois
égouttés et écrasés
1 c. à thé de sel
1 c. à thé de feuilles de
thym
1 c. à thé de feuilles
d'origan
1 pincée de poivre
Bâtonnets de pain

1 Placez un moule à four de 13 po × 9 (35 cm × 23) dans un grand panier ; dressez-y tous les légumes. Couvrez et réfrigérez.

2 Portez la crème à ébullition à feu vif dans une casserole ; laissez réduire en remuant jusqu'à l'obtention d'environ 1⅓ t. Otez du feu.

3 Passez l'ail 1 min dans le beurre à feu moyen dans une petite casserole ; ajoutez les autres ingrédients et cuisez en remuant jusqu'à ce que la sauce soit lisse.

4 Retirez du feu et incorporez graduellement la crème en fouettant jusqu'à ce que le mélange soit lisse.

5 Versez dans un plat à fondue ; allumez le réchaud et servez avec le panier de légumes et des bâtonnets de pain.

Antipasto

Légumes

On peut servir l'antipasto soit comme amuse-gueule, soit comme plat principal; dans ce dernier cas, on le sert avec du vin et quantité de pain frais et croustillant.

Antipasto

Photo page 21
Débutez le matin ou la veille
16 à 18 amuse-gueule ou 6 portions comme plat principal

Haricots verts marinés (ci-dessous)
Aubergine marinée (ci-dessous)
Thon et chou rouge marinés (ci-dessous)
Chou-fleur mariné (ci-dessous)
Feuilles de laitue
8 oz (225 g) de sardines à la sauce tomate

4 oz (115 g) de jambon cuit et tranché
4 oz (115 g) de mortadelle
4 oz (115 g) de salami tranché ou 8 oz (225 g) de pepperoni tranché
4 oz (115 g) de provolone tranché

1. Préparez les marinades de haricots verts, d'aubergine, de thon et de chou rouge ainsi que de chou-fleur.

2. *Environ 30 min avant de servir:* Dressez, sur un plateau garni des feuilles de laitue, les sardines, le jambon, la mortadelle, le salami et le provolone. Présentez les légumes dans de jolis bols et disposez-les autour du plateau. Laissez vos invités se servir.

HARICOTS VERTS MARINÉS: *La veille ou environ 5 h avant de servir:* Préparez *1 paquet de 10½ oz (300 g) de haricots verts surgelés,* selon le mode d'emploi. Egouttez-les, puis mélangez-les dans un grand bol avec *½ t. d'oignons hachés, ¼ t. d'huile d'olive, ¼ t. de vinaigre de cidre, 2 c. à soupe de sucre* et *¾ c. à thé de sel.* Couvrez et réfrigérez au moins 4 h en remuant de temps en temps.

AUBERGINE MARINÉE: *La veille ou environ 2 h avant de servir:* Chauffez ¼ t. d'huile d'olive à feu moyen dans une sauteuse. Ajoutez-y *½ aubergine moyenne* coupée en cubes, *1 poivron rouge moyen* en lanières, *½ petite gousse d'ail* émincée, *¼ t. d'oignons hachés, 2 c. à soupe d'eau, 1 c. à thé de sel, ½ c. à thé de sucre* et *½ c. à thé de feuilles de thym;* cuisez 15 min ou jusqu'à ce que les légumes soient tendres, en remuant quelques fois. Transvasez à la cuiller dans un bol moyen, couvrez et réfrigérez jusqu'à ce que l'appareil soit bien froid.

THON ET CHOU ROUGE MARINÉS: *La veille ou environ 2 h avant de servir:* Videz *1 boîte de 3½ oz (100 g) de thon* avec le jus dans un bol moyen. Défaites-le à la fourchette et ajoutez *1 t. de chou rouge haché, 1 c. à soupe de câpres, 1½ c. à thé de vinaigre de vin, 1 pincée de sel* et *1 pincée de poivre concassé.* Mélangez, couvrez et réfrigérez au moins 1 h 30 pour que les saveurs se développent.

CHOU-FLEUR MARINÉ: *Le matin ou la veille:* Mélangez bien dans un grand bol *1 chou-fleur moyen* défait en bouquets, *⅓ t. d'huile d'olive, ¼ t. de vinaigre de cidre, 1½ c. à thé de sucre, 2 c. à thé de persil haché, ¾ c. à thé de sel, ¼ c. à thé de basilic* et *1 pincée de poivre.* Couvrez et réfrigérez en remuant de temps en temps.

Tomates naines farcies au jambon

Photo page 20
Débutez le matin
20 amuse-gueule

1 chop (500 ml) de tomates-cerises
4½ oz (125 g) de jambon à la diable en boîte

2 c. à soupe de crème sure
2 c. à soupe de raifort
Persil frais

1. Tranchez la calotte des tomates-cerises; videz-les de leur pulpe et faites-les égoutter à l'envers sur du papier essuie-tout.

2. Mélangez dans un bol le jambon, la crème et le raifort; remplissez-en les tomates et réfrigérez.

3. *Pour servir:* Garnissez les tomates de persil.

Champignons aux fines herbes

Photo page 20
Débutez le jour même ou jusqu'à 3 jours plus tôt
12 portions

1 lb (450 g) de petits champignons
⅓ t. de vinaigre de cidre
2 c. à soupe d'huile à salade

1½ c. à thé de fines herbes
1½ c. à thé de sucre
1 c. à thé de sel
1 pot de 4 oz (114 ml) de poivrons rouges, en dés

Parez les champignons, puis rincez-les et essuyez-les. Mélangez-les délicatement dans un bol avec les autres ingrédients. Couvrez et réfrigérez en remuant quelques fois. Servez garnis de cure-dents.

Carottes piquantes

Photo page 20
Débutez le jour même ou quelques jours plus tôt
10 à 12 portions

1 lb (450 g) de carottes moyennes
3 c. à soupe d'huile à salade
3 gousses d'ail émincées
1 c. à soupe d'oignon haché
¼ t. de vinaigre

1 c. à soupe d'épices à marinade
1½ c. à thé de sel
½ c. à thé de moutarde sèche
1 pincée de poivre
1 oignon émincé

1. Emincez les carottes en biais. Dans une bonne sauteuse, faites blondir 5 min à feu moyen l'ail et l'oignon haché dans l'huile chaude; ajoutez les carottes, le vinaigre, la moutarde sèche et les épices enveloppées dans un nouet. Salez et poivrez.

2. Faites mijoter 5 min à couvert pour que les carottes restent croquantes; ôtez le nouet. Versez l'appareil dans un plat peu profond et couronnez de tranches d'oignon. Couvrez et réfrigérez en secouant de temps en temps.

Oignons marinés

Photo page 20
Débutez le jour même ou jusqu'à 1 semaine plus tôt
16 portions

3½ lb (1,6 kg) de petits oignons blancs
2 c. à soupe d'épices à marinade
1 c. à thé de poivre de Cayenne écrasé

4 t. de vinaigre de cidre ou de vin rouge
1 t. de sucre
1 t. d'eau
1 c. à soupe de sel

1. Pelez les oignons en laissant un peu de la racine pour qu'ils conservent leur forme durant la cuisson. Mettez les épices et le poivre dans un nouet.

2. Portez rapidement à ébullition tous les ingrédients dans une grande casserole. Couvrez et laissez mijoter 10 min à feu doux. Retirez le nouet. Versez doucement le mélange à la louche dans un grand bol; couvrez d'une cellophane et réfrigérez.

3. Egouttez les oignons avant de les servir.

Dégustation de fruits et fromages

La dégustation de fruits et fromages constitue la manière de finir un repas en beauté; c'est également la solution tout indiquée lors de réunions sociales où cette dégustation remplace souvent le repas. Voici quelques conseils relatifs à sa préparation.

COMMENT CHOISIR LES FROMAGES

Les fromages se classent selon leur texture, et tous se prêtent à une dégustation, à l'exception des variétés destinées à être râpées, comme le parmesan, ou les fromages frais, comme le ricotta. Pour plus de détails sur les fromages, voir page 150.

Prévoyez au moins trois fromages différents aussi bien par la saveur et la texture que par la couleur et la forme. Par exemple, un bel paese semi-doux et crémeux et un cheddar longhorn dur contrasteront agréablement avec un bleu comme le stilton et un samsoe vieilli, piquant et au goût de noisette. Enfin, vous pourriez opter pour un gjetost à cause de sa forme rectangulaire, de sa saveur délicate et de sa couleur brun doré, ainsi que pour un édam dont la pellicule de cire rouge ajoutera une note de couleur vive au plateau.

Prévoyez au moins ¼ lb (115 g) de fromage par personne (les restes se conservent très bien). Achetez un peu plus de fromages durs, simplement pour l'apparence, parce qu'à poids égal ils sont vendus en portions plus petites que ceux à pâte molle. Préparez le plateau environ 1 heure d'avance afin que les fromages soient à température ambiante au moment de servir et qu'on puisse en apprécier pleinement la saveur.

COMMENT CHOISIR LES FRUITS

Choisissez des fruits de saison, comme des pêches ou des nectarines, des figues, des raisins, des ananas, des fraises, des prunes ou des melons. Pour donner un peu plus de cachet à votre compotier, ajoutez-y quelques fruits exotiques comme des papayes ou des mangues. Les fruits secs et les noix accompagnent aussi très bien les fromages.

COMMENT DRESSER LA TABLE

Disposez les fromages sur une planche en bois ou un plateau résistant aux éraflures et mettez les fruits dans une corbeille ou un compotier; remplissez une autre corbeille de craquelins non salés et de tranches de pain.

Laissez les convives se servir eux-mêmes ou coupez les fromages et les fruits en tranches ou en quartiers avant de les disposer sur des assiettes ou des plateaux.

Rien ne vaut un bon vin avec des fruits et des fromages; avant un repas, vous avez le choix entre les apéritifs et, en tout temps, entre les vins de table blancs ou rouges, les champagnes ou tout vin pétillant. Tous doivent être servis à la bonne température: froids pour les apéritifs, les vins blancs et les mousseux, chambrés pour les vins rouges. Les verres sont préparés à table ou sur une desserte. Pour plus de détails sur les vins, voir page 474.

LE SERVICE

Assurez-vous de ne rien oublier; les verres devront convenir aux types de vins que vous pensez servir et vous devrez préparer suffisamment d'assiettes, de fourchettes, de couteaux et de serviettes pour tous les convives.

QUELQUES COMBINAISONS DE FRUITS ET DE FROMAGES

Brie, monterey (jack) et feta avec mandarines, fraises et pruneaux.

Liederkranz, gouda et bleu du Danemark avec cubes de cantaloup, pêches et petites pommes.

Gloucester, gorgonzola et gruyère avec cerises, figues sèches, nectarines et noix de cajou non salées.

Colby, gjetost, emmenthal et roquefort avec abricots, ananas et prunes.

Cheddar, provolone et camembert avec ananas, raisins, poires et noix.

Jarlsberg, port-salut et stilton avec kiwis, pommes, bananes et figues fraîches.

POTAGES

Peu de plats conviennent aussi bien que les potages pour tous les types de repas et, quelle que soit l'occasion, il y a fort à parier qu'il y en aura un de prévu au menu. Les ingrédients qui les composent peuvent varier à l'infini, depuis le poisson jusqu'aux fruits.

Pour bien des gens, le potage ne se sert qu'au premier service ou, à la rigueur, comme plat principal, alors qu'en fait on peut le servir d'innombrables façons, surtout en hiver. Un bon potage, par exemple, sera fort bienvenu à la place du goûter au retour de l'école et un bouillon ou tout autre type de soupe pourra remplacer adéquatement le thé ou le café par une journée glaciale. Par ailleurs, un potage froid est très rafraîchissant et constitue une entrée inusitée lors d'un brunch estival servi en plein air.

Pensez à la présentation. Un potage semblera non seulement plus appétissant, mais également plus savoureux s'il est servi dans une jolie soupière en porcelaine et versé à la louche dans des assiettes creuses ou des bols assortis.

Notons enfin que si plusieurs potages peuvent se servir indifféremment chauds ou froids, aucun ne sera vraiment savoureux s'il est tiède. Dans le premier cas, il ne faudra pas oublier de réchauffer les bols avant de servir, tandis que, dans le second, et les assiettes et le potage devront être très froids.

LES SUBSTITUTS DE CONSOMMÉS
Avec l'avènement des consommés en conserve et des préparations en cubes, l'époque où une marmite odorante mijotait en permanence sur un coin de la cuisinière est bien révolue. Les bouillons en cubes et en sachets aromatisés au poulet, au bœuf ou aux légumes, les fonds ou les consommés concentrés en conserve, les bouillons concentrés ou prêts à servir sont autant de substituts qui permettent maintenant de préparer un potage rapidement.

Pour donner une touche personnelle à une préparation commerciale, il suffit d'en rehausser la saveur avec des légumes frais, comme un petit oignon, une ou deux carottes, un reste de panais, quelques feuilles de laitue ou une tige de céleri, le tout finement haché. Dissolvez les cubes dans de l'eau, selon le mode d'emploi, puis ajoutez des brins de persil, une petite feuille de laurier, quelques grains de poivre et les légumes hachés. Laissez cuire doucement à couvert pendant 10 à 15 minutes. Au besoin, ajoutez un peu d'eau, puis réduisez le potage en purée si vous désirez une consistance lisse.

POTAGES LIÉS
Certains potages épaississent d'eux-mêmes durant la cuisson; par exemple, on peut laisser les haricots et les pommes de terre tels quels, les écraser dans une passoire ou encore les réduire en une purée plus lisse au mélangeur ou au robot de cuisine. Les potages clairs, par contre, doivent être liés avec de la farine, de la fécule ou des œufs. Il est toujours conseillé d'ajouter la liaison hors du feu pour éviter la formation de grumeaux.

La farine convient mieux aux potages qui seront servis chauds et la fécule, qui donne une texture plus légère et plus subtile, à ceux qui seront consommés froids. Délayez le liant dans un petit bol avec 2 ou 3 c. à soupe d'eau jusqu'à l'obtention d'une pâte lisse et fluide, ajoutez-le au potage, portez à ébullition et laissez mijoter en remuant souvent jusqu'à ce que celui-ci ait épaissi et que le goût de la farine ait disparu.

Si vous utilisez des jaunes d'œufs ou des œufs entiers comme liant, battez-les avant d'y ajouter quelques cuillerées à soupe de potage chaud. Mélangez et versez le tout dans la casserole en remuant bien. Si le potage n'est pas assez chaud pour qu'il épaississe sans qu'il soit besoin de le remettre sur le feu, réchauffez-le à feu très doux en remuant sans arrêt. Ne laissez pas bouillir.

CONSERVATION DES POTAGES
Les potages peuvent se conserver deux ou trois jours au réfrigérateur dans un récipient couvert, ou même au congélateur. Mais s'ils doivent rester congelés plus d'une semaine, souvenez-vous que la congélation altère les épices; certaines prendront une saveur plus prononcée, mais d'autres deviendront totalement insipides. Aussi est-il préférable de n'en mettre que très peu et de rectifier l'assaisonnement au moment de servir. Par ailleurs, certains aliments, comme les pommes de terre, se congèlent très mal. Il vaut mieux les cuire à part et les ajouter au potage après l'avoir décongelé. Un potage lié à la farine risque de se défaire s'il reste longtemps au congélateur.

Pour congeler un potage, versez-le, une fois refroidi, dans un récipient à congélation rigide, en laissant sous le couvercle un vide de ½ po par pinte (1 cm par litre). Fermez hermétiquement et étiquetez le contenant. Les potages se conservent congelés trois mois tout au plus. On peut les réchauffer tels quels à feu doux ou les laisser d'abord décongeler au réfrigérateur.

1/4 bottle

1/4T beurre
6 poireau
1 oignon
5T Bouillon poulet
2t patate delé
1/4 ct poivre
    sel
1t crème
1/4t vin blanc
    ciboulette

fondre beurre poireau
oignon feu deux 20min
poulet patate 20 à 30min
sel poivre
réduire en crème
faire chauffer crème
vin (pas bouillir)

Les potages comme entrée

Un potage servi au début du repas ouvre l'appétit sans rassasier et met l'eau à la bouche pour les plats suivants. C'est pourquoi il devrait toujours s'harmoniser avec l'ensemble du menu. La répétition est à bannir, qu'il s'agisse de la saveur, de la texture ou même de la couleur. Le gaspacho, par exemple, n'est pas recommandé si le plat principal est à base de tomates ; en revanche, sa saveur relevée et rafraîchissante conviendra parfaitement avant un plat de résistance riche et crémeux. Inversement, si celui-ci se compose d'un rôti ou d'une salade, on pourra opter pour une crème consistante.

Rappelez-vous que la plupart des potages froids, comme la célèbre vichyssoise, sont tout aussi bons chauds ; si le temps change à l'improviste, vous pourrez donc modifier votre menu sans problème. N'assaisonnez qu'à la dernière minute, après avoir décidé comment vous servirez le potage, parce que la chaleur accentue les saveurs, tandis que le froid les atténue considérablement.

Crème de concombre froide

Photo page 25
Débutez 4 h avant
6 portions ou 5¼ tasses

¼ t. de beurre ou de margarine
4 t. de concombres pelés et hachés
1 t. d'oignons verts hachés

¼ t. de farine tout usage
4 t. de bouillon de poulet
Sel et poivre
½ t. de crème de table (15 p. 100)
Tranches de concombre

1 Faites revenir à feu assez vif dans le beurre les oignons et les concombres. Incorporez la farine au jus de cuisson.

2 Ajoutez le bouillon en remuant ; cuisez jusqu'à ce que le potage commence à bouillir. Salez et poivrez.

3 Couvrez et laissez mijoter 10 min à feu doux en remuant à l'occasion. Réfrigérez.

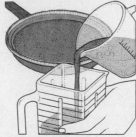

4 Mélangez une partie de l'appareil à vitesse moyenne jusqu'à ce qu'il soit lisse.

5 Filtrez dans une passoire au-dessus d'un bol ; jetez les graines et répétez avec le reste.

6 Ajoutez la crème en remuant. Versez dans des bols refroidis et garnissez de concombre.

Gaspacho

Photo page 25
Débutez 2 h 30 avant ou jusqu'à 1 semaine plus tôt
4 portions

3 t. de jus de tomate
3 c. à soupe d'huile
3 grosses tomates pelées et épépinées
1 concombre pelé et épépiné
1 petit oignon en morceaux

1 petit poivron vert en morceaux
1 petite gousse d'ail
1 c. à thé de sucre
¾ c. à thé de sel
½ c. à thé de sauce au piment fort

Passez à grande vitesse au mélangeur couvert le tiers des ingrédients à la fois jusqu'à ce qu'ils soient finement hachés. Transvasez, couvrez et réfrigérez.

GASPACHO CONGELÉ : Passez à grande vitesse au mélangeur couvert *3 tomates moyennes,* pelées et épépinées, *1 petit oignon* en morceaux, *1 petit poivron rouge* en morceaux, *1 petite gousse d'ail, 1 t. de jus de tomate, 2 c. à thé de sucre, ½ c. à thé de sel, 1½ c. à thé de sauce Worcestershire* et *¼ c. à thé de sauce au piment fort.* Versez dans un moule en métal de 9 po × 9 (23 cm × 23). Couvrez et congelez 2 h en remuant quelques fois. Coupez *1 concombre moyen* en quartiers. Battez le gaspacho pour qu'il soit onctueux. Servez avec le concombre.

Vichyssoise T.B.

Photo page 25
Débutez le matin
4 portions ou 3½ tasses

2 c. à soupe de beurre
½ t. de poireaux hachés (le blanc seulement)
½ c. à thé de fond de poulet
⅔ t. d'eau

10 oz (284 ml) de crème de pomme de terre concentrée
1 t. de crème de table
½ t. de lait
Ciboulette hachée

1. Faites revenir les poireaux dans le beurre 5 min à feu moyen ; ajoutez l'eau, le fond de poulet et portez à ébullition. Couvrez ; laissez mijoter 10 min.
2. Mêlez-y la crème de pomme de terre, la crème de table et le lait. Réfrigérez.
3. *Avant de servir :* Passez la crème au mélangeur à vitesse réduite. Garnissez de ciboulette.

Consommé madrilène en gelée

Photo page 25
Débutez le matin
6 portions ou 3¼ tasses

2 boîtes de 14 oz (398 ml) de consommé madrilène
2 c. à soupe de raisins verts sans pépins, hachés

2 c. à soupe d'oignon haché

1. Faites refroidir les boîtes de consommé.
2. *Avant de servir :* Défaites à la fourchette dans un bol moyen. Garnissez de raisins et d'oignon.

Les potages comme entrée

Avgolemono

3 boîtes de 14 oz
  (398 ml) de bouillon
  de poulet
¼ t. de riz à longs grains

4 œufs
3 c. à soupe de jus de
  citron
Rondelles de citron

1. Portez rapidement à ébullition le riz et le bouillon. Baissez le feu, couvrez et laissez mijoter 15 min ou jusqu'à ce que le riz soit à point.
2. Battez les œufs et le jus au fouet ou avec un batteur rotatif jusqu'à ce que le mélange soit mousseux.
3. Ajoutez un peu de bouillon au mélange et, sans cesser de remuer, versez-le dans le potage ; chauffez en remuant, mais ne laissez pas bouillir.
4. Décorez de rondelles de citron (au goût).

Soupe aux pois

¼ t. de beurre
4 t. de laitue déchiquetée
½ gros oignon haché
1 c. à soupe de farine
1 c. à thé de sucre
¼ c. à thé de coriandre
  moulue

3 boîtes de 14 oz
  (398 ml) de bouillon
  de poulet
20 oz (560 g) de petits
  pois surgelés
1 t. de lait
Feuilles de menthe

1. Dans une bonne casserole, faites blondir la laitue et l'oignon dans le beurre fondu en remuant souvent. Mélangez-y la farine et les quatre ingrédients suivants. Couvrez et cuisez 15 min.
2. Passez le potage au mélangeur couvert, une tasse à la fois ; remettez le tout dans la casserole avec le lait, réchauffez et décorez avec quelques pois et la menthe (au goût).

Bisque de crevettes

3 c. à soupe d'huile
  d'olive
1½ lb (700 g) de
  crevettes moyennes
  parées (réservez les
  carapaces)
¼ t. de beurre
1 gros oignon, en dés
1 carotte hachée
1 côte de céleri hachée
2½ t. d'eau
1 t. de vin blanc sec

¼ t. de riz à longs grains
1 feuille de laurier
1 c. à thé de sel
¼ c. à thé de cayenne
3 cubes de bouillon de
  poulet
1 boîte de 14 ou 19 oz
  (398 ou 540 ml) de
  tomates, épépinées
2 t. de crème épaisse

1. Chauffez l'huile dans un faitout et faites-y rosir à feu assez vif les carapaces, en remuant sans cesse avec une écumoire. Retirez les carapaces.
2. Faites rosir les crevettes 3 min dans la même huile à feu assez vif en remuant souvent ; réservez.
3. Réduisez un peu le feu, ajoutez le beurre, l'oignon, la carotte et le céleri ; faites revenir en remuant de temps en temps.
4. Incorporez les sept autres ingrédients et portez à ébullition. Couvrez et faites mijoter 15 min, jusqu'à ce que le riz soit tendre. Otez le faitout du feu.
5. Retirez la feuille de laurier. Ajoutez le jus de tomate, les tomates épépinées et les crevettes.
6. Passez le mélange à grande vitesse dans le mélangeur couvert, jusqu'à ce qu'il soit lisse.
7. Remettez-le dans le faitout ; ajoutez la crème en remuant et réchauffez à feu moyen.

Soupe à l'oignon gratinée

¼ t. de beurre ou de
  margarine
4 t. d'oignons tranchés
1 c. à thé de sucre
1 c. à soupe de farine
  tout usage
2½ t. d'eau
½ t. de vin rouge de
  table
2 boîtes de 10 oz
  (284 ml) de bouillon
  de bœuf concentré
1 baguette
1 paquet de 8 oz (225 g)
  de suisse tranché

1 Dans une grande casserole, faites cuire les oignons et le sucre 10 min dans le beurre chaud.

2 Mélangez la farine aux oignons et au jus de cuisson.

3 Ajoutez l'eau, le vin et le bouillon non dilué ; portez à ébullition. Couvrez et faites mijoter 10 min à feu doux.

4 Coupez quatre tranches de baguette de 1 po (2,5 cm) d'épaisseur ; gardez le reste pour le service. Dorez les tranches au four à 325°F (160°C), environ 10 min.

5 Versez la soupe à la louche dans quatre ramequins et coiffez chacun d'une tranche de pain grillé.

6 Pliez les tranches de suisse en deux et déposez-les sur le pain grillé.

7 Placez les bols dans un moule et mettez-les au four 10 min à 410°F (210°C) ou jusqu'à ce que le fromage soit fondu.

Crème de champignons

*1 lb (450 g) de
champignons
½ t. de beurre ou de
margarine
1 c. à thé de jus de citron
1 petit oignon tranché
⅓ t. de farine tout usage
3½ t. d'eau
3 cubes ou sachets de
bouillon de poulet
1 c. à thé de sel
¼ c. à thé de poivre
1 t. de crème épaisse ou à
35 p. 100*

Photo
page 25
Débutez
45 min
avant

8 portions ou
7 tasses

1 Enlevez la base des tiges de champignons ; coupez et réservez les tiges. Emincez les têtes.

2 Dans une bonne casserole, à feu assez vif, faites attendrir les tranches de champignons dans le beurre chaud avec le jus de citron en remuant bien.

3 Réduisez un peu le feu ; mettez les champignons dans un bol avec une écumoire, puis faites revenir l'oignon et les tiges dans une casserole avec le reste de beurre.

4 Saupoudrez la farine dans la casserole et cuisez 1 min en remuant constamment.

5 Ajoutez peu à peu l'eau et le bouillon ; faites épaissir en remuant sans arrêt.

6 Passez une moitié de l'appareil à la fois dans le mélangeur et réduisez-le à grande vitesse en une crème lisse.

7 Reversez-le dans la casserole avec le sel, le poivre, la crème et les tranches de champignons et réchauffez.

GARNITURES POUR POTAGES

Il suffit d'un petit détail pour qu'une soupe, en soi ordinaire, prenne un tout autre cachet : une pincée de persil haché ou de ciboulette, une rondelle de citron, quelques fines tranches de concombre ou encore 1 c. à soupe de crème mélangée juste assez au potage dans chaque bol pour donner un effet marbré. Le fromage râpé est présenté à part pour que chacun se serve soi-même.

RONDELLES DE
CITRON

ŒUF DUR HACHÉ

BOULETTES DE
VIANDE HACHÉE

CROÛTONS

CRÈME SURE
OU FOUETTÉE

BOUQUETS
DE CHOU-FLEUR
TRANCHÉS

JULIENNE DE
CÉLERI ET DE
CAROTTE

AMANDES ÉMINCÉES

FROMAGE RÂPÉ

MIETTES DE BACON

Les croûtons sont présentés dans un bol à part et chacun se sert soi-même. Vous pouvez utiliser du pain blanc ou du pain brun pour les préparer.

Otez les croûtes et coupez le pain en cubes de même grosseur.

En remuant sans arrêt, faites-les frire dans de l'huile, avec ou sans beurre, ou de la graisse de bacon jusqu'à ce qu'ils soient dorés.

Les potages comme plat principal

Pour un repas frugal mais nourrissant, il suffit souvent d'un bon potage servi avec du pain chaud beurré et accompagné d'une salade verte ou de légumes frais.

Pour rehausser la saveur des potages au poisson, à la viande et au poulet, on peut y ajouter un peu de vin rouge, de table ou de cuisson, ou une rondelle de citron, puis les réchauffer une minute ou deux, pour bien en dégage l'arôme. Par ailleurs, il est important de ne pas prolonge indûment cette dernière étape pour éviter que toute la sa veur ne se perde.

Ces potages substantiels peuvent également être servi en portions plus petites avant un second plat plus léger.

Bortsch nourrissant

Photo
page 27
Débutez le
matin ou la
veille

4 portions ou
8 tasses

3 t. d'eau chaude
1 lb (450 g) de pointe de
   poitrine de bœuf en
   cubes de 1 po (2,5 cm)
2 carottes moyennes
   tranchées
1 oignon moyen tranché
1 côte de céleri en cubes
1 feuille de laurier

3 betteraves moyennes
Sel
½ boîte de 6 oz (170 ml)
   de pâte de tomates
1½ c. à thé de sucre
½ chou râpé
1 c. à soupe de vinaigre
   de cidre
½ t. de crème sure

1 Mettez dans une marmite l'eau, le bœuf, les carottes, l'oignon, le céleri, le laurier, 2 betteraves en tranches, et 1½ c. à thé de sel.

2 Couvrez et faites mijoter 2 h. Râpez la dernière betterave et ajoutez-la au potage avec la pâte de tomates, le sucre et 1 c. à thé de sel.

3 Couvrez et laissez mijoter 20 min. Retirez du feu et ôtez le laurier. Faites refroidir.

4 Environ 20 min avant de servir: Retirez la graisse à la surface du potage refroidi.

5 Portez le potage à ébullition. Ajoutez le chou, cuisez 15 min et versez le vinaigre.

6 Servez dans des assiettes creuses ou des grands bols et décorez de crème sure.

Potage aux lentilles à l'allemande

Photo
page 26
Débutez
1 h 30 avant

6 portions ou
11 tasses

4 tranches de bacon
   coupées en dés
2 oignons moyens
   tranchés
2 carottes moyennes
   tranchées
1 t. de céleri tranché
1 paquet de 16 oz (450 g)
   de lentilles

1 os de jambon
½ c. à thé de poivre
½ c. à thé de feuilles de
   thym
2 feuilles de laurier
8 t. d'eau chaude
Sel
2 c. à soupe de jus de
   citron

1. Faites frire le bacon dans une marmite ou un grand faitout jusqu'à ce qu'il soit légèrement doré; tassez-le contre la paroi du récipient.
2. Ajoutez les oignons, les carottes et le céleri et cuisez 5 min à feu moyen jusqu'à ce que les oignons soient tendres.
3. Ajoutez les lentilles, l'os de jambon, le poivre, le thym, le laurier, l'eau chaude et 2 c. à thé de sel.
4. Couvrez, laissez mijoter 1 h ou jusqu'à ce que les lentilles soient tendres. Otez le laurier.
5. Déposez l'os sur une planche, détachez-en toute la viande et coupez-la en petits morceaux.
6. Ajoutez-la au potage avec le jus de citron.

Potage au bœuf et aux légumes à l'ancienne

Photo
page 27
Débutez
1 h avant

10 portions
ou 16 tasses

¼ t. d'huile à salade
1 petit oignon, en dés
3 côtes de céleri tranchées
2 carottes moyennes
   tranchées
½ petit chou râpé
1 courgette moyenne
   coupée en cubes de
   ½ po (1 cm)
1½ lb (700 g) de bœuf à
   ragoût coupé en cubes
   de ½ po (1 cm)
6 pommes de terre

1 boîte de 28 oz (796 ml)
   de tomates
6 t. d'eau
1 boîte de 14 oz (398 ml)
   de haricots verts,
   égouttés
½ boîte de 14 oz
   (398 ml) de haricots de
   Lima, égouttés
4 c. à thé de sel
½ c. à thé de poivre
½ c. à thé de basilic

1. Dans un grand faitout ou une marmite, faites revenir à feu vif, dans l'huile très chaude, l'oignon, le céleri, les carottes, le chou et la courgette en remuant souvent. Transvasez les légumes dans un bol moyen avec une écumoire et réservez.
2. En remuant souvent, faites rissoler le bœuf à feu vif dans le même récipient jusqu'à ce que les cubes soient bien dorés.
3. Pelez les pommes de terre; râpez-en une et coupez les autres en cubes de 1 po (2,5 cm). Ajoutez-les à la viande avec les légumes, les tomates dans leur jus et le reste des ingrédients; portez à ébullition, puis couvrez et laissez mijoter de 25 à 30 min ou jusqu'à ce que le bœuf et les pommes de terre soient tendres.

Soupe aux pois cassés

Photo
page 27
Débutez
3 h avant
6 portions ou
7 tasses

1 os de jambon (avec
assez de viande pour
donner 1½ t.)
1 paquet de 16 oz (450 g)
de pois cassés
2 carottes émincées
1 oignon moyen haché
7 t. d'eau
¼ c. à thé de toute-épice
¼ c. à thé de poivre noir
en grains
1 feuille de laurier
Sel

1 Portez à ébullition à
feu moyen l'os, les
pois cassés, les carottes,
l'oignon et l'eau.

2 Enveloppez la toute-
épice, le poivre et le
laurier dans un nouet et
ajoutez-les à l'appareil.

3 Réduisez le feu, couvrez et faites mijoter
1 h. Retirez le nouet,
ajoutez du sel au goût.

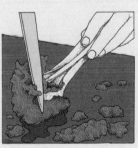

4 Déposez l'os sur une
planche et détachez-
en la viande.

5 Coupez la viande en
cubes et remettez-la
dans le potage.

ACCOMPAGNEMENTS

Tout ce qui est croustillant peut accompagner un potage. Le choix est vaste : pain chaud ou grillé avec du beurre à l'ail, aux herbes ou à l'oignon ; biscottes ou bâtonnets ; craquelins nature ou salés, au fromage, au seigle ou au blé ; croustilles de maïs ou de pommes de terre, etc.

Biscottes : Coupez une miche de pain en tranches de ⅛ po (3 mm). Enlevez ou non les croûtes et coupez les tranches en triangle. Placez-les sur une plaque à biscuits et mettez-les au four 15 min en les retournant une fois, jusqu'à ce qu'elles soient dorées, croustillantes et gondolées.

Minestrone

Photo
page 27
Débutez
2 h avant
8 portions ou
16 tasses

⅓ t. d'huile d'olive ou
à salade
¼ t. de beurre ou de
margarine
1 gros oignon, en dés
2 grosses carottes, en dés
2 côtes de céleri, en dés
2 pommes de terre
moyennes, en dés
½ lb (225 g) de haricots
verts, en tronçons de
1 po (2,5 cm)
6 t. d'eau
½ petit chou râpé
1 boîte de 14 oz (398 ml)
de tomates
5 oz (150 g) d'épinards
grossièrement hachés
2 courgettes moyennes,
en dés
6 cubes de bouillon de
bœuf ou 2 c. à soupe
de fond au bœuf
1 c. à thé de sel
1 boîte de 19 oz (540 ml)
de haricots blancs,
égouttés
1 boîte de 19 oz (540 ml)
de haricots rouges,
égouttés
½ t. de parmesan ou de
romano râpé

1. Dans un grand faitout ou une marmite, faites revenir à feu moyen dans le corps gras chaud l'oignon et les quatre ingrédients suivants environ 20 min ou jusqu'à ce qu'ils soient dorés ; remuez de temps en temps.
2. Ajoutez l'eau, le chou, les tomates dans leur jus, les épinards, les courgettes, les cubes de bouillon et le sel. Portez rapidement à ébullition tout en remuant pour défaire les tomates.
3. Couvrez et laissez mijoter environ 40 min ou jusqu'à ce que tous les légumes soient tendres.
4. Ajoutez les autres haricots ; cuisez 15 min de plus ou jusqu'à ce que le potage épaississe.
5. *Pour servir :* Remplissez les bols et faites circuler le fromage pour que chacun se serve.

Goulasch

Photo
page 26
Débutez
2 h 30 avant
12 portions
ou 15 tasses

3 c. à soupe de lard ou de
graisse végétale
1½ t. d'oignons hachés,
frais ou décongelés
1 petit poivron vert coupé
en morceaux de ½ po
(1 cm)
1 grosse gousse d'ail
écrasée
6 t. d'eau
1½ lb (700 g) de bœuf à
ragoût coupé en cubes
de ¾ po (2 cm)
1 cœur de veau (environ
12 oz ou 340 g), en
cubes de ¾ po (2 cm)
2 c. à soupe de paprika
4 c. à thé de sel
¼ c. à thé de poivre de
Cayenne
¼ c. à thé de graines de
carvi
1½ lb (700 g) de pommes
de terre pelées et
coupées en cubes de
¾ po (2 cm)
1 boîte de 19 oz (540 ml)
de tomates

1. Dans un grand faitout, faites revenir 10 min à feu modéré dans le corps gras chaud les oignons, le poivron et l'ail jusqu'à ce que l'oignon soit tendre ; remuez de temps en temps.
2. Ajoutez l'eau, le bœuf, le cœur, le paprika, le sel, le poivre de Cayenne et le carvi ; portez à ébullition, couvrez et laissez mijoter 1 h 30 ou jusqu'à ce que la viande soit tendre.
3. Ajoutez les pommes de terre, couvrez et cuisez 10 min de plus.
4. Egouttez les tomates dans la casserole, puis hachez-les grossièrement et ajoutez-les à l'appareil.
5. Terminez la cuisson du potage.
6. Remplissez des bols réchauffés et servez.

Les potages comme plat principal

Potage Mulligatoni

5 tranches de bacon
  coupées en dés
1 poulet à griller de
  2½ lb (1,15 kg)
4 t. de bouillon de poulet
2 carottes tranchées
2 côtes de céleri hachées
1 pomme hachée
1 c. à soupe de curry
6 grains de poivre noir
  concassés
2 clous de girofle entiers
1 feuille de laurier
3 c. à soupe de farine
⅓ t. d'eau
1 t. de crème de table
1½ t. de riz cuit, chaud

Photo
page 27
Débutez
1 h 30 avant
6 portions ou
8 tasses

1 Faites frire à feu assez vif le bacon dans un grand faitout. Découpez le poulet en portions et faites-le dorer de tous côtés.

2 Otez le poulet et le bacon du faitout et jetez le gras. Faites égoutter sur du papier essuie-tout.

3 Remettez la viande dans le faitout avec les huit autres ingrédients et portez à ébullition.

4 Couvrez et laissez mijoter 30 min à feu doux ou jusqu'à ce que le poulet soit tendre.

5 Prélevez la viande, remettez-la dans le potage; jetez les clous de girofle et le laurier. Délayez la farine avec de l'eau.

6 Incorporez-la peu à peu au potage. Ajoutez la crème, puis chauffez sans laisser bouillir.

7 *Pour servir:* Remplissez des bols chauds et ajoutez à chacun une cuillerée de riz chaud.

Soupe au poulet avec boulettes de pâte

Photo
page 26
Débutez
1 h 30 avant
8 portions ou
12 tasses

1 poulet à griller de 3½
  à 4 lb (1,6-1,8 kg)
1 gros oignon haché
6 t. d'eau chaude
3 t. de carottes tranchées
¼ c. à thé de poivre

Sel
1 t. de farine tout usage
1 œuf
1 à 2 c. à soupe de lait
1 t. de céleri haché avec
  les feuilles

1. Dans une marmite ou un grand faitout, portez rapidement à ébullition le poulet, l'oignon, l'eau, les carottes, le poivre et 1 c. à soupe de sel; couvrez et laissez mijoter 45 min ou jusqu'à ce que le poulet soit tendre.
2. Mettez le poulet à refroidir sur une planche.
3. Pour préparer les boulettes, mélangez à la fourchette la farine, l'œuf, ½ c. à thé de sel et environ 1 c. à soupe de lait jusqu'à l'obtention d'une pâte granuleuse.
4. Saupoudrez les boulettes sur le potage, ajoutez le céleri et prolongez la cuisson de 20 min.
5. Désossez le poulet, coupez la viande en bouchées, mélangez-la au consommé et réchauffez.

Boulettes de pâte: Mêlez les ingrédients pour obtenir une pâte granuleuse mais humide.

Addition des boulettes au potage: Saupoudrez-les à la cuiller sur le potage qui mijote.

Velouté au cheddar

Photo
page 27
Débutez
45 min avant
6 portions ou
8 tasses

¼ t. de beurre ou de
  margarine
1 oignon moyen haché
¼ t. de farine tout usage
3 t. de bouillon de poulet
3 t. de lait

1 lb (450 g) de cheddar
  râpé (environ 4 t.)
3 tranches de pain
  pumpernickel grillées
  et coupées en cubes

1. Dans une casserole moyenne, faites blondir 5 min à feu assez vif l'oignon dans le corps gras chaud. Incorporez la farine en remuant et faites cuire jusqu'à ce que l'appareil soit bien homogène.
2. Ajoutez le bouillon de poulet et remuez sans arrêt jusqu'à ce que le consommé épaississe légèrement. Ajoutez le lait et portez à ébullition sans cesser de brasser.
3. Passez environ un quart de l'appareil à la fois au mélangeur couvert, à vitesse moyenne, jusqu'à ce que la crème soit lisse. Reversez dans la casserole, portez à ébullition à feu moyen, puis retirez du feu.
4. Incorporez le fromage en remuant avec un fouet ou une écumoire jusqu'à ce qu'il soit fondu. S'il ne fond pas facilement, faites cuire environ 1 min à très petit feu, en remuant constamment.
5. Servez le velouté garni de pumpernickel.

Potage au bacon et aux petits haricots blancs

Photo
page 27
Débutez
1 h 30 avant
8 portions ou
10 tasses

1 paquet de 16 oz (450 g) de petits haricots blancs secs
9 t. d'eau
1 lb (450 g) de flèche de bacon ou 1 paquet de 16 oz (450 g) de bacon tranché, coupé en dés
2 gros oignons, en dés
2 côtes de céleri, en dés

4 cubes ou sachets de bouillon de poulet ou 4 c. à thé de fond au poulet
1 feuille de laurier
½ c. à thé de sel
¼ c. à thé de poivre
1 pincée de girofle moulu
1 boîte de 14 oz (398 ml) de tomates

1 Portez rapidement l'eau et les haricots à ébullition dans une grosse marmite ; laissez bouillir 2 min, retirez du feu, couvrez et laissez reposer 1 h.

2 Entre-temps, faites dorer le bacon dans une bonne sauteuse en remuant de temps à autre ; ôtez toute la graisse sauf l'équivalent de ¼ t.

3 Ajoutez au bacon l'oignon et le céleri et faites cuire une dizaine de minutes en remuant de temps à autre, jusqu'à ce que les oignons soient tendres.

4 Mélangez le tout aux haricots non égouttés ; ajoutez le bouillon, le laurier, le sel, le poivre et le girofle. Portez à ébullition, couvrez et laissez mijoter 1 h 30.

5 Une fois que les haricots sont tendres, incorporez-y les tomates et leur jus ; brisez la pulpe à la cuiller.

6 Cuisez à couvert 30 min de plus ou jusqu'à ce que les haricots soient très tendres et que le potage ait épaissi. Remuez de temps à autre. Otez le laurier et servez.

Chaudrée de palourdes Nouvelle-Angleterre

Photo
page 26
Débutez
30 min avant
4 portions ou
10 tasses

¼ lb (115 g) de porc salé ou de bacon coupé en dés
2 oignons moyens tranchés
36 palourdes écaillées (réservez le jus)
Eau
2 c. à soupe de farine

3 grosses pommes de terre coupées en dés (3 t.)
2 c. à thé de sel
¼ c. à thé de sel au céleri
¼ c. à thé de poivre
3 t. de lait
1 c. à soupe de beurre ou de margarine
Persil (facultatif)

1. Faites dorer le porc salé à feu moyen dans une casserole, puis cuisez-y les oignons environ 5 min.
2. Ajoutez assez d'eau au jus des palourdes pour obtenir 2 t.
3. Enrobez les oignons de farine. Versez lentement le jus des palourdes dans la casserole et laissez épaissir un peu en remuant sans arrêt. Ajoutez les pommes de terre, le sel, le sel au céleri et le poivre. Couvrez et cuisez environ 10 min.
4. Hachez les palourdes et ajoutez-les à la casserole avec le lait et le beurre ; couvrez et cuisez 5 min en remuant. Garnissez de persil.

Chaudrée de poisson

Photo
page 26
Débutez
50 min avant
8 portions ou
13 tasses

4 grosses pommes de terre tranchées
3 oignons moyens tranchés
1 t. de céleri haché
4 clous de girofle entiers
1 gousse d'ail émincée
1 c. à soupe de sel
1 feuille de laurier
¼ c. à thé d'aneth

Eau
2 lb (900 g) de filets de plie décongelés et coupés en gros tronçons
2 t. de crème de table
½ t. de vin blanc
¼ t. de beurre ou de margarine
Persil

1. Laissez mijoter à feu moyen, dans un faitout couvert, les pommes de terre, les sept ingrédients suivants et 1 t. d'eau pendant 25 min ou jusqu'à ce que les légumes soient tendres. Otez le girofle.
2. Ajoutez le poisson, 1 t. d'eau et les autres ingrédients. Portez à ébullition, puis couvrez et laissez mijoter de 5 à 10 min. Garnissez de persil.

Chaudrée de palourdes Manhattan

Photo
page 26
Débutez
1 h 30 avant
8 portions ou
14 tasses

5 tranches de bacon coupées en dés
2½ t. d'oignons, en dés
1½ t. de carottes, en dés
1 t. de céleri, en dés
2 c. à soupe de persil
2 t. de pommes de terre, en dés

5 t. d'eau
36 palourdes et leur jus
1 boîte de 28 oz (796 ml) de tomates
1 feuille de laurier
1½ c. à thé de sel
1 c. à thé de thym
¼ c. à thé de poivre

1. Faites frire le bacon à feu moyen jusqu'à ce qu'il soit presque croustillant dans un bon faitout. Ajoutez les oignons et cuisez-les 10 min ; ajoutez les carottes, le céleri et le persil et cuisez-les 5 min.
2. Ajoutez l'eau, les pommes de terre, le jus des palourdes, les tomates avec leur jus, le laurier, le sel, le thym et le poivre. Portez à ébullition ; couvrez et faites mijoter 20 min en remuant souvent.
3. Hachez les palourdes, ajoutez-les aux légumes et faites mijoter doucement 5 min de plus.

Les potages comme plat principal

Bouillabaisse à l'américaine

2½ lb (1,15 kg) de filets de bar (ou de darnes de flétan)
2 c. à soupe d'huile à salade
1 t. d'oignons hachés
½ t. de céleri haché
2 boîtes de 19 oz (540 ml) de tomates
1 gousse d'ail émincée
1 c. à soupe de persil haché
1½ c. à thé de sel assaisonné

¼ c. à thé de feuilles de thym
18 petites palourdes dans leurs coquilles
Eau
1 c. à soupe de fécule de maïs
1 lb (450 g) de crevettes parées

Photo page 26
Débutez 1 h avant
8 à 10 portions

1 Parez le poisson et coupez-le en gros cubes.

2 Dans une marmite ou un grand faitout, faites revenir à feu moyen les oignons et le céleri dans l'huile chaude, environ 5 min ou jusqu'à ce qu'ils soient tendres.

3 Ajoutez les tomates, l'ail, le persil, le sel assaisonné et le thym en remuant. Couvrez et laissez mijoter 10 min.

4 Ajoutez le poisson et cuisez 10 min ou jusqu'à ce qu'il soit presque tendre. Lavez les palourdes avec une brosse dure ; jetez celles qui sont entrouvertes.

5 Mettez les autres dans ½ po (1 cm) d'eau bouillante. Couvrez hermétiquement et cuisez à feu vif 5 min. Jetez celles qui ne se sont pas ouvertes durant la cuisson.

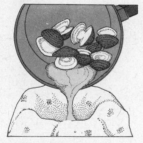

6 Filtrez le jus à travers une étamine ; réservez-en 1 t. Détachez les palourdes, remettez-les dans la même casserole rincée, couvrez et tenez au chaud.

7 Délayez à la cuiller la fécule avec le jus des palourdes dans un petit bol, jusqu'à ce que le mélange soit homogène.

8 Incorporez délicatement la fécule à l'appareil de base en remuant et portez au point d'ébullition.

9 Faites-y mijoter les crevettes 5 min ou jusqu'à ce qu'elles soient tendres ; ajoutez les palourdes et servez.

Photo page 26
Débutez 2 h avant
8 portions ou 14 tasses

Gombos aux fruits de mer

¼ t. d'huile à salade
¼ t. de farine tout usage
1 gros oignon, en dés
1 gros poivron vert, en dés
1 gousse d'ail écrasée
4 c. à thé de sel
½ c. à thé de feuilles de thym
12 huîtres dans leurs coquilles
2 boîtes de 19 oz (540 ml) de tomates

10 oz (280 g) de gombos surgelés, émincés
6 t. d'eau
1 lb (450 g) de crevettes parées
½ lb (225 g) de crabe royal frais ou 6 oz (170 g) de crabe surgelé, décongelé et égoutté
¼ à ½ c. à thé de sauce au piment fort
Riz cuit chaud

1. Dans l'huile très chaude, faites brunir la farine peu à peu à feu assez vif, mais sans la laisser brûler, en remuant sans arrêt, pendant environ 8 min. Ajoutez l'oignon, le poivron, l'ail, le sel et le thym ; cuisez jusqu'à ce que les légumes soient tendres en brassant quelques fois.

2. Ouvrez les huîtres et réfrigérez-les. Versez leur jus dans la casserole. Ajoutez les tomates avec leur jus, les gombos et l'eau, puis portez à ébullition. Couvrez et laissez mijoter 30 min à feu doux ou jusqu'à ce que le mélange épaississe un peu.

3. Ajoutez les huîtres, les crevettes, le crabe et la sauce au piment ; cuisez 10 min en remuant quelques fois jusqu'à ce que les crevettes soient roses.

4. Servez dans des bols avec une boule de riz.

Photo page 26
Débutez 1 h avant
8 portions ou 16 tasses

Chaudrée de crevettes

¼ t. de beurre ou de margarine
4 gros oignons pelés et tranchés
1 t. d'eau chaude
6 pommes de terre moyennes pelées et coupées en cubes
1 c. à soupe de sel

½ c. à thé de poivre assaisonné
6 t. de lait
2 t. de fromage fort pasteurisé, déchiqueté (8 oz ou 225 g)
2 lb (900 g) de crevettes parées
3 c. à soupe de persil haché

1. Faites blondir les oignons à feu moyen avec le corps gras chaud dans un bon faitout. Ajoutez l'eau, les pommes de terre, le sel et le poivre assaisonné. Couvrez et faites mijoter 15 min à feu doux ou jusqu'à ce que les pommes de terre soient à point ; ne les égouttez pas.

2. Entre-temps, faites fondre à feu doux le fromage dans le lait, dans une grande casserole, en remuant souvent ; ne laissez pas bouillir.

3. Mettez les crevettes dans le faitout et cuisez 3 min ou jusqu'à ce qu'elles soient tendres.

4. *Pour servir :* Ajoutez la sauce au fromage, puis chauffez sans laisser bouillir ; parsemez d'un peu de persil haché.

Potages aux fruits

ervis habituellement en dessert, les potages aux fruits ermettent aussi de débuter un repas d'été sur une note nsolite et rafraîchissante. La plupart sont des purées surées, diluées avec du vin, du jus de fruit ou de l'eau glacée. On les prépare facilement au mélangeur électrique.

Potage aux fraises et à la rhubarbe

1 casseau de fraises
1 lb (450 g) de rhubarbe
1¼ t. de jus d'orange
½ t. environ de sucre
¼ t. de quartiers
*   d'orange hachés*

Photo
age 99
Débutez
h avant
portions ou
¼ tasses

1 Coupez les fraises en tranches et réservez quatre belles tranches.

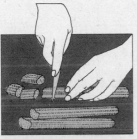

2 Nettoyez la rhubarbe, ôtez les parties coriaces et coupez-la en bouchées.

3 Portez les fruits et le jus d'orange à ébullition dans une casserole. Laissez mijoter 10 min.

4 Retirez la casserole du feu. Sucrez au goût. Laissez refroidir.

5 Passez la moitié du potage à la fois au mélangeur couvert.

6 Versez-le dans un bol avec les oranges ; couvrez et réfrigérez.

7 Servez dans des bols refroidis et décorez d'une tranche de fraise.

Potage aux fraises

1 casseau de fraises
½ t. de vin blanc
1 c. à thé de zeste de
*   citron râpé*
½ t. de sucre
2 c. à soupe de jus de
*   citron*

Photo
page 99
Débutez le
matin
3 portions ou
2⅔ tasses

1. Equeutez les fraises et tranchez-en trois.
2. Passez les fraises entières et les autres ingrédients à vitesse moyenne au mélangeur couvert. Couvrez et réfrigérez jusqu'à ce que le tout soit bien froid.
3. Servez le potage dans des bols ou des tasses refroidis, garni des tranches de fraises réservées.

Velouté aux bleuets

⅓ t. de crème sure
10 oz (280 g) de bleuets
*   surgelés, partiellement*
*   décongelés*
2 c. à soupe de sucre
Rondelles de citron

Photo
page 99
Débutez
20 min avant
2 portions ou
1¾ tasse

1. Passez les bleuets, la crème et le sucre à vitesse moyenne au mélangeur couvert. (Ou écrasez les bleuets au moulin à légumes et mélangez-les avec la crème sure et le sucre jusqu'à ce que le tout soit homogène.)
2. Servez, garni de rondelles de citron.

Potage froid aux framboises

3 paquets de 15 oz
*   (425 g) de framboises*
*   surgelées, décongelées*
2 t. de porto
4 bâtonnets de cannelle
2 c. à thé de fécule de
*   maïs*
½ t. d'eau

Photo
page 99
Débutez le
matin
6 portions ou
6 tasses

1. Portez à ébullition, à feu moyen, les framboises, le porto et les bâtonnets de cannelle dans une grande casserole. Réduisez le feu et laissez mijoter 10 min.
2. Mélangez la fécule et l'eau dans une tasse graduée. Incorporez lentement au potage, puis laissez épaissir en remuant ; couvrez et réfrigérez.
3. *Pour servir :* Otez les bâtonnets de cannelle.

Potage glacé aux cerises

32 oz (900 g) de cerises
*   dénoyautées, en*
*   conserve*
Eau
½ t. de sucre
½ c. à thé de graines
*   d'anis concassées*
2 c. à soupe de jus de
*   citron*
3 c. à soupe de fécule
*   de maïs*
½ c. à thé de colorant
*   alimentaire rouge*
Crème sure
Feuilles de menthe

Photo
page 99
Débutez le
matin
6 portions ou
6 tasses

1. Egouttez les cerises et réservez le jus ; ajoutez-y de l'eau pour obtenir 5 t. Portez à ébullition les cerises, leur jus, le sucre, l'anis et le jus de citron. Réduisez le feu, couvrez et laissez mijoter 30 min.
2. Passez la moitié de l'appareil à la fois à vitesse moyenne au mélangeur couvert. Reversez-le dans la casserole.
3. Délayez la fécule dans ½ t. d'eau ; incorporez-la au mélange ; portez à ébullition en remuant sans arrêt. Incorporez le colorant, couvrez et réfrigérez.
4. *Pour servir :* Décorez avec la crème et la menthe.

ŒUFS

Jamais hors saison, économique, privilégié par toutes les grandes cuisines nationales, l'œuf est un ingrédient remarquable. Cuit dans sa coquille ou cassé dans une poêle, il constitue un repas presque complet. Il se prépare de mille et une façons et se sert toujours bien. On l'utilise entier pour lier ou faire lever, pour donner plus d'élasticité aux pâtes et aux feuilletés ou encore pour glacer des plats qu'il parera d'une belle teinte dorée. Le jaune épaissit les sauces et les crèmes anglaises ou, additionné d'huile, se change en sauce à salade ; quant au blanc, une fois battu en neige ferme, il fait lever les soufflés et les gâteaux mousseline et de Savoie.

Quelle que soit la recette, on doit toujours faire cuire les œufs à feu doux ou modéré. A feu trop vif ou encore s'ils cuisent trop longtemps à feu doux, ils se dessèchent ou deviennent caoutchouteux. Les meilleures casseroles pour la cuisson des œufs sont en acier inoxydable, en verre à feu, en porcelaine, ou encore de tout métal émaillé ou revêtu d'un produit antiadhésif. Une casserole en aluminium pourra noircir si on y fait cuire des œufs dans l'eau, mais cela ne présente aucun risque.

CHOIX DES ŒUFS
Quoi qu'on puisse en penser, la couleur de la coquille n'a aucune importance, d'un point de vue culinaire. Elle dépend uniquement de la race de la poule. Ce qui compte, par contre, c'est la fraîcheur de l'œuf. Des œufs qu'on veut manger à la coque, pochés ou sur le plat auront meilleure apparence s'ils sont très frais. Ce facteur importe moins en pâtisserie ou si on incorpore ceux-ci à d'autres ingrédients ; en fait, les œufs de quelques jours, cuits dur, sont plus faciles à écailler et leurs blancs, quand on les bat, prennent plus de volume.

Les œufs sont classés selon des critères établis par Agriculture Canada, en fonction de leur apparence et de leur grosseur, mais non de leur qualité puisqu'ils ont tous la même valeur nutritive. Les œufs de catégorie A1 ont un jaune ferme et bien centré et un blanc translucide et épais. Ils sont les plus indiqués lorsque l'apparence entre en ligne de compte, quand on veut les pocher, les servir sur le plat ou dans leur coquille. Ceux de catégorie A, dont le blanc est un peu plus fluide, conviennent pour toutes les utilisations, nature ou comme éléments d'une recette. Les blancs des œufs de catégorie B sont moins épais et leurs jaunes apparaissent un peu plus étalés. Mentionnons en-

fin que le calibre des œufs — extra gros, gros, moyen, petit et peewee — est déterminé par le poids global d'une douzaine. Dans toutes les recettes de ce livre, on utilise de gros œufs. Quand vous achetez des œufs, assurez-vous qu'ils ne sont pas fêlés parce qu'ils pourraient contenir une bactérie toxique : la salmonelle. Si un œuf est fêlé, utilisez-le dans une recette où il devra cuire longtemps.

FRAIS OU PAS FRAIS ?
Si vous croyez qu'un œuf n'est plus frais, cassez-le dans une soucoupe et sentez-le. Si son odeur est désagréable, vos doutes seront confirmés ; mais si elle est agréable, vous n'avez plus à vous en faire. L'apparence est également significative. Le blanc doit être translucide, épais et bien formé, le jaune lisse et rond. En revanche, si le jaune est aplati et que le blanc s'étale dans la soucoupe, l'œuf a été pondu depuis déjà un bon bout de temps. La présence de sang dans le jaune n'en affecte ni la qualité ni la saveur ; elle est généralement due à la rupture d'un vaisseau sanguin pendant la formation de l'œuf. Vous pouvez l'ôter à l'aide d'une cuiller. Le blanc contient souvent des filaments blancs torsadés ou chalazes. Ils servent à retenir le jaune au centre de l'œuf et disparaissent progressivement au fur et à mesure que celui-ci vieillit. Le jaune se déplace alors librement à l'intérieur de la coquille.

CONSERVATION DES ŒUFS
Les œufs peuvent se conserver un mois au réfrigérateur soit dans leur boîte, soit posés avec leur extrémité la plus grosse (celle où se concentre la bulle d'air) tournée vers le haut. Comme leurs coquilles sont poreuses, il faut les garder loin des aliments qui ont une odeur prononcée comme le fromage, le poisson et les oignons. Pour les recettes où il faut battre les blancs, séparez les œufs dès leur sortie du réfrigérateur et laissez les blancs à la température ambiante, ce qui leur fera prendre du volume. Les œufs pochés ou sur le plat conservent mieux leur forme si on les met à cuire très froids.

Les œufs cassés ou séparés se conservent quelques jours au réfrigérateur dans un récipient étanche. On peut aussi les congeler. Pour faire cuire des jaunes entiers qui restent d'une recette, mettez-les dans une passoire, puis dans une petite casserole contenant suffisamment d'eau pour les couvrir. Les blancs se cuisent au four dans un plat peu profond et bien graissé pendant une dizaine de minutes à 325°F (160°C).

COMMENT SÉPARER LES BLANCS DES JAUNES

Il est plus facile de séparer les œufs lorsqu'ils sont froids. Pour ne pas risquer d'abîmer un plein bol de blancs avec une goutte de jaune, cassez-les un par un au-dessus d'un petit bol. Cognez-les fermement contre le rebord de celui-ci et procédez de la façon illustrée ci-dessous, en prenant garde de ne pas percer le jaune avec un morceau de coquille. Déposez les jaunes dans un bol à part. Pour ôter un peu de jaune des blancs, utilisez une cuiller ou un morceau de papier essuie-tout passé sous l'eau froide.

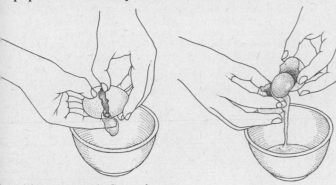

Pour séparer un œuf : Cassez la coquille, puis élargissez délicatement la fente avec les pouces en laissant glisser un peu de blanc dans le bol. Transvasez le jaune d'une moitié de coquille à l'autre jusqu'à ce qu'il n'y ait plus de blanc dans la coquille.

Pour ôter un éclat de coquille : Pour retirer des blancs un débris de coquille, utilisez une cuiller.

COMMENT BATTRE DES ŒUFS

Nombreuses sont les recettes où on utilise des œufs battus, entiers ou séparés. Pour des jaunes ou des œufs entiers bien battus, la recette précisera « épais et couleur citron » ou « mousseux et couleur citron ». Il suffit, pour obtenir cet effet, de les battre quelques minutes à la fourchette, au fouet ou au batteur manuel ou électrique.

Les blancs atteignent un maximum de volume lorsque l'on attend qu'ils soient à température ambiante avant de les battre ; il faut donc les séparer suffisamment à l'avance et avec soin, car la plus petite goutte de jaune dans les blancs les empêchera de prendre parfaitement. Comme ils augmenteront considérablement de volume, il faudra tenir compte des indications de la recette quant à la grosseur du bol. Par ailleurs, vos ustensiles doivent toujours être parfaitement propres parce que la graisse empêche les blancs de monter.

Si vous utilisez un batteur électrique, fouettez les blancs à grande vitesse jusqu'à ce qu'ils aient la consistance indiquée dans la recette. Si vous les fouettez à la main, conservez un rythme régulier. Une fois que les blancs sont bien

mousseux, il faut, pour certaines recettes, leur ajouter un peu de crème de tartre afin qu'ils ne s'affaissent pas. Dans d'autres cas, on devra leur ajouter du sucre après les avoir montés en neige légère. Mais comme le sucre retarde l'action mousseuse, on devra l'ajouter petit à petit. Lorsque la recette précise « mousseux », cela veut dire que les blancs doivent former une mousse instable, qui peut se reliquéfier rapidement. Pour monter des blancs en « neige légère », battez-les jusqu'à ce qu'ils soient luisants mais encore humides et qu'ils forment des pics relativement mous quand vous relevez le batteur. Une « neige ferme » doit être brillante et former des pics bien droits quand on retire le batteur. Prenez garde de ne pas battre les blancs trop longtemps, sinon ils deviendront secs et rigides et s'affaisseront presque à coup sûr sous l'effet de la chaleur.

COMMENT INCORPORER LES BLANCS

Les blancs qu'on doit monter en neige ferme doivent être battus et incorporés à l'appareil de base à la toute dernière minute, juste avant d'être mis à cuire ou versés dans de la gélatine, selon la recette. On ne doit jamais les mélanger ou les brasser, mais les incorporer le plus délicatement possible, par un mouvement de « pliage » afin de ne pas briser les bulles d'air accumulées dans leur masse.

Incorporer les blancs : Enfoncez une cuiller ou une spatule en caoutchouc au centre de l'appareil et remontez le long de la paroi.

Faites pivoter le bol d'un quart de tour et répétez l'opération délicatement jusqu'à ce que les blancs soient parfaitement incorporés. Evitez de trop travailler l'appareil.

LIAISON AUX ŒUFS

On utilise souvent des œufs, surtout les jaunes, pour épaissir et enrichir une sauce. Pour réussir cette étape, il faut cuire le mélange au-dessous du point d'ébullition jusqu'à ce qu'il ait la consistance désirée. Si le feu est trop fort ou la cuisson trop longue, des grumeaux se formeront. Dans certains cas, comme pour la crème anglaise, la cuisson se fait dans un bain-marie, à l'eau frémissante. On fait ensuite prendre la crème au four dans un plat rempli d'eau. Pour empêcher une sauce de se grumeler, on en mélange une petite quantité aux œufs afin de les cuire partiellement avant de les ajouter à l'appareil ; on poursuit ensuite la cuisson à feu doux en remuant sans arrêt jusqu'à ce que la sauce ait la bonne consistance.

Œufs durs et œufs à la coque

Les œufs durs permettent de préparer un plat principal en quelques minutes et sont délicieux dans les salades ou comme hors-d'œuvre. Pour faire cuire des œufs dans leur coquille, il faut amener l'eau à ébullition à feu vif, puis ôter la casserole du feu et attendre que les œufs soient à point. Ne les faites jamais bouillir ou trop cuire parce que le jaune durcira ou prendra une teinte gris verdâtre peu appétissante.

Quand un œuf est cuit à la coque, le jaune est à peine pris et le blanc est complètement opaque, mais encore mou et crémeux. Suivez la méthode décrite à droite, en laissant les œufs reposer 2 ou 3 minutes si vous les aimez mollets. Si vous en faites cuire plus de six à la fois, réduisez le temps de repos après l'ébullition. Pour des œufs un peu plus fermes, prolongez ce temps de 1 minute. Pour écaler des œufs mollets, il faut les plonger dans de l'eau froide dès la fin de la cuisson. Si vous voulez les servir chauds, écalez-les dès qu'il vous est possible de les tenir, mais pour les servir froids, laissez-les environ 8 minutes dans de l'eau froide, puis ôtez la coquille délicatement.

Les œufs durs préparés selon la méthode ci-contre doivent être retirés du feu dès que l'eau commence à bouillir, puis mis à reposer 15 minutes. Si vous en faites cuire beaucoup à la fois, mettez-les dans un panier à friture, ce qui vous permettra de les plonger dans l'eau et de les en retirer tous ensemble. Dès que les œufs sont cuits, placez la casserole sous le robinet et laissez couler l'eau jusqu'à ce qu'ils soient refroidis. Cette méthode interrompt la cuisson et facilite l'écalage. Les œufs très frais s'écalent difficilement parce que la cavité, à leur extrémité la plus grosse, est très réduite. Il vaut donc mieux les acheter quelques jours à l'avance pour laisser le temps à cette cavité de s'étendre.

COMMENT ÉCALER UN ŒUF DUR

Gardez les œufs écalés au réfrigérateur dans un récipient étanche et utilisez-les le plus tôt possible. Pour les écaler plus facilement, procédez comme ci-dessous.

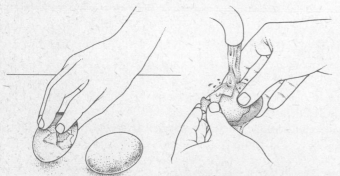

Pour fendre la coquille : Cognez-la doucement contre une surface plane en prenant soin de ne pas abîmer l'œuf.

Pour ôter la coquille : Ecalez l'œuf sous l'eau froide en commençant par le gros bout. Faites attention, surtout avec les œufs frais, de ne pas ôter le blanc avec la coquille par inadvertance.

Œufs durs ou à la coque

Photo page 28
1 ou 2 œufs par personne

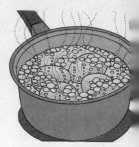

1 Mettez les *œufs* dans une casserole, sans trop les tasser, et recouvrez-les de 1 po (2,5 cm) d'*eau froide*.

2 Faites chauffer à feu vif jusqu'à ce que l'eau bouille à gros bouillons.

3 Otez la casserole du feu, couvrez-la hermétiquement et laissez reposer 15 min pour des œufs durs et 2 min pour des œufs mollets.

4 Passez les œufs à l'eau froide pour arrêter la cuisson et pour pouvoir les écaler plus facilement si vous devez le faire sur-le-champ.

GARNITURES AUX ŒUFS

Les œufs durs permettent de préparer facilement des garnitures attrayantes. On peut passer les jaunes au tamis et en saupoudrer les soupes, les riz et les légumes. Les blancs découpés avec des emporte-pièce décorent agréablement hors-d'œuvre, amuse-gueule et canapés.

Entiers, tranchés ou en quartiers, les œufs durs rendent plus appétissants les salades et autres plats froids. Utilisez toujours un couteau tranchant pour ne pas émietter le jaune. Les coupe-œufs et découpoirs similaires permettent d'obtenir des formes constantes.

Pour tamiser les jaunes : Passez les jaunes à travers une passoire fine avec le dos d'une cuiller.

Formes décoratives : Taillez les blancs à votre goût avec des emporte-pièce à canapés.

Œufs farcis

6 œufs durs
¼ t. de mayonnaise
¼ c. à thé de sel

1 pincée de poivre

Photo
ge 23
...

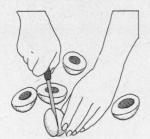 

1 Ecalez les œufs et coupez-les en deux en longueur avec un petit couteau tranchant.

2 Otez délicatement les jaunes. Emiettez-les finement dans un petit bol avec une fourchette.

3 Ajoutez la mayonnaise, le sel et le poivre. Mélangez jusqu'à ce que le tout soit homogène.

4 Remplissez les moitiés de blancs avec une cuiller. Couvrez et réfrigérez jusqu'au moment de servir.

hoto
age 23

VARIANTES

A incorporer à l'appareil aux jaunes d'œufs :

BACON : Ajoutez *2½ c. à soupe de bacon croustillant et émietté.*

À LA MEXICAINE : Augmentez la quantité de sel de *½ c. à thé* et ajoutez *⅓ t. de tomates égouttées et hachées* et *1 c. à thé de poudre de chili.*

SALADE DE CREVETTES : Ajoutez *2 c. à soupe de crevettes hachées* et *2 c. à soupe de céleri émincé.*

CONCOMBRE : Ajoutez *¼ t. de concombre émincé, 1 c. à thé d'aneth* et *1 c. à thé de vinaigre de cidre.*

JAMBON-OLIVES : Ne mettez que 2 c. à soupe de mayonnaise dans le mélange et omettez le sel ; ajoutez *2¼ oz (70 g) de jambon à la diable*, en conserve, et *3 c. à soupe d'olives noires hachées.*

THON : Ajoutez *3 c. à soupe de thon en flocons* et *2 c. à thé de jus de citron.*

PIZZA : Ne mettez que *2 c. à soupe de mayonnaise* ; ajoutez *1 c. à thé d'origan, 1 pincée de poudre d'ail* et *2 c. à soupe de ketchup.*

ANCHOIS : Ajoutez *1 oz (30 g) d'anchois émincés.*

RADIS : Ajoutez *3 c. à soupe de radis émincés.*

CÂPRES : Ajoutez *2 c. à thé de câpres émincées.*

OLIVES : Ajoutez *6 olives farcies*, émincées, et *2 c. à soupe de moutarde préparée.*

Œufs en gelée

12 œufs durs écalés
Vinaigrette française ou italienne
1 sachet de gélatine non parfumée
⅓ t. d'eau froide
1 boîte de 10 oz (284 ml) de consommé de bœuf concentré et non dilué
2 poivrons rouges en bocal
10 olives noires dénoyautées

Photo
page 23
Débutez la
veille
12 portions
en entrée

1 Coupez les œufs en longueur ; ôtez les jaunes et liez-les avec la vinaigrette. Remettez-les dans les blancs et égalisez avec un couteau.

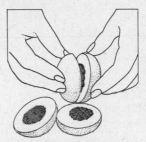 

2 Pressez les moitiés l'une contre l'autre et enlevez tout surplus de farce.

3 Placez chaque œuf dans un moule à muffins en aluminium ; posez les moules serrés dans un plat à four peu profond.

4 Versez l'eau dans une casserole ; saupoudrez-y la gélatine. Ajoutez le consommé. Portez à ébullition en remuant pour dissoudre la gélatine.

5 Taillez 12 étoiles avec un emporte-pièce à aspic dans les poivrons rouges. Tranchez chaque olive en six.

6 Décorez les œufs avec les étoiles et les lamelles d'olive.

7 Nappez les œufs de gélatine, puis réfrigérez les œufs décorés jusqu'à gélification.

Œufs durs

Œufs pochés

Œufs au brocoli

6 œufs durs refroidis
   et écalés
1 c. à soupe d'oignons
   hachés déshydratés
¼ c. à thé de sel
1 paquet de 10 oz (280 g)
   de bouquets de brocoli
   surgelés

¼ t. de mayonnaise
1 bocal de 8¾ oz (250 g)
   de fromage fondu
   pasteurisé

1 Coupez les œufs en
deux, ôtez les jaunes
et mélangez-les, dans un
petit bol, avec la mayon-
naise, l'oignon et le sel.
Garnissez-en les blancs.

2 Faites cuire le brocoli
à l'eau bouillante sa-
lée; égouttez-le. Allumez
le four à 400°F (200°C).

3 Disposez le brocoli
sur trois rangs dans
un plat à four beurré
de 12 po × 8 (30 cm ×
20). Intercalez les œufs
entre eux.

4 Nappez généreuse-
ment le brocoli de
fromage. Cuisez 10 min
au four ou jusqu'à ce que
le fromage commence à
bouillonner.

Œufs à la créole

¼ t. de beurre ou de
   margarine
1 gros oignon haché
1 poivron vert moyen,
   épépiné et haché
1 gousse d'ail émincée
1 c. à thé de sel
1 pincée de romarin
1 pincée de paprika

1 boîte de 14 ou de 19 oz
   (398 ou 540 ml) de
   tomates
8 œufs durs refroidis,
   écalés et coupés en
   deux en longueur
2 t. de riz cuit, chaud

1. Dans une bonne sauteuse, faites revenir 5 min à
feu moyen, dans le beurre fondu, l'oignon, le poivron, l'ail, le sel, le romarin et le paprika en remuant de temps en temps jusqu'à ce que l'oignon et
le poivron soient tendres.
2. Ajoutez les tomates avec leur jus et les œufs;
faites mijoter doucement 10 min à couvert.
3. *Pour servir:* Dressez le mélange sur un lit de riz
chaud.

Les œufs qu'on veut pocher doivent être les plus frais et le
plus froids possible. Sinon, au lieu de prendre autour d
jaune, le blanc s'en séparera et se coagulera en filamen
épars dès qu'il aura touché le liquide.

On peut faire pocher des œufs dans n'importe quel li
quide, du moment qu'il frémit (sans bouillir): lait, pota
ou bouillon, jus de tomate ou de légumes. Si vous voule
pocher plusieurs œufs à la fois, il sera plus facile d'en su
veiller la cuisson si vous procédez par groupes de trois o
quatre, car vous devrez les retirer de la casserole dans l'o
dre où vous les y aurez mis.

Œufs pochés

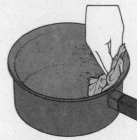 

1 Graissez une casse-
role, puis versez-y
1½ po (4 cm) d'eau; faites-la bouillir, puis baissez le feu pour qu'elle
continue de frémir.

2 Cassez un à un les
œufs dans une sou-
coupe et faites-les doucement glisser dans l'eau.
Cuisez de 3 à 5 min, au
goût.

3 Utilisez une écumoire
pour retirer les œufs
de la casserole.

4 Faites-les égoutter
dans l'écumoire sur
du papier et servez.

Œufs Benedict

Sauce hollandaise
   (p. 463)
4 œufs
2 muffins anglais

Beurre ou margarine
4 tranches de bacon ou
   de jambon cuit

1. Préparez une sauce hollandaise.
2. Pochez les quatre œufs, puis tenez-les au chaud.
Allumez le gril selon le mode d'emploi.
3. Coupez les muffins en deux; tartinez chaque
moitié d'un peu de beurre ou de margarine. Placez-
les sur la plaque du gril, face beurrée sur le dessus,
avec les tranches de viande à côté. Faites griller jusqu'à ce que les muffins soient dorés.
4. Dressez sur un plat chaud les demi-muffins couronnés d'une tranche de viande, puis d'un œuf poché. Nappez généreusement de sauce hollandaise.

Œufs en ramequins

Les œufs pochés semblent toujours plus appétissants servis dans des ramequins. Ici encore, le temps de cuisson est le principal facteur, car il faut éviter de trop cuire les œufs : le jaune doit être ferme et le blanc à peine pris.

Photo page 28
Débutez
30 min avant
... œufs par personne

Œufs en ramequins

 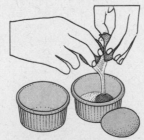

1 Portez le four à 325°F (160°C). Beurrez généreusement un ramequin par personne.

2 Cassez *2 œufs* dans chacun et saupoudrez-les de *sel*, de *poivre* et de *paprika*.

3 Mettez les ramequins au four de 15 à 20 min, le temps que les jaunes soient fermes et les blancs opaques.

4 Garnissez au goût et servez aussitôt en dressant les ramequins sur de petites assiettes.

VARIANTES D'ŒUFS EN RAMEQUINS : Versez *un peu de crème* dans les ramequins avant d'y casser les œufs et mélangez-y du *jambon cuit*, des *champignons hachés et sautés* ou des *asperges cuites*.

Œufs sauce Mornay

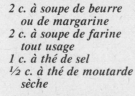

Photo page 28
Débutez
30 min avant
4 portions

2 c. à soupe de beurre ou de margarine	1 pincée de poivre
2 c. à soupe de farine tout usage	Un soupçon de sauce au piment fort
1 c. à thé de sel	2 t. de lait
½ c. à thé de moutarde sèche	¼ t. de parmesan râpé
	8 œufs

1. Dans une bonne casserole, mélangez à feu moyen dans le corps gras fondu la farine, le sel, la moutarde, le poivre et la sauce au piment. Ajoutez lentement le lait et laissez épaissir sans cesser de remuer. Continuez avec le fromage jusqu'à ce qu'il soit fondu. Allumez le four à 400°F (200°C).

2. Beurrez quatre ramequins, puis versez-y la moitié de la sauce. Cassez deux œufs dans chacun et nappez du restant de sauce sans couvrir complètement les jaunes. Cuisez au four 15 min ou jusqu'à ce que les œufs soient à point.

Œufs sur le plat

Il faut toujours cuire les œufs sur le plat à feu doux pour éviter que le bord des blancs ne devienne dur et croustillant, tandis que les jaunes sont à peine chauds et encore presque crus.

La poêle doit être assez grande pour que les œufs n'attachent pas entre eux et qu'on puisse les retourner facilement si on le désire ; si les blancs se sont soudés ensemble, on les sépare en les coupant. Mettez très peu de gras (1 c. à soupe pour une petite poêle et pas plus de 3 pour une de taille moyenne), sinon les œufs seront trop riches. Utilisez du beurre, de la margarine ou de la graisse de bacon.

Si vous préférez des œufs cuits des deux côtés, retournez-les lorsque le dessous est grillé.

Œufs sur le plat

Photo page 28
2 œufs par personne

1 Faites fondre du *beurre* ou de la margarine dans une poêle à feu moyen.

2 Cassez un *œuf* à la fois dans une soucoupe et faites-le glisser dans la poêle. Baissez le feu.

3 Cuisez les œufs en les arrosant de beurre fondu jusqu'à ce que les blancs soient totalement opaques et les jaunes bien à point.

4 Ou, dès que les blancs sont suffisamment fermes, retournez les œufs avec une spatule à crêpes et poursuivez la cuisson.

5 Retirez les œufs de la poêle ; *salez, poivrez* et servez aussitôt.

Œufs brouillés

Pour rester crémeux, les œufs brouillés doivent toujours cuire lentement ; le résultat sera encore meilleur si vous les portez à la température ambiante avant de les battre. En ajoutant, pour chaque couple d'œufs, 2 c. à soupe de lait, de crème ou d'eau, vous ralentirez la cuisson et obtiendrez un mélange plus moelleux. Enfin, n'oubliez pas que des œufs trop battus deviennent secs et friables.

La grandeur de la poêle est également un facteur important, car le mélange ne doit jamais avoir plus de 1 po (2,5 cm) d'épaisseur, sinon le dessous, qui aura cuit d'abord, aura largement le temps de durcir avant que le reste ne commence à épaissir. De plus, la poêle devrait être faite d'un matériau qui conduise bien la chaleur.

Œufs brouillés

Photo
page 28
2 œufs par
personne

1 Battez légèrement *2 œufs* à la fourchette dans un bol, ajoutez *2 c. à soupe de liquide, salez* et *poivrez.*

2 Faites fondre à feu moyen *1 c. à soupe de beurre* ou de margarine dans une poêle en l'inclinant pour bien en enduire le fond et les parois.

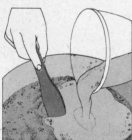

3 Versez-y les œufs et, dès qu'ils commencent à prendre, ramenez à la spatule la partie liquide vers le fond.

4 Cuisez jusqu'à ce que les œufs soient fermes, mais encore moelleux, puis retirez la poêle du feu.

5 Dressez l'appareil sur une assiette chaude ou sur du pain grillé et beurré et servez aussitôt.

Œufs brouillés aux crevettes

Photo
page 28
Débutez
15 min
avant
2 portions

4 œufs
2 c. à soupe de lait
4½ oz (124 ml) de
   crevettes en conserve
½ c. à thé de sel
1 pincée de poivre
¼ c. à thé de moutarde
   préparée
2 muffins anglais coupés
   en deux
Beurre ou margarine

1 Battez à la fourchette les œufs et le lait. Mélangez-y les crevettes égouttées, le sel, le poivre et la moutarde. Grillez et beurrez les muffins.

2 Faites fondre à feu moyen 1 c. à soupe de beurre dans une poêle. Cuisez-y les œufs en remuant à la fourchette.

3 Une fois que les œufs sont cuits et crémeux, étalez-les sur les muffins et servez aussitôt.

Œufs brouillés archiduchesse

Photo
page 23
Débutez
45 min
avant
4 portions en
plat principal
ou 8 comme
entrée

Beurre ou margarine
4 tranches de pain de mie
12 oz (340 ml) de pointes
   d'asperges en conserve
¼ t. de champignons
   tranchés

6 œufs
3 c. à soupe de lait
¼ c. à thé de paprika
½ c. à thé de sel
½ t. de jambon cuit
   coupé en dés

1. Faites fondre à feu doux 2 c. à soupe de beurre dans une poêle et faites-y dorer deux tranches de pain que vous déposerez sur une assiette chaude.
2. Réchauffez les asperges à feu moyen dans une casserole ; égouttez-les et tenez-les au chaud.
3. Faites fondre 1 c. à soupe de beurre dans la même poêle et faites-y revenir les champignons pendant 3 min. Transvasez-les dans un petit bol.
4. Fouettez les œufs, le lait, le paprika et le sel dans un bol moyen.
5. Faites fondre ¼ t. de beurre à feu doux dans la même poêle, ajoutez les œufs et cuisez-les en remuant jusqu'à ce qu'ils commencent à épaissir. Ajoutez le jambon et les champignons et continuez la cuisson en remuant.
6. *Pour servir:* Etalez le mélange sur les tranches de pain et couronnez de pointes d'asperges.

VARIANTES : Une fois que les œufs sont à moitié cuits, mélangez-y *du persil ou de la ciboulette haché, du jambon cuit émincé, du cheddar ou du suisse râpé,* ou *des champignons tranchés et cuits.*

Voir les descriptions à la page 1

Omelettes

Une omelette cuite à point doit être brillante et délicatement dorée à l'extérieur, moelleuse à l'intérieur. Vous pouvez la servir nature ou avec l'une des garnitures décrites à la page 146. Dans le cas de l'omelette soufflée, la cuisson se termine au four. On peut, elle aussi, la servir nature ou garnie comme plat principal, ou encore fourrée d'une préparation sucrée comme dessert. Les œufs qui composent l'omelette soufflée sont séparés et on ajoute les jaunes aux blancs montés en neige.

Rappelez-vous que les œufs doivent toujours cuire à feu doux ou modéré et que la synchronisation, dans la réussite d'une omelette, joue un rôle très important : tenez les garnitures au chaud et préparez le plat de service avant de verser les œufs dans la poêle. Une omelette pour une personne est prête en quelques minutes.

Graissez toujours la poêle avec un peu de beurre ou de margarine pour empêcher les œufs d'attacher au fond et assurez-vous que l'omelette liquide n'a pas plus de ¼ po (6 mm) d'épaisseur. Il est inutile de la retourner ; soulevez-en simplement les bords avec une spatule et inclinez la poêle pour que la partie non cuite se répande sur le fond. Quand l'omelette est presque prête, mais encore baveuse sur le dessus, augmentez légèrement le feu pour dorer le dessous. Dès qu'elle est cuite, déposez-la dans un plat de service chaud. Garnissez, si vous le désirez, puis servez sur-le-champ.

LA POÊLE À OMELETTE

Pour faire une omelette, il suffit d'avoir une bonne poêle aux bords évasés et dotée d'une poignée résistant à la chaleur et assurant une prise solide. Les meilleures sont en aluminium, en cuivre ou en acier inoxydable (combiné avec de l'aluminium, du cuivre ou de l'acier au carbone), parce qu'elles conduisent bien la chaleur. Un revêtement antiadhésif permet de réduire la quantité de corps gras nécessaire pour cuire les œufs.

POÊLE À OMELETTE

Le diamètre de la poêle est important. Une omelette trop fine cuira trop vite et s'asséchera ; trop épaisse, elle coulera et se brisera au moment de la replier. Pour trois œufs, employez une poêle de 7 à 8 po (18-20 cm) de diamètre d'un rebord à l'autre ou de 5 à 6 po (13-15 cm) à sa base.

Omelette nature

3 œufs
1 c. à soupe d'eau froide
¼ c. à thé de sel
1 pincée de poivre
1 c. à soupe de beurre ou de margarine

Photo page 28
Débutez 30 min avant
1 portion en plat principal

1 Cassez les œufs dans un petit bol. Ajoutez l'eau, salez et poivrez.

2 Battez vigoureusement avec un fouet ou une fourchette, juste assez pour bien mélanger les jaunes et les blancs.

3 Faites fondre le corps gras dans une poêle à omelette ou une sauteuse ; inclinez-la pour bien en graisser toute la surface.

4 Versez-y les œufs d'un seul coup et laissez-les prendre sur les bords. Secouez légèrement la poêle pour saisir tout l'appareil.

5 Soulevez les bords avec une spatule en inclinant la poêle pour que la partie liquide se répande sur le fond.

6 Secouez la poêle encore quelques secondes jusqu'à ce que vous sentiez que l'omelette glisse librement.

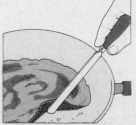

7 Dès que l'omelette est cuite, mais encore baveuse, augmentez le feu pour en dorer le dessous. Retirez la poêle du feu.

8 Penchez la poêle et, avec la spatule, soulevez le bord de l'omelette et repliez-la aussitôt.

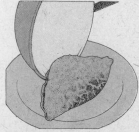

9 Faites-la glisser sur un plat de service chaud après l'avoir éventuellement garnie. Servez aussitôt.

Voir les descriptions à la page 16

Omelettes

COMMENT GARNIR UNE OMELETTE

Vous pouvez servir votre omelette nature ou avec une garniture. Pour la garnir avant de l'ôter de la poêle, procédez comme ci-dessous. Sinon, étalez la garniture entre les deux moitiés après avoir fait glisser l'omelette sur un plat de service chaud.

Garniture : Etalez la garniture à la spatule sur une moitié de l'omelette.

Repliez délicatement l'autre moitié sur la garniture.

GARNITURES ET ASSAISONNEMENTS

15 min avant de servir, préparez l'une des garnitures suivantes (pour deux omelettes de trois œufs).

JAMBON CUIT : Faites fondre *1 c. à soupe de beurre* ou de margarine à feu moyen dans une petite poêle. Ajoutez *¾ t. de jambon cuit* coupé en fines lanières et réchauffez-le en remuant souvent. Saupoudrez de *1 pincée de poivre assaisonné.*

FINES HERBES : Ajoutez aux œufs battus *4 c. à thé d'herbes déshydratées* ou *¼ t. d'herbes fraîches finement hachées.* Le persil, la ciboulette et l'estragon aromatisent agréablement une omelette.

FROMAGE : Juste avant de la replier, saupoudrez chaque omelette de la *moitié de ⅓ t. de cheddar râpé* ou d'un mélange de suisse et de parmesan.

ASPERGES : Cuisez *5 oz (150 g) d'asperges surgelées ;* égouttez. Mélangez à feu doux, dans une casserole, *1½ c. à thé de beurre* ou de margarine et *1 c. à thé de farine tout usage ;* versez-y lentement, en remuant, *¼ t. de lait, ¼ c. à thé de sel assaisonné* et *1 pincée de poivre ;* cuisez en brassant jusqu'à épaississement, puis ajoutez les asperges.

SAUCE CRÉOLE : Chauffez à feu assez vif *1 c. à soupe d'huile à salade* dans une petite casserole. Ajoutez *2 c. à soupe d'oignon, 6 c. à soupe de poivron vert* et *6 c. à soupe de céleri,* tous trois hachés ; faites revenir 5 min en remuant de temps en temps. Ajoutez *2 tomates moyennes,* pelées et concassées, *¼ c. à thé d'origan* et *¼ c. à thé de sel.* Faites mijoter 10 min à couvert en remuant souvent.

CREVETTES : Préparez dans une petite casserole *½ sachet de 2 oz (57 g) de sauce blanche ;* ajoutez-y, en remuant, *½ t. de crevettes cuites coupées en dés, 1 c. à thé de jus de citron, 1½ c. à thé de persil haché* et *un soupçon de sauce Worcestershire ;* réchauffez.

Photo page 29

Débutez 30 min avant

2 portions comme plat principal

Omelette soufflée

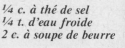

4 œufs séparés
¼ c. à thé de crème de tartre

¼ c. à thé de sel
¼ t. d'eau froide
2 c. à soupe de beurre

1 Fouettez les blancs à grande vitesse. Dès qu'ils moussent, ajoutez la crème pour obtenir des pics fermes. Allumez le four à 350°F (180°C).

2 Battez les jaunes avec le sel et l'eau à grande vitesse dans un petit bol jusqu'à ce qu'ils soient mousseux et incorporez-les aux blancs.

3 Faites fondre le beurre à feu moyen dans une sauteuse allant au four. Versez-y les œufs et cuisez 3 min, jusqu'à ce que le dessous soit doré.

4 Mettez la sauteuse au four et cuisez 10 min ou jusqu'à ce que le dessus soit doré et reprenne sa forme après une légère pression du doigt.

5 Glissez une spatule sous le pourtour de l'omelette et incisez-la au centre.

6 Pliez-la en deux, glissez-la sur un plat de service chaud et servez aussitôt.

Photo page 98

OMELETTE AUX FRAISES : Préparez l'omelette soufflée en ajoutant *2 c. à soupe de sucre* aux jaunes battus. Mélangez *1 c. à soupe de sucre* et *2 t. de fraises tranchées ;* fourrez-en l'omelette cuite et repliez-la. Saupoudrez de *sucre glace.* (Donne 4 portions.)

OMELETTE AUX PÊCHES : Préparez l'omelette aux fraises, mais sans les fraises. Chauffez *17 oz (480 g) de pêches pavies* tranchées et égouttées, *2 c. à soupe de brandy* et *¼ c. à thé d'extrait d'amande ;* fourrez et repliez l'omelette, puis saupoudrez-la d'un peu de *sucre glace.* (Donne 4 portions.)

Crêpes

Il faut préparer la pâte à crêpes au moins 2 heures à l'avance pour permettre à la farine d'absorber le liquide.

Les crêpières varient en diamètre de 7 à 9 po (18-23 cm) et leurs parois sont évasées, ce qui permet de faire glisser les crêpes sur un plat sans les déchirer. On peut voir ci-dessous comment retourner les crêpes à l'aide de deux poêles. Les crêpes se conservent deux mois au congélateur, dans du papier d'aluminium. On les fait dégeler 1 heure à la température ambiante.

Crêpes

Débutez 1 h 30 avant 12 crêpes

Beurre fondu	½ c. à thé de sel
1½ t. de lait	3 œufs
⅔ t. de farine tout usage	

1 Fouettez 2 c. à soupe de beurre avec les autres ingrédients jusqu'à l'obtention d'une pâte lisse ; couvrez et réfrigérez au moins 2 h.

2 Badigeonnez de beurre fondu le fond d'une petite crêpière et d'une sauteuse un peu plus grande ; faites-les chauffer à feu moyen.

3 Répartissez également ¼ t. de pâte dans la crêpière et cuisez 2 min pour que le dessus soit ferme et le dessous doré.

4 Soulevez le pourtour de la crêpe avec une spatule en métal. Secouez doucement la crêpière pour détacher la crêpe.

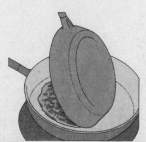

5 Renversez la crêpe dans la sauteuse chaude et cuisez l'autre côté 30 s. Commencez à cuire une autre crêpe.

6 Empilez les crêpes sur du papier ciré et tenez-les au chaud.

Crêpes aux épinards

Photo page 29
Débutez 30 min avant
6 portions comme plat principal

2 paquets de 10½ oz (300 g) d'épinards surgelés et hachés	1 c. à thé de sel
	1 pincée de poivre
	2 t. de crème de table
¼ t. de beurre	1 t. de suisse râpé
¼ t. de farine tout usage	Crêpes (à gauche)

1. Faites cuire les épinards dans une casserole moyenne ; égouttez-les à fond.
2. Faites fondre le beurre à feu doux dans une grande casserole, puis incorporez-y la farine, le sel et le poivre. Ajoutez la crème graduellement et cuisez à feu moyen en remuant jusqu'à épaississement.
3. Ajoutez les épinards et le fromage, puis remuez jusqu'à ce que le fromage soit fondu ; étalez ¼ t. de l'appareil sur chaque crêpe et roulez-la.

Crêpes aux crevettes et au curry

Photo page 29
Débutez 1 h avant
6 portions comme plat principal

Eau	4 c. à thé de curry
24 oz (700 g) de crevettes surgelées et parées	¼ t. de farine tout usage
	1 cube de bouillon de poulet
¼ t. de beurre	
½ t. d'oignons hachés	¼ c. à thé de feuilles de thym
½ t. de céleri, en dés	
1½ t. de pommes à cuire pelées, vidées et coupées en dés	½ t. de crème épaisse
	½ c. à thé de sel
	Crêpes (à gauche)

1. Portez vivement 2 po (5 cm) d'eau à ébullition dans une grande casserole ; ajoutez les crevettes et ramenez à ébullition. Baissez le feu et cuisez 1 min ou jusqu'à ce qu'elles soient tendres ; égouttez-les, puis coupez-les en tronçons de ½ po (1 cm).
2. Faites fondre le beurre à feu moyen dans une casserole un peu plus petite. Faites-y revenir l'oignon et le céleri 10 min en remuant ; ajoutez les pommes et le curry, puis cuisez encore 5 min. Incorporez la farine à feu doux, puis 1 t. d'eau, le bouillon et le thym ; remuez jusqu'à épaississement.
3. Passez l'appareil à grande vitesse au mélangeur couvert. Reversez-le dans la casserole, ajoutez les crevettes, la crème et le sel, puis réchauffez. Etalez ¼ t. de l'appareil sur chaque crêpe et roulez-la.

COMMENT GARNIR UNE CRÊPE

Etalez délicatement à la cuiller environ ¼ t. de la garniture au centre de chaque crêpe.

Repliez un bord de la crêpe sur la garniture et roulez délicatement. Dressez les crêpes, joints en dessous, sur un plat de service chaud et gardez-les au four jusqu'au moment de servir.

ŒUFS
Soufflés

Un soufflé est constitué d'une sauce épaisse à base de farine, de beurre, de lait et de jaunes d'œufs, qu'on incorpore aux blancs montés en neige. Cuisez toujours la farine et le beurre avant d'ajouter le liquide pour obtenir une sauce onctueuse et faites bouillir celle-ci 1 minute pour supprimer le goût de la farine.

Les blancs prendront plus de volume si vous les portez à la température ambiante, dans un bol couvert, avant de les battre. Une fois montés, incorporez-leur la sauce délicatement, sans mélanger, sinon ils s'affaisseront. Versez l'appareil dans un moule à soufflé dont vous aurez graissé le fond, mais pas les parois, ce qui empêcherait le soufflé de lever complètement.

Faites cuire sur une grille placée de façon que l'appareil soit au centre; retirez les grilles du dessus, au cas où le soufflé lèverait davantage que prévu. Un soufflé à point est d'un beau brun doré. Normalement, on le sert aussitôt, mais il peut attendre 10 minutes dans le four éteint.

VÉRIFICATION DU DEGRÉ DE CUISSON
Pour vérifier si un soufflé est cuit, lorsque le temps recommandé dans la recette est écoulé, insérez un couteau en son centre; s'il en ressort propre, le soufflé est à point. N'ouvrez pas le four avant la fin du temps de cuisson, sinon l'air froid provoquerait l'effondrement du soufflé.

MOULES À SOUFFLÉS
Les moules à soufflés classiques sont ronds et dotés de parois droites; ils sont généralement en porcelaine, en grès ou en verre à feu, mais on peut également cuire un soufflé dans n'importe quelle cocotte aux côtés droits. Pour que votre soufflé lève bien et fasse une forte impression, remplissez toujours le moule aux trois quarts, de telle sorte qu'il gonfle bien au-dessus du rebord durant la cuisson.

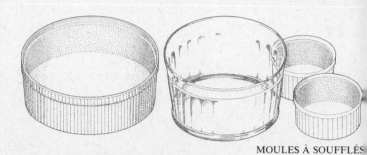

MOULES À SOUFFLÉS

COMMENT SERVIR UN SOUFFLÉ
Enfoncez une grande cuiller de service jusqu'à la base du soufflé. Chaque portion devrait se composer d'une partie croustillante et d'une autre moelleuse. Prenez toujours une bonne cuillerée à la fois pour ne pas risquer d'endommager le reste du soufflé en servant.

Soufflé au fromage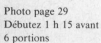

¼ t. de beurre ou de
    margarine
¼ t. de farine tout usage
1 c. à thé de sel
1 pincée de poivre de
    Cayenne
1½ t. de lait
2 paquets de 4 oz (115 g)
    de cheddar râpé (2 t.)
6 œufs séparés

Photo page 29
Débutez 1 h 15 avant
6 portions

1 Faites fondre le corps gras à feu moyen dans une casserole; mélangez-y la farine, le sel et le poivre de Cayenne jusqu'à ce que la pâte soit lisse.

2 Ajoutez lentement le lait et remuez sans arrêt jusqu'à l'obtention d'une sauce épaisse et onctueuse.

3 Ajoutez le fromage et remuez jusqu'à ce qu'il soit fondu. Retirez la casserole du feu. Allumez le four à 325°F (160°C).

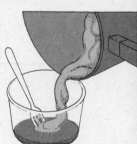

4 Battez légèrement les jaunes dans un petit bol; versez-y un peu de sauce chaude pour prévenir la formation de grumeaux à l'étape suivante.

5 Versez lentement l'appareil dans la sauce chaude en remuant vivement pour éviter qu'elle se grumelle.

6 Montez les blancs en neige à haute vitesse dans un grand bol. Graissez légèrement le fond d'un moule à soufflé de 8 t.

7 Incorporez délicatement la sauce aux blancs avec une spatule en caoutchouc, puis versez lentement l'appareil dans le moule.

8 Pour obtenir un effet « haut-de-forme », incisez le dessus avec une cuiller sur une profondeur de 1 po (2,5 cm), à 1 po (2,5 cm) du bord.

9 Cuisez le soufflé au centre du four 1 h ou jusqu'à ce qu'il soit gonflé et brun doré. Servez aussitôt.

Soufflé au poulet

Photo
page 29
Débutez
1 h 30 avant
6 portions

¼ t. de beurre
½ t. de champignons
   hachés
3 c. à soupe d'oignons
   hachés
2 c. à soupe de farine
   tout usage

1 t. de lait
1 cube de bouillon de
   poulet
5 œufs séparés
2 t. de poulet cuit,
   finement haché
½ c. à thé de sel

1. Graissez le fond d'un moule à soufflé de 8 t. Dans une casserole, faites fondre les champignons et les oignons dans le beurre, à feu moyen. Incorporez la farine, puis, quand le tout est homogène, le lait et le bouillon ; remuez jusqu'à épaississement.
2. Battez légèrement les jaunes à la fourchette dans un bol, ajoutez-y un peu de sauce chaude, puis reversez le tout dans la casserole. Chauffez en remuant jusqu'à épaississement. Retirez du feu et ajoutez le poulet. Portez le four à 325°F (160°C).
3. Montez les blancs et le sel en neige ferme à grande vitesse. Incorporez-y délicatement l'appareil au poulet. Versez dans le moule et cuisez au four 1 h.

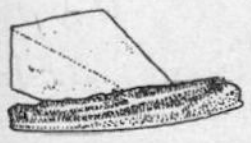

Soufflé au fromage et au bacon

Photo
page 29
Débutez
1 h 15 avant
2 portions

3 c. à soupe de beurre
2 c. à soupe de farine
   tout usage
½ c. à thé de sel

1 t. de lait concentré
1 t. de cheddar râpé
3 œufs séparés
¼ t. de miettes de bacon

1. Graissez le fond d'un moule à soufflé de 6 t. Faites fondre le beurre à feu moyen dans une petite casserole ; ajoutez la farine et le sel, puis le lait et remuez jusqu'à ce que la sauce soit lisse. Terminez avec le fromage en tournant jusqu'à ce qu'il soit fondu.
2. Battez les jaunes à la fourchette dans un petit bol ; ajoutez un peu de sauce et reversez le tout dans la casserole en remuant pour prévenir les grumeaux. Cuisez à feu doux en remuant.
3. Allumez le four à 350°F (180°C). Montez les blancs en neige ferme à grande vitesse dans un bol ; incorporez-y délicatement la sauce et le bacon, versez dans le moule et cuisez de 40 à 50 min.

Soufflé aux asperges en ramequins

Photo
page 24
Débutez
1 h avant
6 portions
comme entrée

¼ t. de beurre
¼ t. de farine tout usage
1 c. à thé de sel
1½ t. de lait

½ lb (225 g) d'asperges
   cuites, égouttées et
   coupées en bouchées
6 œufs séparés

1. Mélangez à feu moyen, dans une bonne casserole, le beurre fondu, la farine et le sel. Versez-y le lait peu à peu et remuez jusqu'à épaississement. Ajoutez les asperges et retirez du feu.
2. Battez légèrement les jaunes à la fourchette ; incorporez-y un peu de sauce chaude et reversez le tout dans la casserole. Réservez.
3. Allumez le four à 325°F (160°C). Montez les blancs en neige ferme à grande vitesse dans un bol ; incorporez délicatement la sauce et remplissez six ramequins graissés de 10 oz (280 ml) placés dans un plat à four. Cuisez 30 min.

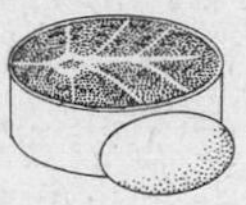

Soufflé au saumon

Photo
page 29
Débutez
1 h 15 avant
4 portions

1 boîte de 15 oz (439 g)
   de saumon
3 c. à soupe de beurre ou
   de margarine
3 c. à soupe de farine
1 c. à thé de sel

½ c. à thé de moutarde
   sèche
½ c. à thé de sauce
   Worcestershire
1 t. de lait
4 œufs séparés

1. Graissez le fond d'un moule à soufflé de 6 t. Emiettez le saumon dans son jus, dans un bol moyen. Incorporez à feu moyen la farine, le sel, la moutarde et la sauce Worcestershire au corps gras fondu dans une bonne casserole. Ajoutez le lait peu à peu et remuez jusqu'à épaississement. Laissez refroidir une dizaine de minutes.
2. Battez les jaunes à la fourchette dans un petit bol, ajoutez-y un peu de sauce chaude et battez vivement pour prévenir la formation de grumeaux. Reversez le tout dans la casserole et cuisez en remuant jusqu'à épaississement. Ajoutez le saumon et portez le four à 375°F (190°C).
3. Montez les blancs en neige ferme à haute vitesse. Incorporez-y délicatement l'appareil au saumon avec une spatule en caoutchouc. Versez dans le moule et cuisez au four de 40 à 45 min ou jusqu'à ce que le soufflé soit gonflé et doré. Servez aussitôt.

Soufflé aux épinards

Photo
page 29
Débutez
1 h 30 avant
6 portions

⅓ t. d'oignons hachés
2 paquets de 10½ oz
   (300 g) d'épinards
   surgelés et hachés
¼ t. de beurre ou de
   margarine

¼ t. de farine tout usage
Sel
1 pincée de poivre de
   Cayenne
1½ t. de lait
6 œufs séparés

1. Graissez le fond d'un moule à soufflé de 8 t.
2. Si les épinards sont surgelés, cuisez-les selon le mode d'emploi avec les oignons. Vous pouvez aussi faire cuire des épinards frais après les avoir lavés et en avoir supprimé les côtes et les tiges. Portez à ébullition ¼ po (6 mm) d'eau et 1 c. à thé de sel dans une grande casserole. Ajoutez les épinards et les oignons et ramenez à ébullition ; couvrez et cuisez 3 min. Egouttez à fond.
3. Ecrasez les épinards en purée au moulin à légumes ou au mélangeur, ou passez-les à travers un tamis à grosses mailles avec le dos d'une cuiller.
4. Incorporez, à feu moyen, la farine, le sel et le poivre au corps gras fondu, dans une casserole moyenne. Versez-y lentement le lait et remuez jusqu'à ce que la sauce soit épaisse et onctueuse.
5. Battez légèrement les jaunes à la fourchette dans un petit bol, ajoutez un peu de sauce chaude et reversez le tout dans la casserole en tournant vivement. Cuisez à feu doux (sans laisser bouillir) en remuant jusqu'à épaississement. Retirez du feu et ajoutez les épinards. Réservez. Préchauffez le four à 325°F (160°C).
6. Montez les blancs en neige ferme à grande vitesse dans un bon bol. Incorporez-y délicatement la sauce avec une spatule en caoutchouc ; versez dans le moule et cuisez 1 h ou jusqu'à ce que le soufflé soit gonflé et d'un beau brun doré.

FROMAGES

Le fromage est un aliment passe-partout ; on peut le servir comme casse-croûte, comme plat principal ou avant le dessert, en sandwiches, dans des salades ou en trempettes, ou encore l'incorporer à une multitude de plats depuis les soupes et les sauces jusqu'aux desserts. Le fromage est un aliment concentré qui contient la plupart des éléments nutritifs du lait ainsi que des protéines aussi riches que celles de la viande, du poisson et des œufs.

COMMENT CHOISIR LES FROMAGES

Avant de choisir des fromages, vous devrez décider s'ils seront mangés nature ou dans des plats cuisinés. La presque totalité des fromages peut fort bien être servie tout simplement avec du pain ou des craquelins. Le choix est si vaste que la seule façon de bien les connaître, c'est d'en goûter le plus de variétés possible.

Les fromages se divisent en deux grandes catégories : les naturels et les pasteurisés. Les premiers sont faits presque uniquement de lait et ont parfois fermenté (vieilli) un certain temps afin d'acquérir une saveur et une texture caractéristiques ; l'étiquette précisera alors le degré de fermentation par des termes tels que « doux » ou « fort ». Le mode de fabrication détermine les propriétés des fromages. Tous ceux qui sont fabriqués selon un même procédé constituent une « famille » et ont une saveur similaire, en dépit de différences en ce qui a trait à la texture et au piquant. On distingue neuf grandes « familles » : le cheddar, le fromage hollandais, le provolone, le suisse, le bleu, le parmesan, le fromage frais, le fromage affiné en surface et le fromage de lactosérum.

On peut également classer les fromages selon leur texture : à pâte dure comme le parmesan ; fermes comme le cheddar et le suisse ; demi-fermes comme le brick et le bel paese ; à pâte molle comme le brie et le limburger ; mous et frais comme le cottage et le ricotta.

Les fromages fondus résultent du mélange de divers fromages naturels plus ou moins corsés cuits ou « pasteurisés » avec un émulsif, ce qui arrête la fermentation et donne des produits identiques en saveur et en texture. Après l'addition de solides de lait, on obtient une préparation de fromage fondu et pasteurisé, molle et facile à tartiner. Certains fromages à tartiner obtenus selon ce procédé contiennent aussi des additifs qui leur communiquent un moelleux encore plus grand, ce qui les rend idéals pour les sandwiches.

COMMENT SERVIR LES FROMAGES

Il faut toujours sortir les fromages du réfrigérateur et les déballer au moins 30 minutes et même 1 heure avant de les servir, afin qu'ils soient suffisamment chambrés et que leur saveur ressorte pleinement. La seule exception concerne les fromages frais comme le cottage, le fromage à la crème et le philadelphie, qui se mangent très froids. D'autres, comme le camembert, sont encore plus savoureux lorsqu'ils sont coulants ; on doit les laisser ramollir à la température ambiante 1 heure ou 2 avant de les servir.

Le fromage se sert n'importe quand dans la journée, pour calmer une fringale ou comme plat de résistance, lors d'une dégustation de vins et fromages ou pour une fondue. Dans plusieurs pays, il constitue un service distinct lors des grands dîners.

Le vin est le compagnon par excellence du fromage, qu'il s'agisse de celui qui a été servi pendant le repas ou d'un vin de dessert. On peut tout aussi bien opter pour du cidre, de la bière, du café, du thé ou même un verre de lait ; et si vous décidez de déjeuner sur le pouce d'un peu de pain et de fromage, vous pourriez commencer votre repas par un potage consistant et bien chaud.

PRÉSENTATION

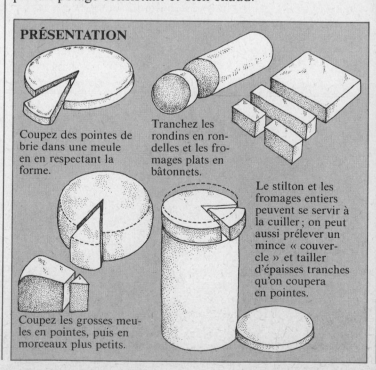

Coupez des pointes de brie dans une meule en en respectant la forme.

Tranchez les rondins en rondelles et les fromages plats en bâtonnets.

Le stilton et les fromages entiers peuvent se servir à la cuiller ; on peut aussi prélever un mince « couvercle » et tailler d'épaisses tranches qu'on coupera en pointes.

Coupez les grosses meules en pointes, puis en morceaux plus petits.

CONSERVATION DES FROMAGES

Plus un fromage est dur, plus il se conserve longtemps. Les fromages naturels se gardent au réfrigérateur, bien emballés pour éviter qu'ils ne se dessèchent. Servez-vous de l'emballage d'origine ou enveloppez-les hermétiquement dans du papier paraffiné ou d'aluminium que vous refermerez soigneusement après chaque service. Les fromages durs et enrobés de cire comme le cheddar, l'édam et le suisse peuvent se garder de trois à six mois au réfrigérateur, tant qu'ils n'ont pas été ouverts. Ensuite, ce délai se réduit à trois ou quatre semaines, voire à deux semaines si on les a achetés tranchés. Les variétés à pâte molle durent beaucoup moins longtemps : deux semaines pour le fromage à la crème et le philadelphie et à peine cinq jours pour le cottage et le ricotta ; ceux qui sont affinés, comme le brie et le camembert, doivent être consommés sans délai, dès qu'ils sont à point.

Même sous emballage étanche, la croûte d'un fromage dur peut se couvrir de moisissure. Le cas échéant, ôtez la partie abîmée ou grattez la moisissure. Celle-ci ne présente aucun danger pour la santé et n'altère ni la qualité ni la saveur du fromage.

A moins que l'étiquette ne précise le contraire, le romano et le parmesan râpés ainsi que les préparations de fromage à l'américaine n'ont pas besoin d'être réfrigérés ; il en va de même pour la plupart des fromages fondus, tant que l'emballage n'a pas été ouvert. Une fois l'emballage ouvert, il faut les mettre au réfrigérateur. Pour ce faire, enveloppez-les hermétiquement dans un sac de plastique, une cellophane ou du papier d'aluminium, ou bien mettez-les dans un récipient couvert. Certains produits vendus dans des bocaux de verre se conservent indéfiniment à la température ambiante ; cependant, une fois que le pot a été entamé, il faut le garder hermétiquement fermé au réfrigérateur. Seuls les produits en tubes ou en aérosol ne doivent jamais être réfrigérés.

Lorsqu'un restant de fromage est trop dur ou trop sec pour être mangé, on peut le râper et le garder au réfrigérateur dans un bocal dont le couvercle se visse et l'utiliser en cuisine ou comme garniture. Il se conservera ainsi deux ou trois semaines.

CONGÉLATION DES FROMAGES

On peut congeler la plupart des fromages, du moment qu'ils sont enveloppés dans de l'aluminium ou tout autre emballage qui préviendra la moisissure et le dessèchement. Un petit fromage comme le camembert se congèle dans son emballage d'origine. D'autres, fermes ou demi-fermes, peuvent se conserver durant trois mois si on les congèle par petites quantités (½ lb ou 225 g) ou en tranches de 1 po (2,5 cm) d'épaisseur. La durée de la congélation ne doit pas dépasser trois semaines pour les fromages coupés en cubes et se limite à une ou deux semaines seulement pour le cottage écrémé. Il est déconseillé de congeler le cottage à la crème.

LE FROMAGE EN CUISINE

Lorsque l'on cuisine avec du fromage, il importe de se rappeler qu'une chaleur excessive et une cuisson prolongée le rendront filandreux et caoutchouteux. Une chaleur trop forte risque également de faire tourner une préparation à base d'œufs, de fromage et de lait. Lors de la confection d'une sauce, il faut ajouter le fromage à la fin et prolonger la cuisson à feu doux tout en remuant, juste le temps nécessaire pour que le fromage fonde et se mélange bien aux autres ingrédients. On doit faire griller une garniture au fromage à bonne distance de la source de chaleur et, dans le cas de plats cuits au four, la température ne devrait pas dépasser 325°F-350°F (160°C-180°C). On ne saupoudre de fromage les plats à gratiner qu'à la toute fin de la cuisson et on les retire du four dès que celui-ci est fondu, bien doré et qu'il commence à faire des bulles.

Le fromage fond vite et uniformément et se mélange mieux aux autres ingrédients s'il a d'abord été râpé. On coupe les fromages fondus en cubes avant de les utiliser et on laisse les fromages frais ou à la crème ramollir à la température ambiante.

Calculez 4 oz (115 g) de fromage entier par tasse de fromage râpé ou de fromage en cubes demandée dans une recette et 3 oz (90 g) s'il s'agit d'un fromage très dur comme le parmesan.

LE PLATEAU DE FROMAGES

Quand on prépare un plateau, il faut choisir ses fromages avec le plus grand soin. Tâchez d'en avoir au moins trois sortes en jouant avec la saveur, qui variera de doux à fort, et la texture, de molle ou crémeuse à ferme. Faites varier les couleurs et les formes et coupez vos fromages en pointes, en bâtonnets et en cubes. Un fromage entier — tel un édam rouge de forme oblongue — donnera plus de cachet au plateau.

Groupez les fromages par saveurs ; toutefois, si vous servez un fromage très vieux et très fort, il vaut mieux le présenter à part pour ne pas mélanger les arômes. Assurez-vous que tous les fromages sont à point ; le brie et le camembert, par exemple, ne devraient pas faire partie de l'ensemble s'ils sont trop ou pas assez affinés. Prévoyez des couteaux tranchants pour les pâtes fermes et des couteaux à beurre pour les pâtes molles.

Les fruits accompagnent très bien un plateau de fromages. Choisissez-en qui soient bien mûrs et disposez-les dans un compotier ou une corbeille. Préparez aussi une corbeille de pain français ou italien très frais, tranché ou en croûtons, ainsi que des craquelins minces, croustillants et non salés. Outre le contraste des textures qu'ils créeront, ils feront ressortir la saveur des fromages sans l'altérer. Pour un en-cas après le dîner ou un casse-croûte, servez du pain norvégien sans levure, des biscottes ou des craquelins. De fines tranches de pumpernickel ou de pain de seigle mettront en valeur le goût d'un cheddar fort ou d'un camembert.

Fromages américains

FROMAGE	CARACTÉRISTIQUES	UTILISATION
Bleu	Bleu affiné, à pâte demi-ferme et au goût piquant. Recherchez ceux de forme cylindrique ou des portions de pâte blanche persillée et légèrement friable.	Amuse-gueule, trempettes, salades, vinaigrettes, sandwiches et casse-croûte.
Brick	Fromage affiné, à pâte demi-ferme et à saveur douce ou légèrement corsée. Choisissez les pains, les pavés et les tranches de pâte jaune et crémeuse, criblée de petits yeux.	Amuse-gueule, sandwiches et casse-croûte.
Cheddar	Fromage dur et affiné, à saveur variant de douce à très forte, selon l'âge. Choisissez ceux qui sont lisses, qu'ils soient blancs ou orange. Le **coon**, le **longhorn**, le **colby** et le **tillamook** sont des variétés de cheddar.	Amuse-gueule, sandwiches et casse-croûte ; râpé en cuisine.
Cottage	Fromage mou, frais, d'apparence granuleuse et au goût acidulé. Choisissez les caillés bien formés, qu'ils contiennent ou non de la crème. Peut être aromatisé. Se mange frais.	Salades, sandwiches, casse-croûte, gâteaux au fromage et en cuisine.
Fromage à la crème	Fromage mou et frais, à saveur riche mais acidulée. Vendu dans du papier d'aluminium. Se mange frais.	Amuse-gueule, sandwiches, gâteaux au fromage et glaces.
Liederkranz	Pâte molle et affinée, à saveur prononcée. Recherchez les fromages lisses, jaunes et crémeux, à la croûte roussâtre, emballés dans du papier d'aluminium.	Amuse-gueule, salades, casse-croûte et avec des fruits.
Monterey (Jack)	Fromage demi-ferme, affiné et doux. Choisissez les meules ou les tranches de pâte blanc crémeux.	Sandwiches, casse-croûte et en cuisine.
Philadelphie	Fromage mou, frais et doux, quoique légèrement acidulé. Vendu en barres enveloppées dans du papier d'aluminium.	Trempettes, tartines, salades, sandwiches, casse-croûte et gâteaux au fromage.
Suisse	Fromage ferme et affiné, au goût de noisette. Choisissez les pointes et les tranches de pâte jaune pâle, criblée de larges yeux.	Salades, sandwiches, casse-croûte et en cuisine.

Fromages européens

FROMAGE	CARACTÉRISTIQUES	UTILISATION
Bel paese	Fromage italien, demi-ferme et affiné, généralement doux. Choisissez les morceaux ou les meules de pâte blanc crémeux, à la croûte grise ou brune.	Amuse-gueule, casse-croûte, sandwiches et desserts.
Bleu du Danemark	Bleu demi-ferme et affiné, au goût corsé et un peu salé. Choisissez les pointes ou les morceaux de pâte blanche, friable et persillée.	Salades, sandwiches et casse-croûte.
Brie	Fromage français, mou et affiné, de doux à piquant. Choisissez les pointes et les meules de pâte crémeuse, à croûte crayeuse (comestible).	Amuse-gueule, casse-croûte et desserts.
Caerphilly	Fromage anglais, demi-ferme et affiné, à saveur douce. Recherchez les meules, les pointes et les pains oblongs de pâte blanche et lisse.	Salades, sandwiches et casse-croûte.
Camembert	Fromage français, mou et affiné, doux ou corsé. Choisissez les meules ou les pointes de pâte crémeuse, à fine croûte crayeuse (comestible).	Amuse-gueule, casse-croûte et desserts.
Cheshire	Fromage anglais, dur et affiné, à la fois doux et moelleux. Recherchez les meules, les pointes et les pains oblongs de pâte orange et friable.	Salades, sandwiches et casse-croûte.
Edam	Fromage hollandais, dur et affiné, au léger goût de noisette. Choisissez les boules, les pains ou les morceaux de pâte jaune, enrobée de cire rouge.	Amuse-gueule, salades, sandwiches, casse-croûte et desserts.
Emmenthal	Fromage suisse, ferme et affiné, au goût de noisette. Choisissez les meules et les tranches de pâte jaune pâle.	Salades, sandwiches, casse-croûte, desserts et en cuisine.
Feta	Fromage grec, demi-ferme et affiné, salé et corsé. Recherchez les pains de pâte blanche et grumeleuse, mûrie dans de la saumure.	Amuse-gueule, salades, casse-croûte et en cuisine.
Fontina	Fromage italien, affiné, au goût de noisette, demi-ferme ou dur. Choisissez les meules ou les pointes de pâte jaune, percée de quelques yeux.	Amuse-gueule, casse-croûte, desserts et en cuisine.

FROMAGE	CARACTÉRISTIQUES	UTILISATION	FROMAGE	CARACTÉRISTIQUES	UTILISATION
Gjest ou gjetost	Fromage norvégien de lactosérum, frais, à pâte ferme et douce. Choisissez les pavés ou les pains brun doré.	Amuse-gueule, casse-croûte et desserts.	**Petit-suisse**	Fromage à la crème français, frais et doux. Vendu en petits cylindres.	Sandwiches, desserts et avec des fruits.
Gloucester (double gloucester)	Fromage anglais, dur et affiné, de doux à piquant. Recherchez les meules ou les pointes à texture ferme.	Salades, casse-croûte et sandwiches.	**Port-salut**	Fromage français, demi-ferme et affiné, à saveur douce ou prononcée. Choisissez les meules et les pointes à pâte jaune et à croûte orange.	Amuse-gueule, casse-croûte, desserts et avec des fruits.
Gorgonzola	Bleu italien, demi-ferme et affiné, piquant. Choisissez les meules et les pointes à croûte couleur d'argile et à pâte blanche persillée.	Salades, sandwiches et casse-croûte.	**Provolone**	Fromage italien, dur et affiné, à saveur fumée, de moyenne à forte. Se vend en tranches et en forme de poire, de boule ou de saucisse.	Amuse-gueule, salades, sandwiches, casse-croûte, râpé et en dessert.
Gouda	Fromage hollandais, ferme et affiné, de doux à moyen. Choisissez les morceaux de pâte orangée, enrobée de cire jaune ou rouge.	Amuse-gueule, salades, sandwiches, casse-croûte et desserts.	**Raclette**	Fromage suisse, affiné et demi-ferme, au goût de noisette. Recherchez les meules ou les morceaux de pâte crémeuse percée de petits yeux, à croûte mince et brunâtre.	Casse-croûte et en cuisine.
Gruyère	Fromage suisse, dur et affiné, assez doux et au goût de noisette. Choisissez les meules et les pointes jaune pâle.	Salades, sandwiches, casse-croûte, desserts et en cuisine.	**Ricotta**	Fromage italien de lactosérum, frais, à pâte molle et douce. Vendu en cartons et en boîtes.	Amuse-gueule, salades, casse-croûte, desserts et en cuisine.
Jarlsberg	Fromage norvégien, ferme et affiné, au goût rappelant celui de l'*emmenthal*. Recherchez les meules, les morceaux ou les tranches de pâte jaune pâle, criblée de larges yeux.	Salades, sandwiches, casse-croûte, desserts et en cuisine.	**Romano**	Fromage italien, affiné et très dur, au goût fort et piquant, rappelant le *parmesan*.	En cuisine ou saupoudré sur les pâtes et dans les salades.
Limbourg	Fromage allemand, affiné et à pâte molle, au goût et à l'arôme prononcés. Choisissez les pavés à croûte orangée et à pâte blanche et crémeuse.	Amuse-gueule, sandwiches, casse-croûte et desserts.	**Roquefort**	Bleu français, demi-ferme et affiné, au goût corsé. Choisissez les cylindres et les pointes de pâte blanche et persillée.	Amuse-gueule, trempettes, sandwiches, casse-croûte et desserts.
Mozzarella	Fromage italien, frais et doux, à pâte ferme. Se vend en morceaux ou râpé.	Amuse-gueule, salades, sandwiches et en cuisine (en particulier dans les pizzas).	**Samsoe**	Fromage danois, ferme et affiné, au goût de noisette. Recherchez les meules et les pointes de pâte jaune, percée de petits yeux.	Amuse-gueules, sandwiches, casse-croûte et desserts.
Munster	Fromage français, affiné et demi-ferme, doux ou moyen. Recherchez les meules, les quartiers ou les tranches à croûte orangée et à pâte blanche percée de nombreux yeux.	Amuse-gueule, sandwiches et casse-croûte.	**Sapsago**	Fromage suisse, dur et affiné, au goût piquant et de couleur verdâtre. Vendu en petits cônes ou râpé.	En cuisine ou saupoudré sur les pâtes et dans les salades.
Parmesan	Fromage italien, très dur et affiné, au goût fort ou piquant. Choisissez les pointes ou les cylindres de pâte blanc crémeux ou jaune. Se vend aussi râpé.	En cuisine ou saupoudré sur les pâtes et les salades.	**Stilton**	Bleu anglais, demi-ferme et affiné, au goût piquant mais non corsé. Choisissez les pointes, les pains et les meules persillés et légèrement friables.	Amuse-gueule, salades, casse-croûte et desserts.
			Wensleydale	Fromage anglais, demi-ferme, à saveur douce et moelleuse. Recherchez les cylindres, les pointes et les pains de pâte friable, de blanc cassé à jaune pâle.	Salades, sandwiches et casse-croûte.

Plat principal

Welsh rabbit à la bière

Photo
page 30
Débutez
20 min
avant
4 portions

*4 tranches de pain blanc
ou de seigle*
*1 lb (450 g) de fromage
américain*
¾ t. de bière
*1 c. à thé de moutarde
sèche*
*½ c. à thé de sauce
Worcestershire*
¼ c. à thé de sel

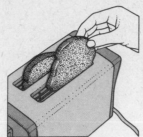

1 Dorez le pain au gril
ou au grille-pain élec-
trique et tenez-le au
chaud.

2 Râpez grossièrement
le fromage ou coupez-
le en fines lanières.

3 Mélangez à feu doux
au bain-marie ou dans
une casserole moyenne le
fromage et la bière.

4 Ajoutez la moutarde,
la sauce et le sel ; re-
muez jusqu'à ce que l'ap-
pareil soit lisse.

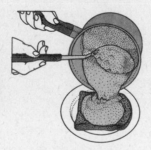

5 Versez-le sur les canapés chauds et ser-
vez aussitôt.

Welsh rabbit

Photo
page 30
Débutez
20 min
avant
6 portions

*¼ t. de beurre ou de
margarine*
½ t. de farine tout usage
½ c. à thé de sel
*1 pincée de moutarde
sèche*
*1 pincée de poivre de
Cayenne*

2 t. de lait
*1 c. à thé de sauce
Worcestershire*
2 t. de cheddar fort râpé
*Tranches de pain blanc
ou de seigle, grillées*

1. Faites fondre le corps gras à feu doux dans une
casserole moyenne. Mélangez-y la farine, le sel, la
moutarde et le poivre de Cayenne. Ajoutez le lait et
la sauce Worcestershire, puis remuez jusqu'à épaississement.
2. Ajoutez le fromage et remuez jusqu'à ce qu'il
soit fondu et que la sauce soit homogène. Versez-la
sur les canapés chauds et servez aussitôt.

Canapés italiens au fromage

Photo
page 30
Débutez
25 min
avant
4 portions

1¼ t. de crème de table
*½ boîte de 1¾ oz (50 g)
de filets d'anchois,
égouttés et hachés*
*1 c. à soupe d'huile
d'olive ou à salade*
*1 c. à thé de fécule de
maïs*

½ c. à thé de paprika
1 c. à soupe de câpres
*1 pain italien de 12 po
(30 cm)*
*1 paquet de 8 oz (225 g)
de mozzarella tranché*
*1 c. à soupe de persil
haché*

1. Dans une casserole moyenne, portez les cinq
premiers ingrédients à ébullition, à feu moyen, en
remuant constamment ; laissez bouillir 1 min. Baissez le feu, ajoutez les câpres et couvrez.
2. Entre-temps, allumez le gril selon le mode
d'emploi. Coupez le pain italien en huit tranches
obliques de 1 po (2,5 cm) d'épaisseur (gardez le
reste pour un autre jour).
3. Disposez les tranches deux par deux et côte à
côte dans quatre ramequins. (Mettez-les dans un
moule à roulé pour vous faciliter la tâche.) Faites
griller le pain 1 ou 2 min de chaque côté pour le
dorer.
4. Otez le moule du gril et couvrez le pain de tranches de fromage. Remettez au gril, le temps que le
fromage fonde.
5. Nappez les canapés de sauce, parsemez de persil. Servez aussitôt.

Raclette

Photo
page 30
Débutez
20 min
avant
4 portions

*1 lb (450 g) de raclette
Poivre concassé ou
paprika*

*Pommes de terre chaudes,
cornichons à l'aneth,
oignons marinés
(facultatif)*

1. Chauffez le four à 375°F (190°C). Otez la croûte
du fromage et coupez-le en fines tranches. Disposez la moitié des tranches dans un plat à four peu
profond, en les faisant chevaucher légèrement.
2. Faites fondre le fromage au four de 4 à 6 min,
puis déposez-le dans son plat sur une assiette de
service ou un dessous-de-plat en bois, ce qui facilitera le service.
3. Saupoudrez le fromage de poivre ou de paprika.
La raclette peut se manger telle quelle ou sur des
pommes de terre bouillies avec, par exemple, des
cornichons à l'aneth et des oignons marinés. Faites
fondre le reste du fromage.

Gratin suisse aux tomates

4 t. de croûtons
*2 tomates moyennes
émincées*
*½ lb (225 g) de suisse
râpé (2 t.)*
2 œufs

1½ t. de lait
¾ c. à thé de sel
½ c. à thé de paprika
*½ c. à thé de moutarde
sèche*

1. Chauffez le four à 350°F (180°C). Etalez les
croûtons dans un moule à tarte de 9 po (23 cm).
Recouvrez-les des tomates et saupoudrez de suisse.
2. Battez les autres ingrédients à la fourchette ou
au fouet dans un petit bol et versez sur le fromage.
3. Mettez 40 min au four ou jusqu'à ce que le mélange soit gonflé et doré. Servez aussitôt.

Fondues

Fondue suisse

Photo
page 30
Débutez
25 min
avant
4 portions

*1 gousse d'ail coupée en
deux*
1½ t. de vin blanc sec
*1 c. à soupe de kirsch, de
brandy ou de jus de
citron*
1 lb (450 g) de suisse
*3 c. à soupe de farine
tout usage*
1 pincée de poivre
*1 pincée de muscade
râpée*
Baguette

1 Frottez l'intérieur
d'une casserole ou
d'un caquelon avec l'ail.
Jetez l'ail.

2 Faites chauffer le vin
à feu doux dans le ca-
quelon sans le laisser
bouillir. Ajoutez un al-
cool ou le jus de citron.

3 Entre-temps, râpez le
fromage dans un bol
moyen et enrobez-le de
farine.

4 Ajoutez par poignées
le fromage au vin en
remuant avec une cuiller
en bois jusqu'à ce qu'il
soit fondu. Ajoutez le
poivre et la muscade.

5 Tenez la fondue au
chaud sur un réchaud
ou un chauffe-plat.
Coupez la baguette en
bouchées.

6 Prévoyez des four-
chettes à long man-
che pour vos convives et
laissez-les se servir tel
qu'illustré.

Fondue au cheddar

Photo
page 30
Débutez
30 min
avant
6 portions

2 t. de crème de table
*1 c. à soupe de sauce
Worcestershire*
*2 c. à thé de moutarde
sèche*
*1 gousse d'ail coupée en
deux*

*1½ lb (700 g) de cheddar
doux ou fort râpé (6 t.)*
*3 c. à soupe de farine
tout usage*
Sel
*Bouchées de baguette
fraîche, de crevettes ou
de jambon cuits*

1. Faites chauffer à feu doux, en remuant et sans
laisser bouillir, la crème, la sauce Worcestershire,
la moutarde et l'ail dans un caquelon ou une casserole (si elle est en aluminium, elle pourra foncer le
mélange, mais n'en modifiera pas le goût).
2. Entre-temps, enrobez complètement le cheddar
de farine dans un bol moyen.
3. Jetez l'ail, puis ajoutez peu à peu le fromage à la
sauce en remuant constamment au fouet ou à la
fourchette. Cuisez à feu doux sans cesser de remuer
jusqu'à ce que le fromage soit fondu et que la sauce
soit homogène et fasse des bulles. Salez au goût. (Si
vous avez utilisé une casserole, versez la fondue
dans un caquelon et tenez-la au chaud sur le
réchaud.)
4. Chaque convive piquera une bouchée de pain,
de crevette ou de jambon au bout d'une fourchette
à long manche et la plongera dans la fondue.

Fondue suisse cuite au four

Photo
page 30
Débutez
2 h avant
4 portions

4 tranches de pain blanc
*Beurre ou margarine,
ramolli*
*1 t. de fromage améri-
cain râpé ou émincé*

4 œufs
2 t. de lait
1 c. à thé de sel
*½ c. à thé de moutarde
sèche*

1. Beurrez légèrement le pain et coupez-le en cubes de 1 po (2,5 cm).
2. Mettez la moitié des cubes dans une petite cocotte graissée ; couronnez de la moitié du fromage
et recommencez.
3. Battez les œufs et les autres ingrédients au fouet
ou au batteur rotatif et versez sur le fromage.
4. Déposez la cocotte dans un plat à four peu profond et mettez-la au four ; remplissez le plat d'eau
chaude jusqu'à mi-hauteur de la cocotte.
5. Cuisez à 350°F (180°C) pendant 85 min ou jusqu'à ce que la fondue soit gonflée et dorée ; servez.

**Disposition des ingré-
dients :** Faites alterner
des couches de pain et
de fromage râpé dans
une cocotte graissée.

Cuisson : Placez la cocotte dans un plat, rem-
plissez-le d'eau chaude
jusqu'à mi-hauteur de la
cocotte et enfournez.

Quiches, tartes et galettes

Quiche lorraine

Photo
page 31
Débutez
1 h 30 avant
6 portions

Pâte pour un fond de tarte (p. 344)
1 c. à soupe de beurre ramolli
12 tranches de bacon
4 œufs
2 t. de crème épaisse ou à 35 p. 100
¾ c. à thé de sel
1 pincée de muscade râpée
¼ lb (115 g) de suisse râpé (1 t.)

1 Préparez et abaissez la pâte ; foncez-en un moule de 9 po (23 cm). Beurrez la croûte uniformément et réfrigérez.

2 Faites frire le bacon à feu moyen dans une bonne sauteuse.

3 Egouttez-le, puis émiettez-le. Chauffez le four à 425°F (220°C).

4 Etalez les miettes de bacon sur la croûte de tarte.

5 Fouettez les quatre ingrédients suivants, puis ajoutez le fromage.

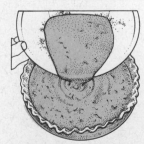

6 Versez dans la croûte et enfournez 15 min. Baissez le four à 325°F (160°C) et cuisez 35 min.

7 La quiche est cuite quand un couteau inséré au centre en ressort propre. Réservez 10 min.

QUICHE AU SUISSE : Suivez la recette ci-dessus, mais omettez le bacon et la muscade. Versez la sauce dans la croûte et faites cuire comme la quiche lorraine.

QUICHE AU CRABE : Préparez la pâte à tarte et la sauce comme pour la quiche lorraine, puis réservez-les séparément. Faites fondre *3 c. à soupe de beurre* ou de margarine à feu moyen dans une petite casserole ; faites-y revenir environ 5 min *2 c. à soupe d'oignons verts émincés*. Ajoutez-les à la sauce avec *12 oz (340 g) de crabe des neiges surgelé*, dégelé et égoutté, *2 c. à soupe de vermouth sec*, *¼ c. à thé de sel* et *1 pincée de cayenne*. Versez dans la croûte et cuisez comme la quiche lorraine.

QUICHE AUX CHAMPIGNONS : Préparez la pâte et la sauce comme pour la quiche au suisse, puis réservez-les séparément. Faites fondre dans une sauteuse *¼ t. de beurre* ou de margarine à feu assez vif et faites-y revenir 5 min en remuant *½ lb (225 g) de champignons émincés*, *2 c. à soupe d'oignons verts hachés*, *¼ c. à thé de sel* et *1 pincée de poivre*. Incorporez cet appareil à la sauce, versez le tout dans la croûte et faites cuire comme la quiche lorraine. *Pour réchauffer :* Couvrez la quiche de papier d'aluminium et mettez-la au four environ 40 min à 325°F (160°C).

Tarte aux épinards et aux saucisses

Photo
page 31
Débutez
2 h avant
10 portions

1 lb (450 g) de saucisses italiennes douces en chapelet, hachées
6 œufs
2 paquets de 10½ oz (300 g) d'épinards surgelés hachés, dégelés et bien égouttés
1 paquet de 16 oz (450 g) de mozzarella râpé
⅔ t. de ricotta
½ c. à thé de sel
1 pincée de poivre
1 pincée de poudre d'ail
Pâte pour tarte à deux croûtes (p. 344)
1 c. à soupe d'eau

1. Faites dorer les saucisses à feu moyen dans une sauteuse environ 10 min en remuant souvent. Jetez la graisse.

2. Réservez 1 jaune d'œuf et mélangez les autres avec les saucisses et les six ingrédients restants dans un grand bol.

3. Divisez la pâte en deux parts légèrement inégales et façonnez-les en boules. Sur une surface légèrement farinée, abaissez la plus grosse en un disque de ⅛ po (3 mm) d'épaisseur et 2 po (5 cm) plus grand qu'un moule de 9 po (23 cm). Foncez le moule et garnissez.

4. Abaissez le reste de pâte en un disque de 10 po (25 cm). Découpez un petit rond au centre de l'abaisse, puis étendez-la sur la garniture. Coupez le surplus de pâte avec des ciseaux, en laissant un rebord de ½ po (1 cm) ; repliez celui-ci par-dessous et redressez le tout. Incisez l'abaisse supérieure avec un couteau.

5. Battez le jaune d'œuf et l'eau dans un petit bol ; badigeonnez-en la croûte. Abaissez les chutes de pâte et découpez-y des motifs ; passez-les au jaune d'œuf et décorez-en la tarte.

6. Cuisez 1 h 15 à 375°F (190°C) ou jusqu'à ce que la pâte soit dorée. Laissez reposer 10 min.

Pour servir froid : Préparez la tarte comme ci-dessus ; faites-la refroidir à découvert au réfrigérateur, puis couvrez-la. Elle se conserve 48 h.

Tarte au fromage et aux oignons

Photo
page 31
Débutez
1 h 15 avant
8 portions

*Pâte pour un fond de
tarte, très froide
(p. 344)
Beurre ou margarine
1 gros oignon haché
(environ 1 t.)
1 c. à soupe de farine
tout usage*

*½ lb (225 g) de suisse
râpé (2 t.)
3 œufs
1 t. de crème de table
1 c. à thé de sel*

1. Préparez et abaissez la pâte ; foncez-en un
moule de 9 po (23 cm). Enduisez-la de 1 c. à soupe
de beurre ou de margarine, puis réfrigérez-la.
2. Faites revenir 5 min à feu moyen l'oignon haché
dans 2 c. à soupe de corps gras fondu, en remuant
de temps en temps ; garnissez-en l'abaisse. Chauffez le four à 400°F (200°C).
3. Mélangez bien la farine et le fromage dans un
bol moyen ; saupoudrez-en les oignons.
4. Battez, dans le même bol, au fouet ou au batteur
rotatif les œufs, la crème de table et le sel ; nappez-
en la garniture.
5. Faites cuire 10 min. Baissez le four à 325°F
(160°C) et cuisez encore de 30 à 35 min, jusqu'à ce
qu'un couteau inséré au centre en ressorte propre.
Laissez reposer 10 min et divisez la tarte en pointes
avant de servir.

Tarte au fromage et au jambon

Photo
page 31
Débutez
le matin
10 portions

*2 t. de cottage à la crème
2 t. de ricotta
2 t. de jambon cuit coupé
en dés
⅔ t. de parmesan râpé
3 œufs
2 c. à thé d'assaisonne-
ment à l'italienne*

*½ c. à thé de sel
¼ c. à thé de poivre
Pâte pour deux tartes à
deux croûtes (p. 344)
1 jaune d'œuf légèrement
battu*

1. Mélangez le cottage et les sept ingrédients suivants dans un bol moyen ; réservez.
2. Préparez la pâte en suivant la recette ; façonnez-
en les deux tiers en une grosse boule et roulez le
reste en une autre boule.
3. Abaissez la grosse boule sur une surface farinée
à ⅛ po (3 mm) d'épaisseur et en un disque de 16 po
(40 cm). Pliez l'abaisse en quatre et déposez-la délicatement dans un moule démontable de 10 po
(25 cm) ; dépliez-la. Pressez-la légèrement avec les
doigts contre le fond et les parois du moule ; coupez-en le surplus au ras du bord, puis badigeonnez-
la de jaune d'œuf battu.
4. Garnissez l'abaisse de l'appareil au fromage ; repliez-en les bords par-dessus, puis badigeonnez-les
de jaune d'œuf battu. Chauffez le four à 375°F
(190°C).
5. Abaissez le reste de pâte en un cercle de 10 po
(25 cm), puis incisez-y des motifs au couteau. Recouvrez-en la garniture et scellez-en les bords. Badigeonnez la tarte du reste de jaune d'œuf.
6. Faites cuire 1 h au four ou jusqu'à ce qu'un couteau inséré au centre en ressorte propre. Réfrigérez
jusqu'au moment de servir.
7. *Pour servir :* Démontez le moule et divisez la
tarte en pointes avec un couteau tranchant.

Galettes frites au fromage

Photo
page 31
Débutez
le matin ou
la veille
6 portions

*⅓ t. de beurre ou de
margarine
1 c. à thé de moutarde
préparée
½ c. à thé de sel
¼ c. à thé de poivre
concassé
Farine tout usage
2 t. de lait
½ lb (225 g) de suisse, de
gruyère ou de jarlsberg
râpé (2 t.)*

*1 c. à soupe d'oignon
râpé
2 jaunes d'œufs
2 œufs
¾ t. de chapelure
2½ t. de Sauce à
spaghetti (p. 337)
½ t. d'huile à salade
Brins de persil
(facultatif)*

1 Mélangez à feu moyen
dans une bonne casse-
role le corps gras fondu,
la moutarde, le sel, le
poivre et ⅔ t. de farine.
Ajoutez le lait et remuez
jusqu'à épaississement,
puis incorporez le fro-
mage et l'oignon et re-
muez jusqu'à ce que la
sauce soit lisse. Battez
légèrement les jaunes à
la fourchette dans une
tasse graduée.

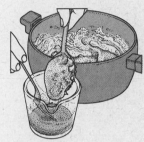

2 Incorporez de la
sauce chaude aux jau-
nes. Versez dans la cas-
serole et remuez jusqu'à
épaississement. Couvrez
et réfrigérez 6 h.

3 Battez 2 œufs dans
un moule à tarte.
Versez ⅓ t. de farine sur
une feuille de papier ciré
et la chapelure sur une
autre.

4 Façonnez l'appareil
en 18 galettes épaisses
de ½ po (1 cm). Passez-
les dans la farine, puis
dans l'œuf battu et enro-
bez-les de chapelure. Ré-
frigérez 1 h.

5 *20 min avant de ser-
vir :* A feu moyen
dans une sauteuse, faites
frire six galettes dans
l'huile chaude, 2 min de
chaque côté. Réchauffez
la sauce à spaghetti.

6 Egouttez les galettes,
puis mettez-les au
four, à 300°F (150°C), le
temps de terminer la fri-
ture. Servez avec la
sauce et le persil.

Desserts au fromage

Qu'il s'agisse d'un simple roquefort servi avec des poires, d'un gâteau ou d'une tarte, un dessert au fromage termine toujours un repas sur une note élégante.

Voici quelques-unes des meilleures combinaisons de fruits et de fromages : pommes ou melon et cheddar ou provolone ; fraises ou raisins et fromage à la crème ou colby ; bananes ou figues et stilton ou port-salut ; ananas ou raisins et brie ou philadelphie ; et, enfin, prunes fraîches et camembert.

Les tartes et les gâteaux au fromage peuvent aussi bien être riches que légers. On peut réfrigérer les restes un ou deux jours, bien enveloppés.

Gâteau au fromage de luxe

¾ t. de beurre ou de
margarine, ramolli
Farine tout usage
Sucre
3 jaunes d'œufs
2 zestes de citron, râpés
5 paquets de 8½ oz
(250 g) de fromage à
la crème
5 œufs
¼ t. de crème épaisse ou
à 35 p. 100
1 c. à soupe de zeste
d'orange râpé

¼ c. à thé de sel
1 t. de crème sure

Photo page 98
Débutez la veille
16 portions

1 Mélangez à faible vitesse, dans un petit bol, le beurre, 1¼ t. de farine, ¼ t. de sucre, 1 jaune d'œuf et la moitié du zeste de citron ; couvrez.

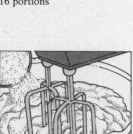

2 Réfrigérez 1 h. Portez le four à 400°F (200°C). Foncez un moule démontable de 10 po (25 cm) avec un tiers de la pâte. Cuisez 8 min ; laissez refroidir.

3 Montez le four à 475°F (240°C). Battez le fromage en crème à vitesse moyenne dans un grand bol ; ajoutez lentement 1¾ t. de sucre.

4 Ajoutez 3 c. à soupe de farine et les autres ingrédients, sauf la crème sure, en battant lentement ; poursuivez 5 min à grande vitesse.

5 Poussez le reste de la pâte contre les parois du moule jusqu'à 1 po (2,5 cm) du bord ; ne la faites pas cuire.

6 Garnissez et cuisez 12 min. Baissez le feu à 300°F (150°C) et cuisez 35 min. Laissez le plat 30 min dans le four éteint, puis laissez tiédir sur une claie et réfrigérez.

7 *Avant de servir :* Démontez le moule et faites glisser le gâteau à l'aide d'une spatule sur un plat de service. Tartinez-en le dessus de crème sure.

Photo page 98
Débutez le matin ou jusqu'à 1 semaine plus tôt
16 à 18 portions

Gâteau au fromage et au chocolat

¾ t. de beurre
Farine tout usage
Sucre
3 jaunes d'œufs
5 paquets de 8½ oz
(250 g) de fromage à
la crème
5 œufs

¼ t. de lait
¼ c. à thé de sel
1 paquet de 8 oz de
chocolat mi-sucré en
carrés, fondu
Crème fouettée
(facultatif)

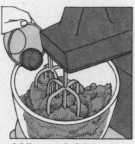

1. Battez à vitesse réduite le beurre, 1¼ t. de farine, ¼ t. de sucre et 1 jaune d'œuf jusqu'à ce que le tout soit homogène ; couvrez et réfrigérez 1 h.
2. Chauffez le four à 400°F (200°C). Foncez un moule démontable de 10 po (25 cm) avec un tiers de la pâte ; réfrigérez le reste. Faites cuire 8 min et laissez refroidir. Montez le four à 475°F (240°C).
3. Battez le fromage en crème à vitesse moyenne ; réduisez la vitesse et incorporez 1¾ t. de sucre, 3 c. à soupe de farine et le reste des ingrédients, sauf la crème. Poursuivez 5 min à grande vitesse.
4. Poussez le reste de la pâte contre les parois du moule jusqu'à 1 po (2,5 cm) du bord. Versez-y l'appareil au fromage et cuisez 12 min. Baissez le four à 300°F (150°C), cuisez 50 min, puis laissez 30 min dans le four éteint. Faites refroidir 30 min sur une claie sans démouler, puis réfrigérez à couvert. Servez coiffé de crème fouettée.

Photo page 98
Débutez la veille ou jusqu'à 3 jours plus tôt
12 portions

Gâteau au fromage et aux cerises

1 t. de biscuits Graham
émiettés
½ t. de noix de Grenoble
finement hachées
⅓ t. de beurre fondu
Sucre
25 oz (750 g) de fromage
à la crème
6 œufs
2 t. de crème sure

2 c. à soupe de fécule de
maïs
1 c. à soupe de jus de
citron
2 c. à thé d'essence de
vanille
Garniture aux cerises (ci-
dessous)

1. Chauffez le four à 350°F (180°C). Mélangez les trois premiers ingrédients avec ¼ t. de sucre. Pressez le mélange contre le fond et les parois d'un moule démontable de 9 po × 3 (23 cm × 8) jusqu'à 1½ po (4 cm) du bord.
2. Battez le fromage en crème à vitesse moyenne ; à vitesse réduite, incorporez-y 1½ t. de sucre et les autres ingrédients. Battez 3 min à vitesse moyenne.
3. Versez le mélange dans le moule et cuisez 1 h. Laissez 30 min dans le four éteint, puis faites refroidir sur une claie. Couvrez et réfrigérez.
4. *Avant de servir :* Faites glisser le gâteau sur un plat et étalez-y la garniture aux cerises.

GARNITURE AUX CERISES : Mélangez *19 oz (540 g)* de garniture pour tarte aux cerises, 1 c. à soupe de zeste de citron râpé et ½ c. à thé de jus de citron.

Gâteau au fromage sans cuisson

2 œufs séparés
1 t. de lait
2 sachets de gélatine non
    parfumée
1 t. de sucre
¼ c. à thé de sel
1 c. à thé de zeste de
    citron râpé
3 t. de cottage à la crème
1 c. à soupe de jus de
    citron
1 c. à thé d'essence de
    vanille

Mélange pour croûte de
chapelure sans cuisson
(p. 345)
1 t. de crème épaisse ou à
    35 p. 100
Noix hachées ou fruits en
conserve

Photo page 98
Débutez le matin
ou la veille
10 à 12 portions

1 Battez les jaunes et le lait dans un petit bol ; mélangez la gélatine, le sucre et le sel dans une casserole moyenne.

2 Ajoutez les jaunes à la gélatine. Faites épaissir à feu moyen en remuant jusqu'à ce que la sauce nappe la cuiller.

3 Retirez du feu ; ajoutez le zeste et faites refroidir. Passez le cottage au tamis dans un grand bol ; ajoutez le jus de citron et la vanille.

4 Ajoutez la gélatine. Réfrigérez 30 min en remuant de temps à autre jusqu'à ce que le mélange garde sa forme en tombant de la cuiller.

5 Pressez la moitié de la pâte contre le fond d'un moule démontable de 9 po (23 cm).

6 Montez les blancs en neige ferme à grande vitesse dans un petit bol ; transvasez-les à la cuiller sur le mélange refroidi.

7 Fouettez la crème pour qu'elle forme des pics légers ; ajoutez-la aux blancs et incorporez le tout au mélange.

8 Versez l'appareil dans le moule démontable et couvrez bien la croûte.

9 Saupoudrez le dessus du reste de pâte et réfrigérez jusqu'à ce que le tout soit pris.

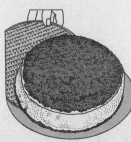

10 *Avant de servir :* Démontez le moule et faites glisser le gâteau sur un plat. Décorez de fruits ou de noix.

Photo page 98
Débutez 6 h avant ou le matin
8 portions

Tarte au fromage et à la rhubarbe

4 t. de rhubarbe coupée
    en tronçons de 1 po
    (2,5 cm)
3 c. à soupe de fécule de
    maïs
¼ c. à thé de sel
Sucre

1 fond de tarte (p. 344)
1 paquet de 8½ oz
    (250 g) de fromage à
    la crème
2 œufs
1 t. de crème sure
Amandes

1. Portez à ébullition, à feu moyen, la rhubarbe, la fécule, le sel et 1 t. de sucre dans une bonne casserole et remuez jusqu'à épaississement. Chauffez le four à 425°F (220°C).
2. Versez l'appareil sur le fond de tarte. Cuisez 10 min et retirez du four.
3. Entre-temps, battez à vitesse moyenne dans un petit bol le fromage, les œufs et ½ t. de sucre ; versez par-dessus l'appareil.
4. Baissez le four à 350°F (180°C). Cuisez la tarte de 30 à 35 min, puis faites refroidir et réfrigérez.
5. *Avant de servir :* Nappez de crème sure et décorez d'amandes.

Photo page 98
Débutez 6 h avant ou le matin
8 portions

Tarte au fromage de luxe

Mélange pour croûte de
chapelure sans cuisson
(p. 345)
1½ paquet de 8½ oz
    (250 g) de fromage à
    la crème ramolli

2 œufs
½ t. de sucre
½ c. à thé d'essence de
    vanille
1 t. de crème sure

1. Chauffez le four à 350°F (180°C). Graissez abondamment un moule à tarte de 8 po (20 cm). Préparez la pâte et foncez-en le moule.
2. Dans un petit bol, mélangez à faible vitesse le fromage, les œufs, le sucre et la vanille. Battez à grande vitesse, puis versez dans le moule.
3. Faites prendre au four environ 35 min. Nappez de crème sure et faites refroidir sur une claie. Réfrigérez à couvert jusqu'au moment de servir.

TARTE AU FROMAGE ET AUX ANANAS : Suivez la recette ci-dessus, mais omettez la crème sure. Mélangez ensuite, dans une petite casserole, *1 t. d'ananas broyés en conserve* avec le jus et *1 c. à thé de fécule de maïs*. Faites épaissir à feu doux en remuant, puis ajoutez *1 c. à soupe de jus de citron ;* faites refroidir et glacez-en la tarte.

TARTE AU FROMAGE ET AUX PÊCHES : Suivez la recette ci-dessus, mais omettez la crème sure. Egouttez une boîte de 28 oz (796 ml) de pêches pavies en tranches et asséchez-les sur du papier. Réfrigérez-les le temps que la tarte refroidisse, puis disposez-les sur la tarte en rangées semi-superposées. Faites fondre *¼ t. de confiture d'abricots* avec *1 c. à thé de jus de citron* et badigeonnez-en les pêches.

FRUITS DE MER

Les fruits de mer se divisent en deux grandes catégories : les mollusques, comme les huîtres, les pétoncles, les palourdes et les moules, et les crustacés, tels que le homard, les crevettes et le crabe. Ils sont très riches en minéraux et pauvres en calories, ont une haute teneur en protéines et sont une bonne source de vitamines.

Il vaut mieux acheter ses fruits de mer vivants. Les mollusques devraient être complètement fermés et, si les coquilles sont entrouvertes, un coup sec devrait suffire pour qu'elles se referment. S'ils sont écaillés, ils devraient être charnus, luisants et inodores et baigner dans un peu de liquide. Les crustacés survivent plus longtemps hors de l'eau, mais leurs mouvements deviennent lents et traînants. Les homards et les crabes devraient être très actifs et la queue des premiers se replier sous eux quand on les prend dans la main. La quantité de fruits de mer à acheter varie selon qu'ils sont écaillés ou non. Les quantités recommandées dans ce livre pour des portions individuelles ne le sont qu'à titre d'indication. En cas de doute, renseignez-vous auprès de votre poissonnier.

Réfrigérez les fruits de mer frais après les avoir enveloppés et cuisez-les dans les 24 heures qui suivent.

Moules

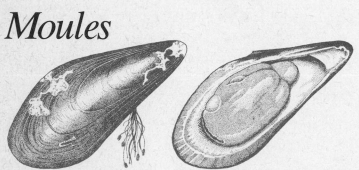

Les moules se vendent vivantes, dans leur coquille. Achetez-les d'un poissonnier réputé ou, si vous les pêchez, faites-le seulement en saison. (Les moules pêchées hors saison peuvent être toxiques.)

Les moules doivent être en vie au moment de les cuire, leurs coquilles intactes et hermétiquement fermées ou se refermant dès qu'on les touche. Rincez-les à fond pour déloger tout le sable et éliminez celles qui restent ouvertes. Frottez-les avec une brosse en métal et coupez le byssus avec des ciseaux.

Pour les cuire à l'étuvée, mettez-les dans une marmite avec un petit peu d'eau bouillante. Couvrez et laissez mijoter de 5 à 10 minutes à feu moyen, jusqu'à ce que les coquilles s'ouvrent. Jetez celles qui restent fermées.

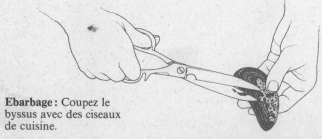

Ebarbage : Coupez le byssus avec des ciseaux de cuisine.

Moules marinières

Photo
page 24
Débutez
1 h 15 avant
4 portions

3 lb (1,35 kg) de moules (5 ou 6 douzaines)
Beurre ou margarine
3 échalotes émincées
1 gousse d'ail émincée
½ t. de vin blanc sec
¼ c. à thé de sel
1 pincée de poivre
1 c. à soupe de persil haché

1. Jetez les moules qui restent ouvertes quand vous les frappez du doigt. Nettoyez et ébarbez.
2. Faites revenir 1 min à feu moyen ou vif l'ail et les échalotes avec le corps gras dans une marmite ou un grand faitout. Ajoutez le vin et les moules ; salez et poivrez. Couvrez et laissez mijoter de 6 à 8 min en remuant de temps en temps jusqu'à ce que les coquilles s'ouvrent.
3. Déposez les moules dans un bol avec une écumoire. (Jetez celles qui sont restées fermées.) Versez le jus de cuisson dans une petite casserole, sans le dépôt. Faites chauffer.
4. Entre-temps, jetez les demi-coquilles vides. Disposez les autres dans des assiettes creuses. Faites fondre 1 c. à soupe de beurre ou de margarine dans le jus de cuisson réchauffé, versez sur les moules et saupoudrez de persil.

Cuisson : Cuisez à l'étuvée de 6 à 8 min, puis mettez dans un bol.

Disposition : Placez les demi-coquilles pleines à l'endroit.

Huîtres

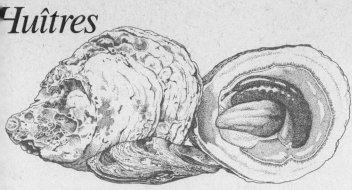

Les huîtres se vendent vivantes, fraîchement écaillées, sur-gelées ou en conserve. Les huîtres de la côte Est sont clas-sées comme suit : « Fantaisie » pour les très grosses, « Choix » pour les grosses — parfaites pour la friture — et « Standard » pour les moyennes qui, tout comme les très petites, s'emploient dans les potages et les ragoûts. Sur la côte Ouest, on trouve, entre autres, la minuscule Olym-pia et la très grosse huître du Pacifique.

Les huîtres vivantes sont vendues à la douzaine, les au-tres à la chopine, à la pinte ou au litre. Pour les servir sur écaille, calculez-en cinq ou six par personne. Les huîtres se préparent aussi en ragoût ou en chaudrée, ainsi que panées et frites, à la poêle ou à grande friture.

Un couteau à huîtres est idéal pour ouvrir ces mollus-ques ; à défaut, utilisez un petit couteau à lame ronde.

COMMENT OUVRIR LES HUÎTRES

Frottez d'abord les coquilles sous l'eau courante avec une brosse à légumes pour en déloger le sable, puis écaillez-les selon le procédé ci-dessous.

Prenez l'huître dans une main et insérez la lame d'un couteau entre les coquilles, près de la charnière.

Faites glisser la lame entre les coquilles pour les détacher.

Séparez les coquilles dans un mouvement de torsion du cou-teau. Otez celle du haut.

Passez la lame sous l'huître pour détacher la chair ; conser-vez le plus de liquide possible. Jetez tout débris de coquille.

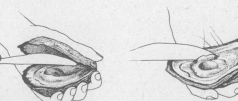

Huîtres sur écaille : Pour des entrées individuelles, disposez cinq ou six huîtres crues, dans leur jus, sur un lit de glace pi-lée. Mettez des quartiers de ci-tron ou une sauce cocktail au centre du plat. Servez avec des craquelins. (Photo p. 23.)

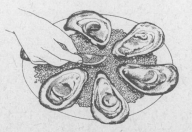

Huîtres à la Rockefeller

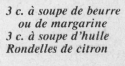

Photo page 24
Débutez 30 min avant 6 entrées

3 c. à soupe de beurre ou de margarine
½ paquet de 10½ oz (300 g) d'épinards hachés surgelés, légèrement dégelés
1 c. à soupe d'oignon haché déshydraté
1 c. à soupe de persil haché
1 feuille de laurier finement broyée
½ c. à thé de sel
1 pincée de poivre de Cayenne, de sauce au piment ou d'anisette
¼ t. de chapelure
Sel gemme (facultatif)
18 grosses huîtres ou 24 petites sur écaille
2 tranches de bacon en dés
Parmesan râpé (facultatif)
Quartiers de citron

1. Chauffez le four à 425°F (220°C). Dans une cas-serole couverte, faites revenir à feu moyen dans le beurre fondu les épinards, l'oignon, le persil, le lau-rier, le sel et le poivre, en remuant de temps en temps jusqu'à ce que les épinards soient cuits.
2. Mettez le sel gemme dans un grand plat à four peu profond pour empêcher les huîtres de se ren-verser. Mettez celles-ci dans le plat et couvrez-les d'épinards. Saupoudrez de bacon et de fromage. Cuisez 10 min ou jusqu'à ce que le bacon soit croustillant. Garnissez de citron et servez.

Huîtres frites à la poêle

Photo page 24
Débutez 20 min avant 6 entrées ou 3 portions

1 pte (1 L) d'huîtres moyennes écaillées
⅔ t. de craquelins salés en chapelure
3 c. à soupe de beurre ou de margarine
3 c. à soupe d'huile
Rondelles de citron

1 Egouttez les huîtres et asséchez-les avec du papier essuie-tout.

2 Etalez la moitié de la chapelure de craque-lins sur du papier ciré et posez les huîtres dessus.

3 Saupoudrez-les du reste de chapelure de craquelins. Prenez soin de bien les enrober avant de les faire frire.

4 Dans une sauteuse, dorez-en la moitié 5 min à feu assez vif dans le beurre et l'huile, en les retournant une fois. Faites frire le reste et servez avec le citron.

Palourdes

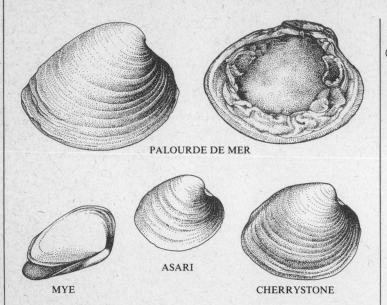

PALOURDE DE MER

MYE

ASARI

CHERRYSTONE

Les palourdes se vendent vivantes, fraîchement écaillées ou en conserve. Les variétés à coquille dure de la côte Est comprennent les grosses palourdes de mer, les « cherry-stones » de taille moyenne et les petits asaris. Les premières se préparent en ragoût et en chaudrée. Les autres se mangent crues sur écaille ou dans des plats cuisinés. Les variétés de la côte Ouest se composent des palourdes jaunes, des asaris, des couteaux et des Pismo. Les myes sont de petites palourdes à coquille tendre ; on les fait généralement cuire à l'étuvée pour les servir dans leur coquille ou on les utilise dans des plats cuisinés.

Si vous les servez en entrée, prévoyez quatre à six palourdes par personne.

COMMENT OUVRIR LES PALOURDES

Brossez-les d'abord à l'eau courante pour en déloger le sable et jetez toutes celles qui restent ouvertes quand vous les cognez du doigt. Ouvrez-les comme ci-dessous.

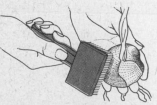

Frottez les coquilles à l'eau courante avec une brosse en métal pour enlever tout le sable.

Insérez un couteau à huître ou à lame arrondie entre les coquilles près de la charnière ; traversez tout le mollusque et ouvrez-le dans un mouvement de torsion. Jetez la coquille du dessus.

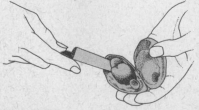

Passez la lame sous la chair pour la détacher. Otez tous les éclats de coquille. Pour les myes, séparez les coquilles, fendez l'épaisse membrane près du siphon et ôtez-la.

Photo
page 34
Débutez
1 h avant
6 portions

Palourdes à l'étouffée

6 douzaines de myes
1 t. d'eau
1 t. de beurre ou de margarine, fondu

Persil haché pour la garniture

1. Brossez les myes sous le robinet. Portez l'eau à ébullition à feu vif dans un autocuiseur ou une marmite. Mettez-y les myes sur une grille.
2. Couvrez hermétiquement ; réduisez à feu doux et laissez étuver de 5 à 10 min, juste le temps que les myes s'ouvrent.
3. Servez-les dans des assiettes creuses et offrez le beurre fondu comme accompagnement dans six petits godets. Versez le jus de cuisson dans des chopes et saupoudrez-le de persil.
4. Retirez les myes de leur coquille avec les doigts ; trempez-les d'abord dans le bouillon pour ôter le sable, puis dans le beurre. (Tout est comestible sauf la membrane du siphon.) Une fois que le sable s'est déposé dans le fond, on peut boire le bouillon.

Photo
page 34
Débutez
30 min avant
6 portions

Palourdes frites à la poêle

4 douzaines de « cherry-stones » écaillées
1 œuf
2 c. à soupe de lait
1 c. à thé de sel
1 pincée de poivre

1 t. de chapelure de pain ou de craquelins
½ t. d'huile à salade
Sauce chili ou Sauce tartare (p. 185)

1. Egouttez les palourdes et asséchez-les sur du papier essuie-tout.
2. Battez l'œuf, le lait, le sel et le poivre à la fourchette. Versez la chapelure sur du papier ciré. Trempez les palourdes dans l'œuf et panez-les.
3. Faites-les dorer à feu assez vif de 5 à 8 min dans l'huile chaude, en les retournant une fois. Egouttez-les et servez avec la sauce.

Photo
page 34
Débutez
45 min avant
4 portions

Beignets de palourdes

Sauce tartare (p. 185)
1 t. de farine tout usage
1½ c. à thé de levure chimique à double action
1 c. à thé de sucre
¼ c. à thé de sel

2 douzaines de palourdes écaillées
2 œufs
1 c. à thé d'oignon râpé
Huile à salade

1. Préparez la sauce tartare. Mélangez la farine, la levure, le sucre et le sel dans un bol moyen.
2. Egouttez les palourdes en réservant une demi-tasse de leur jus, puis hachez-les grossièrement.
3. Battez-les à la fourchette avec les œufs, l'oignon et le jus dans un autre bol moyen. Incorporez cet appareil à la farine et mélangez bien.
4. Faites chauffer 1 c. à soupe d'huile à feu moyen dans une bonne sauteuse et versez-y la pâte aux palourdes par cuillerées ; cuisez plusieurs beignets ensemble, en les retournant une seule fois, jusqu'à ce qu'ils soient dorés des deux côtés. Tenez-les au chaud sur un plat de service, le temps de terminer la friture ; rajoutez de l'huile au besoin. Servez avec de la sauce tartare.

Pétoncles

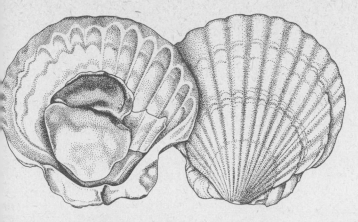

On peut acheter des pétoncles toute l'année, fraîchement écaillés ou surgelés. Dans ce dernier cas, ils sont offerts nature ou panés. Les pétoncles de baie sont plus petits que la variété géante ou de mer et leur saveur est plus délicate. Seul le muscle adducteur est comestible. Les pétoncles frais sont tout juste humides; ils sont un peu translucides, de couleur rose crémeux, et ont une odeur douçâtre. On les sert aussi bien comme amuse-gueule ou en entrée que comme plat principal. Cuite, leur chair devenue opaque se pique facilement avec une fourchette.

Coquilles Saint-Jacques

1 lb (450 g) de pétoncles de baie frais ou dégelés
¼ t. d'eau
2 c. à soupe de vin blanc sec
½ c. à thé de sel
pincée de poivre de Cayenne
1 c. à soupe de beurre ou de margarine
½ lb (225 g) de champignons tranchés
petit oignon ou ½ gros oignon émincé
1 gousse d'ail émincée

1 c. à soupe de persil haché
¼ t. de farine tout usage
¾ t. de chapelure beurrée (p. 300)
2 c. à soupe de parmesan râpé

Photo page 24
Débutez 50 min avant
8 entrées

1 Portez à ébullition à feu vif les pétoncles, l'eau, le vin, le sel et le poivre de Cayenne dans une bonne sauteuse. Réduisez à feu moyen et laissez attendrir 2 min.

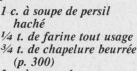

2 Egouttez les pétoncles et réservez le jus. Graissez huit coquilles ou huit ramequins. Chauffez le four à 400°F (200°C).

3 Dans la même sauteuse, faites revenir 5 min à feu moyen dans le beurre les oignons et les champignons. Ajoutez l'ail, le persil et la farine.

4 Versez-y lentement le jus réservé et laissez épaissir en remuant sans arrêt.

5 Ajoutez les pétoncles cuits et mélangez-les bien à l'appareil.

6 Garnissez-en délicatement les coquilles à la cuiller. Mettez celles-ci dans un moule à roulé pour vous faciliter la tâche.

7 Saupoudrez les pétoncles de chapelure beurrée et de parmesan râpé et faites dorer 10 min au four. Servez aussitôt.

Photo page 24
Débutez 20 min avant
8 entrées ou 4 portions comme plat principal

Pétoncles grillés au bacon

12 tranches de bacon
24 pétoncles de mer (environ 1¾ lb ou 800 g)
Cure-dents

Sel
Poivre assaisonné
Brins de cresson
1 citron coupé en quartiers

1. Allumez le gril selon le mode d'emploi.
2. Coupez les tranches de bacon en deux et enroulez-y les pétoncles. Maintenez avec des cure-dents.
3. Placez les pétoncles sur une claie dans une rôtissoire et faites-les griller à 3 po (8 cm) de la source de chaleur, de 8 à 10 min; tournez-les une fois.
4. Salez et poivrez, puis retirez les cure-dents s'il s'agit du plat principal. Dressez sur une assiette et garnissez de cresson et de citron.

Photo page 34
Débutez 40 min avant
4 portions

Pétoncles bonne femme

3 c. à soupe de beurre ou de margarine
1 petit oignon haché
1 lb (450 g) de pétoncles de mer
½ lb (225 g) de champignons tranchés
½ t. de vin blanc sec
1 c. à soupe de jus de citron

½ t. d'eau
3 c. à soupe de farine tout usage
1 c. à thé de sel
1 t. de crème de table
2 c. à soupe de parmesan râpé
2 c. à soupe de persil haché
Triangles de pain grillé

1. Faites revenir les oignons 5 min à feu moyen dans le corps gras. Ajoutez les pétoncles, les champignons, le vin, l'eau et le jus de citron.
2. Réduisez le feu, couvrez et laissez mijoter environ 15 min, en remuant de temps en temps, jusqu'à ce que les pétoncles soient tendres.
3. Mélangez dans un petit bol la farine, le sel et la crème, puis versez lentement dans la sauteuse et faites épaissir en remuant sans arrêt.
4. Versez l'appareil dans un plat de service chaud. Saupoudrez de fromage et de persil, entourez de triangles de pain grillé et servez.

Crevettes

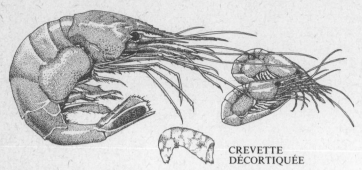

CREVETTE
DÉCORTIQUÉE

On distingue les diverses variétés de crevettes à leur grosseur et à la couleur de leurs carapaces. Toutefois, en cuisant, celles-ci deviennent rougeâtres, tandis que la chair rosit. On trouve des crevettes toute l'année, fraîches ou surgelées, entières ou parées, cuites ou non. Les crevettes surgelées peuvent être panées, cuites ou crues.

Les crevettes fraîches doivent être fermes et dégager une odeur agréable. Il faut aussi penser que leur poids diminuera de moitié après le décorticage et la cuisson. Prévoyez donc, par portion, ½ lb (225 g) de crevettes crues et ⅓ lb (150 g) si elles sont décortiquées. Si vous les achetez cuites et parées, calculez ¼ lb (115 g) par personne.

Pour cuire des crevettes, mettez-les dans juste assez d'eau salée bouillante pour les couvrir et ramenez à ébullition ; ensuite laissez mijoter à feu doux de 1 à 3 minutes, selon la grosseur, jusqu'à ce que la peau ou la carapace soit rougeâtre et la chair opaque.

COMMENT PARER DES CREVETTES

Décorticage : Tenez la crevette tel qu'illustré et, avec des ciseaux, fendez la carapace en longueur sur une profondeur de ¹⁄₁₆ po (1,5 mm) pour dégager l'intestin.

Ecartez la carapace pour détacher la crevette.

Tenez fermement la queue d'une main et retirez la crevette de la carapace sans abîmer la chair de la queue.

Déveinage : Tenez la crevette sous l'eau froide et retirez l'intestin du bout des doigts. (On déveine surtout pour l'apparence, l'intestin n'étant pas toxique.)

Photo
page 23
Débutez
le matin
6 entrées

Cocktail de crevettes à la sauce piquante

4 t. d'eau	2 c. à thé de raifort
1 c. à thé de sel	1½ c. à thé de jus de
1 lb (450 g) de crevettes	citron
moyennes parées	6 feuilles de laitue
⅓ t. de sauce chili	Torsades de citron
⅓ t. de ketchup	

1. Dans une grande casserole, et à feu vif, portez l'eau et le sel à ébullition ; ajoutez les crevettes et faites-les rosir 3 min à feu doux. Egouttez, couvrez et réfrigérez.
2. Mélangez dans un bol la sauce chili, le ketchup, le raifort et le jus de citron. Couvrez et réfrigérez.
3. Dressez les crevettes sur les feuilles de laitue, nappez-les de sauce et décorez de citron.

Photo
page 34
Débutez
20 min avant
6 portions

Crevettes à l'ail

1½ lb (700 g) de grosses	1 c. à soupe de jus de
crevettes parées ou	citron
24 oz (700 g) de	1 c. à thé de sel
crevettes parées	½ c. à thé de feuilles
surgelées, dégelées	d'origan
4 grosses gousses d'ail	1 pincée de poivre
½ t. de beurre	¼ t. de persil haché
	Quartiers de citron

1 Allumez le gril selon le mode d'emploi. Etalez les crevettes sur la plaque.

2 Ecrasez l'ail au presse-ail dans une petite casserole, ajoutez le beurre et les quatre ingrédients suivants. Chauffez à feu doux.

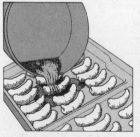 

3 Arrosez les crevettes de beurre fondu des deux côtés. Faites-les griller de 5 à 8 min, ou jusqu'à ce qu'elles soient roses.

4 Dressez-les sur un plat chaud, saupoudrez-les de persil et décorez de quartiers de citron.

CREVETTES PAPILLON : Parez les crevettes (page ci-contre). Disposez-les, la queue vers le haut, sur la plaque du gril. Préparez le beurre, arrosez-en les crevettes, faites griller et servez.

Photo
page 34
Débutez
1 h 30 avant
4 portions

Crevettes frites

3 lb (1,35 kg) de grosses
  crevettes
1 petit chou chinois
¼ lb (115 g) de pois
  mange-tout
½ botte d'oignons verts
⅓ t. d'eau
2 c. à soupe de fécule de
  maïs
1 c. à soupe de sauce soja
1 c. à thé de sucre

Huile à salade
½ t. d'amandes blanchies
Sel
½ c. à thé de gingembre
  moulu
½ à 1 c. à thé de piment
  rouge moulu
1 boîte de 14 oz (398 ml)
  de champignons
  volvaires égouttés
2 c. à soupe de sherry sec

1. Parez et asséchez les crevettes.
2. Coupez le chou en tronçons de 2 po (5 cm) et les oignons verts en morceaux de 1 po (2,5 cm). Parez les pois. Mélangez l'eau, la fécule, la sauce soja et le sucre dans un bol ; réservez.
3. Faites dorer les amandes à feu vif avec 2 c. à soupe d'huile dans un wok ou une sauteuse, en remuant souvent. Egouttez-les sur du papier essuie-tout ; laissez l'huile dans la sauteuse.
4. Faites frire 2 min, dans la même huile, le chou, les pois et les oignons verts avec 1 c. à thé de sel, en remuant vite et souvent. Mélangez-y 1 c. à soupe de la fécule préparée et cuisez jusqu'à ce que la sauce épaississe. Dressez les légumes sur un plat de service et tenez-les au chaud.
5. Faites frire ensuite les crevettes, dans 3 c. à soupe d'huile, avec le gingembre, le piment moulu et 2 c. à thé de sel jusqu'à ce qu'elles rosissent. Ajoutez les champignons, le sherry et le reste de fécule. Cuisez en remuant vivement jusqu'à ce que la sauce épaississe et nappe les crevettes. Versez sur les légumes et saupoudrez d'amandes.

Photo
page 34
Débutez
30 min avant
8 portions

Curry de crevettes à l'indienne

½ t. de yogourt nature
2 c. à soupe de racine de
  gingembre hachée ou
  2 c. à thé de gingembre
  moulu
2 c. à soupe de vinaigre
  de vin blanc
2 c. à thé de sel
2 c. à thé de curcuma
  moulu
1 c. à thé de cumin
  moulu
1 c. à thé de sucre
½ c. à thé de piment
  rouge concassé

2 tomates moyennes
  coupées en morceaux
2 grosses gousses d'ail
⅓ t. d'huile à salade
2 paquets de 16 oz
  (450 g) de crevettes
  parées surgelées,
  dégelées et égouttées
1 t. d'oignon haché fin
Riz chaud pour
  8 portions
Brins de coriandre ou de
  persil (facultatif)

1. Passez les 10 premiers ingrédients au mélangeur couvert à vitesse moyenne.
2. Faites revenir les crevettes dans l'huile environ 5 min à feu moyen, en remuant sans arrêt. Retirez-les avec une écumoire et réservez.
3. Faites revenir l'oignon 5 min dans le restant d'huile. Ajoutez le yogourt et portez à ébullition, puis faites mijoter 5 min à feu doux en remuant, jusqu'à ce que la sauce épaississe.
4. Remettez les crevettes dans la sauteuse et réchauffez-les 3 min. Servez sur un lit de riz.

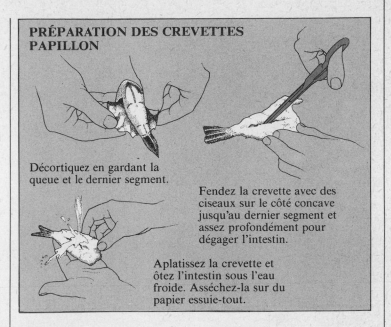

PRÉPARATION DES CREVETTES PAPILLON

Décortiquez en gardant la queue et le dernier segment.

Fendez la crevette avec des ciseaux sur le côté concave jusqu'au dernier segment et assez profondément pour dégager l'intestin.

Aplatissez la crevette et ôtez l'intestin sous l'eau froide. Asséchez-la sur du papier essuie-tout.

Photo
page 34
Débutez
2 h 30 avant
8 portions

Paella

½ lb (225 g) de saucisses
  italiennes douces en
  chapelet
Eau
3 c. à soupe d'huile
  d'olive
4 pilons de poulet
4 cuisses de poulet
1 gros poivron vert coupé
  en julienne
1 gousse d'ail tranchée
1 boîte de 28 oz (796 ml)
  de tomates
1½ c. à thé de sel

½ c. à thé de cannelle
¼ c. à thé de poivre
¼ c. à thé de safran
1½ t. de riz à grains
  longs
2 oz (60 g) de piments
  doux tranchés et
  égouttés
1 lb (450 g) de crevettes
  moyennes parées
12 oz (350 g) de petits
  pois surgelés, dégelés
12 moules dans leurs
  coquilles

1. Dans une sauteuse couverte, chauffez les saucisses 5 min dans ¼ t. d'eau jusqu'à ce que celle-ci commence à frémir. Découvrez et cuisez encore 20 min à feu moyen en remuant de temps en temps, pour que les saucisses soient dorées de tous côtés.
2. Retirez-les de la sauteuse, laissez-les refroidir un peu et coupez-les en bouchées. Réservez le jus.
3. Ajoutez l'huile d'olive au jus et faites-y légèrement dorer, à feu assez vif, les cuisses et les pilons de poulet.
4. Ajoutez le poivron et l'ail et cuisez 2 min ; ajoutez les tomates avec leur jus, le sel, la cannelle et le poivre ; portez à ébullition. Couvrez et laissez mijoter 30 min à feu doux, en remuant quelques fois, ou jusqu'à ce que le poulet soit presque cuit.
5. Mélangez le safran et 2 c. à soupe d'eau chaude dans une tasse ; ajoutez-le au poulet avec le riz et les piments. Portez à ébullition à feu vif ; réduisez à feu modéré, couvrez et cuisez 15 min en remuant de temps en temps.
6. Ajoutez les saucisses, les crevettes et les petits pois. Placez les moules par-dessus ; couvrez et laissez mijoter 5 à 10 min de plus. La paella est prête quand les moules sont ouvertes, le riz tendre et tout le liquide absorbé.

FRUITS DE MER
Crabes

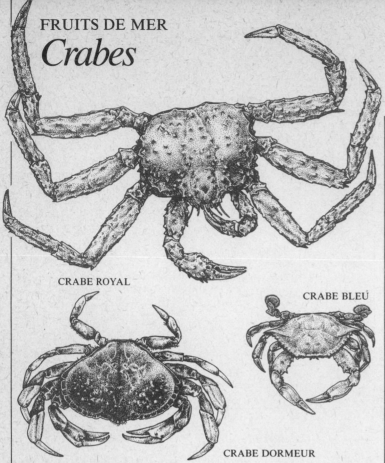

CRABE ROYAL

CRABE BLEU

CRABE DORMEUR

Les côtes nord-américaines abritent de nombreuses variétés de crabes; la plus populaire, le crabe bleu, pèse entre ⅓ et ½ lb (150 et 225 g) et vit dans le golfe du Mexique et sur la côte atlantique. Parmi les autres variétés les plus appréciées, citons le crabe dormeur, originaire du Pacifique, qui pèse de 1¾ à 3½ lb (800 g à 1,6 kg), et l'énorme crabe royal, pêché en Alaska, dont le poids varie de 6 à 20 lb (2,7 à 9 kg) et qu'on vend généralement paré. On trouve aussi le lithode en Floride, le crabe des neiges en Alaska et le crabe commun en Californie et en Nouvelle-Angleterre. Le crabe à carapace molle est simplement un crabe bleu en train de muer.

Les crabes se vendent vivants, cuits dans leur carapace ou décortiqués, frais, surgelés ou en conserve. Les crabes à carapace molle sont offerts sur le marché seulement durant l'été. A l'achat, les crabes vivants doivent être vigoureux et, si on vous en offre à carapace molle, prenez ceux qui sont d'un beau gris-bleu. Les crabes cuits dans leur carapace doivent être rouge vif, mais si vous n'achetez que de la chair, fraîche ou congelée, choisissez-la blanche, teintée de rose, et presque inodore.

Avant de faire cuire des crabes à carapace dure, mettez un gant de caoutchouc et frottez-les sous le robinet avec une brosse dure pour en éliminer tout le sable. Plongez-les ensuite dans une marmite avec assez d'eau bouillante salée pour les recouvrir. Ramenez à ébullition, baissez à feu moyen et cuisez à couvert de 5 à 10 minutes, le temps que les carapaces rougissent. (Les pinces et les pattes se détachent parfois pendant la cuisson.)

Les crabes à carapace molle se préparent autrement (voir page suivante). Ils sont généralement poêlés ou grillés 5 minutes et arrosés de beurre fondu.

DÉCORTICAGE DES CRABES À CARAPACE DURE

Détachez les pattes et les pinces. Fendez-les et ôtez la chair.

Retirez la palme du ventre avec les doigts.

En tenant le crabe à deux mains, insérez le pouce sous la carapace près de la charnière de la palme et détachez-la.

Raclez la partie molle à la cuiller et mettez-la dans un bol (facultatif). Jetez la carapace.

Détachez les branchies de la chair avec les doigts; jetez-les ainsi que l'appareil digestif, au milieu du corps.

Séparez le corps en deux avec des ciseaux ou avec les mains et supprimez les restes de carapace.

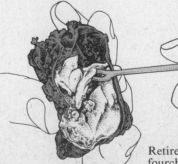

Retirez la chair avec une fourchette à homard ou un pique-noix.

Crabe impérial

3 c. à soupe de beurre ou de margarine
2 c. à soupe de poivron vert émincé
¼ t. de farine tout usage
¾ c. à thé de moutarde sèche
¾ c. à thé de sauce Worcestershire
¾ c. à thé de sel
1 pincée de paprika
1 pincée de poivre
1½ t. de lait
2 c. à soupe de sherry sec
2 jaunes d'œufs
12 oz (340 g) de chair de crabe royal, surgelée, dégelée et bien égouttée

1. Faites fondre le corps gras à feu moyen dans une bonne casserole, puis faites-y revenir le poivron 5 min. Incorporez la farine, la moutarde, la sauce Worcestershire, le sel, le paprika et le poivre. Ajoutez lentement le lait et le sherry et remuez sans arrêt jusqu'à ce que la sauce épaississe et commence à bouillir. Retirez du feu. Chauffez le four à 350°F (180°C).
2. Battez les jaunes dans une tasse et mélangez-les avec ¼ t. de sauce chaude. Reversez lentement dans la casserole en remuant pour éviter la formation de grumeaux. Ajoutez la chair de crabe.
3. Versez le tout dans un plat à four graissé et cuisez au four de 25 à 30 min.

Galettes de crabe

Sauce tartare (p. 185)
3 t. de chair de crabe cuite (1 lb ou 450 g)
⅓ t. de chapelure fraîche
2 c. à soupe de mayonnaise
2 c. à thé de persil haché
1 c. à thé de sauce Worcestershire
¾ c. à thé de sel
½ c. à thé de moutarde sèche
¼ c. à thé de poivre
1 œuf
3 c. à soupe de beurre ou de margarine
Quartiers de citron

1. Préparez la sauce tartare. Défaites le crabe à la fourchette dans un grand bol, puis incorporez-y le reste des ingrédients, sauf le corps gras et le citron. Divisez l'appareil en huit portions.
2. Chauffez le corps gras à feu moyen dans une sauteuse; déposez-y quatre portions et aplatissez-les légèrement avec une spatule à crêpe. Retournez-les dès que le dessous est doré. Tenez ces premières galettes au chaud pendant que vous cuisez les quatre autres. Servez avec de la sauce tartare et du citron.

Cuisson: A l'aide d'une cuiller, déposez quatre portions dans le corps gras chaud.

Galettes: Aplatissez légèrement les portions en galettes avec une spatule à crêpes.

PRÉPARATION DES CRABES À CARAPACE MOLLE

Avec des ciseaux, coupez le crabe à ¼ po (0,5 cm) des yeux. Otez avec les doigts l'appendice plat et pointu (palme) couvrant le ventre. Repliez la carapace du dessus depuis l'une des pointes, sans la détacher au centre. Otez les branchies et jetez-les. Ramenez la carapace, puis répétez de l'autre côté. Rincez le crabe à l'eau froide.

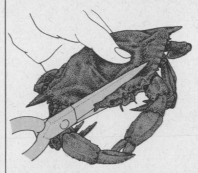

Pour enlever la tête: Coupez le crabe au-dessus des yeux.

Pour ôter les branchies: Repliez une moitié de la carapace.

Crabes à carapace molle poêlés

8 crabes à carapace molle parés (environ 1 lb ou 450 g)
Sel et poivre
¼ t. de beurre ou de margarine
1 c. à soupe de persil haché
1 c. à thé de jus de citron
Un soupçon de sauce Worcestershire
Triangles de pain grillé (facultatif)
Quartiers de citron (facultatif)

1 Poivrez et salez les crabes parés. Faites fondre le corps gras dans une grande sauteuse.

2 Faites dorer les crabes à feu moyen 3 min de chaque côté, puis réservez-les au chaud.

3 Mélangez le persil, le jus de citron et la sauce Worcestershire au beurre de la sauteuse.

4 Nappez-en les crabes, puis servez-les tels quels ou sur du pain grillé, avec du citron.

Homards

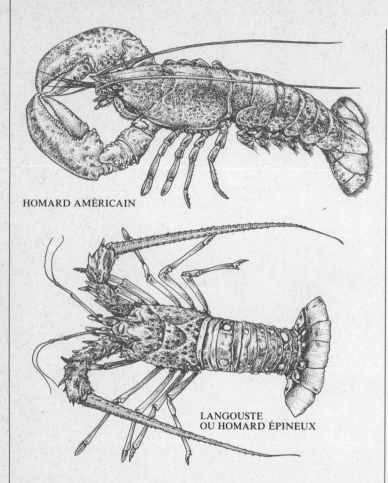

HOMARD AMÉRICAIN

LANGOUSTE
OU HOMARD ÉPINEUX

Il existe deux sortes de homards sur nos côtes : le homard américain et la langouste, ou homard épineux. Le premier, pêché le long des côtes de l'Atlantique Nord, est le plus populaire. Pour choisir un homard vivant, prenez-le derrière la tête : sa queue devrait se replier sous lui et il devrait paraître lourd pour sa taille. Prévoyez de 1 à 2 lb (450 à 900 g) de homard entier par portion.

Comme c'est surtout la queue de la langouste qui est charnue, on ne vend habituellement que cet appendice. Elle peut être surgelée dans sa carapace ou décortiquée et mise en conserve. Prévoyez une queue de 6 à 8 oz (170 à 225 g) par personne ou deux ou trois petites.

CUISSON D'UN HOMARD VIVANT

Portez à ébullition dans une grosse marmite suffisamment d'eau pour couvrir le homard. Plongez-y celui-ci la tête la première. Ramenez à ébullition, réduisez à feu moyen, puis couvrez et laissez mijoter de 12 à 15 min, ou jusqu'à ce que la carapace soit rouge. (Découvrez quelques fois pour laisser échapper la vapeur.)

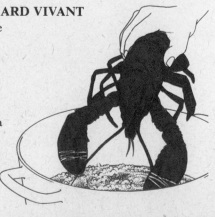

DÉCORTICAGE

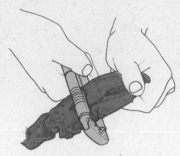

Laissez tiédir le homard. Otez les pattes et les pinces, puis brisez-les avec une pince spéciale ou un casse-noisettes ; retirez la chair.

Séparez par torsion la queue de la tête et fendez la membrane ventrale depuis la queue, avec des ciseaux ; videz la carapace.

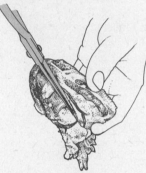

Coupez la chair le long du dos sur une profondeur de ¼ po (0,5 cm) pour dégager l'intestin, puis déveinez. Mettez le corail (œufs rouges), le foie et la chair coupée en bouchées dans un bol.

Dégagez la partie osseuse de la tête avec les doigts ; ajoutez tout reste de foie ou de corail au bol. Jetez la poche stomacale et les branchies.

Brisez la partie osseuse en plusieurs morceaux. Extrayez-en la chair avec une fourchette à homard.

Si vous voulez, reconstituez la carapace et servez-vous-en comme plat de service.

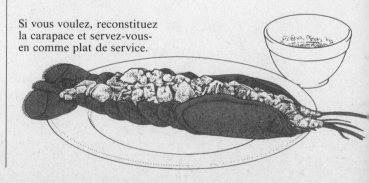

Homard Thermidor

4 homards cuits de
  1½ lb (700 g)
6 c. à soupe de beurre
3 c. à soupe de farine
  tout usage
1 c. à thé de sel
1 pincée de muscade

1 pincée de paprika
1½ t. de crème de table
3 c. à soupe de sherry mi-
  doux
½ t. de cheddar râpé
Persil

Photo
page 35
Débutez
matin
portions

1. Extrayez la chair des homards (ci-contre), mais sans séparer la tête du corps et sans ôter les antennes. Lavez et égouttez les carapaces.
2. Mettez la chair, le corail et le foie dans un grand bol. Couvrez-le et enveloppez les carapaces; réfrigérez le tout.
3. *Environ 25 min avant de servir:* Dans une grande casserole, mélangez à feu moyen dans le beurre la farine, le sel, la muscade et le paprika. Incorporez la crème et le sherry et remuez jusqu'à épaississement. Ajoutez le homard et faites-le cuire en remuant de temps en temps.
4. Allumez le gril selon le mode d'emploi. Disposez les carapaces sur la grille de la plaque, garnissez-les du mélange et saupoudrez de fromage. Grillez, puis dressez sur un plat et décorez de persil.

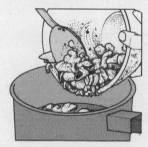

Farce: Faites épaissir la sauce et ajoutez la chair des homards.

Garniture: Remplissez les carapaces à la cuiller; saupoudrez de fromage.

Queues de langoustes grillées

*Queues de langoustes
  surgelées, dégelées*

*Beurre fondu ou sauce
  au choix*

Photo
page 35
Débutez
moins
min avant
grosse
queue ou 2 ou
petites
queues par
portion

1. Allumez le gril selon le mode d'emploi. Coupez la mince membrane des queues avec des ciseaux et passez une broche dans la chair pour les maintenir droites. Placez-les, carapaces vers vous, sur la grille de la plaque.
2. Cuisez entre 7 et 9 po (18-23 cm) de la source de chaleur, selon le tableau ci-dessous, en arrosant quelques fois de beurre fondu. Servez dans les carapaces avec du beurre fondu ou une sauce.

TEMPS DE CUISSON POUR LES LANGOUSTES GRILLÉES

Poids de la queue	Cuisson au gril (en minutes)	
	Côté carapace	Côté chair
2 à 3 oz (60-90 g)	3 à 4	2 à 3
4 à 5 oz (115-140 g)	5	3 à 4
6 à 8 oz (170-225 g)	5	6 à 8

Homard grillé

1 homard vivant de 1 lb
  (450 g) ou la moitié
  d'un de 1¾ à 2¼ lb
  (0,8-1 kg) par portion
*Beurre ou margarine,
  fondu*
Quartiers de citron
*Brins de persil
  (facultatif)*

Photo
page 35
Débutez
au moins
25 min avant
1 petit
homard ou
la moitié
d'un gros
par portion

1 Tenez le homard sur le dos et fendez-le de haut en bas avec la pointe d'un couteau aiguisé.

2 Elargissez la fente avec les mains et ouvrez bien le crustacé.

3 Otez la veine intestinale, mais gardez le foie et le corail.

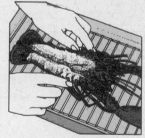

4 Cassez les grosses pinces avec un marteau ou une pince à homard. Allumez le gril selon le mode d'emploi.

5 Mettez le homard sur la grille de la plaque, tel qu'illustré. Enduisez la chair de beurre fondu et faites griller entre 7 et 9 po (18-23 cm) du feu.

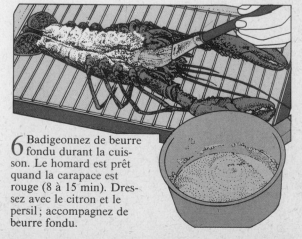

6 Badigeonnez de beurre fondu durant la cuisson. Le homard est prêt quand la carapace est rouge (8 à 15 min). Dressez avec le citron et le persil; accompagnez de beurre fondu.

POISSONS

On classe généralement les poissons selon qu'ils sont « maigres » ou « gras ». Mais même ces derniers, comme le saumon, le maquereau, l'alose, le hareng et la truite fardée, ne contiennent pas plus de 15 p. 100 de graisse, tandis que les autres, comme la morue, la plie, le flétan, l'aiglefin, la merluche et le merlu argenté, en renferment entre 2 et 5 p. 100. (Mentionnons qu'il s'agit de gras polyinsaturé.) En plus d'être pauvre en calories, le poisson est une bonne source de vitamines et de minéraux. La conserve remplace parfaitement le poisson frais, aussi bien pour les soupes et les salades que pour les plats de résistance.

Du moment que l'on reste dans la même catégorie, on peut substituer un poisson à un autre dans la plupart des recettes. Il en va de même avec les poissons frais ou surgelés, qui sont facilement interchangeables.

COMMENT ACHETER LE POISSON FRAIS
Le poisson frais a les yeux clairs et à fleur de tête et les ouïes rouge vif. Ne l'achetez pas si ses yeux sont ternes et renfoncés ou si ses ouïes semblent d'un rose passé. Elles pourront même avoir viré au gris ou au brun verdâtre si le poisson est très avancé. La chair doit être ferme et élastique au toucher, la peau luisante ; les écailles doivent être brillantes et plaquées contre la peau. Le poisson frais est presque inodore.

Si vous achetez des tronçons, des darnes ou des filets, choisissez ceux qui sont fraîchement coupés : la chair doit être humide et ferme et ne présenter aucun signe de dessèchement ou de décoloration ; vérifiez aussi si les arêtes sont fermement implantées, puisque c'est avec l'âge qu'elles se détachent.

Dans le cas du poisson surgelé, assurez-vous qu'il est enveloppé dans une pellicule étanche à l'humidité et à la vapeur. Il doit être dur, d'une couleur franche, ne présenter aucuns cristaux de glace et sentir frais. S'il est décoloré, d'une teinte brunâtre ou couvert d'une couche de cristaux, cela veut dire qu'il a été dégelé et recongelé. Il est important que la croûte d'un poisson pané soit sèche et croustillante.

CONSERVATION DU POISSON
Réfrigérez le poisson frais, enveloppé, et cuisez-le au plus tard le lendemain. Mettez au congélateur, sans le déballer, le poisson surgelé que vous ne consommerez pas immédiatement. Il ne faut jamais le dégeler, puis le recongeler. Les délais de conservation du poisson congelé sont les suivants : six mois pour les filets et les darnes de poissons maigres, trois mois pour les poissons gras ainsi que pour les morceaux panés commercialement (ne congelez pas le poisson que vous aurez pané vous-même).

COMMENT DÉGELER LE POISSON SURGELÉ
Dans la plupart des cas, le poisson surgelé peut se cuire tel quel. Déballez-le et débitez-le en portions avec un couteau-scie. (Le temps de cuisson sera généralement plus long que pour le poisson frais.)

La meilleure façon de dégeler un poisson, c'est de le laisser au réfrigérateur, sans le déballer, jusqu'à ce que les morceaux se détachent facilement les uns des autres. On peut aussi le dégeler sous le robinet d'eau froide, mais non à la température ambiante parce que la chair serait alors saturée d'eau ; le poisson pané se cuit encore congelé.

Avant de faire cuire du poisson dégelé, on doit l'égoutter parfaitement, puis l'essuyer avec du papier essuie-tout.

PRÉPARATION DU POISSON FRAIS PÊCHÉ
En général, le poisson est vendu paré, coupé en darnes, en tronçons ou en filets et prêt à cuire. Toutefois, vous aurez peut-être à préparer un poisson fraîchement pêché. Pour ce faire, commencez par l'écailler, puis videz-le et coupez en la tête, la queue et les nageoires. Ensuite, lavez-le soigneusement à l'eau froide, puis laissez-le égoutter et essuyez-le avec du papier essuie-tout. Les darnes et les filets se préparent à la toute fin seulement.

QUANTITÉ À ACHETER PAR PORTION			
Entier ou vidé	1 lb (450 g)	Filets	¼ à ⅓ lb (115-150 g)
Paré	½ à ¾ lb (225-340 g)	Tronçons	¼ à ⅓ lb (115-150 g)
Darnes	½ lb (225 g)	Bâtonnets	¼ à ⅓ lb (115-150 g)

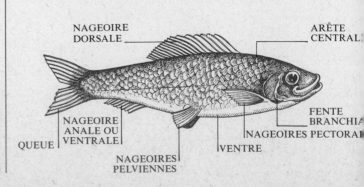

ÉCAILLAGE

Placez le poisson sur une planche ou dans l'évier, maintenez-le fermement par la queue et grattez les écailles avec le dos d'un couteau ordinaire ou éplucheur, ou avec un écailleur tenu presque perpendiculairement au poisson. Procédez de la queue vers la tête et insistez davantage dans la région des nageoires et à la base de la tête. Retournez le poisson et écaillez le second côté de la même façon, de la queue vers la tête. Rincez-le à fond à l'eau froide après avoir terminé.

Ecaillage : Posez le poisson sur une planche et tenez-le solidement par la queue. Grattez les écailles avec un couteau en procédant de la queue vers la tête. Retournez le poisson et recommencez.

ÉTRIPAGE

Fendez la poche ventrale avec un couteau tranchant depuis l'ouverture anale jusqu'à la tête. Extrayez les entrailles et rincez la cavité. (On fait souvent cuire les petits poissons après cette étape, sans leur enlever la tête.) Une fois le poisson vidé, passez-le sous l'eau froide pour bien le nettoyer, à l'intérieur comme à l'extérieur, puis séchez-le avec du papier essuie-tout. Vous pouvez maintenant le faire cuire entier ou le découper en darnes ou en filets.

POUR ÔTER LA TÊTE ET LES NAGEOIRES

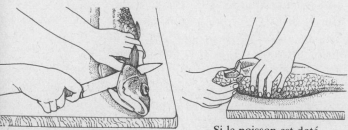

Détachez les nageoires pelviennes avec un bon couteau ; jetez-les. Otez la tête et les nageoires pectorales au-dessus de la clavicule. Tranchez la queue.

Si le poisson est doté d'une solide arête centrale, coupez la tête de part et d'autre de celle-ci ; placez le poisson au bord du plan de travail et rabattez la tête jusqu'à ce que l'arête se brise.

Pour ôter la nageoire dorsale, incisez profondément la peau de part et d'autre de celle-ci et tirez-la vers la tête en arrachant la base des arêtes. Coupez les autres nageoires de même et prenez soin d'enlever la base des arêtes.

LEVAGE DES FILETS

On lève les filets d'un seul tenant, de chaque côté de l'arête centrale. Un couteau à filet ou parfaitement aiguisé est indispensable. Par contre, il n'est pas nécessaire de couper la tête et la queue quand on lève des filets, ni d'écailler le poisson quand on dépouille ceux-ci.

Fendez le poisson le long de l'arête centrale, depuis la queue jusqu'à la base de la tête.

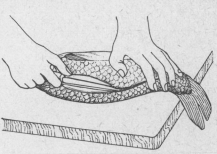

Tenez la lame presque à plat et parallèlement au poisson et détachez la chair depuis le sommet de la dorsale en laissant le couteau contourner les arêtes latérales. Procédez par coups nets et uniformes en évitant d'entailler la chair.

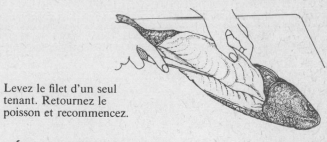

Levez le filet d'un seul tenant. Retournez le poisson et recommencez.

DÉPIAUTAGE DES FILETS

Si vous le voulez, vous pouvez dépiauter les filets ; placez le poisson, peau en dessous, sur une planche à découper. Avec la pointe du couteau, détachez suffisamment de peau autour de la queue pour avoir une bonne prise ; évitez d'entailler la peau. Saisissez solidement l'extrémité caudale de la peau et détachez la chair en tenant le couteau presque à plat.

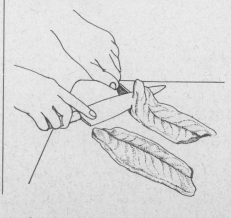

Maintenez solidement le bout de la peau d'une main et détachez la chair en tenant le couteau presque à plat.

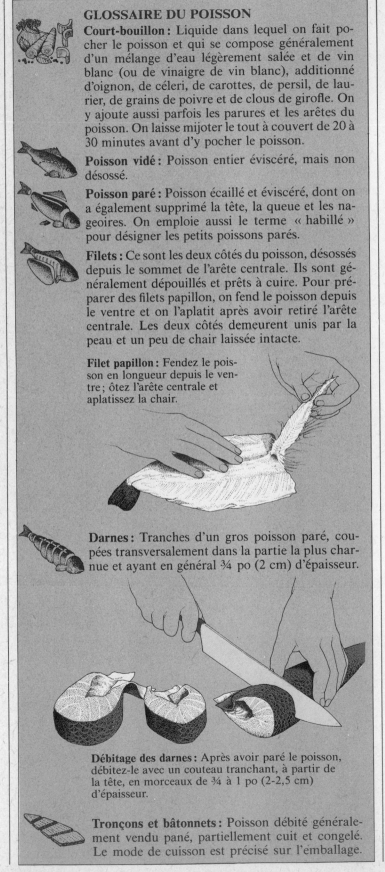

GLOSSAIRE DU POISSON

Court-bouillon : Liquide dans lequel on fait pocher le poisson et qui se compose généralement d'un mélange d'eau légèrement salée et de vin blanc (ou de vinaigre de vin blanc), additionné d'oignon, de céleri, de carottes, de persil, de laurier, de grains de poivre et de clous de girofle. On y ajoute aussi parfois les parures et les arêtes du poisson. On laisse mijoter le tout à couvert de 20 à 30 minutes avant d'y pocher le poisson.

Poisson vidé : Poisson entier éviscéré, mais non désossé.

Poisson paré : Poisson écaillé et éviscéré, dont on a également supprimé la tête, la queue et les nageoires. On emploie aussi le terme « habillé » pour désigner les petits poissons parés.

Filets : Ce sont les deux côtés du poisson, désossés depuis le sommet de l'arête centrale. Ils sont généralement dépouillés et prêts à cuire. Pour préparer des filets papillon, on fend le poisson depuis le ventre et on l'aplatit après avoir retiré l'arête centrale. Les deux côtés demeurent unis par la peau et un peu de chair laissée intacte.

Filet papillon : Fendez le poisson en longueur depuis le ventre ; ôtez l'arête centrale et aplatissez la chair.

Darnes : Tranches d'un gros poisson paré, coupées transversalement dans la partie la plus charnue et ayant en général ¾ po (2 cm) d'épaisseur.

Débitage des darnes : Après avoir paré le poisson, débitez-le avec un couteau tranchant, à partir de la tête, en morceaux de ¾ à 1 po (2-2,5 cm) d'épaisseur.

Tronçons et bâtonnets : Poisson débité généralement vendu pané, partiellement cuit et congelé. Le mode de cuisson est précisé sur l'emballage.

CHOIX DU POISSON EN CONSERVE

Recherchez les marques réputées et optez pour les variétés qui conviennent à vos besoins. La plupart des poissons en conserve sont offerts sous diverses formes. Certains sont expressément préparés pour les salades, où la couleur et la texture jouent un rôle important, et d'autres, souvent meilleur marché, sont destinés aux sandwiches et aux plats cuisinés, où l'apparence compte moins.

Saumon : Le saumon est vendu en boîtes de 3¾ oz (106 g), 7¾ oz (220 g) et 15½ oz (439 g). Il en existe plusieurs variétés qui diffèrent légèrement par la couleur, la texture et la saveur. Le *sockeye* et le *nerka* sont de la même espèce. Leur chair est ferme, d'un rose appuyé et riche en huile ; elle se détache en flocons de grosseur moyenne et est idéale pour les salades et les plats en cocotte où la fermeté et l'apparence sont importantes. Le *quinnat* est riche en huile et sa chair tendre se défait en grosses miettes. On l'utilise surtout dans les salades. Le *coho* et le *saumon argenté* donnent eux aussi de gros flocons ; on les emploie dans la plupart des recettes. Le *saumon rose* constitue près de la moitié des conserves de saumon. Il se défait en petites miettes et convient pour les entrées, les sandwiches et les soupes. Le *kéta* a une texture dense et se détache en petites miettes. Il est tout indiqué pour les plats cuisinés ou en cocotte.

Thon : Le thon en boîte est conservé dans de l'huile ou de l'eau et est offert entier, en morceaux ou en flocons, en formats de 3¼ oz (92 g), 3½ oz (99 g), 3¾ oz (106 g), 6½ oz (184 g) et 7 oz (198 g). Le thon entier s'emploie dans les plats froids et les salades, les morceaux dans les salades et les plats en casserole, et les flocons pour les hors-d'œuvre et les sandwiches. Le *germon* est le seul thon à chair blanche mis en conserve et il coûte plus cher que les autres variétés. L'*albacore à nageoires jaunes,* vendu sous les trois formes, a une chair légère ; c'est la variété la plus courante. La *thonine* et le *thon rouge* ont également une chair tendre et sont vendus eux aussi sous les trois formes.

Maquereau : En général, le maquereau n'est pas désossé avant d'être mis en conserve parce que les arêtes se ramollissent durant la préparation. Il se vend généralement salé, en format de 14 oz (397 g).

Sardines : Les sardines appartiennent à la famille du hareng et sont généralement conservées dans diverses huiles ou sauces. Comme les procédés de mise en conserve attendrissent souvent les arêtes, on peut les consommer. Ces poissons sont vendus en formats de 3¼ oz (92 g), 3½ oz (100 g) et 4⅓ oz (124 g).

Anchois : Ces minuscules membres de la famille du hareng sont vendus salés, en boîte ou en bocal, conservés dans de l'huile ou de la saumure. Ils sont offerts en filets plats ou enroulés et parfois farcis de câpres. On les trouve en format de 1¾ oz (50 g).

MÉTHODES DE CUISSON

On ne doit jamais faire cuire le poisson trop longtemps, mais juste assez pour coaguler les protéines et en faire ressortir la saveur ; il est prêt dès que la chair est devenue opaque et laiteuse sur toute l'épaisseur. Pour le vérifier, enfoncez une fourchette dans la partie la plus charnue et écartez légèrement la chair qui devrait se défaire en lamelles ou en grosses miettes. Dans le cas des darnes ou des poissons entiers, la chair devrait se détacher complètement de l'arête centrale.

La plupart des poissons frais ou surgelés peuvent se préparer selon l'une ou l'autre des méthodes suivantes. Les poissons congelés peuvent généralement être cuits tels quels, pourvu qu'on prolonge le temps de cuisson.

POISSON GRILLÉ

Les darnes, les filets et les poissons entiers et parés, de 1 po (2,5 cm) d'épaisseur, sont idéals pour les grillades. Les morceaux plus minces se dessèchent trop rapidement, tandis que ceux qui sont plus épais risquent de brûler en surface avant d'être complètement cuits. Badigeonnez-les abondamment de sauce, d'huile ou d'un corps gras fondu avant et durant la cuisson qui ne devrait pas dépasser 10 à 15 minutes. Les plus grosses pièces doivent être retournées une fois à mi-cuisson.

POISSON POÊLÉ

Les filets ainsi que les darnes et les poissons entiers pas trop épais sont délicieux poêlés. Commencez par les paner (voir Poisson pané, à droite), puis faites-les revenir à feu assez vif dans environ ⅛ po (3 mm) d'huile ou de graisse végétale chaude — ces deux corps gras conviennent mieux parce qu'ils fument moins rapidement que les autres. Le temps de cuisson varie de 8 à 10 minutes, selon l'épaisseur ; retournez le poisson une fois.

POISSON FRIT AU FOUR

Panez les portions de poisson (voir Poisson pané, à droite) avant de les mettre au four, préchauffé à 450°F (230°C). Placez ces portions sur un plat à four bien graissé (pour simuler la grande friture), arrosez-les, au goût, d'un peu d'huile à salade, de beurre ou de margarine fondu, puis cuisez-les de 10 à 15 minutes, ou jusqu'à ce que la chair s'effeuille facilement à la fourchette. Il est inutile de les retourner ou de les arroser pendant la cuisson, car la panure retient les sucs.

POISSON CUIT À GRANDE FRITURE

Pané ou enrobé de pâte, le poisson cuit à grande friture donne un plat savoureux. Après l'avoir pané, placez-le sur une claie et laissez-le sécher quelques minutes. Entre-temps, amenez à 350°F (180°C) 2 po (5 cm) d'huile ou de graisse végétale dans une sauteuse épaisse et profonde ou dans une friteuse. Plongez-y lentement le poisson avec une spatule à crêpes ou déposez-le dans le panier à friture. Il sera cuit et doré après 3 à 5 minutes. Egouttez-le à fond sur du papier essuie-tout.

POISSON CUIT AU FOUR

Quelle qu'en soit la coupe, le poisson peut être cuit au four, préchauffé à 350°F (180°C). Il est inutile de le retourner durant la cuisson. Pour l'empêcher de sécher, badigeonnez-le d'huile ou de beurre fondu ou nappez-le d'une sauce. Un poisson paré de 3 lb (1,5 kg) est cuit au bout de 30 ou 35 minutes, des filets ou des darnes, après 12 ou 15 minutes. Si le poisson est farci, prévoyez de 20 à 30 minutes de plus. S'il est surgelé, comptez quelques minutes de plus.

POISSON POCHÉ

Pour un plat prêt rapidement, faites cuire le poisson à couvert dans un liquide frémissant. Vous avez le choix entre de l'eau légèrement salée, du lait, de l'eau additionnée de vin blanc ou un court-bouillon bien assaisonné. Une fois que le poisson est poché, vous pouvez passer le jus de cuisson et l'utiliser dans une sauce. Les filets et les darnes sont cuits au bout de 5 à 10 minutes. Un poisson paré et plus épais prendra un peu plus de temps. Ne laissez pas le liquide bouillir, sinon le poisson risquerait de durcir et même de se défaire.

POISSON CUIT À L'ÉTUVÉE

Tous les poissons peuvent se cuire à l'étuvée. Utilisez un autocuiseur ou une casserole profonde munie d'un couvercle étanche et d'une grille. Versez de l'eau jusqu'à la grille et portez-la à ébullition. Mettez le poisson dans un plat à four peu profond et graissé ; déposez le plat sur la grille ; couvrez et laissez mijoter jusqu'à ce que la chair s'effeuille. Prévoyez de 5 à 10 minutes pour les filets et les darnes, un peu plus pour les poissons entiers.

POISSON PANÉ

Si le poisson est surgelé, dégelez-le d'abord, puis essuyez-le avec du papier essuie-tout. Passez-le dans du lait additionné ou non d'un œuf battu, laissez-le égoutter et enrobez-le de chapelure, de flocons de maïs émiettés, de semoule de maïs ou de farine. Pour une panure un peu plus riche, passez le poisson dans de la farine assaisonnée avant de le tremper dans l'œuf et de l'enrober de chapelure. Laissez-le sécher un moment sur une claie avant de le cuire à la poêle, au four ou à grande friture.

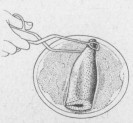

Trempez le poisson dans du lait mélangé ou non avec un œuf battu. (Vous pouvez aussi l'enrober d'abord de farine assaisonnée.)

Enrobez le poisson de chapelure, de flocons de maïs émiettés, de semoule de maïs ou de farine. Laissez-le sécher sur une claie avant de le frire.

Poisson entier

Truites grillées au sésame

Photo
page 36
Débutez
4 h avant
6 portions

*6 truites arc-en-ciel
parées ou autres
poissons du même type*
½ t. de jus de citron
4 c. à thé de sel
¼ c. à thé de poivre
¼ t. de graines de sésame
*¾ t. de beurre ou de
margarine*

1 Pratiquez trois incisions légères de chaque côté des poissons, avec un couteau tranchant.

2 Faites mariner les truites dans le jùs de citron, le sel et le poivre dans un plat à four assez grand. Réfrigérez 3 h à couvert en retournant quelques fois.

3 En remuant, faites griller les graines de sésame à feu moyen dans une petite casserole; secouez celle-ci quelques fois. Faites-y fondre le corps gras.

4 Placez les truites sur une claie sur la plaque du gril. Versez la marinade sur les graines de sésame. Allumez le gril selon le mode d'emploi.

5 Faites griller les truites 5 min de chaque côté en les arrosant souvent de sauce au sésame.

6 Si elles sont à point, la chair devrait s'effeuiller aisément à la fourchette.

7 Déposez-les sur un plat de service chaud avec deux spatules; arrosez-les du jus de cuisson.

Ombres arctiques au beurre citronné

Photo
page 35
Débutez
20 min avant
8 portions

*1 t. de beurre ou de
margarine*
⅓ t. de jus de citron
¼ t. de persil haché
*1 c. à soupe de zeste
de citron râpé*

1 c. à soupe de sel
1 c. à thé de sucre
¼ c. à thé de poivre
*8 ombres arctiques de
1 lb (450 g), parées*

1. Allumez le gril selon le mode d'emploi. Faites fondre le corps gras à feu vif dans une petite casserole; ajoutez-y le jus de citron, le persil, le zeste de citron, le sel, le sucre et le poivre.

2. Placez les poissons sur une claie sur la plaque du gril et badigeonnez-les du corps gras. Faites-les griller 5 min de chaque côté ou jusqu'à ce que la chair s'effeuille, en les badigeonnant fréquemment.

OMBRES ARCTIQUES GRILLÉES: Préparez le gril extérieur selon le mode d'emploi. Mettez les *ombres* sur une grille pliante et faites-les cuire sur la braise en les badigeonnant souvent de *beurre assaisonné*.

SERVICE D'UN POISSON ENTIER

L'explication ci-dessous vaut pour un poisson non farci. Dans le cas d'un poisson farci, on détache la chair du dessus, puis on retire la farce avant de désosser.

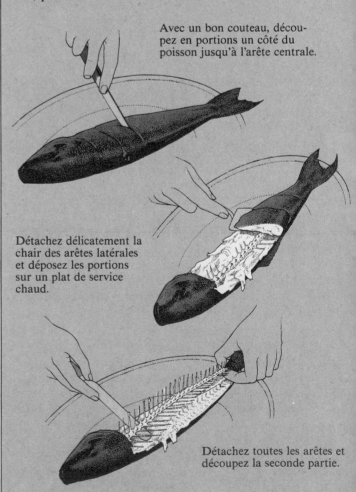

Avec un bon couteau, découpez en portions un côté du poisson jusqu'à l'arête centrale.

Détachez délicatement la chair des arêtes latérales et déposez les portions sur un plat de service chaud.

Détachez toutes les arêtes et découpez la seconde partie.

Eperlans frits

Photo
page 36
Débutez
1 h 30 avant
6 portions

½ t. de farine tout usage
1 c. à thé de sel
¼ c. à thé de poivre
2 œufs
2 c. à soupe d'eau
½ t. de chapelure
2 lb (900 g) d'éperlans,
  parés
½ t. d'huile à salade
2 c. à soupe de beurre
  ou de margarine
Quartiers de lime ou
  de citron

1 Mêlez la farine, le sel et le poivre sur un papier ciré et mettez la chapelure sur un autre. Battez les œufs et l'eau dans une assiette creuse.

2 En vous servant de pinces, panez les poissons un par un.

3 Farinez-les, puis passez-les dans les œufs et dans la chapelure.

4 Posez les poissons sur une claie placée sur un morceau de papier ciré. Laissez sécher 30 min.

5 Chauffez les corps gras à feu moyen dans une poêle. Faites frire 5 ou 6 poissons à la fois 2 min, puis tournez-les.

6 Toujours à feu moyen, cuisez l'autre côté 2 min ou jusqu'à ce que la chair s'effeuille aisément à la fourchette.

7 Déposez les éperlans cuits sur un plat de service et tenez-les au chaud jusqu'à la fin de la friture. Garnissez de lime ou de citron.

Bar d'Amérique sauce piquante

Photo
page 36
Débutez
1 h 30 avant
6 portions

1 bar d'Amérique de
  3½ lb (1,6 kg) vidé,
  mais avec la queue et
  la tête
1 c. à soupe de sherry sec
Sel
Huile à salade
Fécule de maïs
1 petite carotte coupée en
  lanières de 3 po (8 cm)
1 tige de céleri coupée en
  lanières de 3 po (8 cm)

¾ t. de sucre
½ t. de vinaigre de vin
  blanc
½ t. de ketchup
2 c. à soupe de relish
2 c. à thé de sauce soja
1¼ t. d'eau
2 citrons moyens
  tranchés

1. Rincez le poisson à l'eau froide et essuyez-le. Coupez-le en deux tronçons que vous inciserez trois fois de chaque côté sur une profondeur de ½ po (1 cm), afin que la cuisson soit plus rapide et uniforme.

2. Mélangez le sherry et 1 c. à thé de sel dans un petit bol. Frottez-en l'intérieur et l'extérieur du poisson avec les mains. Mettez-le sur un plat, couvrez et réfrigérez 30 min.

3. Faites chauffer 1 po (2,5 cm) d'huile à feu assez vif dans un grand faitout jusqu'à ce que le thermomètre à friture indique 350°F (180°C).

4. Entre-temps, essuyez le poisson et enrobez-le de ⅓ t. de fécule. Plongez doucement l'un des morceaux dans l'huile chaude; cuisez-le 8 min ou jusqu'à ce que le dessous soit doré et que la chair s'effeuille aisément.

5. Faites dorer l'autre côté environ 8 min. Egouttez-le sur du papier absorbant et gardez-le au chaud sur un plat. Faites frire l'autre morceau et réunissez les deux pour reconstituer le poisson.

6. Pendant la friture, faites saisir 2 min à feu vif, dans 1 c. à soupe d'huile, la carotte, le céleri et ½ c. à thé de sel dans une casserole moyenne en remuant vigoureusement. Transvasez à la cuiller dans un petit bol et réservez.

7. Dans la même casserole, portez à ébullition à feu modéré le sucre, le vinaigre, le ketchup, la relish, la sauce soja, l'eau et 3 c. à soupe de fécule en remuant souvent avec le fouet. Prolongez la cuisson de 2 min en continuant de remuer. Nappez abondamment le poisson de sauce, couvrez-le du mélange aux carottes et garnissez le plat de tranches de citron.

Incisions: Faites trois incisions de ½ po (1 cm) de profondeur de chaque côté du poisson.

Présentation: Quand le poisson est frit, réunissez les morceaux sur un plat chaud.

Poisson entier

Photo page 35
Débutez 1 h 30 avant
8 portions

Vivaneau farci aux huîtres

1 vivaneau de 4 à 4½ lb
   (1,8-2 kg), paré
Sel
Huile à salade
1 t. d'eau
¾ t. de céleri émincé
¼ t. d'oignon haché
1 bocal de 8 oz (225 g)
   d'huîtres écaillées
3 t. de pain rassis en
   cubes

¼ t. de beurre ou de
   margarine, fondu
1 c. à thé d'épices pour
   volaille
¼ c. à thé de poivre

1 Salez le poisson à l'intérieur et à l'extérieur;
huilez-en le dessus, de
même qu'une lèchefrite,
et mettez-y le poisson,
côté huilé en dessous.

2 Pour préparer la
farce, cuisez à feu vif
le céleri et l'oignon dans
une casserole d'eau
bouillante; mettez les légumes égouttés dans un
grand bol. Filtrez le jus
des huîtres et ajoutez-y
assez d'eau de cuisson
passée pour obtenir ½ t.
de liquide. Hachez les
huîtres et mélangez-les
aux légumes avec le li-
quide, le pain, le beurre,
les épices et le poivre.

3 Remplissez délicatement le poisson de
farce avec une cuiller.

4 Refermez la cavité
avec des cure-dents et
badigeonnez le poisson
d'huile.

5 Faites-le cuire 1 h 10
au four à 350°F
(180°C) en le badigeon-
nant d'huile de temps en
temps. Dressez-le à l'aide
de deux spatules sur un
plat chaud.

6 *Service:* Découpez en
portions un côté du
poisson jusqu'à l'arête
centrale. Servez avec de
la farce. Otez l'arête et
découpez le second côté.

Saumon en gelée

8 t. d'eau
2 t. de vin blanc
4 carottes tranchées
2 oignons moyens, coupés
   en morceaux
2 tiges de céleri, tranchées
4 c. à thé de sel
1 c. à thé de feuilles de
   thym
½ c. à thé de grains de
   poivre noir
1 feuille de laurier
1 saumon de 5 à 6 lb
   (2,25-2,7 kg), paré,
   mais avec la tête et la
   queue

3 sachets de gélatine non
   parfumée
2 citrons moyens
   finement tranchés
Brins de persil ou de
   cresson
Mayonnaise aux fines
   herbes (p. 185)

Photo page 36
Débutez le matin
ou la veille
10 à 12 portions

1 Portez à ébullition à
feu vif les neuf pre-
miers ingrédients dans
une poissonnière. (Uti-
lisez deux feux.)

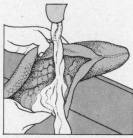

2 Entre-temps, rincez le
saumon à l'eau froide.
Coupez la tête, si vous
préférez, et ajoutez-la au
liquide.

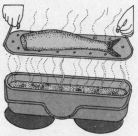

3 Posez le saumon sur
la grille de la poisson-
nière et faites-le pocher
30 min à couvert, pour
qu'il s'effeuille aisément.

4 Retirez la grille de la
poissonnière et dres-
sez le poisson sur un
grand plat. Couvrez et
réfrigérez.

5 Versez le jus de cuisson dans un chinois
foncé d'une étamine, au-
dessus d'un grand bol.
Jetez les légumes.

6 Versez 4 t. de jus de
cuisson passé dans
une casserole moyenne et
réfrigérez-le.

7 Faites dissoudre à feu
moyen la gélatine dan[s]
le jus en remuant. Verse[z]
dans un plat à four, cou-
vrez et réfrigérez jusqu'à
ce que l'aspic soit pris.

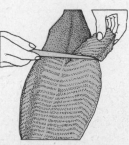

8 *Avant de servir:* Otez
délicatement la peau
d'un côté, à partir de la
tête, avec un petit cou-
teau ou des ciseaux de
cuisine; jetez-la.

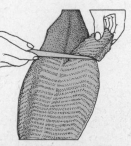
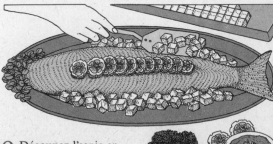

9 Découpez l'aspic en
cubes et entourez-en
le saumon; décorez de
citron et de persil et servez avec la mayonnaise
aux fines herbes.

Filets de poisson

Poisson grillé à l'estragon

Photo
page 37
Débutez
30 min avant
4 portions

¼ t. d'huile à salade
1 c. à soupe de jus de
   citron
½ c. à thé d'estragon
½ c. à thé de sel
1 pincée de poivre
1 paquet de 16 oz (450 g)
   de filets surgelés de
   plie, de turbot, de sole,

de merlu argenté ou de
tout autre poisson,
partiellement dégelés
1 citron coupé en
   quartiers
Brins de persil

1 Allumez le gril. Mé-
langez à la fourchette
dans un petit bol l'huile,
le jus de citron, l'estragon, le sel et le poivre.

2 Placez les filets sur la
plaque du gril et faites-
les cuire en les arrosant
abondamment d'huile à
quelques reprises.

3 Faites griller de 5 à
8 min, ou jusqu'à ce
que la chair s'effeuille.

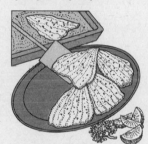

4 Dressez les filets sur
un plat chaud, avec le
citron et le persil.

Poisson grillé à la sauce barbecue

Photo
page 36
Débutez
45 min avant
4 portions

Sauce barbecue pour
   fruits de mer (ci-
   dessous, à droite)
¼ lb (115 g) de gros
   champignons
4 petites courgettes
Beurre fondu

Sel et poivre
Parmesan râpé
1 paquet de 16 oz (450 g)
   de filets surgelés
   d'aiglefin ou de
   morue, partiellement
   dégelés

1. Préparez la sauce. Graissez la claie du gril, puis
placez-y les têtes des champignons avec les courgettes coupées en deux en longueur.
2. Allumez le gril selon le mode d'emploi. Enduisez généreusement les légumes du corps gras fondu, salez et poivrez. Saupoudrez les courgettes
d'un peu de fromage. Coupez les filets sur la largeur en quatre morceaux et mettez-les sur la grille.
Nappez-les de sauce.
3. Faites griller de 10 à 12 min ou jusqu'à ce que le
poisson s'effeuille aisément à la fourchette et que
les courgettes soient tendres ; arrosez de temps en
temps les champignons de beurre fondu.

Poisson frit

Photo
page 37
Débutez
55 min avant
4 portions

1 paquet de 16 oz (450 g)
   de filets surgelés de
   plie, de sole, de turbot
   ou de tout autre
   poisson, partiellement
   dégelés
Sauce aigre-douce
   (ci-dessous)
Huile à salade
¾ t. de farine tout usage
⅔ t. d'eau
1 c. à thé de levure chi-
   mique à double action
1 c. à thé de sel

1 Placez le paquet de fi-
lets surgelés dans un
grand plat ; recouvrez-le
d'eau et laissez-le dégeler
partiellement, environ
30 min. Entre-temps,
préparez la sauce aigre-
douce. Tenez-la au
chaud jusqu'au moment
de l'utiliser.

2 Séparez les filets et
essuyez-les avec du
papier absorbant. Dans
une sauteuse de 12 po
(30 cm), portez à feu
moyen 1 po (2,5 cm)
d'huile à 370°F (185°C).

3 Mélangez dans un bol
moyen la farine,
l'eau, la levure et le sel.
Enrobez-en les filets à
l'aide de pinces.

4 Faites-les dorer de
4 à 8 min dans l'huile
chaude, en les retour-
nant une fois sans les
défaire.

5 Dès qu'ils sont cuits,
égouttez-les sur du
papier absorbant et ser-
vez-les, nappés de sauce
aigre-douce chaude.

SAUCE AIGRE-DOUCE : Mélangez dans une petite
casserole 2 c. à soupe de sucre, 1 c. à soupe de fécule
de maïs et ½ c. à thé de poudre de chili, puis ⅔ t.
d'eau, 3 c. à soupe de ketchup et 1 c. à soupe de vinaigre de cidre jusqu'à ce que le tout soit homogène. Faites épaissir à feu assez vif en remuant ;
portez à ébullition et cuisez 1 min de plus, toujours
en remuant. Retirez du feu et incorporez ¼ t. de
cornichons sucrés hachés ou de relish.

SAUCE BARBECUE POUR FRUITS DE MER : Faites mijoter ensemble à feu moyen 2 petits oignons, tranchés, ½ t. de ketchup, ⅓ t. d'huile à salade, 2 c. à
soupe de céleri en dés, 2 c. à thé de moutarde sèche,
1 c. à thé de sel, 2 c. à thé de sauce Worcestershire,
2 c. à thé de jus de citron et ¼ c. à thé de poivre
pendant 10 min, en remuant constamment.

Filets de poisson

Poisson frit à la Margarita

Photo
page 37
Débutez
50 min avant
8 portions

2 paquets de 16 oz
(450 g) de filets
surgelés de sole, de plie
ou de sébaste
1 boîte de 14 oz (398 ml)
de sauce tomate
2 c. à soupe de persil
haché fin

1 c. à thé de feuilles
d'origan
¼ t. d'huile d'olive ou à
salade
¼ t. de beurre ou de
margarine
Brins de persil
(facultatif)

1. Mettez les paquets de filets dans un grand plat et recouvrez-les d'eau froide ; laissez-les dégeler partiellement, environ 30 min. Séparez-les avec soin et essuyez-les avec du papier absorbant.
2. Mélangez la sauce tomate, le persil et l'origan dans un bol moyen ; réservez.
3. Faites frire les filets à feu assez vif dans les corps gras chauds, de 2 à 3 min de chaque côté, jusqu'à ce que la chair s'effeuille facilement.
4. Arrosez le poisson de sauce, puis cuisez-le encore 2 min en le badigeonnant de temps en temps. Servez avec une garniture de persil.

Morue aux légumes à la provençale

Photo
page 36
Débutez
1 h 30 avant
8 portions

2 paquets de 16 oz
(450 g) de filets
surgelés de morue ou
d'un autre poisson
⅔ t. d'huile à salade
3 gousses d'ail émincées
1 aubergine moyenne
hachée
3 oignons moyens en
quartiers
2 poivrons verts hachés
¼ c. à thé de poivre

¾ t. d'eau
Sel
1 œuf
2½ t. de chapelure
(5 tranches de pain
de mie)
2 c. à soupe d'aneth frais
haché ou 1 c. à soupe
d'aneth séché
3 tomates moyennes en
quartiers

1. Mettez les paquets de filets fermés dans un grand plat et recouvrez-les d'eau froide. Laissez-les dégeler partiellement, environ 30 min.
2. Faites dorer l'ail à feu assez vif dans ⅓ t. d'huile ; ôtez-le de la sauteuse à l'aide d'une écumoire, puis faites dorer les oignons et l'aubergine 5 min en remuant souvent. Ajoutez les poivrons, le poivre, l'eau et 1½ c. à thé de sel ; couvrez et cuisez 5 min de plus en remuant de temps en temps. Découvrez et prolongez la cuisson jusqu'à ce qu'il ne reste plus d'eau. Transvasez à la cuiller dans un bol moyen et réservez au chaud.
3. Découpez chaque paquet de poisson en quatre morceaux ; saupoudrez-les de 1 c. à thé de sel. Battez l'œuf à la fourchette dans un moule à tarte. Mélangez la chapelure et l'aneth sur du papier ciré. Passez le poisson dans l'œuf, puis dans la chapelure.
4. Faites chauffer le reste d'huile dans la même sauteuse à feu assez vif et cuisez-y le poisson 5 min de chaque côté, ou jusqu'à ce que la chair s'effeuille à la fourchette. Dressez-le sur un plat de service et tenez-le au chaud.
5. Remettez les légumes dans la sauteuse ; ajoutez les tomates et cuisez en remuant souvent jusqu'à ce qu'elles soient chaudes. Dressez les légumes dans le même plat que le poisson.

Filets de sole Thermidor

Photo
page 36
Débutez
45 min avant
8 portions

5 c. à soupe de beurre
8 filets de sole ou d'un
autre poisson (2 lb ou
900 g)
2 c. à thé de sel
½ c. à thé de sel
assaisonné
1 pincée de poivre
1¼ t. de lait
3 c. à soupe de farine
tout usage
1 t. de cheddar râpé
3 c. à soupe de sherry
(facultatif)
Paprika

1 Portez le four à 350°F (180°C). Faites fondre 2 c. à soupe de beurre et enduisez-en les filets, puis saupoudrez-les des deux sels et de poivre.

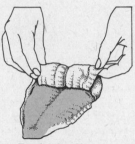

2 Roulez les filets et placez-les, joint en dessous, dans un plat à four de 9 po × 9 (23 cm × 23).

3 Arrosez-les de ½ t. de lait et cuisez-les 25 min ou jusqu'à ce que la chair s'effeuille à la fourchette.

4 Faites fondre le reste de beurre à feu moyen ; ajoutez-y la farine en remuant, puis le lait. Remuez jusqu'à épaississement.

5 Baissez le feu ; ajoutez le fromage et le sherry en remuant. Allumez le gril selon le mode d'emploi.

6 Prélevez le jus de cuisson et mélangez-en ¼ t. à la sauce (à défaut de sherry, ajoutez l'équivalent en jus).

7 Nappez le poisson de sauce et saupoudrez-le de paprika. Faites dorer au gril environ 1 min.

Sole au four sauce au citron

2 paquets de 16 oz
  (450 g) de filets sur-
  gelés de sole, de sébaste
  ou de plie, dégelés
1 c. à thé de sel
¼ c. à thé de poivre
3 c. à soupe de beurre ou
  de margarine

2 jaunes d'œufs
1 c. à soupe d'eau
1 c. à soupe de farine
¾ t. de bouillon de
  poulet
2 c. à soupe de jus de
  citron
4 olives farcies tranchées

1. Chauffez le four à 350°F (180°C). Graissez un plat à four et placez-y les filets. Salez, poivrez et couronnez de noix de beurre ou de margarine. Cuisez 10 min ou jusqu'à ce que la chair s'effeuille.
2. Mélangez les jaunes d'œufs et l'eau, puis réservez. Dans une petite casserole à fond épais, mélangez à feu moyen la farine à 1 c. à soupe de corps gras fondu. Ajoutez peu à peu le bouillon et le jus de citron en remuant et continuez de brasser jusqu'à épaississement. Retirez du feu.
3. Battez les jaunes d'œufs avec un peu de sauce chaude ; versez-les lentement dans celle-ci en remuant rapidement pour éviter la formation de grumeaux. Faites épaissir sans laisser bouillir. Otez le jus du poisson ; nappez de sauce et décorez des tranches d'olives.

Filets farcis aux myes

2 boîtes de 5½ oz (156 ml)
  de myes, émincées
¼ t. de beurre ou de
  margarine
⅓ t. de céleri haché
¼ t. d'oignon haché
Sel

3 t. de pain blanc en dés
1 œuf
1 pincée de thym
1 lb (450 g) de filets de
  plie, de sébaste ou de
  turbot
Brins de persil

1. Graissez quatre ramequins. Egouttez les myes en conservant 2 c. à soupe de jus. Dans une casserole moyenne, faites revenir 5 min à feu moyen dans le corps gras le céleri, l'oignon et ½ c. à thé de sel. Ajoutez les myes, le jus, le pain, l'œuf et le thym. Chauffez le four à 350°F (180°C).
2. Essuyez le poisson et saupoudrez-le de ¼ c. à thé de sel. Foncez les ramequins avec les filets, en coupant ceux-ci au besoin. Versez dans chacun ½ t. du mélange aux myes.
3. Mettez les ramequins dans un plat à four et cuisez de 20 à 25 min jusqu'à ce que le poisson s'effeuille à la fourchette et que la farce soit chaude. Videz les ramequins et garnissez de persil.

Foncez les ramequins : Garnissez-les des filets en coupant le surplus.

Service : Dégagez les filets avec des cuillers et dressez sur un plat.

Sole pochée sauce hollandaise

Court-bouillon :
1 carotte tranchée
1 côte de céleri
  tranchée
1 petit oignon tranché
1 citron émincé
4 grains de poivre
  noir
2 feuilles de laurier
2 brins de persil
1 c. à thé de sel
2 t. d'eau

1 paquet de 16 oz (450 g)
  de filets de sole
  surgelés, partiellement
  dégelés
Sauce hollandaise
  (p. 463)
Persil haché et quartiers
  de citron pour la
  garniture

1 Pour préparer le court-bouillon, portez à ébullition à feu vif, dans une bonne sauteuse, la carotte, les sept ingrédients suivants, puis l'eau.

2 Couvrez, baissez le feu et faites mijoter 10 min. Retirez les légumes et les épices avec une écumoire ; jetez-les.

3 Tranchez le poisson en portions avec un couteau-scie. Mettez-le dans le court-bouillon.

4 Couvrez et faites mijoter à feu doux de 10 à 12 min, jusqu'à ce que la chair s'effeuille à la fourchette. Entre-temps, préparez la sauce hollandaise.

5 Dressez délicatement le poisson avec une spatule perforée sur un plat chaud. Jetez le court-bouillon.

6 Pour servir : Nappez le poisson de sauce hollandaise et garnissez le plat de persil haché et de citron.

Filets de poisson

Rouleaux aux crevettes

Photo
page 37
Débutez
40 min avant
6 portions

¼ t. de beurre
1 t. de crevettes parées et hachées
1 t. de champignons hachés
¼ t. de chapelure
½ c. à thé d'aneth séché
Sel
6 filets de sole ou d'un autre poisson (2 lb ou 900 g)
1 t. de vin blanc sec
½ t. d'eau
2 c. à soupe de fécule de maïs
½ t. de crème de table
1 œuf

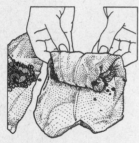

1 Faites rosir les crevettes à feu moyen dans le beurre avec les champignons. Ajoutez la chapelure, l'aneth et ½ c. à thé de sel.

2 Versez au centre de chaque filet un peu du mélange. Roulez et maintenez avec des cure-dents.

3 Dans une autre poêle, portez à ébullition à feu vif les filets, l'eau, le vin et 1½ c. à thé de sel.

4 Couvrez et faites mijoter à feu doux de 12 à 15 min. Dressez les filets sur un plat chaud avec une écumoire. Otez les cure-dents et réservez au chaud.

5 Délayez la fécule dans la crème, puis ajoutez-la au jus de cuisson et portez à ébullition à feu moyen en remuant jusqu'à épaississement.

6 Battez l'œuf dans un petit bol, puis mélangez-y un peu de sauce et reversez dans la poêle en remuant.

7 Remuez jusqu'à épaississement, sans laisser bouillir. Nappez les filets de sauce et servez le reste à part.

Morue en casserole

Photo
page 37
Débutez
55 min avant
4 portions

1 paquet de 16 oz (450 g) de filets de morue surgelés
3 tranches de bacon
1 oignon moyen
1 boîte de 19 oz (540 ml) de pommes de terre entières
1 boîte de 14 oz (398 ml) de tomates
¼ t. de ketchup
1 c. à thé de sauce Worcestershire
¼ c. à thé de poivre assaisonné
1 pincée de thym

1. Mettez le paquet de poisson dans un plat et recouvrez-le d'eau. Laissez-le dégeler partiellement, environ 20 min. Débitez les filets en bouchées.
2. Coupez le bacon en morceaux et émincez l'oignon. Egouttez les pommes de terre et coupez-les en deux.
3. Faites attendrir le bacon à feu moyen dans une casserole, puis faites-y blondir l'oignon. Ajoutez les autres ingrédients, à l'exception du poisson, puis cuisez 5 min en remuant de temps en temps.
4. Ajoutez le poisson ; cuisez 10 min de plus en remuant souvent, jusqu'à ce que la chair s'effeuille à la fourchette.

Aiglefin fumé à la crème

Photo
page 37
Débutez
30 min avant (aiglefin fumé) ou
1 h 30 avant (morue fumée)
8 portions

2 lb (900 g) de filets d'aiglefin ou de morue fumé coupés en gros morceaux
3 c. à soupe de beurre ou de margarine
4 c. à thé de farine
2 t. de lait
1 t. de crème épaisse ou à 35 p. 100
4 œufs durs
Persil
Biscottes ou triangles de pain grillé (facultatif)

1. Faites tremper les filets de morue fumée dans de l'eau froide pendant 1 h, puis égouttez-les à fond.
2. Mélangez à feu moyen la farine au corps gras fondu dans une bonne sauteuse. Versez-y lentement le lait et la crème et remuez jusqu'à ce que la sauce épaississe légèrement et commence à bouillir.
3. Ajoutez le poisson, couvrez et faites mijoter 15 min à feu doux, ou jusqu'à ce que la chair s'effeuille à la fourchette.
4. Réservez 2 jaunes d'œufs pour la garniture ; hachez les blancs et les 2 autres œufs.
5. Emiettez grossièrement le poisson à la fourchette dans la sauce ; ajoutez-y les œufs hachés et versez dans un plat chaud.
6. Saupoudrez des jaunes passés au tamis, garnissez de persil et servez sur des biscottes ou des triangles de pain grillé.

Effeuillez le poisson : Emiettez à la fourchette le poisson dans la sauce.

Garniture : Saupoudrez le poisson des jaunes passés au tamis.

Darnes

Darne de flétan aux aubergines

Photo
page 38
Débutez
0 min avant
portions

1 gros poivron vert
1 gros oignon
1 aubergine de 1 lb
   (450 g)
⅓ t. d'huile à salade
1 boîte de 14 oz (398 ml)
   de sauce tomate
½ t. de vin blanc sec
1 gousse d'ail émincée
1 feuille de laurier
¼ t. de beurre
2 c. à soupe de jus de
   citron
½ c. à thé de sel
¼ c. à thé de poivre
1 darne de flétan de 2 lb
   (900 g)

1 Coupez le poivron en lanières de ½ po (1 cm) et émincez l'oignon. Pelez l'aubergine et coupez-la en cubes de ½ po (1 cm).

2 Faites revenir dans l'huile à feu moyen le poivron et l'oignon dans une sauteuse, puis ajoutez l'aubergine.

3 Ajoutez la sauce tomate, le vin, l'ail et le laurier, puis laissez mijoter 15 min.

4 Entre-temps, graissez la claie de la plaque du gril. Allumez celui-ci, selon le mode d'emploi.

5 Faites fondre le beurre à feu doux avec le jus de citron, le sel et le poivre dans une casserole.

6 Mettez la darne sur la claie et enduisez-la généreusement du beurre préparé. Grillez 5 min; retournez, puis beurrez l'autre côté.

7 Grillez encore 5 min ou jusqu'à ce que la chair s'effeuille à la fourchette. Servez la darne nappée de la sauce aux aubergines.

Darnes de saumon froid aux concombres marinés

Photo
page 38
Débutez
4 h avant
6 portions

4 t. d'eau
Sel
6 darnes de saumon
   d'environ ½ po (1 cm)
   d'épaisseur (2 lb ou
   900 g)
2 gros concombres
   émincés
½ t. de vinaigre blanc
2 c. à soupe de sucre
¼ c. à thé de poivre
1 petit oignon émincé
Feuilles de romaine et
   quartiers de citron
Mayonnaise verte (p. 185)

1 Faites bouillir l'eau avec 2 c. à soupe de sel dans une sauteuse. Mettez-y 3 darnes et ramenez à ébullition.

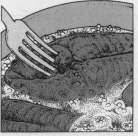

2 Couvrez et faites mijoter à feu doux de 5 à 8 min. Graissez un moule de 15½ po × 10½ (40 cm × 27).

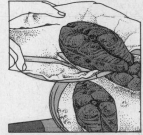

3 Faites égoutter les darnes sur du papier absorbant; cuisez les autres; réfrigérez à couvert dans le moule.

4 Mélangez les concombres et 1 c. à soupe de sel dans un bol moyen. Réservez 30 min, puis pressez dans une passoire.

5 Jetez le liquide et mélangez les concombres dans le bol avec le vinaigre, le sucre, le poivre et l'oignon; réfrigérez à couvert.

6 Dressez chaque darne sur une feuille de romaine avec des concombres et du citron. Servez la mayonnaise à part.

Darnes

Filets hachés

Photo page 38
Débutez le matin
6 portions

Darnes d'espadon marinées

2 darnes de 1½ lb (700 g) d'espadon ou de flétan	2 c. à thé de sel
⅓ t. d'huile à salade	1 c. à thé de sauce Worcestershire
⅓ t. de vinaigre de cidre ou à l'estragon	¼ c. à thé d'estragon séché ou ¾ c. à thé d'estragon frais haché
2 feuilles de laurier	¼ c. à thé de poivre
2 c. à soupe de persil haché	1 lime

1. Mettez les darnes d'espadon ou de flétan dans un plat peu profond.
2. Mélangez l'huile, le vinaigre, le laurier, le persil, le sel, la sauce Worcestershire, l'estragon et le poivre, puis versez sur le poisson. Couvrez et réfrigérez en retournant les darnes quelques fois pour bien les enrober de marinade.
3. *Environ 25 min avant de servir:* Allumez le gril selon le mode d'emploi.
4. Réservez la marinade et faites griller les darnes 15 min ou jusqu'à ce que la chair s'effeuille à la fourchette. Arrosez-les de temps en temps de marinade.
5. Coupez la lime en six quartiers. Dressez délicatement les darnes sur un plat chaud et servez-les avec les quartiers de lime.

Photo page 38
Débutez 40 min avant
4 portions

Darnes de morue

1 paquet de 10½ oz (300 g) d'épinards	½ c. à thé de sel
½ t. de beurre ou de margarine	½ lb (225 g) de champignons tranchés
1 darne de 1 lb (450 g) de morue, de flétan ou de merlu	2 c. à soupe de jus de citron
	Quartiers de citron

1. Lavez les épinards, faites-les égoutter dans une passoire, puis sur du papier absorbant.
2. Faites fondre le corps gras à feu assez vif dans une sauteuse moyenne; mettez-y la darne, salez-la et faites-la cuire 10 min ou jusqu'à ce que la chair s'effeuille à la fourchette, en la retournant une fois avec une spatule à crêpes. Tenez-la au chaud dans un grand plat.
3. Mettez les champignons tranchés dans la sauteuse avec le jus de citron et faites-les revenir environ 5 min. Transvasez-les dans un petit bol avec une écumoire.
4. Mettez les épinards dans la sauteuse et faites-les revenir 2 ou 3 min dans le restant de jus, en remuant de temps en temps. Incorporez les champignons et réchauffez bien.
5. Dressez les champignons et les épinards autour du poisson avec une écumoire, arrosez du jus de cuisson et garnissez de citron.

Quenelles à la sauce au vin

Quenelles:

2 lb (900 g) de filets de plie ou 2 paquets de 16 oz (450 g) de filets de plie surgelés, dégelés et coupés en bouchées
¼ t. de beurre ou de margarine
Eau
1 t. de farine tout usage
3 œufs battus
¼ c. à thé de poivre
1 pincée de muscade râpée
Sel
1 t. de crème épaisse

Sauce au vin:

3 c. à soupe de farine tout usage
2 c. à soupe de beurre ou de margarine, ramolli
½ t. de vermouth sec
1 c. à thé de jus de citron
¼ c. à thé de sel
1 pincée de poivre
1 t. de suisse râpé

Photo page 24
Débutez 3 h avant
9 hors-d'œuvre ou
6 portions comme plat principal

1 Essuyez les filets avec du papier absorbant en les pressant pour en extraire le jus. Passez-les au hachoir muni du disque à trous fins.

2 Dans une grande casserole, portez le beurre et 1 t. d'eau à ébullition à feu moyen. Otez du feu et ajoutez la farine en brassant.

3 Incorporez-y les œufs, puis ajoutez le poisson, le poivre, la muscade et 1½ c. à thé de sel. Réfrigérez pendant environ 1 h 30.

4 Mélangez-y ensuite 2 c. à soupe de crème puis faites bouillir 8 t. d'eau et 1 c. à thé de sel dans une casserole profonde. Baissez le feu.

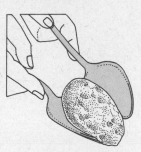

5 Avec deux cuillers, divisez la moitié du mélange en neuf portions égales, de forme ovale.

6 Plongez doucement les quenelles dans le liquide frémissant.

7 Cuisez-les à découvert 15 min; égouttez-les sur du papier absorbant. Répétez avec le reste. (Réservez 2 t. d'eau.)

8 Disposez les quenelles dans un plat à four de 13 po × 9 (33 cm × 23) et tenez-les au chaud.

9 Pour préparer la sauce, faites bouillir 15 min l'eau de cuisson réservée, pour qu'elle réduise de moitié. Mélangez la farine et le beurre, puis ajoutez-les au liquide; faites épaissir à feu moyen en remuant. Ajoutez le vermouth, le jus de citron, le sel et le reste de crème. Cuisez 5 min en remuant, jusqu'à épaississement. Chauffez le four à 475°F (240°C).

10 Nappez les quenelles de sauce; saupoudrez-les de fromage et faites dorer au four.

Mousse de poisson

½ t. d'eau
2 sachets de gélatine non parfumée
1 petit oignon tranché
1 c. à thé de sel
½ c. à thé de grains de poivre noir
½ c. à thé de basilic
1 paquet de 16 oz (450 g) de filets surgelés de plie, de goberge, de sole ou de morue
½ t. de vinaigrette ou de mayonnaise

1 c. à soupe de jus de citron
¼ c. à thé de sauce au piment fort
½ t. de crème épaisse
Olives dénoyautées et poivron rouge
Feuilles de laitue
Quartiers de citron

Photo page 24
Débutez 6 h avant ou la veille
8 hors-d'œuvre ou 4 portions comme plat principal

1 Versez la gélatine sur l'eau dans une bonne sauteuse. Faites-la dissoudre à feu doux en remuant.

2 Ajoutez l'oignon, le sel, le poivre et le basilic; portez à ébullition. Baissez le feu, couvrez et faites mijoter 5 min.

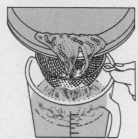

3 Ajoutez les filets surgelés; ramenez à ébullition, puis baissez le feu et faites mijoter 15 min, jusqu'à ce que la chair s'effeuille. Retirez le poisson avec une écumoire.

4 Filtrez le jus de cuisson dans une tasse et ajoutez-y de l'eau au besoin pour avoir 2¼ t. de liquide. Ajoutez le poisson; couvrez et faites prendre au réfrigérateur.

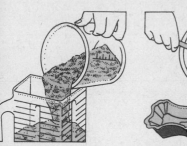

5 Passez à vitesse moyenne, au mélangeur couvert, l'appareil au poisson, la vinaigrette, le jus de citron et la sauce au piment fort.

6 Versez dans un grand bol, puis fouettez la crème et incorporez-la au mélange. Transvidez dans un moule en forme de poisson et réfrigérez 4 h.

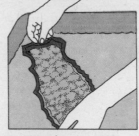

7 *Avant de servir:* Démoulez la mousse en plongeant le moule quelques secondes dans de l'eau chaude.

8 Couvrez-le d'une assiette plate, retournez-le et démoulez. Émincez les olives et le poivron rouge.

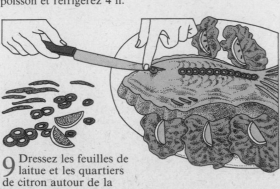

9 Dressez les feuilles de laitue et les quartiers de citron autour de la mousse; décorez d'olives et de poivron rouge.

Poisson en conserve

Photo page 38
Débutez 1 h 30 avant
8 portions

Pain de thon aux concombres

Pain de thon:
18 craquelins salés réduits en chapelure
1 t. de céleri finement haché
18 à 20 oz (500-600 g) de thon en boîte, égoutté
2 c. à soupe d'oignon râpé
¼ c. à thé de poivre
¾ c. à thé de sel
1 t. de lait
3 œufs légèrement battus

Sauce aux concombres:
2 concombres moyens pelés, épépinés et hachés
Eau
2½ c. à soupe de beurre ou de margarine
2½ c. à soupe de farine tout usage
1 c. à thé de sel
1½ c. à thé de zeste de citron râpé
1 c. à thé de jus de citron
2 jaunes d'œufs
Persil haché et rondelles de concombre

1. Chauffez le four à 350°F (180°C). Mélangez le lait, les œufs et les craquelins dans un grand bol; laissez reposer 5 min en remuant souvent. Ajoutez le céleri, le thon, l'oignon, le poivre et le sel.
2. Versez dans un moule à pain graissé de 10 po × 5 (25 cm × 12). Cuisez 1 h ou jusqu'à ce qu'un couteau inséré dans le pain en ressorte propre. Laissez tiédir.
3. *15 min avant de servir:* Faites mijoter les concombres dans 1 t. d'eau jusqu'à ce qu'ils soient presque tendres. Égouttez-les, puis ajoutez de l'eau pour avoir 1¾ t. de liquide; réservez. Faites fondre le beurre à feu moyen dans la même casserole; ajoutez la farine en brassant jusqu'à ce que le mélange soit lisse; versez-y le liquide, puis faites épaissir en remuant. Ajoutez le sel, le zeste, le jus et les concombres; portez à ébullition. Ajoutez un peu de sauce chaude aux jaunes battus et versez-les dans la casserole. Remuez jusqu'à épaississement.
4. Démoulez le thon, nappez-le de sauce; décorez de persil et de rondelles de concombre; servez.

Photo page 38
Débutez 45 min avant
6 portions

Croquettes au saumon

3 œufs
1 boîte de 15½ oz (439 ml) de saumon, égoutté
2½ t. de chapelure fraîche
⅔ t. de céleri haché
⅓ t. d'oignons verts hachés

3 c. à soupe d'huile à salade
3 muffins anglais séparés et grillés
1⅓ t. de Sauce hollandaise (p. 463)

1. Battez légèrement les œufs dans un grand bol. Mélangez-y le saumon, la chapelure, le céleri et les oignons. Façonnez six croquettes.
2. Faites-les dorer 10 min à feu moyen dans l'huile chaude, en les tournant une fois.
3. Dressez sur les muffins et nappez de sauce.

Poisson en conserve

Pâté au thon

Photo
page 38
Débutez
1 h 30 avant
6 portions

*1 paquet de 10½ oz
(300 g) de fleurs de
brocoli surgelées,
dégelées*
*1 boîte de 10 oz (284 ml)
de châtaignes d'eau,
égouttées*
*¼ t. de beurre ou de
margarine*
¼ t. de farine tout usage
1 c. à thé de sel

½ c. à thé de paprika
2¼ t. de lait
½ t. de suisse râpé
*½ lb (225 g) de
champignons tranchés*
*2 boîtes de 7 oz (200 ml)
de thon, égoutté*
*Pâte pour un fond de
tarte (p. 344)*
1 jaune d'œuf
1 c. à thé d'eau

1. Coupez le brocoli en morceaux de 2 po (5 cm) et
les châtaignes en tranches de ¼ po (6 mm).
2. Faites fondre le corps gras à feu doux dans une
grande casserole. Mélangez-y la farine, le sel et le
paprika, puis ajoutez lentement le lait et faites
épaissir le tout en remuant constamment.
3. Incorporez le brocoli, les châtaignes, le fromage, les champignons et le thon en remuant avec
une spatule en caoutchouc, puis versez l'appareil
dans un plat à four de 8 t.
4. Abaissez la pâte sur une surface farinée en un
disque de ⅛ po (3 mm) d'épaisseur et de 2 po
(5 cm) de plus que le diamètre du plat. Déposez
l'abaisse sur le mélange au thon.
5. Chauffez le four à 375°F (190°C). Coupez le
surplus de pâte, en en laissant dépasser 1 po
(2,5 cm); repliez les bords et dressez-les. Incisez
l'abaisse pour laisser échapper la vapeur.
6. Abaissez les chutes de pâte. Découpez-y plusieurs feuilles avec un emporte-pièce et dessinez
des nervures sur celles-ci avec la pointe d'un petit
couteau. Disposez les feuilles de façon attrayante
au centre de l'abaisse.
7. Battez les jaunes d'œufs et l'eau dans un petit
bol. Dorez l'abaisse au pinceau, puis cuisez de 30
à 35 min, jusqu'à ce que la croûte soit dorée et la
farce bien chaude.

Thon Tetrazzini

Photo
page 38
Débutez
1 h avant
8 portions

*½ paquet de 17½ oz
(500 g) de spaghetti, en
petites longueurs*
*½ boîte de 10 oz (284 ml)
de champignons
tranchés*
¼ t. de farine tout usage
*¼ t. de beurre ou de
margarine*
1¼ t. de lait

¼ t. de sherry
*½ lb (225 g) de fromage
fondu pasteurisé, coupé
en cubes (2 t.)*
*½ c. à thé de sel
assaisonné*
¼ c. à thé de muscade
*12 à 15 oz (340-430 ml)
de thon en boîte,
égoutté*

1. Faites cuire le spaghetti; égouttez-le et réservez.
Egouttez les champignons en gardant ⅓ t. de leur
jus. Chauffez le four à 350°F (180°C).
2. Mélangez à feu doux la farine au corps gras
chaud dans une casserole. Versez-y les trois liquides, puis remuez. Ajoutez le fromage, le sel et la
muscade; brassez, le temps que le fromage fonde.
3. Mélangez le spaghetti, le thon et les champignons à la sauce. Versez le tout dans un plat à four
peu profond et faites dorer 20 min.

Mousse de saumon

Photo
page 38
Débutez
4 h avant
ou la veille
6 portions
comme plat
principal

*1 sachet de gélatine non
parfumée*
Eau
Huile à salade
*1 t. de crème épaisse ou
à 35 p. 100*
*1 boîte de 15½ oz
(439 ml) de saumon,
égoutté et défait*
½ t. de mayonnaise

½ c. à thé de sel
*¾ c. à thé d'aneth séché
ou 2 c. à thé d'aneth
frais haché*
½ c. à thé de paprika
*½ c. à thé de sauce au
piment fort*
1 botte de radis
2 grains de poivre noir
2 citrons moyens émincés

1. Délayez la gélatine dans ¼ t. d'eau froide, puis
laissez-la ramollir 5 min. Ajoutez-y ½ t. d'eau du
robinet *très chaude* et remuez jusqu'à ce qu'elle soit
complètement dissoute, soit environ 3 min. Couvrez et faites refroidir au réfrigérateur.
2. A l'aide d'un pinceau à pâtisserie, enduisez légèrement d'huile à salade un moule en forme de
poisson.
3. Fouettez la crème à vitesse moyenne dans un
petit bol, jusqu'à ce que vous obteniez des pics fermes. Battez à vitesse assez grande, dans un autre
bol, le saumon, la mayonnaise, le sel, l'aneth, le paprika, la sauce au piment fort et la gélatine jusqu'à
ce que le tout soit lisse, en raclant souvent les parois avec une spatule en caoutchouc. Incorporez la
crème. Versez dans le moule à la cuiller, couvrez et
faites prendre environ 3 h au réfrigérateur.
4. *Avant de servir:* Emincez les radis et coupez les
tranches en deux. Démoulez la mousse sur un
grand plat. Faites les yeux avec les grains de poivre
et les écailles avec les demi-rondelles de radis, tel
qu'illustré, en prenant soin d'en redresser le côté
arrondi. Décorez le plat de rondelles de citron.

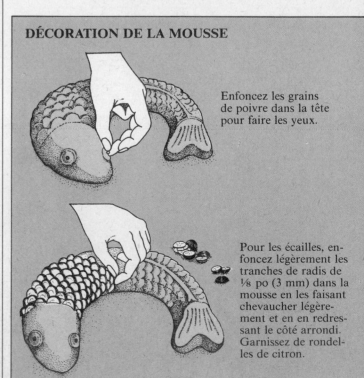

DÉCORATION DE LA MOUSSE

Enfoncez les grains
de poivre dans la tête
pour faire les yeux.

Pour les écailles, en-
foncez légèrement les
tranches de radis de
⅛ po (3 mm) dans la
mousse en les faisant
chevaucher légère-
ment et en en redres-
sant le côté arrondi.
Garnissez de rondel-
les de citron.

Sauces pour poissons

Sauce à la moutarde

½ t. de mayonnaise
3 c. à soupe de lait
¼ c. à thé de sel

1 c. à soupe de moutarde
préparée

Débutez
5 min avant
⅔ tasse

1. Mélangez à la cuiller, dans un petit bol, la mayonnaise, le lait, le sel et la moutarde.
2. Couvrez et réfrigérez jusqu'au repas.

Sauce tartare

1 t. de mayonnaise
2 c. à soupe de persil
haché
1 à 2 c. à soupe de
cornichons à l'aneth
hachés
1 c. à soupe de câpres

1 à 2 c. à soupe d'oignon
haché
1 c. à soupe d'olives
farcies hachées
(facultatif)

Débutez
15 min avant
1¼ tasse

Mélangez à fond tous les ingrédients à la fourchette dans un petit bol.

Mayonnaise verte

2 t. de mayonnaise
⅓ t. de persil haché
4 c. à thé de vinaigre à
l'estragon

½ c. à thé d'estragon
2 oignons verts hachés

Débutez
le matin
2 tasses

Passez tous les ingrédients à vitesse moyenne dans le mélangeur couvert, en l'arrêtant quelques fois pour racler les parois. Réfrigérez.

Sauce au raifort

⅓ t. de mayonnaise
¼ t. de cornichons à
l'aneth hachés

2 c. à soupe de raifort
1 c. à soupe de lait
1 pincée de poivre

Débutez
10 min avant
¾ tasse

1. Mélangez à la cuiller la mayonnaise, les cornichons et le raifort dans un petit bol.
2. Ajoutez le lait et le poivre ; remuez bien.

Sauce aux crevettes

6 c. à soupe de beurre
½ paquet de 16 oz
(450 g) de crevettes
parées et surgelées
6 c. à soupe de farine
tout usage

1 pincée de paprika
1 pincée de poivre
¼ c. à thé de sel
1 t. de crème de table
½ t. de sauternes

Débutez
15 min avant
2¾ tasses

1. Dans une petite casserole, faites revenir 5 min à feu assez vif les crevettes dans le beurre chaud. Mélangez-y la farine, le paprika, le poivre et le sel.
2. Ajoutez la crème et le sauternes peu à peu, puis remuez sans arrêt jusqu'à épaississement.

Beurre fondu à l'aneth

1 t. de beurre ou de
margarine

1 c. à thé d'aneth séché
¼ c. à thé de sel

Débutez
10 min avant
1 tasse

1. Faites fondre le corps gras à feu doux dans une petite casserole.
2. Ajoutez l'aneth et le sel en remuant. Servez chaud dans une saucière.

Sauce au cresson

1 oignon moyen
⅓ t. de beurre ou de
margarine
1 petite gousse d'ail

1 botte de cresson, haché
¼ t. de vin de table
blanc

Débutez
15 min avant
¾ tasse

1. Emincez l'oignon avec un couteau tranchant.
2. Dans une petite casserole, faites revenir 5 min à feu assez vif l'ail et l'oignon dans le corps gras chaud.
3. Otez l'ail, puis incorporez le cresson haché et le vin blanc.
4. Cuisez 3 min, pour que le cresson soit tendre.

Mayonnaise aux fines herbes

1½ t. de mayonnaise
½ t. de persil haché
¼ t. de cresson haché
¼ t. de ciboulette hachée
2 c. à thé de cerfeuil
1 c. à thé d'estragon

½ c. à thé de sel
¼ c. à thé de poivre
Brins de persil

Débutez
le matin
1½ tasse

1. Passez à grande vitesse au mélangeur couvert tous les ingrédients, à l'exception du persil, jusqu'à ce que la mayonnaise soit verte et lisse.
2. Transvasez à la cuiller dans un petit bol ; couvrez et réfrigérez jusqu'au moment de servir.
3. Servez, garnie de brins de persil.

Sauce aux crevettes et aux olives

1 boîte de 7½ oz
(213 ml) de sauce
tomate
½ t. d'olives farcies et
tranchées

½ lb (225 g) de petites
crevettes parées et
cuites
⅓ t. de vin blanc sec

Débutez
15 min avant
2 tasses

Faites cuire tous les ingrédients à feu moyen dans une petite casserole en remuant constamment.

Sauce à l'orange

¾ t. de jus d'orange
1 c. à soupe de jus de
citron
1 pincée de sel
1 pincée de muscade

2 c. à soupe de beurre ou
de margarine
2 c. à soupe de farine
tout usage

Débutez
10 min avant
¾ tasse

1. Mélangez les jus d'orange et de citron, le sel et la muscade dans une tasse graduée ; réservez.
2. Faites fondre le corps gras à feu moyen dans une petite casserole.
3. Ajoutez-y la farine et cuisez en remuant sans arrêt jusqu'à ce que le mélange soit homogène.
4. Ajoutez les jus et faites épaissir en remuant constamment.

Sauce à l'aneth et au concombre

1 contenant de 8½ oz
(250 ml) de crème sure
1 concombre moyen
épépiné et haché
1 c. à thé d'aneth séché

1 c. à thé de sucre
¾ c. à thé de sel
1 pincée de poivre

Débutez
10 min avant
2 tasses

Mélangez à fond tous les ingrédients à la cuiller dans un petit bol.

185

VIANDES

Dans la plupart des foyers, la viande, un aliment hautement nutritif, apparaît sur la table au moins une fois par jour, sous une forme ou une autre.

ACHAT

Il est très important de bien connaître les coupes propres à chaque animal ainsi que la meilleure façon de les apprêter. Mais comme, d'un animal à l'autre, les mêmes coupes ne sont pas toujours aussi tendres, il importe aussi de pouvoir juger de la qualité de la viande elle-même.

Viande canadienne : Toutes les bêtes abattues au Canada ont obligatoirement été inspectées par les autorités fédérales ou provinciales. Les inspecteurs du ministère de l'Agriculture du Canada classent la viande selon sa qualité et son contenu en gras. Dans le cas du bœuf, par exemple, on trouve surtout, sur nos marchés, la catégorie supérieure Canada A1 et A2. C'est une viande maigre, légèrement marbrée de gras si elle est classée A2, rouge vif, ferme et à texture fine.

Viande achetée aux Etats-Unis : Aux Etats-Unis, on marque les coupes de gros avec une estampille en forme d'écusson portant les lettres USDA (pour United States Department of Agriculture) et le nom de la catégorie. *Prime* désigne le bœuf de première qualité, qui est aussi le plus cher ; *Choice* s'applique à une viande de qualité comparable, mais un peu moins tendre. *Good* indique une viande moins juteuse et plus grasse. En outre, une estampille de contrôle atteste que la viande est saine et a été manipulée dans des conditions d'hygiène rigoureuses. Cette inspection du USDA vaut, sans restriction, pour toutes les viandes exportées au Canada.

QUELLE QUANTITÉ ACHETER

Si la viande est désossée, calculez entre ¼ et ⅓ lb (115-150 g) par personne ; si elle renferme quelques os, augmentez la quantité en conséquence ; enfin, si elle est très osseuse, prévoyez de ½ à 1 lb (225-450 g) par portion, et même un peu plus pour les bonnes fourchettes.

CONSERVATION

Rangez sans attendre la viande fraîche dans le compartiment à viande ou la partie la plus froide du réfrigérateur. La viande qui est déjà emballée se conserve ainsi un maximum de deux jours ou une à deux semaines au congélateur. Pour la congeler plus longtemps, enveloppez-la, par-dessus l'emballage scellé, d'une cellophane pour congélation. Si l'emballage n'est pas scellé, remplacez le papier de boucherie par du papier ciré ou d'aluminium, sans trop serrer (à moins qu'il ne s'agisse d'abats ou de viande hachée), et réfrigérez. Apprêtez la viande hachée, la viande à ragoût et les abats le jour même ou le lendemain ; les autres viandes peuvent attendre 48 heures.

CONGÉLATION

Seule la viande parfaitement fraîche peut être congelée. Pour ce faire, débitez les grandes pièces en portions, ôtez le surplus de graisse et désossez-les si l'espace est compté. Vous pouvez emballer ensemble la quantité de côtelettes ou de biftecks nécessaire pour un repas en glissant entre les tranches du papier d'aluminium, une cellophane ou deux feuilles de papier ciré, afin de pouvoir les séparer plus aisément au moment de les dégeler. N'assaisonnez pas la viande hachée avant de la congeler (elle rancirait plus vite et le goût des épices serait plus appuyé) ; façonnez-la en galettes ou divisez-la selon l'usage que vous comptez en faire. Par ailleurs, congelez les sauces et les farces séparément.

Emballez hermétiquement la viande sous cellophane ; inscrivez le nom de la coupe, le poids ou le nombre de portions ainsi que la date et faites congeler aussitôt à une température d'au moins −10°F (−25°C). La viande déjà congelée se conserve à au moins 0°F (−18°C). Ne dépassez jamais le délai de conservation prescrit.

MODES DE CUISSON

Il y a six principales façons de cuire la viande. La cuisson sèche est celle qui convient le mieux pour les coupes tendres, qu'elles soient rôties, grillées ou poêlées. Les autres coupes devraient cuire lentement à couvert, braisées ou en pot-au-feu, ou dans un liquide.

Rôtissage au four : La plupart des viandes rôtissent à 325°F (160°C). Assaisonnez la pièce et mettez-la, graisse au-dessus, sur la claie d'une lèchefrite. Les os de certains rôtis (longe de porc, côte de bœuf, par exemple) forment une claie naturelle. Insérez un thermomètre dans la viande (voir p. 188) et faites rôtir la pièce jusqu'au degré de cuisson désiré. Etant donné que la cuisson se poursuit après le défournement, vous pourrez l'arrêter quand le thermomètre indiquera 5 degrés de moins que la température recommandée.

Rôtissage à la broche : Comme dans le cas des autres formes de cuisson sèche, ce second type de rôtissage s'effectue de préférence à feu modéré. Choisissez une pièce d'épaisseur à peu près uniforme. Enfilez-la sur la broche et fixez-l'y pour l'empêcher de glisser ; vérifiez l'équilibre en faisant tourner la broche entre vos paumes et insérez dans la pièce le thermomètre à viande (voir p. 188). Si celui-ci se dégageait pendant la cuisson, arrêtez aussitôt la rôtissoire et enfoncez-le de nouveau. Suivez toujours le mode d'emploi si vous désirez une viande à point. Théoriquement, on n'a pas besoin d'arroser une viande rôtie à la broche, mais on peut tout de même le faire de temps en temps pour lui donner plus de goût et de couleur. Si vous employez une sauce sucrée, n'arrosez que durant la dernière demi-heure de cuisson.

Grillades : Les biftecks et les côtelettes devraient avoir au moins ¾ po (2 cm) d'épaisseur et les tranches de jambon ½ po (1 cm). Ôtez l'excès de graisse et incisez l'ourlet de gras tous les 2 po (5 cm) pour empêcher la viande de s'enrouler durant la cuisson. Allumez le gril selon le mode d'emploi ou préparez une bonne braise. Frottez la claie du gril avec un morceau de gras prélevé sur la viande, déposez-y celle-ci et placez le tout sur la plaque. Les biftecks, côtelettes et galettes de ¾ à 1 po (2-2,5 cm) d'épaisseur devraient cuire à 2 ou 3 po (5-8 cm) de la source de chaleur, et les tranches plus épaisses à 3 ou 5 po (8-13 cm) de celle-ci. Faites griller la viande jusqu'à ce que le dessus soit bruni (assez légèrement pour le porc salé et fumé). Assaisonnez-la au goût et retournez-la avec des pinces. Pour vérifier si elle est à point, incisez-la le long de l'os.

Grillades à la poêle : La cuisson à la poêle est deux fois plus rapide qu'au gril. Choisissez une pièce d'environ 1 po (2,5 cm) d'épaisseur et placez-la dans une épaisse sauteuse froide ou sur une plaque. En général, la viande contient assez de gras pour ne pas attacher. Dans le cas contraire, graissez légèrement la poêle. Faites cuire la viande lentement à feu doux ou modéré en la retournant de temps en temps. Ôtez l'excès de gras fondu au fur et à mesure pour empêcher la viande de frire.

Friture à la poêle : Faites dorer la viande des deux côtés à feu moyen ou assez vif. (N'ajoutez un peu de gras fondu ou d'huile à salade que pour les viandes très maigres, comme le foie, ou les morceaux panés.) Assaisonnez la viande au goût et poursuivez-en la cuisson à feu modéré en la retournant de temps en temps jusqu'à ce qu'elle soit cuite. Si vous désirez une viande croustillante, ne couvrez pas la poêle. Servez sans attendre.

Braisage : Saisissez la pièce de tous côtés à feu assez vif dans un peu d'huile à salade chaude ou de gras fondu. Servez-vous d'une sauteuse épaisse ou d'un faitout et enlevez l'excès de gras au fur et à mesure. Assaisonnez la viande au goût et ajoutez un peu de liquide, surtout si la coupe est coriace ; les coupes tendres, comme les côtelettes de porc, n'en ont pas besoin. Couvrez hermétiquement pour retenir la vapeur et faites mijoter à feu doux ou dans un four préchauffé à 325 ou 350°F (160 ou 180°C), jusqu'à ce que la viande soit tendre.

Bouilli : Si la viande n'est pas salée, saisissez-la de tous côtés à feu assez vif dans une marmite pour lui donner plus de goût et de couleur. Couvrez-la de liquide chaud ou froid et assaisonnez-la. Portez à ébullition à feu vif, puis laissez mijoter à couvert jusqu'à ce que la viande soit tendre. Ajoutez des légumes en allouant assez de temps de cuisson pour qu'ils soient prêts au même moment que la viande. Pour servir la viande froide, réfrigérez-la dans le jus de cuisson afin d'empêcher les fibres de se resserrer.

Ragoût : Pour un ragoût en sauce brune, faites saisir dans une casserole épaisse, à feu assez vif et dans un peu d'huile à salade chaude, quelques morceaux de viande à la fois et retirez-les-en dès qu'ils sont prêts. Vous pouvez fariner la viande avant de la saisir. Une fois que tous les morceaux sont dorés, remettez-les dans la casserole. Si vous voulez un ragoût léger, omettez cette première étape et la farine. Mouillez la viande d'un liquide chaud ou froid, assaisonnez-la, couvrez et laissez-la mijoter jusqu'à ce qu'elle soit tendre. Ajoutez des légumes en allouant assez de temps de cuisson pour qu'ils soient prêts au même moment que la viande. Dressez la viande et les légumes sur un plat chaud et réservez à la chaleur. La sauce peut être nappée ou servie dans une saucière.

ATTENDRISSEMENT

Attendrisseurs pour viande : Ce sont des dérivés de substances extraites de certains fruits tropicaux qui ramollissent les fibres des viandes, une fois qu'ils sont chauffés. Suivez intégralement le mode d'emploi ; n'en mettez pas plus que la quantité indiquée et ne dépassez pas le temps de cuisson recommandé, sinon la viande deviendrait spongieuse. N'utilisez pas d'attendrisseur avec les coupes tendres ou celles qui ont été traitées avec de la papaïne.

Procédés mécaniques : Pour attendrir la viande, les bouchers la passent dans un appareil muni de couteaux déchiqueteurs qui brisent les tissus conjonctifs. On obtient le même résultat avec un maillet.

Attendrissement à la papaïne : Il s'agit d'un procédé scientifique, appliqué commercialement, qui utilise des dérivés protéiques de fruits comme la papaye. La viande s'attendrit en cuisant, ce qui permet de cuire plus de coupes à la chaleur sèche et de réduire le temps de cuisson de celles qui nécessitent une chaleur humide.

Vieillissement : Pour attendrir le bœuf, on suspend généralement les carcasses un certain temps dans des entrepôts où la température et l'humidité sont contrôlées en permanence.

Marinade : On peut aussi attendrir la viande, tout en en dégageant la saveur, en la faisant mariner dans une préparation acide à base de jus de citron ou de vinaigre, souvent additionnée d'herbes et d'épices.

Bœuf

LE THERMOMÈTRE À VIANDE

Quand vous faites rôtir une viande à découvert, enfoncez le thermomètre dans sa partie la plus charnue en vous assurant que la pointe ne repose pas contre un os ou de la graisse, ce qui fausserait la lecture. Pour faciliter l'insertion du thermomètre, vous pouvez d'abord percer la viande avec une broche.

Dans le cas d'une viande congelée, insérez le thermomètre à mi-cuisson, quand la viande est partiellement dégelée (vérifiez d'abord avec une broche).

Le thermomètre à cadran est recommandé pour le rôtissage à la broche. Enfoncez-le légèrement de biais ou à l'extrémité du rôti, à mi-chemin entre la broche et la croûte de la viande, en prenant garde que sa pointe ne touche ni un os, ni la graisse, ni la broche.

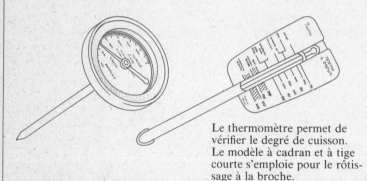

Le thermomètre permet de vérifier le degré de cuisson. Le modèle à cadran et à tige courte s'emploie pour le rôtissage à la broche.

LES SAUCES

Dressez la viande et les légumes cuits sur un plat de service et tenez-le au chaud, le temps de préparer la sauce.

Rôtis : Versez dans une casserole moyenne ¼ tasse de graisse de cuisson (ou encore, de beurre ou de margarine). Ajoutez 1 tasse d'eau ou de bouillon au contenu de la lèchefrite et remuez pour détacher le fond. Mélangez, à feu moyen, la graisse de cuisson et ¼ tasse de farine tout usage, puis cuisez en remuant, pour que le tout soit bien doré. Incorporez le liquide de la lèchefrite, ajoutez 1 tasse d'eau, portez à ébullition, puis brassez jusqu'à épaississement. Vous pouvez, pour donner plus de couleur, ajouter un peu de sauce en bouteille ; salez et poivrez. (Donne 2 t.)

Viandes poêlées : Mélangez dans la poêle, à feu moyen, ¼ tasse de graisse de cuisson (ou d'un autre corps gras) et la même quantité de farine, puis laissez brunir. Ajoutez graduellement 2 tasses d'eau, de lait ou de bouillon et portez à ébullition en remuant jusqu'à épaississement. Pour donner plus de couleur, vous pouvez ajouter de la sauce en bouteille ; salez et poivrez. (Donne 2 t.)

Viandes braisées : Dégraissez le jus de cuisson, puis mesurez-le et chauffez-le. Pour chaque tasse de liquide, délayez 2 c. à soupe de farine tout usage dans ¼ tasse d'eau ; ajoutez au liquide frémissant et remuez jusqu'à épaississement. Assaisonnez au goût.

Ragoûts : Liez la sauce comme ci-dessus, mais réduisez la farine à 1 c. à soupe par tasse de liquide.

COUPES DE BŒUF LES PLUS COURANTES

Côte de bœuf (fin de train) : Parfaite pour le rôtissage.

Rôti de faux-filet : Appelé aussi rôti de faux-filet paré ; parfait pour le rôtissage.

Rôti de pointe de surlonge : Aussi qualifié de paré. Il se vend désossé et sans la calotte du muscle. On peut le rôtir s'il est de première qualité, sinon, on le fait braiser.

Extérieur de ronde ficelé : Viande à braiser, mais on peut la rôtir si elle est de première qualité.

Rond de palette désossé : Appelé aussi palette roulée ; à braiser ou à rôtir, selon sa qualité.

Haut-de-côtes : Parfait pour le braisage ou les pot-au-feu.

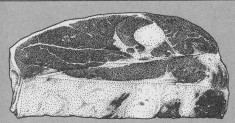

Morceau d'épaule à braiser : Parfait pour les daubes et les autres plats braisés.

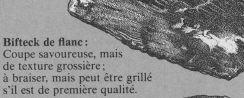

Bifteck de flanc : Coupe savoureuse, mais de texture grossière ; à braiser, mais peut être grillé s'il est de première qualité.

Côte d'aloyau : Prise dans la longe, ne comporte pas de filet ; viande à griller ou à poêler.

Tranche de bas de palette : A braiser, mais peut être grillée ou poêlée si elle est de première qualité.

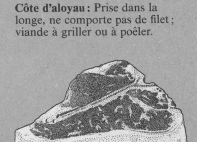

Bifteck d'aloyau, Porterhouse : Comporte une partie de filet d'au moins 1¼ po (3 cm) de diamètre ; peut être grillé ou poêlé.

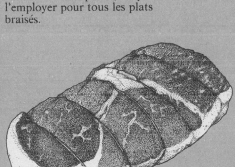

Epaule désossée à braiser : Appelée aussi rôti d'épaule ; on peut l'employer pour tous les plats braisés.

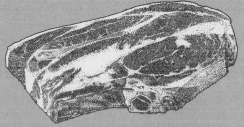

Tranche de palette : A braiser, mais peut être grillée ou poêlée si elle est de première qualité.

Bifteck de surlonge : Peut être grillé ou poêlé.

Rôti de rond de croupe désossé : Se vend généralement ficelé ; on l'emploie souvent braisé, mais on peut aussi le rôtir s'il est de première qualité.

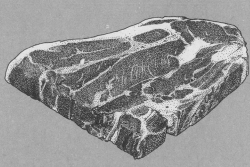

Tranche d'intérieur de palette : Pour les plats braisés.

Bifteck de faux-filet : Appelé aussi bifteck de filet ; peut être grillé ou poêlé.

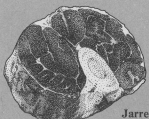

Jarret, coupe du centre : Viande à braiser.

Rôti de bas de croupe : Aussi appelé rôti de pointe de surlonge ; coupe épaisse, mais irrégulière, à braiser ou à rôtir selon sa qualité.

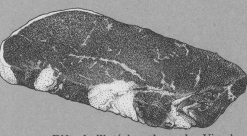

Bifteck d'intérieur de ronde : Viande à braiser, mais peut être grillée ou poêlée si elle est de première qualité.

Bœuf

Le bœuf est offert en un si vaste choix de coupes qu'il est possible de le cuisiner de mille et une manières, depuis les biftecks et les rôtis jusqu'aux hamburgers et aux savoureux pains de viande.

COMMENT ACHETER LE BŒUF

Le bœuf devrait être d'une couleur uniformément franche, variant entre le rouge pâle et le rouge foncé. Choisissez les morceaux à texture fine et ferme, légèrement humides et dont les os sont bien rouges et poreux. La couleur de la graisse, qui dépend de l'âge, de l'alimentation et de la race de l'animal, ne peut être retenue comme critère de choix.

On fait souvent vieillir certaines coupes afin de les attendrir. Vérifiez donc si la viande que vous achetez n'a pas été vieillie, puisque, le cas échéant, vous n'aurez pas besoin de l'attendrir. Le bœuf peut également avoir été attendri avec de la papaïne. Dans ce cas, l'étiquette comportera des directives spécifiques quant aux modes de cuisson.

COMMENT VÉRIFIER SI LA VIANDE EST PRÊTE

Le bœuf grillé ou rôti se consomme saignant, à point ou bien cuit. S'il doit être saignant, cuisez-le jusqu'à ce que sa température interne atteigne 140°F (60°C); il sera encore un peu rouge et son jus, d'une teinte plus pâle, sera clair et abondant. La température du bœuf qu'on veut manger à point doit atteindre 160°F (70°C). Si on le veut bien cuit, il faut que le thermomètre indique 170°F (75°C) ou que la chair soit brune et le jus clair et doré. Le bœuf braisé ou bouilli devrait être tendre sous la fourchette.

Le tableau ci-dessous a été établi pour le bœuf qui est mis à rôtir au sortir du réfrigérateur.

DÉCOUPAGE DU BŒUF

Côte de bœuf : Déposez le rôti sur une planche à découper ou un plat chaud, couché sur son côté large et les côtes à votre gauche. Piquez la fourchette entre les deux premières côtes et, avec le couteau à découper, taillez jusqu'à la côte une tranche d'environ ¼ po (5 mm) d'épaisseur.

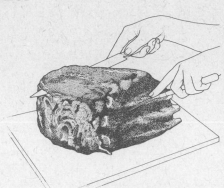

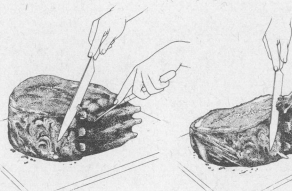

Coupez le long de la côte avec la pointe du couteau pour dégager la tranche ; déposez-la sur une assiette chaude.

Continuez de trancher, en ôtant les côtes au fur et à mesure.

Rôti désossé : Posez le rôti sur une planche ou un plat chaud. Coupez toutes les ficelles (ou laissez-en une ou deux si le rôti se défait). Piquez la pièce avec la fourchette et taillez perpendiculairement aux fibres de la viande des tranches de ¼ à ½ po (0,5-1 cm) d'épaisseur.

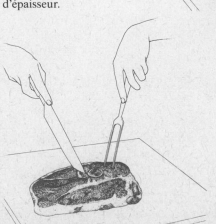

TEMPS DE CUISSON POUR LE BŒUF RÔTI				
Poids	Temps de cuisson approximatif*			Température du four
	Saignant 140°F (60°C)**	A point 160°F (70°C)**	Bien cuit 170°F (75°C)**	
Côte de bœuf 4 à 6 lb (1,8-2,7 kg)	1 h 45 à 2 h 30	2 h 15 à 3 h 30	2 h 45 à 4 h	325°F (160°C)
6 à 8 lb (2,7-3,6 kg)	2 h 15 à 3 h	2 h 45 à 3 h 30	3 h 15 à 4 h 15	325°F (160°C)
Rôti de faux-filet 4 à 6 lb (1,8-2,7 kg)	1 h 15 à 1 h 45	1 h 15 à 2 h	1 h 30 à 2 h 15	350°F (180°C)
Filet (entier) 4 à 6 lb (1,8-2,7 kg)	45 à 60 min			425°F (220°C)
Filet (moitié) 2 à 3 lb (0,9-1,35 kg)	45 à 50 min			425°F (220°C)
Rôti de croupe désossé 4 à 6 lb (1,8-2,7 kg)		1 h 45 à 2 h 30		325°F (160°C)
Rôti de surlonge 3½ à 4 lb (1,6-1,8 kg)		2 h à 2 h 15		325°F (160°C)
6 à 8 lb (2,7-3,6 kg)		3 h à 4 h		325°F (160°C)

*La cuisson continuant hors du four, défournez le rôti quand le thermomètre indique 5 à 10 degrés (Fahrenheit) de moins que la température requise
**Lecture du thermomètre à viande

Tranche d'épaule ou de palette à braiser : Posez la pièce sur une planche, piquez-la avec la fourchette et découpez entre les muscles et autour des os, en procédant perpendiculairement aux fibres. Tranchez chaque section à l'épaisseur voulue.

Coupes tendres

Côte de bœuf et poudings Yorkshire

Photo page 50
Débutez de 2 à 4 h avant
14 à 18 portions

1 fin de train de 2 à
*   3 côtes (4 à 6 lb ou*
*   1,8 à 2,7 kg)*
Sel et poivre
2 œufs
1 t. de lait
½ c. à thé de sel
1 t. de farine tout usage
Sauce au raifort (p. 463)

1 Placez la pièce sur les côtes dans une lèchefrite ; salez et poivrez.

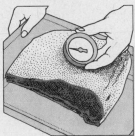

2 Insérez le thermomètre à viande au centre, dans la partie la plus charnue, en évitant les os et le gras.

3 Faites rôtir à 325°F (160°C) jusqu'à ce que le thermomètre indique 140°F (60°C) pour une viande saignante, 160°F (70°C) si vous l'aimez à point, ou 170°F (75°C) si vous la voulez bien cuite. Pour le temps, reportez-vous au tableau ci-contre. Laissez le rôti 15 min à température ambiante avant de le trancher. Préparez les poudings 5 min avant la fin de la cuisson.

4 Faites mousser les œufs dans un bol ; ajoutez le lait et ½ c. à thé de sel, puis battez-y la farine pour avoir une pâte lisse.

5 Quand le rôti est cuit, enduisez 12 moules à muffins de 3 po (8 cm) de 2 c. à soupe de graisse de cuisson. Montez le four à 400°F (200°C).

6 Chauffez les moules 5 min au four, puis versez 2½ c. à soupe de pâte dans chacun. Cuisez 30 min.

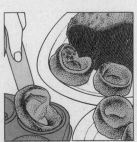

7 Démoulez les poudings ; dressez-les autour du rôti et servez aussitôt avec la sauce au raifort.

CÔTE DE BŒUF AU JUS : Faites rôtir le train de côtes. Dressez-le sur un plat au sortir du four, puis dégraissez le jus de cuisson ; réservez 2 c. à soupe de graisse pour les poudings Yorkshire et jetez le reste. Versez un peu d'*eau* (⅓ à ½ t.) dans la lèchefrite et faites-la mijoter à feu assez vif en remuant et en raclant le fond pour dissoudre les sucs qui auraient attaché ; filtrez la sauce et nappez-en les tranches de viande.

Rôti couronné de légumes

Photo page 51
Débutez 3 h 30 avant
16 à 18 portions

1 rôti de pointe de
*   surlonge de 4½ lb*
*   (2 kg)*
2 c. à soupe de moutarde
*   préparée*
¼ c. à thé de poivre
Sel
1 t. de carottes râpées

½ t. de feuilles de céleri
*   hachées*
1 c. à thé de feuilles de
*   thym*
1 t. d'eau
⅓ t. de vin rouge sec

1. Placez le rôti sur une petite claie au centre de la lèchefrite. Enrobez-en le dessus de moutarde et saupoudrez de poivre et de 1 c. à thé de sel. Mélangez la carotte râpée, les feuilles de céleri et le thym sur un morceau de papier ciré. Réservez-en ¼ t. Pressez avec les mains le reste des légumes dans la moutarde.
2. Insérez le thermomètre à viande au centre de la pièce. Faites-la rôtir 1 h à 325°F (160°C), puis enveloppez-la d'une feuille de papier d'aluminium, sans masquer le thermomètre. Poursuivez la cuisson jusqu'à ce que celui-ci indique 160°F (70°C), pour un rôti à point, ou corresponde au degré de cuisson souhaité.
3. Une fois que le rôti est cuit, déposez-le sur un plat de service ou une planche à découper ; parsemez-le du reste des légumes et tenez-le au chaud.
4. Retirez la grille de la lèchefrite et dégraissez le jus de cuisson ; jetez la graisse. Versez l'eau et le vin rouge sec dans la lèchefrite, ajoutez ¼ c. à thé de sel et remuez jusqu'à ce que tous les sucs soient détachés.
5. Portez le mélange à ébullition à feu assez vif, en remuant constamment et en raclant le fond jusqu'à ce que les sucs soient complètement dissous.
6. *Pour servir :* Tranchez le rôti et nappez chaque portion de sauce.

Préparation : Enduisez le dessus de moutarde, salez et poivrez, puis pressez les légumes dans la moutarde.

Tente d'aluminium : Pour empêcher le dessus de brûler, recouvrez le rôti de papier d'aluminium.

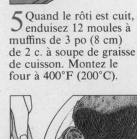

Rôtis tendres

Filets Wellington individuels

*1 lb (450 g) de
champignons moyens
¼ t. de beurre ou de
margarine
1 oignon moyen haché
3 t. de chapelure fraîche
½ c. à thé de poivre
¼ c. à thé de feuilles de
thym
Sel
Pâte pour 4 tartes à deux
croûtes (p. 344)
1 rôti de faux-filet de
4 lb (1,8 kg)*

*2 œufs séparés
Eau
Chicorée
Kumquats frais ou en
conserve (facultatif)*

Photo page 52
Débutez le matin
10 portions

1 Coupez les tiges de 10 champignons ; réservez les têtes. Hachez les tiges et les autres champignons.

2 Dans une bonne sauteuse, faites cuire environ 5 min les légumes dans le corps gras, jusqu'à ce qu'il ne reste plus de jus.

3 Ajoutez la chapelure, le poivre, le thym et 1½ c. à thé de sel ; laissez refroidir. Divisez la pâte en cinq morceaux.

4 Dégraissez le rôti, puis coupez-le en deux en longueur. Tranchez chaque moitié en cinq, puis essuyez avec du papier absorbant.

5 Abaissez un morceau de pâte avec un rouleau fariné, puis taillez-y deux rectangles de 6½ po × 10 (17 cm × 25) ; gardez les chutes.

6 Versez ⅓ t. du mélange aux champignons au centre de chaque rectangle, puis coiffez d'un morceau de viande.

7 Salez un peu et couronnez d'une tête de champignon. Battez les blancs d'œufs avec 2 c. à thé d'eau. Enduisez-en le pourtour de la pâte.

10 *Environ 35 min avant de servir :* Chauffez le four à 400°F (200°C). Battez les jaunes d'œufs avec 2 c. à thé d'eau, puis dorez-en les pâtés. Cuisez 25 min pour une viande saignante ou 27 min pour une viande à point. Dressez-la sur un plat de service chaud. Garnissez de chicorée et de kumquats, si vous les aimez. Servez les filets entiers ou tranchés.

8 Repliez la pâte et soudez-en les bords. Réservez sur une plaque à biscuits au réfrigérateur. Préparez les autres filets.

9 Abaissez les chutes et taillez-y des motifs au couteau. Enduisez-les de blanc d'œuf et décorez-en les pâtés. Réfrigérez.

Coupes moins tendres

Photo page 54
Débutez 5 h avant
20 portions

Pot-au-feu

*2 gousses d'ail
1 morceau de haut-de-
côtes désossé ou un rôti
de bas de croupe de
5 lb (2,25 kg)
¼ t. de farine tout usage
¼ t. d'huile à salade
1 t. de jus de tomate
2 carottes moyennes
tranchées
2 oignons moyens hachés*

*1 t. de céleri émincé
1 c. à soupe de sel
1 c. à thé de feuilles
d'origan
¼ c. à thé de poivre
Feuilles de céleri ou brins
de persil*

1 Ecrasez l'ail ; frottez-en le rôti et farinez-le sur du papier ciré.

2 Dans un grand faitout, faites dorer la pièce de tous côtés, à feu vif, dans l'huile chaude.

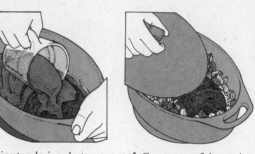

3 Ajoutez le jus de tomate et les autres ingrédients, à l'exception des feuilles de céleri. Portez à ébullition, puis baissez à feu doux.

4 Couvrez et faites mijoter 4 h ou jusqu'à ce que la viande soit tendre, en la retournant de temps en temps. Mettez-la dans un plat chaud.

5 Remplissez le mélangeur aux trois quarts de légumes et de jus. Couvrez et battez à grande vitesse. Transvidez dans un bol et répétez.

6 Versez le mélange dans le faitout et portez-le à ébullition. Décorez la viande des feuilles de céleri et servez avec la sauce chaude.

Sauerbraten

3 oignons moyens
   tranchés
3 carottes moyennes
   tranchées
2½ t. de vin rouge sec
2 t. d'eau
¼ t. de vinaigre de vin
   rouge
2 grosses côtes de céleri
   tranchées
2 feuilles de laurier
6 grains de poivre noir
¼ c. à thé de graines de
   moutarde
5 lb (2,25 kg) d'extérieur
   de ronde ficelé

2 c. à soupe de farine
   tout usage
¼ c. à thé de
   mignonnette
Sel
¼ t. d'huile à salade ou
   de graisse végétale
⅓ t. de chapelure de
   biscuits au gingembre
½ t. de crème sure

Photo page 54
Débutez 2 ou 3 jours avant
14 à 16 portions

1 Portez à ébullition à feu moyen 2 oignons, 1 carotte et les sept ingrédients suivants dans une grande casserole. Couvrez et faites mijoter 10 min à feu doux.

2 Faites refroidir à couvert dans un grand bol. Ajoutez la viande, enrobez-la bien du mélange, puis couvrez et réfrigérez 2 ou 3 jours en la tournant chaque jour.

3 *4 h avant de servir:* Essuyez la viande avec du papier absorbant. Farinez-la, puis salez (1 c. à thé) et poivrez. Passez la marinade et réservez le liquide.

4 Dans un grand faitout, faites revenir la viande de 15 à 20 min à feu assez vif dans l'huile chaude. Retirez-la et ne gardez que 1 c. à soupe de jus de cuisson.

5 Faites-y revenir 3 min le reste des légumes à feu moyen, puis ajoutez la viande.

6 Arrosez de marinade et faites mijoter 3 h 30 à couvert, en tournant la pièce de temps à autre.

7 Mettez la viande dans un plat et tenez-la au chaud. Dégraissez la sauce avec une cuiller.

8 Ajoutez la chapelure et 1 c. à thé de sel. Faites épaissir en remuant à feu assez vif.

9 Incorporez la crème sure au fouet, puis chauffez en brassant, sans laisser bouillir.

10 Nappez la viande d'un peu de sauce et servez le reste dans une saucière.

Photo page 55
Débutez 4 h avant
8 à 10 portions

Pot-au-feu au four

1 rôti de rond de croupe
   désossé de 3 lb (1,35 kg)
1 gros oignon tranché
1 gousse d'ail écrasée
2 c. à soupe de sauce
   Worcestershire
4 c. à thé de sel
1 c. à thé de sucre
¼ c. à thé de
   mignonnette

2 t. d'eau
4 navets moyens en
   cubes
2 paquets de 12½ oz
   (350 g) de haricots de
   Lima surgelés
Brins de persil
   (facultatif)

1. Mettez le rôti dans un grand faitout avec l'oignon, l'ail, la sauce Worcestershire, le sel, le sucre, le poivre et l'eau. Couvrez et cuisez 2 h au four à 350°F (180°C).
2. Ajoutez les navets et les haricots de Lima et poursuivez la cuisson d'environ 1 h 30, ou jusqu'à ce que les légumes et la viande soient prêts. Retournez le rôti de temps en temps.
3. Mettez la viande sur une assiette chaude. Coupez les ficelles et jetez-les.
4. Entourez le rôti des légumes, en vous servant d'une écumoire. Dégraissez le jus de cuisson avec une grande cuiller, puis nappez-en le rôti et les légumes. Garnissez de brins de persil (facultatif).

Photo page 55
Débutez 4 h avant
12 à 14 portions

Bœuf braisé aux fruits

2 c. à soupe de graisse
   végétale ou d'huile à
   salade
1 morceau de rond de
   palette désossé de 4 lb
   (1,8 kg)
2 oignons moyens
   tranchés
1 t. de cidre ou de jus de
   pomme
2 c. à soupe de cassonade

2 c. à thé de sel
1 c. à thé de poivre
   assaisonné
¼ c. à thé de clous de
   girofle moulus
1½ t. d'abricots séchés
1½ t. de pruneaux
   dénoyautés
2 c. à soupe de farine
   tout usage (facultatif)
¼ t. d'eau (facultatif)

1. Dans un grand faitout, faites saisir la viande de tous côtés, à feu assez vif, dans le corps gras chaud.
2. Ajoutez les oignons, le cidre, la cassonade, le sel, le poivre et les clous de girofle, puis portez à ébullition. Couvrez et faites mijoter 3 h 30 à feu doux ou jusqu'à ce que la viande soit presque tendre, en la retournant de temps en temps et en ajoutant du cidre au besoin.
3. Ajoutez les fruits et cuisez encore 20 min ou jusqu'à ce que la viande soit prête. Mettez-la sur un plat de service chaud.
4. Dégraissez le jus de cuisson. Si vous voulez le lier, incorporez-y graduellement de la farine délayée dans de l'eau. Cuisez à feu moyen en remuant constamment, jusqu'à ce que la sauce ait épaissi. Servez-la dans une saucière.

Coupes moins tendres

Bœuf braisé au chou aigre-doux

Photo
page 51
Débutez
3 h 30 avant
10 portions

2 c. à soupe d'huile à salade
1 morceau de rond de palette désossé de 3 lb (1,35 kg), épais de 2 po (5 cm)
2 oignons moyens tranchés
½ t. de vinaigre de vin rouge
5 c. à thé de sel
4 c. à thé de cassonade
1 c. à thé de graines de carvi
½ c. à thé de mignonnette
Eau
1 chou rouge moyen
2 c. à soupe de farine tout usage

1. Dans un grand faitout, saisissez la viande de tous côtés, à feu assez vif dans l'huile chaude. Ajoutez les oignons, le vinaigre, le sel, le sucre, le carvi, le poivre et ¼ t. d'eau, puis portez à ébullition. Couvrez et faites mijoter 2 h 30 à feu doux ou jusqu'à ce que la viande soit tendre, en la retournant de temps à autre. Entre-temps, râpez grossièrement le chou et jetez les côtes dures.
2. Mettez la viande cuite dans un grand plat et tenez-la au chaud. Dégraissez le jus de cuisson, ajoutez-y le chou et portez le tout à ébullition à feu assez vif. Couvrez et laissez mijoter 30 min à feu doux en remuant souvent, jusqu'à ce que le chou soit tendre.
3. Délayez la farine dans ¼ t. d'eau. Ajoutez-la lentement au chou en remuant et faites épaissir à feu moyen. Dressez le chou autour de la viande.

Bœuf braisé aux poivrons

Photo
page 53
Débutez
3 h avant
8 à 10 portions

2 c. à soupe d'huile à salade
3 gros poivrons verts ou rouges coupés en lanières de ½ po (1 cm)
1 morceau de bas de palette de 3 lb (1,35 kg), épais de 1½ po (4 cm)
1 oignon moyen émincé
¼ t. de sherry sec
2 c. à soupe de sauce soja
Eau
1 c. à soupe de fécule de maïs
1 c. à thé de sucre

1. Dans un grand faitout, cuisez les poivrons 3 min à feu assez vif dans l'huile chaude, en remuant sans arrêt avec une écumoire. Mettez-les dans un bol; couvrez et réfrigérez.
2. Saisissez la viande des deux côtés dans le restant d'huile à feu assez vif. Ajoutez l'oignon, le sherry, la sauce soja et 2 c. à soupe d'eau, puis portez à ébullition. Couvrez et laissez mijoter de 2 h à 2 h 30 à feu doux en ajoutant de l'eau si besoin est et en retournant la viande de temps en temps.
3. Mettez la viande dans un grand plat et tenez-la au chaud. Versez le jus de cuisson dans une tasse graduée. Prélevez 1 c. à soupe de graisse et remettez-la dans le faitout. Dégraissez le reste et ajoutez de l'eau si besoin est pour avoir 1½ t. de liquide.
4. Mélangez la fécule et le sucre à la graisse du faitout, puis le jus de cuisson. Faites épaissir à feu moyen sans cesser de brasser, puis réchauffez-y les poivrons.
5. Pour servir, dressez les poivrons autour de la viande et nappez-la de sauce.

Bœuf braisé à la mexicaine

Photo
page 52
Débutez
2 h 45 avant
10 à 12 portions

1 c. à soupe d'huile
3 gousses d'ail moyennes coupées en deux
1 morceau d'épaule à braiser de 3 lb (1,35 kg), épais de 1½ po (4 cm)
4 piments verts ou rouges en dés
2 oignons moyens en dés
16 oz (450 ml) de purée de tomates
¼ t. de vinaigre de vin rouge
1 c. à soupe de sucre
1 c. à soupe de sel
1 c. à thé de feuilles d'origan
4 poivrons verts moyens, coupés en quartiers
2 paquets de 10 oz (285 g) de grains de maïs surgelés

1 Faites dorer les gousses d'ail dans l'huile à salade chaude à feu assez vif, dans un grand faitout. Jetez ensuite les gousses d'ail.

2 Saisissez la viande de tous côtés dans la même huile. Réservez-la sur une assiette.

3 Faites revenir les piments et les oignons 10 min à feu moyen dans le faitout, en remuant souvent.

4 Ajoutez la viande, la purée de tomates, le vinaigre, le sucre, le sel et l'origan, puis portez à ébullition à feu vif. Couvrez et faites mijoter 1 h à feu doux.

5 Ajoutez les poivrons; couvrez et laissez mijoter 1 h de plus jusqu'à ce que la viande soit tendre sous la fourchette. Dégraissez soigneusement le jus de cuisson.

6 Ajoutez le maïs et ramenez à ébullition à feu vif; couvrez et faites mijoter 5 min à feu doux pour que les grains de maïs soient tendres.

Filets

Bœuf braisé sauce barbecue

Photo
page 50
Débutez
4 h avant
10 à 12
portions

2 c. à soupe d'huile à salade
1 morceau d'intérieur de palette de 5 lb (2,25 kg), épais de 2½ po (6 cm)
2 oignons moyens tranchés
1 gousse d'ail hachée
1 boîte de 7½ oz (213 ml) de sauce tomate
1 boîte de 5½ oz (156 ml) de pâte de tomates
⅔ t. de cassonade blonde
½ t. de vinaigre de cidre
1 c. à soupe de sel
2 c. à soupe de sauce Worcestershire
1 c. à thé de moutarde sèche
¼ c. à thé de poivre
2 feuilles de laurier
Brins de persil

1. Dans un grand faitout, saisissez la viande des deux côtés à feu assez vif dans l'huile chaude, puis réservez-la sur un plat.
2. Faites blondir l'ail et les oignons 5 min dans la même huile, à feu moyen, en remuant de temps en temps. Otez l'huile et ajoutez les autres ingrédients sauf le persil. Remuez et ajoutez la viande. Portez à ébullition à feu vif. Couvrez et laissez mijoter 3 h 15 à feu doux jusqu'à ce que la viande soit tendre, en la retournant une fois.
3. Dressez la viande sur un plat. Dégraissez le jus de cuisson et ôtez le laurier. Servez dans une saucière et garnissez la viande de persil.

Bœuf braisé au sherry et aux champignons

Photo
page 52
Débutez
3 h avant
8 à 10
portions

1 c. à soupe d'huile
1 morceau d'épaule à braiser désossée de 2¾ lb (1,25 kg), épais de 1½ po (4 cm)
¾ lb (340 g) de champignons
⅓ t. de sherry sec
Eau
1 c. à thé de sel
1 feuille de laurier
1 c. à soupe de beurre ou de margarine
1 c. à soupe de farine tout usage
Brins de persil

1. Dans une sauteuse, saisissez la viande des deux côtés à feu assez vif dans l'huile chaude. Réservez les têtes de six gros champignons, puis coupez les tiges ainsi que le reste des champignons en dés.
2. Mettez les champignons, le sherry, ⅓ t. d'eau, le sel et le laurier dans la sauteuse ; portez à ébullition, couvrez et faites mijoter 2 h à feu doux, en retournant la viande une fois.
3. 15 min avant la fin de la cuisson : Cannelez les champignons réservés en pratiquant une série d'incisions parallèles dans chacun des chapeaux, du sommet à la base. Evidez toutes les deux incisions, puis mettez les parties ainsi prélevées dans la sauteuse.
4. Dans un poêlon, faites revenir 5 min à feu modéré les têtes de champignons dans le beurre chaud en retournant une fois ; gardez au chaud.
5. Mettez le rôti sur une assiette et tenez-le au chaud. Délayez la farine dans 2 c. à soupe d'eau et versez-la peu à peu dans la sauteuse ; faites légèrement épaissir en remuant, puis ôtez le laurier.
6. Nappez la viande d'un peu de sauce et servez-la garnie des champignons cannelés et de persil. Présentez la sauce dans une saucière.

Filets mignons avec sauce aux câpres et à la moutarde

Photo
page 51
Débutez
30 min avant
6 portions

3 c. à soupe de beurre
6 biftecks de filet, épais de 1½ po (4 cm)
½ t. de vermouth sec
2 c. à soupe d'oignons verts hachés
½ t. d'eau
½ t. de crème épaisse ou à 35 p. 100
2 c. à soupe de câpres
2½ c. à thé de moutarde préparée
1 c. à thé de sel
½ c. à thé de mignonnette
1 cube ou sachet de bouillon aromatisé au bœuf
Cresson

1. Dans une bonne sauteuse, faites cuire 4 min à feu assez vif les biftecks dans le beurre chaud jusqu'à ce que le dessous soit doré ; retournez-les et cuisez encore 5 min pour une viande saignante. Tenez-les au chaud sur un plat de service.
2. Réduisez le feu et ajoutez le vermouth et les oignons verts au jus de cuisson ; cuisez environ 2 min en remuant pour détacher les sucs du fond de la sauteuse. Ajoutez l'eau, la crème, les câpres, la moutarde, le sel, la mignonnette et le cube de bouillon ; portez à ébullition.
3. Servez la viande garnie de cresson et présentez la sauce dans une saucière.

Chateaubriand

Photo
page 55
Débutez
1 h 30 avant
8 portions

8 gros artichauts
2 rôtis de surlonge roulée de 2 lb (900 g)
1 c. à soupe de sel
Sauce béarnaise (p. 463)

1. Préparez les artichauts (voir p. 277) en coupant les deux tiers des feuilles pour avoir des fonds de 1 po (2,5 cm) de haut. Cuisez les fonds, puis laissez-les refroidir un moment et ôtez le foin à la cuiller. Remettez les artichauts dans la casserole et tenez-les au chaud.
2. Allumez le gril si le mode d'emploi le précise. Salez les rôtis et placez-les sur la claie de la plaque du gril ; faites-les griller 15 min de chaque côté, si vous les aimez saignants.
3. Préparez la sauce béarnaise.
4. Otez les fonds d'artichauts de l'eau avec une écumoire ; faites-les égoutter sur du papier absorbant, puis versez un peu de béarnaise au centre de chacun. Coupez la viande en tranches épaisses ; dressez celles-ci au centre d'un grand plat de service chaud et entourez-les des artichauts farcis.

Service : Tranchez la viande et dressez-la sur le plat, entourée des artichauts farcis.

195

Tranches tendres

Bifteck de flanc

*1 bifteck de flanc de
première qualité de
1½ lb (700 g)
Sel assaisonné
Poivre assaisonné
2 tomates moyennes
Vinaigrette italienne en
bouteille
6 gros champignons*

Photo
page 51
Débutez
30 min avant
4 portions

1 Allumez le gril selon
le mode d'emploi. In-
cisez la viande des deux
côtés avec un couteau,
puis mettez-la sur la
claie de la plaque du gril.

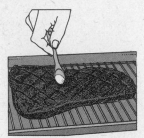

2 Saupoudrez-la de 1 c.
à thé de sel et d'une
pincée de poivre. Coupez
les tomates en deux.

3 Entourez le bifteck des
tomates badigeonnées
de vinaigrette, côté coupé
vers vous, puis grillez
5 min. Lavez et tranchez
les champignons.

4 Retournez la viande et
assaisonnez le second
côté de 1 c. à thé de sel et
d'une pincée de poivre.

5 Disposez les champignons en rangée sur la
plaque, puis badigeonnez-
les de vinaigrette.

6 Grillez le bifteck 5 ou
6 min de plus, selon
que vous le voulez sai-
gnant ou à point. Véri-
fiez s'il est prêt en en incisant le centre.

7 Découpez, en incli-
nant le couteau, de
minces tranches prises
sur la largeur. Servez
avec les légumes et arro-
sez de jus de cuisson.

Bifteck d'aloyau mariné

*1 tranche d'aloyau ou de
surlonge de 4 lb
(1,8 kg), épaisse de
1½ po (4 cm)
½ t. de bourgogne rouge*

*1 c. à soupe de sel
assaisonné
¼ c. à thé de poivre
assaisonné*

Photo
page 52
Débutez le
matin ou la
veille
10 à 12
portions

1. Mettez la viande dans un grand plat à four peu
profond. Arrosez-la de vin, couvrez-la et réfrigérez-la au moins 4 h ou toute la nuit, en la retournant de temps en temps.
2. *40 min avant de servir :* Allumez le gril selon le
mode d'emploi. Réservez la marinade et déposez la
viande avec des pinces sur la claie graissée de la
plaque. Salez et poivrez.
3. Pour une viande saignante, faites griller 30 min
en arrosant de temps en temps avec la marinade et
en retournant une fois.

MARINADE PIQUANTE : Reprenez l'étape 1 ci-dessus, mais en remplaçant le vin par ⅓ t. de sauce
*pour bifteck en bouteille, 3 c. à soupe de jus de ci-
tron, 2 c. à soupe d'huile* et *1½ c. à thé de sucre.* A
l'étape 2, remplacez le sel et le poivre assaisonnés
par ½ c. à thé de sel et ¼ c. à thé de poivre.

Biftecks Diane

*4 biftecks de faux-filet,
épais de ½ po (1 cm)
Sel
Poivre
4 c. à soupe de beurre
ou de margarine*

*¼ t. de brandy
2 petites échalotes
hachées
3 c. à soupe de ciboulette
hachée
½ t. de sherry sec*

Photo
page 52
Débutez
20 min avant
4 portions

1. Aplatissez la viande sur une planche avec un
maillet ou le dos d'un couteau, jusqu'à ce qu'elle
n'ait plus que ¼ po (5 mm) d'épaisseur, en la retournant de temps en temps. Salez et poivrez.
2. Sur un réchaud de table, faites dorer un bifteck
des deux côtés à feu vif dans 1 c. à soupe de corps
gras chaud.
3. Arrosez-le de 1 c. à soupe de brandy et faites
flamber. Dès que les flammes sont éteintes, ajoutez
un quart des échalotes et de la ciboulette, puis faites-les attendrir 1 min en remuant constamment.
Ajoutez 2 c. à soupe de sherry ; réchauffez.
4. Mettez le bifteck sur une assiette chaude et arrosez-le de la sauce au sherry. Tenez au chaud. Répétez avec les autres biftecks.

Aplatissez la viande
pour qu'elle ait ¼ po
(5 mm) d'épaisseur.

Flambez : Arrosez de
brandy et faites flamber
avec une allumette.

Bifteck de ronde à la diable

Photo page 54
Débutez 1 h 30 avant
12 à 14 portions

1 bifteck d'intérieur de ronde de 4 lb (1,8 kg), épais de 1½ po (4 cm)
6 c. à soupe de beurre ou de margarine, ramolli
1 c. à soupe de sauce Worcestershire

1 c. à thé de moutarde sèche
½ c. à thé de curry en poudre
¼ c. à thé de sel
¼ c. à thé de poivre
1 t. de chapelure

1. Préparez le barbecue. Entre-temps, ôtez l'excès de gras autour du bifteck. Mélangez le beurre (ou la margarine), la sauce Worcestershire, la moutarde, le curry, le sel et le poivre dans un petit bol.
2. Quand la braise est prête, faites griller le bifteck pendant 35 min pour une viande saignante, ou davantage, si vous l'aimez plus cuite, en le retournant de temps en temps.
3. Otez le steak du gril. Enduisez-en un des côtés de la moitié du beurre préparé avec une petite spatule en métal et saupoudrez-le de la moitié de la chapelure. Procédez de même de l'autre côté.
4. Remettez le bifteck sur le gril et faites-le griller 5 min de plus, ou jusqu'à ce que la chapelure soit dorée, en le retournant une fois.

GRILLADE AU FOUR : Allumez le gril selon le mode d'emploi, environ 1 h avant de servir. Mettez le bifteck sur la claie de la plaque du gril. Faites-le griller à 3 ou 5 po (8-13 cm) de la source de chaleur pendant 35 min, pour une viande saignante, en le retournant une fois. Retirez-le et assaisonnez-le comme ci-dessus avec le beurre préparé et la chapelure. Remettez-le au gril de 3 à 5 min, ou jusqu'à ce que la chapelure soit dorée.

Bifteck jardinière

Photo page 55
Débutez 1 h avant
12 à 14 portions

1 tranche d'intérieur de ronde de 4 lb (1,8 kg), épaisse de 1½ po (4 cm)
Attendrisseur non épicé
½ c. à thé d'origan
¼ c. à thé de poivre assaisonné
1 gousse d'ail hachée
3 gros poivrons verts ou rouges
3 c. à soupe d'huile à salade

1½ t. de céleri émincé
2 boîtes de 14 oz (398 ml) de tomates naines tranchées, égouttées
1 bocal de 14 oz (398 ml) de grosses olives farcies, égouttées et coupées en deux
2 c. à soupe de câpres égouttées

1. Allumez le gril selon le mode d'emploi. Incisez légèrement la viande des deux côtés avec un couteau tranchant. Saupoudrez-la d'attendrisseur en suivant le mode d'emploi, puis assaisonnez-la d'origan, de poivre et d'ail. Mettez-la sur la claie graissée du gril et faites-la cuire 35 min, pour une viande saignante, en la retournant une fois.
2. Videz les poivrons et tranchez-les en rondelles.
3. Dans une bonne sauteuse, faites-les revenir 10 min à feu assez vif dans l'huile à salade chaude avec le céleri. Ajoutez les tomates, les olives et les câpres, puis réchauffez.
4. Dressez la viande sur un grand plat chaud et entourez-la des légumes à l'aide d'une écumoire.

Biftecks Médicis

Photo page 53
Débutez 25 min avant
4 portions

4 c. à soupe de beurre ou de margarine
4 côtes d'aloyau désossées, épaisses de ¾ po (2 cm)
½ lb (225 g) de champignons coupés en tranches de ¼ po (5 mm)
¾ c. à thé de sel nature ou assaisonné
¼ t. de porto rouge
Persil haché

1 Dans une bonne sauteuse, grillez la viande des deux côtés à feu assez vif dans 2 c. à soupe de corps gras chaud.

2 Cuisez environ 3 min par côté, pour une viande saignante. Dressez les biftecks sur un grand plat et tenez-les au chaud.

3 Faites fondre le reste du corps gras à feu moyen dans la même sauteuse.

4 Ajoutez les champignons tranchés et le sel, puis faites revenir les champignons en remuant constamment.

5 Ajoutez le porto, puis raclez pour détacher les sucs.

6 Versez les champignons au porto sur les biftecks ; garnissez de persil haché et servez aussitôt.

197

Tranches tendres

Tranche de palette au sésame

Photo
page 50
Débutez le
matin ou
la veille
8 à 10
portions

½ t. d'huile à salade
⅓ t. de graines de sésame
4 oignons moyens
½ t. de sauce soja
¼ t. de jus de citron
1 c. à soupe de sucre
¼ c. à thé de
    mignonnette
2 gousses d'ail écrasées
1 tranche de palette de
    2½ lb (1,15 kg), de
    1 po (2,5 cm)
    d'épaisseur
Brins de cresson

1 A feu assez vif, faites dorer dans l'huile les graines de sésame en remuant avec une cuiller. Emincez les oignons.

2 Mélangez dans un plat à four de 13 po × 9 (33 cm × 23) le sésame, les oignons et les cinq ingrédients suivants.

3 Dégraissez la viande, enrobez-la de marinade et réfrigérez-la 8 h à couvert en la tournant de temps en temps.

4 *45 min avant de servir :* Allumez le gril. Mettez la tranche sur la claie de la plaque. Réservez la marinade ainsi que les oignons égouttés.

5 Faites griller la viande 25 min, si vous l'aimez saignante, badigeonnez-la souvent de marinade. Retournez-la une fois.

6 Faites revenir à feu moyen dans une sauteuse les oignons avec la marinade en remuant de temps en temps.

7 Dressez la tranche de palette et les oignons sur un grand plat chaud. Garnissez de brins de cresson.

Bifteck en cubes à la sauce tomate

Photo
page 53
Débutez
45 min avant
6 à 8 portions

¼ t. d'huile à salade
2 lb (900 g) de cubes de
    bifteck de bœuf ou de
    veau
6 tomates moyennes
Eau froide

¼ t. d'oignons verts
    hachés
2 c. à soupe de sucre
2 c. à thé de sel
2 c. à thé de basilic
2 c. à soupe de fécule
    de maïs

1. Dans une bonne sauteuse, saisissez à feu assez vif dans l'huile chaude quelques cubes de viande à la fois, 2 à 3 min de chaque côté ou davantage si vous aimez la viande plus cuite, puis réservez au chaud sur un plat de service. Hachez 3 tomates et tranchez les autres.
2. Ajoutez dans la même sauteuse, à feu moyen, ¼ t. d'eau, les tomates hachées, les oignons verts, le sucre, le sel et le basilic. Délayez la fécule dans ¼ t. d'eau, ajoutez-la peu à peu à l'appareil et faites épaissir en remuant sans arrêt. Ajoutez les tomates tranchées, laissez-les cuire quelques minutes, puis nappez la viande de sauce.

Brochettes de bœuf Teriyaki

Photo
page 53
Débutez
4 h avant ou
le matin
6 à 8 portions

1 tranche de 2 lb (900 g)
    d'intérieur de ronde
    de 1 po (2,5 cm)
    d'épaisseur
¼ t. de cassonade blonde
¼ t. de sauce soja
2 c. à soupe de jus de
    citron

1 c. à soupe d'huile à
    salade
¼ c. à thé de gingembre
    moulu
1 gousse d'ail hachée
1 petit ananas coupé en
    cubes de 1 po (2,5 cm)

1. Otez l'ourlet de gras de la tranche et coupez la viande en cubes de 1 po (2,5 cm).
2. Mélangez la cassonade, la sauce soja, le jus de citron, l'huile, le gingembre et l'ail, puis ajoutez-y les cubes de bœuf. Réfrigérez au moins 3 h à couvert en remuant souvent.
3. *Environ 30 min avant de servir :* Allumez le gril selon le mode d'emploi. Enfilez, en les alternant, la viande et l'ananas sur des brochettes en métal de 12 po (30 cm). (Comme l'ananas est un attendrisseur, préparez vos brochettes à la dernière minute, sinon la viande pourrait devenir caoutchouteuse.)
4. Faites-les griller 15 min, si vous aimez la viande saignante, en les arrosant de marinade de temps à autre et en les tournant une fois. Incisez un cube pour vérifier le degré de cuisson.

Marinade : Mélangez le bœuf à la marinade ; réfrigérez à couvert 3 h en remuant souvent.

Brochettes : Juste avant de la griller, enfilez la viande avec l'ananas sur les brochettes.

Tranches assez tendres

Carbonade

Photo
page 51
Débutez
1 h 30 avant
8 portions

2 tranches de palette désossée de 1 po (2,5 cm) d'épaisseur (2¾ lb ou 1,25 kg chacune)
4 c. à soupe de beurre ou de margarine
2 gros oignons tranchés
1 petite gousse d'ail hachée
1 cube ou sachet de bouillon de bœuf

½ c. à thé de sel nature ou assaisonné
¼ c. à thé de thym
1 pincée de mignonnette
¾ t. de bière
1 c. à soupe de farine tout usage

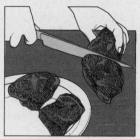

1 Coupez chaque tranche en quatre sur une planche à découper.

2 Dans une grande sauteuse, saisissez des deux côtés, à feu assez vif et dans 2 c. à soupe de beurre, quelques morceaux de viande à la fois. Réservez-les sur un plat.

3 Faites fondre le reste de beurre à feu moyen dans la même sauteuse ; faites-y revenir l'ail et l'oignon environ 10 min en remuant.

4 Ajoutez le bouillon, le sel, le thym, le poivre et ½ t. de bière en remuant pour détacher les sucs du fond. Portez à ébullition avec la viande.

5 Couvrez et faites mijoter 50 min à feu doux, jusqu'à ce que la viande soit tendre, en la tournant une fois. Tenez au chaud sur un plat.

6 Pour préparer la sauce, commencez par dégraisser soigneusement le jus de cuisson. Dans une petite tasse, délayez à la cuiller la farine dans le reste de bière, puis versez lentement le tout dans la sauteuse. Cuisez à feu moyen en remuant sans cesse jusqu'à ce que la sauce soit lisse et épaisse. Nappez-en la viande et présentez le reste dans une saucière.

Tranche de palette relevée

Photo
page 54
Débutez
2 h avant
8 à 10 portions

1 c. à soupe d'huile
1 tranche de 3 lb (1,35 kg) de bas de palette, épaisse de 1 po (2,5 cm)
½ t. de sauce pour bifteck

¼ t. d'eau
3 c. à soupe de cassonade
2 c. à soupe de moutarde préparée
1 c. à thé de jus de citron
Brins de persil

1. Dans une bonne sauteuse, faites revenir la viande des deux côtés à feu assez vif dans l'huile chaude.
2. Mélangez dans une tasse la sauce pour bifteck, l'eau, la cassonade, la moutarde et le jus de citron. Versez sur la viande et portez à ébullition. Couvrez et faites mijoter 1 h 30 à feu doux jusqu'à ce que la viande soit tendre, en la tournant une fois.
3. Dressez-la sur un grand plat chaud à l'aide de spatules à crêpes et garnissez de persil. Dégraissez le jus de cuisson et servez-le dans une saucière ou nappez-en la viande.

BŒUF CRÉOLE : Reprenez l'étape 1 ci-dessus, mais en utilisant un grand faitout, puis procédez de la façon suivante : retirez la viande du faitout et mélangez au gras de cuisson *¼ t. de farine tout usage* en remuant sans cesse jusqu'à ce qu'elle prenne couleur et épaississe. Ajoutez *2 grosses côtes de céleri, 1 poivron vert et 1 oignon moyens*, coupés en dés ; faites-les revenir environ 10 min à feu moyen. Ajoutez *1 boîte de 14 oz (398 ml) de tomates étuvées, 1 c. à soupe de sucre, 2½ c. à thé de sel* et *½ c. à thé de sauce au piment fort*. Remettez la viande dans la sauteuse et faites cuire le tout.

Bœuf aux poireaux et aux carottes

Photo
page 54
Débutez
2 h avant
6 à 8 portions

1 c. à soupe d'huile à salade
1 tranche de 2½ lb (1,15 kg) d'intérieur de palette, épaisse de 1 po (2,5 cm)
1 cube ou sachet de bouillon de bœuf
1 feuille de laurier

½ c. à thé de sel
¼ c. à thé de feuilles de thym
1 pincée de poivre
Eau
3 gros poireaux
6 grosses carottes
1 c. à soupe de farine tout usage

1. Dans un grand faitout, saisissez la viande des deux côtés à feu assez vif dans l'huile chaude. Ajoutez le bouillon de bœuf, le laurier, le sel, le thym, le poivre et 1 t. d'eau, puis portez à ébullition. Couvrez et faites mijoter 1 h 15 à feu doux ou jusqu'à ce que la viande soit presque tendre sous la fourchette.
2. Entre-temps, coupez les racines des poireaux et ôtez les feuilles dures. Tranchez-les en deux en longueur et passez-les sous l'eau froide pour en déloger tout le sable. Détaillez-les en tronçons de 2 po (5 cm), puis émincez les carottes.
3. Disposez les légumes autour de la viande. Couvrez et faites cuire 20 min de plus ou jusqu'à ce que la viande et les légumes soient tendres ; jetez le laurier. Délayez la farine dans ¼ t. d'eau et ajoutez-la à l'appareil en remuant. Faites épaissir à feu moyen en remuant sans arrêt.

Tranches assez tendres

Photo
page 55
Débutez
2 h 30 avant
8 à 10
portions

Bifteck à la suisse

1 tranche d'épaule
  désossée de 2½ à 3 lb
  (1,15-1,35 kg), épaisse
  de 1 po (2,5 cm)
2 c. à soupe de farine
  tout usage
3 c. à soupe d'huile
2 gros oignons émincés
1 petit poivron vert,
  coupé en dés
1 boîte de 7½ oz
  (213 ml) de sauce
  tomate

1 petite gousse d'ail
  hachée
1 c. à thé de sel
¼ c. à thé de poivre
1 feuille de laurier
Purée de pommes de
  terre, nouilles au
  beurre ou riz cuit
  (facultatif)
Feuilles de céleri
  (facultatif)

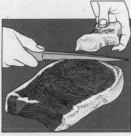

1 Mettez la tranche d'épaule sur une planche, ôtez-en l'excès de gras, puis couvrez-en un côté de la moitié de la farine.

2 Aplatissez la viande au maillet. Retournez-la et farinez le second côté avant de l'aplatir de nouveau.

3 Saisissez la viande des deux côtés à feu assez vif dans l'huile chaude, puis réservez-la sur un plat.

4 Faites blondir les oignons avec le poivron vert dans le gras de cuisson, en remuant souvent, pendant environ 5 min.

5 Ajoutez la sauce tomate, les quatre ingrédients suivants et la viande. Portez à ébullition, couvrez et faites mijoter 2 h, en tournant la viande une fois.

6 Dressez la viande sur un plat chaud. Otez le laurier et dégraissez le jus de cuisson. Servez avec une purée de pommes de terre et décorez de feuilles de céleri.

Photo
page 53
Débutez
2 h 15 avant
6 à 8 portions

Bœuf anisé à l'orientale

1 botte d'oignons verts
½ t. de sherry sec
¼ t. de sauce soja
1 c. à soupe de sucre
2 c. à thé de graines
  d'anis
½ c. à thé de gingembre
  moulu

Eau
1 tranche d'environ 2 lb
  (900 g) d'épaule de
  bœuf désossée, épaisse
  de 1½ po (4 cm)
2 c. à thé de fécule de
  maïs
Riz chaud

1. Parez les oignons et coupez-les en morceaux de 1 po (2,5 cm). Mettez-en la moitié dans une sauteuse moyenne avec le sherry, la sauce soja, le sucre, l'anis, le gingembre et ¼ t. d'eau. Ajoutez la viande et portez à ébullition à feu vif. Couvrez et laissez mijoter 1 h 45 à feu doux, en tournant la viande une fois.
2. Tenez la viande cuite au chaud sur un plat de service. Délayez la fécule dans ¼ t. d'eau et ajoutez-la lentement au jus de cuisson. Faites épaissir à feu moyen en remuant sans arrêt. Ajoutez le reste des oignons. Coupez la viande en tranches minces, nappez-la de sauce et servez-la accompagnée de riz chaud.

Photo
page 50
Débutez
1 h 45 avant
4 à 6 portions

Tranche de palette à la crème sure

1 c. à soupe d'huile
4 tranches de palette
  désossée de 1 po
  (2,5 cm) d'épaisseur
  (environ 1½ lb ou
  700 g)
⅓ t. d'eau
1 cube ou sachet de
  bouillon de bœuf

½ c. à thé de sel
1 pincée de poivre
½ paquet de 13 oz (375 g)
  de nouilles aux œufs
1 contenant de 8¾ oz
  (250 ml) de crème sure
½ c. à thé d'aneth frais
Cresson

1. Saisissez la viande des deux côtés à feu assez vif dans l'huile chaude. Versez l'eau et le bouillon dans la sauteuse, puis ajoutez le sel et le poivre. Portez à ébullition, couvrez et faites mijoter 1 h 15 à feu doux, en tournant la viande une fois.
2. Faites cuire les nouilles selon le mode d'emploi.
3. Réservez la viande sur un grand plat chaud. Egouttez les nouilles et dressez-les avec la viande. Mélangez la crème sure et l'aneth au jus de cuisson et faites épaissir en remuant (sans laisser bouillir). Nappez la viande d'un peu de sauce et servez le reste dans une saucière. Garnissez de cresson.

Service : Nappez la viande et les nouilles d'un peu de sauce, et servez le reste dans une saucière. Garnissez de cresson.

Bœuf braisé à la César

⅓ t. d'huile d'olive
2 gousses d'ail tranchées
4 tranches de baguette de ½ po (1 cm), coupées en biais
4 biftecks de noix de ronde de 1 po (2,5 cm) d'épaisseur (environ 1½ lb ou 700 g)
1 boîte de 1¾ oz (50 g) de filets d'anchois, égouttés

1 c. à soupe de sauce Worcestershire
1 c. à thé de jus de citron
¼ c. à thé de moutarde sèche
Eau
1 c. à soupe de farine tout usage
Persil haché

Photo page 51
Débutez 1 h 45 avant
4 portions

1. Faites dorer l'ail à feu moyen dans l'huile chaude, puis jetez-le. Versez toute l'huile dans un bol, sauf 1 c. à soupe.
2. Faites dorer le pain des deux côtés dans la sauteuse en ajoutant un peu d'huile aromatisée à l'ail au besoin. Réservez-le sur un plat.
3. Réchauffez à feu assez vif l'huile réservée dans la même sauteuse. Ajoutez la viande et faites-la revenir des deux côtés, puis hachez suffisamment de filets d'anchois pour en avoir 1 c. à soupe.
4. Ajoutez-les aux biftecks avec la sauce Worcestershire, le jus de citron, la moutarde et ⅓ t. d'eau. Portez à ébullition, puis couvrez et faites mijoter 1 h 15 à feu doux, pour que la viande soit tendre.
5. Dressez les biftecks sur le pain et tenez-les au chaud. Délayez la farine dans ¼ t. d'eau, ajoutez-la au jus de cuisson et faites épaissir à feu moyen en remuant. Nappez-en les biftecks et servez le reste à part. Garnissez de persil et d'anchois.

Bœuf Stroganoff

1 c. à soupe de beurre
4 tranches d'épaule désossée, de 1 po (2,5 cm) d'épaisseur (environ 1½ lb ou 700 g)
1 oignon moyen tranché
1 c. à thé de sel
1 pincée de poivre
Eau

1 boîte de 10 oz (284 ml) de champignons entiers
8 oz (225 g) de larges nouilles aux œufs
1 c. à soupe de farine tout usage
½ t. de crème sure
1 c. à soupe de persil haché (facultatif)

Photo page 54
Débutez 1 h 45 avant
4 à 6 portions

1. Dans une bonne sauteuse et à feu assez vif, faites revenir la viande des deux côtés avec les oignons dans le beurre chaud, pendant environ 10 min ou pour que le tout soit bien doré. Ajoutez le sel, le poivre, ¼ t. d'eau et le jus des champignons. Portez à ébullition, couvrez et laissez mijoter 1 h 15 à feu doux ou jusqu'à ce que la viande soit tendre. Ajoutez les champignons et réchauffez-les.
2. Environ 20 min avant que la viande ne soit prête, faites cuire les nouilles; égouttez-les et transvasez-les à la cuiller sur un plat chaud.
3. Dressez les biftecks et les champignons sur les nouilles, puis réservez au chaud. Délayez la farine dans ¼ t. d'eau, versez-la lentement dans le jus de cuisson et faites épaissir à feu moyen en remuant. Ajoutez la crème sure et réchauffez-la (sans laisser bouillir). Versez la sauce sur la viande et les nouilles. Parsemez de persil haché et servez.

Bifteck de flanc farci au céleri

1 bifteck de flanc de 2 lb (900 g)
Poivre
1 t. de chapelure fraîche
¾ t. de céleri en dés
1 petit oignon haché
Beurre ou margarine
½ c. à thé de sel
1 pincée de thym

Eau
Farine tout usage
1 c. à soupe de fécule de maïs
¼ c. à thé de gingembre moulu

Photo page 51
Débutez 2 h 30 avant
6 à 8 portions

1. Incisez le bifteck en losanges des deux côtés avec un grand couteau tranchant; poivrez-le.
2. Mélangez dans un bol la chapelure, le céleri, l'oignon, 1 c. à soupe de corps gras fondu, le sel, le thym, 1 pincée de poivre et 2 c. à soupe d'eau. Recouvrez-en un côté du bifteck jusqu'à 1 po (2,5 cm) des bords, puis enroulez-le en longueur, comme un gâteau roulé, et maintenez-le avec des cure-dents. Farinez-le légèrement sur du papier ciré.
3. Faites revenir la viande des deux côtés à feu assez vif dans 2 c. à soupe de corps gras que vous aurez fait fondre dans un grand faitout. Ajoutez 1 t. d'eau et portez à ébullition. Couvrez et faites mijoter 2 h à feu doux, jusqu'à ce que la viande soit tendre. Remuez la sauce de temps à autre et ajoutez-y de l'eau au besoin. Dressez la viande sur un plat, ôtez les cure-dents et tenez-la au chaud.
4. Délayez la fécule et le gingembre dans 2 c. à soupe d'eau froide; ajoutez-les au jus de cuisson dans le faitout et faites épaissir à feu moyen en remuant sans arrêt. Ajoutez de l'eau, au besoin. Servez la sauce dans une saucière, pour accompagner le bifteck.

Incisions: Incisez le bifteck en losanges des deux côtés avec un couteau tranchant.

Farce: Etalez la farce et roulez le bifteck en longueur; maintenez-le ainsi avec des cure-dents.

Service: Tranchez le bifteck et servez la sauce séparément, dans une saucière.

Ragoûts

Ragoût de bœuf

2½ lb (1,15 kg) de bœuf
⅓ t. de farine tout usage
⅓ t. d'huile à salade
1 gros oignon haché
1 gousse d'ail hachée
3 t. d'eau
4 cubes de bouillon de bœuf
1 c. à thé de sel
½ c. à thé de sauce
  Worcestershire
¼ c. à thé de poivre
5 pommes de terre
  moyennes, en cubes
16 oz (450 g) de carottes,
  en tronçons
10 oz (300 g) de petits
  pois surgelés

Photo
page 54
Débutez
3 h 30 avant
8 à 10
portions

1 Coupez la viande en cubes de 1½ po (4 cm). Farinez-la sur du papier ciré et réservez le reste de farine. Chauffez l'huile à feu assez vif dans un faitout.

2 Faites-y revenir quelques cubes de viande à la fois et réservez-les dès qu'ils ont bruni. Baissez à feu moyen.

3 Faites revenir 3 min l'ail et l'oignon dans la même huile, en remuant. Incorporez-y le reste de farine.

4 Ajoutez peu à peu l'eau, le bouillon, le sel, la sauce Worcestershire et le poivre; faites épaissir en remuant.

5 Ajoutez la viande, puis portez à ébullition en remuant. Couvrez et faites mijoter 2 h 30 en remuant parfois.

6 Ajoutez les pommes de terre et les carottes; portez à ébullition à feu moyen, couvrez et faites mijoter 20 min.

7 Ajoutez les petits pois, couvrez et faites mijoter de 5 à 10 min ou jusqu'à ce qu'ils soient tendres. Servez aussitôt.

Bœuf bourguignon

1 paquet de 8 oz (225 g) de bacon coupé en longueurs de 1 po (2,5 cm)
20 petits oignons blancs
3 lb (1,35 kg) de bœuf à ragoût en cubes de 2 po (5 cm)
Farine tout usage
1 grosse carotte hachée
1 gros oignon haché
¼ t. de brandy
2 gousses d'ail écrasées
2 c. à thé de sel
½ c. à thé de feuilles de thym broyées
¼ c. à thé de poivre
1 feuille de laurier
3 t. de bourgogne rouge
Beurre ou margarine
1 lb (450 g) de champignons tranchés

Photo
page 53
Débutez
4 h 30 avant
10 portions

1. Faites dorer le bacon à feu assez vif dans un grand faitout. Retirez-le avec une écumoire et mettez-le à égoutter sur du papier absorbant; réservez.

2. Ne conservez que 3 c. à soupe de gras dans le faitout et faites-y blondir les petits oignons blancs, en remuant de temps en temps. Transvasez-les dans un petit bol en vous servant d'une écumoire; réservez.

3. Entre-temps, enrobez les cubes de viande de 3 c. à soupe de farine tout usage sur du papier ciré. Faites-en revenir plusieurs morceaux à la fois à feu assez vif dans le faitout et retirez-les-en dès qu'ils sont bien dorés.

4. Faites revenir 5 min à feu moyen la carotte et l'oignon hachés dans le gras de cuisson, en remuant souvent. Remettez la viande dans le faitout, arrosez-la de brandy et faites-la flamber. Une fois que les flammes se sont éteintes, ajoutez le bacon réservé, l'ail, le sel, le thym, le poivre, le laurier et le bourgogne. Couvrez et faites cuire au four à 325°F (160°C) pendant 3 h 30 ou jusqu'à ce que la viande soit tendre sous la fourchette.

5. Environ 1 h avant que la viande ne soit prête, chauffez 2 c. à soupe de corps gras dans une sauteuse et faites-y revenir les champignons 7 min à feu moyen, jusqu'à ce qu'ils soient bien dorés.

6. Entre-temps, préparez un beurre manié dans un petit bol avec 2 c. à soupe de beurre ramolli et 2 c. à soupe de farine.

7. Retirez le faitout du four. Incorporez au jus de cuisson le beurre manié, une demi-cuillerée à la fois, en remuant après chaque addition pour que la sauce soit homogène. Ajoutez les oignons blancs et les champignons réservés. Couvrez et enfournez jusqu'à ce que les oignons soient tendres. Servez aussitôt.

Flambée : Arrosez le bœuf et les légumes de brandy et flambez aussitôt avec une allumette.

Liaison : Ajoutez ½ c. à thé de beurre manié à la fois, en remuant bien. Remettez au four.

30 sept. 1992

Photo page 50
Débutez 3 h avant
6 à 8 portions

Ragoût de bœuf à la californienne

3 tranches de bacon
  coupées en dés
2 lb (900 g) de bœuf à
  ragoût coupé en cubes
Eau
1 t. de vin rouge sec
1 cube de bouillon de
  bœuf
2 gousses d'ail hachées
½ petit oignon haché
2 c. à thé de sel
¼ c. à thé de thym

1 lanière de zeste
  d'orange
18 petits oignons blancs
¾ lb (340 g) de petits
  champignons
2 c. à soupe de fécule de
  maïs
10 oz (300 g) de petits
  pois surgelés
½ t. d'olives noires
  dénoyautées et
  égouttées

1. Faites frire le bacon à feu assez vif dans un faitout ; poussez-le contre les parois du récipient.
2. Faites revenir la viande dans la graisse. Ajoutez 1 t. d'eau, le vin et les six ingrédients suivants, puis portez à ébullition. Couvrez et cuisez 2 h 30 à feu doux, jusqu'à ce que la viande soit tendre.
3. Cuisez les oignons 10 min à couvert et à feu vif dans 1 po (2,5 cm) d'eau bouillante salée. Ajoutez les champignons, cuisez 5 min de plus et égouttez.
4. Délayez la fécule dans 3 c. à soupe d'eau ; ajoutez-la au ragoût, puis faites épaissir à feu moyen en remuant. Ajoutez les oignons, les champignons, les petits pois et les olives ; couvrez et cuisez 10 min ou jusqu'à ce que les pois soient tendres.

Photo page 52
Débutez le matin
6 à 8 portions

Ragoût de bœuf à l'autocuiseur

½ t. de vin rouge
2 c. à soupe d'huile
2 lb (900 g) de bœuf à
  ragoût coupé en cubes
¼ lb (115 g) de petit salé
  maigre coupé en cubes
1 boîte de 14 oz (398 ml)
  de tomates
1 gros oignon haché
1 grosse carotte hachée
1 côte de céleri hachée
½ gousse d'ail hachée

1 feuille de laurier
1½ c. à thé de sel
1 c. à thé de thym
3 brins de persil
12 olives farcies, en
  moitiés
3 oz (100 ml) de
  champignons entiers
  en boîte, égouttés
Nouilles cuites
  (facultatif)

1. Mélangez le vin et l'huile dans un grand bol. Ajoutez la viande et enrobez-la bien. Réfrigérez au moins 4 h à couvert, en remuant souvent.
2. Environ 30 min avant de servir: Egouttez la viande. Faites dorer le petit salé à feu assez vif dans un autocuiseur, puis faites-y revenir le bœuf. Ajoutez les tomates avec leur jus et les autres ingrédients, sauf les champignons et les nouilles. Couvrez et réglez l'autocuiseur à une pression de 15 lb ; cuisez 20 min. Retirez l'autocuiseur du feu, réduisez la pression, puis enlevez le couvercle. Ajoutez les champignons et réchauffez-les. Otez le persil et le laurier. Servez sur un lit de nouilles (facultatif).

Steak and Kidney Pie

1 rognon de bœuf
  d'environ 1 lb (450 g)
2½ lb (1,15 kg) de bœuf
  à ragoût coupé en
  cubes de 1 po (2,5 cm)
¼ t. de farine tout usage
Huile à salade
1 gros oignon haché
½ t. de vin rouge sec ou
  de bière
Eau
2 cubes ou sachets de
  bouillon de bœuf
2 c. à thé de sauce
  Worcestershire

¼ c. à thé de poivre
Pâte pour un fond de
  tarte de 9 po (23 cm)
  (p. 344)
1 jaune d'œuf

Photo page 53
Débutez 3 h 45 avant
8 à 10 portions

1 Lavez le rognon, ôtez la membrane et le nœud central, puis coupez-le en cubes de 1 po (2,5 cm).

2 Farinez les cubes de bœuf et de rognon sur du papier ciré, puis chauffez 3 c. à soupe d'huile à feu assez vif dans un faitout.

3 Faites-y revenir plusieurs cubes de viande à la fois. Otez-les dès qu'ils sont dorés et ajoutez de l'huile au besoin.

4 Faites revenir les oignons dans la même huile à feu moyen, pendant 3 min, en remuant de temps en temps.

5 Ajoutez le vin, ½ t. d'eau, le bouillon, la sauce Worcestershire et le poivre en remuant pour dissoudre les cubes.

6 Ajoutez la viande et portez à ébullition. Couvrez et faites mijoter 2 h à feu doux, pour que la viande soit tendre.

7 Versez le tout dans une cocotte et portez le four à 400°F (200°C). Abaissez la pâte en un disque 1 po (2,5 cm) plus grand que la cocotte.

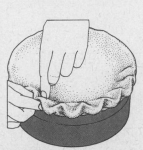

8 Recouvrez le mélange de l'abaisse, puis dressez-en les bords et cannelez-les.

9 Battez le jaune d'œuf avec 1 c. à thé d'eau, badigeonnez-en l'abaisse, puis incisez celle-ci avec la pointe d'un couteau.

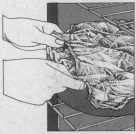

10 Cuisez 40 min au four jusqu'à ce que la pâte soit dorée. Si elle brunit trop vite, couvrez-la de papier d'aluminium.

Haut-de-côtes et jarret

Haut-de-côtes aux fines herbes

Photo page 53
Débutez 3 h avant
4 portions

Farine tout usage
3 lb (1,35 kg) de haut-de-côtes
2 c. à soupe d'huile à salade ou de graisse végétale
Eau
1 petit oignon haché
2 c. à soupe de ketchup
2 c. à thé de sel
¼ c. à thé de poivre
¼ c. à thé de feuilles de thym broyées

1 Farinez la viande à l'aide de pinces dans ¼ t. de farine, étalée sur du papier ciré.

2 Faites-la revenir à feu assez vif dans le corps gras que vous aurez d'abord fait chauffer dans une sauteuse pouvant aller au four.

3 Ajoutez-y ½ t. d'eau, l'oignon, le ketchup, le sel, le poivre et le thym broyé.

4 Couvrez la sauteuse et cuisez au four à 350°F (180°C) pendant 2 h 30, en remuant une ou deux fois.

5 Dressez la viande sur un plat avec une écumoire, puis tenez-la au chaud, le temps de faire la sauce.

6 Ne gardez que 3 c. à soupe de gras dans la sauteuse, avec les sucs de viande; mélangez-y 2 c. à soupe de farine à feu moyen.

7 Ajoutez lentement 1¼ t. d'eau et faites épaissir en remuant sans arrêt. Nappez la viande de sauce à la cuiller.

Haut-de-côtes sauce barbecue

Photo page 54
Débutez le matin ou la veille
6 à 8 portions

5 lb (2,25 kg) de haut-de-côtes
Eau
1½ t. de ketchup
½ t. de vinaigre blanc
⅓ t. de cassonade brune tassée
1 c. à soupe de sauce Worcestershire

2 c. à thé de zeste de citron râpé
1½ c. à thé de moutarde sèche
¾ c. à thé de sel d'ail
¼ c. à thé de poivre

1. Mettez la viande dans un grand faitout, couvrez-la d'eau et portez à ébullition à feu vif. Couvrez et faites mijoter 2 h à feu doux ou jusqu'à ce que la viande soit tendre. Mettez les côtes dans un plat, couvrez et réfrigérez.

2. *Environ 1 h avant de servir:* Préparez le barbecue. Mélangez dans un petit bol le ketchup et les autres ingrédients. Placez la viande sur la grille et cuisez-la de 20 à 25 min pour la réchauffer, en la badigeonnant de temps en temps de sauce au ketchup et en la tournant souvent.

Première cuisson: Faites mijoter la viande pendant 2 h, puis réfrigérez-la à couvert.

Grillade: Chauffez la viande sur la braise en la badigeonnant de sauce et en la tournant souvent.

GRILLADE AU FOUR: Suivez la recette ci-dessus et, 40 min avant de servir, allumez le gril, selon le mode d'emploi. Placez la viande sur la grille de la lèchefrite et faites-la griller de 20 à 25 min en la badigeonnant de temps à autre de sauce au ketchup et en la tournant une fois.

Jarret de bœuf aux légumes

Photo page 55
Débutez 4 h avant
8 portions

3 c. à soupe d'huile à salade
8 tranches de jarret, coupe du centre, de 1 po (2,5 cm) d'épaisseur
2 boîtes de 10 oz (284 ml) de potage aux tomates concentré
Eau

¼ t. de sucre
1 c. à soupe de sel
¼ c. à thé de poivre
10 grosses carottes coupées en deux
6 petits oignons coupés en deux
10 oz (280 g) de haricots de Lima surgelés

1. Dans un bon faitout faites revenir la viande à feu assez vif dans l'huile chaude.

2. Ajoutez le potage, 2 t. d'eau, le sucre, le sel et le poivre, puis portez à ébullition. Couvrez et faites mijoter 2 h 15 en remuant de temps en temps.

3. Faites-y cuire les carottes 40 min, et les oignons 30 min. Ajoutez les haricots et cuisez encore 10 min jusqu'à ce que le tout soit tendre. Servez aussitôt.

Pointe de poitrine

Pot-au-feu Nouvelle-Angleterre

1 tranche de poitrine de
bœuf désossée de 4 à
5 lb (1,8-2,25 kg)
1 gousse d'ail
1 feuille de laurier
½ c. à thé de grains de
poivre
Eau
1 rutabaga moyen
1 chou moyen
16 carottes moyennes
16 petites pommes de
terre rouges

Photo page 50
Débutez 3 h 30 avant
4 à 16 portions

1 Mettez le bœuf, l'ail, le laurier et le poivre dans un grand faitout. Recouvrez la viande d'eau et portez à ébullition à feu vif.

2 Couvrez et faites mijoter de 3 h à 3 h 30 à feu doux jusqu'à ce que la viande soit tendre. Otez-la avec une écumoire et tenez au chaud.

3 Coupez le rutabaga et le chou en quartiers et mettez-les à cuire dans le faitout avec les autres légumes.

4 Portez à ébullition à feu vif. Couvrez et faites mijoter 30 min à feu doux ou jusqu'à ce que les légumes soient tendres.

5 Pour servir, tranchez le bœuf et dressez-le sur un grand plat, avec le rutabaga, le chou, les carottes et les pommes de terre.

BŒUF SALÉ AU CHOU: Suivez la recette ci-dessus en remplaçant la viande par la même quantité de *poitrine de bœuf salé désossée* et en employant seulement *1 gros chou,* coupé en fins quartiers, comme légume; cuisez de 3 h à 3 h 30, jusqu'à ce que la viande soit tendre. Ajoutez les quartiers de chou 15 min avant la fin de la cuisson.

AUTRES LÉGUMES: Remplacez les légumes de la première recette par l'un ou l'autre de ceux-ci: un contenant de 10 oz (280 g) de choux de Bruxelles, 1 lb (450 g) de haricots verts entiers, 8 petits oignons blancs, 4 panais moyens coupés en cubes de 2 po (5 cm) et 4 navets moyens coupés en deux.

Bœuf haché

Quand la viande hachée provient d'une coupe précise, elle en porte généralement le nom; toutefois, si elle est faite de coupes moins tendres, elle est simplement étiquetée « bœuf haché » et on en indique la proportion de gras.

Bœuf haché — environ 75 p. 100 de maigre; c'est le moins coûteux; on l'emploie généralement pour les hamburgers, les sauces à la viande et tous les plats qu'on peut dégraisser pendant la cuisson.

Bœuf haché mi-maigre — environ 80 p. 100 de maigre; pour de bons hamburgers maigres, les pains de viande, les boulettes et tout autre plat dont les ingrédients, comme la chapelure ou les nouilles, peuvent absorber le gras.

Bœuf haché maigre — environ 85 p. 100 de maigre; recommandé pour les régimes où il est important d'éliminer le plus de gras possible.

Hamburgers

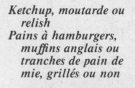

1 lb (450 g) de bœuf haché mi-maigre
2 c. à soupe d'oignons hachés
1 c. à thé de sel
¼ c. à thé de poivre

Ketchup, moutarde ou relish
Pains à hamburgers, muffins anglais ou tranches de pain de mie, grillés ou non

Photo page 52
Débutez 20 min avant
4 portions

1 Mélangez à la cuiller le bœuf, l'oignon, le sel et le poivre.

2 Façonnez le mélange en quatre galettes de 1 po (2,5 cm) d'épaisseur.

3 Faites chauffer la poêle à feu moyen et cuisez-y les galettes 3 ou 4 min par côté, en les tournant une fois.

4 Servez les hamburgers nature ou avec l'une des garnitures suggérées, dressés ou non sur du pain.

HAMBURGERS AU GRIL: Allumez le gril selon le mode d'emploi. Préparez le mélange au bœuf et façonnez de grosses galettes. Faites-les griller 8 min à 2 po (5 cm) de la source de chaleur en les tournant une fois. A la toute fin de la cuisson, vous pouvez les couvrir de *1 tranche de cheddar,* de ketchup, de chili ou encore de sauce soja.

Bœuf haché

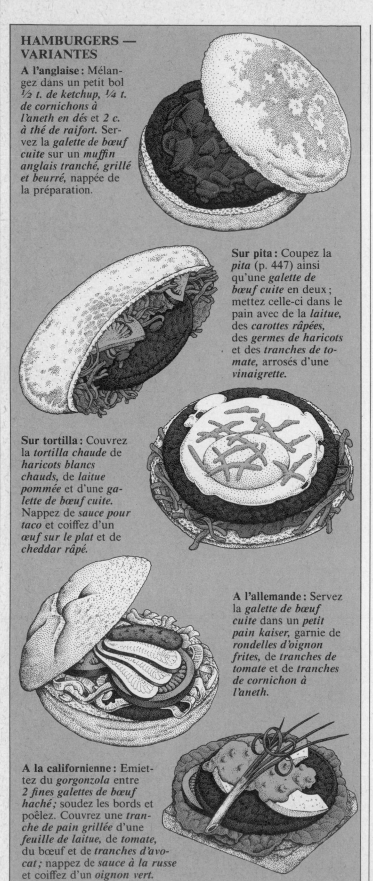

HAMBURGERS — VARIANTES

A l'anglaise : Mélangez dans un petit bol ½ t. de ketchup, ¼ t. de cornichons à l'aneth en dés et 2 c. à thé de raifort. Servez la *galette de bœuf cuite* sur un *muffin anglais tranché, grillé et beurré*, nappée de la préparation.

Sur pita : Coupez la *pita* (p. 447) ainsi qu'une *galette de bœuf cuite* en deux ; mettez celle-ci dans le pain avec de la *laitue*, des *carottes râpées*, des *germes de haricots* et des *tranches de tomate*, arrosés d'une *vinaigrette*.

Sur tortilla : Couvrez la *tortilla chaude* de *haricots blancs chauds*, de *laitue pommée* et d'une *galette de bœuf cuite*. Nappez de *sauce pour taco* et coiffez d'un *œuf sur le plat* et de *cheddar râpé*.

A l'allemande : Servez la *galette de bœuf cuite* dans un *petit pain kaiser*, garnie de *rondelles d'oignon frites*, de *tranches de tomate* et de *tranches de cornichon à l'aneth*.

A la californienne : Emiettez du *gorgonzola* entre *2 fines galettes de bœuf haché* ; soudez les bords et poêlez. Couvrez une *tranche de pain grillée* d'une *feuille de laitue*, de *tomate*, du *bœuf* et de *tranches d'avocat* ; nappez de *sauce à la russe* et coiffez d'un *oignon vert*.

Photo
page 51
Débutez
2 h avant
8 portions

Pain de viande

2 lb (900 g) de bœuf haché mi-maigre
2 t. de chapelure de pain blanc ou de pain de blé entier (environ 4 tranches)

½ t. de lait
½ t. d'oignon haché
2 œufs
2 c. à thé de sel
¼ c. à thé de poivre

1 Mélangez dans un grand bol le bœuf, la chapelure et les autres ingrédients.

2 Versez dans un moule à pain moyen et lissez à la cuiller. Cuisez 1 h 30 au four à 350°F (180°C).

 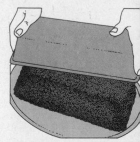

3 Laissez le pain reposer 5 min à température ambiante, puis jetez le jus de cuisson.

4 Décollez le pain de viande à la spatule ; renversez-le sur un plat chaud et démoulez.

VARIANTES

À L'ALLEMANDE : Egouttez *8 oz (225 ml) de choucroute* ; réservez le jus en y ajoutant de l'*eau* pour avoir ½ t. Préparez la viande comme ci-dessus, mais sans le lait et avec *2 t. de chapelure de pain de seigle au carvi* ; ajoutez la choucroute et son jus.

AU MONTEREY : Préparez le pain de viande comme ci-dessus, mais en y ajoutant ½ c. à thé d'origan. Etalez la moitié du mélange dans le moule et couvrez de 2½ tranches de *monterey fondu et pasteurisé*. Etalez-y le reste du mélange, puis mettez au four. Défournez 10 min avant la fin de la cuisson ; couvrez encore de fromage et des tranches de *1 tomate moyenne pelée*. Terminez la cuisson. Utilisez deux spatules à crêpes pour dresser le pain de viande à l'endroit sur un plat chaud.

À L'ANANAS : Suivez la recette ci-dessus, mais remplacez le lait par le jus de *1 boîte de 8 oz (227 ml) d'ananas tranché*. Moulez la viande en un pain ovale de 11 po × 5 (28 cm × 13) ; couronnez d'ananas et cuisez 1 h au four.

AU CURRY : Ajoutez à la recette ci-dessus *1 t. de pommes pelées et râpées*, *½ t. de céleri haché* et *1 c. à soupe de curry*.

PAIN DE VIANDE FARCI: Préparez un pain de viande, puis étalez-en la moitié dans un moule et garnissez *d'une des farces suivantes:* 4 ou 5 champignons moyens entiers; ¼ lb (115 g) de champignons hachés; 10½ oz (300 g) d'épinards hachés surgelés, dégelés et égouttés; 1 t. de mozzarella râpé; 4 œufs durs; 2 saucisses fumées ou ¼ lb (115 g) de saucisses knackwurst coupées en quatre en longueur; 4 ou 5 tranches de fromage fondu pasteurisé. Couvrez du reste du mélange et mettez au four.

Pain de viande paysan

Photo
page 52
Débutez
2 h avant ou
la veille
8 portions

- 2 c. à soupe d'huile à salade
- 1 oignon moyen haché
- 1 côte de céleri hachée
- 3 tranches de pain blanc ou de blé entier
- 2 lb (900 g) de bœuf haché mi-maigre
- 1 carotte moyenne finement râpée
- 1½ c. à thé de sel
- ¼ c. à thé de mignonnette
- 1 œuf
- 1 boîte de 7½ oz (213 ml) de sauce tomate
- 1 c. à soupe de cassonade blonde
- 1 c. à soupe de vinaigre de cidre
- 1 c. à soupe de moutarde préparée

PAIN DE VIANDE AU FROMAGE ET AUX ÉPINARDS: Préparez un pain de viande en remplaçant le lait par 8¾ oz (250 g) de cottage à la crème. Mélangez dans un bol moyen *10½ oz (300 g) d'épinards hachés surgelés*, dégelés et égouttés, ¼ t. d'oignon haché, ½ c. à thé de sel, 1 pincée de muscade et 1 œuf. Etalez la moitié de la viande dans un plat à four de 10 po × 6 (25 cm × 15); couvrez du mélange aux épinards et terminez avec le reste de viande. Cuisez au four 1 h 30. (Donne 10 portions.)

ADDITIONS AU PAIN DE VIANDE: Préparez le pain de viande, mais ajoutez-y *un ou plusieurs des ingrédients suivants:* 1 gousse d'ail hachée, ½ c. à thé de graines de carvi, ½ c. à thé d'origan, 1 c. à soupe de poudre de chili.

Pains de viande citronnés à la sauce barbecue

- 1½ lb (700 g) de bœuf haché mi-maigre
- 2 t. de chapelure fraîche (environ 4 tranches)
- ¼ t. de jus de citron
- ¼ t. d'oignon haché
- 1 œuf
- 2 c. à thé de sel assaisonné
- ½ t. de ketchup
- ⅓ t. de cassonade brune tassée
- 1 c. à thé de moutarde sèche
- ¼ c. à thé de toute-épice
- ¼ c. à thé de clou de girofle moulu
- 6 fines rondelles de citron

1. Chauffez le four à 350°F (180°C). Graissez un plat à four de 13 po × 9 (33 cm × 23), puis mélangez le bœuf haché, la chapelure, le jus de citron, l'oignon, l'œuf et le sel. Façonnez six petits pains, mettez-les dans le plat et cuisez au four 15 min.
2. Entre-temps, mélangez le ketchup et les quatre ingrédients suivants dans un petit bol. Nappez-en les pains de viande et couronnez chacun d'une rondelle de citron; cuisez encore 30 min en arrosant de temps en temps. Servez la viande dans sa sauce.

1 Chauffez l'huile dans une casserole, puis faites-y revenir 10 min à feu moyen l'oignon et le céleri en remuant de temps en temps à l'aide d'une écumoire.

2 Emiettez le pain dans un grand bol, puis ajoutez-y le mélange d'oignon et de céleri.

3 Ajoutez à cet appareil le bœuf haché mi-maigre, la carotte râpée, le sel, la mignonnette, l'œuf et la moitié de la sauce tomate. Mélangez à fond.

4 Dans un plat à four de 12 po × 8 (30 cm × 20), façonnez la viande en une miche de 8 po × 4 (20 cm × 10); réservez.

Petits pains: Façonnez six petits pains de viande avec les mains.

Sauce: Nappez-en les pains, puis coiffez d'une rondelle de citron.

5 Mélangez à la cuiller dans une tasse la cassonade blonde, le vinaigre de cidre, la moutarde préparée et le reste de sauce tomate.

6 Versez la sauce sur la viande dans le plat à four. Cuisez 1 h 30 à 350°F (180°C). Servez chaud ou réfrigérez à couvert pour servir froid.

Bœuf haché

Boulettes de viande à l'aneth

Photo page 53
Débutez
1 h avant
16 à 18 entrées ou 6 portions comme plat principal

1½ lb (700 g) de bœuf haché mi-maigre
¾ t. de gruau à cuisson rapide
1 œuf
1 c. à thé de sel
¼ c. à thé de poivre
Aneth frais
2 c. à soupe d'huile à salade
1 t. d'eau
1 cube ou sachet de bouillon de bœuf
1 t. de crème sure

1 Dans un bol, mélangez le bœuf, le gruau, l'œuf, le sel, le poivre et ½ c. à thé d'aneth.

2 Façonnez, avec les mains, des boulettes de 1 po (2,5 cm) de diamètre.

3 Chauffez l'huile dans une sauteuse, puis faites-y revenir de tous côtés à feu assez vif quelques boulettes de viande à la fois.

4 Déposez les boulettes dans un grand bol avec une écumoire, saisissez les autres, puis jetez toute l'huile de la sauteuse.

5 Remettez les boulettes dans la sauteuse avec l'eau et le bouillon. Portez à ébullition à feu moyen.

6 Couvrez la sauteuse et faites mijoter 15 min à feu doux en remuant de temps en temps avec une écumoire.

7 Ajoutez la crème sure et 2 c. à thé d'aneth; réchauffez à feu moyen en prenant soin de ne pas laisser bouillir.

Boulettes de viande au fromage et aux champignons

Photo page 53
Débutez
1 h avant
16 à 18 entrées ou 8 portions comme plat principal

Huile à salade
¼ t. d'oignon finement haché
¼ t. de poivron vert finement haché
1½ lb (700 g) de bœuf haché mi-maigre
1 œuf
¾ c. à thé de sel
¼ c. à thé de mignonnette

½ lb (225 g) de champignons tranchés
2 c. à soupe de farine tout usage
2 t. d'eau
1 paquet de 8 oz (227 g) de fromage fondu pasteurisé et tranché
2 c. à soupe de sherry sec

1. Chauffez 2 c. à soupe d'huile dans une sauteuse, puis faites-y revenir 5 min l'oignon et le poivron à feu assez vif, jusqu'à ce qu'ils soient tendres.
2. Mélangez-les dans un grand bol avec le bœuf, l'œuf, le sel et le poivre. Façonnez le tout en boulettes de 1 po (2,5 cm).
3. Ajoutez 3 c. à soupe d'huile dans la sauteuse et faites-y revenir quelques boulettes à la fois à feu assez vif; réservez-les dans un grand bol dès qu'elles sont dorées. Ne gardez que 2 c. à soupe de gras dans la sauteuse.
4. Faites-y revenir 5 min à feu moyen les champignons tranchés.
5. Délayez la farine dans l'eau. Remettez les boulettes dans la sauteuse, ajoutez-y en remuant la farine et le fromage, puis portez à ébullition. Couvrez et faites mijoter 15 min à feu doux en remuant de temps en temps. Ajoutez le sherry et réchauffez.

Boulettes de viande bourguignonnes

Photo page 53
Débutez
45 min avant
10 à 12 entrées ou 6 portions comme plat principal

1 lb (450 g) de bœuf haché mi-maigre
¾ t. de chapelure
¾ t. de lait
1 œuf
1 petit oignon haché
½ c. à thé de sel
¼ t. d'huile à salade

2 c. à soupe de farine tout usage
1 t. d'eau
1 t. de bourgogne rouge
1 cube de bouillon de bœuf
¾ c. à thé de sucre

1. Mélangez les six premiers ingrédients dans un grand bol, puis façonnez le tout en boulettes.
2. Chauffez l'huile dans une sauteuse, puis faites-y revenir quelques boulettes à la fois à feu assez vif. Dès qu'elles sont bien dorées, déposez-les sur un plat de service.
3. Mélangez à feu moyen la farine au jus de cuisson. Versez-y peu à peu l'eau, le bourgogne, le bouillon et le sucre et faites épaissir en remuant sans arrêt. Ajoutez les boulettes et portez à ébullition. Couvrez et faites mijoter 15 min à feu doux.

PRÉPARATION À L'AVANCE: Vous pouvez préparer les boulettes un mois à l'avance en suivant les étapes 1 et 2 ci-dessus; congelez-les ensuite dans un récipient ou un sac pour congélateur. Un jour avant de servir, faites dégeler les boulettes toute la nuit au réfrigérateur. Préparez la sauce comme ci-dessus environ 20 min avant le repas, mais remplacez le jus de cuisson par 2 c. à soupe d'huile à salade. Réchauffez les boulettes dans la sauce.

Voir les descriptions à la page 1

Photo page 51
Débutez 1 h 30 avant
8 portions

Macaroni au bœuf

Sauce à spaghetti   ¼ t. de persil finement
  (p. 337)   haché
paquet de 17 oz (500 g) 1 œuf légèrement battu
  de très gros macaroni ¾ c. à thé de sel
lb (450 g) de bœuf   ¼ c. à thé de poivre
  haché mi-maigre   1 paquet de 8 oz (225 g)
  contenant de 17 oz   de mozzarella ou de
  (500 g) de ricotta   scamorze, déchiqueté
½ t. de parmesan râpé

1. Préparez la sauce à spaghetti.

2. Entre-temps, faites cuire les macaroni dans un grand faitout; égouttez et réservez.

3. Faites revenir 10 min le bœuf haché à feu assez vif dans le même faitout, en remuant de temps en temps. Allumez le four à 350°F (180°C).

4. Otez le faitout du feu; mélangez-y le ricotta, les cinq ingrédients suivants et la moitié de la sauce à spaghetti. Ajoutez les macaroni et brassez doucement pour bien les enrober.

5. Etalez le mélange dans un plat à four de 13 po × 9 (33 cm × 23); couvrez du reste de sauce, saupoudrez de mozzarella et cuisez 20 min, jusqu'à ce que le tout commence à bouillonner.

Photo page 52
Débutez 1 h 30 avant
8 à 10 portions

Chili con carne

c. à soupe d'huile   ¼ à ⅓ t. de poudre de
lb (900 g) de bœuf   chili
  haché mi-maigre   1½ c. à thé de sel
t. d'oignons hachés   2 boîtes de 19 oz
¼ t. de poivron haché   (540 ml) de haricots
gousses d'ail hachées   rouges ou pinto
boîtes de 14 oz (398 ml) Accompagnements
  de tomates ou 4 t. de   (ci-dessous)
  tomates fraîches pelées
  et hachées

1. Faites revenir 10 min à feu assez vif le bœuf haché, les oignons, le poivron et l'ail dans l'huile chaude, en remuant souvent.

2. Ajoutez les tomates et leur jus, le chili et le sel, puis portez à ébullition. Couvrez et laissez mijoter 1 h à feu doux, en remuant de temps en temps.

3. Ajoutez les haricots et leur jus; réchauffez. Servez avec l'accompagnement de votre choix.

ACCOMPAGNEMENTS: Cheddar doux ou monterey râpé, laitue pommée déchiquetée, avocats en dés, oignons hachés, poivrons verts hachés, cubes de baguette, craquelins salés, tortillas au maïs chaudes (p. 431), tortillas ou croustilles au maïs.

CHILI CON CARNE À LA TEXANE: Remplacez la viande par 1 tranche de bas de palette désossée de 2 lb (900 g), en cubes de ½ po (1 cm). Suivez les étapes 1 et 2, mais laissez mijoter 1 h 30. Omettez les haricots et servez. (Donne 6 à 8 portions.)

Voir les descriptions à la page 16

Chou farci

1 boîte de 28 oz (796 ml) 1 lb (450 g) de bœuf
  de tomates   haché
1 boîte de 5½ oz   1 oignon moyen coupé en
  (156 ml) de pâte de   dés
  tomates   1 gousse d'ail hachée
1 c. à soupe de cassonade ½ c. à thé de poivre
  brune   1 t. de riz cuit
½ c. à thé de sauce   2½ t. d'eau
  Worcestershire
1 pincée de toute-épice Photo page 54
Sel   Débutez 3 h avant
1 chou vert moyen   6 portions

1. Mélangez à fond dans une grande casserole les tomates et leur jus, la pâte de tomates, la cassonade brune, la sauce Worcestershire, la toute-épice et ½ c. à thé de sel. Portez à ébullition à feu vif en remuant sans arrêt, couvrez et faites mijoter 20 min à feu doux en remuant de temps en temps.

2. Jetez les feuilles coriaces du chou. Réservez deux grosses feuilles, puis évidez le chou avec un couteau tranchant en gardant une paroi de 1 po (2,5 cm).

3. Jetez le cœur et coupez les feuilles du centre en dés de même grosseur.

4. Cuisez environ 15 min à feu assez vif dans un faitout le bœuf, l'oignon, l'ail, le poivre, 1 c. à thé de sel et 1 t. de chou haché en dés.

5. Ajoutez en remuant le riz et 1 t. du mélange aux tomates. Retirez du feu et dégraissez soigneusement le jus de cuisson.

6. Farcissez le chou du mélange au bœuf, puis refermez l'ouverture avec les deux grosses feuilles réservées.

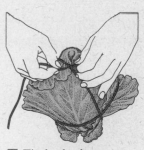

7. Ficelez le chou pour maintenir solidement les feuilles en place.

8. Versez l'eau dans le faitout en raclant le fond pour en détacher les sucs. Ajoutez le reste de chou haché et de l'appareil aux tomates; mélangez bien.

9. Mettez le chou à l'endroit dans la sauce. Portez à ébullition à feu vif, puis couvrez et faites mijoter 2 h à feu doux en arrosant de sauce de temps en temps.

10. Pour servir, dressez le chou à l'endroit dans un plat creux chaud et ôtez la ficelle. Arrosez-le de sauce et coupez-le en quartiers. Servez aussitôt.

Porc

COUPES DE PORC LES PLUS COURANTES

Rôti d'épaule (picnic): Appelé aussi jambon picnic ; se prépare rôti (au four).

Cuisse de porc (jambon frais): Cette coupe contient l'os postérieur de la cuisse ; convient pour le rôtissage.

Rôti d'épaule: Coupe débitée en haut du jarret ; convient pour le rôtissage.

Côtelettes: Dites aussi côtes de centre de longe ; conviennent pour le rôtissage, les grillades et le braisage.

Rôti de centre de longe: Cette coupe contient une partie du filet et des côtes.

Côtes de longe: Se préparent braisées ou poêlées.

Rôti et tranches de filet: Partie extrêmement tendre ; convient pour le braisage et la cuisson au four.

Tranches de surlonge: Conviennent pour le braisage et les grillades.

Escalopes de surlonge: Tranches tendres et sans os prélevées à l'extrémité de la longe ; se préparent braisées ou grillées.

Rôti de longe, bout des côtes: Se vend souvent désossé et roulé ; convient bien pour le rôtissage.

Rôti de soc: Cette coupe comprend la partie supérieure de l'épaule ; convient pour le rôtissage.

Tranches de soc: Pour le braisage et les grillades.

Rôti de soc désossé: Habituellement ficelé ou enveloppé dans un filet élastique ; convient pour le rôtissage.

Côtes de longe paysannes: Cette coupe comprend les côtes du centre ou du dos ; se cuisent au four, braisées ou dans un liquide.

Côtes levées: Ces longues côtes peu charnues se cuisent au four ou au gril.

COUPES DE PORC FUMÉ LES PLUS COURANTES

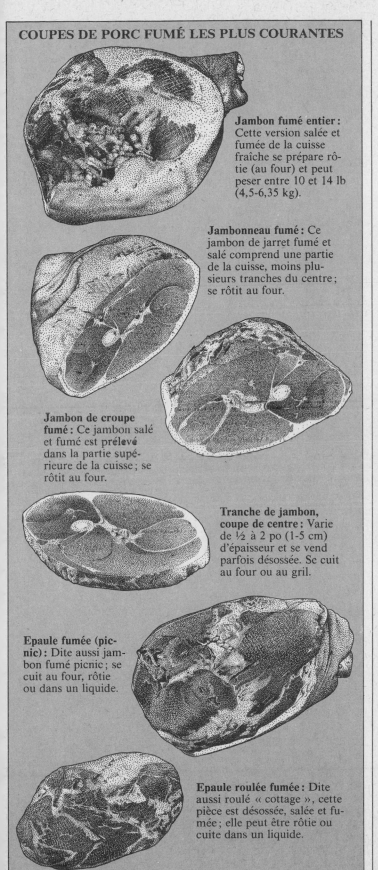

Jambon fumé entier : Cette version salée et fumée de la cuisse fraîche se prépare rôtie (au four) et peut peser entre 10 et 14 lb (4,5-6,35 kg).

Jambonneau fumé : Ce jambon de jarret fumé et salé comprend une partie de la cuisse, moins plusieurs tranches du centre ; se rôtit au four.

Jambon de croupe fumé : Ce jambon salé et fumé est prélevé dans la partie supérieure de la cuisse ; se rôtit au four.

Tranche de jambon, coupe de centre : Varie de ½ à 2 po (1-5 cm) d'épaisseur et se vend parfois désossée. Se cuit au four ou au gril.

Epaule fumée (picnic) : Dite aussi jambon fumé picnic ; se cuit au four, rôtie ou dans un liquide.

Epaule roulée fumée : Dite aussi roulé « cottage », cette pièce est désossée, salée et fumée ; elle peut être rôtie ou cuite dans un liquide.

Contrairement au bœuf, les coupes de porc frais ont à peu près toutes la même tendreté et se préparent très bien selon l'un ou l'autre des modes de cuisson sèche, soit au gril, au four ou à la poêle (voir pp. 186-187). Le porc fumé est traité aux pages 218-219.

ACHAT DU PORC FRAIS
Choisissez des pièces ni trop grasses ni trop osseuses. Le gras doit être blanc et ferme, la chair fine, et la couleur de rose grisâtre à rouge pâle.

VÉRIFICATION DU DEGRÉ DE CUISSON
Le porc doit toujours être bien cuit ; toute la pièce est alors d'un gris pâle uniforme. Si la viande est cuite au gril ou à la poêle, incisez-la au centre ou près de l'os pour en vérifier la couleur. Mais si vous la faites rôtir, servez-vous d'un thermomètre à viande : il devrait indiquer 170°F (75°C). Le porc braisé ou cuit dans un liquide est prêt quand il est tendre sous la fourchette.

TEMPS DE CUISSON DU PORC FRAIS*				
Coupe	Poids	Relevé du thermomètre à viande	Temps de cuisson approximatif**	Température du four
Rôtis de longe centre de longe	3 à 5 lb (1,35-2,25 kg)	170°F (75°C)	1 h 30 à 2 h 30	325°F (160°C)
moitié de longe	5 à 7 lb (2,25-3,15 kg)	170°F (75°C)	2 h 45 à 4 h	325°F (160°C)
bout des côtes ou surlonge	3 à 4 lb (1,35-1,8 kg)	170°F (75°C)	2 h à 2 h 45	325°F (160°C)
début de longe désossée (double)	3 à 5 lb (1,35-2,25 kg)	170°F (75°C)	1 h 45 à 2 h 45	325°F (160°C)
Rôti en couronne	4 à 6 lb (1,8-2,7 kg)	170°F (75°C)	2 h 15 à 3 h 30	325°F (160°C)
Rôti d'épaule picnic avec os	5 à 8 lb (2,25-3,6 kg)	170°F (75°C)	2 h 30 à 4 h	325°F (160°C)
désossé	3 à 5 lb (1,35-2,25 kg)	170°F (75°C)	1 h 45 à 2 h 45	325°F (160°C)
Rôti de soc (Boston)	4 à 6 lb (1,8-2,7 kg)	170°F (75°C)	2 h 45 à 4 h	325°F (160°C)
Rôti d'épaule	4 à 6 lb (1,8-2,7 kg)	170°F (75°C)	2 h 45 à 4 h	325°F (160°C)
Cuisse (jambon frais) moitié avec os	5 à 8 lb (2,25-3,6 kg)	170°F (75°C)	2 h 45 à 4 h 45	325°F (160°C)
entière désossée	10 à 14 lb (4,5-6,35 kg)	170°F (75°C)	4 h à 5 h 30	325°F (160°C)
entière avec os	12 à 16 lb (5,4-7,25 kg)	170°F (75°C)	4 h 30 à 5 h 45	325°F (160°C)
Filet	½ à 1 lb (225-450 g)		45 min à 1 h	325°F (160°C)

*Viande mise à cuire au sortir du réfrigérateur
**Comme la cuisson se poursuit hors du four, défournez la pièce quand le thermomètre indique 5 à 10 degrés (Fahrenheit) de moins que la température recommandée

DÉCOUPAGE D'UN RÔTI DE LONGE
Une fois la pièce rôtie, détachez l'os d'échine des côtes et jetez-le. Posez le rôti sur une planche à découper, les côtes vers vous. Piquez la viande avec une fourchette et découpez le long de chaque côte, de façon qu'une tranche sur deux soit désossée.

Rôti de porc

Rôti de porc

Photo
page 56
Débutez
2 h avant
8 portions

*1 rôti de centre de longe
de 3 lb (1,35 kg)*
Sel
Poivre
*Beurre ou margarine
(facultatif)*
*Eau ou bouillon de
poulet*
*¼ t. de farine tout usage
ou 2 c. à soupe de
fécule de maïs*

1 Déposez le rôti sur ses os, graisse au-dessus, dans une lèchefrite. Salez et poivrez légèrement la viande.

2 Enfoncez le thermomètre au centre du rôti. Cuisez à 325°F (160°C) de 1 h 30 à 1 h 45, jusqu'à 170°F (75°C). Réservez sur un plat.

3 Versez le jus de cuisson dans une tasse graduée. Laissez-le reposer quelques secondes, le temps que la graisse remonte à la surface.

4 Versez ¼ t. de graisse dans une petite casserole. (Au besoin, ajoutez du beurre ou de la margarine.)

5 Versez ½ t. d'eau dans la lèchefrite en remuant pour détacher les sucs, puis transvasez dans la tasse graduée avec assez d'eau ou de bouillon de poulet pour avoir 2 t. de liquide. Mélangez, à feu moyen, à la graisse de la casserole la farine ou la fécule, 1 c. à thé de sel, ¼ c. à thé de poivre, puis le jus de viande ; faites épaissir en remuant sans arrêt. Versez la sauce dans une saucière et servez avec le rôti.

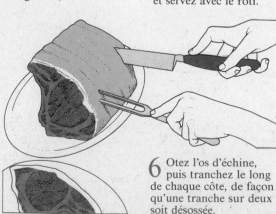

6 Otez l'os d'échine, puis tranchez le long de chaque côte, de façon qu'une tranche sur deux soit désossée.

Rôti de porc farci aux pruneaux

Photo
page 56
Débutez
3 h avant
12 à 14 portions

*½ paquet de 13 oz
(375 g) de pruneaux
dénoyautés*
1 t. d'eau bouillante
*1 rôti de centre de longe
de 4½ à 5 lb
(2-2,25 kg)*
¼ c. à thé de poivre
Sel
Gingembre moulu
3 c. à soupe de farine
½ t. de crème de table
*1 c. à thé de gelée de
groseille*

1 Mettez les pruneaux à tremper 30 min dans un bol d'eau bouillante.

2 Egouttez-les bien et essuyez-les avec du papier absorbant.

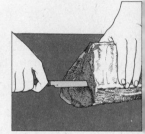

3 Percez le rôti de part en part avec un long couteau étroit et bien aiguisé, en le faisant pivoter légèrement en coupant pour obtenir une entaille assez large.

4 Insérez les pruneaux dans la fente avec les doigts ou le manche d'une cuiller en bois.

5 Saupoudrez le rôti de poivre, de 1 c. à thé de sel et de 1 c. à thé de gingembre. Mettez-le, graisse au-dessus, dans une lèchefrite.

6 Insérez le thermomètre en évitant les os et la farce. Cuisez de 2 h à 2 h 30 à 325°F (160°C) jusqu'à une température de 170°F (75°C).

7 Tenez le rôti au chaud, le temps de faire la sauce. Versez le jus de cuisson dans une tasse graduée, puis dégraissez-le en gardant 3 c. à soupe de gras que vous mélangerez à la farine à feu doux dans la lèchefrite. Ajoutez assez d'eau au jus pour avoir 1 t. de liquide ; versez-le dans la lèchefrite et détachez les sucs. En remuant, ajoutez la crème, la gelée, ¼ c. à thé de gingembre, salez et laissez épaissir. Servez à part.

Filet

Rôti de porc sauce piquante

Photo page 57
Débutez 3 h avant
10 à 12 portions

1 rôti de longe, bout des côtes, de 4 lb (1,8 kg)
1 boîte de 7½ oz (213 ml) de sauce tomate
¼ t. de cassonade blonde tassée
¼ t. de vinaigre de cidre
¼ t. de sirop de maïs
1 c. à soupe de fécule de maïs
½ c. à thé de sel
1 pincée de poivre
¼ t. d'eau

1. Mettez le rôti dans une lèchefrite, graisse au-dessus. Insérez le thermomètre à viande au centre de la pièce en évitant de toucher un os. Cuisez à 325°F (160°C) pendant environ 2 h 45 ou jusqu'à ce que le thermomètre indique 170°F (75°C).
2. Entre-temps, faites épaissir tous les autres ingrédients à feu assez vif dans une petite casserole, en remuant constamment pour que la sauce soit lisse; réservez. Badigeonnez-en généreusement la viande à deux ou trois reprises durant la dernière demi-heure de cuisson.
3. Mettez le rôti sur un plat chaud au sortir du four, puis laissez-le reposer 15 min pour en faciliter le découpage. Servez la sauce dans une saucière.

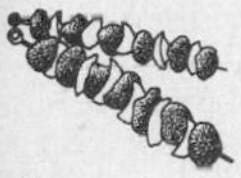

Brochettes de porc aux oignons

Photo page 57
Débutez 4 h 30 avant ou le matin
4 portions

1 rôti de soc désossé de 2 lb (900 g)
¼ t. de sauce soja
2 c. à soupe de sauce chili
2 c. à soupe de miel
1 c. à soupe d'huile à salade
1 c. à soupe d'oignons verts hachés
1 c. à thé de curry
3 oignons moyens coupés en morceaux

1. Dégraissez le rôti et coupez la viande en cubes de 1 po (2,5 cm).
2. Mélangez la sauce soja et les cinq ingrédients suivants dans un bol moyen pour faire la marinade. Mettez-y la viande et réfrigérez au moins 3 h à couvert en remuant de temps en temps.
3. *Environ 1 h avant de servir:* Préparez le barbecue, puis enfilez la viande sur quatre longues brochettes d'environ 18 po (45 cm), en alternant avec les oignons; réservez la marinade.
4. Placez les brochettes sur la grille, au-dessus des braises; cuisez 20 min ou jusqu'à ce que le porc soit tendre, en arrosant souvent de marinade et en tournant les brochettes de temps en temps.

 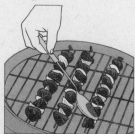

Brochettes: Enfilez en alternant la viande et les oignons sur les brochettes. Réservez la marinade pour arroser.

Arrosage: Durant la cuisson, arrosez souvent la viande et les oignons de la marinade réservée.

Filet de porc pané

Photo page 56
Débutez 25 min avant
3 portions

1 filet de porc d'environ ¾ lb (340 g)
1 œuf
2 c. à soupe d'eau
¼ c. à thé de romarin broyé
½ c. à thé de sel
1 pincée de poivre
¾ t. de chapelure
3 c. à soupe d'huile à salade

1. Avec un couteau tranchant, fendez presque complètement le filet de porc sur toute sa longueur. Ouvrez-le et étalez-le en « papillon ». Aplatissez-le, sur une planche à découper, avec un maillet ou le dos d'un couteau du chef jusqu'à ce qu'il ait environ ¼ po (6 mm) d'épaisseur; taillez-y trois portions.
2. Battez à la fourchette l'œuf, l'eau, le romarin, le sel et le poivre dans une assiette creuse. Étalez la chapelure sur du papier ciré. Avec des pinces, plongez la viande dans l'œuf battu et enrobez-la de chapelure. Panez ainsi chaque morceau deux fois.
3. Chauffez l'huile dans une sauteuse, puis faites-y revenir la viande 10 min à feu assez vif, en la tournant une fois.

Coupe: Avec un couteau tranchant, fendez presque complètement le filet en deux sur toute sa longueur.

Pour aplatir: Ouvrez-le et aplatissez-le avec un maillet ou le dos d'un couteau pour qu'il ait ¼ po (6 mm) d'épaisseur.

Filet de porc jardinière

Photo page 57
Débutez 30 min avant
6 portions

¼ t. de sauce soja
1 c. à soupe de sherry sec
2½ c. à thé de fécule de maïs
1¼ c. à thé de sucre
½ c. à thé de gingembre frais, haché
2 filets de porc émincés d'environ ¾ lb (340 g) chacun
Huile à salade
1 lb (450 g) d'asperges ou ½ brocoli défait en bouchées
½ lb (225 g) de champignons tranchés
¼ c. à thé de sel
2 c. à soupe d'eau

1. Mélangez les cinq premiers ingrédients dans un bol moyen, puis enrobez-en le porc.
2. Chauffez ¼ t. d'huile dans un bon faitout ou une sauteuse et faites-y revenir à feu vif les asperges et les champignons avec le sel, en brassant rapidement; ajoutez l'eau et continuez de remuer jusqu'à ce que les asperges soient presque tendres. Réservez le tout au chaud sur un plat.
3. Chauffez à feu vif 6 c. à soupe d'huile dans le même récipient; faites-y sauter la viande 2 min ou jusqu'à ce qu'elle rosisse. Ajoutez les légumes et réchauffez-les. Servez aussitôt.

Côtelettes et escalopes

Côtelettes de porc braisées

Photo
page 57
Débutez
1 h avant
4 à 6 portions

4 à 6 côtelettes de porc ou tranches de soc, de ¾ à 1 po (2-2,5 cm) d'épaisseur
½ c. à thé de sel
¼ c. à thé de poivre
½ t. d'eau, de bouillon de poulet ou de vin blanc sec ou semi-doux

1 Graissez à feu assez vif le fond d'une sauteuse moyenne avec un morceau de gras prélevé sur une côtelette, puis jetez le gras.

2 Faites-y revenir les côtelettes des deux côtés, pour qu'elles soient bien dorées. Salez et poivrez.

3 Ajoutez le liquide, couvrez et faites mijoter 45 min à feu doux. Dégraissez le jus et arrosez-en la viande.

SAUCE POUR LES CÔTELETTES BRAISÉES: Délayez *1 c. à soupe de farine tout usage* dans *¼ t. d'eau.* Retirez les côtelettes de la sauteuse; dégraissez le jus de cuisson, versez-y la farine délayée et faites épaissir le tout à feu moyen en remuant. Servez avec les côtelettes.

CÔTELETTES BRAISÉES — VARIANTES

Faites dorer les côtelettes comme ci-dessus, puis faites-les braiser dans l'une de ces préparations:

POMMES: Utilisez *½ t. de jus de pomme* comme liquide et *¾ c. à thé de sel.* Coiffez la viande, 5 min avant de servir, de *rondelles de pomme à cuire.*

JARDINIÈRE: Utilisez *½ t. de jus de légumes* comme liquide. Coiffez la viande, 5 min avant de servir, de *fines rondelles de poivron et d'oignon.*

PÊCHES ET SAUCE CHILI: Comme liquide, utilisez ¼ t. du sirop de *1 boîte de 13½ oz (388 ml) de pêches,* ¼ t. *de sauce chili* et *2 c. à soupe de jus de citron.* Ajoutez les pêches 5 min avant de servir.

PRUNES: Utilisez comme liquide ⅓ t. du sirop de *1 boîte de prunes violettes* et *3 c. à soupe de vinaigre de cidre.* Ajoutez les prunes 5 min avant de servir.

TOMATES ET THYM: Ajoutez au liquide *1 pincée de thym.* Coiffez les tranches, 5 min avant de servir, d'une *épaisse rondelle de tomate.* Salez.

Côtes de porc à l'orientale

Photo
page 57
Débutez
4 h 30 avant
ou le matin
6 portions

½ t. de sauce soja
¼ t. de saké ou de sherry sec
¼ t. d'huile à salade
1 gousse d'ail finement hachée
1 c. à thé de gingembre moulu ou 2 c. à thé de gingembre frais finement haché
1½ lb (700 g) de côtes de longe d'environ ½ po (1 cm) d'épaisseur
Riz chaud (facultatif)

1 Mélangez la sauce soja, le saké, l'huile, l'ail et le gingembre dans un plat à four.

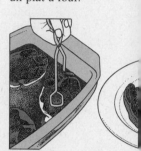

2 Enrobez les côtes de cette marinade, puis réfrigérez au moins 4 h à couvert en retournant la viande de temps en temps.

3 *Environ 15 min avant de servir:* Retirez la viande de la marinade avec des pinces, égouttez-la un peu, puis prélevez-y un morceau de gras.

4 Graissez à feu assez vif le fond d'une sauteuse moyenne avec le morceau de gras; jetez le gras.

5 Faites revenir les côtes 10 min, en les tournant une fois. Servez avec du riz, si vous l'aimez.

Petits pains au porc sauce barbecue

Photo
page 56
Débutez
20 min avant
6 portions

2 c. à soupe d'huile à salade
6 escalopes de surlonge d'environ ¼ po (6 mm) d'épaisseur
1 c. à thé de sel
¼ c. à thé de poivre

6 pains à hamburgers fendus et grillés
½ t. de ketchup
3 c. à soupe de mélasse
1 c. à soupe de jus de citron

1. Chauffez l'huile dans une sauteuse moyenne et faites-y dorer les escalopes à feu assez vif, en les tournant une fois; salez et poivrez. Mettez-les sur les petits pains et tenez au chaud.

2. Mélangez, à feu moyen, au jus de cuisson le ketchup, la mélasse et le jus de citron. Portez à ébullition en remuant. Nappez-en chaque escalope.

Photo page 57
Débutez 55 min avant
6 portions

Côtelettes de porc à l'orange

6 côtelettes de ½ po
  (1 cm) d'épaisseur
¾ t. d'eau
½ c. à thé de paprika
¼ c. à thé de poivre
Sel
1 orange moyenne

1 t. de jus d'orange
½ t. de sucre
1 c. à soupe de fécule de
  maïs
½ c. à thé de cannelle
  moulue
12 clous de girofle

1. Prélevez plusieurs morceaux de gras sur les côtelettes. Faites-les dorer à feu assez vif dans une sauteuse moyenne pour en graisser le fond ; jetez les morceaux de gras.
2. Faites griller les côtelettes des deux côtés à feu vif. Ajoutez les trois ingrédients suivants et 1 c. à thé de sel ; portez à ébullition, puis couvrez et faites mijoter 35 min à feu doux en tournant une fois.
3. Entre-temps, préparez la sauce à l'orange. Râpez 1 c. à soupe de zeste d'orange prélevé près de la queue ; découpez six fines tranches à l'autre extrémité et réservez. Faites épaissir en remuant et à feu assez vif le zeste et le jus d'orange, les quatre ingrédients suivants et ¼ c. à thé de sel dans une petite casserole. Ajoutez les tranches d'orange, couvrez, retirez du feu et tenez au chaud.
4. Servez les côtelettes de porc nappées de la sauce à l'orange.

Photo page 57
Débutez 4 h avant ou le matin
6 portions

Tranches de porc à l'ananas

1 boîte de 19 oz (540 ml)
  d'ananas en tranches
½ t. de sauce soja
⅓ t. d'huile à salade
¼ t. d'oignon haché
½ gousse d'ail écrasée

1 c. à soupe de cassonade
  brune
6 tranches de soc de
  ½ po (1 cm)
  d'épaisseur

1. Egouttez six tranches d'ananas et réservez-les avec ¼ t. de leur jus.
2. Mélangez le reste du jus des ananas et les cinq ingrédients suivants dans un plat à four de 13 po × 9 (33 cm × 23). Mettez la viande dans cette marinade et réfrigérez-la au moins 3 h à couvert, en la tournant une fois.
3. *Environ 40 min avant de servir:* Préparez le barbecue ou allumez le gril. Disposez la viande sur la grille (ou la claie) et faites-la cuire 15 min en la badigeonnant une fois de marinade.
4. Entre-temps, enrobez les tranches d'ananas de marinade dans le même plat ; placez celui-ci à côté de la viande pour réchauffer l'ananas. Si vous cuisez au gril, couronnez la viande de tranches d'ananas 3 ou 4 min avant de servir.
5. Tournez la viande et grillez-la 15 min de plus ou jusqu'à ce qu'elle soit à point, en l'arrosant une fois de marinade. Servez-la, coiffée d'ananas chaud.

Côtelettes de porc farcies aux pommes

2 c. à soupe de beurre ou
  de margarine
½ t. d'oignon coupé en
  dés
½ t. de céleri coupé en
  dés
6 côtelettes de porc de
  1½ po (4 cm)
  d'épaisseur
1 t. de chapelure
1 pomme moyenne, pelée,
  évidée et coupée en dés
1 œuf battu
¼ c. à thé de sauge
1 pincée de basilic

1 pincée de thym
Sel et poivre
⅔ t. d'eau chaude
1 cube ou sachet de
  bouillon de bœuf
¼ t. de carottes coupées
  en dés
6 grains de poivre
1 feuille de laurier
Persil haché

Photo page 56
Débutez 2 h 30 avant
6 portions

1 Chauffez le corps gras dans une sauteuse, puis faites-y revenir environ 5 min à feu moyen la moitié de l'oignon et du céleri.

2 A l'aide d'un couteau tranchant, fendez chaque côtelette presque jusqu'à l'os pour former une cavité.

3 Retirez la sauteuse du feu ; ajoutez les six ingrédients suivants, ½ c. à thé de sel et 1 pincée de poivre.

4 Farcissez les côtelettes de ce mélange, puis salez-les et poivrez-les de chaque côté. Lavez la sauteuse.

5 Prélevez le gras d'une des côtelettes et graissez-en le fond de la sauteuse à feu assez vif ; jetez-le.

6 Faites griller quelques côtelettes à la fois jusqu'à ce qu'elles soient bien dorées, en les tournant une fois avec des pinces. Réservez.

7 Dissolvez le cube dans l'eau dans un plat à four. Ajoutez les carottes, les grains de poivre, le laurier et le reste d'oignon et de céleri.

8 Recouvrez le mélange d'herbes et de légumes des côtelettes farcies et grillées.

9 Couvrez de papier d'aluminium et cuisez 1 h 30 à 325°F (160°C) en tournant une fois.

10 Dressez les côtelettes sur un plat, garnissez de persil et servez à part le jus de cuisson filtré.

215

Côtes levées et côtes paysannes

Côtes levées sauce barbecue

Photo
page 56
Débutez le matin ou la veille
4 portions

4 lb (1,8 kg) de côtes levées
Eau
1 oignon moyen tranché
1½ t. de ketchup
3 c. à soupe de vinaigre de cidre
2 c. à soupe de sirop de maïs
2 c. à thé de sel
1 c. à thé de paprika
¾ c. à thé de poudre de chili

1 Détaillez la viande en portions de deux ou trois côtes chacune.

2 Mettez les côtes et l'oignon dans un grand faitout et recouvrez d'eau froide.

3 Portez à ébullition à feu vif, puis couvrez et faites mijoter 1 h à feu doux. Egouttez et réfrigérez à couvert jusqu'au moment de griller.

4 Environ 50 min avant de servir: Préparez le barbecue. Mélangez le ketchup et les autres ingrédients dans un bol moyen.

5 Cuisez les côtes 20 min sur la grille, ou jusqu'à ce qu'elles soient tendres, en les badigeonnant souvent de sauce et en les tournant. Servez avec le reste de sauce.

CÔTES LEVÉES GLACÉES SAUCE BARBECUE: Suivez les trois premières étapes de la recette ci-dessus, puis mélangez à feu moyen, dans une petite casserole, *10 oz (300 ml) de gelée de groseille, ½ t. de jus de citron, 3 c. à soupe de fécule de maïs, 1 c. à soupe de sel, 1 c. à soupe de zeste de citron râpé* et *1 gousse d'ail hachée.* Remuez sans arrêt jusqu'à ce que le mélange épaississe et que la gelée se liquéfie. Badigeonnez-en les côtes durant la cuisson.

CUISSON AU GRIL: Suivez les quatre premières étapes de la recette ci-dessus. Allumez le gril selon le mode d'emploi et faites griller les côtes de 20 à 30 min en les arrosant souvent côte sauce et en les tournant de temps en temps.

Côtes de longe jardinière

Photo
page 56
Débutez 2 h 30 avant
8 portions

4 lb (1,8 kg) de côtes de longe paysannes, coupées en portions
⅓ t. de farine tout usage
2 c. à soupe d'huile à salade
1½ t. de jus de pomme
1 c. à soupe de sel
½ c. à thé de poivre
2 lb (900 g) de petites pommes de terre rouges
1 sac de 16 oz (450 g) de carottes, coupées en tronçons de 2 po (5 cm)
1 lb (450 g) de petits oignons entiers
1 petit chou râpé

1. Farinez copieusement les côtes sur du papier ciré. Réservez le surplus de farine.
2. Chauffez l'huile dans un bon faitout, puis faites-y sauter quelques morceaux de viande à la fois à feu assez vif; réservez-les sur un plat dès qu'ils sont bien dorés. Baissez légèrement le feu.
3. Mélangez le reste de farine au jus de cuisson; ajoutez peu à peu le jus de pomme en remuant, puis remettez la viande dans le faitout. Salez, poivrez et portez à ébullition.
4. Couvrez et cuisez au four 30 min à 350°F (180°C). Ajoutez les pommes de terre, les carottes et les oignons et prolongez la cuisson de 30 min. Dégraissez le jus de cuisson.
5. Ajoutez le chou râpé, couvrez et laissez au four encore 1 h ou jusqu'à ce que la viande et les légumes soient tendres, en remuant de temps en temps.

Côtes de dos à la choucroute

Photo
page 56
Débutez 2 h 15 avant
6 portions

2½ lb (1,15 kg) de côtes de dos
1 c. à soupe d'huile
12 oz (350 ml) de bière
Sel
4 t. de choucroute bien égouttée
2 c. à soupe de cassonade brune
Persil haché

1. Découpez la viande en portions de deux ou trois côtes.
2. Chauffez l'huile dans une sauteuse moyenne, puis faites-y dorer quelques morceaux de viande à la fois à feu assez vif. Réservez-les sur un plat et jetez le gras de cuisson.
3. Remettez toute la viande dans le faitout avec la bière et ½ c. à thé de sel. Portez à ébullition, couvrez et faites mijoter 30 min à feu doux. Ajoutez la choucroute, la cassonade et ½ c. à thé de sel. Couvrez de nouveau et prolongez la cuisson de 1 h ou jusqu'à ce que les côtes soient tendres, en remuant de temps en temps. Garnissez de persil.

Côtes de dos: Faites dorer quelques morceaux à la fois et retirez-les à mesure avec des pinces.

Choucroute: Ajoutez la choucroute, la cassonade et ½ c. à thé de sel, puis faites mijoter encore 1 h.

Jarrets et porc à ragoût

Jarrets de porc aux haricots blancs

Photo page 57
Débutez
3 h 30 avant
12 bols ou
6 portions

4 jarrets de porc frais
2 c. à soupe de sel
¼ c. à thé de poivre
2 gousses d'ail écrasées
1 feuille de laurier
Eau
3 t. de haricots blancs
secs (24 oz ou 680 g)
4 clous de girofle
1 lb (450 g) de petits
oignons blancs
(environ 12)
1 lb (450 g) de carottes
coupées en tronçons
2 c. à soupe de jus de
citron

1 Portez à ébullition à feu vif les cinq premiers ingrédients dans 5 t. d'eau, puis couvrez et faites mijoter 1 h 30 à feu doux en dégraissant.

2 Entre-temps, passez les haricots à l'eau froide et enlevez les petites pierres et les haricots abîmés.

3 Dans une grande casserole contenant 9 t. d'eau bouillante, faites bouillir les haricots 2 min à feu vif. Otez-les du feu, laissez-les tremper 1 h à couvert, puis égouttez-les.

4 Mettez-les dans le faitout, faites mijoter 30 min, puis ajoutez les légumes, dont un oignon piqué des clous de girofle. Portez à ébullition.

5 Couvrez et faites mijoter 1 h à feu doux. Ajoutez le jus de citron 15 min avant la fin de la cuisson. Otez le laurier et les clous de girofle.

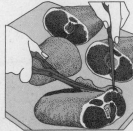

6 Mettez les jarrets sur une planche; désossez-les et ôtez la peau.

7 Coupez la viande en bouchées et réchauffez-la avant de servir.

Ragoût de porc

Photo page 57
Débutez
2 h 30 avant
10 à 12 portions

¼ t. de farine tout usage
Sel
¼ c. à thé de poivre
¼ c. à thé de gingembre moulu
3 lb (1,35 kg) de cubes de porc
¼ t. d'huile à salade
¾ t. d'eau
½ t. de sherry de cuisson

½ c. à thé de sucre
1¼ lb (560 g) de tout petits oignons blancs
2 paquets de 12¼ oz (350 g) de haricots de Lima surgelés, dégelés
1½ lb (700 g) de courges jaunes à cou droit coupées en tronçons de 1½ po (4 cm)

1. Mélangez la farine, 1 c. à soupe de sel, le poivre et le gingembre, puis enrobez-en la viande.
2. Chauffez l'huile dans un faitout et faites-y sauter le porc à feu assez vif. Poussez les cubes contre les parois dès qu'ils sont dorés. Otez le gras. Ajoutez l'eau, le sherry, le sucre et les oignons. Portez à ébullition en détachant les sucs. Couvrez et cuisez 1 h au four à 350°F (180°C) en remuant quelques fois.
3. Ajoutez les haricots, les courges et 2 c. à thé de sel. Cuisez encore 45 min, puis dégraissez.

Burritos

Photo page 57
Débutez
2 h 30 avant
10 portions

Huile à salade
1 lb (450 g) de bœuf à ragoût en cubes de ½ po (1 cm)
½ lb (225 g) de porc en cubes de ½ po (1 cm)
1 t. d'oignons hachés
1 gousse d'ail hachée
Sel
Eau

4½ t. de farine tout usage
½ t. de saindoux ou de graisse végétale
1 boîte de 19 oz (540 ml) de haricots pinto
¼ t. de longhorn ou de cheddar râpé
1 boîte de 4 oz (114 ml) de chilis verts en dés

1. Chauffez 2 c. à soupe d'huile dans une sauteuse et faites-y revenir le bœuf et le porc à feu assez vif; ajoutez l'oignon, l'ail, 1 c. à thé de sel et 1½ t. d'eau, puis portez à ébullition. Couvrez et faites mijoter 2 h à feu doux jusqu'à ce que la viande soit tendre. Préparez des tortillas à la farine.
2. Mélangez 4 t. de farine et 2 c. à thé de sel dans un bol; incorporez-y le saindoux. Ajoutez 1 t. d'eau tiède et mélangez. Déposez la pâte sur une surface farinée et pétrissez-la 3 min pour qu'elle soit lisse, en ajoutant de la farine au besoin.
3. Divisez la pâte en 10 morceaux et couvrez-la. Abaissez-en un morceau avec un rouleau fariné en un disque de 10 po (25 cm). Faites cuire la tortilla 1 min à feu assez vif dans une sauteuse, jusqu'à l'apparition de taches brunes, puis cuisez l'autre côté 30 s. Tenez au chaud dans du papier d'aluminium et cuisez les autres morceaux.
4. Réchauffez, 5 min avant que la viande soit prête, les haricots avec le fromage à feu moyen dans 1 c. à soupe d'huile, en remuant de temps en temps jusqu'à ce que le fromage soit fondu.
5. Ajoutez les chilis à la viande cuite et défaites à la cuiller. Continuez la cuisson jusqu'à ce que le mélange épaississe et que le liquide se soit évaporé.
6. Etalez 2 c. à soupe de haricots en une fine couche au centre de chaque tortilla, puis 2 c. à soupe de viande. Repliez la tortilla sur la farce, à la façon d'un paquet, et mangez-la comme un sandwich.

Porc fumé

Le porc fumé est offert en une grande variété de formes, depuis le jambon des grandes occasions aux coupes économiques, de consommation courante : jarrets fumés, côtes levées et bacon. Les jambons entiers ou en moitiés se conservent au maximum une semaine au réfrigérateur, les tranches trois ou quatre jours, le jambon blanc tranché et le prosciutto trois jours tout au plus, et le bacon de cinq à sept jours.

JAMBONS FUMÉS ET PICNICS

Ces deux types de jambons sont habituellement vendus prêts à servir. On peut toutefois en améliorer la saveur et la texture en les réchauffant jusqu'à une température interne de 140°F (60°C). Si vous achetez un jambon cru, cuisez-le jusqu'à ce que le thermomètre indique 160°F (70°C) ou, dans le cas d'un picnic, 170°F (75°C).

Les jambons cuits comprennent :

Jambon avec os ou ses deux moitiés — moitié de soc et moitié de jarret. S'il est vendu en portions, il est probable que plusieurs tranches du centre en auront été enlevées.

Le jambon semi-désossé est vendu tel quel ou sans le jarret. Dans le premier cas, le jarret et la culotte auront été désossés, mais non la cuisse.

Le jambon désossé, dit « roulé », est vendu entier — son poids varie entre 7 et 14 lb (3,15 et 6,35 kg) —, en moitiés, en quarts, en morceaux et en tranches ou rouelles.

Le jambon en conserve est toujours désossé et cuit ; il peut être fumé ou non et est parfois aromatisé.

Le jambon blanc est vendu tranché au poids.

Le prosciutto est un jambon pressé, d'un rouge foncé et au goût prononcé. Il est vendu en tranches minces.

Les jambons crus sont normalement vendus avec l'os. Ils comprennent les jambons de campagne qui sont, en général, fortement salés et fumés et que, sauf indication contraire, on doit faire tremper avant la cuisson.

Les jambons picnics sont vendus entiers et, en principe, prêts à consommer.

CUISSON DES JAMBONS ET DES PICNICS

Rôtissage : Faites rôtir vos jambons cuits selon le tableau des temps de cuisson, ci-contre. Un jambon cru devra atteindre une température interne de 160°F (70°C), et un picnic de 170°F (75°C). Laissez reposer la pièce 15 minutes avant de servir afin d'en faciliter le découpage. Pour décorer un jambon, incisez-en légèrement le dessus en losanges et piquez chacun d'un clou de girofle avant d'enfourner. Si vous voulez glacer un jambon, préparez la glace environ 30 minutes avant la fin de la cuisson.

Jambon blanc : Mettez le picnic dans une marmite et couvrez-le d'eau. Portez rapidement à ébullition, couvrez et faites mijoter à feu doux de 3 h 30 à 4 heures, puis égouttez.

Glaçage : Déposez le picnic cuit sur une grille dans une lèchefrite et cuisez-le à 400°F (200°C) de 15 à 30 minutes, en le badigeonnant de glace deux ou trois fois.

Coupe	Poids	Relevé du thermomètre à viande	Temps de cuisson approximatif**	Température du four
TEMPS DE CUISSON POUR LE RÔTISSAGE DU PORC FUMÉ*				
JAMBON CUIT				
Jambon fumé entier	10 à 14 lb (4,5-6,35 kg)	140°F (60°C)	2 h 30 à 3 h 30	325°F (160°C)
moitié ou morceau	5 à 7 lb (2,25-3,15 kg)	140°F (60°C)	1 h 30 à 2 h	325°F (160°C)
Jambon fumé désossé entier	7 à 10 lb (3,15-4,5 kg)	140°F (60°C)	2 h 30 à 3 h	325°F (160°C)
	10 à 12 lb (4,5-5,4 kg)	140°F (60°C)	3 h à 3 h 30	325°F (160°C)
	12 à 14 lb (5,4-6,35 kg)	140°F (60°C)	3 h 30 à 4 h	325°F (160°C)
moitié	5 à 7 lb (2,25-3,15 kg)	140°F (60°C)	2 h à 2 h 15	325°F (160°C)
morceau	3 à 4 lb (1,35-1,8 kg)	140°F (60°C)	1 h 30 à 1 h 45	325°F (160°C)
Jambon fumé semi-désossé entier	10 à 12 lb (4,5-5,4 kg)	140°F (60°C)	3 h à 3 h 30	325°F (160°C)
moitié	4 à 6 lb (1,8-2,7 kg)	140°F (60°C)	1 h 45 à 2 h 30	325°F (160°C)
Jambon en conserve	1½ à 3 lb (0,7-1,35 kg)	140°F (60°C)	1 h à 1 h 30	325°F (160°C)
	3 à 7 lb (1,35-3,15 kg)	140°F (60°C)	1 h 30 à 2 h	325°F (160°C)
	7 à 10 lb (3,15-4,5 kg)	140°F (60°C)	2 h à 2 h 30	325°F (160°C)
	10 à 12 lb (4,5-5,9 kg)	140°F (60°C)	2 h 30 à 3 h	325°F (160°C)
Epaule fumée picnic	5 à 8 lb (2,25-3,6 kg)	140°F (60°C)	2 h à 3 h 15	325°F (160°C)
Epaule roulée fumée	2 à 4 lb (0,9-1,8 kg)	170°F (75°C)	1 h 15 à 2 h 15	325°F (160°C)
Bacon canadien	2 à 4 lb (0,9-1,8 kg)	160°F (70°C)	1 h 15 à 2 h 15	325°F (160°C)
JAMBON CRU				
Jambon fumé entier	10 à 14 lb (4,5-6,35 kg)	160°F (70°C)	3 h à 4 h 15	325°F (160°C)
	5 à 7 lb (2,25-3,15 kg)	160°F (70°C)	1 h 45 à 2 h 30	325°F (160°C)
moitié ou morceau	3 à 4 lb (1,35-1,8 kg)	160°F (70°C)	1 h 45 à 2 h 15	325°F (160°C)
Epaule fumée picnic	5 à 8 lb (2,25-3,6 kg)	170°F (75°C)	2 h 30 à 4 h	325°F (160°C)

*Viande mise à cuire au sortir du réfrigérateur
**Comme la cuisson se poursuit hors du four, défournez la pièce lorsque le thermomètre indique 5 à 10 degrés (Fahrenheit) de moins que la température recommandée

ÉPAULES ROULÉES FUMÉES

Rôtissage : Déballez la pièce, puis faites-la rôtir jusqu'à ce que sa température interne atteigne 170°F (75°C). Une épaule de 2 à 4 lb (0,9-1,8 kg) cuira en 1 ou 2 heures. Vous pouvez la glacer comme tout autre jambon.

Jambon blanc : Une épaule de 2 à 4 lb (0,9-1,8 kg) doit mijoter de 1 h 30 à 2 heures. Ensuite, mettez-la dans un plat à four et glacez-la comme un picnic.

ROUELLES

Les tranches du centre qui ont 1 à 2 po (2,5-5 cm) d'épaisseur peuvent être cuites au four, grillées ou braisées. Celles de 1 po (2,5 cm) peuvent aussi être poêlées. Faites griller ou poêler celles qui sont plus minces.

Grillades : Incisez plusieurs fois l'ourlet de gras pour empêcher la tranche de s'enrouler. Mettez-la sur la claie de la plaque et faites-la griller à 2 ou 3 po (5-8 cm) de la source de chaleur en la tournant une fois. Prévoyez de 16 à 20 minutes pour les tranches de 1 po (2,5 cm) d'épaisseur et de 10 à 12 minutes pour celles de ½ po (1 cm).

A la poêle : Graissez la sauteuse avec un morceau de gras prélevé sur la pièce, puis incisez le gras qui reste en plusieurs endroits pour empêcher la tranche de s'enrouler. Faites-la dorer à feu moyen des deux côtés dans une sauteuse, en la tournant de temps en temps et en dégraissant.

Braisage : Graissez le fond d'une sauteuse épaisse ou d'un faitout avec un morceau de gras prélevé sur la rouelle, puis faites dorer celle-ci des deux côtés. Ajoutez un peu de liquide, couvrez hermétiquement et cuisez à feu doux jusqu'à ce que la viande soit tendre.

BACON

Le bacon est vendu en tranches d'épaisseur variable ou en morceaux, avec la couenne (flèche de bacon), qu'on peut trancher à son gré. Sa saveur dépend de la façon dont il a été fumé et salé ; par ailleurs, il sera plus ou moins gras, selon la coupe. Le bacon tranché peut être cuit au four, grillé ou poêlé.

Cuisson au four : Disposez les tranches sur la grille d'une lèchefrite, de telle sorte que le gras de chacune repose sur le maigre de la précédente. Cuisez de 10 à 12 minutes au four préchauffé à 400°F (200°C) jusqu'à ce que le bacon soit croustillant.

Grillades : Séparez délicatement les tranches pour ne pas les abîmer et disposez-les sur la claie de la plaque. Faites-les griller 3 ou 4 minutes à 3 po (8 cm) de la source de chaleur, puis tournez-les et faites-les griller de l'autre côté. Egouttez-les sur du papier absorbant.

A la poêle : Mettez les tranches en un seul paquet dans une épaisse sauteuse froide. (Une sauteuse de 10 po [25 cm] est suffisamment grande pour faire cuire en une seule fois un paquet de 8 oz [225 g] de bacon tranché.) Faites cuire les tranches de 5 à 8 minutes à feu moyen, en les séparant avec des pinces pour qu'elles reposent à plat dans la sauteuse et en les retournant de temps en temps pour les griller uniformément. Faites-les ensuite égoutter à fond sur du papier absorbant.

BACON CANADIEN

Généralement maigre, le bacon canadien est découpé dans la noix de la longe et il est, lui aussi, salé et fumé. Il se vend en tranches ou en morceaux de 2 à 4 lb (0,9-1,8 kg). Faites rôtir ceux-ci, mais grillez ou poêlez les tranches en les tournant de temps en temps.

LONGES ET CÔTELETTES DE PORC FUMÉ

La longe fumée doit être rôtie. Les côtelettes seront poêlées si elles n'ont pas plus de ½ po (1 cm) d'épaisseur ; autrement, on les cuira au four ou au gril.

DÉCOUPAGE D'UN JAMBON

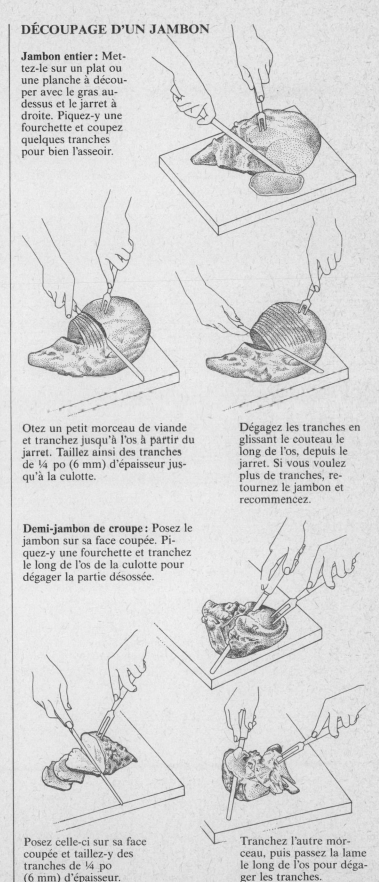

Jambon entier : Mettez-le sur un plat ou une planche à découper avec le gras au-dessus et le jarret à droite. Piquez-y une fourchette et coupez quelques tranches pour bien l'asseoir.

Otez un petit morceau de viande et tranchez jusqu'à l'os à partir du jarret. Taillez ainsi des tranches de ¼ po (6 mm) d'épaisseur jusqu'à la culotte.

Dégagez les tranches en glissant le couteau le long de l'os, depuis le jarret. Si vous voulez plus de tranches, retournez le jambon et recommencez.

Demi-jambon de croupe : Posez le jambon sur sa face coupée. Piquez-y une fourchette et tranchez le long de l'os de la culotte pour dégager la partie désossée.

Posez celle-ci sur sa face coupée et taillez-y des tranches de ¼ po (6 mm) d'épaisseur.

Tranchez l'autre morceau, puis passez la lame le long de l'os pour dégager les tranches.

Jambons fumés et picnics

Demi-jambon glacé à l'ananas

Photo
page 59
Débutez
2 h 45 avant
15 à 20
portions

*1 jambonneau ou
1 demi-jambon de
croupe fumé et cuit de
5 à 7 lb (2,25-3,15 kg)*

*1 boîte de 8 oz (227 ml)
d'ananas broyé, bien
égoutté*
*½ t. de cassonade brune
tassée*

1. Posez le jambon sur la grille d'une lèchefrite. Insérez le thermomètre à viande au centre de la pièce en évitant de toucher un os ou la graisse. Cuisez de 1 h à 1 h 30, à 325°F (160°C).
2. Entre-temps, mélangez l'ananas broyé et la cassonade dans un bol.
3. Défournez le jambon ; ôtez délicatement la couenne et jetez-la. Etalez à la cuiller l'ananas préparé sur la pièce, puis remettez-la au four 30 min de plus ou jusqu'à ce que le thermomètre à viande indique 140°F (60°C).

Otez la couenne : Avant de glacer le jambon, ôtez délicatement toute la couenne et jetez-la.

Glaçage : Utilisez une cuiller pour couvrir le jambon du mélange à l'ananas.

Jambon picnic au four

Photo
page 59
Débutez
3 h 30 avant
10 à 16
portions

*1 épaule fumée picnic
cuite de 5 à 8 lb (2,25-
3,6 kg)*
*½ t. de marmelade
d'oranges*

*1½ c. à thé de moutarde
préparée*
1 petite orange
Clous de girofle

1. Mettez le jambon sur la grille d'une lèchefrite. Insérez le thermomètre dans la partie la plus charnue de la pièce en vous assurant que sa pointe est bien au centre et ne touche ni un os ni le gras.
2. Faites cuire à 325°F (160°C) de 1 h 30 à 2 h 45 ; défournez le jambon et ôtez la couenne en ne conservant qu'une fine couche de gras.
3. Pour préparer la glace à l'orange, faites fondre la marmelade à feu doux avec la moutarde, dans une petite casserole.
4. Etalez la moitié du mélange sur le jambon avec un pinceau à pâtisserie. Remettez la pièce au four et cuisez-la 20 min de plus, jusqu'à ce que sa température interne atteigne 140°F (60°C).
5. Défournez le jambon et ôtez le thermomètre. Emincez l'orange et coupez les tranches en moitiés ; disposez-les sur le jambon en les faisant chevaucher légèrement et fixez-les avec des clous de girofle. Badigeonnez le tout du reste de glace.
6. Remettez le jambon 10 min au four pour réchauffer les tranches d'orange, puis laissez-le reposer quelques minutes si vous le servez chaud, ou servez-le froid plus tard.

Jambon en conserve aux pêches et à la sauce barbecue

Photo
page 58
Débutez
1 h 45 avant
10 à 12
portions

*1 jambon en conserve de
3 lb (1,35 kg)*
½ t. de sucre
½ t. de sauce chili
*1 c. à soupe de jus de
citron*

*2 c. à thé de sauce
Worcestershire*
*½ c. à thé de poudre de
chili*
½ t. d'eau
*5 pêches moyennes pelées
et en moitiés*

1. Dégagez le jambon de sa gaine de gélatine. Mettez-le dans un plat à four, insérez-y le thermomètre et cuisez 1 h 15 à 325°F (160°C).
2. Portez à ébullition à feu moyen, dans une casserole, le sucre, les quatre ingrédients suivants et l'eau en remuant de temps en temps. Retirez du feu, puis enrobez les pêches du mélange.
3. Déposez les pêches dans le plat à four et nappez le jambon du reste de sauce. Cuisez 20 min de plus en arrosant de temps en temps, jusqu'à ce que le thermomètre indique 140°F (60°C).

Jambon glacé

Photo
page 58
Débutez
3 h avant
15 à 18
portions

*1 demi-jambon semi-
désossé, fumé et cuit de
5 à 6 lb (2,25-2,7 kg)*
*½ t. de confiture
d'ananas*
½ t. de gelée de pomme
*2 c. à soupe de raifort
préparé*
*2 c. à soupe de moutarde
préparée*
1 t. de cassonade blonde
*½ t. de sirop parfumé à
l'érable*

*¼ c. à thé de cannelle
moulue*
1 pincée de toute-épice
Eau
*3 courges acorn
moyennes coupées en
quartiers de ¾ po
(2 cm)*
Beurre ou margarine
*3 grosses pommes à cuire
coupées en quartiers de
½ po (1 cm)*

1. Mettez le jambon sur la grille d'une lèchefrite. Insérez-y le thermomètre en évitant les os et le gras. Cuisez de 1 h à 1 h 30, à 325°F (160°C).
2. Mélangez à feu moyen, dans une petite casserole, la confiture d'ananas, la gelée de pomme, le raifort et la moutarde jusqu'à ce que la gelée soit fondue. Enduisez-en le jambon et faites-le cuire 30 min de plus, en le badigeonnant souvent, jusqu'à ce que le thermomètre indique 140°F (60°C).
3. Dans une autre casserole, mélangez la cassonade, le sirop, la cannelle et la toute-épice, puis réservez. Mettez les courges acorn dans une sauteuse avec ½ po (1 cm) d'eau et portez à ébullition à feu moyen. Couvrez et faites mijoter 10 min à feu doux. Ajoutez aux courges égouttées ¼ t. de beurre et la moitié du mélange à la cassonade. Faites fondre à feu moyen en remuant doucement ; réservez au chaud.
4. Chauffez ¼ t. de beurre dans une sauteuse, puis faites-y revenir les pommes 5 min à feu assez vif. Ajoutez le reste du mélange à la cassonade et cuisez jusqu'à ce qu'il soit fondu et que les pommes soient glacées, en remuant doucement avec une spatule en caoutchouc. Dressez le jambon sur un plat de service chaud, entouré des pommes et des courges. Versez le reste de glace sur la garniture.

Tranches de jambon

Jambon Smithfield entier

*1 jambon Smithfield ou
de campagne cru de 10
à 12 lb (4,5-5,4 kg)*
Eau
Sirop de maïs
*Scones chauds ou pain
tranché*

1 Placez le jambon sur
sa couenne dans une
grosse marmite ; recou-
vrez-le d'eau. Laissez-le
reposer pendant au
moins 12 h ou toute la
nuit à la température
ambiante.

2 *Environ 5 h avant de
servir :* Jetez l'eau,
brossez le jambon et rin-
cez-le. Recouvrez-le
d'eau et portez à ébulli-
tion à feu vif.

3 Couvrez et faites mijoter de 3 h 30 à 4 h
jusqu'à ce l'cs du pe-
tit bout se détache de la
chair. Portez le four à
325°F (160°C).

4 Placez le jambon sur
une lèchefrite et lais-
sez-le refroidir 20 min.
Otez la couenne, mais gardez ¼ po (6 mm) de gras.

5 Badigeonnez la pièce
de sirop de maïs, puis
enfournez-la 15 min ou
jusqu'à ce qu'elle soit
glacée uniformément.

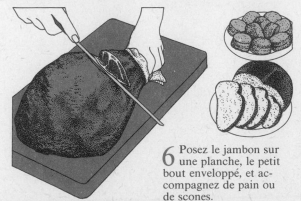

6 Posez le jambon sur
une planche, le petit
bout enveloppé, et ac-
compagnez de pain ou
de scones.

COMMENT APPRÊTER LES RESTES

SOUPE AU POULET : Ajoutez-y du jambon haché.

LÉGUMES : Cuisez-les avec des miettes de jambon.

HORS-D'ŒUVRE : Disposez des tranches de jambon
sur des quartiers de melon.

Tranche de jambon à l'hawaiienne

½ t. de cassonade tassée
*¼ t. de beurre ou de
margarine*
*¼ t. de vinaigre de vin
blanc ou rouge*
*1 tranche de jambon
fumé, coupe du centre,
d'environ 1½ lb
(700 g) et épaisse de
½ à ¾ po (1-2 cm)*
*4 bananes moyennes
fermes*

1 Faites fondre la cassonade à feu moyen
dans une sauteuse avec
le corps gras et le vinaigre de vin, en remuant
souvent.

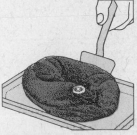

2 Ajoutez la tranche de
jambon et cuisez-la
5 min de chaque côté.

3 Déposez-la sur un
plat chaud avec une
spatule à crêpes et tenez-
la au chaud.

4 Otez la sauteuse du
feu. Coupez les bana-
nes en tronçons de
1½ po (4 cm) et mettez-
les dans la sauteuse.

5 Cuisez-les 5 min à feu
moyen en les arrosant
de sauce, jusqu'à ce
qu'elles soient chaudes.

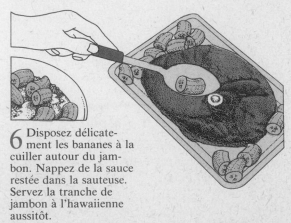

6 Disposez délicate-
ment les bananes à la
cuiller autour du jam-
bon. Nappez de la sauce
restée dans la sauteuse.
Servez la tranche de
jambon à l'hawaiienne
aussitôt.

Tranches de jambon

Rouelles de jambon au citron

Photo
page 59
Débutez
20 min avant
6 à 8 portions

¾ t. de cassonade
blonde tassée
3 c. à soupe de moutarde
préparée
1½ c. à soupe de jus de
citron
¾ c. à thé de zeste de
citron râpé

1 citron émincé
2 tranches désossées de
jambon fumé, coupe
du centre, épaisses
d'environ ¾ po (2 cm)
(environ 1 lb ou 450 g
chacune)

1. Allumez le gril. Préparez la glace en mélangeant les quatre premiers ingrédients dans un petit bol. Coupez les tranches de citron en deux.
2. Faites griller les rouelles 2 min dans une lèchefrite ; enduisez-les de glace, remettez-les 5 min au gril, tournez et grillez 2 ou 3 min de plus.
3. Etalez les tranches de citron sur les rouelles, badigeonnez du reste de glace et remettez 5 min au gril, jusqu'à ce que la glace bouillonne légèrement.

Tranches de jambon sauce aux fruits

Photo
page 59
Débutez
30 min avant
6 portions

6 tranches désossées de
jambon fumé, coupe
du centre, épaisses
d'environ ½ po (1 cm)
1 t. de pruneaux
dénoyautés

1 t. d'abricots secs
1¾ t. de jus d'orange
¼ t. de sucre
1 c. à soupe de fécule de
maïs
2 c. à soupe d'eau

1. Otez l'ourlet de gras et incisez le bord des tranches. Faites blondir un morceau de gras à feu assez vif dans une sauteuse, puis jetez-le. Faites revenir dans ce gras quelques tranches de viande à la fois et réservez-les dès qu'elles sont dorées.
2. Mettez dans la sauteuse les pruneaux, les abricots, le jus d'orange et le sucre, puis les tranches de jambon. Arrosez-les du jus et portez à ébullition. Couvrez et faites mijoter 20 min à feu doux, jusqu'à ce que les abricots soient tendres. Dressez la viande sur un plat et tenez-la au chaud.
3. Délayez la fécule dans l'eau. Versez-la dans la sauteuse et faites épaissir la sauce à feu moyen en remuant sans arrêt jusqu'à ce qu'elle bouillonne. Servez-la avec le jambon.

Rouelle de jambon paysanne

Photo
page 59
Débutez
1 h avant
6 portions

¼ t. de beurre
1 chou d'environ 1½ lb
(700 g) grossièrement
haché
½ c. à thé de sel

1 tranche de jambon
fumé, coupe du centre,
épaisse de 1 po (2,5 cm)
2 c. à soupe de sirop pour
crêpes

1. Allumez le four à 350°F (180°C). Chauffez le beurre dans une sauteuse et faites-y revenir à feu assez vif le chou additionné du sel en remuant rapidement pendant 5 min ou jusqu'à ce qu'il soit tendre, mais encore croquant. Etalez-le dans un plat à four de 13 po × 9 (33 cm × 23).
2. Recouvrez le chou de la tranche de jambon et arrosez le tout de sirop.
3. Faites cuire 30 min au four ou jusqu'à ce que le jambon soit chaud, en remuant le chou de temps en temps pour l'empêcher d'attacher au fond du plat. Servez aussitôt.

Rôtis d'épaule fumée

Choucroute garnie

Photo
page 59
Débutez
3 h avant
16 à 20
portions

1 rôti d'épaule roulée
fumée de 2 à 2½ lb
(0,9-1,15 kg)
1 rôti de soc (boston)
désossé de 2 à 2½ lb
(0,9-1,15 kg)
2 t. de vin blanc sec
1 boîte de 14 oz (398 ml)
de consommé de poulet
8 baies de genièvre ou
2 c. à soupe de gin

6 oignons moyens coupés
en deux
8 pommes de terre
moyennes coupées en
deux
6 saucisses bratwurst ou
de Francfort
4 t. de choucroute
égouttée

1. Portez à ébullition dans une marmite les deux rôtis parés, le vin, le consommé de poulet et les baies de genièvre ou le gin. Couvrez et faites mijoter 1 h 30 à feu doux.
2. Ajoutez, en les étalant par couches, les oignons, les pommes de terre, les saucisses et la choucroute ; couvrez hermétiquement et faites mijoter de 35 à 40 min jusqu'à ce que la viande et les légumes soient à point.
3. Dressez les légumes sur un plat chaud avec une écumoire. Tranchez les rôtis et disposez les tranches sur le même plat. Dégraissez le jus de cuisson, ôtez-en les baies, puis arrosez-en la viande et les légumes. Servez le reste dans une saucière.

Pour servir : Arrosez la viande et les légumes d'un peu de sauce et présentez le reste à part.

Porc fumé aux patates

Photo
page 58
Débutez
2 h avant
8 à 10
portions

1 rôti d'épaule roulée
fumée de 2½ à 3 lb
(1,15-1,35 kg)
1 t. de cassonade blonde
tassée
½ c. à thé de muscade
râpée

3 c. à soupe d'eau
2 boîtes de 19 oz
(540 ml) de patates
mises en conserve sous
vide

1. Parez le rôti. Mettez-le dans une rôtissoire, insérez le thermomètre à viande au centre et faites-le cuire 30 min à 325°F (160°C).
2. Entre-temps, mélangez la cassonade, la muscade et l'eau dans un petit bol.
3. Retirez la rôtissoire du four ; disposez les patates autour de la viande en une couche, badigeonnez le tout de cassonade et faites cuire encore 1 h ou jusqu'à ce que le thermomètre indique 170°F (75°C), en arrosant de temps en temps. Dressez la viande et les patates sur un plat chaud, nappez du jus de cuisson et servez aussitôt.

Glaces et restes de jambon

GLACES

ORANGE ET MINCEMEAT : Passez au mélangeur, à petite vitesse, ½ t. de mincemeat égoutté et ¼ t. de marmelade d'oranges, jusqu'à ce que la préparation soit homogène. (Donne environ ¾ t.)

ORANGE ET CURRY : Mélangez à la fourchette, dans un petit bol, ⅔ t. de sirop de maïs, 1 c. à soupe de curry et 1 c. à soupe de zeste d'orange râpé. (Donne environ ⅔ t.)

TOMATE ET OIGNON : Faites fondre à feu moyen 1 c. à soupe de beurre ou de margarine dans une petite casserole et faites-y revenir 2 c. à soupe d'oignon haché environ 3 min. Mélangez-y 1 boîte de 7½ oz (213 ml) de sauce tomate, 2 c. à soupe de cassonade brune et 1 c. à thé de sauce Worcestershire. Portez à ébullition, puis laissez mijoter 5 min à feu doux, pour que la glace épaississe. (Donne 1 t.)

RESTES DE JAMBON

BROCHETTES GLACÉES : Enfilez sur des brochettes des *cubes de jambon* en alternance avec des *quartiers de pomme ;* badigeonnez de *marmelade d'oranges* diluée dans du *jus de citron* et faites griller.

TREMPETTE AU JAMBON : Mélangez du *jambon finement haché,* de la *crème sure,* de la *mayonnaise,* de la *sauce Worcestershire* et du *sel.*

TARTINADE AU JAMBON ET AU SUISSE : Pour préparer des sandwiches, mélangez du *jambon haché,* du *suisse râpé* et du *fromage à la crème* allongé d'un peu de *lait ;* assaisonnez de *sauce au piment.*

JAMBON EN CRÈME : Incorporez des morceaux de *jambon* à une *crème de pommes de terre,* de choux-fleurs ou de poireaux ; servez comme plat principal.

SALADE DU CHEF : Garnissez une *salade de pommes de terre* ou de *macaroni* de *cubes de jambon,* de *tomates,* de *radis,* d'*olives* et de *concombre.*

FRICADELLES DE JAMBON : Mélangez du *jambon haché,* 1 œuf, de la *chapelure,* de la *sauge broyée* et 1 pincée de poivre ; façonnez en galettes et faites cuire dans du *beurre.* Servez sur des petits pains.

SALADE DE JAMBON ET DE FRUITS : Mélangez du *jambon en dés,* des *noix hachées* et du *céleri tranché ;* liez avec de la *mayonnaise* et garnissez des moitiés d'*avocat,* de cantaloup ou de papaye.

SOUPE AU JAMBON ET AU CRESSON : Portez à ébullition du *bouillon de poulet ;* ajoutez-y des *champignons tranchés,* des *lamelles de jambon* et du *cresson ;* ramenez à ébullition et servez en entrée.

CASSEROLE AU JAMBON : Mélangez des *haricots rouges* ou au lard, du *ketchup,* de la *cassonade,* de la *moutarde,* des *dés de poivrons verts* et du *jambon ;* cuisez au four jusqu'à l'apparition de bulles.

GARNITURE DE JAMBON HACHÉ : Parsemez de *jambon haché* des œufs brouillés, des légumes cuits, une salade ou une soupe aux légumes.

Pain de jambon glacé

Photo page 59
Débutez 1 h 45 avant
4 à 5 portions

1 lb (450 g) de jambon fumé haché
1 grosse carotte râpée
1 petit oignon haché
1 t. de chapelure fraîche
2 œufs
2 c. à soupe de persil haché
2 c. à thé de moutarde préparée
1 boîte de 8 oz (227 ml) d'ananas en tranches

2 c. à soupe de cassonade blonde
2 c. à thé de fécule de maïs
1 c. à soupe de beurre ou de margarine
1 c. à soupe de jus de citron

1 Mélangez à la fourchette les sept premiers ingrédients dans un bol moyen. Graissez un plat à four de 11 po × 7 (28 cm × 18).

2 Façonnez le mélange en un pain de 7 po × 3 (18 cm × 8). Cuisez 30 min à 350°F (180°C). Versez le jus d'ananas dans une casserole et réservez les tranches.

3 Délayez la cassonade et la fécule de maïs dans le jus d'ananas. Portez à ébullition à feu moyen en remuant jusqu'à ce que la sauce épaississe.

4 Retirez la casserole du feu et incorporez le beurre ou la margarine et le jus de citron. Mélangez bien.

5 Défournez le pain de jambon et badigeonnez-le soigneusement sur tous les côtés, avec un pinceau, de la glace à l'ananas et au citron.

6 Couvrez-le d'ananas et cuisez-le encore 30 min en l'enduisant de glace de temps à autre. Laissez-le reposer 5 min avant de le trancher.

Agneau

COUPES D'AGNEAU LES PLUS COURANTES

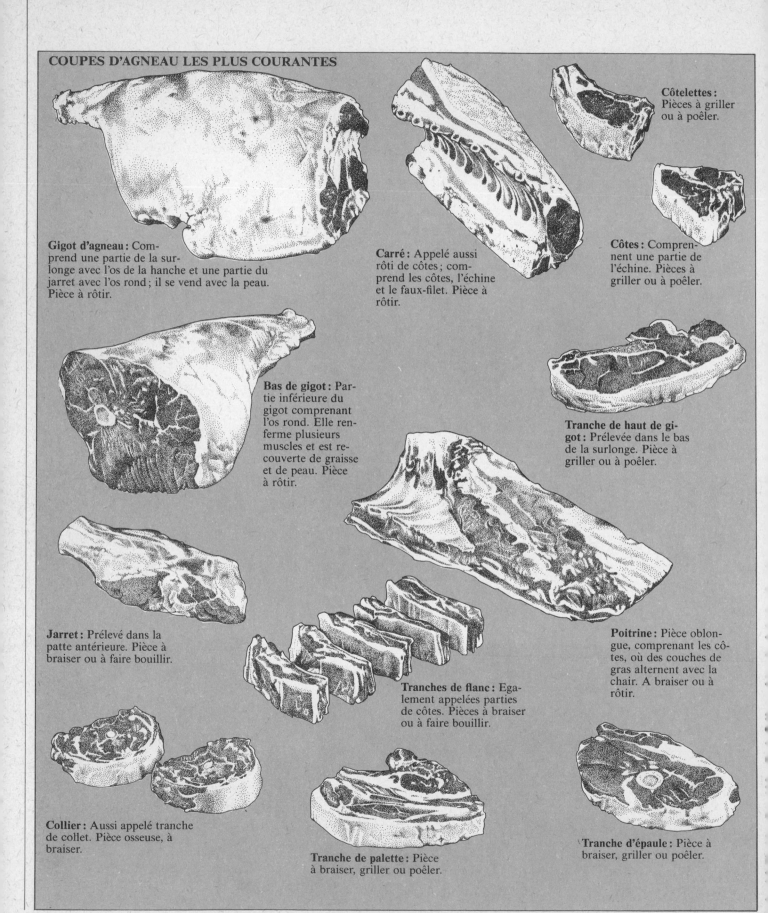

Gigot d'agneau : Comprend une partie de la surlonge avec l'os de la hanche et une partie du jarret avec l'os rond ; il se vend avec la peau. Pièce à rôtir.

Carré : Appelé aussi rôti de côtes ; comprend les côtes, l'échine et le faux-filet. Pièce à rôtir.

Côtelettes : Pièces à griller ou à poêler.

Côtes : Comprennent une partie de l'échine. Pièces à griller ou à poêler.

Bas de gigot : Partie inférieure du gigot comprenant l'os rond. Elle renferme plusieurs muscles et est recouverte de graisse et de peau. Pièce à rôtir.

Tranche de haut de gigot : Prélevée dans le bas de la surlonge. Pièce à griller ou à poêler.

Jarret : Prélevé dans la patte antérieure. Pièce à braiser ou à faire bouillir.

Tranches de flanc : Egalement appelées parties de côtes. Pièces à braiser ou à faire bouillir.

Poitrine : Pièce oblongue, comprenant les côtes, où des couches de gras alternent avec la chair. A braiser ou à rôtir.

Collier : Aussi appelé tranche de collet. Pièce osseuse, à braiser.

Tranche de palette : Pièce à braiser, griller ou poêler.

Tranche d'épaule : Pièce à braiser, griller ou poêler.

AGNEAU

Tendre et maigre, la chair d'agneau a un goût délicat mais caractéristique que font ressortir tous les types d'assaisonnements, comme l'ail, les fines herbes et les épices ou encore les fruits et les noix.

COMMENT ACHETER L'AGNEAU

L'agneau de première qualité a une chair ferme, à texture fine, qui va du rose au rouge pâle, ainsi que des os poreux et striés de rouge. Comme la couleur de la graisse varie selon l'âge, la race et l'alimentation de l'animal, on ne peut la retenir comme critère ; toutefois, la couche de graisse ne devrait pas être trop épaisse par rapport à la proportion de viande maigre.

La peau mince qui couvre les côtelettes, les tranches et les rôtis devrait être fraîche, humide et souple, et non sèche ou plissée. On la conserve sur les rôtis pour éviter qu'ils ne se déforment durant la cuisson, mais il faut la supprimer sur les tranches et les côtelettes si le boucher ne l'a pas fait. Quand vous achetez un carré d'agneau, demandez au boucher de séparer l'échine des côtes pour vous faciliter le découpage.

Certaines coupes, comme le rôti en couronne, sont chères et on les réserve habituellement pour les occasions spéciales, mais la plupart des autres coupes ont une grande valeur nutritive pour leur prix. Il en est ainsi des côtes levées et des jarrets, qui conviennent à tous les budgets. Les cubes de viande destinés aux brochettes peuvent être prélevés dans n'importe quelle partie, du moment qu'il s'agit d'une pièce désossée et bien charnue. On peut les détailler soi-même en cubes dans un rôti d'épaule désossé.

CUISSON DE L'AGNEAU

La majorité des coupes d'agneau sont assez tendres pour être apprêtées selon l'un ou l'autre des modes de cuisson sèche, c'est-à-dire rôties, grillées ou poêlées (voir pp. 186-187) ; ceci dit, l'agneau est tout aussi savoureux braisé ou à l'étouffée.

Quelle que soit la méthode que vous choisirez, rappelez-vous que la cuisson doit se faire à feu doux ou modéré pour que la viande reste tendre, juteuse et savoureuse.

VÉRIFICATION DU DEGRÉ DE CUISSON

Le rôti d'agneau se sert saignant, à point ou bien cuit. Dans le premier cas, le thermomètre indiquera 140°F (60°C) et la viande sera rougeâtre. Pour une pièce cuite à point, le thermomètre marquera 160°F (70°C), tandis que la viande sera brun rosé avec un soupçon de rouge. Pour un rôti bien cuit, la température sera de 170°F (75°C) et la chair ne comportera pas la moindre trace de rose. Si on laisse reposer le rôti 15 minutes après l'avoir défourné, il sera beaucoup plus facile à trancher.

Dans le cas de l'agneau grillé ou cuit à la poêle, incisez légèrement la pièce au centre ou près de l'os pour en vérifier la couleur. L'agneau braisé ou à l'étouffée devrait être tendre sous la fourchette.

TEMPS DE CUISSON DE L'AGNEAU RÔTI*

Poids	Temps de cuisson approximatif**			Température du four
	Saignant 140°F (60°C)	A point 160°F (70°C)	Bien cuit 170°F (75°C)	
Gigot entier 5 lb (2,25 kg) 7 lb (3,15 kg) 9 lb (4 kg)	1 h 45 2 h 15 3 h	2 h 3 h 3 h 45	2 h 30 3 h 30 4 h 30	325°F (160°C) 325°F (160°C) 325°F (160°C)
Bas de gigot 3 à 4 lb (1,35-1,8 kg)	1 h 15 à 1 h 45	1 h 30 à 2 h	1 h 45 à 2 h 15	325°F (160°C)
Haut de gigot 3 à 4 lb (1,35-1,8 kg)	1 h à 1 h 15	1 h 15 à 1 h 45	1 h 30 à 2 h	325°F (160°C)
Gigot désossé 3 lb (1,35 kg) 5 lb (2,25 kg) 7 lb (3,15 kg)	1 h 15 2 h 3 h	1 h 30 2 h 30 3 h 30	1 h 45 3 h 4 h	325°F (160°C) 325°F (160°C) 325°F (160°C)
Carré d'agneau 1½ à 2 lb (700-900 g) 2 à 3 lb (0,9-1,35 kg)	45 min 1 h	1 h 1 h 15	1 h 15 1 h 30	375°F (190°C) 375°F (190°C)
Rôti d'épaule entier 4 à 6 lb (1,8-2,7 kg)		1 h 45 à 2 h 30	2 à 3 h	325°F (160°C)
Rôti d'épaule désossé 3½ à 5 lb (1,6-2,25 kg)	1 h 45 à 2 h 30	2 à 3 h	2 h 20 à 3 h 15	325°F (160°C)

*Viande mise à cuire au sortir du réfrigérateur
**Comme la cuisson se poursuit hors du four, défournez la pièce quand le thermomètre indique 5 à 10 degrés (Fahrenheit) de moins que la température recommandée

DÉCOUPAGE D'UN GIGOT D'AGNEAU

Placez le gigot sur une planche à découper ou un plat chaud, avec le manche à votre droite. Piquez une fourchette dans la viande et, en tenant le couteau presque parallèlement au gigot, découpez une tranche de ¼ po (6 mm) d'épaisseur sur un tiers de la longueur de la pièce, tel qu'illustré. Détachez la tranche.

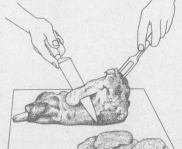

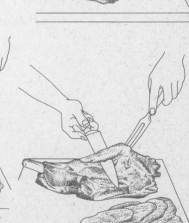

Coupez la tranche suivante à ¼ po (6 mm) de la première en vous éloignant du manche. Continuez ainsi jusqu'à l'os.

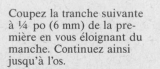

Après avoir tranché une base, tournez légèrement le gigot et continuez d'y tailler des tranches minces.

225

Rôtis d'agneau

Photo
page 60
Débutez
3 h avant

12 à 15
portions

Gigot d'agneau rôti

3 baies de genièvre
2 c. à thé de moutarde
sèche
¼ c. à thé de poivre
Sel
Eau
1 gigot entier d'agneau
de 5 lb (2,25 kg)
12 petites pommes de
terre épluchées
¼ t. de gin (facultatif)
½ t. de gelée de groseilles
rouges
2 c. à soupe de fécule de
maïs

2 Mettez le gigot, graisse au-dessus, sur la claie d'une lèchefrite et insérez le thermomètre dans sa partie la plus charnue, en évitant les os. Faites-le rôtir de 1 h 40 à 2 h 30 à 325°F (160°C), selon le degré de cuisson que vous préférez (voir p. 225). Environ 45 min avant la fin de la cuisson, coupez les pommes de terre en tranches de 1 po (2,5 cm) d'épaisseur et saupoudrez-les de 1 c. à thé de sel.

1 Broyez les baies avec la moutarde, le poivre, 2 c. à thé de sel et autant d'eau. Enrobez le gigot.

3 Entourez-en la viande et terminez la cuisson en arrosant de jus de temps en temps. Dressez sur un plat.

4 Versez le jus de cuisson dans une mesure de 2 t. Laissez remonter le gras et ôtez-le à la cuiller.

5 Versez 1¼ t. d'eau dans la lèchefrite et détachez les sucs à feu moyen. Ajoutez au jus avec le gin et assez d'eau pour obtenir 1¾ t.

6 A feu moyen, portez à ébullition le jus et la gelée dans une casserole en remuant sans arrêt jusqu'à ce que celle-ci se liquéfie.

7 Ajoutez la fécule, ¼ c. à thé de sel et ¼ t. d'eau et faites épaissir en remuant. Tranchez le gigot et servez la sauce à part.

Photo
page 61
Débutez
la veille
10 à 12
portions

Papillon d'agneau mariné

1 bas de gigot d'agneau
de 4 lb (1,8 kg)
1 c. à soupe de grains de
poivre noir
⅓ t. de bourgogne
3 c. à soupe d'huile
d'olive

1½ c. à thé de sel
1½ c. à thé d'origan
broyé
1 grosse gousse d'ail
émincée
Brins de persil

1. Préparez le gigot papillon (voir ci-dessous).
2. Broyez grossièrement les grains de poivre avec un maillet ou un marteau propre.
3. Mélangez-les avec les cinq ingrédients suivants dans un plat à four ; mettez-y le gigot et enrobez-le bien. Couvrez d'une cellophane et laissez mariner au moins 12 h au réfrigérateur en tournant la viande de temps en temps.
4. *Environ 45 min avant de servir :* Allumez le gril. Egouttez le gigot et réservez la marinade. Mettez la viande sur la claie d'une lèchefrite et faites-la griller pendant 10 min à 5 po (13 cm) de la source de chaleur ou à 450°F (230°C), en l'arrosant de temps en temps de marinade. Retournez-la et cuisez 15 min de plus si vous l'aimez saignante. Dressez-la sur une planche à découper et garnissez de persil.

PRÉPARATION D'UN GIGOT PAPILLON

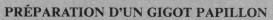

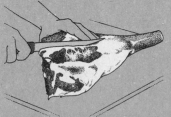

Déposez le gigot, graisse en dessous, sur une planche à découper. Fendez-le jusqu'à l'os avec un couteau à désosser.

Dégagez l'os jusqu'à l'articulation en raclant la viande avec le couteau.

Retournez le gigot pour découper autour de l'articulation.

Continuez de détacher la viande jusqu'au second os. Otez les os.

Fendez en deux la partie la plus charnue et aplatissez-la en papillon pour que la viande soit d'une épaisseur à peu près uniforme. Dégraissez-la.

Gigot d'agneau mariné Olé

Photo
page 60
Débutez
la veille
10 à 12
portions

Sel
½ t. de jus d'orange
½ t. de vin rouge sec
½ t. de sauce chili
2 c. à soupe d'huile à
*   salade*
1 petit oignon haché
1 gousse d'ail hachée
2 c. à soupe de sucre

2 c. à thé de poudre de
*   chili*
1 c. à thé de basilic
1 bas de gigot d'agneau
*   de 4 lb (1,8 kg)*
Eau
3 c. à soupe de farine
*   tout usage*

1. Mélangez 2 c. à thé de sel et les neuf ingrédients suivants dans un grand plat peu profond. Mettez-y le gigot et enrobez-le bien. Couvrez d'une feuille de polyéthylène et réfrigérez-le au moins 12 h en le tournant de temps en temps.

2. *Environ 3 h 30 avant de servir:* Déposez le gigot, graisse en dessous, sur la claie d'une lèchefrite; réservez la marinade. Insérez le thermomètre au centre de la pièce, en évitant les os, et cuisez-la au four à 325°F (160°C), en l'arrosant de temps en temps de marinade, pendant 1 h 40 ou jusqu'à ce que le thermomètre indique 140°F (60°C) pour une viande saignante, 160°F (70°C) pour une viande à point ou 170°F (75°C) pour une viande bien cuite. Dressez le gigot sur un plat chaud et laissez-le reposer 15 min.

3. Pour préparer la sauce, versez le jus de cuisson dans une mesure de 4 t. ou un bol moyen, puis laissez remonter le gras et mettez-en 3 c. à soupe dans une casserole. Jetez le reste. Versez 1½ t. d'eau dans la lèchefrite et chauffez-la à feu moyen en remuant pour décoller les sucs de viande; ajoutez-la au jus de cuisson avec la marinade (et assez d'eau pour obtenir 2½ t. de liquide). Délayez à feu moyen la farine avec ¼ c. à thé de sel dans la graisse chaude; incorporez-y graduellement le liquide et faites épaissir en remuant. Servez avec le gigot.

Gigot d'agneau à la broche

Photo
page 61
Débutez
la veille
16 à 18
portions

½ t. d'huile à salade
½ t. de vin blanc
½ t. de vinaigre de vin
*   rouge*
1 gousse d'ail écrasée
2 c. à thé de sel
½ c. à thé de sauge
*   émiettée*

½ c. à thé de gingembre
*   moulu*
¼ c. à thé de poivre
1 gigot d'agneau désossé
*   de 5 lb (2,25 kg)*
Sauce à la menthe
*   (p. 243)*

1. Mélangez les huit premiers ingrédients dans un grand plat peu profond. Ajoutez le gigot et enrobez-le de marinade. Couvrez et réfrigérez-le en le retournant de temps en temps.

2. *Environ 3 h avant de servir:* Embrochez le gigot, puis insérez le thermomètre au centre, en évitant la broche. Faites-le rôtir en le badigeonnant souvent de marinade jusqu'à ce que le thermomètre indique 140°F (60°C) pour une viande saignante, 160°F (70°C) pour une viande à point ou 170°F (75°C) pour une viande bien cuite.

3. Débrochez et déficelez le gigot. Laissez-le reposer 15 min pour en faciliter le découpage. Servez-le avec la sauce à la menthe.

Carré d'agneau

Photo
page 61
Débutez
2 h avant
4 portions

¾ c. à thé de sel d'ail
¼ c. à thé de sel
1 pincée de poivre
1 carré de 8 côtes
*   (environ 2½ lb ou*
*   1,15 kg)*
¼ t. de confiture
*   d'abricots*
2 c. à thé de jus de citron

1 Mélangez les sels et le poivre, frottez-en la viande, puis mettez le carré sur ses os dans une lèchefrite.

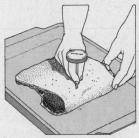

2 Insérez le thermomètre et cuisez à 375°F (190°C) jusqu'au degré de cuisson de votre choix (voir p. 225).

3 Entre-temps, faites fondre à feu moyen, dans une petite casserole, la confiture d'abricots dans le jus de citron.

4 Badigeonnez de temps en temps le gigot de la sauce à l'abricot durant les 30 dernières minutes de cuisson.

5 Laissez reposer le rôti 10 min sur une planche. Détachez l'échine des côtes avec un couteau tranchant et jetez-la.

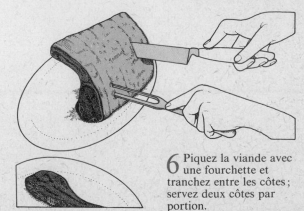

6 Piquez la viande avec une fourchette et tranchez entre les côtes; servez deux côtes par portion.

Agneau en cubes

Côtes et côtelettes

Brochettes d'agneau

Photo
page 61
Débutez
le matin ou
la veille
8 portions

2 c. à soupe de beurre
½ t. d'oignons hachés
1 petit poivron vert
   coupé en dés
1 branche de céleri
   coupée en dés
1 gousse d'ail émincée
1 boîte de 10 oz (284 ml)
   de tomates
1 boîte de 5½ oz (156 ml)
   de pâte de tomates
¼ t. d'eau
2 c. à soupe de cassonade
   blonde

1½ c. à thé de vinaigre
½ c. à thé de sel
½ c. à thé de sauce au
   piment fort
¼ c. à thé de
   mignonnette
1 aubergine moyenne
2 poivrons rouges moyens
2 lb (900 g) de cubes
   d'agneau pour
   brochettes

1 Chauffez le beurre dans une casserole et faites-y revenir 10 min à feu moyen l'oignon, le petit poivron vert, le céleri et l'ail.

2 Ajoutez les tomates avec leur jus et les sept ingrédients suivants. Portez à ébullition, puis faites mijoter 5 min. Réfrigérez dans un bol.

3 Coupez l'aubergine en deux, puis en tranches de 1 po (2,5 cm) d'épaisseur, et les poivrons en gros morceaux.

4 Ajoutez-les avec l'agneau à la sauce tomate refroidie, mélangez bien, couvrez et réfrigérez 4 h ou toute la nuit.

5 1 h avant de servir: Allumez le barbecue. Enfilez la viande et les légumes sur quatre longues brochettes. Réservez la marinade dans un plat couvert.

6 Placez les brochettes au-dessus des charbons à moitié consumés; cuisez 30 min en retournant souvent. Réchauffez la sauce et servez-la avec l'agneau.

Côtes d'agneau à l'orange

Photo
page 61
Débutez
30 min avant
8 portions

1 pot de 8½ oz (250 ml)
   de marmelade
   d'oranges
2 c. à soupe de beurre
   ou de margarine
1 c. à soupe de sherry sec

1 gousse d'ail hachée
1½ c. à thé de sel
8 tranches d'épaule
   d'agneau épaisses
   d'environ 1 po
   (2,5 cm)

1. Allumez le gril selon le mode d'emploi. Faites chauffer à feu doux tous les ingrédients, sauf l'agneau, dans une petite casserole, en remuant jusqu'à ce que la marmelade soit fondue.
2. Mettez les tranches sur la claie d'une lèchefrite et faites-les griller de 10 à 15 min, en les badigeonnant de temps en temps du mélange à l'orange.

Côtelettes d'agneau au roquefort

Photo
page 61
Débutez
1 h 15 avant
8 portions

¼ lb (115 g) de
   roquefort émietté
1 c. à thé de sel
1 c. à thé de sauce
   Worcestershire
1 pincée de poivre
8 côtelettes d'agneau
   épaisses d'environ
   2½ po (6 cm)
1 boîte de 10 oz (284 ml)
   de consommé concentré
   non dilué

1 Allumez le four à 325°F (160°C). Mélangez dans un bol les quatre premiers ingrédients.

2 Parez les côtelettes en ne gardant qu'un peu de gras; recouvrez-le de roquefort jusqu'à 1 po (2,5 cm) des extrémités.

3 Placez la viande sur ses os dans un plat à four; ajoutez le consommé et cuisez 50 min en arrosant.

Côtes d'agneau au gingembre

Photo
page 61
Débutez
30 min avant
6 portions

2 c. à soupe d'huile à
   salade
1½ c. à thé de gingembre
   moulu
½ c. à thé de sel
½ c. à thé de poudre
   d'ail

6 côtes d'agneau épaisses
   d'environ ½ po (1 cm)
1 lb (450 g) de
   champignons équeutés

1. Allumez le gril selon le mode d'emploi. Mélangez l'huile, le gingembre, le sel et la poudre d'ail.
2. Placez les côtes sur la claie graissée de la lèchefrite, badigeonnez-en un côté d'un peu d'huile et faites-les griller 5 min. Retournez-les, entourez-les des champignons, badigeonnez le tout d'huile et remettez au gril jusqu'à ce que la viande soit à point.

Poitrine

Côtes d'agneau et sauce aux légumes

Photo page 60
Débutez 1 h 45 avant
6 portions

6 tranches de palette d'agneau épaisses d'environ ¾ po (2 cm)
¼ c. à thé de poivre
Sel
3 c. à soupe de farine tout usage
¼ t. d'huile à salade
3 carottes moyennes tranchées
1 gros oignon coupé en dés
1 grosse branche de céleri tranchée
1 gousse d'ail hachée
½ t. de vin rouge sec
2 tomates pelées, épépinées et coupées en dés
1 cube ou sachet de bouillon de bœuf
1 feuille de laurier
½ c. à thé de thym
¼ c. à thé de toute-épice moulue
Feuilles de céleri

1 Saupoudrez la viande de poivre et de 1 c. à thé de sel, sur du papier ciré. Farinez-la en vous servant des pinces.

2 Chauffez l'huile dans une sauteuse et faites-y revenir à feu assez vif la moitié des côtes à la fois ; déposez-les sur un plat.

3 Cuisez 5 min à feu moyen les carottes, l'oignon, le céleri et l'ail. Ajoutez le vin, les cinq ingrédients suivants, 1 c. à thé de sel et la viande.

4 Portez à ébullition, couvrez et faites mijoter 50 min à feu doux en retournant une fois. Dressez sur un plat après avoir ôté le laurier et tous les os.

5 Transvasez le jus et les légumes dans le mélangeur ; dégraissez, couvrez et mélangez à vitesse moyenne.

6 Portez lentement la sauce à ébullition dans la sauteuse, nappez-en la viande et décorez de feuilles de céleri.

Poitrine d'agneau barbecue

Photo page 60
Débutez 3 h 30 avant
3 à 4 portions

1 poitrine d'agneau de 3 lb (1,35 kg)
3 oranges moyennes
½ t. de sauce chili
2 c. à soupe de miel
1 c. à thé de sel
1 c. à thé de sauce Worcestershire
¼ c. à thé de mignonnette

1 Détaillez la poitrine en portions. Râpez 1 c. à soupe du zeste de 1 orange et pressez-la pour avoir ¼ t. de jus.

2 Mélangez dans un petit bol le zeste râpé, le jus et les autres ingrédients. Réservez.

3 Mettez la viande dans une lèchefrite et nappez-la de la sauce.

4 Cuisez au four à 325°F (160°C) en arrosant de temps à autre. Entre-temps, coupez les 2 autres oranges en rondelles.

5 Couvrez la viande des rondelles d'orange 15 min avant la fin de la cuisson.

Tranches de flanc à l'ananas

Photo page 61
Débutez 2 h 30 avant
6 à 8 portions

1 boîte de 14 oz (398 ml) d'ananas en morceaux
¼ t. de miel
3 c. à soupe de vinaigre de vin blanc
1 c. à soupe de sel
1 c. à thé de sauce Worcestershire
¼ c. à thé de gingembre moulu
6 tranches de flanc d'agneau

1. Mélangez, dans une grande lèchefrite, le jus d'ananas, le miel; le vinaigre, le sel, la sauce Worcestershire et le gingembre. Réservez l'ananas.
2. Ajoutez la viande, couvrez hermétiquement la lèchefrite avec du papier d'aluminium et cuisez 2 h à 325°F (160°C). Ajoutez l'ananas 10 min avant la fin de la cuisson.
3. Dressez la viande et l'ananas sur un plat chaud.

Jarret et collier

Photo
page 60
Débutez
2 h 30 avant
6 portions

Ragoût d'agneau

*12 tomates moyennes
(4 lb ou 1,8 kg)*
*6 jarrets d'agneau
(6 lb ou 2,7 kg)*
Farine tout usage
¼ t. d'huile à salade
1 t. d'oignons hachés
2 carottes tranchées
1 gousse d'ail hachée
¼ t. de vermouth sec
*2 cubes ou sachets de
bouillon de poulet*

4 c. à thé de sucre
1 c. à soupe de sel
2 c. à thé de romarin
½ c. à thé de poivre
*3 courgettes moyennes
coupées en cubes de
1½ po (4 cm)*
⅓ t. d'eau
*1 c. à soupe de zeste de
citron râpé*
3 t. d'orge ou de riz cuit

1. Pelez 6 tomates, coupez-les en quatre et réservez-les. Détaillez les autres en morceaux, couvrez et réfrigérez. Farinez les jarrets avec 2 c. à soupe de farine, sur du papier ciré.
2. Faites revenir à feu assez vif dans l'huile chaude deux ou trois jarrets à la fois, dans un grand faitout. Réservez-les dès qu'ils sont bien dorés.
3. Faites revenir 10 min les oignons, les carottes et l'ail dans le reste d'huile, en remuant de temps en temps. Remettez la viande dans le faitout avec les quartiers de tomate, le vermouth, le bouillon, le sucre, le sel, le romarin et le poivre. Portez à ébullition, couvrez et faites mijoter à feu doux 1 h 15 ou jusqu'à ce que la viande soit tendre, en remuant de temps à autre.
4. Ajoutez les courgettes, couvrez et laissez mijoter 15 min de plus ou jusqu'à ce qu'elles soient à point. Délayez à la fourchette 3 c. à soupe de farine dans l'eau, versez-la lentement dans le faitout et faites épaissir en remuant. Ajoutez les morceaux de tomates et réchauffez-les. Saupoudrez le ragoût de zeste de citron et servez, accompagné de riz ou d'orge chaud.

Photo
page 60
Débutez
1 h 15 avant
4 portions

Tranches de collier d'agneau braisées

*2 lb (900 g) de tranches
de collier épaisses de
¾ po (2 cm)*
3 c. à soupe de farine
1 c. à soupe d'huile
1 t. d'eau
*1 t. de pruneaux
dénoyautés*

2 c. à soupe de sucre
*2 c. à soupe de vinaigre
de cidre*
1¼ c. à thé de sel
*¼ c. à thé de cannelle
moulue*
*¼ c. à thé de toute-épice
moulue*

1. Farinez les tranches de collier sur du papier ciré. Chauffez l'huile dans une sauteuse et faites-y revenir la viande à feu assez vif en la tournant une fois. Dégraissez le fond de cuisson.
2. Ajoutez l'eau, portez à ébullition, couvrez et faites mijoter 45 min à feu doux. Retournez les tranches, ajoutez les pruneaux et laissez mijoter 10 min de plus à couvert. Ajoutez le sucre et les autres ingrédients, et prolongez la cuisson de 5 min. Servez les tranches, nappées de sauce, dans un grand plat.

TRANCHES DE COLLIER D'AGNEAU AU CARVI: Préparez la même recette, mais en remplaçant les pruneaux et les ingrédients suivants par *1 c. à thé de graines de carvi* et *1 cube de bouillon de bœuf.* Augmentez l'eau à 1½ t. et laissez mijoter 1 h.

Viande à ragoût

Photo
page 61
Débutez
3 h avant
10 à 12
portions

Ragoût d'agneau à l'orientale

*3 lb (1,35 kg) d'agneau à
ragoût coupé en cubes
de 1½ po (4 cm)*
¼ t. de farine tout usage
*¼ t. d'huile d'olive ou à
salade*
1 t. d'eau
*2 oignons moyens coupés
en dés*
2 gousses d'ail hachées
*2 c. à soupe de sel
assaisonné*

*½ c. à thé de poivre
assaisonné*
½ c. à thé de thym
4 tomates moyennes
2 poivrons verts
1 aubergine moyenne
*Riz cuit pour 10
personnes*

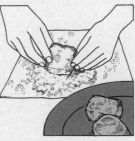

1 Etalez de la farine sur du papier ciré et enrobez-en abondamment les cubes d'agneau.

2 Chauffez l'huile dans un faitout et faites-y revenir, à feu assez vif, plusieurs cubes de viande à la fois ; réservez-les dès qu'ils sont bien grillés de tous les côtés.

3 Remettez toute la viande dans le faitout avec l'eau, les oignons, l'ail, le sel, le poivre et le thym. Portez à ébullition, couvrez et faites mijoter 2 h à feu doux.

4 Pelez les tomates ; coupez-les en morceaux et détaillez en cubes les poivrons et l'aubergine.

5 Mettez les tomates, les poivrons et l'aubergine dans le faitout et prolongez la cuisson de 30 min, en remuant de temps en temps.

6 Une fois que la viande et les légumes sont cuits, retirez le faitout du feu et servez le ragoût sur un lit de riz chaud.

Agneau haché

Curry d'agneau

Photo
page 60
Débutez
2 h 30 avant
6 à 8 portions

2 lb (900 g) d'agneau à ragoût coupé en cubes de 1 po (2,5 cm)
¼ t. de farine tout usage
Huile à salade
2 oignons moyens tranchés
1 gousse d'ail hachée
1 à 3 c. à soupe de curry
2 c. à thé de sel
¼ c. à thé de cannelle moulue
¼ c. à thé de clous de girofle moulus
1 pincée de poivre concassé
1 cube ou sachet de bouillon de bœuf
1 t. d'eau
½ t. de jus de tomate
Riz cuit pour 6 personnes
Garnitures pour le curry (ci-dessous)

1. Farinez les cubes d'agneau sur du papier ciré. Chauffez 2 c. à soupe d'huile dans une sauteuse moyenne et faites-y revenir les cubes à feu assez vif. Réservez-les sur un plat au fur et à mesure qu'ils sont dorés de tous les côtés. Ajoutez de l'huile au besoin.
2. Faites revenir 5 min à feu moyen dans la même huile les oignons tranchés avec l'ail et le curry, en remuant souvent.
3. Remettez la viande dans la sauteuse avec le sel, la cannelle, les clous de girofle, le poivre, le cube de bouillon et l'eau. Portez à ébullition, couvrez et faites mijoter 2 h à feu doux ou jusqu'à ce que la viande soit tendre, en remuant de temps à autre. Ajoutez le jus de tomate et réchauffez.
4. Servez sur un lit de riz avec diverses garnitures pour le curry.

GARNITURES POUR LE CURRY : Présentez, dans de petits bols, deux ou davantage des garnitures suivantes et laissez vos invités se servir : chutney, raisins secs, quartiers de tomate, amandes ou arachides salées, persil haché, morceaux d'ananas, tranches de banane, rondelles d'oignon frit, miettes de bacon, gelée de groseille, œufs durs hachés, marinades diverses, noix de coco râpée, tranches d'avocat, zeste d'orange coupé en fines lanières.

Ragoût d'agneau au rosé

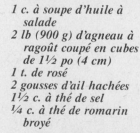

Photo
page 61
Débutez
3 h avant
6 portions

1 c. à soupe d'huile à salade
2 lb (900 g) d'agneau à ragoût coupé en cubes de 1½ po (4 cm)
1 t. de rosé
2 gousses d'ail hachées
1½ c. à thé de sel
¼ c. à thé de romarin broyé
¼ c. à thé de poivre
1 casseau de tomates-cerises
1 pot de 3 oz (85 ml) d'olives farcies au piment, égouttées
Riz au beurre pour 6 personnes

1. Chauffez l'huile dans une sauteuse et faites-y revenir à feu assez vif la moitié des cubes à la fois. Retirez-les dès qu'ils sont dorés de tous les côtés.
2. Remettez toute la viande dans la sauteuse. Ajoutez le rosé, l'ail, le sel, le romarin et le poivre, et portez à ébullition. Couvrez et faites mijoter à feu doux pendant 2 h 30 ou jusqu'à ce que la viande soit tendre, en remuant de temps en temps.
3. Ajoutez les tomates et les olives, chauffez 5 min et servez sur un lit de riz chaud.

Agneau aux amandes à la persane

Photo
page 60
Débutez
25 min avant
4 portions

1 c. à soupe d'huile
½ t. d'amandes effilées
1 lb (450 g) d'agneau haché
1½ t. d'oignons hachés
1 cube de bouillon de bœuf
½ c. à thé de sel
½ c. à thé de sel d'ail
¼ c. à thé de poivre
1 c. à soupe de jus de lime ou de citron
1 c. à thé de menthe séchée
Feuilles d'épinard
1 tomate moyenne

1 Chauffez l'huile dans une sauteuse et faites-y dorer les amandes à feu moyen, en remuant. Réservez les amandes sur une assiette.

2 Faites revenir 10 min à feu assez vif, dans le reste d'huile, l'agneau haché et les cinq ingrédients suivants en remuant sans cesse.

3 Ajoutez les amandes, le jus de citron et la menthe ; mélangez-les bien avec le reste de l'appareil.

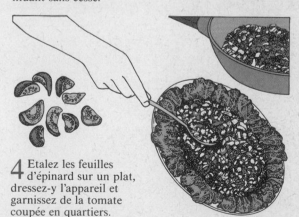

4 Etalez les feuilles d'épinard sur un plat, dressez-y l'appareil et garnissez de la tomate coupée en quartiers.

Fricadelles d'agneau

Photo
page 61
Débutez
25 min avant
6 portions

6 galettes d'agneau haché
1 c. à thé de sel
¼ c. à thé de poivre
6 tranches de bacon

1. Allumez le gril selon le mode d'emploi. Salez et poivrez les galettes d'agneau. Entourez chacune d'une tranche de bacon, que vous maintiendrez avec un cure-dents, et mettez-les sur la claie graissée d'une lèchefrite. Faites-les griller 5 min.
2. Retournez-les avec une spatule à crêpes. Faites-les griller 5 min de plus ou jusqu'à ce qu'elles soient à point. Au moment de servir, ôtez les cure-dents et dressez les fricadelles sur un grand plat chaud.

Veau

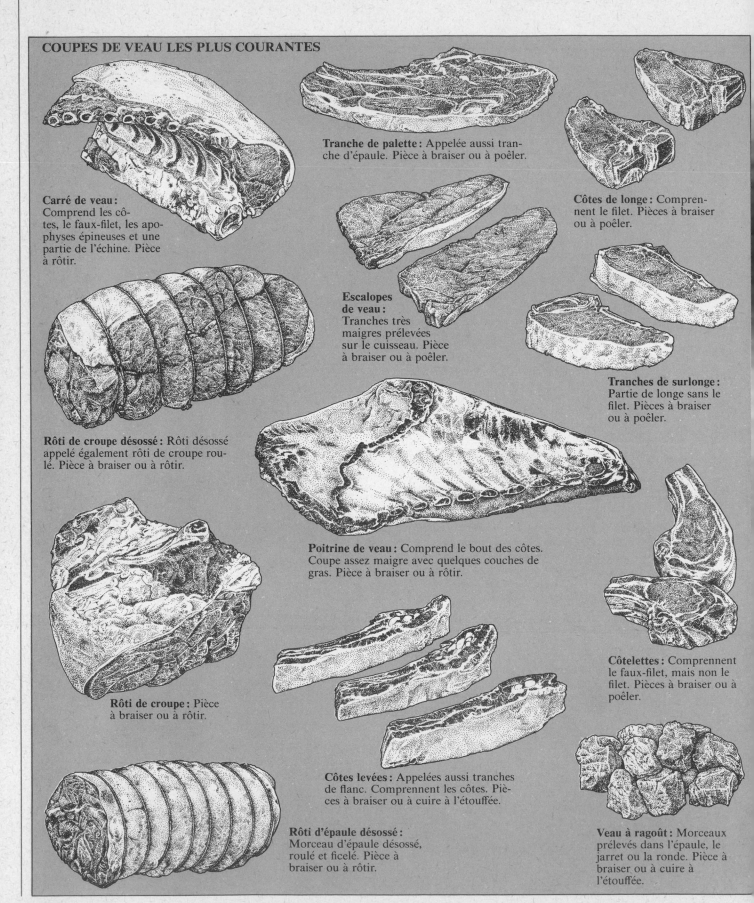

COUPES DE VEAU LES PLUS COURANTES

Carré de veau: Comprend les côtes, le faux-filet, les apophyses épineuses et une partie de l'échine. Pièce à rôtir.

Tranche de palette: Appelée aussi tranche d'épaule. Pièce à braiser ou à poêler.

Côtes de longe: Comprennent le filet. Pièces à braiser ou à poêler.

Escalopes de veau: Tranches très maigres prélevées sur le cuisseau. Pièce à braiser ou à poêler.

Tranches de surlonge: Partie de longe sans le filet. Pièces à braiser ou à poêler.

Rôti de croupe désossé: Rôti désossé appelé également rôti de croupe roulé. Pièce à braiser ou à rôtir.

Poitrine de veau: Comprend le bout des côtes. Coupe assez maigre avec quelques couches de gras. Pièce à braiser ou à rôtir.

Côtelettes: Comprennent le faux-filet, mais non le filet. Pièces à braiser ou à poêler.

Rôti de croupe: Pièce à braiser ou à rôtir.

Côtes levées: Appelées aussi tranches de flanc. Comprennent les côtes. Pièces à braiser ou à cuire à l'étouffée.

Rôti d'épaule désossé: Morceau d'épaule désossé, roulé et ficelé. Pièce à braiser ou à rôtir.

Veau à ragoût: Morceaux prélevés dans l'épaule, le jarret ou la ronde. Pièce à braiser ou à cuire à l'étouffée.

D'une texture très fine, la chair de veau est la plus délicate de toutes les viandes. Sa saveur est si subtile qu'elle s'accommode parfaitement de tous les types d'assaisonnements, fines herbes ou autres. Comme elle provient uniquement de jeunes animaux, elle est toujours très maigre. En comparaison avec les autres viandes, elle comprend une forte quantité de tissus conjonctifs.

ACHAT DU VEAU

Le veau de première qualité a une chair ferme à texture fine, qui va du blanc crémeux au rose très pâle. Refusez un morceau dont la chair serait flasque ou d'une couleur prononcée. La graisse devrait, elle aussi, être pâle, presque blanche ; les os devraient être tendres et très rouges.

CUISSON DU VEAU

Etant donné le peu de gras et la grande quantité de tissus conjonctifs que contient le veau, on devrait toujours le cuire à feu doux ou modéré pour éviter qu'il ne se dessèche. C'est d'ailleurs pourquoi on ne devrait jamais le faire griller.

VÉRIFICATION DU DEGRÉ DE CUISSON

Un rôti de veau est cuit quand sa température interne est de 170°F (75°C). (Servez-vous d'un thermomètre à viande pour plus de précision.) L'extérieur est alors d'un brun rougeâtre et l'intérieur d'un blanc crémeux. Pour savoir si une pièce de veau poêlée est cuite, incisez-la au centre ou près de l'os, afin de vérifier si elle est bien d'un blanc crémeux sur toute son épaisseur. Le veau braisé est cuit quand il est tendre sous la fourchette.

DÉCOUPAGE DES ESCALOPES

Les escalopes sont de fines tranches qu'on prélève sur un rôti de ronde ou de longe désossé. Pour en préparer, divisez le rôti en muscles avec un couteau à désosser et ôtez les os, la membrane et le gras, puis détaillez transversalement, en inclinant le couteau, des tranches aussi fines que possible. Placez-les entre des feuilles de papier ciré et aplatissez-les avec un maillet ou le dos d'un couteau jusqu'à ce qu'elles n'aient plus que de ⅛ à 1/16 po (3-1,5 mm) d'épaisseur. Les escalopes peuvent être poêlées ou encore farcies, roulées et braisées.

TEMPS DE CUISSON POUR LE VEAU RÔTI*				
Coupe	Poids	Relevé du thermomètre à viande	Temps de cuisson approximatif**	Température du four
Rôti de ronde ou de croupe	5 à 8 lb (2,25-3,6 kg)	170°F (75°C)	2 h à 3 h 15	325°F (160°C)
Rôti de longe	4 à 6 lb (1,8-2,7 kg)	170°F (75°C)	2 à 3 h	325°F (160°C)
Carré	3 à 5 lb (1,35-2,25 kg)	170°F (75°C)	1 h 45 à 3 h	325°F (160°C)
Rôti d'épaule désossé	4 à 6 lb (1,8-2,7 kg)	170°F (75°C)	2 h 45 à 4 h	325°F (160°C)

*Viande mise à cuire au sortir du réfrigérateur

**Comme la cuisson se poursuit hors du four, défournez la pièce quand le thermomètre indique 5 à 10 degrés (Fahrenheit) de moins que la température recommandée

DÉCOUPAGE DU VEAU

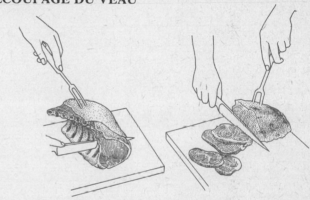

Carré : Avant de servir la pièce à table, détachez-en l'échine en ôtant le plus de viande possible de celle-ci. Dressez le rôti sur un plat, les côtes face à vous. Piquez-le dans sa partie supérieure avec la fourchette et tranchez au ras de chaque côte. Une tranche sur deux contiendra un os.

Rôti désossé : Déposez le rôti sur une planche ou un plat chaud et ôtez les ficelles (ou gardez-en une ou deux pour l'empêcher de se défaire). Piquez-le avec la fourchette et taillez des tranches de ¼ à ½ po (6-12 mm) d'épaisseur.

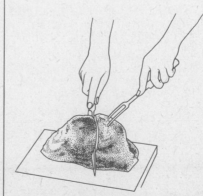

Rôti de ronde : Piquez le rôti avec la fourchette et détachez la partie sans os, le long de la culotte ; posez-la sur sa base et détaillez-la en tranches de ¼ po (6 mm) d'épaisseur.

Piquez la seconde partie et tranchez-la en travers jusqu'à ce que le couteau heurte l'os ; dégagez chaque tranche en coupant le long de celui-ci.

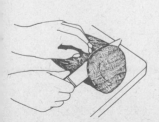

Escalopes : Avec le couteau incliné, coupez la viande à contre-fil en tranches de ¼ po (6 mm).

Attendrissez-les : Martelez les tranches entre des feuilles de papier ciré jusqu'à ce qu'elles aient ⅛ po (3 mm) d'épaisseur.

Rôtis de veau

Rôti de veau au citron et à l'estragon

Photo
page 62
Débutez
3 h 15 avant
12 à 14
portions

2 c. à thé de sel
*2 c. à thé de zeste de
  citron râpé*
*1 c. à thé de feuilles
  d'estragon*
*1 rôti d'épaule désossé de
  4 lb (1,8 kg)*
Eau
¼ t. de farine tout usage
*1 cube ou sachet de
  bouillon de bœuf*

1 Mélangez à la cuiller dans un petit bol le sel, le zeste de citron râpé et l'estragon.

2 Avec la pointe d'un couteau, incisez 24 fois le dessus et les côtés du rôti sur 2½ po (6 cm) de profondeur, sans couper les ficelles.

3 Avec une cuiller, insérez un peu du mélange de sel, de zeste de citron et d'estragon dans chaque fente.

4 Saupoudrez le rôti du reste du mélange de sel, puis posez-le sur la claie d'une lèchefrite.

5 Insérez le thermomètre dans sa partie la plus charnue et faites-le rôtir à 325°F (160°C) pendant 2 h 45 ou jusqu'à ce que celui-ci indique 170°F (75°C).

6 Laissez reposer le rôti 15 min sur un plat chaud avant de le trancher. Enlevez les cordes avec précaution.

7 Dégraissez complètement le jus de cuisson, puis ajoutez-y 1½ t. d'eau; remuez pour détacher les sucs de viande du fond de la lèchefrite. Délayez la farine dans ½ t. d'eau et versez-la peu à peu dans la lèchefrite. Ajoutez le bouillon en cube ou en sachet et faites cuire à feu moyen en remuant constamment jusqu'à ce que la sauce soit lisse et épaisse; nappez-en le rôti.

Carré de veau au marsala

Photo
page 62
Débutez
3 h 15 avant
8 à 10
portions

*1 carré de veau de 4 lb
  (1,8 kg)*
1 c. à thé de sel
¼ c. à thé de poivre
*¼ c. à thé de feuilles de
  thym broyées*
*1 feuille de laurier
  finement broyée*
1¼ t. d'eau
*¼ lb (115 g) de
  champignons émincés*
1 échalote hachée
*2 c. à soupe de farine
  tout usage*
¼ t. de marsala sec

1. Déposez le rôti, côtes en dessous, dans une lèchefrite. Mélangez dans un petit bol le sel, le poivre, le thym et le laurier; frottez-en la viande.
2. Insérez le thermomètre dans la partie la plus charnue du rôti; cuisez le rôti 2 h 30 à 325°F (160°C) ou jusqu'à ce que sa température interne soit de 170°F (75°C). Détachez l'échine et dressez le rôti sur un plat chaud.
3. Mettez 2 c. à soupe du gras de cuisson dans une casserole et dégraissez le reste du jus. Faites chauffer de l'eau à feu moyen dans la lèchefrite en remuant pour détacher les sucs de viande.
4. Faites revenir à feu moyen les champignons et l'échalote dans le gras de la casserole. Ajoutez la farine en remuant, puis, peu à peu, l'eau de la lèchefrite et le marsala; faites épaissir en brassant sans arrêt, laissez bouillir 1 min et servez.

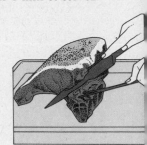

Assaisonnement: Frottez la viande du mélange de sel, de poivre, de thym et de laurier.

Désossement: Quand la viande est cuite, dégagez l'échine et jetez-la.

Rôti de croupe de veau paysanne

Photo
page 63
Débutez
3 h 15 avant
14 à 16
portions

*1 rôti de croupe de veau
  désossé de 4 lb (1,8 kg)*
*3 carottes moyennes
  coupées en dés*
1 oignon moyen haché
*1 boîte de 10 oz (284 ml)
  de crème de
  champignons*
⅔ t. d'eau
1 c. à thé de sel
*¼ c. à thé de
  mignonnette*
¼ c. à thé de marjolaine
1 feuille de laurier

1. Faites revenir le rôti de tous les côtés à feu assez vif dans un faitout. Poussez-le contre la paroi du récipient et ajoutez les carottes et l'oignon; cuisez-les 5 min en remuant de temps en temps. Enlevez l'excès de gras.
2. Ajoutez la crème de champignons, l'eau, le sel le poivre, la marjolaine et le laurier et portez à ébullition en remuant sans cesse; couvrez et faites mijoter de 2 h 30 à 3 h à feu doux.
3. Dressez le rôti sur un plat chaud, jetez le laurier et servez le jus de cuisson dans une saucière.

Escalopes

Rôti de croupe de veau aux épices

Photo
page 62
Débutez
3 h avant
12 à 14
portions

2 c. à soupe d'huile à salade
1 rôti de croupe de 5 lb (2,25 kg)
1 c. à soupe d'épices à marinade
1 oignon moyen coupé en dés
1 c. à thé de curry

1¾ t. de jus de pomme
2½ c. à thé de sel
¼ c. à thé de poivre
5 petites pommes rouges à cuire
⅓ t. d'eau
3 c. à soupe de farine tout usage
Feuilles de céleri

1. Chauffez l'huile dans un grand faitout et faites-y revenir le rôti de tous les côtés à feu assez vif.
2. Entre-temps, taillez deux morceaux d'étamine de 5 po (13 cm) de côté. Déposez-y les épices à marinade et nouez-en solidement les coins avec une ficelle en coton non teinte ou grand teint.
3. Une fois que le veau est bien doré, déposez-le sur un plat. Faites attendrir l'oignon 5 min avec le curry dans le jus de cuisson en remuant de temps en temps. Ajoutez le jus de pomme, le sel, le poivre et le nouet; remettez le rôti dans le faitout, puis portez à ébullition. Couvrez et faites mijoter 2 h 30 à feu doux en tournant la pièce de veau de temps en temps.
4. Quelque 10 min avant la fin de la cuisson, parez les pommes et coupez-les en gros morceaux. Tenez le veau cuit au chaud sur un plat. Retirez le nouet et mettez les pommes à cuire.
5. Délayez la farine dans l'eau, puis versez-la progressivement dans le faitout; cuisez à feu moyen en remuant sans cesse jusqu'à ce que la sauce épaississe et que les pommes soient tendres.
6. *Pour servir:* Disposez les pommes autour de la viande avec une écumoire, décorez des feuilles de céleri et présentez la sauce dans une saucière.

Veau aux tomates et au paprika

Photo
page 63
Débutez
3 h avant
12 à 14
portions

2 c. à soupe d'huile à salade ou de graisse végétale
1 rôti de croupe de 5 lb (2,25 kg)
1 t. d'oignons hachés
1 t. de jus de tomate
2 c. à soupe de paprika
2 c. à thé de sel

¼ c. à thé de poivre de Cayenne broyé
2 c. à soupe de fécule de maïs
¼ t. d'eau
½ t. de crème sure
Nouilles cuites ou purée de pommes de terre

1. Chauffez le corps gras dans un faitout et faites-y revenir le rôti de tous les côtés à feu assez vif. Réservez.
2. Faites attendrir l'oignon 5 min à feu moyen dans le jus de cuisson. Ajoutez le jus de tomate, le paprika, le sel et le poivre de Cayenne. Remettez le rôti dans le faitout et portez à ébullition. Couvrez et faites mijoter à feu doux pendant 2 h 30 ou jusqu'à ce que la viande soit tendre, en la retournant de temps en temps. Tenez-la au chaud sur un plat.
3. Délayez la fécule dans l'eau, ajoutez-la lentement à la sauce du faitout et faites épaissir en remuant. Incorporez la crème sure et chauffez, sans laisser bouillir. Servez le rôti nappé de sauce, avec des nouilles ou une purée de pommes de terre.

Veau aux poivrons

Photo
page 63
Débutez
1 h avant
8 portions

⅓ t. d'huile d'olive
2 gousses d'ail tranchées
2 oignons moyens tranchés
3 poivrons verts tranchés
3 poivrons rouges tranchés
2 c. à soupe de vinaigre de vin rouge
1 c. à thé de basilic
½ c. à thé d'origan
Sel et poivre
8 escalopes de veau épaisses d'environ ¼ po (6 mm)
⅓ t. de farine tout usage
Beurre ou margarine

1 Faites dorer l'ail dans l'huile à feu assez vif dans une sauteuse, puis jetez-le. Ajoutez les légumes et cuisez 2 min en remuant.

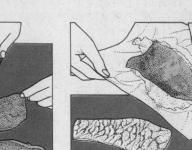

2 Ajoutez le vinaigre, le basilic, l'origan, 2 c. à thé de sel et ¼ c. à thé de poivre. Couvrez et cuisez environ 10 min à feu moyen.

3 Déposez les légumes dans un bol moyen avec une écumoire et tenez-les au chaud.

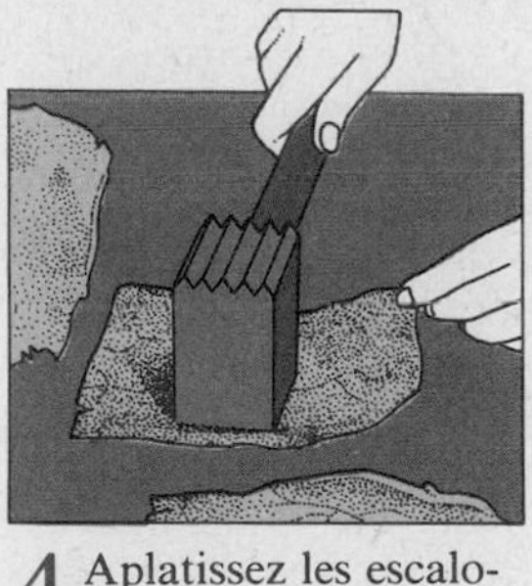

4 Aplatissez les escalopes avec un maillet pour qu'elles aient ⅛ po (3 mm) d'épaisseur; salez et poivrez.

5 Farinez-les sur du papier ciré, puis faites fondre à feu assez vif 3 c. à soupe de beurre dans la même sauteuse.

6 Faites légèrement brunir des deux côtés quelques escalopes à la fois en ajoutant du beurre au besoin.

7 Quand toute la viande est cuite, dressez-la sur un plat chaud avec les légumes ou servez-la dans la sauteuse.

Escalopes

Wiener Schnitzel

Photo
page 63
Débutez
45 min avant
6 portions

*6 grandes escalopes de
veau épaisses d'environ
¼ po (6 mm)*
2 œufs
1¼ c. à thé de sel
*½ c. à thé de
mignonnette*
⅓ t. de farine tout usage
1½ t. de chapelure
*½ t. de beurre ou de
margarine*
*2 citrons, chacun coupé
en huit morceaux*

*3 c. à soupe de persil
haché*
*6 filets d'anchois égouttés
(facultatif)*
*Câpres égouttées
(facultatif)*

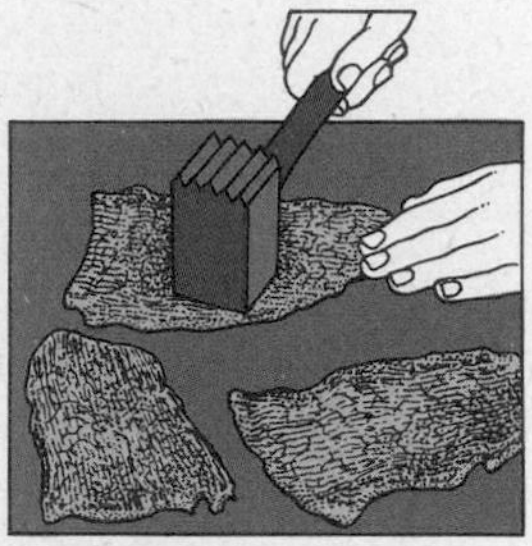

1 Aplatissez les escalopes pour qu'elles aient ⅛ po (3 mm) d'épaisseur en les retournant une fois.

2 Battez les œufs avec le sel et le poivre. Versez la farine sur une feuille de papier ciré et la chapelure sur une autre.

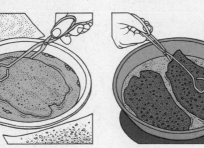

3 Passez le veau dans la farine, puis dans les œufs battus et enrobez-le bien de chapelure.

4 Chauffez ¼ t. de beurre dans une sauteuse ; cuisez-y les escalopes à feu moyen de 3 à 4 min de chaque côté, en ajoutant du beurre au besoin. Dressez sur un plat.

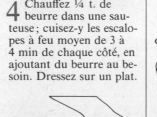

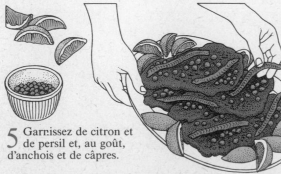

5 Garnissez de citron et de persil et, au goût, d'anchois et de câpres.

À LA HOLSTEIN : Préparez les escalopes selon la recette ci-dessus, mais servez-les coiffées d'un *œuf sur le plat.*

Saltimbocca

Photo
page 62
Débutez
40 min avant
4 portions

*4 escalopes de veau
épaisses d'environ
¼ po (6 mm)*
¼ t. de beurre
¼ t. de sherry

*¼ lb (115 g) de
prosciutto tranché,
coupé en lamelles*
½ lb (225 g) de raclette

1. Allumez le four à 350°F (180°C). Aplatissez les escalopes pour qu'elles aient ⅛ po (3 mm) d'épaisseur. Faites-les revenir à feu assez vif dans le beurre chaud, puis mettez-les dans un grand plat à four.
2. Versez le sherry dans la sauteuse, détachez les sucs de viande et versez le tout sur le veau. Disposez le prosciutto sur les escalopes, cuisez 5 min et défournez. Saupoudrez-les de fromage grossièrement râpé et remettez au four de 4 à 5 min.

Piccata de veau

Photo
page 62
Débutez
1 h 15 avant
8 portions

*2 lb (900 g) d'escalopes
de veau épaisses de
¼ po (6 mm)*
Sel et poivre
⅓ t. de farine tout usage
⅓ t. d'huile d'olive
2 c. à soupe de beurre

1 t. d'eau
½ t. de vin blanc sec
*1 cube ou sachet de
bouillon de poulet*
2 citrons moyens
Brins de persil

1. Aplatissez les escalopes pour qu'elles aient ⅛ po (3 mm) d'épaisseur. Saupoudrez-les de 1 c. à thé de sel et de ¼ c. à thé de poivre et farinez-les.
2. Chauffez l'huile dans une sauteuse et faites-y dorer à feu assez vif quelques escalopes à la fois, en ajoutant de l'huile au besoin. Réservez.
3. Baissez le feu. Versez l'eau, le vin et le bouillon avec ½ c. à thé de sel dans le jus de cuisson et détachez les sucs. Remettez le veau dans la sauteuse, couvrez et faites mijoter 15 min. Extrayez le jus d'un citron et émincez l'autre. Réservez les escalopes au chaud sur un plat de service. Versez le jus de citron dans la sauteuse et portez à ébullition à feu vif. Nappez les escalopes de sauce et garnissez de tranches de citron et de brins de persil.

Veau Parmigiana

Photo
page 62
Débutez
1 h avant
6 portions

*2 t. de sauce Marinara
(p. 337)*
1 t. de chapelure
1 c. à thé de sel
1 pincée de poivre
2 œufs
*6 escalopes de veau
épaisses d'environ
¼ po (6 mm)*

*3 c. à soupe de beurre ou
de margarine*
*1 paquet de 8 oz (227 g)
de mozzarella détaillé
en 6 tranches*
¼ t. de parmesan râpé

1. Préparez la sauce Marinara.
2. Mélangez la chapelure, le sel et le poivre sur du papier ciré, puis battez légèrement les œufs dans un moule à tarte. Passez à deux reprises chaque escalope dans les œufs, puis dans la chapelure.
3. Chauffez le corps gras dans une sauteuse et faites-y revenir à feu assez vif quelques escalopes à la fois. Arrosez-les de sauce, couvrez-les de mozzarella, puis de parmesan. Baissez le feu et cuisez 5 min ou jusqu'à ce que le fromage soit fondu.

Côtelettes et tranches

Veau forestière

6 côtelettes de veau
épaisses de ½ po (1 cm)
¼ t. de farine tout usage
Beurre ou margarine
1 gousse d'ail coupée en
deux

½ lb (225 g) de
champignons émincés
½ t. de vermouth sec
1 c. à thé de sel
1 pincée de poivre

Photo
page 64
Débutez
45 min avant
6 portions

1. Farinez les côtelettes sur du papier ciré. Chauffez 2 c. à soupe de beurre dans une sauteuse ; faites-y dorer l'ail à feu assez vif, jetez-le, puis faites-y revenir des deux côtés la moitié des côtelettes à la fois, en ajoutant du beurre au besoin. Dressez-les sur un plat.
2. Baissez le feu, rajoutez 2 c. à soupe de beurre et faites-y revenir les champignons. Ajoutez le vermouth, le sel et le poivre, puis détachez les sucs de viande. Remettez les escalopes dans la sauteuse et faites-les mijoter à couvert pendant 15 min ou jusqu'à ce qu'elles soient tendres.
3. Dressez les côtelettes sur un plat chaud et nappez-les de la sauce aux champignons.

Côtes de veau aux avocats

4 côtes de longe de veau
épaisses d'environ
¾ po (2 cm)
2 c. à soupe de beurre
¼ lb (115 g) de
champignons tranchés
¼ t. d'oignon haché
2 c. à soupe de sherry
1 c. à thé de sel

Un soupçon de sauce au
piment
1 petit avocat bien mûr
2 c. à thé de fécule de
maïs
½ t. de crème épaisse ou
à fouetter
1 c. à thé d'aneth frais
haché

Photo
page 64
Débutez
1 h 30 avant
4 portions

1. Allumez le four à 350°F (180°C). Incisez l'ourlet de gras autour des côtes. Chauffez le beurre dans une sauteuse munie d'une poignée ignifuge, puis faites-y revenir 5 min à feu moyen les champignons et l'oignon.
2. Disposez les côtes dans la sauteuse, ajoutez le sherry, le sel et la sauce au piment, puis portez à ébullition. Couvrez et cuisez 1 h au four.
3. Parez l'avocat, tranchez-le et recouvrez-en les côtes. Remettez au four 10 min à découvert, puis dressez la viande sur un plat chaud.
4. Délayez la fécule dans 1 c. à soupe de crème, ajoutez le reste de crème et versez lentement le tout dans la sauteuse. Faites épaissir à feu moyen en remuant, ajoutez l'aneth, nappez les côtes et servez immédiatement.

Incision : Incisez l'ourlet de gras des côtes à plusieurs endroits.

Avocats : Recouvrez les côtes des tranches d'avocat, dans la sauteuse.

Rouelles de veau à la sauce tomate

6 tranches de surlonge
épaisses de ½ po
(1 cm)
¼ t. de farine tout usage
Beurre ou margarine
3 tomates moyennes
pelées, épépinées et
coupées en cubes

¼ t. d'eau
1 cube ou sachet de
bouillon de poulet
1 c. à thé de basilic
½ c. à thé de sucre
1 c. à soupe de persil
haché

Photo
page 64
Débutez
45 min avant
6 portions

1. Farinez légèrement les tranches sur du papier ciré et faites-les revenir des deux côtés dans 3 c. à soupe de beurre, à feu assez vif, dans une sauteuse moyenne. Réservez-les dès qu'elles sont bien dorées (ajoutez du beurre au besoin).
2. Faites fondre à feu doux 2 c. à soupe supplémentaires de beurre dans la sauteuse. Ajoutez les tomates, l'eau, le bouillon, le basilic et le sucre, et remuez pour détacher les sucs de viande. Remettez le veau dans la sauteuse et portez à ébullition à feu vif. Couvrez et faites mijoter 15 min à feu doux.
3. Dressez les rouelles sur un plat, nappez-les de sauce tomate et saupoudrez-les de persil haché.

Rouelles de veau aux spaghetti

2 tranches d'épaule de
veau épaisses de 1 po
(2,5 cm)
2 c. à soupe de farine
2 c. à soupe d'huile
d'olive
1 boîte de 10 oz (284 ml)
de tomates étuvées
1 boîte de 5½ oz (156 ml)
de pâte de tomates

1½ c. à thé de sel
assaisonné
1 c. à thé de sucre
¼ c. à thé de poivre
assaisonné
¼ c. à thé d'origan broyé
1 paquet de 8½ oz
(240 g) de spaghetti
cuits

Photo
page 64
Débutez
1 h 15 avant
4 portions

1. Farinez les rouelles sur du papier ciré et faites-les revenir des deux côtés dans l'huile à feu assez vif, dans une sauteuse moyenne.
2. Ajoutez tous les ingrédients, sauf les spaghetti, et portez à ébullition. Couvrez et faites mijoter à feu doux pendant 1 h ou jusqu'à ce que la viande soit tendre ; servez avec les spaghetti.

Rouelles de veau au marsala

4 tranches d'épaule de
veau épaisses de ¾ po
(2 cm)
¾ c. à thé de sel
¼ c. à thé de poivre
2 c. à soupe de farine
tout usage

Beurre ou margarine
½ t. de marsala sec
½ t. d'eau
Persil haché

Photo
page 64
Débutez
1 h 15 avant
4 portions

1. Salez et poivrez les rouelles sur du papier ciré et farinez-les abondamment.
2. Faites-les revenir des deux côtés dans 3 c. à soupe de beurre et à feu assez vif, dans une sauteuse moyenne, en ajoutant du beurre au besoin. Tenez-les au chaud sur un plat de service.
3. Baissez le feu, ajoutez le vin et l'eau, puis remuez pour détacher les sucs de viande. Remettez le veau dans la sauteuse, couvrez et faites mijoter 45 min. Dressez les rouelles sur un plat chaud, nappez-les de sauce et garnissez de persil.

Poitrine et côtes levées

Photo
page 64
Débutez
2 h avant
6 portions

Côtes levées de veau à la diable et nouilles en sauce

1 boîte de 14 oz (398 ml) de bouillon de poulet
1 carotte coupée en morceaux
1 côte de céleri coupée en morceaux
1 petit oignon coupé en morceaux
¼ c. à thé de poivre
Sel
5 lb (2,25 kg) de côtes levées de veau

⅓ t. de mayonnaise
¼ t. de moutarde sèche
4 gousses d'ail hachées
2 c. à soupe de lait
¾ t. de chapelure
¼ t. de beurre ou de margarine, fondu
Nouilles en sauce (ci-contre)
1 petite tomate coupée en quartiers

1 Passez à haute vitesse au mélangeur le bouillon, la carotte, le céleri, l'oignon, le poivre et 2 c. à thé de sel.

2 A feu vif, portez les côtes levées et le mélange de légumes à ébullition dans un bon faitout.

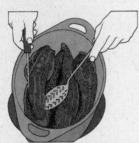

3 Couvrez et faites mijoter 1 h à feu doux en retournant les côtes de temps en temps. Retirez-les du jus, réservez celui-ci et laissez tiédir 15 min.

4 Allumez le gril et mélangez la mayonnaise, la moutarde, l'ail, le lait et 1 c. à thé de sel dans un plat à four de 10 po × 6 (25 cm × 15).

5 Enduisez les côtes de ce mélange, enrobez-les de chapelure et déposez-les sur la claie d'une lèchefrite. Arrosez-les de la moitié du corps gras et grillez 15 min.

6 Retournez les côtes, arrosez-les du reste de beurre et grillez encore 15 min. Préparez les nouilles, dressez-les sur un plat avec les côtes et décorez de tomates.

NOUILLES EN SAUCE: Faites cuire *1 paquet de 8½ oz (240 g) de larges nouilles aux œufs* et égouttez-les. Pendant qu'elles cuisent, versez le jus de cuisson des côtes dans un petit bol, laissez remonter la graisse quelques instants, remettez-en 3 c. à soupe dans le faitout et dégraissez le reste du jus. Mélangez à feu moyen *3 c. à soupe de farine tout usage* à la graisse du faitout; versez-y lentement en brassant 1½ t. du jus de cuisson et faites épaissir en remuant sans arrêt. Ajoutez les nouilles chaudes et *2 c. à soupe de persil haché* et mélangez pour bien enrober.

Photo
page 64
Débutez
3 h 15 avant
6 portions

Poitrine de veau braisée aux pêches

1 poitrine de veau de 4 lb (1,8 kg)
1 gousse d'ail émincée
½ t. de sherry sec
2 c. à soupe de sauce soja
½ t. de cassonade brune
4 c. à thé de moutarde préparée

1 boîte de 28 oz (796 ml) de demi-pêches pavies, égouttées
Fines tranches de baguette ou de pain italien

1. Piquez la poitrine d'ail en faisant des incisions de 1 po (2,5 cm) de long dans la graisse.
2. Déposez la pièce, graisse au-dessus, dans un plat à four, arrosez-la de sherry et de sauce soja, enveloppez le plat d'un papier d'aluminium et cuisez à 325°F (160°C) de 2 h 30 à 3 h.
3. Allumez le gril et défournez la viande; versez le jus de cuisson dans une saucière, dégraissez-le, puis tenez-le au chaud.
4. Mélangez la cassonade et la moutarde dans un petit bol. Disposez les pêches, face coupée au-dessus, autour de la viande et badigeonnez le tout de ce mélange. Faites griller de 3 à 5 min jusqu'à ce que la cassonade soit fondue. Servez avec le jus de cuisson et des tranches de baguette.

Incisez la couche de graisse avec la pointe d'un couteau et insérez les morceaux d'ail.

Etalez le mélange de moutarde et de cassonade sur la viande et les pêches.

POITRINE DE VEAU GLACÉE AUX PRUNES: Reprenez les étapes 1 et 2 ci-dessus. Au lieu des étapes 3 et passez au mélangeur le contenu de *1 bouteille de 17 oz (483 ml) de chutney, 4 grosses prunes* pelées et détaillées et *¼ c. à thé de sel*; versez l'appareil dans un bol. Allumez le gril, déposez la poitrine de veau os vers vous, sur la claie de la rôtissoire, badigeonnez-la de glace et grillez de 10 à 15 min. Retournez la pièce, arrosez-la et remettez-la au gril pendant encore 10 à 15 min.

Viande à ragoût

Blanquette de veau

Photo
page 63
Débutez
3 h avant
8 à 10
portions

*1 côte de céleri coupée en
dés
1 carotte coupée en dés
2 clous de girofle
1 feuille de laurier
2½ lb (1,15 kg) de veau
à ragoût coupé en
cubes de 1½ po (4 cm)
½ t. de vermouth sec ou
de vin blanc sec
2 c. à thé de sel*

*1 lb (450 g) de petits
oignons blancs
1 lb (450 g) de petits
champignons
4 jaunes d'œufs
½ t. de crème épaisse ou
à fouetter
Nouilles aux œufs, riz ou
pommes de terre
bouillies ou en purée
Persil ou aneth haché*

1 Préparez un bouquet
garni en mettant les
quatre premiers ingré-
dients dans un morceau
d'étamine double de 8 po
(20 cm) de côté; nouez
les coins avec une ficelle.

2 Portez à ébullition à
feu assez vif dans un
bon faitout le bouquet
garni, le veau, le ver-
mouth et le sel; couvrez
et faites mijoter 1 h 30 à
feu doux.

3 Ajoutez les oignons
blancs et les petits
champignons, portez à
ébullition à feu vif, couvrez et faites mijoter
30 min à feu doux. Otez
le bouquet garni.

4 Fouettez les jaunes et
la crème dans un pe-
tit bol et incorporez-y
environ ½ t. du jus de
cuisson.

5 Versez lentement la
liaison dans le ragoût
en brassant vite pour
empêcher la formation
de grumeaux. Faites
épaissir en remuant.

6 Servez le ragoût avec
du riz, des nouilles
aux œufs ou des pommes
de terre bouillies ou en
purée. Garnissez de per-
sil ou d'aneth haché.

Veau au paprika

Photo
page 62
Débutez
2 h 30 avant
6 à 8 portions

*3 c. à soupe de beurre ou
de margarine
2 lb (900 g) de veau à
ragoût coupé en cubes
de 1 po (2,5 cm)
2 gros oignons coupés en
dés
1 c. à soupe de paprika
1¾ c. à thé de sel*

*Eau
1 paquet de 8½ oz
(240 g) de nouilles aux
œufs
1 c. à soupe de farine
tout usage
½ t. de crème sure
Persil haché*

1. Chauffez le corps gras dans un faitout et faites-y
revenir à feu assez vif plusieurs cubes de veau à la
fois, en les réservant dès qu'ils sont bien dorés de
tous les côtés.
2. Faites blondir 10 min à feu modéré les oignons
avec le paprika dans le jus de cuisson en remuant
de temps en temps.
3. Remettez la viande dans le faitout, salez, ajoutez ½ t. d'eau et portez à ébullition. Couvrez et faites mijoter 1 h 15 à feu doux ou jusqu'à ce que le
veau soit tendre.
4. Entre-temps, cuisez les nouilles et égouttez-les.
5. Délayez la farine dans 2 c. à soupe d'eau; versez-la lentement dans le faitout et faites épaissir à
feu moyen en remuant. Incorporez la crème sure,
faites chauffer (sans laisser bouillir), dressez sur un
lit de nouilles et garnissez de persil.

Ragoût de veau à la milanaise

Photo
page 62
Débutez
2 h avant
6 portions

*¼ t. d'huile d'olive ou à
salade
2 lb (900 g) de veau à
ragoût coupé en cubes
de 1¼ po (3 cm)
1 gros oignon coupé en
dés
1 grosse carotte coupée
en dés
1 grosse côte de céleri
coupée en dés
1 gousse d'ail hachée
⅓ t. de chianti blanc
ou de tout autre vin
blanc sec*

*1 boîte de 14 oz (398 ml)
de tomates
2 c. à thé de sel
½ c. à thé de basilic
¼ c. à thé de
mignonnette
1 feuille de laurier
1 cube ou sachet de
bouillon de poulet
Risotto à la milanaise
(p. 339) (facultatif)
1 c. à soupe de persil
haché
1½ c. à thé de zeste de
citron râpé*

1. Faites revenir à feu assez vif dans 2 c. à soupe
d'huile le tiers du veau à la fois dans un bon faitout; retirez les cubes avec une écumoire dès qu'ils
sont bien dorés de tous les côtés et rajoutez de
l'huile au besoin.
2. Faites revenir 5 min à feu moyen l'oignon, la carotte, le céleri et l'ail dans le jus de cuisson en remuant de temps en temps. Mélangez-y le vin, les
tomates avec leur jus et les cinq ingrédients suivants; concassez les tomates à la cuiller.
3. Remettez le veau dans le faitout, portez à ébullition, couvrez et faites mijoter 1 h 15 à feu doux en
remuant de temps à autre.
4. Préparez le risotto à la milanaise ou tout autre
accompagnement et tenez-le au chaud.
5. Otez le laurier, dressez le veau sur un plat de
service, parsemez-le de persil et de zeste de citron
et servez.

Abats

D'une grande qualité nutritive, les abats sont bon marché et entraînent peu de pertes parce qu'ils ne contiennent à peu près pas de gras ou de cartilages. En revanche, ils sont particulièrement périssables — surtout les ris, la cervelle et les tripes — et il vaut mieux les cuire, ou à tout le moins les précuire, le plus tôt possible après l'achat.

Foie : Les foies de veau et d'agneau sont les plus délicats ; ceux de porc et de bœuf ont une saveur très prononcée et le foie de bœuf est le moins tendre de tous. Après avoir ôté les membranes, grillez ou poêlez les foies de veau et d'agneau, mais faites braiser ceux de porc et de bœuf. Prévoyez-en 1 lb (450 g) pour 4 portions.

Ris : Cet abat qui est, en fait, le thymus du veau ou du jeune bœuf est tendre, très délicat et d'un goût subtil. Il vaut mieux le précuire si vous ne l'utilisez pas immédiatement. Faites-le tremper, parez-le et apprêtez-le grillé, braisé ou à l'étuvée. Dans ce dernier cas, vous pouvez ôter la membrane après la cuisson.

Langue : Elle se vend fraîche, fumée, salée, en conserve ou marinée. Moins tendre que les autres abats, elle doit mijoter longtemps. Si elle est fumée ou marinée, il faudra peut-être la faire tremper plusieurs heures avant de la cuire. Pour le service, reportez-vous aux recettes ci-après. Une langue de bœuf donne de 12 à 16 portions, une langue de veau de 3 à 6, celle de porc en fournit de 2 à 4 et celle d'agneau suffit pour 2 ou 3 personnes.

Cervelle : Qu'elle soit de bœuf, de veau, d'agneau ou de porc, la cervelle est un mets tendre, à saveur délicate. Après l'avoir fait tremper et l'avoir dépouillée de sa membrane, vous pouvez la griller, la braiser ou la cuire à l'étuvée. Si vous ne la servez pas immédiatement, précuisez-la ; vous pourrez ensuite la réchauffer à la poêle ou dans une sauce. Prévoyez-en 1 lb (450 g) pour 4 portions.

Rognons : Les rognons de veau, d'agneau et de porc sont suffisamment tendres pour être grillés. Quant aux rognons de bœuf, plus durs et d'un goût plus prononcé, il vaut mieux les braiser ou les cuire à l'étuvée. Pour parer les rognons, ôtez la membrane et la masse blanche. Un rognon de bœuf donne de 4 à 6 portions, celui de veau 3 ou 4, celui de porc 1 ou 2, et celui d'agneau tout juste 1 portion.

Cœur : D'une texture plus ferme que les autres abats, le cœur se prépare braisé, à l'étuvée ou encore haché. Pour la façon de le parer, voyez la recette Cœur de bœuf en ragoût, page 241. Un cœur de bœuf donne 10 ou 12 portions, celui de porc ou de veau 2 ou 3, et celui d'agneau 1 portion.

Tripes : Le gras-double et le bonnet, qui proviennent tous deux du bœuf, se vendent frais, marinés ou en conserve. Les tripes marinées sont déjà cuites et il suffit de les faire tremper avant de les utiliser ; les tripes fraîches, par contre, ne le sont que partiellement et il faut les faire mijoter 1 h 30 dans de l'eau salée pour les attendrir. Prévoyez-en 1 lb (450 g) pour 4 portions.

240

Photo
page 65
Débutez
20 min avant
4 portions

Foie de veau au bacon

*1 paquet de 8 oz (227 g)
de bacon tranché
1 lb (450 g) de foie de
veau en tranches de
¼ po (6 mm)
d'épaisseur
¼ c. à thé de sel*

*2 c. à soupe de farine
tout usage
4 quartiers de citron
(facultatif)
Persil haché*

1 Faites frire le bacon à feu moyen, égouttez-le sur du papier absorbant et réservez-le. Jetez tout le gras, sauf 2 c. à soupe.

2 Otez les membranes qui enveloppent le foie et farinez-le sur du papier ciré.

3 Cuisez le foie 4 min à feu moyen en le tournant une fois jusqu'à ce que l'intérieur soit rosé et l'extérieur bien doré.

4 Salez-le, arrosez-le d'un peu de jus de citron, dressez-le sur un plat avec le bacon et garnissez de persil.

Foie de bœuf jardinière

Photo
page 65
Débutez
1 h 15 avant
6 à 8 portions

*2 lb (900 g) de foie de
bœuf en tranches de
¼ po (6 mm)
d'épaisseur
3 c. à soupe de farine
tout usage
1 paquet de 8 oz (227 g)
de bacon tranché*

*3 oignons moyens
émincés
3 gros poivrons verts
émincés
2 c. à thé de sel
¼ c. à thé de poivre
1 boîte de 14 oz (398 ml)
de tomates*

1. Farinez légèrement le foie sur du papier ciré. Faites frire le bacon à feu moyen dans une sauteuse, égouttez-le sur du papier absorbant, émiettez-le et réservez-le ainsi que le gras de cuisson.

2. Cuisez le foie à feu moyen dans ¼ t. de graisse de bacon jusqu'à ce qu'il soit légèrement doré des deux côtés. Réservez-le.

3. Faites revenir les oignons avec les trois ingrédients suivants dans 2 ou 3 c. à soupe de graisse de bacon. Ajoutez le jus des tomates (réservez celles-ci), puis le foie, couvrez et faites mijoter 25 min à feu doux. Incorporez les tomates à la toute fin, réchauffez et servez, parsemé de miettes de bacon.

Ris de veau meunière

Photo
page 65
Débutez
45 min avant
3 à 4 portions

1 lb (450 g) de ris de
    veau
Eau chaude
Sel
Jus de citron
Vinaigre (facultatif)

¼ c. à thé de gingembre
    moulu (facultatif)
½ t. de beurre ou de
    margarine
⅓ t. de chapelure
Persil haché

1. Lavez les ris et portez-les à ébullition à feu vif
dans une grande casserole en ajoutant, pour 4 t.
d'eau, 1 c. à thé de sel et 1 c. à soupe de jus de citron
ou de vinaigre. Ajoutez le gingembre, si vous l'aimez, couvrez et faites mijoter 20 min à feu doux.
Egouttez les ris, plongez-les dans de l'eau froide,
ôtez les membranes, les veines et le tissu conjonctif,
puis coupez-les en deux en longueur.
2. Allumez le gril et faites fondre le beurre à feu
doux dans une petite casserole. Mettez la chapelure
sur du papier ciré, passez les ris dans le beurre (réservez le restant), puis dans la chapelure. Mettez
les ris sur une claie graissée dans la rôtissoire et faites-les griller de 8 à 10 min en les tournant une fois.
Dressez-les sur un plat chaud.
3. Réchauffez le beurre, mélangez-y 2 c. à soupe
de jus de citron et arrosez-en les ris. Garnissez de
persil et servez.

Langue fraîche bouillie

Photo
page 65
Débutez
3 h 30 avant
12 à 14
portions

1 langue de bœuf fraîche
    de 3½ lb (1,6 kg)
1 oignon moyen tranché
½ c. à thé de graines de
    moutarde
½ c. à thé de grains de
    poivre noir

2 c. à soupe de sel
5 clous de girofle
1 feuille de laurier
Eau chaude
Crème aux concombres
    ou Sauce piquante aux
    atocas (p. 243)

1. Couvrez d'eau les sept premiers ingrédients
dans un grand faitout et portez à ébullition à feu
vif. Faites mijoter 3 h à couvert, ou jusqu'à ce que
la viande soit tendre.
2. Plongez la langue dans de l'eau froide et parez-
la (ci-dessous). Servez-la chaude ou froide avec une
sauce. Pour qu'elle soit plus juteuse, servie froide,
réfrigérez-la à couvert dans le jus de cuisson.

COMMENT PARER UNE LANGUE BOUILLIE

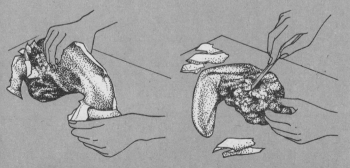

Fendez la peau sous la
langue, de la base à la
pointe ; dégagez-la au-
tour de la base et tirez.

Otez soigneusement les
os et les cartilages avec
un couteau tranchant,
puis émincez la langue.

Cervelle au beurre noir

Photo
page 65
Débutez
1 h avant
4 portions

2 cervelles de bœuf
    coupées en deux
    (environ 1½ lb ou
    700 g)
Eau
Sel
Jus de citron ou vinaigre
    blanc
2 c. à soupe de farine

6 c. à soupe de beurre ou
    de margarine
4 tranches de baguette
    grillées
2 c. à soupe de persil
    haché
1 c. à thé de câpres
    égouttées

1. Lavez les cervelles, couvrez-les d'eau dans une
casserole ou un faitout et ajoutez, pour 4 t. d'eau,
1 c. à thé de sel et 1 c. à soupe de jus de citron ou de
vinaigre. Portez à ébullition, couvrez et faites mijoter 20 min à feu doux, puis égouttez. Plongez les
cervelles dans de l'eau froide pour les refroidir rapidement et égouttez-les de nouveau. Otez-en délicatement les membranes et asséchez-les sur du papier absorbant.
2. Farinez-les sur du papier ciré.
3. Chauffez le corps gras dans une sauteuse, puis
faites-y revenir les cervelles des deux côtés à feu
moyen, en les retournant avec une spatule à crêpes.
Déposez les moitiés sur les tranches de baguette
dressées, sur un plat de service ; parsemez de persil
et tenez au chaud.
4. Mélangez les câpres et 1 c. à soupe de vinaigre
blanc au jus de cuisson et nappez-en les cervelles.

CERVELLES D'AGNEAU : Remplacez les cervelles de
bœuf par 4 cervelles d'agneau (environ 1 lb, 450 g).

Cœur de bœuf en ragoût

Photo
page 65
Débutez
3 h 30 avant
10 portions

1 cœur de bœuf
1 boîte de 28 oz (796 ml)
    de tomates
2 oignons moyens hachés
1 c. à soupe de sel
1 c. à thé de basilic
½ c. à thé de thym
¼ c. à thé de poivre
2 feuilles de laurier

1 gousse d'ail hachée
3 carottes moyennes en
    tranches de ½ po
    (1 cm)
3 côtes de céleri en
    tranches de ½ po
    (1 cm)

1. Ouvrez le cœur avec des ciseaux, ôtez-en le gras
et les artères et lavez-le. Détaillez-le en cubes de
1 po (2,5 cm) avec un couteau tranchant.
2. Portez-le à ébullition à feu vif, dans un faitout,
avec les huit ingrédients suivants. Couvrez et cuisez 1 h 30 au four à 350°F (180°C).
3. Ajoutez les carottes et le céleri et cuisez 1 h.

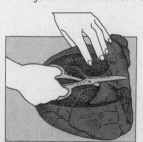

Utilisez des ciseaux
de cuisine pour ouvrir
le cœur.

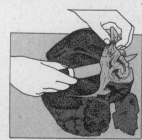

Détachez tout le gras et
les artères pour ne gar-
der que la viande.

Abats

Photo
page 65
Débutez
50 min avant
4 à 6 portions

Rognons de veau sautés

2 rognons de veau
3 c. à soupe de beurre
¼ lb (115 g) de
 champignons tranchés
2 oignons verts tranchés
½ t. de bouillon de poulet

2 c. à soupe de madère
¼ c. à thé de sel
Triangles de pain grillé
Persil haché

1. Détaillez les rognons en cubes de 1 po (2,5 cm) en ôtant la membrane et la masse blanche.
2. Chauffez le beurre dans une sauteuse et faites-y revenir 5 min les champignons et les oignons à feu assez vif. Retirez-les avec une écumoire et réservez-les. Faites revenir les rognons 3 min dans le jus de cuisson en remuant de temps en temps.
3. Ajoutez les légumes, le bouillon de poulet et le madère, puis salez et portez à ébullition. Couvrez et faites mijoter 30 min à feu doux ou jusqu'à ce que les rognons soient tendres. Parsemez de persil haché et servez avec les triangles de pain.

Photo
page 65
Débutez
1 h avant
4 portions

Rognons d'agneau au madère

8 rognons d'agneau
2 c. à soupe de madère
1 c. à thé de grains de
 poivre vert égouttés
⅓ t. de beurre ou de
 margarine, ramolli
¼ t. d'oignons hachés

3 c. à soupe de persil
 haché
1 c. à thé de sauce
 Worcestershire
½ c. à thé de moutarde
 sèche
¼ c. à thé de sel d'ail
Triangles de pain grillé

1. Dépouillez un rognon de sa membrane, fendez-le aux deux tiers en longueur avec un couteau pour dégager les veinules blanches. Répétez de l'autre côté de la masse blanche, insérez le couteau sous chaque veine et coupez-les en évitant d'entamer le rognon. Jetez les parures et lavez le rognon.
2. Fendez-le complètement et déposez-le, face coupée au-dessus, sur la claie graissée d'une rôtissoire. Parez de même les autres rognons et arrosez le tout de madère.
3. Allumez le gril. Broyez les grains de poivre dans un petit bol; mélangez-y le beurre et le reste des ingrédients, à l'exception du pain grillé. Couvrez les rognons de cet appareil.
4. Grillez les rognons 6 min si vous les aimez saignants, 8 min si vous les préférez à point et 10 min si vous les voulez bien cuits. Servez-les avec le pain grillé, nappés de la sauce.

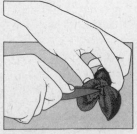

Fendez le rognon en longueur jusqu'à la masse blanche.

Disposez les rognons sur la claie graissée et arrosez-les de madère.

Saucisses et saucissons

La vaste gamme de saucisses et de saucissons, cuits ou non, offerte sur le marché s'avère la solution par excellence quand on doit prendre un repas sur le pouce ou préparer des sandwiches. Les saucisses et les saucissons, qui sont faits de viande hachée et assaisonnée, sont classés selon le mode de préparation.

Saucisse : Elle est généralement faite de porc et parfois de bœuf. Elle se conserve deux ou trois jours au réfrigérateur.
Saucissons fumés : Ils se conservent comme ci-dessus. Cette catégorie inclut le kielbasa et le mettwurst.
Saucisson cuit : Fait de viande non salée, il se vend « prêt à servir ». Entier, il se conserve de quatre à six jours au réfrigérateur et tranché, deux fois moins longtemps. Le boudin et le saucisson de foie font partie de ce groupe.
Saucisses et saucissons fumés et cuits : Ils se conservent réfrigérés deux ou trois jours s'ils sont tranchés, sinon quatre ou cinq jours. Les saucisses de Francfort et divers salamis appartiennent à cette catégorie.
Saucissons secs et demi-secs : Fumés ou non, ces saucissons sont prêts à manger. Ils comprennent divers salamis, le pepperoni et le cervelas. Ils se conservent deux ou trois semaines au réfrigérateur.
Viandes cuites : La plupart de ces produits prêts à servir sont vendus tranchés et emballés ; certains peuvent servir à tartiner. Ils se conservent deux ou trois jours.

CUISSON DES SAUCISSES FUMÉES ET À CUIRE
Il est important de cuire suffisamment longtemps les saucisses plates et en chapelet ; retournez les secondes avec des pinces pour éviter de perforer les boyaux.
Poêlées : Mettez les chapelets dans une sauteuse froide avec de 2 à 4 c. à soupe d'eau, couvrez hermétiquement et cuisez à feu doux de 5 à 8 minutes selon la grosseur. Découvrez et laissez dorer les saucisses en les retournant plusieurs fois. Faites revenir les saucisses plates à feu moyen dans une sauteuse jusqu'à ce qu'elles soient bien grillées, en les retournant souvent avec une spatule à crêpes.
Grillées : Placez les saucisses en chapelet sur la claie d'une rôtissoire et faites-les griller jusqu'à ce qu'elles soient bien cuites, en les retournant plusieurs fois et en les badigeonnant de sauce, de beurre ou de margarine. Avant de griller les bratwurst et les bockwurst, portez-les à ébullition dans une casserole remplie d'eau, laissez-les reposer 10 minutes et égouttez-les bien.
Au four : Mettez les saucisses sur la claie d'une lèchefrite découverte et cuisez-les de 20 à 30 minutes, selon la grosseur, dans un four préchauffé à 400°F (200°C).

**RÉCHAUFFAGE DES SAUCISSES
EN CHAPELET CUITES ET FUMÉES**
Vous pouvez réchauffer ces saucisses dans de l'eau mijotante, les faire revenir à feu moyen dans 1 ou 2 c. à soupe d'huile, de beurre ou de margarine, ou encore les badigeonner de corps gras fondu et les faire griller à 3 po (8 cm) de la source de chaleur sur la claie d'une rôtissoire

Saucisses maison

2 lb (900 g) de rôti de soc désossé, détaillé en cubes de 1 po (2,5 cm)
¼ t. de persil haché
2½ c. à thé de sel
1 c. à thé de sauge broyée
½ c. à thé de poivre
2 vg (2 m) de boyau naturel
Eau

Photo page 65
Débutez 5 h avant
2 lb (900 g) ou 8 portions comme plat principal

1 Fixez le disque à gros trous au hachoir et hachez les cubes de porc dans un grand bol.

2 Incorporez-y le persil, le sel, la sauge broyée et le poivre ; réfrigérez le mélange pendant environ 3 h 30.

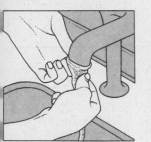

3 Lavez le boyau à l'eau chaude en changeant l'eau souvent, puis enfilez-le au robinet et laissez couler l'eau.

4 Couvrez le boyau d'eau chaude et faites-le tremper 30 min pour qu'il s'assouplisse.

5 Remplacez le disque du hachoir par le cornet à saucisses.

6 Mettez un peu de l'appareil dans le hachoir et faites-le pénétrer jusqu'à l'extrémité du cornet.

7 Enfilez tout le boyau sur le cornet en n'en laissant dépasser qu'une longueur de 2 po (5 cm) que vous nouerez.

8 Hachez le mélange en tirant lentement sur le boyau pour le remplir uniformément, mais sans excès.

9 Tordez le boyau tous les 5 po (13 cm) en repoussant la viande à l'intérieur pour former les saucisses. Coupez en chapelet, couvrez et réfrigérez.

10 Dans une sauteuse couverte, cuisez les chapelets 5 min à feu doux, dans ¼ t. d'eau frémissante, puis découvrez et faites griller 20 min à feu moyen.

Saucisses plates : *Environ 1 h avant de servir :* Préparez la chair à saucisse comme ci-dessus, mais au lieu de la réfrigérer à l'étape 2, façonnez-la en galettes que vous ferez cuire 25 min à feu modéré dans une bonne sauteuse. Retournez-les délicatement à quelques reprises avec une spatule à crêpes pour qu'elles soient bien cuites et dorées uniformément. (Donne 8 portions.)

Sauces pour viandes

Débutez 1 h 30 avant
1 tasse ou 6 portions

Sauce à la menthe

2 bottes de menthe
¼ t. de vinaigre de cidre
4 c. à thé de sucre
2 c. à soupe d'eau bouillante

1. Lavez la menthe à l'eau froide et égouttez-la à fond. Coupez et jetez toutes les tiges dures, puis hachez-en finement l'équivalent de 1 t.
2. Mélangez-la dans un petit bol avec les autres ingrédients, laissez reposer 1 h pour faire ressortir les saveurs et servez avec de l'agneau grillé ou rôti.

Débutez 15 min avant
1⅔ tasse

Sauce piquante aux atocas

1 boîte de 14 oz (398 ml) de sauce aux atocas entiers
2 c. à soupe de beurre
1 c. à soupe de cassonade blonde
1 c. à soupe de raifort
½ c. à thé de moutarde sèche
¼ c. à thé de toute-épice moulue

Portez les ingrédients à ébullition à feu moyen en remuant de temps en temps, puis baissez le feu et laissez mijoter 5 min. Servez avec de la langue, un rôti de porc ou un jambon cuit au four.

Débutez 10 min avant
1½ tasse

Sauce aux raisins secs

½ t. d'eau
½ t. de raisins secs foncés sans pépins
⅓ t. de gelée de groseille
½ c. à thé de zeste d'orange râpé
1 pincée de sel
1 pincée de toute-épice moulue
1 c. à soupe de fécule de maïs
⅓ t. de jus d'orange

Portez à ébullition à feu assez vif, dans une petite casserole, tous les ingrédients, sauf la fécule et le jus d'orange. Délayez ceux-ci dans une tasse, ajoutez-les au mélange et faites épaissir en remuant. Servez avec un jambon au four, de la langue ou un rôti de porc.

Débutez 15 min avant ou le matin
1½ tasse

Crème aux concombres

1 concombre moyen pelé et épépiné
1 t. de crème sure
1 c. à thé d'oignon râpé
½ c. à thé de sel

Râpez le concombre sur du papier ciré et asséchez-le. Mélangez-le dans un bol moyen avec le reste des ingrédients, couvrez et réfrigérez. Servez avec de la langue, un rôti de bœuf ou un jambon au four.

VOLAILLE

Fraîche ou surgelée, la volaille est disponible en abondance à longueur d'année. La gamme des oiseaux s'étend des petits poulets rock cornish de 1 lb (450 g) aux énormes dindes, dont le poids peut dépasser 24 lb (11 kg), et inclut les poulets, les canards et les oies. On trouve également un vaste choix de « morceaux » — moitiés, quarts, poitrines, ailes, cuisses et pilons — ainsi que des rôtis désossés. Les dindes, qui doivent rôtir longtemps, sont parfois déjà arrosées de bouillon ou d'un corps gras injecté dans la chair, ce qui les garde juteuses et réduit passablement la surveillance durant la cuisson.

Traditionnellement, la volaille se sert rôtie lors des grandes occasions, mais on la retrouve également au menu de tous les jours, frite, braisée ou apprêtée d'innombrables façons. En fait, peu d'aliments ont donné lieu à une telle variété de recettes. Et, ce qui n'est pas à dédaigner, elle est, pour un prix très abordable, une importante source de protéines de première qualité ; par ailleurs, à portions égales, le poulet et la dinde contiennent moins de calories que la plupart des autres viandes.

CHOIX
En général, on trouve de nombreux renseignements utiles sur l'étiquette ou l'emballage de la volaille. Outre, parfois, des indications quant aux modes de cuisson, les producteurs, tout comme les supermarchés, y indiquent la qualité de l'oiseau qui, selon les critères d'Agriculture Canada, relèvera de la catégorie A ou de la catégorie Utilité. L'âge de l'oiseau peut être aussi mentionné ; c'est le principal indice quant à la tendreté de la chair. Les jeunes volailles ont une chair tendre et s'apprêtent parfaitement au gril ou au barbecue, en friture ou rôties. Par contre, les volatiles adultes, au goût prononcé, sont plus coriaces et il est nécessaire de les attendrir en les faisant braiser ou en les cuisant à l'étuvée. Choisissez les oiseaux entiers à la poitrine dodue, bien charpentée et à la peau nette, sans imperfections ni meurtrissures. (La couleur de la peau, qui peut varier du blanc au jaune, dépend du type d'alimentation et n'est pas un critère de qualité.)

CONSERVATION DE LA VOLAILLE CRUE
Une volaille fraîche et crue se conserve deux ou trois jours au réfrigérateur dans son emballage plastique. Si elle est enveloppée dans du papier de boucherie, déballez-la, mettez-la sur un plat et couvrez-la lâchement d'un morceau de papier paraffiné avant de la réfrigérer. Enveloppez les abats à part. Gardez au congélateur la volaille surgelée et non farcie jusqu'au moment de la décongeler et de la rôtir. Quant à la conservation des bêtes farcies commercialement, suivez rigoureusement le mode d'emploi.

DÉCONGÉLATION DE LA VOLAILLE SURGELÉE
Il est toujours préférable de dégeler la volaille lentement au réfrigérateur, mais si vous êtes pressé, employez la méthode à l'eau froide.

Réfrigérateur : Déposez l'oiseau, dans son emballage plastique, sur une claie du réfrigérateur. La durée de la décongélation est évidemment fonction de la grosseur du volatile et de la température du réfrigérateur, mais vous pourrez tout de même vous guider sur le tableau suivant :

DÉCONGÉLATION DE LA VOLAILLE AU RÉFRIGÉRATEUR			
Poids	**Décongélation**	**Poids**	**Décongélation**
1 à 2 lb (450-900 g)	12 h	6 à 12 lb (2,7-5,4 kg)	1½ ou 2 jours
2 à 4 lb (0,9-1,8 kg)	12 à 24 h	12 à 20 lb (5,4-9 kg)	2 ou 3 jours
4 à 6 lb (1,8-2,7 kg)	24 à 36 h	20 à 24 lb (9-11 kg)	3 ou 3½ jours

Eau froide : Déposez l'oiseau emballé dans l'évier et couvrez-le d'eau froide ; changez celle-ci régulièrement parce que sa température baissera au rythme de la décongélation. Prévoyez un délai de 1 heure pour les poulets et les rock cornish, de 3 à 6 heures pour les oiseaux pesant de 4 à 12 lb (1,8-5,4 kg), de 6 à 8 heures pour une dinde de 12 à 20 lb (5,4-9 kg) et une dizaine d'heures si son poids varie autour de 24 lb (11 kg).

CONSERVATION ET CONGÉLATION DE LA VOLAILLE CUITE
Ne laissez jamais une volaille que vous venez de cuire plus de 1 h 30 à la température de la pièce. Enveloppez-la lâchement et réfrigérez-la ; elle se conservera ainsi deux ou trois jours. Gardez la farce et la sauce à part, dans des récipients fermés.

Avant de congeler une volaille cuite, laissez-la refroidir et séparez la viande, la farce et la sauce. La chair conservera, dans un emballage pour congélateur, toutes ses propriétés pendant environ deux mois, mais la farce et la sauce ne devraient pas rester congelées plus d'un mois.

TYPES DE VOLAILLE

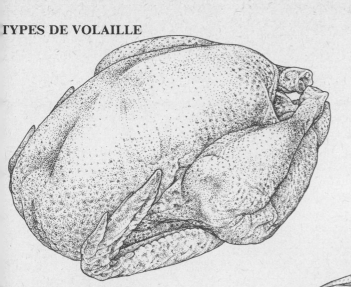

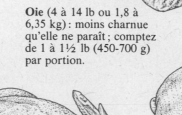

Oie (4 à 14 lb ou 1,8 à 6,35 kg) : moins charnue qu'elle ne paraît ; comptez de 1 à 1½ lb (450-700 g) par portion.

Dinde (de 4 à plus de 24 lb ou 1,8 à ... kg) : oiseau tendre et dodu ; pré-voyez 1 lb (450 g) par portion jusqu'à ...2 lb (5,4 kg) et ¾ lb (340 g) s'il pèse ...avantage.

Poule de reproduction (2½ à 8 lb ou 1,15 à 3,6 kg) : oiseau adulte dont la chair plus co-riace exige une cuisson longue et lente.

Canard (3 à 7 lb ou 1,35 à 3,15 kg) : il contient plus d'os que de viande ; prévoyez au moins 1 lb (450 g) par portion.

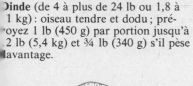

...oulet à rôtir (3½ à 6 lb ...u 1,6 à 2,7 kg) : charnu ...t tendre, il est tout aussi ...on rôti au four qu'à la ...roche.

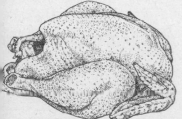

...hapon (6 à 8 lb ou ...,7 à 3,6 kg) : poulet ...âle châtré, réputé ...our sa tendreté et sa ...rte proportion de viande ...lanche. Rôti, c'est un mets de ...hoix pour un dîner de fête.

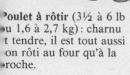

...oulet à frire (1½ à 4 lb ou 0,7 à ...,8 kg) : il s'apprête aussi bien ...rillé que frit, rôti, braisé ou au ...ot. Se vend entier ou détaillé ...n morceaux.

Poulet rock cornish : petit poulet qui donne 1 portion et parfois 2, s'il est assez gros.

AUTRES FAÇONS D'ACHETER LA VOLAILLE

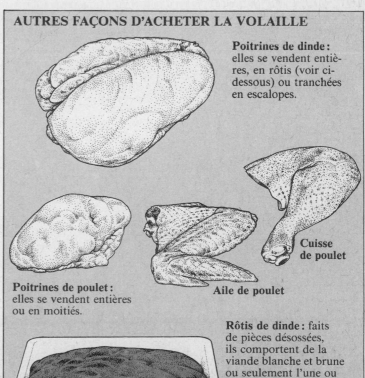

Poitrines de dinde : elles se vendent entiè-res, en rôtis (voir ci-dessous) ou tranchées en escalopes.

Cuisse de poulet

Aile de poulet

Poitrines de poulet : elles se vendent entières ou en moitiés.

Rôtis de dinde : faits de pièces désossées, ils comportent de la viande blanche et brune ou seulement l'une ou l'autre. La dinde fumée est salée et cuite ; il ne reste plus qu'à la réchauffer.

VOLAILLE

DÉCOUPAGE D'UNE DINDE

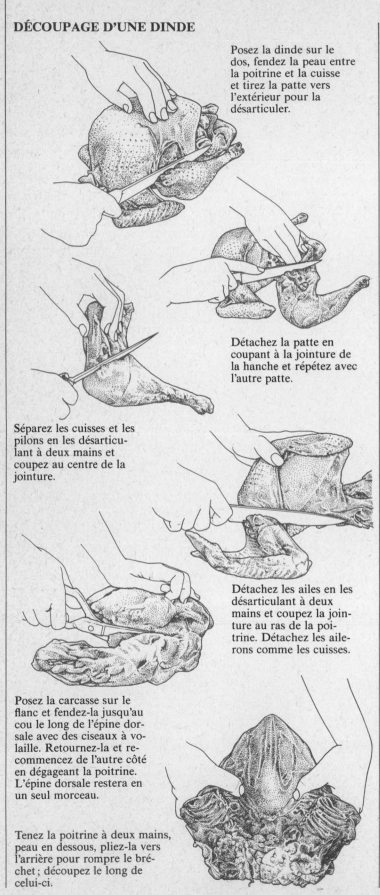

Posez la dinde sur le dos, fendez la peau entre la poitrine et la cuisse et tirez la patte vers l'extérieur pour la désarticuler.

Détachez la patte en coupant à la jointure de la hanche et répétez avec l'autre patte.

Séparez les cuisses et les pilons en les désarticulant à deux mains et coupez au centre de la jointure.

Détachez les ailes en les désarticulant à deux mains et coupez la jointure au ras de la poitrine. Détachez les ailerons comme les cuisses.

Posez la carcasse sur le flanc et fendez-la jusqu'au cou le long de l'épine dorsale avec des ciseaux à volaille. Retournez-la et recommencez de l'autre côté en dégageant la poitrine. L'épine dorsale restera en un seul morceau.

Tenez la poitrine à deux mains, peau en dessous, pliez-la vers l'arrière pour rompre le bréchet ; découpez le long de celui-ci.

DÉCOUPAGE D'UN POULET

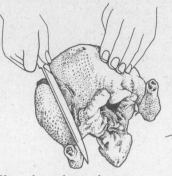 

Placez le poulet sur le dos sur une planche à découper. Dégagez une patte et fendez la peau au ras de la poitrine.

Soulevez le poulet, tirez la patte vers l'extérieur pour la désarticuler et coupez la jointure de la hanche. Répétez avec l'autre patte.

Séparez le pilon de la cuisse en tenant la patte à deux mains pour la désarticuler. Coupez à la jointure.

Détachez chaque aile en la tirant vers l'arrière pour la désarticuler et coupez à la jointure.

Posez la carcasse sur le flanc, fendez-la avec des ciseaux de la cuisse à l'épine dorsale et, le long de celle-ci, jusqu'au cou. Retournez-la et répétez de l'autre côté pour dégager la poitrine. L'épine dorsale restera intacte.

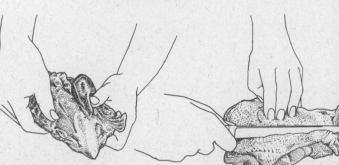

Tenez la poitrine à deux mains, peau en dessous, et pliez-la vers l'arrière pour rompre le bréchet.

Divisez la poitrine en deux en la coupant le long du bréchet avec un couteau.

DÉCOUPAGE D'UN POULET EN DEUX

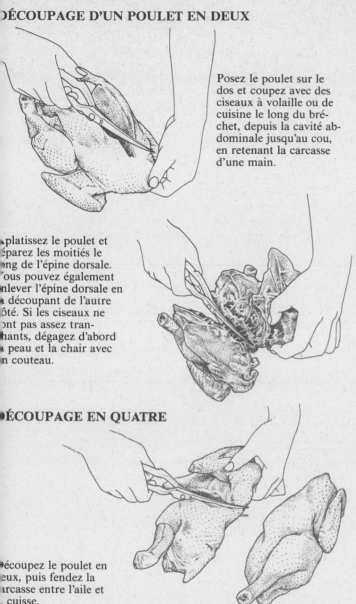

Posez le poulet sur le dos et coupez avec des ciseaux à volaille ou de cuisine le long du bréchet, depuis la cavité abdominale jusqu'au cou, en retenant la carcasse d'une main.

Aplatissez le poulet et séparez les moitiés le long de l'épine dorsale. Vous pouvez également enlever l'épine dorsale en la découpant de l'autre côté. Si les ciseaux ne sont pas assez tranchants, dégagez d'abord la peau et la chair avec un couteau.

DÉCOUPAGE EN QUATRE

Découpez le poulet en deux, puis fendez la carcasse entre l'aile et la cuisse.

DÉSOSSEMENT D'UNE POITRINE

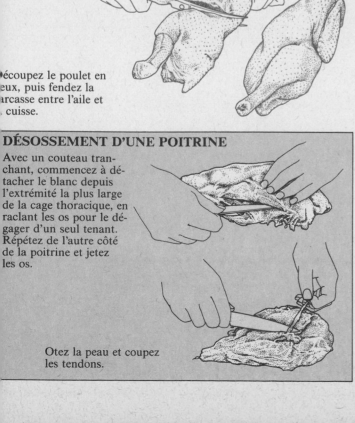

Avec un couteau tranchant, commencez à détacher le blanc depuis l'extrémité la plus large de la cage thoracique, en raclant les os pour le dégager d'un seul tenant. Répétez de l'autre côté de la poitrine et jetez les os.

Otez la peau et coupez les tendons.

DÉCOUPAGE D'UN CANARD EN QUATRE

Posez le canard sur le dos et ôtez avec des ciseaux à volaille ou de cuisine le surplus de peau autour du cou ; enlevez la masse de graisse de la cavité. Jetez-les.

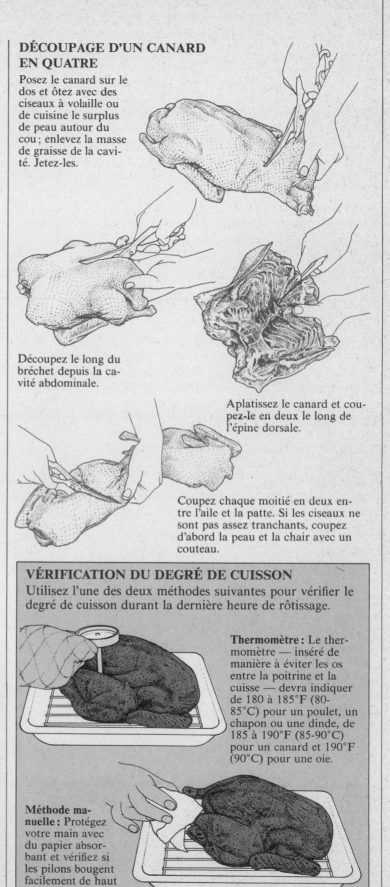

Découpez le long du bréchet depuis la cavité abdominale.

Aplatissez le canard et coupez-le en deux le long de l'épine dorsale.

Coupez chaque moitié en deux entre l'aile et la patte. Si les ciseaux ne sont pas assez tranchants, coupez d'abord la peau et la chair avec un couteau.

VÉRIFICATION DU DEGRÉ DE CUISSON

Utilisez l'une des deux méthodes suivantes pour vérifier le degré de cuisson durant la dernière heure de rôtissage.

Thermomètre : Le thermomètre — inséré de manière à éviter les os entre la poitrine et la cuisse — devra indiquer de 180 à 185°F (80-85°C) pour un poulet, un chapon ou une dinde, de 185 à 190°F (85-90°C) pour un canard et 190°F (90°C) pour une oie.

Méthode manuelle : Protégez votre main avec du papier absorbant et vérifiez si les pilons bougent facilement de haut en bas.

247

VOLAILLE
Volaille rôtie

Ne farcissez jamais une volaille d'avance, mais juste avant de la mettre à rôtir. Si vous préférez la faire cuire telle quelle, fixez la peau du cou au dos avant de la brider.

Pour que la volaille reste bien juteuse, couvrez-la d'une « tente » en papier d'aluminium durant la dernière heure de cuisson. Si vous faites rôtir une dinde qui n'est pas « pré-arrosée », arrosez-la régulièrement de son jus ou d'un corps gras. Toute volaille qu'on laisse reposer un moment après l'avoir défournée se découpe beaucoup plus aisément ; prévoyez un délai de 30 minutes pour une dinde. Enfin, il ne faut jamais étaler le rôtissage d'un oiseau sur deux jours parce que ce procédé est particulièrement propice à la prolifération des bactéries.

Après le repas, couvrez et réfrigérez séparément les restes de farce, de sauce et de viande. Cependant, n'attendez pas plus d'un jour ou deux pour les utiliser. Au congélateur, la volaille se conserve trois mois, mais la sauce et la farce un mois seulement.

COMMENT TROUSSER UNE VOLAILLE

Procédez comme ci-dessous ou, pour une dinde, enfoncez les pattes sous la peau ou bridez-la avec une broche.

Placez l'oiseau sur le dos, repliez la peau du cou sous lui, puis rabattez les ailes par-dessus celle-ci en les ramenant vers le cou.

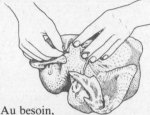 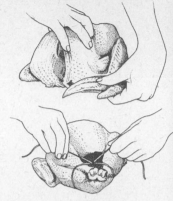

Au besoin, fixez la peau au dos avec une ou deux brochettes.

Ficelez les pilons et le croupion ensemble.

DÉCOUPAGE

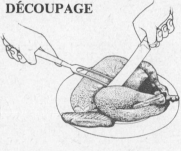

Laissez la volaille « reposer » de 15 à 30 min, puis placez-la devant vous, la poitrine à gauche. Piquez-la avec une fourchette et détachez la cuisse ainsi que le pilon avec un couteau à découper.

 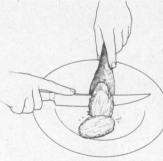

Désarticulez la cuisse en la pliant vers le bas.

Tranchez la viande brune du pilon sur un autre plat.

Enfoncez la fourchette dans le haut de l'aile et entaillez profondément la poitrine, au-dessus de l'articulation, jusqu'à la carcasse.

 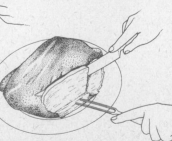

Taillez la poitrine en tranches fines, d'un mouvement régulier. Elles se détacheront d'elles-mêmes quand le couteau atteindra l'entaille faite au-dessus de l'aile. Ne tranchez d'abord que la quantité nécessaire pour un premier service.

TEMPS DE RÔTISSAGE DE LA VOLAILLE			
Poids de la volaille parée	Température du four	Durée de la cuisson	Température au thermomètre
Dinde farcie			
8 à 12 lb (3,6-5,4 kg)	325°F (160°C)	3 h 30 à 4 h	180 à 185°F
12 à 16 lb (5,4-7,25 kg)	325°F (160°C)	4 h à 4 h 30	(80-85°C)
16 à 20 lb (7,25-9 kg)	325°F (160°C)	4 h 30 à 5 h	
20 à 24 lb (9-11 kg)	325°F (160°C)	5 à 6 h	
Dinde non farcie : Soustrayez une trentaine de minutes			180 à 185°F (80-85°C)
Chapon farci			
5 à 6 lb (2,2-2,7 kg)	325°F (160°C)	2 h 30 à 3 h	180 à 185°F
6 à 8 lb (2,7-3,6 kg)	325°F (160°C)	3 à 4 h	(80-85°C)
Chapon non farci : Soustrayez une trentaine de minutes			180 à 185°F (80-85°C)
Poulet farci ou non			
2 à 2½ lb (0,9-1,15 kg)	325°F (160°C)	1 h 30	180 à 185°F
2½ à 3 lb (1,15-1,35 kg)	325°F (160°C)	2 h	(80-85°C)
3 à 4 lb (1,35-1,8 kg)	325°F (160°C)	2 h 30	
4 à 6 lb (1,8-2,7 kg)	325°F (160°C)	2 h 30 à 3 h 30	
Poulet rock cornish farci ou non*			
1 à 2 lb (450-900 g)	350°F (180°C)	1 h à 1 h 30	
Canard entier farci ou non			
3½ à 5½ lb (1,6-2,5 kg)	325°F (160°C)	2 h à 2 h 30	185 à 190°F (85-90°C)
Oie farcie			
9 à 11 lb (4-4,9 kg)	350°F (180°C)	3 h 15 à 4 h	190°F (90°C)
11 à 13 lb (4,9-5,9 kg)	350°F (180°C)	4 h à 4 h 30	
Oie non farcie : Soustrayez une trentaine de minutes			190°F (90°C)

*La taille de cet oiseau ne permet pas d'utiliser un thermomètre à viande. Il est cuit lorsque les pilons jouent facilement dans les jointures (protégez vos doigts avec du papier absorbant).

Dinde rôtie farcie au pain

1 dinde de 12 à 16 lb
(5,4-7,25 kg) surgelée,
préarrosée et prête à
farcir, dégelée
Farce au pain (p. 253)
Huile à salade
Sauce aux abats
(ci-dessous)

Photo page 39
Débutez 6 h 30 avant
12 à 16 portions

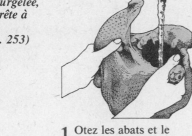 **1** Otez les abats et le cou et réservez-les pour la sauce. Rincez l'oiseau à l'eau froide et asséchez-le bien.

 **2** Farcissez la cavité du cou à la cuiller, sans tasser. Rabattez la peau et fixez-la au dos avec une ou deux brochettes.

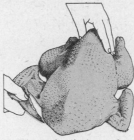 **3** Placez la dinde sur le dos. En les ramenant vers le cou, coincez les ailes sous l'oiseau pour le stabiliser.

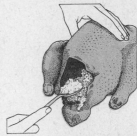 **4** Farcissez la cavité abdominale, puis rabattez la peau sur l'ouverture et fixez-la avec des brochettes.

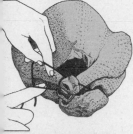 **5** Bridez la dinde en ficelant les pattes au croupion, en insérant les pilons sous la peau ou en utilisant une broche.

 **6** Placez-la sur le dos, sur la claie d'une lèchefrite. Badigeonnez-la d'un peu d'huile.

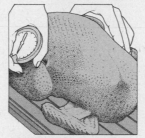 **7** Insérez le thermomètre à viande entre la poitrine et la cuisse en prenant soin d'éviter les os.

 **8** Cuisez à 325°F (160°C) de 4 h à 4 h 30. Couvrez d'une feuille de papier d'aluminium quand la peau commence à dorer.

 **9** Otez le papier vers la fin de la cuisson et arrosez l'oiseau de son jus. Il est cuit quand le thermomètre indique 180-185°F (80-85°C).

Sauce aux abats

Les abats et le cou
réservés
1 côte de céleri coupée
en tronçons
½ t. d'oignon haché
Sel
Eau
Jus de cuisson de la
dinde
5 c. à soupe de farine
tout usage

Débutez 2 h avant
5 tasses

 **1** Cuisez à feu vif, dans une grande casserole, les abats, le cou et les légumes avec 1 c. à thé de sel et assez d'eau pour les recouvrir.

 **2** Couvrez et faites mijoter 1 h à feu doux. Egouttez, ôtez les légumes et réservez le bouillon. Hachez les abats et la chair du cou.

 **3** La dinde cuite, retirez-la de la lèchefrite sur la claie, puis versez le jus de cuisson dans une mesure de 4 t. et laissez remonter le gras.

 **4** Mettez ⅓ t. de ce gras dans une casserole moyenne et jetez le reste en finissant de dégraisser le jus de cuisson.

 **5** Versez le bouillon dans la lèchefrite et détachez les sucs.

 **6** Ajoutez assez de ce liquide au jus de cuisson pour obtenir 4 t.

 **7** Incorporez la farine et 2 c. à thé de sel au gras de la casserole.

 **8** Versez-y lentement le jus et faites épaissir en remuant.

 **9** Ajoutez les abats et la chair du cou hachés et réchauffez-les.

249

VOLAILLE
Dinde et poulet rôtis

Photo page 39
Débutez la veille
12 à 16 portions

Poitrine de dinde glacée

*1 poitrine de dinde de
6 à 7 lb (2,7-3,15 kg)
surgelée, dégelée*

*Beurre ou margarine,
fondu
Glace (ci-dessous)*

1. Faites dégeler la poitrine au réfrigérateur pendant la nuit, puis sortez-la de son emballage.
2. *Environ 3 h 30 avant de servir:* Placez la pièce sur une claie dans la lèchefrite. Insérez le thermomètre au centre de la poitrine et cuisez à 325°F (160°C) de 3 h à 3 h 30 ou jusqu'à ce que le thermomètre indique 180 ou 185°F (80-85°C); arrosez la pièce de son jus ou du corps gras.
3. Préparez l'un des glaçages décrits ci-dessous et badigeonnez-en légèrement la pièce à plusieurs reprises durant les 20 dernières minutes de cuisson.

GLAÇAGES POUR LA DINDE

GELÉE DE POMME: En remuant, faites fondre à feu doux dans une petite casserole *1 t. de gelée de pomme avec ½ c. à thé de sel.* (Donne 1 t.)

ABRICOTS: Mélangez à feu doux dans une petite casserole *1 t. de confiture d'abricots et ½ t. d'abricots secs et hachés.* (Donne 1 t.)

CHUTNEY: Arrosez *¼ t. de raisins secs dorés* de *½ t. d'eau bouillante,* laissez-les gonfler de 15 à 20 min, puis égouttez-les. Mélangez-les à feu doux, dans une petite casserole avec *½ t. de chutney* et *½ t. de gelée de groseille* jusqu'à ce que la gelée soit fondue. (Donne 1 t.)

KETCHUP ACIDULÉ: Mélangez à feu moyen *¼ t. de gelée de raisin, ⅔ t. de ketchup et ½ c. à thé de sauce brune préparée en bouteille,* jusqu'à ce que la gelée soit fondue. (Donne 1 t.)

Aspic au sherry

*2 boîtes de 10 oz
(284 ml) de consommé
de bœuf concentré*

*½ t. de sherry sec
2 sachets de gélatine non
parfumée*

1. Mélangez le consommé et le sherry dans une casserole moyenne et saupoudrez-les de gélatine.
2. Remuez sans arrêt, à feu moyen, jusqu'à ce que la gélatine soit dissoute.
3. Versez le tout dans un plat à four de 13 po × 9 (33 cm × 23). Couvrez et réfrigérez.

250

Poitrine de dinde glacée et aspic au sherry

*1 poitrine de dinde de
6 lb (2,7 kg)
Aspic (en bas, à gauche)
1 t. de crème épaisse
3 c. à soupe de vin blanc
¼ c. à thé d'estragon
1 cube de bouillon de
poulet
1 sachet de gélatine non
parfumée*
Garniture: *2 tomates-
cerises, 1 oignon vert,
2 olives noires,
3 rondelles de carotte*

Photo page 40
Débutez la veille
12 à 15 portions

1 Faites rôtir la dinde; couvrez-la et réfrigérez-la. Préparez l'aspic, puis mélangez les quatre ingrédients suivants avec 1 t. d'eau dans une casserole moyenne.

2 Saupoudrez l'appareil de gélatine et faites-la dissoudre à feu moyen en remuant. Couvrez et réfrigérez jusqu'à ce que la crème ait la consistance de blancs d'œufs.

3 Mettez la dinde froide dans un plat, sur une claie posée sur du papier ciré. Nappez-la d'une fine couche de crème et faites prendre au réfrigérateur.

4 Répétez l'opération jusqu'à épuisement de la crème. Si celle-ci épaissit trop, réchauffez-la au bain-marie jusqu'à ce qu'elle ait la consistance d'une sauce.

5 Entre-temps, coupez les tomates en quartiers, sans les séparer complètement, et ôtez délicatement les pépins et la pulpe à la cuiller.

6 Trempez quelques secondes l'oignon vert dans de l'eau très chaude, égouttez-le et tranchez-le en lanières.

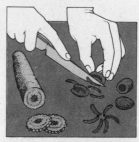

7 Taillez les olives en lamelles et découpez des fleurs dans les rondelles de carotte avec un emporte-pièce.

8 Disposez les légumes sur la crème légèrement prise et réfrigérez jusqu'au moment de servir.

9 *Service:* Dressez la dinde sur un grand plat avec deux spatules.

10 Découpez l'aspic en petits cubes et entourez-en la dinde.

Poitrine de dinde roulée farcie aux épinards

Photo page 39
Débutez 4 h avant
6 portions

*Farce aux épinards
(p. 253)
1 poitrine de dinde de
6 lb (2,7 kg), désossée,
coupée en deux et
dépouillée (réservez
la peau)
1 c. à thé de sel
¼ t. de beurre ou de
margarine, fondu*

*Sauce : 2 t. d'eau, 2 c. à
soupe de farine tout
usage, ½ c. à thé de
sel, 1 pincée de poivre*

1 Préparez la farce. Mettez les demi-poitrines, coupe au-dessus, sur une planche et tranchez-les partiellement en travers, comme pour une coupe papillon.

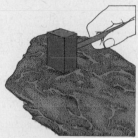

2 Etalez-en une et aplatissez-la avec un maillet pour obtenir une pièce d'environ 10 po × 9 × ¼ (25 cm × 23 × 6 mm).

3 Salez-la, étalez-y la moitié de la farce, puis enroulez-la en commençant par le côté étroit. Couvrez-la d'un morceau de peau.

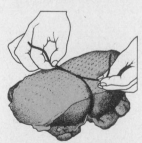

4 Ficelez-la, répétez les étapes 2 à 4 avec l'autre moitié, puis insérez le thermomètre dans l'une d'elles.

5 Mettez les roulés, peau au-dessus, sur la claie d'une lèchefrite et badigeonnez-les de beurre.

6 Cuisez 1 h 45 à 325°F (160°C), pour que le thermomètre indique 185°F (85°C) ; déficelez.

7 Sauce : versez le jus de cuisson dans une tasse, laissez remonter le gras et mettez-en 2 c. à soupe dans une casserole ; jetez le reste. Versez de l'eau dans la lèchefrite, détachez les sucs de viande, puis transvasez dans la tasse. A feu moyen, incorporez au gras de cuisson la farine, le sel, le poivre et le jus, puis faites épaissir en remuant.

Poulet rôti farci aux saucisses et aux pommes

Photo page 43
Débutez 4 h avant
6 portions

*Farce aux saucisses et
aux pommes (p. 253)
1 poulet à rôtir de 5 à
5½ lb (2,25-2,5 kg)*

*Huile à salade, beurre
ou margarine*

1. Préparez la farce. Rincez le poulet à l'eau froide et asséchez-le bien. Farcissez légèrement la cavité du cou et rabattez la peau par-dessus. Placez le poulet sur le dos, puis, en les ramenant vers le cou, coincez les ailes dessous pour le stabiliser.
2. Farcissez la cavité abdominale, recouvrez-la de la peau et enduisez le poulet d'huile à salade. S'il reste de la farce, mettez-la au four dans une petite cocotte graissée et couverte, 30 min avant la fin du rôtissage.
3. Insérez le thermomètre entre la poitrine et la cuisse (en évitant les os) et couchez le poulet sur la claie d'une lèchefrite. Cuisez-le à découvert de 2 h 30 à 3 h, à 325°F (160°C).
4. Quand la peau commence à dorer, couvrez le poulet d'un papier d'aluminium plié que vous ôterez 1 h avant la fin de la cuisson. Badigeonnez abondamment le poulet de son jus, d'huile ou de beurre fondu. Vérifiez son degré de cuisson durant les 30 dernières minutes. Il est à point lorsque le thermomètre indique entre 180 et 185°F (80-85°C).

Chapon rôti aux fines herbes

Photo page 41
Débutez la veille
8 portions

*1 chapon de 6 à 8 lb
(2,7-3,6 kg)
¼ t. de sel
1 c. à thé de persil
¾ c. à thé de thym*

*½ c. à thé de sauge
broyée
1 pincée de mignonnette
Huile à salade*

1. Mélangez les ingrédients secs, puis frottez-en la peau et la cavité abdominale du chapon. Couvrez-le et réfrigérez-le au moins 12 h ou toute la nuit.
2. Enduisez-le d'huile et cuisez-le à découvert de 3 à 4 h à 325°F (160°C) en l'arrosant souvent.

Poulet à la mode de Delhi

Photo page 43
Débutez 2 h 30 avant
8 portions

*2 poulets à frire de 3 lb
(1,35 kg)
1½ c. à thé de gingembre
moulu
1 pincée de coriandre
moulue
1 pincée de poivre*

*3 c. à soupe de beurre
1 t. d'oignons hachés
1 t. de yogourt nature
1 t. de crème de table
1 c. à soupe de curcuma
1½ c. à thé de sel
Environ 6 t. de riz cuit*

1. Retirez les abats et les cous des poulets (vous pouvez les réserver pour un bouillon). Rincez et asséchez soigneusement les poulets, puis ficelez-en les pattes et le croupion ensemble. Frottez-les du gingembre mélangé au poivre et à la coriandre avant de les mettre dans une lèchefrite découverte.
2. Faites fondre le beurre à feu moyen dans une casserole ; ajoutez-y les cinq ingrédients suivants et nappez-en les poulets. Faites cuire 2 h à 325°F (160°C) en arrosant souvent.
3. Dressez les poulets sur un plat chaud ; ôtez les ficelles. Servez les poulets accompagnés du riz arrosé du jus de cuisson.

251

Poulet au four

Le mode de cuisson est le même pour un poulet au four que pour un poulet rôti — le volatile entier ou détaillé est cuit au four à découvert —, à cette différence près que la température de cuisson est plus élevée dans le premier cas. On peut également faire mariner un poulet avant de le mettre au four et l'arroser de marinade pendant la cuis-son. Parmi les sauces les plus savoureuses, il y a la sauce barbecue, les vinaigrettes à la française, à l'italienne et autres, le vin rouge ou le vin blanc ainsi que les différentes marinades décrites à la page 262. Les poitrines de poulet farcies peuvent également cuire de cette façon et sont délicieuses marinées.

Poulet au four

Photo
page 44
Débutez
1 h avant
8 portions

½ t. de beurre ou de margarine
½ t. de farine tout usage
2 c. à thé de sel
2 c. à thé de paprika

¼ c. à thé de poivre
2 poulets à frire de 3 lb (1,35 kg) coupés en quatre

1 Faites fondre le corps gras à 425°F (220°C) dans une grande lèchefrite.

2 Mélangez la farine, le sel, le paprika et le poivre dans un moule à tarte et enrobez-en les quarts de poulet.

3 Placez les quarts, peau en dessous, dans la lèchefrite et cuisez 30 min au four.

4 Retournez-les et prolongez la cuisson de 15 min ou jusqu'à ce que la chair soit tendre.

Poulet au sauternes

Photo
page 46
Débutez le matin ou la veille
4 portions

¾ t. de sauternes
2 c. à soupe d'huile
2 c. à soupe de persil haché
2 c. à thé de sel

2 c. à soupe d'oignons verts hachés
¼ c. à thé de paprika
2 poulets à frire de 2 lb (900 g) coupés en deux

1. Mélangez tous les ingrédients de la marinade dans un plat à four de 13 po × 9 (33 cm × 23). Ajoutez les poulets et enrobez-les bien. Réfrigérez au moins 4 h à couvert.
2. *1 h avant de servir:* Allumez le four à 375°F (190°C). Cuisez les poulets dans leur marinade, peau en dessous, pendant 25 min en les arrosant. Retournez-les et cuisez 25 min de plus, toujours en les arrosant. Versez le jus de cuisson dans une tasse, dégraissez-le et nappez-en la viande.

Poitrines de poulet à la crème farcies aux arachides

Photo
page 41
Débutez
2 h avant
6 portions

⅓ t. d'arachides salées finement hachées
¼ t. de persil haché
Sel
6 poitrines de poulet moyennes, dépouillées, désossées et coupées en deux
Beurre ou margarine

½ c. à thé de paprika
2 c. à soupe de farine tout usage
1 cube ou sachet de bouillon de poulet ou 1 c. à thé de base pour consommé au poulet
1¼ t. de lait
Persil

1. Mélangez les arachides, le persil haché et ½ c. à thé de sel dans un petit bol et réservez.
2. Aplatissez les morceaux de poulet avec un maillet ou le dos d'un couteau pour qu'ils aient ¼ po (6 mm) d'épaisseur.
3. Faites chevaucher deux morceaux sur une largeur de 1 po (2,5 cm) et saupoudrez-les de 1 c. à soupe comble du mélange aux arachides jusqu'à ½ po (1 cm) des bords; rabattez les bords les plus longs par-dessus et roulez les poitrines dans l'autre sens, à la façon d'un gâteau roulé. Fixez le joint avec deux cure-dents.
4. Répétez l'opération avec les autres poitrines.
5. Faites fondre à 400°F (200°C) ½ t. de beurre ou de margarine dans un plat à four de 13 po × 9 (33 cm × 23); ajoutez-y le paprika et 1 c. à thé de sel et mélangez bien. Disposez les poitrines farcies dans ce plat, joints en dessous, et enduisez-les du beurre au paprika. Cuisez 40 min en arrosant du jus de cuisson.
6. Versez 3 c. à soupe du jus de cuisson dans une petite casserole et mélangez-y, à feu moyen, la farine, le bouillon et ½ c. à thé de sel. Ajoutez le lait en remuant et faites épaissir sans cesser de tourner.
7. Ôtez les cure-dents et dressez les poitrines farcies sur un plat de service chaud.
8. *Service:* Garnissez de persil finement haché et présentez la sauce dans une saucière.

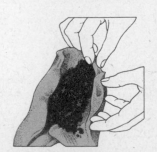

Rabattez les bords les plus longs vers le centre des poitrines.

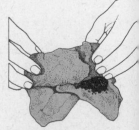

Roulez chaque poitrine farcie à la façon d'un gâteau roulé.

Farces

Si vous voulez farcir une volaille entière, préparez la farce à la dernière minute. Prévoyez entre ¾ et 1 tasse de farce par livre (450 g). Comme elle gonfle pendant la cuisson, ne la tassez pas trop. Le surplus pourra cuire à couvert dans une cocotte graissée, en même temps que la volaille, durant les 30 à 45 dernières minutes de rôtissage.

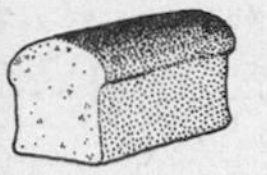

Farce au pain

Débutez
30 min avant
10 tasses

1 t. de beurre ou de margarine	2 c. à thé d'épices pour volaille
2 t. de céleri coupé en dés	½ c. à thé de poivre
1½ t. d'oignons hachés	18 t. de cubes de pain blanc
¼ t. de persil haché	
2¼ c. à thé de sel	3 œufs légèrement battus

1. Dans un grand faitout, faites revenir 10 min à feu moyen, dans le corps gras, le céleri et les oignons.
2. Mélangez-y à fond le persil, le sel, les épices pour volaille et le poivre.
3. Incorporez le pain et les œufs.

Farce aux fruits

Débutez
45 min avant
8 tasses

12 oz (340 g) de fruits séchés mélangés, coupés en morceaux	1 t. de sucre
	5 t. de cubes de pain rassis légèrement tassés
Eau	1 c. à thé de sel
1 oignon moyen haché	½ c. à thé de toute-épice
1 paquet de 16 oz (450 g) d'atocas	

1. Dénoyautez les pruneaux, le cas échéant, et portez à ébullition, à feu vif, les fruits et l'oignon avec 2 t. d'eau, dans une casserole moyenne. Faites mijoter 15 min à feu doux et versez le mélange dans un grand bol.
2. Portez à ébullition à feu moyen, dans la même casserole, ¼ t. d'eau, les atocas et le sucre ; laissez mijoter 7 min à feu doux ou jusqu'à ce que les baies éclatent, en remuant de temps en temps. Egouttez les atocas et ajoutez-les aux fruits mélangés.
3. Ajoutez les autres ingrédients et brassez.

Farce aux marrons

Photo
page 49
Débutez
1 h 15 avant
11 tasses

1½ lb (700 g) de marrons	2 c. à thé de sel
Eau	1 c. à thé de thym
1 t. de beurre	1 c. à thé de marjolaine
1½ t. de céleri coupé en dés	½ c. à thé de poivre assaisonné
1 t. d'oignons hachés	8 t. de chapelure

1. Incisez les marrons en croix sur leur face plate, puis couvrez-les d'eau dans une grande casserole.
2. Portez à ébullition à feu vif, laissez cuire 1 min et ôtez la casserole du feu. Retirez trois ou quatre marrons à la fois avec une écumoire et épluchez-les en enlevant les peaux. Hachez-les grossièrement et réservez-les.
3. Chauffez le beurre dans un bon faitout, puis faites-y revenir 10 min à feu moyen le céleri et les cinq ingrédients suivants.
4. Retirez la casserole du feu, ajoutez les marrons et la chapelure, et mélangez le tout.

Farce au riz et aux raisins

Photo
page 49
Débutez
45 min avant
14 tasses

2½ t. de riz à grains longs	⅓ t. d'eau bouillante
	¾ t. de beurre
1 paquet de 8 oz (225 g) de bacon tranché	4 t. de céleri coupé en dés
	2 t. d'oignons hachés
¾ t. de raisins secs sans pépins	1 c. à soupe de sel
	½ c. à thé de poivre

1. Mettez le riz à cuire, puis faites griller le bacon à feu modéré dans une sauteuse ; égouttez-le sur du papier absorbant et émiettez-le. Mettez les raisins avec l'eau dans un bol.
2. Chauffez le beurre dans un faitout, puis faites-y revenir 10 min à feu moyen le céleri, les oignons, le sel et le poivre, en remuant souvent.
3. Retirez le faitout du feu et ajoutez-y le riz, le bacon et les raisins secs.

Farce au riz et aux saucisses

Débutez
25 min avant
3 tasses

½ lb (225 g) de saucisses italiennes douces en chapelet, sans les boyaux	¾ t. de riz ordinaire à grains longs
	1 oignon vert émincé
	1 pincée de poivre

1. Mettez le riz à cuire, puis faites revenir les saucisses à feu moyen dans une sauteuse en les défaisant à la fourchette. Egouttez-les.
2. Mélangez le riz, les saucisses, l'oignon vert émincé et le poivre.

Farce aux saucisses et aux pommes

Photo
page 49
Débutez
45 min avant
6¼ tasses

1 lb (450 g) de chair à saucisse au porc	4 t. de chapelure fraîche
	2 œufs
3 grosses pommes pelées, évidées et hachées	1½ c. à thé de sel
1 gros oignon haché	1 c. à thé d'épices pour volaille
1 t. de céleri haché	

1. Faites revenir la chair à saucisse à feu moyen dans une grande casserole, en la défaisant à la fourchette, puis transvasez-la dans un bol.
2. Ne conservez dans la casserole que ¼ t. du gras de cuisson et faites-y revenir 10 min à feu moyen les pommes, l'oignon et le céleri.
3. Retirez la casserole du feu et mélangez-y à fond la chair à saucisse et les ingrédients restants.

Farce aux épinards

Débutez
30 min avant
3½ tasses

10½ oz (300 g) d'épinards surgelés et hachés, dégelés	3 t. de chapelure
	1 t. de ricotta
	1 œuf
½ t. de beurre ou de margarine	1 c. à soupe de persil haché
¼ lb (115 g) de champignons émincés	1 c. à thé de sel
1 t. de céleri coupé en dés	½ c. à thé d'épices pour volaille
½ t. d'oignons hachés	1 pincée de poivre

1. Egouttez les épinards sur du papier absorbant.
2. Chauffez le corps gras dans une casserole, puis faites-y revenir 5 min à feu moyen les champignons, le céleri et l'oignon. Retirez du feu.
3. Ajoutez les épinards et les autres ingrédients et mélangez le tout.

Poulet braisé

Le braisage s'effectue habituellement en deux étapes. Tout d'abord, on fait revenir les aliments de tous côtés dans un corps gras, puis on ajoute des assaisonnements et un peu de liquide, comme de l'eau, du bouillon de poulet, du jus de tomate ou du vin. Après quoi, on couvre la sauteuse hermétiquement et on laisse mijoter la volaille à feu doux jusqu'à ce qu'elle soit parfaitement tendre. On peut également choisir de terminer la cuisson au four (du moment que la poignée de la sauteuse est ignifuge). Quelle que soit la façon dont on procède, le braisage est un *mode de cuisson lent* et on ne devrait jamais l'accélérer.

Utilisez l'ustensile prescrit dans la recette, en le choisissant d'un format adéquat. Si la volaille est détaillée, une sauteuse épaisse et profonde, munie d'un couvercle étanche, fera généralement l'affaire. Sinon, il vaut mieux utiliser un faitout. Il devra être suffisamment grand pour contenir la volaille, son liquide et les autres ingrédients.

En général, le braisage requiert très peu de liquide, pas plus de ½ ou 1 tasse. Aussi vaut-il mieux, lorsque la cuisson est passablement longue, vérifier de temps à autre si le liquide n'a pas trop baissé et en rajouter quelques cuillerées à soupe au besoin.

Arroz con pollo

Photo
page 44
Débutez
1 h 45 avant
8 portions

¼ t. d'huile à salade
1 poulet à rôtir de 4 à 5 lb (1,8-2,25 kg), détaillé
1 t. d'oignons hachés
1¼ t. d'eau
1 boîte de 14 oz (398 ml) de tomates
1 bocal de 4¼ oz (125 ml) de piments coupés en dés
½ bocal de 4 oz (114 ml) d'olives farcies
2 t. de riz ordinaire

1 c. à soupe de sel
¼ c. à thé de poivre
2 cubes ou sachets de bouillon de poulet ou 2 c. à thé de base pour bouillon de poulet
½ lb (225 g) de saucisses de porc en chapelet, coupées en morceaux de ½ po (1 cm)
1 paquet de 12¼ oz (350 g) de petits pois surgelés, dégelés

1 Faites revenir dans l'huile et à feu assez vif quelques morceaux de poulet à la fois ; réservez-les et faites blondir l'oignon à feu moyen dans la même huile.

2 Ajoutez le poulet, l'eau, les légumes avec leur jus et tous les autres ingrédients, sauf les petits pois, et portez à ébullition.

3 Couvrez et faites mijoter 30 min à feu doux ou jusqu'à ce que le poulet soit tendre, en détachant de temps en temps le riz à la fourchette.

4 Ajoutez les petits pois et cuisez encore 10 min. (Si l'appareil semble manquer de liquide après l'addition des pois, cuisez à couvert.)

Poulet au paprika et aux spaetzle

Photo
page 41
Débutez
45 min avant
6 portions

1 poulet à frire de 2½ à 3 lb (1,15-1,35 kg), détaillé
⅓ t. de farine tout usage
2 c. à soupe d'huile à salade
2 oignons moyens émincés

2 c. à thé de sel
1 c. à soupe de paprika
1 pincée de poivre
1½ t. d'eau
1 cube ou sachet de bouillon de poulet
Spaetzle (ci-dessous)
½ t. de crème sure

1. Farinez les morceaux de poulet (réservez le restant de farine), puis faites-les revenir dans l'huile de 7 à 10 min à feu assez vif, dans une grande sauteuse. Mettez-les de côté.

2. Mélangez le reste de farine et les oignons à l'huile de cuisson en remuant constamment pendant 2 min. Salez, poivrez et ajoutez le paprika, l'eau et le bouillon. Remettez le poulet dans la sauteuse et laissez mijoter 25 min à couvert, en retournant une fois.

3. Entre-temps, préparez les spaetzle. Dressez le poulet sur un grand plat avec des pinces, dégraissez le jus de cuisson et incorporez la crème sure.

4. *Service :* Réchauffez les spaetzle dans la crème sure et entourez-en les morceaux de poulet.

SPAETZLE : Portez à ébullition à feu vif *4 pte (4,5 L) d'eau* additionnée de *1 c. à thé de sel*. Battez ensemble *2 t. de farine tout usage*, *½ t. d'eau*, *3 œufs* et *½ c. à thé de sel*. Baissez le feu et, au-dessus de l'eau bouillante, pressez la pâte avec une spatule en caoutchouc à travers une passoire. Remuez l'eau doucement pour empêcher les spaetzle de coller ensemble et laissez bouillir 5 min ou jusqu'à ce qu'ils soient *al dente ;* égouttez et servez.

Spaetzle : Pressez la pâte à travers une passoire si vous n'avez pas l'appareil spécial.

Cuisson : Remuez doucement l'eau pour empêcher les spaetzle de coller ensemble.

Poulet cacciatore

Photo
page 42
Débutez
1 h avant
4 portions

1 c. à soupe d'huile
1 poulet à frire de 3 à
3½ lb (1,35-1,6 kg),
détaillé en portions
1 boîte de 14 oz (398 ml)
de tomates
½ t. de chianti ou autre
vin rouge sec
2 c. à thé de sel d'ail
¾ c. à thé de basilic

¼ c. à thé de poivre
12 petits oignons blancs
pelés
2 gros poivrons verts
coupés en lanières de
½ po (1 cm)
1 c. à soupe de fécule de
maïs
1 c. à soupe d'eau

1. Chauffez l'huile dans une sauteuse, puis faites-y revenir le poulet à feu assez vif.
2. Ajoutez les tomates avec leur jus, le vin, le sel d'ail, le basilic, poivrez et portez à ébullition. Faites mijoter 15 min à couvert, à feu doux.
3. Ajoutez les oignons et les poivrons, remettez le couvercle et prolongez la cuisson de 15 min ou jusqu'à ce que les légumes soient cuits.
4. Délayez la fécule dans une tasse et ajoutez-la lentement à l'appareil; remuez fréquemment, le temps que la sauce commence à bouillir et à épaissir et que le poulet soit à point.

Poulet au curry à la mode du Sud

Photo
page 41
Débutez
1 h avant
4 à 5 portions

1 poulet à frire de 3 à
3½ lb (1,35-1,6 kg),
détaillé
¼ t. de farine tout usage
¼ t. d'huile à salade
2 gousses d'ail coupées en
deux
2 oignons moyens
émincés
½ t. de céleri haché
1 poivron vert moyen
haché
1 c. à soupe de curry
2 c. à thé de sel

1 boîte de 28 oz (796 ml)
de tomates
1 t. de riz ordinaire à
grains longs
½ t. de raisins secs sans
pépins
1 c. à soupe de beurre ou
de margarine
⅓ t. d'amandes mondées
Persil haché

1. Farinez le poulet sur du papier ciré, puis chauffez l'huile dans une grande sauteuse et faites-y revenir la volaille de tous côtés à feu assez vif. Retirez la volaille de la sauteuse.
2. Faites revenir 10 min à feu moyen, dans la même huile, l'ail, les oignons, le céleri, le poivron, le curry et le sel, en remuant de temps en temps. Ajoutez les tomates et leur jus, puis le poulet, et portez à ébullition. Réduisez à feu doux, puis faites mijoter 40 min à couvert, jusqu'à ce que la viande soit tendre.
3. Entre-temps, mettez le riz à cuire et incorporez-y les raisins secs.
4. Dans une sauteuse moyenne, faites revenir les amandes dans le corps gras chaud et à feu modéré, en secouant de temps en temps pour les dorer de tous les côtés.
5. *Service:* Dressez le poulet et le riz sur un plat de service chaud, puis nappez la volaille d'un peu de sauce après en avoir retiré les gousses d'ail.
6. Saupoudrez le tout d'amandes grillées et de persil haché; présentez le reste de la sauce dans une saucière.

Casserole de poulet à la crème sure

Photo
page 41
Débutez
45 min avant
4 portions

3 c. à soupe d'huile
1 poulet à frire de 2½ à
3 lb (1,15-1,35 kg),
détaillé
4 c. à thé de sel
¼ c. à thé de poivre
½ t. d'eau
2 t. de céleri tranché en
biais

2 t. de carottes tranchées
en biais
1 t. de riz ordinaire à
grains longs
1 contenant de 8½ oz
(250 ml) de crème sure

1. Chauffez l'huile dans une grande sauteuse et faites-y revenir les morceaux de poulet de tous les côtés à feu assez vif; salez, poivrez, ajoutez l'eau et portez à ébullition. Faites mijoter 20 min à couvert et à feu doux.
2. Ajoutez les carottes et le céleri, recouvrez et laissez mijoter encore 15 min ou jusqu'à ce que le poulet et les légumes soient tendres, en remuant de temps en temps.
3. Entre-temps, faites cuire le riz, dressez-le sur un plat de service et tenez-le au chaud.
4. Dressez le poulet et les légumes avec une écumoire sur le lit de riz.
5. Pour faire la sauce, commencez par dégraisser le jus de cuisson, puis incorporez-y la crème sure. Faites réchauffer à feu moyen en décollant les sucs de viande du fond de la sauteuse, mais ne laissez pas bouillir, sinon la crème se brouillerait.
6. Nappez le poulet et les légumes de sauce et servez immédiatement.

Poulet aux concombres

Photo
page 42
Débutez
1 h 15 avant
4 portions

2 c. à soupe d'huile
1 poulet à frire de 2½ à
3 lb (1,15-1,35 kg),
coupé en quatre
¼ lb (115 g) de
champignons tranchés
1 gousse d'ail émincée
3 c. à soupe de farine
tout usage
¼ t. de sherry sec

2 cubes ou sachets de
bouillon de poulet ou
2 c. à thé de base pour
bouillon de poulet
1½ c. t. de sel
1½ t. d'eau
2 gros concombres
1 contenant de 8½ oz
(250 ml) de crème sure

1. Chauffez l'huile dans une sauteuse et faites-y revenir le poulet de tous les côtés à feu assez vif; réservez la viande.
2. Faites revenir 2 min les champignons et l'ail dans la même sauteuse, ajoutez la farine en remuant, puis versez lentement le sherry, le bouillon, le sel et l'eau; faites légèrement épaissir en tournant sans arrêt.
3. Ajoutez le poulet, portez à ébullition et faites mijoter 30 min à couvert et à feu doux, en remuant.
4. Entre-temps, émincez la moitié d'un concombre et réservez-le pour la garniture. Pelez le reste des concombres et détaillez-les en gros cubes.
5. Ajoutez-les au poulet et poursuivez la cuisson 15 à 20 min, jusqu'à ce que le tout soit à point. Incorporez la crème sure et réchauffez-la, mais sans la laisser bouillir.
6. Dressez le poulet sur un plat chaud, entourez-le des concombres et nappez le tout de sauce. Garnissez de rondelles de concombre.

Poulet braisé

Fricassée de poulet

Photo
page 45
Débutez
3 h 30 avant
8 portions

1 poulet de 5 à 6 lb (2,25-
2,7 kg), détaillé
1 t. de liquide (vermouth
ou vin blanc sec,
bouillon ou consommé
de poulet, crème de
céleri ou de
champignons en
conserve diluée)

1 petit oignon tranché
1 côte de céleri émincée
1 c. à soupe de sel
1/2 c. à thé de poivre
1/2 c. à thé de paprika
1/3 t. d'eau froide
3 c. à soupe de farine

1. Cuisez à feu assez vif, dans une grande sauteuse, tous les ingrédients, sauf l'eau et la farine.
2. Couvrez et faites mijoter à feu doux 2 h 30 jusqu'à ce que le poulet soit tendre. Dressez-le sur un plat à l'aide d'une écumoire et tenez-le au chaud.
3. Délayez la farine dans l'eau, versez lentement le tout dans le jus de cuisson et faites épaissir à feu moyen en remuant sans arrêt.
4. *Service:* Nappez le poulet de sauce.

FRICASSÉE BRUNE AU POULET: Suivez la recette ci-dessus, mais commencez par fariner les morceaux de poulet sur du papier ciré avec environ *1/2 t. de farine tout usage,* puis faites-en revenir quelques-uns à la fois à feu assez vif dans *1/4 t. d'huile chaude,* en les réservant dès qu'ils sont dorés de tous les côtés. Remettez-les ensuite dans la sauteuse, ajoutez le liquide de votre choix, l'oignon, le céleri, le paprika, le sel et le poivre, puis portez à ébullition. Faites mijoter à couvert et à feu doux, comme à l'étape 2. Dressez le poulet sur un plat chaud, puis délayez dans une tasse *1 c. à soupe de farine tout usage* avec *1/4 t. d'eau froide* et versez le tout dans la sauteuse pour lier le jus de cuisson.

AUTRES ASSAISONNEMENTS: Vous pouvez utiliser du thym, du romarin, des oignons verts tranchés, quelques clous de girofle ou des têtes de céleri, 1 c. à soupe de jus de citron, une pincée de muscade ou encore du curry.

Poulet aux avocats

Photo
page 45
Débutez
45 min avant
4 portions

2 c. à soupe de beurre ou
de margarine
1 poulet à frire de 2½ à
3 lb (1,15-1,35 kg),
détaillé
2/3 t. de sherry sec

2 c. à soupe de farine
tout usage
3/4 c. à thé de sel
1 pincée de paprika
1¼ t. de crème de table
1 gros avocat
Cresson

1. Chauffez le corps gras dans une sauteuse, puis faites-y revenir le poulet à feu moyen jusqu'à ce que tous les morceaux soient bien dorés.
2. Ajoutez le sherry, portez à ébullition, couvrez, puis faites mijoter 25 min à feu doux jusqu'à ce que le poulet soit tendre. Dressez-le sur un plat de service chaud.
3. Mélangez la farine, le sel et le paprika au jus de cuisson, ajoutez lentement la crème et remuez jusqu'à ce que la sauce épaississe.
4. Pelez et dénoyautez l'avocat, tranchez-le et ajoutez-le délicatement à la sauce.
5. *Service:* Nappez le poulet de sauce et garnisssez le plat de cresson.

Poulet à la sévillanne

Photo
page 41
Débutez
1 h 30 avant
6 portions

1/4 t. d'huile
1 poulet à frire de 3½ à
4 lb (1,6-1,8 kg),
détaillé
2 poivrons verts moyens
coupés en bâtonnets
1 gros oignon tranché
1/2 t. de jambon cuit,
haché
2 gousses d'ail émincées
1 boîte de 28 oz (796 ml)
de tomates, égouttées
1 c. à thé de sel
1/4 c. à thé de poivre

1 pincée de graines de
fenouil
1 pincée de feuilles de
marjolaine
1 pincée de thym
3½ oz (100 g) de grosses
· olives noires, égouttées,
dénoyautées et coupées
en deux
1 bocal de 8½ oz
(250 ml) de grosses
olives farcies au
piment, égouttées et
coupées en deux

1. Chauffez l'huile dans une sauteuse et faites-y revenir le poulet à feu assez vif; réservez-le.
2. Faites revenir 5 min à feu moyen dans le reste d'huile les poivrons, l'oignon, le jambon et l'ail, en remuant de temps en temps. Retirez l'huile de la sauteuse à la cuiller et jetez-la.
3. Ajoutez le poulet, les tomates et les cinq ingrédients suivants à l'appareil et portez à ébullition à feu vif. Couvrez ensuite et faites mijoter 20 min à feu doux, puis ajoutez les olives et prolongez la cuisson de 5 min.
4. Tenez le poulet au chaud sur un plat de service.
5. Cuisez l'appareil aux légumes à feu vif environ 5 min en remuant souvent, jusqu'à ce qu'il ait réduit de moitié; nappez-en le poulet.

Poulet au chorizo

Photo
page 42
Débutez
1 h avant
6 portions

2 c. à soupe d'huile
d'olive ou à salade
3 petites gousses d'ail
émincées
1 poulet à frire de 3½ à
4 lb (1,6-1,8 kg),
détaillé
2 chorizos (saucisses
espagnoles) ou 1/4 lb
(115 g) de saucisses de
porc en chapelet
1 t. de jambon cuit,
coupé en cubes

1/2 t. de consommé de
poulet
1/3 t. de cassonade foncée,
tassée
1/3 t. de vinaigre de vin
rouge
1 c. à thé de sel
1/2 c. à thé de poivre
1½ c. à thé de fécule de
maïs
2 c. à soupe d'eau

1. Chauffez l'huile dans une sauteuse et faites-y dorer l'ail et le poulet à feu moyen. Dressez la volaille sur un plat et tenez-la au chaud.
2. Coupez les chorizos en tranches de 1/4 po (6 mm) et cuisez-les avec le jambon à feu moyen dans le reste d'huile, en remuant souvent. Retirez le mélange avec une écumoire et réservez-le.
3. Dégraissez le jus de cuisson, puis ajoutez-y le consommé, la cassonade et le vinaigre en remuant pour détacher les sucs de viande. Ajoutez le poulet et le mélange au jambon; salez et poivrez.
4. Portez à ébullition à feu vif, puis couvrez et faites mijoter de 15 à 20 min à feu doux. Dressez l'appareil sur un plat avec une écumoire et tenez-au chaud.
5. Délayez la fécule dans l'eau, puis versez-la lentement dans le jus de cuisson et faites épaissir en remuant. Nappez le poulet de la sauce.

Poulet au porto

Photo
page 41
Débutez
35 min avant
4 portions

½ t. de beurre
½ lb (225 g) de champignons émincés
¼ t. de farine tout usage
2 c. à thé de sel
¼ c. à thé de muscade râpée

¼ c. à thé de poivre
4 poitrines de poulet moyennes, dépouillées et désossées
1½ t. de crème épaisse ou à 35 p. 100
⅓ t. de porto blanc

1. Chauffez le beurre dans une sauteuse, puis faites-y revenir les champignons 5 min à feu assez vif. Transvasez-les dans un bol avec une écumoire et réservez-les.
2. Mélangez la farine, le sel, la muscade et le poivre sur du papier ciré et enrobez-en les poitrines ; faites-les ensuite revenir de tous les côtés dans le reste de beurre, à feu assez vif.
3. Incorporez la crème, le porto et les champignons, portez à ébullition, puis couvrez et faites mijoter 15 min à feu doux.

Poulet aux endives

Photo
page 43
Débutez
45 min avant
4 portions

4 poitrines de poulet moyennes, dépouillées et désossées
Eau
Beurre ou margarine
1 c. à thé de sel
4 petites endives parées
2 c. à soupe de jus de citron

2 c. à soupe de câpres égouttées
½ t. de chapelure fraîche
1 c. à soupe de farine tout usage
¼ lb (115 g) de suisse râpé (environ 1 t.)

1. Rabattez les côtés des poitrines vers l'intérieur, puis faites chauffer dans une sauteuse à feu modéré 2 c. à soupe de beurre avec ½ t. d'eau. Disposez-y les poitrines, salez-les et placez sur chacune une endive que vous arroserez de jus de citron.
2. Couvrez la sauteuse et laissez mijoter 25 min ou jusqu'à ce que le poulet et les endives soient tendres. Dressez-les sur un plat et garnissez de câpres.
3. Dans une petite sauteuse, faites dorer la chapelure à feu moyen dans 2 c. à soupe de beurre, en remuant souvent ; réservez-la.
4. Délayez la farine dans 2 c. à soupe d'eau, versez lentement le tout dans le jus de cuisson (il devrait en rester environ ⅔ t. dans la sauteuse) et faites épaissir à feu moyen en remuant sans arrêt. Otez l'appareil du feu, faites-y fondre le fromage en tournant, nappez-en le poulet et saupoudrez de chapelure.

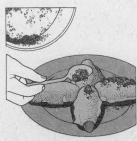

Ajout des endives : Salez les poitrines et coiffez-les d'une endive.

Service : Nappez le poulet de sauce et saupoudrez de chapelure.

Poulet cordon-bleu

Photo
page 41
Débutez
1 h 15 avant
6 portions

6 poitrines de poulet moyennes, dépouillées et désossées
1 paquet de 8 oz (225 g) de suisse tranché
8 oz (225 g) de jambon cuit, tranché
3 c. à soupe de farine tout usage
1 c. à thé de paprika

6 c. à soupe de beurre ou de margarine
½ t. de vin blanc sec
1 cube ou sachet de bouillon de poulet ou
1 c. à thé de base pour bouillon de poulet
1 c. à soupe de fécule de maïs
1 t. de crème épaisse

1. Etalez les poitrines et couvrez-les du jambon et du fromage ; rabattez les côtés sur la garniture et maintenez-les ensemble avec des cure-dents.
2. Mélangez la farine et le paprika sur du papier ciré et enrobez-en les poitrines.
3. Chauffez le corps gras dans une sauteuse, puis faites-y revenir le poulet de tous les côtés à feu moyen. Ajoutez le vin et le bouillon, couvrez et faites mijoter 30 min à feu doux ou jusqu'à ce que le poulet soit tendre. Retirez les cure-dents.
4. Délayez la fécule dans la crème, versez lentement le tout dans le jus de cuisson et faites épaissir en remuant ; nappez-en le poulet.

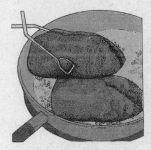

Garniture : Repliez les poitrines sur le jambon et le fromage et maintenez-en les bords avec des cure-dents.

Cuisson : Faites dorer les poitrines de poulet de tous les côtés à feu moyen dans la margarine ou le beurre chaud.

Poulet à la périgourdine

Photo
page 43
Débutez
1 h avant
8 portions

½ t. de beurre ou de margarine
8 poitrines de poulet, dépouillées et désossées
½ lb (225 g) de champignons tranchés
⅓ t. de farine tout usage

¼ c. à thé de sel
1 boîte de 14 oz (398 ml) de consommé de poulet
2 c. à soupe de crème de table

1. Chauffez 6 c. à soupe du corps gras dans une sauteuse ou un faitout et faites-y dorer de tous les côtés à feu assez vif quelques morceaux de poulet à la fois. Réservez-les.
2. Faites revenir les champignons 5 min à feu moyen dans le reste du corps gras, puis transvasez-les dans un bol avec une écumoire.
3. Mélangez à feu moyen la farine et le sel au jus de cuisson. Ajoutez progressivement le consommé et la crème et faites épaissir en remuant.
4. Remettez le poulet et les champignons dans la sauce, couvrez et faites mijoter le tout pendant 25 min à feu doux.

Poulet braisé

Poitrines de poulet farcies aux saucisses et aux noix

1 lb (450 g) de saucisses
italiennes douces en
chapelet, sans les
boyaux
½ t. de noix de Grenoble
hachées
⅓ t. de céleri haché
¼ t. d'oignons hachés
½ t. de chapelure fraîche
1 œuf
8 petites poitrines de
poulet désossées
¼ t. de farine tout usage
½ c. à thé de paprika
2 c. à soupe d'huile

2 cubes ou sachets de
bouillon de poulet
1½ t. d'eau
2 c. à soupe de beurre ou
de margarine
4 courgettes moyennes
tranchées
Sel et poivre
1 c. à soupe de fécule de
maïs
2 c. à soupe de vin blanc
de table

Photo page 43
Débutez 1 h 30 avant
8 portions

1 Faites revenir à feu
assez vif la chair à
saucisse, les noix, le céleri et l'oignon dans un
grand faitout.

2 Ajoutez la chapelure
et l'œuf et mélangez
bien. Réservez l'appareil.

3 Mettez les poitrines
sur une planche, peau
en dessus, et aplatissez-
les pour qu'elles aient
¼ po (6 mm) d'épaisseur.

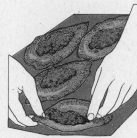

4 Déposez sur une moi-
tié de chaque poitrine
½ t. de farce, repliez
l'autre moitié par-dessus
et fixez le tout avec des
cure-dents.

5 Mélangez la farine et
le paprika, enrobez-en
le poulet et faites-le revenir à feu moyen dans le
faitout où vous aurez
d'abord chauffé l'huile.

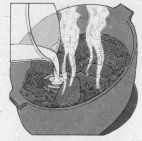

6 Ajoutez le bouillon et
l'eau, couvrez et fai-
tes mijoter 30 min à feu
doux ou jusqu'à ce que
le poulet soit tendre.

7 Entre-temps, faites
revenir les courgettes
dans le beurre fondu,
dans une bonne sauteuse,
en remuant souvent. Sa-
lez et poivrez.

8 Versez les courgettes
dans un plat chaud et
dressez-y les poitrines,
sans les cure-dents.

9 Délayez la fécule
dans le vin, versez le
tout dans le jus de cuis-
son et faites épaissir.

10 Versez la sauce
dans une saucière
et servez-la avec le pou-
let et les courgettes.

Photo page 44
Débutez 1 h 15 avant
8 portions

Poulet impérial

4 grosses poitrines de
poulet coupées en deux
et dépouillées
Farine tout usage
½ t. de beurre ou de
margarine
1 lb (450 g) de petits
champignons coupés
en quatre

1 c. à soupe d'oignon
haché
1 t. de crème épaisse ou à
35 p. 100
¼ t. de sherry sec
1½ c. à thé de sel
1 pincée de poivre
2 c. à soupe d'eau

1. Enrobez les poitrines de ¼ t. de farine sur du
papier ciré. Chauffez le corps gras dans une sauteuse et faites-y dorer à feu moyen quelques morceaux de viande à la fois. Réservez-les.
2. Faites revenir les champignons et l'oignon
5 min dans la même sauteuse en remuant souvent.
Ajoutez la crème et le sherry, salez, poivrez et mélangez. Remettez le poulet dans la sauteuse.
3. Couvrez la sauteuse et faites mijoter 20 min à
feu doux ou jusqu'à ce que le poulet soit tendre.
Dressez la viande sur un plat chaud.
4. Délayez 1 c. à soupe de farine dans l'eau, ajoutez graduellement le tout au jus de cuisson et faites
épaissir en remuant.
5. *Service:* Nappez le poulet de sauce.

Photo page 42
Débutez 45 min avant
6 portions

Poulet aux crevettes

¼ t. de beurre ou de
margarine
1 t. d'oignons hachés
1 petite gousse d'ail
émincée
3 poitrines de poulet
moyennes coupées en
deux
2 c. à thé de sel

½ c. à thé de poivre
1 boîte de 8 oz (227 ml)
de sauce tomate
¼ t. de porto
1 c. à thé de basilic
¼ t. de persil haché
1 paquet de 16 oz (450 g)
de crevettes surgelées et
parées

1. Chauffez le corps gras dans une sauteuse, puis
faites-y revenir 5 min l'ail et l'oignon à feu moyen.
Transvasez-les dans un petit bol avec une
écumoire.
2. Salez et poivrez les poitrines et faites-les revenir
de tous les côtés dans le reste de corps gras jusqu'à
ce qu'elles soient bien dorées.
3. Ajoutez en remuant la sauce tomate, le porto, le
basilic, 3 c. à soupe de persil et le mélange d'ail et
d'oignon que vous avez réservé. Portez rapidement
à ébullition, couvrez et faites mijoter pendant
10 min à feu doux.
4. Ajoutez les crevettes surgelées, reportez à ébullition à feu vif, puis laissez mijoter 2 ou 3 min à feu
doux en remuant souvent, jusqu'à ce que les crevettes soient tendres et tout juste rosées. Dégraissez si
vous le désirez.
5. *Service:* Versez l'appareil dans un plat profond
et saupoudrez-le du reste de persil haché.

Poulet à l'orobianco

¼ t. d'huile d'olive
2 gousses d'ail coupées en quatre
4 poitrines de poulet coupées en deux
2 lb (900 g) de saucisses italiennes piquantes ou de saucisses de porc en chapelet

2 t. d'orobianco ou de muscat léger
½ lb (225 g) de champignons tranchés
1 c. à thé de sel
Triangles de pain grillé
2 c. à soupe de fécule de maïs
¼ t. d'eau

Photo page 43
Débutez 1 h 15 avant
8 portions

1. Chauffez l'huile dans une sauteuse, puis faites-y dorer l'ail à feu moyen et jetez-le. A feu assez vif, faites ensuite revenir le poulet et les saucisses en plusieurs fois dans la même huile. Ne gardez que 2 c. à soupe du jus de cuisson, remettez la volaille dans la sauteuse, ajoutez l'orobianco, les champignons et le sel, puis portez à ébullition.
2. Couvrez et faites mijoter 30 min à feu doux en arrosant de temps en temps de jus de cuisson. Disposez les triangles de pain grillé sur un plat et recouvrez-les, avec des pinces, du poulet et des saucisses ; tenez le plat au chaud.
3. Délayez la fécule dans l'eau, versez lentement le tout dans le jus de cuisson et faites épaissir à feu moyen en remuant sans arrêt.
4. *Service* : Nappez le poulet d'un peu de sauce et servez le reste dans une saucière.

Poulet Avgolemono

Riz pilaf aux langues d'oiseau (ci-dessous)
2 c. à soupe de beurre
2 gousses d'ail tranchées
4 grosses poitrines de poulet désossées et coupées en deux
2 courgettes tranchées
5 jaunes d'œufs

1 c. à soupe de fécule de maïs
2 c. à thé de sel
1 pincée de poivre de Cayenne
1 cube ou sachet de bouillon de poulet
5 c. à soupe de jus de citron

Photo page 43
Débutez 1 h avant
8 portions

1. Préparez le riz, puis faites dorer l'ail dans le beurre chaud, à feu assez vif, dans une bonne sauteuse ; jetez-le. Faites dorer les poitrines de tous les côtés dans le même beurre, ajoutez ½ t. d'eau, portez à ébullition, couvrez et faites mijoter 10 min à feu doux. Ajoutez les courgettes et prolongez la cuisson de 10 min ou jusqu'à ce que le tout soit bien tendre.
2. Fouettez les jaunes, la fécule, le sel et le cayenne dans une épaisse casserole ; ajoutez 1½ t. d'eau et le bouillon en remuant et faites épaissir 10 min à feu assez vif, en continuant de tourner (ne laissez pas bouillir). Ajoutez le jus de citron.
3. Dressez le poulet sur un plat chaud, nappez-le de sauce et servez avec le riz pilaf.

RIZ PILAF AUX LANGUES D'OISEAU : Faites fondre ½ t. de beurre à feu assez vif dans une casserole, puis faites-y dorer 10 min 1 t. de langues d'oiseau (pâtes en forme de grain de riz) en remuant souvent. Ajoutez 4 t. d'eau, 1 t. de riz et 3 cubes de bouillon de poulet ; portez à ébullition, couvrez et faites mijoter 30 min à feu doux ou jusqu'à ce que les pâtes et le riz soient tendres.

Poulet aux asperges

3 poitrines de poulet moyennes coupées en deux
2 c. à soupe de farine tout usage
3 c. à soupe d'huile à salade
¼ t. de vin blanc sec

1 oz (30 g) de bleu émietté
1 boîte de 10 oz (284 ml) de crème de poulet concentrée
½ c. à thé de sel
¼ c. à thé de poivre
1 lb (450 g) d'asperges

Photo page 42
Débutez 1 h 30 avant
6 portions

1. Farinez le poulet sur du papier ciré et allumez le four à 375°F (190°C). Chauffez l'huile dans une bonne sauteuse et faites-y dorer la volaille de tous les côtés à feu assez vif.
2. Dans une grande cocotte peu profonde, mélangez à fond le vin, le fromage bleu, la crème de poulet non diluée, le sel et le poivre. Ajoutez le poulet, enrobez-le de cette sauce et mettez-le à cuire 30 min au four.
3. Pour parer les asperges, maintenez les bases d'une main et pliez les tiges pour briser d'un coup sec la partie ligneuse, puis grattez la tige de haut en bas ; coupez chaque asperge en deux, rincez-les à l'eau froide et égouttez.
4. Défournez la cocotte et disposez les asperges entre les morceaux de poulet. Couvrez hermétiquement avec un couvercle ou du papier d'aluminium et remettez au four pendant 30 min ou jusqu'à ce que le poulet et les asperges soient bien tendres. Servez dans la cocotte.

Poitrines de poulet aux cœurs d'artichauts

3 poitrines de poulet moyennes coupées en deux
Farine tout usage
2 c. à soupe d'huile à salade
2 c. à soupe de beurre ou de margarine
1 c. à thé de sel
1 pincée de poivre blanc
3 c. à soupe de brandy
2 c. à thé de jus de citron

1½ t. d'eau
2 cubes ou sachets de bouillon de poulet ou 1 c. à thé de base pour bouillon de poulet
1 t. de crème sure
2 paquets de 10½ oz (300 g) de cœurs d'artichauts surgelés, dégelés et bien égouttés

Photo page 44
Débutez 1 h 30 avant
6 portions

1. Enrobez les poitrines de ¼ t. de farine et faites-les revenir dans l'huile chaude, à feu assez vif, dans une bonne sauteuse. Réservez-les dans un plat à four de 12 po × 9 (30 cm × 23) et portez le four à 350°F (180°C).
2. Dans une casserole moyenne, mélangez à feu doux au corps gras fondu 2 c. à soupe de farine, le sel et le poivre, puis ajoutez le brandy, le jus de citron, l'eau et le bouillon de poulet et faites épaissir en remuant constamment. Incorporez la crème sure au fouet et versez la sauce sur le poulet.
3. Couvrez hermétiquement le plat d'un papier d'aluminium et cuisez 45 min au four.
4. Découvrez le plat, ajoutez les cœurs d'artichauts, recouvrez et remettez au four pendant encore 15 min, jusqu'à ce que le poulet et les cœurs d'artichauts soient tendres.

Dinde braisée

Dinde au champagne

Photo
page 40
Débutez
2 h avant
6 portions

1 c. à soupe d'huile
2 pattes de dinde de 2 à
2½ lb (900 g-1,15 kg)
(cuisses et pilons)
4 t. d'eau
1 gros oignon émincé
1¾ c. à thé de sel
½ c. à thé de poivre
⅓ t. de farine tout usage
1½ t. de crème de table

3 c. à soupe de beurre ou
de margarine
½ t. (225 g) de
champignons tranchés
6 oz (200 ml) de
champagne sec
⅓ t. de persil haché
Fleurs de pain grillé
(ci-dessous)

1. Chauffez l'huile dans une sauteuse et faites-y
dorer la viande de tous les côtés à feu assez vif.
Ajoutez l'eau, l'oignon, le sel, le poivre et portez à
ébullition. Couvrez et faites mijoter 1 h 30 à feu
doux.
2. Retirez la dinde de la sauteuse et laissez-la tiédir. Faites réduire le jus de cuisson à feu vif jusqu'à
ce qu'il n'en reste plus que 1½ t. et détaillez la dinde
en cubes de 1 po (2,5 cm). Jetez la peau et les os.
3. Délayez la farine dans ½ t. de crème et ajoutez
lentement le tout au bouillon en remuant. Incorporez le reste de crème, portez à ébullition et faites
épaissir en tournant.
4. Faites revenir à feu moyen les champignons
dans le corps gras, puis incorporez-les à la crème
avec la dinde, le champagne et ¼ t. de persil haché; réchauffez.
5. *Service:* Présentez la dinde sur un chauffe-plat,
garnie du reste de persil haché et accompagnée de
fleurs de pain grillé.

FLEURS DE PAIN GRILLÉ: Préchauffez le four à
450°F (230°C). Taillez des fleurs dans *18 tranches
de pain blanc* avec un emporte-pièce de 3 ou 4 po
(7-10 cm); disposez-les sur une plaque à biscuits et
faites-les dorer de 3 à 5 min.

Pilons de dinde glacés aux abricots

Photo
page 40
Débutez
2 h 30 avant
4 portions

4 pilons de dinde
(environ 4 lb ou
1,8 kg)
2 côtes de céleri coupées
en deux
1 oignon moyen coupé en
deux
½ c. à thé de
mignonnette

1 c. à soupe de sel
Eau chaude
¾ t. de confiture
d'abricots
½ boîte de 14 oz
(398 ml) de demi-
abricots, égouttés

1. Mettez les cinq premiers ingrédients dans un
grand faitout, recouvrez d'eau chaude et portez à
ébullition à feu vif; couvrez et faites mijoter 1 h 30
à feu modéré jusqu'à ce que la volaille soit tendre.
2. Faites fondre la confiture à feu moyen dans une
petite casserole et portez le four à 400°F (200°C).
3. Otez la dinde du faitout et égouttez-la bien.
(Passez, couvrez et réfrigérez le bouillon pour l'utiliser plus tard.) Les mains protégées par du papier
absorbant, tirez sur les tendons à la base des pilons.
4. Mettez la dinde dans une lèchefrite, badigeonnez-la de confiture et coiffez-la des fruits, que vous
enduirez également de confiture.
5. Faites glacer 10 min au four.

Casserole de dinde au tamale

Photo
page 40
Débutez
4 h avant
6 portions

Huile à salade
1 cuisse de dinde de 1 lb
(450 g) surgelée,
dégelée
Eau
½ t. d'oignons hachés
½ t. de céleri haché
1 boîte de 14 oz (398 ml)
de tomates
1 boîte de 19 oz (540 ml)
de haricots rouges
2 c. à thé de poudre de
chili
1 c. à thé de sel
¼ c. à thé de poivre

Garniture au tamale:
¾ t. de semoule de maïs
¼ t. de farine tout usage
1½ c. à thé de levure
chimique à double
action
½ c. à thé de sel
½ c. à thé de sauge
broyée
1 œuf
½ t. de lait
2 c. à soupe d'huile à
salade

1. Chauffez 2 c. à soupe d'huile dans une sauteuse,
puis faites-y revenir la cuisse de dinde à feu assez
vif; ajoutez ½ t. d'eau, portez à ébullition, puis
couvrez et laissez mijoter 2 h 30 à feu doux, en
ajoutant de l'eau au besoin.
2. Retirez la dinde de la sauteuse, laissez-la tiédir
et détaillez la chair en cubes de ½ po (1 cm). (Réfrigérez le bouillon à couvert: vous l'utiliserez plus
tard, dans une autre recette.)
3. Dans une grande casserole, faites revenir pendant 5 min à feu moyen l'oignon et le céleri dans
2 c. à soupe d'huile, en remuant de temps à autre.
Ajoutez la dinde, les tomates et leur jus, les haricots et leur jus, la poudre de chili, le sel et le poivre,
puis portez rapidement le tout à ébullition en remuant de temps en temps.
4. Transvasez tout l'appareil dans une cocotte
moyenne et allumez le four à 400°F (200°C).
5. Pour préparer la garniture au tamale, mélangez à la fourchette, dans un bol moyen, la semoule
de maïs, la farine, la levure chimique, le sel et puis
la sauge.
6. Battez ensemble à la fourchette, dans un petit
bol, l'œuf, le lait et l'huile à salade; versez le tout
dans la farine et mélangez bien.
7. Versez la pâte sur l'appareil à la dinde et cuisez
au four 20 min ou jusqu'à ce qu'un cure-dents inséré au centre du tamale en ressorte propre. Servez
aussitôt dans la cocotte.

Ailes de dinde en sauce

Photo
page 39
Débutez
2 h 30 avant
6 portions

4 lb (1,8 kg) d'ailes de
dinde
2 c. à soupe d'huile
10 oz (280 ml) de crème
de céleri concentrée

1 c. à thé de sel
½ c. à thé de paprika
¼ c. à thé de poivre

1. Désarticulez les ailes (conservez les pointes
pour un bouillon).
2. Chauffez l'huile dans une sauteuse et faites-y revenir à feu assez vif quelques ailes à la fois; disposez-les dans une lèchefrite de 15½ po × 10½
(40 cm × 27).
3. Mélangez, dans un petit bol, la crème, le sel, le
paprika et le poivre et nappez-en les ailes à la cuiller. Couvrez la lèchefrite et cuisez 2 h 15 à 350°F
(180°C), jusqu'à ce que la volaille soit tendre.

Poulet grillé

La chair tendre de la plupart des dindes et des poulets convient parfaitement pour la cuisson au gril ou à la rôtissoire. La cuisson au barbecue se fait comme celle au gril.

A moins que les directives du fabricant ne stipulent le contraire, il faut toujours préchauffer le gril. Pour faciliter le nettoyage, foncez la rôtissoire de papier d'aluminium et enduisez la claie d'huile.

L'écart entre la source de chaleur et la pièce de viande dépend généralement de l'épaisseur de celle-ci, mais, dans l'ensemble, il devrait être de 7 à 9 po (18-23 cm); vérifiez toujours si l'écart n'est pas trop grand et ajustez la grille ou la broche au besoin.

Poulet rôti à la broche

Photo page 42
Prévoyez de ¾ à 1 lb (340-450 g) de poulet cru par portion

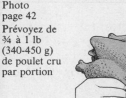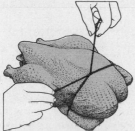

1 Rincez et asséchez le poulet vidé, bridez la peau du cou et ficelez les ailes à la carcasse.

2 Insérez la broche dans la cavité, bloquez les griffes et fixez le poulet solidement.

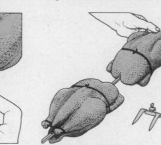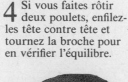

3 Ficelez d'abord le croupion à la broche, puis les pilons.

4 Si vous faites rôtir deux poulets, enfilez-les tête contre tête et tournez la broche pour en vérifier l'équilibre.

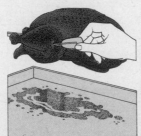

5 Cuisez selon le mode d'emploi en arrosant quelques fois de *beurre fondu* (s'il s'agit de sauce, commencez 20 min avant la fin).

6 Insérez le thermomètre dans la cuisse, près de la carcasse. L'oiseau est cuit quand il indique entre 180 et 185°F (80-85°C).

Poulet à la sauce piquante

Photo page 42
Débutez 3 h 30 avant
8 portions

20 gousses d'ail moyennes
1½ t. de vinaigre à l'estragon
¼ t. de sucre
2 c. à soupe d'huile
2 c. à soupe de sauce Worcestershire
4 c. à thé de moutarde sèche
2½ c. à thé de sel
2 poulets à frire de 3 à 3½ lb (1,35-1,6 kg), coupés en quatre

1. Ecrasez les gousses au presse-ail dans un plat à four de 13 po × 9 (33 cm × 23) et mélangez-les avec les six ingrédients suivants.
2. Enrobez le poulet de cette marinade. Réfrigérez-le au moins 2 h à couvert en le tournant souvent.
3. *Environ 1 h 15 avant de servir:* Préparez le barbecue, mettez le poulet sur la claie au-dessus de la braise et cuisez-le 35 min en le tournant souvent et en l'arrosant quelques fois du reste de marinade.

GRILLADE AU FOUR: Faites mariner le poulet comme ci-dessus. Environ 50 min avant de servir, allumez le gril et placez le poulet sur sa peau dans la rôtissoire. Faites-le griller 40 min ou jusqu'à ce qu'il soit tendre, en le tournant une fois et en l'arrosant de temps en temps du reste de marinade.

Poulet Tandoori

Photo page 46
Débutez la veille
4 portions

1 oignon coupé en dés
1 gousse d'ail
3 c. à soupe d'huile
2 c. à soupe de jus de citron
1 c. à soupe de racine de gingembre pelée et émincée ou ¾ c. à thé de gingembre moulu
2 c. à thé de sel
1½ c. à thé de coriandre moulue
1 c. à thé de sucre
½ c. à thé de cumin broyé
½ c. à thé de curcuma
¼ c. à thé de cardamome moulue
¼ c. à thé de poivre de Cayenne
¼ t. de yogourt nature
1 poulet à frire de 3 lb (1,35 kg), coupé en quatre

1. Mettez tous les ingrédients, sauf le poulet et le yogourt, dans le mélangeur et réduisez-les en purée à très haute vitesse. Versez le tout dans un plat à four de 12 po × 8 (30,5 cm × 20) et incorporez le yogourt.
2. Incisez en biais chaque demi-poitrine trois fois, mais sans aller jusqu'à l'os. Incisez deux fois chaque cuisse et faites plusieurs petites entailles dans les pilons. Ajoutez le poulet à la sauce au yogourt et réfrigérez-le à couvert au moins 12 h en le retournant de temps en temps.
3. *Environ 1 h 15 avant de servir:* Allumez le barbecue. Quand la braise est prête, mettez le poulet sur la claie et cuisez-le 35 min en le retournant et en l'arrosant souvent de sauce.

GRILLADE AU FOUR: Faites mariner le poulet comme ci-dessus. Environ 50 min avant de servir, allumez le gril et mettez le poulet, peau en dessous, dans la rôtissoire. Arrosez-le d'un peu de sauce et faites-le griller 25 min à 7 ou 9 po (18-23 cm) de la source de chaleur ou à 450°F (230°C). Retournez-le, arrosez-le du reste de sauce et faites-le griller 15 min de plus.

Dinde et poulet grillés

Photo page 45
Débutez 50 min avant
4 portions

Poulet grillé au citron

½ t. de beurre ou de margarine
¼ t. de jus de citron
1½ c. à thé de sel
1 c. à thé de sucre
¼ c. à thé de poivre
1 poulet à frire de 2½ à 3 lb (1,15-1,35 kg) coupé en quatre
4 tomates moyennes
2 c. à thé de zeste de citron râpé (facultatif)
2 c. à thé de persil haché (facultatif)

1 Allumez le gril selon le mode d'emploi. Faites fondre le corps gras à feu doux avec le jus de citron, le sel, le sucre et le poivre, dans une petite casserole.

2 Mettez le poulet, peau en dessous, dans une grande rôtissoire et grillez-le 20 min.

3 Arrosez-le souvent du beurre assaisonné pour le garder juteux et en relever le goût.

4 Entre-temps, pratiquez six entailles profondes dans les tomates et écartez délicatement celles-ci.

5 Retournez le poulet et ajoutez les tomates à la rôtissoire.

6 Faites griller de 15 à 20 min de plus en arrosant souvent la volaille et les tomates du beurre assaisonné.

7 Dressez le poulet sur un plat chaud et saupoudrez-le, au goût, de zeste de citron râpé et de persil haché.

Photo page 46
Débutez le matin
4 portions

Poulet mariné sauce chili

1 bouteille de 10 oz (284 ml) de sauce chili
½ t. de vinaigre de vin rouge
1 c. à soupe de raifort
1 gousse d'ail coupée en quatre
1 c. à thé de sel
1 poulet à frire de 3 lb (1,35 kg), détaillé

1. Mélangez tous les ingrédients, sauf le poulet, dans un plat à four de 13 po × 9 (33 cm × 23). Placez les morceaux de poulet dans la marinade et réfrigérez-les au moins 2 h à couvert en les retournant de temps en temps.
2. *Environ 45 min avant de servir:* Allumez le gril, selon le mode d'emploi, mettez le poulet sur la claie de la rôtissoire et faites-le griller 35 min ou jusqu'à ce qu'il soit tendre, en l'arrosant de marinade et en le retournant de temps en temps avec des pinces.

Marinade: Retournez le poulet de temps en temps pour bien l'enrober de marinade.

Grillade: Mettez le poulet sur la claie de la rôtissoire et arrosez-le souvent de marinade.

VERSION BARBECUE: *Environ 1 h 10 avant de servir:* Allumez le barbecue selon les directives du manufacturier; mettez le poulet sur la claie au-dessus des braises et grillez-le 35 min ou jusqu'à ce qu'il soit tendre en l'arrosant de marinade et en le retournant de temps en temps.

MARINADES

Pour relever la saveur d'un poulet grillé, faites-le mariner au moins 2 h au réfrigérateur en le retournant de temps en temps pour être certain qu'il sera complètement enrobé de marinade. Utilisez le reste de celle-ci pour l'arroser à la cuiller durant la cuisson.

MARINADE À LA LIME: Mélangez dans un plat à four *1 c. à soupe de zeste de lime râpé, ½ t. de jus de lime, 3 c. à soupe d'huile, 4 c. à thé de sel* et *¼ c. à thé de mignonnette.* Faites-y mariner du poulet ou toute autre volaille et arrosez-en l'oiseau durant la cuisson. (Donne environ ⅔ t. ou assez de marinade pour un poulet à frire.)

MARINADE AU SOJA ET AUX OIGNONS VERTS: Mélangez dans un plat à four *½ t. d'oignons verts, ½ t. de sauce soja, 2 c. à soupe de cassonade, 2 c. à soupe de sherry sec, ½ c. à thé de sel* et *½ c. à thé de gingembre moulu.* Faites-y mariner du poulet ou toute autre volaille et arrosez-en l'oiseau durant la cuisson. (Donne environ 1 t. ou assez de marinade pour un poulet à frire.)

Poulet frit

Photo page 44
Débutez 1 h avant
6 portions

Poitrines de poulet au fromage et aux anchois

1 boîte de 1¾ oz (50 g) de filets d'anchois
2 c. à soupe d'oignon émincé
1 c. à thé de jus de citron

3 grosses poitrines de poulet coupées en deux
1 paquet de 8 oz (225 g) de mozzarella détaillé en 12 tranches

1. Versez 1 c. à soupe de l'huile des anchois dans une petite casserole, jetez le reste et hachez les anchois.
2. Faites-les revenir à feu moyen avec l'oignon dans cette huile pendant 5 min ou jusqu'à la formation d'une pâte ; ajoutez le jus de citron, remuez, retirez du feu et laissez tiédir.
3. Allumez le gril selon le mode d'emploi ; soulevez la peau de chaque demi-poitrine et étalez 1 c. à thé de pâte d'anchois sur la chair.
4. Mettez les poitrines, peau en dessous, sur la claie de la rôtissoire et cuisez-les 20 min à 7 ou 9 po (18-23 cm) de la source de chaleur ou à 450°F (230°C). Tournez-les et grillez-les encore 20 min ; couvrez-les de fromage et mettez à fondre 5 min.

Farce : Soulevez la peau et frottez la chair de pâte d'anchois.

Fromage : Couvrez-en le poulet 5 min avant la fin de la cuisson.

Photo page 39
Débutez 1 h avant
6 portions

Brochettes de dinde et de saucisses

⅓ t. de sauce soja
⅓ t. de sherry
3 c. à soupe de sucre
3 c. à soupe d'huile à salade
1 poitrine de dinde de 5 à 6 lb (2,25-2,7 kg) surgelée, légèrement dégelée

1 paquet de 8 oz (227 g) de saucisses prêtes à servir
½ boîte de 14 oz (398 ml) d'ananas en morceaux, égouttés
4 oignons verts coupés en tronçons de 1½ po (4 cm)

1. Mélangez les quatre premiers ingrédients dans un bol, découpez la moitié de la poitrine en cubes de 1 po (2,5 cm) et réservez le reste pour d'autres recettes. Mélangez les cubes à la marinade et réfrigérez 30 min. Coupez chaque saucisse en deux.
2. Allumez le gril et enfilez, en les alternant, la dinde, les saucisses, l'ananas et les oignons verts sur six brochettes. Faites griller de 10 à 12 min en arrosant de marinade et en tournant une fois.

Pour que le poulet frit reste juteux, enrobez-le d'abord de farine, de chapelure ou de flocons de céréales émiettés. La façon la plus simple de procéder consiste à mettre un morceau à la fois dans un sac contenant la farine ou la chapelure et de bien secouer. Laissez les morceaux enrobés sécher 15 minutes sur une claie avant de les faire frire.

Vous pouvez aussi faire frire des morceaux de poulet au four. Comme cela implique moins de manipulation, la chapelure risque moins de se détacher.

Le poulet frit à la poêle doit cuire à feu très vif dans très peu d'huile. Cela vous permettra de servir un poulet succulent que vous pourrez accompagner de légumes tendres et croquants, sautés de la même manière.

Poulet frit à la crème

¼ t. de farine tout usage
1 poulet à frire de 2½ à 3 lb (1,15-1,35 kg), détaillé
¼ t. d'huile à salade
Sel et poivre
Sauce à la crème :
¼ t. de farine tout usage
2½ t. de lait
1 c. à soupe de persil
1 c. à soupe de sherry sec ou mi-doux (facultatif)
Sel et poivre

Photo page 44
Débutez 1 h avant
4 portions

1 Farinez le poulet de tous les côtés sur du papier ciré.

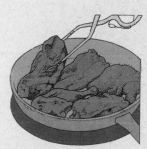

2 Faites-le revenir dans l'huile chaude, à feu assez vif, dans une bonne sauteuse, en le tournant souvent. Salez et poivrez.

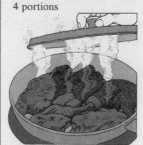

3 Couvrez et faites cuire 25 min à feu modéré, mais enlevez le couvercle durant les dernières minutes pour faire griller la peau. Dressez sur un plat chaud.

4 Sauce : ne gardez que ¼ t. du jus de cuisson et mélangez-y la farine. Faites-la ensuite dorer à feu moyen en remuant pour détacher les sucs de viande.

5 Versez-y lentement le lait et continuez de remuer sans arrêt jusqu'à épaississement.

6 Ajoutez le persil haché et le sherry (le cas échéant), salez et poivrez au moulin.

7 Nappez le poulet d'un peu de sauce et servez le reste dans une saucière.

Poulet frit

Poulet à la bière

Photo
page 41
Débutez
55 min avant
4 portions

⅔ t. de farine tout usage
1 c. à thé de sel
½ c. à thé de levure
  chimique à double
  action

⅓ t. de bière
1 œuf
Huile à salade
1 poulet à frire de 3 lb
  (1,35 kg), détaillé

1. Mélangez les trois premiers ingrédients dans un bol. Battez, dans un autre bol, la bière, l'œuf et 2 c. à thé d'huile ; ajoutez le tout à la farine.
2. Enrobez de pâte la moitié du poulet.
3. Amenez à 370°F (185°C), à feu moyen, ½ po (1 cm) d'huile dans une sauteuse.
4. Faites frire le poulet 20 min ou jusqu'à ce qu'il soit tendre, en le tournant une fois. Egouttez-le sur du papier et répétez avec les autres morceaux.

Pilons croustillants

Photo
page 46
Débutez le
matin ou la
veille
8 portions

1 t. de jus d'orange
1 c. à soupe d'huile à
  salade
1 c. à soupe de sel
¼ c. à thé de poivre
3 lb (1,35 kg) de pilons
  de poulet (environ 1
  gros ou 2 petits par
  personne)
1¼ t. de gruau à cuisson
  rapide
¼ t. de beurre ou de
  margarine

1 Mélangez les quatre premiers ingrédients dans un plat à four, enrobez-en le poulet et réfrigérez 4 h à couvert en tournant souvent.

2 Environ 1 h avant de servir : Enrobez les pilons de gruau sur du papier ciré.

3 Foncez un moule de papier d'aluminium ; faites-y fondre le corps gras à 400°F (200°C), puis étalez-le.

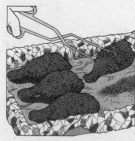

4 Disposez-y les pilons en une seule couche et enrobez-les du beurre.

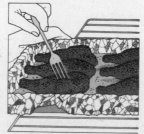

5 Cuisez-les de 40 à 50 min, en les retournant une fois.

Poulet frit au four

Photo
page 45
Débutez
1 h 15
avant
4 portions

¼ t. de beurre ou de
  margarine
¾ t. de farine pour
  craquelins
1 c. à thé de sel

1 pincée de poivre
1 poulet à frire de 2½ à
  3 lb (1,15-1,35 kg),
  détaillé

1. Faites fondre le corps gras à 400°F (200°C) dans un plat à four. Mélangez la farine, le sel et le poivre sur du papier ciré, puis défournez le plat.
2. Passez le poulet dans le corps gras, puis dans la farine et cuisez-le au four, dans le plat, de 40 à 50 min.

PANURE AU MAÏS : Allumez le four à 400°F (200°C). Versez ⅓ t. de lait concentré dans un moule à tarte et remplacez la farine de la recette ci-dessus par ¾ t. de flocons de maïs émiettés. Ne mettez pas de corps gras.

PANURE À L'ITALIENNE : Procédez comme ci-dessus, mais remplacez la farine par ¾ t. de chapelure assaisonnée à l'italienne. Pas de sel ni de poivre.

Poulet au citron sur lit d'épinards

Photo
page 46
Débutez
45 min avant
6 portions

3 grosses poitrines de
  poulet coupées en deux
1 t. de bouillon de poulet
⅓ t. de sucre
⅓ t. de jus de citron
2 c. à soupe d'eau
1 c. à soupe de sherry sec

1½ c. à thé de sauce soja
Fécule de maïs
½ sac de 10½ oz (300 g)
  d'épinards
1 c. à thé de sel
½ t. d'huile à salade

1. Préparez une poitrine à la fois ; mettez-la sur une planche, peau vers vous, et désossez-la avec la pointe d'un couteau tranchant en l'incisant le long de l'épine dorsale et en rabattant la chair d'un seul tenant. Jetez les os et la peau.
2. Mélangez le bouillon, le sucre, le jus de citron, l'eau, le sherry, la sauce soja et 2 c. à soupe de fécule de maïs dans une petite casserole, puis faites épaissir à feu moyen en remuant constamment. Réservez au chaud.
3. Hachez grossièrement les épinards et foncez-en un plat.
4. Salez le poulet, enrobez-le de ⅓ t. de fécule et faites-le revenir 10 min dans l'huile chaude, à feu assez vif, dans une bonne sauteuse, jusqu'à ce qu'il soit tendre et légèrement doré. Dressez-le sur le lit d'épinards, nappez-le d'un peu de sauce et versez le reste dans une saucière.

Désossement : Coupez et dégagez la chair d'un seul tenant.

Hachez grossièrement les épinards et foncez-en un plat.

Poulet à la Kiev

¾ t. de beurre ou de
  margarine, ramolli
1 c. à soupe de persil
  haché
1 c. à soupe de ciboulette
  hachée
1 pincée de poivre
Sel
6 poitrines de poulet
  moyennes, dépouillées
  et désossées
¼ t. de farine tout usage
1 œuf
1 c. à soupe d'eau

¾ t. de chapelure
  environ
Huile à salade

Photo page 44
Débutez 3 h avant
6 portions

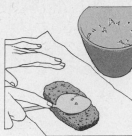

1 Mélangez les quatre
premiers ingrédients
avec ½ c. à thé de sel,
façonnez-en une galette
et congelez.

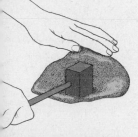

2 Aplatissez chaque
poitrine à une épais-
seur de ¼ po (6 mm)
avec un maillet ou le dos
d'un gros couteau.

3 Coupez le beurre durci en six morceaux et
déposez-en un au centre
de chaque poitrine.

4 Roulez chacune
d'elles en ramenant le
côté le plus large sur le
beurre pour bien
l'envelopper.

5 Fixez avec des cure-
dents et recommencez
avec les autres poitrines.

6 Mélangez la farine et
1 c. à thé de sel sur
du papier ciré, battez
l'œuf et l'eau dans un
plat et mettez la chape-
lure sur un autre papier.
Panez dans cet ordre.

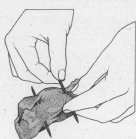

7 Disposez les poitrines
sur une plaque à bis-
cuits, couvrez-les de pa-
pier ciré et réfrigérez-les
1 h ou 2, le temps que la
chapelure sèche.

8 Amenez 3 po (8 cm)
d'huile à 300°F
(150°C) dans une grande
casserole.

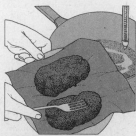

9 Faites frire environ
15 min deux poitrines
à la fois, puis égouttez-
les soigneusement.

10 Otez les cure-
dents et tenez les
morceaux au chaud, le
temps de frire les autres.

Photo page 46
Débutez 2 h 30 avant
6 portions

Rouleaux de poulet frit

3 grosses poitrines de
  poulet, dépouillées,
  désossées et coupées en
  deux
1¼ t. de crevettes cuites
  parées et hachées
¾ t. de beurre ou de
  margarine, ramolli
Sel

¼ t. d'oignons verts
  hachés
Huile à salade
1 t. de farine tout usage
1¼ c. à thé de levure
  chimique à double
  action
¾ t. d'eau

1 Aplatissez les poitrines à une épaisseur de
¼ po (6 mm) avec un
maillet ou le dos d'un
gros couteau.

2 Mélangez dans un bol
les crevettes, le corps
gras, les oignons verts et
1½ c. à thé de sel, puis
couvrez-en chaque poi-
trine jusqu'à ½ po
(1 cm) des bords.

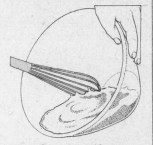

3 Enroulez les poitrines
en débutant par le
bord le plus étroit et
maintenez les rouleaux
avec des cure-dents. Ré-
frigérez 15 min à
couvert.

4 A feu assez vif, portez 1 po (2,5 cm)
d'huile à 370°F (185°C)
dans un petit faitout.
Fouettez la farine, la levure, 1 c. à thé de sel et
l'eau dans un bol.

5 Préparez trois rou-
leaux à la fois : plon-
gez-les un par un dans la
pâte en veillant à bien les
enrober.

6 Faites-les frire de 10
à 15 min en les tour-
nant de temps en temps.
Retirez-les avec une écu-
moire, faites-les égoutter
sur du papier absorbant
et tenez-les au chaud.
Répétez avec le reste des
rouleaux. Retirez les
cure-dents en maintenant
les rouleaux avec une
fourchette, puis dressez-
les sur un plat chaud et
servez aussitôt pour
qu'ils n'aient pas le
temps de ramollir.

Poulet sauté

Poulet sauté

Photo
page 45
Débutez
45 min avant
4 portions

2 grosses poitrines de
   poulet, dépouillées,
   désossées et coupées en
   deux
2 c. à soupe d'huile
1 t. de céleri émincé
1 poivron vert émincé
1 petit oignon tranché
1 c. à thé de sel
¼ c. à thé de gingembre
1 boîte de 16 oz (455 ml)
   de germes de haricots,
   égouttés

5 oz (140 ml) de
   châtaignes d'eau,
   égouttées et tranchées
1 sachet de bouillon de
   poulet ou 1 c. à thé de
   base pour bouillon de
   poulet
½ t. d'eau
2 c. à thé de fécule de
   maïs
2 c. à soupe de sauce soja
3 t. de riz cuit
¾ t. d'amandes grillées

1 Tranchez le poulet en largeur en bandes de ¼ po (6 mm) de large. Chauffez l'huile à feu vif dans une grande sauteuse.

2 Faites revenir 3 min le céleri, le poivron, l'oignon, le sel et le gingembre en remuant rapidement et fréquemment.

3 Déposez les légumes sur un plat avec une écumoire et tenez-les au chaud. Faites frire le poulet de 3 à 5 min dans le reste d'huile jusqu'à ce qu'il blanchisse.

4 Remettez les légumes dans la sauteuse, ajoutez les germes, les châtaignes, le bouillon de poulet et l'eau.

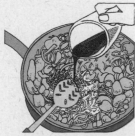 

5 Délayez la farine dans la sauce soja, versez lentement le mélange dans la sauteuse et faites épaissir en remuant sans arrêt.

6 Dressez à la cuiller le poulet et les légumes sur un lit de riz chaud, saupoudrez d'amandes grillées et servez aussitôt.

Moo Goo Gai Pan

Photo
page 45
Débutez
35 min avant
4 portions

2 grosses poitrines de
   poulet, dépouillées,
   désossées et coupées en
   deux
1 c. à soupe de fécule de
   maïs
2 c. à soupe de sherry sec
¾ c. à thé de racine de
   gingembre pelée et
   hachée
1 pincée de glutamate de
   monosodium

Sel
⅓ t. d'huile à salade
¾ t. de noix de Grenoble
1 boîte de 14 oz (398 ml)
   de champignons
   volvaires, égouttés
1 boîte de 8½ oz
   (250 ml) de pousses de
   bambou, égouttées
¼ lb (115 g) de pois
   mange-tout

1. Emincez très finement les poitrines de poulet avec un couteau tranchant. Mélangez-les avec la fécule, le sherry, le gingembre, le glutamate et 1½ c. à thé de sel dans un bol moyen.
2. Chauffez l'huile dans une sauteuse et faites-y dorer les noix de Grenoble 3 min, à feu assez vif, en remuant sans arrêt. Faites-les égoutter sur du papier absorbant.
3. Faites frire de 3 à 5 min dans la même huile les champignons, les pousses de bambou et les pois avec ½ c. à thé de sel, jusqu'à ce que les pois soient tendres. Réservez dans un bol.
4. Faites frire le poulet 5 min dans le reste d'huile, puis remettez-y les légumes. Dressez sur un plat chaud et saupoudrez des noix.

Poulet au zeste d'orange à la mode du Seutchouan

Photo
page 45
Débutez
1 h avant
4 portions

1 grosse orange
2 grosses poitrines de
   poulet dépouillées et
   désossées
1 c. à soupe de sauce soja
1 c. à soupe de sherry sec
4 oignons verts coupés en
   tronçons
¼ c. à thé de poivre de
   Cayenne

1 c. à thé de racine de
   gingembre pelée et
   hachée ou ¼ c. à thé
   de gingembre moulu
2½ c. à thé de fécule de
   maïs
½ c. à thé de sucre
½ c. à thé de sel
½ t. de jus d'orange
¼ t. d'huile à salade

1. Avec un épluchoir, taillez le zeste d'orange en lanières de 1½ po (4 cm) de large, sans entamer la membrane blanche, puis découpez-les en morceaux de 1½ po (4 cm) que vous ferez sécher 30 min au four à 200°F (95°C) sur une plaque.
2. Coupez le poulet en morceaux de 1½ po (4 cm) et mélangez-le avec la sauce soja, le sherry, les oignons, le cayenne et le gingembre. Délayez la fécule dans le jus d'orange avec le sel, puis réfrigérez le tout à couvert.
3. *Environ 15 min avant de servir :* Chauffez l'huile dans une sauteuse, puis faites-y frire les zestes 2 min à feu moyen jusqu'à ce qu'ils soient croustillants. Egouttez-les sur du papier absorbant.
4. Faites frire 4 min le poulet à feu vif dans la même huile jusqu'à ce qu'il commence à blanchir. Remuez le jus d'orange et versez-le dans la sauteuse ; tournez jusqu'à ce que la sauce épaississe et enrobe complètement le poulet.
5. Dressez sur un plat chaud et saupoudrez des zestes d'orange.

Dinde et poulet mijotés

Toute volaille détaillée peut être recouverte d'eau et cuite à l'étuvée, bien assaisonnée. L'important est de ne jamais la laisser bouillir. La chair cuite ainsi s'emploie dans de nombreuses recettes.

Poule au pot

Photo
page 44
Débutez
3 h avant
6 portions

1 poule de 4½ à 5 lb
(2-2,25 kg), détaillée
1 oignon moyen piqué de
3 clous de girofle
3 têtes de céleri
1 carotte tranchée
2 feuilles de laurier
1 c. à soupe de sel
3 t. d'eau chaude

1 Portez à ébullition à feu vif la poule, les abats et tous les ingrédients dans une marmite, puis baissez le feu.

2 Faites mijoter à couvert de 2 h à 2 h 30. Otez les légumes et dressez le poulet sur un plat ou suivez l'étape 3.

3 Plongez la marmite dans l'eau froide. Remuez souvent et changez l'eau tiédie. Réfrigérez et utilisez avant 3 jours.

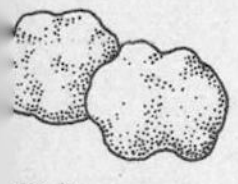

Débutez
3 h avant
6 portions

POULE AU POT AUX BOULETTES DE PÂTE: Préparez la recette ci-dessus. Mélangez à la fourchette, dans un bol, *1⅓ t. de farine tout usage, 2 c. à thé de levure chimique à double action, 1 c. à thé de persil haché* et *½ c. à thé de sel.* Mélangez *⅔ t. de lait et 2 c. à soupe d'huile* dans une tasse et versez le tout dans la farine en brassant jusqu'à l'obtention d'une pâte lisse. Versez des cuillerées à soupe de pâte sur le poulet et cuisez 10 min à découvert; couvrez, cuisez 10 min de plus, dressez le poulet sur un plat et couronnez-le des boulettes.

Cuisson: Déposez la pâte dans le bouillon en train de frémir.

Service: Disposez les boulettes sur le poulet dans un grand plat.

Coq au vin

Photo
page 44
Débutez
1 h 30 avant
4 portions

½ lb (225 g) de petit salé
coupé en dés
1 poulet à frire de 3 à
3½ lb (1,35-1,6 kg)
½ lb (225 g) de petits
champignons
½ lb (225 g) de petits
oignons blancs
¼ t. d'échalotes hachées
1 gousse d'ail hachée

1 t. de vin rouge sec
¾ t. d'eau
½ c. à thé de feuilles de
thym
1 pincée de poivre
1 feuille de laurier
4 brins de persil
2 c. à soupe de beurre
ramolli
2 c. à soupe de farine

1. Faites dorer le petit salé à feu moyen dans un faitout en remuant souvent. Mettez-le à égoutter sur du papier absorbant, puis faites revenir 20 min le poulet dans le gras. Réservez-le dans un bol moyen.
2. Ne conservez que ¼ t. de gras dans le faitout et faites-y cuire 5 min les champignons, les oignons, les échalotes et l'ail, en remuant de temps à autre. Ajoutez le vin, l'eau, le thym, le poivre, le laurier et le persil. Couvrez les légumes du poulet et du petit salé et portez à ébullition à feu vif, puis laissez mijoter 20 min à couvert, sur feu doux.
3. Mélangez le beurre et la farine dans une tasse.
4. Dressez le poulet et les légumes sur un plat et ôtez le laurier et le persil. Mélangez le beurre manié au jus de cuisson, portez-le à ébullition en remuant et nappez-en le poulet.

Dinde Molé

Photo
page 39
Débutez
3 h avant
12 à 15
portions

1 poitrine de dinde de
6 lb (2,7 kg)
4 t. d'eau
3 c. à soupe de graines de
sésame
2 c. à soupe de saindoux
1 oignon coupé en dés
1 gousse d'ail émincée
1 carré de chocolat semi-
sucré
⅓ t. de raisins blonds
secs
¼ t. d'amandes
blanchies et émincées
2 coquilles de tacos frites,
émiettées

1 boîte de 10 oz (284 ml)
de sauce douce pour
enchiladas
1 tranche de pain blanc,
émiettée
1 c. à thé de sel
¼ c. à thé de cannelle
moulue
¼ c. à thé de coriandre
moulue
¼ c. à thé d'anis concassé
1 pincée de clous de
girofle moulus
1 pincée de poivre
1 avocat moyen

1. Faites mijoter la dinde dans l'eau 1 h 30 à feu moyen, dans un grand faitout. Egouttez et réservez 1¾ t. du bouillon. Tranchez la dinde, dressez-la sur un plat et tenez au chaud.
2. Faites dorer les graines de sésame à feu assez vif dans une sauteuse, puis mettez-les sur du papier absorbant. Faites revenir l'ail et l'oignon dans le saindoux, ajoutez le chocolat et remuez jusqu'à ce qu'il soit fondu. Passez au mélangeur couvert 1 c. à soupe de graines de sésame grillées, l'appareil au chocolat et le reste des ingrédients, sauf l'avocat.
3. Remettez le mélange dans la sauteuse et ajoutez le bouillon réservé en remuant, puis portez à ébullition sans cesser de tourner. Nappez la dinde d'un peu de sauce et saupoudrez-la du reste de sésame.
4. Pelez, dénoyautez et tranchez l'avocat et garnissez-en le plat. Servez la sauce dans une saucière.

Poulet mijoté

Poulet Tetrazzini

2 poulets à frire de 2½ à
   3 lb (1,15-1,35 kg)
2 petits oignons
¼ c. à thé de poivre
Sel
Eau
1 paquet de 17½ oz
   (500 g) de spaghetti
½ t. de beurre
½ lb (225 g) de
   champignons tranchés
1 c. à soupe de jus de
   citron

½ t. de farine tout usage
¼ c. à thé de muscade
   râpée
Paprika
½ t. de sherry sec
   (facultatif)
1 t. de crème de table
3 oz (90 g) de parmesan
   râpé

Photo page 45
Débutez 2 h avant
8 portions

1 Recouvrez les poulets d'eau dans un grand faitout et portez à ébullition avec 1 oignon, le poivre et 1 c. à soupe de sel, puis couvrez et faites mijoter 30 min à feu doux. Réservez les poulets dans un plat.

2 Passez le bouillon de poulet et réservez-en 3½ t. (4 t. si vous n'utilisez pas de sherry). Réfrigérez le reste.

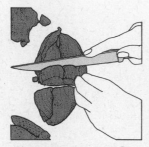

3 Otez les os et la peau des poulets refroidis et coupez la chair en gros cubes ; réservez-les.

4 Faites cuire les spaghetti et égouttez-les dans une passoire. Etalez-les dans un plat à four graissé de 13 po × 9 (33 cm × 23).

5 Chauffez 2 c. à soupe de beurre dans une grande casserole et faites-y revenir 5 min l'oignon haché et les champignons avec le jus de citron. Réservez.

6 Faites fondre le reste de beurre dans la même casserole et mélangez-y la farine, 1 c. à soupe de sel, la muscade et ½ c. à thé de paprika.

7 Ajoutez lentement le sherry et le bouillon réservé et faites épaissir en remuant.

8 Ajoutez la crème, le poulet et l'appareil aux champignons, puis réchauffez à feu doux en remuant.

9 Recouvrez les spaghettis de l'appareil au poulet et saupoudrez le tout de parmesan râpé et d'un peu de paprika.

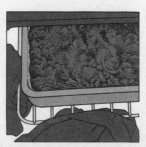

10 Cuisez 30 min à 350°F (180°C) jusqu'à ce que le plat soit bien chaud et que le dessus soit doré et commence à bouillonner.

Photo page 46
Débutez 2 h 30 avant
8 portions

Pâté au poulet

2 poulets à frire de
   2½ lb (1,15 kg),
   détaillés
½ c. à thé de poivre
½ c. à thé de marjolaine
2 feuilles de laurier
Eau
Sel
2 grosses carottes
   tranchées
1 grosse côte de céleri
   tranchée
¾ lb (340 g) de petits
   oignons blancs
Farine tout usage

1¾ t. de crème de
   table
1 paquet de 12 oz (350 g)
   de haricots de Lima
   surgelés, dégelés
½ lb (225 g) de petits
   champignons coupés
   en deux
Pâte pour tarte à deux
   croûtes (p. 344)
1 jaune d'œuf

1. Portez à ébullition à feu vif, dans un faitout, les quatre premiers ingrédients avec 4 t. d'eau et 1 c. à soupe de sel, puis couvrez et faites mijoter 35 min à feu doux.

2. Réservez 1 t. de bouillon (réfrigérez le reste) ; laissez tiédir le poulet, puis dépouillez-le et coupez la chair en morceaux de 1 po (2,5 cm).

3. Portez à ébullition à feu vif les carottes, le céleri, les oignons et le bouillon réservé dans une grande casserole. Couvrez et faites mijoter 10 min à feu doux. Retirez la casserole du feu et réservez les légumes dans un petit bol.

4. Délayez à la fourchette ⅓ t. de farine dans ¾ t. de crème, puis versez lentement le tout dans le bouillon en remuant ; ajoutez le reste de crème et faites épaissir à feu doux sans cesser de tourner.

5. Incorporez le poulet, les légumes cuits, les haricots de Lima, les champignons et 1¾ c. à thé de sel. Etalez le tout à la cuiller dans un plat à four de 13 po × 9 (33 cm × 23), allumez le four à 350°F (180°C) et préparez la pâte.

6. Farinez le rouleau et le plan de travail, puis abaissez la pâte en un rectangle de 14 po × 10 (35 cm × 25). Découpez un petit cercle au centre de l'abaisse avant de l'étaler sur l'appareil. Coupez le surplus de pâte à 1 po (2,5 cm) du plat, puis repliez et dressez le rebord.

7. Battez le jaune d'œuf avec 1 c. à thé d'eau dans un petit bol et badigeonnez-en l'abaisse. Cuisez au four 1 h ou jusqu'à ce que la croûte soit dorée.

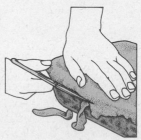

Couvrez le pâté : Etalez l'abaisse sur le plat et coupez le surplus.

Façonnez le rebord : Repliez le rebord et pressez-le pour le dresser.

Restes de dinde et de poulet cuits

Photo
page 40
Débutez le
matin
à 8 portions

Salade à la dinde ou au poulet

⅔ t. de mayonnaise
2 c. à soupe de vinaigre
de cidre
1 c. à thé de sel
4 à 5 t. de dinde ou de
poulet cuit et coupé en
morceaux
1 t. de céleri tranché
1 t. de poivron vert
émincé
2 c. à thé d'oignon râpé
Feuilles de laitue
pommée ou de romaine

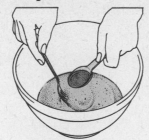

1 Mélangez la mayonnaise, le vinaigre et le sel dans un grand bol.

2 Incorporez-y le poulet et tous les ingrédients, sauf la laitue; réfrigérez à couvert.

3 *Service:* Étalez les feuilles de laitue sur un plat et dressez la salade par-dessus.

SALADE AU POULET ET AU JAMBON: Suivez la recette ci-dessus, mais remplacez *2 t. de poulet* par *2 t. de cubes de jambon cuit* et ajoutez *1 t. d'ananas en morceaux.* (Donne 8 portions.)

SALADE WALDORF: Ajoutez à la recette ci-dessus *2 t. de pommes rouges non pelées et coupées en dés* et *⅔ t. de noix de Grenoble hachées* ou de pacanes. (Donne de 8 à 10 portions.)

SALADE AU POULET ET AUX NOIX GRILLÉES: Faites revenir pendant 3 ou 4 min à feu moyen *½ t. de noix de Grenoble hachées* et *1 pincée de sel* dans *2 c. à thé de beurre* ou de margarine. Laissez refroidir et ajoutez à la salade ci-dessus. (Donne de 6 à 8 portions.)

Photo
les variantes
page 43

Salade de dinde au roquefort

1 t. de crème sure
3 oz (90 g) de roquefort
ou 4 oz (115 g) de bleu
émietté
1 c. à thé de sel
3 t. de dinde ou de poulet
cuit et coupé en
morceaux

Feuilles de laitue ou de
chicorée
1 boîte de 28 oz (796 ml)
de demi-pêches pavies,
égouttées

1. Mélangez au fouet ou à la fourchette, dans un bol moyen, la crème sure, le fromage et le sel. Enrobez-en la dinde et réfrigérez à couvert.
2. *Service:* Dressez les feuilles de laitue ou de chicorée et six demi-pêches sur un plat très froid. Remuez doucement la salade et garnissez-en les pêches à la cuiller en portions égales. (Réfrigérez le reste des fruits pour les utiliser plus tard.)

Photo
page 45
Débutez
40 min avant
8 portions

Poulet à la king

6 c. à soupe de beurre
½ lb (225 g) de
champignons tranchés
¼ t. de poivron vert
coupé en dés
6 c. à soupe de farine
3 t. de crème de table
4 t. de cubes de poulet
1 bocal de 4 oz (114 ml)
de piments rouges,
égouttés et coupés en
dés
2 jaunes d'œufs
2 c. à soupe de sherry
1 c. à thé de sel
8 vol-au-vent réchauffés

1 Chauffez le beurre dans une sauteuse et faites-y revenir 5 min à feu moyen les champignons et le poivron.

2 Incorporez la farine, puis la crème graduellement et faites épaissir en remuant sans arrêt.

3 Ajoutez le poulet et les piments, portez à ébullition en remuant souvent, puis faites mijoter 5 min à couvert.

4 Battez les jaunes, ajoutez-leur un peu de sauce et versez dans la sauteuse en remuant pour éviter la formation de grumeaux. Faites épaissir en tournant.

5 Ajoutez le sherry, salez et garnissez les vol-au-vent de cette préparation.

Photo
page 46
Débutez
25 min avant
4 portions

Emincé de poulet à la crème

2 c. à soupe de beurre
1 petit oignon coupé en
dés
1 c. à soupe de farine
1 c. à thé de sel

¾ t. de crème de table
2 t. de cubes de pommes
de terre cuites
2 t. de dinde ou de poulet
cuit et coupé en cubes

1. Chauffez le beurre dans une sauteuse et faites-y revenir l'oignon 5 min à feu moyen. Incorporez la farine et le sel, puis ajoutez lentement la crème et faites épaissir en remuant.
2. Ajoutez les pommes de terre et le poulet, couvrez et faites mijoter 10 min à feu doux.

Restes de poulet cuit

Photo
page 42
Débutez
1 h avant
6 portions

Enchiladas de poulet à la crème sure

3½ t. de crème sure
3 boîtes de 6½ oz
(184 ml) de poulet
désossé et coupé en
morceaux (environ
2 t.)
1 boîte de 10 oz (284 ml)
de champignons,
égouttés
1 boîte de 4 oz (114 ml)
de chilis verts, égouttés
⅓ t. de flocons d'oignon

1 c. à thé de poudre de
chili
½ c. à thé de sel
½ c. à thé de poudre
d'ail
¼ c. à thé de poivre
Huile à salade
12 tortillas au maïs
(p. 431)
⅓ lb (150 g) de cheddar
râpé

1. Etalez 1 t. de crème sure dans un grand plat à four. Emiettez le poulet dans une casserole, ajoutez ½ t. de crème sure, les champignons et les six ingrédients suivants. Couvrez et réchauffez à feu doux en remuant de temps en temps.
2. Faites frire une tortilla à feu assez vif dans ½ po (1 cm) d'huile, pendant quelques secondes de chaque côté. Etalez ¼ t. de l'appareil au poulet au centre, rabattez les bords par-dessus et placez-la, joint en dessous, dans le plat à four. Répétez.
3. Allumez le four à 450°F (230°C). Nappez les enchiladas du reste de crème sure, saupoudrez-les de fromage et cuisez-les 8 min.

Croquettes de poulet

Photo
page 46
Débutez le
matin ou la
veille
4 portions

2½ t. de dinde ou de
poulet cuit et haché
1 t. de sauce blanche
épaisse (p. 461)
2 c. à soupe de persil
haché
1 c. à soupe d'oignon
émincé
½ c. à thé de jus de
citron

1 pincée de sauge
Sel
1 œuf
1 c. à soupe d'eau
¼ t. de farine tout usage
½ t. de chapelure
Huile à salade
Sauce aux champignons
(p. 462) ou Sauce au
fromage (p. 461)

1. Mélangez les six premiers ingrédients, salez et réfrigérez plusieurs heures à couvert.
2. Environ 30 min avant de servir: Façonnez l'appareil en huit cônes. Battez l'œuf et l'eau dans un plat, étalez la farine et la chapelure sur deux morceaux de papier ciré et panez les croquettes.
3. Portez 1 po (2,5 cm) d'huile à 370°F (185°C) à feu moyen dans une grande casserole et faites-y frire les croquettes en les tournant souvent. Egouttez-les sur du papier absorbant et servez avec une sauce aux champignons ou au fromage.

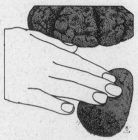

Les croquettes: A la main, façonnez l'appareil en forme de cône.

Pour paner les croquettes, passez-les dans la farine, l'œuf, puis la chapelure.

Foies de poulet

Photo
page 47
Débutez
30 min avant
6 portions

Foies de poulet sautés

6 c. à soupe de beurre ou
de margarine
1½ lb (700 g) de foies de
poulet
1 petit oignon
grossièrement haché
¼ t. de farine tout usage
2 t. d'eau
¼ t. de sherry sec ou mi-
doux
1½ c. à thé de sel
Pain grillé ou demi-
muffins anglais grillés

1 Faites revenir 10 min à feu moyen les foies et l'oignon, dans une sauteuse.

2 Transvasez-les dans un bol avec une écumoire.

3 Mélangez à la cuiller la farine au jus de cuisson jusqu'à ce que le tout soit homogène.

4 Ajoutez l'eau et faites épaissir à feu moyen en remuant.

5 Ajoutez les foies, le sherry et le sel; servez chaud sur les toasts.

Foies de poulet Aloha

Photo
page 47
Débutez
30 min avant
4 portions

¼ t. de beurre ou de
margarine
1 t. de céleri haché
½ t. d'oignon haché
1 poivron vert tranché
1½ lb (700 g) de foies de
poulet
1 boîte de 14 oz (398 ml)
d'ananas en morceaux,
égouttés

2 c. à soupe de cassonade
1 c. à soupe de fécule de
maïs
1¾ c. à thé de sel
¾ t. d'eau
2 c. à soupe de vinaigre
de cidre
3 t. de riz cuit

1. Chauffez le corps gras dans une sauteuse, puis faites-y revenir 5 min à feu assez vif le céleri, l'oignon et le poivron. Ajoutez les foies, cuisez 10 min en remuant et incorporez l'ananas.
2. Mélangez le sucre, la fécule et le sel dans un bol, ajoutez l'eau et le vinaigre et incorporez aux foies. Faites épaissir en remuant et servez avec le riz.

Poulets rock cornish

Poulets rock cornish et sauce aux raisins

Photo page 47
Débutez
1 h 45 avant
4 portions

4 poulets rock cornish de 1 lb (450 g)
Sel et poivre
2 t. de croûtons assaisonnés
½ t. de germe de blé
½ t. de céleri haché
½ t. de bouillon de poulet
6 c. à soupe de beurre
1 c. à thé de sucre

Sauce aux raisins :
8½ oz (250 ml) de gelée de groseille, ½ t. de raisins secs, ¼ t. de beurre, 2 c. à thé de jus de citron, ¼ c. à thé de toute-épice

1 bocal de 16 oz (455 ml) de pommettes aux épices, égouttées

1 Salez et poivrez l'intérieur des poulets. Ramenez les pointes des ailes vers le haut et l'arrière et coincez la peau du cou sous celles-ci.

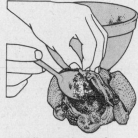

2 Mélangez les croûtons, le germe, le céleri, le bouillon, 2 c. à soupe de beurre fondu, le sucre, 1 c. à thé de sel et une pincée de poivre. Farcissez-en les poulets.

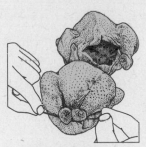

3 Ficelez les pattes et le croupion des poulets, badigeonnez de beurre fondu et faites rôtir 1 h, sur le dos, à 425°F (220°C) en arrosant du jus de cuisson.

4 Entre-temps, faites cuire tous les ingrédients de la sauce aux raisins 10 min à feu modéré, dans une casserole moyenne, en remuant quelques fois.

5 Environ 15 min avant la fin de la cuisson, ôtez les ficelles pour laisser pénétrer la chaleur et badigeonnez les poulets de sauce aux raisins.

6 Les poulets sont cuits quand leurs pattes jouent facilement dans les jointures. Servez avec la sauce et garnissez des pommettes.

Poulets rock cornish au riz

Photo page 47
Débutez
2 h 45 avant
4 portions

1 t. de riz ordinaire à grains longs
Beurre ou margarine
¼ lb (115 g) de champignons hachés
¼ t. d'échalotes séchées et hachées
½ t. de céleri haché

2 c. à soupe de poivron vert haché
4 poulets rock cornish de 1 lb (450 g)
Anneaux de pomme aux épices et persil

1. Faites cuire le riz et réservez-le. Dans une bonne sauteuse, faites revenir 10 min à feu moyen dans ½ t. de corps gras les champignons, les échalotes, le céleri et le poivron. Mélangez le tout au riz avec ½ c. à thé de sel et une pincée de poivre.
2. Otez les abats et les cous des poulets, rincez les poulets, asséchez-les et farcissez chacun d'eux de ½ t. du mélange au riz. Etalez à la cuiller le reste de farce dans une petite cocotte graissée et réservez à couvert. Ficelez ensemble les pattes et le croupion de chacun des poulets.
3. Placez les poulets, poitrine au-dessus, sur la claie d'une lèchefrite, badigeonnez-les généreusement de ¼ t. de beurre fondu, salez et faites cuire 1 h 15 à 375°F (190°C) ou jusqu'à ce que les pattes jouent facilement dans les jointures. Badigeonnez de temps en temps du jus de cuisson. Enfournez la petite cocotte contenant le reste de farce au riz 30 min avant la fin du rôtissage.
4. Servez les poulets, déficelés, sur l'appareil au riz et garnissez des anneaux de pomme et de persil.

Poulets rock cornish farcis et sauce à la rhubarbe

Photo page 48
Débutez
1 h 45 avant
4 portions

4 poulets rock cornish de 1 lb (450 g)
Huile à salade
1 t. d'oignons hachés
1 t. de céleri haché
1 paquet de 8 oz (225 g) de préparation pour farce aux fines herbes
1½ c. à thé de sel

Sauce à la rhubarbe :
1¼ lb (560 g) de rhubarbe coupée en morceaux (2 t.)
½ t. d'eau
¼ c. à thé de sel
¼ c. à thé de cannelle moulue
½ t. de sucre

1. Otez les cous et les abats, rincez et asséchez les poulets. Coincez la peau du cou de chaque poulet sous les ailes.
2. Faites revenir 10 min à feu moyen dans ¼ t. d'huile les oignons et le céleri. Préparez la farce selon les directives et mélangez-la aux légumes frits. Farcissez-en chaque poulet et ficelez leurs pattes avec le croupion.
3. Huilez abondamment les poulets, salez-les et mettez-les, poitrine au-dessus, sur la claie d'une lèchefrite et faites-les cuire 1 h 15 à 375°F (190°C).
4. Pour préparer la sauce, portez à ébullition à feu modéré la rhubarbe, l'eau, le sel et la cannelle dans une casserole moyenne, puis couvrez et faites mijoter à feu doux de 5 à 8 min ou jusqu'à ce que la rhubarbe soit tendre, en remuant souvent. Ajoutez le sucre. Arrosez souvent les poulets de cette sauce pendant les 30 dernières minutes de cuisson. Otez les ficelles et servez avec le reste de sauce.

Poulets rock cornish

Poulets rock cornish farcis au mincemeat

Photo page 47
Débutez 2 h avant
4 portions

2 poulets rock cornish surgelés de 1½ à 2 lb (700-900 g), dégelés
¼ t. de beurre fondu
4 tranches de pain de blé entier coupées en cubes
¼ t. de céleri coupé en dés
¾ t. de jus d'orange
½ t. de mincemeat égoutté
½ c. à thé de sel
2 c. à soupe de sirop de maïs blond
2 c. à thé de sherry

1. Retirez les abats et les cous, puis rincez et asséchez les poulets. Coincez la peau du cou sous les ailes pour la maintenir en place, mettez les poulets sur le dos sur la claie d'une lèchefrite et faites-les rôtir 1 h 15 à 350°F (180°C) en les badigeonnant de temps à autre de beurre fondu.

2. Entre-temps, mélangez dans une petite casserole les cubes de pain, le céleri, le jus d'orange, le mincemeat et le sel; mettez au four durant les 30 dernières minutes de cuisson.

3. Mélangez le sirop de maïs et le sherry et badigeonnez-en les poulets pendant les 10 dernières minutes de rôtissage. Servez-les avec la farce.

Poulets rock cornish glacés au citron

Photo page 47
Débutez 1 h 30 avant
4 portions

2 poulets rock cornish surgelés de 1½ à 2 lb (700-900 g), dégelés
2 c. à soupe d'huile
2 c. à thé de sel
¼ c. à thé de poivre
Glaçage aux pommes et au citron (ci-dessous)

1. Retirez les abats et les cous et embrochez les poulets. Vous pouvez également rabattre la peau du cou sur le dos et embrocher les poulets directement dans la chair afin de les empêcher de glisser pendant le rôtissage. Après les avoir bridés en ficelant les ailes à la carcasse et en liant les pattes et le croupion ensemble, badigeonnez-les d'huile, salez-les et poivrez-les.

2. Fixez la broche le plus près possible de la source de chaleur et faites rôtir les poulets 1 h 15; pendant ce temps, préparez le glaçage dont vous les enduirez durant les 20 dernières minutes de cuisson.

3. Débrochez et déficelez les poulets.

GLAÇAGE AUX POMMES ET AU CITRON: Mêlez ⅓ t. de sirop de maïs, 2 c. à soupe de jus de pomme, 1 c. à soupe de zeste de citron râpé et ¼ c. à thé de sel.

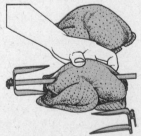

Embrochez les poulets dans la chair pour les stabiliser et les empêcher de glisser.

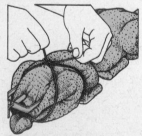

Bridez les poulets en liant les ailes à la carcasse et les pattes au croupion.

Poulets rock cornish au miel

Photo page 48
Débutez le matin ou la veille
8 portions

4 poulets rock cornish surgelés de 1½ lb (700 g), dégelés
¾ t. de sauce soja
⅓ t. de sherry sec
½ c. à thé de gingembre moulu
4 oignons verts hachés
Huile à salade
¼ t. de miel
1 petite laitue pommée déchiquetée

1. Retirez les abats et les cous, rincez les poulets à l'eau froide, asséchez-les avec du papier absorbant et coupez-les en quatre.

2. Mélangez la sauce soja, le sherry, le gingembre et les oignons verts dans un plat à four, puis enrobez-en les poulets et réfrigérez-les 6 h à couvert dans le plat, en les retournant de temps en temps.

3. Environ 40 min avant de servir: Dans une bonne sauteuse, faites dorer 20 min à feu assez vif la moitié du poulet dans ¼ po (6 mm) d'huile. Tenez au chaud, le temps de dorer le reste.

4. Pour servir, badigeonnez les poulets de miel et dressez-les sur un plat garni de laitue.

Poulet rock cornish grillé

Photo page 47
Débutez 50 min avant
2 portions

1 poulet rock cornish surgelé de 1½ à 1¾ lb (700-800 g), dégelé
¾ c. à thé de sel
1 pincée de poivre
2 c. à soupe de beurre ou de margarine
2 c. à soupe de jus de citron
1 boîte de 10 oz (284 ml) de tranches d'ananas, égouttées
1 c. à soupe de cassonade blonde
2 portions de riz chaud
1 c. à soupe de persil haché

1. Allumez le gril. Retirez les abats et les cous, rincez le poulet à l'eau froide et asséchez-le avec du papier absorbant avant de le couper en deux.

2. Salez et poivrez les moitiés, placez-les sur leur peau dans une petite rôtissoire, déposez 1 c. à soupe de corps gras dans chaque cavité et arrosez de jus de citron. Faites griller les moitiés 5 min à 7 po (18 cm) de la source de chaleur ou à 450°F (230°C) en les badigeonnant de beurre fondu; cuisez-les encore 15 min avant de les retourner et prolongez le rôtissage de 15 ou 20 min en les arrosant du jus de cuisson.

3. Entourez le poulet d'ananas saupoudré de cassonade 5 min avant la fin de la cuisson.

4. Mélangez le riz et le persil. Servez le poulet, arrosé du jus de cuisson, avec l'ananas et le riz.

Entourez le poulet des tranches d'ananas.

Saupoudrez les tranches de cassonade.

Oies et canards

L'oie et le canard sont beaucoup plus gras que les autres volailles et leur chair brune est plus riche.

Si le volatile est surgelé, faites-le dégeler, retirez la graisse de la cavité abdominale, puis rincez-le et asséchez-le; si vous préparez un canard, ôtez également tout le duvet. Percez la peau en plusieurs endroits avec une fourchette afin que la graisse puisse s'écouler tout en arrosant le volatile. Faites toujours rôtir une oie ou un canard sur une claie. Le canard rôtit à 325°F (160°C); il est cuit quand sa température interne varie entre 185 et 190°F (85-90°C). L'oie cuit à 350°F (180°C); elle est prête quand sa température interne est de 190°F (90°C).

Comme les squelettes de l'oie et du canard diffèrent de ceux d'un poulet ou d'une dinde, la proportion chair-os n'est pas la même. Prévoyez 1 lb (450 g) de canard et jusqu'à 1½ lb (700 g) d'oie par portion.

Canard farci au riz et à la saucisse

1 canard surgelé de 4 à
5 lb (1,8-2,25 kg),
dégelé
1 petite côte de céleri
coupée en morceaux
1 petit oignon pelé
Sel
Eau
Farce au riz et aux
saucisses (p. 253)
¼ c. à thé de paprika
1 pincée de poivre

Photo page 49
Débutez 4 h 15 avant
3 à 4 portions

1 Retirez les abats, le cou et la masse de graisse de la cavité; rincez le canard à l'eau froide, asséchez-le et réfrigérez-le après en avoir ôté le duvet.

2 Cuisez à l'eau le cou, les abats, les légumes, ½ c. à thé de sel dans une casserole. Couvrez et faites mijoter à feu doux. Egouttez et préparez la farce.

3 Jetez le céleri et l'oignon; hachez les abats, détachez la chair du cou et ajoutez-les à la farce; salez la cavité de ½ c. à thé de sel et farcissez le cou.

4 Rabattez la peau du cou et fixez-la au dos avec une broche; retournez le canard et ramenez ses ailes sous lui. Farcissez la cavité et fermez-la avec une broche.

5 Déposez le canard sur le dos sur la claie d'une lèchefrite et frottez-le d'un mélange de paprika, de poivre et de 1½ c. à thé de sel. Ficelez ses pattes.

6 Percez la peau en plusieurs endroits, insérez le thermomètre entre la cuisse et la poitrine en évitant les os et faites rôtir de 2 h 15 à 3 h 30 à 325°F (160°C).

7 Vérifiez la cuisson au bout de 2 h. Le canard est prêt quand le thermomètre varie entre 185 et 190°F (85-90°C) et que sa cuisse est tendre.

8 Otez les broches et les ficelles, dressez le canard sur un plat chaud et laissez-le reposer 15 min à la température ambiante pour pouvoir le découper plus aisément.

Photo page 48
Débutez 4 h avant
8 portions

Oie rôtie farcie aux fruits

1 oie de 10 lb (4,5 kg)   *2 c. à soupe de farine*
Farce aux fruits (p. 253)   *tout usage*
1 boîte de 14 oz (398 ml)   *¼ t. d'eau froide*
de consommé de poulet

1. Retirez le cou, les abats et la graisse de la cavité; rincez l'oie et asséchez-la avec du papier absorbant. Préparez la farce.
2. Farcissez l'oie, puis fixez la peau du cou au dos avec une broche et liez les pattes et le croupion ensemble. Percez la peau avec une fourchette et insérez le thermomètre entre la poitrine et la cuisse en évitant les os.
3. Déposez l'oie sur le dos sur la claie d'une lèchefrite découverte.
4. Faites rôtir 3 h 30 à 350°F (180°C) ou jusqu'à ce que le thermomètre indique 190°F (90°C). Dressez l'oie sur un plat et ôtez les ficelles.
5. Dégraissez le jus de cuisson à la cuiller, ajoutez-y le bouillon et portez à ébullition à feu moyen. Délayez la farine dans l'eau, versez graduellement le tout dans la sauce et faites épaissir en remuant. Servez avec l'oie.

Photo page 48
Débutez 4 h 15 avant
8 à 10 portions

Oie rôtie à la mode de Bohême

1 oie surgelée de 9 à   *2 t. de pommes pelées et*
11 lb (4-4,9 kg), dégelée   *coupées en cubes*
4 t. de choucroute   *1 c. à thé de sel*
(environ 2 boîtes de   *½ c. à thé de graines de*
14 oz ou 398 ml)   *carvi*

1. Retirez le cou et les abats (vous pouvez les conserver pour un bouillon) et rincez l'oie. Percez sa peau avec une fourchette à découper.
2. Mélangez dans un bol la choucroute, les pommes, le carvi et le sel et farcissez-en l'oie. Fixez la peau du cou au dos avec une broche (ou coincez-la sous les ailes) et liez les pattes et le croupion; insérez le thermomètre entre une cuisse et la poitrine en évitant les os. Placez l'oie sur le dos sur la claie d'une lèchefrite.
3. Cuisez à 350°F (180°C) de 3 h 15 à 4 h ou jusqu'à ce que le thermomètre indique 190°F (90°C). Laissez reposer l'oie 15 min avant de la découper.

Canards

Canard à la mode de Shanghai

Photo
page 48
Débutez
2 h 30 avant
4 portions

8 poireaux moyens
1 canard surgelé de 4½
   à 5 lb (2-2,25 kg),
   dégelé
½ t. de sherry sec
½ t. de sauce soja
½ c. à thé de sucre
¼ c. à thé de gingembre
   moulu
1¼ t. d'eau
3 petites carottes tranchées
   en quatre en long

1 Débarrassez les poireaux de leurs racines et des feuilles dures, puis coupez-les en deux et rincez-les soigneusement à l'eau froide. Réfrigérez à couvert les moitiés du côté des racines, tranchez les autres en rondelles de ½ po (1 cm) et disposez-les dans un faitout.

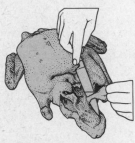

2 Retirez le cou et les abats du canard et supprimez le plus de graisse possible autour du cou et dans la cavité. Passez le canard, le cou et les abats à l'eau froide.

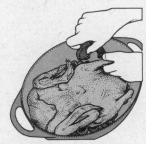

3 Déposez le canard sur le dos par-dessus les poireaux dans le faitout et entourez-le du cou et des abats.

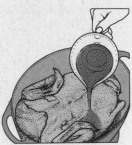

4 Ajoutez le sherry, le soja, le sucre, le gingembre et l'eau; portez à ébullition à feu vif, couvrez et faites mijoter 30 min à feu doux.

5 Retournez le canard avec une grande cuiller, couvrez et cuisez 1 h de plus en arrosant de temps en temps de jus de cuisson.

6 Dégraissez le jus de cuisson, puis entourez le canard des carottes et des blancs de poireaux réservés; portez de nouveau à ébullition à feu vif.

7 Couvrez et faites mijoter pendant 20 min à feu doux ou jusqu'à ce que le tout soit tendre, en arrosant de temps en temps du jus de cuisson. Servez aussitôt.

Canard à l'orange

Photo
page 49
Débutez
2 h 30 avant
4 portions

1 canard surgelé de 4 à
   5 lb (1,8-2,25 kg),
   dégelé
1 pincée de poivre
Sel
2 oranges
Eau

2 c. à thé de fécule de
   maïs
¼ t. de sucre
1 cube de bouillon de
   poulet
2 c. à soupe de brandy

1. Retirez les abats et le cou, rincez le canard à l'eau froide et asséchez-le.

2. Otez l'excès de graisse de la cavité ainsi que la peau du cou, coupez le canard en quatre, poivrez-le et saupoudrez-le de 1 c. à thé de sel.

3. Faites rôtir 1 h les morceaux, peau en dessous, sur la claie d'une lèchefrite, à 350°F (180°C); retournez-les et cuisez 45 min de plus ou jusqu'à ce que la partie la plus charnue des pilons soit tendre.

4. *Préparez la sauce environ 30 min avant la fin de la cuisson:* Pressez le jus de 1 orange dans une mesure de 1 t., remplissez-la d'eau, délayez-y la fécule avec ¼ c. à thé de sel et réservez.

5. Faites fondre le sucre à feu moyen dans une casserole moyenne jusqu'à ce qu'il prenne une légère teinte caramel, en remuant sans arrêt avec une cuiller en bois. Retirez du feu et laissez refroidir 10 min. Ajoutez le jus d'orange et le bouillon (le sucre durcira) et cuisez encore 5 min ou jusqu'à ce que le mélange réduise de moitié et que le sucre soit complètement dissous, en remuant sans cesse. Ajoutez le brandy et tenez au chaud.

6. Tranchez l'autre orange, dressez le canard sur un plat chaud, nappez-le de sauce et garnissez des rondelles d'orange.

Canard rôti Montmorency

1 canard frais ou surgelé
   de 4 à 5 lb (1,8-
   2,25 kg), coupé en
   quatre
1 c. à thé de sel
¼ c. à thé de poivre
1 boîte de 14 oz (398 ml)
   de cerises noires
   dénoyautées, égouttées

½ t. de bordeaux
2 c. à soupe de gelée de
   groseille
1 c. à thé de fécule de
   maïs
¼ t. d'eau
1 c. à soupe de beurre ou
   de margarine

Photo
page 49
Débutez
2 h 30 avant
4 portions

1. Percez la peau du canard en plusieurs endroits avec une fourchette à découper; salez et poivrez le volatile. Mettez-le, peau vers vous, sur la claie d'une lèchefrite et faites-le rôtir à 350°F (180°C) de 1 h 45 à 2 h, jusqu'à ce qu'il soit tendre.

2. Entre-temps, mélangez les cerises et le bordeaux dans un bol et réservez.

3. Défournez le canard et tenez-le au chaud sur un plat. Otez la claie et dégraissez la lèchefrite.

4. Versez le vin des cerises dans la lèchefrite et déglacez-la à feu moyen. Transvasez le tout dans une petite casserole et ajoutez la gelée. Délayez la fécule dans l'eau, incorporez-la à la sauce au vin et faites épaissir à feu moyen en remuant.

5. Ajoutez les cerises et le corps gras; remuez jusqu'à ce que les cerises soient chaudes et le beurre fondu. Servez le canard nappé de cette sauce.

Canard à la mode de Peking

5 pte (5,5 L) d'eau
  bouillante
1 canard frais ou dégelé
  de 5 lb (2,25 kg), paré,
  sans abats et dégraissé
1 c. à soupe de sel
1 c. à soupe de sherry sec
  ou de cuisine
Crêpes fines (ci-contre)
¼ t. de sirop aromatisé à
  l'érable
½ t. de sauce hoisin en
  conserve
4 oignons verts coupés en
  tronçons de 2 po
  (5 cm)

Photo page 48
Débutez la veille
4 portions comme plat
principal

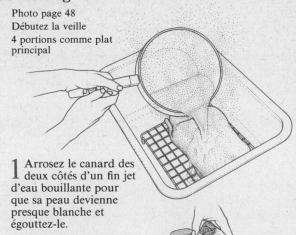

1 Arrosez le canard des deux côtés d'un fin jet d'eau bouillante pour que sa peau devienne presque blanche et égouttez-le.

2 Asséchez la peau et la cavité avec du papier absorbant. Salez la cavité et arrosez-la de sherry.

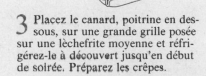

3 Placez le canard, poitrine en dessous, sur une grande grille posée sur une lèchefrite moyenne et réfrigérez-le à découvert jusqu'en début de soirée. Préparez les crêpes.

4 *En début de soirée :* Enduisez la peau du canard de sirop d'érable et réfrigérez-le, sur le dos, jusqu'au lendemain.

Service : Versez la sauce hoisin dans un petit bol et mettez les oignons verts dans un ravier. Découpez le canard en aiguillettes de 2 po × 1 (5 cm × 2,5) et dressez-les sur un plat chaud. Servez avec la sauce hoisin, les oignons verts et les crêpes. Laissez chaque convive garnir lui-même sa crêpe.

5 *Environ 5 h avant de servir :* Cuisez le canard 1 h 30 à 175°F (80°C), puis faites-le rôtir 1 h 30 à 325°F (160°C), poitrine en dessous ; retournez-le et cuisez de 1 h à 1 h 30 de plus jusqu'à ce que la peau soit croustillante. Réchauffez les crêpes 15 min avant la fin de la cuisson.

Crêpes fines

2½ t. de farine tout
  usage
½ c. à thé de sel

1 t. d'eau bouillante
Huile à salade

1. Mélangez la farine et le sel avec l'eau jusqu'à l'obtention de miettes grosses comme des pois. Façonnez en boule et pétrissez 5 min sur un plan fariné jusqu'à ce que la pâte soit souple et lisse.
2. Formez un rouleau de 16 po (40 cm), coupez-le en 16 tranches et couvrez d'un linge humide.
3. Abaissez avec les doigts deux tranches pour former des cercles de 3 po (7,5 cm) sur un plan fariné, huilez-en le dessus et placez-les l'un sur l'autre, côtés huilés ensemble. Abaissez-les au rouleau en un disque de 8 po (20 cm), en procédant depuis le centre et en le retournant plusieurs fois.
4. Dorez chaque côté 2 ou 3 min à feu moyen dans une sauteuse non graissée ; transférez dans un moule à tarte et séparez délicatement les couches avec les doigts pour avoir deux crêpes fines. Mettez-les l'une sur l'autre, côté doré sur le dessus, et couvrez-les de papier d'aluminium.
5. Recommencez jusqu'à ce que vous ayez 16 crêpes. Enveloppez le moule et réfrigérez.
6. *Pour réchauffer :* Mettez, à l'envers, trois ramequins dans une casserole contenant ¾ po (2 cm) d'eau. Développez le moule et déposez-le sur les ramequins. Couvrez la casserole, portez l'eau à ébullition, puis laissez mijoter 10 min à feu doux ou jusqu'à ce que les crêpes soient chaudes.

Empilez deux cercles, côtés huilés ensemble, et abaissez-les en une crêpe de 8 po (20 cm).

Séparez les couches de chaque crêpe cuite pour en obtenir deux plus fines.

SERVICE

Chaque convive dépose au centre de sa crêpe chaude une ou deux aiguillettes, un soupçon de sauce hoisin et un morceau d'oignon vert.

Il replie ou roule la crêpe sur la garniture et la mange à la façon d'un sandwich.

Canard

Canards glacés aux prunes

Photo
page 49
Débutez
2 h 15 avant
8 portions

*2 canards frais ou
dégelés de 4 à 5 lb
(1,8-2,25 kg), coupés
en quatre
Sel d'ail
¼ t. de beurre ou de
margarine
1 oignon moyen haché
1 boîte de 14 oz (398 ml)
de prunes bleues
½ t. de cassonade blonde
tassée*

*⅓ t. de sauce chili
¼ t. de sauce soja
¼ t. de jus de citron
1 c. à thé de sel
1 c. à thé de gingembre
moulu
2 c. à thé de moutarde
préparée
1 c. à thé de sauce
Worcestershire*

1. Percez plusieurs fois la peau des canards avec une fourchette et saupoudrez-les de sel d'ail.
2. Disposez les morceaux, peau vers vous, sur les claies de deux lèchefrites et faites-les rôtir 2 h à 350°F (180°C) jusqu'à ce qu'ils soient tendres.
3. Entre-temps, chauffez le corps gras dans une casserole, puis faites-y blondir l'oignon 5 min à feu moyen, en remuant de temps à autre.
4. Versez le jus des prunes dans le mélangeur, dénoyautez celles-ci et ajoutez-les au jus avec l'oignon blondi, la cassonade et les autres ingrédients. Couvrez et mélangez à grande vitesse.
5. Versez cet appareil dans la casserole et faites mijoter 25 min à feu moyen en remuant parfois.
6. Une fois les canards cuits, défournez les lèchefrites et montez le feu à 400°F (200°C). Otez les volatiles avec les claies pour dégraisser les lèchefrites, puis remettez les claies dans celles-ci et badigeonnez la volaille d'un peu de sauce. Faites-la rôtir 15 min de plus, en l'arrosant de temps à autre; servez avec le reste de sauce.

GLAÇAGES POUR LA VOLAILLE

Prévoyez environ ½ t. de glaçage pour les volatiles de 4 à 10 lb (1,8-4,5 kg); s'ils sont plus gros, doublez la recette. Badigeonnez-les souvent durant les 10 à 20 dernières minutes de cuisson.

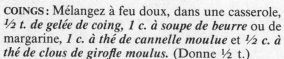

COINGS: Mélangez à feu doux, dans une casserole, *½ t. de gelée de coing, 1 c. à soupe de beurre* ou de margarine, *1 c. à thé de cannelle moulue* et *½ c. à thé de clous de girofle moulus.* (Donne ½ t.)

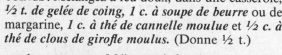

GELÉE DE RAISIN: Mélangez à feu doux, dans une petite casserole, *½ t. de gelée de raisin* et *¼ c. à thé de sel.* (Donne ½ t.)

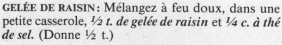

NOIX: Faites fondre à feu moyen *½ t. de gelée de pomme;* ajoutez *½ t. de jus d'orange* et *½ t. de noix de Grenoble hachées.* (Donne 1⅓ t.)

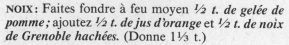

MIEL-BARBECUE: Mélangez dans un petit bol *½ t. de miel, 1 c. à soupe de sauce soja* et *½ c. à thé de gingembre moulu.* (Donne ½ t.)

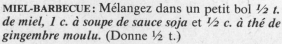

ORANGE-NOIX: Faites fondre en remuant à feu moyen, dans une petite casserole, *1 t. de marmelade d'oranges* avec *½ t. de noix de Grenoble finement hachées, 3 c. à soupe de jus de citron, 1 c. à soupe d'oignons hachés déshydratés* et *2½ c. à thé de sel.* (Donne 1⅔ t.)

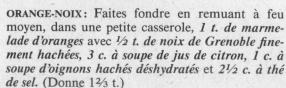

Sauces pour la volaille

Ces sauces sucrées ou épicées accompagnent parfaitement toutes les volailles, surtout si elles sont rôties. Prévoyez 1 tasse de sauce pour 4 ou 5 portions.

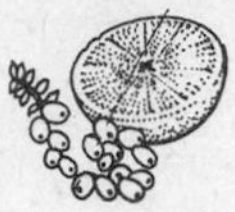

Sauce aux atocas et à l'orange

Débutez
20 min
avant
3 tasses

*2 c. à soupe de fécule de
maïs
1 c. à thé de zeste de
citron râpé
½ c. à thé de clous de
girofle moulus*

*¼ c. à thé de sel
1½ t. de jus d'orange
1 c. à thé de jus de citron
1 boîte de 14 oz (398 ml)
de sauce aux atocas
entiers*

1. Mélangez la fécule, le zeste de citron, le girofle et le sel dans une casserole, puis incorporez-y les jus de citron et d'orange.
2. Faites épaissir à feu vif en remuant.
3. Ajoutez les atocas et réchauffez en remuant de temps à autre. Servez chaud ou froid.

Sauce au citron

Débutez
10 min
avant
1 tasse

*¼ t. de sucre
¼ t. de jus de citron
4 c. à thé de fécule de
maïs
1 c. à soupe de zeste de
citron râpé*

*½ c. à thé de sel
1 pincée de gingembre
moulu
1 goutte de colorant
alimentaire jaune
1 t. d'eau*

1. Mêlez tous les ingrédients dans une casserole.
2. Faites légèrement épaissir à feu moyen, en remuant constamment. Servez chaud.

Sauce au cresson

Débutez
20 min
avant
2 tasses

*1 boîte de 14 oz (398 ml)
de consommé de poulet
(environ 1¾ t.)
3 c. à soupe de farine
tout usage*

*⅓ t. d'eau froide
2½ t. de cresson
grossièrement haché
½ c. à thé de sel
1 pincée de poivre*

1. Portez le consommé à ébullition à feu vif dans une petite casserole.
2. Entre-temps, délayez à la fourchette la farine dans l'eau; baissez le feu et versez lentement la farine délayée dans le bouillon chaud.
3. Faites épaissir en remuant sans arrêt; ajoutez le reste des ingrédients, laissez mijoter 2 min et servez chaud avec de la volaille chaude.

Sauce aux groseilles et à la menthe

Débutez
10 min avant
1 tasse

*1 bocal de 8¾ oz
(250 ml) de gelée de
groseille (1 t.)*

*2 c. à soupe de zeste
d'orange râpé
2 c. à soupe de feuilles de
menthe hachées*

Mélangez tous les ingrédients dans un petit bol et servez avec du poulet ou de la dinde rôtis.

Sauce au curry et à l'ananas

Débutez
15 min avant
1 tasse

*8 oz (250 ml) d'ananas
broyés*

*2 c. à soupe de beurre
1 c. à thé de curry*

Portez les ingrédients à ébullition à feu assez vif dans une petite casserole, en remuant. Couvrez et faites mijoter 5 min à feu doux. Servez chaud.

LÉGUMES

Les légumes tiennent une grande place dans notre alimentation. Ils constituent une bonne source de vitamines et de minéraux, sont hypocaloriques et plusieurs sont riches en fibres. Enfin, un vaste choix de légumes secs, en conserve ou surgelés nous est offert toute l'année.

Réduisez toujours le temps de cuisson au minimum. Si vous faites bouillir les légumes, que ce soit dans le moins d'eau possible et utilisez l'eau de cuisson, riche en éléments nutritifs, pour des sauces et des bouillons.

A moins d'indications contraires, les portions recommandées dans les recettes de ce chapitre sont prévues pour accompagner le plat principal. Des conseils relatifs à l'achat et à l'utilisation des légumes sont également donnés dans ces mêmes pages.

Artichaut

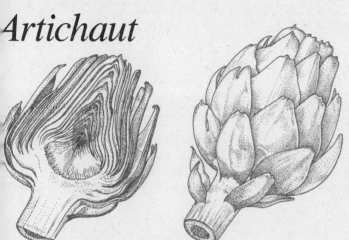

Saison : Toute l'année, mais avec une pointe durant les mois de mars, avril et mai.

Choix : Choisissez les têtes charnues et lourdes pour leur taille, aux feuilles vertes épaisses et serrées. La grosseur n'est pas un critère de qualité. Evitez les sujets trop mûrs, aux feuilles coriaces, décolorées ou détachées de la tête.

Conservation : Réfrigérez-les quelques jours tout au plus dans un sac en plastique avec quelques gouttes d'eau.

Préparation : Coupez la tige, l'extrémité de la tête et les pointes des feuilles, puis dégagez la base, tel qu'illustré ci-contre.

Cuisson : Déposez les artichauts sur leur base dans une marmite contenant 1 po (2,5 cm) d'eau bouillante salée, ajoutez quelques tranches de citron et portez à ébullition à feu moyen ; couvrez et faites mijoter 30 minutes à feu doux ou jusqu'à ce que les feuilles se détachent aisément.

Assaisonnement : Laurier, ail ou origan.

Service : Les artichauts se mangent chauds ou froids, en entrée, en salade ou dans des recettes. Accompagnez-les de beurre fondu ou de Beurre citronné, d'une Sauce hollandaise ou encore d'une Sauce béarnaise (p. 463). Prévoyez un artichaut par personne.

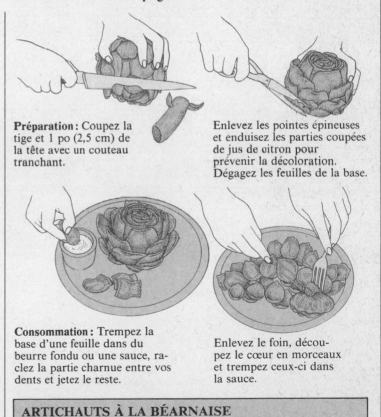

Préparation : Coupez la tige et 1 po (2,5 cm) de la tête avec un couteau tranchant.

Enlevez les pointes épineuses et enduisez les parties coupées de jus de citron pour prévenir la décoloration. Dégagez les feuilles de la base.

Consommation : Trempez la base d'une feuille dans du beurre fondu ou une sauce, raclez la partie charnue entre vos dents et jetez le reste.

Enlevez le foin, découpez le cœur en morceaux et trempez ceux-ci dans la sauce.

ARTICHAUTS À LA BÉARNAISE

Enlevez à la cuiller le foin de l'*artichaut cuit,* remplissez le centre de *sauce béarnaise* (p. 463) et servez chaud. (Photo p. 55.)

Asperge

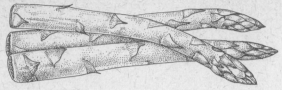

Saison : D'avril à juin.
Choix : Choisissez les tiges fermes aux pointes serrées et compactes, d'un vert franc sur presque toute la longueur (la partie blanche est trop coriace pour être comestible).
Conservation : Les asperges se conservent un ou deux jours réfrigérées dans un récipient ou un sac en plastique.
Préparation : Voir ci-dessous.
Cuisson : Portez les tiges à ébullition à feu moyen dans une grande sauteuse contenant ½ po (1 cm) d'eau bouillante salée ; couvrez et faites mijoter à feu doux 5 minutes si les asperges sont entières ou de 3 à 5 minutes si elles sont coupées. Vous pouvez aussi les cuire à l'étuvée, les faire sauter ou les servir en potage, salade ou entrée.
Assaisonnement : Toute-épice, moutarde, coriandre, citron, sel assaisonné et poivre.
Service : Servez-les chaudes ou froides, avec ou sans sauce.

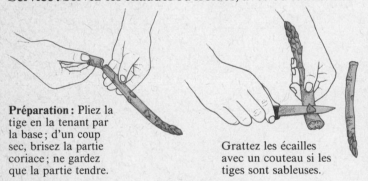

Préparation : Pliez la tige en la tenant par la base ; d'un coup sec, brisez la partie coriace ; ne gardez que la partie tendre.

Grattez les écailles avec un couteau si les tiges sont sableuses.

Asperges à l'étuvée

Eau
1 lb (450 g) d'asperges
Sel

Sauce hollandaise
(p. 463) ou Beurre
citronné (p. 463)

Photo page 21
Débutez 15 min avant
8 entrées ou 4 portions

1. Portez ½ po (1 cm) d'eau à ébullition dans une étuveuse ou une casserole munie d'une claie.
2. Ajoutez les asperges et faites mijoter de 8 à 10 min à couvert.
3. Salez et servez avec une sauce hollandaise ou du beurre citronné.

ASPERGES COUPÉES : Coupez les asperges diagonalement en tronçons de 2 po (5 cm) et cuisez-les de 6 à 8 min comme ci-dessus.

Asperges sautées

1½ lb (700 g) d'asperges
2 c. à soupe d'huile

½ c. à thé de sel

Photo page 70
Débutez 10 min avant
6 portions

1. Coupez les asperges diagonalement en morceaux de 3 po (8 cm).
2. Faites-les sauter à feu vif dans de l'huile très chaude en remuant souvent pour bien les enrober ; salez-les et cuisez-les 3 min de plus ou jusqu'à ce qu'elles soient tendres et croquantes.

Légumes secs

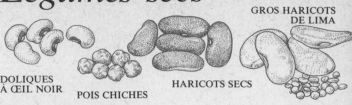

GROS HARICOTS DE LIMA

DOLIQUES À ŒIL NOIR   POIS CHICHES   HARICOTS SECS

LENTILLES

Saison : Toute l'année.
Choix : Achetez-les en paquets.
Conservation : Gardez-les dans leur sac ou un récipient fermé.
Préparation : Rincez-les et triez-les. Faites tremper les pois entiers, les fèves et les haricots secs avant de les mettre à cuire. *Trempage nocturne :* Couvrez 1 tasse de légumes secs de 3 tasses d'eau et laissez tremper 12 heures ou toute la nuit. *Trempage rapide :* Versez 1 tasse de légumes secs dans 3 tasses d'eau bouillante, ramenez à ébullition à feu vif et laissez bouillir 2 minutes. Retirez du feu, laissez reposer 1 heure à couvert et cuisez dans la même eau.
Cuisson : Après le trempage, ajoutez 1 cuillerée à thé de sel par tasse de légumes secs, couvrez et faites mijoter selon le tableau de cuisson ci-dessous. Une fois cuite, 1 tasse de légumes secs en donnera 2 ou 2½.
Assaisonnement : Oignon, ail ou laurier.
Service : En salade ou dans des recettes.

1 TASSE DE LÉGUMES SECS TREMPÉS	TEMPS DE CUISSON
Doliques à œil noir	25 à 30 min
Fèves de soja	1 h 30
Gros haricots de Lima	1 h
Haricots great northern	1 h à 1 h 30
Haricots noirs	2 h
Haricots pinto	2 h
Haricots roses	2 h
Haricots rouges	2 h
Haricots secs	1 h 30
Lentilles *(trempage inutile)*	25 à 30 min
Petits haricots blancs	1 h 30
Pois cassés *(trempage inutile)*	45 min
Pois chiches	2 h à 2 h 15
Pois entiers	1 h

Haricots au four à la bostonnaise

2 lb (900 g) de petits
*   haricots blancs*
Eau
4 c. à thé de sel
¾ t. de mélasse noire
½ t. de cassonade brune
*   tassée*

1 c. à soupe de moutarde
*   sèche*
1 c. à thé de poivre
1 gros oignon piqué de
*   4 clous de girofle*
8 oz (225 g) de petit salé,
*   la couenne entaillée*

Photo page 68
Débutez le matin ou la veille
12 portions

1. Faites tremper les haricots dans un grand faitout selon la méthode rapide ; portez à ébullition, salez, couvrez et faites mijoter 1 h à feu doux.
2. Ajoutez la mélasse et les cinq ingrédients suivants, couvrez et cuisez 7 h au four à 250°F (120°C) en ajoutant juste assez d'eau pour compenser l'évaporation. Otez les clous de girofle.

Haricots : verts, beurre

Doliques à œil noir

Photo
page 68
Débutez
la veille
6 portions

1 paquet de 16 oz (450 g)   ¼ lb (115 g) de petit salé
de doliques à œil noir   tranché
Eau   Sel et poivre

1. Faites tremper les haricots toute la nuit.
2. *Environ 2 h avant de servir :* Egouttez-les et portez-les à ébullition à feu assez vif dans un grand faitout avec le petit salé et 2 pte (2 L) d'eau. Couvrez et laissez mijoter 1 h 15 à feu doux ou jusqu'à ce que les haricots soient tendres, en remuant de temps en temps. Salez et poivrez.

Relish aux haricots

Photo
page 68
Débutez
4 h 30
avant ou
jusqu'à
1 semaine
plus tôt
9 tasses

6 t. de haricots rouges   3 oignons moyens
*   cuits   tranchés*
2 boîtes de 16 oz (450 g)   2 c. à thé de sel
*   de maïs emballé sous   2 c. à thé de graines de*
*   vide   moutarde*
1½ t. de vinaigre de   1 c. à thé de mignonnette
*   cidre   1 t. d'eau*
1 t. de sucre   3 c. à soupe de fécule de
*   maïs*

1. Mélangez dans un grand bol les haricots avec le maïs et son jus, puis réservez.
2. Portez à ébullition à feu moyen, dans une casserole, le vinaigre et les cinq ingrédients suivants. Couvrez et cuisez 5 min.
3. Entre-temps, délayez la fécule dans l'eau, ajoutez-la progressivement à l'appareil et remuez constamment jusqu'à ébullition. Retirez la casserole du feu après 1 min, versez l'appareil sur le mélange de haricots et de maïs et mêlez bien.
4. Réfrigérez à couvert 4 h ou toute la nuit en remuant de temps en temps.

Haricots et riz à la portoricaine

Photo
page 33
Débutez
3 h avant
6 portions
comme plat
principal

1 paquet de 16 oz (450 g)   1 boîte de 8 oz (227 ml)
*   de haricots roses   de sauce tomate*
6 t. d'eau   ½ c. à thé de feuilles
2 c. à thé de sel   d'origan
½ t. de petit salé coupé   ¼ c. à thé de poudre
*   en dés   d'ail*
1 gros oignon, en dés   ¼ c. à thé de poivre
1 gros poivron vert, en   4 t. de riz chaud
*   dés*

1. Rincez les haricots à l'eau froide et triez-les. Portez-les à ébullition avec l'eau à feu assez vif, dans un grand faitout. Faites bouillir 2 min, retirez du feu, couvrez et laissez reposer 1 h.
2. Salez les haricots sans les égoutter et amenez-les de nouveau à ébullition à feu vif. Couvrez alors et faites mijoter 40 min à feu doux en remuant de temps en temps.
3. Entre-temps, faites revenir 10 min le petit salé à feu moyen dans une sauteuse ; ajoutez l'oignon et le poivron et poursuivez la cuisson en remuant de temps en temps. Ajoutez ce mélange aux haricots avec la sauce tomate, l'origan, la poudre d'ail et le poivre. Cuisez de 40 à 50 min jusqu'à ce que les haricots soient tendres. Servez sur un lit de riz.

Saison : Toute l'année.
Choix : Choisissez les sujets tendres, croquants et intacts, avec, de préférence, des cosses bien formées et remplies de petites graines. La longueur n'a pas d'importance.
Conservation : Ils se gardent un ou deux jours au réfrigérateur dans un récipient ou un sac en plastique.
Préparation : Voir ci-dessous.
Cuisson : Portez-les à ébullition à feu moyen dans 1 po (2,5 cm) d'eau bouillante salée. Couvrez et faites-les mijoter à feu doux de 5 à 10 minutes, selon qu'ils sont coupés ou non, ou, encore, jusqu'à ce qu'ils soient tendres. Les haricots se servent également en salade, comme plat principal, dans des ragoûts ou en pot-au-feu.
Assaisonnement : Chili, ciboulette, aneth, citron, moutarde, oignon, sauge, persil, sel ou poivre assaisonné ou, encore, quelques cuillerées de graisse de bacon ou de jambon fondue.
Service : Ils se mangent chauds, avec ou sans sauce.

Préparation : Rincez les haricots à l'eau froide et cassez les extrémités qui viendront avec les fils.

Laissez-les entiers ou coupez-les en bouchées.

Haricots sauce persillée

Photo
page 68
Débutez
30 min
avant
8 portions

Eau   1½ c. à thé de sel
1 lb (450 g) de haricots   1 pincée de poivre
*   verts   1 t. de consommé de*
1 lb (450 g) de haricots   poulet
*   beurre   2 jaunes d'œufs*
2 c. à soupe de beurre ou   ½ t. de lait
*   de margarine   1 t. de persil haché*
2 c. à soupe de farine

1. Portez les haricots à ébullition à feu moyen dans une grande sauteuse contenant 1 po (2,5 cm) d'eau bouillante ; couvrez et faites mijoter 10 min à feu doux ou jusqu'à ce que les haricots soient tendres, puis égouttez-les.
2. Chauffez le corps gras dans une casserole, puis mélangez-y à feu moyen la farine, le sel et le poivre ; ajoutez le consommé et faites épaissir en remuant sans arrêt. Baissez le feu.
3. Battez les jaunes et le lait dans un petit bol, mélangez-y un peu de sauce chaude, puis versez lentement le tout dans la casserole en brassant vite pour prévenir la formation de grumeaux ; faites épaissir (sans laisser bouillir) en remuant constamment, puis ajoutez les haricots et le persil haché.

Haricot de Lima

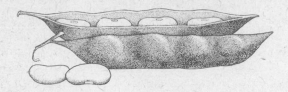

Saison: Toute l'année, avec une pointe en août et en septembre.

Choix: Choisissez les gousses vertes, tendres et bien remplies. Evitez celles qui sont sèches, tachetées, fanées ou jaunâtres. Les haricots écossés devraient être charnus avec une peau verte ou d'un blanc tirant sur le vert.

Conservation: Les haricots de Lima se gardent un ou deux jours réfrigérés dans un récipient ou un sac en plastique.

Préparation: Voir ci-dessous.

Cuisson: Ajoutez les haricots à des potages, ragoûts et pot-au-feu ou portez-les à ébullition dans une casserole contenant 1 po (2,5 cm) d'eau bouillante salée, puis couvrez et faites mijoter de 20 à 30 minutes à feu doux.

Assaisonnement: Ail, oignon et persil.

Service: Ils se mangent chauds ou froids et sont délicieux nappés de Sauce blanche, de Sauce au fromage (p. 461) ou de Sauce aux champignons (p. 462).

Préparation: Cassez la gousse à une extrémité et écossez-la.

Ou entaillez la face interne de la gousse et dégagez les haricots.

Haricots de Lima Smitane

Photo page 68
Débutez 25 min avant
4 portions

1½ lb (700 g) de haricots de Lima écossés ou 1 paquet de 12¼ oz (350 g) de petits haricots de Lima surgelés
1 piment doux, en dés

½ t. de crème sure
3 c. à soupe de ciboulette hachée
¼ c. à thé de sel d'ail
¼ c. à thé de sel
¼ c. à thé de poivre

1. Cuisez les haricots écossés comme ci-dessus ou selon les directives s'ils sont surgelés. Egouttez-les.
2. Mélangez-y le reste des ingrédients.

Haricots de Lima en salade

Photo page 68
Débutez 2 h avant
4 portions

1 paquet de 12¼ oz (350 g) de haricots de Lima surgelés
½ t. de châtaignes d'eau en conserve tranchées

¼ t. de vinaigrette italienne
¾ c. à thé de graines d'aneth

1. Faites cuire les haricots de Lima et égouttez-les.
2. Mélangez-y les châtaignes, la vinaigrette et l'aneth. Couvrez et réfrigérez.

Betterave

Saison: Toute l'année, mais avec une pointe de juin à novembre.

Choix: Prenez les légumes fermes, d'un rouge franc et de grosseur uniforme, sans rides, meurtrissures ni taches blanches et, le cas échéant, avec des fanes fraîches.

Conservation: Coupez les fanes et réfrigérez-les ainsi que les tubercules dans des récipients ou des sacs en plastique. Les tubercules se gardent au plus une semaine, et les fanes un ou deux jours (on les sert crues en salade).

Préparation: Voir ci-dessous.

Cuisson: Portez les betteraves entières (tubercules) à ébullition à feu moyen dans une casserole contenant 1 po (2,5 cm) d'eau bouillante salée. Couvrez et faites-les mijoter à feu doux de 30 minutes à 1 heure (selon le mûrissement et la grosseur), puis égouttez-les et pelez-les. Si vous les pelez et les détaillez avant de les mettre à cuire, la cuisson ne prendra que de 15 à 20 minutes.

Assaisonnement: Toute-épice, graines de céleri, clous de girofle, aneth, muscade, orange, citron.

Service: Servez-les chaudes ou froides, avec ou sans sauce.

Préparation: Coupez les tiges et frottez les tubercules sous l'eau froide sans entamer la peau.

Passez les betteraves cuites à l'eau froide, puis pelez-les à l'aide d'un couteau tranchant.

Betteraves à la mode de Harvard

Photo page 68
Débutez 20 min avant
6 portions

¼ t. de sucre
1 c. à soupe de fécule de maïs
½ c. à thé de sel
⅓ t. de vinaigre
1 c. à soupe de beurre

1 c. à thé d'oignon haché
3 t. de betteraves cuites et tranchées ou 2 boîtes de 14 oz (398 ml) de betteraves tranchées et égouttées

1. Mélangez le sucre, la fécule et le sel dans une petite casserole, ajoutez-y le vinaigre, puis le beurre et l'oignon haché et faites épaissir à feu moyen en remuant constamment.
2. Baissez le feu, ajoutez les betteraves et réchauffez-les en remuant de temps à autre.

BETTERAVES À L'ORANGE: Remplacez le vinaigre de la recette ci-dessus par ½ t. de jus d'orange et l'oignon par 1 c. à thé de zeste d'orange râpé.

Brocoli

Saison : Toute l'année, avec un creux en été.
Choix : Les tiges doivent être fermes mais tendres et les bouquets denses et vert foncé.
Conservation : Un ou deux jours au réfrigérateur, dans un récipient ou un sac en plastique.
Préparation : Voir ci-dessous.
Cuisson : Portez le brocoli à ébullition à feu moyen dans une sauteuse contenant 1 po (2,5 cm) d'eau bouillante salée. Couvrez et cuisez 10 minutes à feu doux. On l'utilise aussi dans des potages ou des plats en casserole.
Assaisonnement : Coriandre, aneth, moutarde, muscade et origan.
Service : Servez-le chaud, avec ou sans sauce.

Préparation : Otez les grosses feuilles et les parties ligneuses, puis fendez les tiges deux ou trois fois en longueur pour accélérer la cuisson. Rincez bien.

Brocoli sauté

Photo page 72
Débutez 15 min avant
4 à 6 portions

3 c. à soupe d'huile
1 brocoli défait en bouquets

¼ t. d'eau
½ c. à thé de sel
¼ c. à thé de sucre

1. Dans une sauteuse ou un faitout, faites revenir le brocoli à feu vif dans l'huile très chaude, en remuant pour bien l'enrober.
2. Ajoutez l'eau, le sel et le sucre, couvrez, puis cuisez 2 min à feu assez vif. Découvrez et faites sauter 5 à 6 min de plus.

Brocoli au suisse

Photo page 72
Débutez 1 h avant
4 portions

Eau
1 lb (450 g) de brocoli grossièrement haché
Sel
3 c. à soupe de beurre
2 c. à soupe de farine tout usage

3 c. à soupe d'oignons hachés
1¼ t. de lait
2 t. de suisse râpé
2 œufs battus

1. Graissez un plat à four de 10 po × 6 (25 cm × 15). Portez le brocoli à ébullition à feu vif dans une casserole avec 1 po (2,5 cm) d'eau et ½ c. à thé de sel. Cuisez 10 min à couvert et réservez. Portez le four à 325°F (160°C).
2. Entre-temps, faites fondre le beurre à feu moyen dans une autre casserole, mêlez-y la farine et 1½ c. à thé de sel, puis les oignons et cuisez 1 min. Incorporez le lait et faites épaissir en remuant. Otez du feu dès que la sauce commence à bouillir.
3. Ajoutez le brocoli et le fromage, remuez jusqu'à ce que celui-ci soit fondu et incorporez les œufs. Versez dans le plat et cuisez 30 min.

Chou de Bruxelles

Saison : De septembre à mai.
Choix : Prenez les choux fermes et brillants, aux feuilles extérieures bien fermées et sans taches noires. Les choux mous ou gonflés sont déconseillés.
Conservation : Un ou deux jours au réfrigérateur dans un récipient ou un sac en plastique.
Préparation : Voir ci-dessous.
Cuisson : Portez les choux à ébullition à feu moyen dans une casserole contenant 1 po (2,5 cm) d'eau bouillante salée. Couvrez et faites mijoter 10 minutes à feu doux. Ou encore cuisez au four ou utilisez dans des recettes.
Assaisonnement : Carvi, aneth, moutarde, mayonnaise ou muscade râpée.
Service : Servez-les chauds, avec ou sans sauce, ou accompagnez-les de carottes, de courges ou de marrons.

Préparation : Parez les tiges et ôtez toutes les feuilles jaunes.

Incisez la tige en croix pour accélérer la cuisson. Rincez les choux.

Choux de Bruxelles au four

Photo page 71
Débutez 1 h avant
4 à 6 portions

½ t. de chapelure
2 c. à soupe de beurre ou de margarine, fondu
¼ c. à thé de poivre concassé
1 c. à thé de sel

2 paquets de 10½ oz (300 g) de choux de Bruxelles surgelés, partiellement dégelés et égouttés

1. Allumez le four à 350°F (180°C). Mélangez tous les ingrédients, sauf les choux de Bruxelles, dans une cocotte moyenne.
2. Ajoutez les choux, mélangez, couvrez et cuisez 45 min au four ou jusqu'à ce qu'ils soient tendres.

Choux de Bruxelles aigres-doux

Photo page 71
Débutez 30 min avant
8 à 10 portions

4 oz (115 g) de bacon tranché, coupé en dés
3 casseaux de 10 oz (285 g) de choux de Bruxelles ou 3 paquets de 10½ oz (300 g) de choux de Bruxelles surgelés, dégelés

½ oignon moyen émincé
2 c. à soupe de vinaigre de cidre
1 c. à soupe de sucre
¾ c. à thé de sel
¼ c. à thé de moutarde sèche
1 pincée de poivre

1. Faites dorer le bacon à feu modéré dans un faitout ou une casserole, puis mettez-le à égoutter sur du papier absorbant avec une écumoire.
2. Cuisez les choux de Bruxelles 10 min dans la graisse de bacon avec l'oignon, le vinaigre, le sucre, le sel, la moutarde et le poivre, en remuant de temps à autre.
3. Incorporez le bacon.

Chou

CHOU
DE MILAN

CHOU POMMÉ
VERT

Saison : Toute l'année.

Choix : Choisissez les têtes fermes, lourdes pour leur taille, aux feuilles fraîches et cassantes. Les variétés vertes les plus courantes sont le chou pommé, rustique et aux feuilles en pointe, ainsi que le chou de Milan. Le chou rouge est d'un pourpre caractéristique.

Conservation : Le chou se garde une ou deux semaines, réfrigéré dans un contenant ou un sac en plastique.

Préparation : Voir ci-dessous.

Cuisson : Portez le chou à ébullition à feu moyen dans une casserole contenant 1 po (2,5 cm) d'eau bouillante salée. Baissez le feu et faites-le mijoter à couvert de 3 à 15 minutes, selon qu'il est râpé ou en quartiers. Le chou se prépare aussi à l'étuvée, sauté ou en ragoût.

Assaisonnement : Toute-épice, graines de carvi, clous de girofle, curry, moutarde et estragon.

Service : Servez-le cru en salade ou cuit et chaud, avec ou sans assaisonnement.

Préparation : Otez les feuilles fanées ou passées. Rincez à l'eau froide.

Coupez le chou en moitiés puis en quarts avec un gros couteau.

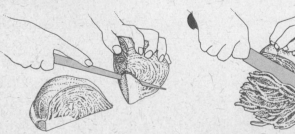

Conservez juste assez du cœur pour retenir les feuilles ensemble.

Vous pouvez aussi râper le chou avec un couteau ou une râpe. Jetez le cœur.

Chou au bacon

Photo
page 69
Débutez
30 min
avant
6 à 8 portions

8 tranches de bacon coupées en dés
½ t. d'oignons hachés

1 chou moyen râpé
2 c. à thé de sel

1. Faites revenir environ 5 min l'oignon et le bacon à feu moyen dans une grande sauteuse, jusqu'à ce que l'oignon soit tendre.

2. Ajoutez le sel et le chou râpé et cuisez une dizaine de minutes, en remuant de temps en temps avec une écumoire.

Chou rouge aux pommes

Photo
page 69
Débutez
1 h avant
8 portions

¼ t. de beurre ou de margarine
2 pommes à cuire moyennes, pelées, évidées et émincées
1 oignon moyen coupé en dés
1 chou rouge moyen haché (environ 8 t.)

1 t. d'eau
½ t. de vinaigre de vin rouge
⅓ t. de sucre
1½ c. à thé de sel
1 pincée de poivre
1 feuille de laurier

1. Chauffez le corps gras dans une grande casserole, puis faites-y revenir 10 min à feu moyen les pommes et l'oignon.

2. Ajoutez le chou, l'eau, le vinaigre, le sucre, le sel, le poivre et la feuille de laurier, puis portez à ébullition. Couvrez et faites mijoter 40 min à feu doux en remuant de temps en temps, jusqu'à ce que le chou soit très tendre.

3. Otez la feuille de laurier avant de servir.

Chou sauté au carvi

Photo
page 69
Débutez
15 min
avant
6 portions

1 petit chou vert
3 c. à soupe d'huile à salade

1 c. à thé de graines de carvi
1 c. à thé de sel

1. Hachez grossièrement le chou avec un couteau.

2. Faites-le sauter 10 min dans l'huile chaude et à feu vif, dans un bon faitout, avec le sel et le carvi en remuant vite et souvent jusqu'à ce qu'il soit tendre mais encore croquant.

Relish au chou

Photo
page 69
Débutez
3 h avant
6 à 8 portions

¾ t. de vinaigre blanc
¾ t. d'eau
2 c. à thé de sel
⅓ t. de sucre
1 c. à soupe de graines de moutarde
6 t. de chou vert râpé

1 t. de poivrons verts coupés en cubes de ¾ po (2 cm)
2 bocaux de 4 oz (114 ml) de piments coupés en cubes de ¾ po (2 cm)
1 oignon rouge émincé

1. Mélangez le vinaigre, l'eau, le sel, le sucre et les graines de moutarde dans une grande casserole et portez à ébullition à feu vif. Baissez le feu, faites mijoter 5 min, puis laissez refroidir.

2. Mélangez dans un saladier le chou, les poivrons, les piments et l'oignon ; arrosez de marinade et mêlez pour bien enrober.

3. Réfrigérez 2 h à couvert en remuant quelques fois. Mélangez juste avant de servir et accompagnez de tranches de jambon ou de porc froid.

Carotte

Saison : Toute l'année.
Choix : Choisissez les carottes fermes, bien formées et d'un orange vif. Rejetez celles qui sont molles ou flétries.
Conservation : Sans les fanes, elles se conserveront une ou deux semaines au réfrigérateur dans un sac en plastique.
Préparation : Voir ci-dessous.
Cuisson : Portez les carottes à ébullition à feu moyen dans 1 po (2,5 cm) d'eau bouillante salée, puis couvrez et faites-les mijoter à feu doux de 10 à 20 minutes, selon qu'elles sont coupées ou entières. Utilisez-les aussi dans les potages, les ragoûts ou les plats en casserole.
Assaisonnement : Clous de girofle, curry, aneth, gingembre, macis, marjolaine, menthe et muscade.
Service : Servez-les crues en salade ou comme casse-croûte ou cuites et chaudes, avec ou sans assaisonnement.

Préparation : Brossez les carottes à l'eau froide ou pelez-les avec un éplu-choir. Coupez les bouts. Apprêtez-les entières ou en julienne, en rondelles, en bouchées ou râpées.

Carottes glacées

Eau	2 c. à soupe de beurre
1 lb (450 g) de carottes, en gros morceaux	1 c. à soupe de sucre
Sel	¼ c. à thé de muscade râpée

Photo page 68
Débutez 5 min avant
portions

1. Portez les carottes à ébullition à feu moyen dans une casserole contenant 1 po (2,5 cm) d'eau et ¼ c. à thé de sel. Couvrez et faites mijoter 15 min à feu doux, puis égouttez.
2. Ajoutez le beurre, le sucre, la muscade et ¾ c. à thé de sel. Remettez sur le feu et faites glacer en remuant constamment.

Carottes aux épices

¾ t. d'eau	⅓ t. d'oignon finement haché
3 lb (1,35 kg) de carottes coupées en tranches de ¼ po (6 mm)	2 c. à thé de cannelle moulue
1 t. de raisins de Corinthe	1½ c. à thé de sel
½ t. de beurre ou de margarine	¼ t. de cassonade brune tassée

Photo page 68
Débutez 5 min avant
2 portions

1. Cuisez tous les ingrédients, sauf la cassonade, pendant 15 min à feu moyen dans une grande casserole couverte, en remuant de temps en temps.
2. Ajoutez la cassonade et faites-la dissoudre.

Chou-fleur

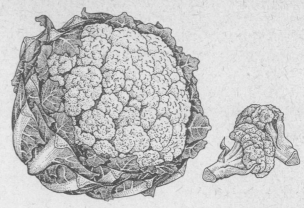

Saison : Toute l'année, avec une pointe en automne.
Choix : Choisissez les pommes compactes, granuleuses et blanc crème, entourées de feuilles fraîches et vertes.
Conservation : De trois à cinq jours au réfrigérateur dans un contenant ou un sac en plastique.
Préparation : Voir ci-dessous.
Cuisson : Portez le chou-fleur à ébullition à feu moyen dans une casserole contenant 1 po (2,5 cm) d'eau bouillante salée ; couvrez et faites mijoter à feu doux de 10 à 15 minutes pour une pomme entière et 8 minutes pour des bouquets. Le chou-fleur se prépare également à l'étuvée et s'emploie dans de nombreux plats.
Assaisonnement : Ciboulette, paprika, clous de girofle, muscade, aneth, romarin ou thym.
Service : Servez-le cru en salade ou comme casse-croûte, ou cuit (chaud ou froid) avec ou **sans sauce.**

Préparation : Rincez le chou-fleur, ôtez les feuilles et le cœur et apprê-tez-le entier ou défait en fleurs.

Chou-fleur à la polonaise

Eau	1 c. à soupe de persil haché
1 chou-fleur moyen	
Sel	1 c. à soupe de jus de citron
2 c. à soupe de beurre	
½ t. de chapelure	
1 œuf dur haché	

Photo page 67
Débutez 20 min avant
6 portions

1. Portez le chou-fleur à ébullition à feu moyen dans une marmite contenant 1 po (2,5 cm) d'eau bouillante et ½ c. à thé de sel. Couvrez, faites mijoter de 10 à 15 min à feu doux, pour que le chou-fleur soit tendre, puis égouttez-le bien. Dressez-le entier sur un plat de service.
2. Entre-temps, faites fondre le beurre à feu moyen dans une petite casserole et dorez-y la chapelure. Ajoutez l'œuf, le persil haché, le jus de citron et ¼ c. à thé de sel. Versez le tout sur le chou-fleur.

Céleri

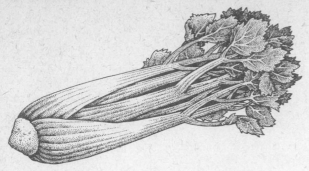

Saison : Toute l'année.
Choix : Choisissez-le moyen, frais, croquant et vert pâle. Les tiges fines et foncées risquent d'être fibreuses.
Conservation : Une semaine au réfrigérateur, dans un contenant ou un sac en plastique.
Préparation : Voir ci-dessous.
Cuisson : Portez le céleri à ébullition à feu moyen dans une casserole contenant 1 po (2,5 cm) d'eau bouillante. Couvrez et faites mijoter à feu doux de 3 à 6 minutes, selon que les branches sont coupées ou entières. Le céleri s'emploie aussi dans de nombreuses recettes.
Assaisonnement : Basilic, ciboulette, aneth, moutarde ou estragon.
Service : Servez-le cru comme casse-croûte ou en salade, ou cuit (chaud ou froid) avec ou sans sauce.

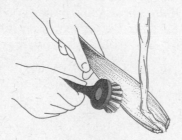

Préparation : Coupez les feuilles (gardez-les pour des potages ou des ragoûts) et la racine.

Brossez les branches de céleri sous l'eau froide et asséchez-les bien.

Céleri sauté

Photo page 71
Débutez 20 min avant
4 à 6 portions

1 petit pied de céleri
2 c. à soupe d'huile à salade
2 feuilles de laurier

¾ c. à thé de feuilles de thym
¾ c. à thé de sel
¼ c. à thé de poivre

1. Tranchez uniformément le céleri en biais avec un couteau bien aiguisé.
2. Faites-le revenir 5 min à feu moyen dans l'huile chaude avec les autres ingrédients, en remuant de temps en temps.
3. Otez le laurier et servez aussitôt.

Débutez 30 min avant
6 portions

CÉLERI SAUTÉ AUX OIGNONS VERTS : Chauffez *3 c. à soupe d'huile* dans une grande casserole et faites-y revenir 5 min à feu moyen *1 botte d'oignons verts* coupés en morceaux de 3 po (8 cm), *1 petit pied de céleri* coupé en bâtonnets de 3 po (8 cm), *2 feuilles de laurier, 1 c. à thé de feuilles de thym, ¾ c. à thé de sel* et *¼ c. à thé de poivre,* en remuant de temps en temps. Retirez alors le laurier de la préparation et servez aussitôt.

Maïs

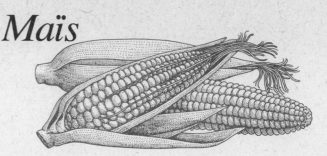

Saison : Toute l'année, mais avec une pointe de mai à septembre.
Choix : Choisissez les épis moyens aux grains brillants, dodus et laiteux, suffisamment fermes pour résister à une légère pression. Les petits épis ne sont pas encore mûrs et les très gros, d'un jaune intense, risquent d'être durs.
Conservation : Réfrigérez dans le bac à légumes et utilisez le plus tôt possible.
Préparation : Voir ci-dessous.
Cuisson : Portez le maïs à ébullition à feu moyen dans une marmite contenant 1 po (2,5 cm) d'eau bouillante. Couvrez et faites mijoter à feu doux de 5 à 6 minutes. Le maïs s'emploie aussi dans de nombreux plats.
Assaisonnement : Basilic, chili, ciboulette, oignons, origan et ail.
Service : Egrenez les épis au couteau et servez-les comme accompagnement ou badigeonnez-les de beurre, nature ou aromatisé, et mangez-les avec les doigts.

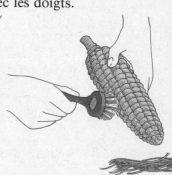

Préparation : Otez les enveloppes et les soies juste avant la cuisson.

Otez le reste des soies avec une petite brosse à légumes.

Egrenez le maïs cuit et servez-le comme plat principal, en salade, en macédoine ou dans de la relish.

Photo page 70

BEURRES AROMATISÉS POUR LE MAÏS

BEURRE AU CHILI : Mélangez avec une cuiller en bois, dans un petit bol, *½ t. de beurre* ou de margarine, ramolli, *2 c. à thé de sel, 1 c. à thé de chili* et *¼ c. à thé de poivre.* (Donne ½ t.)

BEURRE À LA CIBOULETTE : Remplacez le chili ci-dessus par *2 c. à thé de ciboulette hachée.*

BEURRE À L'ANETH : Préparez comme ci-dessus en remplaçant le chili par *1 c. à thé de graines d'aneth.*

Concombre

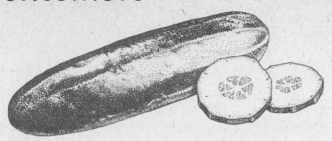

Saison : Toute l'année, avec une pointe de mai à août.
Choix : Choisissez les sujets fermes, bien formés et d'un vert franc. Rejetez ceux qui sont mous, jaunes ou gonflés. Les petites variétés sont utilisées pour les cornichons.
Conservation : De trois à cinq jours au réfrigérateur.
Préparation : Rincez-les à l'eau froide, ôtez-en les bouts et coupez-les selon la forme désirée. Sauf indication contraire, il est inutile de les peler.
Cuisson : Coupez les concombres en deux sur le long et portez-les à ébullition à feu moyen dans une casserole contenant 1 po (2,5 cm) d'eau bouillante salée. Couvrez et faites mijoter de 5 à 10 minutes à feu doux. Vous pouvez aussi en confectionner des potages froids et des marinades.
Assaisonnement : Saupoudrez des rondelles crues de poivre, d'aneth, d'estragon, de persil ou de ciboulette.
Service : Servez-les crus en salade ou cuits comme légume d'accompagnement.

Rondelles de concombre sautées

3 concombres moyens   *½ c. à thé de sel*
2 c. à soupe de beurre   *1 pincée de poivre*

Photo
page 70
Débutez
30 min
avant
4 portions

1. Pelez les concombres, coupez-les en trois tronçons et épépinez-les à la cuiller. Tranchez-les ensuite en rondelles de ¼ po (6 mm) d'épaisseur.
2. Faites fondre le beurre à feu assez vif dans une sauteuse, ajoutez-y les rondelles, salez, poivrez et cuisez 10 min en remuant de temps en temps, jusqu'à ce que les concombres soient tendres.

GARNITURES AU CONCOMBRE

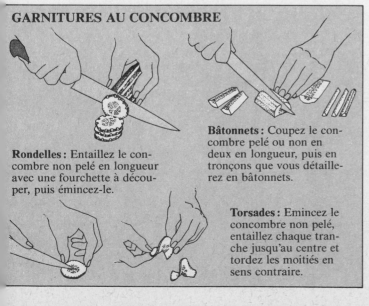

Rondelles : Entaillez le concombre non pelé en longueur avec une fourchette à découper, puis émincez-le.

Bâtonnets : Coupez le concombre pelé ou non en deux en longueur, puis en tronçons que vous détaillerez en bâtonnets.

Torsades : Emincez le concombre non pelé, entaillez chaque tranche jusqu'au centre et tordez les moitiés en sens contraire.

Aubergine

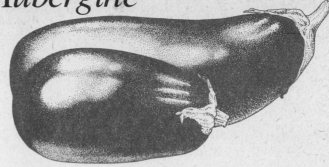

Saison : Toute l'année.
Choix : Choisissez les sujets fermes et lourds, d'un riche pourpre foncé et à la tige vert vif. Evitez ceux qui sont flasques ou meurtris : leur goût est généralement amer.
Conservation : Réfrigérées, les aubergines se conservent environ une semaine.
Préparation : Voir ci-dessous.
Cuisson : Portez l'aubergine à ébullition à feu moyen dans une grande casserole contenant 1 po (2,5 cm) d'eau bouillante salée. Couvrez et faites mijoter 5 minutes à feu doux. Vous pouvez aussi la faire sauter ou l'utiliser dans de nombreux plats avec d'autres légumes.
Assaisonnement : Origan, sauge et ail.
Service : Elle se consomme cuite.

Préparation : Coupez la tige et détaillez l'aubergine, pelée ou non, selon la forme voulue juste avant de la mettre à cuire, car il s'agit d'un légume qui se décolore rapidement.

Aubergine au carvi

2 c. à soupe d'huile   *1 oignon moyen tranché*
¾ t. de tranches de   *2 c. à thé de vinaigre*
bacon hachées   *¾ c. à thé de sel*
1 c. à thé de graines de   *1 petite aubergine coupée*
carvi   *en cubes*

Photo
page 69
Débutez
25 min
avant
4 portions

1. Chauffez l'huile dans une sauteuse, puis faites-y revenir les cinq ingrédients suivants à feu assez vif pendant 5 min.
2. Ajoutez l'aubergine, couvrez et cuisez de 5 à 7 min à feu moyen en remuant de temps en temps.

Tranches d'aubergine sautées

1 aubergine moyenne   *¾ t. d'eau*
(1 lb ou 450 g)   *1 c. à thé de sel*
⅓ t. d'huile d'olive   *1 pincée de poivre*
ou à salade   *Persil haché*
2 c. à soupe de beurre

Photo
page 69
Débutez
15 min
avant
4 portions

1. Tranchez l'aubergine en rondelles de ½ po (1 cm) d'épaisseur et coupez celles-ci en deux. Chauffez l'huile et le beurre dans une sauteuse, puis faites-y revenir les morceaux d'aubergine à feu assez vif, en remuant pour bien les enrober.
2. Ajoutez l'eau, le sel et le poivre, puis cuisez 5 min de plus, sans cesser de remuer. Garnissez de persil avant de servir.

Endive

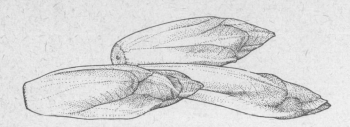

Saison : De septembre à juin.
Choix : Choisissez les petites endives compactes aux feuilles blanches ourlées de jaune ou de vert pâle. Rejetez celles dont les feuilles externes sont fanées. (Pour la chicorée, voir Laitue, légumes-feuilles, p. 288.)
Conservation : Un ou deux jours au réfrigérateur dans un contenant ou un sac en plastique.
Préparation : Voir ci-dessous.
Cuisson : Portez les endives à ébullition à feu moyen dans une casserole contenant ½ po (1 cm) d'eau bouillante salée. Couvrez et faites mijoter 25 minutes à feu doux ou jusqu'à ce qu'elles soient tendres mais encore croquantes.
Assaisonnement : Citron et muscade râpée.
Service : Elles se consomment crues comme entrée ou en salade et cuites comme légume d'accompagnement.

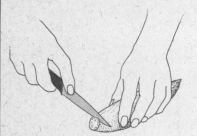

Préparation : Rincez les endives à l'eau froide et tranchez-en la base avec un petit couteau.

Otez les feuilles extérieures fanées ou abîmées.

Endives au suisse

Photo page 69
Débutez 1 h avant
6 portions

Eau
12 petites endives
Sel
½ lb (225 g) de suisse râpé

¼ t. de beurre ou de margarine
Poivre
⅓ t. de crème de table

1. Portez les endives à ébullition à feu moyen dans une grande casserole contenant 1 po (2,5 cm) d'eau et 1 c. à thé de sel. Couvrez, faites mijoter 10 min à feu doux et égouttez. Allumez le four à 350°F (180°C).
2. Disposez 6 endives dans un plat à four en métal de 12 po × 8 (30 cm × 20) ; saupoudrez-les de la moitié du fromage, parsemez de noix de beurre, salez et poivrez, puis répétez avec le reste.
3. Arrosez de crème et cuisez au four de 10 à 15 min, jusqu'à ce que le fromage soit fondu.
4. Faites griller 3 min, jusqu'à ce que le fromage soit doré et commence à bouillonner.

Fenouil

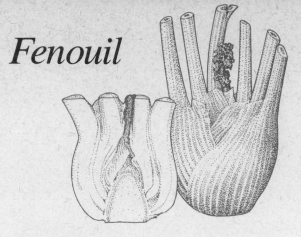

Saison : D'octobre à mars.
Choix : Choisissez les bulbes bien formés, aux feuilles vert tendre.
Conservation : De trois à cinq jours au réfrigérateur dans un récipient ou un sac en plastique.
Préparation : Voir ci-dessous.
Cuisson : Portez le fenouil détaillé à ébullition à feu moyen dans une casserole contenant ½ po (1 cm) d'eau bouillante salée. Couvrez et faites mijoter de 10 à 20 minutes à feu doux. Le fenouil s'utilise aussi dans les sauces tomates ou les soupes au poisson, mais parcimonieusement à cause de son goût prononcé.
Service : Il se consomme cru comme le céleri, en salade ou comme casse-croûte, ou cuit arrosé de beurre ou de margarine fondu et de jus de citron.

Préparation : Rincez le bulbe à l'eau froide et coupez la base et les tiges.

Coupez le bulbe en deux, puis en morceaux ou en bâtonnets.

Fenouil braisé

Photo page 68
Débutez 30 min avant
4 portions

2 gros fenouils
1¾ t. d'eau
2 cubes ou sachets de bouillon de poulet

2 c. à soupe de beurre ou de margarine, ramolli
1 c. à soupe de farine tout usage

1. Coupez les feuilles au-dessus des bulbes en laissant assez de tiges pour que le légume mesure environ 6 po (15 cm). Coupez-le ensuite en deux et hachez les feuilles de façon à en avoir 2 c. à soupe ; réservez-les et réfrigérez le reste.
2. Portez le fenouil, l'eau et le bouillon à ébullition à feu moyen dans une grande sauteuse. Couvrez et faites mijoter 15 min à feu doux ou jusqu'à ce que les bulbes soient tendres.
3. Entre-temps, maniez le beurre et la farine avec une cuiller dans un petit bol. Dressez le fenouil sur un plat avec une spatule à crêpes et tenez-le au chaud. Incorporez le beurre manié au jus de cuisson avec le fouet et cuisez à feu moyen en remuant jusqu'à ce que la sauce épaississe légèrement et commence à bouillir. Nappez-en le fenouil et garnissez des feuilles hachées.

Chou-rave

Saison : De mai à novembre, avec une pointe durant les mois de juin et de juillet.

Choix : Choisissez des bulbes petits ou moyens, aux feuilles fraîches et à l'écorce tendre.

Conservation : Débarrassé de ses feuilles, le chou-rave se conserve de deux à trois jours au réfrigérateur.

Préparation : Voir ci-dessous.

Cuisson : Portez le chou-rave détaillé à ébullition à feu moyen dans une casserole contenant 1 po (2,5 cm) d'eau bouillante salée, couvrez et faites mijoter à feu doux de 15 à 30 minutes ou jusqu'à ce qu'il soit tendre.

Assaisonnement : Moutarde et estragon.

Service : Servez-le cru en bâtonnets comme entrée ou casse-croûte ou cuit, tel quel, ou dans des recettes.

Préparation : Rincez le chou-rave à l'eau froide et pelez-le finement avec un petit couteau avant de le trancher ou de le détailler.

Photo page 71
Débutez 45 min avant
6 portions

Chou-rave au fromage

Eau
8 choux-raves moyens pelés et tranchés en rondelles de ¼ po (6 mm) d'épaisseur
1 c. à thé de sel
3 c. à soupe de beurre
¼ t. de farine tout usage

1 boîte de 10 oz (284 ml) de consommé de poulet concentré
¼ t. de fromage américain râpé
1 pincée de toute-épice moulue
2 c. à soupe de persil haché

1. Portez le chou-rave et le sel à ébullition à feu moyen dans une casserole contenant 1 po (2,5 cm) d'eau bouillante. Couvrez, laissez mijoter 30 min à feu doux et égouttez.

2. Entre-temps, mélangez à feu doux la farine au beurre fondu dans une grande casserole. Ajoutez lentement le consommé non dilué et faites épaissir en remuant sans arrêt.

3. Retirez du feu, incorporez le fromage et remuez jusqu'à ce qu'il soit fondu. Ajoutez le chou-rave et remettez au feu quelques minutes pour réchauffer le tout à fond. Saupoudrez de toute-épice et garnissez de persil haché.

Poireau

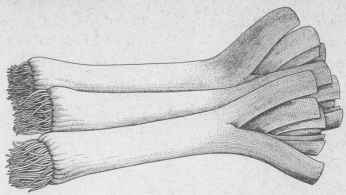

Saison : Toute l'année, avec une pointe de septembre à novembre.

Choix : Choisissez les sujets au bulbe renflé et aux pointes vertes et fraîches.

Conservation : Enveloppés, les poireaux se conservent de trois à cinq jours au réfrigérateur.

Préparation : Voir ci-dessous.

Cuisson : Portez les poireaux à ébullition à feu moyen dans 1 po (2,5 cm) d'eau bouillante salée. Couvrez et faites mijoter de 10 à 15 minutes à feu doux.

Assaisonnement : Gingembre, romarin ou sauge.

Service : Crus en salade ou cuits en accompagnement.

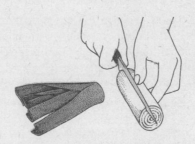
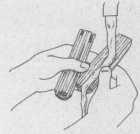

Préparation : Otez les racines et le haut des feuilles. Coupez les poireaux en deux tronçons, puis en moitiés.

Rincez-les à l'eau froide et apprêtez-les tels quels ou détaillés.

Pour cuire plusieurs poireaux en même temps, ficelez-les lâchement, cuisez 30 min, puis déficelez-les.

Photo page 70
Débutez 45 min avant
4 portions

Poireaux au gratin

8 poireaux moyens
3 c. à soupe de beurre
3 c. à soupe de farine tout usage
½ c. à thé de sel

½ c. à thé de moutarde sèche
1 t. de lait
1 t. de cheddar râpé
1 t. de chapelure

1. Cuisez les poireaux et disposez-les dans une lèchefrite. Allumez le gril, selon le mode d'emploi.

2. Faites fondre le beurre à feu doux dans une petite casserole, mélangez-y la farine, le sel et la moutarde, puis le lait et faites épaissir en remuant. Incorporez le fromage, brassez jusqu'à ce qu'il soit fondu et versez sur les poireaux.

3. Saupoudrez de chapelure et faites dorer au gril.

287

LÉGUMES
Laitue, légumes-feuilles

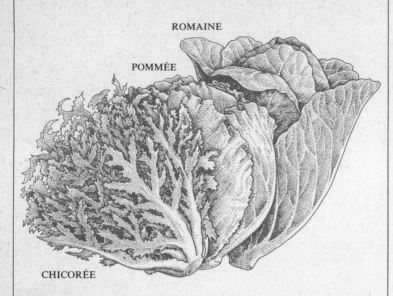

ROMAINE

POMMÉE

CHICORÉE

Saison : Toute l'année.
Choix : Choisissez les pommes aux feuilles intactes, tendres, croquantes et propres. Les laitues pommées (comme la iceberg) sont fermes et lourdes pour leur taille. Les variétés butterhead (boston et bibb, entre autres) ont des feuilles souples et plus pâles vers le cœur. La romaine a de grosses feuilles croquantes et des côtes renflées ; les variétés dites asperge ou pamir (dont la bunching) ont des feuilles à texture douce et sont offertes détachées ou liées en bottes. La laitue de Floride est dotée de grosses tiges qu'on consomme crues ou dans des plats chinois après les avoir effeuillées. Parmi les autres légumes-feuilles, citons les fanes de betteraves ou de navets, la coriandre, la bette à carde ou poirée, le pissenlit, la chicorée frisée, l'endive (voir p. 286), la scarole, le chou frisé, le chou vert, les feuilles de brocoli, le persil, la navette ou colza, l'oseille, l'épinard (voir p. 294) et le cresson. Tous doivent avoir des feuilles vertes et tendres, sans trop de sable ou de terre ; les feuilles jaunes, fanées ou abîmées indiquent une piètre qualité et se traduiront par des pertes.
Conservation : Les légumes verts et les laitues en feuilles se conserveront un ou deux jours au réfrigérateur dans un contenant ou un sac en plastique. Les laitues pommées peuvent se garder de trois à cinq jours.
Préparation : Voir pages 316 et 317.
Cuisson : Faites ramollir les légumes à feuilles tendres de 1 à 3 minutes à feu moyen dans une sauteuse profonde ou un faitout contenant ¼ po (6 mm) d'eau bouillante salée, en remuant de temps en temps ; cuisez les autres de 5 à 10 minutes. La laitue se prépare également sautée, braisée, en jardinière, en potage et en salade.
Assaisonnement : Toute-épice, graisse de bacon, citron, oignon, muscade, vinaigre.
Service : Servez-les crus en salade avec une vinaigrette ou cuits, comme légume d'accompagnement ; utilisez-les aussi dans les sandwiches ou comme garniture pour une jardinière ou un plat principal.

288

Champignons

Saison : Toute l'année.
Choix : Choisissez les sujets fermes, charnus et de couleur crème présentant des tiges courtes et des chapeaux refermés sur celles-ci ou légèrement ouverts et montrant des lamelles roses ou beige.
Conservation : Les champignons se conservent un ou deux jours à couvert au réfrigérateur.
Préparation : Voir ci-dessous.
Cuisson : Badigeonnez-les de beurre ou de margarine fondu et mettez-les au gril de 4 à 5 minutes ou préparez-les sautés. Ils s'utilisent aussi dans divers plats.
Assaisonnement : Ail, citron, oignon et muscade.
Service : Crus en salade ou chauds comme légume.

Préparation : Rincez-les à l'eau froide sans les peler ni les faire tremper. Asséchez-les bien, puis coupez la base des tiges.

Gardez-les entiers, émincez-les parallèlement à la tige ou suivez la recette.

Champignons sautés

Photo page 69
Débutez 20 min avant
4 portions

¼ t. de beurre ou de margarine
2 c. à soupe d'oignon émincé
1 lb (450 g) de champignons tranchés

1 c. à thé de jus de citron
½ c. à thé de sel
1 pincée de poivre
4 tranches de pain de mie grillées et beurrées

1. Chauffez le corps gras dans une sauteuse, puis faites-y revenir l'oignon 5 min à feu moyen ; ajoutez les champignons, couvrez et cuisez 10 min en remuant de temps en temps.
2. Ajoutez le jus de citron, le sel et le poivre. Servez tel quel ou sur du pain grillé et beurré.

CHAMPIGNONS À LA CRÈME : Préparez comme ci-dessus, mais remplacez le jus de citron par *2 c. à soupe de sherry sec* et *⅓ t. de crème de table.*

Champignons à la crème sure

Photo page 69
Débutez 30 min avant
12 portions

½ t. de beurre ou de margarine
2 lb (900 g) de champignons tranchés
½ t. d'oignons verts émincés

1 c. à thé de sel
½ c. à thé de poivre
½ t. de crème sure

1. Faites fondre le beurre à feu assez vif dans une grande sauteuse, ajoutez les champignons, les oignons verts, le sel et le poivre, puis cuisez 10 min en remuant souvent.
2. Incorporez la crème sure, réchauffez l'appareil (sans laisser bouillir) et transvasez-le à la cuiller dans un bol moyen. Servez chaud ou réfrigérez.

Gombo

Saison : Toute l'année, avec une pointe de mai à octobre.
Choix : Choisissez de jeunes gousses, petites et tendres.
Conservation : Un ou deux jours au réfrigérateur.
Préparation : Voir ci-dessous.
Cuisson : Portez les gombos à ébullition à feu moyen dans une casserole contenant 1 po (2,5 cm) d'eau bouillante salée. Couvrez et faites mijoter à feu doux de 3 à 10 minutes, selon que les légumes sont coupés ou entiers.
Assaisonnement : Poivre de Cayenne ou oignon.
Service : Ils se consomment cuits, chauds ou froids.

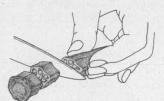

Préparation : Lavez les gombos à l'eau froide, coupez-en les tiges et cuisez-les entiers ou en morceaux.

Gombos vinaigrette

Photo page 69
Débutez 4 h 30 avant ou la veille
6 portions

Eau
2 lb (900 g) de gombos
Sel
½ t. d'huile d'olive
⅓ t. de vinaigre blanc
½ c. à thé de moutarde sèche

½ c. à thé de feuilles de thym
¼ c. à thé de sucre
1 pincée de poivre
1 gousse d'ail écrasée
¼ t. de piment doux haché
Feuilles de laitue boston

1 Portez les gombos à ébullition dans une sauteuse avec 1 po (2,5 cm) d'eau bouillante et un peu de sel, puis cuisez 5 min à couvert.

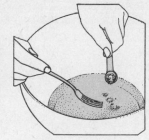

2 Mélangez à la fourchette, dans un saladier, 1¼ c. à thé de sel, l'huile et tous les ingrédients, sauf le piment et la laitue.

3 Ajoutez les gombos et le piment, mélangez à fond et réfrigérez à couvert au moins 4 h ou toute la nuit, en remuant de temps en temps.

4 *Juste avant de servir :* Foncez six assiettes à salade de feuilles de laitue boston et couronnez de l'appareil aux gombos.

Oignon

Saison : Toute l'année.
Choix : Choisissez les sujets propres, fermes et aux peaux cassantes. Rejetez ceux qui germent.
Conservation : Gardez au réfrigérateur ou dans une pièce froide dans des contenants laissant circuler l'air. Maintenus au sec, les oignons se conserveront plusieurs mois.
Préparation : Voir ci-dessous.
Cuisson : Portez les oignons entiers à ébullition à feu moyen dans une casserole contenant 1 po (2,5 cm) d'eau bouillante salée, couvrez et faites mijoter de 15 à 20 minutes à feu doux.
Assaisonnement : Girofle, aneth, muscade et paprika.
Service : Ils se consomment crus dans des sandwiches et des salades ou cuits, avec ou sans sauce.

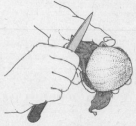

Préparation : Avec un petit couteau, tranchez la queue et les racines et ôtez les pelures sèches.

Pour détailler un oignon en dés, coupez-le en deux, posez une moitié à plat, coupez-la en tranches de ¼ po (6 mm) et répétez dans l'autre sens.

Oignons au four

Photo page 67
Débutez 1 h avant
6 à 8 portions

⅓ t. de miel
¼ t. de beurre

½ c. à thé de sel
6 gros oignons tranchés

1. Allumez le four à 425°F (220°C). Faites fondre le miel, le beurre et le sel à feu moyen dans une petite casserole.
2. Disposez les oignons dans un plat à four graissé de 13 po × 9 (33 cm × 23), arrosez-les de miel et faites-les dorer environ 45 min au four.

Oignons glacés

Photo page 67
Débutez 30 min avant
4 portions

Eau
1½ lb (700 g) d'oignons moyens
⅓ t. de sucre

2 c. à soupe de beurre ou de margarine
¼ c. à thé de sel

1. Portez les oignons à ébullition à feu moyen dans une casserole avec 1 po (2,5 cm) d'eau bouillante, couvrez, faites mijoter de 15 à 20 min à feu doux et égouttez.
2. Mélangez à feu doux le sucre, le beurre, 2 c. à thé d'eau et le sel dans une sauteuse.
3. Ajoutez les oignons et cuisez 5 min en remuant.

Oignon

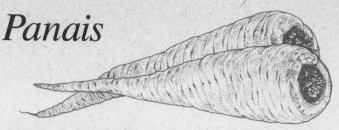

Panais

Photo
page 67
Débutez
15 min
avant
4 portions

Oignons poêlés

¼ t. de beurre ou de
margarine
4 à 5 oignons moyens
finement émincés

1 c. à thé de sel
¼ c. à thé de feuilles de
thym
1 pincée de poivre

1. Chauffez le corps gras dans une sauteuse, puis
faites-y revenir 5 min les oignons à couvert et à feu
moyen.
2. Ajoutez le sel, le thym et le poivre et cuisez
8 min à découvert, en remuant de temps à autre.

Photo
page 67
Débutez
30 min
avant
6 à 8 portions

Rondelles d'oignon frites

3 gros oignons en
tranches de ¼ po
(6 mm)
Huile à salade

½ t. de lait
1 t. de farine tout usage
½ c. à thé de sel

1. Défaites les tranches en rondelles et amenez
¾ po (2 cm) d'huile à 370°F (185°C) dans une sauteuse électrique.
2. Passez les rondelles dans le lait, puis dans le mélange de farine et de sel deux fois.
3. Faites-les dorer 3 min dans l'huile chaude,
égouttez-les sur du papier absorbant et servez.

Photo
page 67
Débutez
30 min
avant
8 à 10
portions

Oignons à la crème

Eau
Sel
2 lb (900 g) de petits
oignons blancs
6 c. à soupe de beurre ou
de margarine

3 c. à soupe de farine
tout usage
1½ t. de lait
Paprika

1. Portez les oignons à ébullition à feu moyen dans
une casserole contenant 1 po (2,5 cm) d'eau bouillante salée, couvrez et faites mijoter de 10 à 15 min
à feu doux.
2. Entre-temps, faites fondre le beurre à feu moyen
dans une petite casserole, mélangez-y la farine,
ajoutez le lait et ¼ c. à thé de sel, puis faites épaissir en remuant constamment.
3. Egouttez les oignons, dressez-les sur un plat,
nappez-les de sauce et saupoudrez de paprika.

OIGNONS VERTS, CIBOULES ET ÉCHALOTES

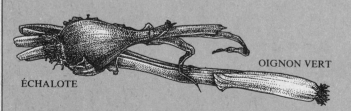

OIGNON VERT

ÉCHALOTE

Les *oignons verts,* qui sont des pousses d'oignons que l'on
récolte avant la formation du bulbe, sont vendus toute l'année. On les consomme crus ou cuits. Techniquement par-
lant, les *ciboules* sont les pousses des oignons blancs, uniquement. Les *échalotes* ont des bulbes formés de gousses comme
l'ail. Les échalotes vertes sont sur les marchés en été et les
bulbes séchés l'année durant.

Saison : Toute l'année.
Choix : Choisissez les sujets de taille moyenne, lisses, fermes et bien formés. Evitez les grosses racines ou celles qui
sont grises ou tachetées.
Conservation : Deux semaines au réfrigérateur.
Préparation : Voir ci-dessous.
Cuisson : Portez les panais à ébullition à feu moyen dans
une casserole contenant 1 po (2,5 cm) d'eau bouillante salée. Couvrez et faites mijoter à feu doux de 20 à 30 minutes
s'ils sont entiers et de 8 à 15 minutes s'ils sont coupés. Utilisez-les dans des potages, ragoûts et pot-au-feu ou en purée comme des pommes de terre.
Assaisonnement : Cannelle, gingembre, zeste d'orange et
estragon.
Service : Servez-les cuits, avec une Sauce hollandaise
(p. 463) ou une Sauce blanche (p. 461).

 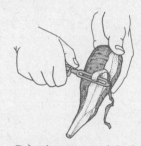

Préparation : Frottez les panais sous l'eau froide et coupez les tiges.

Pelez-les avec un éplucheur
à lame pivotante.

Cuisez-les entiers, en
moitiés, tranchés ou en
quartiers (ci-contre).

Photo
page 68
Débutez
30 min
avant
6 portions

Panais à la crème persillée

1 lb (450 g) de panais
1 t. d'eau
Sel
2 c. à soupe de farine
tout usage
½ t. de lait

1 pincée de poivre
1 c. à thé de zeste
d'orange râpé
Persil haché

1. Pelez et émincez les panais, puis portez-les à
ébullition à feu moyen avec l'eau et ½ c. à thé de
sel dans une casserole moyenne. Couvrez et faites
mijoter 10 min à feu doux ; égouttez les légumes et
réservez ½ t. d'eau de cuisson.
2. Mélangez la farine et le lait à feu moyen dans
une petite casserole, ajoutez l'eau de cuisson réservée, le poivre et ½ c. à thé de sel, puis faites
épaissir en remuant constamment. Incorporez le
zeste d'orange, puis les panais et saupoudrez l'appareil de persil haché.

Pois

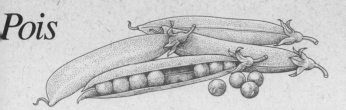

Saison : Toute l'année, avec une pointe de janvier à août.
Choix : Choisissez les cosses fraîches, vert pâle, légèrement veloutées et remplies de pois bien formés. Quand les pois sont trop jeunes, les cosses sont plates, vert foncé et fanées ; s'ils sont trop mûrs, par contre, elles sont gonflées, ridées, jaunâtres et tachetées de gris.
Conservation : Réfrigérés entiers, ils se gardent deux jours.
Préparation : Voir ci-dessous.
Cuisson : Portez les pois à ébullition à feu moyen dans une casserole contenant 1 po (2,5 cm) d'eau bouillante salée, couvrez et faites mijoter à feu doux de 5 à 8 minutes.
Assaisonnement : Ciboulette, feuilles de laitue, marjolaine, menthe, muscade, origan, oignon, sarriette, romarin, estragon et thym.
Service : Servez-les cuits, en accompagnement.

Préparation : Ouvrez la cosse en la pressant entre le pouce et l'index ; détachez les pois avec le pouce, rincez-les dans une passoire et jetez les cosses.

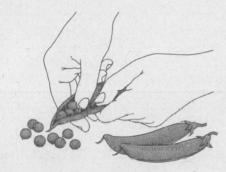

Petits pois amandine

2 lb (900 g) de pois   *¼ t. d'oignon émincé*
Eau   *½ t. d'amandes effilées*
Sel   *½ t. de crème épaisse ou*
⅔ t. de tranches de   *à 35 p. 100*
    bacon hachées

Photo page 70
Débutez 0 min avant
portions

1. Ecossez les pois (donne environ 1⅔ t.).
2. Portez-les à ébullition à feu moyen avec 2 c. à thé de sel dans une casserole contenant 1 po (2,5 cm) d'eau ; couvrez et faites-les mijoter 5 min à feu doux.
3. Faites dorer l'oignon et le bacon à feu moyen dans une petite sauteuse ; ajoutez les pois, les amandes et 1 c. à thé de sel, puis réchauffez. Incorporez la crème et servez dans des bols.

POIS MANGE-TOUT

Les pois mange-tout, dits chinois, se trouvent sur les marchés de mai à septembre. Recherchez les gousses minces et vert clair. Elles se gardent un ou deux jours au réfrigérateur. Rincez-les à l'eau froide, ôtez délicatement la tige et le fil (sans écosser) et faites-les cuire comme de petits pois. Servez-les telles quelles ou dans des plats chinois.

Poivron

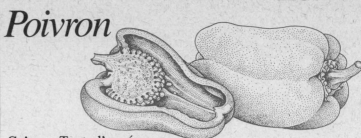

Saison : Toute l'année.
Choix : Choisissez les sujets fermes, luisants et charnus. En mûrissant, les poivrons deviennent rouges. On les appelle piments doux quand ils sont légèrement sucrés.
Conservation : De trois à cinq jours au réfrigérateur.
Préparation : Voir ci-dessous.
Cuisson : Les poivrons entrent dans la composition de plusieurs plats créoles, espagnols ou italiens. Pour blanchir des poivrons, avant de les farcir, couvrez-les d'eau bouillante, cuisez-les de 3 à 5 minutes à feu vif dans une grande casserole, puis égouttez-les.
Service : Servez-les crus en salade ou cuits comme légume d'accompagnement.

Préparation : Rincez les poivrons à l'eau froide, dégagez la tige et évidez-les.   Gardez-les entiers pour les farcir ou coupez-les en dés, rondelles, moitiés ou bâtonnets.

Poivrons sautés aux fines herbes

Photo page 70
Débutez 15 min avant
4 portions

2 c. à soupe de beurre   *1½ c. à thé de*
3 poivrons, en lanières   *marjolaine*
  de ½ po (1 cm)   *½ c. à thé de sel*

Chauffez le beurre dans une sauteuse et faites-y revenir 10 min tous les ingrédients à feu moyen, en remuant de temps en temps.

Poivrons marinés

Photo page 70
Débutez le matin ou la veille
6 portions

6 gros poivrons verts   *2 c. à thé de sucre*
⅓ t. de mayonnaise   *1 c. à thé de sel*
¼ t. de vinaigre de vin   *¼ c. à thé de poivre*
  blanc   *blanc*

1. Allumez le four à 450°F (230°C). Cuisez-y les poivrons 15 min sur une plaque à biscuits, puis pelez-les, évidez-les et coupez-les en fines lanières.
2. Mélangez le reste des ingrédients dans un bol, incorporez-y les poivrons et réfrigérez à couvert.
3. *Service :* Egouttez les poivrons à fond.

PIMENTS CHILIS

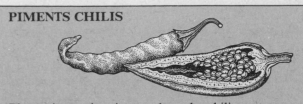

Plus petits que les piments doux, les chilis sont rouges, verts ou jaunes. Utilisez-les parcimonieusement et lavez-vous les mains après les avoir tenus en main.

Pomme de terre

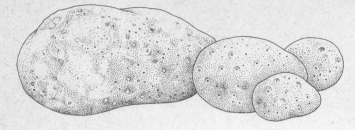

Saison : Toute l'année.

Choix : Choisissez des tubercules fermes, lisses et bien formés, sans germes ni meurtrissures.

Conservation : Environ une semaine dans un endroit sombre, sec et frais (ne pas réfrigérer).

Préparation : Voir ci-dessous.

Cuisson : Couvrez les pommes de terre d'eau salée et portez à ébullition à feu vif. Couvrez et laissez mijoter à feu doux de 15 à 20 minutes pour des pommes de terre nouvelles et 30 minutes pour des pommes de terre à tout faire. Vous pouvez aussi les cuire au four ou les frire.

Assaisonnement : Basilic, carvi, graines de céleri, ciboulette, aneth, oignon et thym.

Service : Elles se consomment cuites comme légume d'accompagnement ou dans des plats cuisinés ou, encore, dans des salades chaudes ou froides.

Préparation : Brossez sous l'eau froide, puis pelez. Utilisez sans attendre pour empêcher la décoloration et la perte des éléments nutritifs. Les tubercules cuits avec leur pelure sont plus nutritifs.

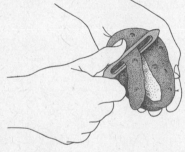

Photo page 71
Débutez 1 h avant
6 portions

Pommes de terre en robe des champs

6 pommes de terre moyennes non pelées
Graisse végétale ou huile

Garnitures : crème sure, beurre ou margarine, cheddar râpé

Allumez le four à 450°F (230°C). Lavez et essuyez les pommes de terre et enduisez-les de graisse végétale. Pour une peau humide, enveloppez-les de papier d'aluminium. Disposez-les dans un plat, cuisez 45 min, ouvrez et servez avec une garniture.

Photo page 71
Débutez 50 min avant
6 portions

Purée de pommes de terre

6 pommes de terre moyennes pelées
Sel
Eau

¼ t. de beurre ou de margarine
¼ c. à thé de poivre
¼ à ½ t. de lait chaud

1. Couvrez les pommes de terre d'eau dans une grande casserole ; ajoutez 1 c. à thé de sel et portez rapidement à ébullition. Couvrez et laissez mijoter 30 min à feu doux.

2. Réduisez-les en purée dans un bol avec le beurre, 1 c. à thé de sel et le poivre, en battant à petite vitesse jusqu'à ce qu'elles soient mousseuses. Augmentez un peu la vitesse, ajoutez le lait et battez encore 2 min jusqu'à ce que la purée soit lisse.

Photo page 71
Débutez 30 min avant
8 portions

Frites

Huile à salade   *Sel*
8 pommes de terre

1. Portez 2 po (5 cm) d'huile à 400°F (200°C) dans une friteuse.

2. Pelez les pommes de terre, coupez-les en tranches de ¼ po (6 mm), puis en bâtonnets. (Vous pouvez utiliser un couperet gaufré pour cette coupe.) Rincez-les à l'eau froide et asséchez-les.

3. Etalez une couche de bâtonnets dans le panier de la friteuse et faites-les dorer environ 5 min. Egouttez-les et épongez-les sur du papier essuie-tout. Cuisez le reste, salez et servez aussitôt.

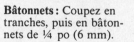

Bâtonnets : Coupez en tranches, puis en bâtonnets de ¼ po (6 mm).

Couperet gaufré : Pour plus d'effet, utilisez un couperet gaufré.

Photo page 71
Débutez 1 h 15 avant
6 portions

Pommes de terre brunes

6 pommes de terre moyennes pelées
1 c. à thé de sel

Eau
Paprika, persil ou feuilles de thym

1. Couvrez les pommes de terre d'eau, salez et portez rapidement à ébullition dans une grande casserole. Couvrez et faites mijoter 10 min à feu doux.

2. Egouttez les pommes de terre, disposez-les autour d'un rôti de porc ou de bœuf dans la lèchefrite, enrobez-les du jus de cuisson et cuisez-les de 40 à 60 min à 325°F (160°C) avec le rôti, en les retournant de temps en temps jusqu'à ce qu'elles soient bien dorées.

3. *Service :* Saupoudrez-les de paprika, de persil ou de thym et dressez-les autour du rôti.

VARIANTE : Si vous ne préparez pas de rôti, faites bouillir les pommes de terre comme ci-dessus et allumez le four à 400°F (200°C). Faites fondre *½ t. de beurre* ou de margarine dans un plat à four peu profond, enrobez-en les pommes de terre et cuisez au four 40 min en retournant souvent.

Photo page 71
Débutez 25 min avant
4 portions

Croustilles maison

3 c. à soupe de graisse de bacon
4 pommes de terre moyennes cuites, pelées et émincées

Sel
Poivre
Paprika

Chauffez la graisse dans une sauteuse et faites-y frire les pommes de terre 10 min à feu assez vif, en les retournant quelques fois. Salez, poivrez et saupoudrez de paprika.

Photo
page 71
Débutez
45 min
avant
6 portions

Emincé de pommes de terre

½ t. de beurre
5 ou 6 pommes de terre
moyennes pelées et
coupées en petits dés ou
grossièrement hachées
(environ 6 t.)

1 c. à thé de sel
½ c. à thé de paprika
(facultatif)
¼ c. à thé de poivre

1. Cuisez 10 min les pommes de terre à feu moyen dans une sauteuse couverte (enduite de préférence d'un fini antiadhésif).
2. Salez, saupoudrez de paprika et poivrez.
3. Cuisez encore 15 min à découvert jusqu'à ce que les pommes de terre soient tendres et dorées, en les retournant quelques fois.

Photo
page 71
Débutez
55 min
avant
6 portions

Pommes de terre au gratin

3 c. à soupe de beurre ou
de margarine
5 ou 6 pommes de terre
moyennes pelées et
émincées (environ 6 t.)

1½ c. à thé de sel
1 paquet de 4 oz (115 g)
de cheddar râpé (1 t.)
½ t. de chapelure

1. Allumez le four à 425°F (220°C). Faites-y fondre le beurre dans un plat à four de 12 po × 8 (30 cm × 20). Défournez, ajoutez les pommes de terre, salez, mélangez et étalez uniformément.
2. Saupoudrez de fromage et de chapelure, couvrez d'un papier d'aluminium et cuisez 20 min. Découvrez et remettez au four 15 min ou jusqu'à ce que les pommes de terre soient tendres.

Photo
page 71
Débutez
1 h 30
avant
4 portions

Pommes de terre Anna

2 c. à soupe de beurre
1 c. à thé de sel

3 grosses pommes de terre
pelées (environ 4 t.)

1. Faites fondre le beurre avec le sel à feu doux. Allumez le four à 425°F (220°C).
2. Tranchez les pommes de terre en rondelles de ¼ po (6 mm) d'épaisseur.
3. Disposez-les en corolle dans un moule à tarte graissé de 8 po (20 cm) ; arrosez de beurre, couvrez de papier d'aluminium et cuisez 20 min.
4. Découvrez et cuisez 55 min de plus ou jusqu'à ce que les pommes de terre soient très tendres.
5. Laissez reposer 5 min à la température ambiante. Détachez délicatement les pommes de terre, couvrez le moule d'une assiette, retournez et démoulez. Coupez en pointes.

Versez lentement le beurre sur les pommes de terre pour les arroser uniformément.

Service : Détachez-les délicatement du moule ; retournez celui-ci sur un plat de service.

Citrouille

Saison : Octobre.
Choix : Choisissez les sujets fermes, orange vif et sans meurtrissures.
Conservation : Un mois dans un endroit frais et sec.
Préparation : Voir ci-dessous.
Cuisson : Portez la citrouille détaillée à ébullition à feu moyen dans une casserole contenant 1 po (2,5 cm) d'eau bouillante salée. Couvrez et faites mijoter à feu doux de 25 à 30 minutes selon la grosseur des morceaux.
Assaisonnement : Toute-épice, cannelle, clous de girofle, gingembre et muscade.
Service : Servez comme légume, en tartes ou en pains.

Préparation : Coupez la citrouille en deux ou en quatre.

Otez à la cuiller les graines et les fibres.

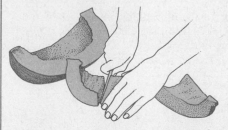

Détaillez la pulpe de la citrouille en gros morceaux.

Photo
page 72
Débutez
45 min
avant
4 portions

Citrouille au miel

1 citrouille de 4 lb
(1,8 kg)
4 t. d'eau
1 c. à thé de sel
2 c. à soupe de beurre

2 c. à soupe de miel
½ c. à thé de toute-épice
(facultatif)

1. Coupez la citrouille en quartiers avec un bon couteau. Otez les graines et les fibres.
2. Portez-la rapidement à ébullition avec le sel et l'eau dans une grande casserole, couvrez et faites mijoter à feu doux de 25 à 30 min.
3. Egouttez-la, laissez-la tiédir, puis détachez à la cuiller la pulpe de l'écorce, directement dans la casserole. Réduisez la pulpe en purée avec un presse-purée et égouttez.
4. Réchauffez la pulpe 3 min à feu doux en secouant quelques fois pour accélérer l'évaporation, puis incorporez le beurre, le miel et la toute-épice.

LÉGUMES
Radis

Saison : Toute l'année.
Choix : Choisissez les sujets de forme régulière, sans meurtrissures, fermes et d'un rouge ou d'un blanc vif, selon la variété.
Conservation : Réfrigérés dans un contenant ou un sac en plastique, les radis se conservent une semaine.
Préparation : Voir ci-dessous.
Service : Servez-les nature en entrée ou comme casse-croûte ou encore en salade, tranchés ou détaillés.

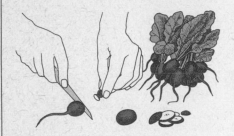

Préparation : Rincez les radis à l'eau froide, ôtez les queues et les feuilles (si elles sont belles, gardez-en quelques-unes pour décorer). Coupez en rondelles pour une salade ; pour décorer un plat, voyez ci-dessous.

Tartinade aux radis

Photo page 18
Débutez 15 min avant
2 tasses

1 t. de mayonnaise
1 t. de radis hachés
¼ t. de crème sure

½ c. à thé de sel
Fines rondelles de radis

1. Mélangez à la cuiller dans un bol moyen la mayonnaise, les radis hachés, la crème sure et le sel jusqu'à ce que la préparation soit lisse.
2. Tartinez-en des tranches de pain de seigle, décorez de rondelles de radis et servez en amuse-gueule.

GARNITURES AUX RADIS

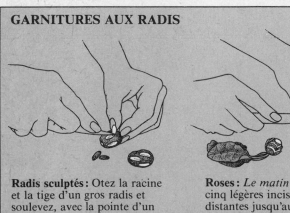

Radis sculptés : Ôtez la racine et la tige d'un gros radis et soulevez, avec la pointe d'un couteau, des pétales de ⅛ po (3 mm) de profondeur. Recommencez en sens contraire en décalant légèrement les nouveaux pétales. Plongez le radis dans l'eau glacée pour le garder croquant.

Roses : *Le matin :* Faites cinq légères incisions équidistantes jusqu'au ras de la tige ; faites-en cinq autres juste au-dessus des premières et plongez le radis dans un bol d'eau glacée. Couvrez et réfrigérez pour que les pétales s'ouvrent.

Epinards

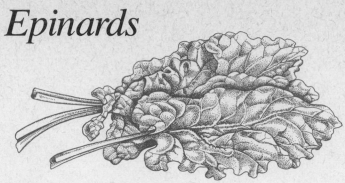

Saison : Toute l'année.
Choix : Choisissez les feuilles fraîches, tendres et vert vif. Rejetez celles qui sont jaunâtres, fanées ou sableuses.
Conservation : Bien enveloppés, les épinards se conserveront quelques jours au réfrigérateur.
Préparation : Voir ci-dessous.
Cuisson : Portez les épinards à ébullition à feu moyen dans une casserole contenant ¼ po (6 mm) d'eau bouillante salée. Couvrez et faites mijoter à feu doux de 1 à 3 minutes en remuant de temps en temps.
Assaisonnement : Toute-épice, graisse de bacon, citron, oignon et muscade.
Service : Servez-les crus en salade ou comme garniture ou chauds, avec ou sans sauce.

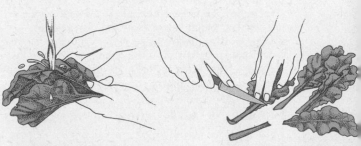

Préparation : Lavez soigneusement les feuilles à l'eau froide.

Ôtez les tiges et les grosses côtes, puis égouttez.

Epinards à la crème

Photo page 67
Débutez 1 h avant
8 portions

2 c. à soupe de beurre ou de margarine
1 petit oignon finement haché
2 c. à soupe de farine
1 c. à thé de sel
1 pincée de poivre

1 t. de lait
2 œufs séparés
2 sacs de 10½ oz (300 g) d'épinards finement hachés, cuits comme ci-dessus et bien égouttés

1. Graissez un plat à four de 8 po × 8 (20 cm × 20). Faites revenir 5 min l'oignon à feu moyen dans une casserole et mélangez-y la farine, le sel et le poivre, puis le lait. Tournez jusqu'à ce que la sauce commence à bouillir.
2. Allumez le four à 350°F (180°C). Battez légèrement les jaunes dans un petit bol, ajoutez-y un peu de sauce chaude et versez le tout dans la sauce en remuant vite pour empêcher la formation de grumeaux. Faites épaissir (sans laisser bouillir) en tournant sans arrêt ; retirez du feu et ajoutez les épinards.
3. Montez les blancs en neige à grande vitesse, incorporez-les délicatement à l'appareil avec le fouet et versez le tout dans le plat à four. Cuisez de 20 à 25 min jusqu'à ce qu'un couteau inséré au centre du plat en ressorte propre.

Courge d'hiver

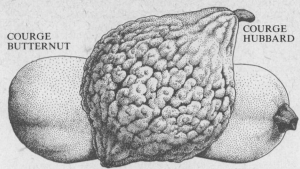

COURGE BUTTERNUT

COURGE HUBBARD

Acorn, fuselée, butternut, des moines, délicieuse verte et dorée, hubbard verte et bleue.

Saison : Toute l'année, avec une pointe en automne.

Choix : Choisissez des sujets à peau ferme et lourds pour leur taille.

Conservation : Les courges d'hiver se conservent quelques semaines au frais ou au réfrigérateur.

Préparation : Voir ci-dessous.

Cuisson : *Courge bouillie :* Portez la courge, face coupée en dessous, à ébullition à feu moyen dans une casserole contenant 1 po (2,5 cm) d'eau bouillante salée. Couvrez et faites attendrir environ 15 minutes à feu doux. *Courge au four :* Cuisez la courge dans un moule à roulé entre 325 et 375°F (160 et 190°C), de 45 à 90 minutes, jusqu'à ce que la pulpe soit tendre.

Assaisonnement : Basilic, clous de girofle, gingembre, graines de moutarde et muscade.

Service : Elles se consomment cuites.

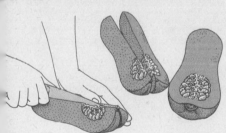

Préparation : Rincez la courge à l'eau froide, coupez-la en deux en longueur et épépinez-la. Si elle est très grosse, coupez-la en quartiers ou en bouchées.

Courges butternut en purée

2 petites courges butternut	Sel
Eau	¼ t. de cassonade tassée
	2 c. à soupe de beurre

Photo page 72
Débutez 5 min avant
portions

1. Coupez les courges en deux et épépinez-les.
2. Portez-les à ébullition à feu moyen, côté coupé en dessous, dans une sauteuse contenant 1 po (2,5 cm) d'eau bouillante et ½ c. à thé de sel. Couvrez et faites mijoter 15 min à feu doux.
3. Egouttez, laissez tiédir, puis réduisez la pulpe en purée à petite vitesse avec ½ c. à thé de sel et les autres ingrédients.

Courge acorn au four

1 courge acorn moyenne	2 c. à soupe de cassonade
4 c. à soupe de beurre	ou de sirop d'érable

Photo page 72
Débutez h avant
portions

1. Coupez la courge en deux, épépinez-la et placez-la, écorce au-dessus, dans une lèchefrite.
2. Enduisez-la de beurre et de cassonade et cuisez-la 45 min au four préchauffé à 350°F (180°C).

Courge d'été

COURGETTE

COURGE JAUNE À COU DROIT

Courgette italienne, courge jaune à cou droit, pâtisson.

Saison : Toute l'année.

Choix : Choisissez les petites courges, lourdes pour leur taille, dont la peau cède sous une pression du pouce.

Conservation : Les courges d'été se gardent quelques jours au réfrigérateur.

Préparation : Voir ci-dessous.

Cuisson : Portez la courge à ébullition à feu moyen dans une casserole contenant 1 po (2,5 cm) d'eau bouillante salée. Couvrez et faites mijoter de 3 à 5 minutes, selon la grosseur des morceaux.

Assaisonnement : Ail, oignon, sésame, sel et poivre.

Service : Elles se consomment aussi bien cuites que crues.

Préparation : Brossez la courge sous l'eau froide, puis tranchez-en la base et le pédoncule.

Coupez-la, sans la peler, en tranches ou en morceaux. Détaillez le pâtisson en quartiers.

Courgettes sautées

Photo page 67
Débutez 15 min avant
4 portions

3 courgettes moyennes	1½ c. à thé de sel
1 c. à soupe d'huile	½ c. à thé de sucre
¼ t. d'eau	

1. Coupez les courgettes en tranches.
2. Faites-les sauter à feu vif dans l'huile très chaude, dans un faitout, en remuant rapidement pour bien les enrober.
3. Ajoutez l'eau, le sel et le sucre et cuisez à feu assez vif 7 ou 8 min jusqu'à ce qu'elles soient tendres mais encore croquantes.

Macédoine de courges d'été

Photo page 67
Débutez 15 min avant
6 portions

1 lb (450 g) de petites courgettes	½ t. de persil haché
1 lb (450 g) de petites courges à cou droit	¼ t. de beurre
Eau	2 c. à soupe de jus de citron
Sel	¼ c. à thé de poivre

1. Coupez les courgettes et les courges en morceaux d'environ 2 po (5 cm) de long.
2. Portez-les à ébullition dans une casserole contenant 1 po (2,5 cm) d'eau bouillante et 2 c. à thé de sel. Couvrez et faites mijoter 3 min pour que les légumes soient tendres. Egouttez-les.
3. Remettez-les dans la casserole, mélangez-y 1 c. à thé de sel et le reste des ingrédients ; cuisez à feu doux jusqu'à ce que le beurre soit fondu.

Patate douce

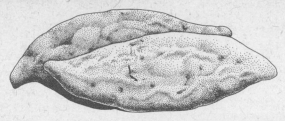

Tomate

TOMATES-CERISES

Saison : Toute l'année, avec une pointe en novembre.
Choix : Choisissez des sujets fermes, de forme régulière et sans meurtrissures. Bien que les patates en conserve soient souvent vendues sous le nom d'ignames, ces deux légumes n'ont rien de commun du point de vue botanique.
Conservation : Les patates douces se conservent environ une semaine dans un endroit sec et frais.
Préparation : Brossez-les et évitez de les peler avant la cuisson afin de leur conserver toute leur valeur nutritive.
Cuisson : *Patates bouillies :* Mettez les patates dans une casserole, couvrez-les d'eau salée et portez-les rapidement à ébullition. Couvrez, faites-les mijoter à feu doux de 30 à 40 minutes, puis égouttez-les et épluchez-les. *Patates au four :* Choisissez des patates moyennes et cuisez-les dans leur pelure environ 1 heure à 450°F (230°C). Vous pouvez également les utiliser dans diverses recettes.
Assaisonnements : Cannelle, clous de girofle, muscade et toute-épice.
Service : Elles se consomment cuites.

Saison : Toute l'année.
Choix : Choisissez les sujets fermes, rouge vif et sans meurtrissures. La grosseur n'est pas un indice de qualité.
Conservation : Si les tomates sont encore vertes, laissez-les mûrir à la température ambiante mais non au soleil. Elles se garderont ensuite quelques jours au réfrigérateur.
Préparation : On se contente généralement de les laver à l'eau froide. Si vous désirez les peler, reportez-vous à l'explication ci-dessous.
Cuisson : On les cuit en soupe, dans des sauces et dans de nombreux plats.
Assaisonnements : Basilic, graines de céleri, ciboulette, persil, origan, estragon, thym et poivre concassé.
Service : Elles se consomment crues en salade et en sandwich et cuites, comme légume d'accompagnement.

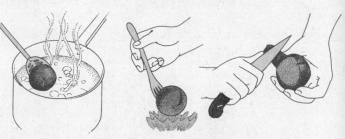

Epluchage : Blanchissez les tomates 1 min et passez-les à l'eau froide ou exposez-les au-dessus de la flamme jusqu'à ce que la peau se fende.

Equeutez-les et pelez-les avec un couteau bien aiguisé.

Patates au sherry

Photo page 67
Débutez 50 min avant
6 portions

3 lb (1,35 kg) de patates (environ 6 moyennes)
Sel
Eau
¼ t. de beurre ou de margarine
¼ t. de cassonade tassée
2 c. à soupe de crème de sherry
1 pincée de poivre

1. Mettez les patates dans une grande casserole, couvrez-les d'eau additionnée de 1 c. à thé de sel et portez à ébullition. Couvrez et faites mijoter de 30 à 40 min à feu doux ; égouttez et pelez.
2. Réglez le batteur à petite vitesse et réduisez les patates en purée avec le beurre dans un grand bol en en raclant constamment les parois. Ajoutez le reste des ingrédients et ¾ c. à thé de sel et battez à vitesse moyenne pendant encore 2 min ou jusqu'à ce que l'appareil soit léger et mousseux.

Patates confites

Photo page 67
Débutez 30 min avant
6 portions

6 patates moyennes cuites et coupées en deux en longueur ou 2 boîtes de 14 oz (398 ml) de patates entières égouttées
½ t. de cassonade tassée
½ t. de sirop de maïs
¼ t. de beurre ou de margarine

1. Allumez le four à 350°F (180°C) et disposez les patates dans un plat en verre à feu.
2. Portez à ébullition, à feu moyen, les autres ingrédients, puis faites-les mijoter 5 min à feu doux en remuant. Versez ce sirop sur les patates.
3. Cuisez 20 min en arrosant souvent, jusqu'à ce que les patates soient bien glacées.
4. Servez les patates nappées de sirop.

Tomates vertes en friture

Photo page 72
Débutez 30 min avant
8 à 10 portions

⅔ t. de farine tout usage
2 c. à thé de sel
1 pincée de poivre
3 lb (1,35 kg) de tomates vertes en tranches de ½ po (1 cm)
Huile à salade

1. Mélangez la farine, le sel et le poivre dans un moule à tarte et enrobez-en les tranches de tomate.
2. Faites-en frire quelques tranches à la fois dans une sauteuse contenant ¼ t. d'huile, puis égouttez-les. Poursuivez en ajoutant de l'huile au besoin.

Tomates braisées

Photo page 72
Débutez 30 min avant
6 portions

2 lb (900 g) de tomates pelées
2 c. à soupe de beurre ou de margarine
4 oignons verts hachés
1½ c. à thé de sucre
1½ c. à thé de sel d'ail
¼ c. à thé de poivre assaisonné

1. Coupez les tomates en quartiers.
2. Chauffez le corps gras dans une sauteuse et faites-y revenir les oignons 1 min à feu moyen. Ajoutez les tomates et les autres ingrédients et cuisez 10 min en remuant de temps en temps.

Navet

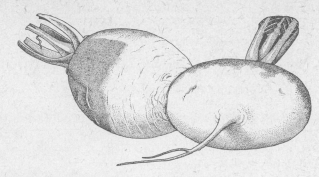

Tomates aux herbes

2 tomates moyennes
¼ c. à thé de sel
¼ c. à thé de romarin

¼ c. à thé de basilic
2 c. à thé de beurre ou
* de margarine*

Photo
page 72
Débutez
25 min
avant
4 portions

1. Allumez le four à 350°F (180°C) et coupez les tomates en deux, en dents de scie.
2. Mélangez le sel, le romarin et le basilic dans une tasse, saupoudrez-en les tomates et couronnez-les d'une noix de beurre ou de margarine.
3. Disposez-les dans un moule à gâteau rond de 9 po (23 cm) et cuisez-les 15 min.

Tomates en casserole

¼ t. de beurre ou de
* margarine*
1 petit oignon haché
2 t. de chapelure fraîche
1 c. à thé de sel
½ c. à thé de basilic
¼ c. à thé de poivre
5 tomates moyennes
* tranchées*
4 c. à thé de sucre

Photo
page 72
Débutez
45 min
avant
5 portions

1 Allumez le four à 375°F (190°C). Faites blondir l'oignon dans une casserole, puis ajoutez la chapelure et les assaisonnements.

2 Disposez un quart des tranches dans une petite cocotte, saupoudrez-les de 1 c. à thé de sucre et du quart de la chapelure. Recommencez quatre fois.

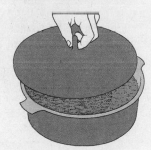

3 Couvrez et cuisez 30 min jusqu'à ce que l'appareil bouillonne. Découvrez et cuisez encore 5 min pour faire dorer la chapelure.

Saison : Toute l'année.
Choix : Choisissez les sujets fermes, sans meurtrissures, lourds pour leur taille et aux fanes fraîches.
Conservation : Enveloppez et réfrigérez les navets et leurs feuilles à part. Les premiers se conservent une semaine ; les fanes se gardent un ou deux jours (voir Laitue, p. 288).
Préparation : Lavez-les à l'eau froide, pelez-les finement et préparez-les entiers, tranchés ou coupés en morceaux.
Cuisson : Portez les navets à ébullition à feu moyen dans une casserole contenant 1 po (2,5 cm) d'eau bouillante salée. Couvrez et faites mijoter à feu doux de 20 à 30 minutes si les légumes sont entiers ou de 10 à 20 minutes s'ils sont détaillés. Préparez-les en soupe, dans des ragoûts ou comme plat principal.
Assaisonnements : Feuilles de laurier et clous de girofle.
Service : Ils se consomment cuits.

Purée de navets

Eau
2½ lb (1,15 kg) de navets
* pelés et coupés en dés*
¼ t. de beurre ou de
* margarine*

2½ c. à thé de sel
1 c. à thé de sucre
¼ c. à thé de poivre
Persil

Photo
page 68
Débutez
40 min
avant
6 à 8 portions

1. Portez les navets à ébullition à feu vif dans une grande casserole contenant 1 po (2,5 cm) d'eau ; couvrez, faites mijoter 15 min et égouttez.
2. Réduisez les légumes en purée, ajoutez le beurre, le sel, le sucre et le poivre ; garnissez de persil.

RUTABAGA

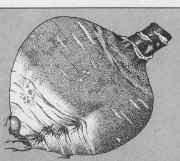

Ce cousin à chair jaune du navet est, lui aussi, sur les marchés toute l'année, avec une pointe de septembre à mai. Choisissez les sujets intacts, lourds pour leur taille. Ils se conservent une semaine dans un endroit frais et sec. Préparez-les et cuisez-les comme les navets et servez-les avec une Sauce blanche (p. 461) ou une Sauce au fromage (p. 461), en soupe, dans des ragoûts ou des plats en casserole.

TOMATES-CERISES

Les tomates-cerises sont de petites tomates rouges vendues en casseaux. On les utilise comme les autres tomates, mais sans les peler à cause de leur petite taille.

Tomates-cerises sautées

1 c. à soupe d'huile
1 chop (500 ml) de
* tomates-cerises*

Sel
Poivre

Photo
page 72
Débutez
10 min
avant
4 portions

Chauffez l'huile dans une grande casserole, puis faites-y revenir les tomates-cerises pendant 5 min à feu moyen en secouant de temps en temps. Salez, poivrez et servez.

297

Macédoines de légumes

Ratatouille

Photo
page 67
Débutez
45 min
avant ou
le matin
8 portions

½ t. d'huile végétale
1 gros oignon, en dés
1 grosse gousse d'ail
   coupée en deux
1 aubergine, en cubes de
   1 po (2,5 cm)
1 gros poivron vert coupé
   en morceaux de 1 po
   (2,5 cm)
3 courgettes moyennes
   coupées en tranches de
   1 po (2,5 cm)
½ t. d'eau
1 c. à soupe de sel
2 c. à thé d'origan
1 c. à thé de sucre
2 tomates, en quartiers

1 Chauffez l'huile dans un grand faitout, puis faites-y revenir 10 min l'ail et l'oignon à feu moyen, en remuant de temps en temps. Jetez ensuite l'ail.

2 Incorporez l'aubergine et le poivron et cuisez-les 5 min en remuant fréquemment.

3 Ajoutez les courgettes, l'eau, le sel, l'origan et le sucre, portez à ébullition et cuisez 30 min à feu modéré en tournant de temps en temps.

4 Ajoutez les tomates, chauffez-les, puis servez ou passez à l'étape 5.

5 Couvrez l'appareil et réfrigérez-le pour le servir plus tard.

Légumes bouillis

Photo
page 71
Débutez
30 min
avant
12 portions

¾ t. d'eau
⅓ t. de beurre ou de
   margarine
1 c. à soupe de sucre
2 c. à thé de sel
4½ t. de courgettes
   râpées (environ 1½ lb
   ou 700 g)

3 t. de carottes
   grossièrement râpées
   (environ 1½ lb ou
   700 g)
3 t. de panais ou de
   navets râpés (environ
   1½ lb ou 700 g)

Dans un grand faitout, faites bouillir de l'eau. Ajoutez-y tous les ingrédients et reportez à ébullition. Couvrez et faites mijoter 5 min, en remuant de temps en temps.

Macédoine estivale

Photo
page 69
Débutez
1 h avant
8 portions

4 tranches de bacon
12 petits oignons blancs
1 poivron vert, en dés
2 t. d'eau chaude
1 lb (450 g) de haricots
   verts
6 épis de maïs rompus en
   trois
1 c. à soupe de sel
2 c. à thé de sucre

¼ c. à thé de poivre
   blanc
6 petites courgettes
   coupées en cubes de
   1 po (2,5 cm)
2 grosses côtes de céleri,
   en tranches de 1 po
   (2,5 cm)
1 grosse tomate coupée en
   quartiers

1. Faites frire le bacon à feu moyen dans un grand faitout, puis égouttez-le.
2. Faites revenir les oignons et le poivron dans la graisse de bacon, ajoutez l'eau chaude et les cinq ingrédients suivants, portez à ébullition, puis couvrez et faites mijoter 10 min à feu doux.
3. Ajoutez les courgettes et le céleri, couvrez et prolongez la cuisson de 8 à 10 min.
4. Dressez les légumes sur un plat, saupoudrez de bacon et garnissez de tomate.

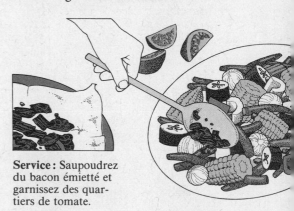

Service : Saupoudrez du bacon émietté et garnissez des quartiers de tomate.

Carottes et céleri

Photo
page 70
Débutez
30 min
avant
8 portions

2 c. à soupe d'huile
1 sac de 16 oz (450 g) de
   carottes tranchées en
   biais
1¼ c. à thé de sel

¼ c. à thé de sucre
¼ t. d'eau
1 petit pied de céleri
   tranché en biais

1. Chauffez l'huile dans une sauteuse ou un faitout, puis portez-y rapidement à ébullition les carottes, le sel, le sucre et l'eau. Couvrez et cuisez 7 min à feu moyen.
2. Découvrez, ajoutez le céleri et prolongez la cuisson de 5 à 7 min, en remuant souvent.

Macédoine aux trois légumes

Photo
page 69
Débutez
25 min
avant
5 portions

½ lb (225 g) de carottes
   (environ 4 grosses)
   coupées en allumettes
½ lb (225 g) de haricots
   verts coupés en
   tronçons de 1 po
   (2,5 cm)

¼ lb (115 g) de
   champignons tranchés
1 c. à thé de sel
½ c. à thé de feuilles de
   thym
3 c. à soupe de beurre ou
   de margarine

Mettez tous les ingrédients à couvert dans une casserole moyenne, puis cuisez-les 15 min à feu moyen, en remuant de temps en temps.

Courgettes et chou sautés

¼ t. d'huile
1 grosse gousse d'ail
* tranchée*
6 t. combles de chou
* tranché*
2 courgettes moyennes
* émincées (environ 1 lb*
* ou 450 g)*
2¼ c. à thé de sel
1 c. à thé de sucre

Photo
page 69
Débutez
15 min
avant
8 portions

1 Faites brunir l'ail dans l'huile à feu vif, dans un grand faitout, puis jetez-le.

2 Ajoutez les légumes et faites-les frire en remuant vite et souvent pour bien les enrober d'huile.

3 Ajoutez le sel et le sucre et prolongez la cuisson de 7 à 8 min, à feu assez vif, sans cesser de tourner.

Haricots verts et courgettes

Photo
page 67
Débutez
30 min
avant
6 portions

10½ oz (300 g) de
* haricots verts détaillés*
* et surgelés*
4 tranches de bacon
¼ t. de beurre ou de
* margarine*

1 petit oignon émincé
2 courgettes moyennes
* coupées en tranches de*
* ¼ po (6 mm)*
¾ c. à thé de sel
1 pincée de poivre

1. Cuisez les haricots la moitié du temps recommandé. Faites frire le bacon à feu moyen dans une sauteuse, émiettez-le et jetez la graisse.
2. Essuyez la sauteuse et faites-y revenir l'oignon 3 min dans le corps gras ; ajoutez les courgettes et faites-les sauter 4 min, en remuant vivement.
3. Ajoutez le bacon, les haricots, le sel et le poivre et réchauffez le tout.

Légumes sautés

Photo
page 70
Débutez
25 min
avant
6 portions

3 c. à soupe d'huile
2 carottes moyennes
* coupées en allumettes*
1 oignon moyen émincé
1 petit brocoli détaillé en
* bouquets*
¾ c. à thé de sel

½ c. à thé de sucre
½ boîte de 10 oz
* (284 ml) de*
* champignons entiers*

1. Chauffez l'huile dans une grande sauteuse, puis faites-y revenir à feu vif de 3 à 4 min les carottes, l'oignon et le brocoli, en remuant vite et souvent.
2. Ajoutez le sel, le sucre et les champignons avec leur jus, couvrez et cuisez de 5 à 6 min, en remuant de temps en temps.

Tomates et poivrons sautés

¼ t. d'huile à salade
6 gros poivrons verts
* détaillés en gros*
* morceaux*
2 oignons moyens hachés

5 grosses tomates pelées
* et coupées en gros*
* morceaux*
2½ c. à thé de sel
1¼ c. à thé de basilic

Photo
page 70
Débutez
30 min
avant
10 portions

1. Chauffez l'huile dans une bonne sauteuse, puis faites-y revenir 10 min les poivrons et les oignons à feu moyen.
2. Ajoutez les morceaux de tomates pelées, le sel et le basilic, couvrez et faites mijoter environ 15 min ou jusqu'à ce que les légumes soient tendres, en remuant de temps en temps.

Aubergine au parmesan

Photo
page 33
Débutez
1 h 30
avant
6 portions
comme plat
principal

Huile d'olive
1 gousse d'ail émincée
1 gros oignon haché
2 boîtes de 14 oz
* (398 ml) de tomates*
2 c. à thé de sucre
½ c. à thé de feuilles
* d'origan*
½ c. à thé de basilic
½ c. à thé de sel
1 t. de chapelure
2 œufs
2 c. à soupe d'eau

1 grosse aubergine coupée
* en tranches de ½ po*
* (1 cm)*
½ t. de parmesan râpé
1 paquet de 8 oz (227 g)
* de mozzarella tranché*

1 Dans une petite sauteuse, faites blondir l'ail et l'oignon dans 2 c. à soupe d'huile. Ajoutez les cinq ingrédients suivants, couvrez et cuisez 30 min à feu doux.

2 Versez la chapelure sur du papier ciré, battez les œufs et l'eau à la fourchette dans un petit bol et panez deux fois les tranches d'aubergine.

3 Graissez un plat à four. Dans une sauteuse, faites dorer à feu moyen quelques tranches d'aubergine à la fois dans 2 c. à soupe d'huile (ajoutez-en au besoin).

4 Portez le four à 350°F (180°C). Etalez la moitié des tranches dans le plat et recouvrez-les de la moitié des tomates et des fromages. Répétez et cuisez 25 min.

Macédoines de légumes | Sauces et garnitures

Caponata

Photo page 20
Débutez 4 h avant ou jusqu'à 1 semaine plus tôt

12 portions

¾ t. d'huile d'olive ou à salade
1 grosse aubergine détaillée en bouchées (environ 2 lb ou 900 g)
6 courgettes moyennes détaillées en bouchées (environ 2 lb ou 900 g)
½ lb (225 g) de champignons émincés
1½ t. d'oignons hachés
1 t. de céleri tranché
1 gousse d'ail broyée
½ t. de vinaigre de vin rouge

¼ t. de câpres égouttées
2 c. à soupe de sucre
2 c. à thé de sel
¼ c. à thé de poivre
3 grosses tomates détaillées en bouchées
1 bocal de 4 oz (114 ml) d'olives farcies, égouttées et coupées en moitiés

1. Chauffez l'huile dans un grand faitout ou une marmite, puis faites-y revenir 10 min à feu vif l'aubergine, les courgettes, les champignons, les oignons, le céleri et l'ail, en remuant de temps en temps.
2. Ajoutez le vinaigre de vin, les câpres, le sucre, le sel et le poivre. Couvrez et faites mijoter de 5 à 10 min à feu doux, pour que les légumes soient tendres.
3. Incorporez les tomates et les olives et portez à ébullition à feu vif.
4. Transvasez l'appareil à la cuiller dans un grand bol, couvrez et réfrigérez au moins 3 h, pour que le tout soit bien froid.
5. Servez tel quel en entrée ou avec un plat de viandes froides.

Poivrons farcis aux légumes

Photo page 70
Débutez 15 min avant

4 portions

2 gros poivrons verts
Sel
Eau

2 t. de maïs chaud et assaisonné ou de légumes cuits

1. Coupez les poivrons en deux en longueur et ôtez la queue, les graines et les cloisons internes.
2. Faites-les blanchir 5 min à feu moyen dans une grande casserole contenant 1 po (2,5 cm) d'eau bouillante salée, puis faites-les mijoter 5 min à couvert pour qu'ils soient cuits mais croquants.
3. Farcissez les moitiés de poivron avec du maïs chaud et assaisonné ou une macédoine de légumes cuits et hachés. Servez chaud.

Préparation: Coupez les poivrons en deux en longueur avec un couteau tranchant, ôtez la queue et évidez-les.

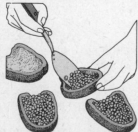

Farce: Farcissez les moitiés de poivron avec du maïs chaud et assaisonné ou une macédoine de légumes hachés.

Sauce au beurre

Débutez 5 min avant

½ tasse

Eau de cuisson des légumes
Eau
1 c. à soupe de beurre ou de margarine, ramolli

1 c. à soupe de farine tout usage
Sel
Poivre

1. Versez l'eau de cuisson dans une mesure, ajoutez assez d'eau pour obtenir ½ t. de liquide et reversez le tout avec les légumes dans la casserole. Maniez le corps gras et la farine jusqu'à l'obtention d'une pâte lisse.
2. Incorporez le beurre manié au jus et faites-le épaissir à feu moyen en remuant doucement. Salez et poivrez.

Vinaigrette

Débutez 10 min avant

1¼ tasse

¾ t. d'huile à salade
⅓ t. de vinaigre de cidre ou de vin rouge
3 c. à soupe de relish sucrée

2 c. à soupe de persil haché
1 c. à thé de sel
¾ c. à thé de sucre

1. Passez 1 min à petite vitesse tous les ingrédients au mélangeur couvert. (Ou mélangez le vinaigre et les quatre ingrédients suivants dans un bol, puis ajoutez lentement l'huile en battant à la fourchette.) Remuez de nouveau avant de servir.
2. Servez sur des légumes froids, cuits ou crus. Couvrez le reste et réfrigérez-le.

Sauce à la crème sure et à la moutarde

Débutez 10 min avant

1 tasse

1 t. de crème sure
1 c. à soupe d'oignon émincé
1 c. à soupe de moutarde préparée

¼ c. à thé de sel
1 pincée de poivre
1 c. à soupe de persil haché

1. Chauffez à très petit feu la crème sure, l'oignon, la moutarde préparée, le sel et le poivre dans une petite casserole.
2. Parsemez la sauce de persil haché.

Chapelure beurrée

Débutez 10 min avant

Garniture pour 4 portions

2 c. à soupe de beurre ou de margarine
½ t. de chapelure fraîche
1 pincée de thym ou de basilic

1 c. à soupe de jus de citron ou ½ t. de cheddar ou de parmesan râpé (facultatif)

1. Faites fondre le corps gras à feu moyen dans une petite casserole.
2. Incorporez-y la chapelure et faites-la dorer en secouant légèrement la casserole. Ajoutez le thym ou le basilic et mélangez.
3. Incorporez le jus de citron ou le fromage.
4. Parsemez des légumes chauds et égouttés de cette chapelure.

SAUCE POLONAISE: Préparez de la chapelure comme ci-dessus en y incorporant le jus de citron et ajoutez-y *1 œuf dur*, haché, *1 c. à soupe de persil haché* et *¼ c. à thé de sel*. Mélangez bien.

FRUITS

Si les fruits permettent de finir en beauté le banquet le plus raffiné, ils s'intègrent tout aussi bien à n'importe quel service, du potage au dessert. Et il n'y a pas de façon plus saine d'assouvir une fringale passagère.

Conservez les fruits encore verts dans un endroit frais et sombre et laissez-les mûrir à la température ambiante. Seuls les agrumes n'ont jamais besoin de mûrir davantage ; par contre, les autres fruits en ont besoin : achetez-les donc à l'avance. Souvenez-vous toutefois qu'il faut les réfrigérer quand ils sont mûrs, car ils sont très périssables.

Des conseils relatifs à l'achat et à l'utilisation des fruits sont contenus dans cette section.

Pomme

Saison : Toute l'année, avec une pointe en octobre et un creux en juin, juillet et août.

Choix : Choisissez les sujets fermes et croquants, aux teintes franches, en tenant compte de l'utilisation que vous en ferez. La couleur est déterminée par la variété. Evitez les fruits tachetés, mous ou ridés.

Conservation : Deux semaines au réfrigérateur.

Préparation : Lavez-les, pelez-les ou évidez-les, selon l'emploi que vous en ferez. Pour empêcher des pommes tranchées de brunir, aspergez-les de jus de citron.

Service : Elles se consomment telles quelles ou en tarte, en gâteau, en salade et en compote.

VARIÉTÉS DE POMMES ET LEUR EMPLOI

	York imperial	Winesap	Stayman	Rome beauty	Délicieuse	Northern spy	Newtown pippin	McIntosh	Jonathan	Gravenstein	Golden delicious	Cortland
À couteau	●	●		●	●		●	●	●		●	●
Au four	●	●	●	●		●	●			●		●
À cuire	●	●	●	●		●	●	●	●	●	●	●
Compotes	●	●	●	●	●	●	●	●	●	●	●	●
Salades	●	●		●	●			●	●		●	●
Tartes	●	●	●	●		●	●	●	●	●	●	●

Compote de pommes

Photo page 101
Débutez 30 min avant
4 tasses

½ t. d'eau bouillante
2 lb (900 g) de pommes à cuire pelées, évidées et tranchées
1 pincée de cannelle
1 pincée de clous de girofle moulus
½ t. de sucre

1. Portez les quatre premiers ingrédients à ébullition à feu moyen dans une casserole moyenne.
2. Couvrez et faites mijoter à feu doux de 8 à 15 min, selon que vous désirez une compote lisse ou non. Incorporez le sucre quelques minutes avant la fin de la cuisson.

Pommes au four

Photo page 101
Débutez 1 h avant ou le matin
6 portions

6 pommes moyennes à cuire
1 t. de sirop de maïs blond
Crème ou crème glacée

1. Allumez le four à 350°F (180°C). Evidez les pommes et pelez-les sur un tiers, à partir du pédoncule. Disposez-les dans un plat à four peu profond, partie pelée vers le haut, et nappez-les de sirop.
2. Cuisez-les 45 min en les arrosant de temps à autre de sirop. Servez-les chaudes ou froides, avec de la crème fraîche ou glacée.

Quartiers de pomme sautés

Photo page 72
Débutez 15 min avant
4 portions

2 pommes rouges à cuire, évidées
2 c. à soupe de beurre ou de margarine
½ t. de gelée de pomme

1. Coupez les pommes en quartiers de ½ po (1 cm) d'épaisseur.
2. Chauffez le corps gras dans une sauteuse et faites-y revenir les pommes à feu moyen de 5 à 7 min, en les retournant une fois.
3. Incorporez la gelée et réchauffez-la. Servez avec du jambon cuit au four ou sur des crêpes.

Pomme

Photo page 106
Débutez 2 h avant ou le matin
8 pommes

Pommes caramélisées

8 bâtonnets pour sucettes glacées
8 petites pommes délicieuses lavées et asséchées
1 t. d'eau
3 t. de sucre
½ t. de sirop de maïs blond
¼ t. de bonbons rouges à la cannelle
½ c. à thé de colorant alimentaire rouge

1 Enfoncez les bâtonnets à la place des pédoncules et graissez une plaque à biscuits.

2 Mélangez le reste des ingrédients dans une casserole moyenne et portez à ébullition à feu moyen, sans remuer.

3 Faites bouillir environ 20 min jusqu'à ce que le thermomètre indique 290°F (145°C) ou qu'une goutte du mélange se sépare en filaments dans l'eau froide.

4 Détachez le sucre des parois avec un pinceau plongé dans de l'eau chaude.

5 Otez du feu, inclinez la casserole et enrobez les pommes en les faisant pivoter dans le sirop.

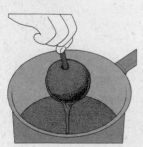

6 Retirez les pommes du sirop et laissez-les égoutter quelques secondes au-dessus de la casserole.

7 Faites-les refroidir sur la plaque au moins 1 h avant de servir. Si le sirop durcit trop tôt, ramollissez-le à feu très doux.

Abricot

Saison : Juin et juillet.
Choix : Choisissez les sujets jaune orangé, charnus et juteux. Evitez ceux qui sont mous, ridés ou abîmés. La peau des fruits mûrs cède sous une légère pression.
Conservation : Deux ou trois jours au réfrigérateur.
Préparation : Lavez-les, coupez-les en deux et ôtez le noyau ; vous pouvez aussi les peler. Pour empêcher les abricots coupés de brunir, aspergez-les de jus de citron ou saupoudrez-les d'acide ascorbique.
Service : Ils se consomment tels quels, pelés ou non, en salade ou dans des recettes.

Abricots à la crème et à la cannelle

Photo page 100
Débutez 35 min avant
4 portions

1 lb (450 g) d'abricots non pelés
⅓ t. de sucre
⅓ t. d'eau
½ c. à thé de cannelle moulue
¼ t. de crème épaisse ou à 35 p. 100

1. Allumez le four à 375°F (190°C). Mettez les abricots dénoyautés dans une petite cocotte.
2. Mélangez le sucre, l'eau et la cannelle dans un petit bol et arrosez-en les fruits. Cuisez 20 min ou jusqu'à ce que les abricots soient tendres.
3. Nappez-les de crème et cuisez 5 min de plus.

FRUITS SECS

Les fruits secs se vendent en paquets de 8½, 13, 17½ ou 26 oz (250, 375, 500 ou 750 g). Soigneusement emballés, ils peuvent se conserver six mois à la température de la pièce. Une fois le sac ouvert, gardez-les dans un récipient étanche.

Consommez-les tels quels ou utilisez-les pour préparer des sauces, des petits gâteaux, du pain, des desserts ou des compotes. Vous pouvez aussi les cuire comme ci-dessous, en ajoutant le sucre à la fin de la cuisson.

COMPOTE DE FRUITS SECS*

Fruits	Paquet	Eau (en tasses)	Sucre (en tasses)	Cuisson (en minutes)
Abricots	8½ oz (250 g) 13 oz (375 g)	2½ 3	¼ ½	15 15
Figues	13 oz (375 g)	3 + 1 c. à soupe de jus de citron	0	35
Fruits mélangés	13 ou 17½ oz (375-500 g)	4 à 5	½	25
Pêches	13 oz (375 g)	4	¼	25
Poires	13 oz (375 g)	3½	¼	25
Pommes	8½ oz (250 g)	3½ + 1 pincée de sel	¼	25
Pruneaux	26 oz (750 g)	6	0	20

Donne de 4 à 8 portions

Avocat

Saison : Toute l'année.

Choix : Choisissez les sujets bien formés, à l'écorce verte ou d'un noir tirant sur le pourpre, selon la variété. Rejetez ceux qui sont fendus ou tachetés. Un avocat mûr cède sous une légère pression du pouce.

Conservation : Les fruits mûrs se gardent un jour ou deux au réfrigérateur.

Préparation : Voir ci-dessous. Pour empêcher les avocats coupés de brunir, arrosez-les de jus de citron ou saupoudrez-les d'acide ascorbique.

Service : Ils se consomment en trempette, en entrée, en salade ou seuls, avec une vinaigrette.

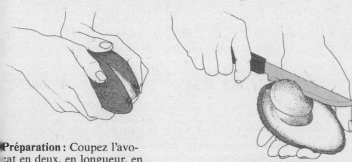

Préparation : Coupez l'avocat en deux, en longueur, en suivant le noyau et ouvrez-le délicatement.

Enfoncez d'un coup sec la lame dans le noyau et dégagez celui-ci d'un mouvement du poignet.

Pelez l'avocat, puis tranchez-le. Vous pouvez aussi le servir avec la pelure en garnissant la cavité.

Hors-d'œuvre aux avocats

Photo page 21
Débutez 15 min avant
4 entrées

2 c. à soupe d'eau	2 c. à soupe de beurre ou de margarine
2 c. à soupe de sucre	
2 c. à soupe de vinaigre blanc	3 avocats moyens pelés et tranchés
2 c. à soupe de sauce Worcestershire	4 tranches de bacon frites et émiettées
¼ t. de sauce chili	

1. Portez les six premiers ingrédients à ébullition à feu moyen dans une petite casserole. Couvrez et faites mijoter 15 min à feu doux en remuant.
2. Disposez les tranches d'avocat sur six petites assiettes, nappez-les de sauce chaude et saupoudrez de miettes de bacon.

Banane

Saison : Toute l'année.

Choix : Pour une consommation immédiate, choisissez des fruits d'un jaune franc, moucheté de brun. Les bananes encore vertes mûriront en quelques jours à la température ambiante.

Conservation : Les fruits mûrs se gardent trois jours dans un endroit frais.

Préparation : Pelez les bananes à partir du haut. Pour empêcher les sujets détaillés de brunir, arrosez-les de jus de citron ou saupoudrez-les d'acide ascorbique.

Service : Elles se consomment nature ou dans des recettes.

Bananes au four

Photo page 72
Débutez 25 min avant
4 portions

3 c. à soupe de beurre	Sel
4 bananes moyennes encore un peu vertes	

1. Allumez le four à 450°F (230°C) et faites-y fondre le beurre dans un moule à tarte.
2. Défournez le plat, roulez les bananes pelées dans le beurre et salez-les légèrement.
3. Cuisez de 10 à 12 min, pour qu'elles soient tendres, et servez-les chaudes comme légume.

Sucettes aux bananes

Photo page 101
Débutez 2 h avant ou le matin
12 sucettes

3 c. à soupe d'eau	½ t. de noix de coco râpée
2 c. à thé d'acide ascorbique	½ t. de noix de coco râpée et grillée
4 grosses bananes pelées et coupées en trois tronçons	6 oz (170 g) de chocolat mi-sucré
1 paquet de bâtonnets pour sucettes glacées	2 c. à soupe d'huile à salade

1. Dissolvez en remuant l'acide ascorbique dans un grand bol d'eau et plongez-y les bananes pour les en enrober ; enfoncez un bâtonnet sur 1 po (2,5 cm) de long dans chacun des tronçons, puis déposez ceux-ci sur une plaque à biscuits et faites-les durcir 45 min au congélateur.
2. Versez les deux sortes de noix de coco dans des soucoupes. Faites fondre le chocolat avec l'huile dans un bain-marie rempli d'eau chaude, mais non bouillante, en remuant de temps en temps. Transvasez dans un moule à tarte.
3. Retirez les bananes du congélateur et roulez-les rapidement dans le chocolat, puis dans l'une ou l'autre des deux sortes de noix de coco.
4. Remettez-les au congélateur et attendez au moins 30 min avant de servir.

FRUITS
Baies

BLEUETS

FRAMBOISES   MÛRES   FRAISES

GROSEILLES
À MAQUEREAU

Groseilles à maquereau ou à grappe, bleuets, mûres sauva-ges, mûres de Logan ou de Boysen, framboises et fraises. (Voir également Atoca, p. 306.)

Saison : L'été, surtout en juin et en juillet. Les fraises sont offertes toute l'année, avec une pointe d'avril à juillet.

Choix : Recherchez les fruits charnus, d'une teinte uni-forme. Rejetez les baies qui sont moisies ou tavelées, ou encore celles dont le casseau est imprégné d'humidité.

Conservation : Réfrigérées, les baies se garderont un ou deux jours.

Préparation : Voir ci-dessous.

Service : Elles se consomment nature, avec du sucre et du lait ou dans des céréales, mais aussi en salade, en tarte, en gâteau, en confiture et en gelée.

Préparation : Lavez les baies à l'eau froide en rejetant celles qui sont écra-sées ou abîmées. Egouttez à fond dans une passoire ou un tamis.

Equeutez les fraises et les autres baies similaires.

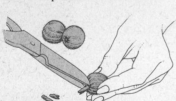

Equeutez les groseilles à ma-quereau avec des ciseaux.

Roulez dans le sucre les plus belles baies, lavées et égouttées, et utilisez pour garnir.

Compote de petits fruits

3 casseaux de fraises, coupées en deux
½ t. de sucre
1 t. de framboises
1 t. de bleuets

1½ chop (750 ml) de crème glacée à la vanille, ramollie
2 c. à soupe de zeste d'orange râpé

Photo page 100
Débutez 2 h 30 avant
8 à 10 portions

1. Enrobez les fraises de sucre dans un grand bol, couvrez et réfrigérez environ 2 h en secouant le bol de temps en temps.

2. *Au moment de servir:* Remplissez un compotier en verre des fraises, bleuets et framboises, en fai-sant alterner les couches de baies.

3. Mélangez la crème et le zeste d'orange dans un bol moyen et couronnez-en les baies à la cuiller. Présentez le reste dans un petit bol et servez.

Marmelade de bleuets

1 t. d'eau
1 casseau de bleuets
¾ t. de sucre

1 c. à soupe de fécule de maïs
1 c. à thé de jus de citron

Photo page 100
Débutez 20 min avant
2¾ tasses

1. Faites bouillir l'eau à feu moyen dans une casse-role, ajoutez les bleuets et ramenez à ébullition.

2. Mélangez le sucre, la fécule et 1 pincée de sel dans un bol, ajoutez-les aux bleuets et faites épais-sir en remuant. Ajoutez le jus de citron.

Marmelade de mûres

1 sac de 21 oz (600 g) de mûres surgelées et non sucrées
½ t. de cassonade blonde tassée

2 c. à soupe de jus de citron
½ c. à thé de cannelle moulue

Débutez le matin
2⅔ tasses

Portez tous les ingrédients à ébullition à feu moyen dans une casserole, en remuant de temps en temps. Couvrez, faites refroidir et servez avec de la crème glacée, un gâteau ou d'autres fruits.

Garniture congelée aux fraises

2 casseaux de fraises bien mûres
4 t. de sucre
2 c. à soupe de jus d'orange

⅓ paquet de 6 oz (170 g) de pectine en poudre
¾ t. d'eau
Environ 6 contenants de 8 oz (225 ml) pour congélateur

Photo page 100
Débutez 2 jours avant ou jusqu'à 1 an plus tôt
6 bocaux de 8 oz (225 ml)

1. Réduisez les baies en purée dans un compotier avec un presse-purée. Mélangez-y le sucre et le jus d'orange et laissez reposer 10 min.

2. Portez l'eau et la pectine à ébullition à feu moyen dans une petite casserole; faites bouillir 1 min en remuant, incorporez la pectine aux fruits et tournez 3 min pour bien mélanger (il pourra res-ter quelques cristaux de sucre).

3. Remplissez les contenants jusqu'à ½ po (1 cm) du bord, vissez les couvercles et laissez prendre 24 h à la température ambiante. Cette garniture se conserve un an au congélateur ou trois semaines au réfrigérateur. Utilisez-la sur des tranches de qua-tre-quarts ou de gâteau des anges, un pouding au riz, de la crème glacée, du gâteau au fromage ou du yogourt nature.

Fraises Romanoff

¼ t. de liqueur parfumée à l'orange
¼ t. de jus d'orange
2 c. à soupe de brandy
1 casseau de fraises

½ t. de crème épaisse ou à 35 p. 100
1½ c. à soupe de sucre glace

Photo page 100
Débutez 1 h 30 avant
4 portions

1. Mélangez la liqueur, le jus et le brandy dans un petit bol, ajoutez-y les fraises coupées en deux et réfrigérez au moins 1 h, en arrosant les baies de temps en temps.

2. Faites mousser la crème à grande vitesse dans un autre bol, ajoutez le sucre et battez jusqu'à la formation de pics. Versez les fraises dans des cou-pes et couronnez-les de crème.

Voir la description des photos à la page 1

Cerise

Saison : De mai à août.

Choix : Choisissez les fruits charnus et luisants, allant du rouge pâle ou vif à un noir tirant sur le pourpre, selon la variété. Les cerises acidulées et à tarte sont les meilleures pour la cuisson. Les variétés plus sucrées se consomment nature ou encore dans des recettes. Rejetez les fruits ramollis ou ridés.

Conservation : Deux ou trois jours au réfrigérateur.

Préparation : Equeutez les cerises et lavez-les, puis égouttez-les à fond et dénoyautez-les comme ci-dessous.

Service : Les cerises se consomment telles quelles ou en salade, en tarte, en confiture et en compote.

Dénoyautage : Fendez la cerise jusqu'au centre avec un bon couteau et ôtez le noyau.

Ou utilisez un dénoyauteur à cerises ou à olives.

Photo
page 100
Débutez
30 min
avant ou
jusqu'à
3 jours
plus tôt

8 tasses

Compote de cerises au brandy

1 lb (450 g) de cerises dénoyautées
½ t. de brandy
½ t. de sucre

2 c. à thé de fécule de maïs
¼ c. à thé d'extrait d'amande

1. Portez les quatre premiers ingrédients à ébullition à feu moyen, dans une casserole moyenne, puis remuez jusqu'à épaississement ; retirez du feu et ajoutez l'extrait d'amande.
2. Servez chaud ou réfrigérez à couvert. Garnissez-en de la crème glacée à la vanille, des crêpes, un quatre-quarts ou un gâteau de Savoie.

CERISES AU MARASQUIN EN FLEUR

Fendez en huit et aux trois quarts de leur grosseur des cerises rouges au marasquin. Ouvrez-les ensuite avec les doigts.

Entourez-les de feuilles découpées dans de l'angélique ou des cerises vertes confites.

Voir la description des photos à la page 16

Noix de coco

Saison : Toute l'année, avec une pointe d'octobre à décembre.

Choix : Choisissez les sujets lourds pour leur taille et remplis de lait. (On doit l'entendre remuer quand on secoue la noix.) Rejetez ceux dont les yeux sont humides ou moisis.

Conservation : Entière, une semaine au réfrigérateur, mais un ou deux jours si elle est râpée.

Préparation : Reportez-vous à l'explication ci-dessous.

Service : Utilisez le lait comme boisson ou dans une sauce à salade. La pulpe se consomme telle quelle ou râpée (voir ci-dessous) dans des salades, des tartes, des pâtisseries, des gâteaux et d'autres desserts.

Préparation : Percez les yeux avec un clou et un marteau.

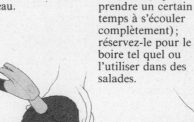

Versez le lait dans une tasse (il peut prendre un certain temps à s'écouler complètement) ; réservez-le pour le boire tel quel ou l'utiliser dans des salades.

Fendez la coque en la frappant à coups de marteau tout autour de sa partie la plus large.

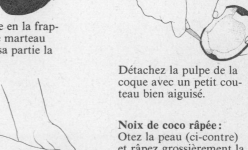

Détachez la pulpe de la coque avec un petit couteau bien aiguisé.

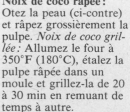

Noix de coco râpée : Otez la peau (ci-contre) et râpez grossièrement la pulpe. *Noix de coco grillée :* Allumez le four à 350°F (180°C), étalez la pulpe râpée dans un moule et grillez-la de 20 à 30 min en remuant de temps à autre.

Atoca

Saison: De septembre à janvier.
Choix: Ne choisissez que des baies fermes, charnues et brillantes. Certaines variétés sont assez grosses, rouge vif et aigrelettes; d'autres sont plus petites, plus sombres et plus sucrées. Les atocas se vendent préemballés.
Conservation: Une ou deux semaines au réfrigérateur.
Préparation: Lavez-les, puis égouttez-les à fond.
Service: Utilisez-les dans les recettes ci-dessous, mais aussi dans des sauces, des salades, des tartes, des sorbets et des pains éclair.

Compote d'atocas

Photo page 72
Débutez 10 min avant ou la veille
5 tasses

2 t. de sucre
1½ t. d'eau
1 paquet de 16 oz (450 g) d'atocas

1. Portez le sucre et l'eau à ébullition à feu moyen dans une casserole moyenne.
2. Ajoutez les atocas, ramenez à ébullition, couvrez et faites mijoter 7 min à feu doux, jusqu'à ce que les baies éclatent. Servez chaud ou réfrigérez.

Relish aux atocas

Photo page 72
Débutez 3 h avant ou la veille
14 portions

3 paquets de 16 oz (450 g) d'atocas frais ou surgelés
4½ t. de cassonade tassée
¾ t. de jus d'orange

1. Portez tous les ingrédients à ébullition à feu vif dans une très grande casserole, en remuant de temps en temps. Couvrez et faites mijoter 30 min à feu doux ou jusqu'à ce que les baies éclatent.
2. Transvasez l'appareil à la cuiller dans un bol moyen, puis réfrigérez-le à couvert.

RELISH AUX ATOCAS SERVIE DANS DES ÉCORCES D'ORANGE: *Environ 1 h avant de servir:* Coupez *7 grosses oranges* en deux, ôtez la pulpe et réservez-la pour un autre jour. Avec des ciseaux, découpez en dents de scie le pourtour des écorces et garnissez celles-ci de relish aux atocas.

Chutney aux atocas

Photo page 72
Débutez 2 h avant ou jusqu'à 1 semaine plus tôt
7 tasses

1 paquet de 16 oz (450 g) d'atocas
2 t. de sucre
1 t. d'eau
1 c. à soupe de zeste d'orange râpé
1 t. de jus d'orange
1 t. de raisins de Smyrne ou de Corinthe sans pépins
1 t. de noix de Grenoble hachées
1 t. de céleri haché
1 pomme moyenne hachée
1 c. à thé de gingembre moulu

1. Portez les atocas, le sucre et l'eau à ébullition à feu moyen dans une grande casserole, en remuant souvent. Baissez le feu et laissez mijoter 15 min.
2. Retirez la casserole du feu, incorporez les autres ingrédients, couvrez et réfrigérez.

Raisin

Saison: Toute l'année, avec une pointe de juillet à novembre.
Choix: Choisissez des sujets fermes, charnus et solidement attachés. Une couleur vive est habituellement synonyme de saveur. Rejetez les grappes dont les tiges sont sèches ou cassantes et celles qui portent des fruits abîmés ou dont le jus imprègne le casseau.
Conservation: Une ou deux semaines au réfrigérateur.
Préparation: Lavez et épépinez les grains.
Service: Le raisin se mange nature mais aussi en salade, avec du poisson et du poulet ou en compote, en gelée et en confiture. En garniture, on le servira glacé (ci-dessous).

Epépinez: Fendez chaque grain en deux en longueur avec un petit couteau.

Otez les pépins avec la pointe du couteau ou d'une petite cuiller.

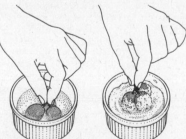

Raisins glacés: Enrobez uniformément une petite grappe de raisins de blanc d'œuf, puis passez-la dans le sucre.

Faites sécher les grappes glacées sur une claie.

Raisins à la menthe

Photo page 101
Débutez le matin
4 portions

1 grappe de raisins verts sans pépins
½ t. de miel
2 c. à soupe de jus de lime
2 c. à soupe de menthe finement hachée

1. Détachez les raisins et disposez-les dans quatre coupes à dessert.
2. Mélangez les autres ingrédients, arrosez-en les raisins et faites macérer au réfrigérateur.

Pamplemousse

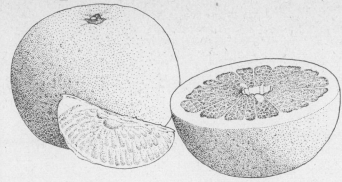

Saison : Toute l'année, avec une pointe d'octobre à mai.
Choix : Choisissez des fruits fermes, bien formés et lourds pour leur taille. Les taches décolorées atténuent rarement la qualité des sujets. Il existe des variétés avec ou sans pépins et à chair rose ou blanche. Rejetez les fruits dont la base du pédoncule est ramollie ou décolorée.
Conservation : Une ou deux semaines au réfrigérateur.
Préparation : Voir ci-dessous.
Service : Les pamplemousses se consomment nature, sucrés ou salés, ou cuits au four avec de la cannelle ou du gingembre ; on les emploie aussi dans plusieurs recettes.

Préparation : Coupez le fruit en deux entre le pédoncule et le hile. Détachez la pulpe des membranes avec un couteau, mais sans la retirer si le fruit est servi dans l'écorce.

Enlevez le centre et épépinez.

Pamplemousse grillé

*1 pamplemousse
Cassonade*

*Beurre ou margarine,
ramolli*

Photo page 23
Débutez 15 min avant
2 portions

1. Allumez le gril, coupez le pamplemousse en deux, détachez la pulpe et ôtez les pépins.
2. Saupoudrez les moitiés de cassonade, parsemez-les de noix de beurre ou de margarine et faites-les dorer au gril environ 10 min.

PAMPLEMOUSSE AU FOUR : Préparez le fruit comme ci-dessus et cuisez 20 min à 450°F (230°C).

VARIANTES : Remplacez le sucre par du miel, du sirop aromatisé à l'érable ou du sirop de maïs.

Pamplemousse Ambrosia

*1 boîte de 14 oz (398 ml)
de pamplemousse en
quartiers*

*¼ t. de miel
½ t. de noix de coco en
flocons*

Photo page 100
Débutez 5 min avant
4 portions

1. Egouttez soigneusement les fruits et réservez le liquide pour un autre jour.
2. Mélangez tous les ingrédients dans un bol et servez aussitôt.

Kiwi

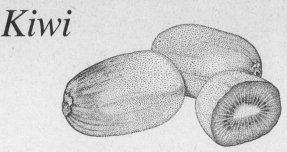

Aussi appelé actinidia ou souris végétale.
Saison : De juin à décembre.
Choix : Choisissez les petits fruits, encore un peu fermes et à la peau pelucheuse. Ceux qui sont mûrs à point cèdent sous une légère pression du pouce.
Conservation : Les fruits mûrs se conservent un ou deux jours au réfrigérateur.
Préparation et service : Voir ci-dessous.

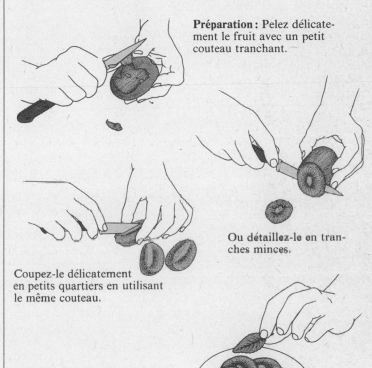

Préparation : Pelez délicatement le fruit avec un petit couteau tranchant.

Coupez-le délicatement en petits quartiers en utilisant le même couteau.

Ou détaillez-le en tranches minces.

Service : Disposez les tranches d'un ou de deux kiwis sur un plat, garnissez de feuilles de menthe fraîche et servez en entrée.

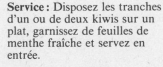

Kiwis au gingembre confit

*3 c. à soupe de sucre
3 c. à soupe d'eau
2 c. à soupe de gingembre
confit émincé*

*¼ c. à thé d'extrait de
vanille
4 gros kiwis
2 oranges moyennes*

Photo page 101
Débutez 2 h 30 avant
4 portions

1. Portez l'eau, le sucre et le gingembre à ébullition à feu assez vif dans une petite casserole, en remuant sans arrêt, et laissez bouillir 3 min jusqu'à l'obtention d'un sirop léger. Retirez du feu, incorporez la vanille et laissez tiédir.
2. Entre-temps, pelez et tranchez les kiwis, pelez les oranges et défaites-les en quartiers. Mélangez tous les ingrédients dans un compotier, couvrez-le de cellophane et réfrigérez environ 2 h, pour que l'appareil soit bien froid.

Kumquat

Saison : De novembre à février.

Choix : Choisissez des sujets fermes, orange vif et à la peau lisse et luisante. Rejetez les fruits meurtris ou ridés.

Conservation : Quelques jours à la température ambiante ou une semaine au réfrigérateur.

Préparation : Voir ci-dessous.

Service : Les kumquats se consomment tels quels, la peau y compris, ou en macédoine de fruits, en confiture et en marmelade. On recommande d'utiliser les kumquats confits ou en conserve comme garniture de plats à base de poulet ou de jambon.

Préparation : Lavez les kumquats à l'eau froide et équeutez-les.

Servez-les entiers ou coupez-les en deux en longueur avec un petit couteau et ôtez les graines avec la pointe de celui-ci.

Lime et citron

Saison : Toute l'année.

Choix : Choisissez des fruits fermes, brillants et lourds pour leur taille. Un jaune pâle ou verdâtre, pour des citrons, indique habituellement une plus grande acidité. L'écorce des limes doit être luisante. Rejetez les fruits mous, ridés ou à l'écorce dure.

Conservation : Quelques jours à la température ambiante et deux semaines au réfrigérateur.

Préparation : Voir ci-dessous.

Service : Utilisez le jus de ces agrumes dans des sauces pour fruits de mer, volaille, légumes ou fruits, dans des vinaigrettes et des desserts ou comme boisson. Servez-vous des tranches ou du zeste comme garniture.

Préparation : Coupez le fruit en deux entre le pédoncule et le hile et exprimez le jus au presse-citron. Otez les pépins. Un fruit à la température de la pièce est plus juteux. Pour préparer des garnitures, coupez en tranches ou en quartiers ou reportez-vous ci-dessous.

ZESTE D'AGRUMES

L'écorce des citrons, des limes et des oranges peut être râpée, hachée ou découpée en lanières.

Zeste râpé : Lavez et asséchez le fruit, puis râpez, au-dessus d'un papier ciré, la couche extérieure de l'écorce, à petits coups rapides de haut en bas. Mesurez à la cuiller, sans tasser.

Zeste en lanières : Incisez l'écorce, pelez-la avec les doigts et raclez le maximum de peau blanche avec une cuiller. Empilez deux ou trois sections sur une planche et découpez-les en lanières les plus minces possible.

Zeste haché : Préparez des lanières et hachez-les finement avec un couteau tranchant.

GARNITURES

Torsades : Emincez le fruit, incisez chaque tranche jusqu'au centre et tordez-en les moitiés en sens contraire.

Roues : Emincez le fruit et taillez de petits V dans l'écorce sur tout le pourtour.

Roses : Coupez une fine tranche au haut et au bas du fruit, puis pelez l'écorce en un ruban continu de ½ po (1 cm) de large.

Enroulez étroitement l'écorce et fixez-la avec un cure-dents.

Barquettes : Coupez un citron en deux en longueur et videz-le. Entaillez les moitiés d'écorce avec des ciseaux et ôtez une fine tranche sur le dessous pour stabiliser.

Mangue

Saison : D'avril à septembre.
Choix : Choisissez des sujets orange ou jaunâtres et ovales ou ronds. Les mangues mûres cèdent sous une légère pression du pouce (les vertes sont dures et insipides). Rejetez les fruits meurtris, mous ou ridés.
Conservation : Les sujets mûrs se conservent deux ou trois jours au réfrigérateur.
Préparation : Voir ci-dessous.
Service : Les mangues se consomment telles quelles ou en tranches dans des salades de fruits.

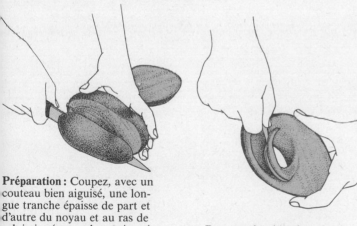

Préparation : Coupez, avec un couteau bien aiguisé, une longue tranche épaisse de part et d'autre du noyau et au ras de celui-ci ; réservez la partie médiane de la mangue renfermant le noyau.

Pour servir, videz la pulpe à la cuiller en de longues bandes incurvées.

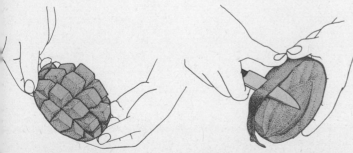

Pour manger à la main, incisez la pulpe perpendiculairement, sans la couper totalement ; poussez sur la peau pour faire ressortir les cubes et mangez.

Pelez la section médiane de la mangue et mangez-la telle quelle ou coupez-la en tranches, le long du noyau, et servez-la dans des salades de fruits.

Melon

Saison : D'avril à novembre, selon la variété.
Choix : Les fruits mûrs à point sont plus sucrés et plus savoureux. Rejetez les sujets meurtris ou fendus. Pour le choix des diverses variétés, fiez-vous aux indications ci-dessous.
Cantaloup : L'écorce rugueuse et fortement réticulée ne doit pas comporter de vert et la cicatrice du côté du pédoncule doit être lisse. La partie du hile doit céder sous une légère pression du pouce et le fruit devrait dégager un arôme agréable. Choisissez des fruits fermes et laissez-les mûrir à la maison.
Casaba : Un jaune or est signe de maturité. La partie du hile devrait céder sous une légère pression du pouce. (La chair est inodore.)
Crenshaw : L'écorce est d'une intense couleur or avec, parfois, des taches plus pâles. Elle devrait céder, surtout autour du hile, sous une légère pression du pouce et le fruit devrait dégager une odeur agréable.
Honey Ball : Ce melon ressemble en tous points au honeydew, à cette différence près qu'il est plus petit et que les veinures de l'écorce sont plus irrégulières et moins marquées.
Honeydew : Melon jaunâtre ou blanc crème, à la peau lisse et veloutée. Difficilement évaluable, sa maturité se juge au moelleux du hile et à un arôme léger et agréable.
Persian : Plus rond et plus finement réticulé que le cantaloup, le persian se choisit de la même façon.
Pastèque ou *melon d'eau :* Ce melon devrait être ferme et de forme régulière (rond ou oblong selon la variété). Il est plus facile d'évaluer la maturité des pastèques vendues en moitiés ou en quartiers. La chair devrait être ferme, d'un rouge franc et avec des pépins noirs ou brun foncé. Rejetez les pastèques dont la pulpe est parcourue d'épaisses veines blanches.
Conservation : Laissez les melons mûrir à la température ambiante, puis réfrigérez-les ; ils se garderont deux ou trois jours. Enveloppez ceux dont l'arôme est prononcé, surtout après les avoir entamés.
Préparation : Reportez-vous à la page suivante.
Service : Ils se consomment en entrée ou comme dessert, accompagnés de quartiers de lime ou de citron, dans des salades de fruits ou au poulet.

Melon

Préparation : Coupez les cantaloups ou les honeydew en deux transversalement et ôtez les pépins. Pour un effet décoratif, découpez le bord de l'écorce en dents de scie avec un couteau (voir Pastèque comme compotier, ci-contre).

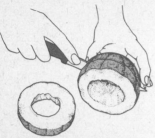

Pour avoir des rondelles, coupez des tranches épaisses et épépinez-les.

Pour des quartiers, coupez le melon en deux, du hile au pédoncule, épépinez-le et taillez en demi-lune.

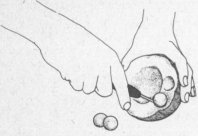

Prélevez des boulettes de pulpe avec une cuiller à melon ou une mesure d'une demi-cuiller à thé.

Quartiers de melon au gingembre

Photo page 23
Débutez
2 h avant
8 portions

| 1 gros melon honeydew | ½ c. à thé de gingembre |
| 2 c. à soupe de sucre glace | moulu |

1. Coupez le melon en deux en longueur, épépinez-le et détaillez chaque moitié en quatre. Incisez la pulpe en losanges gros comme des bouchées, puis détachez-la de l'écorce, mais sans l'en retirer.
2. Mélangez le sucre et le gingembre, saupoudrez-en le melon et réfrigérez-le à couvert.

Glace au cantaloup

Photo page 101
Débutez
le jour même ou plusieurs jours plus tôt
5 tasses

2 cantaloups moyens	2 c. à soupe de jus de
½ t. de sucre	citron
	½ c. à thé de sel

1. Coupez les cantaloups en deux et épépinez-les. Taillez les moitiés en tranches épaisses, écorcez-les et défaites-les en bouchées pour en obtenir 6 t.
2. Passez à faible vitesse, dans le mélangeur couvert, le sucre, le jus de citron, le sel et 1 t. de melon jusqu'à ce que le tout soit lisse ; ajoutez le reste du melon et mélangez quelques secondes de plus.
3. Versez l'appareil dans un moule et congelez-le 2 h ou jusqu'à ce qu'il soit partiellement pris.
4. Transvasez-le dans un compotier froid et battez-le jusqu'à ce qu'il soit mousseux, puis recongelez-le dans son moule. Laissez la glace ramollir un peu avant de servir.

Pastèque macérée

Photo page 101
Débutez
4 h avant ou le matin
16 portions

3 t. de cocktail au jus d'atocas	2 c. à soupe de jus de lime
1 t. de sirop de maïs blond	1 petit melon honeydew
	1 pastèque ovale de 10 lb (4,5 kg)

1. Mélangez les trois premiers ingrédients dans un bol ; parez le melon honeydew et incorporez des boulettes de pulpe au mélange d'atocas.
2. Modelez la pastèque en compotier : prélevez-en une tranche à 3 po (8 cm) du haut ; ôtez toute la pulpe, coupez-la en cubes et ajoutez-la à l'appareil. Jetez les pépins et l'écorce du dessus. Dentelez le pourtour de la seconde partie et taillez une base.
3. Transvasez l'appareil dans la pastèque, couvrez et réfrigérez 3 h. Servez dans des bols.

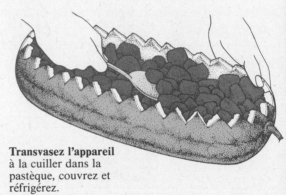

Transvasez l'appareil à la cuiller dans la pastèque, couvrez et réfrigérez.

PASTÈQUE COMME COMPOTIER

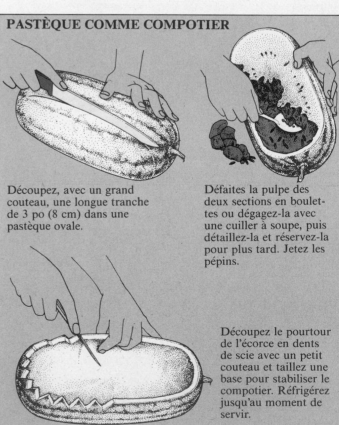

Découpez, avec un grand couteau, une longue tranche de 3 po (8 cm) dans une pastèque ovale.

Défaites la pulpe des deux sections en boulettes ou dégagez-la avec une cuiller à soupe, puis détaillez-la et réservez-la pour plus tard. Jetez les pépins.

Découpez le pourtour de l'écorce en dents de scie avec un petit couteau et taillez une base pour stabiliser le compotier. Réfrigérez jusqu'au moment de servir.

Nectarine

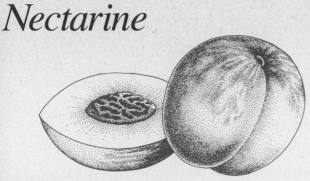

Saison : De juin à septembre.

Choix : Choisissez les sujets charnus, soit rougeâtres, soit tirant sur le jaune, selon la variété, et légèrement plus tendres le long du sillon. Les fruits un peu fermes mûrissent bien à la température ambiante. Rejetez ceux qui sont durs, ramollis, ridés ou verdâtres.

Conservation : Les fruits mûrs se conservent de trois à cinq jours au réfrigérateur.

Préparation : Voir ci-dessous. Pour empêcher les nectarines entamées de brunir, arrosez-les de jus de citron ou saupoudrez-les d'acide ascorbique.

Service : Elles se consomment telles quelles, en salade, en relish et en tarte ou dans les recettes données ci-dessous.

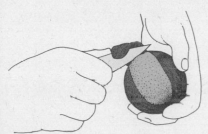

Préparation : Lavez la nectarine à l'eau froide, coupez-la en deux après l'avoir pelée (au goût) et ôtez le noyau.

Photo page 72
Débutez 4 h avant ou jusqu'à 3 jours plus tôt
4 tasses

Relish aux nectarines

2 lb (900 g) de nectarines dénoyautées, en dés	½ t. de cassonade tassée
1 t. de noix de Grenoble hachées	¼ t. de gingembre confit coupé en dés
½ t. de raisins de Corinthe	2 c. à soupe de jus de citron
	½ c. à thé de sel

Mélangez tous les ingrédients dans un grand bol, couvrez-le de cellophane et réfrigérez au moins 3 h 30 pour que les saveurs se fondent. Servez avec du poulet, du porc, du canard ou du jambon.

Photo page 72
Débutez le matin
16 portions

Nectarines aux épices

1½ t. d'eau	¼ c. à thé de sel
¾ c. à thé de clous de girofle	4 grosses nectarines pelées et émincées
¼ c. à thé de cannelle moulue	½ t. de sucre
¼ c. à thé de gingembre moulu	3 c. à soupe de jus de citron

1. Dans une sauteuse, portez à ébullition à feu moyen l'eau, le girofle, la cannelle, le gingembre et le sel et laissez bouillir 2 min.
2. Ajoutez les nectarines et cuisez 10 min en remuant de temps en temps. Incorporez le sucre et le citron vers la fin de la cuisson. Servez froid avec de la viande ou de la volaille.

Orange

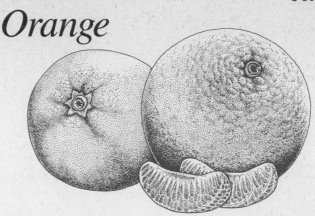

Saison : Toute l'année, avec une pointe en hiver et au début du printemps.

Choix : Choisissez des fruits fermes et lourds pour leur taille. Rejetez les sujets desséchés, ramollis ou spongieux. Les navels et les temple se pèlent et se séparent aisément. Les valencia, parson brown, pineapple et hamlin sont particulièrement juteuses.

Conservation : Quelques jours à la température ambiante ou deux semaines au réfrigérateur.

Préparation : Pelez les oranges, puis tranchez-les ou défaites-les en quartiers (voir ci-dessous et page 308).

Service : Elles se consomment telles quelles ou en salade, en boisson, en sauce et en gâteau.

Préparation : Pelez le fruit avec un couteau aiguisé, en ôtant la peau blanche ainsi que la mince membrane qui recouvre la pulpe.

Découpez le long des cloisons et dégagez les quartiers depuis le centre du fruit.

Photo page 103
Débutez le jour même ou jusqu'à 2 semaines plus tôt
2 lb (900 g)

Zestes d'orange confits

4 t. légèrement tassées de zestes d'orange coupés en minces lanières (environ 3 oranges)	½ t. de sirop de maïs
	Sucre
	1 paquet de 3 oz (85 g) de gélatine parfumée à l'orange
Eau	

1. Portez les zestes et 8 t. d'eau chaude à ébullition à feu vif dans une marmite et faites bouillir 15 min. Egouttez, rincez et remettez à bouillir 15 min dans huit autres tasses d'eau chaude ; égouttez.
2. Faites bouillir à feu vif, dans la même casserole, le sirop, 1¾ t. de sucre et 1½ t. d'eau jusqu'à ce que le sucre soit dissous, en remuant souvent. Ajoutez les zestes et faites réduire le sirop 40 min à feu modéré, en remuant.
3. Retirez du feu, ajoutez délicatement la gélatine, remuez jusqu'à ce qu'elle soit dissoute et laissez refroidir 10 min. (Le mélange sera épais et collant.)
4. Versez 1 t. de sucre sur du papier ciré et enrobez-en quelques lanières à la fois en ajoutant du sucre au besoin.
5. Etalez les zestes en une seule couche sur une claie et laissez sécher 12 h ou toute la nuit. Conservez dans un récipient étanche.

FRUITS
Papaye

Saison : Toute l'année.
Choix : Choisissez les sujets jaune verdâtre ou presque jaunes, dont l'écorce cède sous une légère pression du pouce. Rejetez ceux qui sont ridés ou meurtris.
Conservation : Trois ou quatre jours au réfrigérateur.
Préparation : Coupez-les en deux en longueur, épépinez-les et pelez-les ; tranchez-les ou coupez-les en morceaux.
Service : Les papayes se consomment en entrée ou comme dessert avec des quartiers de citron ou de lime, ou garnies de sorbet ou encore de crème glacée ou aromatisée ; on s'en sert aussi dans les salades.

Papayes à la crème citronnée

3 papayes moyennes
1 t. de crème épaisse ou à 35 p. 100
2 jaunes d'œufs
⅓ t. de sucre

3 c. à soupe de jus de citron
1 pincée de sel
Tranches de citron

Photo page 100
Débutez
1 h avant
6 portions

1 Coupez les papayes en deux en longueur et épépinez-les. Fouettez la crème à vitesse moyenne dans un petit bol jusqu'à la formation de pics fermes.

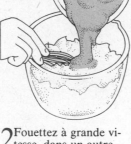

2 Fouettez à grande vitesse, dans un autre bol, les jaunes, le sucre, le jus de citron et le sel jusqu'à ce que le sucre soit dissous. Incorporez délicatement à la crème.

3 Garnissez à la cuiller chaque demi-papaye de ce mélange et faites prendre 30 min au réfrigérateur.

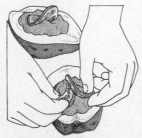

4 *Service :* Décorez les papayes de tranches de citron torsadées (voir p. 308).

Pêche

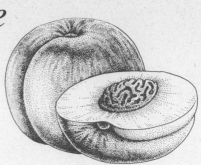

Saison : De mai à octobre.
Choix : Choisissez des sujets fermes ou un peu tendres, jaunes ou crème avec, selon la variété, une grande tache rouge. Rejetez ceux qui sont verts ou abîmés. La pulpe des variétés à noyau libre se détache aisément.
Conservation : De trois à cinq jours au réfrigérateur.
Préparation : Pelez (ci-dessous) et coupez en deux pour ôter le noyau. Pour empêcher les pêches entamées de brunir, arrosez-les de citron ou d'un peu d'acide ascorbique.
Service : Les pêches se consomment nature mais aussi en salade, en dessert, en tarte ou en confiture ; voir aussi les recettes ci-dessous.

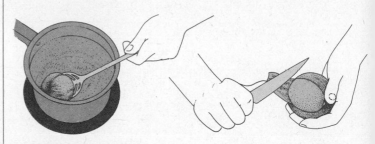

Comment peler une pêche : Blanchissez-la 15 s et plongez-la aussitôt dans une casserole d'eau froide.

Pelez-la avec un petit couteau bien aiguisé.

Pêches pochées

¼ t. de sucre
¾ t. d'eau
4 clous de girofle

1½ lb (700 g) de pêches pelées et coupées en deux

Photo page 100
Débutez
20 min avant
6 portions

1. Portez les trois premiers ingrédients à ébullition à feu moyen dans une casserole moyenne.
2. Ajoutez les pêches, ramenez à ébullition, couvrez et laissez mijoter 10 min à feu doux.

Pêches au four

6 pêches
½ t. de sucre
2 c. à soupe de jus de citron

2 c. à soupe de beurre
1 t. d'eau
Gelée de menthe (facultatif)

Photo page 100
Débutez
1 h avant
6 portions ou 12 garnitures

1. Allumez le four à 350°F (180°C). Pelez et dénoyautez les pêches. Portez les quatre ingrédients suivants à ébullition à feu assez vif dans une petite casserole et faites mijoter 5 min.
2. Mettez les pêches dans une grande cocotte, arrosez-les de sirop et cuisez-les 30 min au four ou jusqu'à ce qu'elles soient tendres. Déposez, au goût, un peu de gelée de menthe au centre de chaque moitié. Servez-les chaudes comme dessert ou égouttées et avec de la viande.

Poire

Saison : Toute l'année, avec une pointe à l'automne.
Choix : Choisissez les sujets bien formés, cédant sous une légère pression. Evitez ceux qui sont ridés, décolorés ou meurtris. Les bartlett, anjou et bosc sont à la fois des poires à couteau et à cuire. Les comice, seckel, nelis et kieffer se consomment nature.
Conservation : Les fruits mûrs se gardent de trois à cinq jours au réfrigérateur.
Préparation : Coupez le fruit pelé en deux et évidez-le. Pour des tranches égales, utilisez un coupe-poire.
Service : Elles se consomment nature ou avec du fromage, en salade, en tarte ou dans d'autres desserts.

Coupe-poire : Placez l'accessoire sur la poire et appuyez jusqu'au bout. Les tranches se sépareront du cœur qui restera intact.

Poires pochées au sauternes

Photo page 101
Débutez 4 h avant ou la veille
6 portions

3 grosses poires   *½ t. de sauternes*
Eau   *¼ t. de sucre*

1. Pelez, coupez et évidez les poires. Portez ½ po (1 cm) d'eau à ébullition à feu assez vif dans une sauteuse, ajoutez les poires et ramenez à ébullition. Couvrez et faites mijoter 20 min à feu doux.
2. Retirez les poires avec une écumoire et disposez-les dans un plat à four.
3. Ajoutez le sucre et le sauternes au jus de cuisson, portez à ébullition et faites mijoter 8 min à feu doux. Arrosez les poires, couvrez et réfrigérez.

Poires au chocolat

Photo page 101
Débutez 30 min avant ou le matin
2 portions

2 poires moyennes mûres   *1 carré de chocolat amer*
et refroidies   *2 c. à soupe de lait*
¼ t. de sucre   *½ t. de garniture*
2 c. à soupe de brandy   *fouettée surgelée et*
1 jaune d'œuf   *dégelée*
1 pincée de sel

1. Evidez les poires par la base sans ôter les queues et dressez-les sur un plat. Mélangez le sucre, le brandy, le jaune d'œuf et le sel dans un petit bol.
2. Mettez le chocolat avec le lait dans une mesure de 1 tasse et placez celle-ci dans une petite casserole contenant 1 po (2,5 cm) d'eau chaude ; faites fondre à feu doux en remuant.
3. Ajoutez le sucre, tournez jusqu'à ce que le sirop épaississe légèrement et arrosez-en les poires.
4. Foncez deux assiettes à dessert de la garniture fouettée, couronnez des poires et servez.

Ananas

Saison : Toute l'année.
Choix : Choisissez les sujets fermes, lourds pour leur taille, avec un parfum marqué et aux protubérances charnues et luisantes. La couleur dépend de la variété, mais le vert indique un manque de maturité.
Conservation : Les fruits mûrs se gardent un ou deux jours au réfrigérateur.
Préparation : Voir ci-dessous.
Service : Les ananas se consomment en entrée ou comme dessert, en salade ou en tarte.

Rondelles : Otez la couronne et le dessous, puis tranchez le fruit en rondelles de ½ à 1 po (1-2,5 cm) selon la recette.

Ecorcez délicatement les rondelles.

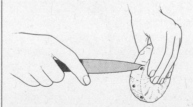

Otez les yeux avec la pointe d'un couteau.

Evidez avec un emporte-pièce ou un couteau ; servez tel quel ou en morceaux.

Ananas en escalier : Coupez l'ananas en quatre sur la longueur, en conservant les feuilles de la couronne. Otez le cœur, puis détachez la pulpe de l'écorce avec un petit couteau et tranchez-la ; remettez les tranches dans les quartiers d'écorce en les décalant.

313

Prune

Saison : De juin à octobre.

Choix : Choisissez les sujets charnus et colorés, cédant sous une légère pression du doigt. Selon la variété, la couleur variera d'un jaune vif tirant sur le vert à un rouge pourpre ou à un violet presque noir. Rejetez les fruits durs, ridés, trop mous ou fendus.

Conservation : De trois à cinq jours au réfrigérateur.

Préparation : Voir ci-dessous.

Service : Les prunes se consomment nature ou en salade, en compote, en confiture et dans des gâteaux.

Préparation : Lavez les fruits et ouvrez-les avec un couteau pour les dénoyauter.

Photo page 100
Débutez 20 min avant
2½ tasses

Compote de prunes

½ t. d'eau
1 lb (450 g) de prunes dénoyautées
⅓ t. de sucre

1. Portez l'eau et les prunes à ébullition à feu moyen dans une casserole moyenne. Couvrez et faites mijoter 5 min à feu doux.
2. Ajoutez le sucre à la fin de la cuisson.

Photo page 100
Débutez 1 h 15 avant
1¾ tasse

Garniture aux prunes

4 prunes dénoyautées
½ t. de sucre glace
1 paquet de 8½ oz (250 g) de fromage à la crème, ramolli

1. Passez les prunes et le sucre à petite vitesse au mélangeur couvert pendant 1 min ou jusqu'à ce que le mélange ait la consistance d'une sauce.
2. Ajoutez le fromage, mélangez 30 s ou jusqu'à ce que l'appareil soit lisse.
3. Réfrigérez-le au moins 1 h et couronnez-en une salade de fruits frais.

Photo page 100
Débutez le jour même ou jusqu'à 4 jours plus tôt
6 portions

Prunes au porto

2 lb (900 g) de petites prunes dénoyautées
2 t. de porto
6 clous de girofle
1 bâton de cannelle
1½ c. à thé de zeste d'orange râpé
1 t. de sucre

1. Portez les prunes, le porto, les clous de girofle, la cannelle et le zeste d'orange à ébullition à feu vif, dans une grande casserole ; couvrez et faites mijoter de 3 à 5 min à feu doux.
2. Ajoutez le sucre et remuez jusqu'à ce qu'il soit dissous. Transvasez l'appareil à la cuiller dans un grand bol, couvrez et réfrigérez toute la nuit.
3. Servez les prunes très froides arrosées de leur sirop ou couronnées de crème glacée à la vanille.

Grenade

Saison : De septembre à décembre.

Choix : Choisissez des sujets lourds pour leur taille. Rejetez ceux dont l'écorce est ridée ou fendue.

Conservation : Une semaine au réfrigérateur.

Préparation : Voir ci-dessous.

Service : Le jus des grenades est exquis et leurs graines se consomment nature, en salade ou comme garniture.

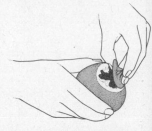

Préparation : Incisez le pourtour du fruit avec un couteau tranchant, à 1 po (2,5 cm) du hile.

Otez ce chapeau avec les doigts. Les graines sont riches en jus.

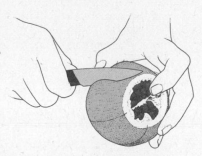

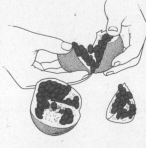

Incisez l'écorce pour diviser le fruit en six.

Séparez la grenade en quartiers.

Otez délicatement les graines.

Pressez les graines à la cuiller à travers un tamis pour en extraire le jus et jetez-les.

Rhubarbe

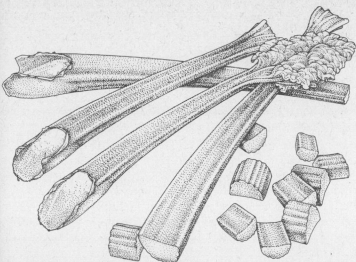

Saison : Toute l'année dans certaines régions, mais surtout de janvier à juillet.
Choix : Choisissez des tiges fermes, croquantes et assez épaisses. Rejetez celles qui sont molles.
Conservation : De trois à cinq jours au réfrigérateur.
Préparation : Supprimez les feuilles et les bouts décolorés. Brossez les tiges sous l'eau froide et coupez-les en morceaux avant de les cuire.
Service : La rhubarbe se consomme en tarte et en dessert ou encore en compote pour accompagner la viande ou la volaille ; voir aussi les recettes ci-dessous.

Compote de rhubarbe

Photo
page 101
Débutez
20 min
avant ou
le matin
2⅔ tasses

1½ lb (700 g) de	*¾ t. d'eau*
rhubarbe détaillée	*⅔ t. de sucre*

1. Portez l'eau et la rhubarbe à ébullition à feu moyen dans une casserole moyenne. Couvrez et faites mijoter 5 min à feu doux ou jusqu'à ce que la rhubarbe soit tendre, mais non défaite.
2. Ajoutez le sucre à la fin de la cuisson. Servez chaud ou froid.

Rhubarbe au four

Photo
page 101
Débutez
50 min
avant
6 portions

4 t. de rhubarbe en	*1¼ t. de farine*
morceaux de 1 po	*½ t. de beurre ou de*
(2,5 cm)	*margarine*
¼ t. d'eau	*Crème de table ou crème*
1 c. à thé de jus de citron	*glacée à la vanille*
Sucre	

1. Portez la rhubarbe, l'eau, le jus de citron et ½ t. de sucre à ébullition à feu moyen dans une grande casserole, couvrez et faites mijoter 10 min à feu doux. Versez l'appareil dans un plat à four et allumez le four à 425°F (220°C).
2. Mélangez la farine et ¼ t. de sucre dans un bol moyen, puis ajoutez le corps gras et travaillez le tout avec une broche à pâtisserie jusqu'à l'obtention d'une texture grossière.
3. Saupoudrez-en la rhubarbe et faites dorer environ 25 min. Servez chaud avec la crème de table ou la crème glacée.

Tangerine et tangelo

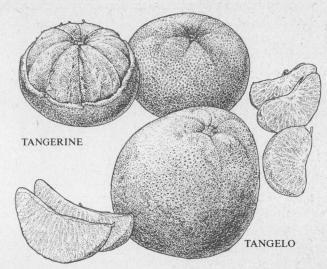

TANGERINE

TANGELO

Saison : De novembre à février pour les tangelos, d'octobre à avril pour les tangerines.
Choix : Les tangelos doivent être fermes, lourds pour leur taille et d'un orange franc. Ils se pèlent et se séparent aisément, sont juteux et contiennent peu de pépins. Les meilleures tangerines vont du jaune à l'orange vif et sont lourdes pour leur taille.
Conservation : Les tangelos se gardent quelques jours à la température ambiante ou une semaine au réfrigérateur, et les tangerines un ou deux jours.
Préparation : Voir ci-dessous.
Service : Ils se consomment tels quels ou en salade.

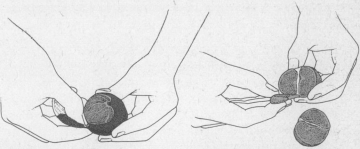

Préparation : Détachez l'écorce avec les doigts à partir du pédoncule.

Séparez le fruit quartier par quartier et incisez les centres pour les épépiner.

Salade de tangelos

Photo
page 77
Débutez
40 min
avant
6 portions

4 gros tangelos ou	*2 c. à soupe de piment*
6 grosses tangerines	*doux tranché*
1 t. de céleri émincé	*¾ c. à thé de sel*
¼ t. de vinaigrette	*Feuilles de romaine*
italienne en bouteille	

1. Pelez les fruits, séparez-les en quartiers et épépinez-les, le cas échéant.
2. Mélangez le céleri, la vinaigrette, le piment et le sel dans un grand bol, ajoutez les tangelos et brassez pour bien les enrober.
3. *Service :* Foncez un saladier de feuilles de romaine, puis dressez-y la salade de tangelos.

315

SALADES

Les salades se servent en entrée, pour accompagner d'autres plats, comme plat principal ou comme dessert. En général, elles se préparent en quelques minutes et ne requièrent pas de cuisson. On peut les servir dans n'importe quel récipient, depuis un saladier jusqu'à une marmite de grès, sans plus d'apprêts. La plupart des légumes-feuilles, qui contiennent très peu de calories, peuvent être servis en salade ou comme garniture.

Entrée : Ces salades sont légères et relevées, afin de stimuler le palais en prévision des autres services. Une simple salade verte, agrémentée de légumes ou de fruits, est la plus indiquée.

Accompagnement : Mélangez divers légumes-feuilles et, pour un plat plus substantiel, ajoutez-y d'autres légumes ou des fruits. Sauf indication contraire, les recettes de cette section sont prévues comme accompagnement.

Plat principal : Ces salades contiennent autant de protéines de haute qualité que les plats chauds à base de viande, de volaille, de fruits de mer, d'œufs ou de fromage.

Dessert : Ces salades, faites de fruits, sont souvent servies avec des noix ou du fromage et une sauce sucrée.

CHOIX DES LÉGUMES-FEUILLES

Pour les salades, n'utilisez que des feuilles ou des fanes fraîches et croquantes; rejetez toutes celles qui seraient fanées ou décolorées. (Pour plus de précisions à cet égard, reportez-vous à la page 288.) Choisissez des laitues pommées ou des choux fermes et lourds. La gamme des légumes-feuilles comprend également la romaine, la scarole, la chicorée, les endives, les choux blanc, rouge ou chinois, les épinards, le cresson et l'oseille. Les feuilles de betteraves, de céleri et de navets ajoutent un certain cachet à un saladier. Et pour le rendre encore plus attrayant en termes de couleur, de texture et de saveur, mélangez des feuilles au goût acidulé avec d'autres plus douces, des feuilles croquantes et des feuilles qui le sont moins, des pâles et des foncées. Les variantes sont illimitées.

Conservez les feuilles externes, plus foncées, des romaines ou autres laitues, du moment qu'elles ne sont ni fanées ni abîmées. Même si elles sont moins tendres que celles du cœur, elles contiennent beaucoup d'éléments nutritifs. Lavez-les, asséchez-les et déchiquetez-les avant de les mettre dans le saladier ou de les servir dans des sandwiches ou comme garnitures pour des plats froids, des consommés ou des potages.

PRÉPARATION ET CONSERVATION DES LAITUES

Les laitues parées se conservent un ou deux jours au réfrigérateur dans des sacs en plastique ou de la cellophane, dans des contenants étanches ou dans le casier à légumes.

Préparation des têtes pommées (laitue, chou blanc ou rouge) : Maintenez fermement le légume, insérez la pointe d'un couteau le long du cœur et découpez tout autour en forme de cône.

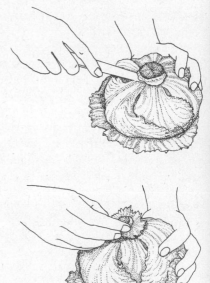

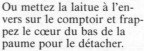

Ou mettez la laitue à l'envers sur le comptoir et frappez le cœur du bas de la paume pour le détacher.

Puis, tout en tenant la laitue d'une main, tordez le cœur jusqu'à ce qu'il se dégage. Jetez-le.

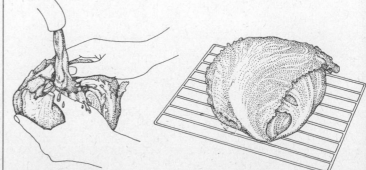

Lavage d'une laitue pommée : Tenez la laitue à l'envers sous l'eau froide pour bien la laver et séparer les feuilles.

Laissez-la s'égoutter, à l'endroit, sur une claie ou dans une passoire.

Préparation des laitues en feuilles (boston ou romaine) : Détachez les feuilles une par une.

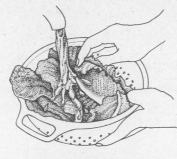

Placez-les dans une passoire ou un panier à salade, lavez-les à l'eau froide, secouez et égouttez bien.

PRÉPARATION DES AUTRES LÉGUMES-FEUILLES

Lavez à l'eau froide les légumes-feuilles comme la chicorée, la bette à carde, le chou ou les épinards. Egouttez-les, asséchez-les et ôtez les côtes ou les tiges dures.

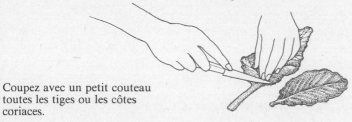

Coupez avec un petit couteau toutes les tiges ou les côtes coriaces.

LÉGUMES-FEUILLES CROQUANTS

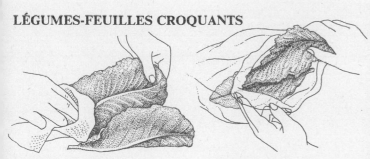

Asséchez les feuilles avec du papier absorbant en prenant garde de ne pas les abîmer.

Réfrigérez-les dans un sac en plastique. Lavez et asséchez le persil, la menthe et le cresson frais et réfrigérez-les, tiges dans un peu d'eau, dans des bocaux couverts.

SAUCES ET VINAIGRETTES

En général, une vinaigrette à base d'huile et de vinaigre est ce qui convient le mieux pour les verdures tendres comme la boston, tandis que les sauces à base de crème ou de mayonnaise sont plus indiquées pour celles qui sont très croquantes, comme la romaine ou la laitue pommée. Ceux qui se préoccupent de leur poids peuvent couper l'huile et arroser leur salade de jus de citron frais ou la mélanger avec un aliment faible en calories comme du fromage blanc, de la crème sure ou du yogourt.

Il est préférable de préparer les sauces ou les vinaigrettes suffisamment à l'avance pour que les saveurs se fondent entre elles. Mais si les salades cuites absorbent mieux si on les arrose quand elles sont encore chaudes, il ne faut remuer les salades vertes qu'à la toute dernière minute pour éviter qu'elles ne se flétrissent et que les garnitures, comme les croûtons, ne deviennent spongieuses.

Sauf si la recette précise le contraire, incorporez d'abord les deux tiers de la vinaigrette à la salade et remuez bien, puis ajoutez le reste si besoin est, de telle sorte que les ingrédients soient tout juste imprégnés. Evitez les sauces trop abondantes qui flétrissent la salade.

Les surplus de vinaigrette ou de sauce se conservent au réfrigérateur et rien n'est plus simple que de les allonger avec un peu de mayonnaise ou de crème sure pour obtenir un nouvel assaisonnement.

SALADES EN GELÉE

Les salades enrobées de gélatine et façonnées dans des plats individuels ou dans un joli moule de grande taille ajoutent une touche décorative à n'importe quelle table.

Préparez-les au moins 4 heures à l'avance afin que la gélatine ait le temps de prendre. Pour éviter de les briser, démoulez-les directement sur le plat de service et entourez-les de feuilles de laitue. Si vous prenez soin d'humecter le plat d'un peu d'eau froide, la salade en gelée sera plus facile à centrer ; les petites portions peuvent être démoulées directement sur un lit de légumes verts. Servez immédiatement après avoir démoulé.

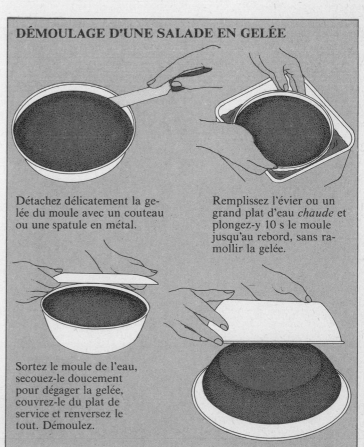

DÉMOULAGE D'UNE SALADE EN GELÉE

Détachez délicatement la gelée du moule avec un couteau ou une spatule en métal.

Remplissez l'évier ou un grand plat d'eau *chaude* et plongez-y 10 s le moule jusqu'au rebord, sans ramollir la gelée.

Sortez le moule de l'eau, secouez-le doucement pour dégager la gelée, couvrez-le du plat de service et renversez le tout. Démoulez.

Salades vertes

Salade César

Photo
page 75
Débutez
30 min
avant
6 portions

Croûtons à l'ail (ci-dessous)
2 romaines moyennes ou l'équivalent en laitues pommées ou frisées
⅓ t. d'huile d'olive ou à salade
⅓ t. de parmesan râpé

2 c. à soupe de jus de citron
¼ c. à thé de sel
1 pincée de mignonnette
1 boîte de 1¾ oz (50 g) de filets d'anchois, égouttés
1 œuf

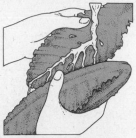

1 Préparez les croûtons et réservez-les. Lavez la romaine à l'eau froide, égouttez-la dans une passoire ou un panier à salade et asséchez-la avec du papier absorbant.

2 Déchiquetez-la en bouchées dans un grand saladier refroidi.

3 Ajoutez l'huile et remuez délicatement pour bien en enrober toutes les feuilles.

4 Ajoutez le parmesan, le jus de citron, l'œuf cru, les anchois, le sel et le poivre ; remuez de nouveau.

5 Garnissez la salade des croûtons à l'ail et servez aussitôt.

CROÛTONS À L'AIL : Otez les croûtes de *3 tranches de pain de mie* et coupez celles-ci en cubes de ½ po (1 cm). Chauffez *¼ t. d'huile* à feu moyen dans une sauteuse, faites-y blondir 2 min *1 petite gousse d'ail* et jetez-la. Ajoutez les croûtons et cuisez-les en remuant souvent jusqu'à ce qu'ils soient dorés et croustillants. Egouttez-les sur du papier.

Salade verte et vinaigrette au citron et à la moutarde

Photo
page 75
Débutez
45 min
avant
10 portions

2 sacs de 10½ oz (300 g) d'épinards
1 boston moyenne
2 petites endives
½ lb (225 g) de champignons moyens

Vinaigrette :
1 gros citron
⅔ t. d'huile à salade

2 c. à thé de sucre
1½ c. à thé de sel
1 c. à thé de moutarde sèche
1 c. à thé de ciboulette hachée fraîche ou congelée
¼ c. à thé de mignonnette

1. Déchiquetez les épinards et la boston dans un grand saladier refroidi. Coupez les endives en deux transversalement ; détachez les feuilles du haut et coupez la base en quartiers. Emincez les champignons et ajoutez-les avec les endives au saladier.
2. Pour préparer la vinaigrette, râpez 2 c. à thé de zeste de citron, pressez le fruit pour obtenir ¼ t. de jus et mélangez le tout au fouet ou à la fourchette avec l'huile et les autres ingrédients.
3. Arrosez-en la salade et remuez bien.

Salade de l'épouse du colonel

Photo
page 75
Débutez
20 min
avant
12 portions

½ paquet de 12¼ oz (350 g) de petits pois surgelés
Eau bouillante
1 petite romaine
1 petite laitue pommée
1 petit concombre émincé
3 oignons verts hachés
1 côte de céleri tranchée

Vinaigrette :
¼ t. d'huile à salade
3 c. à soupe de vinaigre de vin blanc
1 c. à soupe de sucre
1 c. à soupe de persil haché
½ c. à thé de sel d'ail
½ c. à thé de sel
¼ c. à thé de feuilles d'origan
1 pincée de poivre assaisonné

1. Couvrez les pois d'eau bouillante dans un bol moyen et laissez-les reposer 5 min.
2. Entre-temps, déchiquetez les laitues dans un saladier ; égouttez les pois et ajoutez-les à la salade avec le reste des ingrédients.
3. Pour préparer la vinaigrette, mélangez dans une tasse tous les ingrédients la composant.
4. Versez sur la salade et remuez délicatement.

Salade californienne

Photo
page 75
Débutez
30 min
avant
8 portions

¼ t. d'huile à salade
1 c. à soupe de sucre
2 c. à soupe de vinaigre de vin blanc
2 c. à thé de persil haché
½ c. à thé de sel d'ail
½ c. à thé de sel assaisonné
¼ c. à thé de feuilles d'origan

1 pincée de poivre assaisonné
½ grosse laitue pommée
½ grosse boston
2 gros avocats pelés et tranchés
½ t. de noix de Grenoble

1. Pour faire la vinaigrette, mélangez les huit premiers ingrédients dans un grand saladier.
2. Ajoutez-y les feuilles déchiquetées des laitues, puis les avocats et remuez délicatement. Garnissez de noix.

Salades de légumes

Salade de chou

Photo
page 76
Débutez
1 h 30 avant
ou le matin
8 portions

Vinaigrette :
½ t. de mayonnaise ou
  de sauce à salade cuite
1 c. à soupe de lait
1 c. à soupe de vinaigre
  ou de jus de citron
½ c. à thé de sucre
¼ c. à thé de sel
1 pincée de paprika
1 pincée de poivre

1 chou moyen
1 petit poivron vert
1 grosse côte de céleri
1 grosse carotte
2 c. à soupe d'oignon
  haché

1 Pour préparer la vinaigrette, mélangez-en
à la fourchette tous les
ingrédients dans une me-
sure ; réservez.

2 Tranchez le chou
avec un couteau bien
aiguisé et émincez le
poivron.

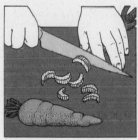

3 Coupez le céleri en
morceaux de ¼ po
(6 mm) de large, puis
râpez finement la
carotte.

4 Remuez doucement
tous les ingrédients
avec la vinaigrette dans
un grand saladier ; cou-
vrez et réfrigérez.

SALADIER POUR LA SALADE DE CHOU

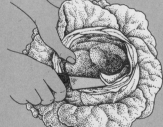

Ouvrez en fleur les feuilles
externes d'un chou, puis
évidez soigneusement le légume avec un couteau tranchant de façon à obtenir des
parois d'environ ¼ po
(6 mm) d'épaisseur.

Préparez la salade de chou ci-
dessus avec la partie évidée et
transvasez-la dans le « saladier » au moment de servir.

Concombres à la crème sure

Photo
page 75
Débutez
20 min
avant ou
le matin
6 portions

1 t. de crème sure
3 c. à soupe de ciboulette
  ou d'oignon haché
2 c. à soupe de jus de
  citron

1½ c. à thé de sel
1 pincée de poivre
3 gros concombres

1. Mélangez la crème sure, la ciboulette, le jus de
citron, le sel et le poivre dans un grand bol.
2. Pelez et émincez les concombres, ajoutez-les au
reste et mélangez. Couvrez et réfrigérez.

Salade de concombres à la danoise

Photo
page 75
Débutez
5 h avant ou
le matin
8 portions

4 concombres moyens
Sel
½ t. de vinaigre blanc
¼ t. de sucre

2 c. à soupe d'aneth frais
  haché
¼ c. à thé de poivre
  blanc

1. Emincez les concombres en tranches fines
comme du papier, mélangez-les avec 2 c. à thé de
sel dans un grand bol et laissez-les dégorger 1 h à la
température ambiante.
2. Egouttez-les, puis mélangez-les avec le vinaigre,
le sucre, l'aneth, le poivre et 1 c. à thé de sel.
3. Couvrez le bol de cellophane et réfrigérez au
moins 3 h avant de servir.

Tomates vinaigrette

Photo
page 75
Débutez
2 h avant
6 portions

6 tomates moyennes
2 c. à soupe d'huile à
  salade
1 c. à thé de vinaigre de
  vin
½ c. à thé de sucre

½ c. à thé de feuilles
  d'origan
½ c. à thé de sel
½ c. à thé de poivre
Persil haché (facultatif)

1. Tranchez les tomates et dressez-les sur un plat
de service en les faisant chevaucher.
2. Mélangez l'huile, le vinaigre, le sucre, l'origan,
le sel et le poivre dans un petit bol, arrosez-en les
tomates et réfrigérez le tout à couvert jusqu'au moment de servir.
3. *Service :* Garnissez les tomates de persil haché,
si vous le désirez.

Champignons et cœurs d'artichauts marinés

Photo
page 20
Débutez
le matin ou
la veille
8 entrées

2 paquets de 10½ oz
  (300 g) de cœurs
  d'artichauts surgelés
¾ t. d'huile à salade
½ t. de jus de citron
1 c. à soupe de sucre
2 c. à thé de sel
1 c. à thé de moutarde
  sèche

½ c. à thé de poivre
½ c. à thé de basilic
1 petite gousse d'ail
  écrasée
1 lb (450 g) de
  champignons tranchés
1 c. à soupe de piment
  doux coupé en dés

1. Préparez les cœurs d'artichauts selon le mode
d'emploi et égouttez-les.
2. Mélangez, dans un grand bol, l'huile, le jus de
citron, le sucre, le sel, la moutarde, le poivre, le basilic et l'ail.
3. Incorporez les artichauts, les champignons et le
piment doux. Couvrez de cellophane et réfrigérez,
en remuant la salade de temps en temps.

Salades de légumes

Salade grecque

Photo
page 77
Débutez
30 min
avant
10 portions

1 chicorée moyenne
1 laitue pommée
*   moyenne*
2 concombres moyens
2 grosses tomates
6 oz (170 g) d'olives
*   noires, dénoyautées et*
*   égouttées*
1 boîte de 1¾ oz (50 g)
*   de filets d'anchois,*
*   égouttés (facultatif)*
2 oignons verts hachés

2 c. à soupe de câpres
½ lb (225 g) de feta
*   émietté*
½ t. d'huile d'olive ou
*   à salade*
3 c. à soupe de vinaigre
*   de vin rouge*
1 c. à thé de feuilles
*   d'origan*
½ c. à thé de sel
1 pincée de poivre

1. Déchiquetez la chicorée et la laitue pommée dans un grand saladier refroidi.
2. Pelez partiellement les concombres en longueur pour obtenir un effet de rayures et émincez-les ; coupez les tomates en quartiers.
3. Ajoutez les concombres et les tomates dans le saladier avec les olives, les filets d'anchois, les oignons verts, les câpres et le feta.
4. Mélangez l'huile et le reste des ingrédients dans une tasse, arrosez-en la salade et remuez bien.

Préparation des concombres : Pelez-les partiellement en longueur, puis émincez-les.

Addition du feta : Ajoutez le fromage émietté, puis la vinaigrette et mélangez le tout.

Salade aux pommes de terre et aux légumes

Photo
page 75
Débutez
1 h avant
8 portions

8 pommes de terre
*   moyennes non pelées*
Eau
2 paquets de 10½ oz
*   (300 g) de petits pois*
*   et de carottes surgelés*

2 petits concombres
Sel
1 t. de mayonnaise
⅓ t. de lait
¼ c. à thé de poivre
Feuilles de laitue

1. Couvrez les pommes de terre d'eau et portez-les à ébullition à feu vif dans une casserole, puis cuisez-les à couvert de 20 à 30 min à feu modéré.
2. Egouttez-les et laissez-les tiédir, puis épluchez-les et coupez-les en cubes.
3. Cuisez les petits pois et les carottes selon le mode d'emploi ; tranchez les concombres aussi finement que possible et saupoudrez-les de ¼ c. à thé de sel dans un bol pour les faire dégorger.
4. Mélangez dans un saladier les pommes de terre, les pois, les carottes, la mayonnaise, le lait, le poivre et 1½ c. à thé de sel.
5. *Service :* Foncez un grand plat avec les feuilles de laitue, dressez la salade au centre et couronnez-la des rondelles de concombre.

Salade de pommes de terre chaudes à l'allemande

Photo
page 75
Débutez
45 min
avant
6 portions

6 pommes de terre
*   moyennes non pelées*
*   (2 lb ou 900 g)*
Eau
6 tranches de bacon
*   coupées en morceaux*
*   de ½ po (1 cm)*
½ t. d'oignon haché
2 c. à thé de sucre
2 c. à thé de sel
1 c. à thé de farine
1 pincée de poivre
3 c. à soupe de vinaigre
*   de vin rouge*
Persil haché

1 Recouvrez les pommes de terre d'eau et portez-les à ébullition à feu vif dans une grande casserole ; couvrez, puis faites mijoter de 20 à 30 min à feu doux.

2 Egouttez les pommes de terre et laissez-les tiédir avant de les peler et de les couper en dés.

3 Faites frire à feu moyen le bacon dans une grande sauteuse, puis égouttez-le sur du papier absorbant.

4 Ne gardez que 2 c. à soupe de graisse de bacon dans la sauteuse et faites-y revenir les oignons 5 min en remuant.

5 Ajoutez le sucre, le sel, la farine et le poivre et mélangez-bien.

6 Versez lentement le vinaigre et ½ t. d'eau et cuisez en remuant jusqu'à ce que le mélange épaississe légèrement.

7 Ajoutez les pommes de terre et le bacon, réchauffez, puis transvasez la salade dans un plat chaud et garnissez de persil haché.

Cœurs de céleri vinaigrette

4 pieds de céleri moyens
1 cube ou sachet de
bouillon de poulet
1 bocal de 4 oz (114 ml)
de piments doux
Feuilles de romaine
⅔ t. de vinaigre blanc
⅓ t. d'huile à salade

3 c. à soupe de poivron
vert haché
1 c. à thé de sucre
1 c. à thé de sel
1 c. à thé de moutarde
sèche
¾ c. à thé de poivre
assaisonné

Photo
page 20
Débutez
6 h avant
ou la veille
8 entrées

1 Supprimez les grosses côtes des céleris et coupez les têtes à 6 ou 8 po (15 ou 20 cm) de la base ; tranchez les pieds en deux en longueur.

2 Mettez le céleri et le bouillon dans 1 po (2,5 cm) d'eau bouillante ; reportez à ébullition, couvrez et cuisez 15 min.

3 Entre-temps, mélangez les piments hachés et les autres ingrédients, sauf la laitue romaine, dans un plat de 13 po × 9 (33 cm × 23).

4 Egouttez le céleri, enrobez-le de marinade, couvrez le plat et réfrigérez pendant 4 h ou toute la nuit en tournant de temps en temps.

5 *Service :* Foncez huit assiettes à salade avec des feuilles de romaine, dressez-y le céleri et arrosez de marinade.

VARIANTE : Préparez le *céleri* selon les étapes 1 et 2. Dans un plat à four, mélangez les *piments doux* avec une *vinaigrette classique* ou *aux fines herbes* (p. 326) et omettez les autres ingrédients. Faites mariner le céleri égoutté et servez-le sur des feuilles de romaine, comme ci-dessus.

Photo
page 76
Débutez
6 h avant
8 portions

POIREAUX BRAISÉS VINAIGRETTE : Otez les racines et les feuilles de *8 poireaux moyens* (environ 3 lb ou 1,35 kg). Coupez chacun en deux tronçons, puis fendez la base en deux et rincez soigneusement le tout à l'eau froide pour éliminer le sable. Répartissez les poireaux en quatre paquets que vous ficellerez sans serrer. Faites-les cuire 30 min dans du *bouillon de poulet*, ôtez les ficelles, faites mariner et servez comme les Cœurs de céleri vinaigrette.

Salade aux trois haricots

Photo
page 76
Débutez
le matin
ou plusieurs
jours plus tôt
8 portions

½ t. de sucre
½ t. d'huile à salade
½ t. de vinaigre de cidre
1 c. à thé de sel
1 boîte de 14 oz (398 ml)
de haricots verts coupés
et égouttés

1 boîte de 14 oz (398 ml)
de haricots beurre
coupés et égouttés
1 boîte de 14 oz (398 ml)
de petits haricots
rouges égouttés
½ t. d'oignon haché

1. Mélangez le sucre, l'huile, le vinaigre et le sel dans un saladier. Ajoutez les haricots et les oignons et remuez pour bien les enrober.
2. Réfrigérez au moins 6 h à couvert.

Salade de haricots à la turque

Photo
page 76
Débutez
5 h avant
ou la veille
10 portions

1 paquet de 16 oz (450 g)
de petits haricots
blancs secs ou great
northern
6 t. d'eau
3 cubes ou sachets de
bouillon de poulet
1 feuille de laurier
1 boîte de 6 oz (170 g)
d'olives noires
dénoyautées, égouttées
et coupées en deux

2 grosses tomates hachées
½ t. d'huile d'olive ou à
salade
½ t. de jus de citron
2 c. à soupe de menthe
déshydratée ou ⅓ t. de
menthe fraîche hachée
1 c. à soupe de sel
1 c. à soupe de sucre
¼ c. à thé de poivre
blanc
Feuilles de menthe

1. Rincez les haricots à l'eau froide et triez-les ; supprimez ceux qui sont abîmés.
2. Portez à ébullition à feu vif, dans un grand faitout, les haricots, l'eau, le bouillon et le laurier. Laissez bouillir 2 min, retirez du feu, couvrez et faites reposer 1 h.
3. Ramenez les haricots à ébullition à feu vif, couvrez et cuisez-les 1 h à feu doux en remuant de temps en temps. Egouttez-les et ôtez le laurier.
4. Mélangez délicatement tous les ingrédients, sauf les feuilles de menthe, dans un grand bol avec une spatule en caoutchouc. Couvrez et réfrigérez jusqu'à ce que la salade soit très froide.
5. *Service :* Dressez dans un saladier et décorez.

Salade de choucroute à l'allemande

Photo
page 76
Débutez
1 h 30 avant
ou jusqu'à
3 jours
plus tôt
8 portions

1 boîte de 28 oz (796 ml)
de choucroute (4 t.)
2 pommes rouges à
couteau

⅓ t. d'huile d'olive
2 c. à thé de sucre
½ c. à thé de
mignonnette

1. Egouttez la choucroute et réservez-la, puis lavez les pommes et râpez-les sans les peler.
2. Mélangez dans un saladier la choucroute, les pommes, l'huile, le sucre et le poivre.
3. Réfrigérez au moins 1 h à couvert.

Salades de fruits

Salade Waldorf

1 t. de mayonnaise
¼ t. de jus de citron
1 lb (450 g) de pommes rouges à couteau
2 t. de céleri émincé
1 t. de noix de Grenoble hachées
1 t. de raisins de Corinthe
Feuilles de laitue

Photo
page 77
Débutez
20 min
avant
8 portions

1 Mélangez la mayonnaise et le jus de citron dans un bol.

2 Coupez les pommes en dés (sans les peler); jetez les cœurs et les queues.

3 Ajoutez-les à la mayonnaise citronnée et mélangez bien le tout à la cuiller.

4 Ajoutez le céleri, les noix et les raisins, puis remuez.

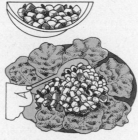

5 Etalez la laitue sur un plat et dressez la salade au centre.

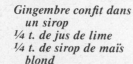

Salade de fruits hawaiienne

Photo
page 21
Débutez
20 min
avant
8 entrées

Gingembre confit dans un sirop
¼ t. de jus de lime
¼ t. de sirop de maïs blond
¼ c. à thé de sel
4 papayes moyennes
4 bananes moyennes
¼ t. de noix de coco râpée

1. Egouttez le gingembre et émincez-en suffisamment pour en avoir ¼ t.; réservez-le.
2. Mélangez dans un bol le jus de lime, le sirop de maïs, le sel et ¼ t. du sirop de gingembre; réservez.
3. Fendez les papayes en longueur et ôtez les noyaux, puis prélevez une fine tranche sur les parties arrondies pour que les moitiés puissent reposer sur une base et entaillez la pulpe.
4. Tranchez les bananes avec un petit couteau et disposez-les dans les demi-papayes.
5. Arrosez les fruits de sirop, saupoudrez-les de noix de coco râpée et terminez avec le gingembre émincé.

Compotier Sacramento

Photo
page 101
Débutez
le matin
10 à 12
entrées
ou desserts

2 t. d'eau
1½ t. de sucre
3 c. à soupe de jus de citron
2 c. à soupe de graines d'anis
½ c. à thé de sel
1 petit ananas
1 petit melon honeydew
1 petit cantaloup
2 oranges
2 nectarines ou 4 abricots
2 prunes violettes
1 t. de raisins verts sans pépins
1 lime tranchée

1 Faites chauffer 15 min à feu moyen, dans une casserole, l'eau, le sucre, le jus de citron, l'anis et le sel jusqu'à l'obtention d'un sirop léger. Laissez refroidir.

2 Entre-temps, écorcez l'ananas, les melons et les oranges et découpez la pulpe des fruits en bouchées.

3 Fendez les nectarines ou les abricots et les prunes en deux, dénoyautez-les et tranchez-les finement.

4 Mélangez tous les fruits coupés avec les raisins et les tranches de lime dans un grand bol ou un compotier.

5 Tamisez le sirop froid au-dessus des fruits et réfrigérez le tout à couvert en remuant à plusieurs reprises.

Compotier de fruits frais à la cardamome

Photo
page 101
Débutez
30 min
avant
12 entrées
ou desserts

Sauce à la cardamome (p. 326)
1 petit melon honeydew
1 cantaloup moyen
6 prunes moyennes
2 poires moyennes
3 pêches moyennes

1. Préparez la sauce à la cardamome et réservez.
2. Ecorcez les deux melons et découpez-en la pulpe en bouchées, puis pelez les pêches et tranchez-les, ainsi que les prunes et les poires.
3. Mélangez tous les fruits dans un compotier et servez avec la sauce à la cardamome.

Mousses et aspics

Aspic aux tomates

7 tomates moyennes
2 côtes de céleri
1 oignon moyen
2½ c. à thé de sel
1 feuille de laurier
2 sachets de gélatine non
  parfumée
½ t. d'eau
3 c. à soupe de sucre
2 c. à soupe de jus de
  citron
½ c. à thé de sauce
  Worcestershire

1 soupçon de sauce
  Tabasco
Graisse végétale en
  aérosol
1 t. de yogourt nature
2 c. à soupe d'aneth frais
1 c. à thé de zeste de
  citron râpé
Feuilles de laitue

Photo page 76
Débutez 4 h avant ou la veille
8 portions

1 Coupez les tomates en bouchées et tranchez le céleri et l'oignon.

2 Faites cuire 20 min à feu moyen, jusqu'à ce qu'ils soient très tendres, les légumes, le sel et le laurier dans une grande casserole, en remuant souvent.

3 Versez la gélatine dans l'eau, dans une mesure de 1 tasse, et laissez-la ramollir 5 min.

4 Versez à la cuiller l'appareil aux tomates dans le contenant du mélangeur, couvrez et réduisez-le en purée à haute vitesse.

5 Reversez-le dans la casserole à travers une grosse passoire et jetez le résidu. Ajoutez le sucre, le jus de citron, ainsi que les sauces Worcestershire et Tabasco.

6 Ajoutez la gélatine et cuisez la préparation à feu moyen en remuant souvent jusqu'à ce que la gélatine soit complètement dissoute.

7 Enduisez un moule de 6 t. ou à kugelhof de graisse végétale en aérosol, versez-y le mélange, couvrez et réfrigérez 3 h.

8 Pour la sauce, mélangez le yogourt, l'aneth haché et le zeste dans un bol, couvrez de cellophane et réfrigérez.

9 Démoulez l'aspic sur un plat, glissez les feuilles de laitue dessous et servez avec la sauce au yogourt.

Photo page 76
Débutez 4 h avant ou la veille
8 portions

Salade Perfection

Eau
4 sachets de gélatine non
  parfumée
1 t. de sucre
2 c. à thé de sel
1 t. de vinaigre de cidre
¼ t. de jus de citron
3 t. de chou râpé

1⅓ t. de céleri coupé en
  dés
1 bocal de 4 oz (114 ml)
  de piments doux coupés
  en dés
Feuilles de laitue

1. Portez 2 t. d'eau à ébullition dans une petite casserole. Mélangez la gélatine, le sucre et le sel dans un bol moyen, versez-y l'eau bouillante et remuez pour dissoudre. Ajoutez le vinaigre, le jus de citron et 3 t. d'eau froide, puis réfrigérez jusqu'à ce que l'appareil commence à prendre.
2. Incorporez le chou, le céleri et les piments avec leur jus; versez le tout dans un bol de 8 t., couvrez et réfrigérez environ 3 h 30.
3. *Service:* Démoulez sur un plat et décorez de feuilles de laitue.

Photo page 76
Débutez 6 h avant ou la veille
10 portions

Mousse aux noix et aux atocas

1 paquet de 14 oz (398 g)
  d'atocas frais ou
  surgelés
1½ t. de sucre
1½ t. de vin rouge sec
Eau
1 sachet de gélatine non
  parfumée
1 sachet de 6 oz (170 g)
  de gélatine parfumée
  au citron

1½ t. de céleri, en dés
¾ t. de noix de Grenoble
  hachées

Sauce:
1 contenant de 8½ oz
  (250 ml) de crème
  sure (1 t.)
¾ t. de mayonnaise

Ecorce d'orange

1. Mélangez les atocas, le sucre, le vin et ½ t. d'eau dans une grande casserole et saupoudrez le tout de gélatine non parfumée.
2. Portez l'appareil à ébullition à feu moyen en remuant constamment, puis faites-le mijoter 3 min à feu doux, toujours en tournant.
3. Mélangez-y la gélatine parfumée au citron jusqu'à ce qu'elle soit dissoute; retirez la casserole du feu et versez-y 1 t. d'eau *froide*.
4. Réfrigérez 2 h ou jusqu'à ce que l'appareil forme un petit monticule quand vous en laissez tomber d'une cuiller.
5. Incorporez alors délicatement le céleri et les noix, puis versez la mousse dans un moule de 8 t. Couvrez et faites prendre au réfrigérateur, environ 3 h 30.
6. Mélangez la crème sure et la mayonnaise dans un petit bol et réfrigérez à couvert.
7. *Service:* Démoulez la mousse sur un plat froid. Avec des ciseaux de cuisine, découpez des pétales dans l'écorce d'orange; décorez-en la mousse et servez avec la sauce à la crème sure.

Plats principaux

Salade du Chef

Photo
page 66
Débutez
30 min
avant
6 portions

1 gousse d'ail coupée en deux
1 grosse romaine ou laitue pommée
¼ lb (115 g) de poulet ou de dinde, cuit
1 paquet de 8 oz (227 g) de suisse tranché
2 tomates moyennes

1 paquet de 6½ oz (184 g) de jambon cuit tranché
2 œufs durs
Vinaigrette classique (p. 326), Sauce à la russe (p. 326) ou Vinaigrette des Mille-Iles (p. 326)

1 Frottez un grand saladier peu profond avec les demi-gousses d'ail et jetez celles-ci.

2 Déchiquetez la romaine en bouchées dans le saladier.

3 Coupez la volaille, le fromage et le jambon en allumettes et les tomates en quartiers. Ecalez les œufs durs et coupez-les en quatre.

4 Dressez tous les ingrédients sur la laitue. Arrosez de vinaigrette ou de sauce et remuez juste au moment de servir.

Salade de harengs

1 t. de crème épaisse ou à fouetter
1½ t. de pommes de terre cuites et coupées en dés
1 bocal de 17½ oz (500 ml) de betteraves marinées, tranchées et égouttées
½ t. de harengs marinés dans une sauce au vin, égouttés et hachés

1 pomme moyenne coupée en dés
¼ t. de cornichons à l'aneth coupés en dés
¼ t. d'oignon haché
1½ c. à thé de sel
¼ c. à thé de poivre
2 œufs durs coupés en quartiers
Persil

1. Battez la crème à vitesse moyenne, dans un bol, jusqu'à la formation de pics légers.
2. Incorporez délicatement les pommes de terre, les betteraves, les harengs, les pommes, les cornichons, l'oignon, le sel et le poivre.
3. Couvrez le bol de cellophane et réfrigérez au moins 6 h avant de servir.
4. *Service:* Dressez la salade sur un plat et décorez-la des quartiers d'œufs durs et du persil.

Salade niçoise

3 pommes de terre moyennes non pelées
3 œufs
2 tomates moyennes
2 boîtes de 6½ oz (184 g) de thon
1 boîte de 1¾ oz (50 g) de filets d'anchois
2 petites laitues boston
1 boîte de 14 oz (398 ml) de haricots verts à la française, égouttés

1 bocal de 6 oz (170 g) d'olives grecques ou 1 boîte de 6 oz (170 g) d'olives noires dénoyautées
Vinaigrette classique (p. 326) ou Sauce vinaigrette (p. 326)

1 Cuisez les pommes de terre et faites bouillir les œufs jusqu'à ce qu'ils soient durs, puis réfrigérez le tout à fond.

2 *45 min avant de servir:* Pelez les pommes de terre, coupez-les en bouchées et réservez-les.

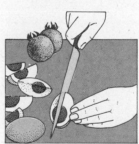

3 Ecalez les œufs sous l'eau froide (sans entamer le blanc) et coupez chacun en quatre. Détaillez les tomates en quartiers.

4 Egouttez le thon, défaites-le en bouchées, puis égouttez les anchois et séparez les filets. Réservez le tout.

5 Déchiquetez la laitue dans un saladier et dressez-y les pommes de terre, le thon, les œufs, les tomates, les haricots et les anchois.

6 Garnissez la salade d'olives noires égouttées et laissez les convives se servir eux-mêmes. Présentez la vinaigrette à part.

Salade au fromage et à l'ananas

Photo
page 66
Débutez
30 min
avant
4 portions

1 gros ananas	½ t. de céleri tranché
8 oz (225 g) de cheddar fort	½ poivron vert moyen coupé en dés
¾ t. de mayonnaise	8 oz (225 g) de suisse coupé en bouchées
2 c. à soupe de lait	
½ c. à thé de sel	

1. Coupez l'ananas en quatre, en conservant les feuilles de chaque quartier pour la décoration. Otez le cœur de chaque quartier, puis détachez la pulpe de l'écorce en laissant des coquilles de ½ po (1 cm) d'épaisseur ; réfrigérez celles-ci après les avoir enveloppées dans de la cellophane. Détaillez la pulpe en bouchées.
2. Râpez ½ t. de cheddar pour la garniture et réservez-le. Coupez le reste du fromage en bouchées.
3. Mélangez à la fourchette la mayonnaise, le lait et le sel dans un bol moyen. Ajoutez le céleri, le poivron vert, l'ananas et les cubes de cheddar et de suisse. Garnissez-en les coquilles d'ananas et saupoudrez-les de fromage râpé.

Crabe Louis

Photo
page 66
Débutez
1 h avant
4 portions

1 t. de mayonnaise	1 lb (450 g) de crabe frais ou 3 boîtes de 5 oz (142 g) de crabe royal surgelé, dégelé et égoutté
3 c. à soupe de ketchup	
2 c. à soupe d'oignon vert haché	
1 c. à soupe de sauce Worcestershire	Feuilles de laitue
1 c. à soupe de vinaigre de vin rouge	3 œufs durs tranchés
2 c. à thé de jus de citron	1 concombre tranché
½ c. à thé de sel	1 tomate tranchée
1 pincée de poivre blanc	

1. Mélangez la mayonnaise, le ketchup, l'oignon, la sauce Worcestershire, le vinaigre, le jus de citron, le sel et le poivre dans un bol moyen et réfrigérez le tout 30 min.
2. Dressez le crabe au centre d'un saladier et entourez-le de laitue et des tranches d'œuf, de tomate et de concombre. Servez la sauce à part.

Salade de crevettes

Photo
page 66
Débutez
1 h avant
4 portions

2 t. de crevettes cuites, parées et refroidies	¼ t. de vinaigrette
1½ t. de céleri tranché	¼ t. de mayonnaise
½ t. de noix de Grenoble hachées (facultatif)	1 c. à thé d'oignon haché
¼ t. d'olives farcies tranchées	Feuilles de laitue

1. Fendez les crevettes en deux dans un grand bol.
2. Ajoutez tous les ingrédients sauf la laitue, mélangez, couvrez de cellophane et réfrigérez. Servez sur les feuilles de laitue.

SALADE DE THON : Remplacez les crevettes par 2 boîtes de 7 oz (198 g) de thon en flocons.

SALADE DE SAUMON : Remplacez les crevettes par 1 boîte de 15½ oz (439 g) de saumon, égoutté et émietté, supprimez les noix et ajoutez 2 œufs durs hachés.

Salade au riz et au jambon

Photo
page 66
Débutez
3 h avant
6 portions

⅓ t. d'huile à salade	1 lb (450 g) de jambon cuit coupé en cubes de ½ po (1 cm)
1 oignon coupé en dés	
1 t. de riz à grains longs	1 gros poivron vert coupé en dés
1⅔ t. d'eau	
¼ t. de ketchup	¼ t. de vinaigre de vin rouge
2 cubes ou sachets de bouillon de poulet	
1 c. à thé de thym	Feuilles de laitue

1. Dans une sauteuse, faites attendrir l'oignon à feu moyen dans l'huile. Ajoutez le riz, l'eau, le ketchup, le bouillon et le thym, puis portez à ébullition. Couvrez et mijotez 25 min à feu doux.
2. Incorporez à la fourchette le jambon, le poivron et le vinaigre, couvrez et réfrigérez au moins 2 h.
3. Service : Dressez à la cuiller la salade au riz et au jambon sur les feuilles de laitue.

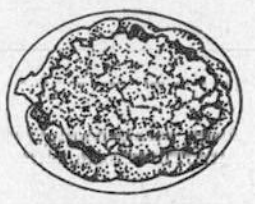

Salade aux œufs durs

Photo
page 66
Débutez
1 h avant
ou le matin
4 portions

¼ t. de mayonnaise	1 pincée de poivre
1 c. à soupe de vinaigre de cidre	6 œufs durs
1¼ c. à thé de sel	1 t. de céleri émincé
1 c. à thé d'oignon haché	2 c. à soupe de poivron vert haché
½ c. à thé de sauce Worcestershire	Feuilles de laitue Persil

1. Mélangez la mayonnaise et les cinq ingrédients suivants dans un bol moyen.
2. Détaillez les œufs en gros morceaux et ajoutez-les à la mayonnaise avec le céleri et le poivron. Mélangez bien et réfrigérez à couvert.
3. Service : Dressez le mélange sur des feuilles de laitue et garnissez de persil.

Salade Buffet

Photo
page 66
Débutez
2 h 30 avant
ou la veille
6 portions

6 oz (170 g) de suisse râpé	Brins de persil
6 oz (170 g) de cheddar fort râpé	Sauce moutarde :
3 paquets de 4 oz (115 g) ou 2 de 6 oz (170 g) de jambon cuit et tranché	1 t. de mayonnaise
	½ t. de moutarde préparée
	½ c. à thé de sucre
1 grosse laitue boston	½ c. à thé de sel d'ail
4 tomates moyennes	¼ c. à thé de paprika

1. Foncez de cellophane un grand bol à mélanger. Mélangez-y les fromages et pressez-les avec les mains contre le fond et les parois.
2. Tranchez le jambon en lanières de 1 po (2,5 cm). Détachez quatre à six grandes feuilles de la laitue et réservez-les pour la garniture. Déchiquetez le reste et émincez les tomates.
3. Recouvrez le fromage d'un tiers du jambon, suivi de la même proportion de laitue, puis de tomates, en pressant fermement chaque couche. Répétez deux fois, couvrez et réfrigérez 2 h.
4. Mélangez tous les ingrédients de la sauce moutarde dans un petit bol et réfrigérez à couvert.
5. Service : Démoulez la salade sur un plat froid, glissez les feuilles de laitue dessous et garnissez le tout de persil. Servez la salade en tranches avec la sauce moutarde.

Sauces et vinaigrettes

Vinaigrette classique

Débutez
10 min
avant ou
la veille
1 tasse

¾ t. d'huile d'olive ou à salade
¼ t. de vinaigre de cidre ou de vin
¾ c. à thé de sel
1 pincée de poivre

Mesurez tous les ingrédients dans un petit bol ou un bocal avec couvercle et mélangez à la fourchette ou en secouant le bocal fermé. Couvrez et gardez au froid. Remuez avant de servir.

ASSAISONNEMENTS POUR SALADES

AIL : Ajoutez à la vinaigrette ci-dessus *1 gousse d'ail* écrasée. (Donne 1 t.)

BLEU OU ROQUEFORT : Ajoutez à la vinaigrette ci-dessus *½ t. de bleu ou de roquefort émietté*. (Donne 1⅓ t.)

FINES HERBES : Ajoutez à la recette ci-dessus *2 c. à thé de persil haché* et *½ c. à thé d'estragon* ou de basilic. (Donne 1 t.)

ANCHOIS : Préparez la vinaigrette ci-dessus en y ajoutant *1 c. à soupe de pâte d'anchois*. (Donne 1 t.)

Vinaigrette des Mille-Iles

Débutez
10 min
avant
1⅓ tasse

1 t. de mayonnaise
2 c. à soupe de sauce chili
2 c. à soupe de poivron vert haché
1 c. à soupe de persil haché
1 c. à thé d'oignon râpé

Mélangez tous les ingrédients dans un bol et servez avec une salade verte ou la Salade du Chef (p. 324).

Vinaigrette aux graines de pavot

Débutez
le matin
ou jusqu'à
1 semaine
plus tôt
1½ tasse

1 t. d'huile à salade
½ t. de sucre
⅓ t. de vinaigre de cidre
1 c. à soupe de graines de pavot
1 c. à soupe d'oignon râpé
1 c. à thé de sel
1 c. à thé de moutarde sèche

1. Passez à vitesse moyenne, au mélangeur couvert, l'huile, le sucre, le vinaigre, les graines de pavot, l'oignon, le sel et la moutarde jusqu'à ce que la vinaigrette soit relativement épaisse.
2. Conservez-la à couvert au réfrigérateur et remuez-la avant de la servir avec une salade verte, une salade de fruits ou du fromage cottage.

Vinaigrette de la déesse verte

Débutez
10 min
avant ou
la veille
1 tasse

¾ t. de mayonnaise
2 filets d'anchois hachés
1 c. à soupe de persil haché
1 c. à soupe de ciboulette hachée
1 c. à soupe d'oignon vert haché
1 c. à soupe de vinaigre à l'estragon
¾ c. à thé d'estragon

1. Mélangez dans un petit bol la mayonnaise, les anchois, le persil, la ciboulette, l'oignon vert, le vinaigre et l'estragon.
2. Réfrigérez à couvert et servez avec une salade verte, des légumes ou encore de la volaille ou des fruits de mer froids.

Vinaigrette à l'ail de luxe

Débutez
15 min
avant ou
jusqu'à
1 semaine
plus tôt
1¾ tasse

1¼ t. d'huile d'olive ou à salade
½ t. de vinaigre de cidre ou de jus de citron
3 c. à soupe de sauce chili
2¼ c. à thé de sel
1 c. à thé de sucre
1 c. à thé de raifort
1 c. à thé de moutarde préparée
½ c. à thé de paprika
¼ c. à thé de poivre
2 gousses d'ail écrasées

Mettez les ingrédients dans un bol ou un bocal et remuez à la fourchette ou en secouant le bocal fermé. Réfrigérez à couvert. Remuez avant de servir.

Mayonnaise au mélangeur

Débutez
10 min
avant
1¼ tasse

Huile d'olive ou à salade
1 œuf
2 c. à soupe de vinaigre de cidre
1 c. à thé de sucre
1 c. à thé de moutarde sèche
¾ c. à thé de sel
1 pincée de poivre blanc

1. Passez 1 ou 2 s à petite vitesse, au mélangeur couvert, ¼ t. d'huile et les autres ingrédients.
2. Toujours à petite vitesse, versez très lentement ¾ t. d'huile en un jet régulier et mélangez jusqu'à ce que la mayonnaise soit prise.

Sauce à la russe

Débutez
10 min
avant
1 tasse

1 t. de mayonnaise
3 c. à soupe de sauce chili
1 c. à thé d'oignon ou de ciboulette, haché

Mélangez la mayonnaise, la sauce chili et l'oignon dans un petit bol.

Sauce à la cardamome

Débutez
15 min
avant
1½ tasse

8 oz (227 g) de fromage à la crème, ramolli
¼ t. de lait
3 c. à soupe de sucre
3 c. à soupe de jus de citron
¾ c. à thé de cardamome moulue

Mélangez les ingrédients à petite vitesse au batteur électrique, puis battez à vitesse moyenne jusqu'à ce que la sauce soit lisse.

Sauce crémeuse à l'anis

Débutez
15 min
avant ou
le matin
1 tasse

1 paquet de 8 oz (227 g) de fromage à la crème
4 à 5 c. à soupe de lait
1 c. à thé de sucre
½ c. à thé de graines d'anis

Passez tous les ingrédients à grande vitesse au mélangeur couvert jusqu'à consistance épaisse. Si vous la préparez le matin, la sauce épaissira au réfrigérateur ; il vous suffira d'ajouter du lait pour la liquéfier légèrement. Servez sur des fruits.

Sauce vinaigrette

Débutez
10 min
avant
1 tasse

⅔ t. d'huile d'olive ou à salade
¼ t. de vinaigre de vin rouge
2 c. à thé de sel
½ c. à thé de cerfeuil
½ c. à thé d'estragon
1 pincée de poivre

Mélangez dans un petit bol l'huile, le vinaigre, le sel, le cerfeuil, l'estragon et le poivre.

Suggestions pour la présentation

GARNITURES

Concombre : Raclez un concombre, pelé ou non, avec une fourchette, puis émincez-le.

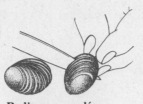

Radis en accordéon : Emincez-les sans détacher les tranches, réfrigérez-les dans un bol de glace et égouttez-les.

Oignons verts : Gardez 3 po (8 cm) de la partie verte, effilez-la jusqu'au blanc et mettez à friser dans de l'eau glacée.

Bouquets de melon : Coupez un honeydew paré en fines rondelles et coupez d'un côté.

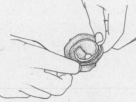

Enroulez les rondelles en cônes et fixez-les avec des cure-dents.

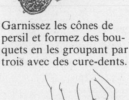

Garnissez les cônes de persil et formez des bouquets en les groupant par trois avec des cure-dents.

Chaînes de poivron : Faites une entaille dans les tranches de poivron et reliez-les pour former une chaîne.

Eventails de céleri : Effilez presque entièrement des morceaux de céleri de 3 po (8 cm) et faites-les friser dans un bol de glace. Egouttez.

Boulettes de fromage : Façonnez des boulettes de fromage à la crème et enrobez-les de noix hachées.

Découpes de légumes : Emincez du navet, du chou-rave ou du rutabaga et découpez les tranches avec des emporte-pièce. Pour des fleurs, incisez le bord des tranches en V et arrondissez-en les angles. Utilisez des emporte-pièce plus petits pour les rondelles de carottes.

FLEURS DE CAROTTE

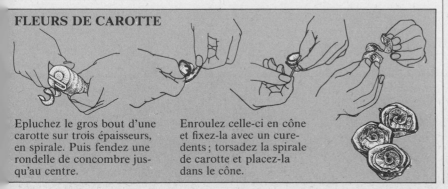

Epluchez le gros bout d'une carotte sur trois épaisseurs, en spirale. Puis fendez une rondelle de concombre jusqu'au centre.

Enroulez celle-ci en cône et fixez-la avec un cure-dents ; torsadez la spirale de carotte et placez-la dans le cône.

« BOLS » À SALADE

Ces écorces de fruits ou de légumes permettent de servir des salades d'une façon attrayante.

Pomme évidée : Décalottez et évidez une pomme en en gardant ¼ po (6 mm) d'épaisseur ; découpez-y des pétales. Enduisez la partie coupée de jus de citron.

Demi-avocat : Fendez un avocat et dénoyautez-le. Prélevez une fine tranche dessous pour stabiliser et enduisez la partie coupée de citron.

Ecorce d'orange ou de pamplemousse : Evidez l'agrume après l'avoir décalotté. Entaillez l'écorce en zigzag.

Tomates : Décalottez et évidez une tomate ou incisez-la partiellement en huit quartiers et garnissez le centre. Vous pouvez aussi la découper en trois tranches et garnir entre celles-ci.

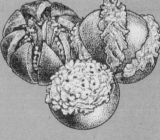

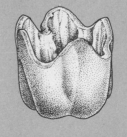

Fleur de poivron : Décalottez et évidez un petit poivron, puis découpez-y des pétales comme pour une pomme.

Demi-ananas : Fendez un ananas en deux en longueur, évidez-le et prélevez une fine tranche sous le dessous pour le stabiliser.

PÂTES ALIMENTAIRES

L'expression « pâtes alimentaires » englobe une grande variété de nouilles et autres pâtes italiennes, dont les plus connues sont le macaroni, qui peut être long, court, droit ou coudé, et le spaghetti qui existe en diverses épaisseurs. Quant aux nouilles, elles sont généralement plates. On trouve aussi d'autres types de pâtes comme les torsades ou spirales, les rubans, étoiles, papillons, anneaux ou boucles, ainsi que les pâtes à farcir, tels les ravioli, cannelloni, co-quillettes, tortellini et manicotti. Les pâtes permettent de préparer, à un coût très abordable, des plats nourrissants et savoureux, d'autant plus qu'elles se combinent aisément avec d'autres aliments, qu'ils soient sucrés, salés ou épicés.

La plupart des pâtes sont faites d'un mélange de farine et d'eau, auquel on ajoute parfois des œufs. Même si l'on peut assez facilement acheter des pâtes fraîches, de plus en plus de gens découvrent le plaisir de les faire eux-mêmes. La même base pourra servir, une fois abaissée, à préparer des lasagnes ou des ravioli si on la découpe en carrés ou en rectangles. Les œufs ajoutés à notre recette de base (page ci-contre) lui assurent une saveur plus riche et une texture plus souple.

Les pâtes se servent nature ou avec une sauce. On peut généralement les substituer les unes aux autres dans la plu-part des recettes, mais, dans ce cas, la proportion de sauce et des autres ingrédients variera selon leur taille ou leur épaisseur. Si, pour substituer un type de pâtes cuites à un autre, on peut se contenter de mesurer la quantité en tas-ses, il en va autrement dans le cas des pâtes sèches où il faut tenir compte du poids.

La quantité de pâtes à prévoir par portion dépend, dans l'ensemble, de l'appétit des convives. Mais, en général, 8 oz (225 g) suffisent largement pour 4 à 6 personnes si les pâtes sont servies en entrée ou comme accompagnement. Par contre, si elles constituent le plat principal, il vaut mieux en doubler la quantité.

CHOIX

Les meilleures pâtes sont faites de blé dur, riche en gluten et plus élastique, une fois mouillé. Vérifiez si le terme « enrichi », qui indique une forte teneur en fer et en vita-mine B, se trouve sur l'étiquette. Les pâtes peuvent égale-ment contenir divers ingrédients qui en modifient la

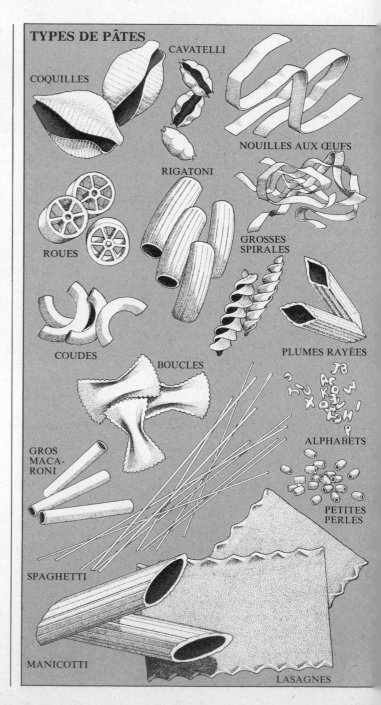

TYPES DE PÂTES

COQUILLES

CAVATELLI

NOUILLES AUX ŒUFS

RIGATONI

ROUES

GROSSES SPIRALES

COUDES

BOUCLES

PLUMES RAYÉES

GROS MACA-RONI

ALPHABETS

PETITES PERLES

SPAGHETTI

MANICOTTI

LASAGNES

couleur, comme des œufs pour les dorer ou des épinards pour leur donner une teinte verte.

CUISSON

Employez, de préférence, une grande marmite profonde et prévoyez au moins 8 tasses d'eau et environ 1 cuillerée à thé de sel pour 8 oz (225 g) de pâtes. Une fois que l'eau bout à gros bouillons, ajoutez les pâtes peu à peu pour ne pas interrompre l'ébullition. Vous pouvez soit casser les spaghetti, soit les tenir verticalement et les enfoncer dans l'eau en les enroulant sur eux-mêmes, au fur et à mesure que leur extrémité se ramollit, jusqu'à ce qu'ils soient complètement immergés.

Cuisez les pâtes à découvert en les remuant de temps en temps, jusqu'à ce qu'elles soient tendres mais encore fermes (al dente). Fiez-vous au temps de cuisson indiqué sur l'emballage ; il sera d'à peine 2 minutes pour de petites pâtes et pourra atteindre 15 minutes pour de grosses nouilles. En moyenne, toutefois, la cuisson prend de 8 à 10 minutes, mais il faut en réduire la durée pour un plat en cocotte, qui doit aller au four.

Dès que les pâtes sont à point, égouttez-les dans une passoire, mais ne les rincez pas. Pour les empêcher de coller, vous aurez simplement ajouté 1 cuillerée à soupe d'huile pendant la cuisson.

Cuisson des spaghetti : Enfoncez-les progressivement dans l'eau, à mesure que leur extrémité se ramollit, en prenant soin de ne pas interrompre l'ébullition.

SERVICE

Quand les pâtes sont accompagnées d'une sauce, il vaut mieux les servir sans attendre. Transvasez-les dans un plat de service chaud et nappez-les de sauce ou servez-les en portions individuelles, couronnées de leur accompagnement. À défaut de sauce, mettez l'un des ingrédients suivants : cubes de tomate ; champignons cuits ou en conserve ; carottes râpées ; petits pois cuits ou en conserve accompagnés de piments doux en conserve et coupés en dés ; olives noires ou farcies, entières ou coupées en dés.

Si vous voulez accompagner le plat de fromage râpé, saupoudrez-en un peu sur les pâtes et servez le reste dans un bol ou laissez les convives râper eux-mêmes la quantité qui leur convient.

CONSERVATION

Les pâtes crues se conservent dans un récipient couvert, dans un endroit sec et frais. Les spaghetti et les macaroni peuvent se garder un an, mais il ne faudrait pas dépasser plus de six mois pour les autres types de nouilles.

Mélangez un petit peu d'huile à un restant de pâtes cuites avant de les réfrigérer à couvert. Pour les réchauffer, plongez-les quelques minutes dans une casserole d'eau bouillante et égouttez-les avant de servir.

APPAREILS À PÂTES

Même si toutes les pâtes sont offertes prêtes à cuire sur nos marchés, de plus en plus de gens préfèrent les faire eux-mêmes en les coupant soit à la main, soit avec un appareil conçu spécialement pour cela.

Les appareils à nouilles plates pétrissent d'abord la pâte, puis ils la font glisser entre des rouleaux d'acier jusqu'à la sortie où des couteaux la découpent en lanières. La plupart de ces appareils comportent deux types de couteaux pour débiter des nouilles soit fines soit larges. Toutefois, les ravioli et les lasagnes doivent être découpés à la main dans la pâte abaissée.

Pour farcir des ravioli, vous pouvez soit vous procurer un accessoire qui se fixe à l'appareil à nouilles ou utiliser une sorte d'emporte-pièce spécialement conçu à cette fin. Il suffit d'insérer l'abaisse roulée et coupée à la largeur voulue dans l'entonnoir où la pâte sera automatiquement farcie et son pourtour, soudé.

Les appareils à pâtes sont conçus sur le même principe que les hachoirs à viande et sont dotés d'une variété de disques permettant de préparer aussi bien des nouilles que des spaghetti ou des macaroni ; il suffit d'insérer la pâte dans l'entonnoir et de tourner une manivelle.

Appareil pour pâtes maison

1 lb (450 g) de pâte pour les recettes des pages 330 à 335

2¼ à 2½ t. de farine tout usage	2 œufs
⅓ t. d'eau (avec un appareil, suivez le mode d'emploi)	1 jaune d'œuf
	1 c. à soupe d'huile d'olive ou à salade
	1 c. à thé de sel

1. Mettez 1 t. de farine et les autres ingrédients dans un grand bol et mélangez-les 2 min à petite vitesse au batteur électrique, en raclant les parois.
2. Avec une cuiller en bois, ajoutez suffisamment de farine pour obtenir une pâte souple.
3. Pétrissez la pâte sur une surface farinée jusqu'à ce qu'elle soit lisse et élastique, soit environ 10 min. Laissez-la reposer 30 min à couvert.

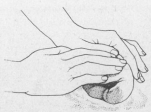

Pétrissage : Sur une planche farinée, ramenez la pâte vers vous en la repliant, puis repoussez-la avec les éminences des paumes en la faisant rouler. Imprimez-lui un quart de tour et recommencez.

Nouilles

Photo
page 74
Débutez
3 h 30 avant
6 portions
d'accompa-
gnement

Nouilles aux œufs maison

*Appareil pour pâtes
maison (p. 329)*
3 pte (3,5 L) d'eau
*9 cubes ou sachets de
bouillon de poulet ou
de bœuf, ou 3 c. à
soupe de base pour
bouillon de bœuf, ou
1 c. à soupe de sel*
*1 c. à soupe de beurre
ou de margarine*

1 Préparez la pâte et pé-
trissez-la 10 min jus-
qu'à ce qu'elle soit lisse
et souple. Enveloppez-la
de papier ciré, laissez-la
reposer 30 min, puis di-
visez-la en deux pâtons.

2 Farinez le rouleau et
le plan de travail et
abaissez un pâton en un
rectangle de 20 po × 14
(50 cm × 35) que vous
plierez en quatre en
longueur.

3 Découpez-y, au goût,
des nouilles de ⅛, ¼
ou ½ po de large (3, 6
ou 12 mm).

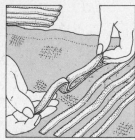

4 Dépliez les bandes et
étalez-les côte à côte
sur un linge propre. Ré-
pétez avec l'autre pâton
et laissez les nouilles
sécher au moins 2 h
avant de les cuire.

5 *20 min avant de
servir:* Portez l'eau,
le bouillon et le corps
gras à ébullition à feu
vif, dans une grande
marmite. Cassez les
nouilles pour les rac-
courcir (facultatif) et
mettez-les dans l'eau; ramenez à ébullition et cuisez de 12 à 15 min, puis
égouttez à fond dans une
passoire. Vous pouvez
ajouter du beurre ou de
la margarine au moment
de servir.

Photo
page 74
Débutez
45 min
avant
6 portions
d'accompa-
gnement

NOUILLES EN COURONNE: Allumez le four à 375°F
(190°C). Cuisez *1 paquet de 8 oz (225 g) de nouilles
aux œufs* dans une grande casserole et égouttez-les
dans une passoire. Remettez-les dans la casserole
avec *¼ t. de beurre* ou de margarine et *¼ c. à thé de
sel,* remuez et tassez bien dans un moule annulaire
de 5½ t. Placez celui-ci dans une lèchefrite, sur la
grille du four; versez de l'eau dans la lèchefrite jusqu'à mi-hauteur des parois du moule et cuisez
20 min. Placez une assiette chaude sur le moule, retournez le tout et démoulez. Servez aussitôt.

Nouilles maison aux épinards

Photo
page 74
Débutez
3 h avant
8 portions
d'accompa-
gnement

*1 sac de 10½ oz (300 g)
d'épinards frais*
Eau
Sel
2 œufs

*2½ à 3 t. de farine tout
usage*
1 c. à soupe d'huile
*½ t. de beurre ou de
margarine*

1. Lavez et parez les épinards. Portez ¼ po
(5 mm) d'eau et ½ c. à thé de sel à ébullition à feu
moyen dans une grande casserole, ajoutez les épinards, ramenez à ébullition et cuisez 3 min à couvert. Egouttez et asséchez les épinards, puis réduisez-les en purée au mélangeur ou à la moulinette,
ou pressez-les à travers un tamis au-dessus d'un
grand bol.
2. Ajoutez à la fourchette les œufs, 2½ t. de farine
et 1 c. à thé de sel et mélangez jusqu'à ce que la pâte
ressemble à de la chapelure. Façonnez-la en boule
et pétrissez-la 10 min sur une surface farinée jusqu'à ce qu'elle soit lisse et n'attache plus, en ajoutant de la farine au besoin. Laissez-la reposer
30 min, dans du papier ciré, puis divisez-la en deux.
3. Sur un plan fariné, abaissez-en une moitié en un
rectangle de 20 po × 14 (50 cm × 35) et découpez-
y des bandes de 20 po × ½ (50 cm × 1). Etalez-les
côte à côte sur un linge propre, répétez avec l'autre
moitié et laissez sécher au moins 2 h.
4. *20 min avant de servir:* Portez à ébullition à feu
vif 4 pte (4,5 L) d'eau, 2 c. à soupe de sel et l'huile,
dans une grande marmite. Ajoutez les nouilles, ramenez à ébullition et cuisez 8 min. Egouttez les
nouilles dans une passoire, remettez-les dans la
marmite, ajoutez le beurre, remuez et servez.

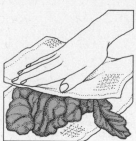

Egouttez les épinards
cuits et asséchez-les soigneusement avec du pa-
pier absorbant.

Réduisez-les en purée
au mélangeur ou à la
moulinette.

Fettucini Alfredo

Photo
page 74
Débutez
30 min
avant
8 portions
d'accompa-
gnement

*1 paquet de 8 oz (225 g)
de fettucini ou de
nouilles aux œufs
moyennes*
¼ t. de beurre fondu
¼ t. de parmesan râpé

*2 c. à soupe de crème de
table*
¼ c. à thé de sel
1 pincée de poivre

1. Faites cuire les nouilles, égouttez-les dans une
passoire et tenez-les au chaud.
2. Mélangez le beurre, le fromage, la crème de table, le sel et le poivre dans un plat de service.
3. Enrobez les nouilles de ce mélange et servez
aussitôt. Présentez du fromage râpé à part pour en
saupoudrer les portions, au goût.

Spaghetti

Spaghetti et boulettes de viande

Photo
page 32
Débutez
2 h 15 avant
6 portions
comme plat
principal

*Sauce à spaghetti
  (p. 337)
1½ lb (700 g) de bœuf
  maigre haché
1 t. de chapelure fraîche
1 œuf
½ c. à thé de feuilles
  d'origan
1 pincée de poivre
Sel
Huile à salade
4 pte (4,5 L) d'eau
1 paquet de 13 oz (375 g)
  de spaghetti
Parmesan râpé*

1 Préparez la sauce, puis mélangez dans un grand bol le bœuf haché, la chapelure, l'œuf, l'origan, le poivre et 2 c. à thé de sel.

2 Façonnez le mélange à la main en boulettes de 1 po (2,5 cm) de diamètre.

3 Faites-les revenir dans 2 c. à soupe d'huile à feu assez vif, dans une sauteuse. Dégraissez le jus de cuisson.

4 Ajoutez la sauce à spaghetti et portez à ébullition ; couvrez et cuisez les boulettes et la sauce 10 min à feu doux.

5 Entre-temps, portez l'eau et 2 c. à thé de sel à ébullition dans une grande marmite et cuisez les spaghetti *al dente.*

6 Egouttez-les dans une passoire et ajoutez-y 1 c. à soupe d'huile pour les empêcher de coller.

7 Dressez-les sur un grand plat avec la sauce et les boulettes et servez avec le fromage.

Spaghetti aux œufs et au bacon

Photo
page 32
Débutez
30 min avant
4 portions
comme plat
principal

*1 paquet de 13 oz (375 g)
  de spaghetti
8 tranches de bacon
  détaillées
2 oignons moyens
  grossièrement hachés
4 œufs légèrement battus
½ paquet de 8 oz (227 g)
  de fromage fondu et
  pasteurisé, coupé en
  cubes*

1. Faites cuire les spaghetti, égouttez-les dans une passoire et tenez-les au chaud.
2. Faites frire le bacon à feu moyen, puis réservez-le sur du papier absorbant.
3. Faites blondir les oignons 5 min dans le gras de cuisson, ajoutez les spaghetti et le bacon, mélangez à fond, puis incorporez les œufs et le fromage ; réchauffez jusqu'à ce que celui-ci soit fondu.

Spaghetti aux quatre fromages

Photo
page 32
Débutez
45 min avant
4 portions
comme plat
principal

*1 paquet de 8½ oz
  (250 g) de spaghetti
¼ t. de beurre ou de
  margarine
1 c. à soupe de farine
  tout usage
1½ t. de crème de table
  ou de crème légère
1 t. de mozzarella ou de
  scamorze râpé
1 t. de fontina râpé
½ t. de provolone râpé
¼ t. de parmesan ou de
  romano râpé
¼ c. à thé de sel
¼ c. à thé de
  mignonnette
2 c. à soupe de persil
  haché*

1. Faites cuire les spaghetti, égouttez-les dans une passoire et tenez-les au chaud.
2. Entre-temps, mélangez à feu moyen la farine au beurre chaud dans une grande casserole et cuisez 30 s ; ajoutez lentement la crème, puis cuisez en remuant sans arrêt jusqu'à ce que la sauce bouillonne et commence à épaissir. Incorporez le mozzarella, le fontina, le provolone et le parmesan, salez et poivrez et faites fondre les fromages en tournant.
3. Versez les spaghetti dans un plat creux chaud, nappez-les de la sauce, saupoudrez de persil et mélangez bien le tout.

Spaghetti au jambon et aux petits pois

Photo
page 32
Débutez
45 min avant
4 portions
comme plat
principal

*1 paquet de 8½ oz
  (250 g) de spaghetti
¼ t. de beurre ou de
  margarine
1 c. à soupe de farine
  tout usage
¼ c. à thé de sel
¼ c. à thé de
  mignonnette
1½ t. de crème de table
1 paquet de 12¼ oz
  (350 g) de petits pois
  surgelés, dégelés
1 t. de fontina râpé
1 t. de mozzarella râpé
½ paquet de 8 oz (225 g)
  de jambon cuit et
  tranché, coupé en
  lanières de ⅛ po
  (3 mm)*

1. Faites cuire les spaghetti, égouttez-les dans une passoire et tenez-les au chaud.
2. Faites fondre le beurre à feu doux dans une casserole ; ajoutez la farine, le sel et le poivre, puis la crème. Faites épaissir en remuant, puis ajoutez les petits pois et les fromages ; laissez-les fondre en tournant et terminez avec le jambon.
3. Enrobez les spaghetti de la sauce au fromage dans un grand plat creux et servez aussitôt.

PÂTES ALIMENTAIRES
Macaroni et cavatelli

Les plus populaires des macaroni sont les petits coudes, mais on peut les remplacer par des boucles, de grosses spirales ou des rigatoni. Toutes ces pâtes s'accommodent parfaitement d'une sauce, mais se servent aussi, très chaudes, avec une simple garniture au fromage.

Photo page 32
Débutez 45 min avant
6 portions d'accompagnement ou 4 portions comme plat principal

Macaroni au gratin

2 pte (2,25 L) d'eau
Sel
1 paquet de 8½ oz (250 g) de coudes
4 c. à soupe de beurre ou de margarine
¾ t. de chapelure fraîche
1 petit oignon haché

1 c. à soupe de farine tout usage
¼ c. à thé de moutarde sèche
1 pincée de poivre
1½ t. de lait
2 t. de cheddar râpé

1 Faites bouillir l'eau avec 1 c. à thé de sel dans une grande casserole, cuisez-y les macaroni et égouttez-les. Graissez un plat à four de 2 pte (2,25 L).

2 Portez le four à 350°F (180°C), puis faites fondre 2 c. à soupe de beurre à feu moyen dans une petite casserole et mélangez-y la chapelure. Réservez.

3 Faites fondre le reste de beurre à feu moyen dans une casserole moyenne et faites-y revenir l'oignon 5 min.

4 Ajoutez la farine, la moutarde, le poivre et 1 c. à thé de sel, puis le lait et faites épaissir en remuant. Retirez du feu et incorporez le fromage.

5 Versez les macaroni dans le plat à four et arrosez-les de la sauce.

6 Saupoudrez-les de la chapelure et cuisez au four 20 min.

Photo page 32
Débutez 45 min avant
4 portions comme plat principal

Casserole de macaroni au fromage

½ t. de beurre ou de margarine
2 t. de coudes
¼ t. d'oignon haché
2 c. à soupe de poivron vert haché
1 c. à thé de sel

¼ c. à thé de moutarde sèche
2 t. d'eau
2 t. de cheddar râpé
10 olives moyennes farcies au piment doux, tranchées

1. Chauffez le beurre dans une sauteuse, puis cuisez-y les macaroni et les quatre ingrédients suivants 5 min à feu moyen, en remuant.
2. Ajoutez l'eau et portez à ébullition. Couvrez et faites mijoter de 10 à 15 min à feu doux en remuant de temps en temps.
3. Retirez du feu, ajoutez le fromage et les olives et tournez jusqu'à ce que le fromage soit fondu.

Photo page 32
Débutez 4 h avant
4 portions comme plat principal

Cavatelli et sauce à la viande

Sauce à la viande (p. 337)
Appareil pour pâtes maison (p. 329)
4 pte (4,5 L) d'eau
2 c. à soupe de sel
1 c. à soupe d'huile à salade
Parmesan ou romano râpé

1 Préparez la sauce et la pâte. Divisez celle-ci en huit boudins de 15 po (40 cm).

2 Coupez les boudins en morceaux de ½ po (1 cm) ; avec le doigt, aplatissez-en le centre et incurvez-en les bords.

3 Etalez les cavatelli côte à côte sur un linge propre fariné et laissez-les sécher 2 h.

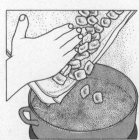

4 Portez l'eau, le sel et l'huile à ébullition dans une bonne marmite et cuisez-y les cavatelli 10 min.

5 Egouttez-les et dressez-les sur un plat chaud, nappez-les de sauce chaude et saupoudrez de parmesan râpé.

Pâtes farcies

Les ravioli, tortellini, manicotti, coquillettes et cannelloni sont les plus populaires parmi les pâtes à farcir. On peut les préparer à la viande, au fromage ou aux légumes. Les ravioli et les tortellini se cuisent habituellement à l'eau ; les manicotti, coquillettes et cannelloni, au four.

Ravioli

Farce au fromage, à la viande ou aux épinards (ci-dessous, à droite)
Appareil pour pâtes maison (p. 329)

Sauce Marinara (p. 337)
6 pte (7 L) d'eau
2 c. à soupe de sel
1 c. à soupe d'huile à salade
¼ t. de parmesan râpé

Photo
page 32
Débutez
h avant
portions
comme plat
principal

1 Préparez la farce et la pâte. Divisez celle-ci en six et abaissez un premier morceau en un rectangle de 18 po × 4 (45 cm × 10) que vous découperez en neuf.

2 Déposez 1 c. à thé rase de farce à une extrémité de chaque morceau, à ½ po (1 cm) des bords ; enduisez ceux-ci d'un peu d'eau.

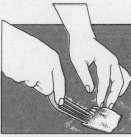

3 Repliez la pâte sur la farce et scellez les bords en les pressant avec une fourchette à quatre dents farinée.

4 Etalez les ravioli sur un linge ou du papier absorbant fariné ; façonnez-en 54 et laissez-les sécher 30 min. Préparez la Sauce Marinara.

5 Faites bouillir l'eau, le sel et l'huile dans une marmite, ajoutez les ravioli, ramenez à ébullition en remuant, puis laissez mijoter 5 min.

6 Egouttez les ravioli dans une passoire et dressez-les sur un plat ; nappez-les de sauce très chaude et saupoudrez-les de fromage râpé.

Ravioli géants

Farce au fromage, à la viande ou aux épinards (ci-dessous)
Appareil pour pâtes maison (p. 329)
Sauce Marinara (p. 337)
4 pte (4,5 L) d'eau

2 c. à soupe de sel
1 c. à soupe d'huile à salade
¼ t. de parmesan râpé

Photo
page 32
Débutez
2 h 30
avant
4 portions
comme plat
principal

1. Préparez la farce de votre choix.
2. Préparez la pâte, divisez-la en quatre et abaissez un pâton en un rectangle de 15 po × 6 (38 cm × 15) sur une surface farinée ; découpez-le en cinq rectangles de 6 po × 3 (15 cm × 8).
3. Déposez 1 c. à soupe comble de farce à l'une des extrémités étroites de chaque ravioli, à ½ po (1 cm) des bords ; repliez la pâte sur la farce et scellez les bords en les pressant avec une fourchette. Etalez les ravioli sur un linge propre fariné. Préparez-en 20 en tout et laissez-les sécher 30 min, pendant que vous confectionnez la sauce.
4. Faites bouillir l'eau, le sel et l'huile à feu vif dans une grande marmite, cuisez-y 10 min quelques ravioli à la fois et égouttez-les. Disposez-les sur un plat de service chaud.
5. Nappez uniformément les ravioli de sauce très chaude, puis saupoudrez-les de parmesan râpé.

Garniture : Repliez la pâte sur la farce et alignez-en les bords.

Pour sceller les bords, pressez-les fermement avec une fourchette.

FARCES POUR RAVIOLI

FARCE AU FROMAGE : Mettez dans un petit bol *8½ oz (250 g) de ricotta* (1 t.), *3 c. à soupe de persil haché, 2 c. à soupe de parmesan râpé, 1 blanc d'œuf* et *¼ c. à thé de sel*. Mélangez tous les ingrédients à fond à la fourchette.

FARCE À LA VIANDE : Faites dorer à feu assez vif, dans une sauteuse de 10 po (25 cm), *½ lb (225 g) de bœuf haché, ⅓ t. d'oignon haché* et *1 gousse d'ail*, hachée ; retirez du feu et ôtez le jus de cuisson à la cuiller. Incorporez à l'appareil *1 œuf entier, ¼ t. de persil haché, 2 c. à soupe de parmesan râpé* et *½ c. à thé de sel*. Mélangez bien.

FARCE AUX ÉPINARDS : Mélangez dans un petit bol *1 paquet de 10½ oz (300 g) d'épinards hachés surgelés*, dégelés et bien égouttés, *⅓ t. de parmesan râpé, 2 jaunes d'œufs, 1 c. à soupe de beurre* ramolli, *¼ c. à thé de sel, 1 pincée de poivre* et *1 pincée de muscade râpée*.

Pâtes farcies

Manicotti

Sauce à spaghetti
(p. 337)

Crêpes :
1 t. de farine
*   tout usage*
4 œufs
1 c. à soupe d'huile
1 c. à thé de sel
1 t. d'eau

Sauce manicotti :
2 c. à soupe de beurre
1 lb (450 g) de veau
*   haché ou de dinde crue*
*   et hachée*

Farce :
2 t. de ricotta ou de
*   cottage à la crème*
2 c. à soupe de parmesan
*   râpé*
¾ c. à thé de sel
¼ c. à thé de poivre
2 œufs
8 oz (225 g) de mozzarella
*   grossièrement râpé*

Photo page 33
Débutez 3 h avant
8 portions comme
plat principal

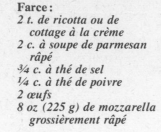
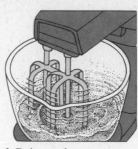

1 Préparez la sauce à spaghetti. Mélangez tous les ingrédients des crêpes à petite vitesse, puis battez 1 min à vitesse moyenne.

2 Enduisez une petite sauteuse d'huile, avec un pinceau, et chauffez-la à feu assez vif.

3 Versez-y environ 2 c. à soupe de pâte à crêpes et inclinez-la pour bien étaler celle-ci.

4 Cuisez 30 s jusqu'à ce que le dessus soit pris et le dessous doré. Réservez sur du papier ciré et répétez l'opération.

5 Chauffez le beurre dans une sauteuse moyenne et faites-y revenir le veau haché à feu assez vif, puis ajoutez la sauce à spaghetti.

6 Chauffez la sauce ainsi obtenue et étalez-en un tiers dans une lèchefrite de 15½ po × 10½ (40 cm × 27).

7 Mélangez le ricotta, le parmesan, le sel, le poivre et les œufs dans un bol moyen, puis allumez le four à 375°F (190°C).

8 Déposez 1 c. à soupe comble de farce au centre de chaque crêpe et saupoudrez d'un peu de mozzarella râpé.

9 Repliez les bords des crêpes sur la farce et déposez-les, joints en dessous, dans la lèchefrite.

10 Nappez les crêpes du reste de sauce et cuisez 30 min jusqu'à ce que la sauce fasse des bouillons.

Photo page 33
Débutez 2 h 30 avant
10 portions comme plat principal

Coquilles farcies

Sauce à spaghetti
(p. 337)
1 paquet de 13 oz (375 g)
*   de coquilles géantes*
*   (40 environ)*
4 t. de ricotta ou de
*   cottage*
1 paquet de 8 oz (227 g)
*   de mozzarella râpé*
2 œufs

⅓ t. de chapelure sèche
¼ t. de persil haché
1 c. à thé de sel
¼ c. à thé de poivre
½ t. de parmesan râpé

1. Préparez la sauce à spaghetti.
2. Cuisez les coquilles, égouttez-les, puis allumez le four à 350°F (180°C). Mélangez le ricotta et les six ingrédients suivants dans un grand bol et farcissez-en chaque coquille de 1 c. à soupe comble.
3. Versez ¾ t. de sauce dans deux plats à four de 13 po × 9 (33 cm × 23) et étalez les coquilles par dessus, joints en dessous. Nappez du reste de sauce, saupoudrez de parmesan et cuisez 30 min.

Photo page 33
Débutez 2 h 30 avant
8 portions comme plat principal

Manicotti garnis

1 lb (450 g) de saucisses
*   italiennes douces en*
*   chapelet*
1 lb (450 g) de bœuf
*   haché*
1 oignon moyen haché
3 boîtes de 10 oz
*   (284 ml) de purée de*
*   tomates*
1 boîte de 5½ oz
*   (156 ml) de pâte de*
*   tomates*

1 c. à thé de sucre
½ c. à thé de poivre
Basilic
Sel
16 coquilles de manicotti
4 t. de ricotta
8 oz (225 g) de mozzarel
*   coupé en dés*
2 c. à soupe de persil
*   haché*
Parmesan râpé

1. Faites cuire 5 min les saucisses à feu moyen dans un faitout couvert avec ¼ t. d'eau. Découvrez, laissez dorer et égouttez.
2. Pour la sauce, ôtez la graisse du faitout et faites y dorer le bœuf haché et l'oignon à feu moyen ajoutez la purée et la pâte de tomates, le sucre, le poivre, 1 c. à thé de basilic, 1 c. à thé de sel et 1 d'eau, puis laissez mijoter 45 min à couvert.
3. Ajoutez les saucisses coupées en bouchées prolongez la cuisson de 15 min en remuant de temps en temps. Entre-temps, cuisez les manicotti égouttez-les et portez le four à 375°F (190°C).
4. Mélangez le ricotta, le mozzarella, le persil ¾ c. à thé de basilic et ½ c. à thé de sel dans un grand bol et farcissez-en les coquilles.
5. Versez la moitié de la sauce dans un plat à four de 13 po × 9 (33 cm × 23), étalez-y la moitié coquilles, nappez-les de sauce, en en gardant ¾ et terminez avec le reste des coquilles et de sauce Saupoudrez de parmesan et cuisez 30 min.

COMMENT FARCIR DES COQUILLES

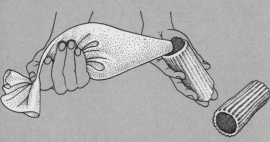

Pour farcir aisément une grande quantité de pâtes creuses, comme les manicotti et les coquilles géantes, servez-vous d'une poche sans douille.

Photo page 23
Débutez 3 h avant
10 entrées ou 5 portions principales

Tortellini à la crème

Huile à salade
poitrines de poulet désossées, dépouillées et coupées en dés
½ t. de prosciutto, de mortadelle ou de jambon cuit, détaillé
1 œuf

1 pincée de poivre
1 pincée de muscade râpée
Appareil pour pâtes maison (p. 329)
5 pte (5,7 L) d'eau
½ t. de beurre
1 t. de crème épaisse
1 t. de parmesan râpé

Chauffez 1 c. à soupe d'huile dans une sauteuse et faites-y revenir le poulet 5 min à feu assez vif, en remuant. Retirez-le du feu.

Hachez finement le poulet et le prosciutto à vitesse moyenne dans le mélangeur couvert. Salez et ajoutez l'œuf, le poivre et la muscade, puis mélangez jusqu'à l'obtention d'une pâte et réservez.

Préparez la pâte pour les tortellini et divisez-la en trois. Abaissez un pâton (couvrez les deux autres) sur une surface farinée en un rectangle de 26 po × 9 (66 cm × 23) et découpez-y le plus de cercles possible avec un emporte-pièce de 2 po (5 cm). Réservez les chutes.

Déposez ½ c. à thé rase de farce au centre de chaque cercle, enduisez-en les bords d'eau, repliez-en deux en décalant légèrement les joints ; scellez ceux-ci. Placez le côté droit du demi-cercle perpendiculairement à votre doigt, repliez-le autour pour obtenir un éventail et soudez les bords.

Etalez les tortellini sur un linge ou un papier absorbant fariné ; continuez avec les restes de pâte et de farce, puis abaissez toutes les chutes et recommencez de façon à obtenir 125 tortellini. Laissez sécher 30 min.

Portez à ébullition à feu vif l'eau, 2 c. à soupe de sel et 1 c. à soupe d'huile dans une marmite, ajoutez les tortellini et ramenez à ébullition en remuant. Cuisez 5 min à feu modéré et égouttez.

Faites fondre le beurre à feu doux dans la marmite, ajoutez les pâtes et la crème et portez à ébullition en remuant pour que la crème épaississe un peu. Saupoudrez de fromage, mélangez et servez.

Cannelloni

Appareil pour pâtes maison (p. 329)
2 c. à soupe de beurre ou de margarine
1 c. à soupe d'oignon vert haché
1 paquet de 10½ oz (300 g) d'épinards hachés et surgelés, cuits et égouttés
1 t. de poulet cuit finement haché
½ t. de jambon cuit finement haché
½ t. de parmesan râpé
1 œuf battu

1 c. à soupe de sherry sec
¼ c. à thé de gingembre moulu
Sel
Huile
5 pte (5,7 L) d'eau
Sauce au parmesan (p. 463)
Persil haché

Photo page 33
Débutez 2 h avant
8 portions comme plat principal

1 Divisez la pâte en trois et abaissez un pâton en un rectangle de 16 po × 8 (40 cm × 20) sur un plan fariné.

2 Divisez au couteau le rectangle en huit carrés de 4 po (10 cm).

3 Etalez les carrés sur un linge fariné et continuez avec le reste de pâte pour avoir 24 carrés en tout. Laissez reposer 30 min à couvert.

4 Faites revenir l'oignon à feu moyen dans du beurre ; ajoutez les sept ingrédients suivants, salez, chauffez et réservez.

5 Allumez le four à 350°F (180°C). Graissez un plat en métal ou en verre à feu de 13 po × 9 (33 cm × 23).

6 Faites bouillir l'eau avec 2 c. à soupe de sel et 1 c. à soupe d'huile dans une bonne marmite. Cuisez quelques carrés à la fois pendant 5 min.

7 Otez les pâtes avec une écumoire, égouttez-les dans une passoire et farcissez-les aussitôt.

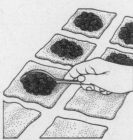

8 Etalez 1 c. à soupe comble de farce à la viande et aux épinards au centre de chaque carré de pâte encore chaud.

9 Enroulez le carré sur lui-même et déposez-le dans le plat, joint en dessous. Répétez avec le reste des ingrédients.

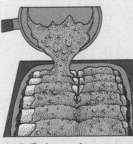

10 Préparez la sauce, nappez-en les cannelloni et saupoudrez de persil. Cuisez 20 min et passez au gril 5 min.

335

Lasagnes

Lasagnes

Photo
page 33
Débutez
2 h 30 avant
8 portions
comme plat
principal

1 lb (450 g) de bœuf haché
1 petit oignon coupé en dés
1 boîte de 28 oz (796 ml) de tomates
1 boîte de 13 oz (369 ml) de pâte de tomates
1 c. à soupe de sucre
1½ c. à thé de sel
½ c. à thé d'origan
½ c. à thé de thym

½ c. à thé de poivre rouge concassé
¼ c. à thé de sel d'ail
1 feuille de laurier
1 paquet de 13 oz (375 g) de lasagnes (environ 14 nouilles)
2 œufs
2 contenants de 8½ oz (250 g) de ricotta
1 paquet de 16 oz (450 g) de mozzarella coupé en dés

1 Cuisez le bœuf et l'oignon à feu vif dans un faitout jusqu'à l'évaporation du jus de cuisson. Ajoutez les tomates avec leur jus et les huit ingrédients suivants.

2 Portez à ébullition en remuant pour défaire les tomates en morceaux. Couvrez et faites mijoter 30 min à feu doux en remuant de temps en temps.

3 Otez le laurier, inclinez le faitout et dégraissez la sauce. Faites cuire les lasagnes et égouttez-les dans une passoire.

4 Etalez, en les faisant chevaucher, la moitié des lasagnes dans un plat à four de 13 po × 9 (33 cm × 23).

5 Portez le four à 375°F (190°C), puis mélangez à la cuiller dans un bol les œufs et la ricotta ; étalez-en la moitié sur les lasagnes.

6 Saupoudrez de la moitié du mozzarella, couvrez de la moitié de la sauce et répétez. Cuisez 45 min, défournez et laissez reposer 10 min avant de servir.

Lasagnes au veau

Photo
page 33
Débutez
2 h 30 avant
10 portions
comme plat
principal

1 épaule de veau désossée et roulée de 3 lb (1,35 kg)
Huile à salade
⅔ paquet de 13 oz (375 g) de lasagnes (12 nouilles)
⅓ t. de beurre ou de margarine
2 gros oignons hachés
⅓ t. de farine tout usage

4 t. de lait
⅓ t. de sherry
1 c. à soupe de sel
¼ c. à thé de poivre blanc
¼ c. à thé de muscade râpée
3 oz (85 g) de parmesan et de romano râpés
Persil haché

1. Dégraissez le veau et détaillez-le en cubes de ½ po (1 cm). Faites-le revenir dans 2 c. à soupe d'huile chaude à feu assez vif, dans une grande sauteuse, en remuant de temps en temps. Couvrez et faites mijoter à feu doux 30 min, en tournant de temps en temps.
2. Cuisez les lasagnes en ajoutant 1 c. à soupe d'huile à l'eau de cuisson, puis égouttez-les.
3. Chauffez le beurre dans une grande casserole à fond épais et faites-y revenir les oignons 5 min à feu moyen. Ajoutez la farine, puis le lait et faites épaissir en tournant. Egouttez la viande et ajoutez-la à l'appareil avec le sherry, le sel, le poivre et la muscade.
4. Disposez quatre nouilles en longueur dans un plat à four, recouvrez-les de la moitié de l'appareil et recommencez en terminant avec les nouilles. Couvrez hermétiquement le plat d'une feuille d'aluminium.
5. Allumez le four à 350°F (180°C). Cuisez-y les lasagnes 30 min, découvrez-les et saupoudrez-les de fromage râpé. Prolongez la cuisson de 15 min ou jusqu'à ce qu'elles soient dorées. Saupoudrez de persil et laissez reposer 10 min avant de servir.

Lasagnes aux aubergines

Photo
page 33
Débutez
2 h 15 avant
8 portions
comme plat
principal

Sauce à spaghetti (p. 337)
⅔ paquet de 13 oz (375 g) de lasagnes (12 nouilles)
1 t. de chapelure séchée
1 pincée de poivre
Sel
2 œufs

2 c. à soupe d'eau
1 aubergine moyenne coupée en tranches de ½ po (1 cm)
Huile à salade
1 paquet de 16 oz (450 g) de mozzarella émincé
¼ t. de parmesan râpé

1. Préparez la sauce à spaghetti, cuisez les lasagnes et égouttez-les.
2. Mélangez la chapelure, le poivre et ½ c. à thé de sel sur du papier ciré, battez les œufs et l'eau à la fourchette dans un petit bol et passez les tranches d'aubergine dans l'œuf puis dans la chapelure.
3. Faites-les revenir dans 2 c. à soupe d'huile chaude à feu moyen, dans une grande sauteuse, en ajoutant de l'huile au besoin. Quand elles sont tendres, égouttez-les sur du papier absorbant et allumez le four à 350°F (180°C).
4. Etalez la moitié des nouilles, de l'aubergine, du mozzarella, puis de la sauce à spaghetti dans un plat à four de 13 po × 9 (33 cm × 23), répétez, saupoudrez de parmesan et cuisez 30 min.

Sauces

Débutez 1 h avant
4 tasses

Sauce à spaghetti

2 c. à soupe d'huile
1 oignon moyen coupé en dés
1 gousse d'ail hachée
2 boîtes de 14 oz (398 ml) de sauce tomate
1 boîte de 13 oz (369 ml) de pâte de tomates
2 c. à thé de cassonade
2 c. à soupe de persil haché
1 c. à thé de feuilles d'origan
1 c. à thé de sel
1 pincée de mignonnette
1 feuille de laurier

1. Chauffez l'huile dans une grande casserole et faites-y revenir 10 min l'oignon et l'ail à feu moyen en remuant souvent.
2. Ajoutez la sauce tomate et les autres ingrédients et portez à ébullition à feu vif.
3. Couvrez partiellement et cuisez 30 min à feu modéré. Otez la feuille de laurier.

Débutez 1 h 15 avant
4 tasses

Sauce à la viande

2 c. à soupe d'huile d'olive ou à salade
1 lb (450 g) de bœuf haché
1 oignon moyen haché
1 gousse d'ail hachée
1 boîte de 14 oz (398 ml) de tomates
1 boîte de 13 oz (369 ml) de pâte de tomates
4 c. à thé de sucre
2 c. à thé d'origan
1¾ c. à thé de sel
1 pincée de poivre de Cayenne
1 feuille de laurier broyée

1. Chauffez l'huile dans un faitout et faites-y revenir à feu moyen le bœuf, l'oignon et l'ail. Dégraissez le jus de cuisson.
2. Ajoutez le reste des ingrédients, couvrez partiellement et mijotez 35 min à feu doux, pour que la sauce soit très épaisse, en remuant parfois.

Débutez [illegible]0 min avant
[illegible] tasses

Sauce blanche aux palourdes

3 boîtes de 8½ oz (250 ml) de palourdes hachées
¼ t. d'huile d'olive ou à salade
1 gousse d'ail hachée
¾ t. de persil haché
2 c. à soupe de vin blanc (facultatif)
1 c. à thé de basilic
½ c. à thé de sel

1. Egouttez les palourdes et réservez le jus.
2. Dans une casserole moyenne ou une sauteuse, faites revenir l'ail à feu moyen dans l'huile chaude ; ajoutez le jus des palourdes et les autres ingrédients, sauf les mollusques, et cuisez 10 min en remuant de temps en temps.
3. Ajoutez les palourdes et réchauffez-les.

Débutez environ [illegible]0 min avant
½ tasse

Sauce aux anchois

¼ t. d'huile d'olive
1 petite gousse d'ail coupée en deux
1 boîte de 1¾ oz (50 g) de filets d'anchois égouttés et hachés
2 c. à soupe de persil haché
2 c. à soupe de parmesan râpé
1 c. à thé de jus de citron

1. Faites revenir l'ail dans l'huile chaude, à feu assez vif, dans une petite casserole. Retirez la casserole du feu et ôtez l'ail.
2. Ajoutez tous les ingrédients et mélangez.

Débutez 30 min avant
3 tasses

Sauce Marinara

2 c. à soupe d'huile d'olive ou à salade
2 gousses d'ail hachées
1 petit oignon haché
1 boîte de 14 oz (398 ml) de tomates
1 boîte de 5½ oz (156 ml) de pâte de tomates
1 c. à soupe de sucre
2 c. à thé de basilic
1½ c. à thé de sel

1. Chauffez l'huile dans une casserole et faites-y revenir 5 min l'ail et l'oignon à feu moyen.
2. Ajoutez les tomates, leur jus et les autres ingrédients. Couvrez et faites épaissir 20 min à feu doux, en remuant de temps en temps.

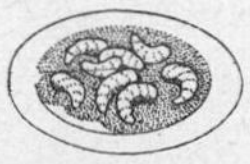

Débutez 30 min avant
4 tasses

Sauce Marinara aux crevettes

1 c. à soupe d'huile d'olive
1 gousse d'ail hachée
1 boîte de 14 oz (398 ml) de sauce tomate
1 boîte de 5½ oz (156 ml) de pâte de tomates
2 c. à soupe de persil haché
1 c. à soupe de sucre
¾ c. à thé de sel
½ c. à thé d'origan
¼ c. à thé de poivre
1 lb (450 g) de crevettes surgelées et parées

1. Faites revenir l'ail dans l'huile chaude, à feu assez vif, dans une sauteuse moyenne.
2. Ajoutez la sauce tomate et les six ingrédients suivants et portez à ébullition. Couvrez et faites mijoter 10 min à feu doux.
3. Ajoutez les crevettes surgelées et cuisez environ 8 min, en remuant de temps en temps.

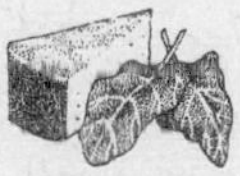

Débutez 15 min avant
2½ tasses

Sauce aux épinards

¼ t. de beurre ou de margarine
1 paquet de 10½ oz (300 g) d'épinards hachés surgelés
1 c. à thé de sel
1 t. de ricotta
¼ t. de parmesan râpé
¼ t. de lait
1 pincée de muscade râpée

1. Chauffez le beurre dans une casserole moyenne et cuisez-y 10 min les épinards avec le sel à feu moyen.
2. Baissez le feu, ajoutez les autres ingrédients, mélangez et réchauffez sans laisser bouillir.

Débutez 15 min avant
1⅓ tasse

Sauce aux noix

¼ t. de beurre ou de margarine
1 t. de noix de Grenoble grossièrement hachées
½ t. de lait
2 c. à soupe de persil haché
1 c. à thé de sel

Chauffez le beurre dans une sauteuse et faites-y dorer les noix 5 min à feu moyen ; mélangez-y les autres ingrédients et réchauffez.

Débutez 5 min avant
½ tasse

Pesto

⅓ t. d'huile d'olive ou à salade
¼ t. de parmesan râpé
¼ t. de persil haché
1 petite gousse d'ail coupée en quatre
2 c. à soupe de basilic ou ½ t. de basilic frais
1 c. à thé de sel
¼ c. à thé de muscade râpée

Passez tous les ingrédients à vitesse moyenne au mélangeur couvert.

RIZ

Grâce à sa saveur délicate, le riz accompagne bien tous les aliments, qu'ils soient doux et sucrés ou fortement épicés. Cuisez-le dans un récipient hermétiquement couvert et dans juste assez de liquide pour que celui-ci soit complètement absorbé. Le riz est prêt quand il est tendre sous la dent. Variez le liquide de cuisson pour changer la saveur de votre riz. Vous pouvez, par exemple, mélanger l'eau avec du jus de tomate ou de légumes, la remplacer par du bouillon de bœuf ou de poulet ou, encore, substituer ½ tasse de jus de pomme ou d'orange à ½ tasse d'eau.

Riz nature

Photo
page 73
Débutez
20 min
avant
3 tasses
ou 4 portions

2 t. d'eau
1 t. de riz à grains longs
ou moyens
1 c. à thé de sel

1 c. à soupe de beurre ou
de margarine
(facultatif)

1 Portez l'eau, le riz, le sel et le corps gras (facultatif) à ébullition dans une grande casserole munie d'un couvercle étanche.

2 Réduisez le feu et attendez que l'eau frémisse ; remuez une ou deux fois à la fourchette.

3 Couvrez et faites mijoter 14 min sans découvrir, jusqu'à ce que le riz soit tendre et que tout le liquide ait été absorbé. Vérifiez en goûtant un grain.

4 Pour un riz plus sec, remuez le riz et laissez-le reposer de 5 à 10 min à couvert, hors du feu, ou étalez-le dans un plat et remuez avant de servir.

RIZ BRUN : *Environ 50 min plus tôt :* Suivez la même recette, mais en utilisant *2½ t. d'eau, 1 t. de riz brun* et *1 c. à thé de sel* et faites mijoter environ 45 min ou suivez le mode d'emploi inscrit sur l'étiquette. (Donne 4 t. ou 5 à 6 portions.)

Casserole de riz au four

Photo
page 73
Débutez
35 min
avant
3 tasses
ou 4 portions

2 t. d'eau bouillante
1 t. de riz à grains longs
ou ¾ t. de riz semi-
cuit

2 c. à soupe de beurre ou
de margarine
1 c. à thé de sel

1. Allumez le four à 350°F (180°C). Graissez une petite cocotte et mélangez-y l'eau bouillante, le riz, le corps gras et le sel.
2. Couvrez et cuisez au four 30 min ou jusqu'à ce que le riz soit tendre et tout le liquide absorbé. Remuez le riz à la fourchette avant de servir.

Riz panaché

Photo
page 73
Débutez
30 min
avant
6 portions

4 t. de riz cuit et
chaud
¼ t. de poivron vert
haché
¼ t. d'oignon vert
tranché

1 piment doux haché, en
conserve
2 c. à soupe de beurre ou
de margarine
½ c. à thé de sel
assaisonné

Mélangez le riz chaud et tous les ingrédients dans un plat de service jusqu'à ce que le beurre ou la margarine soit fondu et servez aussitôt.

Riz à l'orange et aux fines herbes

Photo
page 74
Débutez
45 min
avant
6 portions

¼ t. de beurre ou de
margarine
⅔ t. de céleri haché
(avec les feuilles)
2 c. à soupe d'oignon
haché
1½ t. d'eau
1 c. à soupe de zeste
d'orange râpé

1 t. de jus d'orange
1 c. à thé de sel
1 pincée de feuilles de
thym
1 t. de riz à grains longs
ou ¾ t. de riz semi-
cuit

1. Faites revenir 5 min le céleri et l'oignon dans le corps gras chaud, à feu moyen, dans une casserole moyenne.
2. Ajoutez l'eau, le zeste et le jus d'orange, le sel et le thym, portez à ébullition et incorporez le riz. Couvrez et faites mijoter de 15 à 20 min à feu doux, jusqu'à ce que le riz soit tendre et que tout le liquide ait été absorbé. Remuez avant de servir.

Plats d'accompagnement

Riz pilaf aux petits pois

Photo page 73
Débutez 40 min avant
12 portions

8 tranches de bacon coupées en dés
1 oignon moyen finement haché
2 t. de riz à grains longs
2 paquets de 10½ oz (350 g) de petits pois surgelés
2 t. d'eau
1 boîte de 14 oz (398 ml) de consommé de poulet
2 c. à thé de sel
¼ c. à thé de poivre

1 Faites frire le bacon à feu moyen dans une grande sauteuse, égouttez-le sur du papier absorbant et réservez.

2 Ne conservez que ¼ t. du gras de cuisson dans la sauteuse.

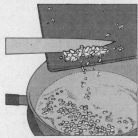

3 Faites-y attendrir l'oignon haché environ 5 min en remuant de temps en temps.

4 Ajoutez le riz, les petits pois surgelés, l'eau et le bouillon, salez et poivrez et portez à ébullition. Couvrez et faites mijoter 20 min à feu doux.

5 Avant de servir, mélangez le bacon et le riz, puis dressez l'appareil sur un plat chaud et servez aussitôt.

Riz au curry et aux oignons

Photo page 74
Débutez 35 min avant
4 portions

2 c. à soupe de beurre ou de margarine
2 petits oignons coupés en tranches de ¼ po (6 mm)
½ c. à thé de curry
½ c. à thé de sel
1 pincée de muscade râpée
2 t. de riz cuit et chaud
½ t. de crème de table

1. Chauffez le corps gras dans une casserole moyenne et faites-y attendrir les oignons environ 7 min à feu doux avec le curry, le sel et la muscade, en remuant souvent.
2. Ajoutez le riz et la crème, réchauffez bien le tout et servez.

Risotto à la milanaise

Photo page 74
Débutez 45 min avant
6 portions

¼ t. de beurre
⅓ t. d'oignon haché
1½ t. de riz à grains longs
28 oz (800 ml) de consommé de poulet
¾ c. à thé de sel
1 pincée de safran
1 pincée de poivre
⅓ t. de parmesan râpé

1 Faites dorer l'oignon dans le beurre à feu moyen dans une casserole allant au four.

2 Ajoutez le riz et remuez pour qu'il absorbe le beurre. Portez le four à 350°F (180°C).

3 Ajoutez le consommé réchauffé avec sel, safran et poivre et portez à ébullition en remuant. Cuisez 30 min jusqu'à ce que le riz soit tendre.

4 Incorporez le parmesan et servez en entrée sur un plat de service chaud ou pour accompagner du veau.

VARIÉTÉS DE RIZ

RIZ BLANC: Ce riz a été décortiqué et est parfois poli ; ses grains sont longs, moyens ou courts. Le riz à grains longs est recommandé pour les curry, les ragoûts, les salades et les plats principaux, tandis que les deux autres types conviennent mieux pour les poudings et les riz en couronne. 1 t. de riz blanc en donne 3, une fois cuit.

RIZ PRÉCUIT: Il s'agit de riz décortiqué à grains longs, déjà cuit et déshydraté ; il se prépare plus rapidement. Suivez le mode d'emploi pour la préparation et les quantités.

RIZ SEMI-CUIT: Ce riz est soumis à un procédé spécial avant d'être décortiqué, ce qui lui conserve ses vitamines et ses minéraux. Sa cuisson est un peu plus longue. 1 t. de riz semi-cuit en donne 4, une fois cuit.

RIZ BRUN: Il s'agit de riz non décortiqué, qui a donc conservé la plupart de ses éléments nutritifs. Il exige plus de liquide et doit cuire plus longtemps que le riz blanc. Il a un goût de noix. 1 t. de riz brun en donne 4, une fois cuit.

RIZ SAUVAGE: Ce n'est pas vraiment du riz, mais on le sert de la même façon, en accompagnement. Suivez le mode d'emploi. 1 t. de riz sauvage en donne 3, une fois cuit.

Plats d'accompagnement

Casserole de riz aux champignons

Photo
page 73
Débutez
1 h avant
4 portions

½ t. de riz à grains
   longs
4 c. à soupe de beurre ou
   de margarine
¼ lb (115 g) de
   champignons tranchés
½ t. d'oignon haché

½ t. de céleri haché
1¼ t. d'eau
1 cube ou sachet de
   bouillon de bœuf
½ c. à thé de sel
1 pincée de feuilles de
   thym

1 Allumez le four à
350°F (180°C). En
remuant, faites dorer le
riz 5 min dans une sau-
teuse à feu moyen, puis
versez-le dans une petite
cocotte.

2 Dans la même sau-
teuse, faites revenir
les légumes 5 min dans
2 c. à soupe de beurre
chaud, puis portez à
ébullition avec le reste
des ingrédients.

3 Versez ce mélange
sur le riz, couvrez et
cuisez au four 35 min ou
jusqu'à ce que tout le liquide ait été absorbé.

4 Mélangez au riz
2 c. à soupe de beurre
jusqu'à ce que celui-ci
soit fondu et que le riz
soit léger.

Casserole au riz et aux nouilles

Photo
page 73
Débutez
1 h 15 avant
12 portions

Beurre ou margarine
2 oignons moyens hachés
2 t. de riz à grains
   longs ou 1½ t. de riz
   semi-cuit
½ lb (225 g) de
   champignons tranchés
½ c. à thé de curry

1 pincée de poivre
4 t. de consommé de
   poulet
1½ c. à thé de sel
½ paquet de 8½ oz
   (250 g) de nouilles
   moyennes (2 t.)

1. Dans un bon faitout, faites revenir l'oignon
5 min à feu moyen dans ¼ t. de beurre. Allumez le
four à 350°F (180°C).
2. Ajoutez le riz, les champignons, le curry et le
poivre et cuisez 5 min en remuant souvent. Incorporez le bouillon, ¼ t. de beurre et le sel et portez à
ébullition. Ajoutez doucement les nouilles crues.
3. Versez le mélange dans une grande cocotte,
couvrez et cuisez au four de 35 à 40 min jusqu'à ce
que le riz et les nouilles soient tendres et que le liquide ait été absorbé. Remuez à la fourchette avant
de servir.

Riz au four à l'espagnole

Photo
page 73
Débutez
1 h avant
6 portions

4 tranches de bacon
1 t. d'oignon haché
½ t. de poivron vert
   haché
1 boîte de 14 oz (398 ml)
   de tomates
Eau
1 boîte de 8 oz (227 ml)
   de sauce tomate
2 c. à thé de sucre
1 c. à thé de sel
1⅓ t. de riz à grains
   longs
½ t. de cheddar râpé

1 Allumez le four à
350°F (180°C). Faites
frire le bacon à feu
moyen dans une sau-
teuse, égouttez-le et
émiettez-le. Ne gardez
que 2 c. à soupe de gras.

2 Faites attendrir 5 min
l'oignon et le poivron
dans la sauteuse en re-
muant souvent.

3 Egouttez les tomates
dans une mesure et
ajoutez assez d'eau pour
avoir 1¾ t. de liquide.
Concassez les tomates.

4 Ajoutez à l'oignon
tous les ingrédients,
sauf le riz et le fromage,
et portez à ébullition.
Graissez une cocotte.

5 Hors du feu, ajoutez
le riz à l'appareil,
puis versez dans la co-
cotte, couvrez et cuisez
35 min au four.

6 Remuez le riz, sau-
poudrez de fromage,
cuisez encore 5 min et
garnissez de bacon.

Pouding au riz

Riz sauvage nature

Photo
page 73
Débutez
1 h avant
6 portions

1⅓ t. de riz sauvage
  (8 oz ou 225 g)
2⅔ t. d'eau

1½ c. à thé de sel
2 c. à soupe de beurre
  ou de margarine

1. Lavez et égouttez le riz soigneusement.
2. Portez l'eau à ébullition à feu vif dans une casserole moyenne, ajoutez le riz et le sel, couvrez et faites mijoter de 45 à 50 min à feu doux jusqu'à ce que le riz soit tendre et le liquide absorbé.
3. Incorporez le beurre ou la margarine à la fourchette et mélangez jusqu'à ce qu'il soit fondu.

Couronne de riz

Photo
page 73
Débutez
25 min
avant
6 portions

6 t. de riz cuit et chaud
¼ t. de persil haché

3 c. à soupe de beurre
  ou de margarine

1. Enduisez généreusement de graisse végétale un moule tubulaire de 5½ t.
2. Mélangez tous les ingrédients dans un grand bol et tassez-les légèrement dans le moule. Laissez reposer 1 min.
3. Détachez le riz des parois, couvrez le moule d'un plat de service chaud et retournez le tout rapidement. Retirez le moule et servez.

Tassez légèrement le riz dans un moule tubulaire graissé.

Couvrez le moule d'un plat de service chaud et retournez le tout.

Riz frit à la chinoise

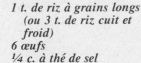

Photo
page 74
Débutez
2 h 30 avant
6 portions

1 t. de riz à grains longs
  (ou 3 t. de riz cuit et
  froid)
6 œufs
¼ c. à thé de sel
Huile à salade

1 paquet de 8 oz (225 g)
  de bacon tranché, cuit
  et émietté
1 c. à soupe de sauce soja
2 c. à soupe d'oignons
  verts hachés

1. Préparez le riz selon le mode d'emploi et réfrigérez-le jusqu'à ce qu'il soit bien froid.
2. Battez légèrement les œufs et le sel à la fourchette dans un bol moyen. Faites chauffer 3 c. à soupe d'huile à feu vif dans une grande sauteuse; quand elle est très chaude, versez-y les œufs et cuisez en remuant vite jusqu'à ce que les morceaux soient gros comme des pois et n'adhèrent plus à la poêle. Réduisez le feu.
3. Poussez les œufs sur un côté de la sauteuse; mettez le riz et 2 c. à soupe d'huile et enrobez le riz de ce gras. Ajoutez le bacon et la sauce soja; mélangez alors tous les ingrédients et réchauffez.
4. Transvasez le riz dans un bol chaud et saupoudrez-le des oignons verts hachés.

Pouding au riz

Photo
page 98
Débutez
4 h 30
avant
8 portions

6 t. de lait
1 t. de riz à grains
  moyens
½ t. de sucre
2 c. à soupe de beurre ou
  de margarine

¼ c. à thé de sel
2 c. à thé d'extrait de
  vanille
¼ c. à thé de muscade
  râpée

1 Mettez le lait, le riz, le sucre, le corps gras et le sel dans une grande casserole.

2 Chauffez à feu moyen en remuant souvent jusqu'à ce que de petites bulles se forment contre les parois de la casserole.

3 Couvrez et mijotez 1 h à feu doux pour que le riz soit très tendre; remuez parfois.

4 Ajoutez la vanille et réfrigérez environ 3 h à couvert.

5 *Service :* Versez le riz à la cuiller dans des assiettes à dessert et saupoudrez de muscade.

POUDING AU RIZ CRÉMEUX : Préparez la même recette, mais sans le beurre, et réfrigérez. Fouettez à vitesse moyenne dans un bol *1 t. de crème épaisse ou à fouetter.* Incorporez-la au pouding avec une spatule en caoutchouc, versez dans des assiettes et saupoudrez de muscade. (Donne 10 portions.)

POUDING AU RIZ ET AUX FRUITS : Préparez la même recette, mais sans la muscade. Couronnez chaque portion d'*une demi-pêche en conserve,* partie coupée en dessous, et arrosez-la d'un peu de *Sauce Melba* (p. 465). (Donne 8 portions.)

TARTES

Les tartes se prêtent à d'infinies compositions. Confectionnés avec de la pâte ou de la chapelure de biscuits, les fonds de tarte, avec ou sans cuisson, peuvent être garnis de fruits, de crèmes de toutes sortes ou de crème glacée.

On emploiera de préférence des moules plaqués d'aluminium, en acier étamé ou émaillé, en aluminium revêtu de porcelaine ou d'un produit antiadhésif, ou bien en verre ; tous ces matériaux absorbent la chaleur et permettent à la pâte de dorer. Les moules brillants réverbèrent la chaleur et empêchent la croûte de brunir ; il faut donc les placer sur une plaque à biscuits. Pour faire dorer une pâte, badigeonnez-en la surface avec du lait, de la crème de table, du lait concentré ou du blanc d'œuf battu ; vous pouvez aussi la saupoudrer de sucre. Si elle brunit trop vite, recouvrez-la d'une feuille d'aluminium 15 minutes avant la fin de la cuisson.

Employez toujours un moule de la taille recommandée, car des moules de même diamètre peuvent varier en capacité. Faites cuire le surplus de garniture dans un ramequin, le tiers du temps indiqué pour la tarte.

Il est inutile de graisser le moule, à moins qu'on ne le spécifie dans la recette. Pour démouler un fond de tarte sans cuisson à base de chapelure de biscuits, enveloppez le moule d'un linge mouillé dans de l'eau chaude pendant 1 ou 2 minutes avant de servir. Une tarte à la crème glacée ou garnie d'une préparation congelée sera non seulement plus facile à couper, mais aussi bien plus savoureuse si vous la laissez reposer environ 15 minutes à sa sortie du congélateur.

CONFECTIONNER LA PÂTE
Utilisez de préférence de l'eau froide ; si l'eau du robinet semble tiède, placez un glaçon dans le récipient. Si vous employez du saindoux au lieu de graisse végétale, faites-le d'abord durcir au réfrigérateur.

Manipulez la pâte le moins possible. Coupez le corps gras en vous servant d'un mélangeur à pâtisserie ou de deux couteaux maniés en sens inverse. Incorporez l'eau avec une fourchette jusqu'à ce que les ingrédients soient liés, mais sans plus. Roulez la pâte en boule, sans trop presser. Par temps chaud, si celle-ci ramollit, enveloppez-la dans du papier ciré et placez-la environ 30 minutes au réfrigérateur. Si vous n'avez besoin que d'un fond de tarte, préparez-en au moins deux et faites réfrigérer ou congeler le surplus.

ABAISSER LA PÂTE
La pâte s'étend avec un rouleau enveloppé d'une étamine sur un plan de travail légèrement fariné. Passez d'abord le rouleau sur la planche pour que l'étamine absorbe un peu de farine, puis aplatissez légèrement la boule de pâte avant de l'abaisser comme illustré ci-dessous.

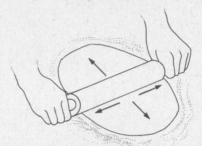

Faire une abaisse : Abaissez à partir du milieu en maintenant une forme circulaire. Rentrez au besoin les bords à la main et n'appuyez que légèrement sur le rouleau pour ne pas trop les amincir.

Soulevez la pâte de temps à autre pour qu'elle ne colle pas. Le cas échéant, servez-vous d'une spatule de métal pour la décoller et refarinez légèrement le plan de travail. Réparez les fissures au fur et à mesure avec un peu de pâte prise sur les bords. Humectez les rebords de la déchirure, couvrez de pâte et pressez pour souder.

FONCER LE MOULE
Si vous préparez une tarte à deux croûtes, divisez la pâte en deux portions, l'une un peu plus grosse que l'autre. L'abaisse la plus grande servira à foncer le moule. Pour deux fonds, partagez en parts égales.

L'abaisse du fond devrait avoir ⅛ po (3 mm) d'épaisseur et excéder de 2 po (5 cm) les dimensions du moule. Enroulez-la à moitié sur le rouleau, sans serrer, et centrez-la sur le moule. Après l'avoir déroulée, pressez-la du bout des doigts contre le fond et les parois. N'étirez jamais une abaisse pour l'ajuster : elle rétrécirait en cuisant. Décorez la bordure (voir ci-contre) et garnissez la tarte ou préparez la seconde abaisse.

RECOUVRIR LA TARTE
Employez la plus petite portion de pâte pour le dessus et abaissez-la comme le fond. Avec un couteau bien affilé, pratiquez quelques incisions dans l'abaisse ou dessinez-y un motif. Enroulez-la sur le rouleau, centrez-la et déposez-la sur la garniture. Soudez les deux abaisses, puis terminez la bordure d'après l'une ou l'autre des méthodes décrites ci-après.

BORDURES DÉCORATIVES

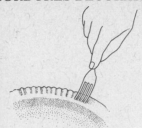

Striures à l'ancienne : Coupez la pâte au ras du moule. Pressez la bordure avec les dents d'une fourchette enfarinée.

Cannelures : Laissez la pate déborder de 1 po (2,5 cm). Repliez ce surplus et redressez tout le tour. Poussez avec l'index vers l'extérieur et pincez en sens contraire avec l'index et le pouce de l'autre main. Répétez à intervalles de ¼ po (6 mm).

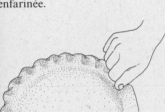

Cordonnet : Redressez la bordure comme pour faire des cannelures ; enfoncez-y le pouce de biais et pincez le renflement entre ce pouce et l'index replié. Enfoncez ensuite le pouce dans la trace de l'index et répétez tout le tour.

Cannelures modifiées : Faites des cannelures espacées de ½ po (1 cm), puis aplatissez-les avec une fourchette enfarinée.

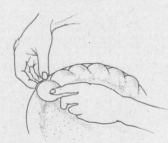

Créneaux : Redressez la bordure comme pour faire des cannelures. Incisez-la verticalement à intervalles de ½ po (1 cm). Rabattez une dent sur deux contre le tour du moule.

Festons : Redressez la bordure. Placez le pouce et l'index, écartés de 1¼ po (3 cm), à l'extérieur de la bordure ; insérez dans cet écart une cuiller ronde farinée et poussez la pâte vers l'extérieur en formant des festons. Pincez entre chacun.

CROÛTES DÉCORATIVES

Croisillons : Garnissez le fond de tarte, découpez-le en laissant une bordure de 1 po (2,5 cm). Faites une seconde abaisse et découpez-y des bandes de ½ po (1 cm). Humectez le pourtour du fond. Disposez les bandes sur la garniture à 1¼ po (3 cm) d'intervalle. Taillez-les au ras de la première abaisse, puis pressez-les pour les souder à celle-ci. Disposez les bandes transversales et repliez la bordure par-dessus. Soudez les bords, redressez-les et gaufrez-les.

Torsades : Suivez le même procédé, mais roulez les bandes en spirales.

Losanges : Disposez les croisillons transversaux de biais pour former des losanges.

CROISILLONS NATTÉS

Placez une série de bandes sur la garniture et repliez sur elle-même une bande sur deux. Placez une bande transversale au centre et dépliez les premières. Repliez une bande sur deux, placez une deuxième bande et répétez pour natter. Soudez les bords et gaufrez.

CONSERVATION

Les tartes à la crème ou au flan et à la crème fouettée ainsi que les tartes mousseline se conservent une journée ou deux au réfrigérateur, les tartes aux fruits deux ou trois jours à la température ambiante. Les chutes de pâte, bien enveloppées, se gardent un ou deux jours au réfrigérateur.

CONGÉLATION

Pâte : La pâte crue, roulée en boule et bien enveloppée, se conserve deux mois au congélateur ; faites-la dégeler, emballée, de 2 à 4 heures. Vous pouvez aussi préparer des abaisses mesurant 3 po (8 cm) de plus que le moule, que vous empilerez entre des feuilles de papier ciré avant de les envelopper pour les congeler. Faites dégeler les abaisses de 10 à 15 minutes à plat sur leur moule avant de les modeler.

Fonds de tarte : Faites-les congeler dans leur moule, avant ou après la cuisson. Enveloppez-les et garnissez-les de papier ciré froissé pour les empiler. Cuits, ils se conserveront de quatre à six mois et dégèleront en 15 minutes. Congelés avant la cuisson, ils se conserveront deux ou trois mois ; vous les ferez cuire à 425°F (220°C) sans les dégeler, 20 minutes s'ils sont vides ou suivant les indications de la recette, s'ils sont garnis.

Tartes aux fruits : Congelées, elles se conservent trois ou quatre mois. Si les fruits sont très juteux, ajoutez 1 ou 2 c. à soupe par tarte de l'ingrédient de liaison. N'incisez pas la croûte et enveloppez chaque tarte. Si la tarte est fragile, faites-la d'abord congeler à nu, puis recouvrez-la d'un autre moule avant de l'envelopper. Pour faire cuire une tarte congelée, développez-la, incisez la croûte et enfournez en allouant 15 ou 20 minutes de cuisson supplémentaire. Laissez décongeler une tarte précuite 30 minutes avant de la réchauffer à 350°F (180°C).

Tartes à la citrouille : Il faut les cuire avant de les congeler, sinon la pâte sera molle. Elles se conservent de quatre à six mois. On peut aussi congeler séparément la garniture, puis terminer la recette après décongélation.

Tartes mousseline : Faites-les congeler avant de les envelopper. Elles se conservent un mois. Faites dégeler, déballées, de 2 à 4 heures, ou toute une nuit au réfrigérateur.

Ne congelez ni les tartes à la crème ou au flan ni les meringues.

Pâtes à tarte

Pâte pour tarte à deux croûtes

2 t. de farine tout usage
1 c. à thé de sel
¾ t. de graisse végétale
5 à 6 c. à soupe d'eau froide

Donne une tarte à deux croûtes ou deux fonds de 8 à 9 po (20 à 23 cm).

1 Dans un bol moyen, mélangez à la fourchette la farine et le sel.

2 Avec un mélangeur à pâtisserie ou deux couteaux, incorporez le gras jusqu'à l'obtention d'un mélange grossier.

3 Ajoutez 1 c. à soupe d'eau à la fois ; amalgamez à la fourchette, juste assez pour lier la pâte.

4 Roulez en boule à la main. (S'il fait chaud, enveloppez dans du papier ciré et réfrigérez 30 min.)

5 Pour une tarte à deux croûtes, divisez en deux parts légèrement inégales que vous formerez en boule.

6 Avec un rouleau recouvert d'une étamine et fariné, abaissez la plus grosse boule en un disque épais de ⅛ po (3 mm) et 2 po (5 cm) plus grand que le moule.

7 Repliez l'abaisse sur le rouleau, soulevez-la et centrez-la sur le moule ; déroulez et foncez. Garnissez selon la recette.

8 Abaissez l'autre boule de la même façon ; pratiquez quelques incisions, décoratives ou non, puis centrez bien sur la garniture.

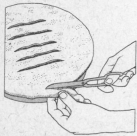

9 Avec des ciseaux ou un couteau bien affilé, coupez la pâte à 1 po (2,5 cm) des bords du moule.

10 Repliez le surplus ; pincez et redressez les bords ; décorez la bordure (p. 343). Faites cuire selon la recette.

Pour deux fonds : Exécutez les étapes 1 à 4, puis partagez la pâte en deux parts égales ; formez deux boules. Abaissez sur une planche légèrement farinée avec un rouleau enveloppé d'une étamine et à peine fariné ; foncez deux moules comme aux étapes 6 et 7. Taillez et décorez les bordures (étapes 9 et 10). Enfournez vide ou garnissez selon la recette.

FOND DE TARTE : Exécutez les étapes 1 à 4, mais n'employez que *1 t. de farine tout usage, ½ c. à thé de sel, ¼ t. plus 2 c. à soupe de graisse végétale* et *2 à 3 c. à soupe d'eau.* Faites une boule. Sur une planche et avec un rouleau recouvert d'une étamine, le tout légèrement fariné, abaissez un disque de ⅛ po (3 mm) d'épaisseur et 2 po (5 cm) plus grand que le moule. Enroulez délicatement l'abaisse sur le rouleau, soulevez-la, centrez-la sur le moule et pressez-la contre le fond et les parois. Avec des ciseaux ou un couteau bien affilé, taillez la pâte à 1 po (2,5 cm) des bords du moule. Repliez le surplus et redressez la bordure, puis décorez-la. Garnissez et faites cuire selon la recette. (Donne une tarte de 8 à 9 po ou 20 à 23 cm.)

ABAISSE PRÉCUITE : Portez le four à 425°F (220°C). Suivez les étapes décrites ci-dessus, puis piquez le fond et les parois de la croûte pour éviter qu'elle ne boursoufle. Faites cuire 15 min, ou jusqu'à ce que la croûte soit blonde. (Donne un fond de 8 à 9 po ou 20 à 23 cm.)

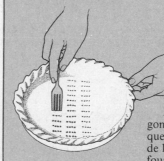

Piquer le fond : Pour l'empêcher de gonfler en cuisant, piquez le fond et le tour de la croûte avec une fourchette.

CROÛTE DE DESSUS : Suivez la recette du fond de tarte (ci-dessus). Faites une abaisse 2 po (5 cm) plus grande qu'un moule de 9½ po × 1½ (24 cm × 4) ; appliquez par-dessus la garniture ; taillez à 1 po (2,5 cm) du bord du moule ; pincez et redressez la bordure avant de la décorer. Incisez un « X » de 4 po (10 cm) au centre ; repliez les coins pour faire une fenêtre carrée.

Pour une tarte aux fruits : Incisez un grand « X » au centre.

Repliez les quatre coins pour faire une fenêtre carrée.

Croûte de chapelure de biscuits

Environ 18 biscuits Graham (1½ t. de chapelure)
¼ t. de sucre
⅓ t. de beurre ou de margarine, fondu

Débutez 1 h 30 avant 1 fond de tarte de 9 po (23 cm)

1 Dans un mélangeur fermé, pulvérisez un quart des biscuits à la fois ; ou bien écrasez-les au rouleau dans un sac de papier épais.

2 Chauffez le four à 375°F (190°C). Mêlez bien la chapelure, le sucre et le beurre fondu. Réservez éventuellement 3 c. à soupe pour garnir.

3 Avec le dos d'une cuiller, pressez le mélange contre le fond et les parois d'un moule de 9 po (23 cm) et faites un petit rebord.

4 Faites cuire 8 min, puis laissez refroidir sur une grille.

5 Garnissez selon la recette ; décorez la surface avec de la chapelure ou tel qu'indiqué.

PETITE CROÛTE GRAHAM (8 po ou 20 cm) : Suivez la recette ci-dessus, mais utilisez *14 biscuits Graham, 3 c. à soupe de sucre* et *¼ t. de beurre fondu.*

GAUFRETTES : Suivez la recette ci-dessus, mais, pour un moule de 8 po (20 cm), utilisez environ *24 gaufrettes à la vanille ou 14 au chocolat* et *¼ t. de beurre fondu ;* pour un moule de 9 po (23 cm), prenez environ *35 gaufrettes à la vanille ou 18 au chocolat* et *⅓ t. de beurre fondu.*

BISCUITS AU GINGEMBRE : Suivez la recette ci-dessus, mais, pour un moule de 8 po (20 cm), prenez *18 biscuits au gingembre* et *¼ t. de beurre fondu ;* pour un moule de 9 po (23 cm), utilisez *24 biscuits au gingembre* et *⅓ t. de beurre fondu.*

Croûte de chapelure sans cuisson

1½ t. de chapelure de biscuits Graham
⅓ t. de cassonade brune bien tassée
½ c. à thé de cannelle moulue
⅓ t. de beurre ou de margarine, fondu

Débutez 1 h 30 avant 1 abaisse de 9 po (23 cm)

Suivez la recette ci-contre, mais ne faites pas de rebord. Au lieu de cuire la croûte, réfrigérez-la. Fourrez avec une garniture froide ; décorez avec de la chapelure. Conservez au réfrigérateur.

CROÛTE (8 po ou 20 cm) : Suivez la recette ci-dessus, mais utilisez *1⅓ t. de chapelure de biscuits Graham, ¼ t. de cassonade brune bien tassée, ¼ c. à thé de cannelle moulue* et *¼ t. de beurre fondu.*

Fonds de tartelettes précuits

1½ t. de farine tout usage
1 c. à soupe de sucre
¼ c. à thé de sel
⅓ t. de graisse végétale
3 à 4 c. à soupe d'eau froide

Débutez 1 h 45 avant 12 tartelettes

1. Dans un bol moyen, mêlez à la fourchette la farine, le sucre et le sel. Incorporez le gras en vous servant d'un mélangeur à pâtisserie ou de deux couteaux.
2. Ajoutez l'eau, 1 c. à soupe à la fois, et mêlez à la fourchette juste ce qu'il faut pour que la pâte se tienne.
3. Faites une boule ; divisez-la en 12 parts que vous roulerez aussi. Chauffez le four à 425°F (220°C).

4 Faites 12 abaisses de 5 po × ⅛ (13 cm × 3 mm).

5 Foncez 12 moules cannelés de 3¼ po × 1¼ (8 cm × 3).

6 Coupez la pâte à ras des moules.

7 Piquez les fonds avec une fourchette.

8. Faites dorer au four 10 à 12 min. Démoulez et laissez refroidir complètement sur une grille. Fourrez avec une garniture froide.

À GARNIR : Préparez la pâte et foncez comme ci-dessus, sans piquer. Garnissez et suivez la recette.

Tartes aux fruits

Une tarte aux fruits (frais ou en conserve) est toujours de saison. Choisissez de préférence des pommes de variété winesap, stayman, rome beauty, northern spy, newtown pippin, mcintosh, jonathan, gravenstein, golden delicious ou cortland. Une quantité de 1 lb (450 g) équivaut à trois pommes moyennes ou à 3 tasses de pommes émincées.

Pour les tartes, on se sert surtout de cerises acidulées. Deux tasses de cerises dénoyautées équivalent à une boîte de 16 oz (500 ml) ou à 20 oz (600 ml) de cerises congelées. Un casseau (250 ml) de mûres, de bleuets ou de canneberges représente 1¾ tasse.

Utilisez des poires bartlett, anjou ou bosc. Une boîte de 29 oz (900 ml) vaut trois poires fraîches ou environ 2 tasses de poires pelées et tranchées. Deux boîtes de 29 oz (900 ml) de pêches représentent 2½ lb (1,15 kg) de pêches fraîches entières ou 5 tasses, en tranches.

Tarte aux pommes

Pâte pour tarte à deux croûtes (p. 344)
⅔ à ¾ t. de sucre
2 c. à soupe de farine tout usage
½ c. à thé de cannelle moulue
¼ c. à thé de muscade râpée
½ c. à thé de zeste de citron râpé
1 à 2 c. à thé de jus de citron

6 à 7 t. de pommes à cuire pelées, évidées, émincées (2 lb ou 900 g)
1 c. à soupe de beurre ou de margarine
Lait

Photo page 86
Débutez 2 h avant ou le matin
6 portions

1 Abaissez la moitié de la pâte et foncez un moule de 9 po (23 cm).

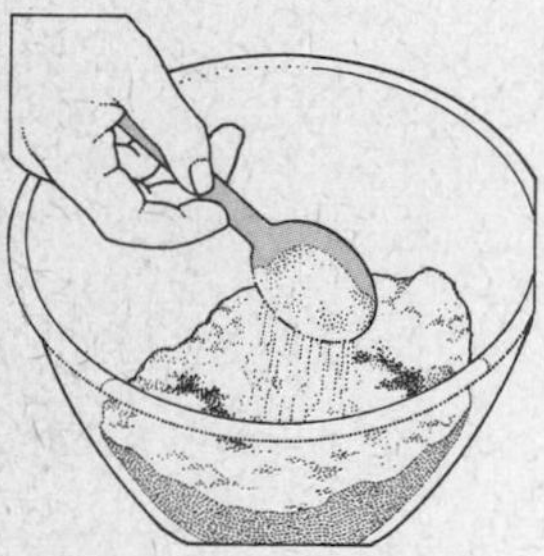

2 Dans un petit bol, mêlez le sucre (la quantité dépend de l'acidité des pommes) et les cinq ingrédients suivants.

3 Garnissez la tarte avec la moitié des pommes émincées ; saupoudrez avec la moitié du mélange sucré. Répétez.

4 Parsemez de noisettes de beurre ou de margarine. Chauffez le four à 425°F (220°C).

5 Abaissez le restant de la pâte ; découpez un motif de feuille à l'aide d'un emporte-pièce fariné. Recouvrez la tarte ; taillez la bordure.

6 Repliez le surplus de pâte et redressez tout le tour. Pincez pour que la bordure se tienne bien. Décorez selon la méthode de votre choix.

7 Badigeonnez la croûte (mais pas les bords) d'un peu de lait. Faites cuire de 40 à 50 min ou jusqu'à ce que la croûte soit dorée.

Photo page 86
Débutez 2 h avant
6 portions

Tarte aux cerises

Pâte pour tarte à deux croûtes (p. 344)
1 t. de sucre
¼ t. de fécule de maïs
½ c. à thé de sel

5 t. de cerises fraîches acidulées, dénoyautées
1 c. à soupe de beurre ou de margarine

1. Préparez la pâte. Abaissez-en la moitié et foncez un moule de 9 po (23 cm). Chauffez le four à 425°F (220°C).
2. Pour la garniture, mêlez le sucre, la fécule, le sel et les cerises dénoyautées. Remplissez l'abaisse ; parsemez de noisettes de beurre.
3. Recouvrez de la seconde abaisse, incisée, et cannelez la bordure. Faites cuire de 50 à 60 min.

Photo page 87
Débutez 2 h avant
6 à 8 portions

Bleuets en croûte

Croûte de dessus (p. 344)
⅔ t. de sucre
¼ t. de farine tout usage
½ c. à thé de cannelle moulue
¼ c. à thé de muscade râpée

½ c. à thé de zeste de citron râpé
2 c. à thé de jus de citron
1 pincée de sel
6 t. de bleuets
1 c. à soupe de beurre ou de margarine

1. Préparez une abaisse pour croûte de dessus. Chauffez le four à 425°F (220°C).
2. Mélangez le sucre, la farine, la cannelle, la muscade, le zeste, le jus de citron, le sel et les bleuets. Garnissez-en un moule de 9½ po × 1½ (24 cm × 4) ; parsemez de noisettes de beurre et couvrez avec l'abaisse. Faites cuire 50 min ou jusqu'à ce que la croûte soit bien dorée.

Photo page 86
Débutez 2 h avant
6 portions

Tarte aux mûres

Pâte pour tarte à deux croûtes (p. 344)
⅔ à ¾ t. de sucre
¼ t. de farine tout usage
½ c. à thé de cannelle moulue
¼ c. à thé de muscade râpée

½ c. à thé de zeste de citron râpé
1 pincée de sel
5 t. de mûres
1 c. à soupe de beurre

1. Préparez la pâte. Abaissez-en un peu plus de la moitié et foncez-en un moule de 9 po (23 cm). Chauffez le four à 425°F (220°C).
2. Mêlez le sucre, la farine, la cannelle, la muscade, le zeste et le sel avec les mûres, garnissez-en le fond et parsemez de noisettes de beurre.
3. Abaissez le reste de pâte ; faites-y des incisions et recouvrez la tarte ; décorez la bordure. Faites cuire 50 min ou jusqu'à ce que la croûte soit bien dorée.

Tarte aux pêches

Photo page 88
Débutez 2 h avant ou le matin
portions

Pâte pour tarte à deux croûtes (p. 344)
6 t. de pêches pelées et tranchées
¾ à 1 t. de sucre
⅓ t. de farine tout usage
1 c. à soupe de jus de citron

½ c. à thé de zeste de citron râpé
½ c. à thé de cannelle moulue
Lait

1 Préparez la pâte. Abaissez-en la moitié et foncez un moule de 9 po (23 cm).

2 Dans un grand bol, mêlez les pêches avec les autres ingrédients, à l'exception du lait, et garnissez-en le fond.

3 Abaissez le reste de la pâte en un disque de 11 po (28 cm) ; taillez-y six bandes. Chauffez le four à 425°F (220°C).

4 Disposez les bandes parallèlement sur la garniture, roulez-les en spirales et soudez-les à la bordure.

5 Egalisez les bandes, repliez le surplus, puis pincez et relevez la bordure ; décorez.

6 Badigeonnez avec du lait. Faites cuire de 45 à 50 min ou jusqu'à ce que la croûte soit dorée. Servez tiède ou froid.

Débutez 2 h avant ou le matin
portions

TARTE AUX POIRES : Suivez la recette ci-dessus, mais utilisez *6 poires* pelées et tranchées, *¾ t. de sucre, 3 c. à soupe de tapioca à cuisson rapide, 2 c. à soupe de jus de citron, 2 c. à soupe de beurre, 1 c. à thé de zeste de citron râpé, ½ c. à thé de muscade, ½ c. à thé de cannelle* et *¼ c. à thé de sel.* Faites cuire dans un four chauffé à 425°F (220°C) de 50 à 60 min, pour que les poires soient tendres.

Tarte aux poires façon Streusel

Photo page 88
Débutez 2 h avant ou le matin
8 portions

2¼ t. de farine tout usage
Sel
1 t. de beurre ou de margarine
2½ à 3 c. à soupe d'eau froide
5 poires moyennes
½ t. de sucre
2 c. à soupe de jus de citron

½ t. de cassonade blonde bien tassée
1 c. à thé de cannelle moulue
¼ c. à thé de muscade râpée
¼ c. à thé de clou de girofle moulu
½ t. de cheddar râpé

1. Dans un bol moyen, mêlez à la fourchette 2 t. de farine et 1 c. à thé de sel. Avec un mélangeur à pâtisserie ou deux couteaux, incorporez-y grossièrement ¾ t. de beurre. Réservez 1 t. de cet appareil.
2. Au mélange restant, ajoutez de l'eau froide, une cuillerée à la fois, et incorporez-la légèrement à la fourchette. Dès que le mélange se tient, façonnez la pâte en boule.
3. Sur une planche farinée, et avec un rouleau lui aussi fariné, abaissez un disque de 11 po (28 cm) et foncez-en un moule de 9 po (23 cm). Découpez le surplus en laissant dépasser de 1 po (2,5 cm). Repliez le bord et redressez-le ; pincez cette bordure et décorez-la de cannelures.
4. Pelez, évidez et coupez en tranches épaisses environ 4½ t. de poires. Mêlez-les dans un grand bol avec le sucre, le jus de citron, ¼ t. de farine et ¼ c. à thé de sel ; garnissez-en l'abaisse. Faites chauffer le four à 425°F (220°C).
5. Au mélange en réserve, ajoutez la cassonade et les trois ingrédients suivants. Avec un mélangeur à pâtisserie ou deux couteaux maniés en sens inverse, incorporez le fromage et ¼ t. de beurre pour obtenir un mélange grumeleux. Saupoudrez sur les poires. Faites cuire 40 min, puis recouvrez de papier d'aluminium et faites cuire encore 20 min. Servez tiède ou réfrigérez.

Tarte aux pruneaux et aux abricots

Photo page 86
Débutez le matin ou la veille
8 portions

1 abaisse précuite de 9 po (23 cm) (p. 344)
Eau
12 oz (350 g) de pruneaux dénoyautés (environ 2 t.)
1 t. d'abricots secs
¼ t. de noix de Grenoble hachées

3 c. à soupe de fécule de maïs
¼ t. de sucre
1 c. à soupe de zeste de citron finement râpé
1 c. à thé de cannelle moulue
1 pincée de sel

1. Préchauffez le four à 375°F (190°C).
2. Mettez à feu assez vif une casserole contenant 3 t. d'eau, les pruneaux et les abricots ; amenez à ébullition, puis baissez le feu et laissez mijoter 15 min pour que les fruits soient tendres.
3. Entre-temps, étalez les noix sur une plaque à biscuits ; faites brunir légèrement, de 8 à 10 min.
4. Dans une tasse, délayez la fécule avec ½ t. d'eau ; ajoutez graduellement aux fruits et faites épaissir sans cesser de remuer. Ajoutez le sucre, le zeste, la cannelle et le sel. Versez dans l'abaisse précuite. Décorez avec les noix. Faites réfrigérer.

Tartes aux fruits

Photo page 86
Débutez le matin ou la veille
10 portions

Tarte aux pêches à l'américaine

1 t. de sucre
¼ t. de fécule de maïs
½ c. à thé de cannelle moulue
1 pincée de sel

Pâte pour tarte à deux croûtes (p. 344)
10 t. de pêches tranchées (5 lb ou 2,25 kg)
3 c. à soupe de beurre

1. Dans un bol moyen, mélangez le sucre, la fécule, la cannelle et le sel ; réservez. Préparez la pâte et mettez-en un quart en réserve.
2. Abaissez un rectangle de 17 po × 13 (43 cm × 33). Foncez un moule de 12 po × 8 (30 cm × 20). Remplissez de pêches ; parsemez de beurre et saupoudrez avec le mélange sucré. Chauffez le four à 425°F (220°C).
3. Avec la pâte en réserve, abaissez un rectangle de 10 po × 6 (25 cm × 15) et taillez-y six bandes de 1 po (2,5 cm) que vous roulerez en spirales sur la garniture. Redressez et cannelez la bordure.
4. Faites cuire 50 min ou jusqu'à ce que les pêches mijotent et que la pâte soit bien dorée.
5. Attendez au moins 15 min avant de servir.

Photo page 87
Débutez 2 h avant ou le matin
10 portions

Tarte aux prunes à l'américaine

Pâte pour tarte à deux croûtes (p. 344)
4 lb (1,8 kg) de moitiés de prunes
½ c. à thé d'extrait d'amande

4 c. à soupe de beurre ou de margarine
1½ t. de sucre
6 c. à soupe de farine tout usage
1 blanc d'œuf ou du lait

1. Abaissez les trois quarts de la pâte en un rectangle de 18 po × 14 (46 cm × 36) ; foncez-en un moule de 13 po × 9 (33 cm × 23). Garnissez de prunes ; parfumez avec l'extrait d'amande et parsemez de beurre. Chauffez le four à 425°F (220°C).
2. Mêlez sucre et farine ; saupoudrez les prunes.
3. Faites un rectangle de 15 po × 5 (38 cm × 13) avec le reste de la pâte ; découpez 10 bandes de ½ po (1 cm) de large que vous disposerez en croisillons (p. 343) sur la garniture ; bordez avec un cordonnet. Badigeonnez avec le blanc d'œuf ou le lait et faites cuire de 45 à 50 min. Servez tiède ou froid.

POUR EMPÊCHER LA CROÛTE DE BRÛLER

Si la bordure brunit trop vite, recouvrez-la avec du papier d'aluminium.

Tarte aux pommes du pâtissier

1 t. de farine tout usage
5 c. à soupe de beurre ramolli
1 pincée de sel
Sucre
Eau
9 pommes golden delicious moyennes (3 lb ou 1,35 kg)
1 c. à thé de jus de citron
1 pot de 10 ou 12 oz (285 ou 340 ml) de confiture d'abricots

Photo page 88
Débutez le matin ou la veille
8 portions

1 Pétrissez la farine avec le beurre, le sel, 2 c. à soupe de sucre et 2 c. à soupe d'eau jusqu'à ce que la pâte tienne en boule ; mouillez davantage au besoin.

2 Foncez un moule à fond amovible de 9 po (23 cm) ou un moule démontable de 3 po (8 cm) de haut ; n'élevez la ceinture de la tarte que de 2 po (5 cm). Réfrigérez.

3 Coupez trois pommes en quatre ; pelez-les, évidez-les, puis émincez-en 3 t.

4 Mélangez à la cuiller les pommes, le jus de citron et 2 c. à soupe de sucre.

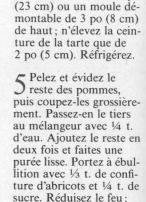

5 Pelez et évidez le reste des pommes, puis coupez-les grossièrement. Passez-en le tiers au mélangeur avec ¼ t. d'eau. Ajoutez le reste en deux fois et faites une purée lisse. Portez à ébullition avec ⅓ t. de confiture d'abricots et ¼ t. de sucre. Réduisez le feu ; cuisez à découvert 20 min en remuant fréquemment, jusqu'à épaississement du mélange.

6 Etalez la purée (environ 1½ t.) sur le fond de tarte. Préchauffez le four à 400°F (200°C).

7 Disposez les pommes en cercles concentriques. Faites cuire 45 min ou jusqu'à ce que celles-ci soient tendres. Défournez sur une grille.

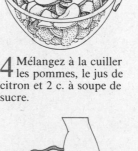

8 Passez le reste de la confiture d'abricots à travers un tamis dans une petite casserole et ajoutez 1 c. à soupe de sucre.

9 Amenez à ébullition à feu moyen ; cuisez 2 min : le mélange doit adhérer à la cuiller.

10 Etalez au pinceau sur les pommes. Laissez refroidir avant de démonter le moule.

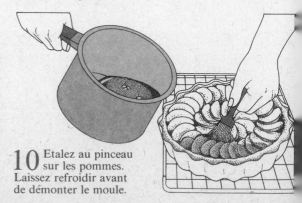

Tartes aux flans

Les mélanges dont on se sert pour les tartes aux flans sont très légers ; il est donc prudent d'enduire la croûte au préalable de beurre ou de margarine pour l'empêcher de se détremper. Si le flan doit cuire avec la pâte, évitez les accidents en garnissant la tarte à même la grille du four, puis poussez doucement la grille en place. La tarte au flan est cuite lorsqu'un couteau inséré dans la garniture en ressort parfaitement propre. Décorez avec des copeaux de chocolat, des noix hachées, de la crème fouettée ou de la noix de coco râpée ou en flocons.

Tarte aux œufs

Photo page 88
Débutez le matin
6 portions

1 fond de tarte de 9 po (23 cm) (p. 344)
1 c. à soupe de beurre ou de margarine, ramolli
2½ t. de lait
½ t. de sucre
3 œufs
1 c. à thé d'essence de vanille
½ c. à thé de sel
¼ c. à thé de muscade râpée
Décoration : noix hachées, muscade râpée ou crème fouettée

1 Préparez le fond de tarte. Enduisez-le de beurre ramolli et réfrigérez. Portez le four à 425°F (220°C).

2 Dans un bol moyen, travaillez au fouet ou au batteur rotatif les autres ingrédients.

3 Placez le moule sur la grille du four avant d'y verser la garniture.

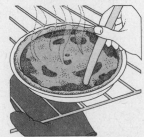

4 Faites cuire de 20 à 25 min ou jusqu'à ce qu'un couteau inséré près du bord ressorte propre.

5 Quand la tarte est froide, décorez de noix, de muscade ou de crème fouettée.

TARTE À LA CRÈME DE COCO : Suivez la recette ci-dessus, mais parsemez le fond de tarte avec ½ t. de noix de coco râpée ou en flocons avant d'y verser la crème aux œufs.

Tarte à la citrouille

Photo page 86
Débutez le matin ou la veille
6 portions

1 fond de tarte de 9 po (23 cm) (p. 344)
3 œufs, séparés
1 boîte de 16 oz (455 ml) de purée de citrouille
1 t. de lait concentré
1 t. de sucre
1 c. à thé de cannelle moulue
½ c. à thé de poudre de gingembre
¼ c. à thé de muscade râpée
¼ c. à thé de clou de girofle moulu
¼ c. à thé de sel
Beurre au brandy (ci-dessous)

1 Foncez un moule avec la pâte de votre choix. Chauffez le four à 375°F (190°C).

2 Montez les blancs en neige, à haute vitesse, dans un petit bol.

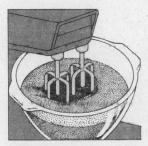

3 Dans un bol plus grand, battez ensemble à petite vitesse les jaunes d'œufs, la citrouille et les sept ingrédients suivants.

4 Incorporez les blancs avec précaution, en vous servant d'un fouet ou d'une spatule en caoutchouc.

5 Placez le moule sur la grille du four avant d'y verser le mélange ; poussez-la ensuite délicatement en place.

6 Enfournez 45 min ou jusqu'à ce qu'un couteau en ressorte propre. Servez froid avec son beurre.

BEURRE AU BRANDY : Dans un petit bol, faites mousser, à vitesse moyenne, ¼ t. de beurre ou de margarine, ramolli. Ajoutez graduellement ¾ t. de sucre glace, 1 c. à soupe de brandy et ¼ c. à thé d'essence de vanille pour obtenir un mélange crémeux. Réfrigérez. (Donne ½ t.)

349

Tartes à la crème

Les crèmes qu'on utilise comme garnitures sont généralement cuites à part puis versées dans une croûte précuite ou un fond de chapelure de biscuits. Si la crème doit être réfrigérée, couvrez-la d'une cellophane ou de papier ciré pour empêcher qu'une peau ne se forme à la surface ; n'oubliez pas d'ôter le papier avant de décorer !

On décore généralement ce type de tarte avec de la crème fouettée ou de la meringue. La confection de cette dernière exige toutefois des précautions spéciales : pour l'empêcher de perdre du volume à la cuisson, étalez-la uniformément en vous assurant qu'elle adhère bien à la croûte, puis protégez-la des courants d'air au sortir du four.

Tarte à la crème au chocolat

*1 abaisse précuite de 9 po
(23 cm) (p. 344) ou
1 croûte de 9 po
(23 cm) de chapelure
de gaufrettes à la
vanille ou au chocolat
(p. 345)
½ t. de sucre
⅓ t. de farine tout usage
¼ c. à thé de sel
2 t. de lait
2 carrés de chocolat
amer, grossièrement
hachés
3 jaunes d'œufs*

*3 c. à soupe de beurre ou
de margarine
1 c. à thé d'essence de
vanille
1 t. de crème épaisse ou
à fouetter*

Photo page 86
Débutez 5 h 30 avant
ou le matin
8 portions

1 Préparez, puis réfrigérez la croûte. Dans une casserole, mêlez à la cuiller le sucre, la farine et le sel ; ajoutez le lait.

2 Ajoutez le chocolat et faites-le fondre à feu doux en remuant constamment.

3 Battez au fouet pour obtenir un mélange homogène, puis faites épaissir à feu moyen, environ 10 min, sans cesser de remuer. Ôtez du feu au premier bouillon.

4 Incorporez une petite quantité de chocolat chaud aux jaunes d'œufs en battant au fouet dans une tasse.

5 Versez les jaunes dans la casserole en remuant vivement. Faites cuire à feu doux en tournant jusqu'à ce que le mélange soit *très* épais (sans laisser bouillir).

6 Retirez du feu ; ajoutez le beurre et la vanille, puis versez dans la croûte. Couvrez d'un papier pour éviter la formation d'une peau. Réfrigérez environ 4 h.

7 *Au moment de servir :* Dans un petit bol, fouettez la crème à vitesse moyenne jusqu'à ce qu'elle soit ferme, puis étalez-la uniformément sur la garniture.

TARTE À LA CRÈME AU CHOCOLAT MERINGUÉE : Suivez la recette de gauche en omettant la crème fouettée et sans réfrigérer. Couvrez d'une *garniture meringuée à 3 blancs* (page ci-contre). Laissez refroidir avant de réfrigérer. (Donne 8 portions.)

Photo page 89
Débutez 5 h 30 avant ou le matin
8 portions

Tarte à la crème vanillée

*1 abaisse précuite de 9 po
(23 cm) (p. 344) ou
1 croûte de chapelure
de biscuits (p. 345)
½ t. de sucre
⅓ t. de farine tout usage
¼ c. à thé de sel*

*2¼ t. de lait
4 jaunes d'œufs
1 c. à soupe de beurre
2 c. à thé d'essence de
vanille
1 t. de crème épaisse*

1. Faites cuire l'abaisse ou la croûte de chapelure ; laissez refroidir.

2. Mêlez à la cuiller dans une casserole moyenne le sucre, la farine et le sel. Incorporez le lait. Amenez à ébullition à feu moyen en remuant sans cesse jusqu'à ce que le mélange épaississe (environ 10 min). Faites bouillir 1 min avant de retirer du feu.

3. Dans une tasse, fouettez un peu de la préparation chaude avec les jaunes d'œufs. Versez le tout dans la casserole en remuant vivement pour éviter les grumeaux. Remettez à feu très doux et faites cuire, sans laisser bouillir, jusqu'à ce que l'appareil soit *très* épais et garde sa forme.

4. Retirez du feu ; incorporez le beurre et la vanille, puis versez dans la croûte. Recouvrez d'une cellophane pour empêcher la formation d'une peau. Faites raffermir au réfrigérateur environ 4 h.

5. *Avant de servir :* Dans un petit bol, fouettez la crème, à vitesse moyenne, jusqu'à ce qu'elle soit ferme, puis étalez-la sur la garniture.

TARTE À LA CRÈME AUX BANANES : Préparez la pâte et la garniture comme ci-dessus, mais ne remplissez pas la croûte. Couvrez la garniture d'une cellophane et mettez 2 h au réfrigérateur. Tranchez *3 bananes moyennes* et disposez-les sur le fond de tarte avant de garnir ; réfrigérez encore 2 h. Couvrez de crème fouettée et garnissez la bordure du zeste de *1 citron râpé.* Dans un bol, mettez le jus du citron ainsi que *1 grosse banane tranchée ;* remuez bien, puis laissez égoutter les tranches sur une serviette de papier. Disposez au centre de la garniture. Faites fondre sur feu doux dans une casserole *⅓ t. de gelée de pomme ;* glacez-en les fruits, puis réfrigérez.

TARTE À LA CRÈME AU CITRON : Suivez la recette ci-dessus, mais en utilisant ⅔ t. de sucre et 1¾ t. de lait. Remplacez la vanille par ¼ t. de jus de citron et *1 c. à thé de zeste de citron râpé.* Garnissez la croûte, puis décorez de crème fouettée.

TARTE À LA CRÈME CARAMEL : Suivez la même recette que ci-dessus, mais utilisez ¾ t. de cassonade *blonde bien tassée* au lieu du sucre, ainsi que 2 t. de lait et 3 c. à soupe de beurre. Garnissez, puis décorez de crème fouettée.

Tarte au citron meringuée

Photo
page 89
Débutez 6 h
avant ou le
matin
6 portions

*1 abaisse précuite de 9 po
(23 cm) (p. 344)*
⅓ t. de fécule de maïs
Sucre
Sel
1½ t. d'eau chaude
1 zeste de citron râpé
½ t. de jus de citron
4 œufs, séparés
*1 c. à soupe de beurre ou
de margarine*
*Garniture meringuée à
4 blancs (à droite)*

1 Préparez le fond de tarte. Mélangez dans une casserole moyenne la fécule, 1 t. de sucre et 1 pincée de sel.

2 Ajoutez l'eau, le zeste et le jus ; cuisez à feu moyen en remuant sans cesse. Retirez au premier bouillon.

3 Battez les jaunes au fouet ou à la cuiller dans un petit bol ; incorporez-y une petite quantité du mélange chaud.

4 Versez le tout lentement dans la casserole en remuant pour éviter les grumeaux ; faites épaissir sans laisser bouillir.

5 Faites fondre le beurre dans le mélange ; remuez pour obtenir une crème bien lisse.

6 Versez la crème dans la croûte. Portez le four à 400°F (200°C). Préparez une garniture meringuée à 4 blancs.

7 Etalez la meringue en la faisant bien adhérer à la croûte. Cuisez selon la recette. Laissez refroidir, puis réfrigérez.

GARNITURE MERINGUÉE

GARNITURE À 3 BLANCS : Suivez les indications ci-dessous en employant *3 blancs d'œufs, ¼ c. à thé de sel* et *6 c. à soupe de sucre*.

GARNITURE À 4 BLANCS : Suivez les indications ci-dessous en employant *4 blancs d'œufs, ¼ c. à thé de sel* et *½ t. de sucre*.

Chauffez le four à 400°F (200°C). Les blancs doivent être tièdes, le récipient et les batteurs parfaitement propres. Dans un petit bol, montez à haute vitesse les blancs et le sel en neige légère.

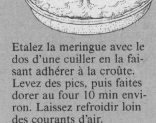

Saupoudrez le sucre par petites quantités, et continuez de battre à haute vitesse pour bien le dissoudre. Quand la meringue est lisse au toucher et que les pics sont fermes et brillants, le sucre est dissous.

Etalez la meringue avec le dos d'une cuiller en la faisant adhérer à la croûte. Levez des pics, puis faites dorer au four 10 min environ. Laissez refroidir loin des courants d'air.

PETITE TARTE AU CITRON MERINGUÉE (8 po ou 20 cm) : Suivez la recette de gauche, mais en utilisant ¾ t. de sucre, ¼ t. de fécule, 1 pincée de sel, 1¼ t. d'eau, 1 zeste de citron râpé, ⅓ t. de jus de citron, 3 œufs séparés, 1 c. à soupe de beurre ou de margarine ; versez le tout dans une abaisse précuite et garnissez d'une meringue à 3 blancs.

TARTE AU CITRON EN NEIGE : Suivez la recette de gauche, mais incorporez la meringue dans le mélange encore chaud, puis mettez au réfrigérateur.

TARTE À L'ORANGE MERINGUÉE : Suivez la recette de gauche, mais en utilisant ⅓ t. de sucre, ½ t. d'eau, 2 c. à soupe de jus de citron, *1 zeste d'orange râpé* au lieu du zeste de citron et ajoutez *1 t. de jus d'orange* à l'eau.

TARTE À L'ANANAS MERINGUÉE : Egouttez *1 boîte de 8 oz (227 ml) d'ananas broyés ;* ajoutez de l'eau au jus afin d'obtenir 1½ t. de liquide pour la garniture. Suivez la recette de gauche, mais n'employez que ½ t. de sucre et 1 c. à soupe de jus de citron ; ajoutez les ananas à la garniture encore chaude.

Tartes mousseline

C'est l'emploi de gélatine, de blancs d'œufs et parfois de crème fouettée qui confère à ces tartes leur légèreté et leur volume. Leurs fonds peuvent être préparés avec de la pâte ou de la chapelure de biscuits, avec ou sans cuisson. Les tartes se conservent au réfrigérateur et se servent toujours froides. C'est l'entremets idéal pour une réception, puisqu'on peut les préparer la veille.

Il est généralement indiqué de mélanger le sucre et la gélatine ou la fécule avant d'ajouter le liquide afin d'accélérer la séparation des granules et d'empêcher l'agglutination. Les mélanges aux œufs se cuisent à feu moyen en remuant constamment, ce qui les empêche de tourner. Les blancs doivent être montés en pics légers avant d'être déli-

catement incorporés au mélange de gélatine. Si on ne respectait pas ce principe, ils perdraient du volume et pourraient même se liquéfier (voir aussi p. 139).

Décorez vos tartes mousseline avec du zeste de citron, de limette ou d'orange, grossièrement râpé, ou bien avec de la crème fouettée, quelques petites baies ou des quartiers d'orange, de l'angélique, des fruits confits ou encore des copeaux de chocolat.

Les croûtes faites de chapelure de biscuits sans cuisson sont difficiles à découper. Immédiatement avant de servir, enveloppez le moule d'un linge préalablement trempé dans de l'eau chaude et bien essoré. Au bout d'une minute ou deux, la chaleur aura fait décoller la croûte.

Tarte mousseline au citron

1 abaisse précuite de 9 po (23 cm) (p. 344) ou
1 croûte de 9 po (23 cm) de chapelure de biscuits ou de gaufrettes à la vanille (p. 345)
1 sachet de gélatine non parfumée
¼ c. à thé de sel
Sucre
4 œufs, séparés
⅓ t. d'eau
1 c. à soupe de zeste de citron râpé

¼ t. de jus de citron
½ t. de crème épaisse ou à fouetter, fouettée
1 écorce de citron pour la garniture

Photo page 87
Débutez le matin ou la veille
8 portions

1 Préparez la croûte. Dans une casserole, mélangez la gélatine, le sel et ⅓ t. de sucre.

2 Dans un petit bol, battez au fouet les jaunes d'œufs avec l'eau, le zeste et le jus de citron, puis incorporez le tout au premier mélange.

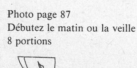

3 En remuant sans cesse, faites cuire l'appareil à feu moyen jusqu'à ce qu'il épaississe assez pour napper une cuiller. Retirez du feu.

4 Montez les blancs en neige légère, à haute vitesse, puis saupoudrez graduellement ½ t. de sucre en continuant de battre jusqu'à dissolution complète.

5 Avec une spatule, incorporez délicatement le mélange en réserve aux blancs d'œufs.

6 Déposez cet appareil par cuillerées dans la croûte. Faites raffermir au réfrigérateur.

7 Avant de servir : Garnissez avec de la crème fouettée saupoudrée de zeste de citron.

TOURBILLON À LA LIMETTE : Suivez la recette de gauche, mais n'ajoutez pas de sucre à la gélatine et remplacez le zeste de citron par 1 c. à thé de zeste de limette finement râpé et le jus de citron par du jus de limette. Décorez de spirales de crème fouettée et de zeste de limette râpé. (Donne 8 portions.)

Photo page 88
Débutez le matin ou la veille
8 portions

Tarte mousseline à l'orange

1 abaisse précuite de 9 po (23 cm) (p. 344) ou
1 croûte de chapelure sans cuisson (p. 345)
1 sachet de gélatine non parfumée
¼ c. à thé de sel
Sucre
3 œufs, séparés

1 c. à thé de zeste d'orange râpé
1 t. de jus d'orange
2 c. à soupe de jus de citron
Colorant jaune
1½ t. de crème épaisse
Quartiers d'orange pour la décoration

1. Préparez la croûte selon la recette.
2. Dans une petite casserole, mélangez la gélatine, le sel et ½ t. de sucre. Dans un petit bol, battez au fouet ou au batteur rotatif les jaunes d'œufs, le zeste ainsi que les jus d'orange et de citron ; incorporez au premier mélange.
3. Faites cuire à feu moyen en remuant jusqu'à ce que le mélange épaississe assez pour napper la cuiller ; retirez du feu. Ajoutez quelques gouttes de colorant ; réfrigérez en remuant de temps à autre jusqu'à ce que le mélange garde sa forme quand on en laisse tomber d'une cuiller (environ 45 min).
4. A haute vitesse, montez les blancs d'œufs en neige légère ; saupoudrez ¼ t. de sucre et continuez de battre jusqu'à dissolution complète du sucre. Avec une spatule en caoutchouc, incorporez délicatement la crème refroidie.
5. Sans laver les fouets, battez légèrement, à vitesse moyenne, ½ t. de crème épaisse ; incorporez au mélange. Remplissez la croûte ; faites raffermir au réfrigérateur environ 30 min.
6. Avant de servir : Fouettez le reste de la crème épaisse avec 2 c. à soupe de sucre jusqu'à ce que celle-ci soit très ferme. Décorez-en la tarte et garnissez de quartiers d'orange.

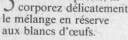

Tarte à la bavaroise

Photo page 87
Débutez le matin ou la veille
8 portions

1 abaisse précuite de 9 po (23 cm) (p. 344)
1 sachet de gélatine non parfumée
1 pincée de sel
Sucre
3 œufs, séparés
1¼ t. de lait
1 c. à thé d'essence de vanille
½ à 1 t. de crème épaisse, fouettée
¼ c. à thé de muscade râpée
Copeaux de chocolat amer

1 Préparez la croûte; laissez refroidir. Dans une petite casserole, mélangez soigneusement la gélatine, le sel et ¼ t. de sucre.

2 Battez les jaunes d'œufs et le lait dans un petit bol avec un fouet, puis incorporez-les au premier mélange.

3 Faites épaissir à feu modéré en remuant jusqu'à ce que le mélange nappe la cuiller. Ajoutez la vanille.

4 Réfrigérez le mélange environ 40 min, jusqu'à ce qu'il garde sa forme, puis fouettez-le au batteur rotatif pour qu'il soit bien lisse.

5 Montez les blancs en neige à haute vitesse; saupoudrez graduellement ¼ t. de sucre et battez jusqu'à dissolution complète du sucre.

6 Avec une spatule en caoutchouc, incorporez la crème et la gélatine dans les blancs.

7 Remplissez la croûte; saupoudrez de muscade et réfrigérez. Décorez avec le chocolat.

VARIANTES DU THÈME BAVAROIS

CAFÉ: Suivez la recette de gauche en ajoutant *2 c. à soupe de café instantané* aux blancs d'œufs avant de les fouetter. Au lieu de la crème et des copeaux, garnissez de *¾ t. de morceaux de chocolat mi-amer* que vous ferez fondre dans un bain-marie; ajoutez *¼ t. d'eau* et versez en filets sur la garniture.

FRAISES: Suivez la recette de gauche en incorporant à la garniture *1 t. de fraises tranchées.* Au lieu de chocolat, garnissez de *fraises fraîches entières.*

RHUM: Suivez la recette de gauche, mais remplacez l'essence de vanille par *½ c. à thé d'extrait de rhum* et utilisez 1 c. à thé de muscade râpée.

NOIX DE COCO: Suivez la recette de gauche; omettez la muscade. Ajoutez *½ t. de noix de coco râpée* au mélange de gélatine. Si le coco est frais, ajoutez *¼ c. à thé d'extrait d'amande* avec la vanille.

CANNEBERGES: Même recette, sans muscade ni chocolat et en remplaçant la vanille par de *l'extrait d'amande;* n'utilisez que ½ t. de crème. Pour garnir, faites cuire à feu moyen dans une casserole *16 oz (455 ml) de sauce aux canneberges entières* avec *1 c. à soupe de fécule de maïs* pour que le mélange soit épais et limpide. Réfrigérez et décorez.

Tarte mousseline au chocolat

Photo page 87
Débutez 4 h avant
8 portions

1 croûte de 9 po (23 cm) de chapelure de gaufrettes au chocolat (p. 345)
3 œufs, séparés
½ c. à thé de sel
1 t. d'eau
Sucre
2 carrés de chocolat amer
1 sachet de gélatine non parfumée
½ c. à thé d'essence de vanille
¼ c. à thé de crème de tartre
Crème fouettée pour décorer

1. Préparez la croûte; réservez. Dans une casserole moyenne, mélangez soigneusement à la fourchette les jaunes d'œufs, le sel, l'eau et ¾ t. de sucre; ajoutez le chocolat et saupoudrez la gélatine. Faites cuire en remuant, à feu moyen jusqu'à ce que le chocolat soit fondu et la gélatine dissoute. Retirez du feu avant d'ajouter la vanille.
2. Transvidez dans un grand bol. Battez à haute vitesse pendant 1 min. (Le mélange paraîtra brouillé.) Faites ensuite raffermir au réfrigérateur, environ 45 min, en remuant de temps à autre, jusqu'à ce que le mélange garde sa forme quand on en laisse tomber d'une cuiller.
3. Dans un petit bol, à haute vitesse, montez les blancs en neige légère avec la crème de tartre; saupoudrez graduellement ¼ t. de sucre et continuez de battre jusqu'à l'obtention de pics fermes. Ne raclez pas les parois.
4. Sans laver les fouets, faites mousser le mélange de chocolat. Incorporez-le soigneusement aux blancs d'œufs à l'aide d'un fouet.
5. Remplissez la croûte avec soin, puis réfrigérez au moins 2 h. Au moment de servir, garnissez de généreuses cuillerées de crème fouettée.

Tartes mousseline

Tarte au ruban de framboises

1 abaisse précuite de 9 po (23 cm) (p. 344)
1 sachet de 3 oz (90 g) de gélatine parfumée à la framboise
¼ t. de sucre
1¼ t. d'eau bouillante
10 oz (300 g) de framboises congelées
1 c. à soupe de jus de citron

3 oz (90 g) de fromage à la crème ou de phila-delphie, ramolli
⅓ t. de sucre glace
1 c. à thé d'essence de vanille
1 pincée de sel
1 t. de crème épaisse
Framboises fraîches ou crème fouettée pour décorer

1 Préparez la croûte. Dans un bol moyen, faites dissoudre la géla-tine et le sucre dans l'eau bouillante ; ajoutez en-suite les framboises conge-lées et le jus de citron.

2 Faites dégeler les fruits en remuant. Couvrez et réfrigérez ; remuez ; le mélange qu'on laisse tomber d'une cuiller doit gar-der sa forme.

3 Dans un petit bol, avec un fouet, battez en crème le fromage, le sucre glace, l'essence de vanille et le sel.

4 Réglez le batteur à vi-tesse moyenne, puis, dans un autre petit bol, fouettez légèrement la crème épaisse. Incorpo-rez au fouet le fromage à la crème.

5 Etalez la moitié de cet appareil dans la croûte et recouvrez avec la moitié de la prépara-tion aux framboises.

6 Répétez l'opération. Réfrigérez, puis déco-rez avec les framboises fraîches ou la crème fouettée.

Tarte à la liqueur de café

1 croûte de 9 po (23 cm) de chapelure de gaufrettes au chocolat (p. 345)
1 sachet de gélatine non parfumée
1 pincée de sel
Sucre

3 œufs, séparés
½ t. d'eau
½ t. de liqueur de café
1 c. à soupe de café instantané
2 c. à thé d'essence de vanille
1 t. de crème épaisse

1. Préparez la croûte. Faites refroidir. Dans une casserole moyenne, mélangez la gélatine, le sel et ¼ t. de sucre. A l'aide d'un fouet, incorporez les jaunes d'œufs et l'eau. Faites épaissir à feu doux environ 10 min, pour que la gélatine soit bien dis-soute (ne laissez pas bouillir). Retirez du feu ; ajou-tez la liqueur, le café et la vanille.

2. Placez au réfrigérateur et remuez fréquemment. Au bout de 20 min environ, le mélange aura la con-sistance d'un blanc d'œuf.

3. Dans un grand bol, à haute vitesse, montez les blancs d'œufs en neige ; saupoudrez graduellement ¼ t. de sucre et continuez de battre jusqu'à l'obten-tion de pics fermes. Incorporez aux œufs la prépa-ration de gélatine à l'aide d'un fouet.

4. A vitesse moyenne, fouettez la crème pour qu'elle soit ferme, puis incorporez-la à la prépara-tion. Garnissez la croûte ; réfrigérez environ 3 h.

Tarte mousseline à la citrouille

3½ oz (100 g) de noix de coco en flocons
¼ t. de fine chapelure de biscuits Graham
⅓ t. de beurre ou de margarine, fondu
Sucre
1 sachet de gélatine non parfumée
¾ c. à thé de cannelle moulue

½ c. à thé de poudre de gingembre
½ c. à thé de muscade râpée
½ c. à thé de sel
3 œufs, séparés
½ t. de lait
1¼ t. de purée de citrouille en conserve
Crème épaisse ou à fouetter, fouettée

1. Portez le four à 375°F (190°C). Etalez la noix de coco sur une plaque à biscuits et faites dorer de 8 à 10 min ; réservez 2 c. à soupe pour décorer. Mêlez le reste du coco avec la chapelure, le beurre et 2 c. à soupe de sucre dans un moule de 9 po (23 cm) ; pressez contre le fond et les parois. Faites dorer cette croûte au four de 6 à 8 min ; laissez refroidir.

2. Mettez au bain-marie la gélatine, la cannelle, le gingembre, la muscade, le sel et ½ t. de sucre. Mé-langez avec un fouet dans un petit bol les jaunes d'œufs et le lait, puis versez dans le bain-marie. Ajoutez la purée de citrouille et faites épaissir le tout au-dessus de l'eau bouillante 20 min environ, en remuant fréquemment. Laissez refroidir.

3. Réglez le batteur à haute vitesse, puis montez les blancs d'œufs en neige dans un grand bol ; sau-poudrez graduellement ¼ t. de sucre en conti-nuant de battre à haute vitesse. A l'aide d'un fouet, incorporez le mélange de citrouille aux blancs. Garnissez la croûte, puis réfrigérez.

4. *Avant de servir :* Décorez de crème fouettée, puis saupoudrez de flocons de noix de coco.

Tarte Nesselrode

Photo
page 89
Débutez le
matin ou la
veille
8 portions

*1 croûte de 9 po (23 cm)
de chapelure de
biscuits (p. 345)
1 sachet de gélatine non
parfumée
¼ c. à thé de sel
Sucre
4 œufs, séparés
1¼ t. de lait*

*1 c. à soupe de rhum
1 c. à thé de zeste de
citron râpé
4 oz (115 g) de fruits
confits (environ ½ t.)
1 t. de crème épaisse ou
à fouetter, fouettée
Ananas confits rouges et
verts, émincés*

1. Préparez la croûte. Dans une casserole moyenne, mélangez la gélatine, le sel et 3 c. à soupe de sucre. Dans un petit bol, avec un fouet, battez les jaunes d'œufs avec le lait ; versez dans la casserole.
2. Faites épaissir à feu doux en remuant jusqu'à ce que le mélange nappe la cuiller. Retirez du feu ; ajoutez le rhum et le zeste. Faites refroidir environ 40 min.
3. Réglez le batteur à haute vitesse et, dans un grand bol, montez les blancs en neige ; saupoudrez graduellement ¼ t. de sucre ; battez jusqu'à ce que le sucre soit dissous et que les pics soient fermes. Incorporez délicatement la préparation de gélatine et les fruits confits. Garnissez la croûte et faites raffermir au réfrigérateur environ 1 h.
4. *Avant de servir:* Décorez de crème fouettée et parsemez d'ananas confits.

Tarte au fond noir

Photo
page 89
Débutez le
matin ou la
veille
portions

*1 croûte de 9 po (23 cm)
de chapelure de
biscuits au gingembre
(p. 345)
2 carrés de chocolat amer
1 sachet de gélatine non
parfumée
2¼ c. à thé de fécule de
maïs*

*Sucre
3 œufs, séparés
1¼ t. de lait
1 c. à thé d'essence de
vanille
1 c. à soupe de rhum
blanc
½ t. de crème épaisse ou
à fouetter, fouettée*

1. Préparez la croûte, puis mettez-la à refroidir. Dans une petite casserole, faites fondre 1½ carré de chocolat amer à feu très doux ; réservez.
2. Dans une autre petite casserole, mélangez la gélatine, la fécule et ¼ t. de sucre. Mélangez à la fourchette dans un petit bol les jaunes d'œufs et le lait ; ajoutez à la gélatine. Faites épaissir à feu doux en remuant, jusqu'à ce que le mélange nappe la cuiller. Retirez du feu.
3. Partagez cette préparation en deux. Dans la première moitié, incorporez le chocolat fondu et la vanille ; réfrigérez jusqu'à ce que l'appareil garde sa forme. Versez dans la croûte et mettez au réfrigérateur, ainsi que l'autre moitié de la préparation.
4. Réglez le batteur à haute vitesse et montez les blancs en neige ; saupoudrez ¼ t. de sucre et continuez de battre jusqu'à ce que celui-ci soit dissous. Incorporez délicatement les blancs et le rhum à la seconde préparation.
5. Remplissez la croûte le plus possible ; réfrigérez quelques minutes et finissez de garnir. Faites raffermir au réfrigérateur.
6. *Avant de servir:* Décorez avec la crème fouettée. Râpez le reste du chocolat au-dessus de la crème.

Tarte à la crème aux cerises

Photo
page 88
Débutez le
matin
8 portions

*1¼ t. de farine tout
usage
¾ t. de beurre ramolli
¾ t. de sucre
4 jaunes d'œufs
1 sachet de gélatine non
parfumée
2 t. de crème de table (à
15 p. 100)
¼ t. de liqueur de cerise
½ t. de crème épaisse ou
à fouetter, fouettée
1 lb (450 g) de cerises
douces dénoyautées*

1. Battez à vitesse moyenne la farine, le beurre, ¼ t. de sucre et 1 jaune d'œuf ; couvrez et faites réfrigérer 1 h. Portez le four à 400°F (200°C). Pressez le mélange refroidi contre le fond d'un moule à fond amovible ou démontable de 10 po (25 cm) en ménageant une bordure de 1 po (2,5 cm). Faites dorer au four environ 10 min. Laissez refroidir.

2. Dans une casserole, mélangez la gélatine et ½ t. de sucre ; incorporez la crème de table. Faites cuire à feu moyen ; remuez pour dissoudre la gélatine.

3. Dans un petit bol, battez les trois autres jaunes avec un fouet ou une fourchette, puis ajoutez une petite quantité de gélatine chaude.

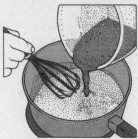 

4. Remettez le tout dans la casserole ; remuez vivement pour empêcher la formation de grumeaux ; faites cuire, sans laisser bouillir, jusqu'à épaississement.

5. Retirez du feu et ajoutez la liqueur. Réfrigérez jusqu'à ce que le mélange garde sa forme, soit environ 1 h. Remuez fréquemment.

6. Incorporez délicatement la crème fouettée au mélange et garnissez la croûte.

7. Décorez avec les cerises. Laissez raffermir au réfrigérateur. Démontez pour servir.

Tartes aux noix

Pour garnir les tartes, on se sert généralement de noix de pacane, d'arachides et de noix de Grenoble. Les recettes de croûtes qui figurent ci-dessous et à droite se marient particulièrement bien aux garnitures des tartes suivantes : Tarte à la bavaroise ou Tarte mousseline au chocolat (p. 353), Tarte à la crème vanillée ou au chocolat (p. 350).

Laissez refroidir les tartes aux noix sur une grille avant de les décorer de crème glacée ou de crème fouettée.

Pour d'autres conseils concernant la préparation et la cuisson des noix, consultez l'index.

Tarte aux pacanes

Photo
page 86
Débutez le
matin
10 portions

1 fond de tarte de 9 po (23 cm) (p. 344)
3 œufs
1 t. de sirop de maïs foncé
½ t. de sucre

¼ t. de beurre ou de margarine, fondu
1 c. à thé d'essence de vanille
1 t. de moitiés de pacanes

1 Préparez la pâte ; foncez-en un moule et décorez la bordure. Portez le four à 350°F (180°C).

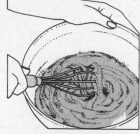
2 Dans un bol moyen, battez les jaunes d'œufs au fouet ou au batteur rotatif.

3 Incorporez le sirop de maïs, le sucre, le corps gras et la vanille et mélangez à fond.

4 Recouvrez le fond de tarte d'une couche de moitiés de pacanes.

5 En prenant garde de ne pas les déplacer, recouvrez les pacanes de la préparation aux œufs.

6 Faites cuire 1 h ou jusqu'à ce qu'un couteau inséré dans la garniture en ressorte propre.

Tarte aux arachides

Photo
page 88
Débutez le
matin
12 portions

1 fond de tarte de 9 po (23 cm) (p. 344)
3 œufs
1 t. de sirop de maïs foncé
½ t. de sucre

½ t. de beurre d'arachide crémeux
½ c. à thé d'essence de vanille
1 t. d'arachides salées
Crème fouettée

1. Préparez la croûte et portez le four à 350°F (180°C).
2. Dans un grand bol, battez à vitesse moyenne les quatre ingrédients suivants ; quand le mélange est lisse, ajoutez les arachides.
3. Placez le moule sur la grille du four avant d'y verser la garniture. Faites cuire de 55 à 60 min, jusqu'à ce qu'un couteau inséré dans la garniture en ressorte sec. Servez froid et décoré de crème.

Tarte de fondant aux noix

Photo
page 88
Débutez le
matin
8 portions

1 fond de tarte de 9 po (23 cm) (p. 344)
2 carrés de chocolat amer
¼ t. de beurre ou de margarine
¾ t. de sucre
½ t. de cassonade blonde, tassée
½ t. de lait
¼ t. de sirop de maïs

1 c. à thé d'essence de vanille
2 pincées de sel
3 œufs
1 t. de noix de Grenoble hachées menu
Crème glacée au café, à la vanille ou au chocolat

1. Préparez le fond de tarte et chauffez le four à 350°F (180°C).
2. Dans une casserole moyenne, faites fondre à feu doux le chocolat et le beurre, puis retirez du feu.
3. Ajoutez le sucre, la cassonade, le lait, le sirop, la vanille, le sel et les œufs ; liez parfaitement tous ces ingrédients au fouet ou au batteur rotatif. Ajoutez les noix.
4. Versez le tout dans le fond de tarte et faites cuire de 45 à 55 min, pour que la garniture soit bien gonflée. Servez froid en décorant chaque portion d'une petite boule de crème glacée.

CROÛTES DE NOIX

CROÛTE AUX NOIX DE GRENOBLE: Dans un moule de 9 po (23 cm), mélangez à la main *1 t. de farine tout usage, ½ t. de beurre* ramolli, *¼ t. de sucre glace* et *¼ t. de noix de Grenoble finement hachées* jusqu'à ce que le tout soit bien souple. Pressez contre le fond et les parois. Piquez le fond en maints endroits à la fourchette. Faites dorer 12 min environ à 400°F (200°C), puis laissez refroidir sur une grille.

CROÛTE AUX NOIX PULVÉRISÉES: Dans un bol, mêlez à la cuiller *1½ t. de noix du Brésil pulvérisées,* ou encore de pacanes, de noix de Grenoble, d'amandes blanchies ou d'arachides, avec *3 c. à soupe de sucre* et *2 c. à soupe de beurre* ramolli. Pressez le mélange avec la cuiller contre le fond et les parois d'un moule de 9 po (23 cm). Faites dorer à 400°F (200°C) environ 8 min, puis laissez refroidir sur une grille.

Tartelettes

Tartelettes aux fruits

Photo page 87

Débutez le matin ou la veille
12 tartelettes

Fonds de tartelettes précuits (p. 345)
¼ t. de sucre
2 c. à soupe de fécule de maïs
¼ c. à thé de sel
1 t. de lait
1 œuf
1 c. à thé de vanille
½ t. de crème épaisse ou à fouetter, fouettée

Garniture : *fraises entières ou tranchées, bleuets, framboises, pêches en tranches, moitiés d'abricots ou quartiers de mandarines, égouttés*
1 t. de gelée de groseille (facultatif)
1 c. à soupe d'eau (facultatif)

1 Préparez les fonds de tartelettes. Mêlez dans une casserole le sucre, la fécule et le sel ; incorporez le lait. Faites épaissir à feu moyen, puis laissez bouillir 1 min.

2 Dans une tasse, battez l'œuf légèrement, puis incorporez-y une petite quantité de la préparation chaude.

3 Versez le tout dans la casserole en tournant vivement pour empêcher la formation de grumeaux. Faites épaissir, sans laisser bouillir, en remuant sans cesse.

4 Recouvrez d'un papier ciré et réfrigérez. Lorsque la crème est refroidie (environ 40 min), ajoutez la vanille ; puis, à l'aide d'un fouet, incorporez la crème fouettée.

5 Remplissez les tartelettes et garnissez avec les fruits. Pour glacer, faites fondre la gelée avec l'eau dans une petite casserole ; refroidissez un peu, puis nappez.

Tartelettes aux noix

Photo page 87

Débutez le matin
12 tartelettes

Fonds de tartelettes à garnir (p. 345)
3 œufs
1 t. de sirop de maïs foncé
½ t. de sucre
¼ t. de beurre ou de margarine, fondu

1 c. à thé d'essence de vanille
1 t. de noix de Grenoble, grossièrement hachées
Crème fouettée

1. Préparez la pâte et foncez des moules à tartelettes. Battez les œufs au fouet dans un bol moyen. Incorporez-y les quatre ingrédients suivants.
2. Etalez les noix dans les tartelettes et recouvrez avec la garniture.
3. Faites cuire de 25 à 35 min à 350°F (180°C). Attendez 10 min avant de démouler et laissez refroidir sur une grille. Garnissez de crème fouettée.

Tartelettes au « mincemeat »

Photo page 89

Débutez la veille
12 tartelettes

1 boîte de 16 oz (455 ml) de « mincemeat » (environ 2 t.)
1½ t. de noix de Grenoble grossièrement hachées
2 grosses pommes, en dés
½ t. de cassonade, tassée

¼ t. de brandy ou de rhum (facultatif)
1 c. à soupe de jus de citron
Fonds de tartelettes à garnir (p. 345)
Beurre au brandy (p. 349)

1. Mélangez les six premiers ingrédients dans un bol moyen ; couvrez et placez une nuit au réfrigérateur pour laisser les saveurs se développer.
2. *Environ 3 h avant de servir :* Foncez les moules. Chauffez le four à 425°F (220°C). Garnissez avec le « mincemeat ». Faites dorer de 20 à 25 min. Servez tiède, nappé de beurre au brandy.

Débutez la veille
8 portions

TARTE AU « MINCEMEAT » : Suivez la recette ci-dessus, mais préparez une Pâte pour tarte à deux croûtes (p. 344). Foncez un moule de 9 po (23 cm), garnissez et décorez de croisillons (p. 343). Faites dorer au four préchauffé à 425°F (220°C) de 30 à 40 min. Servez tiède avec un beurre au brandy.

Tartelettes aux pêches meringuées

Photo page 89

Débutez 3 h avant
12 tartelettes

4 t. de pêches mûres tranchées (environ 2 lb ou 900 g)
3 c. à soupe de tapioca à cuisson rapide
2 c. à soupe de jus de citron

¼ c. à thé d'extrait d'amande
Sucre
Fonds de tartelettes à garnir (p. 345)
2 blancs d'œufs

1. Dans un bol moyen, mêlez avec une spatule en caoutchouc les pêches, le tapioca, le jus de citron, l'extrait d'amande et ½ t. de sucre ; laissez reposer 20 min. Entre-temps, foncez les moules et portez le four à 425°F (220°C).
2. Remuez la garniture avant d'en garnir les tartelettes ; faites cuire, sur une plaque à biscuits, de 30 à 35 min, jusqu'à ce que le jus bouillonne.
3. Faites mousser les blancs ; ajoutez 2 c. à soupe de sucre et montez en neige ferme. Sortez les tartelettes du four ; décorez de meringue et faites dorer environ 4 min.

ENTREMETS

Les recettes d'entremets présentées dans cette section comprennent, entre autres, les flans, les bavarois, les soufflés chauds et froids, la mousse au chocolat, les meringues, les crêpes et les pannequets, les éclairs et les choux à la crème.

LIAISON AUX ŒUFS
Dans les entremets et les sauces, on emploie fréquemment des œufs comme agent de liaison. Il est donc essentiel de faire cuire l'appareil à feu doux, sinon les jaunes se grumelleraient. Pour mieux contrôler l'intensité de la chaleur, employez toujours un bain-marie ou une casserole à fond épais. Faites cuire en remuant constamment avec un fouet jusqu'à ce que le mélange soit assez épais pour napper une cuiller (ne laissez jamais bouillir). Pour vérifier le degré de cuisson, remplissez une cuiller de crème et laissez celle-ci reposer de 15 à 20 secondes; si, après ce temps, vous ne voyez pas le fond de la cuiller à travers la crème, la consistance est bonne.

Epreuve de consistance: Laissez reposer une cuillerée de crème de 15 à 20 s; si vous ne voyez pas le fond de la cuiller, la crème est prête.

EMPLOI DE GÉLATINE
Plusieurs autres entremets — gelées de fruits, bavarois, soufflés froids — commandent l'emploi de gélatine.
Comment dissoudre la gélatine: Pour atteindre une consistance satisfaisante, la gélatine doit être parfaitement dissoute, c'est-à-dire qu'il ne doit persister aucun granule dans l'appareil. Il est essentiel de bien remuer, doucement et de façon uniforme, de sorte que les granules ne s'agglutinent pas aux parois du bol ou de la casserole.

Epreuve de dissolution: Faites glisser une spatule de caoutchouc sur les parois du bol; s'il ne reste plus de granules, elles seront lisses.

Les gélatines parfumées se dissolvent dans de l'eau chaude ou bouillante; suivez les indications sur l'emballage. Pour ce qui est des gélatines non parfumées, la méthode varie en fonction des autres ingrédients de la recette; toutefois, la règle d'or consiste à ne jamais la saupoudrer sur un liquide chaud, car elle formera des grumeaux au lieu de se dissoudre. Généralement, on l'ajoute à une petite quantité de liquide froid et on la laisse ramollir une minute ou deux avant de l'incorporer au liquide chaud en remuant ou de la faire fondre à feu doux. Si la recette exige plus de 1 tasse de liquide, comme il arrive souvent dans le cas des sauces, saupoudrez-la sur le liquide froid, mettez immédiatement le tout sur le feu et remuez jusqu'à dissolution. Dans les recettes sucrées, on mêle parfois le sucre et la gélatine dans un bol, puis on y ajoute au moins 1 tasse de liquide bouillant.

Consistance de la gélatine: Laissez prendre la gélatine légèrement avant d'y ajouter des fruits, de la crème fouettée ou tout autre ingrédient solide, sinon ceux-ci resteront à la surface. Dans certaines recettes, et surtout dans celles à base de fruits coupés en morceaux, on doit attendre que la gélatine ait atteint « la consistance d'un blanc d'œuf » avant d'ajouter ceux-ci. Dans d'autres, où l'on incorpore de la crème fouettée ou des blancs battus, il faut attendre que la gélatine « garde sa forme quand on en verse une cuillerée ».

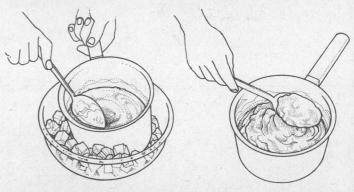

Pour hâter la gélification: Placez la casserole ou le bol de gélatine dans un plat rempli de glaçons et remuez doucement.

Pour vérifier la consistance: Le mélange doit conserver sa forme quand on en verse une cuillerée dans la casserole.

Pour hâter la gélification, vous pouvez aussi placer le bol de gélatine dans le congélateur et remuez le mélange de temps en temps jusqu'à ce qu'il soit presque pris. Cependant, ne tentez pas de faire congeler celui-ci avant qu'il soit bien raffermi, sinon il se cristallisera et sera liquide une fois dégelé.

Flans

Les flans sont généralement fort simples à préparer si l'on respecte la recette. Pour qu'ils soient veloutés, évitez de les faire cuire à feu vif. Si vous utilisez une casserole au lieu d'un bain-marie, remuez le mélange sans arrêt jusqu'à ce qu'il épaississe.

Crème brûlée

Photo page 97
Débutez le matin ou la veille
10 portions

3 t. de crème épaisse ou à 35 p. 100
6 jaunes d'œufs
⅓ t. de sucre
1 c. à thé d'essence de vanille
⅓ t. de cassonade brune, tassée

Fraises ou bananes tranchées, bouchées d'ananas frais ou en boîte et quartiers de mandarines en conserve

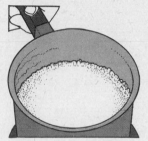

1 Dans une casserole, faites chauffer la crème à feu moyen jusqu'à l'apparition de petites bulles.

2 Fouettez les jaunes et le sucre dans une autre casserole, puis incorporez-y la crème chaude.

3 Faites cuire à feu modéré environ 15 min en remuant jusqu'à ce que le mélange nappe le dos de la cuiller. Ajoutez la vanille.

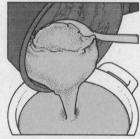

4 Versez le mélange dans un plat à four moyen. Faites refroidir au réfrigérateur environ 6 h.

5 Allumez le gril selon le mode d'emploi. Tamisez la cassonade sur le flan bien froid et faites-la fondre au gril de 3 à 4 min. Réfrigérez.

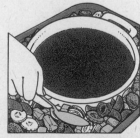

6 *Pour servir:* Mettez le plat au centre d'un plateau de fruits. Servez ceux-ci dans des bols, garnis de crème brûlée.

Crème caramel

Photo page 96
Débutez le matin ou la veille
8 portions

Sucre
5 œufs
¼ c. à thé de sel
3 t. de lait
1½ c. à thé d'essence de vanille

1 Beurrez huit ramequins de 6 oz (200 ml). Dans une poêle, faites caraméliser ½ t. de sucre à feu moyen.

2 Versez-le ensuite dans les ramequins que vous aurez préalablement placés dans une lèchefrite peu profonde. Allumez le four à 300°F (150°C).

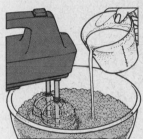

3 Battez à basse vitesse les œufs, le sel et ½ t. de sucre jusqu'à ce que le mélange soit jaune pâle. Incorporez-y graduellement le lait et la vanille.

4 Versez dans les ramequins et remplissez la lèchefrite d'eau bouillante. Cuisez 1 h ou pour qu'un couteau inséré dans la crème en ressorte propre.

5 Laissez refroidir sur une grille; réfrigérez. Pour démouler, faites glisser un couteau sur les parois et renversez sur des assiettes creuses.

CRÈME RENVERSÉE: Suivez la recette ci-dessus, mais sans faire caraméliser de sucre (étape 1). Avant d'enfourner, saupoudrez de *muscade râpée*.

Crème anglaise

Débutez le matin
1½ tasse

3 c. à soupe de sucre
1¾ t. de crème de table
1 jaune d'œuf
1 pincée de sel

1 c. à soupe de fécule de maïs
½ c. à thé d'essence de vanille

Dans une casserole à fond épais, mélangez tous les ingrédients, sauf la vanille. Faites épaissir environ 15 min à feu modéré en remuant sans cesse. Retirez du feu; ajoutez la vanille. Réfrigérez.

Flans

Flan aux abricots

Photo
page 95
Débutez 5 h
avant ou
le matin
8 portions

1 t. de farine tout usage
¾ t. de noix de Grenoble pulvérisées
6 c. à soupe de beurre ou de margarine, ramolli
¼ c. à thé de cannelle
Sucre
Sel
8 jaunes d'œufs
2 t. de lait
¼ t. de fécule de maïs

¾ c. à thé d'extrait d'amande
1 boîte de 16 oz (455 ml) de moitiés d'abricots, égouttées, ou 7 gros abricots coupés en deux
¼ t. de gelée de pomme

1. Dans un grand bol, battez à basse vitesse la farine, les noix, le corps gras, la cannelle, 3 c. à soupe de sucre, ¼ c. à thé de sel et 2 jaunes d'œufs.
2. Allumez le four à 400°F (200°C). Etalez uniformément le mélange dans un moule cannelé démontable ou à fond amovible de 10 po (25 cm), en ménageant des bords de 1 po (2,5 cm). Piquez la croûte à la fourchette et faites dorer au four environ 20 min. Laissez refroidir sur une grille.
3. Entre-temps, mélangez à fond, dans une casserole moyenne, le lait, la fécule, ⅓ t. de sucre et ¼ c. à thé de sel, puis faites cuire à feu moyen en remuant environ 5 min, pour que le mélange épaississe et bouillonne. Battez les six autres jaunes au fouet dans un petit bol et incorporez-y un peu de la préparation bouillante. Versez doucement dans la casserole en tournant vivement pour éviter la formation de grumeaux.
4. Remettez sur le feu et faites épaissir sans laisser bouillir, en fouettant sans arrêt, jusqu'à ce que le mélange nappe une cuiller. (Pour savoir si la consistance est bonne, prélevez une cuillerée du mélange; laissez-le reposer de 15 à 20 s: le fond de la cuiller ne doit pas paraître au travers de celui-ci.)
5. Ajoutez l'extrait d'amande, recouvrez d'un papier ciré et placez au réfrigérateur environ 30 min. Quand le flan est froid, mais encore suffisamment liquide, versez-le dans la croûte refroidie et réfrigérez environ 4 h.
6. *Pour servir:* Défaites le moule et mettez le flan sur une grande assiette plate. Recouvrez de moitiés d'abricots. Faites fondre la gelée de pomme dans une petite casserole et glacez-en les fruits.

Sabayon

Photo
page 97
Débutez
20 min
avant
6 portions

6 jaunes d'œufs
¼ t. de sucre

½ t. de marsala sec ou doux

1. Dans la casserole supérieure d'un bain-marie, battez à grande vitesse les jaunes d'œufs et le sucre jusqu'à ce que le mélange soit épais et très pâle (environ 5 min). Réduisez la vitesse pour incorporer le marsala.
2. Faites cuire au-dessus de l'eau frémissante en battant à vitesse moyenne pendant environ 10 min, ou jusqu'à ce que la préparation soit chaude et mousseuse et qu'elle garde à peu près sa forme lorsque vous soulevez les batteurs.
3. Servez tel quel ou en guise de sauce pour napper des fraises, des framboises ou tout autre fruit.

Bavarois

Entremets classique, le bavarois consiste en un mélange de gélatine, de crème pâtissière, de blancs d'œufs et de crème épaisse. On le présente démoulé, souvent décoré de tranches de fruits, mais on peut aussi y incorporer ceux-ci avant de le faire prendre.

Bavarois

Photo
page 95
Débutez le
matin ou
la veille
8 portions

1 sachet de gélatine non parfumée
½ c. à thé de sel
Sucre
2 œufs, séparés
1¼ t. de lait

1 t. de crème épaisse ou à 35 p. 100
1½ c. à thé d'essence de vanille
Fraises tranchées et nectarines

1 Dans une grande casserole, mêlez la gélatine, le sel et 2 c. à soupe de sucre. Battez au fouet dans un petit bol les jaunes d'œufs et le lait.

2 Versez-les dans la casserole, puis remuez à feu doux jusqu'à ce que le mélange nappe la cuiller. Réfrigérez-le assez longtemps pour qu'il garde sa forme.

3 A haute vitesse, dans un petit bol, montez les blancs en neige; saupoudrez-y ¼ t. de sucre et continuez de battre jusqu'à dissolution.

4 Déposez les blancs par cuillerées sur la gelée. Dans le même bol, fouettez la crème et la vanille et ajoutez-les à la casserole.

5 Avec un fouet, incorporez les blancs et la crème fouettée à la gelée; versez dans un moule et réfrigérez environ 3 h.

6 *Pour servir:* Démoulez avec précaution sur une assiette de service refroidie. Décorez de fraises et de nectarines.

Soufflés froids

Montés avec des blancs d'œufs et de la crème fouettée, les soufflés froids, légers et vaporeux, se confectionnent dans presque n'importe quel grand bol de service. Pour conférer à ces mousses l'allure d'un vrai soufflé, fabriquez, avec du papier d'aluminium, un faux col qui moulera la préparation pendant qu'elle raffermira. Il ne vous restera plus qu'à retirer le papier au moment de servir.

Au contraire des soufflés chauds, les soufflés froids peuvent être préparés bien à l'avance et conservés au réfrigérateur jusqu'au moment de servir ; vous y ajouterez alors une note décorative : zeste émincé, crème fouettée ou copeaux de chocolat.

Soufflé aux fraises

2 casseaux de fraises
2 sachets de gélatine non
   parfumée
Sucre
4 c. à thé de jus de citron
6 blancs d'œufs
¼ c. à thé de sel
1 t. de crème épaisse ou à
   35 p. 100

Photo page 94
Débutez 6 h avant ou la veille
12 portions

1 Réservez six fraises pour la décoration. Lavez et équeutez les autres, puis réduisez-les en purée à vitesse moyenne au mélangeur couvert.

2 Mêlez la gélatine, 3 c. à soupe de sucre et un tiers de la purée de fraises dans une casserole moyenne. Remuez sur feu doux jusqu'à dissolution de la gélatine.

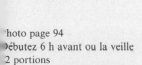

3 Retirez du feu et ajoutez le reste de la purée et le citron ; versez dans un bol. Mettez au congélateur environ 20 min ou jusqu'à ce que le mélange garde sa forme.

4 Confectionnez un faux col en papier d'aluminium (voir encadré, à droite) pour un moule à soufflé ou autre bol de service de 2 pte (2 L). Dans le grand bol du malaxeur, montez à haute vitesse les blancs en neige avec le sel ; saupoudrez-y ⅓ t. de sucre, deux cuillerées à soupe à la fois, et battez toujours pour obtenir des pics fermes et luisants. (Ne grattez pas les parois du bol.)

5 Battez la purée de fraises pour qu'elle soit mousseuse (environ 2 min). Sans laver les fouets, battez la crème à vitesse moyenne dans un autre petit bol.

6 Avec une spatule en caoutchouc, incorporez délicatement la purée et la crème fouettée dans les blancs d'œufs.

7 Transvasez à la cuiller l'appareil dans le moule préparé. Faites raffermir environ 2 h au réfrigérateur.

8 Retirez le faux col et préparez les six fraises en réserve ; utilisez-les entières ou tranchées pour décorer le soufflé.

Photo page 96
Débutez le matin
12 portions

Soufflé aux cerises et au chocolat

2 boîtes de 19 oz
   (540 ml) de cerises
   noires dénoyautées,
   égouttées
6 c. à soupe de kirsch
3 œufs, séparés
2 t. de lait

Sucre
4 carrés de chocolat mi-
   amer
2 sachets de gélatine non
   parfumée
2 t. de crème épaisse ou à
   35 p. 100

1. Entourez d'un faux col en papier d'aluminium (voir ci-dessous) un moule à soufflé de 6 t.

2. Réservez trois cerises et coupez les autres en deux, puis mêlez avec 3 c. à soupe de kirsch dans un bol moyen ; réservez.

3. Dans une casserole moyenne, fouettez les jaunes d'œufs, le lait et ½ t. de sucre. Ajoutez le chocolat ainsi que la gélatine. Faites cuire environ 15 min à feu doux en remuant constamment, jusqu'à ce que la gélatine soit dissoute, que le chocolat soit fondu et que le mélange nappe la cuiller. Ajoutez le reste du kirsch, puis couvrez et réfrigérez environ 1 h ou jusqu'à ce que le mélange garde sa forme quand vous en laissez tomber d'une cuiller.

4. A haute vitesse, dans un petit bol, montez les blancs d'œufs en neige ferme. Saupoudrez graduellement ¼ t. de sucre et continuez de battre à haute vitesse pour bien dissoudre.

5. Sans laver les fouets, battez dans un grand bol 1¾ t. de crème épaisse. Avec une spatule en caoutchouc, incorporez à la crème fouettée la préparation au chocolat, les blancs d'œufs et les cerises. Versez dans le moule et recouvrez d'une cellophane. Réfrigérez environ 4 h ou jusqu'à ce que le soufflé soit ferme.

6. *Pour servir :* Retirez le faux col du moule à soufflé. Dans un petit bol, à vitesse moyenne, fouettez le reste de la crème épaisse jusqu'à ce qu'elle soit très ferme. Garnissez-en le soufflé et décorez avec les cerises en réserve.

CONFECTION D'UN FAUX COL

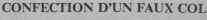

Dans du papier d'aluminium de 12 po (30 cm) de large, taillez un morceau assez long pour envelopper le moule ; ajoutez 2 po (5 cm) pour le chevauchement. Pliez-le en deux sur la longueur.

Placez le faux col sur le moule de manière qu'il en dépasse de 3 po (10 cm) environ. Utilisez un morceau de ruban adhésif pour le maintenir en place.

Soufflés froids

Mousse

Soufflé givré à la limette

1 sachet de gélatine non parfumée
Sucre
½ c. à thé de sel
4 œufs, séparés
½ t. d'eau froide

⅓ t. de jus de limette
1 zeste de limette râpé
Un soupçon de colorant alimentaire vert
1 t. de crème épaisse ou à 35 p. 100

Photo page 97
Débutez le matin
8 portions

1. Mêlez, dans un bain-marie, la gélatine, ¼ t. de sucre et le sel.
2. Dans un petit bol, fouettez ensemble les jaunes d'œufs, l'eau froide et le jus de limette ; ajoutez à la gélatine. Faites cuire en remuant au-dessus de l'eau frémissante (ne la laissez pas bouillir). Lorsque le mélange nappe la cuiller, retirez-le du feu ; ajoutez 1 c. à thé de zeste râpé et le colorant ; versez dans un grand bol et laissez tiédir à la température ambiante, en remuant de temps à autre. Ajustez un faux col à un moule à soufflé de 4 t. (p. 361).
3. Dans un petit bol, à haute vitesse, montez les blancs en neige ; saupoudrez-y graduellement ½ t. de sucre et continuez de battre jusqu'à ce que celui-ci soit dissous et que les pics soient fermes. Transvasez dans le premier bol.
4. Fouettez la crème à vitesse moyenne dans un petit bol ; incorporez-la, ainsi que les blancs, à la préparation à la limette. Versez dans le moule ; faites raffermir au réfrigérateur environ 3 h. Retirez le col et décorez avec le reste du zeste.

Soufflé aux canneberges

2 t. de canneberges
1½ t. de jus de canneberge
Sucre
3 sachets de gélatine non parfumée

Canneberges cristallisées (ci-dessous)
4 blancs d'œufs à température ambiante
¼ c. à thé de sel
1 t. de crème épaisse ou à 35 p. 100

Photo page 98
Débutez le matin
8 à 10 portions

1. Mettez dans une casserole les canneberges, le jus et 1 t. de sucre, puis saupoudrez-y la gélatine. En remuant, faites cuire à feu assez vif environ 7 min, jusqu'à ce que la gélatine soit dissoute et que les canneberges éclatent. Réfrigérez environ 45 min, pour que la préparation garde sa forme quand vous en laissez tomber d'une cuiller.
2. Entre-temps, confectionnez un col pour un moule à soufflé de 4 t. (voir p. 361). Faites cristalliser des canneberges.
3. A haute vitesse, montez les blancs en neige avec le sel. Ajoutez ½ t. de sucre, deux cuillerées à soupe à la fois, en battant jusqu'à ce que celui-ci soit dissous et que les pics soient fermes.
4. Fouettez légèrement la crème dans un petit bol. A l'aide d'une spatule en caoutchouc, incorporez soigneusement la préparation aux canneberges et la crème fouettée aux blancs d'œufs. Versez dans le moule ; couvrez et réfrigérez environ 4 h. Retirez le col et garnissez de canneberges cristallisées.

CANNEBERGES CRISTALLISÉES : Faites mousser *1 blanc d'œuf,* puis enrobez-en *18 canneberges fraîches ;* roulez-les dans du *sucre* et faites sécher sur une grille.

On dit souvent qu'un restaurant se juge à la qualité de sa mousse au chocolat. A la fois légère et onctueuse, la mousse dont nous donnons ici la recette porte aussi le nom très éloquent de « mayonnaise au chocolat ».

Mousse au chocolat

2 t. de crème de table
4 carrés de chocolat mi-amer
6 jaunes d'œufs
¼ t. de sucre
½ c. à thé de sel

Essence de vanille
¼ t. de crème épaisse ou à 35 p. 100
2 c. à soupe de sucre glace

Photo page 94
Débutez 5 h avant ou la veille
6 portions

1 Dans une petite casserole, faites chauffer la crème de table à feu moyen jusqu'à l'apparition de petites bulles (ne la laissez pas bouillir). Réservez. Dans un bain-marie d'eau frémissante et *non bouillante,* faites fondre le chocolat ; remuez de temps à autre avec une spatule en caoutchouc.

2 Posez la casserole supérieure du bain-marie sur un plan de travail ; incorporez les jaunes d'œufs en battant pour obtenir un mélange lisse ; ajoutez le sucre et le sel.

3 A l'aide d'une spatule en caoutchouc, incorporez graduellement au chocolat la crème de table, puis replacez la casserole au-dessus de l'eau frémissante.

4 Sans laisser l'eau bouillir, faites épaissir environ 15 min en remuant, jusqu'à ce que le mélange nappe le dos d'une cuiller. Ajoutez 2 c. à thé de vanille.

5 Versez la préparation dans six petits pots de 6 oz (200 ml) ou dans des coupes. Laissez prendre au réfrigérateur environ 4 h.

6 Fouettez la crème, à basse vitesse, jusqu'à ce qu'elle soit ferme avec le sucre glace et ¼ c. à thé de vanille. Garnissez-en la mousse.

Soufflés chauds

Un bon minutage est la clé du succès quand il s'agit de soufflés chauds. Il convient en effet de les servir dès leur sortie du four, sans quoi ils se « dessouffleront ». Lorsqu'on planifie un menu, il faut éviter autant que possible les préparatifs de dernière minute ; dans le cas des soufflés, on peut aisément préparer à l'avance et le moule et la sauce de base ; les blancs pourront attendre à la température ambiante qu'il soit temps de les fouetter et de les incorporer à la préparation, juste avant d'enfourner. N'ouvrez jamais la porte du four avant la fin de la cuisson, car un courant d'air suffit pour qu'un soufflé s'affaisse.

Soufflé au chocolat

⅓ t. de farine tout usage
Sucre
1½ t. de lait
3 carrés de chocolat
   amer, râpé
5 œufs, séparés
¼ c. à thé de sel
2 c. à thé d'essence de
   vanille

Photo page 95
Débutez 2 h avant
6 portions

1 Dans une casserole moyenne, mêlez la farine, ¼ t. de sucre et le lait. Faites épaissir à feu moyen, en remuant, jusqu'à l'apparition de bulles.

2 Faites cuire 1 min de plus. Retirez du feu et ajoutez le chocolat en remuant jusqu'à ce qu'il fonde.

3 Ajoutez les jaunes d'œufs et incorporez-les parfaitement en battant avec une cuiller en bois. Faites tiédir au réfrigérateur en remuant de temps à autre.

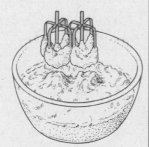

4 Graissez un moule à soufflé de 8 t. avec du beurre ou de la margarine et saupoudrez-le légèrement de sucre. Allumez le four à 375°F (190°C).

5 Dans un grand bol, battez à haute vitesse les blancs d'œufs et le sel pour obtenir des pics légers.

6 Saupoudrez-y graduellement ¼ t. de sucre ; continuez de battre à haute vitesse, jusqu'à ce qu'il soit dissous et que les pics soient fermes.

7 Avec un fouet, incorporez délicatement la vanille et un tiers de la préparation au chocolat à la fois dans les blancs d'œufs. Versez le tout dans le moule.

8 Avec une cuiller, tracez un cercle à 1 po (2,5 cm) du bord. Cuisez de 35 à 40 min, ou jusqu'à ce qu'un couteau inséré sous la « calotte » en ressorte propre.

Photo page 95
Débutez 1 h avant
6 portions

Soufflés au chocolat individuels

Sucre
¼ t. de farine tout usage
1¼ t. de lait
3 carrés de chocolat amer
5 œufs, séparés
¼ c. à thé de sel

2 c. à thé d'essence de
   vanille
½ t. de crème épaisse ou
   à 35 p. 100, fouettée
½ t. de sirop de chocolat

1. Graissez six ramequins de 10 oz (300 ml) avec du beurre ou de la margarine et saupoudrez-les d'une légère couche de sucre.
2. Mêlez dans une casserole moyenne la farine et ¼ t. de sucre ; ajoutez graduellement le lait en remuant pour que le mélange soit bien lisse. Faites épaissir à feu moyen en remuant constamment, puis retirez du feu.
3. Ajoutez le chocolat et remuez jusqu'à ce qu'il soit fondu. Ajoutez les jaunes d'œufs et brassez vivement pour bien incorporer ; laissez tiédir.
4. Allumez le four à 375°F (190°C). Dans un grand bol, battez à haute vitesse les blancs d'œufs, le sel et la vanille pour obtenir des pics légers ; saupoudrez ½ t. de sucre, deux cuillerées à soupe à la fois, et continuez de battre à haute vitesse pour obtenir des pics fermes. Incorporez soigneusement la préparation au chocolat aux blancs d'œufs à l'aide d'une spatule en caoutchouc ; remplissez les ramequins.
5. Pour faciliter la manipulation, placez-les dans un moule à roulé de 15½ po × 10½ (40 cm × 28). Laissez gonfler et dorer de 30 à 35 min.
6. Servez aussitôt. Offrez de la crème fouettée et du sirop de chocolat comme accompagnement.

DES TRUCS POUR LE CHOCOLAT

Pour faire fondre : Placez le chocolat au-dessus d'un bain-marie d'eau frémissante, dans un ramequin immergé dans de l'eau chaude ou, encore, dans une petite casserole à fond épais, sur feu doux. Si le fond est trop mince, le chocolat brûlera.

Pour accélérer le processus : Coupez le chocolat en petits morceaux et remuez fréquemment. Si vous le faites fondre au bain-marie ou dans un ramequin, ne faites jamais bouillir l'eau ; vous ne réussiriez qu'à faire tourner le chocolat ou à le rendre pâteux.

Si le chocolat se grumelle, ajoutez-y de la graisse végétale (jamais de beurre ou de margarine), une petite quantité à la fois, en remuant pour obtenir la consistance voulue.

Si vous êtes pressé, employez du cacao au lieu de carrés de chocolat, à raison de 3 c. à soupe de cacao additionnées de 1 c. à soupe de graisse végétale ou d'huile par carré de chocolat.

Ne remplacez jamais le chocolat amer par du chocolat mi-amer ou du chocolat au lait.

Soufflés chauds

Soufflé à la liqueur d'orange

Photo
page 97
Débutez
1 h 15 avant
6 portions

¼ t. de beurre ou de margarine
⅓ t. de farine tout usage
1 pincée de sel
1½ t. de lait
Sucre
4 jaunes d'œufs
⅓ t. de liqueur d'orange

1 c. à soupe de zeste d'orange râpé
6 blancs d'œufs à température ambiante
¼ c. à thé de crème de tartre
1 t. de crème épaisse ou à 35 p. 100, fouettée

1. Dans une grande casserole, faites fondre le beurre à feu doux. Incorporez la farine et le sel ; ajoutez graduellement le lait et faites épaissir sans cesser de remuer. Retirez du feu.
2. A l'aide d'un fouet, incorporez 3 c. à soupe de sucre au mélange, puis battez-y les jaunes d'œufs. Ajoutez la liqueur d'orange et le zeste d'orange râpé. Laissez reposer.
3. Préchauffez le four à 375°F (190°C). Enduisez de beurre ou de margarine un moule à soufflé ou tout autre moule cylindrique de 8 t. et saupoudrez-le de sucre.
4. Dans un grand bol, à haute vitesse, montez en neige les blancs d'œufs avec la crème de tartre jusqu'à ce qu'ils forment des pics légers. Avec une spatule ou un fouet, incorporez-y délicatement le premier mélange, un tiers à la fois.
5. Versez l'appareil dans le moule ; avec le dos d'une cuiller, tracez un cercle à environ 1 po (2,5 cm) du bord. Faites cuire de 30 à 35 min ou jusqu'à ce qu'un couteau inséré sous la « calotte » en ressorte parfaitement propre.
6. Servez le soufflé immédiatement, accompagné d'un bol de crème fouettée.

Soufflé aux bananes

Photo
page 95
Débutez
1 h avant
8 portions

3 grosses bananes
1 c. à soupe de jus de citron
⅓ t. de sucre
1 c. à soupe de fécule de maïs
¼ c. à thé de zeste de citron râpé

½ c. à thé de muscade
1 pincée de sel
¾ t. de lait
3 gros œufs, séparés
2 c. à soupe de beurre ou de margarine, fondu
1½ c. à thé de vanille
1 t. de crème fouettée

1. Graissez le fond d'un moule à soufflé de 6 t. et tranchez les bananes. Dans le mélangeur couvert, réduisez à vitesse moyenne les bananes et le jus de citron en crème.
2. Dans une grande casserole, mêlez le sucre, la fécule, le zeste, la muscade et le sel. Ajoutez le lait en remuant bien. Faites épaissir le tout à feu moyen, sans cesser de remuer. Retirez du feu.
3. Allumez le four à 375°F (190°C). Battez les jaunes d'œufs à la fourchette dans un petit bol. Versez-y un peu de la préparation chaude, mélangez bien et remettez le tout dans la casserole. Ajoutez le beurre, la vanille et les bananes.
4. Montez les blancs d'œufs en neige ferme à haute vitesse dans un petit bol ; incorporez-les délicatement au premier mélange. Versez dans le moule et faites cuire 35 min ou jusqu'à ce que le soufflé soit d'un beau doré. Servez aussitôt, accompagné d'un bol de crème fouettée.

Meringues Bon

La meringue, un mélange de sucre et de blancs d'œufs, se cuit au four sous forme de coquilles que l'on fourre ensuite de crème glacée ou d'une autre préparation. Avec moins de sucre, elle sert de garniture à tarte. On peut aussi la pocher pour en faire des œufs à la neige.

Coquilles de meringue

Débutez le matin ou jusqu'à 5 jours plus tôt
6 coquilles

3 blancs d'œufs à température ambiante
⅛ c. à thé de crème de tartre

¾ t. de sucre
½ c. à thé d'essence de vanille

1. Allumez le four à 275°F (140°C). Dans un petit bol, battez les blancs d'œufs et la crème de tartre à haute vitesse pour obtenir des pics légers.
2. Saupoudrez-y le sucre, deux cuillerées à soupe à la fois, en battant chaque fois 2 min pour bien le dissoudre. L'opération complète exigera environ 15 min : la meringue est prête si elle est lisse au toucher. Ajoutez alors la vanille et fouettez jusqu'à l'obtention de pics fermes et lustrés.
3. Sur une grande plaque graissée, répartissez le tout en six portions et formez des disques de 4 po (10 cm) ; élevez les bords pour former des nids.
4. Faites cuire environ 45 min pour que les nids soient croustillants et légèrement dorés. Eteignez le four et laissez-les sécher encore 45 min, puis faites-les refroidir sur la plaque. Conservez à la température ambiante, recouverts de papier ciré.

Formez les meringues : Abaissez des disques de 4 po (10 cm) de diamètre.

Creusez des nids : Repoussez vers l'extérieur pour former des parois.

FOND DE TARTE MERINGUÉ

Chauffez le four à 275°F (140°C). Exécutez les étapes 1 et 2 ci-dessus, puis étalez dans un moule comme ci-dessous. Cuisez 1 h, éteignez le four, puis laissez reposer encore 1 h.

Etalez dans un moule graissé de 9 po (23 cm) ; lissez le centre.

Repoussez la meringue vers les bords et redressez les parois.

Tarte surprise aux pacanes

Photo page 95
Débutez 4 h avant ou la veille
3 portions

3 blancs d'œufs à
température ambiante
1 pincée de sel
Sucre
Essence de vanille
¾ t. de pacanes hachées

¾ t. de biscottes écrasées
1 c. à thé de levure
chimique à double
action
1 t. de crème épaisse ou
à 35 p. 100

1. Chauffez le four à 350°F (180°C). Graissez un moule à tarte de 9 po (23 cm), puis tapissez-le d'un papier d'aluminium graissé.
2. Dans un petit bol, fouettez les blancs d'œufs et le sel à haute vitesse pour obtenir des pics légers. Saupoudrez-y 1 t. de sucre, deux cuillerées à soupe à la fois, en battant après chaque addition. Quand les pics sont fermes et lustrés, incorporez 1 c. à thé de vanille.
3. Ajoutez les pacanes, les biscottes et la levure, puis étalez bien dans le moule. Faites dorer 35 min, sans laisser brunir. Faites refroidir 2 h sur une grille. Retirez du moule en soulevant le papier d'aluminium. Réfrigérez 1 h ou toute une nuit.
4. *Pour servir:* Retirez le papier d'aluminium et faites glisser la tarte sur une assiette. Avec 2 c. à soupe de sucre et 1 c. à thé de vanille, battez la crème à vitesse moyenne jusqu'à ce qu'elle forme des pics fermes. Garnissez-en la tarte.

Meringues aux fraises

Photo page 97
Débutez le matin
6 portions

Coquilles de meringue
(ci-contre)
Crème glacée à la vanille

1½ casseau de fraises
⅓ t. de sucre

1. Préparez les coquilles de meringue.
2. Formez six boules de crème glacée et mettez-les sur une plaque au congélateur.
3. Tranchez finement les fraises, puis mettez-les dans un bol moyen. Ajoutez le sucre, remuez et réfrigérez.
4. *Avant de servir:* Garnissez les coquilles de crème glacée et décorez avec les fraises et leur jus.

Tarte des anges au chocolat

Photo page 97
Débutez le matin
8 portions

1 fond de tarte meringué
(ci-contre)
2 carrés de chocolat amer
3 c. à soupe d'eau
3 jaunes d'œufs
¼ t. de sucre

1 pincée de sel
1½ t. de crème épaisse
ou à 35 p. 100
1 c. à thé d'essence de
vanille

1. Confectionnez un fond de tarte meringué.
2. Dans un bain-marie d'eau frémissante, mais *non bouillante,* mêlez le chocolat, l'eau, les jaunes d'œufs, le sucre et le sel. Faites cuire environ 5 min en remuant constamment, jusqu'à ce que le chocolat ait fondu et que le mélange soit assez épais pour garder sa forme quand on en laisse tomber d'une cuiller. Retirez du feu et laissez reposer.
3. Dans un grand bol, à vitesse moyenne, battez la crème épaisse et la vanille. A l'aide d'un fouet, incorporez l'appareil au chocolat à la crème fouettée.
4. Remplissez le fond de tarte. Réfrigérez environ 4 h, ou jusqu'à ce que la garniture soit ferme.

Œufs à la neige

Photo page 94
Débutez 1 h 30 avant
4 portions

5 jaunes d'œufs
2 t. de lait
¼ c. à thé de sel
Sucre
½ c. à thé d'essence de
vanille
1 blanc d'œuf à
température ambiante
Eau

1. Dans un bain-marie d'eau frémissante, mais *non bouillante,* mêlez les jaunes, le lait, le sel et ¾ t. de sucre. Faites épaissir environ 15 min en remuant, jusqu'à ce que le mélange nappe une cuiller. (Faites égoutter celle-ci; si après 15 à 20 s vous ne voyez pas le métal, la crème est prête.) Ajoutez la vanille.

2. Versez la crème anglaise dans quatre coupes à dessert ou à champagne. Couvrez et réfrigérez environ 1 h; portez le four à 350°F (180°C).

3. Entre-temps, montez le blanc d'œuf en neige à haute vitesse dans un petit bol. Saupoudrez-y 2 c. à soupe de sucre et continuez de battre jusqu'à dissolution.

4. Dans un plat de 8 po × 8 (20 cm × 20), dressez le blanc d'œuf en quatre monticules sur ½ po (1 cm) d'eau froide. Cuisez au four de 7 à 10 min.

5. Déposez les meringues pochées à l'aide d'une écumoire sur du papier essuie-tout, puis coiffez-en la crème dans les coupes.

6. Dans une petite casserole à fond épais, faites fondre à feu vif 3 c. à soupe de sucre en remuant pour obtenir un sirop lisse (environ 3 min).

7. Retirez la casserole du feu et laissez reposer le sirop 2 min, puis, avec une cuiller, faites-le couler en minces filets sur les meringues.

Eclairs et choux à la crème

La pâte à choux, un mélange d'œufs, de beurre et de farine, sert aussi bien à la confection des éclairs qu'à celle des choux à la crème.

Photo page 95
Débutez le matin ou la veille
12 portions

Choux à la crème

Pâte à choux :
½ t. de beurre ou de margarine
1 t. d'eau
¼ c. à thé de sel
1 t. de farine tout usage
4 œufs

Crème pâtissière vanillée ou frangipane (à droite)
Sucre glace

1 Graissez deux grandes plaques à biscuits. Dans une casserole moyenne, à feu moyen, amenez à ébullition le beurre, l'eau et le sel. Retirez du feu.

2 Ajoutez la farine. Remuez avec une cuiller en bois jusqu'à ce que le mélange se détache des parois et forme une boule. Portez le four à 375°F (190°C).

3 Ajoutez les œufs, un à la fois, et battez après chaque addition pour obtenir un mélange homogène. Laissez tiédir.

4 A l'aide d'une cuiller et d'une spatule en caoutchouc, répartissez la pâte en 12 monticules espacés de 3 po (8 cm). Cuisez 50 min.

5 Incisez les choux latéralement et remettez au four 10 min. Eteignez le four et laissez sécher 10 min. Faites refroidir. Préparez la garniture, couvrez et réfrigérez.

6 Lorsque les choux sont froids, tranchez-en les sommets. Garnissez de crème pâtissière, replacez les calottes et saupoudrez-les de sucre glace.

GARNITURES ET GLAÇAGE

CRÈME PÂTISSIÈRE VANILLÉE : Dans une casserole moyenne, mêlez *¾ t. de sucre, ¼ t. de farine tout usage* et *¼ c. à thé de sel* ; ajoutez *1½ t. de lait.* Amenez à ébullition à feu moyen, en remuant ; laissez bouillir 1 min. Dans un petit bol, battez légèrement à la fourchette *6 jaunes d'œufs.* Incorporez-y une petite quantité du mélange chaud, puis versez le tout dans la casserole en tournant. Faites épaissir, sans laisser bouillir, environ 8 min, en continuant de remuer jusqu'à ce que la préparation nappe une cuiller. (Pour vérifier si la crème est prête, exécutez l'épreuve de consistance décrite à la page 358.) Retirez du feu et ajoutez *1½ c. à thé d'essence de vanille.* Couvrez d'une cellophane et réfrigérez environ 2 h. Dans un petit bol, fouettez à vitesse moyenne *1½ t. de crème épaisse* pour qu'elle soit bien ferme. Incorporez-la à la crème pâtissière avec une spatule en caoutchouc. (Donne 4⅔ t.)

CRÈME FRANGIPANE : Remplacez la vanille ci-dessus par *1 c. à thé d'extrait d'amande.*

GLAÇAGE AU CHOCOLAT : Faites fondre dans une casserole *2 carrés de chocolat mi-amer* et *2 c. à soupe de beurre,* en remuant constamment. Ajoutez *1 t. de sucre glace* et *3 c. à soupe de lait* en remuant pour obtenir une pâte lisse. (Donne 1 t.)

Eclairs

Photo page 97
Débutez le matin ou la veille
10 éclairs

Pâte à choux (à gauche)
Crème pâtissière vanillée (ci-dessus)
Glaçage au chocolat (ci-dessus)

1. Allumez le four à 375°F (190°C). Suivez les étapes 1 à 3 de la recette de gauche ; répartissez la pâte à intervalles de 2 po (5 cm) en 10 monticules d'environ ¼ t. et laissez 6 po (15 cm) entre les rangées. Donnez une forme oblongue à chaque monticule. Faites dorer au four environ 40 min. Incisez les éclairs latéralement et réenfournez pour 10 min. Eteignez le four et laissez sécher 10 min. Faites refroidir sur une grille.
2. Entre-temps, préparez une crème pâtissière vanillée et un glaçage au chocolat.
3. Tranchez et ôtez les calottes et garnissez les éclairs de crème ; replacez les calottes et glacez. Réfrigérez jusqu'au moment de servir.

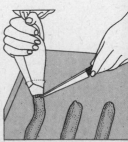

Pour former les éclairs : Etalez des boudins de 5 po × ¾ (13 cm × 2).

Avec une douille : Utilisez une douille avec un embout rond et lisse.

Choux en couronne

*Pâte à choux (voir Choux
à la crème, ci-contre)*
*Crème frangipane
(ci-contre)*
*Glaçage au chocolat
(ci-contre)*
*1 casseau de fraises
lavées et équeutées*

Photo
age 94
Débutez le
matin ou
a veille
0 portions

1 Sur une plaque graissée
et farinée, tracez les
contours d'une assiette
moyenne. Portez le four à
400°F (200°C). Faites une
pâte à choux en suivant
les étapes 1 à 3.

2 Déposez de généreu-
ses cuillerées de pâte
à l'intérieur du cercle.
Faites dorer 40 min.
Eteignez le four et
laissez sécher 15 min;
faites refroidir.

3 Avec un couteau
bien affilé, tranchez
la couronne en deux,
horizontalement.

4 Evidez l'intérieur
avec une cuiller pour
ne laisser qu'une cou-
ronne de coquilles.

5 Préparez la crème
frangipane et fourrez
les coquilles; reposez la
calotte et réfrigérez.

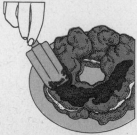

6 Préparez le glaçage
au chocolat; étalez-le
sur la couronne et remet-
tez au réfrigérateur.

7 *Avant de servir:* Rem-
plissez le centre de la
couronne avec des fraises
fraîches. Servez aussitôt.

Cygnes

*Pâte à choux (voir Choux
à la crème, ci-contre)*
*Garniture vanillée
(ci-dessous)*

Photo
page 95
Débutez le
matin
36 cygnes

1. Graissez de grandes plaques à biscuits. Allumez
le four à 375°F (190°C). Suivez les étapes 1 à 3 de la
recette de pâte à choux. Dans une poche à douille
lisse de 1/8 po (3 mm), mettez 3/4 t. de pâte pour former le cou des cygnes: étalez 36 points d'interrogation de 2 po (5 cm) et terminez chacun avec une
petite boule pour la tête.
2. Remplissez la poche avec le reste de la pâte et
servez-vous d'un embout de 1/2 po (12 mm) pour
former les corps: étalez 36 « 8 » de 1½ po × 1
(4 cm × 2,5) espacés de 1 po (2,5 cm). Faites dorer
les cous 10 min et les corps de 30 à 35 min. Laissez
refroidir sur une grille. Préparez la garniture.
3. Tranchez les corps des cygnes horizontalement
au premier tiers. Garnissez les fonds avec un embout cannelé. Coupez les dessus en deux pour les
ailes, disposez sur la garniture, puis ancrez les
cous. Faites refroidir.

GARNITURE VANILLÉE: Mêlez dans une grande casserole *1 sachet de gélatine non parfumée, 1/2 t. de
sucre* et *2 c. à soupe de farine tout usage.* Dans un
petit bol, fouettez *4 jaunes d'œufs* et *1 t. de lait;*
mêlez avec la gélatine. En remuant, faites cuire environ 10 min à feu modéré pour que la préparation
soit assez épaisse pour napper une cuiller (ne laissez pas bouillir). Retirez du feu; ajoutez *1 c. à thé
d'essence de vanille.* Couvrez et réfrigérez environ
45 min. Dans un petit bol, montez en pics légers, à
vitesse moyenne, *1 t. de crème épaisse;* incorporez-
la au mélange tout juste rafraîchi.

Confection des cygnes: A
la douille, formez les cous
en points d'interrogation
et les corps en « 8 ».

Pour garnir: Tranchez
au premier tiers. Garnis-
sez le fond. Tranchez le
dessus en deux.

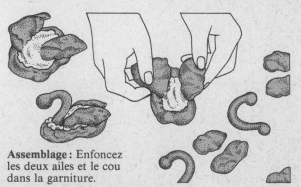

Assemblage: Enfoncez
les deux ailes et le cou
dans la garniture.

Crêpes et pannequets

Crêpes Suzette

Photo page 94
Débutez le matin
12 crêpes ou 6 portions

Crêpes:
Beurre ou margarine, fondu
1½ t. de lait
⅔ t. de farine tout usage
½ c. à thé de sel
3 œufs
Sauce Suzette (ci-dessous)
¼ t. de liqueur d'orange

1. Dans un bol moyen, fouettez 2 c. à soupe de beurre et les autres ingrédients des crêpes, pour obtenir une pâte bien lisse. Couvrez et réfrigérez 2 h.

2. Badigeonnez de beurre le fond d'une crêpière de 7 po (18 cm) et d'une sauteuse de 10 po (25 cm) et faites-les chauffer à feu moyen. Versez ¼ t. de pâte dans la crêpière et inclinez-la pour étaler uniformément ; cuisez 2 min pour que le dessus soit pris et le dessous légèrement brun.

3. Détachez la crêpe et renversez-la dans la sauteuse ; laissez cuire 30 s. Faites glisser sur un papier ciré et commencez à cuire une seconde crêpe. Empilez-les entre des papiers cirés. Servez-les immédiatement ou réfrigérez-les, enveloppées dans du papier d'aluminium.

4. *Une demi-heure avant de servir:* Préparez la sauce Suzette. Pliez les crêpes en quatre et disposez-les dans la sauce. Laissez mijoter 10 min à feu modéré, puis versez la liqueur au centre. Laissez chauffer 1 ou 2 min, puis enflammez avec une longue allumette et flambez. Vous pouvez aussi chauffer la liqueur dans une petite casserole à feu doux et la verser, flambante, dans un plat à réchaud où vous aurez chauffé les crêpes. Servez aussitôt.

SAUCE SUZETTE: Dans un plat à réchaud ou une poêle moyenne, chauffez à feu doux *⅓ t. de jus d'orange, ¼ t. de beurre* ou de margarine, *2 c. à soupe de sucre* et *¼ c. à thé de zeste d'orange râpé.*

POUR SERVIR LES CRÊPES SUZETTE

Pliez les crêpes en quatre ; disposez-les dans un plat à réchaud. Faites mijoter 10 min.

Versez la liqueur au centre du plat et ne remuez pas.

Attendez 1 ou 2 min ; enflammez avec une longue allumette, puis laissez flamber. Vous pouvez aussi chauffer la liqueur à part dans une petite casserole ; enflammez-la, puis versez flambant sur les crêpes. Servez aussitôt.

Crêpes à l'orange

Photo page 94
Débutez 1 h avant
6 portions

Sauce à l'orange (ci-dessous)
1½ t. de lait
¾ t. de farine tout usage
½ c. à thé de levure chimique à double action
½ c. à thé de sel
6 œufs, séparés
Huile
1 t. de crème sure
2 oranges moyennes, pelées, épépinées et coupées en dés

1. Préparez la sauce à l'orange et gardez-la au chaud.

2. Dans un grand bol, à l'aide d'un fouet ou d'une fourchette, mélangez le lait, la farine, la levure, le sel et les jaunes d'œufs pour obtenir un mélange homogène.

3. Dans un petit bol, montez à haute vitesse les blancs en neige ferme. Incorporez-les avec un fouet ou une spatule en caoutchouc au premier mélange.

4. Faites chauffer à feu moyen une poêle de 12 po (30 cm) légèrement huilée. Faites cuire trois crêpes à la fois, en étalant pour chacune ½ t. de pâte en un disque de 4 po (10 cm). Faites dorer environ 3 min, en les retournant une seule fois. Déposez-les sur une plaque à biscuits et gardez au chaud. Faites 12 crêpes en tout, en huilant la poêle au besoin.

5. Pour servir, garnissez chaque crêpe de crème sure. Enroulez-les et disposez-les sur une assiette chaude. Nappez de sauce à l'orange et décorez avec les dés d'orange.

SAUCE À L'ORANGE: Dans une petite casserole, faites fondre à feu doux *¼ t. de beurre* ou de margarine. Ajoutez en remuant *1½ t. de sucre glace*, *⅓ t. de jus d'orange* et *2 c. à soupe de zeste d'orange râpé*. Chauffez en brassant.

Pannequets au fromage

Photo page 98
Débutez le matin
6 portions

12 crêpes Suzette (ci-contre)
1 t. de cottage crémeux
3 oz (90 g) de fromage à la crème, ramolli
¼ t. de sucre
½ c. à thé d'essence de vanille
2 c. à soupe de beurre ou de margarine
1 paquet de 10 oz (300 g) de fraises congelées

1. Suivez les étapes 1 à 3 pour la confection des crêpes (ci-contre).

2. *Une demi-heure avant de servir:* Dans un petit bol, fouettez à vitesse moyenne les fromages, le sucre et la vanille pour obtenir un mélange bien lisse. Etalez environ 1 c. à soupe de ce mélange sur chaque crêpe en laissant une bordure de ½ po (1 cm) ; repliez les bords sur la garniture et roulez les crêpes.

3. Allumez le four à 350°F (190°C). Faites fondre le corps gras dans un moule à roulé de 15½ po × 10½ (39 cm × 27). Disposez les pannequets en une seule couche sur le corps gras fondu, dans le moule. Mettez au four 10 min environ. Décorez de fraises avant de servir.

PANNEQUETS AUX CERISES : Suivez la recette ci-dessus, mais sans les fraises. Préparez une Sauce aux cerises (p. 464) dans un plat à réchaud ; ajoutez les pannequets. Laissez mijoter 10 min à feu doux.

Voir les descriptions à la page 1

Entremets divers

Shortcake aux fraises

Photo
page 97
Débutez
45 min
avant
8 portions

Sucre
1¾ t. de farine tout usage
½ t. de graisse végétale
⅓ t. de lait
1 œuf
1 c. à soupe de levure chimique à double action

1 c. à thé de zeste de citron râpé
¾ c. à thé de sel
2 casseaux de fraises
Beurre ou margarine, ramolli
1 t. de crème épaisse ou à 35 p. 100, fouettée

1. Allumez le four à 450°F (230°C), puis graissez un moule rond de 9 po (23 cm). Dans un bol moyen, mêlez ¼ t. de sucre et les sept ingrédients suivants. Battez à vitesse moyenne pour obtenir une pâte souple et homogène, puis étalez-la uniformément dans le moule. Faites dorer au four environ 15 min.
2. Lavez et équeutez les fraises. Réservez-en quelques-unes pour la décoration. Saupoudrez ⅓ t. de sucre sur les autres et écrasez-les partiellement.
3. Renversez le biscuit sur le plat de service; pendant qu'il est encore chaud, tranchez-le en deux horizontalement à l'aide d'un long couteau bien affilé. Enduisez de beurre ramolli les deux faces tranchées.
4. Etalez la purée de fraises sur la première moitié du biscuit, coiffez-la de la seconde et recouvrez avec le reste de la purée.
5. Finissez avec la crème fouettée et décorez de fraises entières.

Pour trancher : Servez-vous d'un long couteau bien affilé et tranchez à l'horizontale; enduisez de beurre ramolli les faces tranchées.

Pour assembler : Etalez de la purée de fraises sur la première moitié du biscuit; coiffez de la seconde et terminez avec le reste des fraises.

SHORTCAKES INDIVIDUELS : Suivez la recette ci-dessus, mais divisez la pâte en huit parts espacées de 2 po (5 cm) sur une plaque graissée. Faites dorer 10 min et continuez comme ci-dessus.

Syllabub

Photo
page 94
Débutez
10 min avant
8 tasses ou
16 portions

5 t. de crème de table
2 t. de chablis
1 t. de sucre
½ t. de brandy

⅓ t. de jus de citron
1 zeste de citron émincé pour la décoration

Dans un grand bol, battez la crème à basse vitesse pour la faire mousser; ajoutez, tout en battant, le reste des ingrédients, à l'exception du zeste. Une fois le mélange homogène, répartissez-le dans des coupes froides. Décorez de zeste.

Shortcake royal

Photo
page 94
Débutez 4 h avant ou le matin
12 portions

4 œufs, séparés, à température ambiante
¼ c. à thé de crème de tartre
Sucre
1 t. de farine tout usage
⅓ t. d'eau
¼ t. d'huile

1½ c. à thé de levure chimique à double action
½ c. à thé de vanille
2 casseaux de fraises équeutées
1½ t. de crème épaisse ou à 35 p. 100, fouettée

1. Dans un grand bol, battez les blancs d'œufs à haute vitesse avec la crème de tartre. Dès qu'ils forment des pics légers, saupoudrez-les de ¼ t. de sucre, deux cuillerées à soupe à la fois, en continuant de battre à haute vitesse pour bien le dissoudre. Poursuivez jusqu'à l'obtention de pics fermes.
2. Allumez le four à 325°F (160°C). Dans un petit bol, battez à vitesse moyenne les jaunes d'œufs, la farine, l'eau, l'huile, la levure chimique, la vanille et ½ t. de sucre. A l'aide d'un fouet, incorporez cette préparation aux blancs d'œufs. Versez l'appareil dans un moule tubulaire de 9 po (23 cm) non graissé.
3. Faites cuire 1 h ou jusqu'à ce que la pâte reprenne sa forme après une pression du doigt. Renversez le moule et laissez refroidir.
4. Tranchez les fraises en deux. Démoulez le biscuit et tranchez-le horizontalement en deux moitiés égales. Placez la première sur une assiette de service et étalez-y la moitié de la crème fouettée. Garnissez du tiers des fraises et coiffez de la seconde moitié. Finissez avec le reste de la crème fouettée et des fraises.

DESSERTS AU YOGOURT

Le yogourt se prête à la confection de toutes sortes d'entremets. Voici, à cet effet, quelques suggestions de desserts légers et rafraîchissants.

Décorez un yogourt nature de miel (à gauche) ou de petits fruits frais (à droite).

Incorporez à un yogourt au café des noix hachées, du gâteau ou des biscuits émiettés et nappez de sirop de chocolat (ci-dessus).

Servez, dans des coupes à parfait ou dans des verres, du yogourt nature ou parfumé à la vanille ou aux fruits intercalé entre des couches de fruits frais ou en conserve.

Voir les descriptions à la page 16

Entremets divers

Photo page 95
Débutez 2 h avant ou le matin
8 portions

Crème aux fraises en cassolettes

6 oz (170 g) de morceaux   1 t. de crème épaisse ou
de chocolat mi-amer   à 35 p. 100
1 c. à soupe de graisse   ⅓ t. de sucre glace
végétale
1 casseau de fraises

1. Chemisez huit moules à muffins de 3 po (8 cm)
de moules en papier plissé.
2. Au-dessus d'un bain-marie d'eau frémissante,
mais *non bouillante* (ou dans une petite casserole à
fond épais, sur feu doux), faites fondre le chocolat
et le beurre environ 5 min, en remuant de temps en
temps, pour obtenir une pâte bien lisse.
3. Tapissez chaque moule de papier d'environ 3 c.
à thé de chocolat fondu. Pour ce faire, inclinez le
moule, laissez couler environ 1 c. à thé de chocolat
le long de sa paroi, tournez et répétez deux fois
pour former chaque cassolette. Réfrigérez environ
30 min.
4. *Une demi-heure avant de servir:* Les mains froides, retirez les cassolettes une à une du réfrigérateur et dépouillez-les de leur papier. Remettez-les
immédiatement au réfrigérateur sur une assiette de
service froide.
5. Lavez et équeutez les fraises, puis asséchez-les
avec du papier essuie-tout. Coupez-les en tranches
de ⅛ po (3 mm) et réservez-en une demi-tasse pour
la décoration.
6. Fouettez la crème épaisse et le sucre glace à vitesse moyenne dans un petit bol jusqu'à l'obtention
d'un mélange ferme. Avec une spatule en caoutchouc, incorporez-y les fraises, puis remplissez-en
les cassolettes en chocolat. Décorez avec quelques
tranches de fraises réservées.

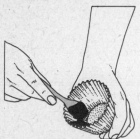

**Pour former les cassolet-
tes:** Laissez couler le
chocolat dans le moule
incliné et tournez.

Pour les remplir: Versez-y le mélange à la
cuiller, puis décorez de
tranches de fraises.

Débutez 2 h avant ou le matin
8 portions

CRÈME DE CACAO EN CASSOLETTES: Confectionnez
des cassolettes en chocolat comme ci-dessus. Au
lieu de fraises, incorporez *¼ t. de cacao* et *¼ c. à
thé d'essence de vanille* à la crème avant de la fouetter avec le sucre glace.

Strudel aux pommes

2 lb (900 g) de pommes   ½ lb (225 g) de filo (pâte
à cuire acides,   en feuilles)
émincées (environ 6 t.)   ½ t. de beurre ou de
½ t. de raisins secs   margarine, fondu
foncés sans pépins ou
de raisins de Corinthe
½ t. de noix de Grenoble
ou de pacanes, hachées
⅓ t. de sucre
½ c. à thé de cannelle
moulue
¼ c. à thé de muscade
râpée
¼ c. à thé de sel
Environ 1 t. de chapelure

Photo page 94
Débutez 3 h avant ou
le matin
10 portions

1 Graissez un moule
de 15½ po × 10½
(40 cm × 27). Mêlez les
sept premiers ingrédients
et ½ t. de chapelure;
réservez.

2 Taillez deux lon-
gueurs de papier ciré
de 25 po (65 cm); collez-
les latéralement en les
faisant chevaucher de
½ po (1 cm).

3 Placez une feuille de
filo sur le papier ciré;
badigeonnez de beurre
fondu et saupoudrez de
1 c. à soupe de
chapelure.

4 Allumez le four à
375°F (190°C). Prépa-
rez le reste du filo de
même et disposez-le de
façon à obtenir un carré
de 18 po (45 cm) de côté.

5 Etalez la garniture
sur un rectangle de
12 po × 4 (30 cm ×
10), en laissant 3 po
(8 cm) de filo à décou-
vert sur les quatre côtés.

6 Repliez les marges
sur la garniture et
roulez à partir d'un petit
côté, à l'aide du papier
ciré.

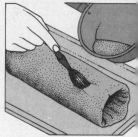

7 Placez sur le moule,
joint en dessous. Ba-
digeonnez de beurre fon-
du et faites dorer environ
40 min.

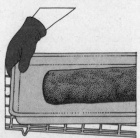

8 Lorsque le strudel est
cuit, placez le moule
sur une grille et laissez
refroidir environ 30 min.

9 Tranchez en portions
individuelles. Ce des-
sert se sert aussi bien
tiède que froid.

Baklava

Photo page 96
Débutez 3 h avant ou jusqu'à 1 semaine plus tôt
24 portions

4½ t. de noix de Grenoble, finement hachées
½ t. de sucre
1 c. à thé de cannelle moulue

1 lb (450 g) de filo (pâte en feuilles)
1 t. de beurre ou de margarine, fondu
1 t. de miel

1. Graissez un moule de 13 po × 9 (33 cm × 23). Dans un grand bol, mêlez les noix, le sucre et la cannelle ; réservez.
2. Placez une feuille de filo dans le moule et laissez pendre l'excédent de chaque côté ; badigeonnez de beurre fondu. Répétez cinq fois de la même façon ; couvrez avec 1 t. de garniture. Taillez ce qui reste de feuilles de filo en rectangles de même dimension que le moule. Portez le four à 300°F (150°C).
3. Placez un rectangle de filo par-dessus la garniture ; badigeonnez de beurre fondu. Répétez au moins six fois. Utilisez aussi les retailles en les faisant chevaucher. Couvrez de 1 t. de garniture.
4. Refaites trois fois l'étape 3. Terminez avec tout ce qui reste de filo. Taillez le surplus en bordure. Enfoncez à mi-hauteur un couteau bien aiguisé et coupez ainsi des losanges de façon à déterminer 24 portions. Faites cuire environ 1 h 15 pour que la surface soit bien dorée.
5. Entre-temps, faites chauffer le miel dans une petite casserole à feu modéré, sans le laisser bouillir. Versez sur le baklava. Mettez le moule sur une grille et laissez-le refroidir 1 h avant de le recouvrir d'un papier. Gardez à la température ambiante jusqu'au moment de servir.
6. *Pour servir :* Finissez de tailler les losanges.

CONFECTION D'UN BAKLAVA

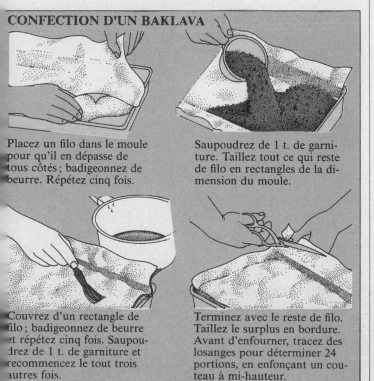

Placez un filo dans le moule pour qu'il en dépasse de tous côtés ; badigeonnez de beurre. Répétez cinq fois.

Saupoudrez de 1 t. de garniture. Taillez tout ce qui reste de filo en rectangles de la dimension du moule.

Couvrez d'un rectangle de filo ; badigeonnez de beurre et répétez cinq fois. Saupoudrez de 1 t. de garniture et recommencez le tout trois autres fois.

Terminez avec le reste de filo. Taillez le surplus en bordure. Avant d'enfourner, tracez des losanges pour déterminer 24 portions, en enfonçant un couteau à mi-hauteur.

Galatoboureko

Photo page 96
Débutez 2 h 30 avant ou jusqu'à 2 jours plus tôt
24 portions

4 t. de lait
2 t. de crème épaisse ou à 35 p. 100
½ t. plus 1 c. à soupe de semoule de blé enrichi à cuisson rapide
½ t. de sucre
6 jaunes d'œufs

1 c. à soupe d'essence de vanille
½ lb (225 g) de filo (pâte en feuilles)
¾ t. de beurre ou de margarine, fondu
Sirop (ci-dessous)

1. Graissez un moule de 13 po × 9 (33 cm × 23). A feu assez vif, amenez à ébullition le lait et la crème dans une grande casserole. Mêlez le sucre et la semoule dans un petit bol ; versez en pluie sur le liquide chaud, en agitant avec un fouet ou une cuiller en bois. Lorsque le tout bouillonne, réduisez le feu de moitié et faites épaissir légèrement, en remuant constamment, de 5 à 10 min. Retirez la casserole du feu.
2. Dans un grand bol, battez à haute vitesse les jaunes d'œufs et la vanille. Réglez le batteur à vitesse moyenne et incorporez à la première préparation. Allumez le four à 375°F (190°C).
3. Placez une feuille de filo dans le moule, en en laissant dépasser de chaque côté ; badigeonnez du corps gras fondu. Répétez cinq fois, puis versez la garniture dans ce nid de filo.
4. Taillez toutes les autres feuilles de filo aux dimensions du moule. Placez un premier rectangle sur la garniture et badigeonnez-le de margarine ou de beurre fondu. Répétez avec tout ce qui reste de filo et de corps gras. (Servez-vous éventuellement des retailles en les faisant chevaucher.) Avec un couteau bien aiguisé, incisez superficiellement des carrés de 2¼ po (6 cm) de côté.
5. Faites cuire 35 min ou jusqu'à ce que la pâte soit dorée et gonflée. Nappez le galatoboureko de sirop au citron bien chaud. Placez le moule sur une grille et laissez refroidir au moins 1 h avant de servir.
6. *Avant de servir :* Tranchez en approfondissant les incisions pratiquées à l'étape 4. Le galatoboureko se sert aussi bien tiède que froid. Dans ce dernier cas, il faut d'abord le réfrigérer.

SIROP : Dans une petite casserole, amenez à ébullition à feu moyen ¾ t. de sucre et ⅓ t. d'eau en remuant de temps à autre. Faites mijoter à feu doux environ 8 min ; quand le sirop a épaissi, ajoutez *1 c. à soupe de jus de citron.*

Pour trancher le filo : Avec un couteau bien affilé, taillez le filo aux dimensions du moule.

Pour servir : Déterminez les portions avant d'enfourner en incisant des carrés de 2¼ po (6 cm).

Entremets divers

Bagatelle au sherry

*6 c. à soupe de farine
tout usage*
*½ c. à thé de levure
chimique à double
action*
¼ c. à thé de sel
2 blancs d'œufs
Sucre
6 jaunes d'œufs
Vanille
*½ t. de confiture de
framboises*
¼ t. de sherry doux
2 t. de lait

*½ t. de macarons
émiettés (environ 6)*
*1 t. de crème épaisse ou
à 35 p. 100, fouettée*
*Cerises rouges confites
(facultatif)*
*Amandes effilées
(facultatif)*

Photo page 97
Débutez le matin
ou la veille
8 portions

1 Graissez le fond d'un moule à gâteau de 9 po (23 cm) et chemisez-le de papier ciré. Mêlez dans une tasse la farine, la levure et le sel. Montez les blancs en neige à haute vitesse, saupoudrez-y 3 c. à soupe de sucre et continuez de battre pour obtenir des pics fermes et luisants. Dans un bol moyen, fouettez à haute vitesse 2 jaunes d'œufs, ¼ t. de sucre et ¼ c. à thé de vanille.

Photo page 98
Débutez 5 h avant ou le matin
8 chaussons

Chaussons aux pommes

2 t. de farine tout usage
1 c. à thé de sel
1 t. de beurre
½ t. d'eau glacée
*2 pommes pelées et
émincées*
½ t. de sucre

*1 c. à soupe de fécule de
maïs*
1 c. à thé de jus de citron
¼ c. à thé de cannelle
1 œuf
Eau
½ t. de sucre glace

1. Mêlez la farine et le sel, puis incorporez-y ½ t. de beurre à l'aide d'une broche à pâtisserie jusqu'à l'obtention d'un mélange grossier. Aspergez la pâte d'eau glacée, travaillez-la à la fourchette, puis roulez-la en boule. Sur un plan de travail fariné, avec un rouleau fariné, abaissez un rectangle de 18 po × 8 (45 cm × 20). Coupez ¼ t. de beurre en fines lamelles. Recouvrez-en les deux tiers de la pâte, en laissant une bordure de ½ po (1 cm) de chaque côté.

2. Pliez la pâte en trois, en commençant par l'extrémité nue. Abaissez-la de nouveau en un rectangle de 18 po × 8 (45 cm × 20).

3. Couvrez du reste du beurre en lamelles et pliez comme ci-dessus. Enveloppez dans de la cellophane et réfrigérez 15 min. Abaissez encore en rectangle et pliez en longueur, puis en largeur. Enveloppez et réfrigérez 1 h.

4. Mélangez dans une casserole les pommes, le sucre, la fécule, le jus de citron et la cannelle. Faites cuire à feu doux en remuant souvent jusqu'à ce que les pommes soient tendres. Réfrigérez.

5. Allumez le four à 450°F (230°C). Coupez la pâte en deux en largeur et remettez-en une moitié au frais. Abaissez un premier carré de 12 po (30 cm) et divisez-le en quatre carrés de 6 po (15 cm). Battez 1 jaune d'œuf avec 1 c. à soupe d'eau et badigeonnez-en les carrés. Déposez un huitième des pommes au centre de chacun, pliez en deux et soudez les bords. Réservez au frais sur une plaque non graissée et préparez le reste de pâte.

6. Badigeonnez les chaussons d'œuf, incisez la pâte, puis faites dorer au four environ 20 min. Laissez refroidir sur une grille.

7. Mélangez le sucre glace et 1 c. à soupe d'eau, puis versez en minces filets sur les chaussons.

2 Allumez le four à 375°F (190°C). Saupoudrez la farine préparée sur les jaunes d'œufs.

3 Ajoutez les blancs d'œufs et incorporez le tout à l'aide d'une spatule en caoutchouc. Etalez uniformément cet appareil dans le moule.

4 Cuisez 15 min pour que le gâteau reprenne sa forme après une pression du doigt. Placez 10 min sur une grille, puis démoulez.

5 Tranchez le gâteau en deux horizontalement ; tartinez une des tranches de confiture et coiffez de l'autre.

6 Défaites le gâteau en bouchées, puis mettez celles-ci dans un bol transparent d'environ 6 t.

7 Arrosez avec le sherry. Réservez 2 c. à soupe de macarons et saupoudrez le reste dans le bol ; laissez reposer.

8 Faites épaissir à feu doux le lait, 4 jaunes d'œufs et 3 c. à soupe de sucre, en remuant sans arrêt. Retirez du feu et ajoutez ½ c. à thé de vanille.

9 Versez cette crème sur le gâteau. Recouvrez la bagatelle d'une cellophane et réfrigérez-la environ 2 h. Saupoudrez-la enfin des macarons réservés.

10 Remplissez de crème fouettée une poche à douille large et étoilée, puis décorez la bagatelle. Terminez avec les cerises confites et les amandes.

Beurrer la pâte : Couvrez les deux tiers de la pâte de lamelles de beurre en laissant une bordure de ½ po (1 cm).

Replier la pâte : Pliez la pâte en trois en commençant par l'extrémité nue de façon à former un nouveau rectangle.

Photo
page 96

Débutez la
veille ou
jusqu'à
3 jours
plus tôt

6 portions

Biscuit étagé au chocolat

2 t. de sucre
1½ t. de beurre, ramolli
2 œufs
2 c. à soupe de cannelle
2⅔ t. de farine tout
usage

3 carrés de chocolat
mi-amer
4 t. de crème épaisse
ou à 35 p. 100
¾ t. de cacao

1. Préparez 14 feuilles de papier ciré d'environ 9½ po (24 cm) de long. Sur l'une d'elles, tracez les contours d'un moule à gâteau de 9 po (23 cm). Empilez les autres et découpez-les d'après ce patron.
2. Mettez le sucre, le beurre, les œufs, la cannelle et 2 t. de farine tout usage dans un grand bol, puis battez-les à petite vitesse en raclant fréquemment les parois du bol avec une spatule en caoutchouc. Fouettez 3 min de plus à vitesse moyenne en raclant les parois de temps en temps, jusqu'à ce que le mélange soit mousseux. Incorporez le reste de la farine à la cuiller.
3. Allumez le four à 375°F (190°C). Avec un linge humide, humectez une grande plaque à biscuits ou deux petites. Placez deux ronds de papier sur la grande ou un seul sur chaque petite. A l'aide d'une spatule de métal, étalez ⅓ t. de pâte sur chacun. Faites cuire de 8 à 12 min ou jusqu'à ce que le bord des biscuits ait légèrement bruni.
4. Placez la plaque sur une grille et attendez 5 min. En vous servant d'une spatule à crêpes, déposez les biscuits avec leur papier sur la grille. (Comme vous devez laisser la plaque refroidir avant de la réutiliser, vous gagneriez du temps en en employant deux ou trois.) Faites cuire de même toute la pâte, puis empilez les biscuits refroidis sur une assiette plate; recouvrez d'une cellophane et rangez dans un endroit frais et sec.
5. *Le matin ou la veille :* Râpez le chocolat grossièrement et réservez-le. Dans un grand bol, fouettez à vitesse moyenne la crème épaisse et le cacao.
6. Dépouillez délicatement un premier biscuit de son papier, placez-le sur une assiette plate et tartinez-le d'environ ½ t. de crème fouettée. Montez tout le gâteau de cette façon et terminez avec de la crème fouettée.
7. Décorez avec le chocolat râpé et réfrigérez. Vous pouvez laisser le gâteau 3 h à la température ambiante avant de le servir pour en faciliter le découpage.

Confection des biscuits: Avec une spatule en métal, étalez une mince couche de pâte sur chaque papier ciré.

Assemblage du gâteau: Enlevez le papier, empilez les biscuits entre des couches de crème et terminez avec celle-ci.

DÉCORATIONS POUR DESSERTS

Feuilles de chocolat: Préparez une plaque de chocolat selon la recette ci-dessous. Avec un emporte-pièce refroidi, découpez-y des feuilles. (Vous pouvez aussi utiliser une vraie feuille comme modèle.)

Employez une petite spatule en métal bien froide pour soulever les feuilles. Servez-vous-en pour décorer vos desserts et, plus particulièrement, la Surprise à l'amaretto (p. 375).

Ecorces d'orange confites: Suivez la recette ci-dessous. Pour décorer soufflés froids, gâteaux au fromage ou crèmes glacées.

Noix hachées: Les noix s'emploient pour décorer les crèmes, les gâteaux et les biscuits étagés.

ÉCORCES D'ORANGE CONFITES: Pelez des bandes de 1 po (2,5 cm) dans l'écorce de *2 oranges moyennes,* puis tranchez-les, en largeur, en lanières de ⅛ po (3 mm). Amenez-les à ébullition à feu vif avec *½ t. d'eau,* puis laissez mijoter 5 min à feu doux en remuant souvent. Egouttez, remettez à feu moyen avec *½ t. de sirop de maïs* et amenez à ébullition. Faites mijoter encore 5 min à feu doux en remuant souvent. Mettez les écorces sur du papier ciré et laissez refroidir 10 min. (Servez-vous du sirop pour napper des crêpes.)

CRÈME FOUETTÉE: La *crème épaisse ou à 35 p. 100* se fouette très froide, à vitesse moyenne, jusqu'à l'obtention de pics légers ou fermes, selon l'usage qu'on veut en faire. Quand il fait chaud, placez d'abord le bol et les batteurs au réfrigérateur.

CRÈME CHANTILLY: Pour *chaque tasse de crème épaisse ou à 35 p. 100,* ajoutez *1 ou 2 c. à soupe de sucre* et *1 c. à thé de vanille* ou *¼ c. à thé d'extrait d'amande ou de sherry sec.* Fouettez en suivant la méthode ci-dessus.

CRÈME FOUETTÉE AU CHOCOLAT: Mettez *2 c. à soupe de cacao instantané* (ou 2 c. à soupe de sucre et autant de poudre de cacao) dans un petit bol, puis versez-y *1 t. de crème épaisse ou à 35 p. 100.* Fouettez à petite vitesse.

FEUILLES DE CHOCOLAT: Faites fondre *1 t. de grains de chocolat mi-amer* et *1 c. à soupe de graisse végétale* au-dessus d'un bain-marie d'eau frémissante, mais *non bouillante.* Remuez de temps à autre jusqu'à l'obtention d'une pâte lisse, puis étalez-en à la spatule une mince couche sur une plaque tapissée de papier ciré. Réfrigérez 20 min, puis découpez-y des feuilles selon la méthode illustrée ci-dessus.

Entremets divers

Photo
page 96
Débutez le
matin ou la
veille
16 portions

Fantaisie au chocolat

Mousse aux fraises :
2 casseaux de fraises
équeutées
4 sachets de gélatine
non parfumée
¾ c. à thé de sel
Sucre
6 œufs, séparés
3½ t. de lait
2 c. à thé d'extrait
d'amande
1 t. de crème épaisse ou
à 35 p. 100

Gâteau au chocolat :
1 t. de farine à pâtisserie

¾ t. de sucre
1½ c. à thé de levure
chimique à double
action
½ c. à thé de sel
¼ t. d'huile à salade
3 œufs, séparés
1 carré de chocolat amer,
fondu
¼ t. d'eau
¼ c. à thé de crème de
tartre

Plaque de chocolat
(à droite)

1. Passez la moitié des fraises au mélangeur couvert et coupez les autres en dés.
2. Dans une grande casserole à fond épais, mélangez la gélatine, le sel et ½ t. de sucre. Fouettez les jaunes d'œufs et le lait et incorporez-les au premier mélange. Faites épaissir à feu assez doux en remuant sans arrêt, jusqu'à ce que le mélange nappe la cuiller, soit environ 20 min. Incorporez l'extrait d'amande, la purée et les fraises en morceaux. Laissez refroidir un peu, puis placez la casserole dans un grand bol de façon qu'elle soit à demi immergée dans de l'eau froide et des glaçons. Remuez souvent. Au bout de 30 min, la préparation devrait garder sa forme en tombant de la cuiller.
3. Chemisez de cellophane un bol de 10 t. ayant 9 po (23 cm) de diamètre en laissant déborder un peu de cellophane tout autour.
4. Montez les blancs d'œufs en neige à grande vitesse ; ajoutez graduellement ¾ t. de sucre et continuez de battre jusqu'à dissolution du sucre. Sans laver les batteurs, fouettez ½ t. de crème à vitesse moyenne pour qu'elle forme des pics légers. A l'aide d'un fouet, incorporez-la délicatement aux blancs d'œufs avec la première préparation. Remplissez-en le bol à la cuiller. Couvrez et réfrigérez environ 2 h.
5. Pour confectionner le gâteau, mélangez dans un grand bol la farine, le sucre, la levure et le sel. Incorporez l'huile, les jaunes d'œufs, le chocolat et l'eau pour obtenir une pâte lisse. Portez le four à 350°F (180°C).
6. Dans un grand bol, montez à haute vitesse les blancs d'œufs en neige ferme avec la crème de tartre ; incorporez-y la pâte de chocolat. Versez dans un moule rond non graissé de 9 po (23 cm). Cuisez environ 30 min ou jusqu'à ce que le gâteau reprenne sa forme après une pression du doigt. Renversez sur une grille et laissez refroidir 1 h *dans le moule.* Préparez la plaque de chocolat (à droite).
7. Démoulez le gâteau sur une assiette plate. Fouettez le reste de la crème à vitesse moyenne et étalez-la sur le gâteau. Terminez comme illustré à droite et réfrigérez.
8. *Pour servir :* Laissez reposer le gâteau à la température ambiante environ 20 min pour ramollir le chocolat. Trempez un couteau bien aiguisé dans de l'eau chaude et découpez.

PLAQUE DE CHOCOLAT : Découpez dans du papier ciré cinq rectangles de 8 po × 7 (20 cm × 18) et un de 17 po × 5 (43 cm × 12). Etalez-les sur trois grandes plaques. Dans un bain-marie d'eau frémissante, *mais non bouillante* (ou dans une casserole à fond épais), faites fondre *12 oz (350 g) de grains de chocolat mi-amer, ¼ t. de beurre* ou de margarine et *¼ t. de sirop de maïs.* Remuez pour obtenir une pâte lisse, puis retirez du feu. Etalez-en à la spatule environ ¼ t. sur chaque petit rectangle et tartinez le grand rectangle avec le reste. Laissez raffermir 2 h au réfrigérateur.

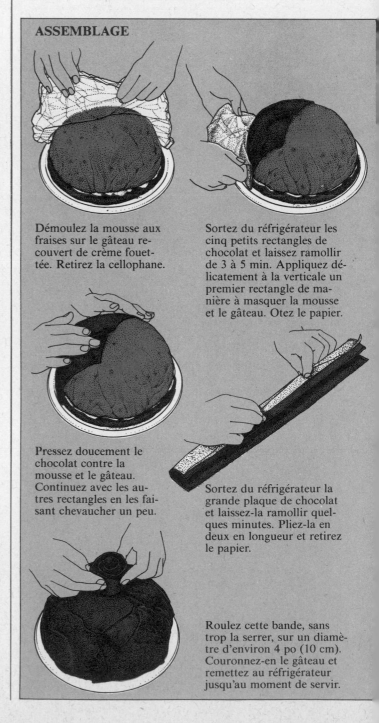

ASSEMBLAGE

Démoulez la mousse aux fraises sur le gâteau recouvert de crème fouettée. Retirez la cellophane.

Sortez du réfrigérateur les cinq petits rectangles de chocolat et laissez ramollir de 3 à 5 min. Appliquez délicatement à la verticale un premier rectangle de manière à masquer la mousse et le gâteau. Otez le papier.

Pressez doucement le chocolat contre la mousse et le gâteau. Continuez avec les autres rectangles en les faisant chevaucher un peu.

Sortez du réfrigérateur la grande plaque de chocolat et laissez-la ramollir quelques minutes. Pliez-la en deux en longueur et retirez le papier.

Roulez cette bande, sans trop la serrer, sur un diamètre d'environ 4 po (10 cm). Couronnez-en le gâteau et remettez au réfrigérateur jusqu'au moment de servir.

Pouding à la vapeur

2¼ t. de farine tout
usage
1 t. de sucre
1 t. de chapelure fraîche
1 c. à thé de levure
chimique à double
action
1 c. à thé de sel
½ c. à thé de cannelle
½ c. à thé de clous de
girofle moulus
Beurre ou margarine
1 t. de dattes hachées
1 t. de pommes pelées et
coupées en dés

½ t. de noix de Grenoble
hachées
1 t. de babeurre
½ t. de mélasse foncée
2 œufs
1 t. de sucre glace
½ c. à thé de vanille
½ t. de brandy
Feuilles de houx

Photo page 96
Débutez 4 h avant
12 portions

1 Graissez un bol de 10 t. Dans du papier d'aluminium, découpez un cercle 1 po (2,5 cm) plus grand que l'ouverture du bol ; graissez-en un côté.

2 Mêlez dans un bol la farine et les six ingrédients suivants.

3 Incorporez-y grossièrement 1 t. de beurre avec un mélangeur à pâtisserie. Ajoutez les dattes.

4 Ajoutez les pommes, puis les quatre ingrédients suivants. Versez dans le premier bol.

5 Recouvrez avec le papier d'aluminium, côté graissé à l'intérieur. Entourez d'une ficelle bien serrée.

6 Placez le bol sur une claie dans une marmite. Remplissez d'eau jusqu'à 1 po (2,5 cm) du bord et couvrez. (Ajoutez de l'eau au besoin pendant la cuisson.)

7 Amenez rapidement à ébullition, puis laissez mijoter à feu doux environ 3 h 30. Le pouding est cuit lorsqu'une aiguille insérée dans la pâte en ressort propre.

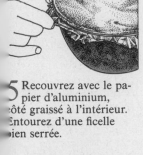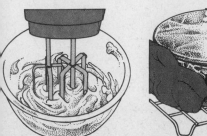

8 Pour confectionner la sauce, battez le beurre en crème à vitesse moyenne avec le sucre glace et la vanille.

9 Laissez refroidir le pouding 5 min sur une grille, puis renversez-le sur une assiette chaude.

10 Faites chauffer le brandy. Décorez le pouding de houx, nappez de brandy et faites flamber. Servez avec la sauce.

Photo page 96
Débutez la veille
8 portions

Surprise à l'amaretto

4 oz (120 g) d'amandes
blanchies (environ
¾ t.)
1 pain de Savoie surgelé
de 10 oz (280 g),
décongelé
¼ t. d'amaretto ou d'une
autre liqueur
d'amande

½ paquet de 6 oz (170 g)
de grains de chocolat
mi-amer (½ t.)
2 t. de crème épaisse ou à
35 p. 100
⅔ t. de sucre glace
1 pincée de sel

1. Faites dorer les amandes environ 10 min au four à 375°F (190°C) dans un moule de 9 po × 9 (23 cm × 23), en remuant de temps à autre. Laissez-les refroidir, puis hachez-les grossièrement avec un couteau tranchant.

2. Entre-temps, tapissez de cellophane un bol rond de 1½ pte (1,5 L). Découpez le pain de Savoie en tranches de ¼ po (6 mm) et coupez chacune d'elles diagonalement pour obtenir des triangles. Mouillez avec la liqueur. Tapissez le bol de gâteau, en commençant par les triangles les plus dorés que vous disposerez pointes en bas de façon à former un motif en spirale. Continuez de même pour les parois du bol, puis réservez tout ce qui reste de gâteau.

3. Dans une casserole à fond épais, faites fondre le chocolat à feu doux, en remuant de temps à autre. Retirez du feu et laissez tiédir.

4. Dans un grand bol, battez à vitesse moyenne la crème épaisse avec le sucre glace et le sel jusqu'à ce qu'elle forme des pics légers. Incorporez les amandes grillées.

5. Etalez uniformément sur le gâteau qui tapisse le bol les deux tiers de la crème fouettée. Incorporez le chocolat fondu au reste de la crème fouettée, puis remplissez-en le centre du bol. Recouvrez le tout avec les triangles de gâteau réservés. Couvrez d'une cellophane et laissez toute une nuit au réfrigérateur.

6. *Pour servir:* Retirez la cellophane. Démoulez le dessert, à l'envers, sur un plat de service refroidi ; retirez l'autre cellophane. Découpez à l'aide d'un couteau bien aiguisé.

Pour tapisser le bol : Disposez les triangles côte à côte, pointes en bas, pour tapisser le fond, puis continuez afin de couvrir entièrement les parois.

Pour finir : Disposez le reste des triangles sur la garniture. Couvrez d'une cellophane, puis laissez toute une nuit au réfrigérateur.

DESSERTS GLACÉS

Les *crèmes glacées* et les *laits glacés* du commerce sont confectionnés avec des matières grasses et des solides de lait, des édulcorants et des essences. C'est la crème glacée qui contient le plus haut pourcentage de matière grasse. Le lait glacé en contient deux fois moins, mais renferme plus de sucre. Les *sorbets* ne comportent aucune matière grasse, tandis que les *glaces aux fruits* se composent d'eau, de sucre et de fruits. Les *yogourts glacés* sont constitués de lait écrémé, de solides de lait écrémé, de culture lactique, de fruits, d'essences de fruits et de coagulants ou d'émulsifiants et de stabilisateurs.

Les desserts glacés sont faciles à réaliser. Si vous employez une sorbetière, suivez les directives du manufacturier pour remplir le contenant, car il faut prévoir que la préparation prendra du volume sous l'effet de la congélation. Tout excédent peut se congeler dans un bac à glace. Une fois la préparation prise, transvidez-la dans un contenant bien frais et faites-la durcir quelques heures au congélateur. Si vous employez un bac à glace, videz la préparation dans un bol environ 1 heure avant de servir et fouettez-la à vitesse moyenne pour la rendre onctueuse ; retournez-la dans le bac au congélateur jusqu'à environ 10 minutes avant de servir.

Gardez un certain nombre de bacs en réserve pour confectionner vos glaces, car ils resteront collants après avoir servi à cet usage. On peut dire d'une préparation qu'elle est à demi prise lorsqu'elle est ferme sur 1 po (2,5 cm) tout autour, tandis que le centre est encore mou.

Crème glacée

Crème glacée à la vanille

2 t. de sucre
6 c. à soupe de farine
*   tout usage*
1 c. à thé de sel
5 t. de lait
6 œufs
4 t. de crème de table
3 c. à soupe de vanille
20 lb (9 kg) de glace pilée
2 à 3 lb (1 à 1,5 kg) de
*   gros sel*

Photo page 102
Débutez le matin ou jusqu'à
1 mois plus tôt
3 pte (3 L) ou 12 portions

1 Dans une grande casserole à fond épais, mêlez à la cuiller le sucre, la farine et le sel. Fouettez le lait et les œufs dans un bol moyen ; versez dans la casserole et remuez pour que le tout soit homogène. Faites épaissir à feu doux en remuant sans arrêt de 30 à 45 min ou jusqu'à ce que la préparation nappe une cuiller. (Ne laissez jamais bouillir.) Retirez la casserole du feu.

2 Couvrez la crème d'un papier ciré et faites-la réfrigérer environ 2 h ou jusqu'à ce qu'elle soit parfaitement refroidie.

3 Versez dans le récipient de 4 pte (4 L) d'une sorbetière la crème, la vanille et la préparation refroidie.

4 Insérez le batteur dans le récipient, mettez le couvercle et placez le tout dans le seau. Ajustez le moteur ou la manivelle.

5 Le seau plein à moitié de glaçons, alternez ¼ t. de gros sel pour chaque pouce (2,5 cm) de glace.

6 Faites prendre la préparation en suivant le mode d'emploi ; ajoutez de la glace et du sel au besoin.

7 Retirez la manivelle. Essuyez le couvercle, puis ôtez-le. Enlevez le batteur et tassez la crème avec une cuiller.

8 Couvrez le récipient de papier ciré et remettez le couvercle. Bouchez l'ouverture avec un bouchon de liège.

9 Recouvrez de glace et de sel et laissez raffermir de 2 à 3 h en ajoutant au besoin de la glace et du sel.

Crème glacée

CRÈMES GLACÉES VARIÉES

MÉTHODE AU CONGÉLATEUR : Préparez une crème anglaise d'après l'étape 1 de Crème glacée à la vanille, mais utilisez *1 t. de sucre, 3 c. à soupe de farine, ½ c. à thé de sel, 2½ t. de lait et 3 œufs ;* cuisez 15 min et laissez refroidir. Incorporez *2 t. de crème épaisse et 5 c. à thé de vanille.* Versez dans un moule de 9 po × 9 (23 cm × 23). Couvrez et congelez jusqu'à ce que la crème soit prise mais encore molle. Transvasez-la dans un bol et fouettez-la pour la rendre onctueuse. (Donne 6 t. ou 6 portions.)

AU CHOCOLAT : Préparez une crème anglaise d'après l'étape 1 de Crème glacée à la vanille, mais utilisez *4 t. de lait.* Pendant que la crème refroidit, faites fondre *8 carrés de chocolat amer,* puis incorporez-y *¾ t. de sucre et 1 t. d'eau chaude.* Laissez refroidir. Mélangez dans le récipient de la sorbetière les deux préparations, la crème de table et la vanille. Congelez. (Donne 12 t. ou 12 portions.)

Photo page 102

AUX PÊCHES : Préparez une crème anglaise d'après l'étape 1 de Crème glacée à la vanille. Pendant que la crème refroidit, passez au mélangeur couvert *10 à 12 pêches mûres,* pelées et tranchées, et *½ t. de sucre.* Mélangez dans le récipient de la sorbetière les pêches, la crème anglaise, seulement *2 t. de crème de table et ¾ c. à thé d'extrait d'amande.* Congelez. (Donne 14 t. ou 14 portions.)

Photo page 102

AUX FRAISES : Suivez la recette Crème glacée à la vanille ; pendant que la crème anglaise refroidit, écrasez, dans un bol moyen, *1½ casseau de fraises* équeutées avec *1 t. de sucre et 2 c. à soupe de jus de citron ;* laissez reposer 1 h. Mélangez dans le récipient de la sorbetière la crème anglaise, la crème de table, les fraises et *¼ c. à thé de colorant alimentaire rouge.* Congelez. (Donne 16 t. ou 16 portions.)

Photo page 102

À LA PISTACHE : Préparez une crème anglaise d'après l'étape 1 de Crème glacée à la vanille, mais en utilisant *1 t. de sucre, 3 c. à soupe de farine, ½ c. à thé de sel, 2½ t. de lait et 3 œufs ;* faites épaissir 15 min. A l'étape 3, n'employez que *2 t. de crème de table* et, au lieu de vanille, *quelques gouttes de colorant alimentaire vert et ¼ c. à thé d'extrait d'amande ;* faites congeler 20 min. Entre-temps, hachez grossièrement *1½ t. de pistaches salées.* Incorporez-les à la crème, refermez le récipient et laissez raffermir. (Donne 6 t. ou 6 portions.)

Photo page 102

À LA BANANE : Suivez l'étape 1 de Crème glacée à la vanille, mais utilisez *1 t. de sucre, 3 c. à soupe de farine, ½ c. à thé de sel, 2½ t. de lait et 3 œufs.* Faites épaissir 15 min. Pendant que la crème refroidit, faites dissoudre dans le mélangeur *1 c. à soupe d'acide ascorbique* dans ¼ t. d'eau ; ajoutez *6 bananes fermes et mûres,* tranchées. (Des bananes trop mûres altéreraient la saveur.) Ajoutez *⅓ t. de sucre et 1½ c. à thé de cannelle ;* couvrez et réduisez en purée lisse. Mêlez dans le récipient de la sorbetière la crème anglaise, la purée de bananes et seulement *2 t. de crème de table* (omettez la vanille). Congelez 20 min. (Donne 10 t. ou 10 portions.)

Photo page 102

Crème glacée à la menthe

Photo page 102

Débutez 6 h avant ou jusqu'à 1 mois plus tôt

24 tasses ou 24 portions

6 t. de crème de table
4 boîtes de 10½ oz (300 ml) de lait condensé sucré
2 t. de lait
3 c. à soupe de vanille
1 t. d'eau
2 t. de bonbons à la menthe poivrée, concassés

1. Dans le récipient de la sorbetière, mêlez les cinq premiers ingrédients avec 1 t. de bonbons à la menthe, puis réfrigérez 1 h.
2. Sortez le récipient du réfrigérateur et exécutez les étapes 4 à 9 de la recette de la page 376 en incorporant, à l'étape 7, le reste des bonbons.

MÉTHODE AU CONGÉLATEUR : Mêlez *14 oz (400 ml) de lait condensé sucré, 1 t. d'eau, 1 c. à soupe de vanille* et la moitié de *⅔ t. de bonbons à la menthe, concassés.* Incorporez-y *2 t. de crème épaisse,* fouettée. Versez dans un moule de 12 po × 8 (30 cm × 20). Couvrez et faites congeler 1 h. Versez dans un bol et fouettez jusqu'à l'obtention d'une crème onctueuse. Ajoutez le reste des bonbons et remettez au congélateur. (Donne 6 t. ou 6 portions.)

COUPES ET PANACHÉS

La crème glacée semble plus savoureuse quand on la présente avec une sauce, des fruits, de la gelée de fruits ou des bonbons dans des coupes.

Pour un panaché au chocolat, faites alterner des couches de crème glacée à la vanille avec de la Sauce au chocolat (p. 464). Décorez de crème fouettée et de copeaux de chocolat.

Pour une coupe glacée aux fruits, faites alterner des couches de crème glacée à la vanille avec des fruits en boîte rafraîchis, des raisins frais sans pépins et du zeste d'orange râpé.

Pour une coupe glacée aux framboises, faites alterner des couches de crème glacée à la vanille avec des framboises. Décorez de macarons.

Lait glacé

Glaces composées

Lait glacé aux fraises

4 t. de lait
1 sachet de gélatine non parfumée
¾ t. de sucre
2 c. à thé de vanille
¼ c. à thé de sel

1 casseau de fraises équeutées
6 gouttes de colorant alimentaire rouge (facultatif)

Photo
page 102
Débutez le
matin ou la
veille

8 tasses ou
12 portions

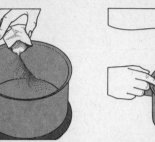

1 Saupoudrez la gélatine sur 1 t. de lait. Chauffez à feu assez doux en remuant pour faire dissoudre la gélatine.

2 Retirez la casserole du feu ; ajoutez en remuant le reste du lait, la vanille et le sel.

3 Versez dans un moule de 13 po × 9 (33 cm × 23). Couvrez d'un papier d'aluminium et faites prendre 3 h au congélateur.

4 En deux fois, et à vitesse moyenne, au mélangeur couvert rendez la préparation onctueuse sans la dégeler. Versez dans un bol froid.

5 Incorporez les fraises, que vous aurez d'abord écrasées, et le colorant alimentaire.

6 Remettez 2 h au congélateur dans le moule couvert et remuez de temps à autre.

LAIT GLACÉ AUX PÊCHES : Suivez la recette ci-dessus, mais remplacez la vanille par *½ c. à thé d'extrait d'amande* et omettez les fraises et le colorant. Passez au mélangeur *4 t. de pêches en dés* et *¼ t. de jus de citron ;* incorporez à la préparation. Versez celle-ci dans un moule, congelez-la 3 h, puis fouettez-la dans un bol à vitesse moyenne pour la rendre onctueuse. Faites congeler 2 h, fouettez à nouveau, puis remettez au congélateur.

Tarte Alaska

18 doigts de dame tranchés en deux
⅓ t. de liqueur d'orange
10 oz (300 g) de framboises surgelées, partiellement dégelées
6 t. de crème glacée à la vanille, légèrement ramollie
4 blancs d'œufs à température ambiante
¼ c. à thé de sel
1 pincée de crème de tartre
⅔ t. de sucre

Photo
page 102
Débutez 5 h
avant ou
jusqu'à
2 semaines
plus tôt

12 portions

1 Tapissez un moule des deux tiers des biscuits en en laissant dépasser autour ; mouillez avec la moitié de la liqueur.

2 Ecrasez les framboises dans un bol jusqu'à l'obtention d'une consistance pâteuse.

3 Défaites la crème glacée, puis incorporez-y les framboises en formant des spirales.

4 Etalez la moitié de la préparation sur les biscuits. Recouvrez avec les autres et mouillez avec le reste de liqueur. Terminez avec la crème glacée et congelez 4 h.

5 *20 min avant de servir :* Portez le four à 500°F (260°C). Dans un grand bol, montez à grande vitesse les blancs d'œufs en neige avec le sel et la crème de tartre.

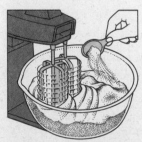

6 Ajoutez le sucre, par petites quantités, et continuez de battre jusqu'à l'obtention de pics fermes.

7 Etalez la meringue sur la tarte en la faisant adhérer aux bords. Faites dorer au four de 3 à 4 min et servez.

Bombe glacée des dames d'Escoffier

6 t. de crème glacée à la vanille ou au café
4 t. de crème glacée aux fraises ou de sorbet aux framboises
4 oz (120 g) de pralin écrasé
1 t. de crème épaisse ou à 35 p. 100
¼ c. à thé de vanille
2 c. à soupe de sucre glace
Fraises pour la garniture

Sauce au chocolat:
¾ t. de sucre
½ t. de cacao
½ t. de crème épaisse ou à 35 p. 100
¼ t. de beurre ou de margarine
1½ c. à thé de vanille

Photo page 103
Débutez le matin ou jusqu'à 2 semaines avant
12 portions

1 Faites ramollir la crème glacée à la vanille au réfrigérateur, puis tapissez-en un moule profond ou un bol de 2½ pte (2,5 L).

2 Congelez 30 min à couvert pendant que vous faites ramollir la crème glacée aux fraises au réfrigérateur.

3 Etalez celle-ci par-dessus la première couche de crème glacée, en ménageant un puits au centre. Faites raffermir.

4 Remplissez le puits de pralin en vous servant d'une cuiller.

5 Plongez brièvement le moule dans de l'eau très chaude pour faciliter le démoulage.

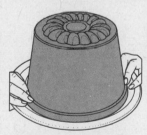

6 Couvrez-le d'une assiette froide, renversez le tout et dégagez le moule. Congelez.

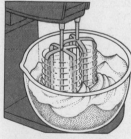

7 Fouettez la crème épaisse, la vanille et le sucre jusqu'à l'obtention de pics fermes.

8 Remplissez-en une poche à douille étoilée; décorez la bombe, puis remettez-la au congélateur.

9 *10 min avant de servir:* Couronnez la bombe de fraises, puis attendez 10 min avant de découper. Pendant ce temps, préparez la sauce au chocolat. Cuisez à feu moyen dans une casserole à fond épais le sucre, le cacao, la crème et le corps gras jusqu'à ce que le mélange soit lisse et commence à bouillir. Otez du feu, ajoutez la vanille, puis gardez au chaud jusqu'au moment de servir.

10 *Pour servir:* Dressez sur des assiettes individuelles. Saupoudrez d'un peu de pralin et nappez de sauce.

Photo page 102
Débutez la veille ou jusqu'à 2 semaines avant
10 portions

Crème glacée Nesselrode

⅓ t. d'écorces d'orange confites taillées en dés
⅓ t. de cerises confites, hachées
⅓ t. de raisins blancs secs, hachés
⅓ t. de noix, hachées

6 t. de crème glacée française à la vanille, légèrement ramollie
3 oz (90 g) de doigts de dame
6 c. à soupe de brandy ou de liqueur d'orange

1. Mélangez les cinq premiers ingrédients. Etalez un tiers de cette préparation dans un moule de 7 t. et recouvrez d'un tiers des doigts de dame tranchés en deux en les enfonçant légèrement dans la crème et en les faisant chevaucher au besoin. Mouillez avec 2 c. à soupe de brandy. Répétez deux fois, couvrez et congelez.

2. *1 h avant de servir:* Faites glisser une spatule de métal contre les parois du moule. Plongez brièvement celui-ci dans de l'eau très chaude, essuyez-le, puis démoulez-le sur une assiette et remettez au congélateur.

VARIANTES: Au lieu d'écorces d'orange, de cerises et de raisins secs, employez *8 oz (225 g) de fruits confits assortis.* Remplacez les noix par des *amandes* ou des pacanes et servez-vous de *rhum* au lieu de brandy.

Photo page 103
Débutez le matin ou jusqu'à 1 mois avant
12 portions

Tarte glacée arc-en-ciel

4 t. de crème glacée au chocolat
4 t. de crème glacée à la menthe et aux brisures de chocolat
4 t. de crème glacée aux fraises
4 t. de crème glacée à la vanille

2½ t. de chapelure de biscuits au gingembre
½ t. de beurre ou de margarine, fondu
2 boîtes de 19 oz (540 ml) de cerises noires, égouttées
½ t. de noix de Grenoble hachées

1. Faites ramollir la crème glacée 30 min au réfrigérateur. Pendant ce temps, mêlez la chapelure et le corps gras dans un moule démontable de 10 po (25 cm). Pressez fermement le mélange contre le fond du moule et faites raffermir environ 10 min au congélateur.

2. Etalez uniformément sur la croûte la crème glacée au chocolat, puis celle à la menthe et aux brisures de chocolat, les cerises égouttées, la crème glacée aux fraises et, finalement, la crème glacée à la vanille. Saupoudrez le dessus de la tarte de noix hachées, couvrez et placez au congélateur jusqu'à ce que le tout soit très ferme.

3. *Pour servir:* Trempez la lame d'un couteau dans de l'eau chaude et faites-la glisser contre les parois du moule. Démontez celui-ci et laissez reposer la tarte 10 min avant de la découper.

Sorbets

Sorbet à l'ananas

¾ t. de sucre
½ t. d'eau
1 gros ananas
3 c. à soupe de jus de citron
2 blancs d'œufs, à température ambiante

Photo page 102
Débutez le matin ou la veille
5 tasses ou 8 portions

1 Dans une petite casserole, faites chauffer l'eau et le sucre à feu moyen en remuant sans arrêt. Portez à ébullition avant de retirer du feu.

2 Tranchez le sommet et la base de l'ananas, puis pelez-le. Extirpez les « yeux », coupez le fruit en deux et retirez-en le cœur. Débitez en morceaux.

3 Réduisez l'ananas en purée à vitesse moyenne au mélangeur couvert. Passez à travers un tamis. Pressez les fibres pour en extraire tout le jus.

4 Ajoutez-y le sirop et le jus de citron. Dans un petit bol, montez à grande vitesse les blancs d'œufs en neige.

5 Incorporez-les à l'ananas. Versez dans un moule de 13 po × 9 (33 cm × 23). Couvrez et congelez 3 h.

6 Transvasez la préparation dans un bol froid. Fouettez-la à basse vitesse pour la rendre onctueuse. Augmentez la vitesse et faites mousser sans laisser dégeler. Remettez dans le moule, couvrez de papier d'aluminium et replacez au congélateur jusqu'à ce que l'appareil soit presque ferme. Battez de nouveau, puis laissez durcir au congélateur.

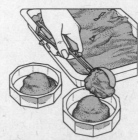

7 *Pour servir :* Laissez 10 min à la température ambiante pour faciliter le service.

Sorbet au cantaloup

1 petit cantaloup très mûr
4 t. de lait
2 sachets de gélatine non parfumée
¾ t. de sirop de maïs
½ t. de sucre
¾ c. à thé de sel
3 gouttes de colorant alimentaire jaune
1 goutte de colorant alimentaire rouge

Photo page 102
Débutez le matin ou jusqu'à 1 mois avant
8 tasses ou 12 portions

1. Tranchez le melon en deux, épépinez-le, puis pelez-le. Débitez-le en bouchées, puis réduisez-le en purée à vitesse moyenne au mélangeur couvert avec 1 t. de lait. Réservez.
2. Dans une grande casserole, saupoudrez la gélatine sur 1 t. de lait froid. Faites-la dissoudre à feu assez doux en remuant. Retirez du feu, ajoutez la purée, le reste du lait et tous les autres ingrédients. Versez dans un moule de 13 po × 9 (33 cm × 23). Couvrez et laissez prendre à demi, environ 3 h, en remuant de temps à autre.
3. Mettez la préparation dans un grand bol refroidi. Fouettez-la à vitesse moyenne sans la laisser dégeler. Remettez-la dans le moule, couvrez et faites durcir encore 3 h au congélateur.
4. *Pour servir :* Laissez 10 min à la température ambiante pour faciliter le service.

Couronne à la crème de menthe

6 t. de sorbet au citron, légèrement ramolli
⅓ t. de crème de menthe verte
2 casseaux de fraises équeutées
Noix de coco râpée

Photo page 103
Débutez le matin ou la veille
8 à 10 portions

1. Battez le sorbet et la crème de menthe à vitesse moyenne pour obtenir un mélange onctueux. Versez dans un moule tubulaire de 5½ t. Couvrez et congelez.
2. *Pour servir :* Faites glisser une spatule de métal contre les parois du moule avant de le plonger dans de l'eau très chaude ; essuyez-le, puis renversez-le sur un plat de service et démoulez. Remplissez le centre de fraises et saupoudrez de noix de coco.

Sorbet crémeux à l'orange

5 t. de lait
1 sachet de gélatine non parfumée
1½ t. de sucre
1 t. de jus d'orange
¼ t. de zeste d'orange râpé
¼ t. de jus de citron
¾ c. à thé de sel
¼ c. à thé de colorant alimentaire jaune
3 gouttes de colorant alimentaire rouge

Photo page 102
Débutez le matin ou jusqu'à 1 mois avant
8 tasses ou 12 portions

1. Saupoudrez la gélatine sur 1 t. de lait froid et faites-la dissoudre à feu assez doux en remuant. Retirez du feu ; ajoutez le reste du lait et les autres ingrédients. Versez dans un moule de 13 po × 9 (33 cm × 23). Couvrez et laissez prendre environ 3 h en remuant de temps à autre.
2. Mettez la préparation dans un bol refroidi. Battez, sans la laisser dégeler, pour qu'elle soit onctueuse. Mettez à congeler dans le moule couvert.
3. *Pour servir :* Laissez 10 min à la température ambiante.

Glaces aux fruits

Citrons givrés

6 gros citrons
1 sachet de gélatine non
*   parfumée*
1 t. de sucre
2¼ t. d'eau
Feuilles de menthe pour
*   la garniture*

Photo page 103
Débutez le matin ou
la veille
4 tasses ou 6 portions

1 Avec un bon couteau, enlevez un tiers de chaque citron. Râpez le zeste des petits morceaux.

2 Pressez tous les citrons pour obtenir environ ¾ t. de jus. Jetez les petits morceaux.

3 Grattez l'intérieur des citrons pour les débarrasser de leurs fibres. Egalisez-en les bases pour qu'ils se tiennent bien droit. Réfrigérez dans un sac de plastique.

4 Dans une petite casserole, chauffez à feu doux l'eau, le sucre et la gélatine en remuant constamment jusqu'à ce que celle-ci soit dissoute.

5 Retirez la casserole du feu, puis mélangez-y le jus de citron et le zeste.

6 Versez la préparation dans un moule de 9 po × 9 (23 cm × 23). Couvrez et laissez prendre à demi au congélateur.

7 Mettez la préparation dans un bol refroidi. Battez-la à vitesse moyenne jusqu'à ce qu'elle soit onctueuse.

8 Versez de nouveau dans le moule. Couvrez et laissez prendre à demi au congélateur, environ 2 h.

9 Remettez la préparation dans un bol refroidi, puis répétez l'étape 7. Mettez à durcir au congélateur.

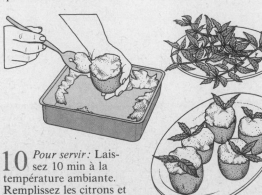

10 *Pour servir:* Laissez 10 min à la température ambiante. Remplissez les citrons et garnissez avec la menthe.

Débutez le matin ou la veille
4 tasses ou 6 portions

GLACE À L'ORANGE: Dans une petite casserole, mêlez *1 sachet de gélatine non parfumée* et *½ t. de sucre.* Ajoutez *1 t. d'eau.* Chauffez à feu moyen en remuant sans arrêt pour faire dissoudre la gélatine. Retirez du feu; ajoutez *2 t. de jus d'orange, 1 c. à thé de zeste de citron râpé* et *1 c. à soupe de jus de citron.* Versez dans un moule de 9 po × 9 (23 cm × 23) et faites congeler. Transvidez dans un grand bol refroidi. Fouettez, laissez 10 min à la température ambiante et servez.

Photo page 103
Débutez le matin ou jusqu'à 1 mois avant
10 tasses ou 20 portions

Glace aux fraises

1½ t. de jus d'orange   *3 casseaux de fraises*
½ t. de jus de citron   *   équeutées*
¼ t. de liqueur d'orange   *2 t. de sucre*

1. Mêlez tous les ingrédients et passez-les, en deux fois, à haute vitesse au mélangeur couvert jusqu'à l'obtention d'une crème onctueuse. Versez dans un moule de 9 po × 9 (23 cm × 23). Couvrez d'un papier d'aluminium ou d'une feuille de cellophane et faites prendre à demi au congélateur, environ 4 h.
2. Videz la préparation dans un grand bol refroidi et battez-la à vitesse moyenne sans la laisser dégeler. Remettez-la dans le moule, couvrez et faites durcir au congélateur.
3. *Pour servir:* Laissez la glace 10 min à la température ambiante pour en faciliter le service.

Photo page 103
Débutez le matin
ou jusqu'à 1 mois avant
5 tasses ou 10 portions

Glace au melon d'eau

½ petit melon d'eau pelé,   *3 c. à soupe de*
*   épépiné et débité en*   *   sucre glace*
*   morceaux de 1 po*   *1 c. à soupe de jus de*
*   (2,5 cm)*   *   citron*
                             ¼ c. à thé de sel

1. Réduisez en purée à basse vitesse au mélangeur couvert 1 t. de melon d'eau avec le sucre glace, le jus de citron et le sel; ajoutez le reste du melon d'eau et battez quelques instants de plus. Versez dans un moule de 9 po × 9 (23 cm × 23). Couvrez de cellophane, placez au congélateur et faites prendre à demi, environ 2 h.
2. Videz la préparation dans un grand bol refroidi et fouettez-la à haute vitesse pour la faire mousser. Remettez dans le moule et faites durcir au congélateur environ 1 h 30.
3. *Pour servir:* Laissez 10 min à la température ambiante pour faciliter le service.

GÂTEAUX

Les gâteaux de cette section se classent en deux catégories : ceux à base de corps gras — parmi lesquels se rangent la plupart des pains de gâteau et les gâteaux étagés — et ceux à base d'œufs — gâteaux des anges, gâteaux mousseline ou de Savoie — auxquels on incorpore une forte proportion de blancs d'œufs battus ou d'œufs entiers, ce qui leur confère volume et légèreté. Vous obtiendrez d'excellents résultats si vous respectez la recette.

PRÉPARATIFS
Lisez d'abord la recette, puis réunissez les ingrédients et les ustensiles nécessaires. Préparez les moules, mettez les grilles en place, puis allumez le four. Les ingrédients doivent tous être à la température de la pièce.

Ingrédients : Ne faites pas de substitutions ; des ingrédients différents produiront des résultats différents. Nos recettes prévoient des œufs de gros calibre et de la levure chimique à double action.

Mesurage : Suivez les indications données à la page 421 pour mesurer les ingrédients secs et les liquides.

Moules : Employez des moules de métal poli ou dotés d'un revêtement antiadhésif. Un moule mat ou émaillé donnera un gâteau inégalement doré. Si vous employez des moules en verre à feu ou en aluminium revêtu de porcelaine, diminuez la température du four de 25°F (10°C). Respectez toujours les dimensions spécifiées. Si on vous demande de graisser et de fariner un moule, enduisez-en généreusement le fond et les parois de graisse végétale à l'aide d'un papier froissé ou bien servez-vous d'un pinceau trempé dans de la graisse fondue. Saupoudrez un peu de farine dans le moule, secouez-le, renversez-le et tapotez pour éliminer l'excès.

Position dans le four : Disposez les grilles de façon que le centre des gâteaux soit le plus près possible du centre du four. Si vous employez deux grilles, divisez le four en trois sections égales et évitez de placer les gâteaux directement l'un sous l'autre.

MÉLANGE
Gâteaux à base de corps gras : Fouettez les ingrédients au batteur électrique pendant le temps et à la vitesse indiqués, en raclant régulièrement les parois du bol. Avec une cuiller en bois, calculez *150 coups vigoureux pour 1 minute de battage*. Avant d'enfourner, enfoncez plusieurs fois un couteau dans la pâte pour libérer les poches d'air.

Gâteaux à base d'œufs : Le bol qui sert à monter les blancs d'œufs doit être exempt de toute trace de gras, de même qu'il ne doit pas se trouver la moindre particule de jaune d'œuf dans les blancs. Pour incorporer des ingrédients dans des blancs d'œufs fouettés, servez-vous d'une spatule en caoutchouc : coupez dans les blancs jusqu'au fond du bol et remontez le long des parois. Faites tourner le bol d'un quart de tour et répétez la même manœuvre jusqu'à ce que les ingrédients soient incorporés, mais évitez de trop mêler, car les blancs perdront du volume.

Gâteaux aux fruits : Mêlez les fruits secs et les noix avec ½ tasse de farine pour qu'ils ne s'agglutinent pas.

CUISSON
N'ouvrez jamais la porte du four avant que se soit écoulé le temps minimal de cuisson. Pour vérifier si un gâteau à base de corps gras ou de fruits est cuit, insérez un cure-dents en son centre : il devrait en ressortir sec. Pour les gâteaux à base d'œufs, exercez une légère pression du doigt : le gâteau doit reprendre aussitôt sa forme.

DÉMOULAGE
Gâteaux à base de corps gras : Laissez refroidir le moule 10 minutes sur une grille ; faites ensuite glisser une lame contre les parois, puis démoulez comme ci-dessous.

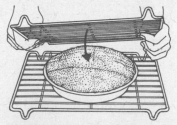

Placez une deuxième grille par-dessus le moule.

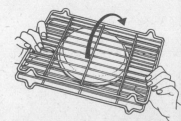

Renversez les grilles. Retirez la première grille et le moule.

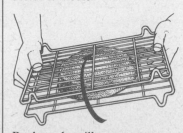

Replacez la grille et renversez le gâteau à l'endroit.

Laissez-le refroidir avant de le glacer.

Gâteaux à base d'œufs : Pour refroidir un gâteau dans un moule tubulaire, glissez le moule à l'envers sur le goulot d'une bouteille. Laissez refroidir le gâteau complètement, puis détachez-le avec la lame d'un couteau et renversez-le sur une assiette.

Gâteaux aux fruits : Laissez-les refroidir dans leur moule sur une grille.

GLAÇAGE

On glace un gâteau quand il est parfaitement refroidi. Avant de procéder, coupez tous les bouts secs aux ciseaux et brossez les miettes avec un pinceau. L'assiette restera propre si vous en couvrez le périmètre de morceaux de papier ciré avant d'y centrer le gâteau. Il suffira de les retirer avec précaution une fois le gâteau glacé.

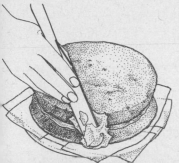

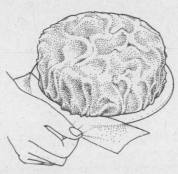

Pour garder l'assiette propre : Posez le gâteau sur des morceaux de papier ciré.

Une fois le gâteau glacé, retirez le papier. Au besoin, faites des retouches au couteau.

Il est plus facile de glacer un gâteau quand on peut le tourner au fur et à mesure qu'on procède. Pour ce faire, placez-le dans son assiette sur un grand bol et étalez le glaçage avec une spatule en métal.

Pour trancher un gâteau étagé : A l'aide d'une règle et de cure-dents, marquez la ligne de coupe sur la tranche du gâteau, puis découpez-le avec un couteau à lame longue et bien affilée. Si vous prenez soin de faire une petite entaille verticale, il vous sera facile de replacer les étages dans leur position originale.

Pour glacer un gâteau étagé : Placez une tranche du gâteau à l'envers sur l'assiette. Etalez la garniture ou le glaçage en vous arrêtant près du bord. Si l'appareil est coulant, arrêtez-vous à 1 po (2,5 cm) du bord : le poids du gâteau achèvera d'étaler le glaçage. Placez ensuite la seconde tranche, de façon que les deux faces coupées se trouvent l'une sur l'autre. Appliquez une mince couche de glaçage sur le pourtour du gâteau pour y faire adhérer les miettes, puis recouvrez d'une deuxième couche plus épaisse dans un mouvement vertical pour former au haut du gâteau une petite bordure de ½ po (1 cm). Terminez par le dessus en lissant le glaçage ou en le dressant en pics. Garnissez ensuite à votre goût.

Pour glacer un gâteau rectangulaire : Procédez comme pour un gâteau étagé ou bien glacez le gâteau directement dans son moule.

Pour glacer un gâteau en couronne : Procédez comme dans le cas d'un gâteau étagé et terminez par le centre.

Pour étaler un glaçage fondant : Enlevez les miettes du dessus, puis faites-y couler le glaçage chaud en filets, de façon qu'il glisse sur les côtés.

Pour glacer les petits gâteaux : Plongez le dessus du gâteau dans le glaçage en le faisant tourner légèrement.

DÉCOUPAGE

Pour découper un gâteau étagé ou rectangulaire, utilisez toujours un couteau à lame longue et bien affilée. Un gâteau aux fruits se tranche plus facilement lorsqu'il sort du réfrigérateur. Pour les gâteaux à base d'œufs, servez-vous d'un couteau-scie.

CONSERVATION

Il est essentiel de recouvrir de cellophane ou de papier d'aluminium les gâteaux, glacés ou nature, que l'on conserve dans leur moule.

Les gâteaux étagés ou en couronne glacés se conservent mieux sous une cloche ou un bol renversé. Toutefois, si la glace est à base d'œufs, il vaut mieux les consommer le jour même, avant que celle-ci ne s'affaisse. Rangez vos restes de gâteaux sous une cloche ou un bol renversé sous lequel vous glisserez le manche d'un couteau pour permettre la circulation de l'air. Les gâteaux garnis de crème anglaise ou de crème fouettée se conservent au réfrigérateur. Un gâteau perd de sa saveur après un jour ou deux.

Enveloppez les gâteaux aux fruits dans de la cellophane ou du papier d'aluminium. Vous pouvez aussi les asperger de brandy ou les rouler dans un linge imbibé de liqueur avant de les envelopper. Ils se conserveront aisément deux mois. Réhumectez le linge chaque semaine.

CONGÉLATION

Si vous les congelez sans glaçage, enveloppez-les dans de la cellophane, du papier d'aluminium ou à congélation que vous scellerez. Ils se garderont de quatre à six mois et même 12 mois s'il s'agit d'un gâteau aux fruits.

Si le gâteau est glacé, placez-le d'abord au congélateur sur un carton tapissé de papier d'aluminium pour faire durcir le glaçage, puis enveloppez-le comme indiqué ci-dessus. Il se conservera deux ou trois mois.

Les gâteaux garnis de crème aux œufs ou aux fruits ne se congèlent pas.

DÉCONGÉLATION

Les gâteaux nature et ceux qui sont recouverts d'un glaçage à base de beurre ou de fondant se décongèlent dans leur emballage à la température ambiante. Pour les premiers, il faut compter 1 heure ; pour les autres, 2 à 3 heures ; 30 minutes suffiront pour les petits gâteaux.

Les gâteaux garnis ou fourrés de crème fouettée ou de meringue doivent être développés avant d'être mis à dégeler. Les premiers décongèlent en 3 ou 4 heures au réfrigérateur et les autres à la température ambiante.

Gâteaux à base de corps gras

Gâteau doré

*2¼ t. de farine à
  pâtisserie*
1½ t. de sucre
¾ t. de graisse végétale
¾ t. de lait
3 œufs
*2½ c. à thé de levure
  chimique à double
  action*
1 c. à thé de sel
1 c. à thé de vanille
*½ c. à thé d'extrait
  d'amande*
Crème au beurre (p. 400)

Photo
page 92
Débutez le
matin
8 à 10
portions

1 Allumez le four à 375°F (190°C). Graissez et farinez deux moules ronds de 9 po (23 cm).

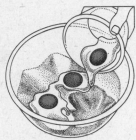

2 Mettez dans un grand bol tous les ingrédients sauf la crème au beurre.

3 Fouettez-les à petite vitesse, en raclant les parois du bol, jusqu'à l'obtention d'un mélange homogène, puis battez 5 min de plus à vitesse moyenne.

4 Versez l'appareil dans les moules et lissez-en le dessus à la spatule. Enfoncez un couteau dans la pâte pour libérer les poches d'air.

5 Faites cuire environ 25 min ou jusqu'à ce qu'un cure-dents inséré au centre du gâteau en ressorte propre.

6 Placez les moules 10 min sur une grille; démoulez et laissez refroidir complètement.

7 Préparez la crème au beurre. Une fois les gâteaux bien refroidis, garnissez et glacez.

Gâteau renversé à l'ananas

Photo
page 92
Débutez le
matin
12 portions

*½ t. de beurre ou de
  margarine*
*2 t. de cassonade brune
  tassée*
*1 boîte de 14 oz (398 ml)
  d'ananas en morceaux*
*Cerises au marasquin,
  égouttées*

*Appareil pour gâteau
  doré (à gauche)*
*Crème nature ou fouettée,
  ou crème glacée à la
  vanille*

1. Chauffez le four à 375°F (190°C). Avant de préparer le gâteau, confectionnez la garniture : mettez le corps gras dans un moule de 13 po × 9 (33 cm × 23) et faites-le fondre au four, puis saupoudrez-le de cassonade. Couvrez des morceaux d'ananas et des cerises en les disposant en fleur.
2. Confectionnez le gâteau et versez-le à la cuiller dans le moule.
3. Faites cuire de 35 à 40 min ou jusqu'à ce qu'un cure-dents inséré au centre en ressorte sec. Faites refroidir 10 min sur une grille, puis renversez sur une assiette. (Si les fruits attachent, décollez-les à la spatule et replacez-les sur le gâteau.) Servez avec de la crème ou de la crème glacée à la vanille.

Confection de la sauce :
Saupoudrez la cassonade sur le corps gras fondu au fond du moule.

Disposition des fruits :
Placez les ananas en forme de pétale et décorez de cerises.

Gâteau du diable

Photo
page 90
Débutez le
matin
8 à 10
portions

2 t. de farine à pâtisserie
1½ t. de sucre
1¼ t. de babeurre
½ t. de graisse végétale
3 œufs
*3 carrés de chocolat
  amer, fondus*
*1½ c. à thé de
  bicarbonate de soude*
1 c. à thé de sel

1 c. à thé de vanille
*½ c. à thé de levure
  chimique à double
  action*
*Fondant au chocolat
  (p. 400), Glaçage
  blanc (p. 401) ou
  Crème au beurre au
  moka (p. 400)*

1. Chauffez le four à 350°F (180°C). Graissez et farinez deux moules ronds de 9 po (23 cm).
2. Mettez dans un grand bol tous les ingrédients du gâteau. Battez-les à petite vitesse, en raclant les parois du bol, jusqu'à l'obtention d'un mélange homogène. Poursuivez 5 min à grande vitesse.
3. Versez l'appareil dans les moules. Faites cuire de 25 à 30 min ou jusqu'à ce qu'un cure-dents inséré au centre en ressorte sec. Laissez 10 min sur une grille, puis démoulez. Faites refroidir complètement, toujours sur la grille.
4. Garnissez, puis glacez au goût.

Gâteau blanc

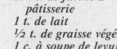

Photo
page 90
Débutez le
matin
8 portions

4 blancs d'œufs
1½ t. de sucre
2¼ t. de farine à
  pâtisserie
1 t. de lait
½ t. de graisse végétale
1 c. à soupe de levure
  chimique à double
  action
1 c. à thé de sel

1 c. à thé de vanille
¼ c. à thé d'extrait
  d'amande
Crème au beurre au
  moka (p. 400), ou
  Garniture au citron
  frais (p. 401) et
  Glaçage blanc (p. 401)

1. Chauffez le four à 375°F (190°C). Graissez, farinez et chemisez de papier ciré deux moules de 8 po (20 cm).

2 Dans un petit bol, fouettez les blancs d'œufs à grande vitesse jusqu'à ce qu'ils forment des pics légers.

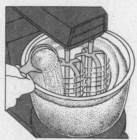

3 Ajoutez ½ t. de sucre, 2 c. à soupe à la fois, en continuant de battre à grande vitesse jusqu'à ce que celui-ci soit dissous et que les pics soient fermes.

4 Battez à petite vitesse le reste du sucre et des ingrédients du gâteau en raclant sans arrêt les parois. Continuez 3 min à vitesse moyenne.

5 Incorporez les blancs à petite vitesse. Versez dans les moules et cuisez 25 min. Laissez 10 min sur une grille, démoulez, puis faites refroidir.

6. Entre-temps, préparez la garniture et le glaçage de votre choix, soit une Crème au beurre au moka pour remplir et glacer, soit une Garniture au citron frais et un Glaçage blanc.

Débutez le
matin
10 portions

GÂTEAU LADY BALTIMORE : Suivez la recette ci-dessus et, lorsque les gâteaux sont froids, coupez chacun d'eux en deux tranches. Dans un petit bol, mélangez ½ t. de cerises confites, hachées, ⅓ t. de figues sèches, hachées, ⅓ t. de raisins secs, hachés, et ¼ t. de pacanes hachées ; réservez. Préparez 2 sachets de mélange pour glaçage meringué en respectant la recette ; incorporez-en 3 t. au mélange de fruits. Garnissez-en le gâteau et glacez avec le reste les côtés et le dessus.

Petits gâteaux au chocolat

Photo
page 93
Débutez le
matin
24 petits
gâteaux

2 t. de farine à pâtisserie
1¾ t. de sucre
¾ t. de cacao
1¼ t. de lait
¾ t. de graisse végétale
3 œufs
1¼ c. à thé de
  bicarbonate de soude
1 c. à thé de sel

1 c. à thé de vanille
½ c. à thé de levure
  chimique à double
  action
Glaçage au fromage à la
  crème au café (p. 400)

1 Chemisez 24 moules à muffins de 3 po (8 cm) ou graissez-les et farinez-les.

2 Chauffez le four à 350°F (180°C) et combinez tous les ingrédients des gâteaux.

3 En raclant les parois du bol, battez-les à petite vitesse pour que le tout soit homogène. Continuez 5 min à grande vitesse.

4 Remplissez les moules à moitié. Faites cuire 20 min ou jusqu'à ce qu'un cure-dents inséré au centre d'un gâteau en ressorte sec.

5 Laissez les moules 10 min sur une grille ; démoulez et faites refroidir sur la même grille.

6 Préparez le glaçage. Plongez-y le dessus des gâteaux et tournez pour couvrir.

Photo
page 93
Débutez le
matin
8 à 10 portions

GÂTEAU AU CHOCOLAT : Chauffez le four à 350°F (180°C). Graissez et farinez deux moules ronds de 9 po (23 cm). Suivez la recette ci-dessus et remplissez les moules. Faites cuire de 30 à 35 min. Placez les moules 10 min sur une grille ; démoulez, puis laissez refroidir complètement. Garnissez et glacez le gâteau avec un Glaçage au fromage à la crème au café (p. 400) ou une Meringue italienne (p. 400).

Gâteaux à base de corps gras

Gâteau marbré

2 carrés de chocolat amer
1¼ t. de sucre
¼ t. d'eau
1 c. à thé de vanille
½ t. de beurre, ramolli
2 t. de farine tout usage
¾ t. de lait concentré
3 œufs
2 c. à thé de levure chimique à double action
1 c. à thé d'extrait d'orange
½ c. à thé de sel
½ c. à thé de bicarbonate de soude
Sucre glace

Photo page 90
Débutez le matin
10 à 12 portions

1 Graissez un moule démontable de 9 po (23 cm), puis faites fondre à feu très doux le chocolat et ¼ t. de sucre dans l'eau. Ajoutez la vanille et laissez refroidir.

2 Portez le four à 350°F (180°C). Mettez dans un grand bol 1 t. de sucre et tous les autres ingrédients, à l'exception du sucre glace.

3 Mélangez le tout à fond à petite vitesse en raclant les parois du bol. Battez encore 5 min à grande vitesse en raclant de temps en temps. Prélevez 2½ t. du mélange.

4 Incorporez le chocolat au contenu du bol. Remplissez le moule en alternant tel qu'illustré.

5 Passez à quelques reprises un couteau dans la pâte, puis mettez à cuire de 55 à 60 min.

6 Attendez 10 min et démoulez ; laissez refroidir sur une grille.

7 Saupoudrez le dessus du gâteau froid de sucre glace.

Gâteau à la noix de coco

2¼ t. de farine à pâtisserie
1½ t. de sucre
¾ t. de graisse végétale
¾ t. de lait
3 œufs
2½ c. à thé de levure chimique à double action
1 c. à thé de sel
1 c. à thé de vanille

Crème anglaise (ci-dessous)
3 à 4 t. de noix de coco fraîche, râpée (p. 305)
Glaçage blanc (p. 401)
Tranches d'orange confites

Photo page 92
Débutez 3 h avant ou la veille
16 portions

1. Allumez le four à 375°F (190°C). Graissez et farinez deux moules ronds de 9 po (23 cm).
2. Battez à fond à petite vitesse les huit premiers ingrédients, en raclant constamment les parois du bol. Poursuivez encore 5 min à vitesse moyenne, en raclant de temps à autre.
3. Versez dans les moules et faites cuire de 25 à 30 min ou jusqu'à ce qu'un cure-dents enfoncé dans la pâte en ressorte sec. Laissez 10 min sur une grille, démoulez et faites refroidir complètement.
4. Préparez la crème anglaise. Laissez-la refroidir, puis incorporez-y 1 t. de noix de coco râpée. Préparez le glaçage.
5. Coupez chacun des gâteaux en deux tranches ; montez-les en alternant avec la crème anglaise, mais ne tartinez pas le dessus.
6. Glacez le pourtour, puis le dessus du gâteau et saupoudrez-le d'environ 2 t. de noix de coco râpée. Décorez de tranches d'orange confites. Conservez au réfrigérateur.

CRÈME ANGLAISE : Dans une casserole moyenne à fond épais, mêlez soigneusement au fouet *4 jaunes d'œufs, 2 t. de lait, ½ t. de sucre, ⅓ t. de fécule de maïs* et *3 c. à soupe de liqueur d'orange*. Faites cuire environ 10 min à feu moyen, jusqu'à épaississement, en remuant constamment. Recouvrez d'un papier ciré et laissez refroidir au réfrigérateur environ 1 h 30.

Quatre-quarts

2 t. de sucre
1 t. de beurre, ramolli
3½ t. de farine à pâtisserie
1 t. de lait
6 jaunes d'œufs

1½ c. à thé de levure chimique à double action
2 c. à thé de vanille
1 pincée de sel

Photo page 90
Débutez le matin
16 portions

1. Allumez le four à 350°F (180°C). Graissez et farinez un moule tubulaire de 10 po (25 cm) ou deux moules à pain de 9 po × 5 (23 cm × 13).
2. Faites mousser à grande vitesse beurre et sucre.
3. Ajoutez le reste des ingrédients et battez à petite vitesse pour bien incorporer, en raclant constamment les parois du bol. Poursuivez 4 min à grande vitesse, en raclant de temps à autre.
4. Faites cuire 1 h dans un moule tubulaire (ou de 45 à 50 min si vous employez deux moules à pain), jusqu'à ce qu'un cure-dents inséré au centre en ressorte sec. Attendez 10 min avant de démouler et laissez refroidir sur une grille.

Pain d'épice

Photo page 90
Débutez le matin
9 portions

2½ t. de farine
1 t. de mélasse
½ t. de sucre
½ t. de graisse végétale
1 œuf
1½ c. à thé de bicarbonate de soude
1 c. à thé de cannelle
1 c. à thé de poudre de gingembre
¾ c. à thé de sel
½ c. à thé de clous de girofle moulus
1 t. d'eau bouillante
Crème fouettée

1 Allumez le four à 350°F (180°C). Graissez et farinez un moule carré de 9 po (23 cm).

2 Battez à petite vitesse tous les ingrédients, sauf la crème. Poursuivez 3 min de plus à vitesse moyenne.

3 Versez l'appareil dans le moule préparé.

4 Cuisez 60 min; un cure-dents enfoncé au centre doit ressortir sec.

5 Faites refroidir sur une grille, puis décorez de crème fouettée.

Gâteau aux pommes

Photo page 91
Débutez le matin
18 portions

3 t. de farine tout usage
2 t. de sucre
1 t. d'huile
1 c. à thé de bicarbonate de soude
1 c. à thé de sel
2 c. à thé de vanille
3 œufs

3 t. de pommes à cuire, pelées et coupées en dés
1 t. de noix de Grenoble hachées
½ t. de raisins secs hachés
Sucre glace

1. Allumez le four à 325°F (160°C). Graissez et farinez deux moules carrés de 8 po (20 cm).
2. Battez les sept premiers ingrédients à petite vitesse en raclant les parois du bol. Poursuivez 3 min à grande vitesse. Ajoutez pommes, noix et raisins.
3. Faites cuire 1 h, puis laissez refroidir sur une grille. Saupoudrez le dessus du gâteau de sucre glace à travers un napperon en dentelle.

Gâteau aux épices

Photo page 91
Débutez le matin
8 portions

2 t. de farine à pâtisserie
¾ t. de sucre
¾ t. de lait
½ t. de cassonade brune, tassée
½ t. de graisse végétale
2 œufs
2½ c. à thé de levure chimique à double action
1 c. à thé de sel
1 c. à thé de cannelle

1 c. à thé de toute-épice
½ c. à thé de clous de girofle moulus
½ c. à thé de muscade râpée
1 c. à thé de vanille
Crème Chantilly (p. 400) ou Glaçage au babeurre (p. 401)

1. Allumez le four à 350°F (180°C). Graissez et farinez deux moules ronds de 8 po (20 cm).
2. Dans un grand bol, battez à petite vitesse tous les ingrédients du gâteau. Poursuivez 3 min de plus à grande vitesse.
3. Faites cuire dans les moules de 25 à 30 min. Laissez refroidir sur une grille. Garnissez et glacez.

Gâteau de Madame Lane

Photo page 90
Débutez le matin
16 portions

8 œufs à température ambiante
2 t. de sucre
2¾ t. de farine à pâtisserie
1 t. de beurre ou de margarine

1 t. de lait
3 c. à thé de levure chimique
1 c. à thé de sel
1 c. à thé de vanille
Garniture (ci-dessous)
Glaçage (ci-dessous)

1. Allumez le four à 375°F (190°C). Mettez 6 blancs d'œufs dans un grand bol, 2 autres dans un petit et tous les jaunes d'œufs dans une casserole moyenne. Graissez deux moules ronds de 9 po (23 cm) et chemisez-les de papier ciré beurré.
2. Montez à grande vitesse les blancs d'œufs en neige légère, puis ajoutez 1 t. de sucre, deux cuillerées à soupe à la fois, en continuant de battre jusqu'à ce que les pics soient fermes.
3. Dans un autre bol, fouettez à petite vitesse la farine, les cinq ingrédients suivants et 1 t. de sucre. Poursuivez 4 min à vitesse moyenne, puis incorporez les blancs.
4. Faites cuire 35 min dans leurs moules. Mettez 10 min sur une grille, démoulez, puis laissez refroidir. Coupez chaque gâteau en deux tranches. Garnissez et glacez.

GARNITURE: Ajoutez aux 8 jaunes d'œufs *1¼ t. de sucre* et *½ t. de beurre*. Faites légèrement épaissir 5 min à feu moyen en remuant. Incorporez *4 oz (115 g) de noix de coco râpée* déshydratée, *1 t. de pacanes* hachées, *1 t. de cerises rouges confites*, hachées, *1 t. de raisins de Corinthe* et *⅓ t. de bourbon*.

GLAÇAGE: Faites chauffer à feu moyen dans une petite casserole *1½ t. de sucre, 1 c. à soupe de sirop de maïs, ⅓ t. d'eau* et *½ c. à thé de sel*. Laissez bouillir sans remuer jusqu'à ce que le thermomètre à bonbon marque 240°F (114°C). Retirez du feu. Montez à grande vitesse les 2 blancs d'œufs en neige. Incorporez en battant le sirop en minces filets, puis ajoutez *1 c. à thé de vanille* et fouettez jusqu'à l'obtention d'une consistance très ferme.

Gâteaux à base de corps gras

Gâteau aux bananes

Photo page 92
Débutez le matin
8 à 10 portions

2¼ t. de farine à pâtisserie
1¼ t. de sucre
1½ t. de purée de bananes bien mûres
½ t. de graisse végétale
2 œufs
2½ c. à thé de levure chimique
1 c. à thé de vanille
½ c. à thé de bicarbonate de soude
½ c. à thé de sel
Crème Chantilly (p. 400)
Tranches de banane
Jus de citron

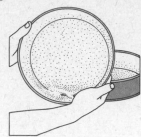

1 Allumez le four à 375°F (190°C). Graissez et farinez le fond et les parois de deux moules ronds de 8 po (20 cm).

2 Mettez ensemble dans un grand bol les neuf premiers ingrédients et battez-les à petite vitesse en raclant les parois.

3 Dès que le mélange est homogène, augmentez la vitesse et fouettez encore 5 min en raclant les parois de temps à autre.

4 Remplissez les moules et faites cuire 25 min ou jusqu'à ce qu'un cure-dents inséré dans l'un des gâteaux en ressorte sec.

5 Laissez reposer 10 min sur une grille, démoulez, puis laissez refroidir complètement.

6 Tartinez l'un des gâteaux de crème Chantilly, couvrez de l'autre gâteau et glacez.

7 Avant de servir, trempez les bananes dans du jus de citron et décorez-en le gâteau.

Gâteau au fondant et aux noix

Photo page 92
Débutez le matin ou la veille
16 portions

8 œufs, séparés
1½ t. de sucre glace
1 t. de beurre doux, ramolli
2 t. de noix de Grenoble, finement hachées
6 carrés de chocolat mi-amer, fondus
3 c. à soupe de farine tout usage

1½ c. à thé de vanille
Garniture aux noix et au chocolat (ci-dessous)
Glaçage au chocolat (ci-dessous)
Moitiés de noix de Grenoble

1. Allumez le four à 325°F (160°C). Graissez et farinez trois moules ronds de 9 po (23 cm).

2. Montez les blancs d'œufs en neige légère à haute vitesse dans un grand bol. Saupoudrez-y ½ t. de sucre, deux cuillerées à soupe à la fois, et continuez de battre jusqu'à ce que le sucre soit dissous et que les blancs soient fermes et satinés.

3. Dans un autre grand bol, mélangez à petite vitesse les jaunes d'œufs, le reste du sucre, le beurre, les noix hachées, le chocolat, la farine et la vanille, en raclant constamment les parois. Fouettez encore 4 min à vitesse moyenne en raclant de temps à autre, puis incorporez les blancs au mélange à l'aide d'une spatule en caoutchouc.

4. Remplissez les moules et faites cuire environ 35 min, ou jusqu'à ce qu'un cure-dents inséré dans l'un des gâteaux en ressorte sec. Laissez reposer 10 min sur une grille, démoulez, puis laissez refroidir complètement.

5. Garnissez les tranches du gâteau, assemblez-les, puis recouvrez le tout de glaçage au chocolat. Décorez avec les noix, puis réfrigérez.

GARNITURE AUX NOIX ET AU CHOCOLAT : Faites fondre *2 carrés de chocolat mi-amer* dans un bain-marie d'eau *frémissante.* Ajoutez en remuant *⅓ t. de sucre, 2 t. de noix de Grenoble,* hachées, et *½ t. de lait.* Laissez cuire 5 min au-dessus de l'eau bouillante pour dissoudre le sucre. Retirez du feu et incorporez à la cuiller *¼ t. de beurre* ou de margarine, ramolli, et *1 c. à thé de vanille.* Mettez à rafraîchir au réfrigérateur.

GLAÇAGE AU CHOCOLAT : Faites fondre *6 oz (175 g) de grains de chocolat mi-amer* avec *2 c. à soupe de graisse végétale* dans un bain-marie d'eau frémissante, mais *non bouillante.* Retirez du feu et incorporez en remuant *2 c. à soupe de sirop de maïs* et *3 c. à soupe de lait.* Laissez tiédir et glacez.

Pour glacer : Couvrez d'abord le dessus, puis glacez le pourtour, de haut en bas.

Gâteaux mousseline

Gâteau mousseline à l'orange

Photo page 90
Débutez le matin
16 portions

1 t. de blancs d'œufs
½ c. à thé de crème de tartre
Sucre
2¼ t. de farine à pâtisserie
¾ t. de jus d'orange
½ t. d'huile végétale

5 jaunes d'œufs
1 c. à soupe de levure chimique
3 c. à soupe de zeste d'orange râpé
1 c. à thé de sel
Glaçage meringué à l'orange (ci-dessous)

1 Portez le four à 325°F (160°C). Mettez les blancs d'œufs et la crème de tartre dans un bol et montez-les en neige à grande vitesse.

2 Ajoutez ½ t. de sucre, deux cuillerées à soupe à la fois, et continuez de battre jusqu'à ce que les blancs soient fermes, sans racler les parois du bol.

3 Dans un autre grand bol, mélangez à petite vitesse 1 t. de sucre et tous les autres ingrédients du gâteau.

4 Incorporez le mélange aux blancs, puis versez dans un moule tubulaire de 10 po (25 cm) non graissé.

5 Faites cuire 1 h 15 ou pour que le gâteau reprenne sa forme après une pression du doigt.

6 Démoulez le gâteau refroidi et habillez-le de glaçage meringué. Conservez au réfrigérateur.

GLAÇAGE MERINGUÉ À L'ORANGE : Amenez à ébullition dans une petite casserole *12 oz (300 ml) de marmelade d'oranges douces.* Dans un grand bol, montez en neige légère à grande vitesse *2 blancs d'œufs, ½ c. à thé de vanille, 10 gouttes de colorant jaune* et *1 pincée de sel.* Versez-y lentement la marmelade chaude et continuez de battre de 6 à 8 min, pour que le glaçage soit ferme et satiné.

Gâteau aux noix et à l'érable

Photo page 90
Débutez le matin
12 portions

1 t. de blancs d'œufs à température ambiante (7 ou 8 blancs)
½ c. à thé de crème de tartre
1½ t. de sucre
2¼ t. de farine tout usage
¾ t. d'eau
7 jaunes d'œufs

⅔ t. de noix de Grenoble, finement hachées
½ t. d'huile végétale
1 c. à soupe de levure chimique à double action
1 c. à thé de vanille
1 c. à thé d'essence d'érable

1. Allumez le four à 325°F (160°C). A grande vitesse, dans un grand bol, montez en neige légère les blancs d'œufs et la crème de tartre. Ajoutez ½ t. de sucre, deux cuillerées à soupe à la fois, et continuez de battre jusqu'à ce qu'il soit dissous et que les blancs soient fermes.
2. Dans un autre grand bol, battez à vitesse moyenne, jusqu'à homogénéité, la farine, 1 t. de sucre et tous les autres ingrédients.
3. Incorporez ce mélange aux blancs d'œufs avec une spatule en caoutchouc.
4. Remplissez-en un moule tubulaire de 10 po (25 cm) non graissé et cuisez 1 h 15, jusqu'à ce que le gâteau reprenne sa forme après une légère pression du doigt.
5. Renversez le moule sur un entonnoir et laissez refroidir.
6. Détachez le gâteau avec une spatule en métal et démoulez-le sur une assiette de service.

Gâteau mousseline au chocolat

Photo page 92
Débutez le matin ou la veille
12 portions

2 t. de farine à pâtisserie
½ t. de cacao
1 c. à soupe de levure chimique à double action
1 c. à thé de sel
Sucre
¾ t. d'eau
½ t. d'huile végétale

1 c. à thé de vanille
6 œufs, séparés, à température ambiante
½ c. à thé de crème de tartre
Sucre glace

1. Dans un bol moyen, mêlez au fouet ou à la cuiller la farine, le cacao, la levure, le sel et 1¼ t. de sucre, puis mélangez-y l'eau, l'huile, la vanille et les jaunes d'œufs jusqu'à l'obtention d'une pâte lisse.
2. Allumez le four à 350°F (180°F). Dans un grand bol, montez à grande vitesse les blancs d'œufs et la crème de tartre en neige légère. Ajoutez ½ t. de sucre, deux cuillerées à soupe à la fois, et battez à grande vitesse jusqu'à ce qu'il soit dissous et que vous ayez des pics fermes.
3. Incorporez-y délicatement le premier mélange avec une spatule en caoutchouc.
4. Versez dans un moule tubulaire de 10 po (25 cm) non graissé et cuisez de 60 à 65 min, jusqu'à ce que le gâteau reprenne sa forme après une légère pression du doigt.
5. Renversez le moule sur un entonnoir et laissez refroidir.
6. Détachez le gâteau avec une spatule en métal et démoulez. Saupoudrez de sucre glace.

Gâteaux des anges

Gâteaux de Savoie

Gâteau des anges

Photo page 91
Débutez le matin
12 portions

1¼ t. de sucre glace
1 t. de farine à pâtisserie
1½ t. de blancs d'œufs, à température ambiante (12 à 14 blancs)
1½ c. à thé de crème de tartre
1½ c. à thé de vanille
¼ c. à thé de sel
¼ c. à thé d'extrait d'amande
1 t. de sucre

1 Portez le four à 375°F (190°C) et mêlez dans un bol le sucre glace et la farine.

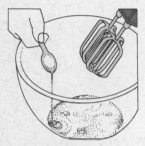

2 Dans un grand bol, mélangez à fond, à grande vitesse, les blancs d'œufs, la crème de tartre, la vanille, le sel et l'extrait d'amande.

3 Ajoutez le sucre, 2 c. à soupe à la fois, et continuez de battre à grande vitesse pour bien le dissoudre et obtenir une neige ferme. Ne raclez pas les parois du bol.

4 Avec une spatule en caoutchouc, incorporez-y le premier mélange, un quart à la fois.

5 Remplissez-en un moule non graissé de 10 po (25 cm). Enfoncez une lame dans la pâte pour libérer les bulles.

6 Faites cuire environ 35 min ou jusqu'à ce que le gâteau reprenne sa forme après une légère pression du doigt.

7 Renversez le moule sur un entonnoir et laissez refroidir. Détachez le gâteau avec une spatule et démoulez-le.

Gâteau jonquille

Photo page 93
Débutez le matin ou la veille
12 portions

1¼ t. de blancs d'œufs
1½ c. à thé de crème de tartre
1 c. à thé de vanille
¼ c. à thé de sel
1½ t. de sucre
1 t. de farine à pâtisserie
4 jaunes d'œufs

1 c. à soupe de zeste d'orange râpé
2 c. à thé de zeste de citron râpé
Glaçage orange-citron (ci-dessous)
Quartiers d'orange

1 Allumez le four à 375°F (190°C). Montez à grande vitesse les blancs d'œufs en neige légère avec la crème de tartre, la vanille et le sel.

2 Ajoutez le sucre, 2 c. à soupe à la fois, et continuez de battre pour bien le dissoudre et obtenir une neige ferme. Ne raclez pas les parois.

3 Incorporez-y la farine à basse vitesse, sans battre plus que nécessaire.

4 Dans un autre bol, fouettez les jaunes à grande vitesse jusqu'à ce qu'ils aient pâli et épaissi. Incorporez-y la moitié des blancs et les zestes.

5 Dans un moule tubulaire de 10 po (25 cm), faites alterner les deux appareils pour former un damier. Cuisez de 35 à 40 min.

6 Faites refroidir le gâteau 1 h dans le moule renversé. Démoulez-le, puis glacez-le et décorez avec les oranges. Réfrigérez.

GLAÇAGE ORANGE-CITRON: Faites mousser à vitesse moyenne *1½ t. de sucre glace, ¾ t. de beurre*, ramolli, *3 jaunes d'œufs* et *1 pincée de sel*. Incorporez *2 c. à soupe de zeste d'orange râpé* et *4 c. à thé de zeste de citron râpé*.

Gâteau roulé

Photo page 91
Débutez le matin
10 portions

¾ t. de farine tout usage
1 c. à thé de levure chimique à double action
½ c. à thé de sel
4 œufs, séparés, à température ambiante

Sucre
½ c. à thé de vanille
Sucre glace
1 pot de 10 oz (284 ml) de confiture ou de gelée

1 Portez le four à 375°F (190°C), puis graissez et chemisez un moule à roulé de 15½ po × 10½ (40 cm × 27). Mélangez la farine, la levure et le sel. Dans un autre bol, montez les blancs en neige légère à grande vitesse. Ajoutez ⅓ t. de sucre et continuez de battre jusqu'à ce qu'il soit dissous.

2 Dans un bol plus grand, fouettez les jaunes à grande vitesse jusqu'à ce qu'ils soient épais et pâles. Ajoutez, en battant, ½ t. de sucre et la vanille. Saupoudrez-y la farine préparée, puis incorporez les blancs délicatement avec une spatule en caoutchouc.

3 Cuisez dans le moule 15 min, ou jusqu'à ce que le gâteau reprenne sa forme après une pression.

4 Saupoudrez ⅓ t. de sucre glace sur un linge à vaisselle propre.

5 Renversez-y le gâteau au sortir du four. Retirez doucement le papier et taillez les bouts croustillants.

6 A partir d'une des extrémités étroites, roulez le gâteau chaud dans la serviette.

7 Laissez refroidir sur une grille, puis déroulez et garnissez.

8 Roulez le gâteau de nouveau et saupoudrez-le de sucre glace.

Roulé à la crème moka

Photo page 91
Débutez 2 h avant ou la veille
10 portions

5 œufs, séparés, à température ambiante
1 t. de sucre glace
1 pincée de sel
Poudre de cacao

Crème moka (ci-dessous)
Glaçage au chocolat (ci-dessous)
Glaçage à l'eau (ci-dessous)

1. Allumez le four à 400°F (200°C). Graissez un moule à roulé de 15½ po × 10½ (40 cm × 27). Chemisez-en le fond de papier ciré graissé et fariné.
2. Dans un grand bol, montez les blancs d'œufs en neige légère à grande vitesse. Ajoutez graduellement ½ t. de sucre glace en battant après chaque addition pour bien le dissoudre. Continuez jusqu'à ce que les blancs soient fermes et satinés. Réservez.
3. Sans laver les fouets, battez les jaunes à grande vitesse dans un petit bol jusqu'à ce qu'ils aient pâli et épaissi. Incorporez à petite vitesse le sel, ½ t. de sucre glace et 3 c. à soupe de cacao en raclant de temps à autre les parois du bol. Incorporez délicatement les jaunes aux blancs avec une spatule en caoutchouc ou un fouet.
4. Etalez l'appareil uniformément dans le moule préparé et faites cuire environ 15 min, ou jusqu'à ce que le gâteau reprenne sa forme après une légère pression du doigt. Saupoudrez un linge à vaisselle propre de poudre de cacao.
5. Dès que le gâteau est cuit, détachez-le avec une petite spatule et renversez-le sur le linge. Retirez le papier ciré. Enroulez le gâteau sur la longueur dans le linge à vaisselle, comme à gauche, et laissez-le refroidir ainsi sur une grille. Entre-temps, préparez la crème moka.
6. Lorsque le gâteau est complètement refroidi, déroulez-le et tartinez-le uniformément de crème moka en laissant une petite bande à nu de chaque côté. Enroulez-le de nouveau, cette fois sans le linge à vaisselle, et placez-le, joint en dessous, sur une assiette de service.
7. Préparez le glaçage au chocolat et étalez-le sur le gâteau.
8. Préparez le glaçage à l'eau et versez-le en minces filets sur le roulé en traçant un motif décoratif. Conservez au réfrigérateur jusqu'au moment de servir.

CRÈME MOKA : Dans un bol moyen, mettez *1½ t. de crème épaisse ou à 35 p. 100, ½ t. de poudre de cacao, ¼ t. de sucre glace et 2 c. à soupe de liqueur au café.* Fouettez à vitesse moyenne jusqu'à l'obtention d'une consistance ferme.

GLAÇAGE AU CHOCOLAT : Dans un bain-marie d'eau *frémissante,* faites fondre *la moitié d'un paquet de 6 oz (175 g) de grains de chocolat mi-amer* avec *1 c. à soupe de beurre* ou de margarine. Retirez du feu, ajoutez *1 c. à soupe de sirop de maïs* et *3 c. à soupe de lait* et battez jusqu'à l'obtention d'une pâte lisse et homogène.

GLAÇAGE À L'EAU : Dans un petit bol, dêlayez *½ t. de sucre glace* dans *2 à 3 c. à thé d'eau* et remuez jusqu'à ce que le mélange soit onctueux.

Gâteaux de Savoie

Petits fours du temps des Fêtes

Gâteau :
4 œufs
¾ t. de sucre
¾ t. de farine tout usage
1 c. à thé de levure chimique à double action
½ c. à thé de sel
½ c. à thé d'extrait d'amande
1 t. de gelée de pomme
Pâte d'amandes (à droite)

Glaçage :
1 lb (450 g) de sucre glace

5 c. à soupe d'eau
1 c. à thé d'extrait d'amande
2 gouttes de colorant alimentaire rouge

Décoration : *cerises rouges confites, dragées, fleurs en sucre, nonpareils*

Photo page 91
Débutez le matin
30 petits fours

1 Graissez un moule à roulé de 15½ po × 10½ (40 cm × 27) et chemisez-le de papier ciré graissé. Allumez le four à 350°F (180°C). Faites mousser les œufs à grande vitesse dans un grand bol. Saupoudrez-y le sucre, puis battez 7 min à grande vitesse jusqu'à ce que le mélange soit léger et très pâle. Incorporez à petite vitesse la farine, la levure, le sel et l'amande. Versez dans le moule.

2 Cuisez 20 min ; le gâteau doit reprendre sa forme après une pression du doigt. Mettez sur une grille 10 min, démoulez, retirez le papier et laissez refroidir.

3 Faites fondre la gelée à feu doux dans une petite casserole. Utilisez-en une partie pour badigeonner le gâteau avant de le couper en deux sur la largeur.

4 Abaissez la pâte d'amandes entre deux feuilles de papier ciré en un rectangle de 10½ po × 7¾ (27 cm × 20). Otez le papier du dessus.

5 Renversez la pâte sur l'un des gâteaux et retirez l'autre papier.

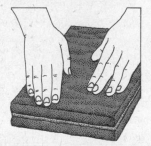

6 Recouvrez avec le second gâteau, côté glacé dessous, et pressez fermement.

7 Tranchez six bandes de 1¼ po (3 cm) en longueur et cinq autres en largeur.

8 Badigeonnez les côtés de gelée. Espacez les pièces sur une grille au-dessus d'un papier ciré. Préparez le glaçage.

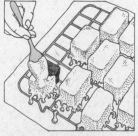

9 Versez-le sur les petits fours et utilisez l'excédent au besoin après l'avoir battu avec un peu d'eau.

10 Une fois le glaçage durci, décorez-le de cerises confites, de fleurs en sucre, de dragées et de nonpareils.

Débutez 20 min avant
1 tasse

Pâte d'amandes

1 t. d'amandes pulvérisées
1 t. de sucre glace
1 jaune d'œuf

2 c. à thé de jus de citron
½ c. à thé d'extrait d'amande

1. Dans un petit bol, mêlez les amandes, le sucre glace, le jaune d'œuf, le jus de citron et l'extrait d'amande.
2. Recouvrez généreusement vos mains ainsi que le plan de travail de sucre glace. Pétrissez l'appareil jusqu'à ce qu'il soit lisse et n'attache plus.

Photo page 92
Débutez le matin
12 portions

Gâteau au café

¾ t. de blancs d'œufs à température ambiante
½ c. à thé de crème de tartre
2 t. de sucre
6 jaunes d'œufs
2 t. de farine tout usage
1 t. de café froid

1 c. à soupe de levure chimique à double action
1 c. à thé de vanille
½ c. à thé de sel
1 t. de noix de Grenoble finement hachées

1. Allumez le four à 350°F (180°C). Montez à grande vitesse en neige légère les blancs d'œufs avec la crème de tartre dans un grand bol. Saupoudrez-y ½ t. de sucre, deux cuillerées à soupe à la fois, et continuez de battre jusqu'à ce qu'il soit dissous et que les pics soient fermes. Evitez de racler les parois du bol.
2. Dans un autre grand bol, faites mousser à vitesse moyenne 1½ t. de sucre, les jaunes d'œufs, la farine, le café, la levure, la vanille et le sel.
3. Saupoudrez les noix sur les blancs. Avec une spatule en caoutchouc, incorporez-les délicatement, en même temps que la farine préparée.
4. Remplissez un moule tubulaire de 10 po (25 cm) non graissé. Faites cuire de 60 à 70 min, ou jusqu'à ce que le gâteau reprenne sa forme après une pression du doigt. Renversez le moule sur une bouteille et laissez refroidir ainsi le gâteau. Détachez-le des parois, puis démoulez-le comme ci-dessous.

Pour détacher le gâteau : Faites glisser une lame le long des parois.

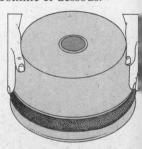
Pour démouler : Retournez le moule sur une assiette et secouez-le.

Gâteaux aux fruits

Gâteau aux fruits doré

2 t. de raisins blancs secs
1½ t. de figues sèches hachées
1 t. de citron confit, en dés
1 t. d'écorce de citron confite, en dés
1 t. d'écorce d'orange confite, en dés
1 t. de dattes hachées
1 t. d'amandes effilées ou de pacanes
½ t. d'ananas confit, en dés

½ t. de cerises confites, coupées en deux
½ t. de raisins de Corinthe
Farine tout usage
1 t. de beurre, ramolli
2 t. de sucre
2 c. à thé de levure chimique à double action
½ c. à thé de sel
6 œufs
1 c. à thé d'extrait de citron ou d'orange

1 t. de sherry sec ou de jus d'orange
¼ t. de gelée de pomme
Cerises confites et amandes blanchies

Photo page 93
Débutez la veille ou jusqu'à plusieurs semaines plus tôt
1 gâteau de 7 lb (3 kg)

1 Allumez le four à 300°F (150°C). Chemisez de papier d'aluminium un moule tubulaire de 10 po (25 cm).

2 Mêlez les 10 premiers ingrédients dans un grand bol. Saupoudrez-les de ¾ t. de farine et remuez-les pour bien les enrober.

3 Dans un autre grand bol, battez le beurre en crème avec le sucre, à vitesse moyenne.

4 Incorporez-y, tout en raclant les parois du bol, 3 t. de farine, la levure, le sel, les œufs, l'extrait de votre choix, le sherry ou le jus d'orange.

5 Battez encore 4 min à vitesse moyenne en raclant les parois de temps à autre.

6 Mélangez-y les fruits et les noix à la cuiller.

7 Etalez l'appareil dans le moule préparé et faites cuire 3 h, ou jusqu'à ce qu'un cure-dents inséré au centre en ressorte sec.

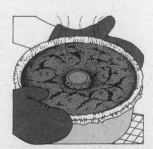

8 Laissez refroidir le gâteau sur une grille avant de le démouler. Ce gâteau gagnera en saveur si vous le laissez mûrir. (Voir Conservation, p. 383.)

9 Avant de servir : Faites fondre la gelée à feu doux, puis étalez-la sur le gâteau avec un pinceau et décorez de cerises et d'amandes.

Photo page 91
Débutez plusieurs semaines avant
1 gâteau de 5 lb (2,25 kg)

Gâteau de Noël

3 t. de raisins secs foncés
1½ t. de citron confit, en dés
1 t. de cerises confites, coupées en deux
1 t. d'ananas confit, en dés
1 t. de pacanes, en moitiés
1 t. d'amandes effilées
1 t. de raisins de Corinthe
½ t. d'écorce d'orange confite, en dés
½ t. d'écorce de citron confite, en dés

Farine tout usage
6 œufs, séparés, à température ambiante
Sucre
1½ c. à thé de cannelle
1½ c. à thé de clous de girofle moulus
1 c. à thé de muscade
½ c. à thé de bicarbonate de soude
1 t. de graisse végétale
½ carré de chocolat amer, fondu
¼ t. de jus de citron
¼ t. de jus d'orange
¼ t. de gelée de pomme

1. Allumez le four à 300°F (150°C). Chemisez de papier d'aluminium un moule tubulaire de 10 po (25 cm). Mélangez les neuf premiers ingrédients, puis enrobez-les de farine (environ 1 t.)
2. Montez les blancs d'œufs en neige légère à grande vitesse. Saupoudrez-les de ½ t. de sucre, une cuillerée à soupe à la fois, et battez jusqu'à l'obtention de pics fermes et lisses.
3. Dans un bol moyen, mêlez lentement 1 t. de farine, ½ t. de sucre, les jaunes d'œufs et le reste des ingrédients, sauf la gelée, en raclant constamment les parois. Poursuivez 5 min à grande vitesse.
4. Incorporez ce mélange et les blancs aux fruits.
5. Faites cuire 2 h 10, puis laissez refroidir sur une grille avant de démouler. Enveloppez le gâteau et laissez-le mûrir.
6. *Avant de servir :* Faites fondre de la gelée ; glacez-en le gâteau.

Photo page 92
Débutez plusieurs semaines avant
1 gâteau de 3 lb (1,35 kg)

Gâteau sensation aux noix du Brésil

3 t. de noix du Brésil
2 t. de dattes dénoyautées
1 t. de cerises au marasquin, bien égouttées
¾ t. de farine tout usage
¾ t. de sucre

½ c. à thé de levure chimique à double action
½ c. à thé de sel
3 œufs
1 c. à thé de vanille

1. Allumez le four à 300°F (150°C). Graissez un moule de 9 po × 5 (23 cm × 13) et chemisez-le de papier d'aluminium. Mêlez dans un grand bol les noix, les dattes et les cerises, puis la farine, le sucre, la levure et le sel.
2. Dans un petit bol, faites mousser les œufs et la vanille à vitesse moyenne. Incorporez-les au premier mélange et versez dans le moule.
3. Cuisez environ 2 h 30. Laissez 15 min sur une grille avant de démouler, puis laissez refroidir. Conservez le gâteau enveloppé au réfrigérateur.

GÂTEAUX
Gâteaux très spéciaux

Gâteau de Sacher

Photo
page 90
Débutez 6 h
avant
12 portions

5 carrés de chocolat mi-
amer
½ t. de beurre, ramolli
1 c. à thé de vanille
¼ c. à thé de sel
6 œufs, séparés, à
température ambiante
¾ t. de sucre

1 t. de farine à pâtisserie
1 pot de 10 oz (284 ml)
de confiture d'abricots
Glaçage au chocolat
(ci-dessous)
1 t. de crème épaisse ou à
35 p. 100, fouettée

1. Faites fondre le chocolat dans un bain-marie d'eau *frémissante*. Retirez du feu et mélangez-y le beurre, la vanille et le sel jusqu'à ce que la pâte soit lisse et refroidie. Incorporez les jaunes d'œufs.
2. Graissez et farinez légèrement un moule démontable de 9 po × 3 (23 cm × 8). Allumez le four à 350°F (180°C). Dans un grand bol, montez les blancs en neige légère à haute vitesse. Saupoudrez-y le sucre, deux cuillerées à soupe à la fois, et continuez de battre jusqu'à ce qu'il soit dissous et que vous puissiez lever des pics fermes et luisants.
3. Incorporez-y délicatement le chocolat, puis la farine, un tiers à la fois. Remplissez le moule et libérez les bulles d'air. Cuisez environ 45 min ou jusqu'à ce que le gâteau reprenne sa forme après une pression du doigt. Mettez 10 min sur une grille avant de démouler, puis laissez refroidir.
4. Montez le gâteau comme illustré ci-dessous, puis faites raffermir au réfrigérateur.
5. *Avant de servir:* Glissez le gâteau sur une assiette de service; attendez 30 min, puis servez accompagné de crème fouettée.

GLAÇAGE AU CHOCOLAT: Faites fondre, dans un bain-marie d'eau *frémissante*, 1 t. de chocolat mi-amer et 2 c. à soupe de beurre, puis incorporez-y 1 c. à soupe de lait et 1 c. à soupe de sirop de maïs.

ASSEMBLAGE DU GÂTEAU DE SACHER

Tranchez le gâteau en deux. Renversez la moitié supérieure sur une grille, placée sur un papier ciré.

Tartinez la moitié supérieure de confiture d'abricots et recouvrez avec l'autre moitié de gâteau. Détachez le fond du moule.

Confectionnez le glaçage. Glacez le gâteau, puis laissez s'égoutter l'excédent sur le papier ciré.

COPEAUX DE CHOCOLAT

Pour décorer les gâteaux, les tartes ou les entremets à base de crème fouettée, confectionnez des copeaux de chocolat, selon l'une des méthodes suivantes.

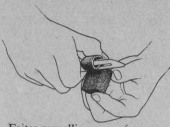

Faites ramollir un carré ou une tablette de chocolat amer ou mi-amer à la chaleur de la main ou dans un four tiède. Passez un éplucheur à légumes sur la face large pour de grands copeaux ou sur les côtés étroits pour des copeaux plus fins.

Servez-vous d'une râpe si vous voulez obtenir de petites boucles.

Gâteau riche à six étages

Photo
page 93
Débutez 4 h
avant ou la
veille
12 portions

2 t. de farine tout usage
2 c. à thé de levure
chimique à double
action
½ c. à thé de muscade
râpée
½ c. à thé de sel
1½ t. de crème épaisse ou
à 35 p. 100
½ c. à thé d'essence de
rhum

4 œufs
1¼ t. de sucre
Glaçage crémeux au
chocolat (p. 401)
4 carrés de chocolat mi-
amer en copeaux
(ci-dessus)

1. Allumez le four à 350°F (180°C). Graissez et farinez trois moules ronds de 9 po (23 cm).
2. Mêlez à la fourchette, dans un petit bol, les quatre premiers ingrédients. Réservez. Dans un autre petit bol, fouettez la crème à vitesse moyenne, avec l'essence de rhum, pour qu'elle soit très ferme.
3. Sans laver les fouets, battez les œufs et le sucre dans un grand bol, environ 5 min à haute vitesse, jusqu'à ce que le mélange soit épais et jaune clair. A l'aide d'une spatule en caoutchouc, incorporez la farine réservée et la crème fouettée aux œufs battus. Remplissez les moules.
4. Répartissez les moules sur deux grilles du four de façon que la chaleur puisse circuler librement. Faites cuire de 20 à 25 min, ou jusqu'à ce qu'un cure-dents inséré au centre d'un des gâteaux en ressorte sec. Mettez 10 min sur une grille avant de démouler, puis laissez refroidir environ 1 h.
5. Confectionnez le glaçage. Coupez chaque gâteau en deux tranches. Placez un premier étage sur une assiette, côté coupé sur le dessus. Tartinez de ½ t. de glaçage. Répétez quatre fois et terminez avec le dernier étage, croûte vers vous. Etalez le reste du glaçage sur le dessus et le pourtour.
6. Décorez avec les copeaux de chocolat en vous aidant d'un cure-dents pour ne pas les briser. Conservez au réfrigérateur.

Gâteau Forêt-Noire

2 boîtes de 15 ou 16 oz
  (430 ou 450 g) de
  cerises noires
  acidulées, égouttées
½ t. de kirsch
Gâteau au chocolat
  (p. 385)
2 t. de crème épaisse ou
  à 35 p. 100
½ t. de sucre glace
1 carré de chocolat mi-
  amer, râpé
12 cerises au marasquin,
  égouttées

2 carrés de chocolat mi-
  amer en copeaux
  (ci-contre)

Photo page 92
Débutez 4 h avant
12 portions

1 Faites macérer les cerises 2 h 30 dans ⅓ t.
de kirsch à température
ambiante, en remuant de
temps à autre.

2 Portez le four à
350°F (180°C). Confec-
tionnez l'appareil et
versez-le dans trois mou-
les ronds de 9 po
(23 cm), graissés et fari-
nés. Disposez-les sur
deux grilles de façon
qu'ils ne soient pas directement l'un sous l'autre.
Cuisez de 20 à 25 min,
jusqu'à ce qu'un cure-
dents inséré dans la pâte
en ressorte sec. Mettez
10 min sur une grille
avant de démouler, puis
laissez refroidir complè-
tement environ 2 h.

3 Piquez le dessus des
gâteaux avec une
fourchette, puis aspergez
du jus des cerises.

4 Battez la crème à vitesse moyenne dans
un petit bol avec le sucre
glace et 2 c. à soupe de
kirsch, jusqu'à ce qu'elle
soit très ferme.

5 Placez un des gâteaux
sur une assiette et
étalez-y un quart de la
crème fouettée. Garnissez
de la moitié des cerises.

6 Répétez avec le
deuxième gâteau
et coiffez du troisième.

7 Tartinez le pourtour
avec la moitié de ce
qui reste de crème
fouettée.

8 Avec une cuiller, faites adhérer par petites
quantités le chocolat
râpé à la crème fouettée.

9 Bordez le dessus du
gâteau de petits mon-
ticules de crème et déco-
rez chacun d'une cerise
au marasquin.

10 Garnissez le centre
de copeaux de choco-
lat et conservez au ré-
frigérateur jusqu'au mo-
ment de servir.

Photo page 91
Débutez 3 h avant
12 portions

Gâteau aux noisettes

6 œufs, séparés
Sucre
⅓ t. de chapelure
1 t. de noisettes
  pulvérisées

¼ t. de farine tout usage
2 t. de crème épaisse ou
  à 35 p. 100
1 c. à thé de vanille

1. Allumez le four à 325°F (160°C). Montez les
blancs d'œufs en neige légère à haute vitesse dans
un grand bol. Saupoudrez-y graduellement ¼ t. de
sucre et continuez de battre à haute vitesse pour
que les blancs soient très fermes.

2. Battez les jaunes à vitesse moyenne dans un petit bol jusqu'à ce qu'ils soient épais et jaune clair.
Ajoutez en battant ½ t. de sucre. Incorporez ensuite la chapelure, la farine et ⅔ t. des noisettes.
Incorporez le tout dans les blancs d'œufs à l'aide
d'un fouet ou d'une spatule. Versez dans un moule
démontable de 10 po × 3 (25 cm × 8).

3. Faites cuire 40 min, ou jusqu'à ce que le gâteau
reprenne sa forme après une pression du doigt.
Renversez le moule sur une grille et laissez refroidir complètement.

4. Dans un petit bol, fouettez la crème à vitesse
moyenne avec la vanille et 2 c. à soupe de sucre.

5. Démoulez le gâteau et coupez-le en deux tranches. Placez la première sur une assiette et étalez-y
un quart de la crème fouettée. Coiffez de la seconde
tranche et tartinez le pourtour avec la moitié de la
crème restante. Pressez le reste des noisettes contre
le pourtour enrobé de crème.

6. Mettez le reste de la crème fouettée dans une
poche à douille large et étoilée et décorez le dessus
du gâteau.

POUR DÉCORER

Tartinez la tranche de la
base de crème fouettée ;
coiffez de la seconde et
glacez le pourtour.
Pressez les noisettes contre les côtés.

Avec une poche à douille
large et étoilée, décorez
le dessus de crème
fouettée.

Gâteaux très spéciaux

Gâteau de banquet

Photo page 93
Débutez la veille ou jusqu'à 1 semaine plus tôt
62 portions

12 œufs, à température ambiante
5 t. de sucre
6 t. de farine à pâtisserie
2½ t. de lait
1½ t. de beurre ou de margarine, ramolli
2 c. à soupe de levure chimique à double action

1 c. à soupe de vanille
2 c. à thé de sel
Garniture veloutée au citron (ci-dessous)
Crème au beurre rose (en bas, à droite)
Crème au beurre vanillée (en bas, à droite)
Eléments de décoration (page ci-contre)

1. Graissez et farinez généreusement trois moules ronds de 14 po (35 cm), 10 po (25 cm) et 6 po (15 cm) respectivement. Séparez les blancs et les jaunes d'œufs et mettez-les dans deux grands bols. Assurez-vous que les grilles où vous mettrez les gâteaux à refroidir sont assez grandes ; sinon, employez une claie de réfrigérateur ou plusieurs grilles aboutées. Munissez-vous aussi de grandes plaques pour la manipulation des gâteaux.
2. Montez les blancs en neige légère à grande vitesse. Saupoudrez-y 1 t. de sucre, deux cuillerées à soupe à la fois, et continuez de battre jusqu'à ce que les blancs soient très fermes.
3. Ajoutez aux jaunes d'œufs la farine, le lait, le beurre, la levure, la vanille, le sel et le reste du sucre. Mélangez à petite vitesse, en raclant constamment les parois, puis fouettez de 10 à 15 min de plus à vitesse moyenne pour faire mousser.
4. Placez deux grilles dans le four de façon à diviser celui-ci en trois parties égales, puis portez-le à 375°F (190°C).
5. Transvasez les jaunes dans un bol de 8 t. et incorporez-y les blancs. Répartissez l'appareil également dans les trois moules. Placez le plus grand sur la grille inférieure du four et les deux autres audessus, le plus petit à l'avant. Après environ 40 min, celui-ci devrait être cuit (vérifiez à l'aide d'un cure-dents). Sortez-le rapidement du four, déposez-le sur une grille et attendez 10 min avant de le démouler. Pour le second gâteau, comptez 15 min de plus, soit environ 55 min de cuisson. Sortez-le du four à son tour et faites-le refroidir comme le premier. Faites cuire le troisième gâteau 20 min de plus, soit 1 h 15 au total. Procédez comme pour les deux premiers, puis laissez-les tous les trois refroidir complètement sur des grilles. Si vous les préparez une semaine à l'avance, congelez-les à nu sur des plaques, enveloppez-les ensuite de cellophane et remettez-les au congélateur. Pour les faire dégeler, développez-les, puis laissez-les environ 2 h à la température ambiante.
6. *En matinée :* Préparez la garniture et montez le gâteau (à droite). Préparez la Crème au beurre rose et la Crème au beurre vanillée et glacez le gâteau (ci-contre). Confectionnez les éléments de décoration et décorez (ci-contre).

GARNITURE VELOUTÉE AU CITRON : Dans un grand bol, mélangez à vitesse moyenne *2 lb (1 kg) de sucre glace, ¾ t. de beurre* ou de margarine, ramolli, et *6 à 8 c. à soupe de jus de citron* jusqu'à l'obtention d'une consistance souple et onctueuse.

ASSEMBLAGE

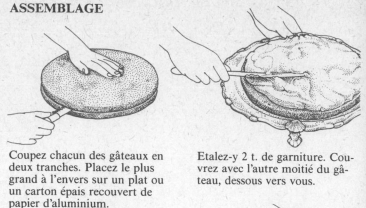

Coupez chacun des gâteaux en deux tranches. Placez le plus grand à l'envers sur un plat ou un carton épais recouvert de papier d'aluminium.

Etalez-y 2 t. de garniture. Couvrez avec l'autre moitié du gâteau, dessous vers vous.

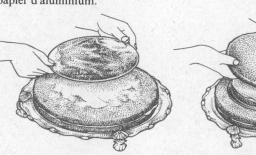

Etalez-y un peu de garniture, en arrêtant à 2 po (5 cm) des bords. Couvrez d'un carton rond de 10½ po (27 cm), recouvert de papier d'aluminium.

Répétez les deux premières étapes avec le gâteau moyen, en le montant sur le carton.

Répétez la troisième étape avec un carton de 6½ po (17 cm) recouvert de papier d'aluminium.

Répétez les deux premières étapes avec le plus petit gâteau.

GLAÇAGES

CRÈME AU BEURRE ROSE : Dans un grand bol, mélangez à petite vitesse *1 paquet de 2 lb (1 kg) de sucre glace, ¾ t. de beurre* ou de margarine, ramolli, *6 à 8 c. à soupe de lait, 1 c. à soupe de vanille, ¼ c. à thé de sel* et une quantité suffisante de *colorant alimentaire rouge* pour obtenir une belle teinte de rose.

CRÈME AU BEURRE VANILLÉE : Dans un bol moyen, mélangez à petite vitesse *1 paquet de 1 lb (450 g) de sucre glace, 6 c. à soupe de beurre* ou de margarine, ramolli, *3 à 4 c. à soupe de lait, 1½ c. à thé de vanille* et *1 pincée de sel,* jusqu'à ce que le mélange ait la consistance voulue pour être étalé.

GLAÇAGE

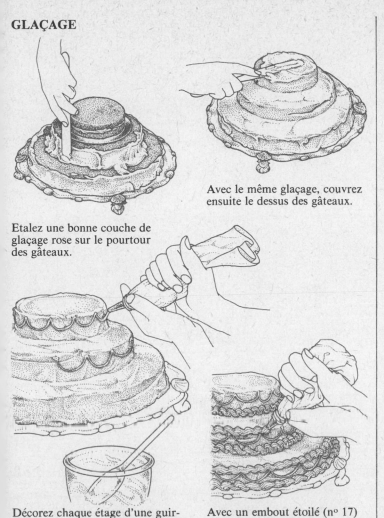

Etalez une bonne couche de glaçage rose sur le pourtour des gâteaux.

Avec le même glaçage, couvrez ensuite le dessus des gâteaux.

Décorez chaque étage d'une guirlande de glaçage vanillé ; pressez celui-ci en place, puis tirez la poche vers vous pour laisser tomber un ruban que vous ferez adhérer au gâteau à intervalles réguliers.

Avec un embout étoilé (n° 17) et le glaçage vanillé, exécutez une bordure au sommet et à la base des trois étages. Laissez durcir.

ÉLÉMENTS DE DÉCORATION : Battez à petite vitesse dans un petit bol *1 lb (450 g) de sucre glace, ½ c. à thé de crème de tartre* et *3 blancs d'œufs* à température ambiante. Fouettez ensuite à grande vitesse jusqu'à ce que le tout soit très ferme et qu'une lame passée dans le mélange laisse un sillon net. Prélevez-en environ un quart et teintez-le avec du *colorant alimentaire vert* ; recouvrez de cellophane. Ajoutez suffisamment de *colorant alimentaire rouge* au reste pour obtenir une teinte rose. Emplissez de glaçage rose une poche à douille à pétales (n° 103) et confectionnez de petites roses (voir p. 399). Laissez sécher au moins 30 min. Emplissez la poche de glaçage vert et utilisez une petite douille ronde (n° 5) pour tracer des tiges sur le gâteau. Collez les roses en place. Servez-vous d'une douille à feuilles (n° 70) pour habiller les tiges.

DÉCORATION

Tracez des tiges avec du glaçage vert et une douille ronde. Pressez les roses en place. Servez-vous d'une douille à feuilles (n° 70) pour orner les tiges.

DÉCOUPAGE

Employez un couteau à lame étroite et longue et découpez le gâteau en 62 portions, d'après le modèle ci-dessous.

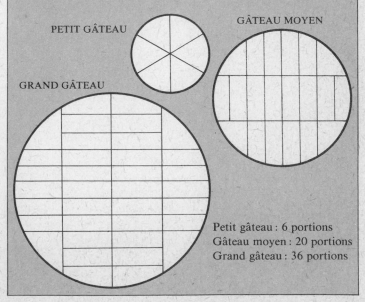

PETIT GÂTEAU

GÂTEAU MOYEN

GRAND GÂTEAU

Petit gâteau : 6 portions
Gâteau moyen : 20 portions
Grand gâteau : 36 portions

Décoration des gâteaux

Si vous aimez donner à vos gâteaux un aspect professionnel, procurez-vous une poche à pâtisserie munie d'un coupleur, auquel s'ajuste une série de petites douilles (classées selon leur calibre). Exercez-vous d'abord sur l'envers d'un moule à roulé pour pouvoir réutiliser votre « glace d'exercice ». Employez de préférence une crème au beurre, de la meringue italienne ou un glaçage royal.

En décoration, la consistance du glaçage est un facteur essentiel : il doit être ferme si on veut en faire des fleurs, moyennement ferme quand on l'applique en bordure, et plus clair si on veut écrire ou confectionner des feuilles. Pour le diluer, il suffit d'ajouter quelques gouttes d'eau ou de lait. Couvrez le bol de glaçage d'un linge humide pour l'empêcher de sécher pendant que vous travaillez.

Préparez vos fleurs à l'avance sur un papier ciré. Si elles sont en crème au beurre et qu'elles doivent attendre plus de 24 heures, congelez-les. Si elles sont faites de meringue italienne ou de glaçage royal, faites-les sécher à l'air libre et conservez-les dans un emballage hermétique.

Si vous êtes gaucher, adaptez nos instructions.

ÉQUIPEMENT

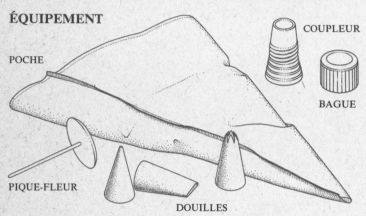

POCHE — COUPLEUR — BAGUE — PIQUE-FLEUR — DOUILLES

POSITION

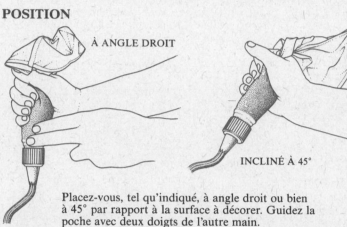

À ANGLE DROIT — INCLINÉ À 45°

Placez-vous, tel qu'indiqué, à angle droit ou bien à 45° par rapport à la surface à décorer. Guidez la poche avec deux doigts de l'autre main.

PRÉPARATION

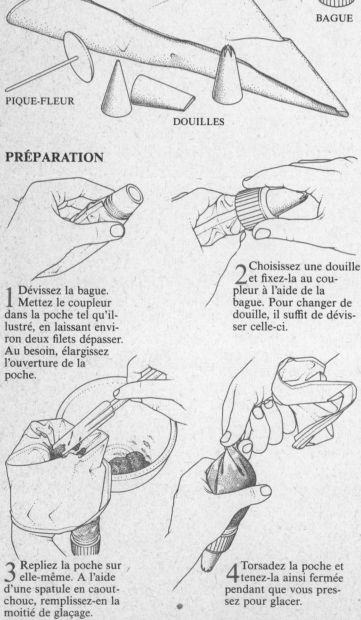

1 Dévissez la bague. Mettez le coupleur dans la poche tel qu'illustré, en laissant environ deux filets dépasser. Au besoin, élargissez l'ouverture de la poche.

2 Choisissez une douille et fixez-la au coupleur à l'aide de la bague. Pour changer de douille, il suffit de dévisser celle-ci.

3 Repliez la poche sur elle-même. A l'aide d'une spatule en caoutchouc, remplissez-en la moitié de glaçage.

4 Torsadez la poche et tenez-la ainsi fermée pendant que vous pressez pour glacer.

MODÈLES DE DOUILLES

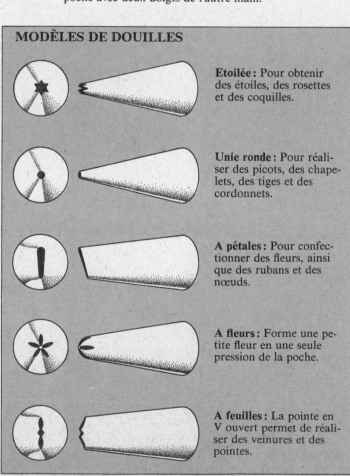

Etoilée : Pour obtenir des étoiles, des rosettes et des coquilles.

Unie ronde : Pour réaliser des picots, des chapelets, des tiges et des cordonnets.

A pétales : Pour confectionner des fleurs, ainsi que des rubans et des nœuds.

A fleurs : Forme une petite fleur en une seule pression de la poche.

A feuilles : La pointe en V ouvert permet de réaliser des veinures et des pointes.

ÉTOILES, ROSETTES ET COQUILLES

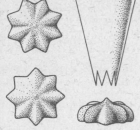   

Étoiles : Placez une douille étoilée perpendiculairement au gâteau. Pressez la poche, soulevez-la légèrement, puis relâchez la pression.

Rosettes : Procédez comme pour les étoiles, mais tournez la poche vers la gauche en la soulevant ; relâchez la pression, puis recommencez.

Coquilles : Placez-vous à 45°, la douille appuyée sur le gâteau. Soulevez en pressant, relâchez la pression, abaissez la douille et tirez vers vous.

PICOTS ET CHAPELETS

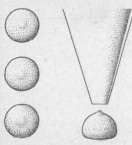

Picots : Placez une douille ronde perpendiculairement au gâteau. Pressez la poche, soulevez-la légèrement, puis relâchez la pression.

Chapelet : Procédez comme dans le cas des coquilles, mais avec une douille ronde. Faites chevaucher légèrement les picots.

ÉCRITURE

Employez une douille ronde et un glaçage relativement liquide. Placez la douille sur le gâteau, selon un angle de 45° ; pressez la poche, puis soulevez-la légèrement pour former les lettres. Le mouvement doit être imprimé par le bras, aussi uniformément que possible. Pour terminer, relâchez la pression.

RUBANS, FRONCES ET NŒUDS

Ruban : Placez une douille à pétales à 45° du gâteau, le côté étroit légèrement relevé par rapport à l'autre. Pressez la poche en traçant des vagues.

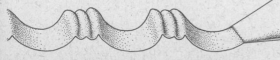

Ruban froncé : Suivez la même technique que ci-dessus, mais froncez la crête de chaque vague, en imprimant à la poche trois petits coups secs.

Nœud : Appuyez le côté large d'une douille à pétales sur le gâteau, selon un angle de 45°. Faites d'abord la boucle de gauche en appliquant une pression uniforme, mais relâchez celle-ci une fois revenu au point de départ. Faites la boucle de droite de la même façon, puis terminez avec les deux pointes.

CONFECTION D'UNE ROSE

Faites adhérer un carré de papier ciré de 2 po (5 cm) de côté au pique-fleur avec une goutte de glaçage. Prenez celui-ci entre le pouce et l'index de la main gauche et, à l'aide d'une douille ronde placée à angle droit, déposez-y un petit monticule de glaçage. Faites pivoter le pique-fleur vers la gauche et formez les pétales dans l'autre sens, comme ci-dessous.

Appuyez à 45° le côté large d'une douille à pétales juste sous le sommet. Faites pivoter le pique-fleur à gauche, pressez la poche en montant, faites le tour, puis montez, encerclez et redescendez.

Appuyez le côté large sur la base. Promenez la douille en arcs de cercle.

Inclinez légèrement la douille pour faire un second rang de quatre pétales, de même forme.

Dirigez le côté étroit de la douille vers l'extérieur. Faites un troisième rang de cinq à sept pétales. Laissez sécher la fleur sur son papier.

FEUILLES

Feuille couchée : Tenez la douille à feuilles selon un angle de 45°. Pressez pour étaler le glaçage, puis relâchez la pression en vous dirigeant vers la pointe.

Feuille dressée : Tenez la douille à angle droit. Pressez pour étaler le glaçage, puis relâchez la pression en relevant la douille pour former la pointe.

Garnitures et glaçages

À l'exception des appareils meringués, qui se préparent à la dernière minute, la plupart des glaçages sans cuisson se conservent bien, du moment qu'on les couvre pour empêcher la formation d'une croûte. On doit faire ramollir les glaçages à base de beurre au sortir du réfrigérateur afin qu'ils s'étalent facilement. Les recettes de glaçages de cette section ont été calculées pour couvrir un gâteau de 13 po × 9 (33 cm × 23), un gâteau tubulaire moyen ou 24 petits gâteaux, ou encore pour garnir et glacer un gâteau de deux étages. Quant aux recettes de garnitures, elles sont prévues pour des gâteaux à deux étages.

Crème au beurre

Débutez 15 min avant

1 paquet de 1 lb (450 g) de sucre glace
6 c. à soupe de beurre ou de margarine, ramolli
3 à 4 c. à soupe de lait ou de crème de table
1 pincée de sel
1½ c. à thé d'essence de vanille

Mettez tous les ingrédients dans un grand bol et battez-les à vitesse moyenne jusqu'à l'obtention d'une pâte très souple, qui puisse s'étaler facilement. Ajoutez du lait au besoin.

CITRON : Suivez la recette ci-dessus, mais remplacez le lait par du *jus de citron* et omettez la vanille.

MOKA : Ajoutez *½ t. de cacao* à la recette ci-dessus. Remplacez le lait par *⅓ t. de café chaud* et ne mettez que ½ c. à thé de vanille.

ORANGE : Ajoutez *2 jaunes d'œufs* et *1 c. à thé de zeste d'orange râpé* à la recette ci-dessus et n'utilisez que 2 c. à soupe de lait.

CHOCOLAT : Comme ci-dessus, mais en employant *½ t. de beurre*, puis ajoutez *3 carrés de chocolat amer*, fondus et refroidis, ainsi que *2 jaunes d'œufs*.

Crème Chantilly

Débutez 15 min avant

2 t. de crème épaisse ou à 35 p. 100
¼ t. de sucre glace
1 pincée de sel
1 c. à thé d'essence de vanille

Fouettez la crème à vitesse moyenne, avec le sucre et le sel, jusqu'à ce qu'elle soit très ferme. Incorporez-y la vanille. Un gâteau glacé à la crème Chantilly se conserve au réfrigérateur.

CHOCOLAT : Dans un bain-marie d'eau *frémissante*, faites fondre *1 t. de grains de chocolat mi-amer*. Laissez le chocolat refroidir, puis incorporez-le à la crème Chantilly.

CAFÉ : Préparez une crème Chantilly, mais ajoutez, avec le sucre, *1 c. à thé de café instantané*.

ORANGE : Comme ci-dessus, mais ajoutez, avec la vanille, *1 c. à thé de zeste d'orange râpé*.

MENTHE POIVRÉE : Fouettez la crème avec le sel, puis incorporez *¼ t. de bonbons à la menthe poivrée, écrasés*. Ne mettez ni sucre ni vanille.

Fondant au chocolat

Débutez 30 min avant

1 paquet de 12 oz (350 g) de grains de chocolat mi-amer (2 t.)
¼ t. de graisse végétale
3 t. de sucre glace
½ t. de lait

1. Dans un bain-marie d'eau *frémissante*, faites fondre le chocolat avec la graisse végétale.
2. Incorporez le sucre et le lait. Retirez du feu, puis remuez à l'aide d'une cuiller jusqu'à l'obtention d'une pâte onctueuse.

Glaçage au fromage à la crème

Débutez 15 min avant

8 oz (225 g) de fromage à la crème, ramolli
2 c. à soupe de lait concentré
1 c. à thé d'essence de vanille
1 pincée de sel
1 paquet de 1 lb (450 g) de sucre glace

1. À vitesse moyenne, fouettez ensemble le fromage et le lait concentré jusqu'à l'obtention d'une pâte souple et lisse.
2. Mélangez-y la vanille, le sel et le sucre.

CAFÉ : Suivez la recette ci-dessus, en ajoutant *4 c. à thé de café instantané* avec le sucre.

Glaçage royal

Débutez 30 min avant

1 paquet de 1 lb (450 g) de sucre glace
½ c. à thé de crème de tartre
3 blancs d'œufs, à température ambiante
½ c. à thé de vanille ou d'extrait d'amande

1. Tamisez le sucre et la crème de tartre dans un grand bol.
2. Mélangez-y à petite vitesse les blancs d'œufs et la vanille. Poursuivez à grande vitesse jusqu'à ce qu'une lame passée dans le mélange y laisse un sillon net. S'il fait humide, il vous faudra peut-être ajouter du sucre glace.
3. Couvrez le bol d'un linge humide. Le glaçage royal s'emploie pour décorer les gâteaux et les biscuits. Pour le teinter, divisez-le en conséquence et ajoutez-y du colorant, une goutte à la fois.

Meringue italienne

Débutez 45 min avant

1¼ t. de sucre
1 pincée de crème de tartre
1 pincée de sel
6 c. à soupe d'eau
3 blancs d'œufs, à température ambiante
1 c. à thé d'essence de vanille

1. Dans une petite casserole, amenez à ébullition à feu moyen le sucre, la crème de tartre, le sel et l'eau. Laissez bouillir sans remuer jusqu'à ce que le thermomètre à bonbon indique 260°F (127°C) ou que vous obteniez une petite boule dure en laissant tomber un filet du mélange dans de l'eau froide. Retirez du feu.
2. Dans un petit bol, montez les blancs d'œufs en neige légère à grande vitesse.
3. En continuant de battre, incorporez-y le sirop en filets ainsi que la vanille, puis fouettez jusqu'à ce que le mélange soit très ferme.

QUELQUES TRUCS DE DÉCORATION

Suivez les indications ci-dessous ou tracez dans le glaçage des S ou des vaguelettes, ou bien dressez-le en pics.

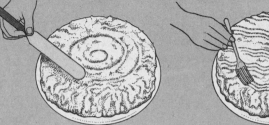

Pour obtenir une spirale, placez le gâteau sur un plateau pivotant ; appuyez une spatule au centre, faites-le tourner en dirigeant celle-ci vers les bords.

Dans un glaçage crémeux, tracez à la fourchette des rangées de vaguelettes parallèles, puis recommencez à angle droit.

Glaçage crémeux au chocolat

Débutez
20 min avant

*1 t. de blancs d'œufs
(7 ou 8 blancs)
1 t. de sucre*

*½ c. à thé d'essence de
rhum
1¾ t. de beurre
¾ t. de cacao*

1. En remuant constamment, faites chauffer à feu moyen les blancs, le sucre et le rhum dans une casserole à fond épais environ 2 min, ou juste assez pour dissoudre le sucre.
2. Dans un grand bol, faites mousser le beurre à vitesse moyenne environ 4 min. (Ne le réchauffez pas trop, sinon le glaçage se séparera.)
3. Incorporez-y *peu à peu* les blancs d'œufs, puis le cacao. Battez 2 min de plus à grande vitesse.

Glaçage sept-minutes

Débutez
20 min avant

*1½ t. de sucre
½ t. d'eau (ou ⅓ t., pour
que le glaçage forme
une croûte)
2 blancs d'œufs*

*1 c. à soupe de sirop de
maïs
1 c. à thé de vanille
½ c. à thé de sel*

1. Dans la casserole supérieure d'un bain-marie, fouettez les ingrédients 1 min à haute vitesse.
2. Placez-les sur le feu au-dessus de l'eau bouillante et continuez de battre à haute vitesse jusqu'à l'obtention de pics légers (au moins 7 min).
3. Videz dans un grand bol et battez pour obtenir la consistance voulue.

Glaçage blanc

Débutez
20 min avant

*1¼ t. de sirop de maïs
2 blancs d'œufs, à
température ambiante*

*1 pincée de sel
1 c. à thé de vanille*

1. Dans une petite casserole, amenez le sirop de maïs à ébullition à feu moyen. Réservez.
2. Faites mousser les blancs à haute vitesse dans un grand bol. Ajoutez le sel et battez jusqu'à l'obtention d'une neige légère.
3. Versez-y le sirop chaud et battez de 6 à 8 min pour que le glaçage soit à la fois ferme et aéré. Incorporez la vanille.

Glaçage au babeurre

Débutez
30 min avant

*3 t. de sucre
1 t. de beurre
1 t. de babeurre
2 c. à soupe de sirop de
maïs doré*

*1 c. à thé de bicarbonate
de soude
1 t. de pacanes finement
hachées*

1. Placez les cinq premiers ingrédients à feu moyen dans une grande casserole et amenez-les à ébullition en remuant constamment. Laissez bouillir en remuant de temps à autre jusqu'à ce que le thermomètre indique 238°F (114°C) ou que vous obteniez une petite boule molle en laissant tomber un peu du mélange dans de l'eau froide.
2. Versez le mélange dans un grand bol, puis fouettez-le à grande vitesse environ 7 min en raclant les parois de temps à autre. Incorporez les pacanes.

Garniture au citron frais

Débutez
1 h 30 avant

*½ t. d'eau
¼ t. de sucre
1 c. à soupe de zeste de
citron râpé
¼ t. de jus de citron*

*4 c. à thé de fécule de
maïs
¼ c. à thé de sel
1 c. à soupe de beurre*

1. Mêlez les six premiers ingrédients dans une petite casserole. Faites-les cuire à feu moyen en remuant constamment, jusqu'à ce que le mélange soit très épais et bouillonne. Laissez mijoter 1 min à feu doux en remuant de temps en temps.
2. Ôtez du feu, ajoutez le beurre, laissez refroidir.

Garniture crémeuse au moka

Débutez
20 min avant

*2 œufs, séparés, à
température ambiante
Sucre glace
⅓ t. d'eau
1 t. de beurre ou de
margarine, ramolli*

*2 carrés de chocolat
amer, fondus
2 c. à thé de café
instantané
1 c. à thé de vanille*

1. Montez les œufs en neige légère à grande vitesse. Ajoutez-y graduellement ¼ t. de sucre glace et continuez de battre jusqu'à l'obtention de pics fermes et lisses. Ne raclez pas les parois du bol durant cette opération.
2. Sans laver les fouets, battez à vitesse moyenne dans un grand bol 1¼ t. de sucre glace avec les jaunes d'œufs, l'eau et les autres ingrédients.
3. Incorporez-y les blancs d'œufs à la spatule.

Garniture à l'ananas

*¼ t. de sucre
3 c. à soupe de fécule de
maïs
1 pincée de sel
¾ t. de jus d'ananas en
conserve*

*2 c. à soupe de beurre ou
de margarine
1 c. à soupe de jus de
citron
1 c. à thé de zeste de
citron râpé*

Dans une petite casserole, mêlez le sucre, la fécule et le sel. Ajoutez le jus en remuant, puis les autres ingrédients. Amenez à ébullition à feu doux, en remuant constamment. Laissez épaissir 1 min. Faites refroidir.

BISCUITS

La confection des biscuits est une opération simple et rapide qui constitue une excellente initiation aux techniques plus compliquées qu'on utilise dans la préparation des gâteaux et des pains. La plupart des variétés de biscuits contiennent les mêmes ingrédients de base : c'est en faisant varier les proportions et les parfums qu'on en change le goût et la texture.

Mesurez scrupuleusement les ingrédients pour obtenir la consistance voulue. Dans la plupart de nos recettes, la pâte se prépare dans un seul bol, au batteur électrique. Réglez celui-ci à petite ou à moyenne vitesse, selon les indications, et ne battez que le temps recommandé, sinon les biscuits seront durs. Si vous travaillez à la main, employez une cuiller en bois dotée d'un long manche. Quand vous abaissez une pâte au rouleau, employez tout juste la quantité de farine nécessaire pour qu'elle n'adhère pas. Cela vous permettra de recueillir les chutes et de les abaisser sans fausser la texture. Placez sur une même plaque des biscuits de dimensions équivalentes pour leur assurer une cuisson égale.

CUISSON
Pour un résultat optimal, servez-vous de plaques en aluminium brillant, au moins 2 po (5 cm) plus petites que les dimensions du four, afin que l'air puisse circuler librement. Si vous n'employez qu'une seule plaque à la fois, placez-la au centre du four. Si vous en utilisez deux, placez les grilles de manière à diviser le four en trois parties égales et échangez les plaques de place à mi-cuisson pour que vos biscuits dorent uniformément. A moins d'indications contraires, ne graissez pas vos plaques avant d'y déposer la pâte, sinon celle-ci aura tendance à s'étaler en cuisant.

Si vous vous apprêtez à faire cuire plusieurs fournées successives, employez le temps de cuisson de l'une pour préparer la suivante. Laissez toujours les plaques refroidir avant de les garnir à nouveau, sinon la pâte coulera et les biscuits perdront leur forme. A défaut de plaques, vous pouvez vous servir de moules renversés. Vous pouvez aussi préparer toutes vos fournées sur des feuilles de papier d'aluminium et les faire cuire les unes après les autres sur une même plaque.

Les biscuits cuisent très vite. Il faut donc en vérifier la cuisson aussitôt que le temps minimal indiqué s'est écoulé. Vous jugerez qu'ils sont prêts dès que vous les sentirez fermes et secs au toucher.

CATÉGORIES DE BISCUITS
Les biscuits se classent en six catégories d'après la consistance de la pâte. Les carrés et les biscuits à la cuiller se font avec une pâte molle, tandis que ceux qu'on forme à la douille exigent une pâte moyennement ferme. Pour les biscuits réfrigérés, façonnés ou abaissés, on utilise une pâte ferme.

Les carrés sont les plus simples à réaliser. Il suffit de faire cuire le mélange dans un moule peu profond, préalablement graissé, puis de découper le biscuit au couteau quand il est encore tiède.

Les biscuits à la cuiller se forment en déposant sur la plaque, tous les 2 po (5 cm), la valeur d'une cuillerée à thé de pâte molle. (On achève de les façonner à la spatule.)

Les biscuits réfrigérés peuvent être préparés une semaine à l'avance. Façonnez la pâte en cylindre et réfrigérez-la dans du papier ciré jusqu'au moment de la cuisson. Il suffit alors de la découper en tranches égales que l'on dispose régulièrement sur une plaque.

Les biscuits façonnés exigent une pâte assez ferme pour qu'on puisse donner à celle-ci diverses formes. Il faut la refroidir suffisamment pour en permettre la manipulation.

Les biscuits à la douille se font avec une presse ou une poche à pâtisserie. La pâte doit être assez souple pour passer dans la douille, mais doit conserver sa forme. Ne la réfrigérez que si la recette le précise.

Les biscuits abaissés se confectionnent avec une pâte ferme, éventuellement refroidie, qu'on étale au rouleau, puis qu'on détaille avec un emporte-pièce, une roulette à pâtisserie ou un couteau. On peut aussi abaisser la pâte directement sur la plaque, la détailler en biscuits, puis retirer les retailles. Découpez-les le plus près possible les uns des autres pour avoir moins de chutes à reprendre.

REFROIDISSEMENT

A moins d'indications contraires, déposez les biscuits côte à côte sur des grilles dès leur sortie du four, pour en arrêter la cuisson. Détachez-les délicatement avec une spatule à crêpes et ne les empilez pas, sinon ils se ramolliront. Attendez qu'ils soient complètement refroidis avant de les décorer ou de les ranger. Laissez les carrés refroidir dans leur moule.

CONSERVATION ET CONGÉLATION

Rangez séparément, dans des contenants hermétiques, les biscuits secs et les biscuits mous. Pour que ces derniers restent moelleux, mettez un quartier de pomme dans le contenant et remplacez-le fréquemment. Si vos biscuits secs se ramollissent, enfournez-les de 3 à 5 minutes à 300°F (150°C). Quant aux carrés, vous pouvez les conserver dans leur moule. Laissez-les tiédir avant de les découper, puis, une fois qu'ils sont refroidis, couvrez le moule d'une feuille de papier de cellophane ou d'aluminium bien serrée et gardez à la température de la pièce.

Les biscuits se conservent six mois au congélateur, qu'ils soient cuits ou non. Mettez la pâte crue dans des contenants à congélation ou façonnez-la en cylindres ou en barres et congelez-la dans un emballage hermétique de cellophane ou d'aluminium.

Laissez les biscuits cuits refroidir complètement avant de les congeler. S'ils sont fragiles, disposez-les dans leur contenant entre des rangées de papier froissé. Si vous les avez décorés ou glacés, faites-les congeler à fond sur des plaques avant de les envelopper. Les biscuits cuits dégèlent en 10 minutes environ à température ambiante. Pour préparer une pâte congelée, il suffit d'attendre qu'elle soit assez dégelée pour pouvoir la manipuler. S'il s'agit d'un mélange pour biscuits réfrigérés, mettez la pâte au réfrigérateur jusqu'à ce que vous puissiez la trancher.

DÉCORATION

Vous pouvez décorer vos biscuits avec un glaçage ou une crème au beurre maison, ou bien vous servir de glaçages préparés, offerts en boîtes ou en tubes assortis d'embouts variés. Il existe aussi des gelées décoratives faciles à utiliser. Pour décorer à la douille avec un glaçage maison, reportez-vous aux pages 398 et 399.

Assemblez d'abord tout ce dont vous aurez besoin pour glacer vos biscuits, et notamment un pinceau à pâtisserie pour brosser les miettes, une poche et des douilles, une planche pour hacher les noix et les fruits confits, des couteaux et des spatules, un ramequin par préparation et des grilles pour déposer les biscuits.

IDÉES DE DÉCORATION

En les décorant, vous pouvez transformer les biscuits les plus simples en desserts attrayants. Tous les éléments dont vous aurez besoin se trouvent facilement dans le commerce : glaçages, noix, fruits confits, nonpareils, cristaux multicolores, grains ou copeaux de chocolat. Voici quelques idées qui pourront vous inspirer.

Etoile double : Glacez deux biscuits en forme d'étoile, puis pressez-les ensemble de façon à dégager les pointes. Saupoudrez de nonpareils.

Damier : Recouvrez un biscuit rectangulaire de glaçage blanc, puis quadrillez-le de glaçage foncé à l'aide d'une douille ronde. Remplissez un carreau sur deux du second glaçage.

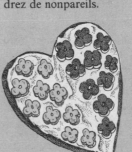

Petit cœur : Couvrez des biscuits en forme de cœur de glaçage blanc, puis décorez chaque moitié de petites fleurs en sucre, de dragées ou de nonpareils de couleurs contrastantes.

Pomme de pin : Glacez des biscuits de forme ovale et piquez dans le glaçage des tranches d'amandes non mondées.

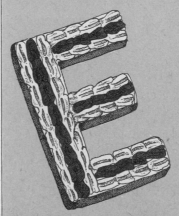

Initiale : Avec une douille étoilée, bordez la lettre de traits ondulés et remplissez le centre de gelée contrastante.

Anneau scintillant : Glacez des biscuits en forme d'anneau, puis saupoudrez-les de paillettes de sucre multicolores.

Carrés

Carrés au chocolat

*1 t. de beurre ou de
  margarine
4 carrés de chocolat amer
2 t. de sucre
4 œufs
1 t. de farine tout usage
1 c. à thé de vanille
½ c. à thé de sel
2 t. de noix grossièrement
  hachées*

Photo
page 104
Débutez le
matin
24 biscuits

1 Graissez un moule de
13 po × 9 (33 cm ×
23). Dans une grande
casserole, faites fondre le
corps gras et le chocolat
à feu doux, en remuant
sans arrêt.

2 Retirez la casserole du
feu et incorporez-y le
sucre à la cuiller. Laissez
le tout tiédir et portez le
four à 350°F (180°C).

3 Ajoutez les œufs au
mélange, un à la fois,
en battant vigoureuse-
ment après chaque
addition.

4 Incorporez soigneu-
sement la farine, la
vanille et le sel.

5 Ajoutez les noix
hachées et mélangez
à fond.

6 Versez l'appareil dans
le moule, en raclant
les parois de la casserole
avec une spatule en
caoutchouc. Cuisez au
four de 30 à 35 min.

7 Les carrés sont cuits
dès qu'un cure-dents
inséré au centre en res-
sort sec. Faites refroidir
sur une grille avant de
découper en carrés.

Biscuits du campeur

Photo
page 104
Débutez
3 h avant ou
jusqu'à
1 semaine
plus tôt
12 biscuits

*¾ t. de farine tout usage   Cassonade
½ t. de flocons d'avoine   2 œufs
  à cuisson rapide   1 sachet de 4¼ oz
½ t. de beurre ramolli   (125 g) d'amandes
¼ t. de germe de blé   mondées
  grillé   ½ t. de noix de coco
1 c. à soupe de zeste   râpée
  d'orange râpé*

1. Allumez le four à 350°F (180°C). Mêlez à petite
vitesse dans un grand bol les cinq premiers ingrédients ainsi que ½ t. de cassonade tassée. Poursuivez 2 min de plus à vitesse moyenne.
2. Avec les mains farinées, façonnez le mélange en
boule ; foncez-en un moule carré de 8 po (20 cm).
3. Fouettez au batteur rotatif les œufs et ¼ t. de
cassonade tassée. Ajoutez les amandes et la noix de
coco, puis versez dans le moule.
4. Faites cuire 35 min. Laissez refroidir dans le
moule, sur une grille, avant de découper.

Carrés à l'abricot

Photo
page 105
Débutez
3 h avant
16 biscuits

*Eau   ½ t. de noix de Grenoble
⅔ t. d'abricots secs   hachées
½ t. de beurre ramolli   ½ c. à thé de levure
¼ t. de sucre   chimique à double
Farine tout usage   action
1 t. de cassonade blonde,   ½ c. à thé de vanille
  tassée   ¼ c. à thé de sel
2 œufs   Sucre glace*

1. Mettez les abricots dans une petite casserole
avec assez d'eau pour les couvrir et faites mijoter
15 min à couvert. Egouttez et hachez finement.
2. Portez le four à 350°F (180°C) et graissez un
moule carré de 8 po (20 cm). Battez à vitesse
moyenne le beurre, le sucre et 1 t. de farine jusqu'à
ce que le mélange soit friable. Etalez-le dans le
moule et faites dorer au four 25 min.
3. Dans le même bol, mêlez, à vitesse moyenne, les
abricots, la cassonade, ⅓ t. de farine et le reste des
ingrédients, sauf le sucre glace.
4. Versez dans le moule et réenfournez 25 min.
5. Laissez refroidir dans le moule avant de découper en carrés. Saupoudrez de sucre glace.

Biscuits au caramel

Photo
page 105
Débutez de
3 à 5 jours
avant
50 biscuits

*1¾ t. de farine   1 c. à thé de vanille
1 t. de sucre   1 œuf, séparé
1 t. de beurre ou de   ½ t. de noix de Grenoble
  margarine, ramolli   finement hachées*

1. Allumez le four à 275°F (140°C) et graissez un
moule à roulé de 15½ po × 10½ (40 cm × 27).
Mêlez à vitesse moyenne tous les ingrédients, sauf
le blanc d'œuf et les noix, puis foncez-en le moule.
2. Badigeonnez le dessus du blanc d'œuf légèrement battu et parsemez de noix hachées.
3. Faites dorer au four environ 1 h 10. Découpez
immédiatement en 50 parts et démoulez sur une
grille. Conservez dans un récipient hermétique et
attendez au moins trois jours avant de servir.

Galette sablée

Photo
page 104
Débutez le
matin
14 biscuits

2 t. de farine tout usage
1 t. de beurre ou de
  margarine, ramolli
½ t. de sucre glace
¼ c. à thé de sel
1 c. à thé de vanille

¼ c. à thé de levure
  chimique à double
  action
2 c. à soupe de sucre

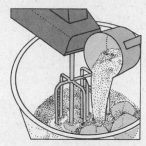

1 Allumez le four à
350°F (180°C). Mêlez
à vitesse moyenne les six
premiers ingrédients en
raclant de temps en
temps les parois du bol.

2 Tassez la préparation
dans un moule rond
de 9 po (23 cm), puis pi-
quez-la à plusieurs reprises avec une fourchette.

3 Saupoudrez-en le des-
sus de sucre, puis fai-
tes cuire de 30 à 35 min.

4 Coupez la galette en
pointes quand elle est
encore tiède.

Carrés marbrés

Photo
page 104
Débutez
2 h avant ou
jusqu'à
1 semaine
plus tôt
36 biscuits

1 t. de beurre ou de
  margarine
4 carrés de chocolat amer
Sucre
4 œufs
1 t. de farine tout usage

½ c. à thé de sel
1 t. de noix de Grenoble
  hachées
Essence de vanille
9 oz (250 g) de fromage
  à la crème, ramolli

1. Graissez un moule de 13 po × 9 (33 cm × 23).
Faites fondre le beurre et le chocolat à feu doux
dans une casserole moyenne. Incorporez-y soigneusement 2 t. de sucre et 3 œufs avec un fouet ou
une cuiller. Ajoutez la farine, le sel, les noix et 1 c. à
thé de vanille, puis foncez-en le moule.
2. Allumez le four à 350°F (180°C). Dans un petit
bol, mêlez à basse vitesse le fromage, ½ t. de sucre,
1 œuf et 1 c. à thé de vanille. Battez 2 min de plus à
vitesse moyenne, en raclant de temps en temps les
parois du bol.
3. Versez dans le moule par cuillerées, puis qua-
drillez le dessus à l'aide d'un couteau.
4. Cuisez de 40 à 45 min, pour qu'un cure-dents
inséré dans la pâte en ressorte sec. Faites refroidir
sur une grille, découpez, puis réfrigérez.

Biscuits aux pruneaux

Photo
page 105
Débutez
3 h avant ou
jusqu'à
2 semaines
plus tôt
27 biscuits

2 t. de pruneaux
  dénoyautés
1 t. d'eau
¼ t. de miel
¼ d'un gros citron, non
  pelé
2 t. de farine tout usage
1¼ t. de cassonade
  blonde, tassée

¾ t. de beurre ou de
  margarine, ramolli
1 c. à thé de levure
  chimique à double
  action
1 c. à thé d'essence de
  vanille
½ c. à thé de sel
1 œuf

1. Amenez à ébullition à feu assez vif les pruneaux
et l'eau, puis faites mijoter 3 min à couvert. Egouttez les fruits et passez-les à haute vitesse au mélangeur couvert avec le miel et le citron.
2. Portez le four à 350°F (180°C) et graissez un
moule carré de 9 po (23 cm). Mêlez le reste des ingrédients à basse vitesse, puis battez-les à vitesse
moyenne pour obtenir une pâte lisse.
3. Divisez-la en trois parts, puis, avec les doigts
graissés, étalez-en une dans le fond du moule. Couvrez de la moitié de la purée de pruneaux et répétez
en terminant avec une couche de pâte.
4. Faites dorer 1 h au four, jusqu'à ce que la pâte se
rétracte. Laissez refroidir dans le moule avant de
découper en 27 portions.

Biscuits de Linz

Photo
page 105
Débutez 4 h
avant ou
jusqu'à
3 jours
plus tôt
30 biscuits

4 oz (100 g) d'amandes
  mondées, pulvérisées
1 œuf
2 t. de farine tout usage
1 t. de sucre
¾ t. de beurre ramolli
1 c. à thé de cannelle

1 c. à thé de zeste de
  citron râpé
1 pincée de clou de
  girofle moulu
6 oz (170 ml) de
  confiture de framboises

1. Mêlez à basse vitesse dans un grand bol tous les
ingrédients, sauf la confiture, en raclant les parois
de temps à autre. Une fois le mélange friable, façonnez-le en boule. Enveloppez et réfrigérez 2 h.
2. Allumez le four à 350°F (180°C). Graissez un
moule de 11 po × 7 (28 cm × 18), puis tassez-y la
moitié du mélange. Recouvrez de confiture.
3. Façonnez avec la moitié de la pâte restante (gar-
dée au frais) six cordons de 11 po (28 cm) que vous
disposerez sur la confiture à 1 po (2,5 cm) d'écart.
Formez huit autres cordons de 7 po (18 cm) et placez-les perpendiculairement aux premiers.
4. Faites dorer au four environ 40 min, laissez refroidir, puis découpez en 30 morceaux.

**Pour façonner les cor-
dons,** roulez la pâte froide
du bout des doigts.

Treillis : Placez six cordons en longueur et huit
en largeur.

Biscuits à la cuiller

Croquets au chocolat

Photo
page 104
Débutez
2 h 15 avant
48 biscuits

1¼ t. de farine
½ t. de cassonade
   blonde, tassée
½ t. de beurre ramolli
¼ t. de sucre
1 œuf
1 c. à thé de vanille
½ c. à thé de bicarbonate
   de soude
½ c. à thé de sel
1 paquet de 6 oz (170 g)
   de grains de chocolat
   mi-sucré
½ t. de noix de Grenoble
   hachées

1 Allumez le four à
375°F (190°C), graissez
des plaques à biscuits et
mettez les huit premiers
ingrédients dans un bol.

2 Mêlez-les à fond à vitesse moyenne en ra-
clant les parois du bol.

3 Incorporez-y les
grains de chocolat
et les noix.

4 Versez sur les plaques
par cuillerées, en es-
paçant celles-ci de 2 po
(5 cm). Faites dorer de
10 à 12 min au four.

5 A l'aide d'une spatule
à crêpes, mettez les
biscuits à refroidir sur
une grille.

Biscuits à la mélasse

Photo
page 105
Débutez
2 h avant
30 biscuits

2 t. de farine tout usage
½ t. de sucre
½ t. de graisse végétale
½ t. de mélasse
1 œuf
2 c. à thé de bicarbonate
   de soude

1 c. à thé de gingembre
   moulu
1 c. à thé de cannelle
   moulue
¼ c. à thé de sel
⅓ t. d'eau froide
Raisins secs

1. Allumez le four à 400°F (200°C) et graissez des
plaques à biscuits. Mêlez à vitesse moyenne dans
un bol tous les ingrédients, sauf les raisins secs.
2. Déposez tous les 2 po (5 cm) des cuillerées de
pâte sur les plaques. Décorez de raisins secs.
3. Cuisez 8 min, ou jusqu'à ce que les biscuits re-
prennent leur forme après une pression du doigt.
Mettez à refroidir sur une grille.

Bouchées doubles au chocolat

Photo
page 104
Débutez
2 h 30 avant
ou jusqu'à
1 semaine
plus tôt
48 biscuits

1¾ t. de farine tout
   usage
¾ t. de sucre
½ t. de lait
½ t. de beurre ou de
   margarine, ramolli
1 c. à thé d'essence de
   vanille
½ c. à thé de sel

½ c. à thé de bicarbonate
   de soude
1 œuf
2 carrés de chocolat
   amer, fondus
Crème au beurre au
   chocolat (ci-dessous)
1 t. de pacanes, en
   moitiés

1. Allumez le four à 400°F (200°C). Mêlez à petite
vitesse les neuf premiers ingrédients, en raclant fréquemment les parois du bol. Battez encore 3 min à
vitesse moyenne, en raclant de temps à autre, pour
que le mélange soit homogène.
2. Déposez la pâte sur les plaques par petites cuillerées, espacées de 1 po (2,5 cm). Faites cuire de 8 à
10 min ou jusqu'à ce que les bouchées soient gonflées et légèrement craquelées. Laissez refroidir.
3. Glacez les biscuits et décorez-les de pacanes.

CRÈME AU BEURRE AU CHOCOLAT: Dans un petit
bol, battez à vitesse moyenne *1½ t. de sucre glace
tamisé, ¼ t. de beurre* ou de margarine, ramolli, et
1 pincée de sel jusqu'à ce que le mélange soit très
léger. Incorporez-y *1½ carré de chocolat amer*,
fondu, *1 à 2 c. à soupe de lait* et *1 c. à thé d'essence
de vanille.* (Donne 1¼ t.)

Biscuits santé aux raisins secs

Photo
page 105
Débutez
1 h 45 avant
ou jusqu'à
1 semaine
plus tôt
48 biscuits

1¾ t. de granola nature
1½ t. de farine tout
   usage
1 t. de beurre ou de
   margarine, ramolli
¾ t. de sucre
¾ t. de cassonade brune,
   tassée
1 c. à thé de bicarbonate
   de soude

1 c. à thé de sel
1 c. à thé d'essence de
   vanille
1 œuf
1 t. de raisins de
   Corinthe
½ t. d'arachides non
   salées, grossièrement
   hachées

1. Allumez le four à 375°F (190°C) et graissez des
plaques à biscuits. Mêlez à petite vitesse, dans un
grand bol, les neuf premiers ingrédients. Battez
2 min de plus à vitesse moyenne en raclant les parois de temps en temps avec une spatule en caoutchouc. Incorporez soigneusement au mélange les
raisins secs et les arachides.
2. Déposez l'appareil sur les plaques par petites
cuillerées, à intervalles de 2 po (5 cm).
3. Faites cuire de 12 à 15 min, jusqu'à ce que le
bord des biscuits soit doré.
4. A l'aide d'une spatule à crêpes, mettez à refroidir sur des grilles. Ces biscuits se conserveront une
semaine, rangés dans un récipient hermétique.

BISCUITS SANTÉ AU CHOCOLAT: Suivez toutes les
étapes de la recette ci-dessus, mais remplacez les
raisins de Corinthe par *1 paquet de 6 oz (170 g) de
grains de chocolat mi-amer.*

BISCUITS SANTÉ AUX DATTES: Suivez la recette ci-
dessus, mais remplacez les raisins de Corinthe par
1 t. de dattes dénoyautées et hachées.

Cigarettes

Photo
page 105
Débutez
1 h 45 avant
30 biscuits

⅔ t. d'amandes mondées, pulvérisées
½ t. de sucre
½ t. de beurre ou de margarine
1 c. à soupe de farine tout usage
2 c. à soupe de lait

1 Allumez le four à 350°F (180°C). Graissez et farinez une plaque. En remuant, cuisez tous les ingrédients à feu doux dans une sauteuse.

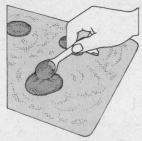

2 Sur la plaque, versez-en 4 c. à thé combles, espacées de 2 po (5 cm) ; gardez le reste au chaud. Enfournez 5 min.

3 Dès que les biscuits sont dorés, retirez la plaque du four et détachez-les avec une spatule à crêpes.

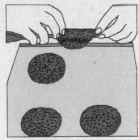

4 Enroulez-les autour du manche d'une cuiller en bois. S'ils deviennent trop raides, réenfournez-les quelques instants.

5 Mettez-les à refroidir sur une grille. Répétez les étapes 2 à 5, en graissant et en farinant chaque fois la plaque.

Biscuits aux flocons d'avoine

Photo
page 104
Débutez
1 h 45 avant
48 biscuits

1 t. de flocons d'avoine à cuisson rapide
¾ t. de farine tout usage
½ t. de cassonade brune, tassée
½ t. de noix de Grenoble hachées

½ t. de graisse végétale
¼ t. de sucre
1 œuf
½ c. à thé de sel
½ c. à thé de bicarbonate de soude
½ c. à thé de vanille

1. Allumez le four à 375°F (190°C). Mêlez soigneusement tous les ingrédients à vitesse moyenne.
2. Déposez la pâte sur une plaque par petites cuillerées, en espaçant celles-ci de 1 po (2,5 cm).
3. Faites dorer au four environ 12 min, puis mettez à refroidir sur une grille.

Petits rochers

Photo
page 104
Débutez
2 h avant
36 biscuits

1½ carré de chocolat amer, fondu
½ t. de farine tout usage
½ t. de sucre
¼ t. de beurre ou de margarine, ramolli
1 œuf
½ c. à thé de sel

1½ c. à thé d'essence de vanille
¼ c. à thé de levure chimique à double action
2 t. de noix de Grenoble hachées
Sucre glace

1. Allumez le four à 350°F (180°C) et graissez des plaques à biscuits. Dans un grand bol, mêlez à vitesse moyenne tous les ingrédients, sauf les noix et le sucre glace, en raclant les parois de temps en temps. Incorporez les noix.
2. Déposez la pâte sur les plaques par petites cuillerées, en espaçant celles-ci de ½ po (1 cm).
3. Faites cuire 10 min, puis mettez à refroidir sur une grille. Saupoudrez de sucre glace.

Bouchées au chocolat et aux arachides

Photo
page 104
Débutez
2 h avant
48 biscuits

Farine tout usage
2 carrés de chocolat amer, fondus
½ t. de sucre
½ t. de graisse végétale
1 œuf
1 c. à thé de sel

1 c. à thé d'essence de vanille
½ t. de cassonade blonde, tassée
¼ t. de beurre d'arachide
2 c. à soupe de beurre ou de margarine, ramolli

1. Allumez le four à 325°F (160°C). Mêlez soigneusement dans un grand bol, à vitesse moyenne, 1 t. de farine et les six ingrédients suivants, en raclant les parois de temps à autre. Lavez les fouets.
2. Battez à vitesse moyenne, dans un petit bol, 3 c. à soupe de farine et le reste des ingrédients.
3. Déposez le premier appareil sur une plaque à biscuits par petites cuillerées, en espaçant celles-ci de 1 po (2,5 cm). Coiffez chacune de ½ c. à thé du second mélange. Aplatissez légèrement avec une fourchette enfarinée.
4. Faites cuire les bouchées 12 min, puis mettez-les à refroidir sur une grille.

Biscuits à l'orange et aux raisins secs

Photo
page 104
Débutez
1 h 30 avant
ou jusqu'à
2 semaines
plus tôt
30 biscuits

2¼ t. de farine tout usage
1½ t. de sucre
1 t. de beurre ou de margarine, ramolli
3 œufs
1 c. à thé de levure chimique

1 c. à thé de sel
1 c. à thé d'essence de vanille
1½ t. de raisins de Corinthe
2 c. à soupe de zeste d'orange râpé

1. Allumez le four à 375°F (190°C) et graissez deux grandes plaques à biscuits. Mélangez à petite vitesse, dans un grand bol, les sept premiers ingrédients. Battez 2 min de plus à vitesse moyenne, en raclant de temps en temps les parois du bol avec une spatule en caoutchouc. Incorporez les raisins de Corinthe et le zeste d'orange.
2. Déposez la pâte sur les plaques par petites cuillerées, en espaçant celles-ci de 2 po (5 cm).
3. Faites cuire 15 min, jusqu'à ce que les biscuits soient bien dorés. Laissez refroidir sur des grilles.

Biscuits à la cuiller

Macarons aux amandes

Photo page 105
Débutez 1 h avant ou jusqu'à 2 semaines plus tôt
36 biscuits

2 t. d'amandes mondées et tranchées (environ 9 oz ou 250 g)
¾ t. de sucre
2 c. à thé d'extrait d'amande
2 blancs d'œufs, à température ambiante

1 Pulvérisez les amandes en deux fois au mélangeur couvert. Portez le four à 350°F (180°C).

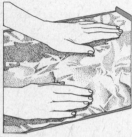

2 Tapissez une plaque à biscuits de papier d'aluminium.

3 Mêlez à fond tous les ingrédients dans un bol moyen.

4 Déposez sur la plaque des monticules de 1 po (2,5 cm), espacés de 1 po (2,5 cm). Faites dorer environ 20 min.

5 Déposez le papier d'aluminium sur une grille. Laissez refroidir les biscuits avant de les ranger.

Meringues à la noix de coco

Photo page 104
Débutez 1 h 30 avant ou jusqu'à 3 semaines plus tôt
24 biscuits

2 blancs d'œufs, à température ambiante
1 pincée de crème de tartre
¾ t. de sucre glace
¼ t. de noix de coco râpée
¼ c. à thé d'extrait d'amande

1. Allumez le four à 250°F (120°C). Dans un petit bol, montez à grande vitesse les blancs d'œufs en neige avec la crème de tartre. Saupoudrez-y le sucre, deux cuillerées à soupe à la fois et continuez de battre jusqu'à la formation de pics fermes et satinés. Incorporez délicatement la noix de coco et l'extrait d'amande avec une spatule en caoutchouc.
2. Déposez le mélange sur une plaque par petites cuillerées, en espaçant celles-ci de 1 po (2,5 cm).
3. Faites cuire 1 h, pour que les meringues soient sèches. Mettez à refroidir sur une grille.

Biscuits façonnés

Biscuits au beurre d'arachide

Photo page 105
Débutez 2 h 15 avant ou jusqu'à 2 semaines plus tôt
36 biscuits

2¼ t. de farine tout usage
1 t. de beurre d'arachide crémeux
⅔ t. de miel
½ t. de sucre

½ t. de beurre ou de margarine, ramolli
2 œufs
½ c. à thé de levure chimique à double action

1 Allumez le four à 350°F (180°C). Mêlez soigneusement les ingrédients à vitesse moyenne dans un grand bol, en en raclant les parois de temps en temps.

2 Façonnez des boulettes de 1½ po (4 cm) et déposez-les sur une plaque, en les espaçant de 3 po (8 cm).

3 Aplatissez-les dans un sens puis dans l'autre avec une fourchette enfarinée. Faites-les dorer au four environ 15 min.

4 Mettez-les immédiatement à refroidir sur une grille à l'aide d'une spatule à crêpes. Conservez-les dans un contenant hermétique.

Bouchées aux noisettes

Photo page 105
Débutez 3 h avant ou le matin
24 biscuits

1 t. de farine tout usage
½ t. de graisse végétale
¼ t. de sucre
1 c. à soupe d'eau
1 c. à thé de zeste d'orange râpé

½ c. à thé de zeste de citron ou de lime râpé
¼ c. à thé de sel
1 œuf, séparé
⅔ t. de noisettes pulvérisées

1. Mêlez à vitesse moyenne les sept premiers ingrédients et le jaune d'œuf dans un grand bol, en en raclant les parois de temps à autre. Faites raffermir l'appareil au réfrigérateur.
2. Allumez le four à 350°F (180°C). Mettez le blanc d'œuf dans une soucoupe et les noisettes sur un papier ciré. Façonnez des boulettes de pâte de 1 po (2,5 cm), roulez-les dans le blanc d'œuf, puis dans les noisettes. Déposez-les sur des plaques, en les espaçant de 1 po (2,5 cm).
3. Cuisez de 18 à 20 min, pour que les bouchées soient fermes. Laissez refroidir sur des grilles et conservez dans un récipient hermétique.

Biscuits danois aux amandes

Photo page 104
Débutez 4 h avant
42 biscuits

1⅔ t. de farine tout usage	1 c. à soupe de cannelle
½ t. de sucre	½ c. à thé de levure chimique à double action
½ t. d'amandes rôties, hachées grossièrement	½ c. à thé de cardamome
½ t. de beurre ou de margarine, ramolli	1 jaune d'œuf battu
½ t. de graisse végétale	1 c. à soupe d'eau
1 œuf	Moitiés d'amandes mondées

1. Mettez les neuf premiers ingrédients dans un grand bol. Mêlez-les soigneusement à vitesse moyenne, en raclant les parois du récipient de temps en temps avec une spatule en caoutchouc. Couvrez et faites réfrigérer 2 h.
2. Allumez le four à 375°F (190°C). Façonnez à la main des boulettes de pâte de 1 po (2,5 cm) et déposez-les sur une plaque, à 2 po (5 cm) d'intervalle. Aplatissez-les légèrement avec le fond d'un verre enveloppé d'un linge humide.
3. Mêlez le jaune d'œuf et l'eau dans une tasse et badigeonnez-en soigneusement le dessus des biscuits. Pressez une moitié d'amande au centre de chacun.
4. Faites dorer au four environ 10 min, puis, avec une spatule, mettez à refroidir sur une grille. Conservez dans un récipient hermétique.

Pour aplatir la pâte : Servez-vous d'un verre à fond plat, enveloppé dans un linge humide.

Pour décorer : Badigeonnez les biscuits de dorure et coiffez chacun d'une moitié d'amande.

Biscuits à la cardamome

Photo page 105
Débutez 3 h avant ou jusqu'à 2 semaines plus tôt
72 biscuits

3¾ t. de farine tout usage	1½ c. à thé d'extrait d'amande
2 t. de beurre ou de margarine, ramolli	1 c. à thé de poudre de cardamome
1 t. de noix de Grenoble hachées	1 pincée de sel
	Sucre glace

1. Allumez le four à 350°F (180°C). Mettez les six premiers ingrédients dans un grand bol avec 1½ t. de sucre glace.
2. Pétrissez le mélange, puis façonnez-le en boulettes de 1 po (2,5 cm). Placez celles-ci sur des plaques, à 2 po (5 cm) les unes des autres.
3. Faites dorer au four environ 20 min, puis mettez à refroidir sur des grilles.
4. Conservez dans un récipient hermétique. Vous pouvez rouler ces biscuits dans du sucre glace avant de les servir.

Madeleines

Photo page 105
Débutez 1 h avant ou jusqu'à 3 jours plus tôt
30 biscuits

¾ t. de beurre ou de margarine	2 œufs
3 c. à soupe d'huile	¾ t. de sucre
Huile en aérosol	1 t. de farine tout usage
½ c. à thé de vanille	1 c. à thé de zeste de citron râpé

1. Dans une petite casserole, faites fondre à feu doux le corps gras dans l'huile. Réservez.
2. Allumez le four à 425°F (220°C). Vaporisez généreusement d'huile un moule à madeleines (12 coquilles de 3⅜ po × 2 ou 9,5 cm × 5).
3. Mêlez les œufs, le sucre et la vanille à petite vitesse dans un grand bol, en raclant les parois du récipient de temps en temps. Toujours en raclant, fouettez environ 5 min de plus à grande vitesse jusqu'à ce que le mélange soit léger et jaune pâle. Incorporez-y à vitesse moyenne le premier appareil refroidi, puis ajoutez à la spatule en caoutchouc ou au fouet la farine et le zeste.
4. Déposez environ 1 c. à soupe de l'appareil dans chaque coquille. Faites dorer de 8 à 10 min, puis démoulez immédiatement sur une grille. Laissez refroidir. Répétez jusqu'à épuisement de la pâte, en vaporisant chaque fois le moule d'huile.

Couronnes de Noël

Photo page 104
Débutez 2 h 30 avant ou jusqu'à 2 semaines plus tôt
54 biscuits

Sucre	2 jaunes d'œufs
2½ t. de farine tout usage	¼ c. à thé de sel
1 t. de beurre ou de margarine, ramolli	1 blanc d'œuf battu
2 c. à thé de zeste d'orange râpé	Cerises confites rouges et vertes, hachées

1. Mélangez à petite vitesse, dans un grand bol, ½ t. de sucre et les cinq ingrédients suivants. Battez 4 min de plus à vitesse moyenne, en raclant les parois du récipient de temps en temps. (Le mélange peut vous paraître sec.)
2. Allumez le four à 400°F (200°C). Façonnez la pâte, par cuillerées à thé combles, en boudins de 6 po (15 cm). Déposez-les sur une plaque en formant des couronnes aux extrémités entrecroisées.
3. Badigeonnez chacun de blanc d'œuf battu, saupoudrez de sucre et décorez de cerises confites.
4. Faites dorer de 10 à 12 min et laissez refroidir. Rangez dans un récipient hermétique.

Pour former les couronnes : Laissez les extrémités entrecroisées du boudin dépasser de ½ po (1 cm).

Pour décorer les biscuits : Pressez dans la pâte de petits morceaux de cerises confites rouges et vertes.

Biscuits façonnés et biscuits à la douille

Petits-beurre

3¾ t. de farine tout
usage
1⅓ t. de beurre ou de
margarine, ramolli
¾ t. de sucre
¼ t. de jus d'orange
1 jaune d'œuf

Photo page 106
Débutez 3 h 30 avant
ou le matin
108 biscuits

1 Mêlez tous les ingrédients à vitesse moyenne dans un grand bol, en raclant les parois de celui-ci de temps en temps avec une spatule en caoutchouc. Couvrez et réfrigérez 1 h. Allumez le four à 375°F (190°C). Ne sortez du réfrigérateur que la quantité de pâte que vous pouvez cuire en une seule fois.

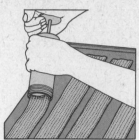

2 A l'aide de la presse à biscuits munie d'un embout à fente cannelée, dressez des bandes espacées de 1 po (2,5 cm).

3 Découpez-les en morceaux de 2½ po (6 cm) sans les déplacer et enfournez 8 min, pour que la pâte soit tout juste dorée.

4 Au sortir du four, séparez au couteau les morceaux qui adhèrent encore entre eux.

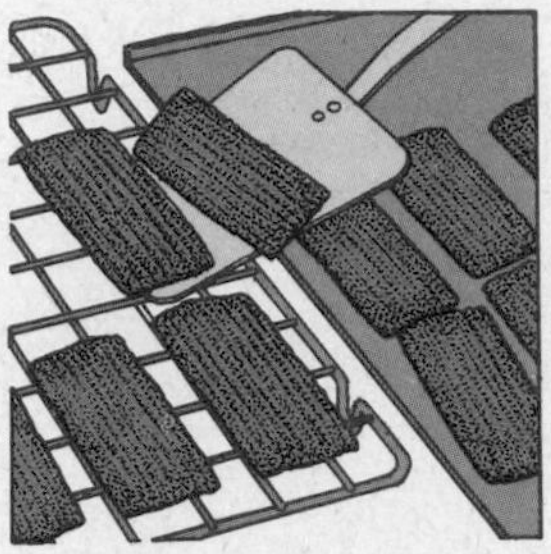

5 Avec une spatule, mettez-les à refroidir complètement sur des grilles. Conservez les biscuits dans un contenant hermétique.

Photo page 106
Débutez 4 h avant ou
jusqu'à 2 semaines plus tôt
120 biscuits

Petits-beurre glacés au chocolat

4⅓ t. de farine tout
usage
1½ t. de beurre ou de
margarine, ramolli
1 t. de sucre
½ t. de crème sure
2 jaunes d'œufs
½ c. à thé d'extrait
d'amande
¼ c. à thé de sel

Glaçage au chocolat :
1½ t. de sucre
¼ t. de sirop de maïs
2 c. à soupe de beurre ou
de margarine
½ t. d'eau
1 paquet de 6 oz (170 g)
de grains de chocolat
mi-amer

1. Allumez le four à 375°F (190°C). Mêlez à petite vitesse, dans un grand bol, tous les ingrédients des petits-beurre. Battez 2 min de plus à vitesse moyenne, en raclant de temps en temps les parois du récipient avec une spatule en caoutchouc.

2. Remplissez la presse à biscuits et ajustez-y un embout à arbre de Noël de 1½ po (4 cm). Gardez le reste de la pâte au réfrigérateur. Dressez les biscuits sur des plaques, à environ ½ po (1 cm) les uns des autres.

3. Faites cuire de 12 à 15 min, jusqu'à ce que le bord des biscuits soit légèrement doré.

4. A l'aide d'une spatule à crêpes, mettez les biscuits immédiatement à refroidir sur des grilles. (Laissez refroidir vos plaques et nettoyez-les entre les fournées.)

5. Pour préparer le glaçage au chocolat, amenez à ébullition à feu vif le sucre, le sirop de maïs, le corps gras et l'eau. Laissez bouillir 2 min, retirez du feu, incorporez les grains de chocolat, puis remuez jusqu'à l'obtention d'un mélange onctueux. Gardez le glaçage au chaud pendant que vous en enrobez les biscuits refroidis.

6. A l'aide d'une fourchette, abaissez doucement un biscuit à la fois dans le glaçage au chocolat, face lisse en dessous, de façon à l'immerger d'environ ⅛ po (3 mm).

7. Remontez doucement la fourchette pour laisser égoutter l'excédent. Renversez les biscuits sur une grille et laissez le glaçage durcir. Conservez dans un contenant hermétique.

BOUCHÉES AUX FRAMBOISES

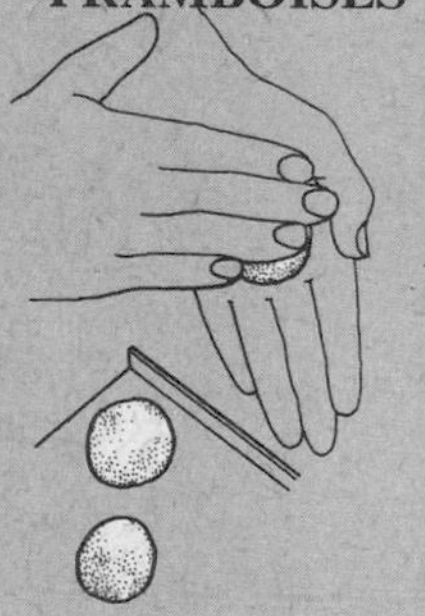

Façonnez en boulettes *la moitié de la recette de pâte à petits-beurre* bien froide, puis placez les boulettes sur une plaque, en les espaçant de 1 po (2,5 cm).

Enfoncez les centres avec le pouce. Faites cuire 10 min.

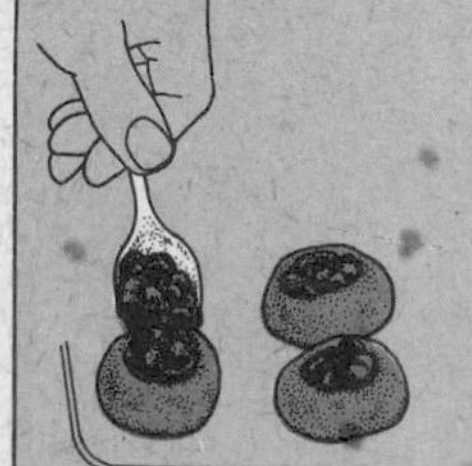

Remplissez sans attendre avec *⅓ t. de confiture de framboises.* Remettez 5 min au four, puis laissez refroidir sur des grilles. (Donne 36 biscuits).

TORSADES

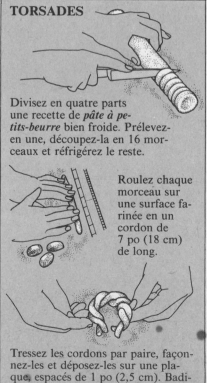

Divisez en quatre parts une recette de *pâte à petits-beurre* bien froide. Prélevez-en une, découpez-la en 16 morceaux et réfrigérez le reste.

Roulez chaque morceau sur une surface farinée en un cordon de 7 po (18 cm) de long.

Tressez les cordons par paire, façonnez-les et déposez-les sur une plaque, espacés de 1 po (2,5 cm). Badigeonnez de *1 œuf* légèrement battu, cuisez 12 min et déposez sur une grille. Répétez. (Donne 32 biscuits.)

Pour glacer : Posez le biscuit sur une fourchette et plongez-en le dessous dans le glaçage. Laissez égoutter.

Pour faire durcir : Déposez doucement les biscuits à l'envers sur une grille. Le glaçage durcira en séchant.

Biscuits réfrigérés

Photo
page 102
Débutez
6 h avant ou
jusqu'à
1 semaine
plus tôt
96 biscuits

Biscuits réfrigérés

2½ t. de farine tout
  usage
1½ t. de sucre
1 t. de beurre ou
  de margarine, ramolli

1 œuf
1½ c. à thé de levure
  chimique
1 c. à thé de vanille
½ c. à thé de sel

1. Mélangez tous les ingrédients à petite vitesse,
puis battez-les 3 min de plus à vitesse moyenne.
2. Roulez la pâte en cylindres de 1½ po (4 cm) de
diamètre, puis réfrigérez-la au moins 4 h, enveloppée dans du papier ciré.
3. Allumez le four à 375°F (190°C) et coupez les
cylindres en tranches de ¼ po (6 mm).
4. Déposez-les sur une plaque, en les espaçant de
1 po (2,5 cm). Faites dorer au four environ 8 min.
Mettez à refroidir sur une grille.

Spirales aux agrumes

Photo
page 105
Débutez
6 h avant
96 biscuits

Pâte pour Biscuits
  réfrigérés (ci-dessus)
1 c. à thé de lait
  (facultatif)
Sucre glace
¼ c. à thé d'extrait de
  citron

½ c. à thé de colorant
  jaune
½ c. à thé d'extrait
  d'orange
10 gouttes de colorant
  rouge

1. Préparez la pâte en suivant l'étape 1 ci-dessus.
Si elle est trop compacte, ajoutez-y du lait. Divisez-
la en quatre parts. Saupoudrez le rouleau à pâte et
une feuille de papier ciré de sucre glace, puis abais-
sez-y une part de pâte en un rectangle de 12 po × 6
(30 cm × 15).
2. Mettez une autre part de pâte dans un bol. Incorporez-y l'extrait de citron et ¼ c. à thé de colorant
jaune. Abaissez-la en un rectangle comme ci-dessus.
3. Renversez le second rectangle sur le premier et
retirez le papier ciré. Egalisez les bords.
4. Enroulez le rectangle en largeur, en détachant
le papier du dessous au fur et à mesure. Enveloppez
et réfrigérez au moins 4 h.
5. Répétez les étapes 1 à 4, mais en vous servant, à
l'étape 2, de l'extrait d'orange, du colorant rouge et
du reste du colorant jaune.
6. Allumez le four à 350°F (180°C) et découpez les
roulés en tranches de ¼ po (6 mm).
7. Déposez celles-ci sur des plaques en laissant
1 po (2,5 cm) entre elles. Faites dorer de 12 à
15 min, puis mettez à refroidir sur des grilles.

Assemblage: Renversez
le rectangle de couleur
sur le rectangle blanc.

Former le rouleau: Enroulez en largeur, en dé-
collant le papier.

Tranches napolitaines

Photo
page 105
Débutez
6 h avant
72 biscuits

Pâte pour Biscuits
  réfrigérés (à gauche)
½ c. à thé d'extrait
  d'amande
5 gouttes de colorant
  rouge
1 carré de chocolat amer
½ t. de noix de Grenoble
  hachées

1 Préparez la pâte et ré-
partissez-la dans trois
petits bols. Au premier
bol, ajoutez l'amande et
le colorant rouge. Mé-
langez à fond.

2 Faites fondre le cho-
colat à feu doux dans
une petite casserole. In-
corporez-le au second
bol. Dans le troisième,
ajoutez les noix.

3 Chemisez un moule de
9 po × 5 (23 cm × 12)
de papier ciré. Etalez-y le
premier mélange, couvrez
du troisième et terminez
avec celui au chocolat.

4 Couvrez la pâte de
papier ciré et faites-la
raffermir au moins 4 h
au réfrigérateur.

5 Allumez le four à
350°F (180°C). Ren-
versez le moule sur une
planche et enlevez le
papier ciré.

6 Divisez la pâte en
deux en longueur,
puis découpez chaque
moitié en tranches de
¼ po (6 mm).

7 Déposez-les sur une
plaque à intervalles de
1 po (2,5 cm). Cuisez de
10 à 12 min, puis mettez
à refroidir sur des grilles.

Biscuits abaissés

Biscuits au sucre

3¼ t. de farine tout
usage
1½ t. de sucre
⅔ t. de graisse végétale
2 œufs
2½ c. à thé de levure
chimique à double
action
2 c. à soupe de lait
1 c. à thé de vanille
½ c. à thé de sel

Crème épaisse ou à
35 p. 100 ou 1 blanc
d'œuf légèrement battu
avec 1 c. à soupe d'eau

Décoration : nonpareils,
sucre, noix hachées,
noix de coco râpée,
boules de gomme
concassées ou grains
de butterscotch

Photo
page 105
Débutez
6 h avant
72 biscuits

1 Mélangez à vitesse
moyenne les huit pre-
miers ingrédients dans
un grand bol, en raclant
de temps à autre les pa-
rois de celui-ci.

2 Façonnez la pâte en
boule et faites-la raf-
fermir 2 à 3 h au réfrigérateur, dans du papier
ciré. Allumez le four à
400°F (200°C). Graissez
les plaques légèrement.

3 Abaissez la moitié de
la pâte sur un plan lé-
gèrement fariné et remet-
tez l'autre moitié au
frais. Plus l'abaisse sera
mince, plus les biscuits
seront croustillants.

4 Découpez la pâte en
formes diverses à
l'aide d'emporte-pièce fa-
rinés. Répétez l'opéra-
tion avec les chutes
de pâte.

5 Espacez de ½ po
(1 cm) sur les plaques
graissées. Pour glacer,
badigeonnez avec la
crème épaisse ou le mé-
lange de blanc d'œuf
et d'eau.

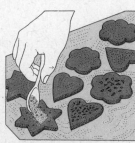

6 Saupoudrez avec la
garniture de votre
choix. Faites blondir au
four environ 8 min. Met-
tez à refroidir sur des
grilles avec une spatule
à crêpes.

Biscuits en sandwich

2 jaunes d'œufs
2 c. à soupe de lait
2¼ t. de farine tout
usage
¾ t. de sucre
¾ t. de beurre ou de
margarine, ramolli
1 c. à thé d'essence de
vanille

¼ c. à thé de sel
Crème au beurre (p. 400)
4 gouttes de colorant vert
3 gouttes de colorant
rouge
3 gouttes de colorant
jaune

Photo
page 106
Débutez
3 h avant ou
jusqu'à
2 semaines
plus tôt
42 biscuits

1. Allumez le four à 375°F (190°C). Mélangez les
jaunes d'œufs et le lait à petite vitesse dans un
grand bol. Ajoutez en battant la farine, le sucre, le
corps gras, la vanille et le sel. Battez 2 min de plus à
vitesse moyenne, en raclant les parois du bol de
temps en temps. Divisez la pâte en deux.
2. Sur une toile à pâtisserie farinée, abaissez un
morceau de pâte à ⅛ po (3 mm), à l'aide d'un rouleau entouré d'une étamine et fariné. Découpez
l'abaisse avec un emporte-pièce festonné de 2¼ po
(6 cm). Evidez le centre de la moitié des biscuits
avec un emporte-pièce circulaire de ½ po (1 cm).
Réservez les chutes de pâte.
3. Mettez les biscuits sur une plaque en laissant
½ po (1 cm) entre eux et faites dorer de 8 à 10 min.
Avec une spatule à crêpes, mettez à refroidir sur
des grilles. Ajoutez les chutes à la seconde portion
de pâte et refaites les étapes 2 et 3.
4. Préparez la crème au beurre. Répartissez-la ensuite dans trois bols et colorez-la en trois teintes
différentes.
5. Sur l'envers des biscuits pleins, étalez 1 c. à thé
de crème au beurre de l'une ou l'autre couleur. Recouvrez avec les biscuits évidés en les collant sur
l'envers. (Employez ce qui reste de crème pour glacer des petits gâteaux.)

Biscuits riches aux amandes

1¾ t. de farine tout
usage
¾ t. de beurre ou de
margarine, ramolli
1 c. à thé d'extrait
d'amande
1 pincée de sel

Sucre
1 blanc d'œuf,
légèrement battu
1 pincée de cannelle
moulue
⅓ t. d'amandes beurrées,
grillées et concassées

Photo
page 105
Débutez
1 h 45 avant
ou la veille
36 biscuits

1. Dans un grand bol, mélangez soigneusement, à
vitesse moyenne, la farine, le corps gras, l'extrait
d'amande, le sel et ¼ t. de sucre, en raclant les parois du récipient de temps à autre.
2. Façonnez la pâte en boule. (Si elle paraît trop
molle, couvrez-la et réfrigérez.)
3. Allumez le four à 325°F (160°C). Farinez une
planche et le rouleau et abaissez un rectangle de
12 po × 8 (30 cm × 20). A l'aide d'une roulette ou
d'un couteau, détaillez l'abaisse en morceaux de
3 po × 1 (7,5 cm × 2,5) et badigeonnez de blanc
d'œuf sur une grille.
4. Mêlez les amandes dans un petit bol avec ¼ t.
de sucre et la cannelle. Saupoudrez-en les biscuits,
puis faites-les dorer 15 min. Mettez à refroidir sur
des grilles avec une spatule à crêpes.

Bonshommes en pain d'épice

2¼ t. de farine tout
  usage
½ t. de sucre
½ t. de graisse végétale
½ t. de mélasse douce
1 œuf
1½ c. à thé de cannelle
  moulue
1 c. à thé de levure
  chimique à double
  action
1 c. à thé de gingembre
  moulu
1 c. à thé de clou de
  girofle moulu

½ c. à thé de muscade
  râpée
½ c. à thé de bicarbonate
  de soude
½ c. à thé de sel
Raisins de Corinthe
Glaçage décoratif
  (à droite)

Photo page 104
Débutez 6 h avant
24 biscuits

1 Mettez tous les ingrédients dans un grand bol, sauf les raisins secs et le glaçage, et mélangez-les soigneusement à vitesse moyenne. Couvrez et réfrigérez 1 h.

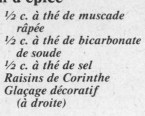

2 Farinez le rouleau et le plan de travail, puis abaissez la pâte à ⅛ po (3 mm). Allumez le four à 350°F (180°C).

3 Découpez les bonshommes avec un emporte-pièce de 5 po (12 cm). Recommencez avec les chutes et placez le tout sur des plaques.

4 Formez les yeux, la bouche et des boutons avec des raisins secs. (Vous pouvez aussi vous servir de glaçage, après avoir cuit les biscuits.)

5 Faites dorer au four 8 min, puis laissez refroidir complètement sur les grilles avant de glacer.

6 Avec un cornet de papier ou une poche à douille, décorez les bonshommes selon votre fantaisie.

POUR DÉCOUPER UN PATRON

Si vous n'avez pas l'emporte-pièce voulu, découpez dans du carton un bonhomme de 5 po (13 cm) de long et de 4 po (10 cm) de large.

Posez-le sur l'abaisse et taillez les contours à l'aide d'un couteau pointu.

GLAÇAGE DÉCORATIF: Faites passer dans un petit bol à travers un tamis fin 1¼ t. de sucre glace et 1 pincée de crème de tartre. Ajoutez 1 blanc d'œuf. Fouettez à grande vitesse jusqu'à ce que le mélange soit assez ferme pour qu'un couteau y laisse un sillon net. (Si l'air est humide, il faudra peut-être ajouter du sucre glace.)

Photo page 105
Débutez la veille
108 biscuits

Biscuits aux épices

Sucre
3⅔ t. de farine tout
  usage
1 t. de beurre ou de
  margarine, ramolli
2 œufs
1½ c. à thé de
  bicarbonate de soude

1 c. à soupe de lait
1½ c. à thé de cannelle
  moulue
½ c. à thé de muscade
  râpée
¼ c. à thé de clou de
  girofle moulu
1 t. de raisins de Corinthe

1. Mettez dans un grand bol 1½ t. de sucre et tous les ingrédients, sauf les raisins secs. Mélangez soigneusement à vitesse moyenne, en raclant de temps en temps les parois du bol. Incorporez les raisins secs et réfrigérez à couvert toute la nuit.
2. Allumez le four à 375°F (190°C). Farinez une planche et le rouleau et étalez une abaisse aussi mince que possible. Saupoudrez-la légèrement de sucre.
3. Découpez-la en losanges de 2 po (5 cm).
4. Faites dorer 8 min sur une plaque à biscuits.
5. Mettez à refroidir sur une grille avec une spatule à crêpes.

Photo page 104
Débutez 4 h avant ou
jusqu'à 2 semaines plus tôt
72 biscuits

Biscuits à la cannelle

2 t. de farine tout usage
1 t. de sucre
½ t. de beurre ou de
  margarine, ramolli
3 jaunes d'œufs
2 c. à soupe de lait

2 c. à thé de cannelle
  moulue
½ c. à thé de levure
  chimique à double
  action
½ c. à thé de sel

1. Mettez les ingrédients dans un grand bol. Mélangez-les environ 3 min à vitesse moyenne, en raclant les parois du récipient de temps à autre.
2. Enveloppez la pâte et faites-la raffermir environ 2 h 30 au réfrigérateur pour pouvoir l'abaisser.
3. Avec un rouleau fariné, abaissez la moitié de la pâte, sur une plaque à biscuits refroidie, à ⅛ po (3 mm) d'épaisseur. Gardez le reste au frais.
4. Découpez à intervalles de 1 po (2,5 cm) avec un emporte-pièce fariné de 2¼ po (6 cm). Réfrigérez le tout 1 h, puis retirez les retailles de pâte. Entretemps, portez le four à 350°F (180°C).
5. Faites dorer environ 15 min au four, puis mettez à refroidir sur des grilles. Répétez jusqu'à épuisement de la pâte.

CONFISERIES

Les sucreries maison suscitent toujours l'enthousiasme de la famille. Si vous craignez qu'elles gâtent les appétits, servez-les en guise de desserts.

CUISSON

Employez une casserole très épaisse, assez grande pour permettre à la préparation de bouillir sans renverser. Votre cuiller doit être en bois, et non en métal, sinon vous vous brûlerez les doigts.

Ce sont les cristaux de sucre qui rendent les sucreries granuleuses. Pour en empêcher la formation, vous pouvez ou bien enduire de graisse le tour de la casserole, ou bien vous servir d'un pinceau à pâtisserie humecté d'eau chaude pour nettoyer régulièrement les parois. Cessez de remuer dès que le sucre est dissous, à moins que l'on ne vous indique le contraire dans la recette.

L'USAGE DU THERMOMÈTRE À BONBONS

Le thermomètre constitue le moyen le plus précis de déterminer le degré de cuisson en confiserie. Respectez toujours exactement les températures indiquées. Pour vérifier si votre thermomètre est précis, plongez-le quelques minutes dans de l'eau bouillante : il devrait marquer précisément 212°F (100°C). S'il indique un degré supérieur ou inférieur, tenez compte de cet écart lorsque vous vous en servez. Le thermomètre doit être tenu à la verticale, de façon que le bulbe soit complètement immergé dans la préparation, et non dans l'écume, *sans toutefois toucher au fond du récipient.* N'oubliez pas de le laisser refroidir avant de le passer sous l'eau, de crainte qu'il n'éclate.

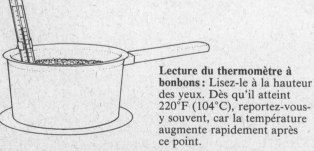

Lecture du thermomètre à bonbons : Lisez-le à la hauteur des yeux. Dès qu'il atteint 220°F (104°C), reportez-vous-y souvent, car la température augmente rapidement après ce point.

L'ÉPREUVE DU VERRE D'EAU

Si vous n'avez pas de thermomètre à bonbons, vous arriverez quand même à vous débrouiller avec l'épreuve du verre d'eau. Préparez un verre d'eau très froide, mais non glacée. Retirez le sirop du feu et prélevez-en une demi-cuillerée à thé avec une cuiller propre. Laissez tomber ce sirop dans l'eau, attendez 1 minute, puis saisissez-le entre vos doigts. Guidez-vous sur le tableau de température ci-dessous pour en apprécier, d'après la consistance, le degré de cuisson.

TEMPÉRATURE DE CUISSON DU SIROP		
Stade	**Température**	**Consistance**
Filet	230 à 234°F (110-112°C)	En tombant de la cuiller, le sirop forme, à l'air libre, un filet de 2 po (5 cm)
Petit boulé	234 à 240°F (112-115°C)	Le sirop forme, dans l'eau froide, une boule molle qui s'aplatit ensuite sous les doigts
Boulé moyen	244 à 248°F (118-120°C)	Le sirop forme, dans l'eau froide, une boule ferme qui ne s'aplatit pas lorsqu'on l'en retire
Grand boulé	250 à 266°F (121-130°C)	Le sirop formé, dans l'eau froide, une boule ferme qui reste dure mais malléable à l'air libre
Petit cassé	270 à 290°F (132-143°C)	Le sirop se défait, dans l'eau froide, en fils durs mais élastiques
Grand cassé	300 à 310°F (149-154°C)	Le sirop se défait, dans l'eau froide, en fils durs et cassants

REFROIDISSEMENT

Si la recette précise de laisser tiédir le mélange, laissez-le reposer hors du feu, sans remuer, jusqu'à ce que la température atteigne 110°F (43°C) ou que le fond de la casserole soit tiède au toucher. Si vous remuez la préparation tandis qu'elle est encore chaude, il s'y formera des cristaux et la consistance sera granuleuse.

Au moment de verser la préparation dans un moule, rapprochez les deux récipients et agissez rapidement. Servez-vous d'une spatule en caoutchouc pour hâter le transvasement, mais ne raclez pas les parois de la casserole, car il s'y sera formé des cristaux.

Laissez le mélange refroidir avant de le découper et ne l'enveloppez jamais quand il est encore tiède.

CONSERVATION

Comme le sucre absorbe l'humidité, il faut ranger les sucreries dans des contenants hermétiques. Les friandises crémeuses, comme le fudge ou les caramels, doivent être enveloppées individuellement dans du papier ciré, de cellophane ou d'aluminium. Celles qui se conservent au réfrigérateur doivent être gardées au frais, enveloppées, jusqu'à la dernière minute.

Fudges

Fudge au chocolat

3 t. de sucre
1 t. de lait
2 c. à soupe de sirop de maïs
2 carrés de chocolat amer
3 c. à soupe de beurre ou de margarine

1 c. à thé d'essence de vanille
1 t. de noix de Grenoble ou de pacanes hachées

Photo page 106
Débutez
2 h 30 avant
36 morceaux
ou 1¼ lb
(560 g)

1 En remuant, amenez à ébullition à feu moyen le sucre, le lait, le sirop de maïs et le chocolat. Nettoyez les parois de la casserole avec un pinceau mouillé.

2 Mettez le thermomètre en place et continuez la cuisson en remuant de temps à autre jusqu'à ce que le sirop atteigne le stade de petit boulé (238°F ou 114°C).

3 Retirez-le du feu, ajoutez le corps gras et la vanille et laissez refroidir sans remuer jusqu'à 110°F (43°C).

4 Beurrez un moule carré de 8 po (20 cm). Battez le sirop à la cuiller pour qu'il épaississe et perde de son luisant.

5 Incorporez les noix et versez le tout dans le moule. (Ne raclez pas la casserole pour ne pas entraîner de cristaux.)

6 Laissez refroidir le fudge dans son moule. Lorsqu'il est complètement refroidi, découpez-le en 36 petits carrés égaux.

FUDGE AU BEURRE D'ARACHIDE: Suivez la recette ci-dessus, mais en remplaçant le corps gras par ¼ t. de beurre d'arachide crémeux et les noix ou les pacanes par 1 t. d'arachides salées, hachées.

Fudge croquant au caramel

1 t. de sucre
¼ t. de beurre ou de margarine
¾ c. à thé de sel
1 pot de 7½ oz (215 ml) de crème de guimauve
1 boîte de 5 oz (142 ml) de lait concentré non dilué

1 paquet de 12 oz (340 g) de grains de caramel
½ c. à thé d'essence de vanille
½ t. d'arachides salées, de pacanes ou de cajous, hachés

Photo page 106
Débutez
1 h 30 avant
49 morceaux
ou 1¼ lb
(560 g)

1. Beurrez un moule carré de 9 po (23 cm).
2. Amenez à ébullition à feu assez vif dans une casserole à fond épais le sucre, le corps gras, le sel, la crème de guimauve et le lait concentré. Laissez cuire encore 5 min en remuant.
3. Retirez la casserole du feu, puis ajoutez-y la vanille et le butterscotch. Remuez jusqu'à ce que celui-ci soit fondu et bien incorporé. Ajoutez les arachides et versez le tout dans le moule. Laissez refroidir avant de découper en petits carrés.

Penuche aux pacanes

2 t. de cassonade blonde, tassée
2 t. de sucre
1 t. de lait

3 c. à soupe de beurre
1½ c. à thé de vanille
1 t. de pacanes hachées grossièrement

Photo page 107
Débutez
2 h 30 avant
36 morceaux
ou 2 lb
(900 g)

1. Dans une grande casserole, amenez le lait et le sucre à ébullition à feu moyen en remuant sans cesse. Mettez le thermomètre en place et laissez cuire le sirop, sans remuer, jusqu'à ce qu'il atteigne 238°F (114°C) ou le stade de petit boulé. Retirez la casserole du feu. Ajoutez le beurre et la vanille.
2. Laissez reposer sans brasser jusqu'à ce que le thermomètre indique 110°F (43°C) ou que la casserole soit tiède au toucher. Entre-temps, beurrez un moule carré de 8 po (20 cm).
3. Battez le sirop avec une cuiller en bois pour qu'il épaississe et perde de son luisant. Incorporez rapidement les pacanes, puis versez dans le moule. (Ne raclez pas la casserole pour ne pas entraîner de cristaux.) Laissez refroidir sur une grille, puis coupez en carrés avec un couteau bien aiguisé.

Baisers à l'érable

1 t. de cassonade blonde, tassée
½ t. de sucre
½ t. de lait concentré
¼ t. de sirop de maïs doré

1 c. à soupe de beurre ou de margarine
1 c. à thé d'essence d'érable
1½ t. de noix de Grenoble hachées

Photo page 106
Débutez
1 h 30 avant
ou jusqu'à
1 semaine
plus tôt
24 morceaux
ou ¾ lb
(340 g)

1. Dans une casserole moyenne, amenez à ébullition à feu très doux la cassonade, le sucre, le lait et le sirop de maïs, en remuant sans arrêt. Mettez le thermomètre en place et laissez cuire le sirop, sans cesser de remuer, jusqu'à ce qu'il atteigne 235°F (113°C) ou le stade de petit boulé. (Comptez environ 30 min.) Retirez la casserole du feu.
2. Incorporez le corps gras, l'essence d'érable et les noix. Déposez par petites cuillerées sur un papier ciré et laissez refroidir sur des grilles.

Bonbons et friandises

Bonbons à la mélasse

1⅓ t. de lait condensé
sucré
½ t. de mélasse douce
1 pincée de sel

Photo
page 107
Débutez
2 h avant ou
la veille
50 morceaux
ou ¾ lb
(340 g)

1 Beurrez un moule carré de 8 po (20 cm) ou une lèchefrite et portez les ingrédients à ébullition à feu moyen en remuant de temps à autre.

2 Continuez à faire cuire le sirop environ 20 min, sans cesser de remuer, jusqu'au stade de boulé moyen (244°F ou 118°C au thermomètre).

3 Versez la préparation dans le moule. Laissez-la tiédir suffisamment pour pouvoir la manipuler.

4 Avec les doigts beurrés, étirez le mélange jusqu'à ce qu'il devienne blond et luisant.

5 Enroulez-le en une torsade d'environ ¾ po (2 cm) d'épaisseur.

6 Taillez aux ciseaux en morceaux de 1 po (2,5 cm). Enveloppez dans de la cellophane.

Caramels à l'orange et aux amandes

3 t. de sucre
¼ t. d'eau bouillante
1 t. de lait concentré
1 pincée de sel

2 c. à thé de zeste
d'orange râpé
1⅓ t. d'amandes effilées,
grillées

Photo
page 107
Débutez
1 h 30 avant
ou jusqu'à
1 semaine
plus tôt
50 morceaux
ou 1½ lb
(700 g)

1. Faites chauffer 1 t. de sucre à feu modéré, dans une casserole moyenne, et remuez jusqu'à ce qu'il soit liquide et ambré. Toujours en remuant, ajoutez doucement l'eau bouillante. Lorsque le sirop est homogène, ajoutez 2 t. de sucre, le lait concentré et le sel.

2. Mettez le thermomètre en place et laissez cuire le sirop, en remuant de temps à autre, jusqu'au stade de petit boulé (238°F ou 114°C). Retirez du feu. Ajoutez le zeste et remuez pour faire tiédir. Incorporez 1 t. d'amandes et continuez de remuer jusqu'à ce que le mélange conserve sa forme quand vous en laissez tomber une petite quantité sur du papier ciré.

3. Déposez par cuillerées à thé combles sur du papier ciré. Coiffez chaque bouchée de quelques amandes et enveloppez-les individuellement dans du papier ciré, de cellophane ou d'aluminium.

Nougat blanc

½ lb (225 g) de boules de
gomme (non enrobées)
Fécule de maïs
2 t. de sucre
1½ t. de sirop de maïs
doré
¼ c. à thé de sel

¼ t. d'eau
2 blancs d'œufs
1 c. à thé de vanille
¼ t. de beurre ou de
margarine, ramolli
1 t. de noix de Grenoble
grossièrement hachées

Photo
page 107
Débutez
la veille
ou jusqu'à
2 semaines
plus tôt
2¼ lb (1 kg)

1. Avec des ciseaux de cuisine, coupez les boules de gomme en petits morceaux. Beurrez généreusement un moule carré de 9 po (23 cm) et saupoudrez-le de fécule. Dans une casserole moyenne, portez à ébullition à feu assez vif le sucre, le sirop, le sel et l'eau en brassant sans cesse, puis cuisez jusqu'au stade de grand boulé (250°F ou 121°C au thermomètre), en remuant de temps à autre.

2. Entre-temps, montez les blancs d'œufs en neige ferme à grande vitesse dans un grand bol. Toujours en battant, versez-y lentement un quart du sirop bouillant. Remettez le reste sur le feu jusqu'à ce qu'il atteigne le grand cassé (300°F ou 149°C). Continuez de battre les blancs pour qu'ils soient luisants, puis ajoutez la vanille.

3. En fouettant toujours à grande vitesse, incorporez lentement le reste du sirop puis le corps gras à la meringue. Si le mélange devient trop épais, achevez de le battre à la cuiller.

4. Avec une cuiller en bois, incorporez-y les noix et les morceaux de boules de gomme. Etalez le nougat dans le moule et brossez légèrement la surface de celui-ci avec un pinceau enduit de fécule.

5. Laissez refroidir le moule sur une grille au moins 12 h ou toute la nuit. Démoulez le nougat puis coupez-le en morceaux de 1 po (2,5 cm) avec des ciseaux de cuisine que vous nettoierez de temps à autre avec un linge humide. Enveloppez chaque morceau dans de la cellophane.

Suçons

*12 gobelets thermo de
8 oz (225 ml)
36 bonbons clairs ovales
de ¾ po (2 cm), de
couleurs variées
2 oz (60 g) de bonbons à
la cannelle ou autres
bonbons rouges
2 t. de sucre
1 t. d'eau
¾ t. de sirop de maïs
½ c. à thé d'extrait de
citron
10 gouttes de colorant
alimentaire jaune
12 bâtonnets à suçons*

Photo
page 106
Débutez
3 h avant
ou jusqu'à
1 semaine
plus tôt
12 suçons de
3 po (8 cm)

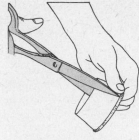

1 Coupez les gobelets en deux à 1½ po (4 cm) du bord. Taillez une encoche de ⅛ po (3 mm) jusqu'au rebord.

2 Graissez généreusement ces moules et deux plaques à biscuits. Disposez les moules sur celles-ci, tel qu'illustré.

3 Déposez dans chaque moule trois bonbons durs et deux grappes de trois bonbons à la cannelle.

4 Dans une casserole épaisse, faites dissoudre le sucre avec l'eau et le sirop. Nettoyez les parois avec un pinceau humide.

5 Mettez le thermomètre en place et laissez cuire le sirop à feu vif, sans remuer, jusqu'au grand cassé (300°F ou 149°C).

6 Otez du feu, ajoutez l'extrait de citron et le colorant et versez environ ¼ t. dans chaque moule.

7 Insérez les bâtonnets dans les encoches. Laissez refroidir, décollez avec une spatule et retirez les moules.

Divinité

Photo
page 107
Débutez
1 h 30 avant
ou jusqu'à
1 semaine
plus tôt
60 bonbons
ou 1½ lb
(700 g)

*3 t. de sucre
½ t. de sirop de maïs
½ t. d'eau*

*2 blancs d'œufs à
température ambiante
1 c. à thé de vanille*

1. Pour bien réussir ce nougat, choisissez une journée où l'air est sec. A feu assez vif, portez à ébullition le sirop, l'eau et le sucre en brassant pour faire dissoudre celui-ci, puis laissez cuire sans remuer avec le thermomère en place, jusqu'au boulé moyen (248°F ou 120°C).
2. Entre-temps, dans un bol moyen, montez à grande vitesse les blancs d'œufs en neige ferme, puis incorporez-y doucement à vitesse moyenne la moitié du sirop. Chauffez le reste jusqu'au petit cassé (272°F ou 133°C) en brassant sans cesse.
3. Versez en filet le reste du sirop dans la meringue, tout en la fouettant et en faisant tourner le bol. (Ne raclez pas les parois de la casserole pour ne pas entraîner de cristaux.) Ajoutez la vanille. Achevez de fouetter pour que la meringue soit ferme tout en présentant des pics satinés, puis transvasez rapidement par petites cuillerées sur un papier ciré. Laissez refroidir complètement.

Fondant

Photo
page 107
Débutez
5 h avant
ou jusqu'à
1 semaine
plus tôt
60 morceaux
ou 1 lb
(450 g)

*4 t. de sucre
¼ t. de sirop de maïs
¼ c. à thé de crème de
tartre
1 pincée de sel
1 t. d'eau*

*Extrait de menthe ou
autre parfum
Colorant vert, rouge ou
jaune*

1. Dans une casserole à fond épais, portez à ébullition, à feu vif, les cinq premiers ingrédients en remuant de temps à autre pour faire dissoudre le sucre. Mettez le thermomètre en place et cuisez à feu moyen, sans plus remuer, jusqu'au petit boulé (238-240°F ou 114-115°C). (La préparation ne devrait pas cuire durant plus de 10 à 15 min, autrement elle ne prendrait pas à l'étape 3.) Eliminez les cristaux en nettoyant fréquemment les parois avec un pinceau humide.
2. Versez le contenu de la casserole dans un grand bol, sans racler les parois. Placez-y le thermomètre et laissez refroidir environ 1 h, *sans remuer,* jusqu'à 125°F (52°C).
3. Battez le mélange avec une cuiller en bois environ 10 min ou jusqu'à ce qu'il soit blanc et ferme. S'il ne l'est pas après ce temps, ramenez-le à ébullition et recommencez l'opération.
4. Divisez le fondant en plusieurs portions que vous réserverez dans de la cellophane en attendant de les travailler. Aplatissez-en une et incorporez-y en pétrissant une ou deux gouttes de l'essence et du colorant de votre choix. Façonnez-la en diverses formes et répétez avec le reste du fondant.
5. Laissez reposer les morceaux environ 1 h 30 sur un papier ciré jusqu'à ce que le dessus durcisse, puis placez-les à l'envers sur une grille pour faire durcir le dessous. Conservez-les ainsi, enveloppés, ou enrobez-les de chocolat ou servez-vous-en pour faire des Bonbons fondants (p. 418).

Bonbons et friandises

Bonbons fondants

Photo
page 107
Débutez
7 h avant
ou jusqu'à
1 semaine
plus tôt

30 bonbons et
6 à 8 pastilles
ou 1 lb
(450 g)

Fondant (p. 417)
¼ c. à thé d'extrait de
menthe, d'amande ou
d'autre parfum

Colorant rouge, jaune
ou vert
½ à 1 c. à thé d'eau
chaude

1. Suivez les étapes 1 à 3 pour préparer le fondant. Enveloppez-en la moitié dans de la cellophane, aplatissez l'autre et incorporez-y l'extrait de votre choix en pétrissant. Façonnez des boulettes de ¾ po (2 cm), laissez-les durcir sur un papier ciré environ 1 h 30, puis renversez-les sur une grille pour faire durcir le dessous. (La croûte empêchera le bonbon de se déformer quand vous l'enroberez.)
2. Faites fondre l'autre portion de fondant dans un bain-marie d'eau frémissante, avec une ou deux gouttes de colorant. Remuez sans arrêt jusqu'à ce que le fondant soit très chaud et coulant, puis procédez rapidement à l'enrobage pour éviter la formation d'une croûte.
3. Laissez tomber un bonbon à la fois dans le fondant chaud, côté plat d'abord. Avec une longue fourchette à deux dents, retournez-le vivement pour enrober le côté bombé ; retirez-le aussitôt du fondant, tapotez la fourchette deux ou trois fois contre la paroi de la casserole et essuyez-en le dessous sur le rebord.
4. Déposez le bonbon à l'endroit sur un papier ciré. Attendez quelques instants et retirez la fourchette en esquissant une spirale. Remuez fréquemment le fondant pendant l'enrobage pour empêcher la formation d'une croûte. Laissez refroidir les bonbons au moins 1 h avant de les manipuler.
5. Lorsque tous les bonbons sont enrobés, ajoutez de l'eau au fondant qui reste dans la casserole et réchauffez le tout. Lorsque le mélange est bien fluide, versez-le sur du papier ciré en formant des pastilles et laissez sécher.

Boules de maïs soufflé

Photo
page 106
Débutez
2 h avant
ou la veille
12 boules

12 t. de maïs soufflé
(environ ¾ t. de
grains de maïs)
½ lb (225 g) de cerises
confites, coupées en
deux
1 bouteille de 16 oz
(455 ml) de sirop de
maïs (2 t.)

1 c. à soupe de vinaigre
blanc
1 c. à thé de sel
2 c. à thé d'essence de
vanille

1. Dans une marmite graissée, mêlez le maïs soufflé avec les cerises. Dans une casserole moyenne, amenez à ébullition à feu assez vif le sirop de maïs, le vinaigre et le sel, en remuant de temps à autre. Mettez le thermomètre en place et laissez cuire, sans remuer, jusqu'au stade de grand boulé (250°F ou 121°C). Otez du feu et ajoutez la vanille.
2. Versez le sirop doucement sur le maïs soufflé en brassant pour bien l'enrober. Graissez vos mains et façonnez des boules de 3 po (8 cm) en les pressant le moins possible pour qu'elles restent légères. (Si le mélange devient trop dur, remettez la marmite à feu très doux.)

Caramel croquant aux arachides

Photo
page 106
Débutez
2 h avant
ou jusqu'à
2 semaines
plus tôt
1 lb (450 g)

1 t. de sucre
½ t. de sirop de maïs
¼ c. à thé de sel
¼ t. d'eau
1 t. d'arachides non
grillées

2 c. à soupe de beurre ou
de margarine, ramolli
1 c. à thé de bicarbonate
de soude

1. Graissez une plaque à biscuits. Dans une casserole à fond épais, portez à ébullition à feu moyen le sucre, le sirop, le sel et l'eau, en brassant jusqu'à ce que le sucre soit dissous. Incorporez les arachides. Mettez le thermomètre en place et faites cuire le mélange en remuant fréquemment jusqu'à ce qu'il atteigne 300°F (149°C) ou le stade de grand cassé.
2. Retirez la casserole du feu et ajoutez immédiatement le corps gras et le bicarbonate de soude. Versez tout de suite sur la plaque.
3. A l'aide de deux fourchettes, étirez le caramel pour qu'il forme un rectangle d'environ 14 po × 12 (35 cm × 30). Lorsqu'il est refroidi, cassez-le en petits morceaux.

Croquant aux noix et au chocolat

Photo
page 107
Débutez
3 h 30 avant
1½ lb (700 g)

1¼ t. de sucre
¾ t. de beurre ou de
margarine
1½ c. à thé de sel
¼ t. d'eau
1½ t. de noix de
Grenoble hachées

½ c. à thé de
bicarbonate de soude
⅓ t. de morceaux de
chocolat mi-amer,
fondus
½ t. de noix de Grenoble
pulvérisées

1. Beurrez un moule à roulé de 15 po × 10 (38 cm × 25). Portez à ébullition à feu moyen le sucre, le corps gras, le sel et l'eau en remuant fréquemment. Mettez le thermomètre en place et continuez la cuisson, en remuant souvent, jusqu'au petit cassé (290°F ou 143°C), quand un peu de sirop plongé dans de l'eau froide se défait en fils durs mais élastiques.
2. Otez du feu et ajoutez les noix hachées et le bicarbonate de soude. Versez immédiatement dans le moule. (Ne raclez pas les parois de la casserole pour ne pas entraîner de cristaux.)
3. Recouvrez d'une couche de chocolat et saupoudrez de noix pulvérisées. Laissez refroidir avant de casser le tout en petits morceaux.

Test de cuisson : Faites bouillir jusqu'à 290°F (143°C). Plongé dans l'eau froide, le sirop devrait former des fils durs mais élastiques.

Recouvrez de chocolat : Répartissez uniformément le chocolat fondu à l'aide d'une spatule. Saupoudrez ensuite de noix pulvérisées.

Photo
page 107
Débutez
3 h avant
ou jusqu'à
2 semaines
plus tôt
64 pastilles ou
2½ lb
(1,15 kg)

Pastilles à la menthe

*14 oz (400 ml) de lait
condensé sucré
2 c. à thé d'extrait de
menthe
12 gouttes de colorant
alimentaire rouge*

*1½ à 2 lb (700-900 g)
de sucre glace
1½ t. de moitiés de
pacanes*

1. Mêlez le lait, la menthe et le colorant, puis incorporez-y les trois quarts du sucre.
2. Saupoudrez bien votre plan de travail de sucre glace. Pétrissez-y le mélange en ajoutant du sucre pour qu'il forme une boule qui n'adhère plus.
3. Façonnez celle-ci en un carré de 8 po (20 cm) que vous découperez en carrés de 1 po (2,5 cm). Roulez chaque morceau en boule et aplatissez-le du bout des doigts en une pastille de 2 po (5 cm). Décorez d'une demi-pacane. (Recouvrez la pâte d'un papier de cellophane pendant que vous formez les pastilles.) Laissez sécher au moins 1 h.

Photo
page 107
Débutez
la veille
ou jusqu'à
2 semaines
plus tôt
4¼ lb
(1,9 kg)

Fruits en pâte d'amandes

Massepain:
*2 t. de pâte d'amandes en
boîte
4 blancs d'œufs*

12 t. de sucre glace

*Glaçage lustré (ci-
dessous)*

1. Pour confectionner le massepain, pétrissez la pâte d'amandes avec les blancs d'œufs dans un grand bol, puis incorporez-y du sucre glace en quantité suffisante pour que l'appareil soit ferme. Couvrez-le pour l'empêcher de sécher.
2. Façonnez des pommes, des bananes, des poires, des oranges ou des fraises (à droite) et laissez-les sécher sur un plateau pendant que vous préparez le glaçage.
3. Placez les fruits (sans qu'ils se touchent) sur une grille, dans une lèchefrite peu profonde. S'il s'est formé des cristaux sur le glaçage, ôtez-les avec une cuiller. Versez le glaçage doucement sur les fruits en le remuant le moins possible pour prévenir la cristallisation. Laissez sécher toute la nuit.

GLAÇAGE LUSTRÉ: Dans une casserole moyenne, faites cuire *4½ t. de sucre* avec *1 t. d'eau* à feu moyen, jusqu'à ce que le sucre soit dissous et que le thermomètre indique 223°F (106°C). Retirez lentement du feu en évitant de remuer. Laissez refroidir sans bouger.

Préparer le massepain:
Pétrissez la pâte
d'amandes, les blancs,
puis le sucre glace.

Glacer les fruits: Versez
le glaçage sur les fruits
en le remuant le moins
possible.

CONFECTION DES FRUITS

14 pommes

POMMES: Sur une feuille de papier ciré, incorporez *2 gouttes de colorant vert* à *1½ t. de massepain.* Façonnez 14 pommes. Enfoncez un *clou de girofle* dans chacune. A l'aide d'un pinceau fin, enduisez-les de *colorant rouge* dilué dans de l'*eau.* Laissez-les sécher sur un plateau.

Faire des tiges: Enfoncez la tête d'un clou de
girofle dans chacune.

Teinter les pommes:
Employez du colorant
rouge dilué.

7 bananes

BANANES: Sur du papier ciré, incorporez environ *6 gouttes de colorant jaune* à *½ t. de massepain.* Façonnez sept bananes. Préparez du colorant brun en suivant les directives du fabricant et tracez des lignes au pinceau. Laissez sécher sur un plateau.

12 poires

POIRES: Sur du papier ciré, incorporez environ *4 gouttes de colorant vert* et *4 de jaune* à *1 t. de massepain.* Divisez l'appareil en 12 parts et façonnez des poires. Insérez dans chacune une feuille de *romarin séché.* Laissez sécher sur un plateau.

9 oranges

ORANGES: Sur du papier ciré, incorporez environ *6 gouttes de colorant jaune* et *4 de rouge* à *1 t. de massepain.* Façonnez neuf oranges. Faites-les rouler sur une râpe pour simuler la texture de l'écorce. Insérez des *tiges de clous de girofle* pour les queues. Laissez sécher sur un plateau.

20 fraises

FRAISES: Façonnez 20 fraises dans *¾ t. de massepain,* faites-les rouler sur une râpe pour simuler la texture de la peau, puis enduisez-les de *colorant rouge* dilué dans de l'*eau.* Sur du papier ciré, incorporez *5 gouttes de colorant vert* à *¼ t. de massepain.* Saupoudrez d'un peu de fécule une planche et un rouleau, puis abaissez le massepain à ⅛ po (3 mm). Avec un emporte-pièce en forme d'étoile de 1¼ po (3 cm), découpez 20 étoiles. Garnissez-en la base des fraises. Laissez sécher sur un plateau.

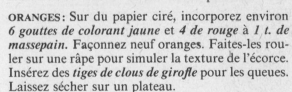

Pour imiter les grains:
Faites rouler les fraises
sur une râpe.

Pour imiter les feuilles:
Pressez une étoile verte à
la base.

Chocolats

Photo
page 107
Débutez
2 h 30 avant
ou jusqu'à
2 semaines
plus tôt
1 lb (450 g)

Menthes fondantes au chocolat

*2 paquets de 8 oz (225 g)
de carrés de chocolat
mi-amer
2 c. à soupe de graisse
végétale*

*½ t. de crème épaisse
1 c. à soupe d'extrait de
menthe
Cacao*

1. Chemisez de papier ciré un moule carré de 8 po (20 cm) et hachez le chocolat. Mettez-le avec la graisse végétale dans le récipient supérieur d'un bain-marie, placez-y le thermomètre et réservez. Portez de l'eau à ébullition dans le second récipient, ôtez-le du feu et mettez le chocolat à fondre dans le récipient supérieur. Remuez jusqu'à ce que le thermomètre indique 130°F (54°C).
2. Remplacez l'eau chaude par de la froide et faites refroidir le chocolat en remuant doucement jusqu'à ce que la température se soit abaissée à 83°F (28°C). (Vous aurez besoin d'un thermomètre indiquant les basses températures.)
3. Entre-temps, faites chauffer la crème à feu moyen. Otez-la du feu aux premiers bouillons.
4. Dans un petit bol, mélangez à basse vitesse le chocolat, la crème et l'extrait de menthe. Battez 2 min de plus à vitesse moyenne, en raclant de temps en temps les parois avec une spatule en caoutchouc.
5. Versez dans le moule et laissez raffermir 2 h.
6. *Pour servir:* Détachez les côtés du chocolat avec une spatule en métal, renversez-le sur une planche et ôtez le papier ciré. Passez la lame d'un couteau dans de la poudre de cacao et découpez-le en losanges ou en carrés de 1 po (2,5 cm).

Truffes

Photo
page 107
Débutez
2 h avant
ou jusqu'à
1 semaine
plus tôt
36 truffes
ou 1½ lb
(700 g)

*1 paquet de 12 oz (350 g)
de grains de chocolat
mi-amer
¾ t. de lait condensé
sucré
1 c. à thé de vanille*

*1 pincée de sel
½ t. de cacao ou 1 t. de
noix de coco en flocons*

1. Faites fondre le chocolat dans un bain-marie d'eau *frémissante* ou à feu doux dans une casserole moyenne à fond épais. Ajoutez le lait condensé, la vanille et le sel et remuez pour bien lier. Faites raffermir au réfrigérateur environ 45 min.
2. Enduisez vos mains de beurre et façonnez des petites boules de 1 po (2,5 cm). Roulez-les dans le cacao ou la noix de coco.

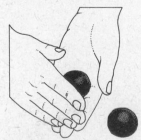

Façonner les truffes:
Roulez-les dans vos
mains beurrées.

Enrober les truffes:
Roulez-les dans du cacao
ou de la noix de coco.

Fruits enrobés

Photo
page 107
Débutez
1 h 30 avant
ou le matin
60 fruits et
12 rochers

*2 grosses oranges
2 casseaux de grosses
fraises
1 t. d'arachides salées*

*2 paquets de 8 oz (225 g)
de carrés de chocolat
mi-amer*

1. Epluchez les oranges et divisez-les en quartiers. Enveloppez-les individuellement dans de la cellophane pour les empêcher de sécher. Lavez les fraises sans les équeuter et asséchez-les soigneusement avec du papier absorbant. (Les fruits doivent être à la température ambiante.) Mettez les arachides dans un petit bol.
2. Râpez le chocolat dans le premier récipient d'un bain-marie et placez-y le thermomètre à bonbons. Réservez. Faites bouillir de l'eau dans le second récipient, ôtez-le du feu et mettez le chocolat à fondre dans le premier. Remuez jusqu'à ce que le thermomètre indique 130°F (54°C).
3. Remplacez l'eau chaude par assez d'eau froide pour immerger un tiers du récipient supérieur. Faites refroidir le chocolat, en remuant sans arrêt, jusqu'à ce que sa température se soit abaissée à 83°F (28°C). (Servez-vous d'un thermomètre indiquant les basses températures.)
4. Remettez de l'eau chaude (environ 85°F ou 29°C) dans le récipient inférieur pour que le chocolat reste liquide pendant l'enrobage.
5. Avec les doigts, trempez chaque fruit à moitié dans le chocolat. Secouez-le pour le débarrasser de l'excédent, ou bien essuyez-en un côté contre le rebord de la casserole. Au fur et à mesure que vous les enrobez, dressez les fruits côte à côte sur une feuille de papier ciré.
6. Mélangez vivement les arachides au reste de chocolat fondu, puis dressez le tout par petits monticules sur du papier ciré. Laissez prendre le chocolat (environ 10 min) avant de retirer les fruits et les noix du papier ciré. Les fruits doivent être consommés le jour même. Les noix se conserveront une semaine dans un récipient étanche.

ENROBAGE DES FRUITS

Trempez les fruits à moitié dans le chocolat fondu. Essuyez-les doucement contre le rebord de la casserole et placez-les sur du papier ciré. Ajoutez les arachides au reste de chocolat et dressez le tout par grosses cuillerées sur le papier.

PAINS ÉCLAIR

A l'encontre des pains au levain, les pains éclair se préparent avec des ferments à action rapide, en une seule opération. Certains, comme les muffins, les pains aux fruits et les pains au bicarbonate de soude, peuvent remplacer le pain ordinaire. D'autres, comme les crêpes et les gaufres, constituent un repas en soi. Quant aux beignes, on peut s'en régaler à toute heure du jour.

Les ferments à action rapide les plus utilisés sont le bicarbonate de soude et la levure chimique. La levure chimique à double action que nous employons dans nos recettes dégage des bulles d'air à deux reprises : la première fois, au contact d'un liquide et la seconde, sous l'action de la chaleur. La préparation peut donc attendre, au besoin, avant d'être mise au four. Le bicarbonate de soude s'utilise lorsque l'appareil contient un ingrédient acide comme du babeurre, de la crème sure, du jus de fruit, de la mélasse ou du chocolat. Il réagit instantanément au contact d'un liquide. Les préparations qui en contiennent doivent donc être cuites sans délai.

PRÉPARATION

Si vous suivez nos indications à la lettre, mesurez soigneusement les ingrédients, procédez rapidement au mélange et respectez la température de cuisson, vous obtiendrez à tous coups un pain parfait.

Mesurage : Mesurez toujours avec précision. Pour les ingrédients secs, employez un jeu de tasses appropriées. Pour les ingrédients liquides, servez-vous d'une tasse graduée transparente avec un bec verseur. Les mêmes cuillers à mesurer conviennent dans les deux cas. Remplissez une tasse à mesurer de farine non tamisée en utilisant une cuiller ; égalisez ensuite au ras du bord avec un couteau ou une spatule en métal. Procédez de la même façon pour le sucre granulé et pour la cassonade. Celle-ci doit être assez tassée pour garder sa forme lorsque l'on renverse la tasse.

Mélange : Le secret de la perfection réside dans la façon de mélanger, à la fois rapidement et sans excès. Pour une pâte à abaisser, commencez par mêler les ingrédients à sec. Incorporez ensuite le corps gras avec une broche à pâtisserie ou deux couteaux maniés en sens inverse, jusqu'à ce que la préparation ait l'aspect d'une chapelure grossière. Ajoutez finalement le liquide et ne remuez pas plus qu'il ne faut pour humecter et lier le tout. Cette règle s'applique également dans le cas des appareils coulants. La pâte à muffins ou à crêpes pourra vous sembler grumeleuse, mais si vous

insistez trop, elle durcira en cuisant ou ne lèvera pas proprement. Pour certains pains, toutefois, il convient de mélanger les ingrédients à fond. Dans tous les cas, fiez-vous aux indications de la recette.

Incorporer le corps gras : Servez-vous d'une broche à pâtisserie ou de deux couteaux maniés en sens inverse.

Pétrir et abaisser : Une pâte qui sera pétrie ne doit être mélangée que jusqu'à ce qu'elle se détache des parois du bol. Il suffira ensuite de la pétrir de six à huit reprises sur un plan de travail légèrement fariné pour lier les ingrédients et être capable de l'abaisser en douceur avec un rouleau fariné. Comme les scones doublent de volume en cuisant, il faudra abaisser la pâte à ½ po (1 cm) si vous les aimez épais, mais à ¼ po (6 mm) si vous les préférez minces et croustillants. Après avoir découpé l'abaisse avec un emporte-pièce, abaissez en douceur les chutes ensemble, sans les pétrir.

Epreuve de cuisson : Les scones sont prêts lorsqu'ils sont gonflés et dorés, les muffins lorsqu'ils sont dorés. Pour vérifier si un pain est cuit, enfoncez un cure-dents en son centre : il doit en ressortir propre et sec. Pour certains pains très moites, on indiquera qu'il doit ressortir « presque propre », c'est-à-dire qu'il y adhérera quelques miettes, même si le pain est cuit. Il est temps de retourner les crêpes quand les bulles commencent à éclater à la surface et que le pourtour est sec. Si votre gaufrier n'est pas muni d'un voyant lumineux, attendez qu'il ne s'en échappe plus de vapeur avant de soulever le couvercle, puis patientez encore quelques secondes, jusqu'à ce que les gaufres soient croustillantes. Retournez les beignes dès qu'ils remontent à la surface du bain d'huile, mais évitez de les percer, car ils absorberaient de la graisse.

CHOIX DES MOULES

Les scones et les muffins dorent plus facilement dans des moules de métal brillant. Un métal terne, un placage d'aluminium ou un verre à feu conviennent par contre davantage pour la cuisson des pains aux fruits.

Vérifiez toujours les dimensions de vos moules. Si elles diffèrent de celles que nous vous suggérons, il vous faudra faire des ajustements. Par exemple, nos recettes de muffins prévoient des moules de 2½ po (6 cm) de diamètre. Si les vôtres sont plus grands ou plus petits, ne les remplissez qu'aux deux tiers (à moitié pour les popovers). Les pains aux fruits ne lèveront pas suffisamment si vous employez des moules plus grands que ceux recommandés. Si vos moules sont plus petits, ne les emplissez qu'aux deux tiers et faites cuire le surplus dans des ramequins, également emplis aux deux tiers, pendant environ 20 minutes.

SERVICE

Généralement, les pains éclair sont meilleurs au sortir du four. Faites-les cuire dans un moule décoratif et servez-les tels quels ou dressez-les sur une serviette, dans une corbeille. Démoulez les muffins sans attendre, sans quoi la vapeur les ramollirait. Si vous ne les servez pas tout de suite, vous pouvez les garder chauds en les laissant dans leurs moules, mais inclinez ceux-ci de façon à laisser échapper la vapeur. Les pains aux fruits et aux noix sont difficiles à trancher quand ils sont chauds. Le mieux est de les laisser refroidir complètement et de les réserver toute une nuit, bien enveloppés. Leur saveur s'améliorera et ils se trancheront facilement.

CONSERVATION ET UTILISATION DES RESTES

Les pains éclair rassissent rapidement. Conservez-les, bien enveloppés, à la température de la pièce, puis réchauffez-les comme suit :

Enveloppez les scones dans du papier d'aluminium et mettez-les au four environ 20 minutes à 375°F (190°C). Vous pouvez aussi les poser sur une grille dans une sauteuse contenant 2 c. à soupe d'eau et les réchauffer à couvert et à feu doux de 8 à 10 minutes. Si vous les préférez grillés, coupez-les en deux, tartinez-les de beurre ou de margarine et garnissez-les à votre goût. Déposez-les ensuite sur une plaque, garniture sur le dessus, et passez-les sous le gril jusqu'à ce qu'ils soient bien chauds et dorés.

Enveloppez les muffins dans du papier d'aluminium et réchauffez-les au four à 400°F (200°C) environ 15 minutes. Les muffins, ainsi que les pains au maïs, peuvent être grillés comme les scones.

Le pain bis de Boston se réchauffe, démoulé, au bain-marie, mais on peut aussi le trancher, le tartiner de beurre ou de margarine et le faire dorer au gril.

Pour réchauffer une brioche éclair, mettez-la au four de 20 à 30 minutes à 400°F (200°C), bien enveloppée dans du papier d'aluminium, ou servez-vous d'une sauteuse, comme dans le cas des scones.

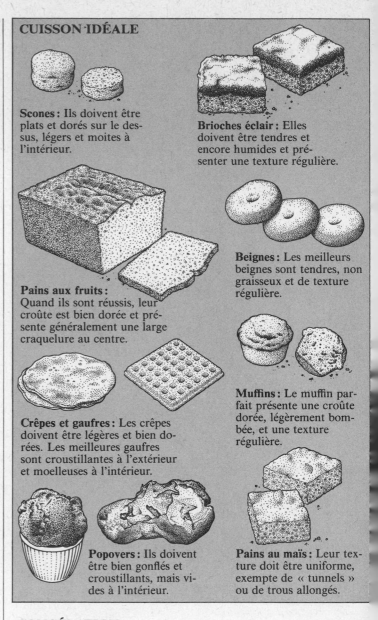

CUISSON IDÉALE

Scones : Ils doivent être plats et dorés sur le dessus, légers et moites à l'intérieur.

Brioches éclair : Elles doivent être tendres et encore humides et présenter une texture régulière.

Pains aux fruits : Quand ils sont réussis, leur croûte est bien dorée et présente généralement une large craquelure au centre.

Beignes : Les meilleurs beignes sont tendres, non graisseux et de texture régulière.

Crêpes et gaufres : Les crêpes doivent être légères et bien dorées. Les meilleures gaufres sont croustillantes à l'extérieur et moelleuses à l'intérieur.

Muffins : Le muffin parfait présente une croûte dorée, légèrement bombée, et une texture régulière.

Popovers : Ils doivent être bien gonflés et croustillants, mais vides à l'intérieur.

Pains au maïs : Leur texture doit être uniforme, exempte de « tunnels » ou de trous allongés.

CONGÉLATION

Comme les scones et les muffins se préparent en un tour de main, il n'y a aucun avantage à les congeler. Il en va autrement pour les pains aux fruits et les brioches éclair. Pour les congeler, laissez-les d'abord refroidir complètement et enveloppez-les dans du papier d'aluminium, des sacs de polythène ou du papier à congélation. Ils se conserveront ainsi trois mois. Pour les dégeler, laissez-les environ 1 h 30 dans leur emballage, à la température de la pièce.

Si vous avez l'intention de congeler vos gaufres, arrêtez-en la cuisson dès qu'elles sont blondes et procédez comme ci-dessus ou congelez-les d'abord à nu sur des plaques avant de les envelopper. Elles se conserveront un ou deux mois. Faites-les dégeler au grille-pain.

Les beignes se conservent de quatre à six mois dans des cartons à congélation. Faites-les dégeler au four à 400°F (200°C), dans du papier d'aluminium.

Scones

Scones sur plaque

2 t. de farine tout usage
1 c. à soupe de levure
chimique à double
action
1 c. à thé de sel
¼ t. de graisse végétale
¾ t. de lait

Photo
page 85
Débutez
35 min avant
18 scones

1 Allumez le four à 450°F (230°C). Mêlez la farine, la levure et le sel, puis incorporez-y le gras avec une broche à pâtisserie jusqu'à l'obtention d'une chapelure grossière.

2 Ajoutez le lait et battez à la fourchette jusqu'à ce que la pâte n'adhère plus au bol.

3 Pétrissez la pâte six à huit coups sur une planche légèrement farinée.

4 Abaissez-la à ½ po (1 cm) pour des scones épais, mais à ¼ po (6 mm) si vous les aimez minces et croustillants.

5 Enfarinez un emporte-pièce de 2 po (5 cm) et coupez la pâte d'un mouvement sec, sans tourner.

6 Déposez les scones sur une plaque non graissée à 1 po (2,5 cm) d'écart, si vous les aimez croustillants.

7 Rassemblez les chutes, sans les pétrir, et abaissez-les. Répétez au besoin. Cuisez de 12 à 15 min.

SCONES AU BABEURRE : Suivez la recette de gauche, en employant du *babeurre* au lieu de lait et seulement *2 c. à thé de levure chimique* ; ajoutez *¼ c. à thé de bicarbonate de soude*. (Donne 18 scones.)

SCONES RAPIDES : Suivez la recette de gauche, mais découpez l'abaisse au couteau en carrés, en triangles et en losanges. Faites cuire à 450°F (230°C) comme indiqué.

SCONES À LA CUILLER : Suivez la recette de gauche, mais employez 1 t. de lait au lieu de ¾ t. Mélangez la pâte à la fourchette, mais ne la pétrissez pas. Déposez-la sur une plaque non graissée par cuillerées à soupe combles espacées de 1 po (2,5 cm). Faites cuire comme indiqué. (Donne 20 scones.)

Faire le mélange : Mélangez à fond la pâte à la fourchette, mais ne la pétrissez pas.

Façonner les scones à la cuiller : Déposez la pâte sur une plaque par cuillerées à soupe combles.

SCONES AUX BLEUETS : Graissez une plaque à biscuits. Suivez la recette de Scones à la cuiller (ci-dessus), en incorporant *1 t. de bleuets frais ou congelés* à la farine. Saupoudrez les biscuits de *sucre* avant de les faire cuire. (Donne 20 scones.)

SCONES AUX FRUITS : Graissez une plaque à biscuits. Suivez la recette de Scones à la cuiller, en ajoutant *¼ t. de sucre* et *½ c. à thé de cannelle* à la farine. Ajoutez *1 boîte de 8 oz (227 ml) de cocktail de fruits* bien égoutté avec le lait. (Donne 20 scones.)

POUR DÉCOUPER LES SCONES

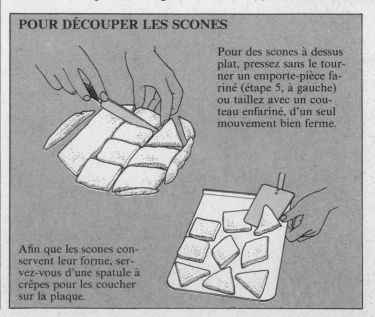

Pour des scones à dessus plat, pressez sans le tourner un emporte-pièce fariné (étape 5, à gauche) ou taillez avec un couteau enfariné, d'un seul mouvement bien ferme.

Afin que les scones conservent leur forme, servez-vous d'une spatule à crêpes pour les coucher sur la plaque.

Muffins

11 may '92
13 april '98

Muffins

2 t. de farine tout usage
2 c. à soupe de sucre
1 c. à soupe de levure chimique à double action
½ c. à thé de sel
1 œuf
1 t. de lait
¼ t. d'huile à salade

Photo
page 85
Débutez
35 min avant
12 muffins

1 Allumez le four à 400°F (200°C). Graissez 12 moules à muffins de 2½ po (6 cm).

2 Mêlez à la fourchette, dans un grand bol, la farine, le sucre, la levure et le sel.

3 Dans un petit bol, battez l'œuf légèrement, puis ajoutez le lait et l'huile en remuant.

4 Versez ce mélange dans la farine et brassez juste assez pour lier le tout. (Le mélange doit rester grumeleux. S'il est trop travaillé, les muffins seront durs.)

5 Remplissez les moules à la cuiller, puis nettoyez-en soigneusement le tour.

6 Cuisez de 20 à 25 min pour que les muffins soient bien gonflés et qu'un cure-dents inséré au centre de l'un d'eux en ressorte propre et sec.

7 Démoulez immédiatement sur une grille. Pour les garder chauds, laissez-les dans leurs moules et inclinez la plaque.

MUFFINS À L'ORANGE: Suivez la recette de gauche, mais n'employez que ¼ t. de sucre et ¾ t. de lait. Ajoutez ¼ t. de jus d'orange et *1 c. à soupe de zeste d'orange finement émincé* au mélange lait et œuf.

MUFFINS AUX BLEUETS: Suivez la recette de gauche, mais n'employez que ½ t. de sucre. Ajoutez *¾ t. de bleuets* au mélange lait et œuf.

MUFFINS AU BLÉ ENTIER: Suivez la recette de gauche, mais n'employez que ¾ t. de farine tout usage et ajoutez *1 t. de farine de blé entier.* Portez le sucre à ¼ t. et la levure chimique à 4 c. à thé.

Muffins au son

3 t. de céréales de son
1¼ t. de farine tout usage
1¼ c. à thé de bicarbonate de soude
½ t. de sucre

¼ c. à thé de sel
1 œuf
1 t. de babeurre
¼ t. d'huile à salade

Photo
page 85
Débutez
45 min avant
8 muffins
de 3 po
(8 cm) ou
16 muffins
de 2½ po
(6 cm)

1. Allumez le four à 400°F (200°C). Graissez huit moules de 3 po (8 cm) ou 16 de 2½ po (6 cm).
2. Mêlez les cinq premiers ingrédients dans un bol. Dans un plus petit bol, mélangez intimement à la fourchette l'œuf, le babeurre et l'huile.
3. Versez ce mélange dans le premier et remuez juste assez pour humecter le tout. Remplissez les moules à la cuiller. Faites cuire les petits muffins 15 min et les plus gros 25, jusqu'à ce qu'ils soient légèrement dorés. Démoulez immédiatement.

FAÇONNAGE DU BEURRE

Le matin ou plusieurs jours à l'avance, façonnez le beurre ou la margarine comme illustré ci-dessous. Conservez au réfrigérateur dans un bol couvert rempli d'eau et de glaçons. Pour servir, présentez dans un beurrier froid.

Boules de beurre: Servez-vous de deux spatules en bois striées, bien froides. Tranchez en portions de ½ po (1 cm) un paquet de beurre de ¼ lb (115 g). Tenez solidement la grande spatule, déposez-y une portion de beurre et imprimez un mouvement rotatif à l'autre spatule pour former une boule.

Coquilles de beurre: Mettez la râpe à beurre 10 min dans l'eau chaude, puis faites-la glisser à la surface d'un paquet de beurre de ¼ lb (115 g). (Le beurre doit être ferme mais pas trop froid, car il s'émietterait.) Plongez la râpe dans l'eau chaude après chaque coquille.

Beignes

Pour réussir des beignes légers, il faut mélanger et travailler la pâte rapidement de façon qu'elle reste souple. Laissez-la reposer au moins 1 heure au réfrigérateur avant de l'abaisser et découpez-la de manière à avoir un minimum de chutes à reprendre.

On peut facilement enrichir ses beignes de chocolat, de noix ou de farine de blé entier et les offrir glacés ou saupoudrés de sucre.

Pour la cuisson des beignes, employez une friteuse ou une poêle électrique, ou encore une grande casserole ou une rôtissoire et servez-vous d'un thermomètre à friture pour contrôler la température de l'huile.

Beignes à l'ancienne

3 t. de farine tout usage
1 t. de sucre
¾ t. de babeurre
2 œufs
2 c. à soupe de graisse végétale
2 c. à thé de levure chimique
1 c. à thé de bicarbonate de soude
1 c. à thé de sel
½ c. à thé de muscade
Huile végétale
Sucre glace ou Sucre à la muscade (à droite)

Photo page 85
Débutez
2 h 30 avant
24 beignes

1 Mettez dans un grand bol 1½ t. de farine et les huit ingrédients suivants. Mélangez le tout à basse vitesse, en raclant constamment les parois du bol. Battez 1 min de plus à vitesse moyenne en continuant de racler. Ajoutez le reste de la farine en remuant pour obtenir une pâte souple. Réfrigérez-la au moins 1 h pour pouvoir la manipuler aisément.

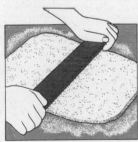

2 Farinez le rouleau et le plan de travail et abaissez la pâte à ½ po (1 cm) d'épaisseur.

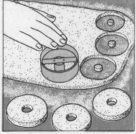

3 Découpez avec un emporte-pièce fariné. Rassemblez les chutes et recommencez jusqu'à épuisement de la pâte.

4 Portez à 370°F (185°C) 3 à 4 po (8-10 cm) d'huile dans une friteuse. Faites-y dorer 4 ou 5 beignes à la fois en les retournant dès qu'ils remontent à la surface.

5 Déposez-les sur du papier absorbant avec une écumoire. Servez-les tels quels ou saupoudrez-les de sucre glace ou de sucre à la muscade pendant qu'ils sont chauds.

SUCRE À LA MUSCADE: Mettez dans un sac en papier brun *1 t. de sucre* et *¾ c. à thé de muscade râpée* et secouez-y quelques beignes chauds à la fois.

« TROUS » DE BEIGNES: Servez-vous des retailles du centre ou découpez toute l'abaisse avec un petit emporte-pièce rond. Faites frire comme à gauche et enrobez de *sucre* ou de sucre à la muscade.

BEIGNES AU CHOCOLAT: Faites fondre *1½ carré de chocolat amer* dans un bain-marie d'eau frémissante. Suivez la recette de gauche, mais n'employez que 1¼ t. de sucre et pas de muscade. Ajoutez le chocolat fondu et *1 c. à thé de vanille* avec le lait. Abaissez, détaillez et faites frire. Laissez refroidir et servez tels quels ou saupoudrés de sucre glace.

BEIGNES AUX NOIX: Suivez la recette de gauche et incorporez *½ t. de noix de Grenoble hachées* avec la farine que vous ajoutez à la fin.

BEIGNES AU BLÉ ENTIER: Suivez la recette de gauche, mais remplacez 1½ t. de farine tout usage par *1½ t. de farine de blé entier;* incorporez-la à la pâte après l'avoir fouettée 1 min. Abaissez à ⅜ po (1 cm). Faites frire. Pour glacer, mélangez soigneusement *½ t. de miel* et *⅔ t. de sucre glace* dans un petit bol. Versez sur les beignes pendant qu'ils sont encore chauds.

Beignets

1 t. d'eau
½ t. de beurre ou de margarine
1 c. à thé de sucre
¼ c. à thé de sel
1 t. de farine tout usage
4 œufs

1 c. à thé d'essence de vanille
Huile végétale
Sucre glace
Sirop d'érable à la cannelle (ci-dessous)

Photo page 85
Débutez
45 min avant
8 portions

1. Faites chauffer à feu moyen, dans une casserole de taille moyenne, l'eau, le beurre, le sucre et le sel jusqu'à ce que le beurre soit fondu et que le tout bouillonne.

2. Hors du feu, ajoutez la farine en une seule fois. Battez énergiquement avec une cuiller en bois jusqu'à ce que la pâte forme une boule et n'adhère plus aux parois de la casserole.

3. Incorporez les œufs, un à la fois, et battez vigoureusement après chaque addition pour obtenir une pâte souple et luisante. Ajoutez la vanille.

4. Portez 1½ po (4 cm) d'huile à 375°F (190°C) dans une casserole ou une friteuse automatique. Plongez-y quelques cuillerées à thé de pâte à la fois et faites-les dorer. Egouttez les beignets sur du papier absorbant et gardez-les au chaud.

5. *Pour servir:* Saupoudrez les beignets chauds d'un peu de sucre glace et nappez-les de Sirop d'érable à la cannelle ou servez le sirop à part, dans une saucière.

SIROP D'ÉRABLE À LA CANNELLE: Faites chauffer à feu doux dans une petite casserole *12 oz (340 ml) de sirop d'érable* et *2 c. à soupe de bonbons forts à la cannelle* en remuant de temps en temps pour faire fondre les bonbons.

Crêpes et gaufres

Il existe toute une gamme de crêpes et de gaufres que vous réaliserez facilement en ajoutant, par exemple, à la recette de base, de la farine de blé entier, des noix, ou des fruits. Agrémentez-les, au choix, de beurre, de margarine, de sirop, de miel, de confiture ou de sucre glace.

Si votre pâte devient trop épaisse, ajoutez-y du lait. Un reste de pâte se conserve 24 heures au réfrigérateur.

Si vous employez une poêle électrique ou un gaufrier, suivez les indications du manufacturier. A défaut de thermostat, vérifiez la chaleur du récipient en y jetant quelques gouttes d'eau : elles doivent grésiller.

Crêpes

Photo
page 84
Débutez
30 min avant
12 crêpes
de 4 po
(10 cm) ou
8 crêpes
épaisses

1¼ t. de farine tout usage
2 c. à soupe de sucre
2 c. à thé de levure chimique à double action
¾ c. à thé de sel
1 œuf
1⅓ t. de lait (1 t. seulement pour des crêpes épaisses)
Huile végétale
Beurre ou margarine
Sirop d'érable ou sirop aromatisé à l'érable, miel, confiture, marmelade, beurre de pomme, au goût

1 Mêlez les quatre premiers ingrédients, puis battez les œufs à part et ajoutez-y le lait et 3 c. à soupe d'huile végétale. Versez sur la farine et remuez pour lier.

2 Chauffez une poêle à feu moyen jusqu'à ce que des gouttes d'eau y grésillent, puis huilez-la.

3 Etalez-y la pâte par portions de ¼ t. et cuisez quelques crêpes à la fois.

4 Retournez les crêpes à la spatule dès que les bulles éclatent et faites dorer l'autre face.

5 Empilez-les sur un plat chaud. Répétez l'opération en huilant chaque fois la poêle. Servez avec du beurre et du sirop.

Photo
page 84
Débutez
1 h 15 avant
16 crêpes

Crêpes de pommes de terre

Eau froide
4 grosses pommes de terre (3 lb ou 1,35 kg), pelées et rincées
1 petit oignon pelé
2 œufs
⅓ t. de farine tout usage
2 c. à thé de sel
1 pincée de poivre
⅓ t. d'huile végétale
Brins de persil

1 Râpez grossièrement les pommes de terre et l'oignon dans un bol à demi rempli d'eau froide.

2 Tapissez une passoire avec un linge ou une étamine et faites égoutter les légumes râpés.

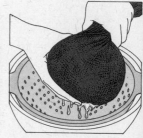

3 Tordez le linge et pressez pour exprimer le plus d'eau possible.

4 Dans le même grand bol, battez les œufs, puis mélangez-y les légumes râpés, la farine, le sel et le poivre.

5 Faites chauffer l'huile végétale à feu moyen dans une grande poêle, puis déposez-y la préparation en quatre portions de ¼ t.

6 Aplatissez les crêpes avec une spatule pour qu'elles aient à peu près 4 po (10 cm) de diamètre. Faites-les dorer environ 4 min de chaque côté.

7 Gardez-les au chaud sur une plaque couverte de papier absorbant. Répétez avec le reste de la préparation en remuant au besoin. Décorez de persil.

Popovers

Gaufres au babeurre

Photo page 84
Débutez 30 min avant
4 tasses de pâte ou 5 gaufres

1¾ t. de farine tout usage
1 c. à thé de levure chimique à double action
1 c. à thé de bicarbonate de soude
½ c. à thé de sel
2 t. de babeurre
⅓ t. d'huile végétale
2 œufs

1 Préchauffez le gaufrier selon le mode d'emploi, puis mélangez tous les ingrédients secs au fouet dans un bol.

2 Ajoutez le babeurre, l'huile et les œufs en battant pour obtenir un mélange homogène.

3 Remplissez le bas du gaufrier jusqu'à 1 po (2,5 cm) des bords.

4 Faites cuire selon le mode d'emploi et n'ouvrez pas pendant la cuisson.

5 Délogez délicatement les gaufres avec une fourchette. Préchauffez de nouveau l'appareil.

VARIANTES DE CRÊPES ET DE GAUFRES

CRÊPES DE SARRASIN : Suivez la recette de Crêpes (ci-contre), en remplaçant ½ t. de farine tout usage par ½ t. de farine de sarrasin.

CRÊPES MINIATURES : Suivez la recette de Crêpes et versez la pâte par cuillerées à soupe sur la plaque chaude. (Photo p. 84 ; donne 24 crêpes.)

GAUFRES AU LAIT : Suivez la recette de Gaufres au babeurre (ci-dessus), en remplaçant le babeurre par du lait ordinaire. Employez 1 c. à soupe de levure chimique et ne mettez pas de bicarbonate de soude.

AUTRES : Incorporez dans la pâte à crêpes ou à gaufres des grains de maïs en conserve ou de l'ananas broyé, bien égoutté, des noix hachées, de la noix de coco émincée, des raisins de Smyrne ou de Corinthe ou des fruits frais.

Popovers géants

Photo page 85
Débutez 1 h 30 avant
8 popovers

6 œufs
2 t. de lait
6 c. à soupe de beurre ou de margarine, fondu
2 t. de farine tout usage
1 c. à thé de sel
Boules ou coquilles de beurre (p. 424)

1 Graissez huit ramequins de 7 oz (225 ml).

2 Placez-les dans un moule à roulé et portez le four à 375°F (190°C).

3 Faites mousser les œufs à petite vitesse, puis ajoutez le lait et le corps gras.

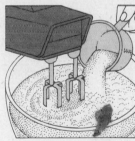

4 En remuant toujours à petite vitesse, ajoutez la farine et le sel.

5 Versez environ ¾ t. de l'appareil dans chaque ramequin.

6 Cuisez 1 h. Incisez pour libérer la vapeur et réenfournez 10 min.

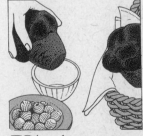

7 Démoulez et servez immédiatement avec du beurre façonné.

POPOVERS ORDINAIRES : Suivez la recette ci-dessus, mais en utilisant *3 œufs, 1 t. de lait, 3 c. à soupe de beurre fondu, 1 t. de farine tout usage* et *½ c. à thé de sel.* Versez dans des moules de 6 oz (200 ml). Faites cuire 50 min avant d'inciser pour libérer la vapeur. (Donne 8 popovers.)

427

Pains aux fruits

Photo
page 84
Débutez
la veille
1 pain

Pain aux noix

3 t. de farine tout usage
1½ t. de noix de Grenoble
grossièrement hachées
5 c. à thé de levure
chimique à double
action

1¼ t. de sucre
1½ c. à thé de sel
3 œufs
1½ t. de lait
⅓ t. d'huile végétale

1 Graissez un moule à pain de 9 po × 5 (23 cm × 12) et mêlez ensemble les cinq premiers ingrédients.

2 Battez les œufs légèrement, puis ajoutez le lait et l'huile. Versez sur le premier mélange et remuez pour humecter.

3 Cuisez au four 1 h 20 à 350°F (180°C), ou jusqu'à ce que le pain n'attache plus.

4 Déposez le moule sur une grille et attendez 10 min avant de démouler. Laissez refroidir.

Pain au citron

Photo
page 84
Débutez
2 h avant
ou jusqu'à
3 jours
plus tôt
1 pain

1 citron moyen
2¼ t. de farine tout
usage
1½ c. à thé de levure
chimique à double
action

¾ c. à thé de sel
Sucre
¾ t. de beurre ou de
margarine
3 œufs
¾ t. de lait

1. Allumez le four à 350°F (180°C). Râpez 1 c. à soupe de zeste et exprimez 4½ c. à thé de jus de citron. Graissez un moule à pain de 9 po × 5 (23 cm × 13).
2. Dans un grand bol, mêlez à la fourchette la farine, la levure, le sel et 1½ t. de sucre. Incorporez le corps gras avec une broche ou deux couteaux, jusqu'à ce que la préparation ait l'apparence d'une chapelure grossière. Ajoutez le zeste.
3. Battez légèrement les œufs et ajoutez le lait. Versez sur la farine et remuez pour humecter.
4. Versez dans le moule et mettez à cuire 1 h 15. Attendez 10 min, puis démoulez sur une grille.
5. Amenez à ébullition à feu assez vif le jus de citron et 2 c. à soupe de sucre. Faites épaissir environ 5 min, en remuant sans arrêt. Glacez le pain de ce mélange. Servez chaud ou froid, au goût.

Photo
page 84
Débutez
35 min avant
9 portions

Pain de maïs

1 t. de farine tout usage
¾ t. de farine de maïs
2 à 4 c. à soupe de sucre
1 c. à soupe de levure
chimique à double
action

1 c. à thé de sel
1 œuf
⅔ t. de lait
⅓ t. de beurre ou de
margarine, fondu, ou
d'huile à salade

1 Allumez le four à 425°F (220°C). Graissez un moule carré de 8 po (20 cm), puis mélangez les farines, le sucre, la levure et le sel.

2 Dans un petit bol, mélangez à la fourchette les œufs, le lait et le corps gras et versez en une seule fois dans le mélange de farines.

3 Remuez juste assez pour humecter le tout et versez rapidement dans le moule.

4 Etalez bien l'appareil, puis faites dorer au four 25 min. Coupez en carrés pour servir.

PAIN DE MAÏS EN COURONNE: Graissez un moule en couronne de 5½ t. et suivez la recette ci-dessus. Faites cuire environ 25 min. Démoulez sur une assiette de service. Tranchez et servez en guise de pain ou garnissez le centre de jambon, de poulet ou de crevettes en crème et servez comme plat principal. (Pour 8 convives.)

MUFFINS AU MAÏS: Graissez 12 moules à muffins de 2½ po (6 cm). Suivez la recette ci-dessus et remplissez les moules aux deux tiers à la cuiller. Faites cuire environ 20 min. (Photo p. 85; donne 12 muffins.)

MUFFINS AU MAÏS ET AUX BLEUETS: Graissez 16 moules à muffins de 2½ po (6 cm). Suivez la recette ci-dessus en ajoutant, à la farine, *1 t. de bleuets frais ou congelés sans sucre.* Remplissez les moules aux deux tiers à la cuiller. Faites cuire 20 min. (Donne 16 muffins.)

BÂTONNETS AU MAÏS: Servez-vous de moules en forme de bâtonnet et enduisez-les généreusement d'*huile à salade.* Suivez la recette ci-dessus et remplissez les moules aux trois quarts. Faites cuire de 15 à 20 min. (Photo p. 84; donne 14 bâtonnets.)

Photo
page 84
Débutez
la veille
1 pain

Pain au chocolat, dattes et noix

¾ t. d'eau bouillante
1 t. de dattes dénoyautées,
 tranchées
6 oz (170 g) de grains de
 chocolat mi-amer
¼ t. de beurre
1 œuf
¾ t. de lait
1 c. à thé de vanille
2½ t. de farine

1 t. de noix de Grenoble
 ou de pacanes
 grossièrement hachées
⅓ t. de sucre
1½ c. à thé de sel
1 c. à thé de levure
 chimique à double
 action
1 c. à thé de bicarbonate
 de soude

1. Allumez le four à 350°F (180°C). Graissez un moule de 9 po × 5 (23 cm × 12). Ebouillantez les dattes dans un petit bol. Faites fondre le chocolat et le beurre dans un bain-marie d'eau frémissante. Mélangez l'œuf, le lait et la vanille.
2. Dans un grand bol, mêlez la farine et les cinq ingrédients suivants. Ajoutez les dattes et leur eau, ainsi que les mélanges de chocolat et de lait. Remuez juste assez pour lier et versez dans le moule.
3. Mettez au four 1 h 10. Attendez 10 min, puis démoulez sur une grille et laissez refroidir.

Photo
page 83
Débutez
5 h avant
1 pain

Miche de pain irlandais

4 t. de farine tout usage
3 c. à soupe de sucre
1 c. à soupe de levure
 chimique à double
 action
1 c. à thé de sel
¾ c. à thé de bicarbo-
 nate de soude

6 c. à soupe de beurre
 ou de margarine
1½ t. de raisins secs
 foncés sans pépins
1 c. à soupe de graines
 de carvi
2 œufs
1½ t. de babeurre

1. Allumez le four à 350°F (180°C). Graissez un bol en verre à feu de 8 t. Mêlez les cinq premiers ingrédients dans un autre bol et incorporez-leur le corps gras avec une broche ou des couteaux jusqu'à ce que le tout ressemble à de la chapelure. Ajoutez les raisins secs et les graines de carvi.
2. Battez légèrement les œufs ; réservez-en 1 c. à soupe et ajoutez le babeurre. Versez dans la farine et remuez juste assez pour humecter.
3. Sur une planche bien farinée, pétrissez la pâte environ 10 coups. Façonnez-la en boule et mettez-la dans le bol graissé. Au centre, taillez une croix de 4 po (10 cm), profonde de ¼ po (6 mm). Badigeonnez avec l'œuf en réserve.
4. Faites cuire environ 1 h 20. Attendez 10 min, démoulez sur une grille et laissez refroidir.

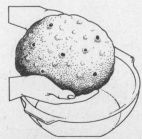

Façonnez la miche en boule et déposez-la dans un plat graissé.

Incisez une croix de 4 po (10 cm), profonde de ¼ po (6 mm).

Pain bis de Boston

Photo
page 85
Débutez
2 h 30 avant
2 petites
miches

1 t. de farine de blé
 entier
1 t. de farine de seigle
1 t. de farine de maïs
1½ c. à thé de
 bicarbonate de soude
1½ c. à thé de sel
2 t. de babeurre
¾ t. de mélasse forte
1 t. de raisins secs
 foncés sans pépins
 (facultatif)

1 Tapissez deux boîtes à café de papier d'aluminium, en prévoyant un rebord. Graissez à l'aide d'un pinceau.

2 Mêlez tous les ingrédients dans un grand bol, avec une cuiller.

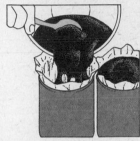

3 Versez dans les boîtes ; couvrez de papier d'aluminium et ficelez.

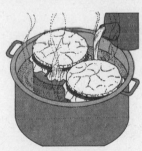

4 Posez les boîtes sur une grille dans une marmite. Ajoutez de l'eau bouillante jusqu'à la moitié et couvrez.

5 Faites cuire 2 h à petit feu. Un cure-dents inséré au centre devra en ressortir presque propre. Démoulez sur une grille.

Pain aux courgettes

Photo
page 83
Débutez
2 h avant
ou jusqu'à
3 jours
plus tôt
2 pains

3 t. de farine tout usage
1½ t. de sucre
1 t. de noix de Grenoble
 hachées
4½ c. à thé de levure
 chimique

1 c. à thé de sel
4 œufs
⅔ t. d'huile végétale
2 t. de courgettes râpées
2 c. à thé de zeste de
 citron râpé

1. Allumez le four à 350°F (180°C). Graissez deux moules de 8½ po × 4½ (21 cm × 11). Mélangez les cinq premiers ingrédients.
2. Dans un bol moyen, battez les œufs légèrement. Ajoutez l'huile, les courgettes et le zeste.
3. Versez sur la farine et remuez juste assez pour humecter. Répartissez dans les moules.
4. Faites cuire 1 h. Attendez 10 min avant de démouler sur des grilles. Servez chaud ou froid.

Brioches éclair

Brioche aux cerises

Photo
page 85
Débutez
2 h avant
9 portions

Farine tout usage
Sucre
1 c. à thé de levure
chimique à double
action
¼ c. à thé de bicarbonate
de soude
¼ c. à thé de sel
10 c. à soupe de beurre
fondu
½ t. de lait
1 œuf
1 c. à thé de vanille
¼ c. à thé d'extrait de
citron
1 boîte de 19 oz (540 ml)
de garniture aux
cerises

1 Allumez le four à 350°F (180°C). Graissez et farinez un moule carré de 9 po (23 cm). Mêlez 1¼ t. de farine, ½ t. de sucre, la levure, le bicarbonate et le sel.

2 Ajoutez ½ t. de beurre fondu, le lait, l'œuf et la vanille.

3 Remuez à la cuiller jusqu'à ce que l'appareil soit homogène. Versez dans le moule.

4 Mêlez à la fourchette ½ t. de farine, ¼ t. de sucre et 2 c. à soupe de beurre fondu, jusqu'à ce que la pâte ressemble à de la chapelure.

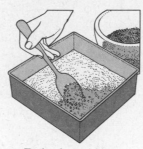

5 Etalez la moitié de cette pâte dans le moule.

6 Incorporez l'extrait de citron à la garniture aux cerises. Etalez le tout dans le moule.

7 Recouvrez avec le reste de pâte. Faites dorer 1 h au four. Découpez en carrés.

Brioche fourrée aux pêches

Photo
page 85
Débutez
1 h 30 avant
12 portions

1½ t. de farine
1 t. de sucre
2 c. à thé de levure
chimique
2 c. à thé de zeste de
citron râpé
1 pincée de sel

1 t. de beurre ou de
margarine, ramolli
4 œufs
1 boîte de 28 oz (796 ml)
de pêches tranchées,
bien égouttées
Garniture (ci-dessous)

1. Allumez le four à 350°F (180°C). Graissez un moule de 13 po × 9 (33 cm × 23). Liez les sept premiers ingrédients à basse vitesse dans un grand bol, en raclant sans arrêt les parois de celui-ci. Battez 4 min de plus à haute vitesse, en raclant de temps à autre.
2. Etalez l'appareil dans le moule, recouvrez de pêches, puis de la garniture ci-dessous. Faites dorer de 45 à 50 min ou jusqu'à ce qu'un cure-dents inséré au centre en ressorte bien sec.

GARNITURE: Faites fondre *½ t. de beurre* ou de margarine dans une petite casserole à feu moyen. Hors du feu, ajoutez *1 t. de farine tout usage*, *¼ t. de sucre* et *1 c. à soupe de zeste de citron râpé* et remuez pour obtenir une pâte molle.

Brioche à la crème sure

Photo
page 85
Débutez
2 h avant ou
la veille
8 à 10
portions

½ t. de noix de Grenoble
finement hachées
1 c. à thé de cannelle
Sucre
½ t. de beurre ou de
margarine
2 t. de farine tout usage
1 t. de crème sure

2 œufs
1 c. à thé de levure
chimique à double
action
1 c. à thé de bicarbonate
de soude
1 c. à thé de vanille

1. Dans un petit bol, mêlez les noix, la cannelle et ½ t. de sucre. Allumez le four à 350°F (180°C). Graissez un moule tubulaire de 9 po (23 cm).
2. Dans un grand bol, faites mousser le beurre avec 1 t. de sucre à vitesse moyenne. Ajoutez les ingrédients suivants et mélangez à petite vitesse en raclant sans arrêt les parois. Battez 3 min de plus à vitesse moyenne, en raclant de temps à autre.
3. Etalez la moitié de cet appareil dans le moule. Saupoudrez avec la moitié des noix, puis répétez. Faites cuire de 60 à 65 min jusqu'à ce que la brioche se détache des parois du moule. Laissez reposer la brioche 10 min avant de la démouler sur une grille. Servez tiède ou froid.

Assemblage: Etalez la moitié de l'appareil dans le moule; saupoudrez de noix et répétez.

Pour démouler: Attendez 10 min, détachez la brioche et retournez le moule sur la grille.

Galettes

Tortillas au maïs

Photo
page 109
Débutez
45 min avant
12 tortillas

*2 t. de masa instantanée
(semoule de maïs
mexicaine)*
½ c. à thé de sel
*Environ 1 t. d'eau
chaude*

1 Mêlez la masa instantanée et le sel à l'aide d'une fourchette dans un bol moyen. Tout en remuant avec la fourchette, ajoutez l'eau graduellement pour former une pâte qui se tienne en boule. Au besoin, ajoutez un peu plus d'eau, une cuillerée à soupe à la fois.

2 Façonnez une boule et pétrissez-la juste assez pour l'assouplir.

3 Divisez la pâte en 12 parts et façonnez chacune en boule. Mettez-les dans le bol et couvrez celui-ci de cellophane jusqu'au moment de les travailler.

4 Aplatissez une boule à ¼ po (6 mm), puis abaissez-la au rouleau entre deux papiers cirés en un disque de 6 po (15 cm) de diamètre. Répétez avec le reste.

5 Otez un papier d'une tortilla et retournez celle-ci dans une poêle chauffée à feu moyen. Retirez l'autre papier et faites cuire 30 s.

6 Tournez-la et pressez-la légèrement avec une spatule à crêpes jusqu'à ce qu'il s'y forme des bulles. Retournez et faites cuire encore 1 min jusqu'à l'apparition de taches brunes.

7 Enveloppez les tortillas cuites dans du papier d'aluminium. Servez-les chaudes avec du Chili con carne (p. 209) ou utilisez-les pour faire des Tacos (p. 456) ou des Tostadas (p. 118).

Puri

Photo
page 85
Débutez
1 h 45 avant
20 puris
(pain indien)

1 t. de farine tout usage
*1 t. de farine de blé
entier*

1 c. à thé de sel
½ t. d'eau
Huile végétale

1. Dans un bol, mélangez les farines, le sel, l'eau et 1½ c. à thé d'huile. (Le mélange sera très sec.)
2. Pétrissez la pâte dans le bol pendant environ 10 min, puis façonnez-en une boule. Mettez-la dans un bol graissé et tournez-la pour bien l'enduire. Recouvrez de cellophane et réservez 10 min.
3. Entre-temps, portez 1 po (2,5 cm) d'huile à 400°F (200°C) dans une poêle électrique. Avec la pâte, façonnez 20 boulettes. Farinez une planche et le rouleau et abaissez chacune en un disque de 4 po (10 cm), le plus mince possible. (Les bords seront craquelés.) Pendant que vous travaillez, gardez le reste de la pâte et les puris sous cellophane.
4. Plongez les galettes une à une dans l'huile bouillante. Avec le dos d'une écumoire, tenez-les immergées 10 s, ou jusqu'à ce qu'elles gonflent. Faites-les frire environ 20 s de plus en les tournant une seule fois. A l'aide de l'écumoire, mettez-les à égoutter sur du papier absorbant. Servez les puris aussitôt ou réchauffez-les au moment de servir.
5. *Pour réchauffer:* Enveloppez les puris dans du papier d'aluminium, sans les empiler, et faites-les chauffer au four 5 min à 325°F (160°C).

Craquelins aux oignons

Photo
page 85
Débutez
1 h 30 avant
ou jusqu'à
3 jours
plus tôt
32 craquelins
ou 16 portions

2 t. de farine tout usage
½ t. de farine de maïs
2 c. à soupe de sucre
*½ c. à thé de bicarbonate
de soude*
½ c. à thé de sel
*¼ t. de beurre ou de
margarine*

*Environ ½ t. d'eau
froide*
*2 c. à soupe de vinaigre
de cidre*
*⅓ t. de flocons d'oignons
séchés*

1. Dans un grand bol, mêlez à la fourchette les farines, le sucre, le bicarbonate de soude et le sel. Avec une broche à pâtisserie ou deux couteaux, incorporez le corps gras jusqu'à ce que la pâte ressemble à de la chapelure. Ajoutez l'eau et le vinaigre, et remuez avec une fourchette juste assez pour lier le tout. Ajoutez de l'eau si nécessaire, une cuillerée à soupe à la fois.
2. Façonnez la pâte en boule. Pétrissez-la brièvement dans le bol. Divisez-la en 32 parts et roulez chacune en boule. Gardez celles-ci couvertes jusqu'au moment de les travailler.
3. Allumez le four à 375°F (190°C). Farinez une planche et le rouleau et abaissez chaque boule en un disque de 4½ po (11 cm) de diamètre, le plus mince possible. (Les bords seront peut-être craquelés.) Saupoudrez de ½ c. à thé de flocons d'oignon, puis donnez un tour de rouleau à pâte. Déposez à la spatule sur une plaque à biscuits.
4. Faites dorer les craquelins de 8 à 10 min et mettez à refroidir sur une grille. Répétez avec le reste de la pâte et des oignons. Conservez dans un récipient hermétique. Servez en accompagnement, avec une entrée ou une salade.

431

PAINS À LA LEVURE

L'arôme délicieux du pain frais est un plaisir que beaucoup de familles sont en train de redécouvrir. Vous pouvez aisément réussir un pain parfait à condition de respecter quelques principes de base.

N'ajoutez aucun ingrédient pour hâter la fermentation et ne modifiez jamais les quantités de farine, d'édulcorant ou de sel. Cela aurait pour seul effet de durcir le pain. Veillez à ce que tous les ingrédients soient à la température de la pièce.

Employez des moules de dimensions appropriées. Si vos moules sont trop petits, la pâte débordera; s'ils sont trop grands, le pain ne lèvera pas suffisamment.

INGRÉDIENTS
Levure: La levure se vend sous deux formes: sèche et en granules ou fraîche et comprimée. Un sachet de levure sèche équivaut à un carré de levure fraîche de 0,6 oz (18 g). Nous n'employons toutefois dans nos recettes que de la levure sèche et nous recommandons de la mélanger avec une partie des ingrédients secs avant de la faire dissoudre en ajoutant un liquide.

Farine: Le grain du pain est déterminé par la quantité de gluten dans la farine. Cette quantité varie d'une farine à l'autre: la farine de blé dur, plus riche en gluten que la farine de blé mou, permet de réaliser un pain léger. La farine de blé entier contient moins de gluten et, à moins d'y ajouter de la farine blanche, donnera un pain lourd. Certaines farines (soja, riz, maïs) ne renferment aucun gluten; on doit donc leur ajouter de la farine blanche. Nos recettes sont toutes à base de farine tout usage, un mélange de blé dur et de blé mou.

Liquide: En panification, on emploie généralement de l'eau ou du lait ou une combinaison des deux. L'eau rend la croûte croustillante, mais avec du lait vous aurez une croûte tendre et une mie plus blanche. Le liquide doit être à la bonne température: trop chaud, il détruira la levure; trop froid, il retardera la fermentation.

Sucre: L'addition d'une petite quantité de sucre nourrit la levure et l'aide à produire le gaz carbonique nécessaire à la fermentation; une trop grande quantité de sucre retardera toutefois son action. C'est pourquoi les pains sucrés demandent plus de temps pour lever. Le sucre donne aussi du goût et aide à faire dorer la croûte. Employés correctement, la cassonade, la mélasse et le miel produiront de bons résultats.

Sel: Le sel donne plus de goût au pain, mais ralentit l'action de la levure. Il ne faut donc pas en abuser.

Corps gras: On emploie les corps gras — beurre, margarine, graisse végétale, huile ou saindoux — pour assouplir la pâte et rehausser la saveur du pain. Ils produisent une mie plus tendre, qui reste fraîche plus longtemps.

Œufs: Les œufs colorent la pâte et lui donnent du goût. Un pain aux œufs est plus nutritif qu'un pain ordinaire; la croûte en est plus douce et le grain plus fin.

Autres ingrédients: Pour enrichir le pain et en varier le goût et la texture, vous pouvez lui ajouter un peu de fines herbes, des graines oléagineuses, des fruits ou des noix. La fermentation en sera cependant plus longue.

PRÉPARATION
Dissolution de la levure: Mêlez la levure avec une partie des ingrédients secs et ajoutez doucement le liquide chauffé à 120 ou 130°F (50-55°C). Battez la pâte environ 2 minutes avec une cuiller en bois ou au batteur électrique réglé à vitesse moyenne.

Addition de la farine: N'employez que ce qu'il faut pour pouvoir manier la pâte. Vous en ajouterez davantage en la pétrissant. Si le temps est très humide, vous devrez peut-être employer plus de farine que la recette ne l'indique.

PÉTRISSAGE
Farinez légèrement vos mains et le plan de travail. Si la pâte est collante, ajoutez-lui de la farine en la pétrissant. Suivez les instructions ci-dessous pour plier la pâte, la presser et la faire tourner. La durée du pétrissage dépend de la réaction du gluten lors des étapes antérieures, de la consistance de la pâte et de la vigueur avec laquelle vous exécutez le pétrissage.

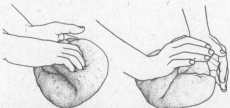 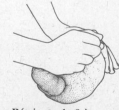

Pétrissage: Roulez la pâte en boule et, sur une planche légèrement farinée, repliez-la sur elle-même en la ramenant vers vous.

Avec la paume des mains, pressez-la en l'éloignant de vous, puis imprimez-lui un quart de tour.

Pétrissez de 8 à 10 min jusqu'à ce que la pâte soit lisse et élastique, ne colle plus et présente de petites bulles d'air.

FERMENTATION

Couvrez la pâte d'un linge propre pendant que vous lavez, essuyez et graissez le bol. Mettez-y la pâte sur sa face lisse et retournez-la pour la graisser uniformément. Couvrez le bol et placez-le à l'abri des courants d'air à une température de 80 à 85°F (27-30°C). Si votre cuisine est fraîche, vous pouvez le placer : (1) dans le four éteint, en mettant sur la grille inférieure un plat rempli d'eau chaude que vous remplacerez de temps à autre ; (2) sur une claie au-dessus d'un grand bol d'eau très chaude ; (3) dans une rôtissoire profonde remplie d'eau bien chaude ; ou encore (4) à proximité d'une source de chaleur. Attendez que la pâte ait doublé de volume et faites le test suivant.

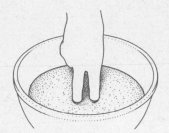

Test de fermentation : Si la pâte conserve l'empreinte de vos doigts quand vous les y enfoncez de ½ po (1 cm), c'est qu'elle a doublé de volume. Si les empreintes disparaissent rapidement, attendez 15 min et refaites le test. L'appareil doit être rempli de bulles et un peu bombé.

DÉGONFLEMENT

Quand la pâte a doublé de volume, dégonflez-la en y enfonçant le poing. Ramenez-en ensuite les bords vers le centre, puis retournez-la.

Servez-vous d'une cuiller en bois et remuez jusqu'à ce que la pâte soit retombée à son volume initial.

PÉRIODE DE REPOS

Le façonnage sera plus facile si vous laissez reposer la pâte de 10 à 15 minutes. Mettez-la sur un plan légèrement fariné, divisez-la comme le précise la recette et couvrez-la d'un linge ou d'un bol renversé.

FAÇONNAGE

Pour façonner une miche ronde, ramenez les bords du pâton sous celui-ci, de manière que le dessus soit uniformément lisse et bombé. Mettez-le sur une plaque et aplatissez-le légèrement. Pour un pain allongé, suivez les instructions suivantes.

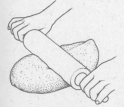
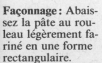

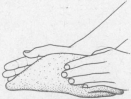

Façonnage : Abaissez la pâte au rouleau légèrement fariné en une forme rectangulaire.

A partir d'un côté étroit, roulez la pâte serré et pincez-la en terminant pour souder le joint.

Scellez les bouts en pressant avec le tranchant de la main. Placez le pain dans le moule, sur son joint.

Couvrez le pain d'un linge et laissez-le lever dans un endroit chaud, à l'abri des courants d'air, jusqu'à ce qu'il ait à nouveau doublé de volume.

CUISSON

Mettez les moules au centre du four préchauffé, en laissant 2 po (5 cm) entre eux pour permettre la circulation de l'air. Si vous employez deux grilles, disposez les moules en chicane. Si le pain brunit trop vite, couvrez-le d'un papier d'aluminium. Vérifiez si les pains sont prêts dès que le temps minimal de cuisson est écoulé.

Epreuve de cuisson : Tapotez le pain du bout des doigts. S'il rend un son creux et si sa croûte est bien dorée, il est cuit.

Refroidissement : Otez-le du moule aussitôt pour que le dessous ne ramollisse pas. Laissez refroidir sur une grille.

CUISSON À HAUTE ALTITUDE

L'altitude accélère l'action de la levure. A 5 000 pi (1 500 m), n'employez que la moitié de la quantité de levure indiquée. Dégonflez la pâte dès que le test de fermentation est positif, même si elle n'a pas doublé de volume.

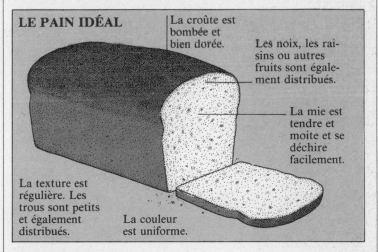

LE PAIN IDÉAL

La croûte est bombée et bien dorée.

Les noix, les raisins ou autres fruits sont également distribués.

La mie est tendre et moite et se déchire facilement.

La texture est régulière. Les trous sont petits et également distribués.

La couleur est uniforme.

CONSERVATION

Enveloppez vos pains individuellement dans du papier d'aluminium, de la cellophane ou des sacs en plastique et rangez-les dans un endroit frais et sec. (Ils rassiront moins rapidement qu'au réfrigérateur.)

Enveloppé dans un emballage épais, le pain se conserve jusqu'à trois mois au congélateur. Assurez-vous en l'emballant de chasser le plus d'air possible.

Vous pouvez faire griller des tranches congelées. Pour dégeler tout le pain, développez-le et laissez-le 2 à 3 heures à la température ambiante ou mettez-le au four 20 minutes, enveloppé dans du papier d'aluminium, à 375°F (190°C). Pour le rendre croustillant, découvrez-le durant les cinq dernières minutes.

Pains traditionnels

Cette section comporte des recettes de pains traditionnels, de diverses formes, qu'on peut consommer chaque jour. Les techniques modernes de panification s'acquièrent facilement et, grâce aux ingrédients et à l'équipement qu'on trouve de nos jours, elles vous permettront de réussir aussi bien vos pains que les méthodes de jadis.

Tous les pains sont meilleurs au sortir du four. On peut toutefois « rajeunir » un pain qui menace de rassir en le mettant 15 minutes au four préchauffé à 375°F (190°F),

bien emballé dans du papier d'aluminium. Si vous l'aimez croustillant, développez-le après ce temps et remettez-le au four 5 minutes de plus. Si vous voulez que votre pain ait une croûte foncée et luisante, badigeonnez-le de 1 jaune d'œuf battu avant de l'enfourner ; pour un lustre plus clair, utilisez 1 œuf entier ou encore du beurre ou de la margarine fondu ; pour un vernis incolore, battez 1 blanc d'œuf avec 1 c. à soupe d'eau. Pour trancher du pain frais, employez un couteau tranchant ou un couteau-scie.

Pain blanc

3 c. à soupe de sucre
2 c. à thé de sel
1 sachet de levure sèche
5½ à 6½ t. de farine
*   tout usage*
2 t. de lait
Beurre ou margarine

Photo page 78
Débutez 4 h avant
2 pains

1 Mêlez dans un grand bol le sucre, le sel, la levure et 2 t. de farine. Dans une casserole, portez à feu doux le lait et 3 c. à soupe de beurre à 120 ou 130°F (50-55°C).

2 En mélangeant à petite vitesse, incorporez le liquide aux ingrédients secs. Battez 2 min de plus à vitesse moyenne en raclant de temps à autre les parois du bol.

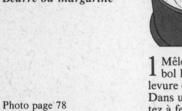

3 Ajoutez ¾ t. de farine et battez 2 min en raclant souvent les parois. Avec une cuiller, incorporez assez de farine (environ 3 t.) pour obtenir une pâte souple.

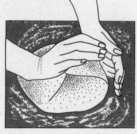

4 Pétrissez-la 10 min ou jusqu'à ce qu'elle soit élastique. Mettez-la en boule dans un bol graissé, retournez et couvrez. Laissez doubler de volume (environ 1 h).

5 Enfoncez le poing dans la pâte, ramenez-en les bords vers le centre, puis divisez-la en deux sur une planche farinée. Couvrez et laissez reposer 15 min.

6 Graissez deux moules à pain et abaissez chaque pâton en un rectangle. Façonnez-les (p. 433), puis placez-les dans leur moule, joint en dessous.

7 Couvrez les moules d'un linge, placez-les dans un endroit chaud (p. 433), à l'abri des courants d'air, et laissez doubler de volume.

8 Chauffez le four à 400°F (200°C). Badigeonnez les pâtons de beurre, cuisez de 25 à 30 min et faites le test de cuisson. Démoulez.

Photo page 78
Débutez 4 h 30 avant
2 pains

Pain de blé entier

3 c. à soupe de sucre   *3 à 3½ t. de farine tout*
4 c. à thé de sel   *   usage*
2 sachets de levure sèche *2¼ t. de lait*
4 t. de farine de blé   *⅓ t. de beurre ou de*
*   entier*   *   margarine*
                             ⅓ t. de mélasse

1. Mêlez dans un grand bol le sucre, le sel, la levure, 2 t. de farine de blé entier et 1 t. de farine tout usage. Chauffez à feu doux dans une casserole moyenne le lait, le beurre et la mélasse jusqu'à 130°F (55°C). (Le beurre n'aura pas nécessairement fondu.)
2. En mélangeant à petite vitesse, incorporez doucement le liquide aux ingrédients secs. Battez 2 min à vitesse moyenne en raclant les parois du bol de temps à autre avec une spatule en caoutchouc. Ajoutez ½ t. de farine de blé entier et ½ t. de farine tout usage et continuez de battre pendant 2 min, en raclant les parois du bol de temps à autre.
3. A l'aide d'une cuiller, incorporez 1½ t. de farine de blé entier et assez de farine tout usage (environ 1½ t.) pour obtenir une pâte souple.
4. Sur une planche légèrement farinée, pétrissez la pâte environ 10 min. Mettez-la en boule dans un bol graissé et retournez-la pour bien l'enduire. Couvrez d'un linge, placez dans un endroit chaud (80 à 85°F ou 27-30°C), à l'abri des courants d'air, et laissez doubler de volume (environ 1 h).
5. Dégonflez la pâte en y enfonçant le poing. Mettez-la sur une planche farinée, divisez-la en deux, puis laissez-la reposer 15 min. Graissez deux moules à pain de 9 po × 5 (23 cm × 13).
6. Avec un rouleau légèrement fariné, abaissez un pâton en un rectangle de 12 po × 8 (30 cm × 20). Roulez-le serré sur la longueur. Pincez le joint, scellez les bouts avec le tranchant de la main et repliez-les dessous. Placez le pâton dans le moule, joint en dessous.
7. Répétez l'étape 6 avec l'autre pâton. Mettez les pains couverts au chaud et à l'abri des courants d'air environ 1 h ou jusqu'à ce qu'ils aient doublé de volume. Portez le four à 400°F (200°C).
8. Cuisez les pains de 30 à 35 min jusqu'à ce qu'ils rendent un son creux quand vous les heurtez du doigt. Démoulez immédiatement et laissez refroidir sur des grilles.

Miche de pain de seigle

4 t. de farine tout usage
2 t. de farine de seigle
2 sachets de levure sèche
1½ c. à thé de sel
2 c. à soupe de graines
   de carvi

2 t. de babeurre
⅓ t. de mélasse douce
Beurre ou margarine

Photo
page 78
Débutez
4 h 30 avant
2 pains

1. Mêlez les deux farines, puis mettez-en 2 t. dans un grand bol avec la levure, le sel et le carvi. Chauffez à feu doux dans une casserole le babeurre, la mélasse et ⅓ t. de beurre jusqu'à 120 ou 130°F (50-55°C). (Le beurre ne sera pas nécessairement fondu et le mélange paraîtra caillé.)
2. En mélangeant à petite vitesse, incorporez graduellement le liquide aux ingrédients secs. Battez 2 min à vitesse moyenne, en raclant de temps à autre les parois du bol.
3. Ajoutez doucement ½ t. du mélange de farines ou suffisamment pour épaissir la pâte. Battez 2 min de plus en raclant les parois de temps à autre avec une spatule, puis ajoutez à la cuiller assez de farine (environ 2½ t.) pour obtenir une pâte souple.
4. Pétrissez la pâte sur une planche bien farinée environ 10 min pour qu'elle soit lisse et élastique. Faites-en une boule, placez-la dans un bol graissé et retournez-la pour bien l'enduire. Couvrez d'un linge et faites lever environ 1 h dans un endroit chaud (80 à 85°F ou 27-30°C), à l'abri des courants d'air, pour qu'elle double de volume. (Voyez le test de fermentation à la page 433.)
5. Dégonflez-la en y enfonçant le poing, puis ramenez-en les bords vers le centre. Retournez-la sur une planche légèrement farinée et divisez-la en deux. Couvrez et laissez reposer 15 min.
6. Graissez une grande plaque. Façonnez deux miches en ramenant les bords des pâtons sous ceux-ci. Déposez sur la plaque et aplatissez légèrement. Couvrez avec un linge et placez dans un endroit chaud, à l'abri des courants d'air. Au bout de 1 h environ, les miches auront doublé de volume.
7. Allumez le four à 350°F (180°C). Badigeonnez les miches de 2 c. à soupe de beurre fondu et cuisez-les 35 min ou jusqu'à ce qu'elles rendent un son creux quand vous les heurtez du bout des doigts. Démoulez-les immédiatement sur des grilles pour empêcher que le dessous ne se ramollisse. Laissez refroidir à l'abri des courants d'air.

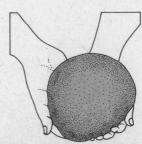

Façonnage : Ramenez les bords des pâtons sous ceux-ci pour former une boule lisse.

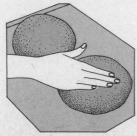

Aplatissez légèrement les miches en les pressant avec la main sur une plaque à biscuits.

Pain marbré

Photo
page 78
Débutez
4 h 30 avant
2 pains

Pâte foncée :
2 t. de farine de blé
   entier
2 t. de farine de seigle
Environ 3 t. de farine
   tout usage
1 c. à soupe de sucre
1 c. à soupe de sel
2 sachets de levure sèche
2¼ t. d'eau
¾ t. de farine de maïs
   jaune
⅓ t. de mélasse forte
3 c. à soupe de beurre
1 c. à soupe de graines
   de carvi

Pâte blanche :
3 c. à soupe de sucre
2½ c. à thé de sel
1 sachet de levure sèche
Environ 6 t. de farine
   tout usage
1½ t. d'eau
½ t. de lait
3 c. à soupe de beurre

1 blanc d'œuf, battu

1. Préparez d'abord la pâte foncée. Mélangez dans un bol moyen la farine de blé entier, celle de seigle et 2½ t. de farine tout usage et mettez-en 1½ t. dans un grand bol, avec le sucre, le sel et la levure. Mêlez l'eau, la farine de maïs et la mélasse dans une casserole moyenne, ajoutez le beurre et le carvi et chauffez à feu doux jusqu'à 130°F (55°C).
2. Incorporez à petite vitesse le liquide aux ingrédients secs. Battez 2 min à vitesse moyenne en raclant de temps à autre les parois du bol. Ajoutez environ 1 t. des farines combinées ou suffisamment pour épaissir la pâte. Battez 2 min de plus en raclant les parois de temps à autre. Ajoutez à la cuiller une quantité suffisante de farine (environ 3 t.) pour que la pâte soit souple.
3. Sur une planche légèrement farinée, pétrissez-la 10 min environ, pour la rendre lisse et élastique, tout en y incorporant le reste des farines combinées. Mettez la pâte en boule dans un bol graissé et retournez-la pour l'enduire uniformément. Couvrez-la et et laissez-la 1 h 30 dans un endroit chaud, jusqu'à ce qu'elle ait doublé de volume.
4. Suivez les mêmes étapes pour préparer la pâte blanche. Mélangez le sucre, le sel, la levure et 2 t. de farine dans un bol et chauffez l'eau, le lait et le beurre dans une casserole. Mélangez 2 min, incorporez ¾ t. de farine, fouettez encore, puis ajoutez à la cuiller environ 3 t. de farine. Laissez doubler de volume (environ 1 h).
5. Dégonflez la pâte foncée et divisez-la en deux sur une planche légèrement farinée. Couvrez d'un bol renversé et laissez reposer 15 min. Répétez l'opération avec la pâte blanche.
6. Beurrez deux grandes plaques. Pétrissez ensemble, 15 coups environ, une portion de chaque pâte. Avec un rouleau légèrement fariné, abaissez un rectangle de 16 po × 9 (40 cm × 23) et roulez-le serré en largeur ; pincez le joint, scellez les bords et repliez-les par-dessous. Placez le pâton sur une plaque, joint en dessous. Répétez avec le reste de pâte. Couvrez et laissez lever environ 1 h.
7. Allumez le four à 400°F (200°C). Badigeonnez les pains de blanc d'œuf et faites-les cuire 20 min chacun sur une grille. Changez-les de position pour qu'ils dorent également, puis remettez-les au four encore 20 min. Démoulez sur des grilles.

Pains traditionnels

Baguette italienne

1 c. à soupe de sucre
2 c. à thé de sel
2 sachets de levure sèche
Environ 5 t. de farine
* tout usage*

1 c. à soupe de beurre
* ou de margarine*
Eau
Farine de maïs
Huile végétale
1 blanc d'œuf

Photo
page 79
Débutez
4 h avant
ou la veille
2 baguettes

1. Mêlez dans un grand bol le sucre, le sel, la levure et 2 t. de farine tout usage. Dans une petite casserole, chauffez à feu doux 1¾ t. d'eau avec le corps gras jusqu'à 120 ou 130°F (50-55°C). (Le beurre n'aura pas nécessairement fondu.)
2. Incorporez graduellement à petite vitesse le liquide aux ingrédients secs. Battez 2 min de plus à vitesse moyenne, en raclant de temps à autre les parois du bol avec une spatule en caoutchouc.
3. Epaississez l'appareil en lui ajoutant ½ t. de farine tout usage, puis battez encore 2 min à vitesse moyenne en raclant les parois. En vous servant d'une cuiller en bois, ajoutez suffisamment de farine (environ 1¾ t.) pour obtenir une pâte souple.
4. Pétrissez-la environ 10 min sur une planche légèrement farinée pour qu'elle devienne lisse et élastique, en ajoutant de la farine au besoin.
5. Divisez la pâte en deux, couvrez d'un bol renversé et laissez reposer 20 min.
6. Beurrez une grande plaque et saupoudrez-la de farine de maïs.

7 Farinez le rouleau et la planche, puis abaissez deux rectangles de 15 po × 10 (38 cm × 25). Roulez-les en largeur et soudez le joint.

8 Placez les baguettes sur la plaque, joints en dessous. Effilez les bouts, badigeonnez d'huile et couvrez sans serrer d'une cellophane. Réfrigérez de 2 à 24 h.

9 Allumez le four à 425°F (220°C). Sortez les pains du réfrigérateur, découvrez-les et laissez-les reposer 10 min ; pratiquez-y trois ou quatre incisions, cuisez 20 min.

10 Battez le blanc d'œuf à la fourchette avec 1 c. à soupe d'eau. Sortez les baguettes, badigeonnez-les de ce mélange et remettez-les 5 min au four.

Pain complet

2 t. de farine de seigle
1 t. de son naturel
½ t. de germe de blé
Environ 4¼ t. de farine
* de blé entier*
3 c. à soupe de sucre
4 c. à thé de sel
2 sachets de levure sèche
¾ t. de lait

½ t. de beurre ou de
* margarine*
⅓ t. de mélasse forte
Eau
2 œufs
2 c. à soupe de farine de
* maïs jaune*
1 c. à thé de graines de
* carvi*

Photo
page 78
Débutez
5 h avant
1 pain

1. Mêlez la farine de seigle, le son, le germe de blé et 3 t. de farine de blé entier. Dans un grand bol, combinez le sucre, le sel, la levure et 3 t. du premier mélange. Chauffez à feu doux le lait, le corps gras, la mélasse et 1 t. d'eau jusqu'à 130°F (55°C).
2. Incorporez graduellement à petite vitesse le liquide aux ingrédients secs. Battez 2 min à vitesse moyenne en raclant de temps à autre les parois du bol. Réservez 1 blanc d'œuf et incorporez le reste des œufs ainsi que 2 t. des farines combinées. Battez encore 2 min, en raclant les parois de temps à autre. Avec une cuiller en bois, ajoutez le reste des farines combinées et assez de farine de blé entier (environ ¾ t.) pour obtenir une pâte souple.
3. Saupoudrez une planche d'un peu de farine de blé entier. Pétrissez-y la pâte environ 10 min, pour qu'elle soit lisse et élastique. Façonnez-la en boule, placez-la dans un bol graissé et retournez pour enduire également le dessus. Couvrez et placez dans un endroit chaud, à l'abri des courants d'air. Au bout de 1 h environ, la pâte aura doublé de volume. (Voyez le test de fermentation à la page 433.)
4. Dégonflez la pâte. Placez-la sur la planche légèrement saupoudrée de farine de blé entier, couvrez-la d'un bol et laissez-la reposer 15 min.
5. Saupoudrez de la farine de maïs sur une plaque à biscuits. Façonnez la pâte en ovale en en effilant les bouts. Couvrez d'un linge et laissez reposer 1 h dans un endroit chaud, à l'abri des courants d'air, pour que la pâte double de volume. (Elle est prête quand elle conserve l'empreinte des doigts.)
6. Allumez le four à 350°F (180°C). Pratiquez dans le pain trois incisions obliques, badigeonnez-le du blanc d'œuf réservé que vous aurez battu avec 1 c. à soupe d'eau, puis saupoudrez-le de carvi. Cuisez-le de 50 à 60 min, jusqu'à ce qu'il rende un son creux quand vous le tapotez. Démoulez immédiatement sur une grille.

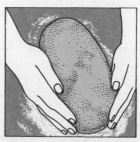

Façonnage : Donnez au pain une forme ovale, en en effilant les bouts.

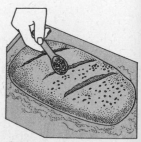

Addition du carvi : Badigeonnez le pain du mélange œuf et eau, puis saupoudrez-le de carvi.

Tresse de pumpernickel et de blé entier

Photo
page 78
Débutez
4 h 30 avant
1 tresse

Pâte de pumpernickel :
4½ c. à thé de sucre
1½ c. à thé de sel
1 sachet de levure sèche
Environ 1¼ t. de farine
    tout usage
1 carré de chocolat amer
⅓ t. de mélasse
2 c. à soupe de beurre ou
    de margarine
¾ t. d'eau
1½ t. de farine de seigle
    ou de farine à
    pumpernickel

Pâte de blé entier :
2¼ c. à thé de sucre
2 c. à thé de sel
1 sachet de levure sèche
Environ 1¾ t. de farine
    de blé entier
Environ 1½ t. de farine
    tout usage
⅓ t. de lait
2 c. à soupe de miel
2 c. à soupe de beurre
¾ t. d'eau
Dorure :
1 jaune d'œuf
2 c. à thé d'eau

1. Préparez d'abord la pâte de pumpernickel. Mêlez dans un grand bol le sucre, le sel, la levure et 1 t. de farine tout usage. Faites fondre le chocolat à feu doux dans une petite casserole à fond épais. Ajoutez la mélasse, le beurre et l'eau et portez à 120 ou 130°F (50-55°C).
2. Incorporez à petite vitesse le liquide aux ingrédients secs. Battez 2 min de plus à vitesse moyenne, en raclant de temps à autre les parois du bol avec une spatule en caoutchouc.
3. Ajoutez assez de farine de seigle (environ ¾ t.) pour épaissir la pâte. Battez encore 2 min en raclant les parois de temps à autre. Incorporez avec une cuiller en bois le reste de la farine de seigle et suffisamment de farine tout usage (environ ¼ t.) pour obtenir une pâte souple.
4. Pétrissez-la environ 7 min sur une planche légèrement farinée jusqu'à ce qu'elle soit élastique, en ajoutant le moins de farine possible. (Elle demeurera un peu collante.) Façonnez-la en boule, placez-la dans un bol graissé et retournez-la pour l'enduire uniformément. Couvrez le bol et mettez-le dans un endroit chaud (80 à 85°F ou 27-30°C), à l'abri des courants d'air, jusqu'à ce que la pâte ait doublé de volume (environ 2 h).
5. Préparez de la même façon la pâte de blé entier. Mêlez dans un bol le sucre, le sel, la levure, ¾ t. de farine de blé entier et ½ t. de farine tout usage et chauffez le lait, le miel, le beurre et l'eau. Après avoir battu ensemble 2 min les ingrédients secs et liquides, ajoutez ¼ t. de farine de blé entier et ¼ t. de farine tout usage ; fouettez encore 2 min, puis incorporez à la cuiller ¾ t. de farine de blé entier et ½ t. de farine tout usage. Pétrissez 10 min, puis laissez lever environ 1 h.
6. Dégonflez la pâte de pumpernickel, puis laissez-la reposer 15 min à couvert sur une planche farinée. Procédez de la même façon avec l'autre pâton.
7. Graissez une grande plaque. Divisez la pâte de blé entier en deux, puis, sur un plan fariné, façonnez les trois pâtons en lanières de 20 po (50 cm) et tressez-les (à droite). Laissez lever 1 h.
8. Allumez le four à 350°F (180°C). Battez le jaune d'œuf avec l'eau et badigeonnez-en la tresse. Faites cuire 45 min ou jusqu'à ce que le pain rende un son creux quand vous le heurtez. Laissez refroidir sur une grille.

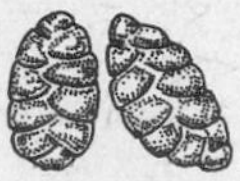

Tresse de pain aux fines herbes

Photo
page 78
Débutez
4 h avant
2 pains

1 c. à soupe de sel
1 c. à soupe de romarin
2 sachets de levure sèche
Environ 7 t. de farine
    tout usage

2½ t. d'eau
1 c. à soupe de beurre ou
    de margarine, ramolli
1 œuf légèrement battu

1. Mêlez dans un grand bol le sel, le romarin, la levure et 2½ t. de farine. Chauffez l'eau et le beurre à feu doux dans une casserole moyenne jusqu'à 120 ou 130°F (50-55°C).
2. En mélangeant à vitesse moyenne, incorporez doucement le liquide aux ingrédients secs. Battez 2 min de plus en raclant les parois du bol de temps à autre. Ajoutez assez de farine pour épaissir la pâte (environ 1 t.), puis battez 2 min à grande vitesse en raclant de temps à autre les parois du bol. Incorporez à la cuiller 3½ t. de farine de façon à obtenir une pâte souple.
3. Mettez-la dans un bol graissé, couvrez-la, puis laissez-la doubler de volume (environ 1 h 30) au chaud et à l'abri des courants d'air.
4. Dégonflez-la et pétrissez-la environ 10 min sur une planche farinée pour qu'elle soit lisse et élastique. Divisez-la en six parts que vous façonnerez en lanières de 18 po (46 cm). Tressez-en trois ensemble sur une plaque et faites la même chose avec les trois autres. Couvrez et placez dans un endroit chaud 30 min ou jusqu'à ce que la pâte ait doublé de volume.
5. Allumez le four à 450°F (230°C). Badigeonnez les pains d'œuf battu et cuisez 30 min. Faites refroidir sur des grilles.

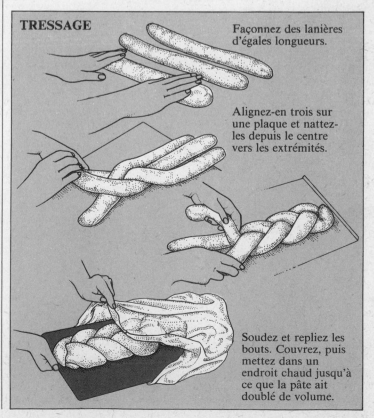

TRESSAGE

Façonnez des lanières d'égales longueurs.

Alignez-en trois sur une plaque et nattez-les depuis le centre vers les extrémités.

Soudez et repliez les bouts. Couvrez, puis mettez dans un endroit chaud jusqu'à ce que la pâte ait doublé de volume.

Pains et petits pains traditionnels

Pain rond au sésame

Photo
page 79
Débutez
3 h avant
2 pains

3 c. à soupe de sucre
1 c. à soupe de sel
2 sachets de levure sèche
Environ 6 t. de farine
tout usage

2 t. d'eau
¼ t. de beurre
Lait
1 œuf légèrement battu
¼ t. de graines de sésame

1. Mêlez dans un grand bol le sucre, le sel, la levure et 2 t. de farine. Chauffez à feu doux, dans une casserole moyenne, l'eau, le beurre et 1 t. de lait jusqu'à 120 ou 130°F (50-55°C).
2. Incorporez graduellement à petite vitesse le liquide aux ingrédients secs. Battez 2 min à vitesse moyenne, en raclant de temps à autre les parois du bol. Ajoutez l'œuf et suffisamment de farine (environ ½ t.) pour épaissir la pâte. Battez encore 2 min à vitesse moyenne, en raclant les parois du bol de temps à autre. Incorporez à la cuiller une quantité suffisante de farine (environ 3 t.) pour obtenir une pâte souple.
3. Pétrissez la pâte 10 min sur un plan fariné pour qu'elle soit élastique. Ajoutez de la farine au besoin. Façonnez une boule, couvrez d'un bol et laissez reposer 15 min. Graissez deux moules ronds de 9 po (23 cm).
4. Divisez la pâte en deux et foncez-en les moules. Couvrez et laissez doubler de volume (environ 40 min) dans un endroit chaud.
5. Allumez le four à 350°F (180°C). Badigeonnez les pains de lait et saupoudrez-les de sésame. Cuisez-les 40 min ou jusqu'à ce qu'ils rendent un son creux. Démoulez et laissez refroidir.

Pain au gruau

Photo
page 79
Débutez
4 h 30 avant
2 pains

2 c. à thé de sel
2 sachets de levure sèche
Environ 5 t. de farine
tout usage
2¼ t. d'eau

1 t. de gruau à cuisson
rapide
½ t. de mélasse douce
Beurre ou margarine

1. Mélangez dans un grand bol le sel, la levure et 2 t. de farine; réservez. Mêlez dans une casserole l'eau, le gruau, la mélasse et 1 c. à soupe de corps gras; chauffez à feu doux jusqu'à 130°F (55°C).
2. Incorporez graduellement à petite vitesse le liquide aux ingrédients secs. Battez 2 min à vitesse moyenne, en raclant de temps à autre les parois du bol. Incorporez ½ t. de farine pour épaissir le mélange et battez 2 min de plus, en raclant fréquemment les parois. Enfin, ajoutez assez de farine (environ 2½ t.) pour que la pâte soit ferme et se détache des parois.
3. Couvrez-la, puis laissez-la environ 1 h dans un endroit chaud pour qu'elle double de volume.
4. Dégonflez-la, puis divisez-la en deux. Beurrez deux moules ronds peu profonds et à bords droits, puis, avec les doigts graissés, placez-y les pâtons. Retournez-les pour bien les enduire et façonnez-les. Couvrez et laissez lever dans un endroit chaud, environ 45 min.
5. Allumez le four à 350°F (180°C). Cuisez les pains 40 min ou jusqu'à ce qu'ils rendent un son creux. Démoulez aussitôt sur des grilles.

Miche de pain au fromage

Photo
page 79
Débutez
4 h 30 avant
1 pain

2 c. à soupe de sucre
2 c. à thé de sel
2 sachets de levure sèche
Environ 5 t. de farine
tout usage

2¼ t. de lait
¼ lb (115 g) de cheddar
fort râpé (1 t.)
1 c. à soupe de beurre ou
de margarine, fondu

1. Mêlez dans un grand bol le sucre, le sel, la levure et 2 t. de farine. Chauffez à feu doux le lait et le fromage dans une casserole jusqu'à 120 ou 130°F (50-55°C).
2. Incorporez à petite vitesse le liquide aux ingrédients secs. Battez 2 min à vitesse moyenne, en raclant les parois du bol de temps à autre avec une spatule en caoutchouc. Ajoutez 1 t. de farine et battez 2 min de plus, en raclant le bol. Incorporez enfin assez de farine (environ 2 t.) pour que la pâte soit ferme et se détache des parois du bol.
3. Couvrez-la et laissez-la environ 45 min dans un endroit chaud pour qu'elle double de volume.
4. Dégonflez la pâte et répartissez-la dans deux plats de 8 t., ronds et peu profonds, préalablement graissés. Couvrez et laissez doubler de volume.
5. Badigeonnez les pains de beurre fondu et cuisez-les de 30 à 35 min à 375°F (190°C) jusqu'à ce qu'ils rendent un son creux quand vous les tapotez. Laissez refroidir sur une grille.

Pain de pommes de terre

Photo
page 79
Débutez
4 h 30 avant
2 pains

2 c. à soupe de sucre
4 c. à thé de sel
2 sachets de levure sèche
Environ 8 t. de farine
tout usage
½ t. d'eau

1½ t. de purée de
pommes de terre
Lait
¼ t. de beurre ou de
margarine
2 œufs

1. Mélangez le sucre, le sel, la levure et 1½ t. de farine, puis chauffez à feu doux dans une casserole, en remuant souvent, l'eau, la purée, 1½ t. de lait et le beurre jusqu'à 120 ou 130°F (50-55°C).
2. Incorporez graduellement à petite vitesse le liquide aux ingrédients secs. Ajoutez les œufs. Battez 2 min à vitesse moyenne, en raclant de temps à autre les parois du bol. Epaississez avec 1 t. de farine. Battez 2 min de plus en raclant les parois, puis incorporez à la cuiller assez de farine (environ 3¼ t.) pour obtenir une pâte souple.
3. Sur un plan fariné, pétrissez la pâte 10 min en y incorporant environ 1½ t. de farine pour qu'elle soit élastique. Mettez-la en boule dans un grand bol graissé et retournez-la pour l'enduire uniformément. Couvrez et laissez doubler de volume (environ 1 h).
4. Dégonflez la pâte, divisez-la en deux sur un plan fariné, couvrez et laissez reposer 15 min.
5. Graissez deux plats ronds de 8 t. peu profonds et à bords droits. Placez-y les pâtons, pratiquez-y deux incisions parallèles, puis couvrez et laissez doubler de volume (environ 1 h).
6. Allumez le four à 400°F (200°C). Badigeonnez les pains de lait, puis cuisez-les 40 min ou jusqu'à ce qu'ils rendent un son creux quand vous les tapotez. Démoulez et laissez refroidir sur des grilles.

Petits pains à l'ancienne

Photo
page 83
Débutez
3 h 30 avant
24 petits
pains

⅓ t. de sucre
1½ c. à thé de sel
2 sachets de levure sèche
4½ à 5½ t. de farine
*   tout usage*
1 t. de lait
¼ t. de beurre
2 œufs
Beurre fondu ou Dorure
*   (ci-dessous)*

1 Mêlez le sucre, le sel, la levure et 1½ t. de farine dans un grand bol. Chauffez le lait et le beurre à feu doux jusqu'à 120 ou 130°F (50-55°C). Incorporez graduellement à petite vitesse le liquide aux ingrédients secs. Battez 2 min à vitesse moyenne, en raclant de temps à autre les parois du bol.

2 Incorporez les œufs et environ ½ t. de farine. Battez 2 min, puis ajoutez assez de farine (de 2 à 2½ t.) pour avoir une pâte souple.

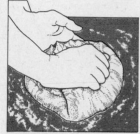

3 Pétrissez-la environ 10 min sur une planche légèrement farinée; quand elle est lisse et élastique, faites-en une boule.

4 Tournez-la dans un bol graissé pour l'enduire uniformément. Couvrez; laissez doubler de volume 1 h au chaud.

5 Aplatissez la pâte sur un plan fariné, divisez-la en deux, couvrez et laissez reposer 15 min.

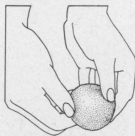

6 Divisez chaque pâton en 12 boulettes. Placez-les sur des plaques beurrées à 2 po (5 cm) d'intervalle. Couvrez et faites doubler de volume.

7 Allumez le four à 400°F (200°C). Badigeonnez de beurre fondu ou de Dorure. Cuisez 10 min, défournez sur des grilles et servez chaud.

DORURE: Battez à la fourchette, dans un petit bol, *1 œuf* et *1 c. à soupe de lait.*

Petits pains variés

Photo
page 80
Débutez
3 h 30 avant
12 à 24 petits
pains

½ recette de Petits pains   *Beurre fondu ou Dorure*
*   à l'ancienne (à*   *   (en bas, à gauche)*
*   gauche)*

1. Suivez la recette de gauche, mais, à l'étape 6, reportez-vous aux indications ci-après. Badigeonnez comme à l'étape 7.
2. Faites dorer à 400°F (200°C), de 12 à 18 min, selon la forme choisie.

PETITS PAINS ALLONGÉS

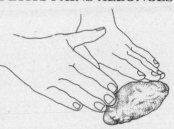
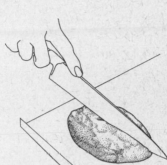

Façonnez 12 pâtons ovales. Placez-les sur une plaque beurrée, à 2 po (5 cm) d'intervalle. Couvrez et laissez doubler de volume.

Incisez chaque petit pain au centre, jusqu'à mi-hauteur.

PETITS PAINS VIENNOIS

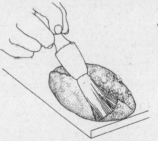
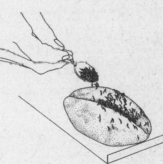

Procédez comme ci-dessus, puis faites mousser *1 blanc d'œuf* avec *1 c. à soupe d'eau* et badigeonnez-en les petits pains.

Saupoudrez de *graines de carvi.*

PETITS PAINS EN TORSADE

Façonnez la pâte en 12 cordons de 6 po (15 cm). Soudez-les deux à deux en les pinçant à un bout.

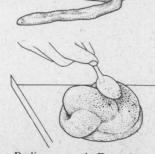

Enroulez chaque paire en torsade. Croisez les bouts, pincez au centre et repliez le surplus en dessous. Mettez sur une plaque graissée.

Badigeonnez de Dorure et saupoudrez de *graines de sésame.* Couvrez et laissez doubler de volume.

Pains et petits pains traditionnels

PETITS PAINS NOUÉS

Façonnez la pâte en six cordons de 6 po (15 cm) de long.

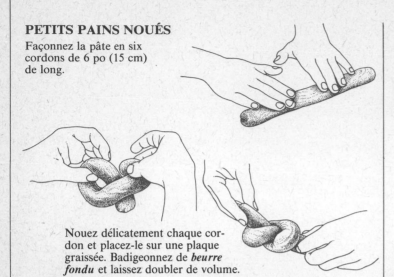

Nouez délicatement chaque cordon et placez-le sur une plaque graissée. Badigeonnez de *beurre fondu* et laissez doubler de volume.

CROISSANTS

Abaissez la pâte en un disque de 9 po (23 cm). Coupez-y 12 pointes et badigeonnez de *beurre fondu.*

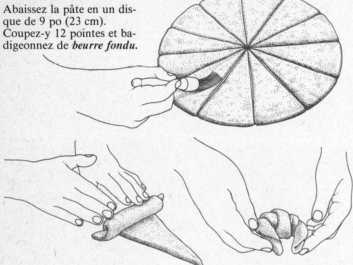

Enroulez chaque pointe à partir du bord large et placez-la sur une plaque graissée.

Rentrez les extrémités. Couvrez d'un linge et laissez doubler de volume.

PETITS PAINS EN LÈCHEFRITE

Façonnez des boules de 2 po (5 cm) en les arrondissant par-dessous.

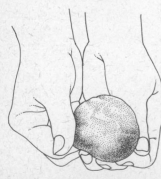

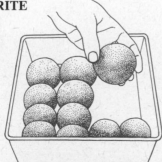

Plongez-les dans du beurre fondu, puis mettez-les dans une lèchefrite de 8 po (20 cm) de côté. Laissez-les doubler de volume.

ÉTOILES

Abaissez la pâte en un rectangle de 12½ po × 10 (32 cm × 25). Taillez-le en carrés de 2½ po (7 cm) de côté que vous espacerez de 2 po (5 cm) sur une plaque graissée. Entaillez chaque coin sur 1½ po (4 cm).

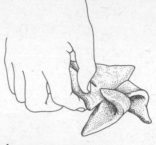

Rabattez au centre une pointe sur deux.

Pressez-les doucement pour les souder. Badigeonnez de beurre fondu ou de Dorure. Laissez doubler de volume.

ÉVENTAILS

Abaissez un rectangle de ⅛ po (3 mm) d'épaisseur. Badigeonnez de beurre et détaillez en largeurs de 1½ po (4 cm).

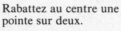

Empilez six ou sept bandes (à gauche) et découpez le tout en morceaux de 1½ po (4 cm) de côté.

Déposez, sur la tranche, dans des moules à muffins graissés de 2½ ou 3 po (6-8 cm). Laissez doubler de volume.

PETITS PAINS EN FLEUR

Façonnez six boules et placez-les sur une plaque graissée. Aplatissez-les légèrement.

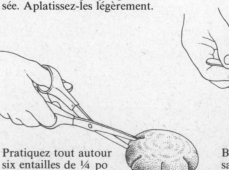

Pratiquez tout autour six entailles de ¼ po (6 mm).

Badigeonnez de dorure et saupoudrez de *graines de pavot.* Laissez doubler.

Pain au levain

Photo page 80
Débutez 6 h avant ou
jusqu'à 1 semaine plus tôt
28 à 30 petits pains

Petits pains ronds réfrigérés

½ t. de sucre	2 t. d'eau
2 c. à thé de sel	Beurre ou margarine,
2 sachets de levure sèche	ramolli
6 à 6½ t. de farine tout	1 œuf
usage	Huile végétale

1. Mêlez le sucre, le sel, la levure et 2¼ t. de farine. Dans une casserole, chauffez l'eau et ½ t. de beurre à feu doux jusqu'à 120 ou 130°F (50-55°C).
2. Incorporez graduellement à petite vitesse le liquide aux ingrédients secs. Ajoutez l'œuf, puis battez 2 min à vitesse moyenne, en raclant de temps à autre les parois du bol. Incorporez ¾ t. de farine pour épaissir le mélange. Battez 2 min de plus en raclant les parois. Incorporez à la cuiller environ 2½ t. de farine pour obtenir une pâte souple.
3. Pétrissez la pâte environ 10 min sur un plan fariné jusqu'à ce qu'elle soit élastique. Placez-la en boule dans un bol graissé et retournez-la pour l'enduire uniformément. Couvrez-la et laissez-la environ 1 h 30 dans un endroit chaud jusqu'à ce qu'elle ait doublé de volume.
4. Dégonflez la pâte, retournez-la et badigeonnez-la d'huile. Réfrigérez-la au moins 2 h, dans le bol couvert d'une cellophane, en la dégonflant de temps à autre.
5. *Environ 2 h 30 avant de servir:* Beurrez une lèchefrite de 15½ po × 10½ (40 cm × 27). Façonnez la pâte en 30 boules et déposez-les dans la lèchefrite. Couvrez et laissez environ 1 h 30 au chaud et à l'abri des courants d'air pour que les pains doublent de volume.
6. Allumez le four à 400°F (200°C). Faites dorer les pains de 15 à 20 min, badigeonnez-les de beurre ramolli, démoulez et servez.

PORTEFEUILLE

Suivez les étapes 1 à 4 ci-dessus. Abaissez la pâte à ½ po (2 cm) d'épaisseur et découpez-la avec un emporte-pièce fariné de 2¾ po (7 cm). Recommencez avec les chutes.

Faites fondre ½ t. de beurre dans une lèchefrite. Enduisez-en chaque disque que vous plierez en deux.

Disposez en rangées dans la lèchefrite. Couvrez et laissez doubler de volume. Faites dorer de 18 à 20 min à 400°F (200°C). (Donne 40 pains.)

Pain au levain

Levain:
2 t. de farine
  tout usage
1 sachet de levure
  sèche
2 t. d'eau chaude

Photo page 79
Débutez 4 jours avant
2 pains

Pâte:
2 c. à soupe de sucre
1 c. à soupe de sel
1 c. à thé de bicarbonate
  de soude
Eau
6 à 8 t. de farine
  tout usage
3 c. à soupe de beurre
  ou de margarine,
  fondu

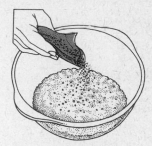

1 Pour faire le levain, mêlez la farine et la levure, puis ajoutez l'eau en remuant. Battez pour assouplir; couvrez le bol.

2 Laissez 48 h dans un endroit chaud et remuez de temps à autre. Si le mélange ne lève pas, recommencez. Remuez le levain avant de l'utiliser.

3 *Faites la pâte la veille.* Battez à vitesse moyenne le sucre, le sel, le bicarbonate de soude, 2 t. d'eau chaude, 1 t. de levain et 3 t. de farine.

4 Couvrez d'un linge et laissez lever pendant au moins 18 h à température ambiante, à l'abri des courants d'air.

5 *Environ 4 h 30 avant de servir:* Ajoutez de 3½ à 4 t. de farine en remuant pour obtenir une pâte souple. Pétrissez-la de 8 à 10 min.

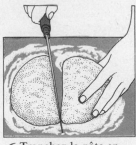

6 Tranchez la pâte en deux et façonnez-en deux miches plates d'environ 7 po (18 cm) de diamètre.

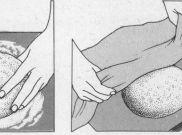

7 Mettez-les sur une plaque graissée, couvrez-les d'un linge et laissez doubler de volume dans un endroit chaud (environ 2 h).

Pour nourrir le levain: Si vous avez l'intention de faire ce pain au moins une fois par semaine, conservez toujours environ 1 t. de levain. Mélangez à fond *1 t. de farine tout usage* et *1 t. d'eau chaude* et incorporez au levain pour le nourrir. Laissez reposer quelques heures à température ambiante jusqu'à l'apparition de petites bulles, puis couvrez le bol et conservez au réfrigérateur.

8 Allumez le four à 400°F (200°C). Badigeonnez les miches d'eau et incisez-les en treillis avec un couteau.

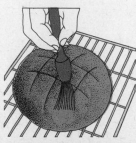

9 Faites-les dorer de 45 à 50 min ou jusqu'à ce qu'elles rendent un son creux. Badigeonnez de beurre.

PAINS À LA LEVURE
Brioches sucrées

Les brioches sucrées ne sont pas plus difficiles à réussir que les pains ordinaires. A partir d'une même recette de base, la Pâte sucrée (ci-dessous), vous pouvez en confectionner une grande variété en ajoutant, par exemple, des noix, des fruits ou des épices ou en modifiant les formes. Avant de glacer une brioche, attendez qu'elle soit tiède, sans quoi le glaçage coulera. Les brioches sucrées se conservent comme les pains ordinaires.

Pâte pour brioches, pp. 442 à 444

Pâte sucrée

1 t. de sucre
1 c. à thé de sel
3 sachets de levure sèche
8 à 9 t. de farine tout usage

2 t. de lait
1 t. de beurre ou de margarine
2 œufs

1 Mêlez le sucre, le sel, la levure et 2 t. de farine dans un grand bol. Chauffez le lait et le beurre à feu doux jusqu'à 120 ou 130°F (50-55°C). (Le beurre ne sera pas nécessairement fondu.) Incorporez graduellement à petite vitesse le liquide aux ingrédients secs. Battez 2 min à vitesse moyenne en raclant de temps à autre les parois du bol.

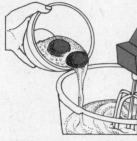

2 Ajoutez en battant les œufs et 2 t. de farine. Battez 2 min en raclant le bol de temps à autre.

3 Avec une cuiller, incorporez suffisamment de farine (environ 4¼ t.) pour avoir une pâte souple.

4 Pétrissez la pâte environ 10 min sur un plan fariné. Quand elle est lisse et élastique, façonnez-la en boule.

5 Retournez-la dans un bol graissé pour bien l'enduire. Couvrez et laissez lever environ 1 h dans un endroit chaud.

6 Dégonflez le pâton, puis, sur un plan fariné, divisez-le selon la recette. Couvrez et laissez reposer 15 min.

Photo page 81
Débutez
4 h 30 avant
1 pain

Pain aux raisins

⅓ de recette de Pâte sucrée (à gauche)   *¾ t. de raisins secs*

1. Graissez un moule à pain, préparez la pâte et abaissez-la en un rectangle de 12 po × 9 (30 cm × 23). Saupoudrez de raisins secs.
2. Roulez la pâte en longueur, pincez le joint, puis pressez et repliez les bords. Placez, joint en dessous, dans le moule.
3. Couvrez et laissez lever 1 h 30. Cuisez 35 min au four à 350°F (180°C), puis mettez à refroidir.

Photo page 81
Débutez
4 h 30 avant
1 pain

Tortue

¼ de recette de Pâte sucrée (à gauche)   *1 œuf*
                                              Eau

1. Préparez la pâte, puis réservez-en ½ t. et donnez au reste une forme ovale. Mettez sur une grille graissée.
2. Avec la pâte réservée, façonnez un cordon de 7 po (18 cm). Coupez-en un morceau pour la tête, quatre autres plus petits pour les pattes et faites une queue avec le reste. Taillez les yeux, la bouche, les griffes et les écailles aux ciseaux.
3. Battez l'œuf et un peu d'eau, badigeonnez-en la tortue, puis laissez-la doubler de volume. Faites dorer de 20 à 25 min au four à 375°F (190°C).

Assemblage : Pincez les pattes et la queue sous la carcasse pour souder.

Modelage de la carcasse : Taillez les écailles aux ciseaux. Pincez le pourtour.

Photo page 81
Débutez
4 h 30 avant
12 brioches

Brioches du Vendredi saint

½ recette de Pâte sucrée (à gauche)
½ t. de raisins secs
⅓ t. de zeste d'orange confit, haché
1 jaune d'œuf
1 c. à thé d'eau

Glaçage :
¾ t. de sucre glace
1 c. à soupe de lait
1 c. à soupe de beurre ramolli
⅓ c. à thé de jus de citron

1. Graissez une lèchefrite. Incorporez à la pâte en pétrissant les raisins secs et le zeste ; façonnez-en 12 boules que vous mettrez dans le moule. Couvrez et laissez lever environ 1 h au chaud, à l'abri des courants d'air. Allumez le four à 350°F (180°C).
2. Battez ensemble le jaune d'œuf et l'eau, puis badigeonnez-en les brioches. Cuisez-les 30 min ou jusqu'à ce qu'elles soient dorées et luisantes.
3. Pour préparer le glaçage, battez tous les ingrédients ensemble à petite vitesse. Glacez en dessinant des croix. Servez les brioches tièdes.

Kolacky

*¼ de recette de Pâte
sucrée (p. 442)*

*Garnitures de kolacky
(ci-dessous)*

1. Préparez la pâte, puis farinez légèrement le rouleau et le plan de travail et abaissez un disque de 12 po (30 cm). Placez-le sur une plaque graissée et faites-le lever environ 1 h 30 ou jusqu'à ce qu'il ait presque *triplé* de volume.
2. Entre-temps, préparez les garnitures.
3. Allumez le four à 375°F (190°C). Pressez la pâte avec le poing fermé depuis le centre jusqu'à ½ po (1 cm) des bords pour faire disparaître toutes les grosses bulles. Définissez six pointes avec le dos d'un couteau.
4. Etalez sur chaque pointe l'une des garnitures de votre choix. Faites cuire de 20 à 25 min.

 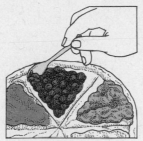

Dégonflez la pâte jusqu'à ½ po (1 cm) des bords. Définissez six pointes avec le dos d'un couteau.

Garniture : A l'aide d'une cuiller, remplissez chaque pointe d'une garniture différente.

GARNITURES DE KOLACKY

BLEUETS : Mélangez *⅓ t. de garniture pour tartes aux bleuets* et *¼ c. à thé de zeste de citron râpé.* (Servez les restes avec de la crème glacée.)

CERISES : Mélangez *½ t. de garniture pour tartes aux cerises* et *1 c. à soupe de noix de coco râpée.* (Servez les restes avec de la crème glacée.)

FROMAGE À LA CRÈME : Mélangez à fond *¾ d'un paquet de 4½ oz (125 g) de fromage à la crème,* ramolli, *1 c. à soupe de sucre, 1 c. à soupe de lait* et *1 pincée de cannelle.*

CITRON : Préparez *1 petite boîte de mélange pour pouding au citron* en suivant le mode d'emploi. Employez *⅓ t. de pudding* pour garnir le kolacky. Versez le reste dans trois ramequins, rangez au réfrigérateur et servez plus tard.

ORANGE : Utilisez *¼ t. de marmelade d'oranges.*

ANANAS : Mélangez à fond *¼ t. de confiture d'ananas, 1 c. à soupe de noix de Grenoble hachées* et *1 pincée de sel.*

KOLACKYS INDIVIDUELS : Façonnez la pâte en huit boules ; espacez-les de 3 po (8 cm) sur deux plaques graissées. Couvrez et laissez doubler de volume (environ 1 h 30). Préparez deux des garnitures ci-dessus. Dégonflez les boules, mais gardez une bordure de ¼ po (6 mm). Remplissez chacune de 1 c. à soupe de garniture. Cuisez 15 min à 375°F (190°C).

Brioche à l'abricot

*¼ de recette de Pâte
sucrée (p. 442)*
*1 paquet de 8 oz (225 g)
d'abricots secs*
¾ t. d'eau
¼ t. de sucre
¼ c. à thé de cannelle

Glaçage :
½ t. de sucre glace
¼ c. à thé de vanille
2 c. à thé d'eau

1 Préparez la pâte, puis, à feu moyen, amenez à ébullition les abricots et l'eau. Couvrez et laissez mijoter 30 min à feu doux.

2 Réduisez les abricots en purée à grande vitesse au mélangeur couvert avec le sucre et la cannelle. (Ajoutez du sucre au besoin.)

3 Farinez le rouleau et la planche, puis abaissez la pâte en un rectangle de 15 po × 12 (38 cm × 30) que vous mettrez sur une plaque graissée.

4 Etalez, au centre de celle-ci, une bande de purée d'abricots de 4 po (10 cm) de largeur.

5 Découpez la pâte nue en lanières de 1 po (2,5 cm) et repliez celles-ci l'une sur l'autre.

6 Couvrez et laissez doubler de volume au chaud, à l'abri des courants d'air (environ 1 h). Faites dorer au four 20 min à 375°F (190°C).

7 Mettez la plaque sur une grille et laissez tiédir 15 min. Mélangez les ingrédients du glaçage et versez en filets sur la brioche.

Brioches sucrées

Brioche tressée aux fruits confits

Photo
page 81
Débutez
4 h 30 avant
1 brioche

½ recette de Pâte sucrée (p. 442)
1 t. de raisins blonds secs
¾ t. d'écorce d'orange confite, hachée fin
¼ t. de citron confit, finement haché

1 c. à soupe de farine tout usage
1 jaune d'œuf légèrement battu
½ t. de sucre glace
1 c. à soupe d'eau

1. Graissez une grande plaque, puis abaissez la pâte en trois rectangles de 12 po × 4 (30 cm × 10).
2. Mêlez les raisins secs, l'écorce d'orange et le citron avec la farine. Etalez un tiers de ce mélange au centre de chacune des bandes de pâte. Badigeonnez les bordures de jaune d'œuf, puis rabattez-les l'une sur l'autre par-dessus les fruits. Soudez les extrémités. Nattez les trois rouleaux sur la plaque, puis repliez les bouts. Couvrez. Laissez lever environ 1 h ou jusqu'au double du volume. Badigeonnez de jaune d'œuf.
3. Cuisez au four 35 min à 350°F (180°C) jusqu'à ce que la brioche soit dorée et rende un son creux quand vous la tapotez. Laissez tiédir sur une grille. Mélangez le sucre et l'eau et glacez-en la brioche.

Brioches à la cannelle

Photo
page 81
Débutez
4 h 30 avant
15 brioches

½ recette de Pâte sucrée (p. 442)
½ t. de cassonade blonde tassée
½ t. de raisins secs foncés sans pépins

½ t. de pacanes hachées
1 c. à thé de cannelle
¼ t. de beurre ou de margarine, fondu
Glaçage au sucre (ci-dessous) (facultatif)

1. Préparez la pâte et graissez généreusement une lèchefrite de 13 po × 9 (33 cm × 23). Mêlez dans un bol la cassonade, les raisins secs, les pacanes et la cannelle. Abaissez la pâte en un rectangle de 18 po × 12 (46 cm × 30). Badigeonnez de beurre fondu et saupoudrez du mélange sec.
2. Enroulez la pâte dans le sens de la largeur. Soudez le joint, placez la brioche sur celui-ci et détaillez 15 tranches. Déposez-les, à plat, dans la lèchefrite. Couvrez et laissez lever au chaud 40 min ou jusqu'au double du volume.
3. Cuisez 25 min au four à 400°F (200°C). Laissez tiédir sur une grille avant de glacer.

GLAÇAGE AU SUCRE: Dans un petit bol, mélangez à fond 2 t. de sucre glace, ½ c. à thé d'essence de vanille et environ 3 c. à soupe d'eau.

Pour cuire: Disposez les tranches à plat dans la lèchefrite.

Pour servir: Glacez les brioches, puis détachez-les avec des fourchettes.

Brioches au citron en couronne

Photo
page 81
Débutez
4 h avant
1 couronne

2 sachets de levure sèche
1 c. à thé de sel
5 à 6 t. de farine tout usage
Sucre

1½ t. de lait
Beurre ou margarine
2 œufs
2 zestes de citron râpés
¼ c. à thé de macis

1. Mêlez la levure, le sel, 2 t. de farine et ½ t. de sucre, puis chauffez le lait et ¼ t. de beurre à feu doux jusqu'à 120 ou 130°F (50-55°C). (Le beurre n'aura pas nécessairement fondu.)
2. Incorporez graduellement à petite vitesse le liquide aux ingrédients secs. Ajoutez les œufs et battez 2 min à vitesse moyenne, en raclant de temps à autre les parois du bol. Epaississez l'appareil en ajoutant environ ½ t. de farine, battez 2 min de plus, puis incorporez à la cuiller assez de farine (environ 2 t.) pour obtenir une pâte souple.
3. Pétrissez la pâte environ 10 min sur une planche farinée pour qu'elle soit élastique. Mettez-la en boule dans un bol graissé et retournez-la pour bien l'enduire. Couvrez et laissez lever 1 h ou jusqu'au double du volume.
4. Mêlez les zestes, le macis et ½ t. de sucre dans un bol, puis faites fondre 2 c. à soupe de beurre.
5. Dégonflez la pâte, renversez-la sur un plan fariné, puis laissez reposer 15 min à couvert.

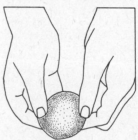

6 Divisez la pâte en 32 morceaux. Façonnez-en des boulettes en ramenant les bords par-dessous.

7 Placez-en 16 dans un moule tubulaire graissé. Badigeonnez de la moitié du beurre.

8 Saupoudrez les boulettes de la moitié du zeste préparé.

9 Répétez avec le reste des ingrédients et terminez avec le zeste.

10. Couvrez d'un linge et laissez lever au chaud 45 min ou jusqu'au double du volume. (La pâte doit conserver l'empreinte de vos doigts quand vous les y enfoncez.)
11. Faites dorer environ 35 min au four à 350°F (180°C) jusqu'à ce que la brioche rende un son creux quand vous la tapotez. Laissez tiédir 5 min, puis démoulez sur une grille.

Photo
page 82
Débutez
4 h avant
3 oursons

Oursons sucrés au blé entier

1¼ t. de sucre
1½ c. à thé de sel
2 sachets de levure sèche
4 t. de farine tout usage
4 t. de farine de blé entier

2 t. de lait
1 t. de beurre ou de margarine
2 œufs
1 c. à soupe d'eau

1. Mêlez le sucre, le sel, la levure, 1 t. de farine tout usage et 2 t. de farine de blé entier dans un grand bol. Chauffez le lait et le beurre à feu doux jusqu'à 120 ou 130°F (50-55°C).
2. Incorporez à petite vitesse le liquide aux ingrédients secs, puis battez 2 min à vitesse moyenne. Prélevez 1 blanc d'œuf et ajoutez le reste des œufs au mélange ainsi que 1 t. de chaque farine. Battez 2 min de plus. A la cuiller, ajoutez le reste de la farine de blé entier et assez de farine tout usage (environ 1½ t.) pour obtenir une pâte souple.
3. Pétrissez-la environ 10 min sur un plan fariné, en ajoutant de la farine tout usage. Mettez-la en boule dans un bol graissé et retournez-la pour bien l'enduire. Couvrez et laissez lever 1 h.
4. Dégonflez, renversez sur un plan fariné, couvrez et laissez reposer 15 min. Graissez deux plaques et battez le blanc d'œuf avec l'eau.
5. Divisez la pâte en trois pâtons ; dans le premier, taillez une moitié pour le corps et un quart pour la tête.

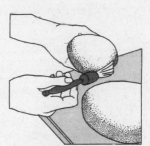

6 Aplatissez légèrement le corps sur la plaque. Badigeonnez un côté de la tête de blanc d'œuf et soudez au corps.

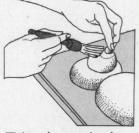

7 Avec le reste du pâton, faites un cordon de 7 po (18 cm). Utilisez-en 2 po (5 cm) pour le museau. Soudez à l'œuf.

8 Taillez des oreilles de ½ po (1 cm) et quatre pattes de 1 po (2,5 cm). Soudez.

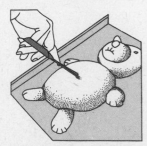

9 Sculptez aux ciseaux les griffes, les yeux, la bouche et le nombril. Faites deux autres oursons.

10. Couvrez et laissez lever 1 h, ou jusqu'au double du volume, à l'abri des courants d'air.
11. Badigeonnez de blanc d'œuf et faites dorer au four environ 25 min à 375°F (190°C).

Photo
page 82
Débutez
4 h 30 avant
20 brioches

Papillons à l'abricot

½ t. de sucre
1 c. à thé de sel
1 sachet de levure sèche
4 à 4½ t. de farine tout usage
1 t. de lait

Beurre ou margarine
2 œufs
2 c. à thé d'extrait d'amande
Garniture à l'abricot (ci-dessous)

1. Mêlez le sucre, le sel, la levure et 1 t. de farine dans un bol, puis chauffez le lait et ½ t. de beurre à feu doux jusqu'à 120 ou 130°F (50-55°C).
2. Incorporez à petite vitesse le liquide aux ingrédients secs. Battez 2 min à vitesse moyenne, puis ajoutez 1 œuf, l'amande et assez de farine (environ 1 t.) pour épaissir. Battez encore 2 min avant d'incorporer à la cuiller assez de farine (environ 2 t.) pour obtenir une pâte souple.
3. Pétrissez la pâte environ 10 min sur un plan fariné pour qu'elle soit élastique. Ajoutez de la farine au besoin. Mettez-la en boule dans un bol graissé et retournez-la pour bien l'enduire. Couvrez et laissez lever 2 h ou jusqu'au double du volume. Préparez la garniture.
4. Dégonflez la pâte, renversez-la sur un plan fariné et coupez-la en deux. Couvrez, attendez 15 min, puis abaissez un premier rectangle de 20 po × 14 (50 cm × 35). Enduisez de beurre fondu et couvrez de la moitié de la garniture jusqu'à ½ po (1 cm) des bords. Enroulez en largeur et pincez les extrémités. Retournez le rouleau sur son joint et taillez 10 portions de façon qu'elles aient 2½ po (7 cm) d'un côté et 1 po (2,5 cm) de l'autre.
5. Graissez deux plaques à biscuits et placez-y les brioches, le petit côté sur le dessus. Pressez du doigt pour former les ailes du papillon. Répétez avec le reste de pâte et de garniture. Laissez lever environ 30 min. Battez le dernier œuf et badigeonnez-en les papillons.
6. Faites dorer environ 20 min au four à 350°F (180°C). Mettez à refroidir sur des grilles.

GARNITURE À L'ABRICOT : Dans une casserole moyenne, amenez à ébullition à feu vif 1 paquet de 8 oz (225 g) d'abricots secs et 2½ t. d'eau. Couvrez et laissez mijoter 15 min à feu doux ou jusqu'à ce que les abricots soient tendres. Egouttez-les, puis réduisez-les en purée au fouet en y incorporant ¾ t. de sucre. Laissez refroidir.

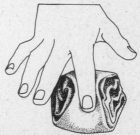

Taille des brioches : Taillez 10 portions de façon qu'elles aient 1 po (2,5 cm) d'un côté et 2½ po (7 cm) de l'autre.

Modelage des papillons : Pressez le petit côté de chaque morceau pour obtenir des ailes de papillon.

Pains spéciaux

Il existe, en dehors des pains et des petits pains traditionnels, quantité d'autres préparations à la levure qui se servent au repas ou à la collation. D'autres, comme la Couronne au fromage, peuvent tenir lieu de plat principal et certaines, comme les Babas au rhum, font des desserts exquis. Les croissants, les beignes et les brioches classiques font appel à des techniques particulières.

Photo
page 31
Débutez
2 h avant
1 pain ou
8 portions
comme plat
principal

Couronne au fromage

3½ c. à thé de sucre	1 t. de lait
2 c. à thé de sel	2 œufs
2 sachets de levure sèche	2 lb (900 g) de munster, râpé
Environ 4 t. de farine tout usage	Environ 2 c. à thé d'amandes mondées et tranchées
½ t. de beurre ou de margarine	

1. Mêlez le sucre, le sel, la levure et 1 t. de farine dans un grand bol. Chauffez le beurre et le lait à feu doux jusqu'à 120 ou 130°F (50-55°C).
2. Incorporez à petite vitesse le liquide aux ingrédients secs. Battez 2 min à vitesse moyenne en raclant de temps à autre les parois du bol. Ajoutez assez de farine (environ 1 t.) pour épaissir. Battez 2 min de plus en raclant les parois du bol de temps à autre. A la cuiller, ajoutez assez de farine (environ 2 t.) pour obtenir une pâte souple.
3. Pétrissez la pâte environ 10 min sur une planche légèrement farinée, en ajoutant de la farine au besoin, jusqu'à ce qu'elle soit élastique. Façonnez-la en boule, couvrez d'un bol renversé et laissez reposer 15 min.
4. Réservez 1 blanc d'œuf. Mêlez soigneusement le reste des œufs dans un grand bol avec le fromage; réservez. Graissez un moule à gâteau rond de 9 po (23 cm).
5. Farinez la planche et le rouleau et abaissez un rectangle de 24 po × 6 (60 cm × 15).

6 Etalez le fromage au centre de la pâte sur toute sa longueur. Repliez les bords de façon à avoir un joint de 1 à 1½ po (2,5-4 cm). Pincez pour sceller.

7 Placez le cylindre contre les parois du moule, joint en dessous. Faites chevaucher les extrémités et pincez. Recouvrez d'un linge et placez 10 min au chaud.

8. Allumez le four à 375°F (190°C). Badigeonnez la couronne de blanc d'œuf et garnissez-la d'amandes. Faites-la dorer au four 1 h ou jusqu'à ce qu'elle rende un son creux quand vous la tapotez. Démoulez immédiatement, attendez 15 min, puis tranchez en portions individuelles.

Photo
page 83
Débutez
3 h 30 avant
18 muffins

Muffins anglais

2 c. à soupe de sucre	Beurre ou margarine
1 c. à thé de sel	1 œuf
1 sachet de levure sèche	2 c. à soupe de farine de maïs jaune
Environ 5 t. de farine tout usage	Huile végétale
1½ t. de lait	

1. Mêlez le sucre, le sel, la levure et 1½ t. de farine tout usage dans un bol. Chauffez le lait et ¼ t. de beurre à feu moyen jusqu'à 130°F (55°C).
2. Incorporez à petite vitesse le liquide aux ingrédients secs. Battez 2 min de plus à vitesse moyenne en raclant les parois du bol de temps à autre.
3. Ajoutez graduellement l'œuf et environ 1 t. de farine tout usage pour épaissir. Battez 2 min de plus en raclant les parois du bol, puis incorporez à la cuiller assez de farine (environ 2 t.) pour obtenir une pâte ferme.
4. Sur une planche légèrement farinée, pétrissez la pâte environ 2 min, puis mettez-la en boule dans un bol graissé et retournez-la pour bien l'enduire. Couvrez le bol d'un linge et placez-le dans un endroit chaud, à l'abri des courants d'air, 1 h 30 ou jusqu'à ce que la pâte ait doublé de volume.
5. Dégonflez la pâte, renversez-la sur une planche légèrement farinée, couvrez d'un bol et réservez 15 min. Entre-temps, mettez la farine de maïs dans un moule à tarte.
6. Avec un rouleau légèrement fariné, abaissez un disque de ⅜ po (1 cm) d'épaisseur. Découpez avec un emporte-pièce rond de 3 po (8 cm). Rassemblez les chutes et recommencez pour avoir 18 disques au total.
7. Passez-les dans la farine de maïs, puis mettez-les sur deux petites plaques en les espaçant de 1 po (2,5 cm). Couvrez d'un linge et laissez lever environ 45 min, ou jusqu'au double du volume, dans un endroit chaud et à l'abri des courants d'air.
8. Huilez légèrement une grande sauteuse et chauffez-la à feu moyen. Faites-y cuire 6 muffins à la fois environ 8 min de chaque côté pour qu'ils soient bien dorés. Laissez-les refroidir sur une grille. Pour les conserver, enveloppez-les dans de la cellophane ou un papier d'aluminium.
9. *Au moment de servir:* Ouvrez les muffins à l'aide d'une fourchette. Faites griller les moitiés jusqu'à ce qu'elles soient bien dorées et tartinez-les de beurre ou de margarine.

Enrobez les muffins de farine de maïs dans un moule à tarte.

Ouvrez les muffins en utilisant les dents d'une fourchette.

Brioches

¼ t. de sucre
1 c. à thé de sel
2 sachets de levure sèche
Environ 4½ t. de farine
   tout usage
1 t. de lait
1 t. de beurre
5 œufs
1 c. à thé d'extrait de
   citron
2 jaunes d'œufs
2 c. à thé d'eau

Photo page 82
Débutez la veille
36 brioches

 **1** Mêlez le sucre, le sel, la levure et 1½ t. de farine dans un grand bol. Chauffez le beurre et le lait à feu moyen jusqu'à 120 ou 130°F (50-55°C).

 **2** Incorporez graduellement à petite vitesse le liquide aux ingrédients secs. Battez 2 min à vitesse moyenne, en raclant les parois du bol de temps à autre.

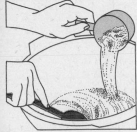 **3** Ajoutez les œufs, le citron et 1½ t. de farine pour épaissir. Battez 2 min, puis incorporez 1½ t. de farine pour que la pâte soit souple. Battez encore 5 min.

 **4** Mettez la pâte dans un grand bol graissé. Couvrez et laissez lever environ 1 h. Dégonflez, couvrez d'une cellophane et réfrigérez toute une nuit.

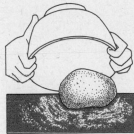 **5** *Environ 2 h avant de servir:* Dégonflez la pâte, mettez-la sur une planche farinée et réservez-la 15 min sous un bol renversé. Graissez 36 moules à brioche.

 **6** Réservez un sixième de la pâte. Divisez le reste en 36 parts. Façonnez-les en boules et mettez-les dans les moules.

 **7** Faites 36 boulettes avec la pâte réservée. Enfoncez le doigt au centre de chacune des boules.

 **8** Placez les boulettes dans les trous. Couvrez et laissez lever au chaud 1 h ou jusqu'au double du volume.

 **9** Allumez le four à 375°F (190°C). Battez les jaunes d'œufs avec l'eau et badigeonnez-en les brioches.

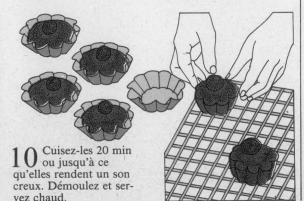 **10** Cuisez-les 20 min ou jusqu'à ce qu'elles rendent un son creux. Démoulez et servez chaud.

 Photo page 82
Débutez 3 h avant
6 pains

Pain pita

3½ à 3¾ t. de farine
   tout usage
1 c. à thé de sel
1 sachet de levure sèche
¼ c. à thé de sucre

1⅓ t. d'eau
1 c. à soupe d'huile
   végétale
Farine de maïs
Garniture

1. Mêlez 1½ t. de farine tout usage, le sel, la levure et le sucre dans un grand bol. Chauffez l'eau et l'huile à feu moyen jusqu'à 130°F (55°C).
2. Incorporez à petite vitesse le liquide aux ingrédients secs. Battez 2 min à vitesse moyenne en raclant les parois de temps à autre. Ajoutez assez de farine tout usage (environ 2 t.) pour obtenir une pâte souple.
3. Pétrissez-la environ 5 min sur une planche légèrement farinée, en ajoutant de la farine jusqu'à ce qu'elle soit élastique. Mettez-la en boule dans un bol graissé et retournez-la pour bien l'enduire. Couvrez et laissez-la lever 1 h au chaud et à l'abri des courants d'air, pour qu'elle double de volume.
4. Dégonflez la pâte et retournez-la sur une planche légèrement farinée.

 **5** Divisez la pâte en six. Couvrez et laissez lever 30 min. Entre-temps, saupoudrez un peu de farine de maïs sur trois plaques non graissées.

 **6** Farinez légèrement la planche et le rouleau, puis abaissez les pâtons en disques de 7 po (18 cm) de diamètre.

 **7** Mettez deux disques sur chaque plaque. Couvrez et laissez lever au chaud 45 min ou jusqu'au double du volume.

 **8** Faites cuire de 8 à 10 min au four préchauffé à 475°F (240°C). Servez immédiatement les pitas avec la garniture de votre choix.

9. *Pour conserver:* Laissez-les tiédir 5 min et mettez-les dans du plastique pour qu'elles restent souples. Avant de servir, réchauffez-les 10 min au four à 375°F (190°C), dans du papier d'aluminium.

Pains de fantaisie

Croissants

2 c. à soupe de sucre
1½ c. à thé de sel
2 sachets de levure sèche
Environ 3 t. de farine
tout usage
1¼ t. de lait
1 t. de beurre
1 œuf
1 c. à soupe d'eau

Photo page 82
Débutez 8 h avant ou la veille
12 croissants

1 Mêlez le sucre, le sel, la levure et 1 t. de farine dans un grand bol, puis chauffez le lait à feu doux jusqu'à 130°F (55°C). A petite vitesse, incorporez le liquide aux ingrédients secs. Battez 2 min à vitesse moyenne, en raclant les parois, puis ajoutez ½ t. de farine pour épaissir l'appareil. Battez 2 min de plus et incorporez 1 t. de farine à la cuiller pour obtenir une pâte souple.

2 Pétrissez-la environ 10 min sur un plan fariné, en ajoutant de la farine au besoin, pour qu'elle soit élastique. Mettez-la en boule dans un bol graissé et retournez-la pour bien l'enduire. Couvrez et laissez lever 1 h 30 ou jusqu'au double du volume, au chaud et à l'abri des courants d'air. Dégonflez, puis réservez 30 min sur un plan fariné, couvert d'un bol renversé.

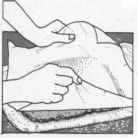

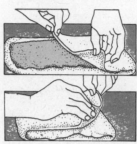

3 Entre deux papiers cirés, abaissez le beurre en un rectangle de 10 po × 7 (25 cm × 18) en le retournant souvent et en enlevant les plis du papier. Réfrigérez.

4 Abaissez la pâte en un rectangle de 18 po × 9 (46 cm × 23), puis déposez-y le beurre en ménageant une bordure de 1 po (2,5 cm) sur trois côtés.

5 Repliez l'extrémité nue de la pâte sur le beurre. Recouvrez avec le côté beurré en un rectangle de 9 po × 6 (23 cm × 15).

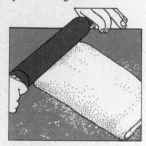

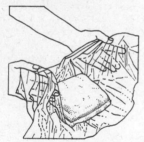

6 Soudez les extrémités, puis abaissez de nouveau en un rectangle de 18 po × 9 (46 cm × 23). N'écrasez pas les bouts, sinon le beurre coulerait.

7 Pliez la pâte comme à l'étape 5. Farinez-la et réfrigérez-la, enveloppée, 1 ou 2 h. Répétez deux autres fois. Vous pouvez ensuite réfrigérer toute une nuit.

8 Réservez une moitié de la pâte au frais et abaissez l'autre en un rectangle de 21 po × 10 (53 cm × 25). Tranchez en triangles de 7 po (18 cm) de base.

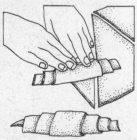

9 Enroulez-les depuis la base, puis placez les pointes en dessous, à 2 po (5 cm) d'intervalle, sur une plaque non graissée.

10 Rentrez les extrémités pour former des croissants. Répétez les étapes 8 à 10 avec l'autre moitié de pâte.

11 Couvrez les croissants d'une cellophane et laissez lever au chaud 1 h pour qu'ils doublent de volume, en remettant au réfrigérateur de temps à autre pour que le beurre ne fonde pas. Allumez le four à 425°F (220°C). Battez l'œuf avec l'eau et badigeonnez-en les croissants. Cuisez-les 15 min ou jusqu'à ce qu'ils soient gonflés et dorés. Laissez tiédir 10 min sur une grille.

Photo page 83
Débutez 6 h avant
2 pains

Poticas au pavot

½ t. de sucre
2 c. à thé de zeste de citron râpé
½ c. à thé de sel
1 sachet de levure sèche
3½ à 4 t. de farine tout usage

1 t. de lait
½ t. de beurre ou de margarine
1 œuf
Garniture au pavot (ci-dessous)
1 jaune d'œuf battu

1. Mêlez le sucre, le zeste, le sel, la levure et 1 t. de farine dans un grand bol, puis chauffez le lait et le beurre à feu doux jusqu'à 120 ou 130°F (50-55°C). (Le beurre n'aura pas nécessairement fondu.)
2. Incorporez à petite vitesse le liquide aux ingrédients secs. Battez 2 min en raclant de temps à autre les parois du bol avec une spatule en caoutchouc. Ajoutez l'œuf et 1 t. de farine pour épaissir l'appareil. Battez 2 min de plus en raclant les parois au besoin. A la cuiller, incorporez assez de farine (environ 1½ t.) pour obtenir une pâte souple.
3. Pétrissez la pâte environ 5 min sur un plan fariné pour qu'elle devienne lisse et élastique. Mettez-la en boule dans un bol graissé et retournez-la pour bien l'enduire. Couvrez et laissez lever 1 h pour qu'elle double de volume.
4. Dégonflez la pâte, divisez-la en deux sur un plan fariné et réservez-la 15 min à couvert.
5. Graissez deux plaques. Farinez le rouleau et abaissez un pâton en un rectangle de 18 po × 12 (46 cm × 30). Etalez-y la moitié de la garniture en laissant ½ po (1 cm) de chaque côté. Roulez serré en largeur et pincez les bouts pour souder. Roulez le cylindre sur lui-même et mettez-le sur une plaque, joint en dessous. Répétez avec l'autre pâton. Couvrez et laissez lever environ 1 h 30.
6. Badigeonnez de jaune d'œuf battu. Faites cuire au four préchauffé à 350°F (180°C) de 25 à 30 min, ou jusqu'à ce que les pains rendent un son creux quand on les tapote. Faites refroidir sur des grilles.

GARNITURE AU PAVOT: Mêlez dans un bol moyen *1 boîte de 12 oz (340 g) de garniture au pavot, ½ t. de noix de Grenoble finement hachées, 1 c. à soupe de zeste de citron râpé et 1 c. à thé de cannelle.* A grande vitesse, montez *1 blanc d'œuf* en neige légère dans un petit bol. Incorporez à la garniture.

Enroulez la pâte en largeur en serrant bien. Pincez les bouts.

Façonnage: Roulez le cylindre sur lui-même, joint en dessous.

Beignes allemands

Photo
page 82
Débutez
4 h avant
36 beignes

5 à 6 t. de farine tout
   usage
⅓ t. de sucre
2 c. à thé de muscade
1 c. à thé de sel
½ c. à thé de cannelle
2 sachets de levure sèche
1¼ t. de lait

⅓ t. de beurre ou de
   margarine
2 œufs
Environ 4 t. d'huile
   végétale
2 t. de gelée de fruits
Sucre glace

1. Mêlez dans un grand bol 1½ t. de farine et les cinq ingrédients suivants, puis chauffez le lait et le beurre à feu doux jusqu'à 120 ou 130°F (50-55°C). (Le beurre n'aura pas nécessairement fondu.)
2. A petite vitesse, incorporez le liquide aux ingrédients secs. Ajoutez les œufs à vitesse moyenne et battez 2 min de plus. Epaississez avec ¾ t. de farine et battez encore 2 min. Incorporez 1¾ t. de farine à la cuiller pour obtenir une pâte souple.
3. Pétrissez-la 10 min sur un plan fariné pour la rendre lisse et élastique. Mettez-la en boule dans un bol graissé et retournez-la pour bien l'enduire. Couvrez-la d'un linge et laissez-la dans un endroit chaud, à l'abri des courants d'air, environ 1 h, pour qu'elle double de volume.
4. Dégonflez la pâte, divisez-la en deux sur un plan légèrement fariné, puis laissez-la reposer 15 min sous un bol renversé. Graissez deux plaques.
5. Abaissez le premier pâton à ¼ po (6 mm). Découpez-le avec un emporte-pièce rond de 2¾ po (7 cm). Répétez avec les chutes et le second pâton.

6 Placez les disques sur les plaques à biscuits. Couvrez-les d'un linge et laissez-les au chaud environ 1 h pour qu'ils doublent de volume.

7 Chauffez l'huile à 370°F (185°C) dans une friteuse. Faites dorer quelques beignes à la fois de 45 s à 1 min de chaque côté. Retournez-les avec une écumoire.

8 Egouttez-les sur du papier absorbant. Percez les beignes aux trois quarts avec la pointe d'un petit couteau.

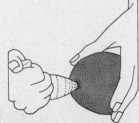

9 Utilisez une douille ronde de ¼ po (6 mm) pour insérer dans chacun une petite quantité de gelée. Saupoudrez de sucre glace.

BEIGNES AU SUCRE: Suivez les étapes 1 à 5 de la recette de gauche, mais découpez la pâte avec un emporte-pièce pour beignes ; répétez avec les chutes. Faites lever et frire selon les étapes 6 et 7. Egouttez. Saupoudrez les beignes chauds de *sucre* ou bien secouez-les avec du sucre dans un sac de plastique. Vous pouvez aussi les glacer avec *½ t. de miel* et *⅔ t. de sucre glace.*

Découpez les beignes
aussi près que possible
les uns des autres.

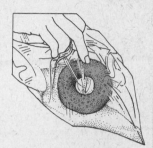

Secouez les beignes
chauds avec du sucre
dans un sac de plastique.

BEIGNES À LA CRÈME: Confectionnez vos beignes selon la recette de gauche, puis farcissez-les de *pouding à la vanille ou au chocolat en boîte* ou préparez un pouding à la vanille, au chocolat, au caramel ou au citron avec un mélange en sachet. Conservez ces beignes au réfrigérateur.

Photo
page 82

BEIGNES DE FANTAISIE: Préparez des *Beignes à la crème* (ci-dessus), puis confectionnez un glaçage en mélangeant *2 t. de sucre glace, ½ c. à thé de vanille* et *3 c. à soupe d'eau.* Saupoudrez les beignes glacés de *noix hachées,* de noix de coco râpée ou émincée, de copeaux de chocolat ou de nonpareils.

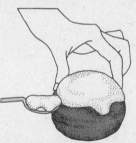

Glacez le dessus des
beignes à l'aide d'une
cuiller.

Décorez-les en les sau-
poudrant de la garniture
de votre choix.

QUELQUES TRUCS POUR LES BEIGNES

Vous pouvez faire frire des beignes dans un faitout. Portez l'huile à 370°F (185°C), puis cuisez à feu moyen.

Si vous abaissez la pâte trop souvent, les derniers beignes seront durs.

Employez une spatule à crêpes pour éviter de les déformer en les plongeant dans l'huile chaude.

Pour les retirer de l'huile, employez une écumoire.

Pour les farcir, vous pouvez aussi vous servir d'une presse à biscuits ou d'un appareil à décorer les gâteaux.

Pains de fantaisie

Photo page 82
Débutez 4 h avant ou la veille
24 babas

Babas au rhum

¼ t. de sucre
¼ c. à thé de sel
2 sachets de levure sèche
Environ 3½ t. de farine tout usage
½ t. d'eau
½ t. de beurre ou de margarine
6 œufs

4 oz (115 g) de citron confit ou 1 t. de raisins de Corinthe
Sirop au rhum (ci-dessous)
⅓ t. de confiture d'abricots
1 c. à soupe de jus de citron

1. Beurrez 24 moules à baba d'une profondeur et d'un diamètre de 2 po (5 cm) ou des moules à muffins de 3 po (8 cm). Mêlez dans un grand bol le sucre, le sel, la levure et ¾ t. de farine, puis chauffez l'eau et le beurre à feu doux jusqu'à 120 ou 130°F (50-55°C). (Le beurre n'aura pas nécessairement fondu.)
2. Incorporez à petite vitesse le liquide aux ingrédients secs. Battez 2 min à vitesse moyenne, en raclant de temps à autre les parois du bol. Incorporez les œufs et environ 1 t. de farine pour épaissir la pâte. Battez 2 min de plus en raclant les parois. Ajoutez à la cuiller le citron confit ou les raisins et assez de farine (environ 1¾ t.) pour obtenir une pâte souple.
3. Déposez une bonne cuillerée de pâte dans chaque moule. Couvrez, puis laissez lever dans un endroit chaud environ 1 h ou jusqu'à ce que la pâte déborde légèrement des moules.
4. Portez le four à 375°F (190°C), puis cuisez-y les babas de 15 à 20 min jusqu'à ce qu'ils soient d'un beau doré. Entre-temps, préparez le sirop. Laissez tiédir les babas sur une grille dans leurs moules, puis démoulez-les et placez-les dans une lèchefrite. Nappez-les de sirop et laissez-les s'imbiber 2 h à couvert en les retournant de temps à autre.
5. Pressez la confiture à travers un tamis et incorporez-y le citron ; tartinez-en les babas et servez.

SIROP AU RHUM : Amenez à ébullition à feu moyen *3 t. d'eau, 2¼ t. de sucre, 6 minces tranches d'orange* et *6 minces tranches de citron.* Couvrez et laissez mijoter 5 min à feu doux. Quand le sirop aura tiédi, retirez les tranches d'orange et de citron et incorporez *1¼ t. de rhum léger.*

Laissez les babas tremper 2 h dans le sirop en les retournant de temps à autre.

Pour décorer : Pressez la confiture à travers un tamis, puis incorporez-y le jus de citron.

Pâte à danoises

¼ t. de sucre
1 c. à thé de sel
1 c. à thé de poudre de cardamome
2 sachets de levure sèche
Environ 4 t. de farine tout usage
1¼ t. de lait
1 œuf
1½ t. de beurre

Débutez 5 h avant ou jusqu'à 1 semaine plus tôt
Pâte pour Pâtisseries danoises (ci-contre)

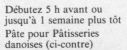

1 Mêlez le sucre, le sel, la cardamome, la levure et 1½ t. de farine, puis chauffez le lait à feu doux jusqu'à 120 ou 130°F (50-55°C).

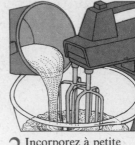

2 Incorporez à petite vitesse le liquide aux ingrédients secs. Ajoutez l'œuf, puis battez 2 min à vitesse moyenne.

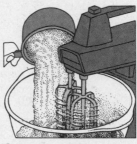

3 Incorporez ½ t. de farine, battez 2 min de plus, puis ajoutez à la cuiller assez de farine (environ 1½ t.) pour obtenir une pâte souple.

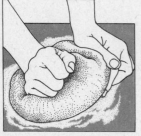

4 Sur un plan fariné, pétrissez-la environ 10 min en ajoutant de la farine au besoin. Façonnez-la en boule, couvrez et laissez lever 30 min.

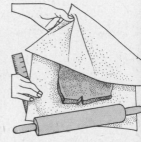

5 Entre 2 papiers cirés, abaissez le beurre en un rectangle de 12 po × 8 (30 cm × 20) ; retournez-le souvent et rajustez le papier. Réfrigérez.

6 Sur un plan fariné, abaissez la pâte pour obtenir un rectangle de 18 po × 9 (46 cm × 23).

7 Placez le rectangle de beurre à un bout de la pâte en ménageant une bordure de ½ po (1 cm) sur trois côtés.

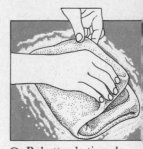

8 Rabattez le tiers de pâte nue sur le beurre et repliez l'autre tiers par-dessus.

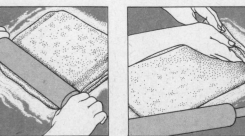

9 Scellez les bords au rouleau pour enfermer le beurre.

10 Abaissez la pâte comme à l'étape 6 et pliez-la à nouveau en trois comme à l'étape 8.

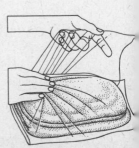

11 Réfrigérez-la 30 min, enveloppée. Répétez deux fois les étapes 6 et 8 en réfrigérant chaque fois.

Pâtisseries danoises

Pâte à danoises (p. 450) 1 œuf
Garnitures (à droite) 1 c. à soupe d'eau

Photo
page 82
Débutez
5 h avant
24 pâtisseries

1. Préparez la pâte et l'une des garnitures. Divisez la pâte en quatre pâtons et réfrigérez-en trois. Abaissez l'autre en un rectangle de 12 po × 8 (30 cm × 20) et divisez-le en six carrés de 4 po (10 cm) de côté. Battez l'œuf et l'eau, badigeonnez-en les carrés, puis espacez-les de 2 po (5 cm) sur une plaque non graissée. Garnissez d'après l'un des modèles ci-dessous et répétez avec le reste.
2. Couvrez et faites lever 1 h au réfrigérateur.
3. Allumez le four à 400°F (200°C). Badigeonnez à nouveau d'œuf les pâtisseries, puis cuisez-les de 15 à 18 min. Si certaines se sont entrouvertes durant la cuisson, refermez-les avant de les mettre à refroidir sur des grilles.

GARNITURES

CONFITURE: *1 pot de 9 oz (250 ml) de confiture de framboises ou d'abricots* (environ 1½ t.) garnira 24 pâtisseries danoises.

PÂTE D'AMANDES: Mélangez à fond dans un bol *8 oz (225 g) de pâte d'amandes, et 1 jaune d'œuf.* (Donne 1¼ t. ou assez pour garnir 24 pâtisseries.)

FROMAGE À LA CRÈME: Au batteur électrique, mélangez à petite vitesse *1 paquet de 8 oz (225 g) de fromage à la crème,* ramolli, *½ t. de sucre glace, 1 jaune d'œuf* et *1 c. à thé de zeste de citron râpé* jusqu'à l'obtention d'une pâte lisse. Ajoutez *¼ t. de raisins de Corinthe.* (Donne 1⅓ t. ou assez pour garnir 24 pâtisseries.)

ÉTOILES

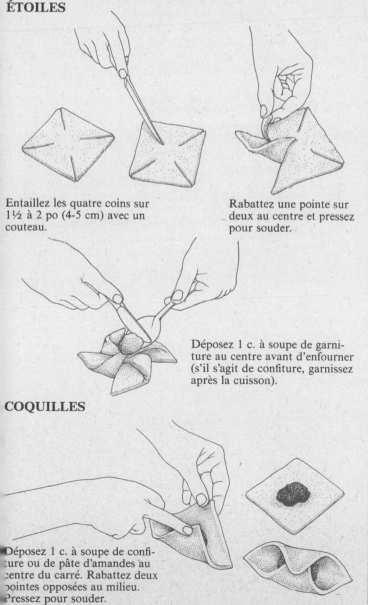

Entaillez les quatre coins sur 1½ à 2 po (4-5 cm) avec un couteau.

Rabattez une pointe sur deux au centre et pressez pour souder.

Déposez 1 c. à soupe de garniture au centre avant d'enfourner (s'il s'agit de confiture, garnissez après la cuisson).

COQUILLES

Déposez 1 c. à soupe de confiture ou de pâte d'amandes au centre du carré. Rabattez deux pointes opposées au milieu. Pressez pour souder.

ENVELOPPES

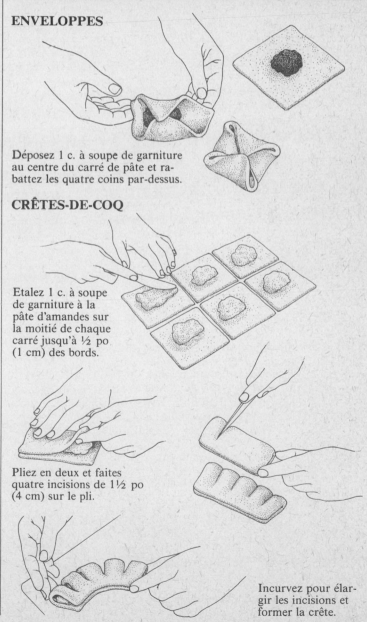

Déposez 1 c. à soupe de garniture au centre du carré de pâte et rabattez les quatre coins par-dessus.

CRÊTES-DE-COQ

Etalez 1 c. à soupe de garniture à la pâte d'amandes sur la moitié de chaque carré jusqu'à ½ po (1 cm) des bords.

Pliez en deux et faites quatre incisions de 1½ po (4 cm) sur le pli.

Incurvez pour élargir les incisions et former la crête.

Pains de fêtes

Ces pains se servent traditionnellement pour souligner une fête en particulier : on prépare, par exemple, le Koulitch à Pâques (voir aussi Brioches du Vendredi saint, p. 442) et le Stollen, farci de fruits confits et de noix, à Noël. Rien ne vous interdit, toutefois, de déguster ces pains originaux à longueur d'année.

Stollen

Photo page 83
Débutez 5 h avant
3 pains

½ t. de sucre	3 œufs
1½ c. à thé de sel	1 t. d'amandes grillées,
2 sachets de levure sèche	émincées
5½ à 6½ t. de farine	1 t. de cerises confites en
tout usage	dés
1¼ t. de lait	⅓ t. de raisins secs dorés
⅔ t. de beurre ou de	Sucre glace
margarine	

1. Mêlez dans un grand bol le sucre, le sel, la levure et 2 t. de farine, puis chauffez le lait et le beurre à feu doux jusqu'à 120 ou 130°F (50-55°C).
2. Incorporez à petite vitesse le liquide aux ingrédients secs. Battez 2 min à vitesse moyenne en raclant de temps à autre les parois du bol. Ajoutez les œufs et environ ½ t. de farine pour épaissir la pâte. Battez 2 min de plus en raclant les parois. Incorporez à la cuiller assez de farine (environ 2¾ t.) pour obtenir une pâte souple.
3. Sur un plan légèrement fariné, pétrissez la pâte environ 10 min pour qu'elle devienne lisse et élastique. Mettez-la en boule dans un bol graissé et retournez-la pour bien l'enduire. Couvrez et laissez-la environ 1 h dans un endroit chaud pour qu'elle double de volume. Mêlez dans un petit bol les amandes, les cerises et les raisins secs.
4. Dégonflez la pâte. Sur un plan fariné, incorporez-y les fruits en pétrissant, puis divisez-la en trois pâtons. Réfrigérez-en deux à couvert.
5. Avec un rouleau légèrement fariné, donnez au pâton une forme ovale de 12 po × 7 (30 cm × 18). Pliez-le en deux en longueur, déposez-le sur une grande plaque à biscuits et couvrez. Préparez un deuxième pain, puis faites-le lever 1 h avec le premier dans un endroit chaud. Après 30 min, préparez le troisième pain.
6. Cuisez les deux premiers pains de 25 à 30 min au four préchauffé à 350°F (180°C), jusqu'à ce qu'ils rendent un son creux quand vous les tapotez. Mettez-les sur une grille et cuisez l'autre pain. Saupoudrez-les, une fois refroidis, de sucre glace.

Incorporez le mélange de fruits à la pâte en la pétrissant.

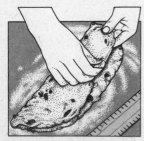

Abaissez un ovale de 12 po × 7 (30 cm × 18). Pliez en longueur.

Koulitch

Photo page 83
Débutez 5 h avant
3 pains

½ t. de sucre	Lait
½ c. à thé de sel	3 œufs
¼ c. à thé de poudre de	½ t. de raisins secs
cardamome	½ t. de fruits confits
2 sachets de levure sèche	¼ t. d'amandes rôties,
Environ 6½ t. de farine	concassées
½ t. de beurre ou de	1½ t. de sucre glace
margarine	½ c. à thé de jus de
1 c. à thé de vanille	citron

1. Mêlez le sucre, le sel, la cardamome, la levure et 1 t. de farine dans un grand bol, puis chauffez le beurre, la vanille et 1 t. de lait à feu doux jusqu'à 120 ou 130°F (50-55°C).
2. Incorporez à petite vitesse le liquide aux ingrédients secs. Battez 2 min à vitesse moyenne en raclant souvent les parois du bol. Ajoutez les œufs et 2 t. de farine pour épaissir l'appareil. Battez encore 2 min. Incorporez à la cuiller environ 3 t. de farine pour obtenir une pâte souple.
3. Pétrissez la pâte environ 5 min sur un plan fariné en ajoutant de la farine au besoin. Ajoutez les raisins secs, les fruits confits et les amandes et pétrissez encore 5 min pour que la pâte soit lisse et élastique. Mettez-la en boule dans un bol graissé et retournez-la pour bien l'enduire. Couvrez et laissez lever 1 h 30 ou jusqu'au double du volume.
4. Préparez et remplissez trois boîtes à café de 1 lb (450 g), de 5½ po (14 cm) de haut, comme illustré ci-dessous. Couvrez et laissez lever 1 h.
5. Allumez le four à 350°F (180°C). Badigeonnez les pains de lait et cuisez-les environ 50 min jusqu'à ce qu'ils rendent un son creux quand vous les tapotez. (Si le dessus brunit trop vite, couvrez d'un papier d'aluminium.) Démoulez immédiatement et laissez refroidir sur des grilles.
6. Entre-temps, confectionnez le glaçage. Mélangez dans un bol le sucre glace, 2 c. à soupe de lait et le jus de citron jusqu'à l'obtention d'une pâte lisse.
7. Nappez-en les brioches en laissant couler le glaçage tout autour.

PRÉPARATION DES MOULES

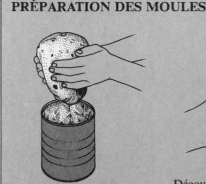

Chemisez les boîtes de papier d'aluminium graissé. Dégonflez la pâte, divisez-la en trois et insérez-la dans les moules, côté lisse dessus.

Découpez trois papiers d'aluminium de 12 po × 14 (30 cm × 35). Pliez-les en quatre en longueur ; graissez le côté intérieur ; fixez autour des boîtes en laissant un col de 2 po (5 cm).

Challah

Photo
page 82
Débutez
5 h 30 avant
2 pains

2 c. à soupe de sucre
1½ c. à thé de sel
2 sachets de levure sèche
6½ à 7 t. de farine tout usage

1½ t. d'eau
6 c. à soupe d'huile végétale
6 œufs

1. Mêlez le sucre, le sel, la levure et 2 t. de farine dans un grand bol, puis chauffez l'eau et l'huile à feu doux jusqu'à 120 ou 130°F (50-55°C).
2. Incorporez graduellement à petite vitesse le liquide aux ingrédients secs. Battez 2 min à vitesse moyenne, en raclant de temps à autre les parois du bol avec une spatule en caoutchouc.
3. Réservez 2 jaunes d'œufs et incorporez les blancs d'œufs et le reste des œufs à la pâte avec assez de farine (environ 1½ t.) pour l'épaissir. Battez 2 min de plus en raclant les parois de temps à autre. Incorporez à la cuiller environ 2½ t. de farine pour obtenir une pâte souple.
4. Pétrissez la pâte environ 5 min sur un plan fariné pour la rendre élastique, en ajoutant de la farine au besoin. Mettez-la en boule dans un bol graissé et retournez-la pour bien l'enduire. Couvrez et mettez dans un endroit chaud environ 1 h, pour que la pâte double de volume.
5. Dégonflez la pâte, renversez-la sur un plan fariné, puis laissez-la reposer 15 min, à couvert. Graissez une grande plaque.
6. Tressez les pains.

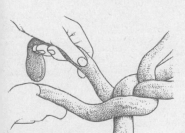

Tressage : Divisez la pâte en trois pâtons. Coupez-en un en trois et façonnez-en des cordons de 16 po (40 cm). Tressez-les ensemble.

Pincez les extrémités pour souder. Déposez sur la plaque et préparez le second pâton de la même façon. Divisez le troisième pâton en six et façonnez-en des cordons de 17 po (43 cm) avec lesquels vous ferez deux tresses.

Centrez les tresses minces sur les autres et repliez les extrémités en dessous, en les étirant au besoin.

7. Espacez les pains d'au moins 5 po (13 cm) sur une plaque. Couvrez-les et laissez-les environ 1 h au chaud et à l'abri des courants d'air pour qu'ils doublent de volume.
8. Badigeonnez-les de jaune d'œuf et cuisez-les environ 35 min au four préchauffé à 375°F (190°C). Faites refroidir sur des grilles.

Couronne de Noël à la cardamome

Photo
page 83
Débutez
4 h 30 avant
1 couronne

1 t. de sucre
1 c. à thé de sel
1 c. à thé de poudre de cardamome
2 sachets de levure sèche
Environ 7 t. de farine tout usage
1 t. de beurre ou de margarine

Lait
3 œufs
1 c. à soupe de zeste de citron râpé
½ c. à thé d'extrait d'amande
Environ 1 vg (1 m) de ruban décoratif

1. Mêlez le sucre, le sel, la cardamome, la levure et 2 t. de farine dans un grand bol, puis chauffez le corps gras et 1½ t. de lait à feu doux jusqu'à 120 ou 130°F (50-55°C).
2. Incorporez à petite vitesse le liquide aux ingrédients secs. Battez 2 min à vitesse moyenne. Réservez un blanc d'œuf et incorporez le reste des œufs, le zeste, l'extrait d'amande et 2 t. de farine. Battez 2 min de plus. Ajoutez à la cuiller environ 2½ t. de farine pour obtenir une pâte souple.
3. Pétrissez-la environ 10 min sur un plan fariné pour la rendre lisse et élastique, en ajoutant de la farine au besoin. Mettez-la en boule dans un bol graissé et retournez-la pour bien l'enduire. Couvrez d'un linge et laissez environ 1 h dans un endroit chaud (80°F ou 25°C), pour que la pâte double de volume.
4. Dégonflez la pâte et déposez-la sur un plan légèrement fariné. Couvrez d'un linge et attendez 15 min avant de façonner.
5. Graissez une grande plaque et l'extérieur d'un bol à bords droits, pouvant aller au four. Placez-le à l'envers au centre de la plaque. Dans un petit bol, fouettez le blanc d'œuf en réserve avec 1 c. à soupe de lait. Prélevez ½ t. de pâte et réservez.
6. Abaissez la pâte en un rectangle de 30 po × 10 (75 cm × 25). Enroulez-le en largeur, puis tordez-le légèrement. Placez ce cylindre autour du bol. Pressez les bouts ensemble pour les souder et repliez par-dessous.
7. Abaissez la pâte réservée sur ⅛ po (3 mm).

Farinez un emporte-pièce en forme de feuille de 2½ po (7 cm). Taillez une quinzaine de feuilles. Avec les chutes, façonnez de petites boules.

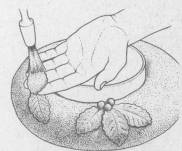

Décorez la couronne : Badigeonnez les feuilles et les boules de blanc d'œuf. Collez-les par groupes de trois comme illustré.

8. Couvrez la couronne. Laissez-la lever 45 min au chaud et à l'abri des courants d'air. Badigeonnez-la de blanc d'œuf et faites-la dorer environ 1 h au four préchauffé à 350°F (180°C). Mettez à refroidir sur une grille, puis décorez du ruban.

Pizza

La pâte à pizza se confectionne aussi facilement que la plus simple des préparations à base de levure. La différence fondamentale consiste à remplacer le lait par de l'eau pour obtenir une croûte croustillante. Quand vous aurez fait lever la pâte, dégonflez-la, puis attendez 15 minutes comme dans le cas d'un pain ordinaire. Il ne vous restera plus alors qu'à l'abaisser en disques très minces.

Pour déposer ces disques sur la plaque, pliez-les en quatre, sinon la pâte se déchirerait. A défaut de plaque spéciale, employez une simple plaque à biscuits. Enfournez la pizza aussitôt qu'elle est garnie, sans la faire lever une seconde fois.

Vous pouvez faire de la pizza une entrée, un plat principal, une collation ou même le clou d'une réception.

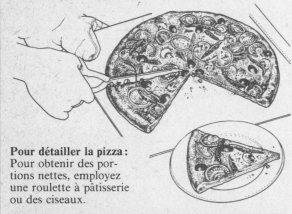

Pour détailler la pizza : Pour obtenir des portions nettes, employez une roulette à pâtisserie ou des ciseaux.

GARNITURES POUR PIZZAS

Suivez la recette de droite, mais n'utilisez que *½ lb (225 g) de mozzarella* et garnissez d'un ou de plusieurs des ingrédients suivants :

CHAMPIGNONS : *½ lb (225 g) de champignons,* tranchés.

PEPPERONI : *1 lb (450 g) de pepperoni,* émincé.

ANCHOIS : *4 oz (115 g) de filets d'anchois,* égouttés.

SAUCISSE : *1 lb (450 g) de saucisses à rissoler,* coupées en tronçons de ½ po (1 cm), ou *1 lb (450 g) de saucisses de porc,* poêlées et égouttées.

SAUCISSE ITALIENNE : *1 lb (450 g) de saucisses italiennes douces ou épicées,* cuites et émincées.

BŒUF : *1 lb (450 g) de bœuf maigre haché,* poêlé et égoutté.

OLIVES : *1 t. d'olives noires dénoyautées ou d'olives vertes farcies au piment.*

POIVRON : *2 petits poivrons verts,* émincés.

OIGNON : *2 petits oignons,* hachés.

PIMENT DOUX : *½ t. de piments doux, hachés, en conserve.*

Pizza au fromage

1 sachet de levure sèche
Environ 4½ t. de farine tout usage
Sel
1½ t. d'eau
Huile d'olive ou autre
1 oignon moyen, en dés
1 gousse d'ail hachée
1 boîte de 14 oz (398 ml) de tomates
1 boîte de 5½ oz (156 g) de pâte de tomates
1½ c. à thé de sucre
1 c. à thé de fines herbes à l'italienne
¼ c. à thé de piment séché et broyé
1 paquet de 16 oz (450 g) de mozzarella râpé

Photo page 31
Débutez 2 h 30 avant
8 portions comme
plat principal

1 Mêlez la levure, 2 t. de farine et 1 c. à thé de sel dans un grand bol. Chauffez l'eau à 130°F (55°C). En mélangeant à petite vitesse, incorporez-la aux ingrédients secs. Battez 2 min à vitesse moyenne, en raclant les parois du bol. Épaississez avec ½ t. de farine. Battez encore 2 min. En remuant à la cuiller, ajoutez environ 1½ t. de farine pour obtenir une pâte souple.

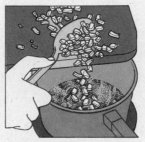

2 Pétrissez-la environ 8 min pour qu'elle soit élastique en ajoutant de la farine au besoin. Mettez-la en boule dans un bol graissé, couvrez et laissez lever 1 h.

3 Chauffez 1 c. à soupe d'huile à feu moyen dans une casserole et faites-y revenir l'oignon et l'ail. Ajoutez les tomates et la pâte de tomates ; concassez les tomates.

4 Ajoutez le sucre, les herbes, le piment et 1 c. à thé de sel. Amenez à ébullition en remuant. Couvrez partiellement et laissez mijoter 20 min à feu doux.

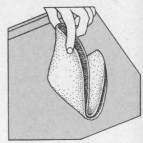

5 Dégonflez la pâte. Divisez-la en deux, recouvrez et attendez 15 min. Allumez le four à 450°F (230°C) et graissez deux grandes plaques à biscuits ou à pizzas.

6 Avec un rouleau fariné, abaissez chaque pâton en un disque de 13 po (33 cm).

7 Pliez en quatre, déposez sur la plaque et dépliez.

8 Relevez et pincez le tour pour former une bordure. Badigeonnez la pâte d'huile.

9 Recouvrez de la moitié du fromage râpé, puis nappez de sauce tomate.

10 Terminez avec le reste de fromage. Cuisez 20 min pour dorer la croûte.

SANDWICHES

Les sandwiches se servent aussi bien en collation que comme repas. Pour en préparer un grand nombre, adoptez le mode de production en série. Disposez les tranches de pain en rangées doubles, enduisez-les de beurre mou, garnissez une tranche sur deux et recouvrez avec les autres. Coupez, puis enveloppez ensemble tous les sandwiches d'une même sorte. Attendez à la dernière minute pour ajouter la laitue, les tomates et d'autres ingrédients semblables sans quoi le pain se ramollirait. La plupart des sandwiches peuvent se conserver deux semaines au congélateur. Employez toujours du pain et des ingrédients de la plus grande fraîcheur.

Sandwiches chauds

Croque-monsieur

Photo
page 108
Débutez
45 min avant
ou le matin
16 sandwiches
ou 8 portions

16 minces tranches de pain blanc, sans les croûtes
1 paquet de 8 oz (225 g) de suisse tranché
Moutarde préparée
½ lb (225 g) de jambon cuit, émincé
⅓ t. de beurre ou de margarine, fondu

1 Tartinez la moitié des tranches de pain de moutarde. Taillez le fromage aux dimensions du pain et couvrez.

2 Coiffez de tranches de jambon de la même taille, puis fermez les sandwiches. Disposez sur une plaque, couvrez et réfrigérez au besoin.

3 *Environ 20 min avant de servir:* Allumez le four à 450°F (230°C). Badigeonnez les sandwiches de la moitié du beurre fondu. Faites dorer au four environ 5 min.

4 Retournez et badigeonnez avec le reste du beurre. Remettez 3 min au four. Tranchez les sandwiches en deux. Servez chaud dans des serviettes de papier.

Pain à la mozzarella

Photo
page 108
Débutez
40 min avant
6 portions

1 baguette italienne aux graines de sésame
1 paquet de 16 oz (450 g) de mozzarella
½ t. d'olives pour salades
1½ c. à thé d'origan

1. Allumez le four à 400°F (200°C). Découpez la baguette en tranches de 1 po (2,5 cm) sans entamer la croûte du dessous. Taillez le fromage en tranches de ¼ po (6 mm). Placez le fromage et les olives entre les tranches de pain.
2. Mettez le pain sur une plaque et cuisez-le environ 15 min jusqu'à ce qu'il soit bien chaud et que le fromage ait fondu. Saupoudrez d'origan. Séparez les tranches en coupant la croûte du dessous avec un couteau tranchant. Servez immédiatement.

Sandwiches au porc épicé

Photo
page 108
Débutez
3 h 30 avant
10 sandwiches

2½ lb (1,15 kg) de rôti de soc désossé, en morceaux de 1½ po (4 cm)
2 oignons moyens, hachés
2 poivrons verts moyens, hachés
1 boîte de 5½ oz (156 ml) de pâte de tomates
½ t. de cassonade tassée
½ t. d'eau
¼ t. de vinaigre de cidre
3 c. à soupe de poudre de chili
2 c. à thé de sel
2 c. à thé de sauce Worcestershire
1 c. à thé de moutarde sèche
10 petits pains croûtés de 6 po (15 cm)
Feuilles de laitue
1 grosse tomate, coupée en dés

1. Mêlez les 11 premiers ingrédients dans un faitout, amenez rapidement à ébullition, couvrez et laissez mijoter 3 h à feu doux, en remuant de temps à autre, pour que le porc soit *très* tendre.
2. Dégraissez le jus et battez au fouet pour effilocher la viande.
3. Ouvrez les pains, chemisez de laitue et farcissez de viande. Parsemez de dés de tomate.

Sandwiches chauds

Photo
page 108
Débutez
45 min avant
4 sandwiches

Sandwiches Reuben

½ t. de mayonnaise
1 c. à soupe de poivron
   vert haché
1 c. à soupe de sauce
   chili
8 tranches de pain de
   seigle

4 tranches de suisse
½ lb (225 g) de bœuf
   salé, tranché
1 t. de choucroute
   égouttée
Beurre ou margarine

1. Mêlez les trois premiers ingrédients dans un petit bol. Tartinez chaque tranche de pain de 1 c. à soupe de ce mélange. Coupez le fromage en deux en largeur. Garnissez quatre tranches de pain avec une demi-tranche de fromage, du bœuf salé, de la choucroute et une autre demi-tranche de fromage. Terminez avec le pain.
2. Chauffez 2 c. à soupe de beurre dans une sauteuse, puis faites-y griller les sandwiches des deux côtés jusqu'à ce que le fromage soit fondu. Ajoutez du beurre au besoin. Tranchez en deux pour servir.

Garniture: Etalez le bœuf et la choucroute entre deux tranches de fromage.

Cuisson: Faites griller les sandwiches jusqu'à ce que le pain soit doré et le fromage fondu.

Photo
page 108
Débutez
15 min avant
6 sandwiches

Petits pains au bacon

16 oz (450 g) de bacon
   de dos
6 petits pains à
   hamburgers

Beurre ou margarine,
   ramolli

Préchauffez le gril selon le mode d'emploi. Chauffez le bacon à feu assez vif dans une sauteuse. Ouvrez les pains, beurrez-les et passez-les sous le gril, puis emplissez chacun de deux ou trois tranches de bacon. Tranchez en deux et servez chaud.

Photo
page 108
Débutez
35 min avant
4 sandwiches

Sandwiches de l'Ouest

3 c. à soupe de beurre
6 oz (170 g) de jambon
   cuit coupé en dés (1 t.)
½ poivron coupé en dés
½ oignon coupé en dés

6 œufs
2 c. à soupe de lait
¾ c. à thé de sel
8 tranches de pain blanc,
   grillées

1. Faites revenir 5 min dans le beurre, à feu moyen, le jambon, le poivron et l'oignon jusqu'à ce que les légumes soient tendres.
2. Fouettez les œufs avec le lait et le sel dans un grand bol. Ajoutez à l'appareil au jambon. Remettez à feu doux, couvrez et laissez cuire de 12 à 15 min jusqu'à ce que le dessus soit pris et le dessous légèrement doré. Servez entre les tranches de pain blanc grillées.

Photo
page 108
Débutez
30 min avant
6 sandwiches

Michigan

1 lb (450 g) de bœuf
   maigre haché
1 poivron moyen coupé
   en dés
1 oignon moyen coupé en
   dés
1 boîte de 14 oz (398 ml)
   de fèves au lard
½ t. de ketchup
½ c. à thé de sel
½ c. à thé de poudre de
   chili
6 petits pains de 8 po
   (20 cm)
Feuilles de laitue

1 Faites revenir les trois premiers ingrédients à feu assez vif environ 10 min pour que le bœuf soit bien cuit.

2 Ajoutez les quatre ingrédients suivants. Amenez à ébullition, puis faites mijoter 10 min à feu doux, sans couvrir, en remuant de temps à autre.

3 Tranchez les pains en deux horizontalement. Sur une moitié, mettez de la laitue et ⅔ t. de la préparation. Recouvrez de l'autre moitié.

Photo
page 109
Débutez
1 h avant
12 sandwiches

Tacos

Farce au poulet ou au
   bœuf (ci-dessous)
12 coquilles de tacos du
   commerce ou maison
   (ci-dessous)

Chiffonnade de laitue
2 t. de cheddar râpé
4 tomates moyennes
   concassées
Sauce tabasco

Garnissez chaque coquille de 2 ou 3 c. à soupe d'une des farces ci-dessous et ajoutez le reste des ingrédients.

FARCE AU POULET: Faites fondre à feu assez vif 2 oignons moyens hachés dans ¼ t. de beurre. Ajoutez 4 t. de poulet cuit coupé en dés, 4 tomates moyennes concassées, 2 c. à thé de sel et 1 c. à thé de poivre. Réchauffez à fond.

FARCE AU BŒUF: Faites revenir à feu assez vif 2 lb (900 g) de bœuf haché et 2 oignons moyens hachés. Dégraissez le jus. Ajoutez 4 tomates moyennes, concassées, 2 c. à thé d'origan, 2 c. à thé de sel, 1 c. à thé de poivre et 2 gousses d'ail écrasées. Réchauffez à fond.

COQUILLES DE TACOS: Environ 1 h 45 avant: Préparez des tortillas (p. 431). Chauffez ½ po (1 cm) d'huile végétale dans une sauteuse à feu moyen. Plongez-y une tortilla pour l'attendrir, pliez-la en deux et tenez-la entrouverte avec des pinces. Faites frire d'un côté puis de l'autre pour qu'elle soit croustillante. Egouttez-la et répétez avec le reste.

Sandwiches froids

Pain pita et bœuf au curry

Photo page 108
Débutez 3 h avant
12 sandwiches ou 6 portions

Pain pita (p. 447)
1 lb (450 g) de bœuf maigre haché
½ t. d'oignon haché
1 pomme délicieuse moyenne, hachée

¼ t. de raisins secs foncés sans pépins
1¼ c. à thé de sel
1 c. à thé de curry
8 oz (225 ml) de yogourt nature

1. Confectionnez d'abord le pain pita. Pour préparer le curry, faites revenir dans une sauteuse le bœuf haché et les oignons à feu assez vif jusqu'à ce que ceux-ci soient tendres. Dégraissez le jus, puis ajoutez les pommes, les raisins secs, le sel et le curry. Couvrez et laissez mijoter 5 min à feu doux, pour attendrir les pommes.
2. Tranchez le pain pita en deux pour faire des « poches ». Remplissez chacune d'environ ⅓ t. de farce. Servez le yogourt à part pour que chaque convive en ajoute au goût.

Sous-marins

Photo page 109
Débutez 45 min avant
4 sandwiches

12 saucisses italiennes douces en chapelet
¼ t. d'eau
2 oignons moyens
5 poivrons verts ou rouges

2 c. à soupe d'huile d'olive ou autre
4 petits pains croûtés de 5 po (12 cm)

1. Mettez les saucisses et l'eau dans une sauteuse, couvrez et laissez mijoter 5 min, puis cuisez encore 15 min à découvert en retournant les saucisses de temps à autre, jusqu'à ce qu'elles soient brunes.
2. Emincez les oignons et les poivrons, puis faites sauter les premiers, à part, dans une poêle. Quand ils sont tendres, ajoutez les poivrons et prolongez la cuisson de 10 min, à feu moyen, en remuant de temps à autre. Ajoutez les saucisses cuites.
3. Tranchez les pains horizontalement, puis garnissez les tranches du dessous du mélange oignons et poivrons et de trois saucisses. Recouvrez.
4. Pour servir, coupez chaque petit pain en deux.

Sandwiches au bifteck

Photo page 108
Débutez 20 min avant
4 portions

4 tranches de pain blanc
Beurre ou margarine
4 biftecks minute
Attendrisseur de viande non assaisonné
¾ t. d'eau

1 sachet de bouillon de bœuf
2 c. à thé de farine tout usage
Cresson

1. Grillez et beurrez les tranches de pain blanc. Posez chacune des tranches sur une assiette chaude et gardez au chaud.
2. Saupoudrez la viande d'attendrisseur. Chauffez 3 c. à soupe de corps gras dans une grande sauteuse et faites cuire les biftecks à feu vif, 1 min de chaque côté ou davantage, selon le degré de cuisson désiré. Coiffez-en les rôties.
3. Baissez légèrement le feu. Mélangez le bouillon, l'eau et la farine à part dans une tasse, puis versez dans la sauteuse pour la déglacer. Remuez jusqu'à ce que la sauce épaississe. Nappez-en les biftecks et décorez avec du cresson.

Sandwiches club

Photo page 109
Débutez 20 min avant
2 portions

6 tranches de bacon
6 tranches de pain blanc, grillées
Mayonnaise
Feuilles de laitue

2 grandes tranches de dinde cuite
Sel
Poivre
1 grosse tomate tranchée

1 Faites cuire le bacon à feu moyen pour le rendre croustillant. Egouttez-le sur du papier et tartinez les rôties de mayonnaise.

2 Disposez de la laitue et de la dinde sur deux rôties. Salez, poivrez et couvrez de deux autres rôties, côté tartiné dessus.

3 Garnissez de laitue, de tomate et de trois tranches de bacon. Couvrez des dernières rôties, côté tartiné à l'intérieur.

4 Tranchez en quatre. Insérez un cure-dents dans chaque portion et dressez-les sur une assiette, sur leur croûte.

VARIANTES : Remplacez la dinde ci-desssus par du *jambon cuit*, du bœuf salé, du pastrami ou du rôti de bœuf. Au lieu de bacon, employez *2 tranches de suisse* ou 4 tranches de bacon de dos.

Vieux garçons

Photo page 109
Débutez 20 min avant
6 portions

1 baguette de pain croûté de 1 lb (450 g)
¼ t. de Sauce à la russe (p. 326)
2 œufs durs, finement hachés
2 c. à soupe d'oignons verts hachés
2 c. à soupe de mayonnaise

½ c. à thé de sel assaisonné
1 petit concombre tranché
2 paquets de 6 oz (175 g) de jambon cuit
1 paquet de 8 oz (225 g) de suisse en tranches
1 grosse tomate tranchée

1. Tranchez la baguette horizontalement. Mélangez dans un petit bol la sauce, les œufs durs, les oignons verts, la mayonnaise et le sel assaisonné.
2. Disposez sur le pain les tranches de concombre et le reste des ingrédients en couches successives. Nappez du mélange aux œufs, reformez la baguette et tranchez en portions égales.

Sandwiches froids

CANAPÉS DANOIS

Les canapés ont acquis une grande popularité. On utilise généralement pour leur préparation du pain de seigle ou du pumpernickel. Pour les garnir, donnez libre cours à votre fantaisie. Voici quelques suggestions.

Garnissez du pain de seigle de hareng mariné sur un lit de laitue. Décorez de rondelles d'oignon et d'un quartier de tomate.

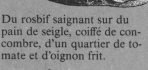

Du rosbif saignant sur du pain de seigle, coiffé de concombre, d'un quartier de tomate et d'oignon frit.

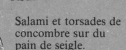

Salami et torsades de concombre sur du pain de seigle.

Crevettes en mayonnaise sur du pain blanc, décorées d'une torsade de citron et d'une de concombre.

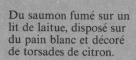

Du saumon fumé sur un lit de laitue, disposé sur du pain blanc et décoré de torsades de citron.

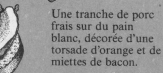

Une tranche de porc frais sur du pain blanc, décorée d'une torsade d'orange et de miettes de bacon.

Tranches d'œuf dur, caviar noir et lamelles de poivron rouge présentés sur du pain pumpernickel.

Tranches de bleu du Danemark sur du pain pumpernickel, décorées de moitiés de raisins bleus et de noix de Grenoble.

Sandwiches au cresson et aux noix

Photo page 109
Débutez 30 min avant
4 sandwiches

½ botte de cresson
¼ t. de noix de Grenoble hachées
¼ c. à thé de sel assaisonné

8 oz (225 g) de philadelphie, ramolli
4 fines tranches de pain pumpernickel

1. Hachez l'équivalent de ⅓ t. de cresson. Réservez le reste pour la décoration.
2. Dans un bol moyen, mêlez à la fourchette les noix, le sel, le fromage et le cresson haché. Tartinez les tranches de pain de ce mélange.
3. Pour servir, coupez les tranches en deux en diagonale. Garnissez de brins de cresson.

Photo page 109

SANDWICHES MINCEUR

THON ET NOIX: Mélangez du *thon*, du *céleri haché* et des *noix hachées*, du *sel* et *un peu de cottage*; tartinez-en du *pain aux dattes et aux noix*.

CREVETTES AU CURRY: Tartinez du *pain brun* d'un mélange de *crevettes en boîte*, de *dés de pomme*, de *mayonnaise de régime* et de *curry*.

FOIE DE POULET: Hachez ensemble des *foies de poulet cuits* et des *olives farcies*. Étalez sur du *pain pumpernickel*.

POIVRONADE: Déposez sur du *pain brun* des *lamelles de poivron* et des *tranches de jambon cuit*.

VARIANTES SUR LE BEURRE D'ARACHIDE

En y ajoutant un ingrédient inattendu, vous pouvez transformer un banal sandwich au beurre d'arachide en quelque chose d'assez spécial. Employez-le tantôt crémeux, tantôt croquant, sur du pain blanc, du pain de blé entier, de seigle, au raisin ou pumpernickel.

BEURRE D'ARACHIDE ET BANANE: Entre deux *tranches de pain* tartinées de *beurre d'arachide*, disposez de *fines tranches de banane*.

BEURRE D'ARACHIDE ET BACON: Faites cuire *2 tranches de bacon de dos* pour chaque sandwich. Placez-les sur une *tranche de pain* tartinée de *beurre d'arachide*. Saupoudrez de *persil* et recouvrez d'une deuxième *tranche de pain*.

BEURRE D'ARACHIDE ET SAUCE AUX CANNEBERGES: Tartinez une *tranche de pain* de *2 c. à soupe de gelée de canneberge*. Coiffez d'une *feuille de laitue* et d'une *autre tranche de pain* tartinée de *beurre d'arachide*.

BEURRE D'ARACHIDE ET SALADE DE CHOU: Mêlez *2 t. de chou finement râpé*, *2 c. à soupe de piment doux haché*, *2 c. à soupe de mayonnaise*, *1 c. à thé de vinaigre de vin*, *½ c. à thé de sel* et *¼ c. à thé de sucre*. Employez comme garniture avec du *beurre d'arachide*.

BEURRE D'ARACHIDE, NOIX ET DATTES: Mélangez *½ t. de dattes hachées* et *¼ t. de pacanes hachées*. Incorporez au *beurre d'arachide*.

Canapés

Spirales au pâté de jambon

Photo
page 109
Débutez
30 min avant
ou le matin
30 petits
sandwiches

⅔ boîte de 7 oz (198 g)
de jambon à la diable
1 c. à soupe de zeste
d'orange râpé
1 c. à soupe de moutarde
préparée

2 c. à thé de raifort
1 pain blanc de 1 lb
(450 g), de 8 po
(20 cm) de long, non
tranché et débarrassé
de sa croûte

1. Mêlez ensemble les quatre premiers ingrédients.
2. Divisez le pain horizontalement en cinq tranches de ¼ po (6 mm). Aplatissez-les légèrement au rouleau. Tartinez chacune de 2 c. à soupe de jambon à la diable assaisonné. Enroulez-les comme vous le feriez pour un gâteau roulé. Tranchez chaque rouleau en six.

Tartinez le mélange : Etalez sur chaque tranche environ 2 c. à soupe de jambon à la diable assaisonné.

Formez les spirales : Enroulez sur la longueur les tranches de pain tartinées. Tranchez chaque rouleau en six.

Sandwiches en rubans

Photo
page 109
Débutez
3 h 30 avant
ou le matin
50 petits
sandwiches

½ t. de beurre ramolli
3 c. à soupe de persil
haché
10 oz (280 g) de blanc de
poulet en conserve
1 c. à soupe de jus de
citron

⅓ t. de mayonnaise
¼ c. à thé de sel
¼ c. à thé de poivre
1 pain blanc de 1 lb
(450 g), de 8 po (20 cm)
de long, non tranché
et sans sa croûte

1. Faites un beurre persillé, puis mêlez le poulet et les quatre ingrédients suivants.
2. Coupez le pain horizontalement en six tranches de ½ po (1 cm). Sur la première tranche, étalez un quart du beurre persillé. Coiffez de la deuxième tranche tartinée de la moitié du mélange au poulet ; renversez une autre tranche enduite d'un quart du beurre persillé. Enveloppez le tout. Répétez l'opération. Réfrigérez pour raffermir le beurre.
3. Détaillez les pains comme illustré ci-dessus.

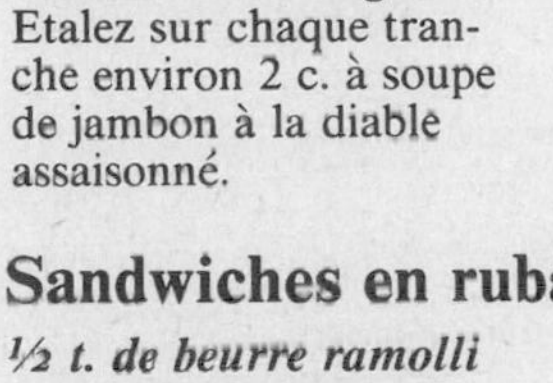

Pour terminer : Placez la dernière tranche sur son côté beurré.

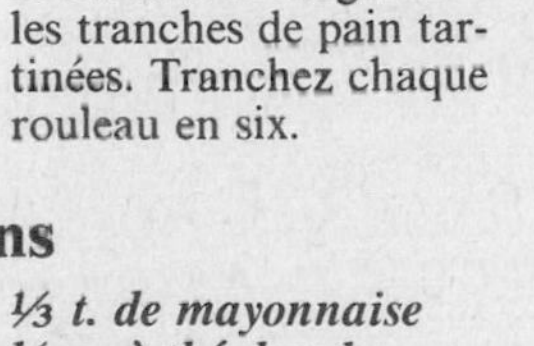

Pour servir : Coupez des tranches de ½ po (1 cm) et tranchez-les en deux.

Garnitures

 FROMAGE ET RAISINS SECS : Mêlez 6 oz (170 g) de cheddar râpé (1½ t.) avec 3 c. à soupe de raisins secs. (Donne 2 t.)

 PÂTÉ DE JAMBON À LA RELISH : Mêlez 2 boîtes de 7 oz (198 g) de jambon à la diable avec ⅓ t. de relish sucrée. (Donne 2 t.)

 SAUMON AU PERSIL : Mêlez 1 boîte de 15,5 oz (439 ml) de saumon, bien égoutté, avec 3 c. à soupe de persil haché, 2 c. à soupe de jus d'ananas et ¼ c. à thé de sel. (Donne 2 t.)

 SALADE DE THON : Mêlez 1 boîte de 7 oz (198 ml) de thon, bien égoutté, avec ½ t. de céleri en dés, ⅓ t. de mayonnaise, 2 c. à soupe d'oignon haché, 2 c. à soupe de relish sure, ¼ c. à thé de sel et 1 pincée de poivre. (Donne 2 t.)

 SALADE DE CREVETTES : Mêlez 1½ t. de crevettes cuites hachées, 2 œufs durs hachés, ½ t. de tartinade à la relish, ¼ t. de céleri en dés, 2 c. à soupe de lait et ¼ c. à thé de sel. (Donne 2 t.)

 ŒUFS DURS : Mêlez 6 œufs durs hachés, ¼ t. d'oignon haché, ½ t. de mayonnaise, 3 c. à soupe de moutarde préparée et 1 c. à thé de sel pour avoir un mélange homogène. (Donne 2 t.)

 ANANAS ÉPICÉ : Relevez 3 oz (90 g) de fromage à la crème ramolli avec ¼ t. d'ananas broyés en conserve, bien égouttés, et 1 c. à thé de raifort. (Donne ⅔ t.)

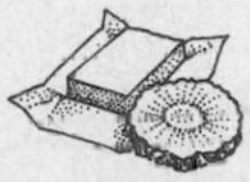

 FROMAGE ET ANCHOIS : Mélangez 1 paquet de 8 oz (225 g) de fromage à la crème ramolli avec 6 c. à soupe de crème de table, 1 c. à thé de sauce Worcestershire, 1 c. à soupe de pâte d'anchois et ½ t. d'olives farcies hachées. (Donne 1½ t.)

 DINDE ET CHUTNEY : Mêlez soigneusement 1¼ t. de dinde cuite en dés, 1 t. de céleri émincé, ⅓ t. de mayonnaise, 2 c. à soupe de chutney haché menu, 1 c. à thé d'oignon finement râpé et ¾ c. à thé de sel. (Donne 2⅓ t.)

 LANGUE EN SALADE : Mêlez soigneusement 2 t. de langue de bœuf cuite et hachée, 1 t. de mayonnaise, 2½ c. à thé de raifort préparé, ½ c. à thé de sel et 1 pincée de poivre. (Donne 2 t.)

 SAUMON PIQUANT : Mélangez 1 t. de saumon en conserve émietté, 3 c. à soupe de mayonnaise, 1 c. à soupe de raifort, 2 c. à thé de câpres en bouteille et 2 c. à thé de jus de citron. (Donne 1 t.)

 POULET ET CANNEBERGES : Mêlez 2 t. de dés de poulet cuit ou en conserve avec 3 c. à soupe de relish d'oranges et de canneberges, 1 c. à soupe de jus d'orange et ¼ c. à thé de sel. (Donne 2 t.)

 FROMAGE EN SALADE : Mélangez 2 t. de dés de suisse, naturel ou pasteurisé, ¾ t. de mayonnaise, ½ t. de dés de poivron vert, 1 c. à soupe de sauce chili et 1 pincée de poivre. (Donne 2½ t.)

 PÂTÉ DE JAMBON ET FROMAGE : Mêlez 1 boîte de 3 oz (85 g) de jambon à la diable, 3 oz (90 g) de fromage à la crème ramolli, ½ c. à thé de jus de citron et ½ c. à thé de raifort. (Donne ½ t.)

SAUCES

Un bon répertoire de sauces est un élément indispensable à la bonne cuisine. Les sauces permettent de rehausser toute une variété de plats sucrés et salés : œufs, fruits de mer, légumes, viande, volaille et desserts.

On trouvera la recette des sauces qui sont traditionnellement associées à des plats particuliers, comme la sauce à la viande pour les spaghetti, dans la section qui traite de ces plats. Reportez-vous à l'index. Les pages qui suivent vous suggèrent des recettes plus polyvalentes.

INGRÉDIENTS

On prépare les sauces blanches et brunes en combinant du beurre ou de la margarine, de la farine et un liquide — lait, crème, fumet de poisson, bouillon de viande ou de légumes —, ainsi que des aromates. D'autre part, c'est avec des jaunes d'œufs qu'on effectue la liaison de certaines sauces classiques comme la béarnaise et la hollandaise.

Plusieurs sauces sucrées sont liées avec de la fécule de maïs qui les épaissit sans les alourdir. Dans d'autres cas, on utilisera des jaunes d'œufs.

CUISSON

Employez toujours une casserole à fond épais et remuez sans arrêt la sauce en cours de cuisson. Il existe deux façons d'incorporer la farine aux autres éléments d'une sauce blanche ou brune. On peut faire cuire ensemble la farine et le corps gras (c'est ce qu'on appelle un roux), jusqu'à homogénéité pour les sauces blanches ou bien, pour les brunes, jusqu'à obtention d'une belle coloration. On ajoute alors graduellement le liquide en remuant vigoureusement pour empêcher la formation de grumeaux. On peut également délayer la farine dans une petite quantité de liquide, puis ajouter doucement le tout aux ingrédients qui sont déjà en train de cuire. On amène alors la sauce à ébullition en remuant sans arrêt, puis on la laisse mijoter à feu moyen jusqu'à ce qu'elle ait épaissi suffisamment et qu'elle soit bien homogène.

POUR RATTRAPER UNE SAUCE

Une mayonnaise qui tourne ou une sauce blanche dans laquelle il y a des grumeaux sont des accidents qui surviennent invariablement tôt ou tard. Pour éliminer les grumeaux, il suffit souvent de remuer ou de fouetter énergiquement ; toutefois, si le problème persiste, passez la sauce au mélangeur jusqu'à ce qu'elle soit onctueuse.

La mayonnaise, comme toute autre sauce froide à base d'œufs, risque de tourner si l'on ajoute l'huile trop vite, particulièrement au début. Si cela vous arrive, fouettez un autre jaune d'œuf et incorporez-y la sauce qui a tourné par petites cuillerées. Elle retrouvera progressivement son velouté.

Une chaleur trop vive fera tourner la sauce hollandaise. Dans ce cas, fouettez vigoureusement 1 cuillerée à thé de jus de citron et 1 cuillerée à soupe de hollandaise ratée dans un bol, jusqu'à ce que le mélange soit homogène et crémeux. Ajoutez alors le reste de la sauce hollandaise, par cuillerées à soupe, en vous assurant chaque fois que la sauce a bien épaissi avant de continuer.

POUR GARDER AU CHAUD

Quand il est nécessaire de préparer la sauce à l'avance, il faut la garder chaude. Pour ce faire, mettez-la au bain-marie, au-dessus d'une eau bien chaude. Prenez garde toutefois, dans le cas des sauces à base d'œufs, que cette eau ne bouille, sinon les œufs se coaguleraient.

Empêchez la formation d'une peau en appliquant une feuille de papier ciré à la surface de la sauce.

Ou parsemez-la de noisettes de beurre. Au moment de servir, incorporez-y le beurre pour lui donner du velouté.

CONGÉLATION

La plupart des sauces se congèlent sans difficulté. Si les sauces à base de farine se séparent en dégelant, remuez-les soigneusement en les réchauffant et vous constaterez qu'elles reprendront corps sans problème.

Pour congeler les sauces, mettez-les dans des récipients en portions suffisantes pour un repas et prévoyez un espace d'expansion. Pour les réchauffer, mettez-les à feu doux dans une casserole à fond épais ou bien au bain-marie et remuez fréquemment. Les sauces se conservent d'un à trois mois au congélateur.

Sauces d'accompagnement

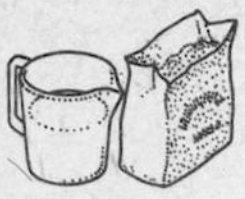

Sauce blanche

2 c. à soupe de beurre ou de margarine
2 c. à soupe de farine tout usage
½ c. à thé de sel
1 pincée de poivre
1 pincée de paprika
1 t. de lait ou de crème de table

Débutez
15 min avant
1 tasse

1 Faites fondre le beurre à feu très doux dans une petite casserole épaisse.

2 Ajoutez la farine, le sel, le poivre et le paprika. Laissez cuire à feu doux en remuant jusqu'à ce que le mélange soit homogène.

3 Versez graduellement le lait et remuez jusqu'à épaississement. Servez chaud sur des légumes, du poisson, de la volaille, des fruits de mer ou des œufs durs.

SAUCE BLANCHE LÉGÈRE: Suivez la même recette en n'utilisant que 1 c. à soupe de beurre ou de margarine et 1 c. à soupe de farine. (Donne 1 t.)

SAUCE BLANCHE ÉPAISSE: Suivez la même recette avec ¼ t. de beurre et ¼ t. de farine. (Donne 1 t.)

SAUCE BÉCHAMEL: Suivez la même recette en remplaçant ½ t. de lait par *½ t. de bouillon de poulet*. (Donne 1 t.)

SAUCE AU FROMAGE: Préparez une sauce blanche avec la moitié des ingrédients, puis ajoutez-y *½ t. de cheddar râpé* et *1 pincée de moutarde sèche* ou la moitié d'un pot de 5 oz (150 g) de fromage à tartiner fort. Laissez cuire à feu très doux en remuant sans arrêt jusqu'à ce que le fromage ait fondu. (Donne 1¼ t.)

SAUCE AU CURRY: Préparez une sauce blanche et ajoutez avec le beurre *¼ t. d'oignon haché, 2 c. à thé de curry, ¾ c. à thé de sucre* et *1 pincée de gingembre moulu*. Au moment de servir, incorporez *1 c. à thé de jus de citron*. (Donne 1¼ t.)

SAUCE AUX ŒUFS: Préparez une sauce blanche en utilisant ¼ t. de beurre et 2 c. à thé de farine. Ajoutez en remuant *2 œufs durs tranchés* et *2 c. à thé de moutarde préparée* ou ½ c. à thé de moutarde sèche. (Donne 1¼ t.)

SAUCE DES MILLE-ÎLES: Mêlez *¼ t. de mayonnaise* et *¼ t. de sauce chili* dans une tasse. Incorporez à une sauce blanche chaude. (Donne 1½ t.)

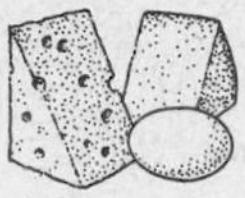

Sauce Mornay

3 c. à soupe de beurre ou de margarine
2 c. à soupe de farine tout usage
1 t. de bouillon de poulet
1 t. de crème de table
1 jaune d'œuf
½ t. de suisse râpé
¼ t. de parmesan râpé

Débutez
20 min avant
2⅓ tasses

1 Faites fondre le beurre à feu moyen dans une casserole. Incorporez la farine en remuant.

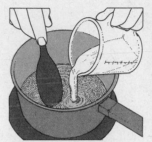

2 Sans cesser de remuer, ajoutez doucement le bouillon et la crème. Dès que la sauce a épaissi, ôtez-la du feu.

3 Fouettez légèrement le jaune d'œuf dans un petit bol, puis incorporez-y une petite quantité de sauce chaude.

4 Versez doucement le contenu du bol dans la casserole en remuant vigoureusement pour empêcher la formation de grumeaux.

5 Ajoutez les fromages et faites épaissir (sans laisser bouillir) à feu doux en remuant. Servez avec des légumes, du poisson, du poulet ou des œufs.

Sauce poivrée au bleu

Débutez
15 min avant
1 tasse

1 c. à soupe de beurre ou de margarine
1 c. à soupe de farine tout usage
¾ t. de lait

½ t. de bleu émietté
½ c. à thé de sel
¼ c. à thé de poivre grossièrement moulu

1. Dans une petite casserole à feu moyen, liez la farine avec le beurre chaud. Ajoutez doucement le lait et faites épaissir en remuant sans cesse pour que la sauce soit lisse.

2. Hors du feu, ajoutez le fromage et le reste des ingrédients et remuez soigneusement. Servez chaud sur un steak grillé, un hachis d'agneau ou de bœuf ou des côtelettes d'agneau.

Sauces d'accompagnement

Sauce bordelaise

Débutez
25 min avant
1⅓ tasse

2 c. à soupe de beurre ou de margarine
2 c. à soupe de farine tout usage
1 c. à soupe d'oignon haché
1 c. à soupe de persil haché
1 feuille de laurier
¼ c. à thé de feuilles de thym

¼ c. à thé de sel
1 pincée de poivre concassé ou grossièrement moulu
1 boîte de 10 oz (284 ml) de consommé de bœuf, non dilué
¼ t. de vin rouge sec

1 Dans une petite casserole à fond épais, incorporez la farine au corps gras chaud, puis faites blondir à feu doux en remuant souvent.

2 Ajoutez en remuant l'oignon, le persil, la feuille de laurier, le thym, le sel et le poivre.

3 Versez doucement le consommé et le vin rouge. Remuez à la cuiller pour lier le tout et chauffez à feu assez vif.

4 Cuisez en remuant jusqu'à épaississement. Retirez la feuille de laurier. Servez cette sauce avec du bœuf rôti ou grillé.

Sauce aux champignons

Débutez
20 min avant
2 tasses

¼ t. de beurre ou de margarine
½ lb (225 g) de champignons tranchés
¾ t. de bouillon de bœuf

1 c. à thé de sel
1 c. à soupe de fécule de maïs
¼ t. de sauternes

1. Chauffez le beurre dans une sauteuse, puis faites-y revenir les champignons à feu moyen environ 5 min pour les attendrir, en remuant de temps en temps. Ajoutez le bouillon et le sel, puis portez à ébullition.
2. Entre-temps, délayez la fécule dans le sauternes.
3. Versez doucement le liquide dans la sauce et remuez sans cesse jusqu'à épaississement. Servez cette sauce avec des steaks grillés ou des hamburgers, des croquettes de poulet, des haricots verts ou des petits pois.

Mayonnaise

Débutez
30 min avant
ou jusqu'à
1 semaine
plus tôt
2 tasses

3 jaunes d'œufs
½ c. à thé de sel
½ c. à thé de sucre
¼ c. à thé de moutarde sèche
1½ t. d'huile végétale
3 c. à soupe de vinaigre de cidre
1 c. à soupe de jus de citron

1 Fouettez 2 min à vitesse moyenne les jaunes d'œufs, le sel, le sucre et la moutarde.

 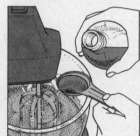

2 Ajoutez ½ t. d'huile, une demi-cuillerée à thé à la fois, sans cesser de battre pour que le mélange devienne épais.

3 Toujours en battant, ajoutez le vinaigre et le jus de citron.

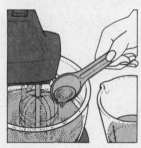 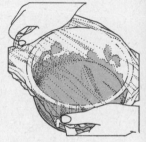

4 Incorporez le reste de l'huile par cuillerées à soupe et battez pour avoir une émulsion épaisse et crémeuse.

5 Couvrez et réfrigérez. Servez la mayonnaise dans une salade ou avec de la volaille ou des viandes froides.

VARIANTES: Pour chaque tasse de mayonnaise, ajoutez 1 c. à thé d'estragon et 1 c. à thé de persil haché, ou ¼ t. de chutney haché ou 1 c. à thé de poudre de curry.

Sauce rémoulade

Débutez
10 min avant
1¼ tasse

2 c. à soupe de cornichons surs hachés
1 c. à soupe de câpres hachées
1 t. de mayonnaise

1 c. à soupe de persil haché
1 c. à thé de moutarde préparée
¼ c. à thé d'estragon

Egouttez soigneusement les cornichons et les câpres. Mêlez-les dans un petit bol avec la mayonnaise, le persil, la moutarde et l'estragon. Servez avec une salade de légumes, des crevettes, des pétoncles ou du homard.

Sauce hollandaise

Débutez
15 min avant
⅔ tasse

3 jaunes d'œufs
2 c. à soupe de jus de citron
½ t. de beurre ou de margarine
¼ c. à thé de sel

1 Mélangez au fouet les jaunes d'œufs et le jus de citron dans la casserole supérieure d'un bain-marie.

2 Placez la casserole au-dessus d'une eau frémissante, mais *non* bouillante.

3 Ajoutez le tiers du corps gras dans la préparation aux œufs et remuez sans arrêt jusqu'à ce que le gras soit complètement fondu.

4 Ajoutez-en un autre tiers et faites fondre en remuant sans arrêt. Répétez avec le reste et tournez jusqu'à ce que la sauce ait épaissi.

5 Retirez du feu. Salez et servez avec des cœurs d'artichauts, des asperges, du brocoli, des fruits de mer ou des œufs pochés.

Beurre citronné

Débutez
5 min avant
⅓ tasse

¼ t. de beurre ou de margarine
1 c. à soupe de jus de citron
1 c. à soupe de persil haché
½ c. à thé de sel
1 pincée de cayenne ou 1 soupçon de sauce tabasco

Faites fondre le corps gras à feu moyen dans une casserole. Ajoutez en remuant le citron, le persil, le sel et le cayenne. (Vous pouvez aussi battre le corps gras en crème avec une cuiller en bois dans un bol et ajoutez peu à peu les condiments.) Servez chaud sur des légumes, du poisson ou des fruits de mer.

Sauce béarnaise

Débutez
20 min avant
1 tasse

2 c. à soupe de vinaigre de vin
1½ c. à thé d'oignon vert haché
1½ c. à thé d'estragon
1 pincée de poivre concassé
4 jaunes d'œufs
¾ t. de beurre ou de margarine, ramolli
1 c. à soupe de persil haché

1. Mettez les quatre premiers ingrédients dans la casserole supérieure d'un bain-marie. Amenez à ébullition en la plaçant directement sur feu vif, puis laissez réduire le vinaigre de moitié.
2. Placez la casserole au-dessus d'une eau frémissante, mais *non bouillante*. Ajoutez les jaunes d'œufs et faites épaissir légèrement en remuant sans cesse avec un fouet.
3. Ajoutez le corps gras, deux cuillerées à soupe à la fois, et battez jusqu'à ce qu'il soit absorbé. Ajoutez le persil. Servez environ 1 c. à soupe de béarnaise, chaude ou froide, sur un steak ou du poisson.

Sauce au raifort

Débutez
10 min avant
1 tasse

¼ t. de raifort égoutté
1 c. à soupe de vinaigre blanc
1 c. à thé de sucre
½ c. à thé de sel
¼ c. à thé de moutarde préparée
½ t. de crème épaisse ou à 35 p. 100, fouettée

Mélangez les cinq premiers ingrédients dans un petit bol, puis incorporez-les à la crème fouettée. Servez avec un rôti de bœuf, un bouilli, de la langue, du jambon rôti, du bœuf salé ou du poisson cuit au four, grillé ou poché.

Sauce au parmesan

Débutez
15 min avant
3½ tasse

¼ t. de beurre
¼ t. de farine tout usage
1½ t. de crème de table
1½ t. d'eau
2 cubes de bouillon de poulet
½ t. de parmesan râpé

1. Dans une casserole moyenne, à feu moyen, incorporez la farine au beurre chaud.
2. Ajoutez doucement la crème, l'eau et les cubes de bouillon de poulet. Faites épaissir en remuant sans arrêt. Ajoutez le parmesan râpé et faites-le fondre. Servez chaud avec du poisson cuit au four ou poché, ou avec des pâtes.

Sauce barbecue

Débutez
15 min avant
1⅔ tasse

2 c. à soupe d'huile
1 oignon moyen, en dés
1 boîte de 7½ oz (213 ml) de sauce tomate
½ t. de cassonade brune tassée
¼ t. de vinaigre blanc
1 c. à soupe de sauce Worcestershire
4 c. à thé de poudre de chili
2 c. à thé de sel
¼ c. à thé de moutarde sèche

1. Dans une petite casserole, faites attendrir l'oignon environ 5 min à feu moyen dans l'huile chaude, en remuant de temps à autre.
2. Ajoutez le reste des ingrédients et amenez à ébullition en remuant sans arrêt. Employez comme accompagnement.

Sauces sucrées

Sauce caramel

Débutez 20 min avant ou le matin
2½ tasses

2 c. à soupe de beurre ou de margarine
2 c. à soupe de farine tout usage
1½ t. de crème de table
¾ t. de cassonade blonde tassée
¾ t. de sucre
¼ c. à thé de sel

1 Incorporez à feu moyen la farine au beurre chaud, dans une casserole moyenne.

2 Ajoutez peu à peu la crème. Laissez cuire en remuant sans arrêt, jusqu'à ce que la sauce soit épaisse et onctueuse.

3 Ajoutez la cassonade, le sucre et le sel, et remuez bien. Servez chaud ou couvrez et réfrigérez pour servir froid.

Sauce chaude au butterscotch

Débutez 10 min avant
1 tasse

1 t. de cassonade blonde tassée
¼ t. de crème de table
2 c. à soupe de beurre ou de margarine
2 c. à soupe de sirop de maïs

Dans une petite casserole, amenez à ébullition à feu moyen la cassonade, la crème, le beurre et le sirop, en remuant de temps à autre. Servez brûlant sur de la crème glacée à la vanille ou marbrée au chocolat, sur des tranches de quatre-quarts, de la tarte aux pêches ou aux pommes, du pouding au tapioca ou une crème renversée.

Sauce fondante au chocolat

Débutez 20 min avant
1⅔ tasse

1½ t. de sucre
½ t. de lait
⅓ t. de sirop de maïs
2 carrés de chocolat amer
1 c. à soupe de beurre ou de margarine
1 c. à thé de vanille
1 pincée de sel

1. Mettez les quatre premiers ingrédients dans une casserole moyenne et amenez-les à ébullition à feu moyen en remuant sans arrêt. Placez le thermomètre à sirop dans la sauce et laissez-la cuire, en remuant de temps à autre, jusqu'à ce qu'elle atteigne 228°F (110°C) ou qu'elle forme un fil de ¼ po (6 mm) en tombant de la cuiller.
2. Hors du feu, ajoutez le beurre, la vanille et le sel. Servez chaud sur de la crème glacée à la vanille, du pouding à la vanille ou au butterscotch, des poires pochées ou des tranches de quatre-quarts grillées.

Sauce au chocolat et à la guimauve

Débutez 15 min avant
1½ tasse

2 t. de guimauves miniatures
⅓ t. de crème épaisse ou à 35 p. 100
⅓ t. de miel
1½ carré de chocolat amer
1 pincée de sel

Chauffez tous les ingrédients à feu doux dans une casserole moyenne, en remuant sans arrêt, jusqu'à ce que le chocolat et les guimauves aient fondu. Servez chaud sur du pain d'épices ou en guise de glaçage sur un gâteau doré ou au chocolat.

Sauce au chocolat

Débutez 15 min avant
1⅓ tasse

1 paquet de 6 oz (175 g) de grains de chocolat mi-amer (1 t.)
½ t. de sirop de maïs
¼ t. de crème de table
1 c. à soupe de beurre
1 c. à thé d'essence de vanille

1. Chauffez le chocolat et le sirop à feu doux dans une petite casserole, en remuant sans arrêt.
2. Hors du feu, incorporez les autres ingrédients. Servez chaud sur un bavarois, une tarte ou des choux à la crème, des éclairs ou de la crème glacée.

Sauce à la menthe

Débutez 15 min avant ou le matin
⅔ tasse

½ t. de sirop de maïs
½ t. de feuilles de menthe bien tassées
2 c. à soupe de jus de citron
1 pincée de sel

Passez tous les ingrédients à haute vitesse au mélangeur couvert. Servez avec une salade de fruits ou un entremets, en remuant au besoin.

Sauce aux cerises

Débutez 15 min avant
2 tasses

⅔ t. d'eau bouillante
1 lb (450 g) de cerises douces, dénoyautées
¼ t. de sucre

Mettez les cerises et l'eau dans une casserole à feu moyen. Baissez le feu aux premiers bouillons, couvrez et laissez mijoter 5 min. Ajoutez le sucre en fin de cuisson. Servez sur des Pannequets au fromage (p. 368), des crêpes ou des gaufres.

Sauce aux pêches

Débutez 10 min avant
1 tasse

1 paquet de 10 oz (300 g) de pêches surgelées, décongelées
1 pincée de muscade
¼ c. à thé d'extrait d'amande

Passez à petite vitesse les ingrédients au mélangeur couvert pour obtenir une purée onctueuse.

Sauce aux fruits chaude

Débutez 45 min avant
4 tasses

3 grosses nectarines
3 grosses prunes
½ t. de jus d'orange
½ t. de sucre
2 c. à soupe de brandy (facultatif)

Coupez les fruits en quartiers. Faites-les attendrir dans le jus environ 10 min à feu doux, en remuant de temps à autre. Hors du feu, ajoutez le brandy et le sucre, puis remuez pour dissoudre. Servez chaud sur de la crème glacée à la vanille.

Sauce fouettée à l'orange

Débutez
le matin
2½ à 2⅔
tasses

½ t. de sucre
½ t. de jus d'orange
  concentré, décongelé
1 pincée de sel

2 jaunes d'œufs
1 t. de crème épaisse ou
  à 35 p. 100, fouettée

1 Mettez le sucre, le jus d'orange non dilué et le sel à feu doux dans une petite casserole, puis faites dissoudre le sucre en remuant. Réservez.

2 Faites mousser les jaunes d'œufs à haute vitesse dans un petit bol. Réduisez la vitesse et incorporez peu à peu le contenu de la casserole.

3 Remettez dans la casserole à feu doux et laissez épaissir quelque peu en remuant, puis laissez tiédir.

4 Incorporez à la crème fouettée. Réfrigérez. Servez bien froid sur une salade de fruits frais ou pochés.

Sauce fouettée au sherry

Débutez
15 min avant
1⅔ tasse

2 jaunes d'œufs
¼ t. de sucre
1 c. à soupe de sherry
  semi-doux

1 pincée de sel
½ t. de crème épaisse ou
  à 35 p. 100, fouettée

1. Mettez dans un petit bol les jaunes d'œufs, le sucre, le sherry et le sel, puis mélangez-les soigneusement à petite vitesse. Battez 4 min de plus à grande vitesse pour faire mousser.
2. Incorporez à la crème fouettée à l'aide d'un fouet. Nappez de cette sauce une salade de fruits.

Sauce Melba

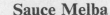

Débutez
le matin
2 tasses

¼ t. de gelée de groseille
1 lb (450 g) de
  framboises surgelées
1 c. à soupe d'eau froide

2 c. à soupe de fécule
  de maïs
Colorant alimentaire
  rouge

1. Faites fondre la gelée à feu doux dans une casserole moyenne en remuant sans arrêt. Ajoutez les framboises et réchauffez-les.
2. Délayez à part la fécule dans l'eau froide. Versez dans la casserole et faites un peu épaissir en remuant de temps en temps. Ajoutez quelques gouttes de colorant et réfrigérez.

Sauce épaisse au cognac

Débutez
15 min avant
1¾ tasse

½ t. de crème épaisse ou
  à 35 p. 100
2 jaunes d'œufs

¾ t. de sucre glace
3 c. à soupe de cognac ou
  de brandy

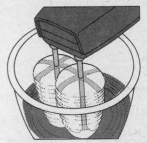

1 Fouettez la crème à vitesse moyenne dans un petit bol jusqu'à la formation de pics fermes.

2 Dans un autre bol, faites mousser les jaunes d'œufs à grande vitesse.

3 Ajoutez le sucre glace et le cognac, puis continuez de battre à grande vitesse pour bien mélanger.

4 Incorporez la crème fouettée à la spatule. Servez sur du gâteau aux fruits chaud ou un pouding.

Sauce aux fraises et au brandy

Débutez
20 min avant
ou le matin
2½ tasses

2 lb (900 g) de fraises
  tranchées, surgelées,
  décongelées
½ t. de gelée de groseille

1 c. à soupe de fécule
  de maïs
Colorant alimentaire
  rouge
¼ t. de brandy

1. Egouttez les fraises en réservant ½ t. de sirop.
2. Faites fondre la gelée à feu doux dans une casserole moyenne, en remuant sans arrêt.
3. Délayez la fécule dans le sirop réservé. Versez doucement dans la casserole en tournant, puis faites épaissir à feu moyen sans cesser de remuer.
4. Ajoutez quelques gouttes de colorant, les fraises et le brandy. Servez chaud sur des crêpes ou des gaufres, ou froid sur de la crème glacée ou un pouding à la vanille ou au tapioca.

Sauce aux dattes et aux noix

Débutez
10 min avant
2 tasses

8 oz (225 g) de dattes
  dénoyautées, hachées
1 pincée de sel
¾ t. d'eau

½ t. de sirop de maïs
½ t. de noix de
  Grenoble hachées

Amenez à ébullition les dattes, l'eau et le sel à feu moyen. Hors du feu, incorporez le sirop et les noix. Servez chaud sur une tarte aux pommes, aux poires ou à la citrouille ou de la crème glacée.

465

BOISSONS

Une boisson peut être un simple verre de lait bien froid aussi bien qu'un savant mélange de saveurs et de textures. Les boissons chaudes s'apprécient davantage en hiver et les froides en été. Le café et le thé se consomment à longueur d'année, tantôt brûlants, tantôt glacés, nature ou parfumés. Il existe par ailleurs toutes sortes de boissons à base de jus de fruits et de lait. Et finalement, parmi les boissons alcoolisées, se rangent les cocktails, les punchs ainsi que les vins.

La plus simple boisson paraîtra délicieuse si vous en soignez la présentation. Les boissons chaudes gagneront à être servies dans des tasses de céramique, des demi-tasses ou des gobelets — lesquels, en plus d'être attrayants, conservent bien la chaleur — et les boissons froides paraîtront plus savoureuses si vous les présentez dans des verres de fantaisie, des ballons ou des flûtes.

ACHAT DU CAFÉ

On trouve couramment sur le marché un vaste choix de cafés bruns, légers et parfumés, ou noirs, corsés. On utilise le plus souvent un mélange des deux sortes, dans des proportions qui varient selon que l'on désire un goût plus ou moins corsé. L'espresso, notamment, est fait surtout de café noir.

Si vous le moulez vous-même, vous n'avez pas besoin d'employer un café de grande marque ou emballé sous vide, qui coûte naturellement plus cher. Que votre café soit en grains ou déjà moulu, c'est avant tout son arôme qui vous signalera sa fraîcheur.

La mouture doit s'adapter à votre cafetière. Le percolateur demande une mouture grossière, le filtre une mouture moyenne et les cafetières-filtre électriques une mouture fine ou très fine. Il existe également une mouture spéciale pour l'espresso.

CONSERVATION

Pour le café, la fraîcheur est capitale. Emballé sous vide, il se conserve plus d'un an à la température ambiante ; toutefois, dès que le contenant est ouvert, il commence à se détériorer. Il faut donc le conserver à couvert au réfrigérateur. Si vous ne prévoyez pas l'utiliser dans la semaine, préparez des portions hebdomadaires que vous ferez congeler dans des récipients hermétiques.

Les grains de café commencent à perdre de leur saveur et de leur arôme aussitôt torréfiés. Il faut donc prévoir, à l'achat, de les consommer en moins de trois semaines. Autrement, vous pouvez congeler des grains très frais dans des contenants hermétiques. Ils conserveront ainsi leur fraîcheur au moins un an, mais il ne faudra jamais les recongeler.

Le café instantané, tant qu'il n'a pas été exposé à l'air libre, se conserve un an à la température ambiante. Une fois entamé, il faut l'utiliser en deux ou trois semaines. Conservez-le à la température de la pièce.

PRÉPARATION DU CAFÉ

Les résidus huileux du café finissent pas rancir. Si vous ne nettoyez pas scrupuleusement votre équipement, ils communiqueront à la longue un goût âcre à votre café. (Il existe des produits spécialement conçus pour nettoyer les cafetières.) Employez toujours de l'eau *fraîche* et froide et du café frais. Pour un résultat optimal, remplissez votre cafetière au moins aux trois quarts. Au besoin, faites l'achat d'une cafetière plus petite, qui corresponde à votre consommation quotidienne. Ne lésinez pas sur le café et ne réutilisez jamais la même mouture.

Le café est meilleur fraîchement infusé. Il est donc préférable de le boire dans l'heure qui suit. Si vous préférez en préparer pour toute une journée, utilisez des filtres en papier dans un percolateur ou une cafetière à filtre et jetez la mouture dès qu'il est prêt. Pour réchauffer le café, mettez-le au bain-marie ou à feu doux, mais sans le laisser bouillir car il deviendrait âcre.

Lorsque vous employez une cafetière pour la première fois, suivez les directives du manufacturier pour les proportions d'eau et de café. Vous pourrez, par la suite, ajuster la proportion de café selon vos goûts. En l'absence de directives, employez 2 cuillerées à soupe rases de café moulu pour 6 oz (170 ml) d'eau froide. (On calcule généralement qu'une tasse à café représente 5 oz (150 ml).

TYPES DE CAFETIÈRES

Le café se prépare de trois principales façons. Toutes trois donnent une boisson qui est savoureuse mais différente quant au goût.

Percolateur : Le percolateur peut être électrique ou non et sa capacité va de 2 à 100 tasses. Employez de l'eau froide dans une cafetière électrique, mais presque bouillante dans une cafetière allant sur la cuisinière. L'eau ne doit jamais dépasser le niveau du filtre.

Cafés variés

Filtre : La cafetière à filtre peut être électrique ou non et sa capacité varie entre 2 et 12 tasses. On met le café dans un filtre, souvent doublé d'un cornet en papier, et on y verse de l'eau presque bouillante qui s'égoutte à travers celui-ci. Grâce à cette méthode, on obtient un minimum de résidus.

Café instantané : C'est sans contredit la méthode la plus rapide et la moins onéreuse pour faire de petites quantités de café. A raison de ¾ tasse d'eau par cuillerée à thé de café, il suffit de verser de l'eau bouillante sur le café, dans une tasse ou une cafetière, et de remuer.

ACHAT DU THÉ

Il existe une multitude de thés, à partir des thés fumés à saveur prononcée jusqu'aux thés les plus délicats, parfumés aux fleurs. On les classe généralement en trois catégories, selon la façon dont ils ont été préparés : les thés noirs, les thés verts et les thés oulang. Les termes « orange pekoe » et « pekoe » font allusion uniquement à la taille de la feuille et non à son type.

Thé noir : C'est le type le plus courant chez nous. La couleur noire est due à la fermentation (oxydation) des feuilles qui lui confère sa suavité et sa coloration ambre. Parmi les variétés et les mélanges les plus répandus, citons : le *Assam,* un thé de qualité supérieure avec beaucoup de corps ; le *Ceylan,* à saveur plus délicate ; le *Darjeeling,* un excellent thé indien très aromatique ; le *Earl Grey,* un mélange de thé indien et de thé du Ceylan ; le *English Breakfast Tea,* à saveur subtile ; le *Keemun,* un thé chinois robuste mais doux ; et le *Lapsang Souchong,* originaire de Taiwan, dont le goût fumé est caractéristique.

Thé vert : N'ayant subi aucune oxydation, les feuilles ont conservé leur couleur naturelle. Il en résulte un thé odorant, d'une couleur verte tirant sur le jaune, et à la saveur légèrement amère. Parmi ces thés, on retrouve : le *Basketfired Tea,* un thé japonais léger ; le *Poudre-à-canon,* en feuilles très menues ; et le *Hyson,* une autre excellente variété provenant de Chine.

Thé oulang : Les feuilles de ces thés ont été partiellement fermentées, ce qui leur donne une couleur brun verdâtre. La saveur en est légère et le bouquet subtil. Les variétés les plus connues sont : le *Oulang de Canton ;* le *Oulang de Formose,* qui a un petit goût de vin ; et le *thé au jasmin,* auquel on a ajouté des pétales de jasmin blanc.

Conservez le thé en feuilles ou en sachets dans des contenants hermétiques à la température de la pièce et utilisez-le dans les six mois suivant l'achat.

PRÉPARATION DU THÉ

Préparez votre théière en la rinçant à l'eau bouillante. Portez rapidement à ébullition de l'eau froide du robinet et ébouillantez-en les feuilles, puis laissez-les infuser de 3 à 5 minutes pour en extraire toute la saveur. Calculez ¾ tasse d'eau par portion et 1 sachet ou 1 cuillerée à thé de thé en feuilles. Remuez légèrement avant de servir.

Photo page 110
Débutez 15 min avant

Café au lait

Café brûlant   *Sucre*
Lait chaud

En tenant d'une main la cafetière et de l'autre un pot de lait chaud, versez simultanément dans de grandes tasses. Offrez du sucre à part.

Versez le café brûlant en même temps que le lait chaud et remplissez les tasses.

Photo page 110
Débutez 15 min avant
4 portions

Espresso

8 c. à soupe de café   *Sucre*
   italien   *Torsades de citron*
1½ t. d'eau

Préparez l'espresso au filtre ou avec une *macchinetta.* Servez dans des demi-tasses avec du sucre et du citron. L'espresso se boit noir.

Photo page 110
Débutez 15 min avant

Café glacé

Café double, chaud   *Crème (facultatif)*
Glaçons   *Sucre (facultatif)*

Doublez la quantité de café par rapport à la quantité d'eau utilisée. Remplissez des grands verres de glaçons et versez-y doucement le café chaud. Servez avec crème et sucre, au goût.

Photo page 110
Débutez 15 min avant
4 tasses ou 8 portions

Café brûlot

1 t. de cognac   *2 petits bâtons de*
1 zeste d'orange   *cannelle*
6 clous de girofle   *3 c. à soupe de sucre*
4 toutes-épices   *3 t. de café double*

1. Chauffez le cognac avec les cinq ingrédients suivants à feu moyen dans une petite casserole.
2. Versez dans un bol résistant à la chaleur. Faites flamber 1 ou 2 min.
3. Versez doucement le café dans le cognac flambant ; servez à la louche dans des demi-tasses.

Photo page 110
Débutez 15 min avant
1 portion

Café irlandais

1½ c. à thé de sucre   *Café noir très fort*
1 mesure (45 ml) de   *Crème fouettée*
whisky irlandais

1. Mettez le sucre et le whisky dans un verre à pied de 6 ou 8 oz (170 ou 230 ml) ou une tasse. Remplissez de café brûlant jusqu'à ½ po (1 cm) du bord. Remuez pour dissoudre le sucre.
2. Couronnez de crème fouettée.

Thé glacé

Thé glacé

Eau fraîche
⅓ t. de thé en feuilles ou
15 sachets de thé

Glaçons
Sucre
Tranches de citron

Photo
page 111
Débutez
15 min avant
ou plusieurs
heures
plus tôt
8 tasses ou
8 portions

1. Amenez rapidement à ébullition 4 t. d'eau froide dans une casserole. Retirez du feu. Ajoutez le thé. Remuez, puis couvrez et laissez infuser 5 min. Remuez de nouveau et versez à travers un tamis dans un pichet contenant 4 t. d'eau froide.
2. Couvrez et laissez reposer. Servez sur des glaçons avec du sucre et des tranches de citron.

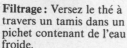

Filtrage : Versez le thé à travers un tamis dans un pichet contenant de l'eau froide.

Service : Versez dans de grands verres remplis de glaçons. Servez avec du sucre et du citron.

MÉTHODE À L'EAU FROIDE : *Environ 6 h avant ou la veille :* Mettez *4 t. d'eau bien fraîche* dans un pichet. Ajoutez *8 à 10 sachets de thé,* couvrez et laissez reposer à la température ambiante 6 h ou toute la nuit. Retirez les sachets et remuez. Servez comme ci-dessus. (Donne 4 t. ou 4 portions.)

PRÉSENTATION

Pour « givrer » un verre, plongez-en vivement le bord dans du blanc d'œuf battu puis dans du sucre fin.

Agrémentez les boissons froides de fruits frais en tranches ou en quartiers, d'une cuillerée de sorbet ou de crème glacée, de feuilles de menthe ou de torsades de concombre.

Rehaussez le goût et la couleur d'une boisson lactée chaude avec un bâton de cannelle ou de la crème de guimauve. Dans une boisson claire, mettez un sucre d'orge ou une tranche de lime ou de citron piquée de clous de girofle.

Chocolat chaud

Chocolat chaud américain

½ t. plus 1 c. à soupe de cacao
½ t. de sucre
1 pincée de sel
6 t. de lait

½ c. à thé d'essence de vanille
Crème fouettée ou 6 guimauves (facultatif)

Photo
page 111
Débutez
15 min avant
6 tasses ou
6 portions

1 Mélangez la poudre de cacao avec le sel et le sucre dans une grande casserole.

2 Incorporez-y un peu de lait et faites-en une pâte lisse. Ajoutez le reste du lait. Chauffez à feu doux en remuant, jusqu'à l'apparition de bulles.

3 Hors du feu, ajoutez la vanille. Faites mousser avec un batteur rotatif. Versez dans six gobelets.

4 Couronnez, au goût, de crème fouettée ou d'une guimauve. Servez immédiatement.

Chocolat chaud à la française

4 carrés de chocolat mi-amer
¼ t. de sirop de maïs
½ c. à thé de vanille
4 t. de lait

1 t. de crème épaisse ou à 35 p. 100

Photo
page 111
Débutez
50 min avant
6 tasses ou
8 portions

1. Mettez le chocolat et le sirop à feu doux dans une petite casserole épaisse, ou dans un bain-marie au-dessus d'une eau *frémissante.* Faites fondre le chocolat en remuant de temps à autre avec une spatule, jusqu'à l'obtention d'une pâte lisse.
2. Couvrez et réfrigérez 30 min ou jusqu'à ce que le chocolat soit froid. Ajoutez la vanille.
3. Faites chauffer le lait dans une casserole moyenne à feu modéré jusqu'à l'apparition de petites bulles (ne laissez pas bouillir).
4. Entre-temps, dans un petit bol, fouettez la crème et la pâte de chocolat à vitesse moyenne jusqu'à la formation de pics légers.
5. Pour servir, présentez le lait chaud dans un pot (ou une cafetière) réchauffé. Répartissez le chocolat dans des tasses bien chaudes. Remplissez doucement avec le lait chaud.

Sodas et laits fouettés

Soda à la crème glacée

Photo page 110
Débutez juste avant de servir
1 portion

2 à 3 c. à soupe de sirop de chocolat ou de fruit, de mélasse ou de garniture pour sundaes aux cerises ou à l'ananas
¼ t. de lait
1 portion de crème glacée
Club soda frappé
Crème fouettée et cerise au marasquin pour décorer (facultatif)

1 Mettez le sirop choisi dans un grand verre. Ajoutez le lait et remuez.

2 Ajoutez la crème glacée et remplissez le verre de soda. Remuez.

3 Décorez. Servez avec une cuiller à long manche et des pailles.

Soda aux fraises

Photo page 110
Débutez juste avant de servir
5 portions de 1½ tasse

10 oz (280 g) de fraises tranchées surgelées, partiellement dégelées
1 chop (250 ml) de crème glacée aux fraises
1½ t. de lait
⅔ bouteille de 26 oz (750 ml) de club soda ou de soda aux fraises, frappé

1. Passez le lait et les fraises 15 s à haute vitesse au mélangeur couvert. Versez dans cinq verres de 12 oz (340 ml).
2. Mettez dans chacun une portion de crème glacée et remplissez de soda.

Soda à l'orange et au chocolat

Photo page 110
Débutez juste avant de servir
8 portions de 1½ tasse

6 oz (170 ml) de jus d'orange concentré
1½ t. de poudre de lait au chocolat
6 oz (170 ml) d'eau
1 pte (500 ml) de crème glacée à la vanille
1 bouteille de 26 oz (750 ml) de club soda frappé

1. Mélangez à fond le jus d'orange décongelé et la poudre de chocolat, puis ajoutez l'eau.
2. Répartissez la préparation dans huit grands verres, ajoutez une boule de crème glacée dans chacun et remplissez de soda.

Soda au chocolat

Photo page 110
Débutez juste avant de servir
1 portion

2 c. à soupe de sirop de chocolat
¼ t. de lait
Club soda

1. Dans un verre de 10 oz (280 ml), mélangez soigneusement le sirop et le lait.
2. Remplissez doucement de soda en remuant. Vous pouvez servir avec des pailles.

Flotteur au moka

Photo page 111
Débutez juste avant de servir
1 portion

¾ c. à thé de poudre de lait au chocolat
¾ c. à thé de café instantané
½ c. à thé de sucre
Club soda frappé
2 petites boules de crème glacée marbrée au chocolat

1. Mettez les trois premiers ingrédients dans un verre de 8 oz (230 ml). Remplissez aux trois quarts de soda. Remuez pour dissoudre le sucre.
2. Ajoutez la crème glacée, remuez et servez.

Lait frappé au chocolat

Photo page 111
Débutez 10 min avant
3 tasses ou 2 portions

¾ t. de lait
3 c. à soupe de sirop de chocolat
1 chop (250 ml) de crème glacée au chocolat

1. Passez tous les ingrédients à haute vitesse au mélangeur couvert.
2. Versez dans des verres de 12 oz (340 ml) rafraîchis. Servez avec de grosses pailles.

LAIT FRAPPÉ AUX BANANES: Suivez la même recette, en remplaçant le sirop par *1 grosse banane mûre* et employez de la *crème glacée à la vanille.*

Vache noire

Photo page 111
Débutez juste avant de servir
1 portion

6 oz (170 ml) de racinette frappée
1 boule de crème glacée à la vanille

1. Versez la racinette dans un verre de 10 oz (280 ml) rafraîchi.
2. Garnissez d'une grosse boule de crème glacée un peu ramollie. Présentez avec une paille et une cuiller à long manche.

Lait frappé aux fraises

Photo page 111
Débutez juste avant de servir
4 tasses ou 4 portions

¾ t. d'eau
10 oz (280 g) de fraises surgelées, décongelées
1 t. de lait écrémé en poudre
3 c. à soupe de sucre
1 c. à thé de jus de citron
1 pincée de sel
2 t. de glaçons

A l'exception des glaçons, mettez tous les ingrédients dans le mélangeur. Couvrez et liquéfiez pendant quelques secondes à vitesse moyenne. Ajoutez les glaçons un à un en battant à haute vitesse pour les piler. Servez dans des grands verres.

Soda de fête à l'orange

Photo page 110
Débutez 15 min avant
8 tasses ou 16 portions

4 blancs d'œufs
Sucre
4 t. de jus d'orange
1 t. de lait
1 bouteille de 10 oz (280 ml) de soda citron-limette
¼ c. à thé de muscade

1. Montez les blancs d'œufs en neige légère à haute vitesse dans un petit bol. Saupoudrez graduellement ¼ t. de sucre en battant à haute vitesse pour bien dissoudre le sucre et obtenir des pics très fermes. Réservez.
2. Dans un bol à punch rafraîchi, mélangez délicatement le jus, le lait, le soda, ¼ t. de sucre et la muscade. Incorporez les blancs d'œufs. Servez dans des tasses à punch ou des petits verres.

Limonades

Limonade

1½ t. de sucre
1 c. à soupe de zeste de citron finement râpé
Eau chaude
1½ t. de jus de citron (8 à 10 citrons)
Glaçons
Club soda (facultatif)

Photo page 112
Débutez 2 h avant ou jusqu'à 1 semaine plus tôt
16 tasses ou 16 portions

1 Mettez le sucre et le zeste dans un bocal de 16 oz (450 ml). Ajoutez 1½ t. d'eau très chaude.

2 Vissez le couvercle et agitez pour dissoudre le sucre. Ajoutez le jus de citron et réfrigérez.

3 *Service :* Versez ¼ t. de sirop sur des glaçons dans des verres de 12 oz (340 ml).

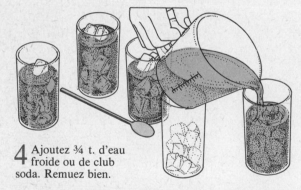

4 Ajoutez ¾ t. d'eau froide ou de club soda. Remuez bien.

POUR HUIT PORTIONS : Dans un pot ou un pichet de 2½ pte (2,75 L), mêlez la moitié du sirop de citron avec 6 t. d'eau froide. Versez sur des glaçons. Réfrigérez le reste du sirop.

LIMONADE À LA LIMETTE : Suivez les étapes de la recette de limonade, en employant du *zeste de limette finement râpé* et du *jus de limette* (environ 10 limettes). Ajoutez uniquement de l'eau.

Limonade éclair

2 citrons tranchés minces
½ t. de sucre
4 t. d'eau bouillante
Glaçons

Photo page 112
Débutez le matin
4 tasses ou 5 portions

1. Mettez les tranches de citron et le sucre dans un grand bol ou un pot résistant à la chaleur.
2. Arrosez d'eau bouillante, remuez pour dissoudre le sucre et faites refroidir au réfrigérateur.
3. *Service :* Versez le sirop sur des glaçons dans des verres de 8 oz (230 ml) rafraîchis et servez.

Punchs froids

Eggnog

12 œufs, séparés
1 t. de sucre
1½ t. de bourbon (whisky américain)
½ t. de brandy
6 t. de lait
Muscade moulue
1 t. de crème épaisse ou à 35 p. 100

Photo page 110
Débutez 2 h avant ou le matin
19 tasses ou 38 portions

1 Mélangez les jaunes d'œufs avec le sucre à basse vitesse dans un grand bol. En raclant les parois, fouettez 15 min à haute vitesse pour faire mousser.

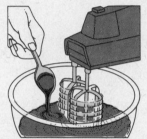

2 Versez, en battant, les alcools, une cuillerée à la fois pour éviter de faire tourner les jaunes. Couvrez et réfrigérez.

3 *20 min avant de servir :* Dans un bol à punch rafraîchi, mélangez les jaunes, le lait et 1¼ c. à thé de muscade.

4 Montez les blancs d'œufs en neige à haute vitesse dans un grand bol.

5 Sans laver les fouets, battez la crème à vitesse moyenne jusqu'à ce qu'elle soit ferme.

6 Avec un fouet, incorporez délicatement les blancs d'œufs et la crème dans les jaunes.

7 Saupoudrez de muscade, puis versez à la louche dans des tasses à punch de 6 oz (170 ml).

Punch doré

*2 boîtes de 19 oz
(540 ml) d'ananas
broyés
2 boîtes de 6 oz (178 ml)
de limonade concentrée
surgelée*

*¼ t. de sucre
1 bouteille de 26 oz
(750 ml) de club soda
frappé
1 plein bac de glaçons*

Photo
page 112
Débutez
10 min avant
10 tasses ou
20 portions

1. Réduisez les ananas en purée avec leur jus au mélangeur couvert.
2. Dans un bol à punch rafraîchi, mélangez la purée d'ananas, la limonade et le sucre. Versez le soda en remuant, ajoutez les glaçons et servez.

PUNCH DORÉ AU CHAMPAGNE: Suivez la même recette, mais remplacez le club soda par *1 bouteille de champagne* frappé. (Donne 13 t.)

Sangria

*½ t. de jus de citron
½ t. de jus d'orange
½ t. de sucre
1 bouteille de vin rouge
sec
¼ t. de brandy*

*10 oz (280 ml) de club
soda frappé
1 t. de fruits (orange,
citron, ananas, pêche
et banane tranchés)
1 plein bac de glaçons*

Photo
page 111
Débutez
juste avant
de servir
6 tasses ou
8 portions
de 6 oz
(170 ml)

Mélangez dans un grand pichet les jus d'orange et de citron avec le sucre et remuez pour dissoudre. Ajoutez le reste des ingrédients. Servez dans des verres avec quelques tranches de fruit.

Punch au Whisky Sour

*1 petite orange
3 boîtes de 6 oz (178 ml)
de limonade concentrée
surgelée, décongelée
3 t. de jus d'orange*

*3¼ t. de whisky (rye,
bourbon ou scotch)
32 oz (2 L) de club soda
frappé
2 pleins bacs de glaçons*

Photo
page 112
Débutez
25 min avant
16 tasses ou
32 portions

1. Pour préparer la décoration, tranchez finement l'orange et jetez-en les bouts, puis cannelez les tranches avec un petit couteau bien aiguisé.
2. Mêlez la limonade concentrée et les autres ingrédients dans un bol à punch. Remuez soigneusement. Décorez de tranches d'orange.

Punch pétillant aux fraises

*20 oz (570 g) de fraises
en sirop, surgelées,
partiellement
décongelées
6 oz (170 ml) de
limonade concentrée,
surgelée, partiellement
décongelée
1 bouteille de rosé
frappé*

*2 bouteilles de 26 oz
(750 ml) de soda au
gingembre frappé
1 bouteille de 26 oz
(750 ml) de club soda
frappé
2 pleins bacs de glaçons
¼ t. de sucre
Tranches d'orange pour
décorer*

Photo
page 111
Débutez
10 min avant
18 tasses ou
36 portions

1. Passez les fraises et le concentré de limonade à haute vitesse au mélangeur couvert.
2. Versez la purée de fraises dans un grand bol à punch rafraîchi. Ajoutez le vin et les autres ingrédients, sauf les tranches d'orange. Remuez pour faire dissoudre le sucre.
3. Décorez de tranches d'orange et servez.

Punchs chauds

Vin chaud à la cannelle

*4 t. de sucre
1 c. à soupe de cannelle
moulue ou 6 bâtons
1 c. à thé de clous de
girofle entiers ou
moulus*

*2 t. d'eau bouillante
3 oranges moyennes,
émincées
1 citron moyen, émincé
1 gal (4,5 L) de vin
rouge sec*

Photo
page 112
Débutez
30 min avant
18 tasses ou
36 portions

1. Mettez dans une grande marmite le sucre, la cannelle, le clou, l'eau, l'orange et le citron.

2. Amenez à ébullition à feu vif et laissez bouillir 5 min en remuant de temps à autre.

3. Ajoutez le vin et réchauffez-le à feu moyen sans laisser bouillir. Remuez parfois.

4. Servez le vin chaud dans des tasses à punch ou dans des verres résistant à la chaleur.

Glogg

*2 c. à thé de zeste
d'orange séché
1 c. à thé de clous de
girofle
4 grains de cardamome,
concassés
3 petits bâtons de
cannelle
Mousseline*

*1 t. de raisins secs foncés
sans pépins
1 paquet de 8 oz (225 g)
d'abricots secs
2 bouteilles de bourgogne
3¼ t. de vodka, de gin
ou d'aquavit
¾ t. de sucre
1 t. d'amandes mondées*

Photo
page 112
Débutez
la veille
10 tasses ou
20 portions

1. Mettez le zeste d'orange et les épices sur une mousseline et liez-en les coins avec une ficelle pour former un petit sac.
2. Dans une très grande casserole, faites mijoter 30 min à feu modéré les raisins et les abricots secs avec 1 bouteille de bourgogne et les épices.
3. Retirez du feu. Jetez les épices. Ajoutez l'alcool, le sucre et l'autre bouteille de vin. Couvrez et laissez reposer toute la nuit à la température ambiante.
4. *Service:* Réchauffez le glogg à feu vif sans le laisser bouillir, en remuant de temps à autre. Faites-le flamber quelques secondes, puis couvrez la casserole pour étouffer la flamme. Ajoutez les amandes mondées. Versez dans un bol à punch réchauffé. Servez brûlant.

Punchs chauds

Wassail et pommes au four

3 grosses pommes à cuire,
* évidées*
16 t. de cidre
6 clous de girofle
6 toutes-épices entières
2 c. à thé de muscade
1 boîte de 6 oz (178 ml)
* de limonade*
* concentrée, surgelée*
1 boîte de 6 oz (178 ml)
* de jus d'orange*
* concentré, surgelé*
1 t. de cassonade brune,
* bien tassée*
Sucre
Petits bâtons de cannelle

Photo
page 112
Débutez
45 min avant
18 tasses ou
36 portions

1 Coupez les pommes transversalement en deux et disposez-les dans un plat de 13 po × 9 (33 cm × 23). Mettez 25 min au four à 350°F (180°C).

2 Entre-temps, faites mijoter 10 min à feu doux 2 t. de cidre et les épices dans une marmite couverte.

3 Ajoutez le reste du cidre, les jus non dilués et la cassonade. Réchauffez sans laisser bouillir, en remuant de temps à autre.

4 Transvasez le mélange dans un bol à punch réchauffé.

5 Faites-y flotter les pommes et saupoudrez d'un peu de sucre.

6 Servez brûlant, par portions de ½ t., dans des verres résistant à la chaleur, avec un petit bâton de cannelle.

Cocktails

Un cocktail se sert très froid ; il faut donc faire refroidir au préalable les liqueurs, le shaker et les verres. Mettez toujours les glaçons en premier dans ceux-ci.

Remplissez aux deux tiers le verre approprié. Les plus courants sont : le verre doseur, de 1½ oz (45 ml) ; la coupe à cocktail, de 4 oz (115 ml) ; le verre bas, de 6 à 12 oz (170 à 340 ml) ; et le grand verre, de 8 à 12 oz (230 à 340 ml). Ayez sous la main tous les instruments nécessaires : seau à glace et pinces, verre mélangeur, cuiller à long manche, shaker, bâton, passoire, couteau et planche à découper, presse-citron et verre doseur. Ce dernier sert de mesure.

Daiquiri

1 boîte de 6 oz (178 ml)
* de jus de limette*
* surgelé, non dilué*
15 oz (425 ml) de rhum
* blanc*
18 oz (510 ml) d'eau

Photo
page 112
Débutez
la veille
5 tasses ou
13 portions

1 Mettez tous les ingrédients dans un bol de 1½ pte (1,5 L). Couvrez et placez au congélateur. (L'alcool ne gèle pas.)

2 *Au moment de servir :* Passez l'appareil en deux fois au mélangeur couvert.

3 Servez dans des coupes à cocktail avec deux petites pailles.

WHISKY SOUR : Suivez la recette ci-dessus en remplaçant le jus de limette par *6 oz (170 ml) de limonade concentrée surgelée* et le rhum par du *whisky*. N'utilisez que 12 oz (340 ml) d'eau et ajoutez *1 boîte de jus d'orange*. Décorez chaque verre d'une *cerise au marasquin* et d'une *tranche d'orange*.

Margarita

Zeste de citron ou de lime
Sel
1 t. de glace pilée
1 mesure (45 ml) de tequila

½ mesure (20 ml) de
* triple sec*
½ mesure (20 ml) de jus
* de citron ou de lime*

Photo
page 112
Juste avant
de servir
1 portion

Frottez le tour de la coupe avec le zeste, puis plongez-le dans le sel. Versez les autres ingrédients sur des glaçons dans un shaker ou un verre mélangeur. Remuez. Versez lentement dans la coupe.

Bloody Mary en pichet

2 boîtes de 19 oz
(580 ml) de jus de
tomate (4½ t.)
1 t. de vodka
2 c. à thé de sauce
Worcestershire
½ c. à thé de sel
¼ c. à thé de poivre
grossièrement moulu
1 soupçon de sauce
Tabasco
Glaçons
2 limes en quartiers

Photo
page 112
Débutez
le matin ou
juste avant
de servir

5½ tasses ou
8 portions

1 Mêlez les six premiers ingrédients dans un grand pichet. Couvrez et réfrigérez au besoin.

2 *Service :* Remuez et versez sur des glaçons dans des verres de 10 oz (280 ml).

3 Pressez un quartier de lime dans chaque verre. Remuez et servez immédiatement.

Bloody Mary

Glaçons
⅔ t. de jus de tomate
1 mesure (45 ml) de vodka
1 soupçon de sauce
Worcestershire

1 pincée de sel
1 pincée de poivre
1 soupçon de sauce
Tabasco
1 bon quartier de lime

Photo
page 112
Débutez
juste avant
de servir
1 portion

Mettez les glaçons dans un verre, puis les six ingrédients suivants ; pressez la lime et remuez.

Alexandra

1 t. de glace pilée
1 mesure (45 ml) de
brandy ou de gin
½ mesure (20 ml) de
crème de cacao

½ mesure (20 ml) de
crème épaisse ou
à 35 p. 100

Photo
page 112
Débutez
juste avant
de servir
1 portion

Mettez les ingrédients dans un shaker. Secouez, puis versez à travers une passoire dans une coupe.

Old-fashioned

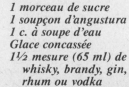

1 morceau de sucre
1 soupçon d'angustura
1 c. à soupe d'eau
Glace concassée
1½ mesure (65 ml) de
whisky, brandy, gin,
rhum ou vodka

Cerise au marasquin et
rondelle d'orange ou
torsade de citron pour
décorer

Photo
page 112
Débutez
juste avant
de servir
1 portion

Mettez l'eau, l'angustura et le sucre dans un verre bas et remuez avec un bâtonnet pour dissoudre. Remplissez le verre de glace, puis ajoutez l'alcool et décorez. Présentez avec le bâtonnet.

Manhattan

1½ t. de glace concassée
2 mesures (90 ml) de
whisky (rye ou
bourbon)

1 mesure (45 ml) de
vermouth doux
1 soupçon d'angustura
2 cerises au marasquin

Photo
page 112
Débutez
juste avant
de servir
2 portions

Versez les alcools sur la glace dans un grand verre ou un shaker. Secouez, versez à travers une passoire dans deux coupes à cocktail et décorez.

DRY MANHATTAN : Suivez la même recette, en employant du *vermouth sec.*

PERFECT MANHATTAN : Suivez la même recette, en employant *½ mesure (20 ml) de vermouth doux* et autant de *vermouth sec.*

Julep

4 brindilles de menthe
1 c. à thé de sucre
Glace finement pilée

1½ mesure (65 ml) de
bourbon (whisky
américain)

Photo
page 112
Débutez
jusqu'à
30 min avant
1 portion

1. Dans un grand verre, mettez le sucre et trois brindilles de menthe. Travaillez-les 5 min avec un bâtonnet jusqu'à ce que le sucre soit dissous.
2. Remplissez le verre de glace, ajoutez le bourbon et placez au congélateur.
3. *Service :* Décorez de menthe et présentez avec une paille.

Tom Collins

2 c. à soupe de jus de
citron
2 c. à thé de sucre
1 t. de glace concassée
1 mesure (45 ml) de gin
Glaçons

Club soda
Cerise au marasquin et
rondelle d'orange ou
torsade de lime pour
décorer

Photo
page 112
Débutez
juste avant
de servir
1 portion

Dans un shaker couvert, secouez le jus de citron et le sucre pour faire dissoudre celui-ci. Ajoutez la glace et le gin, secouez et versez à travers une passoire dans un grand verre rempli de glaçons. Ajoutez le soda, remuez, décorez et servez.

Martini

1½ t. de glace concassée
2 mesures (90 ml) de gin
1 c. à thé de vermouth
sec

2 petites olives farcies ou
torsades de citron pour
décorer

Photo
page 112
Débutez
juste avant
de servir
2 portions

1. Mettez la glace, le gin et le vermouth dans un shaker et secouez.
2. Versez à travers une passoire dans deux coupes à cocktail rafraîchies. Décorez.

Stinger

1 t. de glace concassée
1 mesure de brandy

½ mesure de crème de
menthe blanche

Photo
page 112
Juste avant
de servir
1 portion

Mettez la glace, le cognac et la crème de menthe dans un shaker. Agitez vigoureusement. Versez à travers une passoire dans une coupe rafraîchie.

STINGER AU CALVADOS : Suivez la même recette en remplaçant le brandy par *1 mesure de calvados.*

Vins

Accords vins et mets

Les différents types de vins peuvent se répartir en cinq grandes catégories : les vins apéritifs, les vins blancs et les vins rouges secs, les vins de dessert et les mousseux. Pour de plus amples détails concernant le mariage des vins et des mets, référez-vous aux tableaux ci-contre.

TEMPÉRATURE DE SERVICE
Les vins apéritifs se dégustent froids, frais ou encore sur glaçons, selon leur type. Tous les vins blancs se boivent frais. On peut servir les « petits » vins rouges (par exemple le beaujolais) à environ 55°F (13°C) et les vins rouges ayant plus de corps autour de 60°F (16°C). La plupart des vins de dessert se servent très frais alors qu'on boit habituellement les mousseux très froids ou frappés.

La façon la plus sûre et la plus agréable de connaître un vin est d'y goûter. Néanmoins, même s'il est normal d'avoir ses préférences, on peut affirmer qu'il y a des accords vins et mets que la tradition et l'expérience ont solidement implantés.

ACCORDS VINS ET METS
On dégustera donc généralement les vins blancs avec les viandes blanches, les volailles, les poissons et les crustacés ; les vins rouges avec les viandes rouges et avec des sauces à base de vin rouge. Les mousseux, quant à eux, peuvent servir aussi bien d'apéritif que d'accompagnement pour l'entrée, le mets principal et *certains* desserts.

En règle générale, on dégustera un vin honnête et sans prétention avec un plat de même nature et l'on réservera les grands vins pour les plats cuisinés aux saveurs plus riches et nuancées.

LE VIN DANS LA PRÉPARATION DES METS
L'utilisation du vin en cuisine est un moyen facile et relativement peu coûteux de rehausser une recette un peu banale. Les saveurs franches et rustiques des petits vins espagnols ou italiens conviennent parfaitement à cette fin. Les chefs cuisiniers recommandent souvent d'utiliser le même vin pour la préparation d'un plat et sa dégustation, sous réserve, bien entendu, de conserver ses très grands vins à la seule dégustation. Voici quelques suggestions d'ordre général pour cuisiner au vin.

Pour parfumer ou aromatiser un potage, ajoutez 1 cuillerée à soupe de vin par tasse de liquide. Essayez le xérès dans un consommé ou un bouillon de volaille, du vin rouge dans une gaillarde soupe aux légumes et, pourquoi pas, un soupçon de chianti dans un potage minestrone. Parfumez de vin de Moselle le beurre fondu que vous verserez sur votre poisson avant de le cuire au four ou au gril et utilisez un peu de xérès pour pocher des fruits de mer. Déglacez une volaille rôtie avec un verre de sauternes ou d'un autre vin liquoreux. Relevez la sauce d'un plat de canard ou d'oie avec un peu de jeune bordeaux, costaud et tannique, et celle du traditionnel rôti de bœuf par quelques rasades d'un savoureux vin du Rhône ou bien d'un capiteux zinfandel californien.

HORS-D'ŒUVRE, ENTRÉES ET POTAGES

Apéritif	Champagne, méthode champenoise de divers pays, vin de Moselle, xérès fino, sauternes.

HORS-D'ŒUVRE ET ENTRÉES

Antipasto	Vins blancs secs italiens (soave, tokay). Rouges légers du Frioul.
Aubergines	Rouges rustiques de Californie (zinfandel) ou du Portugal (dâo).
Avocats	Blancs secs issus de cépage riesling, de divers pays.
Caviar	Champagne brut, vodka glacée, xérès fino.
Crudités	Vins blancs de la Loire (sauvignon, sancerre).
Escargots	Grands blancs de Bourgogne et du Rhône ; rouges légers (beaujolais-village).
Omelettes diverses	Rouges légers (beaujolais, bourgueil).
Pâté de foie gras	Sauternes, gewürztraminer, champagne.
Pâtes	En sauce crémeuse, avec poisson : soave, pinot gris italien. En sauce tomatée : chianti ; rouges de la Loire (chinon).
Pâtés	Blancs secs (mâcon, sauvignon, chardonnay). Rouges rustiques de la Rioja ou du Rhône.
Pizzas miniatures	Petits vins rouges espagnols, portugais ou italiens (tarragona, valpolicella, merlot).
Poisson fumé	Xérès fino, mousseux brut, chablis.
Quiches	Tokay alsacien ou vins allemands légèrement moelleux de type spätlese.
Terrines et viandes froides	Rouges moyennement corsés des Côtes-de-Beaune, de Corbières, de Cahors. Vin rosé corsé comme le tavel. Blancs corsés (châteauneuf-du-pape, graves).

POTAGES ET SOUPES

Bisques et chowder	Blancs corsés (graves, verdicchio, aligoté). Sauternes.
Bouillabaisse	Blancs et rouges secs de Provence (cassis, bandol). Rosés de Provence, muscadet.
Consommé, gaspacho	Porto, madère, xérès, selon le type de consommé ; manzanilla.
Soupe aux légumes	Beaujolais, bordeaux générique, minervois.
Velouté	Bons bourgognes blancs (chassagne-montrachet, meursault).

FRUITS DE MER ET POISSONS

COQUILLAGES, CRUSTACÉS ET FRUITS DE MER

Crevettes et moules	Blanc sec de la Loire (muscadet).
Escargots	Aligoté, mâcon, sylvaner.
Homard	Beaune blanc, chardonnay californien, grand riesling.
Huîtres et cuisses de grenouille	Chablis premier cru.
Pétoncles en sauce, coquilles saint-jacques	Grand graves blanc, meursault, blanc moelleux du Rheingau.

PLATS DE POISSON

Anguille	Frite : xérès sec, gros plant. En matelote : saint-émilion ou chinon.
Brochet	Grand graves blanc, muscadet sur lie, sancerre, condrieu. En sauce riche : sauternes ou vin allemand moelleux.
Morue, sole, turbot	Chablis, saint-véran, pouilly-fumé ; essayez le sauternes ou bien un kabinett allemand avec un turbot poché.
Pâté de poisson	Blancs secs de toutes origines.
Poisson gratiné	Blancs alsaciens (sylvaner, tokay).
Poisson grillé	Blancs nerveux (sancerre, chablis, entre-deux-mers).
Poisson au vin rouge	Crus du Beaujolais.
Thon, esturgeon	Blancs moelleux (anjou, meursault).

VIANDES, VOLAILLES

VIANDES

Agneau	Tous les bons bordeaux, surtout du Médoc et de Pomerol ; cabernets corsés de Californie et d'Australie ; vins de la Côte de Nuits (morey saint-denis, gevrey-chambertin) ; châteauneuf-du-pape, côte-rôtie.
Bœuf	Rôtis et filets : grands bordeaux rouges, garrafeira portugais, hermitage, grands riojas, cabernet de Californie. Plats plus simples : tous les vins rouges moyennement corsés (gigondas, saint-émilion, zinfandel).
Porc	Vins rouges rustiques du Rhône, du nord de l'Italie, pinot noir. Sauces plus élaborées : spätlese du Rheingau, gewürztraminer.
Veau	Côtelettes et escalopes : rouges légers et délicats, juliénas, merlot, petits médocs. Préparations en crème et ris de veau : bourgogne blanc, kabinett, graves blanc.

VOLAILLES

Dinde	Farcie : grands rouges du Médoc ou du Portugal. Non farcie : mêmes vins que pour le poulet.
Gibier	Rouges très robustes de la Côte de Nuits, côte-rôtie, barolo et brunello italiens, cabernet de la vallée de Napa, grands saint-émilions ou pomerols ; certaines préparations comme l'oie farcie accepteront des blancs très corsés et parfumés, tels les gewürztraminer, auslese du Rheingau, corton-charlemagne.
Oie et canard	Blancs secs moyennement corsés comme les riches tokays, gewürztraminer et graves. Rouges de Fronsac, de Saint-Joseph.
Poulet	En sauce : rouges légers (beaujolais, petits bourgognes). Rôti : des bordeaux comme les côte-de-blaye ; la plupart des vins blancs conviennent aussi.

FROMAGES

Double et triple-crème, fromages aux herbes	Vins blancs fruités, pas trop acides (mâcon, kabinett) ; certains vins liquoreux et moelleux peuvent convenir.
Pâtes cuites, sèches	Les vieux cheddar, édam, gruyère s'accommoderont de vins passe-partout du style des beaujolais ou des côtes-du-rhône ; certains blancs moelleux conviendront aussi.
Pâtes molles (fleuries)	Bon vin rouge corsé du Bordelais ou de la Bourgogne si le brie ou le camembert, par exemple, ne sont pas très avancés.
Pâtes molles (lavées)	Vins puissants du Rhône ou du Piémont ; pour le munster, un gewürztraminer s'impose.
Pâtes persillées, bleus, stilton, roquefort	Sauternes et blancs liquoreux font merveille avec le roquefort ; avec un vieux stilton ou un chershire, on dégustera un excellent porto, un puissant zinfandel de Californie ou un amarone.

DESSERTS

N.B. On peut déguster les grands vins liquoreux de Sauternes et d'Allemagne, ou encore des vins de vendanges tardives d'origines diverses, en guise de dessert. Voici cependant quelques suggestions pour ceux et celles qui tiennent à accompagner le dessert d'un vin spécifique.

Bavarois, fruits frais	Sauternes, auslese, anjou liquoreux, asti spumante, champagne.
Desserts à la crème fouettée	Riesling moelleux, gewürztraminer tardifs.
Gâteaux	Tokay hongrois, madère, asti spumante.
Noix	Porto, xérès cream, sauternes.

RENSEIGNEMENTS PRATIQUES

Menus et réceptions

Que vous prépariez un simple repas familial ou planifiiez une réception spéciale, tenez toujours compte, en dressant votre menu, des quatre groupes d'aliments. Ce sont, d'abord, les *protéines* — viande, poisson, volaille, crustacés, œufs, fromage, pois secs, haricots, noix et beurre d'arachide —, puis les *fruits et légumes,* ensuite le *pain,* les *céréales* et les *pâtes alimentaires* et, finalement, les *produits laitiers,* incluant le fromage et le yogourt. Si vous combinez judicieusement ces quatre sources alimentaires, vous parviendrez à varier les saveurs et les consistances, tout en assurant à vos convives un repas sain sur le plan nutritif.

Trois autres facteurs entrent en jeu dans le choix d'un menu. Ce sont, bien entendu, les goûts de votre famille ou de vos invités, les possibilités de votre budget et le temps dont vous disposez pour la préparation.

Songez aussi à l'époque de l'année. La Crème de concombre froide, par exemple, convient tout à fait pour une chaude journée d'été, tandis que le Pot-au-feu Nouvelle-Angleterre réchauffera à merveille une froide soirée d'hiver.

ÉQUILIBRER UN MENU
Pour combler de manière satisfaisante les besoins alimentaires de votre famille, le moyen le plus facile est d'équilibrer vos menus sur toute une journée.

Prévoyez, pour chaque personne, deux portions par jour dans le groupe des protéines et quatre dans celui des fruits et légumes. Tâchez d'y inclure, au moins un jour sur deux, une portion d'agrumes ou de tomates et une part de légumes orange ou à feuilles vertes ainsi qu'un autre fruit.

Prévoyez quatre portions quotidiennes de pain, de céréales ou de pâtes alimentaires. Une portion équivaut à une tranche de pain ou à une pomme de terre moyenne, ou encore à ½ t. de farineux, comme du maïs, de pâtes ou de riz, ou de céréales cuites.

Dans le groupe des produits laitiers, servez deux portions aux adultes et trois ou quatre aux enfants. Une portion représente un verre de lait de 8 oz (230 ml), 1 oz (30 g) de fromage, ½ t. de cottage ou 1 t. de yogourt nature.

CHOISIR LES PLATS
Choisissez d'abord le plat principal, qui devrait fournir une portion de protéines, puis l'accompagnement, lequel est généralement constitué d'un légume farineux ou d'un aliment parmi les pains, les pâtes et les céréales, ainsi que d'un second légume du groupe des fruits et légumes.

Ne négligez pas la couleur dans votre choix. Par exemple, servez un légume vert ou jaune pour rehausser le riz ou les pommes de terre et variez aussi bien les formes que les textures pour rendre l'assiette plus appétissante.

Servez une salade si les besoins quotidiens en fruits et en légumes n'ont pas été comblés. Avec des pâtes ou un plat en sauce, présentez un légume croquant. En contrepartie, si votre plat principal est une grillade ou une friture, accompagnez-le d'un légume à la crème ou d'un aspic.

Le choix d'un dessert doit répondre au même souci d'équilibre. Terminez un repas robuste, tel un pot-au-feu, avec un sorbet ou un fruit et quelques biscuits. Pour couronner un repas léger, soupe ou salade, rien de tel qu'une bonne tarte ou un gâteau au chocolat.

Quoiqu'il ne soit pas essentiel, le pain comme tel fait souvent partie du repas. En plus de fournir une portion du groupe alimentaire auquel il appartient, il peut contribuer à relever certains plats. Servez-le chaud pour accompagner un repas froid et croustillant avec un mets crémeux. Il convient tout spécialement en l'absence d'un autre élément farineux.

Utilisez les cornichons, les olives, le beurre, la relish et les garnitures pour souligner les saveurs et égayer votre table. Enfin, n'oubliez pas d'offrir des boissons, chaudes ou froides, y compris du lait.

PLANIFIER UNE RÉCEPTION
Une réception impromptue ne manque pas nécessairement d'agrément, mais une bonne planification facilite souvent la tâche de la personne qui reçoit. Dressez votre liste et lancez vos invitations une semaine ou deux à l'avance pour un dîner intime, mais deux ou trois semaines plus tôt pour une réception plus élaborée.

Déterminez d'abord votre menu, puis assurez-vous d'avoir à votre disposition tous les ingrédients et les ustensiles dont vous aurez besoin.

Préparez une liste par étapes et débarrassez-vous de tous les détails qui peuvent se régler à l'avance. Procurez-vous de l'aide parmi votre famille ou vos amis ou employez, au besoin, un barman ou une personne pour servir. Pour qu'une réception soit réussie, il est essentiel que son auteur soit détendu et disponible.

SERVIR À TABLE
Si les hôtes s'occupent du service, on apportera le plat principal de la cuisine après avoir desservi les entrées. S'il n'y a pas d'entrée, on peut le dresser sur la table avant d'y convier les invités.

Les légumes seront placés devant l'hôtesse. Si l'hôte dépèce à table, il tend les assiettes tour à tour à son voisin de gauche pour les faire passer à l'hôtesse. Celle-ci les garnit de légumes et les fait passer depuis sa gauche jusqu'à la personne placée à la droite de l'hôte.

L'hôtesse est la dernière servie. Elle commence aussitôt à manger pour inviter les convives à faire de même. S'il y a beaucoup de monde, elle peut toutefois encourager les invités à commencer avant que tous ne soient servis. Le pain, la sauce et les condiments peuvent être passés d'un convive à l'autre.

Si vous avez quelqu'un pour servir, c'est l'hôtesse qui sera servie la première, puis la personne qui se trouve à sa droite et ainsi de suite. Lorsque c'est l'hôte qui dépèce, le serveur se place à la gauche de celui-ci pour recevoir l'assiette et la porter à l'hôtesse. Le service se fait à partir de la droite de l'hôtesse jusqu'au bout de la table, puis de nouveau à partir de sa gauche.

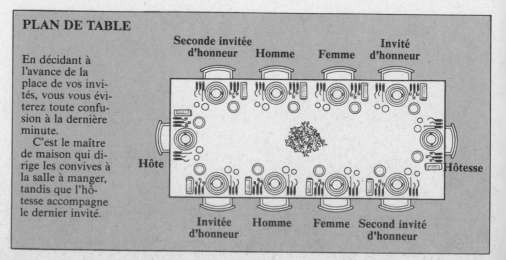

PLAN DE TABLE

En décidant à l'avance de la place de vos invités, vous éviterez toute confusion à la dernière minute.

C'est le maître de maison qui dirige les convives à la salle à manger, tandis que l'hôtesse accompagne le dernier invité.

Seconde invitée d'honneur Homme Femme Invité d'honneur

Hôte

Hôtesse

Invitée d'honneur Homme Femme Second invité d'honneur

Brunch

En combinant les repas du matin et du midi, le brunch permet de se lever plus tard tout en laissant assez de temps libre pour les activités d'après-midi. C'est le moyen idéal de vous détendre avec vos invités du week-end ou tout simplement de vous adonner à la lecture des journaux. On le débute par un jus ou des fruits frais et on omet le dessert.

Buffet du temps des Fêtes
pour 12 personnes

Mimosa (jus d'orange et champagne)
Quiche lorraine, *p. 156*
Quiche au crabe, *p. 156*
Salade de l'épouse du colonel, *p. 318*
Kolacky, *p. 443*
Café, avec crème de cacao,
cognac ou crème fouettée

Brunch du week-end
pour 4 personnes

Nectar de pêche frappé
Œufs sauce Mornay, *p. 143*
Petites saucisses grillées
Quartiers de pomme sautés, *p. 301*
Muffins anglais, *p. 446*
Thé ou café

Brunch cosmopolite
pour 8 personnes

Bloody Mary en pichet, *p. 473*
Coupe oranges-pommes à la menthe
Beignets, *p. 425*
Bacon de dos poêlé
Chocolat chaud à la française, *p. 468*

Brunch de bridge
pour 4 personnes

Pamplemousse Ambrosia, *p. 307*
Œufs brouillés archiduchesse, *p. 144*
Café au lait, *p. 467*

Brunch familial
pour 8 personnes

Quartiers de melon au gingembre,
p. 310
Poulet à la king, *p. 269*
Brocoli au beurre
Brioche à la crème sure, *p. 430*
Thé, lait et café

Brunch rustique
pour 8 personnes

Jus d'ananas
Gaufres au babeurre, *p. 427*
Saucisses maison, *p. 243*
Chocolat chaud américain, *p. 468*
ou café

Brunch vite fait
pour 6 personnes

Cocktail de jus de légumes
Welsh rabbit, *p. 154*
Salade Waldorf, *p. 322*
Café et thé

Déjeuner

Sans vous mettre trop en frais, sachez donner à un déjeuner, même intime, un cachet particulier. Une soupe ou un fruit peuvent servir d'entrée à l'un des menus suivants : salade fraîche, pain chaud et dessert consistant ; plat en casserole ou omelette avec pain et léger entremets ; plat chaud suivi d'une salade verte et d'un dessert riche ou léger.

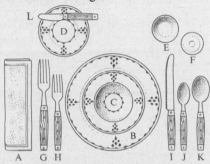

A. *Serviette* ; B. *Assiette moyenne* ; C. *Bol à soupe et soucoupe* ; D. *Assiette à pain et beurre* ; E. *Verre à eau* ; F. *Verre à vin* ; G. *Fourchette moyenne* ; H. *Fourchette à dessert* ; I. *Couteau moyen* ; J. *Petite cuiller* ; K. *Cuiller à soupe* ; L. *Couteau à beurre*

Déjeuner classique
pour 10 personnes

Bouillabaisse à l'américaine, *p. 136*
Pain au levain, tranché, *p. 441*
Salade verte et vinaigrette au
citron et à la moutarde, *p. 318*
Tarte aux pêches à l'américaine, *p. 348*
Café et thé

Buffet avant la partie
pour 8 personnes

Compotier Sacramento, *p. 322*
Poulet Tetrazzini, *p. 268*
Haricots verts amandine
Petits pains croûtés et beurre
Salade Perfection, *p. 323*
Gâteau du diable, *p. 384*
Bière et café

Lunch d'affaires
pour 4 personnes

Vichyssoise, *p. 129*
Carré d'agneau, *p. 227*
Tomates aux herbes, *p. 297*
Salade César, *p. 318*
Fraises Romanoff, *p. 304*
Espresso, *p. 467*

Lunch estival
pour 4 personnes

Crabe Louis, *p. 325*
Muffins au son, *p. 424*
Abricots à la crème
et à la cannelle, *p. 302*
Biscuits au sucre, *p. 412*
Café

Thé

Le thé permet de recevoir quelques amis l'après-midi ou de réunir un groupe plus important. L'heure traditionnelle pour le thé est 16 h, mais toute heure convient entre 14 h et 18 h. Tout ce que l'on y sert doit pouvoir se manger avec les doigts.

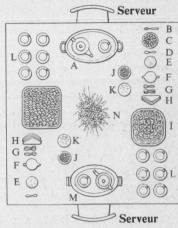

A. *Théière et plateau* ; B. *Fourchette à citron* ; C. *Plat de rondelles de citron* ; D. *Cuiller à sucre* ; E. *Sucrier* ; F. *Pot à lait* ; G. *Cuillers à thé* ; H. *Serviettes* ; I. *Sandwiches, petits gâteaux* ; J. *Pastilles de menthe* ; K. *Noix* ; L. *Tasses et soucoupes* ; M. *Cafetière et plateau* ; N. *Centre de table*

Réception amicale
pour 12 personnes

Cygnes, *p. 367*
Noix frites à la chinoise, *p. 114*
Fruits confits : Tranches d'orange,
figues, abricots, dattes, ananas
Thé et café

Thé de bienvenue
pour 20 personnes

Spirales au pâté de jambon, *p. 459*
Petits sandwiches fromage-piment
Pain au citron, tranché, *p. 428*
Tranches napolitaines, *p. 411*
Madeleines, *p. 409*
Fruits enrobés, *p. 420*
Amandes salées
Menthes au beurre
Thé de fleurs et café

Thé printanier
pour 25 personnes

Sandwiches en rubans, *p. 459*
Pain aux raisins et fromage
à la crème
Spirales aux agrumes, *p. 411*
Biscuits au caramel, *p. 404*
Fruits en pâte d'amandes, *p. 419*
Zestes d'orange confits, *p. 311*
Dés de gingembre cristallisé
Thé et café

Menus et réceptions

Dîner

Un dîner familial est un repas détendu en famille ou entre amis, tandis qu'un dîner moins intime devient une réception. Celle-ci peut, ou non, marquer une occasion spéciale, un anniversaire, la visite du directeur ou le passage d'un ami ou d'un invité qu'on veut honorer. Il est toujours amusant de se choisir un thème autour duquel on élaborera le menu ainsi que la décoration.

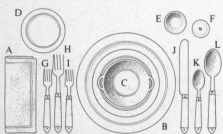

A. *Serviette;* B. *Grande assiette;* C. *Bol à soupe et soucoupe;* D. *Assiette à salade;* E. *Verre à eau;* F. *Verre à vin;* G. *Fourchette à salade;* H. *Grande fourchette;* I. *Fourchette à dessert;* J. *Grand couteau;* K. *Petite cuiller;* L. *Cuiller à soupe*

Dîner aux chandelles
pour 8 personnes

Melon et jambon Smithfield
Poulet à la périgourdine, *p. 257*
Casserole de riz au four, *p. 338*
(double recette)
Carottes et céleri, *p. 298*
Salade californienne, *p. 318*
Popovers géants, *p. 427*
Tarte mousseline au chocolat, *p. 353*
Sauternes et café

A l'occasion d'une retraite
pour 10 personnes

Œufs en gelée, *p. 141*
Filets Wellington individuels, *p. 192*
Cabernet sauvignon
Petits pois braisés à la laitue
Chou-fleur à la polonaise, *p. 283*
(double recette)
Tomates vinaigrette, *p. 319*
(double recette)
Bombe glacée des dames d'Escoffier,
p. 379
Café et thé

Dîner élégant
pour 6 personnes

Consommé madrilène en gelée, *p. 129*
Veau forestière, *p. 237*
Purée de pommes de terre, *p. 292*
Macédoine de courges d'été, *p. 295*
Salade de concombres à la danoise,
p. 319
Petits pains viennois, *p. 439*
Coquilles de beurre, *p. 424*
Flan aux abricots, *p. 360*
Espresso et liqueurs

Dîner fait d'avance
pour 8 personnes

Cœurs de céleri vinaigrette, *p. 321*
Filets de sole Thermidor, *p. 178*
Nouilles maison aux épinards, *p. 330*
Carottes glacées, *p. 283 (double recette)*
Aspic aux tomates, *p. 323*
Petits pains variés, *p. 439*
Compote de petits fruits, *p. 304*
Café et thé

Un Noël américain
pour 12 à 14 personnes

Dinde rôtie farcie au pain, *p. 249*
Carottes aux épices, *p. 283*
Oignons à la crème, *p. 290*
Choux de Bruxelles aux marrons
Salade Perfection, *p. 323*
(double recette)
Relish aux atocas, *p. 306*
Bâtonnets au maïs, *p. 428*
Boules de beurre, *p. 424*
Shortcake aux fraises, *p. 369* ou
Tarte aux pommes, *p. 346*
Café, lait et thé

Fiesta mexicaine
pour 6 personnes

Guacamole, *p. 124*
Margarita, *p. 472 (6 portions)*
Enchiladas de poulet
à la crème sure, *p. 270*
Salade de fruits
Crème caramel
Chocolat chaud à la cannelle

Menu d'un soir d'automne
pour 12 personnes

Hors-d'œuvre aux avocats, *p. 303*
Rôti de porc farci
aux pruneaux, *p. 212*
Pommes de terre brunes, *p. 292*
(double recette)
Légumes bouillis, *p. 298*
Salade de l'épouse du colonel, *p. 318*
Soufflé aux cerises
et au chocolat, *p. 361*
Café et thé

Menu préféré de maman
pour 6 personnes

Brochettes de bœuf Teriyaki, *p. 198*
Couronne de riz, *p. 341*
Asperges sautées, *p. 278*
Salade romaine, avocat et radis
Vinaigrette des Mille-Iles, *p. 326*
Coquilles de meringue, *p. 364*
avec Crème glacée à la pistache, *p. 377*
Thé vert

Festin britannique
pour 16 personnes

Velouté de poireau
Côte de bœuf
et poudings Yorkshire, *p. 191*
Pommes de terre au gratin, *p. 293*
(triple recette)
Panais et carottes
Salade de concombres et de cresson
Bagatelle au sherry, *p. 372*
(double recette)
Thé Earl Grey

Menu oriental
pour 6 personnes

Soupe aux champignons et
aux pois mange-tout
Bar d'Amérique sauce piquante, *p. 175*
Riz nature, *p. 338 (double recette)*
Brocoli sauté, *p. 281*
Kiwis au gingembre confit, *p. 307*
(double recette)
Thé oulang ou au jasmin

Soirée romaine
pour 8 personnes

Tortellini à la crème, *p. 335*
Piccata de veau, *p. 236*
Risotto à la milanaise, *p. 339*
(double recette)
Tomates et poivrons sautés, *p. 299*
Fenouil braisé, *p. 286*
(double recette)
Baguette italienne, *p. 436*
Glace aux fraises, *p. 381*
Espresso, *p. 467*
(double recette)

TABLE DE BUFFET

Le buffet permet de recevoir beaucoup de monde dans peu d'espace. Il convient pour tous les repas, de l'entrée au dessert, voire au café. Disposez les plats de manière à faciliter la circulation.

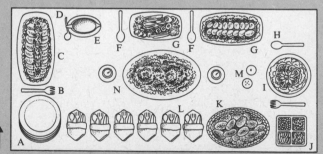

A. *Assiettes;* B. *Fourchette de service;* C. *Plat principal;* D. *Cuiller à sauce;* E. *Saucière sur plateau;* F. *Cuiller de service;* G. *Légumes;* H. *Service à salade;* I. *Salade;* J. *Condiments;* K. *Petits pains;* L. *Serviettes avec fourchettes, couteaux et cuillers;* M. *Sel et poivre;* N. *Centre de table*

Menu des provinces françaises
pour 4 personnes

Artichauts à la béarnaise, p. 277
Coq au vin, p. 267
Pommes de terre Anna, p. 293
Salade d'oseille
Baguette croustillante
Camembert et poires
Vin de Bourgogne et café

Valencia
pour 8 personnes

Tapas : olives farcies, Amandes
au curry, p. 114, champignons
à la grecque, crevettes marinées
Xérès
Paella, p. 165
Tranches d'orange et d'oignon
sur laitue
Crème caramel, p. 359
Sangria, p. 471

Repas hellénique
pour 8 personnes

Spanakopitas, p. 121
Retsina (vin)
Poulet Avgolemono, p. 259
Salade grecque, p. 320
Baklava, p. 371
Thé à la menthe et espresso

Fête des Pères
pour 6 personnes

Cocktail de crevettes
à la sauce piquante, p. 164
Filet mignon avec sauce
aux câpres et à la moutarde, p. 195
Pommes de terre en robe
des champs, p. 292
Haricots verts et courgettes, p. 299
Poires pochées au sauternes, p. 313
Café irlandais, p. 467

Dîner d'anniversaire
pour 16 personnes

Tomates naines farcies
au jambon, p. 126
Triangles au munster, p. 117
Cocktails et apéritifs
Chateaubriand, p. 195
Crabe impérial, p. 167
Riz pilaf aux petits pois, p. 339
Bar à salade : Choix de laitues,
poivrons en lamelles, tomates-cerises,
épinards, croûtons, vinaigrettes
Biscuit étagé au chocolat, p. 373
Couronne à la crème
de menthe, p. 380
Champagne et café

Spécial du samedi soir
pour 6 personnes

Crème de concombre froide, p. 129
Dinde au champagne, p. 260
Salade de tangelos, p. 315
Tartelettes aux noix, p. 357
Thé chaud ou thé glacé

Buffet des diplômés
pour 16 personnes

Trempette aux oignons verts, p. 124
Tartinades au fromage, p. 124, et
craquelins divers
Punch doré, p. 471
Poitrine de dinde glacée, p. 250
Nectarines aux épices, p. 311
Ratatouille, p. 298 (double recette)
Salade de chou, p. 319 (double recette)
Gâteau au fondant et aux noix, p. 388
Thé glacé ou thé chaud

Vendredi en famille
pour 6 personnes

Truites grillées au sésame, p. 174
Riz brun, p. 338
Haricots sauce persillée, p. 279
Salade verte et
Sauce à la russe, p. 326
Tarte au citron meringuée, p. 351
Café et thé

Repas de bienvenue
pour 8 personnes

Champignons et cœurs d'artichauts
marinés, p. 319
Manicotti, p. 334
Epinards à la crème, p. 294
Chianti
Tresse de pain
aux fines herbes, p. 437
Glace au cantaloup, p. 310
Espresso avec lait chaud et
bâtons de cannelle

Dessert et café

Une excellente formule pour recevoir
simplement consiste à inviter des amis
pour la soirée, ou après le spectacle, et à
servir un dessert élaboré avec le café ou
une autre boisson chaude.

Après-ski
pour 12 personnes

Gâteau riche à six étages, p. 394
Café brûlot, p. 467 (double recette)

Soirée d'été
pour 8 personnes

Tarte au ruban de framboises, p. 354
Espresso et liqueurs

Réunion amicale
pour 12 personnes

Soufflé aux fraises, p. 361
Petits-beurre glacés
au chocolat, p. 410
Café et thé à la menthe

Occasion spéciale
pour 16 personnes

Fantaisie au chocolat, p. 374
Champagne et café

Cocktail

C'est la formule idéale pour recevoir dans
peu d'espace. Prévoyez un bon assortiment d'amuse-gueule chauds et froids et
tous les ingrédients nécessaires pour les
cocktails les plus courants.

Cocktail de 18 heures
pour 6 personnes

Trempette au bleu, p. 124
Légumes crus : bâtonnets de carotte,
bouquets de brocoli, quartiers
de concombre
Pétoncles grillés au bacon, p. 163
Rondelles aux œufs
et au caviar, p. 115
Noix salées et bretzels
Cocktails et vin

Grand cocktail
pour 20 à 25 personnes

Pailles torsadées au fromage, p. 114
Trempette au chili pour légumes, p. 125
Pissaladière, p. 117
Pâté de foies de poulet, p. 122,
et Biscottes, p. 133
Fromage aux fines herbes
et au poivre, p. 123
Biscottes de seigle ou pain azyme
Rondelles au thon et à l'aneth, p. 115
Bouchées au bifteck, p. 119
Cocktails et apéritifs

POUR DÉBOUCHER LE CHAMPAGNE

Tenez la bou-
teille d'une
main et déga-
gez le muselet
de fil de fer.

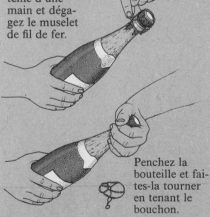

Penchez la
bouteille et fai-
tes-la tourner
en tenant le
bouchon.

Tirez doucement sur la
bouteille pour réduire
la pression interne.
Le bouchon
sortira avec
un léger bruit.
Essuyez le
goulot.

Menus et réceptions

Fiançailles et naissance

Pour la fiancée, on offrira un brunch, un déjeuner, un dîner ou une petite soirée ; une réception à l'occasion d'une naissance a généralement lieu l'après-midi.

Déjeuner de fiançailles
pour 8 personnes

Bisque de crevettes, *p. 130*
Canapés danois, *p. 458*
Salade de fruits hawaïienne, *p. 322*
Gâteau en forme de cœur
Soda de fête à l'orange, *p. 469*

Thé pour une naissance
pour 16 personnes

Sandwiches en rubans, *p. 459*
Spirales au pâté de jambon, *p. 459*
Gâteau à la noix de coco, *p. 386*
Fondant, *p. 417*
Menthes fondantes au chocolat, *p. 420*
Noix salées
Thé et café

Mariage

A l'occasion d'un mariage, vous aurez le choix entre la formule du repas intime ou celle du buffet qui permet de recevoir un grand nombre d'amis. Dans ce cas, vous pouvez vous contenter de servir le gâteau de noces avec un punch, des noix et des friandises. Si vous désirez toutefois servir un repas complet, dressez une table à part, d'après le modèle de la page 480.

Buffet de déjeuner ou de fin d'après-midi
pour 50 à 60 personnes

Crevettes marinées sur glace, *p. 120*
(double recette)
Trempette au bleu, *p. 124*
(triple recette)
Légumes crus : chou-fleur, bâtonnets de concombre, rosaces de radis, asperges ou haricots verts blanchis
Croustades aux champignons, *p. 118*
(double recette)
Boulettes de viande à l'aneth, *p. 208*
(triple recette)
Punch doré, *p. 471*, et champagne
Poitrine de dinde glacée et aspic au sherry, tranchée, *p. 250*
(double recette)
Jambon Smithfield entier, tranché, *p. 221*
Fines tranches de rôti de bœuf
Sauce au raifort, *p. 463 (double recette)*
Divers pains, tranchés
Beurre doux et moutarde de Dijon
Gâteau de banquet, *p. 396*
Amandes salées
Bonbons fondants, *p. 418*
Pastilles à la menthe, *p. 419*
Punch doré au champagne, *p. 471*
Café et thé

COMMENT PLIER LES SERVIETTES

Des serviettes joliment présentées ajouteront un élément décoratif à votre table. On les place soit sur la nappe, soit dans la grande assiette.

ÉTUI À COUVERT

Pliez la serviette deux fois pour former un carré et placez-la devant vous à la manière d'un losange.

A partir du coin ouvert, faites un rouleau serré jusqu'au centre, avec deux épaisseurs.

Ramenez par-dessous les pointes des deux côtés. Vous obtiendrez ainsi un étui qui pourra contenir un couvert.

PAPILLON

Pliez la serviette ouverte pour former un triangle. Rabattez la pointe droite sur le centre, puis la pointe gauche.

Tenez les deux pointes ouvertes en haut et retournez la serviette sur elle-même. Ramenez la pointe du bas sur celle du haut. Vous aurez de nouveau un triangle.

Insérez la pointe de gauche dans celle de droite. Placez la serviette debout, imprimez-lui un demi-tour et ouvrez les pointes.

NÉNUPHAR

Placez une grande serviette à plat. Ramenez les quatre pointes au centre.

Ramenez une seconde fois les quatre pointes au centre.

Répétez une troisième fois. Retournez et répétez une dernière fois.

En tenant solidement le centre, retroussez un premier pétale à chacun des coins.

Retroussez-en quatre autres entre les premiers, puis encore quatre sous ceux-ci.

Votre serviette aura maintenant l'allure d'un gros nénuphar à 12 pétales.

Repas au grand air

Cuisiner à l'extérieur est toujours amusant, mais comme la chaleur d'un gril est difficile à contrôler, il faut apprendre à compter avec l'expérience. L'élément capital demeure toutefois la sécurité. Voici quelques règles de base à respecter pour éviter une tournure désastreuse.

USTENSILES DE BARBECUE
Pinceau
Broches
Pinces   Gants   Aluminium

ALLUMAGE DU FEU
Une bonne ventilation est indispensable pour éviter les émanations d'oxyde de carbone. Roulotte, tente, hutte, véranda, garage sont des endroits à proscrire.

Eloignez le gril des arbustes, de l'herbe sèche et des bâtiments. Restez toujours sur les lieux.

Tapissez le fond du gril de papier d'aluminium qui reflétera la chaleur et facilitera le nettoyage. Si votre modèle comporte des évents, percez le papier pour permettre la circulation de l'air.

Empilez les briquettes de façon à former une pyramide et employez, pour l'allumage, un produit spécialement destiné à cette fin ou servez-vous d'un allumeur électrique dûment approuvé. Suivez à la lettre les directives du fabricant. L'utilisation d'alcool, d'essence ou autre gaz volatile est **formellement à proscrire.**

Laissez les briquettes se consumer de 30 à 40 min, jusqu'à ce qu'elles soient recouvertes d'une couche de cendre ou qu'elles rougeoient (la nuit) et employez-en davantage lorsque la température ambiante est froide.

Si vous cuisinez des aliments très gras, vous éviterez la surchauffe et les giclements en utilisant moins de briquettes.

L'expérience vous amènera à identifier le type de briquettes qui vous convient le mieux.

MENUS CONSEILS
Etalez uniformément les briquettes brûlantes avant de commencer la cuisson.

Pour juger de leur température, étendez la main à hauteur de la grille. Si vous ne pouvez tenir plus de 2 ou 3 s, elle est supérieure à 375°F (190°C), mais elle est de plus de 300°F (150°C) si vous restez 4 s et d'environ 200°F (95°C) si vous pouvez tenir 5 ou 6 s.

Pour abaisser la température de cuisson, remontez la grille ou étalez les briquettes ou, encore, combinez les deux. Pour l'augmenter, tassez les briquettes.

Pour diminuer les flambées, inclinez légèrement la grille pour que la graisse s'écoule du côté le moins chaud ; si vous voulez les éteindre, dispersez les briquettes ou vaporisez-les d'eau après avoir enlevé les aliments.

Partie de bon voyage
pour 8 personnes
Ombres arctiques au beurre citronné, *p. 174*
Pommes de terre en papillotes
Courgettes au gril
Salade aux trois haricots, *p. 321*
Scones rapides, *p. 423,* et melon d'eau
Café glacé et vin mousseux

Fin d'année scolaire
pour 8 personnes
Trempette au yogourt
et au fromage, *p. 125*
Croustilles de pomme de terre
et de maïs et bâtonnets de pain
Poulet à la sauce piquante, *p. 261*
Epis de maïs avec
Beurre à la ciboulette, *p. 284*
Salade de tomates et de haricots verts
Gâteau mousseline au chocolat, *p. 389*
Limonade, *p. 470,* et thé glacé

Fête de la Saint-Jean
pour 8 personnes
Brochettes d'agneau, *p. 228*
Salade d'épinards et champignons
Puri, *p. 431*
Tartelettes aux pêches meringuées,
p. 357
Bière et Thé glacé, *p. 468*

Barbecue en camping
pour 4 personnes
Côtes levées sauce barbecue, *p. 216*
Macédoine aux trois légumes, *p. 298*
Haricots de Lima en salade, *p. 280*
Petits pains de blé entier
Poires nappées de sauce aux framboises
Boissons gazeuses et café glacé

Steaks au gril
pour 8 à 10 personnes
Œufs farcis, *p. 141*
Bifteck de ronde à la diable, *p. 197*
Courgettes et chou sautés, *p. 299*
Salade de haricots à la turque, *p. 321*
Tarte à la crème aux cerises, *p. 355*
Bourgogne et Limonade à la limette,
p. 470

PIQUE-NIQUE
Que vous projetiez un petit pique-nique ou une grande fête, l'important est de préparer et d'emballer convenablement vos plats. Une exposition prolongée à la chaleur favorise la prolifération des bactéries et risque de causer des empoisonnements. Voici donc quelques conseils à suivre pour le choix et la préparation des mets que vous emporterez.

LE PANIER À PIQUE-NIQUE
Il ne faut y mettre que des aliments qui se conservent sans problème. Les plus populaires sont le poulet frit, les légumes marinés et le pain.

Réfrigérez les aliments cuits dans de petits contenants pour qu'ils restent très froids jusqu'au dernier moment.

Employez des contenants thermos pour tous les aliments qui s'y prêtent et n'oubliez pas d'acheter ou de fabriquer des glaçons pour votre glacière. Enfin, déballez les aliments par petites quantités et consommez-les aussitôt.

Une journée à la campagne
pour 8 personnes
Pacanes au piment rouge, *p. 114*
Pain de viande paysan, *p. 207*
Oignons marinés, *p. 126*
Salade de macaroni
Olives
Craquelins au fromage
Gâteau renversé à l'ananas, *p. 384*
Boissons gazeuses et vin rouge sec

Concert en plein air
pour 8 personnes
Soupe aux pois, *p. 130*
Pâté de campagne, *p. 122*
Champignons aux fines herbes, *p. 126*
Salade niçoise, *p. 324 (double recette)*
Craquelins aux oignons, *p. 431*
Brie et raisin sans pépins
Vin rosé et thé glacé

Déjeuner au parc
pour 6 personnes
Gaspacho, *p. 129 (double recette)*
Salade à la dinde ou au poulet, *p. 269,*
avec pousses de luzerne
Pain pita, *p. 447*
Bâtonnets de concombre et de carotte
Biscuits du campeur, *p. 404*
Jus de pomme et lait

Fête sur la plage
pour 10 personnes
Trempette au thon, *p. 125*
Tarte au fromage
et au jambon, *p. 157*
Caponata, *p. 300*
Bananes ou nectarines
Quatre-quarts, *p. 386*
Bière et boissons gazeuses

Fines herbes et condiments

Rangez vos aromates au frais dans des contenants bien fermés, loin de la cuisinière. Les poivres rouges retiendront mieux leur force et leur couleur si vous les conservez au réfrigérateur. Tous les aromates perdent de leur saveur en cours de cuisson. Dans un plat qui a longtemps mijoté, il faut donc en ajouter une pincée ou deux en fin de cuisson pour en réveiller le goût. Quant au curry, il vaut mieux le faire sauter dans un peu de corps gras avant d'incorporer le reste des ingrédients.

NOM	CARACTÉRISTIQUES	USAGE
Aneth	Feuilles du fenouil qui s'utilisent fraîches ou séchées. Saveur douce qui s'apparente à celle du carvi.	Marinades, gratins au fromage, vinaigrettes, trempettes, poisson et fruits de mer, légumes ; élément de décoration dans la présentation de ces mêmes plats.
Anis (graines)	Graines entières ou pulvérisées, dont l'arôme et la saveur prononcés rappellent la réglisse.	Poulet à l'étuvée et plats de bifteck où entre de la sauce soja ; fruits ; pains, biscuits et confiseries.
Basilic	Feuilles odorantes, à saveur légèrement anisée, qu'on utilise fraîches ou séchées, hachées ou pulvérisées.	Convient à merveille aux tomates, fraîches ou cuites ; soupes, farces et vinaigrettes ; on en décore les plats d'œufs, de fromage ou de volaille.
Cannelle	Ecorce roulée d'un brun rougeâtre (bâton de cannelle) à saveur douce et appuyée. S'emploie couramment pulvérisée.	Légumes sucrés (haricots, patates douces) ; fruits frais et en compote ; marinades, brioches sucrées, gâteaux, biscuits et desserts.
Cardamome	Graines au goût poivré, entières ou décortiquées et pulvérisées.	Graines entières dans le café noir et les marinades ; pulvérisées dans les biscuits, brioches et desserts aux fruits.
Carvi	Graines entières à saveur chaude, douce et légèrement prononcée.	Pains et pâtisseries ; choucroute et marinades ; tartinades et trempettes au fromage ; on en décore le pain, le fromage et le chou cru.
Céleri (graines)	Graines entières ou pulvérisées, à saveur légèrement amère. On l'assaisonne de sel pour en faire du sel de céleri.	Plats de viande, de fromage, d'œufs et de poisson ; sauce barbecue, marinades, soupes et vinaigrettes.
Cerfeuil	Feuilles fraîches ou séchées, voisines du persil, dont le goût plus subtil rappelle celui de l'estragon.	Plats d'œufs ou de poisson ; soupes, légumes, salades, sauces et ragoûts.
Chili	Piment rouge pulvérisé. Différentes variétés plus ou moins piquantes. Réfrigérez.	Dans les plats espagnols et mexicains ; marinades et sauce barbecue ; trempettes, tartinades et vinaigrettes ; plats de viande, de fruits de mer, de fromage et d'œufs.

NOM	CARACTÉRISTIQUES	USAGE
Ciboulette	Feuilles vertes, creuses et effilées qu'on utilise fraîches ou séchées à froid et hachées.	Confère une subtile saveur d'oignon. Plats d'œufs, de fromage, de poisson et de volaille ; légumes ; on en décore les salades, les soupes et les légumes cuits.
Clous de girofle	Boutons des fleurs du giroflier qui s'utilisent entiers ou pulvérisés. Arôme sucré et appuyé.	Plats de viande et de volaille et sauce barbecue ; légumes sucrés ; marinades et relish ; pains, biscuits, desserts, fruits et confiseries ; on en décore la relish, le jambon et les fruits épicés.
Coriandre (graines)	Graines entières ou pulvérisées. Arôme et saveur légèrement acidulés.	Marinades, pains, biscuits et gâteaux.
Cumin	Graines entières ou pulvérisées à saveur amère et prononcée.	Plats espagnols et mexicains de viande et de riz ; tartinades de fromage ; plats d'œufs et de poisson.
Curcuma	Rhizome pulvérisé d'une plante parente du gingembre, de couleur jaune vif, à saveur poivrée et légèrement amère.	Elément essentiel du curry, parfois présent dans la moutarde préparée. Marinades, relish et vinaigrettes ; plats de fromage, de volaille, d'œufs et de poisson.
Curry	Assaisonnement indien composé de piment, de curcuma et d'autres épices pulvérisées.	Viande, volaille, fruits de mer, œufs et fromage ; soupes, sauces et vinaigrettes.
Estragon	Feuilles fraîches ou séchées, entières ou émiettées. Saveur piquante, sucrée et légèrement anisée.	Plats de volaille, de fruits de mer, de fromage et d'œufs ; avec des légumes et dans les vinaigrettes.
Fenouil (graines)	Graines entières ou pulvérisées à douce saveur d'anis.	Pains, pizzas et sauces à spaghetti ; poissons en sauce et marinades ; on en décore les pains et les pâtisseries.
Gingembre	Rhizomes entiers, frais ou séchés, pulvérisés ou concassés. Arôme sucré et prononcé. Saveur piquante.	Plats orientaux de viande, volaille, fruits de mer et légumes ; marinades et vinaigrettes ; pains et pâtisseries de tous genres ; fruits et desserts.

NOM	CARACTÉRISTIQUES	USAGE
Laurier	Feuilles séchées, entières ou pulvérisées, à saveur forte, particulièrement quand elles sont déchirées ou broyées. Elément du bouquet garni.	Plats de viande et de volaille, mais surtout dans les soupes, les braisés et les ragoûts ; poisson et légumes ; marinades et farces pour viande et volaille.
Macis	Tégument de la noix de muscade, entier ou pulvérisé. Même saveur que la muscade, mais plus prononcée.	Soupes, vinaigrettes, pâté de viande ou de volaille ; plats d'œufs, de fromage et de légumes ; pains, biscuits, gâteaux et tartes aux fruits. Mariage parfait avec le chocolat.
Marjolaine	Herbe fraîche ou séchée, pulvérisée ou en flocons. Arôme sucré et prononcé. Saveur rafraîchissante.	Viande, volaille, poisson, fromage, œufs et légumes ; mets italiens.
Menthe	Feuilles fraîches ou séchées, entières ou broyées. Saveur forte, épicée et un peu amère.	Légumes, fruits et desserts ; sauces et gelées. Parfume le thé. On en décore boissons et desserts.
Moutarde (graines)	Minuscules graines entières ou pulvérisées. Les brunes ont une odeur forte et irritante ; les jaunes n'en ont pas. Toutes deux ont une saveur piquante une fois mouillées.	Marinades, relish et vinaigrettes ; plats d'œufs et de fromage ; trempettes et tartinades pour sandwiches et canapés.
Muscade	Noix entière ou pulvérisée à saveur douce et parfumée.	Boissons ; légumes en sauce blanche ; pains, biscuits, desserts et gâteaux ; on en saupoudre les boissons, les sauces et les desserts.
Origan	Herbe séchée ou pulvérisée. Parfum et saveur voisins de ceux de la marjolaine, mais plus soutenus.	Cuisine italienne, grecque et mexicaine ; bœuf, volaille, fruits de mer ; plats de fromage et de légumes.
Paprika	Variété de piment utilisé en poudre, dont la couleur va du rouge vif au rouge brique ; odeur douceâtre et saveur légèrement piquante. Réfrigérez.	Mets hongrois ; viande, volaille et œufs ; trempettes, tartinades et vinaigrettes ; on en décore les soupes, les salades et les trempettes.
Pavot (graines)	Minuscules graines bleu-noir au parfum doux et subtil de noisette.	Plats de nouilles ; vinaigrettes ; garnitures de pains et de pâtisseries ; on en décore les fromages, les tartinades et les pains de tous genres.
Persil	Herbe fraîche ou séchée et en flocons. Les tiges sont également savoureuses. Elément du bouquet garni.	Convient pour garnir et parfumer presque tous les plats non sucrés, crus ou cuits. Utilisez généreusement.

NOM	CARACTÉRISTIQUES	USAGE
Piment rouge	Cosses entières, émiettées ou pulvérisées. Différentes variétés plus ou moins piquantes, le cayenne étant la plus piquante de toutes. Réfrigérez.	Rehausse la plupart des plats principaux, sauces, salades, vinaigrettes, tartinades, amuse-gueule et marinades.
Poivre	Epice à saveur forte et piquante. Grains entiers, concassés ou moulus. Le poivre gris, dont les grains ont encore leur enveloppe, est plus doux que le poivre noir.	Rehausse la plupart des plats principaux, sauces, salades et vinaigrettes, tartinades, amuse-gueule et marinades.
Romarin	Petit arbuste dont les aiguilles, fraîches ou séchées, ont un arôme piquant et une saveur un peu âcre.	Plats de viande, de poisson et de volaille ; farces et pains ; légumes et salades ; on en décore les pains et les salades. Utilisez avec parcimonie.
Safran	Stigmates orangés de la fleur du crocus utilisés comme aromate, en poudre ou en filaments. Arôme agréable et prononcé, saveur un peu amère.	Plats de poisson, de crustacés et de volaille ; on en parfume le riz et certains pains.
Sarriette	Feuilles fraîches ou séchées, entières ou pulvérisées.	Riz, œufs, légumes et viande ; farces pour viande et volaille. Utilisez avec parcimonie à cause de sa saveur poivrée.
Sauge	Herbe fraîche ou séchée, pulvérisée ou émiettée, piquante et un peu âcre.	Plats de viande, de volaille et de fromage ; farces pour viande et volaille.
Sésame (graines)	Graines blanches, petites et plates. Saveur et arôme de noisette.	Pains, tartinades et confiseries ; on en décore les légumes, les pains et les amuse-gueule.
Thym	Feuilles fraîches ou séchées, entières ou pulvérisées. Saveur piquante et parfumée. Elément du bouquet garni.	Plats de viande, de volaille, de fruits de mer, d'œufs, de fromage et de légumes ; soupes, farces et vinaigrettes.
Toute-épice	Grains entiers, légèrement plus gros et plus lisses que les grains de poivre, qui s'utilisent tels quels ou pulvérisés. Saveur rappelant à la fois le clou de girofle, la cannelle et la muscade.	Viande et volaille, cornichons et marinades ; gâteaux, tartes et biscuits.

485

Guide de conservation

GARDE-MANGER

Rangez vos aliments dans le placard le plus frais et le plus sec de la cuisine, loin du réfrigérateur et de la cuisinière et, s'il s'agit de denrées sèches, dans des contenants hermétiques. Ne choisissez que les boîtes et les paquets qui vous paraissent intacts et, à moins d'indications contraires, conservez-les tels quels ou transvidez leur contenu dans des bocaux qui ferment bien. Au-delà des durées de conservation indiquées ici, les aliments perdront peu à peu de leur saveur et de leurs propriétés nutritives.

ALIMENT	DURÉE	SOINS APPROPRIÉS
Beurre d'arachide	6 mois	2 mois une fois ouvert.
Bicarbonate de soude et levure chimique	18 mois	
Bouillon en cubes	1 an	
Café emballage sous vide	1 an	Réfrigérez une fois ouvert.
Café instantané	6 mois	2 sem. une fois ouvert.
Céréales cuisson rapide prêtes à manger	6 mois Date indiquée	
Chocolat à cuire	1 an	
Condiments, fines herbes entiers pulvérisés	1 an 6 mois	Gardez au frais. Vérifiez l'arôme. Poivres rouges : réfrigérez.
Confitures, gelées	1 an	
Conserves lait (tous genres) légumes, fruits poisson sauces soupes viande, volaille	1 an 1 an 1 an 1 an 1 an 1 an	Réfrigérez une fois ouvert. Référez-vous au guide de conservation au réfrigérateur (ci-contre).
Cornichons, olives	1 an	Réfrigérez une fois ouvert.
Farine tout usage, pâtisserie seigle, blé entier	1 an	Réfrigérez.
Fruits secs	6 mois	
Gélatine (deux sortes)	18 mois	
Glaces mélanges et conserves	8 mois	
Graisse végétale	8 mois	
Huile d'olive	1 mois	Plus longtemps au réfrigérateur.
Huiles végétales	3 mois	Réfrigérez une fois ouvert.

ALIMENT	DURÉE	SOINS APPROPRIÉS
Lait écrémé en poudre	6 mois	
Légumes courges d'hiver, oignons, patates douces, pommes de terre, rutabagas	1 sem. à température ambiante	Endroit sec, sombre et aéré. Conservation plus longue à 50-60°F (10-15°C). Ne pas réfrigérer.
Levure sèche active	Date indiquée	
Mélanges secs crêpes gâteaux pâte à tarte	6 mois 1 an 6 mois	
Mélasse	2 ans	
Miel	1 an	
Noix de coco	1 an	Réfrigérez une fois ouvert.
Pâtes et nouilles	1 an	Emballage hermétique.
Pommes de terre en flocons	18 mois	
Poudings en sachets	1 an	
Repas en sachets	18 mois	
Riz brun, sauvage blanc	1 an 2 ans	
Sauces, soupes en sachets	6 mois	
Sauces barbecue et chili, ketchup	1 mois	
Sirops : érable, maïs, etc.	1 an	Réfrigérez une fois ouvert et consommez dans les 30 jours le sirop d'érable.
Sucre cassonade sucre blanc granulé sucre glace	4 mois 2 ans 4 mois	
Thé feuilles et sachets instantané	6 mois 1 an	
Vinaigrettes	6 mois	Réfrigérez une fois ouvert.

ALIMENTS PRÉPARÉS

ALIMENT	DURÉE	SOINS APPROPRIÉS
Biscuits en boîte	4 mois	
Chapelure	6 mois	
Craquelins	3 mois	
Pains et petits pains	3 jours	
Tartes et pâtisseries	2 jours	Réfrigérez les garnitures aux œufs et à la crème.

RÉFRIGÉRATEUR

Maintenez la température du réfrigérateur entre 34 et 40°F (2-5°C). Sauf indications contraires, enveloppez les aliments et les restes dans des sacs de cellophane ou du papier d'aluminium ou mettez-les dans des contenants hermétiques. Vous éviterez ainsi le dessèchement et le transfert des odeurs. Rangez la viande, le poisson et la volaille dans la partie la plus froide ; les fruits et les légumes, dans le bac qui leur est réservé ou bien dans des sacs de polythène, sans les tasser. Seules les verdures doivent être lavées au préalable. Prenez la peine de bien refermer les emballages entamés, sans oublier les produits laitiers, et de les recouvrir au besoin pour les protéger de l'humidité.

ALIMENT	DURÉE	SOINS APPROPRIÉS
FRUITS ET LÉGUMES FRAIS		
Fruits abricots, avocats, melons, nectarines, pêches, poires	5 jours	Laissez mûrir au préalable à la température ambiante.
agrumes	2 sem.	Réfrigération facultative.
ananas	2 jours	Laissez mûrir d'abord.
baies, cerises	3 jours	
pommes	1 mois	Réfrigération facultative.
prunes, raisins	5 jours	Laisser mûrir d'abord.
Légumes asperges	3 jours	
aubergines, céleri, chou, chou-fleur, concombres, haricots verts, poivrons, tomates	1 sem.	Laissez d'abord mûrir les tomates dans un endroit sombre.
betteraves, carottes, navets, panais, radis	2 sem.	Enlevez d'abord les feuilles.
brocoli, choux de Bruxelles, courges d'été, oignons verts	5 jours	
haricots et petits pois	5 jours	Sans écosser.
laitues, épinards, verdures	5 jours	Rincez et égouttez d'abord.
maïs	1 jour	N'épluchez pas les épis.
PRODUITS LAITIERS		
Beurre	2 sem.	
Crème	1 sem.	
Crème sure, babeurre, yogourt	2 sem.	
Fromage cottage, ricotta	5 jours	Enlevez au besoin les traces de moisissure.
en crème, philadelphie	2 sem.	
entier	2 mois	
en tranches	2 sem.	
Lait entier, écrémé	1 sem.	Ne reversez jamais du lait dans son contenant original.

ALIMENT	DURÉE	SOINS APPROPRIÉS
ŒUFS, POISSON, VIANDE ET VOLAILLE CRUS		
Œufs entiers	1 mois	Idéalement, 1 sem.
blancs et jaunes séparés	4 jours	Recouvrez les jaunes d'eau fraîche.
Poisson, fruits de mer	1 jour	Gardez dans l'emballage.
Viandes fraîches agneau, bœuf, porc, veau		Conservez dans l'emballage original. Si celui-ci n'est pas plastifié, couvrez sans serrer dans du papier ciré pour que la surface ne sèche pas.
côtelettes, tranches	5 jours	
rôtis	5 jours	
viande hachée, à bouillir	2 jours	
saucisses fraîches	2 jours	
autres	2 jours	
Viandes traitées bacon, saucisses de Francfort	1 sem.	Temps indiqué pour les emballages ouverts. Pour ce qui est des emballages sous vide, vérifiez la date de péremption.
charcuterie	5 jours	
jambon conserves (scellées)	6 mois	
entier	1 sem.	
tranché	3 jours	
saucissons	3 sem.	
Volailles (tous genres) fraîches ou dégelées	2 jours	Si l'emballage n'est pas plastifié, enveloppez sans serrer.
AUTRES ALIMENTS ET RESTES		
Aliments cuits ou en boîte bouillons, soupes, sauces	2 jours	
casseroles, ragoûts	3 jours	
fruits, légumes	3 jours	
jus, boissons diverses	6 jours	
viande, poisson et volaille	2 jours	
farces	2 jours	Réfrigérez les farces et la volaille séparément.
Biscuits, petits pains		Vérifiez la date de péremption.
Café moulu	1 sem.	Contenant ouvert.
Cornichons, olives	1 mois	
Farine : blé entier, seigle	1 an	
Gâteaux, tartes : garniture aux œufs ou à la crème	2 jours	
Margarine	1 mois	
Noix (écalées)	6 mois	
Salades de légumes	2 jours	
Vin de cuisson	3 mois	
Vin de table	3 jours	
Vinaigrettes	3 mois	

Guide de conservation

CONGÉLATEUR

Pour congeler des aliments plus d'un mois, emballez-les dans du papier spécial qui les préservera de l'humidité. Congelés selon les règles, ils demeureront parfaitement intacts pour les durées indiquées ci-dessous. Les aliments où il subsiste des cristaux ou qui ont dégelé au réfrigérateur sans y avoir séjourné plus d'une journée ou deux peuvent être recongelés. Les œufs entiers, les fromages à la crème et les tartes à la crème ne se congèlent pas. Ne consommez aucun aliment décoloré ou dont l'odeur vous paraît suspecte et maintenez la température du congélateur au-dessous de 0°F (−18°C).

CONGÉLATION COMMERCIALE

ALIMENT	DURÉE	SOINS APPROPRIÉS
Beignes, pâtisseries	3 mois	Choisissez les produits congelés à la toute fin de vos emplettes. Recherchez ceux qui sont parfaitement fermes et qui ne présentent aucune trace de décongélation, ni odeur ou décoloration suspectes. Emballez ensemble tous les produits congelés pour qu'ils ne se réchauffent pas en chemin. Dès que vous êtes à la maison, rangez-les au congélateur sans délai, dans leur emballage original. Faites cuire ou dégeler en suivant les directives sur le paquet.
Crème glacée, sorbet	1 mois	
Fruits	1 an	
Fruits de mer		
crabe royal	10 mois	
crevettes (nature)	1 an	
homard, pétoncles	3 mois	
panés et cuits	3 mois	
Gâteaux		
doré, quatre-quarts	6 mois	
gâteau des anges	2 mois	
glacé, étagé	4 mois	
Jus, boissons	1 an	
Légumes	8 mois	
Pain, cuit ou non	3 mois	
Pâte à crêpe, à gaufre	3 mois	
Pâtés et plats préparés		
poisson, viande	3 mois	
volaille	6 mois	
Poisson		
gras : maquereau, truite, etc.	3 mois	
maigre : morue, plie, etc.	6 mois	
Tartes	8 mois	
Viande		
agneau, veau		
rôtis, tranches	9 mois	
bœuf		
rôtis, biftecks	1 an	
haché	4 mois	
porc		
côtelettes	4 mois	
rôtis	8 mois	
Volaille		
canard, oie	6 mois	
poulet, dinde (entiers)	1 an	
poulet, dinde (en morceaux)	6 mois	
rôtis de dinde	6 mois	

CONGÉLATION DOMESTIQUE

ALIMENT	DURÉE	SOINS APPROPRIÉS
Beurre, margarine	9 mois	
Biscuits, cuits et pâte	3 mois	
Crème		
épaisse	2 mois	La crème dégelée sera difficile à fouetter.
fouettée	1 mois	
Crème glacée, sorbet	1 mois	
Fromage		
en grains, ricotta	2 sem.	Enveloppez par petites portions.
naturel, traité	3 mois	
Gâteaux, cuits	3 mois	
Légumes	1 an	
Noix	3 mois	
Œufs, blancs et jaunes	1 an	Pour 1 t. de jaunes, ajoutez 1 c. à thé de sucre ou de sel, selon l'usage prévu.
Pain cuit	3 mois	
pâte crue	1 mois	Recettes appropriées.
Plats principaux, cuits		Employez un plat allant au four et au congélateur ou des contenants spéciaux.
viande, poisson	3 mois	
volaille	6 mois	
Poisson, fruits de mer		Enveloppez soigneusement dans du papier d'aluminium ou à congélation.
gras : goberge, truite, etc.	3 mois	
maigre : morue, plie, etc.	6 mois	
crustacés	3 mois	
Tartes aux fruits	8 mois	Cuites ou non.
Viande		Congelez les saucisses dans leur emballage original. La viande fraîche enveloppée de polythène peut être congelée 2 sem. si l'emballage n'est pas percé. Pour une plus longue conservation, employez du papier à congélation ou du papier d'aluminium épais.
bacon	1 mois	
charcuterie	4 mois	
jambon	2 mois	
restes de rôtis		
agneau, bœuf	1 an	
porc, veau	8 mois	
saucisses de Francfort	2 sem.	
tranches, côtelettes		
bœuf	1 an	
porc	4 mois	
veau, agneau	9 mois	
viande hachée, à bouillir	3 mois	
Volaille		Faites dégeler la volaille crue au réfrigérateur ou sous l'eau courante et cuisez dans les 48 h qui suivent. Enveloppez la volaille cuite, en serrant bien, dans du papier d'aluminium ou à congélation.
crue (entière)		
canard, oie	6 mois	
dinde, poulet	1 an	
crue (en morceaux)		
dinde	6 mois	
poulet	9 mois	
cuite, en sauce	6 mois	
cuite, sans sauce	1 mois	

Guide des calories

La nourriture fournit à l'organisme éléments nutritifs et énergie. L'énergie, qui se mesure en calories, provient des hydrates de carbone, des protéines et des graisses contenus dans les aliments. Le gras en constitue la source la plus concentrée, puisqu'il contient, pour une quantité égale, deux fois plus de calories que les protéines et les hydrates de carbone. Les légumes et les fruits, qui comportent une forte proportion d'eau, sont donc relativement peu énergétiques comparés aux aliments riches en matières grasses.

L'alcool vient au second rang des aliments énergétiques, puisque sa teneur en calories équivaut aux trois quarts de celle des matières grasses.

Lorsque les aliments que vous consommez contiennent plus de calories que ce dont vous avez besoin, votre corps se constitue des réserves sous forme de graisse, ce qui se traduit à la longue par un gain de poids inutile. Par contre, quand l'apport énergétique n'est pas suffisant, votre organisme ira puiser dans ces mêmes réserves. Pour maintenir un poids idéal, il faut donc veiller à ce que l'apport calorique corresponde aux besoins quotidiens de l'organisme.

Guidez-vous sur le tableau des calories qui figure ci-après pour le choix de vos aliments et inspirez-vous des suggestions suivantes pour réduire votre apport en calories.

N'employez que le quart du beurre ou de la margarine que vous consommez normalement avec votre pain, vos légumes, etc.

Le cottage, battu au mélangeur, remplace avantageusement la crème sure dans les trempettes et les garnitures.

Choisissez de la viande maigre et enlevez tous les morceaux de gras.

Ne mangez pas la peau de la volaille.

Réduisez vos portions de viande à 3 ou 4 oz (90 à 115 g).

Remplacez à l'occasion la viande par de la volaille ou des fruits de mer, qui contiennent moins de calories.

Grillez vos viandes au lieu de les faire frire. De cette façon, une bonne partie de leur graisse s'écoulera au fond de la lèchefrite.

Remplacez les sucreries par des fruits.

Calculez vos portions en préparant le repas ou achetez vos aliments en sachets individuels.

Découpez vos gâteaux en tranches minces et congelez celles-ci individuellement. Ne faites ensuite dégeler que ce qu'il vous faut pour un repas.

Pour un velouté faible en calories, liquéfiez le contenu d'une boîte de soupe aux nouilles et poulet ou bœuf, ajoutez de l'eau et réchauffez. Vous aurez 65 calories par tasse.

Les fines herbes et les condiments rehaussent les légumes sans ajouter de calories. Faites-en chauffer ¼ c. à thé dans 2 c. à thé de beurre ou de margarine, ajoutez 2 t. de légumes égouttés et remuez jusqu'à ce qu'ils soient chauds. Essayez diverses combinaisons : cannelle et carottes, par exemple, ou origan et haricots verts.

Pour les sandwiches et les tartinades, choisissez des substituts moins riches que les fromages à la crème, le philadelphie, par exemple. Comparez la teneur en matières grasses des différents fromages.

En optant pour les fruits en boîte macérés dans leur propre jus ou un sirop léger, vous économiserez de 30 à 60 calories par portion.

Les crudités représentent une excellente façon de satisfaire vos fringales et vos besoins en vitamines sans vous encourager à consommer du beurre.

Pour la collation, croquez du maïs soufflé très légèrement beurré au lieu de croustilles ou de bretzels. Vous n'absorberez que 40 calories par tasse, au lieu de 100.

Remplacez la sauce par du bouillon épaissi avec un peu de fécule de maïs.

Employez une poêle à revêtement anti-adhésif pour la cuisson des omelettes et des œufs brouillés.

Pour satisfaire les petits « creux » impérieux, gardez les fruits frais et les sodas pauvres en calories à portée de la main au réfrigérateur et cachez le plus loin possible les confiseries et autres gâteries du même genre.

Comme le pain blanc, le pain de seigle, le pain de blé entier ou le pumpernickel ne contiennent que 60 à 70 calories par tranche. Attention par contre aux muffins, aux petits pains et aux brioches, qui renferment plus de gras.

Un verre de lait entier contient 160 calories ; le lait écrémé en compte de 115 à 140, tandis que le lait écrémé en poudre et reconstitué n'en comporte que 90.

Achetez du bacon de dos : il contient un tiers de calories de moins que le bacon ordinaire.

ALIMENT	CAL.
Abricots :	
conserves, *4 moitiés et 2 c. à soupe de sirop*	110
frais, *3 moyens*	55
secs, *5 moitiés*	50
sucrés, *en compote, ½ t.*	200
Agneau :	
côtelettes cuites, dégraissées, *4 oz/115 g*	140
gigot, cru, dégraissé, *1 lb/ 450 g*	610
rôti, cuit, dégraissé, *3 oz/90 g*	155
Amandes, *12 à 14*	85
Ananas :	
broyés, en boîte, *½ t.*	100
16 oz/450 ml	335
frais, *1 t. en dés*	75
jus, *½ t.*	65
tranchés, en boîte, *1 grosse tranche ou 2 petites*	90
Arachides :	
beurre, *1 c. à soupe*	95
rôties, *8 à 10*	55
½ lb (225 g), écalées	1 320
Asperges, *4 moyennes*	10
Aubergine, crue	
1 tranche de 5 po/13 cm	20
1 lb (450 g)	90
Avocat, *½ moyen*	185
Bacon :	
croustillant, *2 tranches*	90
de dos, *1 tranche*	60
Bagel, *1¾ oz/50 g*	165
Bananes, *1 moyenne (6 po/ 15 cm)*	100
Beignes (à la levure), *1 moyen*	125
Betteraves, cuites, *2 (½ t. en dés)*	25
Beurre ou margarine :	
1 c. à soupe	100
1 t.	1 630
Biscottes :	
craquelins, *2 (2½ po/6 cm)*	50
croûtons, *10*	45
graham, *4 (2½ po/6 cm)*	110
salées, *4*	50
seigle, *1 double*	20
Biscuits :	
avoine, *1 gros (3 po/8 cm)*	65
carré aux figues, *1*	50
gaufrettes, *1 (2½ po × ¾/ 6 cm × 2)*	25
gingembre, *1 petit (2 po/ 5 cm)*	30
grains de chocolat, *1 (1 po/ 2,5 cm)*	50
levure chimique, *1 (2 po/ 5 cm)*	90
macarons, *1 (2½ po/6 cm)*	85
réfrigérés, *1*	60 à 80
sandwich, *1*	50
sucre, *1 moyen (3 po/8 cm)*	80
Bleuets, *½ t.*	40

Guide des calories

ALIMENT	CAL.
Bœuf (cru) :	
aloyau (porterhouse),	
dégraissé, *4 oz/115 g*	185
tel quel, *1 lb/450 g*	1 605
côte de bœuf,	
dégraissée, *4 oz/115 g*	220
telle quelle, désossée,	
1 lb/450 g	1 820
croupe, dégraissée, *4 oz/115 g*	180
telle quelle, désossée,	
1 lb/450 g	1 375
flanc, dégraissé, *4 oz/115 g*	165
tel quel, *1 lb/450 g*	655
palette, dégraissée, *4 oz/115 g*	180
telle quelle, avec l'os,	
1 lb/450 g	985
ronde, dégraissée, *4 oz/115 g*	150
telle quelle, désossée,	
1 lb/450 g	895
surlonge,	
dégraissée, *4 oz/115 g*	160
telle quelle, désossée,	
1 lb/450 g	1 510
Bœuf, ragoût en boîte, *1 t.*	210
Bœuf salé, *3 oz/90 g*	155
Bœuf séché, *2 oz/60 g*	115
Boissons alcooliques :	
bière, *12 oz/340 ml*	160
bourbon (40%), *1 mesure*	125
brandy, *1 mesure*	75
champagne, *1 verre (4 oz/*	
115 ml)	85
daiquiri, *1 moyen*	120
gin (40%), *1 mesure*	110
manhattan, *1 moyen*	130
old-fashioned, *1 moyen*	130
rhum (40%), *1 mesure*	100
rye (40%), *1 mesure*	110
scotch (40%), *1 mesure*	105
vin, sec, *1 verre (3½ oz/*	
100 ml)	85
doux, *1 verre (3½ oz/*	
100 ml)	140
vodka (40%), *1 mesure*	105
Bouillon en cubes, *1 cube*	5
Bretzels, *5 (3⅛ po/8 cm)*	10
Brocoli, cuit, *½ t.*	20
Cacao, *1 c. à soupe*	20
avec lait, *1 t.*	245
Café noir, sans sucre	0
Canard, cru, *4 oz/115 g*	185
Canneberges, fraîches, *1 t.*	45
jus, *½ t.*	80
Carottes :	
crues, *1 lb/450 g*	155
cuites, *½ t. en dés*	20
Cassonade, *1 c. à soupe*	50
1 t.	820
Céleri, cru, *1 t. en dés*	15
1 lb/450 g	60
Céréales à cuire :	
gruau, *1 t.*	130
semoule de blé, *1 t.*	105
semoule de maïs, *1 t.*	120

ALIMENT	CAL.
Céréales prêtes à manger :	
blé en filaments, *1 biscuit*	90
blé ou riz soufflé, *1 t.*	60
flocons d'avoine, *⅔ t.*	110
flocons de maïs, *1 t.*	110
flocons de son, *⅔ t.*	90
riz croustillant, *1 t.*	110
son et raisins secs, *⅔ t.*	120
Cerises :	
conserves, *½ t. avec 3 c.*	
à soupe de sirop	115
conserves, acidulées, *1 t.*	105
fraîches, douces, *1 t.*	80
Champignons :	
conserves, *1 t.*	40
frais, *1 lb/450 g*	125
frais, *4 gros*	10
Chapelure :	
fraîche, non beurrée, *1 t.*	140
sèche, *¼ t.*	100
Chili con carne, en boîte, *1 t.*	335
Chocolat :	
amer (à cuire), *1 oz/30 g*	145
boisson au chocolat, lait	
écrémé, *1 verre (8 oz/*	
230 ml)	190
au lait, *1 oz/30 g*	145
mi-amer, *1 oz/30 g*	145
sirop, *1 c. à soupe*	50
Chou :	
cru, émincé, *½ t.*	10
1 lb/450 g	100
cuit, *½ t.*	15
Choucroute, *½ t.*	20
Chou-fleur :	
cru, paré, *1 lb/450 g*	50
cuit, *1 t.*	25
Choux de Bruxelles, cuits, *1 t.*	55
Citron, *4 c. à soupe de jus*	15
Citrouille :	
conserves, *½ t.*	40
graines écalées, *1 c. à soupe*	60
graines entières, *¼ t.*	60
Colas, *6 oz/170 ml*	70
Concombre, cru, *6 tranches*	
(⅛ po/3 mm)	5
Confiseries :	
bonbon clair, *1 gros*	35
caramel, *1 petit morceau*	40
chocolat au lait, *1 oz/30 g*	145
fudge, *1 oz/30 g*	115
Life Savers, *1*	10
nougat aux arachides,	
1 oz/30 g	120
Confitures, *1 c. à soupe*	55
Cornichons :	
à l'aneth, *1 moyen*	10
sucrés, *1 petit*	20
surs, *1 gros*	15
Coupes glacées (sundaes) :	
½ t. de crème glacée au	
chocolat, 2 c. à soupe de	
sauce au chocolat et 2 c. à	355 à
soupe de pacanes hachées	405

ALIMENT	CAL.
½ t. de crème glacée à la	
vanille et 2 c. à soupe de	250 à
sauce au caramel	300
Courges :	
d'été, cuites, *½ t.*	15
d'hiver, cuites, *½ t.*	65
Crabe, cuit, *4 oz/115 g*	105
Crème :	
de table (15 p. 100),	
1 c. à soupe	20
épaisse (35 p. 100),	
1 c. à soupe	55
1 t.	840
simili pour café, *1 c. à soupe*	20 à 30
sure, *1 c. à soupe*	25
Crème glacée, vanille, *1 t.*	
10 p. 100 de matières grasses	255
16 p. 100 de matières grasses	330
Crêpes (mélange), *2*	
(4 po/10 cm)	120
Cresson, *1 botte*	20
Crevettes :	
en boîte, *3 oz/90 g*	100
décortiquées, crues, *12 à 14*	
moyennes (3½ oz/100 g)	90
en vrac, *1 lb/450 g*	285
Croûte de tarte :	
double, *abaisse de 9 po/23 cm*	1 800
mélange, double croûte, *8 ou*	
9 po/20 ou 23 cm	1 480
simple, *abaisse de 9 po/23 cm*	900
Dattes séchées, dénoyautées,	
¼ t.	125
Dinde, rôtie, *3 oz/90 g*	160
Epinards et légumes verts	
feuillus, cuits, *½ t.*	20
Farce pour volaille, *1 t.*	195
Farine :	
blé entier, *1 t., remuée*	400
à gâteaux, *1 t., tamisée*	415
tout usage, *1 t.*	455
Fécule, de maïs, *1 c. à soupe*	30
Fèves au lard, en boîte,	
avec sauce tomate, *1 t.*	320
Figues sèches, *1 grosse*	60
Flan, *½ t.*	150
Flotteur (vanille), *1 moyen*	270
Foie (cru) :	
bœuf, veau, *4 oz/115 g*	155
poulet, *4 oz/115 g*	145
Fraises, *½ t.*	25
Framboises, *½ t.*	35
Fromage :	
camembert, *1 oz/30 g*	85
cheddar, *1 oz/30 g*	115
cottage, crémeux, *⅓ t.*	85
cottage, en grains, *⅓ t.*	60
à la crème, *2 c. à soupe*	105
mozzarella, lait entier,	
1 oz/30 g	90
parmesan, romano, râpés,	
2 c. à soupe	50
philadelphie, *1 oz/30 g*	70
ricotta, lait entier, *⅓ t.*	120

ALIMENT	CAL.
ricotta, lait semi-écrémé, ⅓ t.	85
roquefort ou bleu, 1 oz/30 g	105
suisse, naturel ou traité, 1 oz/30 g	105
tartinade, 1 oz/30 g	80
Garnitures pour dessert, 1 c. à soupe	10 à 25
aérosol, 1 c. à soupe	10
surgelées ou mélange, 1 c. à soupe	10 à 25
Gâteau :	
chocolat à 2 étages, glace au fondant, 9 po/23 cm, 1/16	235
doré à 2 étages, glace au chocolat, 9 po/23 cm, 1/16	275
fromage (fond de fromage à la crème), ⅛	450
gâteau des anges, 10 po/25 cm, 1/12	135
mousseline, 10 po/25 cm, 1/16	215
petits gâteaux, sans glace, 1 moyen	90
quatre-quarts, 1 tranche de ½ po/1 cm	140
de Savoie, 10 po/25 cm, 1/12	195
Gaufres, 1 (7 po/18 cm)	205
Gélatine :	
non parfumée, 1 sachet (1 c. à soupe)	25
parfumée, ½ t., préparée	70
Gelées de fruits, 1 c. à soupe	50
Germe de blé, 1 c. à soupe	15
Gomme à mâcher, 1 portion	10
Graisse végétale, 1 c. à soupe	110
1 t.	1 770
Guimauves, 1 moyenne	25
Haricots :	
jaunes, en boîte, 1 t.	45
de Lima, cuits, ½ t.	95
rouges, en conserve, 1 t.	230
verts, cuits, 1 t. (1 po/2,5 cm)	30
Homard, chair cuite, ½ t.	80
Huiles : arachide, maïs, olive, soja, tournesol, 1 c. à soupe	125
½ t.	975
Huîtres, crues, 6 à 8 moyennes (4 oz/115 g de chair)	75
Jus de légumes, en boîte, ½ t.	20
Ketchup, sauce chili, 1 c. à soupe	15
Lait :	
babeurre, 1 t.	90
concentré, ½ t., non dilué	175
condensé, sucré, ½ t.	490
2 p. 100, 1 t.	145
écrémé, 1 t.	90
entier, 1 t.	160
frappé, 1 t.	400
glacé, 1 t.	200
malté, poudre, 3 c. à soupe	115
poudre, écrémé, ⅓ t. de poudre	85

ALIMENT	CAL.
Laitue, 2 grosses feuilles	10
Levure :	
comprimée, 1 carré	20
sèche, active, 1 sachet	25
Lime, 4 c. à soupe de jus	15
Limonade, concentrée, surgelée, 1 t. diluée	110
Liverwurst, 2 oz/60 g	175
Macaroni :	
cuits, ½ t.	95
sauce fromage, 1 t.	430
secs, 1 lb/450 g	1 675
Maïs :	
crémeux, en boîte, ½ t.	100
épi de 5 po/13 cm, 1	70
grains, en boîte, ½ t.	85
soufflé, à l'huile, 1 t.	40
Mangues, 1 moyenne	85
Margarine, 1 c. à soupe	100
1 t.	1 630
Marmelade, 1 c. à soupe	55
Matzo :	
nature, 1 moyen	120
aux œufs, 1 moyen	135
Mayonnaise, 1 c. à soupe	100
Mélasse douce, 1 c. à soupe	50
Melon :	
cantaloup, 5 po/13 cm, 1 moitié	60
honeydew, 7 po/18 cm, quartier de 2 po/5 cm	50
Melon d'eau, 1 quartier de 8 po × 4 (20 cm × 10)	115
Miel, 1 c. à soupe	65
Muffins :	
anglais, 1 de 3½ po/9 cm	145
bleuets, 1 de 2½ po/6 cm	140
maïs, 1 de 2½ po/6 cm	125
nature, 1 de 3 po/8 cm	120
son, 1 de 2½ po/6 cm	100
Mûres, ½ t.	40
Noix :	
du Brésil, 2 moyennes	55
de coco, émincée, ½ t.	225
de Grenoble, hachées, 1 c. à soupe	50
Nouilles :	
cuites, ½ t.	100
sèches, ½ lb (225 g)	880
Œufs :	
blanc, 1 gros	15
entiers, 1 gros	80
frits, 1 œuf et 1 c. à thé de beurre	110
jaune, 1 gros	60
omelette, 2 œufs et 2 c. à thé de beurre, lait	215
pochés, au four, 1 gros	80
Oie, cuite, 4 oz/115 g	260
Oignons, crus, 1 moyen	40
1 lb/450 g	155
Olives vertes, farcies, 4 moyennes	15

ALIMENT	CAL.
Oranges :	
fraîches, 1 moyenne (2⅝ po/6,5 cm)	65
jus, frais, congelé ou en boîte, ½ t.	55
quartiers, ½ t.	45
Pacanes, 9 moyennes	70
moitiés, 1 t.	740
Pain (1 tranche) :	
bis de Boston	100
blanc, croûté	65
blanc, ordinaire	70
blé concassé	65
blé entier	65
maïs	190
raisins	65
seigle, léger	60
toast melba	15
Pain doré, 1 tranche (sans sirop)	140
Pain d'épice, carré de 2 po/5 cm (sans glaçage)	175
Pain à la viande, 1 tranche de 1 po/2,5 cm	370
Palourdes, crues, 6 (4 oz/115 g de chair)	85
en conserve, 3 oz/90 g	45
Pamplemousse, ½ moyen	45
jus, non sucré, ½ t.	50
jus, sucré, en boîte, ½ t.	65
quartiers, en boîte, ½ t. avec 1 c. à soupe de sirop	90
Panais, cuits, ½ t.	50
Patates douces :	
bouillies, au four, 1 moyenne (5 po × 2/13 cm × 5)	155
au four, à la cassonade, 1 petite (3½ po × 2¼/9 cm × 6)	295
Pâté au poulet, 4 po/10 cm	535
Pêches :	
conserves, ½ t.	100
16 oz/450 ml, non égouttées	355
fraîches, 1 moyenne	35
1 lb/450 g	150
jus, ½ t.	60
surgelées, sucrées, ½ t.	100
Persil haché, ⅓ t.	5
Petits pains :	
1 gros (8 dans 1 lb/450 g)	175
1 moyen (12 dans 1 lb/450 g)	115
1 petit (16 dans 1 lb/450 g)	85
Petits pois :	
conserves, ½ t.	80
16 oz/450 ml	300
frais, écossés, crus, 1 lb/450 g	380
surgelés, cuits, ½ t.	60
Pétoncles, crus, 8 moyens (4 oz/115 g)	90
Pizza au fromage, ⅛ d'une pizza de 14 po/35 cm	185

Guide des calories

ALIMENT	CAL.
Poires :	
conserves, ½ t.	100
16 oz/450 ml, non égouttées	345
fraîches, 1 moyenne	100
1 lb/450 g	250
Pois cassés, crus, ½ t.	345
Poisson :	
aiglefin, filets crus, 1 lb/450 g	360
poêlé, 1 filet de 3 oz/90 g	140
bar d'Amérique, cru, 3 oz/90 g	90
barbotte, barbue, crues, 4 oz/115 g	115
bâtonnets, chacun	40
flétan, darne au four, 4½ oz/125 g	240
filets crus, 1 lb/450 g	455
gade, fumé, 4 oz/115 g	120
goberge, cuit au four, 4 oz/115 g	180
filets crus, 1 lb/450 g	530
hareng mariné, 3 oz/90 g	185
fumé, 3 oz/90 g	180
maquereau, filets crus, 4 oz/115 g	215
morue, crue, 4 oz/115 g	90
plie, filets crus, 4 oz/115 g	90
sardines à l'huile, 4 moyennes (1½ oz/45 g)	85
saumon, darne au four, 4 oz/115 g	210
en boîte, émietté, ½ t.	120
thon à l'huile, ⅔ t., égoutté	170
7 oz/200 g, non égoutté	576
à l'eau, ⅔ t.	110
truite, filets crus, 4 oz/115 g	220
Poivrons verts, crus, 1 moyen	15
Pommes :	
compote sucrée, ½ t.	115
non sucrée, ½ t.	50
crues, 1 moyenne	70
cuites, 1 moyenne	130
jus, ½ t.	60
Pommes de terre :	
bouillies, au four, 1 moyenne (1 t. en dés)	90
croustilles, 10 moyennes (2 po/5 cm)	115
frites, 10 (2 po/5 cm)	155
gratin, ½ t.	120
purée, ½ t. avec lait et beurre	95
Popover, 1 moyen	120
Porc :	
côtelettes, crues, dégraissées, 4 oz/115 g	210
jambon bouilli, 1 oz/30 g	70
jambon frais, cru, dégraissé, 3 oz/90 g	130
jambon salé, cru, dégraissé, 3 oz/90 g	140
Pouding :	
chocolat, ½ t.	175
fécule de maïs, ½ t.	140
riz, ¾ t.	225
vanille, ½ t.	140

ALIMENT	CAL.
Poulet à rôtir, cru :	
cuisse, 1 petite (½ lb/225 g)	190
poitrine, sans la peau, 1 petite (¾ lb/340 g)	265
poitrine entière, 1 petite (¾ lb/340 g)	295
rôti, désossé, 4 oz/115 g	205
1 t., en dés	225
Pruneaux, jus en boîte, ½ t.	100
Prunes :	
conserves, ½ t. avec sirop	100
16 oz (450 ml), non égouttées	360
fraîches, 1 (2 po/5 cm)	25
Radis, crus, 4 petits	5
Raisins :	
frais, 1 t.	65
jus, ½ t.	85
Raisins secs, sans pépins, ¼ t.	120
Rhubarbe :	
compote sucrée, ½ t.	190
crue, 1 lb/450 g	55
Ris de veau, cuits, ¾ t.	170
Riz :	
brun, cru, ½ t.	300
cuit, 1½ t.	300
grains longs, cru, ½ t.	325
cuit, ½ t.	90
précuit, 1 t., cuit	180
sauvage, cru, ½ t.	295
Rognons de bœuf, crus, 3 oz/90 g	110
Saindoux, 1 c. à soupe	115
Salade de fruits, en boîte, ½ t., fruit et sirop	95
Sauces :	
barbecue, ¼ t.	80
blanche, moyenne, ½ t.	210
brune, en boîte, 2 c. à soupe	15
aux champignons pour spaghetti, 1 t.	155
chocolat, 2 c. à soupe	100
cognac, 2 c. à soupe	140
coulis de tomate, ½ t.	45
au fromage pour spaghetti, 1 t.	190
glace de rôti, 2 c. à soupe	30
hollandaise, 2 c. à soupe	175
à la viande pour spaghetti, ½ t.	100
Saucisse, cuite, 2 morceaux (16 dans 1 lb/450 g)	125
précuite, 4 oz avant de brunir	445
Saucisses de Francfort, 1 moyenne	170
Saucisson de Bologne, 1 oz/30 g	80
Sirop :	
érable, 1 c. à soupe	50
maïs, 1 c. à soupe	60
Soda au gingembre, 8 oz/230 ml	85
Sorbet, ½ t.	130
Soupes (1 t. de soupe en boîte préparée selon les directives) :	

ALIMENT	CAL.
bœuf et nouilles	60
bouillon de bœuf	20
bouillon de poulet	20
chaudrée de palourdes Manhattan	65
chaudrée de palourdes Nouvelle-Angleterre	145
consommé	30
crème de champignon	185
crème de poulet (avec lait)	135
crème de tomate	140
légumes	60
minestrone	85
oignons	30
pois verts	115
poulet et nouilles	55
poulet et okra	50
poulet et riz	45
tomates	70
Spaghetti cuits, 1 t.	155
Sucre :	
blanc granulé, 1 c. à soupe	40
1 t.	770
cassonade, 1 c. à soupe	50
1 t.	820
glace, 1 c. à soupe	30
1 t.	460
Tapioca, à cuisson rapide, 4 c. à soupe	140
Tartes (9 po/23 cm) :	
caramel, 1/6	405
cerises, couverte, 1/6	410
citron meringuée, 1/6	355
citrouille, 1/6	320
crème aux œufs, 1/6	330
mincemeat, 1/6	430
pacanes, 1/6	580
pommes, couverte, 1/6	405
Thé noir, 1 t.	0
Tomates :	
conserves, ½ t.	25
16 oz/450 ml	95
fraîches, 1 moyenne	40
jus, ½ t.	25
Tournesol (graines), écossées, 1 c. à soupe	45
Veau, cuit :	
côtelettes, désossées, 3 oz/90 g	185
rôti, désossé, 3 oz/90 g	180
Vinaigre, 1 t.	30
Vinaigrette (1 c. à soupe) :	
française	65
italienne	80
Mille-Iles	180
roquefort ou bleu	75
Yogourt (lait partiellement écrémé) :	
nature, 1 t.	120 à 150
aux fruits, 1 t.	230 à 290
vanille, café, 1 t.	200 à 250
Zwieback, 1 biscotte	30

Glossaire

Abaisser : Etaler une pâte à l'aide d'un rouleau à pâtisserie, en une couche plus ou moins épaisse dite abaisse.

Abats : Désigne les extrémités et les organes des animaux de boucherie (bœuf, veau, mouton, porc et agneau) tels que la cervelle, le cœur, le foie, la langue, les pieds, le ris, les rognons, la tête, les tripes, etc.

Abattis : Abats de volaille (ailerons, cœur, cou, foie, gésier, pattes et tête).

Al dente : Se dit d'une cuisson courte qui conserve aux aliments un certain croquant. Les haricots verts, les pâtes et le riz sont meilleurs al dente.

Allumettes : Se dit à la fois de petits gâteaux secs allongés et de fins bâtonnets de légumes.

Amandine : Se dit d'un plat où entrent des amandes ou qui en est garni.

Appareil : Mélange des divers ingrédients d'une préparation.

Aromate : Substance utilisée en cuisine pour parfumer ou relever le goût des plats : fines herbes, épices, condiments.

Aspic : Préparation froide entourée de gelée et moulée.

Attendrir : Briser les fibres d'une viande à l'aide d'un couteau ou d'un appareil mécanique pour la rendre plus tendre.

Badigeonner : Enduire un aliment d'un liquide ou d'un corps gras fondu afin qu'il ne s'assèche pas.

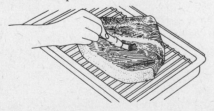

Bain-marie : Désigne à la fois l'ustensile et le mode de cuisson. L'ustensile est composé d'un récipient dans lequel on fait chauffer de l'eau et où l'on place un second récipient contenant les aliments à faire cuire ou réchauffer. On fait cuire au bain-marie tout ce qui réclame une température modérée ou qui ne peut supporter la chaleur directe (par exemple, le chocolat).

Barder : Envelopper une viande ou une volaille d'une fine tranche de lard gras.

Beignet : Aliment ou appareil enrobé de pâte et cuit dans un bain d'huile bouillante (grande friture).

Beurre manié : Mélange de beurre et de farine dont on se sert pour lier des sauces.

Blanchir : Plonger un aliment pendant quelques minutes dans de l'eau bouillante soit pour en enlever l'âcreté, en faciliter l'épluchage ou l'attendrir.

Bouillon : Désigne essentiellement le liquide de cuisson des viandes, des poissons, des volailles et des légumes. On s'en sert dans la cuisson d'autres appareils ou on le consomme en potage clair en lui ajoutant quelques garnitures.

Bouquet garni : Petit bouquet composé de laurier, de thym et de persil liés ensemble et souvent placés dans un nouet.

Bourbon : Whisky américain à base de maïs.

Braiser : Mode de cuisson à l'étouffée qui s'emploie pour les morceaux de viande les moins tendres ou les plus maigres. Il demande généralement que la pièce soit lardée ou marinée et se termine souvent au four. Le terme s'emploie aussi pour désigner la cuisson à l'étuvée de certains légumes (laitues braisées, par exemple).

Brider : Lier les pattes et les ailes d'une volaille à l'aide d'un fil de cuisine pour empêcher toute déformation à la cuisson.

Brochette : Petite broche qui sert à faire rôtir ou griller des morceaux de viande ou de volaille et de légumes ; s'applique aussi aux morceaux embrochés.

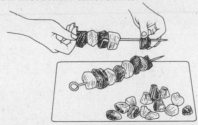

Brouillé : Se dit d'œufs dont le blanc et le jaune ont été mélangés en cours de cuisson et non battus d'avance comme pour une omelette.

Canapé : Tranche de pain, frite ou grillée, sur laquelle on dresse certains mets.

Caraméliser : Faire cuire du sucre dans un poêlon jusqu'à ce qu'il soit fondu et prenne une belle teinte ambrée.

Chapelure : Pain sec ou grillé au four (chapelure fraîche) et émietté finement dont on enrobe ou saupoudre certains mets.

Chapon : Poulet châtré que l'on a engraissé.

Charlotte : Variété d'entremets à base de fruits, de biscuits et de crèmes aromatisées.

Chemiser : Tapisser ou enduire le fond et les parois d'un moule beurré d'une mince couche de gelée, de papier de cuisson, de biscuits à la cuiller, etc.

Chinois : Passoire très fine de forme conique dont la forme rappelle celle d'un chapeau chinois.

Ciseler : Pratiquer des incisions avec un couteau dans une viande ou un poisson avant de les faire griller ou de les mettre au four.

Compotier : Désigne aussi bien le plat, en forme de coupe, que son contenu : marmelade, salade de fruits, etc.

Concasser : Hacher grossièrement un aliment ou l'écraser et le réduire en petits fragments mais non en poudre. On concasse des tomates, du poivre, etc.

Condiment : Substance de saveur forte destinée à relever le goût des aliments. Le sel, le poivre, le paprika, le gingembre, la cannelle, la muscade, les clous de girofle et la moutarde sont tous des condiments.

Confit : Qualifie le plus souvent un fruit ou un légume qu'on a laissé imbiber d'une solution de sucre, d'eau-de-vie ou de vinaigre, puis qu'on a mis à sécher.

Consommé : Bouillon au suc de viande.

Corsé : Se dit d'un mets ou d'un vin dont la saveur est bien relevée.

Coulis : 1. Sauce résultant de la cuisson concentrée de substances alimentaires passées au tamis (un coulis de tomate).
2. Purée de fruits crus dont on se sert pour napper un entremets (un coulis de framboise).

Court-bouillon : Bouillon de légumes aromatisé et souvent additionné de vin dans lequel on poche volaille, poissons, crustacés et abats.

Crème : 1. Matières grasses du lait. La crème légère ou de table contient de 10 à 15 p. 100 de matières grasses et la crème épaisse ou à fouetter en renferme au moins 35 p. 100.
2. Potage lié à une farine délayée dans du lait et parfois additionné de crème.
3. Variété d'entremets composés principalement de lait et d'œufs (crème pâtissière, crème anglaise, crème renversée).
4. Préparation molle et lisse qu'on obtient en battant assez longuement un ou plusieurs ingrédients combinés.

493

Glossaire

Croûtons : Morceaux de pain coupés en dés, en carrés ou en triangles, que l'on a fait frire dans du beurre ou de l'huile.

Cuire à blanc : Faire cuire une croûte à tarte, partiellement ou entièrement, sans sa garniture.

Darne : Tranche épaisse de poisson.

Décortiquer : Débarrasser de leur enveloppe un grain, une graine ou une noix ou retirer un crustacé de sa carapace.

Déglacer : Dissoudre à l'aide d'un liquide les sucs qui ont attaché au fond d'un plat de viande ou de légumes en cours de cuisson.

Dégorger : 1. Faire tremper dans de l'eau froide une viande, des abats ou un poisson pour les débarrasser de leur sang.
2. Saupoudrer de sel un légume pour en éliminer l'eau de végétation.

Dégraisser : 1. Enlever le gras d'une pièce de viande.
2. Oter la graisse à la surface d'une préparation culinaire, refroidie ou non.

Délayer : Détremper un ingrédient sec dans un liquide ou amener à une consistance plus liquide une préparation jugée trop épaisse.

Dénoyauter : Séparer un fruit de son noyau.

Dépouiller : Enlever la peau d'une volaille ou d'un poisson.

Dorer : 1. Badigeonner une pâte à l'aide d'un pinceau trempé dans de l'œuf battu afin qu'elle prenne une teinte ambrée à la cuisson.
2. Faire cuire un aliment à feu vif dans un corps gras très chaud jusqu'à ce qu'il brunisse légèrement.

Dorure : Préparation à base d'œufs dont on se sert pour dorer une pâte.

Douille : Petit ustensile conique placé au bout d'une poche en toile dont on se sert en pâtisserie pour décorer. L'embout des douilles peut être uni, cannelé ou de diverses formes.

Dragée : Confiserie formée d'une amande ou d'une noisette recouverte de sucre durci.

Dresser : Disposer une préparation culinaire sur un plat de service avant de la présenter à table.

Ecorcer : Décortiquer un grain, un agrume.

Ecumer : Enlever à l'aide d'une cuiller trouée (écumoire) l'écume flottant à la surface d'une sauce, d'un bouillon ou de toute autre préparation qu'on vient de faire bouillir.

Effeuiller : S'applique à la chair d'un poisson qui est suffisamment cuite pour qu'on puisse facilement la séparer en gros flocons à la fourchette.

Emincer : Couper en tranches ou en lamelles très minces.

Emonder, monder : Se dit surtout de l'opération qui consiste à enlever la peau des amandes (amandes mondées, émondées). Pour monder les amandes, on les plonge dans de l'eau bouillante, puis on les refroidit et on les presse entre les doigts pour en dégager la peau.

Enchilada : Tortilla garnie et roulée qu'on sert avec une sauce piquante.

Enrober : Recouvrir un aliment d'une autre substance, une salade d'une vinaigrette par exemple.

Entremets : Désigne le plus souvent des mets sucrés qu'on servait autrefois avant le dessert, mais qui tendent aujourd'hui à le remplacer (pouding, crème, soufflé).

Epépiner : Oter les pépins d'un fruit ou les graines d'un légume.

Escalope : Fine tranche de viande et plus particulièrement de veau.

Etamine : Tissu très fin utilisé pour passer les sauces.

Etouffée (à l') ou étuvée (à l') : Mode de cuisson selon lequel on fait cuire les morceaux de viande moyennement tendres dans un corps gras, avec très peu de liquide et à couvert de manière que les sucs ne s'évaporent pas.

Evider : Enlever une partie de la chair ou de la pulpe d'un fruit ou d'un légume en vue de le farcir ou de le garnir.

Fanes : Tiges et feuilles de certaines plantes potagères, comme les carottes, les radis, les betteraves.

Farine : Produit de la mouture des grains, principalement de blé, qui va du blanc au brun selon qu'il contient plus ou moins de son. La *farine tout usage* est faite de blé dur du printemps ou d'un mélange de blé dur et de blé mou et est souvent blanchie ; on l'emploie surtout en boulangerie et pour épaissir les sauces. La *farine à pâtisserie,* qui sert à la confection de gâteaux et de pâtisseries, provient de blé tendre blanchi et très finement moulu. La *farine de blé entier* contient le son et le germe des grains ; elle est moins légère que les autres et ne peut leur être substituée dans une recette.

Filer : Se dit d'un sirop qu'on peut faire couler lentement sans que les gouttes se séparent.

Filet : 1. Partie charnue et tendre qu'on lève le long de l'épine dorsale de quelques animaux.
2. Chaque morceau de chair prélevé de part et d'autre de l'arête d'un poisson.

Fines herbes : Plantes aromatiques, fraîches ou séchées (persil, ciboulette, thym, sauge, marjolaine, etc.).

Flamber : Enflammer un gâteau, un fruit, une omelette ou une viande après l'avoir arrosé d'alcool.

Foncer : Tapisser un moule ou un plat d'un appareil et plus particulièrement d'une pâte.

Fond : Jus restant après la cuisson de divers aliments et dont on se sert pour confectionner des sauces.

Fondre : Faire cuire à petit feu dans une matière grasse sans laisser prendre couleur.

Fondue : 1. Au fromage : mélange de fromages fondus au vin blanc dans lequel on trempe des cubes de pain.
2. Bourguignonne : morceaux de viande crue qu'on plonge dans de l'huile bouillante, puis dans diverses sauces.
3. Chinoise : fines tranches de bœuf qu'on enroule sur une fourchette et qu'on cuit dans un bouillon avant de les tremper dans des sauces.
4. Au chocolat : morceaux de fruits ou de gâteaux qu'on trempe dans une préparation au chocolat.

Frappé : Se dit surtout d'un vin blanc qu'on a refroidi au réfrigérateur ou dans un seau à glace.

Frémir : Se dit d'un liquide qui frissonne légèrement juste avant d'atteindre le point d'ébullition.

Frire : Mode de cuisson qui consiste à saisir un aliment dans un corps gras très chaud de façon qu'il se forme une mince croûte à la surface.

Friture (grande) : Mode de cuisson suivant lequel on immerge un aliment dans un bain d'huile brûlante.

Fumet : Bouillon concentré à base de poisson, de viande ou de légumes qui sert à parfumer ou à corser des sauces.

Garniture : Ensemble des éléments qui accompagnent ou complètent un plat.

Gâteau des anges : Gâteau fin, dit aussi mousseline, qui doit sa grande légèreté aux nombreux blancs d'œufs qu'on y incorpore.

Gâteau chiffon : Terme employé au Québec pour désigner le gâteau mousseline (voir **Mousseline**).

Gâteau de Savoie : Gâteau mousseline, incorrectement appelé gâteau éponge, qui se distingue du gâteau des anges (voir ce mot) par les jaunes d'œufs qui entrent dans sa composition.

Glaçage ou glace : 1. Jus de viande très réduit qui se transforme en gelée une fois refroidi.
2. Préparation à base de sucre qu'on utilise en pâtisserie.

Glacer : Obtenir une surface brillante en étendant de la glace sur de la viande ou un gâteau.

Graisser : Enduire un ustensile de graisse végétale ; on dit aussi beurrer si l'on se sert de beurre.

Gratin : Mets saupoudré de fromage râpé, de noisettes de beurre ou de chapelure et cuit au four jusqu'à ce qu'il croûte.

Gratiner : Passer un plat au four pour qu'il se forme du gratin.

Griller : Mode de cuisson à feu vif et direct qui peut se pratiquer au four, mais qui est incomparable sur un barbecue.

Hacher : Couper en petits morceaux avec un couteau ou un hachoir.

Inciser : Voir **Ciseler.**

Incorporer : Combiner des ingrédients mais, plus spécifiquement, mélanger délicatement du blanc d'œuf, de la crème ou un autre ingrédient battu à une pâte, un dessert ou une sauce en soulevant sans remuer, afin que la masse devienne légère.

Infuser : Laisser reposer une substance à couvert et hors du feu, dans un liquide bouillant.

Jardinière : Se dit d'un mets garni de légumes ou composé essentiellement de légumes.

Julienne : Mélange de légumes variés coupés en bâtonnets.

Lard : Partie blanche du gras du porc, vendue en tranches et dont on se sert pour protéger les rôtis de viande maigre.

Larder : Enfoncer des lardons (petits morceaux de lard) dans un morceau de viande.

Levain : Mélange de levure aigrie, d'eau et de farine dont on se sert dans la fabrication de nombreux pains.

Lever : 1. Détacher les filets d'un poisson ou d'une viande.
2. Faire fermenter une pâte.

Levure : Masse de champignons employée en panification en raison des propriétés fermentatives de ceux-ci. La levure se vend fraîche, parfois comprimée, ou sèche. La levure chimique est une préparation bicarbonatée.

Liaison : Appareil à base de féculents, de jaunes d'œufs, de beurre ou de crème dont on se sert pour épaissir un potage ou une sauce.

Lier : Mélanger une liaison à une préparation pour la faire épaissir et la rendre plus onctueuse.

Macérer : Mettre à tremper des aliments dans une préparation liquide aromatisée pour qu'ils s'en imprègnent.

Macis : Tégument de la noix de muscade utilisé comme aromate.

Manier : Mélanger de la farine à du beurre ou à une autre substance pour former une liaison.

Marbré : Se dit d'une viande parcourue de filets de gras ou d'un gâteau fait d'appareils de teintes variées qu'on a mélangés partiellement.

Mariner : Faire tremper une viande ou un poisson dans un mélange d'huile, de vinaigre ou de vin et d'aromates afin de les attendrir et de les parfumer avant la cuisson.

Masquer : Recouvrir un mets de gelée, de sauce ou de crème.

Massepain : Préparation faite d'amande pilée, de sucre et de blancs d'œufs.

Matzo : Craquelins faits uniquement de farine et d'eau.

Meringue : Pâtisserie très légère faite de blancs d'œufs battus et de sucre.

Mignonnette : Grains de poivre concassés, mais non moulus.

Mijoter : Faire cuire à feu doux (ou au four à température modérée) au-dessous du point d'ébullition et bien souvent à couvert.

Monder : Voir **Emonder.**

Mouiller : Ajouter un liquide, dit de mouillement, à un mets en cours de cuisson.

Moulin à légumes : Appareil mécanique permettant d'écraser les légumes qui entrent dans la préparation de potages, de purées, etc.

Mousse : Préparation légère et mousseuse et, plus particulièrement, entremets ou dessert à base de crème ou de blancs d'œufs fouettés.

Mousseline : Se dit de purées fouettées, de sauces émulsionnées et de gâteaux très légers, comme le gâteau des anges ou le gâteau de Savoie.

Napper : 1. Couvrir une préparation de sauce ou de crème.
2. Dans la cuisson de certaines sauces et de certains sirops, on indique que l'appareil doit être assez consistant pour « napper le dos d'une cuiller ». On doit donc le laisser cuire jusqu'à ce qu'il adhère suffisamment à la cuiller pour l'enrober ou la masquer.

Noix : Fruits du noyer et, par extension, de nombreux autres arbres. L'arachide, une légumineuse, est souvent classée dans cette catégorie parce qu'on la prépare de la même façon. A l'exception des noix de cajou (toujours vendues mondées), les noix sont offertes écalées ou non, entières, en moitiés, en morceaux, hachées, effilées ou en poudre. Elles peuvent avoir été traitées avec des agents de conservation.

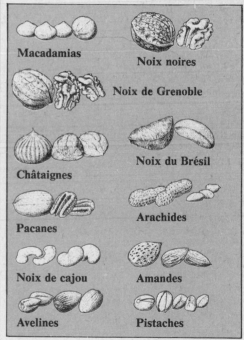

Macadamias — Noix noires — Noix de Grenoble — Châtaignes — Noix du Brésil — Pacanes — Arachides — Noix de cajou — Amandes — Avelines — Pistaches

Nouet : Linge ou tissu sur lequel on place une substance à faire bouillir ou à infuser et qu'on ferme par un nœud.

Pain de mie : Pain blanc, non croûté, ayant beaucoup de mie.

Paner : Rouler dans la chapelure ou passer dans de la farine, de l'œuf et de la chapelure un mets destiné à être frit, grillé ou poêlé.

Glossaire

Panification : Ensemble des opérations qui entrent dans la confection du pain.

Papillote (en) : Poisson, viande ou légume cuit au four dans du papier d'aluminium.

Parer : Préparer les légumes et les fruits en enlevant les parties non comestibles ou préparer une viande ou une volaille en ôtant la peau, les nerfs et la graisse superflue.

Parfumer : Aromatiser.

Parures : Déchets de viande ou de poisson que l'on peut utiliser pour faire des fumets.

Passer : Tamiser, filtrer ou réduire en purée.

Pastrami : Bœuf mariné et fumé pris dans l'extérieur de ronde ou la noix.

Pâte : Farine détrempée d'eau et pétrie. Toute substance à consistance pâteuse.

Pâte feuilletée : Pâte fine qu'on confectionne en emprisonnant des noisettes de beurre entre de minces couches de pâte. Durant la cuisson, le beurre fond et les couches se soulèvent en se détachant les unes des autres.

Paupiette : Tranche de viande roulée et farcie.

Petit salé : Lard salé renfermant de la chair de porc.

Pétrir : Plier et travailler une pâte pour la rendre élastique.

Pilaf : Riz au beurre épicé, souvent additionné de volaille ou de viande.

Pilon : Partie inférieure d'une cuisse de volaille.

Piquer : 1. Introduire, à l'aide d'un couteau, des morceaux d'ail, de lard ou d'herbes aromatiques dans une viande ou une volaille. -
2. Pratiquer à la fourchette de petits trous dans une pâte pour l'empêcher de gonfler durant la cuisson.

Pocher : Faire cuire des œufs cassés dans de l'eau vinaigrée bouillante ou faire cuire doucement du poisson dans un court-bouillon.

Poêler : Cuire un aliment dans un poêlon ou une sauteuse mais, plus spécifiquement, le faire sauter, puis terminer la cuisson à l'étuvée.

Pommade : Préparation molle, lisse et crémeuse.

Popover : Pain éclair américain cuit dans un moule creux.

Potages : 1. Clairs (bouillons et consommés). Les garnitures des potages clairs sont menues.
2. Liés (purées, crèmes et veloutés). Les soupes sont des aliments plus consistants que les potages.

Praline : Amande rissolée dans du sucre bouillant.

Préchauffé : Se dit d'un four qu'on porte à la température indiquée dans une recette avant d'y mettre les aliments.

Profiterole : Pâtisserie à base de pâte à choux.

Prosciutto : Jambon fumé et épicé dont on se sert finement émincé.

Rafraîchir : Passer un aliment sous l'eau froide.

Raifort : Crucifère dont la racine, âcre et piquante, est utilisée surtout râpée, comme condiment.

Ramequin : Petit récipient utilisé pour la cuisson au four.

Râper : Réduire des aliments en poudre grossière, en filaments ou en petits morceaux en les passant sur un ustensile percé de trous, la râpe.

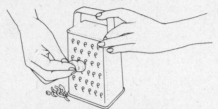

Ravier : Plat à hors-d'œuvre.

Réduire : Faire évaporer un liquide pour le concentrer.

Réserver : Mettre une préparation de côté pour une utilisation ultérieure.

Revenir (faire) : Passer un aliment dans un corps gras chaud pour le dorer en surface.

Rissoler : Faire frire un aliment à feu vif.

Rôtir : Mode de cuisson qui consiste à faire cuire à sec, à la broche ou au four, et à chaleur soutenue.

Rouelle : Partie de la cuisse de veau, au-dessus du jarret, coupée en rond et, par extension, tranche ronde de viande ou de légume.

Roux : Mélange de beurre et de farine, plus ou moins coloré, servant à la préparation de sauces.

Sabayon : Entremets composé de jaunes d'œufs, de sucre et de vin.

Saindoux : Préparation commerciale faite de graisse de porc fondue.

Saisir : Commencer la cuisson d'un aliment à feu vif.

Saupoudrer : Parsemer un plat d'une couche égale de farine, de sucre ou d'autres aliments.

Sauter : Faire revenir rapidement dans une matière grasse des morceaux de légumes ou de viande, en remuant souvent ou en agitant l'ustensile de cuisson.

Scone : Pain éclair traditionnellement cuit sur une plaque de fer chauffée sur la cuisinière, mais qu'on peut aussi passer au four.

Soja (sauce) : Sauce confectionnée à partir de soja, de sel, de levure, d'anchois et de gingembre.

Sucre glace : Fine poudre de sucre utilisée pour faire des glaçages ou des glaces.

Suer (faire) : Chauffer doucement des légumes pour qu'ils rendent leur eau.

Tabasco : Sauce mexicaine composée de piments forts macérés et additionnés de sel et de vinaigre.

Taco : Tortilla frite, garnie et roulée.

Tamiser : Passer des aliments moulus ou une sauce à travers un tamis, une passoire ou un chinois pour les aérer ou enlever les grumeaux.

Tempura : Préparation japonaise composée de légumes et de fruits de mer enrobés de pâte et cuits en grande friture.

Torréfier : Soumettre des grains, principalement de café, à une chaleur très vive pour les dessécher et en faire ressortir l'arôme.

Tortilla : Pain mexicain très mince à base de farine de maïs ou de blé.

Trousser : Ficeler une volaille.

Velouté : Potage préparé à partir d'un roux auquel on ajoute des jaunes d'œufs et de la crème pour le rendre onctueux.

Vinaigre : Liquide servant de condiment, obtenu par transformation du vin en acide acétique. On trouve du vinaigre d'alcool (incolore), de vin, de xérès, de cidre, de framboises et de diverses préparations aromatisées (sauge, capucine, etc.).

Vol-au-vent : Coquille de pâte feuilletée garnie d'une préparation en sauce, généralement à base de volaille ou de poisson.

Wok : Récipient chinois à fond arrondi dans lequel on fait sauter des aliments.

Worcestershire (sauce) : Sauce anglaise relevée, composée de vinaigre, de soja, de tamarin, de caramel, d'ail et d'épices.

Zeste : Peau extérieure d'une orange ou d'un citron, contenant l'essence parfumée de fruit. Le zeste s'emploie en cuisine, râpé ou détaillé en fines lamelles.

Zester : Retirer le zeste d'un agrume.

INDEX

INDEX